ウィリアム・オッカム研究

政治思想と神学思想

William Ockham, theologian and political philosopher

小林 公

keiso shobo

はじめに

一三二三年、おそらくケンブリッジで開催されたと思われるフランシスコ修道会の地方総会は会士オッカムに対し、「関係」の存在論的身分に関する自説の釈明を求めた。これはオッカムのアヴィニョン行きの前触れとも言える出来事だった。フランシスコ修道会がオッカムにこのような釈明を求めた理由は、前オックスフォード大学総長でトマス主義者のジョン・ラッタレルのオッカム批判にある。オッカムに対するラッタレルの敵対的な態度は、ついに一三二四年、ラッタレルによるアヴィニョン教皇庁に対するオッカムの告発へとエスカレートしていき、オッカムはアヴィニョン教皇庁へと召喚されるに至った。

ラッタレルは大学内での管轄権をめぐるオックスフォード大学とドミニコ修道会との抗争の最中に大学総長となり、一度はドミニコ修道会を大学に服従させることにより両者の抗争の収拾に成功したものの、その後大学の教授たちと総長の対立が激化し、大学側がリンカーン司教にラッタレルの解雇を要請した結果、一三二二年にラッタレルは総長を免職された。ラッタレルはこの問題をアヴィニョンの教皇に訴えるつもりでいたが、イングランド王エドワード二世は大学内の抗争を大陸へと持ち込むことを禁止した。ラッタレルがオッカムをアヴィニョン教皇庁に告発することを思い立ったのはこの頃である。

オッカム（のウィリアム）はロンドン南西に位置する村オッカムに一二八五年頃生まれた。一四歳でフランシスコ修道会士となり、おそらく哲学の教育を受けるために会のロンドン管区の学校に送られた後、一三〇六年にカンタベリ大司教により副助祭に叙品された。そしてこれに引き続き神学を学ぶためにオックスフォードに送られ、一三一七年から一九年にかけてペトルス・ロンバルドゥスの『命題集』について講義を行っている。ラッタレルが大学総長になったのはこの頃であり、既にこの時期からラッタレルはオッカムの学説に異端の嫌疑をかけ、その後ラッタレルのオッカム批判は激しさを増していった。おそらくこの理由もあってオッカムはロンドンのフランシスコ会の学校に移り、少くとも一三二二年から一三二三年の間はロンドンに居て研究活動を続けた。ロンドンでは彼の重要な哲学、論理学、神学上の著作の大部分が書かれている。その後も一三二四年にアヴィニョンに召喚されるまでオッカムはロンドンにとどまっていた可能性が強い。

一三二四年にイングランドからフランスに渡り、アヴィニョンのフランシスコ派の修道院に身を置いたオッカムは、異端審問に服することとなった。以前は異端審問は当地の司教が執り行っていたが、十四世紀になるとローマ教皇の権力集中化の一つの表われとして異端審問はローマ教皇が直々執り行うようになり、審問手続も明確に制定されていた。ペトルス・ヨアニス・オリーヴィの『黙示録講義』の（オリーヴィ死後の）異端審問や、マイスター・エックハルトの異端審問が行われたのもこの時期である。オッカムを告発したラッタレルは、エドワード二世から二年間だけフランス滞在を許可され（教皇が滞在の延長を王に要請したことで一三二五年以降もラッタレルはアヴィニョンにとどまることになる）、オッカムの『命題集註解』から取り出された五十六個の誤謬を論駁した論考を教皇ヨハネス二十二世に提出していた。これに応えて教皇はオッカムをアヴィニョンに召喚した後、ラッタレルをメンバーとして含む委員会に、批判されている学説が本当にオッカムの著作の中に存在するか、もし存在するとすればそれらは教皇庁による審問に値するかを検討させた。そして委員会は、ラッタレルが批判するオッカムの学説から純粋に哲学的な学説を除去し、キリスト教信仰に直接関わる五十一個の神学説を取り上げ、そのうち二十九個の学説を異端ないし誤謬説として、二十二個の学説を誤謬の可能性はあるがキリスト教の教えに違背してはいない学説として教皇に提示した。しかし、オッカムに対する異端審問はこの後なぜか続けられることはなく、神学上の学説の故にオッカムに対し明確に異端宣告が下されることはなかった。

この間、アヴィニョンに滞在するオッカムにその後の彼の生涯を決定する重要な出来事が起こった。当時のフランシスコ修道会長チェゼーナのミカエルに出会い、清貧論争に巻き込まれていったことである。未だイングランドにいた当時のオッカムはフランシスコ修道会士でありながら清貧論争に関心を示すことはなかった。しかしミカエルと出会い、清貧論争におけるローマ教皇ヨハネス二十二世の見解が異端であることを確信するに至ったオッカムは、これ以降、純粋にアカデミックな研究生活を離れ、ローマ教皇に対する政治的な論争に身を投じていく。

チェゼーナのミカエルは当初、フランシスコ修道会の清貧を教皇に理解してもらうために努力を続けていたが、両者の対立は深まり、清貧に対する教皇の頑固な敵対的態度に身の危険さえ感じたミカエルはオッカムその他のフランシスコ修道会士と共に一三二八年五月にアヴィニョンを秘かに逃亡し、教皇がさし向けた追手の襲撃を危機一髪で逃れ、南フランスの港からイタリアに渡り、当時ローマ教皇と対立しローマで皇帝として戴冠するためにイタリアに来ていたバイエルンのルートヴィヒに庇護を求めた。その後ミカエルはオッカムらと共に、ルートヴィヒのミュンヒェンの宮廷に移り、そこでローマ教皇批判を展開していくことになる。

従ってオッカムの知的活動はアヴィニョンを逃亡する前と後で全く異なる様相を呈しており、哲学神学的著作はオックスフォードとロンドン時代に集中し、政治的著作はミュンヒェン時代に集中している。イングランドにいたときのオッカムは清貧論争に関心を抱くことなく哲学神学的な研究に没頭し、一三二四年（あるいは遅くとも一三二七年）までに、我々に知られている純粋に哲学的神学的な著作のすべてを書き上げており、そこには法・政治思想と言えるようなものは全く見あたらない。しかし一三二八年以後、清貧論争を機にオッカムはポレミカルな政治神学者として政治的教会論的著作の執筆に全エネルギーを費し、当初意図していた哲学神学的著作の幾つかを完成させる時間的余裕さえなかった。それではオッカムの前期の哲学・神学思想と後期の法・政治思想の関係はどのように捉えられるべきだろうか。オッカムの思想を総合的に理解するためにはこの問題を避けて通ることはできない。

筆者がオッカムに関心を抱いた最初のきっかけは、中世から近世にかけての法思想の展開を研究していた際に、近代的権利観念の形成がオッカムのノミナリズムに帰因することを主張する或る論文を読んだときであった。この論文は、〈ius〉という言葉が古代ギリシア・ローマの法思想、そしてトマス・アクィナスに代表される自然法論においては自然的秩序に合致した客観的に正しいことを意味していたのに対し、十四世紀ノミナリズムにおいては人間の主観的属性である力〈potestas〉を意味するようになり、その証拠として清貧論を扱ったオッカムの『九十日の書』の中で〈ius〉が〈potestas〉として表現されていることが指摘されていた。やがて筆者はこの論文がオッカムの法・道徳思想を取り扱ったG・ドゥ・ラガルドの研究に依拠していることを知り、オッカムの思想を個人主義として解釈する見解が正しいオッカム解釈と言えるか否かに焦点を合わせて研究を続け、更にその後研究領域を広げてオッカムの法・政治思想と哲学・神学思想の関係を明らかにするために前期と後期の著作を並行して研究してきた。本書はこの研究の一応の成果をまとめたものである。第一章は『清貧と所有』（立教法学17号一九七六年）、第二章は『オッカムにおける帝権と教権』（同26・32号一九八六・一九八九年）、第八章は『オッカムの聖餐論』（同45号一九九六年）、第九章は『神の予知 必然性 自由』（同65・66号二〇〇四・二〇〇五年）、第十章は『オッカムにおける神と自然法』（同21号一九八三年）を加筆訂正したものである。筆者のオッカム研究は、未だパリ二区のリシュリュー通りにあったパリ国立図書館で始まり、その後、図書館が十三区に移転しミッテラン・フランス国立図書館となった後も続けられた。特に第一章と第二章は当図書館所蔵の文献利用に負うところが大である。ここで、ほぼ四十年間にわたり親切に応対してくれた図書館の多くのスタッフに感謝の意を表しておきたい。

目次

第一部　法・政治思想

第一章　清貧と所有

第一節　清貧論争の展開

フランシスコ修道会史の初期の一世紀はあらゆる問題が「清貧」（paupertas）の実践と理論をめぐって展開した。これら諸問題の展開は大きく三つの論争に区分されうる。第一は、フランチェスコの生前から既に会の内部で生じ、その後十三世紀後半に、〈Spirituales〉と言われる理想主義的な厳格派と、〈Conventuales〉と言われる現実妥協的な穏和派との対立へと発展し、十四世紀前半に教皇ヨハネス二十二世により一応終結する会内部での実践的な清貧論争である。更に第二には、十三世紀中葉にドミニコ会をも含めた托鉢修道会とパリ大学の俗間神学教授及び俗間聖職者との間に生じた、托鉢修道会の特権をめぐる抗争がある。そして最後に十四世紀に、フランシスコ派の清貧思想それ自体を異端として否定する教皇ヨハネス二十二世と会の実践的理論的指導者（チェゼーナのミカエル、ベルガモのボナグラティア、そしてウィリアム・オッカム）のあいだの理論的な清貧論争が挙げられる。オッカムの清貧論及び所有論、そしてこの理論との連関で彼が展開した自然権論は、直接的にはヨハネス二十二世の諸教令に対抗して理論構成されたものであった。以下、オッカムの清貧論を論述する前に、清貧をめぐるフランシスコ修道会の歴史的展開に触れてみよう。

一　フランチェスコの清貧思想とその展開

「しかし私はこれらの地において、ひとつの慰安を見出した。それは、キリストのためにすべてを捨て去り俗世を遁れた、富者や俗人をも含む「小さき兄弟たち」（fratres Minores）と呼ばれる数多くの男女である。彼らは教皇や枢機卿により高い尊敬を払われている。彼らは俗世の事柄にはいかなる関心ももつことなく、日々、熱烈な憧憬と断固とした熱意をもって労働し、かくて危険に瀕した魂を世俗の虚栄から遠ざけ、それを自ら導いていこうと努めている。そして既に彼らは神の恩寵により偉大な成果を生み、多くの功績を成し遂げてきた。……ところで、彼らは原始教会（primitiva ecclesia）の様式に従い生活し、これについては『信じた者の群れは、心を一つにし思いを一つにして』（『使徒行伝』4・32）と書かれているとおりである。昼間、彼らは都市や村に出かけ、行為の模範を示すことにより他の人々を自らの仲間にひき入れようと努め、夜は庵や孤独な居所に引き返し、瞑想に専心するのである。……私は信ずる。主なる神は世の終わりの前に、これら素朴で貧しき人々の故に多くの魂を救済せんと欲し、かくて「吠えることができない唖の犬」（『イザヤ書』56・10）の如き聖職者を辱めるであろうと。[1]」

ここに引用したジャック・ドゥ・ヴィトリの書簡の一節は、フランチェスコに率いられた「小さき兄弟たち」の生活を簡潔に伝えている。アッシジの裕福な織物商人の息子ジョヴァンニ・ディ・ピエトロ・ディ・ベルナルドーネにより設立されたフランシスコ修道会は元来、礼拝堂や定住すべき居所をもたず、従って個人としてのみならず団体としてもあらゆる財物の所有を排除し、「財布の中に金、銀または銭を入れて行くな。旅行のための袋も、二枚の下着も、くつも、つえも持って行くな」（『マタイ福音書』10・9―10）という聖書の戒めに従いキリストの清貧（paupertas Christi）を模倣し、絶対的清貧のうちに、祈禱と説教、労働と托鉢により生活する原始兄弟団であった。[2] キリストの生活を再創造しようとするこれら「小さき兄弟たち」は、特定の住居の所有を禁止され、地上で最も貧しき者、最小限の日々の糧を得るための労働と、戸口から戸口へと（ostiatim）無差別に為される托鉢により生活すべき者とされ、経済的活動や金銭の享受は絶対的に禁止されていた。[3] このようにフランシスコ修道会は、当のフランチェスコや会を認可したローマ教皇の意図とは独立に、世俗的制度的政治権力となっていた十三世紀ローマ教会の対立的形象であった。しかし、このようなフランチェスコの「使徒的生活」（vita apostolica）に基づく絶対的清貧の理念の実践をめぐり会内部で対立が生じ、フランチェスコの意志を純粋に貫徹せんとするSpiritualesと、戒律の緩和を要求するConventualesの抗争が表面化してくる。フランチェスコ及び少数の追随者からなる兄弟団による清貧理念のかつての自由なる個人的追求は、拡大化に伴う会の制度化、「教団」化が進行するにつれ、[4] それを全き純粋性において維持することが困難となり、修道院の所有、学問的な研究手段の所有を要請する人々が増大してくる。このような現実主義的な人々（Conventuales）とフランチェスコとの立場の相違は、ローマ教会内部で一つの団体的制度的生活様式を実践しようとする立場と、ローマ教会の位階秩序の外でキリスト及び使徒の原始的生活様式を実践しようとする立場の相互に妥協不可能な相違でもあった。そしてフランチェスコは、純粋な清貧生活を厳格に維持しようとする立場と、峻厳な戒律の緩和を要求する立場が抗争する最中、「遺書」を残してこの世を去った。「遺書」の中で彼は、「兄弟団」の設立が神の啓示によること、ローマ教会及び教会聖職者への絶対的服従を守るべきこと、一衣一縄の貧困を実践し、生活の糧を得るためにのみ労働と托鉢を行うこと、財産の所有やローマ教会からの特権授与を享受しないこと、会内部の上位者に従順であるべきことを確認し、最後に、当の遺書は既存の戒律に付加された別の戒律とみなされるべきではなく、それは単に既存の戒律の遵守を激励しているにすぎないこと、そして遺書及び戒律に対する註釈や修正は許されないことを付言した。この遺書の中には、戒律がローマ教皇を仲介せず直接神によって啓示され、従って修正不可能であるとする立場と、この戒律の遂行をローマ教会の位階秩序の内部で実現していこうとする立場が両者均衡の状態で保たれている。しかし、Conventuales と Spirituales との対立が顕在化するに従い、根底において両立し難いこれら二つの立場の均衡は崩れていくことになる。

かつて、枢機卿ウゴリーノとして[5]フランシスコ修道会の「保護者」（protector）の任にあった教皇グレゴリウス九世は、戒律に含まれた諸問題に関する修道会からの質問への応答として、一二三〇年に教令《Quo elongati》を発布し[6]、フランチェスコの「遺書」を、それがフランチェスコの修道会長（minister generalis）辞任後に作成され、会の諸管区長（ministeri）の同意を欠くが故に、フランチェスコの後継者を拘束する効力がないことを宣言した。この極めて法理的に構成された教令により、フランチェスコが遺書で要請した如く戒律を不可侵なものとして扱う義務が、修道会のみならず教皇からも解かれたことになる。更にこの教令は、絶対的清貧の理念と財物の現実的需要とを調和すべく、財の使用（usus）と所有（proprietas,dominium）を概念的に区別し、フランシスコ修道会は財物の「使用」は認められており、財物の「所有」が修道士個人としても（in speciali）会全体の共有としても（in communi）禁止されているにすぎないことが規定された[7]。

この後、コルトーナのエリアスが修道会長に選出され、更にこの後一二三九年ローマ総会で[8]、ピーサのアルベルトゥスが修道会長に選出されることになる。しかし、会の戒律の緩和、他の托鉢修道会（特にドミニコ修道会）との制度的な接近がその後も更に進行し、特にインノケンティウス四世の治世には、多くの特権が教皇から会に授与された。インノケンティウスは、一二四五年に発布された教令《Ordinem vestrum》[9]で、金銭受領に関し大幅な自由を修道士に承認する一方[10]、従来は喜捨者に留保されていた財の所有権を、喜捨者が明示的にこれを自己に留保した場合を除きすべて教皇座に帰属するものとし、かくして、修道会のあらゆる財産は動産も不動産も含め教皇座の所有とされたのである。[11] そして最後に、同じくインノケンティウス四世の一二四七年の教令《Quanto studiosius》[12] は、修道会（具体的には修道会長）に、教皇庁の名において会の使用財産を管理する〈procuratores〉の任命権を授与することにより、修道会は実質的に自己の財産を自由に処分する完全なる権利を認められるに至った。

《Quanto studiosius》以後、戒律緩和は、厳格派的気質を有するパルマのヨハネスが修道会長に任命されたことにより一期間停止する。パルマのヨハネスは以前の教令《Ordinem vestrum》及び《Quanto studiosius》により会に授与された特権を取り消し、フランチェスコの意図に忠実に絶対的清貧の生活を復活しようと試みた。パルマのヨハネスの直後に修道会長の座についたのが、Conventuales に近い立場をとっていたボナヴェントゥーラであるが、[13] ボナヴェントゥーラの清貧論について述べる前に、彼の修道会長職の背景に存在した二つの重要な問題に触れなければならない。すなわち、フランシスコ会内部におけるヨアキム主義の形成及び、托鉢修道会とパリ大学俗間教授の間の論争である。

二　ヨアキム主義の形成と Spirituales

フランチェスコの死後一世紀経ない間に、会の清貧思想は実践的意義を失い、フランシスコ修道会と他の托鉢修道会との相違も次第に消失するに至った。しかしこれにより会内部の Spirituales と Conventuales の対立は更に激化していくことになる。他の托鉢修道会、特にドミニコ派は、フランシスコ派と同様、一二五〇年前半に後述のパリ大学俗間教授との論争を経験し、更に一二七〇年代にはアリストテレス主義の異端宣告を受けることになるが、フランシスコ派のような会内部の分裂は存在しなかった。これに対しフランシスコ会ではフランチェスコの使徒的生活を忠実に遵守せんとする Spirituales に終末論的歴史観が結合し、会内部の対立は更に深刻化し、教皇の介入もより積極的に進められていく。Spirituales の終末論的歴史観に多大の影響を与えたのがヨアキム・ダ・フィオーレの黙示録的歴史観であり、Spirituales により再解釈されたこの黙示録的終末論は、ローマ教会への反抗の思想的武器として積極的に利用されていく。

カラーブリアのシトー修道会士、そしてその後一一九六年にフィオーレに新たな修道会を設立したヨアキムの思想は、[14] 旧約及び新約聖書の象徴的予型論的解釈に基づく終末論的歴史形而上学を特色としている。[15] ヨアキムによれば神が三位一体である如く世界創造から終末までの人類史は三つの時代（status）、すなわち旧約聖書の時代とほぼ合致し、アダムに始まり洗者ヨハネの父ザカリヤの時代で終結する「父」の時代、そして新約聖書の時代に合致し、ユダヤの王ウジヤの治世に始まり一二〇〇年代に終結する「子」の時代、更に、世界の終末、最後の審判まで続く「聖霊」の時代に区別される。子が父から生まれ、聖霊が父と子から発するように、「子」の〈status〉は「父」の〈status〉から、「聖霊」の〈status〉は「父」と「子」の〈status〉から生じ、これら三つの時代相互には——例えばイスラエル民族の族長アブラハム、イサク、ヤコブがザカリヤ、洗者ヨハネ、キリストと呼応するように——形式的な相似関係が存在している[16]。「父」の時代は「肉」「律法」「隷属」の時代、妻帯せる人間が支配する「受苦」の時代——〈ordo conjugatorum〉の時代——であり、「子」の時代は「肉」と「精神」が混淆した「恩寵」及び「子の服従」(obedientia filialis)の時代、教会聖職者が支配する「行為」の時代——〈ordo clericorum〉の時代——であり、更に「聖霊」の時代は、書かれた福音を必要とせず、福音を完全に理解する霊的理解(intelligentia spiritualis)において神が直接的に示現し、人間精神が純化されより強い恩寵に満たされた「自由」の時代、霊的修道士に導かれる「瞑想」の時代——〈ordo monachorum〉の時代——であり、バビロンと闘う新しきエルサレムの指導者たる教皇のもと、ユダヤ人の改宗、東西教会の合一などが成就する時代である。

しかしヨアキムは人類史を三つの〈status〉に区分すると同時に、世界創造からキリストの第一の降臨までの旧約の時代と、キリスト受肉から第二の降臨までの新約の時代に区分し、この区分においては新約の時代は子の〈status〉と聖霊の〈status〉を含むことになる。このことは、子の〈status〉と聖霊の〈status〉の関係をヨアキムが連続的に考えていること、ラテン教会はキリストの第二の降臨まで存続し、ただラテン教会が「行為の教会」(ecclesia activa)から「瞑想の教会」(ecclesia contemplativa)へとその性格を変化させるにすぎないことを意味している。更にヨアキムは、世界創造の七日間に呼応して、人類史全体を七つの時期(aetas)に、すなわち世界創造からキリストの受肉までの五つの時期、キリストの受肉からヨアキムの時代までの第六期、そして安息と至福の第七期に区分しており、この区分の第六期は子の〈status〉に、第七期は聖霊の〈status〉に相当する。そしてヨアキムは七つの区分を人類史全体のみならず旧約と新約の歴史の各々にも適用し、ヨハネ『黙示録』にみられる聖なる巻物の七つの封印とその七つの開披に呼応して旧約時代と新約時代をそれぞれ七つの〈tempora〉に区分する。第七の封の開披によって第六の〈tempus〉が第七の〈tempus〉へと移行し新約時代が第六の〈tempus〉から第七の〈tempus〉へと移行することは、人類史全体の第六期の〈aetas〉である子の〈status〉が第七期の〈aetas〉である聖霊の〈status〉へと移行していくことを意味する。そしてヨアキムによれば七つのtemporaに区分される新約時代の第六の〈tempus〉で旧約新約の霊的理解が先ず告知され、第七の封の開披の後、第七の〈tempus〉で神の神秘が人類に全面的に開示されるが、新約時代が第六の〈tempus〉から第七の〈tempus〉へと移行することは、人類史全体の第六期の〈aetas〉である子の〈status〉が第七期の〈aetas〉である聖霊の〈status〉へと移ることでもある。また、ヨアキムによれば「子」の時代の終結時には「七つの頭の大きな赤い龍」の第六の頭（サラディン）に続き第七の頭反キリスト（ヨアキムの時代に既にローマで生まれ、やがて教皇座に就く偽教皇）が出現するが、二つの修道会——説教する者たちと瞑想する者たちの二つの集団からなる霊的な人々（viri spirituales）——に助けられた新しきエルサレムの教皇のもと、白馬の騎手——ヨアキムはこれをキリストの化身と推測している——がこの反キリストを打ち倒す。そして平和と神的歓喜に満ちた聖霊の時代の後、「七つの頭の大きな赤い龍」の尾、最後の反キリスト（Gog）が到来し[17]、これがキリストの第二の降臨の後に打倒されることにより世界は終末を迎え最後の審判が行われる。このようにヨアキムは人類史を「肉」と「精神」が対立しつつ福音が漸次的に成就していく過程として捉え、第二の「子」の時代、すなわちローマ教会の時代を、「聖霊」が支配する「霊的教会」（ecclesia spiritualis）への単なる過渡的な時代としか考えなかった。彼は第二及び第三の〈status〉にはそれぞれ第一と第二の〈status〉の中葉から開始する〈initiatio〉の時期が存在すると考え、第三の聖霊の時代は第二の〈status〉の後半、ヌルシアのベネディクトゥスにより準備され、更にこれがシトー修道会及びベルナルドゥスやヨアキム自身が設立した修道会へと継承されていくと考えた。

ヨアキムの思想は一二一五年の第四ラテラノ公会議で断罪されたが、その黙示録的終末論は、聖書の象徴的予型論的解釈や数神秘主義による歴史形而上学であり、ローマ教会に対する政治的批判を意図したものではなかった。しかし彼の思想は他の異端説にもみられる黙示録的終末論と相俟って、後世に多大な社会的政治的影響を及ぼし、就中、フランシスコ修道会のSpiritualesに熱烈な信奉者を見出したのである。特にヨアキムが第二の「子」の〈status〉を一世代（三十年）が四十二回繰り返される時代と考え、一二六〇年が第二の〈status〉の最終年であることを示唆した（しかし、子の時代の最後の二世代の年数をヨアキムは確定していない）ことから、この一二六〇年はフランシスコ派のSpiritualesにとって極めて重大な象徴的意義を有する年となり、彼らの関心は「子」の時代の最後の一世代、人類が第六の〈aetas〉から第七の〈aetas〉へと移行する時期、新約時代が第六の〈tempus〉から第七の〈tempus〉へと移行する時期へと集中したのである。ヨアキム・ダ・フィオーレの会内部への影響は一二五四年に公にされたパリの若いフランシスコ修道会士ボルゴ・サンドンニーノのゲラルドゥスの〈Introductorius in evangelium eternum〉に明瞭に示されている[18]。この著作は今日残存していないが、パリ大学の神学教授の批判や異端審問委員会の報告からその内容を知ることができる。この著作でゲラルドゥスはヨアキムの終末論的歴史観を基礎として、これをSpiritualesの立場から再解釈し、明白に異端的な思想を展開した。ヨアキムは「子」の時代の第六期に旧約及び新約の霊的理解が開始すると考えていたが、ゲラルドゥスによれば「子」の時代から「聖霊」の時代への移行に伴い、旧約新約に代わりヨアキムの三つの著作、〈Concordia Novi et Veteris Testamenti〉、〈Expositio in Apocalypsim〉、〈Psalterium decem chordarum〉が聖霊時代の永遠なる福音となり、ヨアキムはヨハネ『黙示録』で物語られている「永遠の福音をたずさえて」中空を飛ぶ天使（『黙示録』（14・6））である。ヨアキムが「聖霊」時代の「永遠の福音」を旧約新約の霊的完成、ecclesia spiritualisをローマ教会の完成態とみなし、二つの時代を連続的に考えたのに対し、ゲラルドゥスにおいては「永遠の福音」と旧約新約との連続性は否定されている。そしてヨアキムによってもたらされたこの「永遠の福音」を世に広め、聖霊時代を準備する霊的修道士は絶対的清貧を実践するフランシスコ会士と、フランチェスコは「生ける神の印を帯びる」第六の封印の天使と同一視され、反キリストの到来は一二六〇年と考えられている。かくして、「子」の時代から「聖霊」の時代への変化は、旧約新約秩序の延長としてローマ教会内部で遂行されるのではなく、その外部から超越的に行われるのであり、従ってゲラルドゥスの著作はローマ教会に対する一つの挑戦を暗に意味していた。ゲラルドゥスの著作は、教皇アレクサンデル四世により断罪され、その後一二五八年に異端宣告を受けたゲラルドゥスは死ぬまで十八年間、監獄に幽閉されることになる。

その後、ヨアキム主義の会内部への浸透及び、Spiritualesとの結合は更に進行し、後述のペトルス・ヨアニス・オリーヴィやカサーレのウベルティーノといった指導的なSpirituales以外に、例えばボナヴェントゥーラのような思想家にもヨアキム主義の影響がみられる。ゲラルドゥスの異端的著作の公刊と教皇アレクサンデル四世によるこの著作の断罪、そしてその翌年のヨアキム主義的傾向を有する修道会長パルマのヨハネスの辞任の後、ボナヴェントゥーラが修道会長となるが、彼が直面した重大な問題は、托鉢修道会に対するパリ大学の俗間教授、及び俗間司祭らの会に対する批判であり、後者は特にゲラルドゥスの異端を機会として、フランシスコ修道会のみならず、ドミニコ修道会の教会内部での正当性をも激しく非難するに至った。

十三世紀中葉、パリ大学における俗間の神学者と托鉢修道会

（フランシスコ派及びドミニコ派）の間で生じた論争[19]は、神学者側には反ヨアキム主義と反教皇絶対主義（ないしは団体主義）が混在し、修道会側に関しては論争の動機がフランシスコ派とドミニコ派の間で異なり、また各々の修道会についても個々の理論家でその主張にニュアンスの相違が存在していることから、極めて複雑な様相を呈している。しかしこの論争から生まれたボナヴェントゥーラの清貧論は、その後教令《Exiit qui seminat》により法定化され、Conventuales の基本的な見解へと展開していくが、ボナヴェントゥーラの清貧論に触れる前にこの論争を先ず簡単に略述しなければならない。

十三世紀中葉のパリ大学内部において、托鉢修道会たるドミニコ派及びフランシスコ派は既に独自の神学講座をもち、更にドミニコ派は会士のための神学校を設立していた。大学内部への修道会のこのような侵入に対し、俗間の神学者達は一二五二年、托鉢修道会に対し新たな講座の設立を禁止したが、この両者の対立は托鉢修道会に対する俗間教授の強い敵意に由来し、その対立の背後には二つの相異なる教会観が存在していた。俗間教授の教会観によれば、教会は一種の封建的秩序として領域的に分割された司教区からなり、司教は一定の封土と税の徴収権を有し、司教の下位には教区司祭が存在する。従ってこのような封建的位階的教会観においては、キリストの使徒たちの後継者として神から直接に権限を付与された司教は教皇から相対的に独立した存在と考えられ、教会は教皇の絶対的裁治権により集権的に支配されるのではない。これに対して托鉢修道会の教会観によれば、教会は教皇に直接的に服する個々の信徒の普遍的共同体であり、教区の司祭や司教を媒介として信徒が間接的に教皇と結びついているような局所的共同体の集合体ではない[20]。キリストがペテロに授与した権限が教会における権限の唯一の源であり、司教は教皇から権限を受け取り、この権限は更に司教から司祭へと委任されていく。これら二つの教会観は、教皇と司教が信徒のための機関ではなくキリストから超越的に権限を与えられていることを前提にしている点は共通しているが、教皇の首位権について基本的に異なる見解を示している。

托鉢修道会が形成される以前の修道院（ordo monasticus）は祈りと瞑想の場として、周囲の司教区に介入することなく自閉的に存立していたにすぎず、両者間の対立は生まれなかった。また封建的教会観によればキリスト教会内部には司教及び下位の聖職者からなる ordo perficientium（完成する者たちの階級）と俗界人及び修道士からなる ordo perficiendorum（完成されるべき者たちの階級）が峻別されたかたちで並存するとされていた[21]。これに対し、税の徴収権を有さず、信徒の自発的な布施にのみ依存する托鉢修道会は、教皇直属の制度として教皇にのみ服従し、上記の封建的に秩序づけられた ordo perficientium の外に存在するものであり、従って都市の商人階級が封建的支配者層と抗争したのと同様、托鉢修道士たちは周囲の司教と対立するに至る。この点修道会士の多くが商人階級出身者であったことは注目に値する。修道会は教皇による相次ぐ特権授与の結果、封建的聖職者層とは独立に教皇の許可により司教区に侵入し説教をし布施を受容した。(22) かくして司教及び司教の立場を理論的に代表する俗間神学者と教皇を後ろ盾とした托鉢修道会の対立は必至となり、後者は教会をローマ教皇により支配される統一的普遍的共同体と考え、教皇の優越的地位及び教皇により付与された自己の特権を擁護し、前者は教皇に対する司教の相対的自立性及び封建主義的位階的教会観を理論的に擁護したのである。(23)

両者の論争は、一二五四年に公にされたボルゴ・サンドンニーノのゲラルドゥスの先述のヨアキム主義的著作〈Introductorius in evangelium aeternum〉をめぐって開始する。この著作で示唆されているローマ教会と「肉の教会」(ecclesia carnalis) の同一視、及びフランシスコ修道会を「霊的教会」の先駆形態とみなす見解に対し、俗間神学者は激しい反論を加えた。一二五六年、ギヨーム・ドゥ・サンタムールはその著書〈Tractatus brevis de periculis novissimorum temporum ex Scripturis sumptus〉(24) でゲラルドゥスの思想を異端と断じ、更にヨアキムの思想を逆手にとり、フランシスコ派こそ反キリストの住処を用意する使者であると反論し、更に先述の ordo perficientium と ordo perficiendorum との厳格な区別のもとに、前者のみを説教権や告解聴聞権の正当な行使者、福音的生活の真の遂行者と主張した。そして彼の攻撃は托鉢修道会の清貧思想へと向けられ、キリストが清貧をキリスト教的完全性の本質的要素とみなしたことを否定し、更にフランシスコ派の清貧の虚構性を指摘している。(25)

ギヨームによる托鉢修道会への攻撃に対しては、ただちに反論が為され、特にフランシスコ派からはボナヴェントゥーラの〈Questiones disputatae de perfectione evangelica〉(26) 及びヨークのトマスの著作と推定される〈Manus quae contra Omnipotentem erigitur〉(27) が、ドミニコ派からはトマス・アクィナスの〈Contra impugnantes Dei cultum et religionem〉(28) が、それぞれ著された。これら托鉢修道会からの反論に対し、ギヨーム・ドゥ・サンタムールは〈Collectiones catholicae et canonicae Scripturae〉(29) を著わし、先述の〈Manus quae contra〉に対しては、ジェラール・ダッブヴィルが〈Contra adversarium perfectionis Christianae〉を著わし、少し時を経て一二六九年に公刊している。(30) 後者の論文は托鉢修道会に対し大学で教授する権利や托鉢と説教の権利を否定するだけでなく、キリスト的福音的清貧の理念をも否定している。ダッブヴィルによれば、教会の共有財産や聖職者の財所有はキリスト的完全性を損なうものではなく、最高の完全性は世俗的物質的財の放棄に存するのではない。むしろ完全性は霊的財の管理にあり、従って司祭のみが最高のキリスト的完全性を獲得しうるのであり、キリスト的完全性は俗間聖職者のみに固有な徳である。更に世俗的物質的財の管理、教会財産の管理分配は聖職者の職務に不可欠であるが故に、これら物質的財の管理は完全なる生活の実践及び霊的財の分配に不可欠なものである。

更にギヨーム・ドゥ・サンタムールの反清貧論はジャン・ドゥ・マンの『薔薇物語』により広範囲に普及し、ダッブヴィルの上記の著書が一二六九年に公刊されたことで一二七〇年頃、俗間司祭や神学者と托鉢修道会の間に新たな論争が生まれる。先ずドミニコ派ではトマス・アクィナスが〈De perfection vitae spiritualis〉[31]を、そしてフランシスコ派ではボナヴェントーラが〈Apologia pauperum contra calumniatorem〉[32]、ジョン・ペッカムが〈Quaestio de perfectione evangelica〉[33]と〈Tractatus pauperis〉[34]を著し、ジェラール・ダッブヴィルに対抗した。これに応えて俗間の神学者からは、パリ大学のニコラ・ドゥ・リジューがトマスの上記の著作への反論として〈Liber de perfectione et excellentia status clericorum〉[35]を著した。そしてドゥ・リジューの反論に対しトマス・アクィナスは〈Contra pestiferam doctrinam retrahentium homines a religionis ingressu〉[36]でもって応答し、更にトマスのこの論考に対してリジューが〈Responsio〉[37]を書いている。また当時、托鉢修道会と俗間司祭との間で、修道会が幼年者を修道士として受容することの正当性が論議されていたが、ドゥ・リジューは上記の〈Responsio〉で修道会のこの実践を批判し、この批判に対しジョン・ペッカムが〈De pueris oblatis in ordine Minorum〉[38]を著わし、修道会の立場を擁護している。しかし以上の論争により最も強い打撃を受けたのはSpirituales であった。そしてサンタムールなどによるヨアキム主義批判はついに、ヨアキム主義的思想を有しフランチェスコの清貧理念に忠実であったフランシスコ修道会長パルマのヨハネスを辞任へと追いやり、これに代わり一二五七年フランシスコ修道会の第二の設立者とも言われるボナヴェントゥーラが――パルマのヨハネス自身の推挙により――修道会長に選ばれた。

ボナヴェントゥーラは、上記の托鉢修道会と俗間神学者との論争の間、フランシスコ修道会長として、更にまた会の思想的代表者として非常に重要な役割を演じたが、彼の立場は重要な問題につき極めて曖昧な点を残している。第一にボナヴェントゥーラは修道会長就任直後、パルマのヨハネスのヨアキム主義を批難し後者をしてグレッチョでの隠居を余儀なくさせていることから理解されるようにヨアキム主義に対し批判的態度をとっている一方、会長職中に書かれた彼の著作には至るところにヨアキム的な思想がみられる。彼は俗間神学者に対してはフランシスコ派の清貧論からヨアキム的傾向を除去しようと腐心し、他方、例えばフランチェスコを黙示録の天使と同一視するが如きヨアキム主義的見解をフランシスコ派に共通の見解として受け入れているのである。更に清貧に関する彼の政策も二義的である。例えば彼は、前任者パルマのヨハネスにより開始された戒律の厳格化政策を維持している――一二六〇年ナルボンヌ総会では教令《Ordinum vestrum》及び《Quanto studiosius》の効力停止が決定され、修道会長の許可なくして教皇から特権を受容することが会士に対し禁止された――一方で、戒律緩和の政策も数多くみられるのである。以上のようにボナヴェントゥーラの政策は、外側からの批判と内部の対立に対処しようとする妥協的政策であったが、結局のところ戒律の緩和化は彼の修道会長就任中も更に進行し、Spirituales の反抗は激しさを増していった。ボナヴェントゥーラは Spirituales に対し直接的に迫害的態度をとったわけではないが、彼の著わしたフランチェスコ伝に描かれたフランチェスコは Spirituales の信奉する厳格なる清貧のうちに生きるフランチェスコではなく、一二六六年パリ総会で、ボナヴェントゥーラ以外の厳格主義的立場で書かれたフランチェスコ伝が否定されたことからも理解しうる如く、彼の政策は Conventuales の立場からの政策であった。これは以下で論ずる彼の所有論にも明白に示されている。

三　ボナヴェントゥーラ

パリの俗間神学者の攻撃に対するボナヴェントゥーラの清貧論は上述の「清貧擁護論」（Apologia pauperum）で展開されている。[39] この著作にみられるボナヴェントゥーラの立場は、教令《Quo elongati》及びこれに続く他の教令に含まれている実践的解決を理論的に表現したものと考えられ、ここにおいて「清貧」は所有権（dominium）の放棄として明確に定義されるに至った。[40] ボナヴェントゥーラによれば、財の使用は人間の自然権に基礎を置くが故に、現世においては財の使用（usus）の放棄は不可能であり、従って福音的清貧は所有権の放棄に存し、使用は単に制限されるにすぎない。[41] 更に彼は「完全なる清貧」（paupertas perfecta）と「不完全なる清貧」（paupertas imperfecta）を区別し、両者の相違は、前者が個人的及び共有的所有権双方の放棄を、後者が個人的所有権のみを放棄し、共有的な所有権を維持する点にある。福音的清貧たる「完全なる清貧」は、キリスト自身の行為や教訓の中に示されており、金銭の放棄、托鉢、所有権の放棄がその内容である。そして彼によれば、キリストの行為のすべてが「完全なる清貧」の範例なのではない。キリストの行為には「内的行為」〈opus interius〉と外的行為（opus exterius）があり、キリストが「完全なる清貧」に反するが如く行為する場合、それは外的行為として不完全であるにすぎず[42]、外的行為はキリスト自身の不完全性からではなく、不完全なる人間に対する慈愛からなされた行為なのである。キリストのこのような不完全な行為は、完全性に様々な段階を是認する神の慈愛を表現している。従って財を共有の形態で所有するフランシスコ派以外の修道会は、不完全ではあるが清貧を実践していることに変わりはない。

以上の議論を前提として更にボナヴェントゥーラは、ジェラール・ダッブヴィルに代表される俗間の神学者の主張、すなわちフランシスコ派は実質的には所有権を保持しており、所有権の放棄は事実上不可能であるという主張に対し反論を試みている。ジェラールは、フランシスコ派の立場から書かれた前述の〈Manus quae〉に対する反論〈Contra adversarium〉で『ヨハネ福音書』(13・28―29)に記されている「ユダの財布」を指摘しつつ、使徒が金銭を使用したことを指摘し、更に、所有権と使用権を永久に分離することは不可能であり、所有権者が財に対しいかなる利益も永久に享受することがなく、他者にこの財の使用権が存する場合、使用権者はむしろ所有権者と考えるべきであると主張した。フランシスコ派の財の所有権は形式的には布施者ないしローマ教皇庁に属すとされていても、これにより両者がいかなる収益も永久に享受しないとすれば、むしろフランシスコ修道会が所有権者であると考えるべきである。更に、例えば食物の如く消費により消失してしまう財(消費財)につき所有権と使用権を区別することは不可能であるが故に、フランシスコ派による所有権放棄は不可能である(43)。

このような主張に対し、ボナヴェントゥーラは財の保持形態として私的所有権(proprietas)、占有権(possessio)、用益権(ususfructus)、単なる使用(simplex usus)の四つを挙げ、フランシスコ派の財産保持が「単なる使用」であることを指摘する(44)。そしてジェラールの主張に対しては、修道会財産の所有権者は修道会に使用を認めることにより、世俗的収益は享受しないが霊的な利益を獲得すると主張し、消費財について使用と所有権の区別が不可能であるという反論についてはローマ法を援用し、消費財たるpeculium(特有財産)を息子は使用しうるが所有権は父親に帰属する例がローマ法に存在すると反論している(45)。更にローマ法によれば人は自己の意思に反して所有権者となりえず、従ってフランシスコ会士も自己の意思に反し所有権者となる必要はない。そして所有権を放棄しつつ財を使用することは法的に可能であるのみならず、これはキリスト自ら実践したことであり、教皇の諸教令もフランシスコ派による所有権放棄を是認してきたのである。

ボナヴェントゥーラの以上の論証により、フランシスコ派の清貧はsimplex ususとされたが、結局これは所有権の放棄を意味するにすぎず、彼の「清貧」の定義には、使用の制限は含まれていない。しかし更に、清貧をsimplex ususとするボナヴェントゥーラの見解は或る意味で二義的である。simplex usus は法的権利なのかそれとも単なる事実なのか。simplex usus は proprietas,possessio,ususfructus と並んで法的な物権であるのか、従って準所有権（dominium utile）や分割所有権の如き法的権利と考えてよいのであろうか。このような多義性を払拭するために、ボナヴェントゥーラの死後一二七九年に発布されたのが教皇ニコラウス三世の教令《Exiit qui seminat》である[46]。この教令の意義はボナヴェントゥーラ及び Conventuales の清貧論を教令化した点にあり[47]、特にジェラール・ダッブヴィルに対するボナヴェントゥーラの反論が明白に引用されている。しかしこの教令にみられる清貧論は、財産保持の様態として、〈proprietas〉〈possessio〉〈ususfructus〉〈ius utendi〉〈simplex usus facti〉の五つを挙げ、フランシスコ派の財産使用は純粋な事実たる〈simplex usus facti〉であることが確認されている点でボナヴェントゥーラの見解より明確であり[48]、また、後にヨハネス二十二世と修道会の間で論争の対象となる論点、すなわち食物のように使用によって消失する財についても修道会が単に事実上使用しているにすぎないことがボナヴェントゥーラの見解に従って明言されている。そして更に修道会の使用財産についてこの教令は、布施者が所有権を自己に留保しないかぎり、ローマ教皇座にその所有権が属することを明言し[49]、教令を註釈により曲解しようとする者に対しては破門をもって罰することを付言している[50]。またニコラウス三世は、後にこの教令の中で最も議論されることになる一節で、フランシスコ派の清貧的生が父なる神の前で最も清く正しい生であり、この清貧が神の子により模範的生として伝えられ、聖霊により聖フランチェスコとその追従者たちに吹き込まれたことを述べている[51]。しかしながら、この教令の権威的裁定により俗間神学者とフランシスコ修道会との論争は一応の解決をみたものの、会内部での Conventuales と Spirituales との対立は、usus の許容範囲をめぐって更に展開していく。そして両者の対立が単に清貧論についての理論上の対立ではなく、清貧の具体的実践をめぐる対立であったことは言うまでもない。

四　ヨアキム主義の展開と清貧論

フランシスコ修道会内部における Spirituales の清貧論によれば、修道会士は財の所有を放棄すべきであるのみならず、財の使用も生活に最低限必須な使用に限定されるべきとされたが、この派のいわゆる清貧的使用（usus pauper）論の発展に多大な影響を与えたのが、死後 Spirituales により聖者として仰がれ、使徒パウロと同等の権威さえ与えられることになる[52]ペトルス・ヨアニス・オリーヴィである[53]。オリーヴィはボナヴェントゥーラの死後、修道会内部で最も影響力ある思想家であったが、ニコラウス三世の教令《Exiit qui seminat》の公布以前すでに[54]、『清貧に関する設問』（Quaestio de paupertate）の中で、所有権放棄のみならず財使用の厳格な限定たる〈usus pauper〉を、フランシスコ修道会の清貧を構成する本質的要素として挙げていた。従って彼によれば、修道会士は誓約により〈usus pauper〉に拘束され、これは戒律に明示されている点には限定されない。彼は、後にクレメンス五世が主張したように戒律に明示されていない使用については「適度の使用」（usus moderatus）が許されるとは考えず、あらゆる行為において〈usus pauper〉を実践すべきであると主張する。「形相と質料の間に存するのと同じ関係が、清貧的使用とあらゆる権利の放棄の間に存在することを知るべきである。それ故形相のない質料が無形態で混乱し、不定で流動的、空虚あるいは無益にして不毛であるように、清貧的使用を伴わないすべての権利の放棄も同様である[55]」。財の使用により富を得る修道会士は大罪を犯すものであり、司教となった修道会士も厳格な清貧を実践すべきである[56]。そして清貧は訴訟行為と矛盾するが故に、会士はいかなる場合にも訴訟を行うべきではない。またオリーヴィは別の著作で、人間は「私のもの」「あなたのもの」という言葉を放棄することで最も静かに（quietissime）生活することができるというセネカの言葉を引用しながら、清貧による所有の完全な放棄はいさかいや憎悪や訴訟の原因を取り除くのに対して、他の修道会が採用している共有はこのために不十分であることを主張し、更に『使徒行伝』第四章に関連して、無垢の状態（status innocentiae）にあったキリストと使徒の原始教会における財の保持形態は共有ではなく単なる使用であり、フランチェスコがこの無垢の状態を再生させたこと、そして後述の終末論的な歴史解釈のもとに、反キリストによる最後の迫害を経て新しきエルサレムが地上に再び打ち建てられ、すべての人間は、無垢の状態にあったときと同様に、財に対して単なる使用という保持形態をとるようになることを主張する[57]。以上のような清貧論はその後のオリーヴィの著作『清貧的使用論』（Tractatus de usu paupere）でも展開されている[58]。

オリーヴィの清貧論は純粋に理論的にみれば、Conventualesのそれとさほど異なるわけではなく、フランチェスコの戒律の厳格な遵守を固持しつつも、グレゴリウス九世及びニコラウス三世の既述の教令を承認し、これらの教令は戒律の修正ではなく、不明確な部分の明確化にすぎないと考えていた。しかしこれらの著作にみられるオリーヴィの主張の特色は、〈usus pauper〉の主張に加え、清貧を生の最高形態と考え、あらゆるキリスト教徒に対し清貧の実践を要求し、これに司教などの高位聖職者も含めている点にある[59]。ボナヴェントゥーラに代表されるConventualesが、清貧を〈caritas〉の単なる手段の一つと考えたのに対し、オリーヴィによれば、人間は清貧により世俗的物質界との関係を断ち切ることによってのみ完全なる〈caritas〉と自由なる意志を獲得し魂の救済を得ることができる。教会全体に対し清貧を要請するこの立場のいわば政治的意義は明瞭であろう[60]。かくして一二八三年、修道会長サン・ジョヴァンニのボナグラティアは、パリ大学のフランシスコ派神学者からなる委員会を召集し、オリーヴィ神学の検討を開始した。この委員会は〈Rotulus〉と呼ばれる、オリーヴィ神学の教説の抜粋からなる報告書で、オリーヴィ神学に含まれた幾つかの命題を異端ないし偽として非難し、更に〈Littera septem sigillorum〉[61]で二十二の命題をオリーヴィへの反論として提出した。このうち四つの命題が清貧に関するものであった。そしてサン・ジョヴァンニのボナグラティアは更にオリーヴィに対し自説の撤回と〈Littera septem sigillorum〉の承認を命令し、更にオリーヴィの著作の流布を禁じたが、これに対しオリーヴィは自己の立場を擁護する〈Apologia〉を著した[62]。その後一二八七年フランシスコ修道会長としてマッテーオ・ダクワスパルタが選ばれ、オリーヴィは再びフィレンツェのサン・クローチェの studium の lector に任命されたが、ここで彼は Spirituales の代表的思想家ウベルティーノ・ダ・カサーレと出会う。そしてその後更に一二八九年オリーヴィは新しい修道会長レーモン・ゴドフロアによりモンペリエの lector に任命されるが、一二九〇年、Conventuales の要請に従って教皇ニコラウス四世はオリーヴィの異端審問を再び開始し、オリーヴィは一二九二年パリ総会で〈usus pauper〉に関する自己の見解の新たな説明を要求されることになる。この後、教皇となったSpirituales の支持者ケレスティヌス五世が教皇座を辞退するに及び、オリーヴィは論文『教皇ケレスティヌス五世の辞退に関する設問』を著わし、他の Spirituales の見解と自己の立場の相違を説明する機会をもった[63]。また一二九五年コッラード・ディ・オフィダに宛てた書簡[64]で彼は、他の Spirituales のように教令《Quo elongati》や《Exiit》を会の戒律への違背と解釈すべきではなく、教皇には戒律の用語を解明する権利があると主張し、自分の唱える〈usus pauper〉論が教皇の立場と矛盾しないことを力説しており、更に生涯の晩年に再度、戒律への〈Expositio〉[65]の中で〈usus pauper〉を論じているが、この中でも彼は清貧はフランシスコ派のみならず教会全体の支柱であることを繰り返している。しかしこのようなオリーヴィの或る意味では穏健な見解も、一二八七年以後いよいよその激しさを加えていった Spirituales と Conventuales の抗争の脈絡において は次第に異端視されるに至り、オリーヴィはプロヴァンスとイタリアの Spirituales により熱烈に支持され、かくして一二九九年リヨン総会でボニファティウス八世の支持を受けた修道会長ムッロヴァッレのジョヴァンニ・ミニオはオリーヴィの教説を断罪し、彼の信奉者は迫害され、以後二十五年間フランシスコ派の清貧論争はオリーヴィの教説をめぐって展開することになる。

Conventuales の清貧論の特徴は、清貧を「所有権の放棄」という法的概念により定義し、これをフランシスコ派特有の生活様式と考え、しかも修道会士に対し、もし教会位階秩序内部でこの所有権放棄と矛盾する地位に会士が置かれたならば、清貧の中止を許容した点にある。これに対し〈usus pauper〉論は、所有権の放棄のみならず、財の最低限の使用を義務づけ、清貧をフランシスコ会士のみならず教会全体の義務とみなした。しかも Spirituales はオリーヴィと異なり、フランチェスコの戒律の教皇及び総会による緩和修正をすべて拒否し、Conventuales の迫害にもかかわらず、極めて厳格な清貧生活を実践した。このような急進派の思想的実践的指導者として既に述べたウベルティーノ・ダ・カサーレと、クラレーノのアンジェロを挙げることができる。[66]

最後に、オリーヴィのヨアキム的終末論は、一二九八年に彼が死去する直前に書かれた「黙示録講義」で展開されている。[67]この著作はプロヴァンスのベギン派に多大の影響を与え、その後ヨハネス二十二世による異端審問の対象となった。この著作でオリーヴィはヨアキムと同様に人類史を三つの時期に区別すると同時に、ボナヴェントゥーラと同様に人類史を旧約と新約時代の二つに区別し、更に各々を七つの〈status〉に区分している——新約の七つの時代のうち最初の五つが人類史の子の時代、第六と第七の時代が聖霊の時代に相当する——。オリーヴィによれば彼の時代である十三世紀はヨアキムの人類史の第二期（子の時代）から第三期（聖霊の時代）への移行期に相当し、また新約時代の第五期から第六期への移行期（あるいは第五期と第六期が重なり合う時期）に相当する。オリーヴィは第五期と第六期の重なり合う時代が、彼の時代に至るまで既に一世紀にわたって存続しているとも述べている。カール大帝（あるいはピピン）に始まり十三世紀に至る第五期——ヨアキムの第二期である子の時代の最終段階——は「肉の教会」（ecclesia carnalis）が人民を支配する時代である。しかしオリーヴィは当時の聖職者の世俗的腐敗を攻撃したが、カサーレのウベルティーノのように教皇ボニファティウス八世やベネディクトゥス十一世を明白に反キリストとみなすようなことはせず、ただ未来の教皇が反キリストである可能性に言及するだけであり、また「肉の教会」を現在のローマ教会と明白に同一視したわけでもなかった。オリーヴィによればこの第五期には、教会や信徒の世俗化が進み、傲慢、奢侈、争訟や聖物売買といった悪徳がはびこり、マニ教徒、ワルドー派やカタリ派に代表される異端が蔓延し、アリストテレスやアヴェロエスを信奉しキリストの範例を否定する偽善者、[68]フランシスコ派の清貧を攻撃し、福音的完全性は財の全面的放棄ではなく財の共有によって達成されると主張するパリ大学の神学者たち、そしてフランシスコ修道会内部では〈usus pauper〉が清貧の本質的要素であることを否定する会士たちが出現する。そして第五期には偽教皇が世俗君主に助けられて「バビロン」へと堕落した肉の教会を支配し、「神秘的反キリスト」が出現して福音的清貧を遵守する者たちを迫害した後、バビロンが非キリスト教徒（おそらくはイスラーム教徒）の軍隊により破壊され、ここで「神秘的反キリスト」による迫害も終わり、第五期は終結する。第五期と部分的に重なり合う第六期——ヨアキムの第三期である聖霊の時代の最初の段階——は既にフランチェスコによる清貧的福音的生の伝道により開始していた（ただしオリーヴィは第六期の開始時を明確にしていない。オリーヴィは、フィオーレのヨアキムに啓示が与えられたとき、フランチェスコにより福音的生活が再生したとき、福音的生活が肉の教会により攻撃され、霊的な人々（viri spirituales）が説教を開始したとき、バビロンが崩壊したとき、の四つの可能性を挙げている）。

　ボナヴェントゥーラと同様にオリーヴィはフランチェスコを、黙示録の第六の封印の神の印をもつ天使と考え、肉の教会に対抗して真のキリスト教信仰を人々に宣べる者とみなしている。フランチェスコに従い福音的清貧を実践する霊的な人々は、バビロンの崩壊により神秘的反キリストの迫害からは解放されるが、今度はバビロンを崩壊させた異教徒の迫害にさらされ、更にその後「大反キリスト」が出現し、新たに別の偽教皇と世俗の王が結託して大反キリストによるキリスト教徒迫害が再び起こる——第五期末の神秘的反キリストが福音的清貧を攻撃したのに対し、第六期の大反キリストはキリスト教自体を攻撃する。この攻撃は既に第五期におけるイスラーム化されたアリストテレス主義によって準備されていた——。オリーヴィはバビロンの崩壊と、その後の大反キリストによる迫害が十四世紀初頭の四十年間に起こると考えた。しかしやがてキリストの助けにより第二の迫害も終わり、聖書の霊的理解（intellectus spiritualis）の漸次的完成、ユダヤ人や異教徒の改宗と「霊的教会」（ecclesia spiritualis）の純粋なる形成により、教会の位階秩序は存続するもののすべての人々が聖フランチェスコの福音的清貧を実践する歓喜と平和に満ちた第七期が開始する——上記二人の反キリストは二人の偽教皇自身を指しているとも思われ、オリーヴィは「神秘的反キリスト」の出現は間近に迫り（ただし一三〇〇年以降）、「大反キリスト」は十四世紀の最初の四十年間に出現し、打ち倒されると考えていた——。そして教会史の第七期（人類史の第三期）はもう一度不信仰と悪徳がはびこる衰退期に入った後、二〇〇〇年頃にキリストの来臨と最後の審判でもって終末を迎える。それ故オリーヴィによるとキリストは、一世紀の受肉したキリスト、第六期の霊的キリスト、そして最後の審判におけるキリストとして三度人間の前に来臨することになる。[69]

　オリーヴィは『黙示録』の諸形象を十三世紀の事件と対応さ

せ、フランシスコ派の清貧思想を黙示録的預言によって正当化したのであるが、オリーヴィにとり人類史の黙示録的展開は人間的世界に属するよりはむしろ神と悪魔の戦いであり、「肉の教会」に代えて「霊の教会」を実現するのも人間ではなく神である。人間は教会の上位者に服従し、キリストの範例に従いつつ歴史の発展を受容すべきである。コッラード・ディ・オフィダへの書簡でオリーヴィはSpiritualesと自己の立場の相違を強調しつつ、キリスト教精神の再生、福音的状態〈status evangelica〉の改革は人間により遂行されるべきものではなく、それはキリストによってのみ遂行され、キリストの神的呼びかけと行為のみにより、真に謙虚なる精神がバビロンの偽りの虚栄と高慢に対抗するべく蜂起するであろう、と述べている(70)。しかし、オリーヴィの思想に明白に読みとれる現存の教会への批判はSpiritualesに多大の影響を与え、死後、彼は後者の思想的指導者として熱烈に信奉され、彼自身『黙示録』の第七の封印をもつ天使として解釈されるに至った(71)。

Spiritualesと Conventualesの激しい抗争の最中、一三〇九年クレメンス五世は、会内部の状況の正確な認識とConventualesによるSpiritualesの迫害を調査する目的で委員会を召集し、会内部における自由聖霊派〈Spiritus libertatis〉の侵入、戒律遵守の状況、Spiritualesにより信奉されているオリーヴィの教説の正統性、プロヴァンスにおけるConventualesによるSpiritualesの迫害などにつき調査を開始した。この委員会による審問の対象としてConventualesからは、修道会長ゴンサルヴォ・デ・ヴァルボア及び四人の神学者が、Spiritualesからは、前会長レーモン・ゴドフロア及びウベルティーノ・ダ・カサーレが選ばれた。この審問に答えて両方の立場から様々な著作が引用されたが(72)、特にConventualesからはアレッサンドロ・ダレッサンドリアによると思われる〈Circa materiam de usu paupere〉が(73)、Spiritualesからはウベルティーノ・ダ・カサーレの〈Sanctitas vestra〉が提出されている。前者の〈Circa materiam〉は、後述のベルガモのボナグラティアの清貧論とともに、清貧を純粋に法的に定義するConventualesの立場を典型的に表現している。清貧は所有権の放棄に他ならず、〈usus pauper〉は曖昧な観念であり、戒律から正確性と一義性を奪うものである。戒律により明示的に述べられている所有権放棄以外に、修道会士は訴訟行為を禁じられているが、これは会の上位者の裁量に任されるべきである、というのがその主張である。このような見解に対し一三一〇年頃に書かれたと思われるウベルティーノの〈Sanctitas vestra〉(74)は、それがフランチェスコの意図の典解であることを主張し、フランチェスコの〈Testamentum〉を引用しつつ、「清貧」が法的観念ではなく倫理的道徳的観念であることを強調し、戒律を施緩させ、修道会が使用する財の所有権を教皇に帰属させるConventualesの立場を激しく非難した。

一三一〇年クレメンス五世は Spirituales に好意的な教令《Dudum ad apostolatus》により Spirituales を Conventuales の迫害から保護しフランシスコ派の上位者への服従から解き、審問委員会の構成員の一部であった枢機卿団の直接的支配下に置いたが、これに対し Conventuales は、審問委員会への代表としてレーモン・ドゥ・フロンサクとベルガモのボナグラティアを選出した。特に後者は「両法の博士」(doctor utriusque iuris) として有能な法律家であり、後にフランシスコ派の清貧をめぐりヨハネス二十二世と激しく対立するに至るが、当初は Conventuales の理論的代表者として Spirituales の仮借なき論敵であった。レーモン・ドゥ・フロンサクと共にボナグラティアは、一三一一年抗議書を教皇に提出し、Spirituales は、既にパリ総会で異端とされ更にムッロヴァッレにより断罪されたオリーヴィの理論を支持しているが故に彼らも異端であり、フランシスコ派の上位者への服従から彼らを解放することは不可能であると主張した(75)。

この時期の Conventuales の立場は要するに清貧の本質を所有権放棄と考えるボナヴェントゥーラの清貧論を首尾一貫して発展させたものであり、上記の委員会とは無関係に数多くの清貧論が著わされている(76)。更に会内部の対立はヴィエンヌ公会議に提出されたが、オリーヴィの神学説の正統性について発せられた一三一二年の教令《Fidei catholicae fundamentum》は決定的な判断を回避し、フランシスコ派の清貧に関する同じ一三一二年の教令《Exivi de paradiso》はむしろ Spirituales に近い立場から戒律の弛緩を非難しているが、〈usus pauper〉論については いかなる裁定をも下すことなく、フランチェスコの戒律を遵守すべきことを繰り返し、戒律に明示的に言及されている財のみが限定された清貧的使用 (usus arctus ac pauper) に服すべきであり、それ以外の財使用は限定されていないことを確認するのみである(77)。かくして、Conventuales と Spirituales の抗争はヴィエンヌ公会議により終結することなく Spirituales に対する Conventuales の迫害は激化し、特にイタリアの Spirituales は Conventuales を放逐し多くの修道院を独占したことからボローニャ及びルッカの大司教により破門され、シチリアに移動してエンリーコ・ディ・チェーヴァを長とする独立の修道会を設立することになる。その他プロヴァンスにおいても同様の事態が発生したことから、クレメンス五世は教令《Cum nos》により会内部の抗争を批判したが、当時の修道会長アレッサンドロ・ダレッサンドリアと同様、Spirituales に対しては慎重且つ穏和な態度を採った。しかし一三一四年両者の死去により、事態は新たな方向へと展開していく。

要するに、「二つの派の間の対立は戒律解釈に関する対立ではなかった。むしろこれは同一の集団内において共存不可能な二つの相異なる思想の衝突であった。Spirituales にとり清貧は生活様式であるのに対し Conventuales にとってそれは単なる表向きの取決めにすぎない。Spirituales にとり清貧は、謙遜、質素、世俗蔑視、キリストと完全性を競おうとする情熱などと合体しているのに対し、Conventuales にとってはそれは教会に奉仕する卓越せる修道会の徽章でしかない。両者にとり清貧は神のより大いなる栄光に仕えるものであるが、栄光についての彼らの見解は異なる。Spirituales にとり栄光は自己否定であるのに対し、Conventuales にとりそれは組織である。このように相違した二つの観念が同一の集団において衝突するのは当然である。そして会の設立者の意図を考えれば、Spirituales が憤激し、裏切られたと感じるのももっともであり、彼らが自己独自の解釈を求めて会からの分離を要求することは、諸般の事情を顧慮すれば、最も適切な方法であったと言えるだろう」[78]。Spirituales は「福音的清貧を擁護することにより、神のために闘争していたのであり、聖フランチェスコの意図に忠実でありつつ、キリストに忠実であろうとしたのである。かくて彼らにとり清貧は、彼らの敵対者には理解しえないような宇宙的意義を有している。清貧は神との神秘的と言ってもよい合一の一部であり、この合一は立法化されるべきものではなく、現実に生きられるべきものであった。例えばレーモン・ドゥ・フロンサクやベルガモのボナグラティアといった人々からウベルティーノやアンジェロを両極的に分離したものは、観念における以上の如き断絶である」[79]。

第二節　ヨハネス二十二世と清貧論争

一三一六年八月枢機卿ジャック・ドュエーズがヨハネス二十二世として即位した後[80]、清貧論争は新たな局面を迎える。同じ年、フランシスコ修道会のナポリ総会は、長い空位の後、チェゼーナのミカエルを修道会長として選んだ[81]。他の Conventuales の如く Spirituales に対し極端な迫害的態度をとるようなことはせず、これまでの両者の抗争に参加してもいなかったミカエルは、会内部の Spirituales に対し服従を条件として赦免を認めたが、後者がこれを拒否した結果、Spirituales の弾圧、特にトスカーナの逃亡修道士の糺問を開始し、カサーレのウベルティーノの処罰を要求した。かくして Spirituales と Conventuales 及び会の上層部との対立は更に深刻化していく。他方、教皇ヨハネス二十二世は当初から Spirituales に対しては明白に敵対的態度をもってのぞみ、ナルボンヌとベジエの修道院を中心とするプロヴァンスの Spirituales 及び、今やシチリア王フェデリーコのもとに逃亡したエンリーコ・ディ・チェーヴァを中心とするトスカーナの逃亡修道士への攻撃が遂行された。プロヴァンスの Spirituales はアヴィニョンに召喚され、ついにその指導者ベルナール・デリシューが投獄されるに至る[82]。

更に教皇はSpiritualesの代表的指導者、クラレーノのアンジェロを投獄の後ケレスティヌス修道会へ[83]、カサーレのウベルティーノをベネディクト修道会へと移した[84]。そして一三一七年一〇月の教令《Quorundam exigit》[85]はプロヴァンスのSpiritualesを断罪すると共に、修道士の衣服、食料などに関する具体的決定や、財の貯蔵禁止の免除などに関する裁量権を会の上層部に認め、会士に対し上位者の決定に絶対的に服従すべきことを命令した[86]。また同じく一三一七年一二月の教令《Sancta romana》では一群の〈fraticelli〉[87]を破門し、一三一八年一月の教令《Gloriosam ecclesiam》[88]では、ローマ教会を「肉の教会」と断ずる一方自らの集団を「霊的教会」と主張し、更にワルドー派と同様、罪を犯した司祭に秘蹟を司る能力を否定し、最後の審判や反キリストに関する異端を唱えるトスカーナのSpiritualesを激しく断罪した。そして更に同じ教令でヨハネスはシチリアに逃れたこれらSpiritualesに対する糾問を、王フェデリーコや当地の司教らに命令している。このように当初ヨハネスは、ミカエルを長とする修道会のConventualesと手を結びSpiritualesを弾圧したが、これに応じてミカエルもあらゆる会士に対し教皇への服従を要求し、更に《Quorundam exigit》に含まれた決定の遵守を依然拒否するSpiritualesを糾問した後、頑強に反抗する四人のSpiritualesをついに火刑に処するに至った[89]。

しかし、SpiritualesとConventualesの間の長い抗争は後者の勝利に終わったものの、教皇とConventualesとの協調関係も長くは持続しなかった。既に一三一七年ヨハネス二十二世は、ドミニコ会出身の枢機卿ニコラウス・デ・アルベルティスに対し、ヴィエンヌ公会議で未決のまま残された、ペトルス・ヨアニス・オリーヴィの『黙示録講義』の正統性の審問を命じていた[90]。この結果成立した審問委員会はオリーヴィの主張する六十の論点につき報告書を用意し、これらのうちの幾つかを異端と断定した。特に委員会の注意を引いたのは、――オリーヴィの真意に反して――ローマ教会が「肉の教会」と同一視され、第六期に破壊さるべき存在とされているように思われたことである。そして更にドミニコ会士からなる委員会は、オリーヴィに代表されるSpiritualesの異端の基礎にあるのは、フランシスコ派の清貧思想それ自体であるとまで主張し、オリーヴィの断罪はフランシスコ派の清貧思想の断罪につながることを示唆したのである[91]。かくて一三一七年以後、Spiritualesに対する異端審問は次第にその数を増し、特にオリーヴィの思想的影響が強かったプロヴァンス地方ではベギン派の台頭と相俟って異端審問と弾圧は激しさを増していった。この最中、一三二一年ナルボンヌにおいて或るベギン派の信奉者が大司教により監禁され、ドミニコ派の異端審問官ヨハネス・デ・ベルナにより審問された。この審問の結果ヨハネスは幾つかの返答を異端とみなしたが、その中に、キリスト及び使徒は、個人の私有としても団体の共有としても財産を所有していなかったとする見解が含まれていたのである。これに対し、この審問の顧問委員会の一員であったフランシスコ会士ベレンガリウス・タロニはキリストの清貧論が既にニコラウス三世の教令《Exiit qui seminat》により是認されていることを主張し、その異端性を否定した。この見解の撤回をヨハネス・デ・ベルナにより要求されたベレンガリウスが問題をアヴィニョンの教皇庁へと提訴することにより、清貧の問題は新たに再燃することになる。[92] キリスト及び使徒は個人としても団体としても財産を所有していなかったか否か。この問題に対しベレンガリウスの立場を擁護した多くのフランシスコ派の神学者は教令《Exiit》に言及するのみで新たな理論を展開することはなかったが、その中で枢機卿ベルトラン・ドゥ・ラ・トゥールの見解は特に注目に値する。「更に……次のことを認めるべきである。キリスト及び使徒はある種の財産を使用したが、これらの財の所有権は人間ではなく神のみに属していたのである。というのもキリストの生涯は可能なかぎり世界を無垢の状態（status innocentiae）へ、自然法へと回帰させたからである。こう考えても不適切とは言えないであろう。また、いかなる者もこれは私のものであるとか汝のものであるとか言うこともできない。なぜなら（所有権という）特殊的制度は万民法（ius gentium）及び人的慣習法（humana consuetudo）に由来し、自然的衡平（aequitas naturalis）に反するからであり、（自然法上の）支配権と所有権に関して言えば万物は神自身に属するからである。[93]」ドゥ・ラ・トゥールのこの見解は、キリストと使徒の財産使用を自然法に基礎づけることにより、後のボナグラティア更にはオッカムの所有論の先駆的意味をもつ。しかしフランシスコ派の主張にもかかわらずヨハネス二十二世は、先述のオリーヴィに関する委員会の報告及びキリストの清貧をめぐる神学者達の意見を基礎として、ニコラウス三世の教令《Exiit qui seminat》の撤回を目的とした教令《Quia nonnumquam》を一三二二年三月に発布するに至る。[94] ヨハネスがニコラウスの教令を廃止した理由は、ニコラウスによる教令註釈の禁止を解くことにより、神学者たちが清貧の中心的問題、すなわちキリストと使徒たちが個人としても団体としても何も法的に所有していなかったという主張が異端か否かを自由に議論できるようにするためだった。[95] ヨハネスは一度発布された教令でも、それが有害なる結果をもたらす場合には後継の教皇は自由に撤回する権限を有すると主張した。しかし、既述の如く、清貧を「所有権の放棄」として定義する《Exiit qui seminat》は Conventuales の立場を法的教権的に基礎づけるものであり、修道会に対し、Spirituales の立場をとることなく、しかもフランチェスコの意図に形式的に一致することを可能にしたものであった。従って修道会はヨハネス二十二世の教令を激しく攻撃し、《Exiit qui seminat》の撤回不可能性を主張したのである。[96] 一三二二年修道会長ミカエルの指導のもとにペルージアで開かれた総会はキリストと使徒が個人的私有としても団体的共有としても財を所有していなかったことを確認し、ヨハネスに対し再検討を要請した後、[97] 更に会士たちへの二つの回状を通じてキリストと使徒が財の使用権（ius utendi）をもたず、単に事実上の使用（simplex usus facti）をしていたにすぎないことは《Exiit qui seminat》により決定され、その見解は教会法の修正不可能な構成部分となったこと、ヨハネス自身も先の教令《Quorundam exigit》でこれを明白に是認していることを主張した。[98] この主張の背後には、教皇は行政的措置ではなく神学的教義的定義が問題になっている場合、先任者及び自己が制定した過去の教令を撤回する権利をもたない、という見解が前提とされている。

以上のフランシスコ会からの反論に対し、ヨハネスは同じ一三二二年の十二月に教令《Ad conditorem canonum》を発布し[99]（そして後述のベルガモのボナグラティアの訴書が出た後、一三二三年一月に修正教令が発布されている）、「教令の立法者には次の権限が属することは疑いない。つまり自己又は先任者により制定された法律が利益よりも害をもたらすと考えられる場合、彼にはこれらが害をもたらさないよう配慮する権限が属している」と主張し、教皇は自己及び先任者の教令の撤回権を有すること、フランシスコ派が使用する財の所有権を教皇座に留保するニコラウス三世の教令はフランシスコ修道会にとりキリスト的生の完全性（perfectio vitae christianae）を阻止し有害なる結果を生むことから新たな教令で置き換えられるべきこと、そして更に既述のジェラール・ダッブヴィルの見解に依りながらフランシスコ修道会は財産の単なる用益者（usuarii）ではなくむしろ所有権者と考えられるべきことを主張し、教皇は修道会が使用する財産に対する所有権を放棄し、修道会を所有権者とすることを宣言した。ヨハネスによれば、「キリスト的生の完全性」の本質は清貧それ自体ではなく愛（caritas）にあり、清貧はそれ自体目的ではなく、世俗的財産への悪しき関心（sollicitudo）から人間を遠ざけるためのものにすぎない。しかし修道会の使用する財の所有権を形式的に教皇庁に留保しても、これは世俗的財産への関心を修道会士から遠ざけるに有効な手段とは言えず、このような偽りの清貧は不必要である。[100] 従って〈nudum〉であるのはフランシスコ会士の「使用」（usus）ではなく、教皇庁の「所有権」（dominium）の方であり、ニコラウス三世により教皇庁に留保された所有権は nudum,verbale かつ aenigmaticum（修正教令の表現。最初の教令では mathematicum）なものである。また、使用により消費し尽くされる財については事実上の使用、使用権、そして所有権は分離不可能であり、(「一個の卵や一片のチーズ、一切れのパン……の所有権をローマ教会に留保……することが、かくも偉大なる父(ニコラウス三世)の意図であったなどと、まともな精神をもった誰が信じられるだろうか」) 従って修道会士はこの種の財について所有権を有していなければならず、さもなければその使用は不正な使用である。[101] また修道会に対し自己が所有する財の使用を認める者が修道会に単に事実上の使用のみを認めることは不可能であり、これには常に使用する権利の承認が伴わなければならず、使用権を伴わない事実上の使用は不正な使用である。[102] 以上のようなヨハネスの立場によれば、フランシスコ会士は、個人的で私的な所有権はもたないものの、団体の共有として所有権を有しているのである。これに対しボナヴェントゥーラや教令《Exiit qui seminat》の立場は、ヨハネスによれば、所有権放棄の法的虚構であり、清貧を装いながら世俗的財産への執着をもつ偽善である。従ってフランシスコ修道会の所有権を教皇座が留保する制度 (reservatio dominii) や、会の使用財産に関する訴訟において教皇座の名で訴訟当事者となるprocuratorの制度は廃止されねばならない。

以上のような教皇の措置が修道会に対し致命的な打撃を与えたことは言うまでもない。「教皇の一言で、フランシスコ会士は彼らが栄誉とし誇りとしていた完全なる清貧を取り上げられてしまった」[103] のである。かくて、一二五四年のインノケンティウス四世の教令《Ordinem vestrum》以来ほぼ七十年存続してきた制度は法的に廃止された。ヨハネスの上記の教令への反論は教皇庁におけるフランシスコ派の procurator、ベルガモのボナグラティアが教令《Ad conditorem canonum》に抗議して一三二三年に著した訴書 (appellatio)[104] により先ず提起される。この訴えに対しヨハネスは《Ad conditorem》を修正したより長い教令を一三二三年一月に発布したが、[105] 幾つかの非本質的な点を修正したにとどまり、逆にボナグラティアはこの抗議の故に約一年間幽閉されるに至る。[106] 更に、キリストと使徒は共有として所有権を有していたと考えるドミニコ会士トマス・アクィナスがヨハネス二十二世により聖者に加えられるに至り、フランシスコ修道会はいよいよ不利な状況へと追い込まれ、ついに一三二三年十一月ヨハネスは教令《Cum inter nonnullos》において、キリスト及び使徒は個人としても団体としても所有権を有していなかったとする見解を聖書の文言に矛盾する異端説として、明白に断罪したのである。[107] 使用により消費し尽くされる財に関しては所有権と使用を分離しえず、キリストと使徒が所有権なくしてこのような財を使用したとすればそれは不法な行為となるが、これは不合理な帰結であるというのが、この教令におけるヨハネスの見解の形式的法的な根拠である。更に翌年十一月ヨハネスは教令《Quia quorundam mentes》で再度この立場を確認した。[108] このとき、フランシスコ修道会長ミカエルは当初会士たちに教皇への批判を差し控えるよう要請していたが、修道会と教皇の対立はますます激化していく。

教皇庁による所有権留保の廃止及びボナヴェントゥーラ的清貧論の否定は、清貧論争に以前にも増した広い射程を付与することになった。神学的側面からみれば、ヨハネスの見解に対する修道会の抵抗は、〈proprietas〉〈usus〉〈ius〉といった概念を自然法と実定法の関係から捉えようとする試みを生み、政治的側面では修道会と神聖ローマ帝国皇帝バイエルンのルートヴィヒとの結合を生み出した。皇帝はヨハネス二十二世に対するフランシスコ派の抵抗を援助し、後者の教説を利用することにより、同時に教会と帝国の関係をめぐる伝統的論争を自己に有利なかたちで推進していこうと試みたのである。清貧論争のこのような神学的法的政治的な意味射程は後述のオッカムの理論において統合的表現を与えられるに至るが、その前にオッカムの理論の思想的先駆と言えるベルガモのボナグラティアの清貧論に触れておく必要がある[109]。ボナグラティアは『キリスト及び使徒の清貧に関する論考[110]』で清貧論を展開している。この著作は一三二八年以後公にされることになるミカエル派の一連の〈appellationes〉の原型であるのみならず、後述のオッカムの『九十日の書』〈Opus Nonaginta Dierum〉の先駆的作品として清貧論史上重要な意味をもつ。

ボナグラティアは「或るものを持つこと」（habere aliquid）を、（一）所有権や所有権ないし私有権に準ずる権利により或るものを所有すること（iure dominii vel quasi dominii seu proprietatis aliquid obtinere）、（二）奴隷や修道士が衣服その他を使用する場合の如く、ものに対し、所有権ないし私有権に属するいかなるものも自己に要求したり持つことなく、ものを事実上保持し、あるいは単なる事実上の使用のために保持すること（tenere rem de facto, vel ad usum simplicem facti, nichil iuris dominii seu proprietatis in ea sibi vendicans neque habens）、（三）聖職者が教会財産を保持する如く、いかなる権利も有することなく特定の目的のためにものを単に管理（administratio）したり把持（detentio）することの三種類に区別し[111]、キリスト及び使徒は個人の私有としても、団体の共有としても財を所有しなかったと言われる場合の「所有」は第一の意味の所有であること、キリスト及び使徒はいかなる法的所有権をも有していなかったという立場を教皇ヨハネスは異端と断じているが、むしろキリストが法的所有権を有していたとするヨハネス自身の見解が異端であることを主張している[112]。更に続けてボナグラティアは自然法ないしは神法による財の原始共有を主張し、しかもそれが所有権の共有ではなく、単なる使用（usus）の共有であったことを主張する。原罪以前の人間は財を自然法に従い共同で使用し、所有権は未だ存在しておらず、meum と tuum の区別は原罪以後の人間の邪悪性（iniquitas）

や貪欲（cupiditas）に由来する。[113] 他方キリストは、原罪以前の無垢なる自然状態において人間が保持していた完全性を帯びてこの世に現われたのであるから、キリストが人定法や帝国法に服していたと考えるのは不合理である。[114] 従ってキリストと使徒は人定法上の所有権を有していたのではなく、単に財を事実上使用していたにすぎない。

更にボナグラティアによれば、フランシスコ修道会は教皇座による所有権放棄の後でさえ使用財産の所有権者ではなく、また、会の財産使用は不法とみなされるべきでもない。キリストはこの世に原罪以前の無垢の状態を実現しようとしたのであり、キリストに従い完全性を実現しようとする人間は現世的財への関心を排除し、所有権を放棄しなければならない。[115] あらゆる種類の所有権を放棄し、事実上の使用のみによって生きることは、原罪から生じた所有欲を排除し、原罪以前の無垢の状態において生きることであり、キリストと使徒、そして聖フランチェスコはこの世に無垢の状態を復活させた。そして人定法上の所有権をもたない者でも自然法により財を正当に使用することが可能であり、むしろ人間は生命維持に必須な財を事実上使用することを自然法により義務づけられていると同時に財使用への権利を有し、神により付与された自然法上のこの権利は永遠不変であり、人的立法によりこれを修正したり、各人がこれを放棄することは不可能である。[116] フランシスコ修道会の財使用は、このような自然法に基礎を置く正当な使用である。更に、この事実上の使用は神により創造された人間の自然的本性という事実に由来する権利であり、人定法が純粋に規範的な領域に属するのに対し人間性の必然的事実性に基礎を置いている。従ってボナグラティアはこの使用を規範的な所有権と考えず、事実上の使用と考え、フランシスコ派の財使用をこの自然法上の財使用と同一視することにより、ヨハネス二十二世の立場を理論的に論駁した。

さて、ヨハネス二十二世とフランシスコ修道会の以上のような対立は、時期的に前者とバイエルンのルートヴィヒとの対立と重なっていた。[117] 一三二二年ミュールドルフで自己の政敵ハープスブルクのフリードリヒを打ち破り、ヨハネス二十二世の意図に抗して帝位を自己のものとしたルートヴィヒと教皇ヨハネスの対立は、後者による前者の一三二四年の破門宣言へとエスカレートしていった。ルートヴィヒは同年五月二十四日の「ザクセンハウゼンの訴書[118]」の中で、古来の慣習法により教権に対する帝権の自立性を擁護し、皇帝選挙がローマ教皇の聖別や承認なしに有効に成立しえることを主張したのである。しかしここで注目すべきことは、ルートヴィヒがこの訴書の中でヨハネス二十二世がキリスト、聖母マリア及び使徒の清貧を否定したことを非難し、更にキリストの福音的清貧の教えとフランチェスコの戒律の同一性を擁護していることである。[119] そして興味深いことにこの訴書の中には自然法と実定法に関する上述のボナグラティアの立場と類似の見解が述べられ、[120]キリストが所有権を仮に有していたとすれば真の救世主とは言えないとも主張されている。[121]そして更にこの訴書において注目されるのは、教皇ヨハネスがフランシスコ派の清貧に関して前任の教皇たちの不可謬な教令に違背していることが主張されていることである。[122]

他方、清貧に関しヨハネス二十二世との対立を深めていた修道会長チェゼーナのミカエルは、教令《Cum inter nonnullos》が発布された後もヨハネス二十二世とニコラウス三世の見解を調和させる試みを続けたが、アヴィニョンに召喚され、一三二八年に教皇と会見するに及び、教皇に対しあからさまに敵対的な態度をとるに至った。というのも、会見において教皇がミカエルをペルージアの回状を起草し流布させたことを理由に異端の支持者として激しく非難したからである。この非難に答えてミカエルは、回状はニコラウス三世の教令《Exiit qui seminat》に完全に合致しており、回状を異端視することはニコラウス三世の教令をも異端視することであると反論した。そして更にミカエルは四月十三日にフランシスコ修道会への書簡の形式で「自らをヨハネス二十二世と名乗るヨハネス」を明白な異端者として告発し、ヨハネスを「聖なるローマ教会」へと訴えたのである。[123]互いに相手を異端者として断罪し合うミカエルと教皇の関係は最早いかなる妥協も不可能なものとなっていた。ミカエルは教皇の許可なくアヴィニョンを離れることを破門の威嚇により禁止されていたが、上述の訴書を著した直後の五月に、ベルガモのボナグラティア、マルキアのフランチェスコ、それに当時神学上の異端の嫌疑でアヴィニョンへと召喚され、その後清貧問題と取り組むようになったフランシスコ会士ウィリアム・オッカムらと共にアヴィニョンを密かに立ち去りイタリアへと逃亡し、ピーサで会ったバイエルンのルートヴィヒの庇護のもと、ヨハネス二十二世を逆に異端者として激しく論難することになる。チェゼーナのミカエルは一三二八年九月と一二月にピーサでヨハネス二十二世に対する大小二つの〈appellationes〉を公にし、[124]教皇の三つの教令〈Ad conditorem canonum〉、〈Cum inter nonnullos〉、〈Quia quorundam mentes〉に答えて、ミカエル派の見解を再度明白に主張した。この二つの訴書では、「使用」は法的権利を前提としなくても正当であり、キリストと使徒は法的所有権を有してはいなかったこと、所有権は原罪の帰結であり、原罪以前には万物が単に事実上の使用の対象であったこと、フランシスコ派の使用も自然法に基づく純粋に事実上の使用であること等々を主張し、これらを否定するヨハネスを異端者として断罪した。しかし、この訴えの中には従来の清貧論と比較して新しい理論的主張が含まれているわけでなく、多くの点でボナグラティアの理論が再度繰返されているにすぎない。[125]これに対し教皇ヨハネスはミカエルを破門し、一三二九年十一月に従来の自己の反清貧論の総括とも言える教令《Quia vir reprobus》[126]を発布することによってミカエル派の攻撃に答えた[127]。この教令の徹底的な吟味と論駁をミカエル派により委任され、ミカエル派の清貧論を体系的に代弁することになるのがオッカムである。

第三節　オッカムの所有論と自然権論

オッカムがフランシスコ修道会の清貧論を擁護する意図で最初に書き上げた著作は『九十日の書』（Opus Nonaginta Dierum）と言われている[128]。一三二八年五月、チェゼーナのミカエルらと共にアヴィニョンを逃亡し、バイエルンのルートヴィヒの庇護のもと、ヨハネス二十二世に対する論争を開始して以来、オッカムが九十日という短期間で書き上げたこの著作は[129]、フランシスコ会内部の清貧論争の展開を背景とし、ヨハネスの教令《Quia Vir reprobus》に対する反論を目的としている[130]。しかし、清貧論争という限定された主題を対象としているにもかかわらず、この著作にはその後、『教権と帝権に関する対話篇』や『教権に関する八設問集』その他の著作へと発展していくオッカムの政治思想の萌芽が含まれている[131]。以下、清貧論争におけるオッカムの立場を所有論と自然権論に焦点をあてて概観してみよう。

先ず、オッカムは清貧論争で使用されている概念が極めて曖昧であることを指摘する。教皇は教令で多義的な用語を使用することにより、「誤謬を導き入れ真理を打ち倒さんとするが故に、語られるべきことを明確に示すため、彼ら（ミカエル派のフランシスコ会士たち）は、この教令で比較的頻繁に用いられている幾つかの言葉を解明しようと試みている。すなわち、使用（usus）とは何か、事実上の使用（usus facti）とは何か、法的使用（usus iuris）とか法的使用権（ius utendi）とは何か、単なる用益者（simplices usuarii）とは何か、使用により消費し尽くされる財（res usu consumptibiles）とは何か、また使用により消費されない財とは何か、dominium とか proprietas とは何か、「私の」「汝の」「彼の」といった類いの用語はどういう意味で受け取られているのか、これらのことを考察するのである」[132]。ヨハネス二十二世が、「もし言葉に関する諸学問（scientiae sermocinales）に属する事柄につき知識を有し、それを理解していたならば、真理への愛からではなくとも羞恥からくる懼れにより、自己の文書を公布することなどしなかったであろう」[133]。〈usus〉には複数の意味があり、これをローマ法大全が使用している厳密な意味で理解する必要はない。法的使用（usus iuris）が、「人的規定により定められた特定の実定的権利であり、これにより人は事物の実質に変化を加えることなく他者の財を使用する正当な権限を有する」[134]のに対し、事実上の使用（usus facti）には法的使用以外の諸々の財を使用する行為（actus utendi）が含まれる。「食べたり飲んだり、着たり書いたり、書物を読んだり、馬に乗ったり、その他同種のことを行うときの如く、人が外的事物に対して行うあらゆる行為は事実上の使用（usus facti）と呼ばれる。〈facti〉と付加されるのは、このような使用を法的使用（usus iuris）から区別するためである[135]」。「自分に過ちがないとき、合理的な事由もなく意に反して略取されるべきでない外的事物の正当な使用権[136]」が法的使用権（ius utendi）であり、「もしこれが略取されたならば、その者は略取した人に対して訴訟を提起する法的な権利をもつ」とすれば、この法的使用権は所有権（dominium, proprietas）に由来するものと、他人の財産の法的使用に区別される[137]。更に、他人の財産の使用で法的使用から区別されるべきものとして、所有権者の恩恵により財の使用を許可される〈licentia〉と、財産の不法な使用が存在する[138]。

このような権利概念の分割によりオッカムが主張しようとしたことは、使用により消費し尽くされてしまう財産については所有権と使用権との分離は不可能であるとするヨハネス二十二世の見解に対し、ヨハネスは usus iuris と usus 一般を混同しており、ニコラウス三世が教令《Exiit qui seminat》で使用した概念〈simplex usus facti〉を正確に理解していないということである。しかし、当然のことながら、フランシスコ修道会と教皇との対立は、以上の如き財産使用をめぐる法的問題、つまり修道会は所有権を有するか否かという法的問題に関するものではなく、キリスト的生とは何か、キリスト的完全性とは何かをめぐる対立であった。ヨハネス二十二世も、単にフランシスコ派の立場の法論理的論難を意図しているのではなく、所有権の放棄はキリスト的完全性の必要条件ではなく、キリスト及び使徒でさえ所有権を有していたことを論証しようと試み、かくして清貧論争は、キリストと使徒が所有権を有していたか否かという、後の「キリストの王国」（Regnum Christi）論[139]と直結する問題へと発展していく。ヨハネス二十二世の見解に対してオッカムは、キリスト及び使徒は個人としても団体としても（tam in speciali quam in communi）――個人の私有としても団体の共有としても――所有権を有していなかったことを、新約聖書の引証を通じて論じている。

以上のようにオッカムは、教皇の攻撃に対しフランシスコ会の清貧論を擁護するのであるが、彼の立場はかつての Spirituales の如く清貧をキリスト的完全性と同一視し、それをすべてのキリスト教徒の義務と考えるような極端な立場ではない。清貧論における彼の立場は、今や教皇と対立するに至ったものの、以前には教皇と共に Spirituales を攻撃したチェゼーナのミカエルに代表される Conventuales の立場である。このことは、キリスト的完全性（perfectio）は愛（caritas）であり、清貧（paupertas）は世俗的財への関心を打ち消すためのものにすぎず、従ってこのためには共有の放棄は不必要であり私的所有の放棄のみで十分であるというヨハネス二十二世の教令《Ad conditorem》へのオッカムの反論にも示されている。オッカムは教皇の見解を基本的には認めながら、「完全性」には二つの意味があることを指摘する。完全性は人間をそれ自体において完全なものにする本質的完全性（perfectio essentialis）と、様々の徳において実現される現実的完全性（perfectio actualis）に区別され、前者がcaritasであり、後者は完全なる清貧（paupertas perfecta）とか完全なる貞潔（castitas perfecta）とか言われる場合の「完全性」である[140]。また或る行為が完全性に属する（pertinere ad perfectionem）様式も区別して考えるべきである。第一は行為がそれ自体において本質的に完全である場合であり、caritasがこれに該当する[141]。第二は、行為がcaritasの実現を促進する場合であり、所有放棄、断食などの禁欲的行為がこれにあたる。「或るものが第二の意味で完全性に属するのは、それが至難で困難だからであり、第一の意味で言われた完全性への障害を除去ないし減少させ、当の完全性を用意するからである。この意味で、個人としても団体としてもあらゆる世俗的財の所有を放棄すること、困難なる徹夜、終生の貞潔、徹底した断食、自己欲求の放棄、その他これに類する行為は完全性に属する[142]」。更に第三の意味での完全性に属する行為とは、「至難とか困難とかに関係なく、……最高の完全性（magna perfectio）から発する行為であり、例えば多くの聖者達が最高の完全性によって、共有の教会財産の管理や司教職その他の職務を受け容れた……のがそうである[143]」。この行為は「堕落した本性にとり、そして感情の傾向に従って生きる人間にとっては」容易であるのに対し、「神の愛に基礎づけられた人々にとっては」困難な行為であり、「この故に、昔の聖者たちは非常な懼れや恐怖をもって、また極めて不本意にこの種の職務を受容したのである[144]」。最後に、「第四の意味で或る行為が完全性に属すと考えられるのは、それが何らかの仕方で完全性を準備するからであり、この意味ではあらゆる善行（actus bonus）が、容易であれ困難であれ、完全性に属すると言われうる。かくして或る人については或る種の行為が完全性に属するのに対し、他の人については、反対の行為が完全性に属することもありえる。人間は相違する仕方で、そしてしばしば反対の行為により、完全性へと導かれるからである[145]」。caritasである「完全性」へと人間を導くこれらの善行は、各個人がそれぞれの自然的性向に抵抗しつつ完遂すべき行為である。しかしこれらの善行は個人により異なるが故に、一般的な生の様式として普遍的に制度化することが不可能である。従ってcaritasたる完全性を準備すべきあらゆる人間に妥当する「完全性の状態」（status perfectionis）は、原罪に規定された人間にとり遂行困難な禁欲的行為を義務づけるべきであり、堕落した本性や自己の感情に従う人間にとり遂行困難な行為を義務づけるべきである。従って第二の意味での行為のみが完全性の状態として制度化されうる。完全性の状態は、固有の意味での完全性たる caritas ではなく、むしろその手段（instrumentum）でしかないことは確かである。「このような財産放棄は第一の意味での完全性の手段であり、従って第一の意味での完全性そのものでないことは確かである。……第一の意味の完全性は邪悪なかたちで所有され、遂行され、引き受けられたりすることはありえない。これに対し、所有権の放棄（abdicatio proprietatis）は……邪悪なかたちで遂行されることがある。つまり悪しき目的で遂行される場合があり、例えば偽善者は、他人に見られることを目的として、多くの至難で困難な行為を遂行するのである[146]」。しかし、完全性の状態が「完全性」実現の有効な手段であることも疑いがない。これに反し、上述の第三の意味で完全性に属する行為は、堕落した本性に対しては規範的意味を有しておらず、人間の自然的性向に対抗し、この性向から人間を解放することにより caritas を準備するような行為とは言えない。従って教会聖職者による財産所有は完全性の状態ではなく、フランシスコ修道会士の絶対的財産放棄こそ完全性の状態なのである。

以上の議論によりオッカムは教皇の攻撃に対し修道会の立場を擁護するのであるが、注目すべきは、オッカムがペトルス・ヨアニス・オリーヴィに代表される Spirituales と異なり、清貧をそれ自体で絶対的価値を有する行為とは考えず、二次的完全性（perfectio secundaria）にすぎないと考えている点である。従って例えば、フランシスコ修道会士が司教に選ばれた場合、教会全体の共通善のために財産の管理を行うことは可能であり、この場合会士は、「心の構えに従って」（secundum praeparationem animi）依然として最高の完全性を保持しており、ただ「現実的に」（in actu）これを保持していないにすぎない[147]。「それ故、完全性を損なうことなく、つまり caritas を減少することなく、全世界を所有することも可能である[148]」。従って完全性の状態としての清貧が他のあらゆる status（例えば教会聖職者の status）に優位するわけではなく、生の様式が、清貧を尺度として価値的に位階化されているわけでもない。オッカムは、キリスト及び使徒が個人としても団体としても財の所有権を有していなかったことを力説したが、Spirituales のように全教会はフランシスコ会の清貧に従うべきであると主張したり、教会に対し dominium を全面的に否定することはしなかった。以下、オッカムによる教会財産の分析に少し触れてみよう。この分析は、後の『対話篇』で展開される教会論の先駆的意義を有している。

オッカムは所有権（dominium）を、自然法ないしは神法上の所有権と、実定法上の所有権に区別する。前者は原罪以前の罪なき状態において人類の祖先が享受していた後述の財の自由な使用や他の被造物に対する天使的支配であり、後者は人定的に制度化された所有権である。実定法上の所有権はローマ法上の dominium の如く最も厳密な意味でこれを理解すれば、「裁判において世俗的財産の返還を請求したり、その他自然法により禁止されていないあらゆる手段により世俗的財産を取り扱う人間の基本的権限（potestas）」であり、「世俗的財産に対する何らかの権利は、この定義から遠ざかれば遠ざかるほど、dominium の完全性から遠ざかっていく。[149]」このような完全なる所有権（dominium plenum）は現実社会において極めてまれにしか存在せず、多くの所有権は制限付きであるにしても、聖職者が教会財産に対して有する dominium は上記の実定法上の所有権とは全く異質のものである。聖職者は教会財産を好きなように取り扱うことはできず、世俗の人間は聖職者には絶対的に禁止されている多くの仕方で世俗的財産を取り扱うことができる。従って dominium をより一般的で広義に定義する必要があり、オッカムはこれを「人的裁判により何らかの世俗的財産の返還を請求したり世俗的財産を擁護したりする人間の基本的権限[150]」と定義している。

聖職者が教会財産――神の礼拝のために必要な財産と、貧者の需要を満たすための財産――に対して有する dominium の性格につき[151]、オッカムは先ず、財産の所有は本質的に聖職者たる身分（status praelatorum）に属するという見解の批判から始める。この見解によれば、聖職者は刑罰権を有し、刑罰権は権力を前提とし、権力は財の所有を前提としているが故に、財産の所有権は聖職者に本質的に属すとされる。この見解に対しオッカムは、教導し裁判を行い刑罰を科することが聖職者たる身分に属することを認めるが、聖職者の任務は聖職者が財を所有すること――そして財を管理することでさえ――を必要とせず、歴史上最も完全な聖職者である使徒たちも財の所有のみならず財の管理さえ放棄したことを指摘する。[152]また聖職者には信徒の共有財産を管理する権利もない。もっとも或る場合には財が「いわば偶然的に、他の人々の欠陥や怠慢の故に聖職者の身分に属することはありうる。……とりわけ共有財産の占有（possessio）が聖職者に属することがあり、例えば昔の聖職者たちはこのようにして共有財産を占有し、保持し、管理していた。というのも、当時聖職者は知識、信仰、聖性及び勤勉において他の人々より勝れていたからであり、確かに他の人々は聖職者からみれば羊の如きものであった[153]」。これに対し現在のように聖職者が世俗人より貪欲で邪悪である場合には、聖職者に共有財産の管理を委ねるよりも、正しく、善良で勤勉な世俗人に委ねる方が信徒の共同体にとって有益である。[154]

以上のように、聖職者が教会財産に対して有する dominium

は、歴史上の特殊事情の故に信徒により委任された管理権（訴訟を行う権限を含む）にすぎず、信徒はこの委任を取り消すことが可能である。教会財産は神の次に第一次的根源的には（primo et principalissime）信徒全体、正確には所有権を放棄した信徒（例えばフランシスコ修道会士）以外の全信徒に属するのである[155]。教会財産の管理者を誰にすべきかは、実定法により規定されるべき可変的な規則でしかなく、具体的状況に従って合目的的に決定されるべきである。教会財産の管理が聖職者に属するのは、聖職者がこの任務に適しているからであるが、財産管理は聖職者の霊的任務に本質的に属するものではない。例えば、聖職者の刑罰権は元来、破門の如き霊的な刑罰に限定されているにもかかわらず、世俗権力による刑罰の執行が不可能な場合には身体刑の行使が聖職者にも認められるのと同様に、世俗人が通常は聖職者に属する教会財産の管理を行うことが合目的的である場合も存在する[156]。このように、教会財産の所有者は信徒全体であるのに対し、管理者は人定的実定的に規定されるにすぎない。次にオッカムがフランシスコ修道会の「単なる事実上の使用」を正当化するために展開した所有権の起源に関する議論をみてみよう。

　教父時代以来、キリスト及び使徒による財産使用は、ストア派からキリスト教思想へ導入された人間の原始状態の財産使用と同一視されてきた。チェゼーナのミカエルは一三二八年のピーサの訴書の中で、『マタイ福音書』（10・9）「財布の中に金、銀または銭を入れていくな。旅行のための袋も、二枚の下着も、くつも、つえも持って行くな」（に対する聖レミギウスの註釈）を援用しつつ、キリストは「聖なる使徒たちが人祖の崇高さを取り戻すこと」を欲し、この人祖は「天の宝を保有するあいだは金銀を欲しなかったのに対し、やがて罪を犯し天の宝を失うと金銀を欲しはじめた」述べている[157]。そしてミカエルはグラティアヌス教令集（C. 12. q. 1. c. 2 *Dilectissimis*）にある「この世における万物の使用は万人に共通のものでなければならなかった。しかし邪悪さによって或る人はこれを自分のものと主張し、他の人はそれを彼のものと主張した」を引用し、初期の教会において「使徒的生」（vita apostolica）を受け入れたすべての人々は原罪以前に、すなわち邪悪さによって（per iniquitatem）「私のもの」と「あなたのもの」が導入される以前に存在していた状態を保持したと述べ[158]、また同じくグラティアヌス教令集（Dist. 8. c. 1 *Quo iure*）のアウグスティヌスの一節「我々は聖書の中に神法を、王たちの命令の中に人定法を見出す。いずれの法によって各人は自分が所有するものを所有しているのか。それは人定法によってではないだろうか。……神は一つの土から貧しい者と富める者を作り、土地は貧しい者と富める者を共に支える。しかし、人定法によって、『この農場は私のもの、この家は私のもの、この奴隷は私のもの』と言われている」を引用し、人定法、特に皇帝の法律によって私的所有権が生じたことを述べている。[159] ミカエルによれば「所有権」(proprietas ないし dominium) は原罪後の人定法により生まれた制度であり、原罪以前の無垢の状態においては人間は単に世界に存在する共有財を事実上使用していたにすぎず、キリストとその使徒たちは——そしてキリストと使徒を模倣するフランシスコ会士は——この原罪以前の状態を恢復すべく所有権を放棄したのである。そしてミカエルは、キリストと使徒たち、そしてフランシスコ会士による財の使用——すなわち生命維持に必要な財の事実上の使用——を自然法 (lex naturae) に基礎づけている。[160] これに対しヨハネス二十二世は一三二九年十一月の教令《Quia vir reprobus》で、人祖は神から直接に所有権を与えられており、原罪以前の無垢の状態から既に所有権 (dominium) が存在したことを主張する。ヨハネスによれば、『創世記』(1・28) の、「地を従わせよ、また海の魚と、空の鳥と、地に動くすべての生き物とを治めよ」そして『集会の書』(17・1—4) の「主は人間を土から創造し、自分にかたどって彼を造った。……主は人間に地上のものを治める権力を与え、すべての生き物に人間への恐れを吹き込んだ。人間は獣や鳥を支配した。神は彼から、彼に似た妻を創った」から理解できるようにアダムは神から所有権を与えられ、エバが生まれる以前は単独で所有権を有し、エバが生まれた後は財はグラティアヌス教令集 (C. 12, q. 1, c. 2 *Dilectissimis*) にあるように共有されていたが、[161] 原罪後の堕落により人間は共有財では満足できず財を分割し、排他的に所有することを欲するようになった。従ってこの分割は単なる事実上の使用の分割ではなく所有権に関する財の分割 (divisio rerum quoad dominium,non quoad usum) であった。所有権は原罪後の邪悪さの故に人定法により定められたものではなく人間存在に根源的に帰属する権利であり、人祖の無垢な状態を復活させたキリストと使徒も人祖と同様に dominium を有していた。[162] すなわち万物の支配者であり普遍的王国の王たるかぎりでの神の子キリストのみならず人間キリストも使徒たちと共有の形態で財に対する所有権を有しており、更に『ヨハネ福音書』(13・29) から理解されるように、キリストは (ユダがあずかっていた) 財布の所有者であり、その他福音書の多くの箇所からキリストが衣服、くつ、パン、ぶどう酒などを私的に所有していたことがわかる。[163] また使徒たちも共有以外にある種の世俗的財を私有していたのであり、[164] 私的所有権を有する使徒たちは私有財産について訴訟を行うこともできた。[165] 従って、使徒たちは dominium ないし proprietas を放棄し、生命維持に必要なかぎりにおいて財を単に事実上使用することによって無垢の状態を復活させたというミカエルの主張は誤りである。そして教皇は教令《Ad conditorem》と同様、キリスト的生の完全性は本質的に所有権の放棄ではなく愛にある

郵便はがき

恐縮ですが切手をお貼りください

112-0005

東京都文京区
水道二丁目一番一号

勁草書房
愛読者カード係行

(弊社へのご意見・ご要望などお知らせください)

・本カードをお送りいただいた方に「総合図書目録」をお送りいたします。
・HP を開いております。ご利用ください。http://www.keisoshobo.co.jp
・裏面の「書籍注文書」を弊社刊行図書のご注文にご利用ください。ご指定の書店様に至急お送り致します。書店様から入荷のご連絡を差し上げますので、連絡先(ご住所・お電話番号)を明記してください。
・代金引換えの宅配便でお届けする方法もございます。代金は現品と引換えにお支払いください。送料は全国一律100円(ただし書籍代金の合計額(税込)が1,000円以上で無料)になります。別途手数料が一回のご注文につき一律200円かかります(2013年7月改訂)。

愛読者カード

10249-5　C3010

本書名　ウィリアム・オッカム研究

お名前（ふりがな）　（　　歳）

ご職業

ご住所　〒　　お電話（　　）　－

本書を何でお知りになりましたか
書店店頭（　　書店）／新聞広告（　　新聞）
目録、書評、チラシ、HP、その他（　　）

本書についてご意見・ご感想をお聞かせください。なお、一部をHPをはじめ広告媒体に掲載させていただくことがございます。ご了承ください。

◇書籍注文書◇

最寄りご指定書店

市　町（区）

書店

（書名）	¥	（　）	部
（書名）	¥	（　）	部
（書名）	¥	（　）	部
（書名）	¥	（　）	部

ことを確認し、[166]また自分が以前の教令で廃止した教皇庁の所有権留保について、〈simplex〉と言われるべきなのはフランシスコ会がそれによって利益を享受している財の使用ではなく、教皇庁が保持する所有権の方であることを再び主張している。[167]

ヨハネス二十二世によれば、人間が財に対して有する〈dominium〉は、アダムが単独で有する〈dominium〉も含めて、聖書にあるように神法上の権利であった――グラティアヌス教令集（Dist. 8. c. 1 *Quo iure*）によれば神法とは聖書に述べられていることである――。そして原罪に引き続く時代においても、大洪水以前そして王や人間の立法者が未だ存在しない時代から既に――例えば『創世記』（3・19）からアダムがパンを私有し、同（4・4）からアベルが羊の群を私有していたことが理解されるように――人間は「これは私のものである」と主張しえたのであり、[168]大洪水の後も――同（9・20）からノアがぶどうの木とぶどう酒を所有し、同（12・7）から神がアブラムの子孫にカナンの地を与えたことが理解されるように――同様であった。私的所有権は原初の自然法によって（iure naturali primaevo）導入されたのではなく――自然法をあらゆる動物に共通な法として理解すれば、自然法は一定のものへと向かわせるだけで、いかなることも定めないからである――、また万民法や王ないし皇帝の法によって導入されたのでもなく、それは神が先ず最初に人祖に与えたものであった。万民法や王ないし皇帝の法律は、所有権を取得する形式や、訴訟において所有権を擁護する手続を定めたにすぎず、〈*Quo iure*〉はこのことを述べているのである。[169]そして〈*Dilectissimis*〉の「邪悪さによって或る人はこれを自分のものと主張し……」という言葉の中の「邪悪さ」（iniquitas）は、所有権を肯定する万民法を意味するのではなく――万民法は正しく公正な（aequum）法である――、原罪および原罪から生じた人間の堕落を意味する。人間は堕落によって最早共有では満足できず、財を私有するようになったのであり、ただこのかぎりにおいてのみ万民法は自然法の公正さ（aequitas）に反し不正であると言いうるにすぎない。[170]

あらゆる種類の所有の権利を邪悪さに由来するものとみなし、財を所有する教会の正当性を疑問視するフランシスコ派の厳格な清貧論に対抗して教皇ヨハネスは、dominium の起源を人間創造の原初に引き戻し、原罪以前、そして原罪直後の所有を実定的神法に基礎づけた。[171]そしてこのことは、教会財産に対する教会の所有権が世俗君主の裁治権に服さないことの根拠になることをも含意していた。

ヨハネスのこの見解につき既にマルキアのフランチェスコ（フランチェスコ・ダスコーリ）は、神が人祖に与えた原罪以前の dominium は自然的所有権であり、原罪という邪悪により生じた dominium とは根本的に異質なものであると反論していたが[172]、オッカムはこの見解を更に発展させて論じている。オッカムによれば『創世記』（1・28）に示されている、原罪以前の罪なき状態の人間に対し神が与えた dominium は、「抵抗を受けることなく、世俗的なもの（被造物）を理性的に支配し統治する力」（potestas rationabiliter regendi et gubernandi temporalia absque eorum resistentia violenta）であり[173]、被造物を自由に支配する天使的支配権である[174]。また法的にみれば、この権利は子供や奴隷が馬を支配する権利にも類似している[175]。いずれにしても人祖が無垢の状態で有する〈dominium〉は支配権であり、財の所有権を意味してはいない[176]。楽園において人祖が享受したのは財を自由に使用する力（potestas utendi）であり、これは人間が他の動物たちと共に有する、自己保持のための不可譲の自然的使用権であった[177]。これに対し原罪以後は、人祖の天使的支配権は消失するが[178]、「使用する力」は存続し[179]、堕落した人間本性のもとで、これに適合した別の potestas utendi の行使が必要となる。オッカムによれば原罪を犯した直後のアダムとエバは財を個人的に所有することも共有として所有することもなく、すべては無主物（res nullius）であった。しかし、誰のものでもない無主物は先占した者に与えられることから、人間はものを「自分のものにする力」（potestas appropriandi）を行使して財を取得し、自分のために保持した。しかし、すべての財が無主物で、各人が「自分のものにする力」ないし「私有する力」の行使によって自由にそれを取得できる原罪後の状態は厳密な意味での共有状態ではない。もしそれが共有であれば、共有されている財の私的な取得は共同体の同意を必要とするだろう。

「しかしおそらく論難されている者（ヨハネス二十二世）は次のように反論するだろう。我々の人祖が無垢な状態において有していた、服従させ支配する――そしていわば征服し打ち負かす――完全なる力である〈dominium〉以外に、人祖はもう一つ別の〈dominium〉を有しており、原罪によって前者の〈dominium〉を失っても、この別の〈dominium〉を失うことはなかった。というのもいかなる人々も、分割されるべき財の共有権（dominium commune）を以前から有していないかぎり、何らかの財を自分たちの間で分割し、分割された所有権（distincta dominia）の対象とすることはできないからである。しかし我々の人祖やその息子たちが自分たちの間で世俗的財を分割し、分割された所有権の対象としたのは原罪の後だいぶ経ってからのことである。それ故原罪の直後は、彼らは共有の所有権を有していた。しかしこの共有権は原罪の後に獲得されたものではない。それ故、彼らは原罪以前から共有の所有権を有していた。

これに対し論難者たち（ミカエル派）は次のように主張する。『所有権』を厳密な意味で理解したとき、我々の人祖は原罪の後にすべての世俗的財に対する共有の所有権を有していたわけではなく、「自分のものにする力」（potestas appropriandi）と、共有の所有権を獲得する力（potestas acquirendi commune dominium）を有していたのである。なぜならば誰のものでもない財（quae in nullius bonis sunt）は、それを先占する者に（occupanti）与えられる（conceduntur）からである。それ故、この力は厳密に言うと共有の所有権ではない。ちょうど現在において大気や大地や海で取られるものを自分のものにし、あるいは獲得する力が厳密に言うと共有の所有権ではないように。というのも、もし共有の所有権だとすると、誰も共同体の同意なしにこれらの財のどれも自分のものにすべきではないからである。それ故、仮に自分のものにする力が共有の所有権であったことを認めたとしても、もし我々の人祖が罪を犯さなかったならば、この種の所有権は無垢の状態において存在しなかっただろう、と論難者たち（ミカエル派）は主張する。なぜならば、この状態においては、自分のものにする力というものが存在しなかったからである[180]」。

しかし財を「自分のものにする力」は何に由来するのだろうか。教皇ヨハネス二十二世であれば、それは神によって人間に与えられたと主張するだろう。これに対し、所有権が神から与えられた神聖な権利であることを否定するミカエル派（そしてオッカム）は、この力が原罪後の堕落した人間本性と、この人間本性に呼応した正しい理性の判断に――要するに原罪後の人間の判断に――由来することを主張する。

「それ故、人祖が罪を犯す以前はもっていなかった世俗的財を私有（自分のものに）するこの力を何によって保持しているのかと問われるならば、人祖は堕落した本性の故に（ex natura corrupta）この力を保持していたと彼ら（ミカエル派）は主張する。なぜならば、罪を犯しうる人間たちが財を私有（自分のものに）する力をもつことが有益である（expedit）ことが自然理性の命令によって確証されるからである。ただし、一部の人間が自発的に当該の力を放棄することがある。しかしいかなる人間も最初からこのような力を放棄するように強制されるべきではない[181]」。

従ってオッカムによれば、人間は原罪以前および以後を通じて「使用する力」を有し、原罪以後に「自分のものにする力」を有することになるが、前者は神賦の自然権であるのに対し、後者は人間の堕落した本性を前提とし、正しい人間理性の判断によって生ずる力であって神賦の自然権とはみなされていない。後述のようにオッカムは、正しい理性の判断から生ずる「自分のものにする力」を自然的衡平に合致したものと考えるが、これを自然法上の力として説明することを回避した。もしこの力が自然権であれば、それは神授の力として理解され、そうなれば私的所有権は神授の神聖な権利であると主張するヨハネス二十二世の見解を支持することになるだろう。『九十日の書』はミカエル派の清貧論の擁護を目的としており、当時のオッカムにとり財を「自分のものにする力」を神賦の権利として説明することは、この目的にそぐわないことであった。しかしオッカムは後に書かれた、フランシスコ派の清貧論の擁護を直接な目的としていない『暴政論』〈Breviloquim〉においては、「自分のものにする力」（私有する力）が神から与えられたことを明言している。[182]

さて、原罪後の人間が財を「自分のものにする力」によって無主物を先占する一種の共有状態は、人間が合意により財を分割し、私的所有権によって財を排他的に所有する状態へと移行していく。この財の分割は原罪により直ちに生成するのではなく、私的所有権は人間自らが形成する人定的な制度にすぎない。人間は、原罪以後の堕落した本性に適合すべく、自由に私的所有制度を創設する。従って、オッカムによれば、dominium の歴史は三つの時期に区別される。第一は原罪以前の、被造物に対する天使的支配及び神から与えられた〈potestas utendi〉による自己保持のための、豊富に存在する財の自由な使用の時代、第二は原罪以後財産分割以前の、ローマ法の無主物先占に似た、誰のものでもない財をすべての人間が自由に使用できる（希少財の）一種の共有状態——実定法上の共有（複数の人間による私有）とは異なった消極的な共有状態——の時代（この状態においても人間は原罪以前から存在する、神から与えられた〈potestas utendi〉を自己保持のために行使する）、第三は私的所有権が人々の合意により導入された時代（ここにおいても〈potestas utendi〉は存続する）、の三つの時代である。[183]

オッカムは以上のような所有論を展開した後、フランシスコ派の「福音的清貧」の理論的基礎づけへと移り、ヨハネス二十二世が教令《Ad conditorem》及び《Quia vir reprobus》で主張した立場を批判しつつ、自然法上の使用権と実定法上の使用権の連関を論じている。使用により消費し尽くされる財については所有権と正しい使用は分離しえず、法的権原を伴わない単なる事実上の使用は正しい使用でありえない、というのがヨハネス二十二世の見解であった。これに対しオッカムは、ヨハネスが〈iuste〉とか〈iustum〉、〈iustitia〉といった言葉を多義的に使用していることを指摘し、「正義」に三つの意味があることを主張する。正義には第一に、四つの枢要徳（virtus cardinalis）の一つを意味する場合、第二に、「共通善」に合致した実定法上の正義（iustitia legalis）を意味する場合、第三に、正しい理性（recta ratio）に一致した倫理的な正しさを意味する場合、の三つの意味がある[184]。「正義にかなった使用」と言われる場合、これは第二ないし第三の意味での正義、すなわち実定法上「正しい」（正義にかなった）使用ないしは自然法上「正しい」（正義にかなった）使用のいずれかを意味する。社会の共通善を目的とする人定法の規定に合致した使用が実定法上「正しい」使用であり、「正しい理性」により神の命令として把握される倫理的秩序に合致した使用が自然法上「正しい」使用である。オッカムはグラティアヌス教令集に編入されたアウグスティヌスのテキスト[185]にみられる ius fori と ius poli の区別を利用しつつ、二つの使用を理論的に区別している。オッカムによれば、実定法（ius positivum）[186]たる「法廷の法」（ius fori）に対して、自然的衡平（aequitas naturalis）を意味する「天の法」（ius poli）は、「純粋に自然的な正しい理性」（recta ratio pure naturalis）に一致する規定と（神の実定法的命令をのぞく）神の啓示に含まれた規定からなり、従ってこれには自然法と神法の両者が含まれている[187]。

　従って、無垢の状態において人間が神から与えられた「使用する力」によって行う財の使用は言うまでもなく自然法上、ius poli 上の使用であるが、原罪後の原始状態における消極的共有も、原罪以前から既に神によって人間に与えられていた「使用する力」に基づき、「自分のものにする力」は自然理性の命令によることから自然法上、ius poli 上の使用である。これに対し、人間が協約（pactio）により財の分割を決定することで実定法上、ius fori 上の私的所有権（dominium ないし proprietas）が形成される。所有のこの分割は『創世記』（４・２—５）によればカインとアベルにより初めて為されたが、「この分割が神の命令によって為されたと記されてはおらず、それ故、最初の財分割は人間の意志により形成されたのである」[188]。そしてオッカムはグラティアヌス教令集にみられるアウグスティヌスの言葉[189]に言及しつつ次のように述べている。「無垢の状態においてアダムは、王たちの法が存在せずとも、使用する力（potestas utendi）と支配権（dominium）の対象として、或るものを自己のものと主張しえた。しかし人祖が罪を犯した後は、人間は（すなわちアダムとエバは）王たちの法が存在せずとも、使用（usus）及び或る意味で共同の所有（dominium aliquo modo commune）の対象として、或るものを自己のものと主張しえたのである。更に他の人は、王たちの法が存在せずとも、人定法により導入された私的所有権（dominium ないし proprium）の対象として、或るものを自己のものと主張することができた。大洪水の後、或る人々は王たちの法なくして神法上、或るものを自己のものと主張し、他の人々は人定法上、しかし王たちの法なくして、或るものを自己のものと主張しえたのである。……しかし福者アウグスティヌスの時代ではあらゆる所有は王たちの法に由来した――この『王たちの』という言葉は皇帝も含む――。当時あらゆる領域は王たちに服していたからである[190]」。

更に、財の分割、私的所有権の形成に関しては、既に言及したようにグラティアヌス教令集の中にこれを「邪悪さ」に帰している箇所が存在する。「この世における万物の使用は万人に共通のものでなければならなかった。しかし邪悪さによって或る人はこれを自分のものと主張し、他の人はそれを彼のものと主張した。かくして人間のあいだに財の分割が生じた[191]」。この邪悪さ（iniquitas）については既にヨハネス・テウトニクスが「標準註釈」で二つの解釈を提示しており、オッカムはこの註釈に言及しつつ次のように論じている。「この註釈は……二つの解釈を提示している。第一の解釈は次の如くである。『〈悪によって〉というのは、すなわち自然的衡平に反する万民法上の慣習によって、を意味する』。すなわち、この慣習は無垢の状態において存在した、かの自然的衡平に反し、更に、あらゆる点で理性に従う人間のあいだに存在するはずの自然的衡平にも反しているのである。しかしこの慣習は相互に争いあい悪行を行う傾向を有する人間のあいだに存在する自然的衡平には反していない。従ってこのような両者の相違は自然的類概念に従った（secundum genus naturae）相違であって、規範的類概念に従った（secundum genus moris）相違ではない。というのも、このような慣習はそれ自体不正でも悪でもないからである[192]」。テウトニクスの第一の解釈は、〈iniquitas〉を自然的衡平と対置された「万民法」（ius gentium）とみなし、堕落した世界と、「正しき理性」の中に規範的に存在する原罪以前の原始状態との存在論的相違を強調する。これに対して第二の解釈は、〈iniquitas〉を財に対する配慮（sollicitudo）として理解するものであるが、オッカムはこれに簡単に言及しただけで、更に、〈iniquitas〉を人祖の原罪と同一視するヨハネス二十二世の見解を批判する。「第三の解釈ではヨハネス二十二世が主張する如く、〈iniquitas〉はこの場合、人祖の罪として理解すべきとされる。しかし〈per iniquitatem〉は固有の意味での原因として（causaliter）理解されるのではなく、機会として（occasionaliter）理解されるのである。というのも人祖の悪行は所有権分割の機会（occasio）にすぎないからである。もし人祖が罪を犯さなかったならば、所有権分割が行われなかったことは確かである。しかし人祖の罪は分割の原因（causa）ではなく、原因はむしろ人間の意志である[193]」。従ってオッカムによれば、原罪は財の分割の直接的原因ではなく、直接的原因はあくまで人間の意志（voluntas humana）であり、私的所有権は、自ら社会制度を創りあげていく人間の作為に原因する。

しかし、他方で実定法上の所有権の妥当性が停止する場合が存在する。差し迫る死の危険を避けるために他人の財産の使用が必要な場合、他人の所有権の効力は停止し死の危険にさらされた者に使用が許されることは、中世の教会法学とローマ法学により一般的に認められていた(194)。オッカムによれば、原罪以後でしかも財が分割される以前の人間は自然法上の potestas utendi を有するとされたが、私的所有権が形成された後でも緊急状態においては、神が人間に付与した自然法に基づく ius utendi naturale が蘇生する。この自然法上の自然権（自然的使用権）は万人に認められ永遠不変に妥当する権利であり、飢えた人や寒さにこごえる人は緊急状態が続くかぎり所有権者の意志に反してさえ、食物や衣服を自己のものとして要求し使用することができる(195)。

以上の所有論を展開した後、オッカムは、ヨハネス二十二世によるフランシスコ派の清貧批判の論駁へと進む。使用により消費し尽くされる財（res usu consumptibiles）の正しい使用は必然的に実定法上の所有権を前提するというのがヨハネスの見解であり、この見解が正しければフランシスコ派の財使用は実定法上のあらゆる権利を放棄する清貧理念に違背することになる。この見解に対しオッカムは、修道士が托鉢の結果取得した施物を使用するのは、自然権によると主張する。修道士が財を使用することが可能なのは、直接的には所有権者による財使用の自由な――そして取消し可能な――放棄によるのであるが、これにより実定的な使用権が修道士に認められるわけではなく、既に自然法上潜在的に認められている自然的使用権が所有者の取消し可能な許可（licentia）により復活するのであり、これは、緊急状態により財使用の自然権が復活するのと同様である。「その財が他者に属するという理由のみにより或る人が特定の世俗的財の使用を阻止されている場合、（というのも、いかなる者も、自然権以外にどのような権利ももたない他者の財を、緊急に必要な場合を除き、財の所有者の意に反して使用すべきでないからである）財の所有者により任意に示される許可があればそれだけで当の財を自然法上（iure poli）使用するのに十分である。許可、従って自由な同意は、自然的使用権をもつ者がこの権利を実行に移すことを禁止している障害を取り除くだけであり、この者に新しい何らかの権利を与えるわけではない。それ故、このような許可ないし自由な同意を受け取る者は天の法により、他者に属する財を使用することができる。許可を与えられた者に新しいいかなる権利も付与されないことは、次の議論によって証明される。（次のように言われるかもしれない）あらゆる権利は神法上の権利か人間の権利である。もし人間の権利であれば、それは自然法上の、そして天の法による権利か、実定法上の、そして法廷の法による権利のいずれかである。しかしこのような許可や同意が神法上の権利や天の法による権利や自然の権利を付与しないことは確かである。従って、許可された者に何らかの権利が与えられるとすれば、この権利は実定法上の権利（ius fori）に属し、財産はこの実定的権利により使用されるのである、と。しかしこれは明らかに誤りである。というのも、人はあらゆる実定的権利により法廷で訴訟を行うことができるのに対し、このような者は法廷で争えるいかなる権利も有してはおらず、それ故法廷の法（実定法）により財を使用しているわけではないからである。従ってこの者はただ天の法（自然法）によってのみ財を使用しているのである[196]」。

従って実定法（pactio,ordinatio）は自然法を限定するものと考えられ、この限定が例外的に破棄されることにより自然法が再び妥当し始める。そして、緊急状態において実定法による自然的使用権の限定は取り除かれ、人間が財産放棄の誓約により自然的使用権の行使を自由に放棄した場合でも、緊急状態において自然的使用権は復活する。「世俗的財を使用することは、いかなる者も正当には放棄することのできない自然の権利（ius naturae）に属していることが認識されねばならない。しかしそれは多くの場合に制限されたり何らかの仕方で限定されることのありえない仕方で、そして正当に実行されないように阻止されることがありえない仕方で自然の権利に属しているわけではない。このようにイシドルスによれば――Dist. 1, c.7 *Ius naturale* にあるように――『万物の共有と万人の自由』は自然法に属するが、世俗的財は私有され、多くの人々は奴隷になることから、自然法は何らかの仕方で限定されるのである。しかしこの自然法が全面的に無効にされることはありえない。なぜならば、世俗的財は、それらが緊急状態においては共有されなければならない、ということが真ではないような仕方で私有されることは決してありえないからである。かくして、世俗的財を使用する（自然法上の）力は、人定法あるいは自由な人間自身の意志により何らかの方法で制限され、それが実際の使用行為とならないようにしばしば阻止されうる。――このようにして或る人は肉的なものから自己を遠ざけることを誓約することがあり、また人々は他者の財の使用を禁止されている――。しかし、世俗的財を使用する力が全面的に除去されることは不可能である。それ故すべての人はそれが自然法、人定法、神法そして自己自身の決断により禁止されていないかぎり、天の法によりどのような世俗的財をも使用することができる。従って緊急状態においてすべてのひとは、それなしでは自己の生命を維持しえないどのような世俗的財をも使用することができるのである。この場合、いかなる法、自己のいかなる決断によっても、世俗的財の不使用が義務づけられてはいないからである[197]」。従って、フランシスコ会士は実定法上の権利を放棄したのであるが、自然法により、他の所有者の取消可能な許可による財やその他の無主物を使用できる。オッカムは生命維持のための自然法上の使用権（ius utendi naturale）を、人間が放棄することの不可能な、人間存在の内奥に神により刻み込まれた権利、キリスト教徒と異教徒を問わず、人間である限りのあらゆる人間に自然的に与えられた権利と考えている。[198]

従ってオッカムによれば、フランシスコ修道会の財使用の形態である「単なる事実上の使用」(simplex usus facti) は自己保持の自然権に基づく使用であり、これは無垢の状態にあった人祖が「使用する力」(potestas utendi) によって財を使用し、原罪後、私的所有権形成以前の人間が無主物を同じく「使用する力」によって使用する形態と基本的には同一のものである。神から人間に与えられたこの「使用する力」は自然的使用権 (ius utendi naturale)、自己保持のために財を使用する自然権であり、(一) 原罪以前の無垢の状態におけるアダムとエバによる無主物の消極的共有——誰のものでもない財をすべての人間が自由に使用するという意味での消極的共有——、(二) 原罪後、私的所有権が——人間の「自分のものにする力」(potestas appropirandi) の行使を通して——人間の定めによって生ずる以前の無主物の消極的共有、そして最後に (三) 私的所有権が人定的制度として生じた後に緊急状態において再生する使用、あるいはキリストと使徒たちが、そしてフランシスコ会士が私有権を自主的に放棄した後の「単なる事実上の使用」、という三つの状態を貫通して存続する自然権である。

しかしこの点注意すべきは、財の使用の形態に関しては、個人としても団体としても財を所有しないキリストと使徒の財使用は無垢の状態における人祖の財使用を復活させたものであり、それ故キリストと使徒を模倣するフランシスコ会士の「単なる事実上の使用」も原罪以前の人祖の財使用を復活させたものであると言えても、オッカムはキリストと使徒、そしてフランシスコ修道会が人祖の無垢な状態そのものを蘇生させたとは考えていないことである。これに対し、ヨハネス二十二世やボナグラティアは相互に対立する見解をとりながらも、共にキリストと使徒が人祖の無垢な状態を蘇生させたと考えている。ヨハネスとボナグラティアにとって人祖の原罪以前の無垢な状態は規範的な理想状態であり、ヨハネス二十二世は人祖が〈dominium〉を有していたことを根拠にして、原罪以前の無垢な状態を蘇生させたキリストと使徒が〈dominium〉を有していたこと、〈dominium〉がどの時代にも妥当する神法に基づく正しい財使用の形態であることを主張し、ボナグラティアは人祖が〈dominium〉をもたず、単に財を事実上使用していたことを根拠にして、キリストと使徒が——そしてキリストと使徒を模倣して、個人としても団体としても財に対する実定的権利を放棄したフランシスコ修道会が——人祖の無垢な状態を蘇生させていることを主張した。しかしオッカムはこのような主張を否定している。オッカムによれば、キリストと使徒、そしてフランシスコ修道会は財の使用の点では人祖の状態を復活させているが、これは「使用する力」ないし自然的使用権を復活させているにすぎず、人祖の無垢な状態それ自体を蘇生させているわけではない。「使用する力」や自然的使用権は無垢の状態においてのみならず、原罪後、私的所有権形成以前の状態においても存在している。無垢の状態は――人祖の既述の天使的所有権も含め――原罪によって完全に消失し、原罪後の人間世界に再び実現することはない。

そしてここで最後に指摘しておくべき点は、これまでの説明から理解されるように、オッカムが修道会士の財の自然的使用権（すなわち単なる事実上の使用）を二重の意味で用いていることである。すなわち一つは布施者の取消可能な許可による会士の日常的な（すなわち緊急状態を前提としない）財使用であり、もう一つは緊急状態における財使用である。前者の使用も、後者の使用と同様に自然権による使用とされている。というのも、取消可能な許可によって会士は実定法上の使用権（ius utendi）を取得するわけではないが、緊急状態において実定法上の所有権が効力を失い潜在的な自然的使用権が蘇生するのと同様に、実定法上の所有権者の許可によっても、それまで実定法により阻止されていた自然的使用権が蘇生するからである。ところがオッカムは或る箇所で次のように述べている。

「フランシスコ会士は彼らが使用する財に対していかなる実定的権利も有していないが、それらの財に対しある種の権利、すなわち自然権を――彼らがそれらのものを使用するときはいつでもというわけではないが――有している。それ故教皇ニコラウス（三世）は、会士たちはそのような財に対していかなる権利も有していないとは述べてはおらず、それらの財に対して彼らが有する使用は彼らにいかなる権利も与えないと述べているのである。……彼らがある種の権利、すなわち自然権を有していることは確かである。しかし彼らがこの権利を有するのは緊急状態のときだけである。以上の点から、使用の許可が使用する権利でないことは明らかである。なぜならば、会士が許可によって財を使用するのは緊急状態以外のときであるが、彼らは緊急状態のとき以外に財を使用するいかなる権利も有してはいないからである。それ故許可による使用は権利による使用ではない(199)」。

ここでオッカムは、会士は緊急状態においてのみ使用の自然権を有しており、布施者の取消可能な許可による使用はいかなる意味においても権利ではないと述べ、「単なる事実上の使用」(simplex usus facti) が自然権でさえないことを示唆している。しかし他方でオッカムは別の箇所で、所有権者の取消可能な許可によって財を使用する人（すなわち日常生活におけるフランシスコ会士）について次のように述べている。

「…このような者は法廷で争えるようないかなる権利も有してはおらず、それ故法廷の法（実定法）により財を使用しているわけではないからである。従ってこの者はただ天の法（自然法）によってのみ財を使用しているのである。しかしこの者が天の法によってその財を初めて正当に使用できるようになるのは使用を許可ないし認可されたときであり、そのとき以前ではない。というのも自然権が使用行為となって現実化するのを阻むものが今や取り除かれたからであり、これ以前は決して取り除かれてはいなかったからである。そしてこのことから次のことが明らかである。すなわち、もしフランシスコ会士が財産に対して、彼らと他のすべての信徒に共通のいかなる実定的権利も有していないのであれば、会士は自分たちが正当に使用するすべての財を法廷の法ではなく天の法によって使用しているのである。たとえ彼らの状態がどれほど緊急状態とは言えないような状態であろうと。というのも彼らは自然的使用権を放棄することはできないからである」(200)。

ここでオッカムが主張しているのは、所有者の（取消可能な）許可による会士の日常的な財の単なる事実上の使用は緊急状態における他者の私有財産の使用と同様、自然権による使用だということである。もしオッカムが矛盾したことを述べていないとすれば上記二つのテキストはどのように解釈したらよいのだろうか。一つの可能な解釈は「自然権」の二義的な使用である。緊急状態における財の自然的使用権は、死の危険に瀕した人間が他者の私有財産を請求する権利であるのに対し、会士が他者の（取消可能な）許可によって日常的に財を使用することは使用の自由を意味する。確かに財を請求する権利は、請求する（しない）自由を論理的に含意するが、緊急状態にある人間の財に対する権利の中核にあるのは請求権（そしてこれと相関的に相手方の履行義務）である。これに対しフランシスコ会士が享受する、許可による財使用の自由は財に対する請求権（そして相手方の履行義務）を含意せず、単に会士が財を使用する（しない）自由のみを含意し、自由の行使を妨害しないよう他者に要求する権利が会士に（そして会士の自由の行使を妨害すべきでない義務が他者に）あることさえ含意しない。それ故オッカムが財使用の自然権は緊急状態においてのみ存在し、フランシスコ会士の日常の財使用はいかなる意味においても権利ではないと述べるとき、請求権としての権利がオッカムの念頭にあり、これに対し許可による日常の財使用も自然権とされる場合には請求権だけでなく自由も権利として観念されていると理解するのが適切だろう。

オッカムの清貧論はローマ教皇の攻撃に対しフランシスコ修道会の「単なる事実上の使用」の立場を防御することを目的としており、Spiritualesのようにすべてのキリスト教徒に向かって清貧の実践を唱えたものではない。オッカムは聖職者が生命維持のための財を信徒に要求する神法上の権利以外に財に対するいかなる私有権も有していないこと、神の礼拝や貧窮民の救済のための教会財産は信徒全体の共有財産――信徒全体が教会財産に対しdominiumないしproprietasを有している――であり、教皇をはじめとする聖職者は教会財産に対し単に人定法上の管理権を有するにすぎないことを主張するが、すべての聖職者に対しフランシスコ修道会士と同じように財の単なる事実上の使用のみによって生活すべきことを説いているわけではなく、聖職者が財に対し実定法上の権利をもつことに異議を唱えているわけでもない。確かに聖職者は世俗君主や信徒から与えられた財に対し厳密な意味での私有権――それ故処分権――を有しておらず、聖務のために人定法上の管理権を有しているにすぎないが、それでも教会財産が侵害されればそれを訴訟により取り戻す権利を有することをオッカムは認めている。『九十日の書』でオッカムがミカエル派を代弁して展開している清貧論は言うまでもなくかつてのSpiritualesの急進的な清貧論とは異質なものであった。

註

(1) Epistula I. data ianuaea, 1216, Oct. (H. Boehmer, F. Wiegand, *Analekten zur Geschichte des Franciscus von Assisi*, 3 Auf. Tübingen, 1961, Iacobi Vitriacensis de b. Francisco eiusque societate testimonia, S. 67).

(2) フランチェスコの伝記は、P. Sabatierの古典的著作をはじめとして、専門的なものから一般的なものまで数多く存在する。またフランチェスコにより著された戒律、遺書その他の原典は、前掲のH. Boehmer, F. Wieland: *Analekten* に収められている。また、V. Kybal, *Die Ordensregeln des heiligen Franz von Assisi und die ursprüngliche Verfassung des Minoritenordens* (Hildesheim, 1973); D. E. Flood, *Die Regula non bullata der Minderbrüder* (1967, Werl/Westf.) 参照。修道会史としては、J. Moorman, *A History of the Franciscan Order, from it's Origin to the Year 1517* (Oxford, 1968) 参照。清貧思想を特に扱ったものとしては、K. Balthasar, *Geschichte des Armutsstreites im Franziskanerorden bis zum Konzil von Vienne* (Münster, 1911); E. Benz, *Ecclesia spiritualis* (Stuttgart, 1934, Nachdruck 1964); M. D. Lambert, *Franciscan Poverty, the Doctrine of the Absolute Poverty of Christ and the Apostles in the Franciscan Order, 1210-1323* (London, 1961); M. Damiata, *Guglielmo d'Ockham: povertà e potere I, il problema della povertà evangelica e francescana nel sec. XIII e XIV* (Firenze, 1978); A. Tabarroni, *Paupertas Christi et apostolorum: l'ideale francescano in discussione (1322-1324)* (Roma, 1990); R. Lambertini, *Apologia e crescita dell' identità francescana (1255-1279)* (Roma, 1990); id., *La povertà pensata: evoluzione storica della definizione dell' identità minoritica da Bonaventura ad Ockham* (Modena, 2000); U. Horst, *Evangelische Armut und päpstliches Lehramt* (Stutt-

gart, 1996）参照。また〈Spirituales〉に焦点を合わせた研究としてD. Burr, *The Spiritual Franciscans*（University Park, Pa. 2001）。その他G. Leff, *Heresy in the Later Middle Ages*（Manchester, 1967）vol. 1 pp. 51-166も参照。十二・三世紀の宗教運動一般における福音的清貧思想については、H. Grundmann, *Religiöse Bewegungen im Mittelalter*（2 Auf. Hildesheim, 1961）．また、法学史の立場からフランシスコ派の清貧論を扱った論文として、G. Tarello, 'Profili giuridici della questione della povertà nel francescanesimo prima di Ockham'（*Scritti in memoria di Antonio Falchi*, Milano, 1964, pp. 338-448）があり、フランシスコ派の清貧論を扱ったバルトルスの《Liber Minoritarum》の研究として、A. C. Jemolo, 'Il《Liber Minoritarum》di Bartolo e la povertà minoritica nei giuristi del XIII e del XIV secolo'（*Scritti vari di storia religiosa e civile*, Milano, 1965, pp. 31-74）。

（3）フランチェスコの清貧思想は、一二〇九年ないし一二一〇年に書かれた現存しない原初の戒律（regula primitiva）（J. M. Moormann, op. cit., pp. 15-16）を別にして、一二二一年の第一戒律（いわゆる*Regula prima*, H. Boehmer, F. Wiegand, *Analekten*, op. cit., SS. 1-18）、一二二三年のホノリウス三世により認可された第二戒律（いわゆる*Regula bullata*, id., SS. 20-24）、一二二六年フランチェスコの死の直前に筆録された「遺書」（*Testamentum*, id., SS. 24-27）に示されている。フランチェスコの清貧思想については、M. D. Lambert, *Franciscan Poverty*, op. cit., pp. 31-67参照。フランチェスコが自己の清貧の実践を、キリストの福音的生の再創造と見なしていたことは、第一戒律の冒頭の言葉、〈Hec est vita evangelii Iesu Christi, quam frater Franciscus petiit a domino papa Innocentio…〉（H. Boehmer, F. Wiegand, *Analekten*, op. cit., S. 1）及び第二戒律冒頭の言葉、〈Regula et vita minorum fratrum haec est, scilicet domini nostri Iesu Christi sanctum Evangelium observare vivendo in obedientia, sine proprio et in castitate.〉（id., S. 20）からも明白である。フランチェスコは自己の戒律を、福音に従って生きるべきことを命ずる神の直接的な啓示と考え（*Testamentum* 4, id., S. 25）、人間によって規定された人定的なものではなく神の啓示であるが故に神聖かつ修正不可能であると考えた。

（4）修道会の〈Verkirchlichung〉については、E. Troeltsch, *Die Soziallehren der christlichen Kirchen und Gruppen*（Tübingen, 1912）S. 390ff; H. Grundmann, *Religiöse Bewegung*, op. cit., SS. 127-156参照。

（5）ウゴリーノは第二戒律の作成にも参与した。ウゴリーノの枢機卿「保護者」としての役割については、R. B. Brooke, *Early Franciscan Government*（Cambridge, 1959）pp. 62-75; J. Moorman, *A History*, op. cit., pp. 46-52, 55-57参照。

（6）C. Eubel, ed., *Bullarii Franciscani Epitome*（Ad Claras Aquas, 1908）no. iv, p. 229 a. 教令《Quo elongati》については、M. D. Lambert, op. cit., pp. 78-79, pp. 82-84; H. Grundmann, 'Die Bulle《Quo elongati》Papst Gregors IX'（*Archivum Franciscanum Historicum* —— 以下AFHと略——LIV, 1961, pp. 3-25. p. 20以下には原典が載せられている。）; M. Damiata, op. cit., pp. 110-112; G. Tarello, op. cit., pp. 355-357. この教令は〈nuntius〉の制度を導入し、フランチェスコの戒律を緩和した点でも重要である。フランチェスコは金銭の受領を禁止したが、既に一二二一年の戒律で病気の会士を看護する外部の人間を〈fidelis persona〉として認め（H. Boehmer, F. Wiegand, op. cit., *Regula prima* 10, S. 8）、一二二三年の戒律では、厳寒を防ぐ衣服と病人の必需品購入を許し、このために〈amicus spiritualis〉と呼ばれる代理人を会の外部に置き、戒律に例外を認めていた（H. Boehmer, F. Wiegand, op. cit., *Regula bullata* 4 S. 21）。教令はこれをあらゆる緊急事態に拡張し、施物受領の代理人として〈nuntius〉を制度化し、この〈nuntius〉は

修道会の代理ではなく、施物授与者の代理として構成された。以後、緊急事態の範囲は次第に拡張され、〈nuntius〉は修道会から法的には分離されているものの、修道士にとり財の購入は極めて容易なものとなった。

（7）E. Pásztor, 'San Francesco e il cardinale Ugolino nella questione francescana'（*Collectanea franciscana*, vol. 46, 1976）pp. 209–239.

（8）この総会の決議は伝わっていないが、その幾つかは一二六〇年ナルボンヌ総会の決議に含まれている（M. Bihl, 'Statuta generalia Ordinis edita in Capitulis generalibus celebratis Narbonae anno 1260', AFH, XXXIV, 1941, pp. 13-94, pp. 284-358）。この決議には戒律の過度の緩和に対する警戒もみられるが、手仕事の義務を著作活動や学問研究に代替可能とする規定など、戒律の緩和は更に進められている。Tarello, op. cit., pp.357-358.

（9）C. Eubel, ed. *Epitome*, op. cit., no. xi, pp. 238-239.

（10）M. D. Lambert, op. cit., pp. 96-97.〈nuntius〉は当初、喜捨者から与えられた金銭の保持を禁止され、会士に生活必需品を与えた後は残金を〈amicus spiritualis〉に引き渡すものとされていたが、インノケンティウス四世は二つの制度を事実上融合させ、修道会は金銭受領のために代理人を自由に利用できるに至った。

（11）C. Eubel, ed. *Epitome*, op. cit., p. 239a.「というのも不動産にしろ動産にしろ、この種の財産に対する権利（ius）や私有権（proprietas）や所有権（dominium）は（贈与者や移譲者が私有権や所有権を自らに留保したことが認められる財産だけは別にして）直接的に教会自体に属するからである。住居や上述の土地は、聖堂や聖堂に所属するそれ以外のものと共に（余はこれらすべてのものを聖ペテロの権利と私有権において受け取った）、世俗的事項においても霊的事項においても確かに教会自体に服していると理解される」。

（12）J. H. Sbaralea, ed., *Bullarium Franciscanum* I（Roma, 1759）no. ccxxxv, pp. 487-488.

（13）もっとも、ボナヴェントゥーラは一二六〇年ナルボンヌ総会で、教令《Ordinem vestrum》及び《Quanto studiosius》の効力停止を再認している。F. M. Delorme, ed., 'Diffinitiones capituli generalis Narbonensis（1260）'（AFH, III, 1910）pp. 491-504.

（14）ヨアキムとフランシスコ会の歴史的結合の重要性について、A・デンプフは「フランチェスコなしではヨアキムは単に過去の遺物にとどまったであろうし、逆にヨアキムなしではフランチェスコも、その弟子たちの世代で既に世界史上の重要人物となることもなく、多くの同種の人々の中の一介の聖者、修道会設立者にすぎなかったであろう」（A. Dempf, *Sacrum Imperium*, 2 Auf. Darmstadt, 1954, S. 282）と述べているが、これは必ずしも誇張ではないと思われる。ヨアキム・ダ・フィオーレの思想に関する主要な研究として、H. Grundmann, *Studien über Joachim von Fiore*（Stuttgart, 1966）SS. 18-156; M. Reeves, *The Influence of Prophecy in the Later Middle Ages: A Study in Joachimism*（Oxford, 1969）pp. 16-27; G. L. Potestà, *Il Tempo dell' Apocalisse*（Roma, 2004）pp. 36-218, pp. 251-366; E. R. Daniel, *Abbot Joachim of Fiore and Joachimism: selected articles*（Farnham, 2011）II, IV, VII, VIII 参照。また P. Fournier, *Études sur Joachim de Flore et ses doctrines*（Paris, 1909）pp. 1-49; E. Buonaiuti, *Gioacchino da Fiore, i tempi-la vita-il messaggio*（Roma, 1932, 2a ed. a cura di A. Crocco, Cosenza, 1984）pp. 164-214; F. Foberti, *Gioacchino da Fiore: nuovi studi critici sulla mistica e la religiosità in Calabria*（Firenze, 1934）pp. 35-77; L. Tondelli, *Il libro delle figure dell' abate Gioachino da Fiore*（2a ed. Torino, 1953）vol. 1, pp. 109-176; A. Crocco, *Gioacchino da Fiore e il gioachimismo*（Napoli, 1976）pp. 75-146; M. Reeves, *Joachim of Fiore and the Prophetic Future* (London, 1976) pp. 1-28; B. McGinn, *The Calabrian Abbot: Joachim of Fiore in the History of Western Thought* (New York, 1985) pp. 99-203; F. D'Elia, *Gioacchino da Fiore: un maestro della civiltà europea* (Rubettino, 1991) pp. 49-81; M. Reeves, *The Prophetic Sense of History in Medieval and Renaissance Europe* (Aldershot, 1999) IV, V 参照。これ以外に、H. Grundmann, 'Lex und Sacramentum bei Joachim von Fiore' (P. Wilpert, hrsg. *Lex et sacramentum im Mittelalter, Miscellanea Medievalia*, Bd 6, Berlin, 1969, SS. 31-48; H. Grundmann, *Ausgewählte Aufsätze*, Teil 2, *Joachim von Fiore*, SS. 403-420); P. Francesco Russo, *Gioacchino da Fiore e le Fondazione Florensi in Calabria* (Napoli, 1958, pp. 32-40; K. Löwith, *Weltgeschichte und Heilsgeschehen* (3 auf. Stuttgart, 1953) SS. 136-147; M. Reeves, B. Hirsch-Reich, *The Figurae of Joachim of Fiore* (Oxford, 1972); E. Pásztor, 'Ideale del monachesimo ed《età dello Spirito》come realtà spirituale e forma d'utopia' (*L'Età dello Spirito e la fine dei tempi in Gioacchino da Fiore e nel Gioachimismo medievale*, a cura di A. Crocco, S. Giovanni in Fiore, 1986, pp. 55-124); A. Crocco, 'Il superamento del dualismo agostiniano nella concezione della storia di Gioacchino da Fiore' (id., pp. 141-161); F. Galiano, *Interpretazione esoterica della storia in Gioacchino da Fiore, frate calabrese* (2a ed. Cosenza, 2000); C. Rowland, 'Joachim of Fiore and the theology of the new Testament' (J. E. Wannenmacher, ed., *Joachim of Fiore and the Influence of Inspiration*, Aldershot, 2013, pp. 35-52); M. Riedl, 'Joachim of Fiore as political thinker' (id., pp. 53-74); Id., *Joachim von Fiore. Denker der vollendeten Menschheit* (Würzburg, 2004).

　ヨアキムの三つの重要な著作、〈*Liber de Concordia Novi ac Veteris Testamenti*〉〈*Expositio in Apocalypsim*〉〈*Psalterium decem cordarum*〉については、それぞれ一五一九年、一五二七年、一五二七年のヴェネツィア版のリプリントがMinerva (Frankfurt a.M. 1964, 1964, 1965) から公刊されており、更に〈*Liber de Concordia*〉は E. R. Daniel, ed., *Abbot Joachim of Fiore "Liber de concordia noui ac veteris testamenti"* (Philadelphia, 1983 ただし全五巻のうち一巻から四巻まで。テキストは pp. 7-435. 各巻ごとの解説を含む)、〈*Psalterium*〉は K-V. Serge, hrsg., *Joachim von Fiore, Psalterium decem cordarum* (Hannover, 2009) によって刊行されている。その他〈*Liber Figurarum*〉は L. Tondelli, *Il libro delle figure*, op. cit., vol. 2. 増補版は L. Tondelli, M. Reeves, B. Hirsch-Reich, *Il Libro delle figure dell'abate Gioachino da Fiore, completata dalle tavole conservate da un codice di Oxford e criticamente definitiva* (Torino, 1990) vol. 2 (vol. 1 は R. Rusconi の解説)。〈*De septem sigillis*〉は J. E. Wannenmacher, *Hermeneutik der Heilsgeschichte: De septem sigillis und die sieben Siegel im Werk Joachims von Fiore* (Leiden, 2005) SS. 336-355 で刊行されている。

　フランシスコ修道会内部におけるヨアキム主義の展開については、多くの同修道会史で直接、間接に触れられており、M. Reeves, op. cit., pp. 175-241 にも詳細な叙述がみられるが、これ以外に、E. Benz, *Ecclesia spiritualis*, op. cit.; G. Leff, *Heresy in the Later Middle Ages*, op. cit., vol. 1; R. Manselli, 'L'Attesa dell'età nuova ed il Gioachimismo' (*Convegni del centro di studi sulla spiritualità medievale* III, *L'attesa dell'età nuova nella spiritualità della fine del medioevo*, Todi, 1962, pp. 147-170, R. Manselli, *Da Gioacchino da Fiore a Cristoforo Colombo. Studi sul francescanesimo spirituale, sull'ecclesiologia e sull'escatologismo bassomedievali*, Roma, 1997, pp. 37-53); P. Ilarino da Milano, 'L'incentivo escatologico nel riformismo dell'ordine francescano' (id. pp.

238-337); B. Töpfer, *Das kommende Reich des Friedens, zur Entwicklung chiliastischer Zukunftshoffnungen im Hochmittelalter* (Berlin, 1964) SS. 211-257 参照。

(15) しかし、ヨアキムの思想を「終末論と形容することが必ずしも適切でないことは、H. Grundmann, *Studien*, op. cit., SS. 56-57. 例えば「旧約新約合致の書」に、「世界の終末を探索することは無分別なことである」と明言されているように、ヨアキムを世界消滅の預言者（Weltuntergangsprophet）の意味で終末論者と考えるべきではない。ヨアキムにとり、世界終末が起こることは明白であるが、それがいつ生じるかは不可知である。彼の関心対象は創造から終末までの人類史の発展過程のダイナミズムである。歴史の発展には三位一体に象徴的基礎をもつ規則的構造が内在しており、従って過去に関する「霊的理解」は現在、未来に関する知識を提供する。旧約聖書と新約聖書で語られている人物、組織、出来事は各々呼応しあい、ユダヤ民族の歴史における各世代の諸事実は、キリスト教会の各世代のそれと対応している（ヨアキムは旧約時代と新約時代は共に四十二の世代〈generationes〉からなると考えるが、旧約の各世代の年数は異なるのに対し、新約の各世代は三十年と考えた。しかし、両者の世代は各々対応的に考えられている）。

(16) ヨアキムによれば、三つの〈status〉の相似関係は、〈ordo conjugatorum〉によって特徴づけられる父の〈status〉におけるイスラエルの十二人の族長ないし十二支族が、〈ordo clericorum〉によって特徴づけられる子の〈status〉における十二人の使徒ないし十二の教会と、そして〈ordo monachorum〉によって特徴づけられる聖霊の〈status〉における十二人の修道士ないし十二の修道院と呼応しあうことに示されている。そして更に、イスラエル十二支族が先行する五つの支族とその後の七つの支族からなるように、十二の教会もペテロと結びついた五つの教会とその後のヨハネと結びついたアジアの七つの教会からなり、聖霊の〈status〉の十二の修道院も最初の五つのシトー派修道院と、その後の七つの霊的修道院からなることにも、三つの〈status〉の相似関係が示されている。

(17) E. R. Daniel, 'Double Antichrist or antichrists: Abbot Joachim of Fiore' (id., *Abbot Joachim of Fiore*, op. cit., VII, pp. 1-16).

(18) D. Burr, *Olivi's Peaceable Kingdom. A Reading of the Apocalypse Commentary* (Philadelphia, 1993) pp. 14-19; M. Reeves, *The Influence*, op.cit., pp. 59-61, pp. 187-188; Id., *Joachim of Fiore*, op. cit., pp. 33-34; G. Leff, *Heresy*, op. cit., pp. 69-71, pp. 79-81.

(19) この論争に内在する教会論的政治的問題については、Y. M.-J. Congar, 'Aspects ecclésiologiques de la querelle entre mendiants et séculiers dans la seconde moitié du XIIIe siècle et le début du XIVe' (*Archives d'histoire doctrinale et littéraire du moyen âge*, année 1961, pp. 35-151). ギヨーム・ドゥ・サンタムールに焦点をあてたこの論争の展開の詳細は、M.-M. Dufeil, *Guillaume de Saint-Amour et la polémique universitaire parisienne, 1250-1259* (Paris, 1972) 参照。要約的な概観は、D. L. Douie, *The Conflict between the Seculars and the Mendicants at the University of Paris in the Thirteenth Century* (London, 1954). その他 G. Tarello, op. cit., pp. 375-386; M. Damiata, op. cit., pp. 59-90.

(20) 例えばドミニコ修道会士トマス・アクィナスは次のように述べている。「人々は様々な司教区や様々な教区へと区別されているが、それにもかかわらず教会が一つであるように、キリスト教の人民は唯一でなければならない。そして一つの教会に属する特定の人民の中に当の人民全体の頭である一人の司教が必要とされるのと同様に、キリスト教の全人民の中には教会全体の一つの頭が存在する必要がある」

（*Summa contra gentiles*, IV, 76, cit., Congar, op. cit., p. 104, n. 212）。

（21）ordo perficientium と ordo perficiendorum の区別が、偽ディオニシウス・アレオパギタに由来することについては、Congar, op. cit., p. 58.

（22）フランチェスコは、教皇からの特権の受容をきびしく禁止していたが、説教活動の拡大は教皇からの特権を要請することになり、会士は司教区の司祭の許可なく説教、告解、場合によっては埋葬などを行った。特に埋葬は司祭の重要な財源であったことから、司祭たちはこれを権利侵害として激しく攻撃した。教皇による特権授与はインノケンティウス四世の教皇職の末期に縮減されたものの、修道会と俗間聖職者との抗争中、教皇はつねに修道会を支持し、一二八一年マルティヌス四世は教令《Ad fructus uberes》で、修道会士を司教の支配からほぼ全面的に解放することになる。しかしその後も両者の抗争は続き、司教の立場を代表するヘントのヘンリクス、ゴドフロア・ドゥ・フォンテーヌ、フランシスコ派を代表するペトルス・ヨアニス・オリーヴィ、ミドルトンのリチャードの間で論争が展開されたが、一二九〇年、ニコラウス四世は二名の教皇使節（このうちの一人は、後にボニファティウス八世となるベネディクトゥス・ガエターニ）を派遣、修道士の特権を擁護し、ヘントのヘンリクスは大学での教授を禁止されるに至る。ベネディクトゥスはボニファティウス八世として即位した後、司教と修道会の妥協政策をとったが、司教の権限から修道会士を解放する教皇の法的権限については、以後中世を通じて理論的論争が続くことになる。

（23）この論争におけるパリ大学の神学者及び司教の教会観によれば（この教会観には、偽ディオニシウス・アレオパギタの影響がみられる。Congar, op. cit., pp. 114）、教会は教皇、司教及び教区司祭の三つの階級から成立し、各々、ペテロ、十二使徒その他のキリストの弟子の後継者であり、この位階秩序はキリストにより承認された不変の秩序である。従ってこの秩序に属さない修道会に説教権その他を授与する教皇は、この神的秩序を侵害するものであり、更に、司教や司祭は教皇からではなくキリストから直接的に司牧権を授与されたのであるから、教皇は神法に基づくこの権限を侵害してはならない(Congar, op. cit., pp. 52-88)。これに対し、フランシスコ派（及びドミニコ派）の主張によれば、あらゆる聖職者の権限は、教会の首長たる教皇に由来するが故に、教皇は司牧権を任意に授与する絶対的権限を有する（修道会側の理論の詳細は、Congar, op. cit., pp. 88-114）。フランシスコ修道会は教皇の絶対性を主張することにより、自己の権限を俗間神学者や司教の攻撃から擁護しようとしたのである。またこの点と関連して、J. Ratzinger, 'Der Einfluss des Bettelordensstreites auf die Entwicknung der Lehre von päpstlichen Universalprimat, unter besonderer Berücksichtigung des heiligen Bonaventura'（J. Auer, H. Volk, hrsg. *Theologie in Geschichte und Gegenwart, M. Schmaus zum sechzigsten Geburtstag*, München, 1957, SS. 697-724）参照。

（24）G. Geltner, *William of Saint-Amour. De periculis novissimorum temporum*（Paris, Leuven, Dudley, MA, 2008）pp. 36-141（テキストと英訳）; id., 'William of St. Amour's *De periculis novissimorum temporum*: A false start to medieval antifraternalism?'（M. Cusato, G. Geltner, eds. *Defenders and Critics of Franciscan Life*, Leiden, 2009, pp. 105-118）; M. Bierbaum, *Bettelorden und Weltgeistlichkeit an der Universität Paris*（Münster, 1920）SS. 1-36.

（25）G. Geltner, op. cit., pp. 1-18; A. Traver, *The Opuscula of William of Saint-Amour*（Münster, 2003）pp. 31-52; M-M. Dufeil, op. cit., pp. 222-227. ボルゴ・サンドンニーノのゲラルドゥスの〈Introductorius〉は、パリ大学の俗間神学者と修道会との抗争とそれ程密接な関

係にあったわけではない。サンタムールはフランシスコ会士ゲラルドゥスの異端的な著作（これは修道会によって公に認可されたものではなかった）一つを取り上げ、これを口実にして托鉢修道会全体を論難したのである。サンタムールの〈De periculis〉が発表されたのは一二五六年三月（または四月）であったが、これより二年ほど前、抗争が続く中、これまで修道会を擁護してきた教皇インノケンティウス四世は——おそらくゲラルドゥスの異端的著作の公刊を機に態度を変え——一二五四年十一月の教令《Etsi animarum》で修道会の諸特権を取り消すことで俗間教授たちを懐柔しようとしたが（D. L. Douie, op. cit. p. 7）一二月に死去し、これに代わって教皇となったアレクサンデル四世は——アレクサンデル四世は枢機卿のときフランシスコ修道会の保護者であった——教令《Nec insolitum》を発布し、前任教皇の《Etsi animarum》を破棄して修道会を積極的に保護する政策をとるようになる。このような状況のもと、俗間教授たちは十字軍から帰還したフランス王ルイ九世に希望を託したが、自ら清貧を実践し托鉢修道会との結びつきの強かった聖ルイが俗間教授たちの要求を受け入れるはずはなく、結局、俗間教授たちはローマ教皇とフランス王の両者を敵に回すこととなった。そして更にアレクサンデル四世は教令《Quasi lignum vite》を発布し修道会の特権を一層強化していく。

　サンタムールの〈De periculis〉はこのような情勢のもとで書かれた。従ってそこにはドミニコ会とフランシスコ会に対する敵意のみならず、修道会を保護するローマ教皇とカペー朝のフランス王への攻撃的な態度が明白に示されている。〈De periculis〉が公刊された三カ月後、ルイ九世はアレクサンデル四世にサンタムールの拘禁と、サンタムールの主な協力者をパリ大学から排除することを命じ、更に王の要請で〈De periculis〉はローマ教皇庁による審査に服し、遂にサンタムールはパリ大学から追放されることになる。

〈De periculis〉におけるサンタムールの主張を次のように要約することができる。ローマ教皇は修道会士にあらゆる場所で説教することを許可しているが、教皇にはこのようなことを許可する権限はなく、修道会士は司教区で説教するとき司教の同意を先ず得なければならない。偽ディオニシウス・アレオパギタが述べているように、教会の構造は天上の秩序を模倣したものであり、司教、司祭、助祭からなる上位の〈ordo perficientium〉と、修道士、信徒、洗礼志願者から成る下位の〈ordo perficiendorum〉に区別されるが、下位の位階に属する修道士が司教や司祭と同じように説教により人々の魂を配慮すること（cura animarum）は、天上の秩序を模倣した教会の不変の秩序を乱すことであり、この秩序を乱そうとする修道士たちは偽説教者（Pseudo-Praedicatores）、反キリストの使者である。そして修道士は所有権を放棄し托鉢によって生活するが、キリストの使徒たちは少くとも財を共有し、托鉢ではなく労働によって生活していた。所有権の放棄はキリスト教的完全性の条件ではなく、むしろ自らは労働せず他人の善意によって生活する修道士は詐欺師であり、教会から放逐されるべきである。

（26）*Opera Omnia*（Ad Claras Aquas, 1891）, V, pp. 117-198. 特に q. 2, De paupertate. pp. 124-165. D. L. Douie, op. cit., pp. 10-11; M-M. Dufeil, op. cit. pp. 174-175.

（27）M. Bierbaum, op. cit. SS. 37-168（テキスト）, SS. 273-342（解説）; M-M. Dufeil, op. cit., pp. 242-246; D. L. Douie, op. cit., pp. 13-15; M. Damiata, op. cit., pp. 66-74.

（28）*Opuscula theologica*, II（Torino, Marietti, 1954）pp. 5-110.（羅仏対訳）*Opuscules de Saint Thomas d'Aquin*, 5（Paris, J. Vrin, 1984）Proemium, caput I-V（pp. 519-639）caput VI-XXVI（pp. 1-205）. M-M. Dufeil, op. cit., pp. 254-260; M. Damiata, op. cit., pp. 124-128; R.

Lambertini, *Apologia e crescita*, op. cit., pp. 65–78; P. Glorieux, 'Le "Contra impugnantes" de S. Thomas, ses sources-son plan'（*Mélanges Mandonnet*, tome 1, Paris, 1930, pp. 51-81）; S. di Mattia Spirito, 'Il problema della povertà e della perfezione religiosa nell' ambito delle polemiche tra clero secolare e ordini mendicanti'（Congresso internazionale Tommaso d'Aquino nel suo settimo centenario, 1974, Atti. 2, *Tommaso d'Aquino nella storia del pensiero, 2*, Roma, Napoli, 1974, pp. 49-58）.

㉙　M-M. Dufeil, pp. 329–330.

㉚　S. Clasen（a cura di）, AFH, XXXI, 1938, pp. 284–329, XXXII, 1939, pp. 89–200. D. L. Douie, op. cit., pp. 17–18; M. Damiata, op. cit., pp. 76–84.

㉛　*Opuscula theologica*, op. cit., pp. 115–153.（羅仏対訳）*Opuscules de Saint Thomas d'Aquin*, 4（Paris, 1984）pp. 404–518. M. Damiata, op. cit., p. 130; D. L. Douie, op. cit., p. 24.

㉜　*Opera Omnia*, op. cit., 1898, VIII, pp. 233–330. M. Damiata, op. cit., pp. 136–151; D. L. Douie, op. cit., pp. 19–22.

㉝　L. Oliger, ed., 'Die theologische Quaestion des Johannes Pecham über die vollkommene Armut'（*Franziskanische Studien*, Bd. 4, 1917, SS. 139–176）.

㉞　（第一章から第六章）A. van den Wyngaert, *Tractatus pauperis a fratre Johanne de Peckham*（Paris, 1925）.（第七章から第九章）F. M. Delorme, 'Trois chapitres de Jean Peckham pour la défense des Ordres mendiants'（*Studi francescani*, XXIX, 1932, pp. 54–62, pp. 164–193）.（第十章と第十六章）C. L. Kingsford, A. G. Little, F. Tocco, *Fratris Johannis Pecham, Tractatus tres de Paupertate*（Aberdeen, 1910）pp. 21–90.（第十一章から第十四章）F. M. Delorme, 'Quatre chapitres inédites de Jean de Pecham'（*Collectanea franciscana*, XIV, 1944, pp. 84–120.（第十五章）F. M. Delorme, *Fr. Richardi de Mediavilla quaestio disputata*（Ad Claras Aquas, Quaracchi, 1925）pp. 79–88. ペッカムについてはM. Damiata, op. cit., pp. 154–167.

㉟　D. L. Douie, op. cit., p. 25; P. Glorieux, 'Les polémiques《contra Geraldinos》, Les pieces du dossier'（*Recherches de Théologie ancienne et médiévale*, VI, 1934, pp. 5–41）pp. 6–13.

㊱　*Opuscula theologica*, op. cit., pp. 159–190.（羅仏対訳）*Opuscules de Saint Thomas d'Aquin*, 4, op. cit., pp. 311–404. M. Damiata, op. cit., pp. 128–130.

㊲　L. Oliger, 'De pueris oblatis in ordine Minorum'（AFH, VIII, 1915, pp. 389–447）pp. 441–442.

㊳　Id., pp. 414–439.

㊴　清貧を扱ったボナヴェントゥーラの著作は、上述の〈Apologia pauperum〉と〈Quaestiones disputatae de evangelica perfectione〉以外に、〈Epistola de trivus quaestionibus ad magistrum innominatum〉（*Opera Omnia*, VIII, op. cit., pp. 331–336）と〈Determinationes quaestionum circa Regulam Fratrum minorum〉（ibid., pars I, pp. 337–356, pars II, pp. 356–374）がある。前者は厳格主義的傾向が強く、後者は反厳格主義的傾向が強いが、後者がボナヴェントゥーラの真の著作であるか疑わしい（Lambert, op. cit. p. 118）。

本文での説明から理解される如く、ボナヴェントゥーラの清貧論は、基本的には穏健なConventualesの立場にたつが、彼がフランシスコ修道会の霊的使命につき、ヨアキム的歴史観を有していたことも明白である。ボナヴェントゥーラによる人類史の区分は著作により異なるが、〈Collationes in Hexaemeron〉（*Opera Omnia*, V, op. cit., pp. 327–454）pp. 405–408では、ヨアキムと異なり人類史は旧約新約の時代に二分され、更に各々は七つの時期〈tempora〉に分割されている。すなわち旧約時代は、アダムからノアまでの〈tempus naturae conditae〉、ノアからアブラハムまでの〈tempus purgandae culpae〉、アブラハムからモーセまでの〈tempus gentis electae〉、モーセからサムエルまでの〈tempus legis statutae〉、ダヴィデからヒゼキアまでの〈tempus regalis gloriae〉、ヒゼキアからゼルバベルまでの〈tempus vocis propheticae〉、そして最後に、ゼルバベルからキリストまでの〈tempus quietis mediae〉に区分され、新約時代は、キリスト及び使徒の時代から教皇クレメンス一世までの〈tempus collatae gratiae〉、クレメンス一世から教皇シルウェステルまでの〈tempus baptismi in sanguine〉、シルウェステルから教皇レオ一世までの〈tempus normae catholicae〉、レオ一世から教皇グレゴリウス一世までの〈tempus legis iustitiae〉、グレゴリウス一世から教皇ハドリアヌス一世までの〈tempus sublimis cathedrae〉、ハドリアヌス一世からバビロンの建設そして崩壊へと続く〈tempus clarae doctrinae〉（ボナヴェントゥーラは第六期の終結時を確定していない。彼は現代を第六期とし、ヨハネ黙示録を示唆しつつ次のように述べている。「しかし、これがどのくらい長く続くか、誰が言える、あるいは言っただろうか。確かなことは我々が第六期にいることである。また確かなことは、それが深淵から上がってくる獣が打ち倒されるときまで――このときにバビロンが倒され滅ぼされる――続くことであり、その後に平和がおとずれるだろう」p. 406）、そして最後に永遠の平和に満ちた〈tempus pacis postremae〉に区分されている。そしてフランチェスコは新約時代の第六期に登場し、教会に聖書の真正な啓示をもたらす者とされ、『黙示録』（7・2）にある第六の封印の、生ける神の印をもつ天使と象徴的に同一視されている。この第六期は八世紀の教皇ハドリアヌスに開始し、迫害の時代を経た後、完全なる静謐に満ち、聖書の純粋なる真理が人類に開披される第七期へと移行する。従ってボナヴェントゥーラはヨアキムの如く、第三期の聖霊の時代を認めているわけではないが、各〈tempus〉が更に三つの時期に区分され、旧約新約の各時代が呼応しあうとされている点にヨアキムの影響がみられ、さらに他のヨアキム主義者と同様、フランチェスコ及びフランシスコ修道会に対し、第六期から第七期への移行を準備し、新しい啓示、聖書の新しい真理の実現を用意する霊的使命を認めていることは注目にあたいする。以上の点に関しては、J. Ratzinger, *Die Geschichtstheologie des heiligen Bonaventura*（München, 1959）SS. 22-40. ボナヴェントゥーラとヨアキム主義の関係については、D. Burr, *Olivi's Peaceable Kingdom*, op. cit., pp. 27-44; M. Reeves, *The Influence*, op. cit., pp. 179-181; Id., *Joachim of Fiore*, op. cit., pp. 36-38; B. McGinn, op. cit., pp. 213-219; E. R. Daniel, op. cit., XIV; P. Zahner, 'Bonaventura, der franziskanische Joachitismus und Joachim von Fiore'（M. Schlosser, F.-X. Heibl, hrsg. *Gegenwart der Offenbarung: Zu den Bonaventura-Forschungen Joseph Ratzingers*, Regensburg, 2011, SS. 152-165）参照。また、彼の「フランチェスコ伝」（所謂、Legenda maior と Legenda minor）にみられるボナヴェントゥーラのフランチェスコ理解については、S. Clasen, *Franziskus, Engel des sechsten Siegels: sein Leben nach den Schriften des heiligen Bonaventura*（Werl/Westf, 1962）. この著作にはボナヴェントゥーラの大小二つのフランチェスコ伝の独訳（SS. 249-385, 437-477）が含まれている。

（40）「そして、世俗的財の所有権〈dominium〉は二つの仕方で放棄されることが可能である故、……福音的清貧にも二つの様式、二つの完全性が存在する。つまり、財の所有には、個人的所有と共有があり、前者は特定の人間に、後者は特定の集団に属する。そして後者を保持しつつ前者を放棄することは可能であり、また両者を共に放棄することも可能であるが故に、これら二つの様式に従って清貧の完全なる遂行にも二つの様式が存在するのである。……第一の様式の清貧は多数の信徒にみられ、これについて『使徒行伝』では次のように述べられている。『信仰するこれら多数の人々の心と魂は一つである。彼らのうち誰も、自分が保持する財を自分のものであるとは主張せず、彼らはすべてを共有した。……』。修道院や共住修道士の生活様式（forma monasticae seu coenobiticae vitae）もこのようにして伝えられた。……第二の清貧の範例と様式は使徒の生活にみられ、『マタイ福音書』に「財布の中に金、銀または銭を入れて行くな。旅行のための袋も、二枚の下着も、くつも杖も持って行くな。働き人がその食物を得るのは当然である」と述べられているように、完全性の師たるキリストが説教のために使徒を送り出したとき、使徒にこの生活を課したのである。……それ故、この言葉により主は、真理の説教師たる使徒に対し、厳格なる清貧の形式が遵守さるべきことを命じ、これは財産の否定のみならず、人間の一般的生活において通常保持ないしは貯えられている金銭その他の動産の否定をも含むものであった。……かくして、彼らは行為においても精神においても、完全性のいわば明確なる印として、最高の清貧を身につけるようになったのである」（*Apologia pauperum*. op. cit. cap. vii. p. 273）。

（41）「世俗的財の所持については、二つのこと、すなわち所有（dominium）と使用（usus）を考える必要がある。使用は現世での生活と必然的に結びついている。福音的清貧に属しているのは、地上の財産を、所有ないし私有に関して（quantum ad dominium et proprietatem）放棄することであり、使用を放棄することではなく、ただそれを制限することである。これは使徒パウロがテモテに『ただ衣食があれば、それで足れりとすべきである』と述べているとおりである」（*Apologia pauperum*. cap. vii. pp. 272-273）。

（42）*Apologia pauperum*. cap. i. p. 237.

（43）Clasen（a cura di）. op. cit., 1939, p. 133. R. Lambertini. *Apologia e crescita*, op. cit., pp. 86-101.

（44）「次のことを理解すべきである。世俗的財に関しては四つのものを、すなわち私的所有権、占有権、用益権そして単なる使用を考慮すべきである。人間の生活は最初の三つがなくても可能であるが、最後のものは必須のもの、なくてはならないものである……」（*Apologia pauperum*. cap. xi. p. 312）。

（45）*Apologia pauperum*. cap. xi. p. 312.

（46）この教令は Liber Sextus に編入された（Lib. V, Tit. 12, c. 3. Friedberg, *Corpus Iuris Canonici*, t. II, col. 1109-1121）。この教令とボナヴェントゥーラとの関係については、U. Maggiani. 'De relatione scriptorum quorundam S. Bonaventurae ad bullam Exiit Nicolai III（1279）'（AFH. V, 1912, pp. 3-21）。この教令に対するペトルス・オリーヴィの影響を指摘するものとして、D. Burr. *Olivi and Franciscan Poverty*（Philadelphia. 1989）pp. 38-56: R. Lambertini. *Apologia*. op. cit., pp. 153-169 参照。

（47）「更に、この規則は、修道会士がいかなるものも——家屋も土地も、その他いかなるものも——私有すべきではないことを明白に規定し、また、余の前任者グレゴリウス九世やその他何人かの教皇により、これが個人的にも団体としても（tam in speciali quam etiam in communi）守られるべきことが宣言されているが故に、このようなかたちであらゆる財の私有（proprietas）を神のために、個人としても団体としても放棄することは、義にかなう（meritoria）聖なる（sancta）行為であることを余は定め、キリストが完全性の途を示すべく、言葉によりこれを教え、範例によりこれを確認したこと、そして更に、戦う教会の初期の建設者たち（primi fundatores militantis ecclesiae）が完全なる生活を欲しつつ、彼らが聖書という源泉から汲みとったとおりに、教説や生活の範例によりこれを導き入れたことを認める」(A. Friedberg, *Corpus iuris canonici* II, col. 1112)。

(48)「世俗的財に関しては、特に、proprietas, possessio, ususfructus, ius utendi, simplex usus facti を考慮しなければならない。死すべき人間の生は、最後のものを必須なるものとして要求するが、それ以外のものは不可欠なるものとは言えない。従って生命維持に必須な財の使用を自ら排除するような宣言はありえないが、あらゆる財の所有権を放棄し、自己に認められた必要なる財の使用で満足することは、清貧において貧しきキリストに従うべく自ら進んで行った誓約に真に相応しい行為であった」(Friedberg, II, col. 1113)。また教皇は、修道会士は事実上使用する財に対し人定法上の権利をもたないが、緊急事態においては他のすべての人々と同様、生命維持のために必要なものを取ることが許されている、と述べている(Ibid.)。

(49) Friedberg II, col. 1114.

(50) Friedberg II.col. 1121.

(51) Friedberg II. col. 1110.「これは父なる神を前にして純粋で汚れなき敬虔なる生の様式であり、光の父から降下し、その子によって範例と言葉において使徒たちに伝えられ、その後、聖霊によって福者フランチェスコと彼に従う者たちに吹き込まれ、いわば三位一体全体の証言をそれ自体の中に含んでいる」。

(52) ベルナール・ギュイの『異端審問官の手引』には、プロヴァンスのベギン派に関して次のように記されている。「彼らは共通に当の会士ペトルス・ヨアニスを、教会により聖徒に列せられぬ聖なる父(pater sanctus)と呼んでいる。また彼らは彼を偉大な博士とみなし、使徒と福音史家を除いて、彼より偉大なる者は存在しないとまで考えている。……また彼らのうち或る者は、神の教会の博士のうち、聖パウルスと会士ペトルス・ヨアニス以外には、その言説がいかなる点においても教会により否定されなかった者は存在せず、聖パウルスと会士ペトルス・ヨアニスの教説のすべては全面的に教会により支持されるべきであり、その一字たりともなおざりにすべきではないと主張している」。Bernard Gui, *Manuel de l'inquisiteur* (ed. G. Mollat, Paris, 1964) I, IV, De secta Bequinorum, p. 138.

(53) ペトルス・ヨアニス・オリーヴィの著作については、F. Ehrle, 'Petrus Johannis Olivi, sein Leben und seine Schriften' (*Archiv für Literatur und Kirchengeschichte*——以下 ALKG と略——III, 1887, SS. 409-552); F. Laberge, 'Fr. Petri Johannis Olivi tria scripta sui ipsius apologetica annorum 1283 et 1285' (AFH, XXVIII, 1935, pp. 126-155, pp. 374-407, XXIX, 1936, pp. 98-141, pp. 365-387) また、オリーヴィの十七の設問からなる〈Quaestiones de perfectione evangelica〉の中の quaestio 8〈An status altissime paupertatis sit simpliciter melior omni statu divitiarum〉は J. Schlageter, *Das Heil der Armen und das Verderben der Reichen. Petrus Johannis Olivi OFM* (Werl/Westfalen, 1989, SS. 73-201)、同 q. 9〈Quaestio de usu paupere〉及び〈Tractatus de usu paupere〉は D. Burr, ed. *De usu pupere, The*《*Quaestio*》*and the*《*Tractatus*》(Firenze-Perth,1992, pp. 3-85 及び pp. 89-148)、同 q. 13 は L. Oliger, ed. Petri Iohannis Olivi de renuntiatione papae Coelestini V quaestio et epistola (AFH,XI,1918,pp. 309-373)、同 q. 16〈An professio paupertatis evangelicae et apostolicae possit licite ad talem modum vivendi riduci〉は D. Burr, D. Flood, 'Peter Olivi on poverty and revenue' (*Franciscan Studies*, vol. 40, 1980, pp. 18-58)。オリーヴィに関する研究としては、C. Partee, 'Peter John Olivi, historical and doctrinal study' (*Franciscan Studies*, vol. 20, 1960, pp. 215-260); D. Burr, *The Persecution of Peter Olivi* (Philadelphia, 1976)

及び、フランチェスコの戒律へのオリーヴィの註解〈Expositio Petri Johannis Olivi super regulam fratrum minorum〉を公刊したD. Flood, *Peter Olivi's Rule Commentary*（Wiesbaden, 1972）pp. 1-23参照。清貧論に関しては、D. Burr, *Olivi and Franciscan Poverty*, op. cit., pp. 38-105とJ. Schlageter, *Das Heil*, op. cit., SS. 17-51参照。またE. Benz, op. cit., SS. 256-332（しかし、ベンツはオリーヴィの正統的側面を考慮していない）; K. Balthasar, op. cit., SS. 146-174; M. D. Lambert, op. cit., pp. 151-158; M. Damiata, op. cit., pp. 232-252; B. Töpfer, op. cit., SS. 217-232; G. Leff, op. cit., pp. 100-139; L. Hödl, 'Universale christliche Ethik und partikulares kirchliches Ethos in unterschiedlichen Verständnis der scholastischen Theologie von der "perfectio evangelica"'（*Miscellanea Mediaevalia* 5, *Universalismus und Partikularismus im Mittelalter*, hrsg. P. Wilpert, Berlin, 1968, SS. 20-41）またB. Tierney, *Origins of Papal Infallibility, 1150-1350*（Leiden, 1972）pp. 93-130では、オリーヴィの清貧論が教皇不可謬説の形成において占める意義が論じられている。オリーヴィの神学については、E. Stadter, 'Das Problem der Theologie bei Petrus Johannis Olivi'（*Franziskanische Studien*, Bd. 43, 1961, SS. 113-170）; Id., 'Die spiritualische Geschichtstheologie als Voraussetzung für das Verständnis von fides und auctoritas bei Petrus Johannis Olivi'（*Franziskanische Studien*, Bd. 48, 1966, SS. 243-253）。教会論については、L. Hödl, *Die Lehre des Petrus Johannis Olivi O. F. M. von der Universalgewalt des Papstes*（München, 1958）; J. Schlageter, 'Die Kirchenkritik des Petrus Johannis Olivi und ihre ekklesiologische und soziale Relevanz'（*Franziskanische Studien*, Bd. 65, 1983, SS. 19-34）; Id., 'Die Entwicklung der Kirchenkritik des Petrus Johannis Olivi von der 〈Quaestio de altissima paupertate〉 bis zur 〈Lectura super Apocalypsim〉'（*Wissenschaft und Weisheit*, Bd. 47, 1984, SS. 99-131）; Id., 'Im Konflikt mit der empirischen Kirche. Die Suche nach Kriterien von Kirche bei Petrus Johannis Olivi und Wilhelm von Ockham'（*Franziskanische Studien*, Bd. 69, 1987, SS. 88-105）。オリーヴィ哲学については、E. Bettoni, *Le dottrine filosofiche di Pier di Giovanni Olivi*（Milano, 1959）; C. König-Pralong, O. Ribordy, T. Suarez-Nani, ed. *Pierre de Jean Olivi, philosophe et théologien*（Berlin, 2010）。最後に、オリーヴィの神学、哲学、教育論、清貧論、経済思想などに関する諸論文を収めたA. Boureau, S. Piron, ed. *Pierre de Jean Olivi (1248-1298)*（Paris, 1999）はオリーヴィの思想の多様な側面を理解するのに有益である。ここに収められた論文の一つM. Bartoli, 'Olivi et le pouvoir du pape'（pp. 173-191）は教皇不可謬説に関するB. Tierneyのオリーヴィ解釈を批判している（pp. 178-180）。

（54）F. Ehrle, op. cit., SS. 507-514（抜粋）; D. Burr, ed. *De usu paupere*, op. cit., pp. 3-85. 解説はpp. XXXII-XXXIV. またId., *Olivi and Franciscan Poverty*, op. cit., pp. 38-87参照。

（55）F. Ehrle, op. cit., S. 508; D. Burr, ed. *De usu paupere*, op. cit., p. 35.

（56）F. Ehrle, op. cit., S. 511; D. Burr, ed. *De usu paupere*, op. cit., p. 63. 「福音的状態を引き受けた司教たちの使用が問われている第四の設問に対しては、明らかに司教たちは清貧的使用を守るように義務づけられており、或る意味では司教になる以前にも増してそのように義務づけられていると理解されるべきである」。

（57）Questiones de perfectione evangelica, q. 8, H. Schlageter, *Das Heil*, op. cit., S. 98f., S. 148, S. 160, S. 179. またこの著作でオリーヴィは、完全な清貧が謙虚さと結合し高慢（superbia）を取り除くことを主張する。そして彼によれば財の分割と私有は原罪の汚れから発し、現世に囚われた原罪後の人間は貧困を避け富を蓄積しようとするが、汚れなき人間本性の正しさ（rectitudo）に従えば、現世のあらゆる財から身を離し、完全に所有を放棄することこそ人間本性に合致したことであり、それ故人間の無垢の状態において財が個人や集団によって私有されていたと主張することは〈insanus〉である。またオリーヴィは『創世記講義』（Lectura super Genesim）において、原罪以後もアダムとエバは、そしてその後のすべての聖者は、質素で謙虚な生活をして貨幣を使わず、争いを生む売買契約なども利用することなく、利欲なしに無垢の状態と同じような生活をしていたこと、そしてこのような生活様態の消失は、初めて都を設立したカインによって生じたことを主張している。G. Dahan, 'L'exégèse de l'histoire de Cain et Abel du XIIe au XIVe siècle en Occident'（*Recherches de théologie ancienne et médiévale*, vol. 49, 1982, p. 61, p. 78）。またオリーヴィがフランチェスコの清貧を、キリストと使徒の生活の再生としてのみならず、人祖の無垢の生活（vita innocentiae）の再生と考えていたことについてはE. Benz, 'Die Geschichtstheologie der Franziskanerspiritualen des 13. und 14. Jahrhunderts nach neuen Quellen'（*Zeitschrift für Kirchengeschichte*, Bd. 52, 1933, S. 96f.）参照。

（58）F. Ehrle, op. cit., SS. 514-517（抜粋）; D. Burr, ed. *De usu paupere*, op. cit., pp. 89-148.

（59）「司教の身分とその卓越性、その重要な職務はそれ自体において、司教職に就いた者たちに対し最高の程度において福音的完成を要求し、この身分は同時に福音的完成の遵守と共に維持されないかぎり、完全なる品位とその完成において保たれることは決してないからである」（Ehrle, op. cit., S. 511; D. Burr, ed. op. cit., p. 63）。

（60）これは、一三〇〇年代の前半に、Spiritualesがイタリア北部中部のギベッリーニ党の都市国家や、アヴィニョンの教皇に敵対するローマの枢機卿により保護されたことにも示されている。

（61）ed. G. Fussenberger, AFH, XLVII, 1954, pp. 45-63. これに対し〈Rotulus〉は現在伝わっていない。この内容は一二八五年のオリーヴィの〈Apologia〉からある程度知ることができる。

（62）ed. D. Laberge, 'Fr.Petri Johannis Olivi tria scripta',（AFH, XXVIII, 1935）op. cit., pp. 126-130, pp. 130-155, pp. 374-407. D. Burr, *Olivi and Franciscan Poverty*, op. cit., pp. 88-102.

（63）L. Oliger, ed.Petri Iohannis Olivi de renuntiatione papae Coelestini V quaestio et epistola, op. cit., pp. 340-366. この論文は、ケレスティヌス五世の教皇辞退は無効であり、従ってその後継者のボニファティウス八世の教皇就任も無効であるというSpiritualesの見解を論駁するために書かれた。Spiritualesのボニファティウスに対する敵意は、ケレスティヌスが、マチェラータのリベラート及びクラレーノのアンジェロに率いられたトスカーナのSpiritualesに認めた修道会からの分離自立化をボニファティウスが撤回したことによる。彼らはヨアキム主義的終末論を背景として、ボニファティウスを反キリストと考え、ケレスティヌスの辞任に始まるボニファティウスの政策を、新約時代の第七期の開始と考えていた。これに対しオリーヴィは教皇の至上権を主張し、教皇は上位者のいない最高の支配者であるが故に、神法に反しないすべてのことを実行することが可能であり、従って、自由に教皇座を辞任しうること、そして更に教皇が不可謬であることを主張し、Spiritualesに反論したのである。このことから明らかなように、オリーヴィはフランチェスコと同様、清貧と同時に教皇への絶対的服従を強調した点でSpiritualesとは基本的に異なる。オリーヴィはSpiritualesの指導者ではなく、死後の伝説が彼をSpiritualesにとっての聖者に仕立てたのである。オリーヴィがSpiritualesと基本的に異なり修道会の伝統に忠実であったことは、戒律に関する彼の註解〈Expositio super regulam fratrum minorum〉においても明らかである

(この原典は、D. Flood, op. cit.参照)。

しかしながら、オリーヴィの〈usus pauper〉論や、これと結びついたヨアキム主義には、現行の教会制度や教皇の世俗化に対する強い批判が内在していたことも確かである。そしてオリーヴィは教皇の不可謬性を主張しながらも、フランシスコ会士を清貧義務から解放する権限を教皇に認めなかった。しかも、彼の後述のヨアキム的黙示録主義によれば、人類史の第六期には、偽教皇がローマ教皇座に就くと考えられている。この思想は、教皇不可謬説といかなる関係にあるのか。これについては研究者の間で対立する幾つかの解釈が存在するが、この問題に関し既述のB. Tierney, *Origins of Papal Infallibility 1150-1350* (pp. 109-130) は注目すべき見解を展開している。従来のオリーヴィ研究(A. Ehrle, L. Oliger, G. Leff, J. Ratzinger など)が何らかの意味で、上述のオリーヴィに内在する二つの立場を矛盾したもの、相互に調和不可能なものと考えるのに対し、ティアニーはオリーヴィの教皇不可謬説はヨアキム的黙示録主義を前提としてのみ理解可能であると主張する。すなわち、オリーヴィは神の啓示が漸次的に人類に開披されていく過程においてフランチェスコが有する黙示録的役割を強調し、フランシスコ派の清貧を、新たな「霊の教会」を準備するものと考えたと同時に、フランシスコ派の福音的生活がローマ教皇により承認される必要性を強調していた。信仰を新たに解明する権限が教皇にないならば「公教会の信仰の至高なる真理が神の聖なる教会の中で時の経過と共に次第に新たに展開していくこともないだろう。しかし我々はこれと反対のことを教会の全発展を通して立証することができる。それ故キリストの受肉後のこの十三世紀にフランチェスコとその生き方の中に、ローマ教皇座とその教皇権の導きを介して福音の規則と敬虔なる信仰が栄えたのである」(Oliger, op. cit. p. 362)。

そして更に「ローマ教皇の不可謬性に関する設問」(Quaestio de infallibilitate Romani pontificis, ed. M. Maccarrone, *Rivista di storia della chiesa in italia*, vol. 3, 1949, pp. 309-343)でオリーヴィは明白に教皇の不可謬性を認めている。「神が或る人間に信仰と神法に関する疑問点につき決定を下す完全な権威を与え、しかもこの人間が誤りを犯すことを神が許容するようなことはありえない。そして我々は、いかなる意味でも誤りが許されないことが確かな者には、誤ることなき規範として従わなければならない。しかし神はローマ教皇にこのような権威を与えた。ここからグラティアヌス教令集(Dist. 17, c. 5)には『より重大でより難しい問題は常に教皇座に付託されねばならない』と述べられているのである」(M. Maccarrone, op. cit., p. 328)。しかしティアニーによれば、オリーヴィの教皇不可謬性の主張は、これが同じく彼の〈Questiones de perfectione evangelica〉の中でも論じられていることから理解されるように、フランシスコ派の清貧論争との連関で解釈されねばならない。そして「教皇の不可謬性に関する設問」はニコラウス三世の教令《Exiit qui seminat》の直後に書かれたと想定することができ、オリーヴィは、ニコラウス三世の清貧論の絶対的不変性を支持する意図で教皇の不可謬性を主張したのである。黙示録的偽教皇の出現に対する不安が、オリーヴィをして、ニコラウス三世の清貧論の不可謬性を要請させたと言えるだろう。当時のローマ法学、教会法学上の周知の公式〈par in parem non habet imperium〉によれば、前任教皇の教令を後任教皇は任意に修正可能であり、従って、ニコラウス三世の教令は後の教皇により修正可能となる。この結果を阻止するために、オリーヴィは教皇の不可謬性を主張しなければならなかった。従って、オリーヴィの説く教皇の不可謬性は将来の教皇に対しては、その権限を制限する意味をもつ。

(64) ed. L. Oliger, op. cit. pp. 366–373.

(65) ed. D. Flood: *Peter Olivi's Rule Commentary*, op. cit., pp. 110–196.

（66）　ウベルティーノ（一二五九年に生まれ一三二五年以後に死去）はSpiritualesの指導者でありながら、当時迫害を受けることなく北イタリアで説教活動を行っていたが、ペルージアで行った彼の説教に含まれていた「肉の教会」（Ecclesia carnalis）というヨアキム主義的表現が教皇庁への非難を含むものとされ、一三〇三年、ベネディクトゥス十一世のもとに召喚され、遂にフランシスコ修道会の上位者の命令により、聖フランチェスコが聖痕を受けた地として有名なラヴェルナ山で隠遁を余儀なくされる。ラヴェルナで彼はSpiritualesの思想を要約した〈Arbor vitae crucifixae Jesus〉を著している。Ubertinus de Casali, *Arbor vitae crucifixae Jesu*, with an Introduction and Bibliography by C. T. Davis, Torino, 1961（ristampa anastatica dell' ed. Venetiis, 1485）. この論考の第五巻にはオリーヴィの『黙示録講義』の抜粋が含まれている。R. Manselli, 'Pietro di Giovanni Olivi ed Ubertino da Casale'（*Studi Mediavali*, 3 ser. VI. 1965, pp. 95–122, id., *Da Gioacchino da Fiore a Cristoforo Colombo*, op. cit., pp. 79–108）ウベルティーノと〈Arbor vitae〉に関する研究としてはF. Callaey, *L'idéalisme franciscain spirituel au XIVe siècle. Étude sur Ubertino da Casale*（Louvain, 1911）特にpp. 58–64, pp. 83–134; G. L. Potestà, *Storia ed escatologia in Ubertino da Casale*（Milano, 1980）; M. Damiata, *Pietà e storia nell' Arbor vitae di Ubertino da Casale*（Firenze, 1988）; Id., 'Ubertino da Casale. Ultimo atto'（*Studi francescani*, vol. 86, 1989, pp. 279–303）; C. M. Martínez Ruíz, *De la dramatización de los acontecimientos de la Pascua a la Cristología*（Roma, 2000）（〈Arbor vitae〉第四巻のキリスト論の研究。ウベルティーノの生涯の詳細はpp. 149–318）.〈Arbor〉のイタリア語部分訳はId.（scelti e trd.）*Meditazione alla Verna di Ubertino da Casale*（Firenze, 1993, pp. 16–61）。また C. T. Davis, 'Ubertino da Casale and his conception of altissima paupertas'（*Studi Medievali*, 3 ser. vol. 22, 1981, pp. 1–41）; G. S. Beirich, 'Franciscan poverty as a basis for the reform of the church in Ubertino da Casale's *Arbor Vitae Crucifixae Jesu*'（T. M. Izbicki et al. ed., *Reform and Renewal in the Middle Ages and the Renaissance*, Leiden, 2000, pp. 50–74）参照。その他M. D. Lambert, op. cit., p. 159, pp. 174–177; D. Burr, *The Spiritual Franciscans*, op. cit., pp. 96–100, pp. 261–277, passim; B. Töpfer, op. cit., SS. 232–236; K. Balthasar, op. cit., SS. 151–154, SS. 247–255; M. Damiata, *Guglielmo d'Ockham: povertà e potere*, I op. cit., pp. 252–259; M. Reeves, *The Influence*, op. cit., pp. 207–209, passim.

クラレーノのアンジェロはトスカーナの逃亡修道士の指導者であり、その著作〈Historia septem Tribulationum〉でヨアキム的歴史観を背景とした、会内部でのSpiritualesの迫害史を書いている。G. Boccali ed., M. Bigaroni trad., *Liber chronicarum, sive tribulationum ordinis minorum*（Assisi, 1999）及びO. Rossini, ed. *Historia septem tribulationum Ordinis minorum*（Roma, 1999）。英訳はD. Burr, E. R. Daniel, transl., *A Chronicle or History of the Seven Tribulations of the Order of Brothers Minor*（St. Bonaventure, NY, 2005）。またF. Accrocca, '《Filii carnis-filii spiritus》: il *Liber chronicarum sive tribulationum Ordinis Minorum*'（*Angelo Clareno francescano, Atti del XXXIV Convegno internazionale, Assisi, 5-7 ottobre 2006*, Spoleto, 2007, pp. 51–90; id., *Un ribelle tranquillo: Angelo Clareno e gli spirituali francescani fra Due e Trecento*, S. Maria degli Angeli, 2009, pp. 285–316）; D. Burr, 'History as prophecy: Angelo Clareno's *Chronicle* as a spiritual Franciscan Apocalypse'（M. Cusato, G. Geltner, eds. *Defenders and Critics*, op. cit., pp. 119–138）参照。クラレーノのアンジェロについてはL. v. Auw, *Angelo Clareno et les spirituels*（Roma, 1979）; G. L.

Potestà, *Angelo Clareno dai poveri eremiti ai fraticelli* (Roma, 1990)。クラレーノのアンジェロとカサーレのウベルティーノの比較はP. Vian, 'Angelo Clareno e Ubertino da Casale : due itinerari a confronto' (*Angelo Clareno francescano*, op. cit., pp. 169–225)。また G. L. Potestà, 'Ideali di santità in Ubertino e Clareno' (*Santi e Santità nel secolo XIV: Atti del XV Convegno internazionale, Assisi, 15-16-17 ottobre, 1987*, Assisi, 1989, pp. 105–137) その他 M. Reeves, *The Influence*, op. cit., pp. 210–212, passim; D. Burr, *The Spiritual Franciscans*, op. cit., pp. 279–304, passim; B. Töpfer, op. cit., SS. 212–216; M. Damiata, *Guglielmo d' Ockham*, op. cit., pp. 274–294.

(67)〈Lectura super Apocalipsim〉は W. Lewis, *Peter John Olivi: Prophet of the Year 2000* (Doctoral dissertation, Tübingen University, 1972) で刊行されているが、参考にすることができなかった。オリーヴィの終末論については、R. Manselli, *La 'Lectura super Apocalipsim' di Giovanni Olivi* (Roma 1955) 特に pp. 177–236 参照。しかし Id., 'La terza età,Babylon e l'Anticristo mistico' (*Bullettino dell' Istituto storico italiano per il medio evo e Archivio muratoriano*, LXXXII, 1970, pp. 47–79; id., *Da Gioacchino da Fiore*, op. cit. 155–183) は、オリーヴィに対するヨアキムの影響を誇張すべきでないことを立証している。また神秘的反キリストに関するオリーヴィとウベルティーノの見解の相違については、id., 'L'Anticristo mistico. Pietro di Giovanni Olivi, Ubertino da Casale e i papi del loro tempo' (*Collectanea francescana*, XLVII, 1977, pp. 5–25, id., *Da Gioacchino*, op. cit., pp. 469–490) また D. Burr, Olivi, Apocalyptic expectation, and visionary experience (*Traditio*, vol 41, 1985) pp. 273–288; Id., *Olivi's Peaceable Kingdom*, op. cit., pp. 63–197; Id., 'Exegetical theory and ecclesiastical condemnation: The case of Olivi's Apocalypse Commentary' (R. Lerner, E. Müller-Luckner, hrsg. *Neue Richtungen in der hoch-und spätmittelalterlichen Bibelexegese*, München, 1996, SS. 149–162); Id., The Spiritual Franciscans, op. cit., pp. 75–88; E. Pásztor, 'Le polemiche sulla Lectura super Apocalypsim di Pietro di Giovanni Olivi fino alla sua condanna' (*Bullettino dell' Istituto storico italiano per il medio evo e Archivio muratoriano* , LXX, 1958, pp. 365–424); Id., 'L'escatologia gioachimica nel francescanesimo: Pietro di Giovanni Olivi' (a cura di O. Capitani, J. Miethke, *L'attesa della fine dei tempi nel medioevo*, Bologna, 1990, pp. 169–193) は、オリーヴィの『黙示録講義』にみられる世界史の時代区分とその意味を『創世記講義』その他のオリーヴィの著作と比較しながら解説し、フィオーレのヨアキムの見解との異同を論じている。その他 K. Balthasar, op. cit., SS. 146–154; B. Töpfer, op. cit., S. 220f.; M. Reeves, *The Influence*, op. cit., pp. 196–200; G. Leff. op. cit., pp. 122–139; E. Benz, op. cit., S. 265ff. W. Lewis, 'Peter John Olivi, author of the Lectura Super Apocalipsim:Was he heretical?' (A. Boureau, S. Piron ed., *Pierre de Jean Olivi*, op. cit., pp. 135–156)。

(68)　オリーヴィはアリストテレス主義やアヴェロエス主義にみられる世界創造や自由意志の否定、個人的魂の可死性や、自然の充足性の主張などを批判する。オリーヴィの哲学説の詳細は既述の〈Apologia〉(Laberge, op. cit.) からもその具体的内容を知ることができる。オリーヴィ哲学の特徴は、普遍概念の客観的実在を否定する唯名論の立場を明白にとり、「運動」「関係」といった概念は個物から独立した形相を意味するものではなく、単に人間精神に内在する範疇にすぎないと主張する。又、フランシスコ派と結びついたアウグスティヌス主義的傾向に合致して、オリーヴィはアリストテレス主義に対抗し、人間の自然的認識力の限界と、認識における神的照明の必要性を説いている。オリーヴィの哲学の詳細は E. Bettoni, *Le dottrine*, op. cit. この点の簡単な要約は G. Leff, pp. 107–111。また D. Burr, 'Petrus Ioannis Olivi and the Philosophers'（*Franciscan Studies*, vol. 31, 1971, pp. 41–71）では、アリストテレスをはじめとする〈philosophi mundani〉に対するオリーヴィの批判――特に世界の永続性、〈tempus〉と〈aevum〉の区別、〈species〉それ自体としての天使に対する批判（pp. 60–66）――が取り上げられている。オリーヴィはイスラーム化したアリストテレス主義を、フランシスコ派の清貧に対する攻撃と同様、世界を霊的にではなく肉的に理解しようとする態度の表れとみなした。Id., *Olivi's Peaceable Kingdom*, op. cit., p. 89. オリーヴィの関係論は A. Boureau, 'Le concept de relation chez Pierre de Jean Olivi'（A. Boureau, S. Piron, ed. op. cit., pp. 41–55）、認識論における〈species intelligibilis〉の否定については R. Pasnau, *Theories of Cognition in the Later Middle Ages*（Cambridge, 1997）pp. 168–181.

（69）　以上の点については D. Burr, *Olivi's Peaceable Kingdom*, op. cit., pp. 75–195 参照。

（70）　ed. L. Oliger, op. cit., p. 370.

（71）　F. Ehrle, 'Zur Vorgeschichte des Concils von Vienne'（ALKG, II, 1886）S. 371 参照。

（72）　これらの文献の詳細は、A. Heysse, 'Anonymi Spiritualis responsio《Beatus Vir》contra "Abbreviaturam Communitatis"'（AFH, XLII, 1949, pp. 213–216）。

（73）　この原典は A. Heysse, 'Ubertinus de Casali, Opusculum "Super tribus sceleribus"'（AFH, X. 1917, pp. 116–122）。ウベルティーノの論文〈Super tribus sceleribus〉は pp. 123–174 参照。

（74）　この原典は、F. Ehrle, ALKG, III, 1887, op. cit., SS. 51–89.〈Sanctitas vestra〉については、G. Tarello, op. cit., pp. 406–407; G. Leff, op. cit., p. 146; C. T. Davis, op. cit., pp. 33–34. この論文以外に委員会が注目したウベルティーノの著作として、〈Rotulus〉（Conventuales の返答と共に F. Ehrle, ALKG, III, op. cit., SS. 93–137 に所収）と〈Super tribus sceleribus〉（ed. A. Heysse, 'Ubertinus de Casali', op. cit., pp. 123–174）が挙げられる。前者でウベルティーノは会内部の「腐敗」をきびしく断罪しつつ、靴、建物の使用、金銭の収集、過度の飲食、ぶどう園の所有などが清貧に反すると主張し、戒律の厳格なる遵守を要求している。後者では、清貧論が理論的に展開されているが、これは前述の〈Circa materiam de usu paupere〉への反論であり、ウベルティーノによれば所有権放棄と usus pauper は分離したものではなく、「我々にとり usus pauper は、福音や聖者たちの叙述により、キリストと聖母が生涯を通じて共に遵守した、生活及び単なる事実上の財使用に関するあの慣習として受け取られるべきである」（ed. A. Heysse op. cit., p. 124）。

（75）　抗議書のタイトルは〈Protestatio Raymundi Fransisci et Bonagratiae de Bergamo contra exemptionem spiritualibus concessum et denuntiatio doctrinae Fr. Petri Joannis Olivi〉。M. D. Lambert, op. cit. pp. 195–196; E. L. Wittneben, *Bonagratia von Bergamo*（Leiden, 2003）SS. 30–34 参照。

（76）　例えば、Richard Conington, Tractatus de paupertate Fratrum Minorum（ed. A. Heysse, AFH, XXIII, 1930, pp. 70–105, pp. 340–360）。ここでは、単なる事実上の貧困（egestas）と清貧（paupertas）が区別され、清貧の本質（substantia paupertatis）は、自由意志による所有権放棄（expropriatio）とされている。カニントンについては、V. Doucet, 'L'oeuvre scolastique de Richard de Conington'（AFH, XXIX, 1936, pp. 396–442）参照。更に、Petrus Aureoli, Quaestio de usu paupere（ed. E. Longpré, 'Le Quodlibet de Nicolas de Lyre', AFH, XXIII, 1930, pp. 42–56. テキストは pp. 51–56. ただし原典の部分的公刊。ロ

ンプレは誤ってこの論文をニコラ・ドゥ・リルに帰している）では、使用の限定が清貧の本質ではないこと、使用の限定を清貧の本質とすれば、洗者ヨハネはキリストより完全であったことになり、これは不合理であること等々が指摘されている。

（77） Friedberg II, col. 1198-1199. また E. Müller, *Das Konzil von Vienne 1311-1312, seine Quellen und seine Geschichte*（Münster, 1934）SS. 236-386 参照。

（78） G. Leff, op. cit., p. 151.

（79） G. Leff, op. cit., p. 154.

（80） ヨハネス二十二世については、D. Paladilhe, *Les Papes en Avignon*（Paris, 1974）pp. 71-108; Y. Renouard, *La papauté à Avignon*（Paris, 1969）pp. 17-30; B. Guillemain, *La politique bénéficiale du pape Benoît XII*（Paris, 1952）p. 121; J. Mollat, *Les Papes d'Avignon*（Paris, 1964）pp. 39-71. 教皇に即位する以前のヨハネス二十二世については J. E. Weakland, 'John XXII before his pontificate, 1244-1316: Jacques Duèse and his family'（*Archivum Historiae Pontificiae*, vol. 10, 1972, pp. 161-185）。また、P. Nold, 'Two views of John XXII as a heretical pope'（M. Cusato, G. Geltner, eds. *Defenders and Critics*, op. cit., pp. 139-158）参照。ヨハネス二十二世は即位時にはすでに七十歳の高齢であったにもかかわらず極めて精力的な実践家であり、モンペリエで法学を修得しトゥールーズでカノン法を教授した両法の博士（doctor utriusque iuris）として、当時の教会法学が教皇に認めたあらゆる権限を最大限利用し、政敵バイエルンのルートヴィヒとの激しい闘争を遂行した。この点、ウィリアム・オッカムは次のように指摘している。「この論敵（ヨハネス二十二世）は神学と法学を利用し、これらの学に精通していると他人から思われたいと願っているのであるが、――これらの人々（ミカエル派）も言うように――彼は神学を一度も学んだことがないにもかかわらず、神学博士の中で最も優れた博士であることを欲し、極めて紛糾した神学上のあらゆる問題を一刀両断で解決してしまおうとするのである」（Opus Nonaginta Dierum, c. 49, ed. H. S. Offler, *Opera Politica* II, p. 536）。

（81） A. Carlini, *Fra Michelino e la sua eresia*（Bologna, 1912）pp. 47-59. チェゼーナのミカエルの政治思想については、C. Dolcini, *Crisi di poteri e politologia in crisi*（Bologna, 1988）pp. 147-221.

（82） A. Carlini, op. cit., pp. 67-69. プロヴァンスの Spirituales の指導者ベルナール・デリシューについては、M. de Dmitrewski, 'Fr. Bernard Délicieux, O. F. M., sa lutte contre l'inquisition de Carcassonne et d'Albi, son procès 1297-1319'（AFH, XVII, 1924, pp. 183-218, 313-337, 457-488, XVIII, 1925, pp. 3-32）; A. Friedlander, *The Hammer of the Inquisitors: Brother Bernard Délicieux and the Struggle against the Inquisition in Fourteenth Century France*（Leiden, 2000）; Id., *Processus Bernardi Delitiosi: The Trial of Fr. Bernard Délicieux, 3 September-8 December 1319*（Philadelphia, 1996）。

（83） Angelus Clarinus, Apologia pro vita sua（ed. V. Doucet, AFH, XXXIX, 1948, pp. 67-68）.

（84） カサーレのウベルティーノはベネディクト修道会士となった後、一三二二年に教皇ヨハネス二十二世によって開始された後述の理論的な清貧論争において曖昧な立場をとったと言われている。アヴィニョンで教皇が神学者や聖職者に対し、キリストと使徒は個人としても団体としても何も所有していなかったと主張することは異端かと質問したとき、ドミニコ派の聖職者やその他多数の司教がこれを異端とみなし、フランシスコ派がこれを異端でないと主張したのに対し、ウベルティーノは簡潔ではあるが二義的な返答をした。この返答は研究者によって様々に解釈され、ウベルティーノは Spirituales の清貧の立場を固持したと主張されたり、これはフランシスコ修道会への裏切りであったとか、教皇に阿るためであったとか、賢明にも意図的に明確な返答を避けたとか言われてきた。

当時ウベルティーノが極めて危い立場に置かれていたことは確かである。教皇クレメンス五世の死後、新教皇ヨハネス二十二世とフランシスコ修道会の新会長チェゼーナのミカエルが結託してSpiritualesを弾圧し、Spiritualesが急速に弱化していく中で、ウベルティーノはConventualesの攻撃から逃れるために、友人であった枢機卿ナポレオン・オルシーニにおそらくは保護され、教皇の許可のもと、ベネディクト修道会士となったが、その後もアヴィニョンに留まり、オルシーニの外交活動の代理を務めていた。一三二二年に教皇が上記の質問をしたとき、教皇自身の見解——キリストと使徒が個人としても団体としても財を所有していなかったという教説は異端であるという見解——は既に確固としたものになっており、ウベルティーノはオルシーニを通じてこの見解を知らされていたと思われる。教皇は今やConventualesの清貧論をも異端として断罪するに至り、従ってウベルティーノが上記の質問に対して否と答えることは、かつての宿敵たるConventualesを擁護すると同時に新しい敵を作ることを意味していた。そしてベネディクト修道会はドミニコ修道会と同じく修道会としての財の共有を認めており、今やベネディクト会士となったウベルティーノはフランシスコ派の清貧の誓約から解放されていた。従って一三二二年にウベルティーノが置かれていた状況を考えると、彼が教皇の質問に対し曖昧な返答をしたことも十分に理解できる。C. T. Davis, 'Ubertino da Casale and his Conception of《altissima paupertas》' (op. cit.) によると、ウベルティーノの返答としてはフランシスコ会士ニコラウスの年代記のイタリア語版 (id., p. 6. n. 20) にみられる口頭のものと（この年代記のラテン語版には口頭の返答は記載されていない。口頭の返答のラテン語テキストについては id., p. 7. n. 23)、論考及びその要約が残されている。口頭の返答ではウベルティーノは質問に対し否とも然りとも述べず、ボナヴェントゥーラやオリーヴィ、更にConventualesの間で一般に受け入れられていた区別を用いて、キリストと使徒は聖職者としてのstatusを有するかぎりでは財を所有したが、完全なる宗教的生の模範というstatusにおいてはいかなる財も所有していなかったと答えた。キリストと使徒が貧者のために使われる財を受け取り管理する権限を有していたことは当時一般に認められていた。しかしウベルティーノによると、完全なる宗教的生の模範たるかぎりでのキリストと使徒は、自分たちが使用する財を訴訟によって守ったり要求する権利を放棄したのであるから人定法上の所有権は有しておらず、「自然の法と共通の同胞愛の法によって」財を所有しているにすぎない。一三二二年の教皇の質問に対しフランシスコ派の理論家たち——ヴィダル・デュ・フル、ベルトラン・ドゥ・ラトゥール、そしてベルガモのボナグラティア——は、キリストと使徒が有していた財の自然法上の所有、すなわち宗教的生の完全性を表現する所有は、生きていくために最小限必要な「単なる事実上の使用」であり自然的な使用権であると主張していた。この点でキリストと使徒はエデンの園のアダムとエバのstatus——消費によって消失する財に関してでさえ、あなたのものと私のものとの区別のない状態——を再現しているのであり、フランシスコ修道会はキリストと使徒の正統な後継者なのである。この見解は一三二二年ペルージアのフランシスコ修道会の総会でも確認されていた。

これに対してドミニコ修道会側——特に当時の会長ヘルウェウス・ナタリスや、サンプルサンのドゥランドゥス——は、一三二二年の教皇の質問に対する返答の中で、アダムとエバは楽園の木の実に対し——あなたのもの、私のものとは言えなくても——共有のdominium

を有していたこと、このdominiumは自然法上のdominiumであること、使用によって消失する財については使用とdominiumを区別することは不可能であるからキリストと使徒は食物や着衣に対してはdominiumを有していたこと、キリストと使徒は法的な意味で売買を行いえたことから、自然法上のdominiumだけでなく人定法上のdominiumを有していたこと、等々を主張した。

　ウベルティーノの口頭の意見は以上のドミニコ派の見解を明確に否定してはいないが、清貧を実践する者は法的な訴訟によって財への権利を主張できないという彼の見解は、キリストと使徒が人定法上のdominiumを有していたという見解——ウベルティーノが今や属するベネディクト修道会はこれを認めていた——の否定を含意したと思われる。従って一三二二年の時点でウベルティーノは、当時のフランシスコ会の指導者たちとのかつての激しい対立にもかかわらず依然としてフランシスコ派の清貧の擁護者であった。ウベルティーノはusus simplex factiという表現は用いていなくても、キリストと使徒は生きるために必要なものを「自然の法と共通の同胞愛の法によって」有していたと述べており、この二つの表現の間に大きな相違はみられないからである。彼の〈Arbor vitae crucifixae Jesu〉にみられる、ボナヴェントゥーラの〈apologia〉から抜粋された一節には、異なる法により規律される世俗的財の四種類の共有（communitates）、すなわち（一）自然的必要性の法、（二）同胞愛の法、（三）世俗社会の法、（四）教会への贈与の法に従った共有の区別がみられ、ウベルティーノは（一）と（二）の共有のみが福音的完全性に無条件に合致すると述べていたが、（一）と（二）はウベルティーノの口頭の返答にみられる「自然の法と共通の同胞愛の法によって」という表現に類似しており、これは十七年前の〈Arbor〉の厳格主義的な見解と一三二二年の見解との連続性を示している。事実、一三二二年の口頭の意見には、ウベルティーノが〈Arbor〉の中で擁護したオリーヴィの〈usus pauper〉論に類似の厳格主義的な見解がみられる。ただ、口頭意見において注目すべきは、ウベルティーノも含め殆どのフランシスコ会士が主張してきた見解、すなわち福音的清貧の本質的特徴は、キリストと使徒を模倣し団体としても個人としても私有権を放棄することにある、という見解が明確には支持されていないことである。言うまでもなくウベルティーノはキリストと使徒が「自然の法と共通の同胞愛の法」以外の法によって財を所有していたことは否定しており、これは上記の見解に近いと言えるだろうが、このことのみではウベルティーノは一三二二年の時点でフランシスコ会士に与していたと判断する根拠としては十分と言えない。しかしウベルティーノが一三二二年の時点でフランシスコ会士——すなわち、かつてConventualesとしてウベルティーノを含むSpiritualesに敵対したフランシスコ会士——の見解に反対しているわけでもない。いずれにしてもウベルティーノの口頭の意見には曖昧なところがあった（C. T. Davis, op. cit., pp. 7-15）。

　教皇ヨハネス二十二世はウベルティーノに対し口頭意見を敷衍し、論考にまとめるよう命じ、この結果として書かれたのがキリストと使徒の清貧に関する論考〈Tractatus Ubertini de altissima paupertate Christi et apostolorum eius et virorum apostolicorum〉であり（この論考は未だ公刊されていない。写本についてはid., p. 15, n. 45, 46）、この論考の末尾には「要約」が付されている。この論考の前半でウベルティーノは、使徒たちの財所有を、（一）聖職者として信徒の財を管理する権威によるもの、（二）生命保持の必要性によるもの、（三）私有権によるものに区別し、（一）による使徒たちの財布の所持は正当であったこと、（二）に関しては使徒は過剰を避けて生活に必要なものだけを保持したこと、（三）に関しては使徒は使用(usus)としての dominium を有し、訴訟で要求しうる人定法上の dominium は禁止されていたことを主張する。ここで注目すべきは、ウベルティーノが dominium という非フランシスコ派的な用語を用いている点である。使徒の財所有に dominium という言葉を用いることはボナヴェントゥーラ、オリーヴィ、そして一三二二年当時のフランシスコ会の指導者たちにとっては考えられないことであり、ペルージアの総会でもフランシスコ派の指導者たちはアダムとエバ、キリストと使徒の財の保持形態は共同の使用という意味での財の共有であり、dominium による財の保持でないことを宣言している。これに対してウベルティーノは「無垢の状態」においては財の私有（appropriatio）も財の分割も、人定法上の dominium も存在せず、ただ自然法による dominium のみが存在したと主張し、ニコラウス三世の教令《Exiit qui seminat》にある「単なる事実上の使用」を一種の dominium とみなしていた。従ってウベルティーノはフランシスコ修道会の見解を全面的には受け入れていない。ただし、ドミニコ派のようにキリストと使徒が売買する権利を行使したと主張しているわけではない。論考のこの最初の部分にみられるウベルティーノの叙述は、口頭意見と同じく依然として曖昧である。

後半の部分ではオリーヴィの福音的完全性に関する第八の設問が引用されている。しかしウベルティーノはオリーヴィの論考の中で黙示録的歴史観が述べられている部分を削除した。十七年前に書かれた〈Arbor〉の第五巻にはオリーヴィの黙示録的歴史哲学の強い影響がみられ、オリーヴィの『黙示録講義』が引用されていた。なぜウベルティーノは、今回はオリーヴィの黙示録的叙述を削除したのだろうか。オリーヴィは『黙示録講義』で「肉の教会」をローマ教会と明白には同一視していないが、Spirituales に対する弾圧が激しくなるにつれてオリーヴィがこの同一視に極めて近いところまで来ていたことは確かである。ウベルティーノがラヴェルナ山で半ば幽閉状態で書いた〈Arbor〉ではオリーヴィ以上にラディカルな見解が述べられていた。〈Arbor〉は「肉の教会」をローマ教会と同一視することは注意深く避けているが、――一三〇四年にベネディクトゥス十一世により捕囚され、ペルージア市民のとりなしで解放された経験があるにもかかわらず――ボニファティウス八世とベネディクトゥス十一世を反キリストとして断罪すると同時に、オリーヴィの主張とは反対に、ケレスティヌス五世の教皇職辞退と、これに続くボニファティウス八世の選出を無効とみなしており、更にオリーヴィが自分の著作を教皇庁の判断に服さしめることに同意していたのに対し、ウベルティーノは、教皇庁が黙示録の獣の汚れから浄化された後にのみ自分の著作を教皇庁の判断に委ねることを主張している。

一三二二年の論考でウベルティーノは何故オリーヴィの黙示録的歴史哲学を割愛したのだろうか。ここで注意すべきことは、ウベルティーノは既にこれより十年前、ヴィエンヌ公会議当時から、オリーヴィを擁護しながらもオリーヴィの黙示録的終末論には一切触れていなかったことである。そしてウベルティーノはラングドックその他の地域の Spirituales の迫害者たちを最早「肉の教会」と同一視しておらず、神秘的反キリストの到来にも言及していない。従ってウベルティーノはヴィエンヌ公会議当時には既にオリーヴィの歴史形而上学を信じていなかったと思われる。確かに〈Arbor〉のウベルティーノはボニファティウス八世とベネディクトゥス十一世をオリーヴィの言う神秘的反キリストと同一視したが、次の教皇クレメンス五世は Spirituales の良き理解者であり、Spirituales の真の敵は教皇ではなく Conventuales であった。ウベルティーノはクレメンス五世に対し Spirituales が聖フランチェスコの戒律を文字通り厳格に遵守すること――すなわち Spirituales の Conventuales からの分離――を許可するよう要請し、クレメンスがこれを拒否した後も、枢機卿ナポレオン・オルシーニに庇護され、シチリアに逃亡したSpiritualesとは行動を共にすることはなかった。そして次の教皇ヨハネス二十二世とConventualesによるSpiritualesの迫害から身を守るためにウベルティーノはベネディクトゥス修道会へと移ることになる。

要するに一三〇五年から一三二二年の間でウベルティーノがオリーヴィの黙示録的見解を放棄したことを考えれば、一三二二年の論考の中にオリーヴィの黙示録的見解への言及がみられない理由は、Conventuales——特にベルガモのボナグラティア——による告発を恐れたからだ、とは言えないだろう。更に注目すべきはウベルティーノが〈Arbor〉とヴィエンヌ公会議において主張していた見解、すなわちキリストと使徒は団体としても所有権をもたず絶対的清貧を実践し、フランシスコ会士はこれを模倣しているという——Conventualesも主張していた——見解を放棄し、修道会の財の団体的共有を批判したオリーヴィの議論を割愛していることである。この論考でウベルティーノは（個人としても団体としても）私有権を放棄することは清貧の本質的条件ではなく、生きるために最小限の財の使用を実践することが清貧の本質であると考えているように思われる（C. T. Davis, op. cit., pp. 15-34）。

最後に論考の要約である〈Reducendo igitur ad brevitatem〉（ed. C. T. Davis, op. cit., pp. 43-56）でも、生命維持のために最小限必要なもののみを使用する厳格な清貧と、訴訟を行わないことが守られていれば、所有権を有することは福音的完全性の障害とはならないことが主張されている。「単なる事実上の使用」は聖書によっても理性によっても立証されておらず、消費によって消失する財については、所有権と使用を分離することは不可能であるから所有権放棄も不可能である。ウベルティーノはここでヨハネス二十二世と同じ論法を用いて——むしろウベルティーノのこの見解がヨハネス二十二世の一三二二年の教令《Ad conditorem》に影響を与えたとも考えられる——Conventualesの基本的立場である「単なる事実上の使用」を拒否している。これはSpiritualesの立場をヨハネス二十二世に好意的に理解してもらう最後の試みであると同時にConventualesに対する復讐でもあった。しかし、清貧を所有権放棄——すなわち単なる事実上の使用——として観念するConventualesの偽善的態度を断罪する点ではウベルティーノと教皇の見解が一致していても、清貧論そのものに反対する教皇がウベルティーノの清貧論、特にキリストと使徒は訴訟の権利を放棄したという見解を認めなかったことは言うまでもない。数年後、ウベルティーノは異端者として再び告発され、イタリアに逃亡し、バイエルンのルートヴィヒの陣営に加わり、ルートヴィヒが擁立した反立教皇コルヴァーラのペトルスを支持する説教を行い、ローマにおけるルートヴィヒの皇帝戴冠に参席したと言われている。

要するに〈Arbor〉以降のウベルティーノは、オリヴィの黙示録的歴史形而上学を放棄し、法的な所有権の放棄を清貧の本質とみるConventualesの立場を偽善的なものとして非難し、所有権を有するか否かではなく、生命維持にとって最小限必要なもののみを使用することが清貧の本質であると主張した。清貧思想それ自体に関するかぎり、一三二二年のウベルティーノは〈Arbor〉と基本的には同一の見解をとっていたと結論することができる（C. T. Davis, op. cit., pp. 34-41）。以上の点については、M. Damiata, 'Ubertino da Casale: ultimo atto' op. cit.; C. M. Martinez Ruiz, *De la dramatización*, op. cit., pp. 291-310 参照。また、C. T. Davis, 'Le Pape Jean XXII et les spirituels. Ubertin de Casale'（*Franciscains d'Oc. Les Spirituels ca. 1280-1324*, *Cahiers de Fanjeaux*, 10, pp. 263-283、特に pp. 268-282）; D. Burr, *The Spiritual Franciscans*, op. cit., pp. 262-275 参照。

(85) C. Eubel, ed. *Bullarium Franciscanum*, V (Roma, 1898) n. 289, pp. 128-130.

(86) Id., n. 297, pp. 134-135.

(87) 〈Fraticelli〉という言葉は、トスカーナを中心とする〈Fraticelli de paupere vita〉を意味する他に、後述のミカエル派たる〈Fraticelli de opinione〉を意味する場合がある。

(88) Id., n. 302, pp. 137-142.

(89) 教令《Quorundam exigit》が公布された五日後、チェゼーナのミカエルはナルボンヌ及びベジエのSpiritualesの糺問を開始した。彼はアヴィニョンに既に投獄されていたSpiritualesにこの教令を示し、二つの設問、すなわち彼らは教令《Quorundam exigit》の規定に服するか、そして教皇にこのような規定を制定する権限があることを認めるかという問いを提出した。この問いに肯定的に答えることは、フランチェスコの戒律を福音的生の本質とみなすことの否定を、更にはキリストの啓示たるフランチェスコの戒律より教皇の権限を上位に置くことを意味した。同年一一月までには既に過半数のSpiritualesはこの要求に同意していたが、要求に屈しない二十五人はプロヴァンスの異端審問官ミシェル・ル・モアヌに手渡された。その後このうち二十人は要求に同意したが、残る五人は教皇権否定の故に異端とされ、一人は改心の後終身投獄を言い渡され、改心を拒否する四人は遂に五月マルセイユで火刑に処せられた。プロヴァンスのベギン派はこの四人を殉教者とみなした。しかしこれによりフランシスコ修道会内部からSpiritualesは完全に一掃されたわけである。

(90) オリーヴィの黙示録的終末論とトスカーナやプロヴァンスのSpirituales及びベギン派との思想的連関は当時の人々にとり明白であった。この点、プロヴァンスのドミニコ派糺問官ベルナール・ギュイの『異端審問官の手引』では次のように述べられている。「明らかとなったことは……彼らの誤謬やこのように有害なる見解を彼らがフランシスコ会士ペトルス・ヨハンニス・オリーヴィの書物や小論文から取り出し、部分的にそれらを収集していることである。……すなわちそれはオリーヴィの黙示録講義であり、彼らはこの書物のラテン語版と俗語版を有している。そして同様にオリーヴィの著作であるとベギン派が主張し信じている幾つかの論文があり、このうち或るものは清貧に関する論文、他は托鉢や戒律の特免に関するものである……。そして彼らは会士ペトルス・ヨハンニスが特に黙示録に関する講義ないし釈義においては、神から彼に与えられた啓示により知識を有していたと主張し、それを信じているのである」(*Manuel de l'inquisiteur*, op. cit., I. IV. De secta Bequinorum, p. 110)。オリーヴィの「黙示録講義」への異端審問については、E. Pásztor, 'Le polemiche sulla Lectura super Apocalypsim', op. cit.; M. D. Lambert, op. cit., pp. 218-224; G. Leff, op. cit., pp. 157-162.

(91) フランシスコ修道会も一三一九年マルセイユの総会で、全修道会にオリーヴィの著作を読むことを禁止した。これにつきオッカムは次のように記している。「或る人々はオリーヴィの全理論は正統的であると考えているが、他の人々は彼の理論には明白な異端をにおわせるものは存在せず、例えば特に未来を預言するような、誤った空想的な理論を含んでいるにすぎないと考えている。しかしまた他の人々はそれが明白な異端を含むと考えている」。第一及び第二の見解の人々は、フランシスコ修道会によるオリーヴィの断罪を軽率な処置と考えたが、「第三の人々の見解はまちまちである。或る者は、——ペトルス・ヨハンニスの理論を異端と考えながらも——前述の修道会の決定は自らが有していない権限を不当に利用しつつペトルスの理論を軽率に断罪したと考え、他の人々は、断罪者は教皇権によって訴追したのであるから軽率に訴追したとはいえず、ニコラウス四世が当の理論を断罪するように命令したのである、と主張している。また第三の見解の人々は特にマルセイユ総会につき、総会は前述のペトルスの理論を軽率に断罪したとは言えないと主張し、その理由として総会はただ、既に公会議ないしはローマ教皇により断罪された理論、もしくは聖書の文言に明白に矛盾する理論を断罪したにすぎず、あるいはむしろこの理論が既に断罪されたことを単に宣言ないしは布告したにすぎないことを挙げている」(Dialogus de potestate papae et imperatoris, pars I. II. c. 23. M. Goldast. *Monarchia S. Romani Imperii*, Francofordiae, 1614, tomus II. p. 427)。

(92)　この事件はミカエル派の会士ニコラウス(Nicolaus Minorita)によって伝えられている。「主の年一三二一年、神学の師にして現在のフランシスコ修道会会長チェゼーナのミカエルの会長職六年目に、或るベグィヌス(beguinus)派ないしビゾクス(bizochus)派の人がナルボンヌの町で異端の故にナルボンヌ大司教と、ドミニコ会の修道士にして異端審問官であったヨハネス・デ・ベルナによって捕らえられた。このベグィヌス派の人はとりわけ、完全なる生を追い求めたキリストと使徒たちが個人としても団体としても私有権や所有権によって(iure proprietatis et dominii)いかなるものも保持していなかったことを主張した。異端審問官はこのベグィヌス派の主張を裁定することを欲し、すべての管区長、修道院長、読師、できるだけ多くの他の識者を会議に召集した。これらの人々の中には、ナルボンヌ管区のフランシスコ会士たちの読師ベレンガリウス・タロニがいた。前述の異端審問官は、キリストとその使徒たちの清貧に関する上記の文言を読み上げさせ、これを理由に、当のベグィヌス派の人を異端として裁こうと欲したのである。

　上述の読師ベレンガリウス会士は上記の文言について尋問され、次のように答えた。この言葉は異端ではなく、特に教令《Exiit qui seminat》の中で教会により確定されていることから、公教会の健全にして真なる教義である、と。この結果、前述の異端審問官は、あたかも上述の読師が異端を主張したかのように、読師の発言を直ちにすべての人々の面前で取り消すことを命じたが、読師は決してそれを取り消そうとはしなかった。しかし彼は健全にして公教会の信仰に合致し、しかも教会によってそのようなものとして確定されたことを取り消すように強いられたことから、これによって正義に反したことが様々な方法によって増大させられることを恐れ、使徒座へと正式に訴えたのである。そして彼が自分の訴書を持参して、前述の教皇ヨハネスが教皇庁と共にそこに居たアヴィニョンへと赴いた。上述の読師は教皇主催の枢機卿会議において教皇の前に——教皇は既に異議の内容を知らされていた——出頭し、自分の意見を陳述した。しかし前述の教皇は読師を教皇庁に拘禁させ、公に次の問いを提示した。すなわち、主イエス・キリストとその使徒たちが個人的私有においても共有においてもいかなるものも所有していなかったと頑固に主張することは異端とみなされるべきか否かという問いである。そして当の問いを文書で、教皇庁に居るあらゆる聖職者と神学の教師に告げ知らせた」。Nicolaus Minorita, *Chronica* (ed. G. Gál, D. Flood, St. Bonaventure, N. Y., 1996) pp. 62-63. また A. Tabarroni, *Paupertas Christi*, op. cit., p. 11.

(93)　Compendiosa resumptio domini B. de Turre cardinalis (F. Tocco, *La questione della povertà nel secolo XIV* (Napoli, 1910) p. 73. ベルトラン・ドゥ・ラトゥールの最近の研究として P. Nold, *Pope John XXII and his Franciscan Cardinal Bertrand de la Tour and the Apostolic Poverty Controversy* (Oxford, 2003) 特に pp. 34-90 参照。

(94)　Friedberg II. col. 1224.

(95)　当初 Conventuales と手を組んで Spirituales を攻撃していた教皇ヨハネスが一三二〇年代に入り突如としてフランシスコ派の清貧自体に

疑いを向け、これを断罪するようになった動機は定かではない。或る仮説は次のように指摘する。個人としても団体としても所有を放棄するフランシスコ派の絶対的清貧こそキリストと使徒の福音的生活に合致し、フランシスコ会士はキリスト教徒として最も完全な生活を送っているという主張は、俗間の聖職者や（団体としての所有を認める）ドミニコ会からの反発にあい、この争いにフランシスコ派を支持するかたちで終止符を打ったのがニコラウス三世の教令《Exiit qui seminat》であった。ニコラウスは以後、フランシスコ派の清貧について議論することを破門をもって禁止した。しかしこの禁止にもかかわらずフランシスコ派に対するドミニコ派の論難は終わることなく、やがてヨハネス二十二世の教皇即位の後、教皇に対し影響力のあったドミニコ会士はフランシスコ派の清貧理念と会士の現実の生活との不一致を理由に、ニコラウスの教令の撤回とフランシスコ派の清貧論の正統性の再検討をヨハネスに勧めた。これがヨハネス二十二世がフランシスコ派を攻撃するようになった理由である。これに対して別の仮説によれば、ヨハネスがニコラウスの教令を撤回した主要な動機はフランシスコ派の清貧そのものを否定することではなく、オリーヴィを異端者として断罪することにあった。一三一八年にヨハネス二十二世はオリーヴィの『黙示録講義』の異端性を確証するために委員会を召集した。翌年の委員会報告は、オリーヴィの見解の中には一つ正統的と解釈できる見解が——すなわち、聖フランチェスコの戒律は、キリスト自身が遵守し、使徒に対し課した規則、そして福音書に書きとどめられるようになった規則であるという見解が——含まれており、オリーヴィがこの見解を、聖フランチェスコの戒律はキリストの福音であるとか、キリストは戒律に含まれるすべてのことを遵守していたとか、教皇は戒律の効力に対していかなる権限も有していない、というような意味で理解していたならば、オリーヴィは異端であるが、ニコラウス三世の教令《Exiit qui seminat》で述べられている意味で理解しているならば、その見解は真理であると返答した。これに対して、オリーヴィの見解の全面的な断罪を欲する教皇ヨハネスは《Exiit qui seminat》の撤回を決意するに至った。更に別の仮説によれば、フランシスコ派に対するヨハネスの攻撃はオリーヴィの断罪を動機としたものではなく、清貧思想が富を所有するローマ教皇庁、そして更に位階秩序化したローマ教会それ自体への批判を含意することを教皇ヨハネスが理解したことによる。以上の点に関しては T. Turly, 'John XXII and the Franciscans' (J. R. Sweeney, S. Chodorow, ed., *Popes, Teachers, and Canon Law in the Middle Ages*, Ithaca, 1989, pp. 74-88) 参照。ヨハネスの動機に関する上記の諸仮説を挙げた後で、ターリィ自身は動機を次のように説明する。オリーヴィの『黙示録講義』の異端性に関し上記の委員会が審議を開始していた頃、教皇の顧問であったドミニコ派の或る神学者たちは教皇にオリーヴィの教説に関する予備的な報告書を提出しており、この中でフランシスコ派の清貧論こそオリーヴィの誤謬の根本にある思想であることを指摘していた。そして更にこの報告書は、オリーヴィの信奉者であるベギン派の主張、すなわちローマ教会は肉の教会である、フランシスコ会の戒律はキリスト教的完全性に関する福音の教えと同一である、そしてキリストは個人としても団体としても所有を放棄した、という主張のうち、最後の主張が前二者の主張の基礎にあることを指摘している。ベギン派によればキリストと使徒は個人としても団体としても所有を放棄したのであるから、このような絶対的清貧が——すなわちフランシスコ派の清貧が——福音の教えに合致した生の条件であり、絶対的清貧を実行する者のみがキリスト教的生の完全性を体現しており、団体として財を共有するローマ教会は肉の教会である。……この報告を受けて教皇はオリーヴィやベギン派の基礎にあるとされたフランシスコ派の清貧思想自体を断罪するようになる。教皇ヨハネスがニコラウス三世の《Exiit qui seminat》を廃止したのもこのためであった。言うまでもなくニコラウス三世の教令やフランシスコ修道会のConventualesがSpiritualesやベギン派のように急進的な清貧論を説いたり、ローマ教会を「肉の教会」として非難しているわけではない。しかし、《Exiit qui seminat》で述べられているフランシスコ派の立場は、個人的所有と団体的共有の放棄を福音で教えられている最高の完全性と同一視し、フランチェスコの戒律の清貧の教えを福音書のキリスト教的完全性の教えと同一視している。そして上記の報告書によれば、まさにこのような清貧論こそベギン派やSpiritualesをして財を所有する教会の断罪へと向かわせ、ひいてはローマ教会自体の断罪、ローマ教会の権威への反逆へと向かわせたものだった。従って、このような清貧論を採用するかぎり、フランシスコ修道会全体が異端となりローマ教会に反逆する可能性があるのである。それ故、このことを理解したヨハネス二十二世は、「キリストと使徒は個人としても団体としても財を所有していなかった」という——ニコラウス三世の教令で述べられている——主張を危険な主張として断罪するに至った。

（96）　教令《Exiit qui seminat》の撤回不可能性を主張するフランシスコ派の立場が教皇不可謬説を形成していったとする解釈については、B. Tierney, *Origins of Papal Infallibility 1150-1350*, op. cit. pp. 171 参照。

（97）　G. Tarello, 'Profili giuridici', op. cit., p. 416.

（98）　A. Carlini, op. cit. pp. 84-86. 長短二つの回状（Nicolaus Minorita, op. cit., pp. 67-70, pp. 71-82）のうち長い回状では次のように主張されている。「公教会の権威が私をそのように促すことがないかぎり、私は福音書を信じないだろう」というアウグスティヌスの言葉にあるように、ローマ教会が正しい信仰の途からはずれることはなく、ローマ教会が繰返し決定し確認してきたことに基礎を置くいかなる主張も異端ではありえない。そして、教皇ニコラウスの教令《Exiit qui seminat》は公式の教令集（ボニファティウス八世の〈Liber sextus〉）の中に編入されヴィエンヌ公会議によって承認されたのであるから、フランシスコ会の主張は教会が繰返し決定し確認したことに基礎を置いており、それ故キリストと使徒が個人としても団体としても私的所有権を有していなかったという見解は異端ではなく正しい公教会の教説である。いかなる命題も、聖書あるいはローマ教会の宣言の中でそれと反対のことが表明されていないかぎり異端と呼ばれるべきでない。聖書と教会は共にキリスト教の教義の源であり、誤ることのない教会によってひとたび受容された教説がその後異端とされるようなことはありえない。また短い回状では《Exiit qui seminat》及び、ヴィエンヌ公会議においてクレメンス五世によって発布された、《Exiit qui seminat》を支持する教令《Exivi de paradiso》がカノン法に編入されたことが述べられている以外に、グラティアヌス教令集（Dist. 19, dictum ante c. 1）の引用によって、個々の教皇の教令は、たとえカノン法に編入されなくても拘束力を有することが述べられている。

（99）　Friedberg II, col. 1225-1229. また、Nicolaus Minorita, op. cit., pp. 83-88.

（100）　「確かに上述の（教皇庁による）所有権留保（reservatio dominii）は完全性の状態にとって決して修道士の益にはならない。キリスト的生の完全性は第一次的本質的には愛（caritas）に存し、愛は使徒により「完全性のきずな」（vinculum perfectionis）と呼ばれ、人間を何らかの方法でその目的へと結合し拘束するものであり、この愛への途は世俗的財の蔑視及び放棄により用意されるのである。というのも特にこのことによって、世俗的財を獲得、保有、管理することにより生じ、多くの人々を慈愛行為から遠ざける（世俗への）関心（sollicitudo）が除去されるからである。従って、財産放棄の後もそれ以前に存在していたこのような関心が依然存続するのであれば、かくの如き放棄は完全性のために何も寄与しえぬことになろう」（Friedberg II. col. 1226; Nicolaus Minorita, op. cit., p. 120）。この点に関し教皇ヨハネスはトマス・アクィナスに従っている。*Summa Theologiae*, 2a2a, q. 186, art. 3（C. Dolcini, op. cit., p. 157, n. 30-31）.

（101）「しかし使用によって消費されてしまう財に関しては、当の修道士たちが用益者とみなされるべきでないことは次のことから十分に明白である。このような財において、財の私有権（proprietas）や所有権（dominium）から分離した法的ないし事実上の使用が存在しうると述べることは、法に違反し、理性に反しているのであるから、ローマ教会にこのような財の所有権を留保することが上述の余の先任者の意図であったとは思われない。事実、一個の卵や一片のチーズや、一切れのパンの……所有権をローマ教会に留保し、会士たちに使用を確保することが、かくも偉大なる父（ニコラウス三世）の意図であったなどと、まともな精神をもった誰が信じられるだろうか」。Friedberg II. col. 1226; Nicolaus Minorita, op. cit., p. 121, p. 85.

（102）Friedberg II. col. 1227-1228.

（103）L. Baudry, *Guillaume d'Occam, sa vie, ses oeuvres, ses idées sociales et politiques*（Paris, 1950）p. 108.

（104）Nicolaus Minorita, op. cit., pp. 89-117. この appellatio はこれより六カ月以前に著わされた後述の〈Tractatus〉に比べて、特に新しい主張を含んでいるわけではない。ボナグラティアは教皇庁の過去の教令に含まれた教説の修正不可能性を主張し、教皇の教義上の教令は修正不可能であるからヨハネス二十二世は《Exiit qui seminat》を廃止できないと主張する。そしてアウグスティヌスの「公教会の権威が私をそのように促すことがないかぎり、私は福音書を信じないだろう」が引用され、聖書の権威自体がローマ教会の権威に依存していること、聖書の中に誤りが存在することがわかれば聖書の全権威が揺らぐように、ローマ教会が過去において信仰に関し誤りを犯したことになれば、教会の全権威が揺らぐことが主張されている。そして最後にボナグラティアは教令《Ad conditorem》の非なることを教皇ヨハネスと聖母教会に向かって訴え、「この件においてもし法的に使徒たちに訴えることが可能であり、訴えるべきであるならば、私は直ちにすぐさま使徒たちに訴える」と述べている。またボナグラティアは教会法学者として、原始共有に関する自然法論を展開し、「単なる事実上の使用」〈simplex usus facti〉が自然法に基づくこと、〈res consumptibiles usu〉に関しても、自然法上の使用と実定法上の所有権を分離しえることを主張する。そしてボナグラティアによれば、所有権をもちえない修道会士に与えられるものはすべて「神と神秘体たる教会」に与えられるものであり、神法により教会の首長であるローマ教皇は、神法に由来する dominium を放棄することはできず、〈universalis dispensator et administrator〉である教皇は修道士の生活の糧を配慮する神法上の義務を負っている。ボナグラティアの〈appellatio〉についてはE. L. Wittneben, *Bonagratia von Bergamo*（Leiden, 2003）SS. 164-185; J. Miethke, *Ockhams Weg zur Sozialphilosophie*（Berlin, 1969）SS. 379-384; A. Tabarroni, *Paupertas Christi*, op. cit., pp. 75-77; U. Horst, *Evangelische Armut*, op. cit., SS. 44-48; M. Kriechbaum, *Actio, ius und dominium in den Rechtslehren des 13. und 14. Jahrhunderts*（Ebelsbach, 1996）SS. 49-52。ボナグラティア以外に、フランシスコ派の清貧論を支持する立場から書かれたものとして、ナポリ王ロベルトの〈De evangelica paupertate〉がある。F. Tocco, *La questione*, op. cit., pp. 284-306. ロベルトとSpiritualesの結びつきについては、D. N. Pryds, *The King Embodies the World. Robert d'Anjou and the Politics of Preaching*（Leiden, 2003）pp. 35-37; S. Kelly, *The*

New Solomon: Robert of Naples (1309-1343) and Fourteenth-Century Kingship (Leiden, 2003) pp. 74-83, pp. 243-244.

(105)　Nicolaus Minorita, op. cit., pp. 118-127. 第一の教令《Ad conditorem》でヨハネスはローマ法上の ius utendi と simplex usus facti を検討し、両者は res consumptibiles usu に関しては分離不可能であることを主張していたが、修正教令では、使用によって消費し尽くされない財に関しても、「或る人に自分の馬をあてがう者は、あてがわれた者に乗馬行為を与えているのではなく、自分の馬についてそのような行為を行う権利を与えているように」、財の正しい使用は使用する権利を伴い、権利を伴わない財の使用は不正（non iustum）であることが述べられている。また修正教令は、聖堂や礼拝堂、住居、聖務のための聖具、衣服、書籍などはローマ教会の所有権留保を認めた。

(106)　オッカムの〈Compendium Errorum Ioannis Papae XXII〉(H. S. Offler, ed. *Opera Politica*, IV, Oxford, 1997) c. 4, pp. 36-37 には次のように記されている。「このことの故に当のヨハネスは上述の会士ボナグラティアを法と正義に反して直ちに捕縛させ、非情にも恐しい牢獄に閉じ込め、ほぼ一年間、何の理由もなくそこにボナグラティアを拘留して苦しめたのである」。また Nicolaus Minorita, op. cit., p. 118.

(107)　Friedberg II, col. 1229-30; Nicolaus Minorita, op. cit., pp. 128-129. 「多くの識者の間で、次のような主張に固執すること、すなわち、我々の救世主イエス・キリストとその使徒は私有としても共有としても財産を所有していなかった、という主張に固執することが異端とみなされるべきかが問題とされ、多くの人々がこの点につき様々な、そしてしばしば矛盾する見解を提出しているが故に、余は、我らが兄弟の助言に従い、この論争を終結せんことを欲し、永遠の教令により、この種の主張に固執することは以後誤謬且つ異端とみなされるべきことを宣言する。というのもこの主張は、キリストと使徒がある種の財を所有していたと多くの箇所で述べている聖書に明白に矛盾するからであり、疑いもなく正統的な信仰箇条がその権威をそこから導き出している聖書それ自体が、上述の点に関し誤謬の因を含むとあからさまに主張し、かくして聖書の権威を（それが可能なかぎり）完全に破壊し、その基礎を除去することにより、公教会の信仰を疑わしく不確かなものにしているからである。また、上述の我々の救世主と使徒が、聖書によれば彼らが有していると記されているこれらの財の使用権を、いかなる意味においても有していなかったと執拗に主張し、これらの財を売却、贈与、交換する権利を有していなかったと主張することは、（しかし、聖書は彼らが上述の財に関してこれを行ったことを記し、あるいは彼らがこれを行いえたことを明白に予想している）キリストと使徒のこれらの財に関する使用や行為を不正なものと明白に断定することであるが故に、（これは明らかに、神の子たる救世主の財使用や御業や行為に対する不敬、聖書への違背であり公教会への敵対である）余は、我らが兄弟の助言に従い、当の主張に固執することは以後、明白に誤謬且つ異端とみなされるべきことを宣言する」。

(108)　Friedberg II, col. 1230-1236; Nicolaus Minorita, op. cit., pp. 159-171. この教令はヨハネスが、後述のバイエルンのルートヴィヒの「ザクセンハウゼンの訴書」にみられる清貧論を知った後に発布されたものである。

(109)　ボナグラティアの清貧論に先立つフランシスコ派の重要な清貧論は、註（84）で述べたカサーレのウベルティーノの口頭意見にみられる。口頭意見のラテン語のテキストでウベルティーノは所有（habere）に二つの様態、すなわち実定法上の所有と自然法ないしは同胞愛（caritas fraterna）に基づく所有が存在することを指摘し、第一の意味でキリスト及び使徒が財を所有したと主張するのは異端であるが、第二の意味でこのように主張することは正当であると述べている。「（キリストと使徒が）このような仕方で私的に、あるいは共有として所有していたかどうかと問われるならば、所有の二つの様態を区別しなければならない。そのうちの一つは国の法による世俗的な所有であり、法律はこれを次のように定義している。すなわち、我々の財産であると言われるものは、我々がそれを所持していれば（侵害者に対し）異議を申し立てたり弁護し、我々がそれを所持していなければ返還請求したり取り立てたりするところのものである。そしてこの様態においてキリスト（と使徒）が何かあるものを所有していたと主張することは異端である。というのもそのようなことは福音書に反するからである。確かに『ルカ福音書』（6・29－30）で『あなたの上着を奪い取る者には下着をも拒むな。……あなたの持ち物を奪う者からは取り戻そうとするな。』と言われており、『マタイ福音書』（5・40）では『あなたを訴えて、下着を取ろうとする者には、上着をも与えなさい。』と言われている。教皇ニコラウスが上述の教令で、キリストは私有としても共有としてもいかなるものも所有していなかったと述べ、これと反対のことを主張することは異端であり冒瀆であると述べたとき、所有をこのような意味で理解してそう述べているのである。世俗的財産はまた他の様態、すなわち、自然の法及び同胞愛による共同の使用によって（quantum ad ius nature et communes usus caritatis fraterne）所有されうる。この意味でキリストと使徒は、或る人々によって ius poli と言われる自然法により（iure naturali）、世俗的財産を生命維持のために所有したのである。しかしこの所有からは、奢侈を匂わせ快楽の臭気がするもの、世俗的華美のためのものはすべて除外される。キリストと使徒はこの意味で、衣服、パン、魚などを所有していたのである……。従ってキリストと使徒はこの意味でも何も所有していなかったと主張するのは異端である」。L. Oliger, ed. 'Documenta inedita ad historiam Fraticellorum spectantia'（AFH, III, 1910, pp. 253–279）p. 275.

(110) L. Oliger, 'Fr. Bonagratia de Bergamo et eius tractatus de Christi et Apostolorum paupertate'（AFH, XXII, 1929）pp. 292–335, 487–511.（原典は pp. 323–335, pp. 487–511）この論考は教令《Ad conditorem》への彼の〈appellatio〉（註(104)参照）に先立つものであり、アルウァルス・ペラギウスの中世政治思想史上重要な著作〈De planctu Ecclesiae〉の第二部に原典名を記すことなく編入されていた。ペラギウスもフランシスコ会士であったが、彼のような十四世紀初期を代表する教皇主義者でさえ清貧論に関してはボナグラティアと同一の立場をとっていること、そして更に Conventuales に属するボナグラティアの見解が Spirituales の代表者カサーレのウベルティーノのそれと基本的には同一であることを鑑みれば、会内部では清貧論に関してかなりの程度の理論上の一致が存在していたと考えられる。ペラギウスの清貧論に関しては、W. Kölmel, 'Paupertas und Potestas, Kirche und Welt in der Sicht des Alvarus Pelagius'（*Franziskanische Studien*, Bd. 46, 1964, SS. 57–101）; M. Damiata, *Alvaro Pelagio, teocratico scontento*（Firenze, 1984）pp. 181–224. ボナグラティアの清貧論については、G. Tarello, op. cit., pp. 422–443; B. Töpfer, *Urzustand und Sündenfall in der mittelalterlichen Gesellschafts - und Staatstheorie*（Stuttgart, 1999）SS. 420–422; E. L. Wittneben, op. cit., SS. 107–191.

(111) L. Oliger, op. cit., pp. 324–325.

(112) L. Oliger, op. cit., pp. 326–327.

(113) 「確かに自然法と神法により、この世に存在するすべてのものの共同の使用がすべての人間に属していなければならない……」(L. Oliger, p. 504)。「自然法と神法により、人間の生命にとって必要なすべてのものの共同の使用がすべての人間に属していなければならない。これは私のもの、これはあなたのものと言われるのは邪悪さの故にそうなったのである……」(id. 489)。

(114) 「神の子は、原罪によって無垢の状態から落下した人類を修復させるために、この人間本性を身に引き受けた。しかし、神の子が無垢な本性を引き受けないかぎり、人類を完全かつ妥当な仕方で修復することはなかっただろう。……そして、神の子が無垢なる本性を身に引き受けたのであれば、人間が無垢の状態において有していたような、魂のあらゆる完全性を伴った本性を身に引き受けたことになる。しかし無垢の状態にあった人間たちには、区別された所有といったものは存在していなかった。……それ故、キリストが無垢の状態を保持したならば、キリストは財に対して個人としても共有としても区別された所有をもつことはなく、ただ財の単なる事実上の使用のみを有していたにすぎない」(id. pp. 496-497)。「それ故、すべての権力の上に在る神の子イエス・キリストが皇帝に服従していたと述べることは不合理である。……それどころか、キリストは自然の法の上(super legem nature)にさえ在る。というのもアンブロシウスが〈Exameron〉で述べているように、事物の本性(natura rei)は神の意志に他ならないからである。それ故、法律に服さないこの神なる主、自分を模倣するように彼が導いた自分の使徒たちにも服していなかったこの神なる主は、財の使用に関して皇帝の法律に服することもなかった」(id. p. 505)。

(115) 「当のキリストは、現世的なものをすべて完全に無視し、平静なる生を送ることを教示するために、自分につき従おうとする者たちから世俗的な気づかいの対象となるあらゆる事柄を全面的に切り捨てるために、そして無垢の状態を再生させるために来たのである。セネカによれば、人間たちはこの二つの言葉、すなわち『私のもの』と『あなたのもの』という言葉が取り去られれば極めて平静に生きることができる。確かに、キリスト自身が、あるいは彼の使徒たちの特定の集団が世俗的財の所有を(possessiones)自分のものにしていたならば、キリストは現世的なものの無視も、完全に平静なる生をも教示することはなく、自分の使徒と弟子の特定の随伴者たちから、世俗的な気づかいの対象となるすべての事柄を切り捨てることもなかっただろうし、自らの中に無垢の状態を再生させることもなかっただろう」(id., p. 489)。

(116) 「それ故、(事実上の使用は)法律によっても、放棄や拒絶によっても、その他いかなる方法によっても除去されたり変更されたりすることはありえない。というのも神の摂理によって定められ、万人において等しく妥当する自然法(naturalia iura)は常に確固不動かつ不変的なものとして永続するからである」(id., p. 503)。

(117) 本書第二章参照。

(118) Monumenta Germaniae Historica. Const. V. n. 909, SS. 722-744, n. 910, SS. 745-754; Nicolaus Minorita, op. cit., pp. 130-158; J. Schwalm, ed. *Die Appellation König Ludwigs des Baiern vom 1324* (Weimar. 1906).

(119) MGH, SS. 732-741; Nicolaus Minorita, pp. 143-154.

(120) MGH, S. 734; Nicolaus Minorita, p. 145. 「(ヨハネス二十二世は)当の(フランシスコ)修道会を大いに侮辱し、至上の立法者である主イエス・キリストを侮辱することで、世俗君主の法律を用いた揚げ足とりにより、あらゆる人定法はキリストの助言に服すべきことに気をとめることなく、キリストが言葉により教示し、模範によって確証した完全なる助言を不可能なこととして中傷し、それどころかむしろ異端として破棄しようとしている」。

(121) MGH, S. 738; Nicolaus Minorita, p. 150. 「更に次のことは明白である。我々の信仰の松明であり基礎であるこの至高の清貧が、財を共有ないし私有する人々の生と職に優越していないと述べる者は誰でも、実はキリストが法と預言者たちの約束したキリストあるいはメシアではなかった、と必然的に結論しなければならないということである」。

(122) MGH. S. 737; Nicolaus Minorita, p. 149. B. Tierney, op. cit., pp. 182-185によれば、ザクセンハウゼンの訴書において注目すべき点は、フランシスコ派の福音的清貧の教説を擁護し、この教説を否定した教皇ヨハネス二十二世を異端者として断罪していることに加えて、教皇の「知の鍵」は不可謬であるという見解が教会論の主流の中に登場していることである。この見解によれば、教皇が「力の鍵によって」(per clavem potencie) 決定したことは可変的であるのに対し、教皇が信仰と倫理に関し (in fide et moribus)「知の鍵によって」(per clavem sciencie) 決定したことは不可変にして永遠なる真理であり、後継者により疑問視されてはならない。それ故この見解は、不可謬なローマ教会の教説と、個々の教皇の教令に含まれる教説を区別することなく――教会法学者は両者を区別していた――、後者の教説をも、これが「知の鍵」によって定められたかぎり不可謬とみなしている(ザクセンハウゼンの訴書の当該箇所はMGH, op. cit., S. 737. またNicolaus Minorita, op. cit., p. 149)。B・ティアニーによれば、ザクセンハウゼンの訴書の中に挿入されたミカエル派のこの主張は、既にペトルス・オリーヴィによって提示されていた。オリーヴィは、自己の黙示録的歴史観によるとやがて到来するはずの反キリストが(そして反キリストに仕える偽教皇が)フランシスコ派の清貧を否定することへの恐れから、清貧を承認したニコラウス三世の教令《Exiit qui seminat》を後継の教皇にとって修正不可能なものにするために教皇不可謬説を唱えた。将来の教皇が、公教会の不可変なる真理を確定した過去の教皇の教令を無効にする恐れがあるならば、この教令を修正不可能なものにしなければならず、これを修正不可能なものにするためには教皇自身が――個人としての教皇が――不可謬とされねばならない。このような想定に立って初めて、この種の教令を拒絶する将来の教皇は偽教皇であり、直ちに教皇たることを停止すると考えることが可能になる(Tierney, p. 129)。従ってオリーヴィの〈Lectura super Apocalipsim〉と、〈Quaestiones de perfectione evangelica〉の中の教皇不可謬説を論じた〈Quaestio〉は調和可能であるどころか、相互に密接な関係にあるものとして解釈されなければならない(pp. 108-109)。

オリーヴィによれば、聖書の真の意味は歴史を通じて漸次的に教会に啓示され、フランチェスコの清貧はこの種の啓示に他ならず、この啓示を教皇の〈magisterium〉によって確定したのが《Exiit qui seminat》である(p. 109)。キリストの法は聖書で述べられているものだけに限られない。キリストが聖霊を通して信者の心に注ぎ込んだものもキリストの法であり、フランチェスコの戒律は福音の内奥の意味を示すことによって福音を完成し、諸教皇の承認によって正統な教義としての権威を受け取った(p. 111)。それ故、フランチェスコの清貧を承認した諸教皇の決定は不可謬であり、後継の教皇を拘束する。伝統的に教会法学者たちは〈par in parem non habet imperium〉の原則に従って、いかなる教皇も前任者の教令には拘束されない――それ故、前任の教皇の教令を無効にする教皇を偽教皇と断定することは不可能だということになる――と考えていたが、オリーヴィは個々の教皇は不可謬であるから個々の教皇によって確定された教義は教会の真正な教義となり、後継者を拘束すると主張した。従って過去の諸教令によって真正な教説として承認されたフランチェスコの戒律を後世の教皇は無効にすることができず、これを無効にしようと試みる教皇は偽教皇である(p. 127)。以上のオリーヴィの教皇不可謬説は、その後ザクセンハウゼンの訴書の中に挿入された清貧に関するミカエル派の――当のオリーヴィに敵対したConventualesの――見解、すなわち教皇が知の鍵によって決定したことは不可謬であるという見解に引き継がれていく。

さて、教皇ヨハネス二十二世はザクセンハウゼンの訴書に答えて発布された一三二四年十一月の教令《Quia quorundam》において、ローマ教皇が知の鍵によってひとたび確定したことは不可変であり、後継の教皇はこれを取り消すことはできないというミカエル派の主張に対し、次のように反論した。先ず、聖職者がもつ霊的な鍵は知を意味しない。というのも叙品に際して霊的な鍵を受け取るすべての司祭が知を有しているわけではないからである。仮に鍵に知と力の二つがあり、信仰上の真理を確定するためにこれらの鍵が用いられるとすれば、すべての聖職者が真理を確定できることになるが、これは明らかに誤りである。また、鍵が教会の至高の司牧職を遂行すべくペテロとその後継者に与えられた権限を意味するとしても、教皇が知の鍵によって定めたことは修正不可能であり、力の鍵によって定めたことは修正可能であるというミカエル派の主張は誤っている。知の鍵は最終的な決定を下す権威ではなく単に信仰上の問題を探究する権威を意味するにすぎず、本質的に重要なのは力の鍵のほうである（pp. 186-187）。

そして教皇ヨハネス二十二世は、知の鍵は不可謬であるというミカエル派の見解を否定し、後任の教皇は至高の立法者として前任の教皇の教令を取り消すことができると主張する一方で、自分は信仰上の教義を含む前任者の教令を取り消したことはないとも主張している（p. 189）。その理由はヨハネスによれば、キリストと使徒の清貧に関してかつて前任者たちがミカエル派の主張するような教説を確定したことはなく、もしミカエル派が主張するようにニコラウス三世の教令《Exiit qui seminat》の中にミカエル派の清貧論と同じ教説が含まれているとすれば、教皇ニコラウスは彼の前任者たちに違背し、それ故ミカエル派自身の前提——後任の教皇は、前任の教皇が知の鍵で確定した信仰上の教義を取り消すことはできないという見解——に従って、ニコラウスの教令は無効である（p. 191）。キリストの清貧を否定する自分の教令は教会の確立した教義に違背していない。キリストと使徒は財を事実上使用していただけであるという説は正統的な信仰箇条には属しておらず、この説を否定すると信仰箇条の基礎である聖書上の真理が疑問視されることになるわけでもない。むしろ聖書の中に含まれているのはミカエル派の清貧論とは反対の教説である。また聖書には、フランシスコ会士が使用する財の所有権を教皇は放棄できないといったことも述べられていないのであるから、自分は前任者の決定を取り消してこのような所有権を自由に放棄することができる（p. 192）。

ティアニーの解釈によれば、ミカエル派と教皇ヨハネスの見解の相違は信仰の源に関する見解の相違に起因している（p. 193）。信仰上の真理は聖書のみによって基礎づけられ立証され、教皇の教令によって新たに信仰上の真理が生み出されることはないと考える（一元論）ヨハネスにとり前任教皇の教令は取消可能であるのに対し、教義に関する教会の決定を聖書補完的な信仰上の真理の源と考える（二元論）ミカエル派にとって、聖霊に導かれた教皇の教令は神の第二の啓示であり取消不可能なものとされた。そしてティアニーは、教皇ヨハネスがキリストの清貧の問題を教義（doctrina）ではなく規律（disciplina）に属すると述べる一方で、ミカエル派の清貧論を異端的教説とみなしている点に関し、教皇のこのような不整合性の一因が、上記の一元論的見解にあることを指摘する。信仰上の真理は聖書に含まれていることに限られ、聖書から導出されない説は——もしミカエル派の清貧論がこのような説であれば——「規律」に属し、この説を確定したニコラウス三世の教令は後の教皇により取消可能だからである。

(123)　Baluze-Mansi, *Miscellanea*, III, Lucae, 1762, col. 238-240; C. Eubel, *Bullarium Franciscanum*, V, Romae, 1898, pp. 341-343; Nicoaus

Minorita, op. cit., pp. 182-189.

（124）九月一八日の大きな訴書は Baluze-Mansi, *Miscellanea*, op. cit., col. 246-303; Nicolaus Minorita, op. cit., pp. 227-424. 一二月一二日の小さな訴書は、Baluze-Mansi, *Miscellanea*, op. cit., col. 303-310; C. Eubel, *Bullarium Franciscanum*, op. cit., pp. 410-425; Nicolaus Minorita, op. cit., pp. 429-456. ピーサの訴書については G. Leff, op. cit., pp. 245-246; M. Damiata, *Guglielmo d'Ockham : povertà e potere I*, op. cit., pp. 374-378.

（125）ピーサの訴書においては、信仰に関して誤りを犯した教皇はこのことにより直ちに破門宣告を受け、これ以外の断罪判決を待つ必要はないという見解が述べられている。そしてミカエルによればヨハネスは清貧に関する自分の見解が確立されたいかなる信仰箇条にも違反していないと主張するが、「私は、唯一、聖、公なる使徒伝来の教会を（unam, sanctam, catholicam, et apostolicam Ecclesiam）を信じる」と述べる使徒信経の信仰箇条に違反している。というのも、この信仰箇条はローマ教会が信仰において誤りを犯しえないことを含意するが、ヨハネスはローマ教会の教説を非難したからである。聖霊に支配される聖なるローマ教会は旧約と新約の聖書を受容し、是認しているが故に、聖書に違反することは、「唯一、聖、公なる……教会を信じる」という信仰箇条に違反することであり、聖母教会の権威は、アウグスティヌスが「公教会の権威が私をそのように促すことがないかぎり、私は福音書を信じないだろう」と述べているほど大きなものである。絶対的清貧の教説は聖書で定められ、一連の諸教皇により主張され、普遍教会により受容され、公会議によって是認され、また――グラティアヌス教令集（Dist. 20, ante c. 1）によると聖書解釈においてローマ教皇より大きな権威を有する――教会の博士たちによって認められてきた。ヨハネスはこのような清貧の教説を否定したのである。

ところがミカエルは、グラティアヌス教令集の同じこの一節――ここでグラティアヌスは博士たちが知を、教皇たちが力を賦与されたと述べている――を典拠にして、教皇が不可謬の知の鍵を有することを主張し、既にザクセンハウゼンの訴書で主張されていたことをミカエルは繰り返してフランシスコ派の清貧はローマ教皇が知の鍵によって確定した信仰上の真理であり、後継の教皇はこれを取消すことができないと主張する。ミカエルによれば、ニコラウス三世の教令を取消したヨハネスは、ローマ教皇が――聖書（『ルカ福音書』11・52）で明白に言及されている――知の鍵を有することを否定し、ローマ教会が信仰において不可謬であることを否定したのであるから異端者である。

（126）C. Eubel, ed. *Bullarium Franciscanum*, op. cit., pp. 408-448; Nicolaus Minorita, op. cit., pp. 553-613.

（127）ミカエルは《Quia vir reprobus》に答えて一三三〇年三月二六日にミュンヒェンで訴書を出した。この訴書でミカエルは《Quia vir reprobus》に含まれた十二の誤謬を挙げ、その一つである「キリストの王国」論が帝国の諸権利に違反し由々しい結果を招くことを指摘し、公会議を待たずしてキリスト教世界は直ちにヨハネスと決別すべきことを主張している。この訴書のテキストは Nicolaus Minorita, op. cit., pp. 624-866。この訴書の抜粋と解説は F. Accrocca, 'Ancora sul caso del papa eretico Giovanni XXII e la questione della povertà' (*Archivum Historiae Pontificiae*, 32, 1994, pp. 329-341) pp. 331-338。また E. E. Stengel, *Nova Alamanniae* 1 (Berlin, 1921) SS. 121-127。ここでキリストの王国論は「キリストは受胎のときから人間たるかぎりにおいて、世俗的事項における真の王そして支配者としてこの世の世俗的財に対し普遍的〈dominium〉を有していた」という主張として表現されている（Nicolaus Minorita, p. 633; F. Accrocca, p. 334）。

（128）〈Opus Nonaginta Dierum〉は、今日二つの写本と、この写本に直接には依存しない初期の刊行本（一四九五年リヨン版）が伝わっており、後者は更に、M. Goldast, *Monarchia S. Romani Imperii*, op. cit., tomus II, pp. 993–1236 に収められている。また Goldast 以外にこの著作は、H. S. Offler ed. Guillelmi de Ockham, *Opera Politica*, vol. I（1974）pp. 292-368 及び vol. II（1963）に収められている。Opus Nonaginta Dierum（以下 OND と略）は、そのリヨン版の末尾に、「Opus Nonaginta Dierum は、グィレルムス・デ・オッカム師の対話篇の第六論考に相当するものとして論述された」と書かれていることから、これをオッカムの対話篇（Dialogus de potestate papae et imperatoris）第三部の序で予告されている第六論考「フランシスコ会士チェゼーナのミカエルの功業について」（De gestis fratris Michaelis de Cesena）にあたるとする見解が存在した（例えば、S. Riezler, *Die literarischen Widersacher der Päpste zur Zeit Ludwig des Baiers*（Leibzig, 1874, Nachdruck, New York, 1961, S. 242）が、OND が独立の論文であることは今世紀初頭の E. Knotte, *Untersuchungen zur Chronologie von Schriten am Hofe Kaiser Ludwigs des Bayern*, phil. Diss. Bonn, 1903, SS. 36）により決定的に実証された。この著作の Opus Nonaginta（XC）Dierum という奇妙な表題は、オッカム自身の結語の言葉〈Hoc Opus Nonaginta Dierum, quamvis cursim et sermone nullatenus falerato, multo tamen complevi labore〉（私はこの九十日の書を、急いで、そして飾りけの全くない言葉で、しかし非常に苦労して完成させた）（H. S. Offler, vol. II, p. 857）に由来する。

(129)　この著作が一三三二年から一三三四年の間に書かれたことはほぼ明らかである。というのもオッカムは、一三三二年アヴィニョンで行われたヨハネス二十二世の説教に明白に言及しており（「周知の如く、神に断罪された魂は地獄に堕ち、重い苛責を受けていること、悪魔は今罰せられ重い刑を科せられていること……は、どれほど愚かでもすべてのカトリック教徒に知らされてきた……にもかかわらず、……」これに反した説教を行ったヨハネスは異端者である。OND. c. 124. Offler II, p. 852）、また、一三三四年に死去したヨハネスを未だ生きている者として扱っているからである。OND. Prol.（I, p. 292）c. 124（II, p. 857）.

(130)　OND は、ヨハネス二十二世の教令《Quia vir reprobus》の逐語的な論難という形式で書かれており、先ず各章の冒頭で教令の各部分が提示され、次に各節の内容が概説され、更に個別的箇所の批判的検討が展開されている。OND の中では更にチェゼーナのミカエルの『ピーサの訴書』や、清貧論争に関するヨハネス二十二世の以前の諸教令が言及されているが、この論考を書くにあたってオッカムは二つの文書に依拠している。すなわち、教令《Quia vir reprobus》公布直後、ミカエルはこの教令に抗議し、「神聖なるローマ公教会、使徒教会」へと向けてミュンヒェンで訴書を出し、ヨハネスの誤謬と異端を論駁する目的でこの訴書の中に論文〈magna Scriptura〉を付加した。この論文作成にオッカムが参与したことも十分想像されるが、OND ではこの論文が明白に利用されている。OND が依拠しているもう一つの論文は、パリの神学者、マルキアのフランチェスコがヨハネスの教令への反論として著した〈Improbatio contra libellum domini Iohannis qui incipit 'Quia vir reprobus'〉であり、本論文でフランチェスコはヨハネスの教令を逐語的に論難している。マルキアのフランチェスコのこの論文は、N. Mariani, ed. Francisci de Esculo, *Improbatio contra libellum domini Iohannis qui incipit "Quia vir resprobus"*（Grottaferrata, 1993）pp. 47 で刊行されている。更にオッカムが利用したと考えられる論文として、フランシスコ修道会士ニコラウス（Nicolaus Minorita）が編集した書物に含まれている著者不明の〈Quoniam omnis humana sententia〉（Nicolaus Minorita, op. cit., pp. 938–960）が指摘されている。この論文からオッカムは、異端教皇の過去の諸例及び異端教皇の告発の正当化、及び教会権力が機能を停止した場合の世俗権力介入の正当化に関する論証を利用している。L. Baudry, *Guillaume d'Occam*, op. cit., p. 142, n. 1; J. Miethke, *Ockhams Weg*, op. cit., SS. 76-84. ボドリは OND が〈Quoniam omnis〉に影響を与えたと考えているが、ミートケはその逆であると主張する（S. 80）。

（131）　オッカムの法・政治思想における OND の明白な重要性は、必ずしもあらゆる研究者により認められていたわけではない。例えば、R. Scholz, *Wilhelm von Ockham als politischer Denker und sein Breviloquium de principatu tyrannico*（Stuttgart, 1952）S. 7 は、「しかし、オッカムはこの著作において既に自己の思想を表明してしまうことをきっぱりと放棄し、これを後の著作のために残しておいた。……『九十日の書』はその上、新約及び旧約聖書に従ったキリストの清貧論及び所有概念に関する純粋に神学的作品である」と評している。しかし、確かにオッカムがこの著作で使用する叙述形式は、直接的に自己の見解を表明するかたちをとっていないにしても、この中からオッカム自身の思想を読みとることは十分可能であり、更にこの著作を純粋に神学的と形容することも正しくないと思われる。ショルツと同様の見解は、S. Riezler, *Die literarishen Widersacher*, op. cit., S. 243 にもみられ、P. Boehner, *Collected Articles on Ockham*（St. Bonaventure, N. Y., 1958）pp. 442-468 のオッカムの政治思想の叙述にも OND が引用されていない。これに対して OND の重要性は、古くは、L. Baudry, op. cit., や、A. Dempf, *Sacrum Imperium*（Darmstadt, 1954）SS. 512 により既に強調されており、W. Kölmel, *Wilhelm Ockham und seine kirchenpolitischen Schriften*（Essen, 1962）, J. Miethke, *Ockham Weg*, op. cit.; A. S. Mcgrade, *The Political Thought of William of Ockham*（London, 1974）; G Leff, *William of Ockham*（Manchester, 1975）; Y. D. Knysh, *Political Authority as Property and Trusteeship in the Works of William of Ockham*（Uni. of London, Ph. D. Thesis, 1968）; M. Damiata, *Guglielmo d'Ockham: povertà e potere*, op. cit., pp. 391-463 といったオッカム研究はすべて法・政治思想史上の重要性を OND に認めている。オッカムの法・政治思想は、フランシスコ会の清貧論争を出発点として展開されていくのみならず、OND の清貧論にはオッカムの社会哲学の基礎概念たる自然権論が叙述されていることからしても、その重要性は明白である。以上の点については更に、S. Gagnér, 'Vorbemerkungen zum Thema 'Dominium' bei Ockham'（*Miscellanea Medievalia*, Bd. 9, *Antiqui und Moderni: TraditionsbeuuBtsein und FortschrittsbeuuBtsein im späten Mittelalter*, hrsg. A. Zimmermann, Berlin, 1974. SS. 293-327）; J. Miethke, 'Dominium, ius und lex in der politischen Theorie Wilhelms von Ockham'（A. Fidora, M. Lutz-Bachmann, A. Wagner, hrsg. *Lex und Ius: Beiträge zur Begründung des Rechts in der Philosophie des Mittelalters und der frühen Neuzeit*, Stuttgart, 2010）SS. 241-269; J. Robinson, *William of Ockham's Early Theory of Property Rights in Context*（Leiden, 2013）参照。

（132）　OND. c. 2（Offler I, p. 300）. なお、オッカムはこの著作において、ヨハネス二十二世の〈adversarii〉、具体的にはチェゼーナのミカエルを中心とするフランシスコ会士の見解を客観的に叙述する形式をとっている。従って、ここで「彼ら」と言われているのはミカエル派のフランシスコ会士を意味する。しかしこの見解は特に問題のない場合はオッカム自身の見解と考えてよい。

（133）　OND. c. 6（Offler I, p. 364）.

（134）　OND. c. 2（Offler I, p. 301）. オッカムは更に、Corpus iuris civilis に含まれている〈usus iuris〉を、単なる使用（nudus usus）と用益権（ususfructus）に区分している。〈nudus usus〉は、使用する権利を他

人に売却したり貸与できない場合であり、〈ususfructus〉はこれが可能である。

(135) Ibid.

(136) OND. c. 2. I. p. 302.

(137) 「それ故、あらゆる usus iuris は、ius utendi であるが、あらゆる ius utendi が usus iuris とはかぎらない。この usus iuris は proprietas ないし dominium から区別されるものである。しかし、事物の実質を変化させることなく他者の財を使用するあらゆる権利は usus である」（OND. c. 2. I. pp. 302-303）。

(138) ただし、オッカムは〈licentia〉に二種類のものを認めている。「ある種の licentia は許可者により取り消されえないものであり、例えば修道会の上位聖職者が下位者に、他の修道会に入ることを許可する場合がそうである。このような licentia により、ある種の権利が獲得される。他の種類の licentia は許可者が任意に取り消しうるものであり、このような licentia によっては、いかなる権利も獲得されるとは思われない」（c. 61. Offler II. p. 560）。「手に入れた許可が任意に取り消されえないならば、ある種の（実定的）権利が獲得されたことになり、任意に取り消されうるならば許可を手に入れた者は許可を根拠に法廷で争うことができず、いかなる権利も獲得されてはいない」（c. 64. Offler II. p. 571）。フランシスコ会士の財の使用は取り消し可能な許可による使用であるから会士は実定的権利をもたない。これは単なる事実上の使用であり、後述のように自然権による使用である。それ故会士は許可が取り消されないかぎり財を使用する「自由」を享受するが、財を「請求する権利」はもたない。

(139) Regnum Christi の問題は、教皇の世俗的権力をめぐる中世政治思想の中心的テーマのひとつである。この問題については、J. Leclercq. *L'idée de la royauté du Christ au moyen âge*（Paris. 1959）参照。

(140) OND. c. 18. II. p. 454.

(141) OND. c. 76. II. p. 612.

(142) Ibid.

(143) Ibid.

(144) OND. c. 76. II. p. 613.

(145) Ibid.

(146) OND. c. 76. II. p. 614.

(147) Ibid.

(148) OND. c. 18. II. p. 456. また別の箇所では次のように述べられている。「財物の所有を保持する修道士が完全でありうるのは、莫大な財産を所有する人が完全でありうるのと同様である。従って、自分の富を私有する王や君侯も完全でありうる。しかし、このような財の保持は、完全性の状態（status perfectionis）には属しえない」（OND. c. 11. II. p. 412）。「富を私有することは、それ自体において悪ではなく、むしろ罪を犯すことなくして富を所有、獲得、保持することは可能である。従って、裁判において自分の財産の返還を要求することは、それ自体悪ではなく、むしろ、財産の返還を裁判や裁判以外のところで請求しても、いささかの罪にもならない」（OND. c. 114. II. p. 799）。「ただ神への愛や、隣人の利益のためにのみ財を所有することは、少しの不安全性も生じさせはしない。それ故、神の栄誉のため、共通善のみを顧慮して王国の財を所有した王は、これがために不完全であったわけでは決してない」（OND. c. 106. II. p. 776）。

(149) OND. c. 2. I. p. 308.

(150) OND. c. 2. I. p. 306.

(151) 聖職者が教会財産に対し有する所有権の分析について、オッカムは主としてホスティエンシス及び、ヨハネス二十二世の《Ad conditorem》に対する前述のボナグラティアの反論に依拠している。教会法上の聖職者の所有権については、P. N. Riesenberg, *Inalienability of Sovereignty in Medieval Political Thought* (New York, 1956) pp. 48-80 参照。

(152) OND. c. 76. II, p. 615-616.「しかし彼ら（ミカエル派）は次のように主張する。富の所有は、それが要求する配慮の故に、そしてしばしばそれから生ずる度をはずれた欲求その他の悪の故に聖職者たちを聖職者の身分に本質的に属している他のことから遠去けてしまうのであるから、聖職者の身分に本質的に属しているわけではない。このような理由で使徒たちは富の占有や所有を放棄しただけでなく、（現在、一部のフランシスコ会士が自分たちが使用する財を他の会士たちに管理してもらっているように）所有することなくして常に富を管理することさえ放棄し、『使徒行伝』第六章に明らかなように、このような管理を行うために七人の副僧（diacones）を選んだのである。生活の点でも身分の点でも使徒より完全な聖職者は一人もいなかったのであるから、富の所有が聖職者の身分に本質的に属することはありえないことが帰結する」。

(153) OND. c. 76. II, p. 616.

(154) Ibid.

(155) Ibid.「しかし、おそらく或る人は次のように主張するだろう。教会財産は教会の所有に属するが故に、聖職者の意に反して財産は任意の者に移譲されえない、と。この主張に対して、或る人々は次のように主張する。……共有財産は所有に関しては（quoad dominium et proprietatem）神の次に、第一次的根源的に信徒の全共同体、ないしは全信徒のうち、あらゆる所有を放棄し、財の共有に関しても信徒とのいかなる種類の共有をも……放棄した人々を除外した部分に属するのである、と」。信徒により神に捧げられた共有財産は、神の礼拝と貧窮民の救済を主な目的としている。聖職者は生活の糧を有している場合でも神の礼拝のために共有財産が与えられるのに対し、俗人に共有財産が与えられるのは生活の糧を有していない場合や捕虜の身代金として使われる場合などに限られる。しかしいずれの場合も教会財産がすべての信徒にとって共有であることに変わりはない。この共有はある種の dominium 及び proprietas の共有、すなわち法廷でものを請求したり、ものについて争訟する権限（potestas）の共有である。従って、たとえ一部の財産でもすべての信徒に共有されている現在の教会は、信徒の全財産が共有であった原始教会を模倣していると言える（c. 76, pp. 616-617）。司教が自分に与えられた教会財産について訴訟を行う権限を有しているとしても、共有財産に対する聖職者の全権限が信徒の共同体によって教皇に（取消し可能な仕方で）与えられたものであれば、より根本的に（principalius）この種の全権限を有しているのは教皇であるように、聖職者の共同体が共有財産に対してある種の dominium を有するとしても、（神の次に）最も根本的な権限を（principalissimam potestatem）有するのは信徒の共同体である（c. 76, pp. 617-618）。

(156) OND. c. 76, p. 618.「それ故或る人々は次のように主張する。世俗人が、善、正義、勤勉、共通善への熱心な配慮の故に聖職者と同じくらい能力があれば、……聖職者は説教や祈禱や神事に専心し、世俗人が共有財産の管理に従事するほうが、聖書（テモテへの第二の手紙2・4）に合致している」。また、「しかし、任務の遂行を命ぜられた世俗人が任務を怠った場合には、悪人を罰する権限を聖職者がもつ方がよいだろう。それ故、このような場合、聖職者……が共有財産を占有するのが適切である。事実、世俗人があらゆる教会財産を占有する場合がありうるように、聖職者が世俗人のあらゆる財を持つ方が有益な場合がありうるだろう。確かに、すべての聖職者が異端者となってしまったような場合には、——所有権に関してではなく正当なる保持に関してではあるが（non quoad proprietatem, sed quoad licitam detentionem）、――彼らの財産はすべて世俗人に移されるべきである。そして更に、すべての聖職者が狂人になったり、姦通、殺人、大食、大飲を行ったり、不和の種を蒔いたりそれ以外の諸悪徳に陥ったことが明らかな場合には、善良で誠実な世俗人により共有財産が管理されることが適切だろう」。

(157) Nicolaus Minorita, *Chronica*, op. cit., p. 238.

(158) Ibid.

(159) Ibid., pp. 240-241.

(160) Ibid., p. 264.

(161) Ibid., p. 564.

(162) ヨハネス二十二世は、聖クレメンス（偽クレメンス）のテキスト（C. 12, q. 1, c. 2 *Dilectissimis*）が世俗的財の保持形態に関して、使徒、使徒の弟子、キリスト教に改宗したエルサレムのユダヤ人の状態を、無垢な状態にあった人祖の状態と同一視（aequiparare）しているとの解釈に立ち、原罪以前の人祖とキリスト（及び使徒）が共に（proprietas の意味での）dominium を有していたことを主張する。これに対しオッカムは、聖クレメンスは両者の状態を同一視ではなく単に比較（comparare）したにすぎないこと、抵抗を受けることなく被造物を支配する人祖の天使的な dominium が原罪により消失したことから、両者の状態は異っており、ただ私的所有権なくして財を使用する potestas utendi に関して同一であるにすぎないことを主張する（OND. c. 14, II, p.436）。

(163) 教皇によれば、キリストが世俗的財に対する所有権（dominium rerum temporalium）を有していたことは、旧約の預言者たちがキリストをイスラエルの民の王（rex）と呼び、新約においても多くの箇所でキリストが王と言われていることから明らかである。また、ピラトがキリストに、キリストはユダヤ人たちの王か否か尋ねたとき、キリストが〈Regnum meum non est de hoc mundo〉と答えたことから、ピラトが「それではあなたは王なのか」と述べたことに対し、キリストは〈Regnum meum non est hinc〉と答え、〈non est hic〉と答えなかったことは、キリストが神から現世の王国の王権を受け取ったことを意味している。キリストは自分の王国はこの世の王国ではないと述べたのではなく、この世から王国を受け取ったのではない――すなわち神からこの世の王国を受け取った――と述べたのである（Nicolaus Minorita, op. cit., p. 595）。そして教皇ヨハネスは『使徒行伝』（2・36）の「イスラエルの全家は、このことをしかと知っておくがよい。あなたがたが十字架につけたこのイエスを、神は、主またキリストとしてお立てになったのである」というペテロの言葉を次のように説明している。「これらの言葉によってペテロは十分に明白に我らが主イエスについて二つのことを結論している。すなわち、（第一に）キリストが彼の王国を現世からではなく神から受け取って有していたことである。その理由は、ペテロが述べているように、神はイエスをキリストに、すなわち王にしたからである。確かに我々は『キリスト』が『王』を意味すると理解している。なぜならば〈christus〉は塗油された者（unctus）と訳され、王は塗油されるのが常であるが故に、我々は『キリスト』を『王』として理解するからである。…（第二に）ペテロは上記の言葉によって、キリストが神たる基体において（in divino supposito）存立する人間として主そして王とされたことを結論している。というのも、キリストが神としてではなく人間として十字架にかけられたことは明らかであり、それ故神は人間としてのキリストに王権と所有権を与えたことが帰結するからである」（ibid.）。それ故、教皇ヨハネスによれば、神の子としてのみならず人間たるかぎりでのキリストも王として普遍的な支配権と所有権を有していた。

キリストが貧者であったのは所有権を有していなかったからではなく、キリストが所有権を有していた財産から利益を享受しなかったからである。利益の享受から完全に切り離された単なる所有権は、この所有権を有する者を富める者にはしない。キリストは、王権を放棄することなくフランス王国を去り、その後フランス王であると知られることなく王国に帰還し、乞食をして生活しているフランス王が貧者であるように、貧者なのである（ibid. p. 598）。

(164)　使徒が私的所有権を有していたことに関しては、教皇は四つの時期を区別し、まず使徒が説教のために派遣される以前については使徒は生命維持に必要なものを私有し、金銀や金銭その他のものの所持は禁止されておらず、家も私有されていた（『マルコ』（1・29）、『マタイ』（8・14））。説教のために派遣された間は金銀や金銭、旅行のための袋、二枚の下着、くつ、つえの所持が禁止された（『マタイ』（10・9―10）、『マルコ』（6・8―9）、『ルカ』（9・2―3））が、説教から帰還した後はパンや魚は共有され（『マルコ』（6・30）、『ルカ』（9・10））、財布、上着、剣が私有されていた（『ルカ』（22・36）、『ヨハネ』（18・10―11））。更にキリストの死後、使徒たちに聖霊が降臨するまではそれ以前と変わらなかったが、聖霊が降臨した後は、『使徒行伝』（2・44―45及び4・32―35）から理解されるように、エルサレムの原始教会において使徒とキリストの弟子たちはユダヤ人の改宗者とともにすべての財を共有にした――これに対して異教徒の改宗者は財を私有した（ibid. p. 604）――。ユダヤ人の改宗者はそれまで私的に所有していた地所や家屋を使徒たちとの共有にし、その後、教会がユダヤを離れ異教の地に移ることを見越して共有財産は売却され、売却の代金は共有にされて、必要に応じて人々に分配された。従って金銭を分配された者は当の金銭そして金銭で購入した財に対し私的所有権を有していた（例えば『使徒行伝』（12・8）のペテロのくつと上着）。

ちなみに、『使徒行伝』（2・44―45及び4・32―35）は、使用によって消費し尽くされる財においては所有権（proprietas ないし dominium）から分離した法的使用（usus iuris）や事実上の使用（usus facti）はありえないというヨハネス二十二世の見解を論難する際にチェゼーナのミカエルが聖書上の典拠として挙げていたものである（ibid. p. 554）。ミカエルによれば、信徒たちは地所と家屋など使用によって消費し尽くされない財を売却し、個人としても共有としてもそれらを保持してはおらず、使用によって消費し尽くされる財――すなわち上記の財を売却して得た代金やパンなど――を共有し、各人の必要に応じて個人に分配したことから、各人は使用により消費し尽くされる財を私的所有権なくして単に使用したと主張した（p. 555）。教皇ヨハネスとミカエルは聖書のこのテキストに対し異なる解釈を与えている。

また教皇は、『使徒行伝』（2・44―45と4・32―46）に関する説明の中で、使用によって消費し尽くされる財に関しては、信者たちにとり所有権の対象としてこれらが〈communica〉であったと聖書が想定しており、この種の財が単なる事実上の使用として信者たちの間で〈communica〉であったと考えることはできない、と主張する。そして教皇はその理由として、「使用」は財の実体が使用により維持されることを前提にすることから、この種の財に関し事実上の使用はありえないこと、この種の財の事実上の使用は特定の人間にのみ固有であり、他者に〈communicabilis〉ではないことを挙げ、更に「共同体が事実上の使用をもつことはありえない。というのも、この種の使用は真の人格（persona vera）を必要とするが、共同体は真の人格ではなく、想像上（imaginaria）の、あるいは表象上（repraesentata）の人格を帯びるにすぎないからである」（p. 559）と述べている。そして教令の後のほうで教皇は、「確かに、個的なものに属する事実は真の人格を必要とし要求するのに対し、修道会はむしろ表象上の、そして想像上の人格とみなされるべきであり、法的なことは修道会について適合するにしても、事実に関することは修道会には適合しえない」(p. 581)と述べている。要するに単なる事実上の使用は「事実」であり、実在する真の人格である個々の人間についてのみ当てはまるのに対し、法的人格である修道会は法的権利を持ちえても財を事実上使用することはありえない、というのが教皇の主張である。この主張はオッカムにより批判されることになる。

(165) Ibid. pp. 609-610.

(166) Ibid. p. 586.

(167) Ibid. p. 587.

(168) Ibid. pp. 590-591.

(169) Ibid. p. 593.

(170) Ibid.

(171) dominium は神法に基づくという見解は既に中世ローマ法学者や教会法学者にもみられ、両法博士であった教皇ヨハネスはこのことを知っていたと思われる。例えばアゾは、旧約聖書において「私のもの」と「あなたのもの」の区別がみられ窃盗が禁止されていたことから、所有権(dominia)は万民法によって新たに生じたものではないと述べ、アックルシウスは、「盗むなかれ」と言われていることから「神法上、或るものは(或る人に)固有のものである」(secundum ius divinum aliquid est proprium)と述べている。R. Weigand, *Die Naturrechtslehre der Legisten und Dekretisten von Irnerius bis Accursius und von Gratian bis Johannes Teutonicus* (München, 1967) S. 97. N. 167(アゾ)、SS. 96-97. N. 166(アックルシウス)。また、教会法学者ではフグッキオが「『あなたは顔に汗してパンを食べ……』とアダムに言われなかっただろうか。アベルは彼の羊を、カインは彼の地の産物を供え物にしなかっただろうか」と述べて、「私のもの」と「あなたのもの」の区別が神法に由来することを主張し、またヨハネス・テウトニクスが「正当にも神法上、或るものは(或る人に)固有のものだった。というのも、『あなたは顔に汗してパンを食べ……』とアダムに言われ、また他の箇所では『あなたの隣人のものを欲してはならない』とアダムに言われたからである」と述べている。R. Weigand, S. 358. N. 626(フグッキオ)、S. 359. N. 629(ヨハネス・テウトニクス)。

(172) 一三二九年のヨハネス二十二世の教令《Quia vir reprobus》に対しチェゼーナのミカエルは一三三〇年ミュンヒェンで訴書を出し教皇批判を再開するが、これと同じ年にマルキアのフランチェスコ(フランチェスコ・ダスコーリ)も論考〈Improbatio contra libellum Domini Iohannis qui incipit 'Quia vir reprobus'〉(ed. N. Mariani, op. cit.)を著し、この教令を論駁した。フランチェスコによれば、アダムは無垢の状態において一種の〈dominium〉を有していたが、原罪以前に定められたこの〈primaevum ius seu dominium nature〉と、原罪後〈iniquitas〉によって導入された〈dominium〉——個人の私有であろうと、団体の共有であろうと——は根本的に異なっている(c. 5, pp. 152)。前者は自然的自由による〈dominium〉、万物の自然的な共有(dominium commune naturale omnium)であるのに対し、後者は隷従的必然性(servilis necessitas)による〈dominium〉である。原罪後の人間は強制権力によって抑止されないかぎり、可能なかぎり多くの財を自分のものにしようとすることから、原罪後の〈dominium〉は権力による抑止と結合している。従って、アダムはエバが生まれる以前から世俗的財に対する私的所有権(dominium temporalium proprium)を有していたという教皇ヨハネスの見解は誤っている。エバが生まれた後もアダムは、それまで自分のみに属していた原初的〈dominium〉を失うことなく、エバと共に同じ〈dominium〉によって財を享受した。というのも、アダムが神によって創造されたとき、彼は自分のためだけではなくエバや子孫のために原初的〈dominium〉を保持していたからである。原罪以前の無垢な状態における〈dominium〉の完全なる秩序（ordo）によれば、財の「直接的所有者」（domini immediati）は存在しない（c. 8, p. 250）。財の分割は原罪の後、カインとアベルのもとで生じた。この分割は農夫（agricola）であったカインの貪欲さに起因する。それ故クレメンス――フランチェスコは偽クレメンスの〈*Dilectissimis*〉を念頭に置いている――は、邪悪さによって或る者が「これ」を、別の者が「あれ」を自分のものと呼ぶようになったと述べているのである（c.14, pp. 376）。原罪後の邪悪さから生じたこのような財の分割に対し「最も完全なる生の様態」（perfectissimus vivendi modus）は人間が個人としても団体としても財を所有することのない状態である。

それ故マルキアのフランチェスコは、私的所有権は神法に由来するという教皇ヨハネスの主張に対し、カインとアベルに始まる財の分割は人間によって為され、従って人定法に由来すると主張する。財の分割はその後、通常は支配者や君主によって行われるようになるが、国家権力が形成される以前から存在しており、例えば大洪水以前及び直後の旧約聖書の最初の家父長（primi patres）は――ノアがカナンへの呪いにより奴隷を生み出し、自分の息子のために財を分割したように――君主の如く所有問題について決定を下した（c. 14, pp. 377）。

そしてフランチェスコは、「すべての事物は正しい人々に属している」（cuncta iustorum sunt）というグラティアヌス教令集にあるアウグスティヌスの言葉を――教皇ヨハネスがこれを私的所有権が神法に由来することの典拠として引用したのに対し――神法上はいかなる私的所有権も存在せず、万物が共有であったこと、従って私的所有権は通常は人定法に由来することの典拠として引用する（c. 14, p. 381）。

しかしフランチェスコは、財の分割が人定法に由来し、財の直接的な所有は人間に属する一方で、すべての人定法と、人定法に基づく財の分割が間接的には神に由来することを主張する（c. 14, p. 383）。神は万物を直接的に所有はしていないが、直接的所有を人間に認めているのは神だからである。フランチェスコにとり私的所有権は邪悪な性格を帯びたカインによる財の分割に始まるが、神により是認された積極的な意味をもつ制度でもあった。マルキアのフランチェスコの所有論については、J. Miethke, *Ockhams Weg*, op. cit., SS. 468–469; R. Lambertini, *povertà pensata*, op. cit., pp. 189–226（命題集註解は pp. 193–205, Improbatio は pp. 214–224）; F. Robinson, *William of Ockham's Early Theory*, op. cit., pp. 111–114, 147–161, 195–209, 238–245。

(173) OND. c. 14, II, p. 432.

(174) 「次のことを認めるべきである。人祖は天使（angeli）が悪魔（demonia）及び世俗的事物に対して所有権を有すると言われうるのと同様の所有権を世俗的事物に対し有していたのである。（天使が悪魔及び世俗的事物に対し所有権を有するのは、）悪魔及び世俗的事物が天使に服し、天使はこれらを支配するからである」（OND. c. 26, II, p. 484）。

(175) OND. c. 14, II, p. 434.

(176) 「それ故、或る意味で人祖が無垢の状態において世俗的財に対する〈dominium〉を有していたことが認められるとしても、彼らはそのとき世俗的財の私有権を（proprietatem）有していたことを認めるべきではない。この理由は、〈dominium〉という名詞は〈proprietas〉という名詞が有していないようなある種の意味を有しており、反対に〈proprietas〉という名詞は〈dominium〉という名詞が有していないある種の意味を――たとえ法学において〈proprietas〉がこのような意味で理解されたことがなかったとしても――有しているからである」（OND. c. 26. II. p. 485）。従って〈*Dilectissimis*〉を原罪以前のアダムとエバの財産共有に言及したものとして解釈する教皇ヨハネスの見解は誤っており、なおさらのこと神がアダムとエバの各々に――原罪の後でさえ――個人的な私有財産を与えたと理解することはできない。オッカムは、『創世記』（3・19）の「あなたは顔に汗してパンを食べるだろう」と、同（3・21）の「主なる神は人とその妻とのために皮の着物を作って、彼らに着せられた」を根拠に、カインとアベルが生まれる以前からアダムがパンを私有し、神からの授与によってアダムとエバが各自着物を私有していたこと、それ故、カインとアベルが生まれる以前から所有権の分割（dominiorum divisio）が存在し、この所有権の分割が神によって直接的に生じたことを主張する反論に対して次のように述べている。「しかし彼ら（論難者たるミカエル派）はこれら二つの反論に対して以下のように答える。我々の人祖の間では使用に関して（quantum ad usum）財の分割が存在したとはいえ、すべての財はある種の所有権に関して（quantum ad aliquale dominium）共有であった。このことは、彼らのあいだでの婚姻の絆と和合と愛の故に十分ありうることと思われる。というのも彼らのあいだには愛と和合が存在していたので、彼らが何らかの理由によって世俗的財を所有権ないし私有権に関して自分たちのあいだで分割しようとする動機を抱いたとは思われないからである。また彼ら（ミカエル派）は次のようにも述べている。もし人祖が自分たちのあいだで所有権に関して世俗的財を分割したとしても、従ってカインとアベルが最初に所有権を分割したのではなかったとしても、所有権の最初の分割が人間の意志によって生じたことに変わりはない。というのも、アダムがパンを食べる前に、そして主なる神がアダムとエバに皮の着物を与える前に、『（アダムとエバは）自分たちが裸であることがわかったので、いちじくの葉をつづり合わせて、腰に巻いた』（同3・7）と書かれているからである。そして彼らが腰巻よりもむしろ着物の方を私有したとは思われない。それ故、着物その他の財が彼らのあいだで所有権に関して分割されたのであれば、腰巻も彼らのあいだで所有権に関して分割されたことになり、それは神の特別な命令ではなく人間の意志によって生じたことになる。それ故、所有権の最初の分割は人間の意志によって生じたのである」（OND. c. 88. II. pp. 656-657）。

(177)　無垢の状態における人間は、他の生き物に対する完全な支配権という意味での〈dominium〉を有していたが、「この〈dominium〉以外に、人祖と地上の生き物には、或るものは使用できるが他のものは使用できないという仕方で、特定のものを使用する力（potestas utendi quibusdam rebus determinatis）が与えられていた。それ故『創世記』（1・29―30）には、神が我々の人祖に、地を従わせる権力と、あらゆる生き物に対する支配権を与えた後、次のように書かれている。『私は全地のおもてにある種をもつすべての草と、種のある実を結ぶすべての木とをあなたがたに与える。これはあなたがたの食物となるであろう。また地のすべての獣、空のすべての鳥、地に這うすべてのもの、すなわち命あるものには、食物としてすべての青草を与える。』これらの言葉は、この種の草や木が人間と他の動物に共通に食物として与えられたことを我々に理解させる」（c. 14. II. p. 432）。後述の「自分のものに（私有）する力」（potestas appropriandi）は放棄可能であるのに対し、「いかなる者も自然的使用権（ius utendi naturale）を放棄することはできない。すべての人間は自然法により（ex iure naturali）使用する権利を有しているからである」（c. 61. II. p. 562）。この自然的使用権は自然法によって人間に与えられた「使用する力」を意味する。

(178)　従って、キリストと使徒が原罪以前の無垢の状態を復活させたというチェゼーナのミカエルやボナグラティアの見解をオッカムは否定している。無垢の状態の天使的な〈dominium〉は原罪により完全に消失したからである。「『使徒行伝』で言及されている人々（使徒、使徒の弟子、ユダヤ教からの改宗者）の自然は、その自然的欠陥を修復されていないので、（人祖が有していたような）力へと回復されたわけではなかった」。また彼らは抵抗を受けることなく地上のものを支配する超自然的な力を与えられていたわけでもない。「それ故、彼らは人祖と同じ種類の〈dominium〉を有してはいなかった」（OND. c. 14, II, p. 434）。そしてボナグラティアや教皇ヨハネス二十二世が原罪以前の無垢の状態を後世の人間にとっての規範として理解するのに対し、オッカムは無垢の状態を規範となるべき状態とは考えていない。ボナグラティアと教皇はともに無垢の状態を規範となるべき状態と考えていたが、この状態を異なる仕方で描写していた。すなわち、ボナグラティアにとって無垢の状態は所有権の存在しない単なる事実上の使用の状態であり、ヨハネス二十二世にとってそれは人間が神から私的所有権を与えられていた状態である。そして前者はキリストと使徒は無垢の状態における人間と同じく財を単に事実上使用するだけであったと主張し、後者は〈*Dilectissimis*〉がキリストと使徒の状態を無垢の状態と同一視していることを根拠に、キリストと使徒は無垢の状態における人間と同様に共有として所有権を有していたと主張する。

(179)　すべての世俗的事物を様々な仕方で使用する力（potestas utendi）が我々の人祖に与えられたとしても、この力は、神によって彼らに与えられた支配権（dominium）ではなかった。というのも人祖は天使を——強制的ではない仕方で——使用する力を有していたが、天使に対する支配権を受け取ったわけではないからであり、また、（原罪後に）この支配権が停止しても、使用するすべての力が停止したわけではないからである。「食べる力」は、支配権を与えられなかった他の生き物にも与えられており、それ故「使用する力」は支配権ではなかった（OND. c. 14, II, p.4 33）。

(180)　OND. c. 14, II, pp. 434-435.

(181)　Ibid., p. 435.

(182)　本書第四章368-369頁参照。

(183)　OND. ibid., p. 439. しかし第二段階の財を「自分のものにする力」のオッカムによる性格づけには不明確なところがある。「自分のものにする力」は無主物先占すること自体を意味しているのだろうか。それとも「自分のものにする力」は、すべてのものが無主物である状態（消極的共有）が人間本性の堕落により人間たちの利益にならないことから、正しい理性の命令に従って人間が合意によって私的所有権を形成していく力を意味しているのだろうか。後の著作〈Breviloquium〉では〈potestas appropriandi〉は、支配者を設立する力〈potestas instituendi rectores〉と並置されている——そして二つの力は共に神から与えられた力とされている——ことから、財を私的に分割し、私的所有権を形成する力と解釈するのが正しいだろう。しかし OND においてはこのような解釈が正しいか否か不明確である。「自分のものにする力」が無主物を無主物として、しかし事実上自分のものとして使用する力であれば、原罪以前の財も無主物であることに変わりはないのであるから、この点では原罪の前も後も「自分のものにする力」は存在していたことになるだろう。しかしオッカムは「自分のものにする力」が原罪以後に、人間の理性的判断——人間の利益になる（expedire）ことは何かに関する理性の判断——によって生ずることを明言しているのであるから、原罪以前の〈potestas utendi〉の行使による無主物先占は自分のものとして財を使用することを含意しない。このことは、無垢の状態では無主物の財は豊富に存在することから、「自分のものとして」財を使用する必要はないのに対し、原罪以後の財の希少状態にあっては無主物を——権利としてではないが事実上――自分のものとして使用する必要があった、という意味だろうか。しかし無主物の先占という観念は、原罪以前の状態においては存在せず、オッカムはこの観念を原罪以後の状態についてのみ用いている。従って結局のところ原罪以後、財の分割以前の「自分のものにする力」は、いわば無主物の希少財を先占し、自分のものとして事実上使用する力を意味するのだろう。筆者はこのように解釈した。この解釈によれば、無主物先占が「自分のもの」にすることであり、人間のあいだでこれが利益をもたらす――と理性が判断する――ことで、おそらく黙示的に人々により相互的に認められる。しかし、より明快な解釈によれば、「自分のもの」にすることは、実定的権利によって私的に所有することであり、第二段階の無主物の消極的共有が人間にとって不利益である――と理性が判断する――ことから人間は「自分のものにする力」すなわち「私有する力」を行使して財を分割し私的所有権を形成する。

しかし上記いずれの解釈をとろうと、実定的な私的所有権が存在しない第二段階の状態における無主物の使用の規範的性格も不明確である。無主物の使用を他人によって妨害された人間は、他人に対して自分の財使用を正当化する何らかの（非実定的な）権利を有しているのだろうか。第二段階における財の使用も、原罪以前から存在していた〈potestas utendi〉に基づく使用であるが、これは自己保持の自然的使用権の対象となりうる財に限定されており、これ以上の財を人は正当に先占できないのだろうか。もし限定されているならば、他人によって財の使用を妨害された人間はその財使用が自然的使用権を根拠とした使用であるかぎりにおいてのみ、妨害しないよう要求できるだろう。無主物先占の対象となっている財が自然的使用権によって正当化される範囲を越えていれば、無主物の使用を妨害された人間は――実定的所有権を有していないのであるから――他人に妨害しないよう要求できない。しかし、そうではなくもし要求できるとすれば、それはどのような権利を根拠としているのだろうか。例えば「無主物を先占した者には、仮にそれが自己保持のための自然的使用権の範囲を越えたものであっても、それを自分のものとして主張する権利がある」という何らかの非実定的な原則を根拠にしているのだろうか。

(184)「第四に、これらの論難者たち（ミカエル派）は、正義にかなった（iustum）使用と正当な（licitum）使用の相違を指摘している。このことを明らかにするために、正義（iustitia）という名詞が三つの意味で理解されうることを知らなければならない。一つの意味では、それは他の三つの枢要徳から区別された或る特定の徳、他のどの枢要徳の問題からも区別された特別の問題を扱う特定の徳として理解され、これによれば人は他人に対して正義にかなった仕方で行為する。第二の意味では「正義」は「法的正義」（iustitia legalis）と呼ばれる或る一般的な徳として理解され、これはあらゆる有徳な行為を共通善（bonum commune）へと秩序づける。第三の意味では「正義」は、理性（ratio）ないし他の働き（operatio）へと行為を然るべく方向づけることとして理解され、このような意味でそれは或る人々によれば比喩的に理解された正義と呼ばれている。トマス・アクィナスはこの見解をとっており、神学大全（secunda secundae, q. 58, a. 2）で次のように述べている。『それ故、言葉の厳密な意味における正義は、正義に服する人が複数存在することを要求する。従って、それは一人の人間の他人に対する関係についてのみ言われる。しかしこれと類似した意味により、一人の人間の中においても例えば理性と短気さや欲望のように行為の様々な原理が様々な行為者であるかのように理解され、従って比喩的に、同一の人間の中においても、理性が短気さや欲望に命令し、後者が理性に服従することに応じて、そして一般的に一人の人間の各々の部分にふさわしいものが分配されることに応じて正義が存在すると言われる。それ故アリストテレスは『ニコマコス倫理学』第五巻でこの正義を比喩的に言われる（正義）と呼んでいる』。そしてこの後でトマスは次のように述べている。『信仰によって我々の中に生じる正義は、それによって邪悪な人間が正義にかなった人間になるところの正義であり、それは魂の諸部分が然るべく秩序づけられていることに存する。これは比喩的に言われる正義に属しており、孤独な生活を送る人間においても見出されうる』。

　これらの言葉から明らかなのは、行為が三つの意味において「正義にかなった」と呼ばれうることである。一つには、それは特定の正義によって生み出された行為であることからそう呼ばれ、この意味においては多くの人間行為は正当（liciti）であり功徳に値する（meritorii）が正義にかなっている（iusti）わけではない。例えば愛、剛毅、同情、寛大その他多くの行為がそうである。別の意味では行為は法的正義――人はこの正義によって法に服することを欲する――によって生み出され、あるいは命令されるときに「正義にかなった」と呼ばれる。かくしてアリストテレスの道徳哲学によれば、他人に関係する外的行為であっても、他の（正義以外の）徳に属する多くの行為が存在し、これらの行為は、――確かに法的正義により命令されることもありうるので正義にかなっていると言われることもありうるが――有徳ではあっても必ずしも正義にかなっているわけではない。というのも、これらの行為についてはいかなる人定法も制定されなかったことがありうるからである。あるいは行為は第三の意味での「正義」により――この正義が比喩的な正義と呼ばれるべきであろうと、あるいは厳密な意味での正義とさえ呼ばれるべきであろうと――「正義にかなっている」と呼ばれる。この意味では、あらゆる正当な（licitus）行為は、それが善（bonus）であり真なる理性に合致しているが故に正義にかなっている。このようにして正当な使用と正義にかなった使用の間には明白な相違が存在する。というのも「正義にかなった」を第一と第二の意味の正義に対応した第一と第二の仕方で理解すると、正義にかなっているとは言えない数多くの正当な使用が存在するのに対し、「正義にかなった」を第三の仕方で理解すれば、すべての人間行為は道徳的に善であるか悪であるかのいずれかであると主張する人々に従うと、正当なすべての行為は正義にかなっていることになるからである」（OND. c. 60, II, pp. 556-557）。

(185)　このテキストは、教会に贈与された財産を裁判所の要求なしに引き渡すべき司教の義務に関するものであるが、ここでアウグスティヌスは実定法を意味する ius fori と自然法を意味する ius poli を区別し、司教の義務を ius poli により基礎づけている。Decretum Gratiani, C. 17, q. 4, c. 43（Friedberg I, col. 827）教会法学者による註釈の多くは、この ius poli を aequitas naturalis と同一視している。

(186)　〈ius positivum〉という現代一般的に使用されている用語がアベラール及び十二世紀カノン法学に史料上登場し、更にこれが五世紀にカルキディウスにより書かれたプラトンの『ティマイオス』註解に遡ることについては、S. Kuttner, 'Sur les origines du terme 《droit positif》'（*Revue historique du droit français et étranger*, 4e série, 15e année, 1936, pp. 728-740）.

(187)　「しかし、いかなる人間の定めもなくして、そして神の単に実定的ないかなる定めもなくして正しい理性に合致している――純粋に自然的な正しい理性、あるいは神が我々に啓示したことから理解される正しい理性に合致している――自然的衡平は『天の法』と呼ばれる」（OND. c. 65, p. 574）。従って、神の命令には正しい理性に一致し万人に妥当する規定と特殊な規定が含まれ、後者は ius poli には含まれず、単に実定的神法にすぎない。「従ってこの法（天の法）はしばしば自然法と呼ばれる。というのも、すべての自然法は天の法に属するからである。しばしばそれは神法と呼ばれる。なぜならば、純粋に自然的な理性には合致していないが、神によって我々に啓示されたことから理解される正しい理性に合致している多くのことが存在するからである。例えば、福音を説教する者たちは、これらの者たちが説教する相手の人々から生活の糧を与えられるべきである（少なくともこれ以外の方法で彼らが生活の糧を得ることができないならば）ことは、信仰されうることから（ex credibilibus）理解される正しい理性に合致しているが、このことは純粋に自然的な理性によっては立証されえない。ちょうどこれらの者が説教する事柄が、これらの者が説教する相手の人々にとって真であり、有益であり、必須であることが、このような理性によって十分には立証されえないように」（ibid., pp. 574-575）。

（188）OND. c. 88, II, p. 656.

（189）Dist. 8, c. 1 *Quo iure*（Friedberg I, col. 13）.

（190）OND. c. 88, pp. 662-663. 従ってオッカムは私的所有権が或る場合に直接神から授与されたことを認めるが、私的所有権が先ず最初に神の命令により定められたことを否定する。そして新約聖書以後、神により所有権が直接的に授与されたことはなかった（OND. c. 88, pp. 657-658）。そしてオッカムによれば財の分割と私的所有権は「王たちの命令」による以前に、ヤコブのように労働によって（ibid., p. 659）、あるいは人間のあいだの自主的な取決め――例えばノアの子孫たち（p. 657）や、カインとアベル、アブラハムとロト、王に服さない人民や都市その他の共同体（p. 661）――によって生じた。

（191）C. 12, q. 1, c. 2 *Dilectissimis*（Friedberg I, col. 676）.

（192）OND. c. 92, p. 669. 〈genus naturae〉と〈genus moris〉に関しては、研究者により解釈の相違がみられるが、両者は意味論的区別であり、オッカムの趣旨は、〈iniquitas〉は、規範的契機を含まない自然的存在に関する述語として使われる場合と、規範的価値的述語として使われる場合があることを示しているのである。従って、genus naturae を人間本性とする W. Kölmel, 'Das Naturrecht bei Wilhelm Ockham'（*Franziskanische Studien*, Bd. 35, 1953, S. 48, A. 43）の解釈や、これを〈the ideal state of things〉とする M. A. Schepard, 'William of Occam and the higher law'（*The American Political Science Review*, Vol. 26, 1932, p. 1014, n. 36）の解釈は正当ではないと思われる。

（193）OND. c. 92, p. 669.

（194）中世の教会法学とローマ法学におけるこの理論の形成と展開については、G. Couvreur, *Les pauvres ont-ils des droits? Recherches sur le vol en cas d'extrême nécessité depuis la Concordia de Gratien (1140) jusqu'à Guillaume d'Auxerre (†1231)*（Roma, 1961）。この主題に関する中世教会法上の〈Broccardum〉iure naturali omnis sunt communia, id est tempore necessitatis indigentibus communicanda.（自然法上、万物は共有であり、すなわち緊急のときは困窮者に分配されなければならない）は、ピーサのフグッキオによりはじめて提示されたものと言われる。また、周知の如く、この点中世ローマ法学にも〈necessitas legem non habet〉〈cessat lex ubi necessitas venit〉といった常套句が一般に使用されていた。

（195）OND. c. 61, p. 559.「ius utendi には二種類ある。一つは自然法上の使用権（ius utendi naturale）、一つは実定法上の使用権（ius utendi positivum）である。自然法上の使用権は万人に共通である。というのも、この権利は人的制度が存在しなくても自然により（ex natura）認められているからである。しかしながら、万人が常に（omni tempore）このような使用権を有すべきであるとしても、どんなときでも（pro omni tempore）万人がこれを有していることにはならない。自己固有の財産も共有財産も持たない人々は、……他者の財の使用権を有すべきだとはいえ、緊急に必要なとき以外は他者の財の使用権を有してはいない。緊急に必要なとき、それなしでは生命が救われないのであれば、自然法の効力により、現存するあらゆる財を正当に使用することが可能となるのである。これ以外の場合には自然法により他者の財を使用することはできない」。

(196) OND. c. 65, p.578.

(197) OND. c. 65, pp. 577-578.

(198) その後のオッカムの著作、例えば〈Breviloquium〉においては、世俗的財産を私有する力（potestas appropriandi res temporales）と並んで、世俗的裁治権者を設ける力（potestas instituendi rectores habentes iurisdictionem temporalem）も、神により人間に付与された権利とされ、これら二つの potestas はキリスト教徒以外に異教徒にも共通に認められる自然的力であり、従って本書第四章で論ずるようにこの自然的力にのみ基づく世俗権力はローマ教会の承認を必要とせずに正当な権力と考えるべきことが主張されている。またオッカムにおける〈ius〉が人間の主観的な力である権利を意味することは確かであるが、清貧論争で展開されている権利観念をオッカムのノミナリズムと結びつける解釈は正しくないと思われる。しかし、清貧論争の脈絡を離れて、オッカムのノミナリズムが中世から近世にかけての権利観念の形成に果した役割を否定すべきではない。本書第十章におけるH・ブルーメンベルクの議論を参照。

(199) OND. c. 61, II, p. 561.

(200) OND. c. 65, II, p. 578.

第二章　バイエルンのルートヴィヒとローマ教皇

第一節　バイエルンのルートヴィヒとヨハネス二十二世

一　二重選挙（一三一四年）

ハープスブルク家の神聖ローマ帝国皇帝アルブレヒト一世の亡き後、同じくハープスブルク家のフリードリヒをはじめとして、フランス王フィリップ四世の推挙するヴァロア伯シャルルなど複数の王侯補者の中から、マインツ大司教ペーター・アスペルトを中心とするドイツ選帝侯は一三〇八年一一月レンスでルクセンブルク家のハインリヒ七世をドイツ王に選挙した。しかし、フランス王の権力の強大化を恐れ当初はハインリヒを支持しローマでの皇帝戴冠を認めた教皇クレメンス五世は、グエルフィ派とギベッリーニ派へと分裂したイタリアを皇帝権のもとに統一すべくハインリヒ七世がイタリア遠征を企てるに及び、アヴィニョンに教皇庁を移したローマ教皇のイタリア支配がハインリヒにより脅かされるのを恐れ、グエルフィ派の首領でナポリ王アンジュー家のロベルトと共に、ドイツ王ハインリヒを表面的には支持しつつもそのイタリア統一の試みに対抗する政治政策を採用するに至った。他方、ハインリヒも当初は教会への忠誠を誓約し、前任の皇帝が教会に対して認めたあらゆる特権を再度確認し、更には教皇領への不侵入と教皇領における裁判権の不行使を約束したものの、彼の意図したグエルフィ派とギベッリーニ派の和解の試みは実現せず、遠征の当初はイタリアに平和をもたらす者としてグエルフィとギベッリーニの両派から歓迎されたハインリヒ自身も、結局はギベッリーニ派の首領として両党派の争いに巻き込まれていった。特にハインリヒがミラノで「鉄の王冠」を受けた数日後、ミラノのグエルフィ派支配者デッラ・トーレ家がギベッリーニ派のヴィスコンティ家により支配権を奪われたことで、ローディ、クレモーナ、ブレッシァなどグエルフィ派諸都市はハインリヒに対し門戸を閉ざした。そしてこれら諸都市をハインリヒが武力行使により占領したことからグエルフィ派は一致団結してハインリヒのトスカーナ通過を阻止し、結局ハインリヒはジェノヴァを経由してピーサに赴き、その後海路を利用し一三一二年五月にローマに到着することになる。しかし、ローマにおいてもハインリヒはナポリの軍隊によりサンピエトロ大聖堂での皇帝戴冠を阻止され、結局はギベッリーニ派及びローマ市民の熱狂的な支持のもとにサンジョヴァンニ大聖堂で一三一二年六月ローマ皇帝として戴冠した。かくしてサンピエトロ大聖堂以外の場所での皇帝戴冠を承認せず、基本的にはハインリヒの皇帝戴冠自体に消極的な態度をとるクレメンス五世も、ギベッリーニ派及び、ハインリヒ戴冠を熱狂をもって迎えたローマ市民の圧力に屈し皇帝戴冠を承認することになるが、承認の条件として、ナポリ王国を攻撃することなく王ロベルトとの休戦を約束すること、戴冠の当日にローマを退去し以後教皇の許可なくローマに侵入しないこと、ハインリヒがグエルフィ派から略奪した領域を返還することなどを要求した。しかし、この要求の中に自らイタリアを支配しようとする教皇の真意を読みとったハインリヒは公然と教皇に敵対し、教皇特使が彼に要求した教皇への忠誠の誓約を拒絶してイタリアにおける自己の権限の至高性を主張した。そしてハインリヒはイタリア統一を更に進めようとするが、グエルフィ派の中心都市フィレンツェへの攻撃は失敗に終わり、ハインリヒはピーサに退いた後ナポリのロベルトへと攻撃の矛先を向け、一三一三年四月ロベルトを皇帝への大逆罪のかどで断罪すると同時に王権剝奪を宣言し、ジェノヴァ、ピーサその他のギベッリーニ派諸都市と同盟を結んでロベルト攻略のために南下を企てることになる。これに対しクレメンス五世は、ローマ教皇の封臣たるナポリ王を攻撃する者に破門を宣告してハインリヒに対抗するが、一三一三年八月ハインリヒが南下の途中シエーナの領域ブオンコンヴェントで病死することにより、皇帝によるイタリア統一は水泡に帰した。そしてクレメンスは教令《Romani principes》で、皇帝戴冠に前後してなされたハインリヒによる教皇への忠誠の誓約は有効であり、皇帝は教皇の封臣であることを宣言し、更に教令《Pastoralis cura》では皇帝権に対する教皇権の優位を説き、ロベルトはローマ教皇の封臣であって帝権には服さないこと、ロベルトに対しなされたハインリヒの断罪は無効であることなどを宣言し、極端な教皇至上主義をあからさまに打ち出すことになる。

かくしてハインリヒ亡き後、イタリアは再びグエルフィとギベッリーニの間の錯綜した政治抗争の場となり、他方ドイツでは空位となったドイツ王の地位をめぐって特にハープスブルク家とルクセンブルク家の間で対立が生じ、これに加えて実子フィリップを皇帝に擁立しようとするフランス王フィリップ四世の暗躍により、ドイツ王選挙は極めて複雑な政治的対立関係の中で行われることになった。しかし、一三一四年、表面的にはフランス王を支持しフランス王家からの皇帝擁立を選帝侯に働きかけていた教皇クレメンス五世が死去することにより、ドイツ王選挙をめぐる対立はハープスブルク家支持とルクセンブルク家支持の選帝侯間の対立に限定されることになり、かくして教皇庁の空位とドイツ王の空位が並存する状況の中で新たな王の選挙が進められていく。

さて、このような情勢のもとでルクセンブルク家の支持を受けながらドイツ王として選挙されたのがヴィッテルスバッハ家のバイエルン公ルートヴィヒ四世であり、ルートヴィヒはその後、クレメンス五世の後継者ヨハネス二十二世との激しい対立関係においてパドヴァのマルシリウス、ジャン・ドゥ・ジャンダン、ウィリアム・オッカムなど当時の異端的思想家の庇護者として中世思想史上重要な役割を演ずることになる。オッカムの帝権教権論は、バイエルンのルートヴィヒとヨハネス二十二世及びその二名の後継者との政治的抗争を背景としており、それ故本節では先ず一三一四年ドイツ選帝侯によるヴィッテルスバッハ家のルートヴィヒとハープスブルク家のフリードリヒの二重選挙に始まり、一三二七年のルートヴィヒのイタリア遠征へと至る歴史的過程を概観することにしたい(1)。

ハインリヒ七世の死後、ドイツ選帝侯のうちハインリヒ七世の弟でルクセンブルク家の中心的指導者であったトリーア大司教バルドゥイン（バルドゥイヌス）は、同じく選帝侯の一人であるマインツ大司教ペーター・アスペルトと協力しハープスブルク家の王候補者に対抗すべく、ハインリヒ七世の実子で一三一〇年以来ドイツの皇帝代理の地位にあったボヘミア王ヨハネスをドイツ王に推挙したが、これに対しオーストリア公レーオポルトを中心的指導者とするハープスブルク家は、南ドイツの諸都市ウルム、コンスタンツ、チューリヒ、ケンプテンなどと同盟を結び、更には選帝侯の一人であるケルン大司教ハインリヒ・フィルネブルクの支持を得て、レーオポルトの兄でハープスブルク家のオーストリア公フリードリヒをドイツ王に推挙した。しかし、一三一三年コーブレンツそして一三一四年一月と六月の二回にわたるレンスでの選帝侯会議において両陣営は自らの主張を共に譲らず、この過程でルクセンブルク家はヨハネスの王選出が不可能であることを悟り、ルクセンブルク家以外の候補者を顧慮するようになる。当時ハープスブルク家とルクセンブルク家はボヘミアの支配権をめぐり緊張関係にあり、バルドゥインがボヘミア王ヨハネスをドイツ王に推挙したのはボヘミアにおけるルクセンブルク家の未だ不安定な支配権をより強化していくこともその動機の一つと考えられ、従ってハープスブルク家を支持する選帝侯たちがヨハネス選出に同意することは当初から実現不可能なことであった。そこでルクセンブルク家はペーター・アスペルトの意見に従い、当時ニーダーバイエルンのヴィッテルスバッハ家の後見をめぐりオーストリアのフリードリヒと争い、ガンメルスドルフの戦い(2)でこれを破り勇名を轟かせていたオーバーバイエルン公ルートヴィヒに目を向け、ルートヴィヒを王位に推挙する方針を固めていった。ルクセンブルク家にとり、ヨハネスの王選出が不可能である以上、ヨハネスに代わってドイツ王となる者は強力な支配者であってはならず、しかもハープスブルク家の勢力拡大を牽制しうる者でなければならない。ヴィッテルスバッハ家のルートヴィヒはこの意味で適格な王候補者と思われたのである。以後、ルクセンブルク家の支持のもとにルートヴィヒは王選出に向けて様々な支持者の獲得に乗り出すが、先ず、彼の有力な支持者で選帝侯でもあるマインツ大司教ペーターにはゼーリゲンシュタットやバッハガウ伯領などの領有その他の特権を確約し、またバルドゥインに対してはミュンスターマイフェルトその他の領有や、大司教区での最高裁判権その他の特権授与を約束した他、更にボヘミア王ヨハネスにはポーランドやマイセン辺境伯領などを、自分を支持してくれることに対する報酬として確約した。また、ルートヴィヒは自分に忠実な臣下ヘンネベルク伯ベルトホルトの助力のもとに、選帝侯のうちブランデンブルク辺境伯ヴォルデマルとザクセン＝ラウエンブルク伯ヨハネスの支持を獲得したのである。

さて、既に述べたように、ドイツ内部での抗争と並んでドイツ王（すなわち神聖ローマ帝国皇帝）選挙に強い関心を示したのはフランス王フィリップ四世である。フィリップはハインリヒ七世の選挙に際してもヴァロア伯シャルルを候補者として推挙したが、今回もフランス王家から皇帝を選ぶことがヨーロッパの統一及び十字軍の計画のために適切であることを主張し、実子のポアトゥー伯フィリップ（後のフィリップ五世）を皇帝に推挙し、ローマ教皇を通じてドイツの選帝侯、特にトリーアのバルドゥインにフィリップ選出を積極的に働きかけていたが、結局選帝侯はこの要求を拒否し、フィリップ四世の野心は今回も実現されなかった。それ故、ドイツ王選挙は、ルクセンブルク家支持のバイエルンのルートヴィヒとハープスブルク家のフリードリヒがともに相譲らぬ情勢のもとに進められ、一三一四年一〇月の二重選挙へと突入することになる(3)。

ハープスブルク家のフリードリヒの支持者たちは二重選挙を予想し自らの主張を武力で貫徹すべくマイン河左岸のザクセンハウゼンに集合し、一〇月一九日フリードリヒを王に選出した。フリードリヒを選挙した選帝侯は、ルートヴィヒの兄でありバイエルンをルートヴィヒと共に共同統治していたが皇帝選挙でルートヴィヒと対立しハープスブルク側についたプファルツ選帝侯ルードルフ、ルクセンブルク家のハインリヒ七世によりボヘミアから追放された後もボヘミア王の地位を断念することのなかったケルンテン公ハインリヒ、そして更にザクセン＝ヴィッテンベルク公ルードルフであり、更にザクセンハウゼンの集会には参加しなかったが以前からハープスブルク家を支持してきたケルン大司教ハインリヒがこれに加わる。その他選帝侯以外では、ザルツブルク大司教ヴァイハルト、シュトラースブルグ司教ヨハネスなどがフリードリヒを支持してザクセンハウゼンの集会に参加した。これに対し、ヴィッテルスバッハ家のルートヴィヒを支持する選帝侯、すなわちルクセンブルク家側の選帝侯はマイン河の右岸に陣をとり、一〇月二〇日ルートヴィヒを王に選挙した。すなわち、マインツ大司教ペーター・アスペルト、トリーア大司教バルドゥイン、ボヘミア王ヨハネス、ブランデンブルク辺境伯ヴォルデマル、そしてザクセンの支配権に関してザクセン＝ヴィッテンベルク公ルードルフと対立していたザクセン＝ラウエンブルク公ヨハネスの五人がルートヴィヒ支持の選帝侯である。それ故、王選挙に参加した両陣営の総計九人の選帝侯の中で、ボヘミア王位に関してはケルンテン公ハインリヒとルクセンブルク家のヨハネスが対立しており、ザクセンに関してはルードルフとヨハネスが相互に王選挙の投票権を否認しあっていた。すなわち、ケルン大司教、マインツ大司教、トリーア大司教、プファルツ選帝侯、ブランデンブルク辺境伯、ボヘミア王、ザクセン公の七選帝侯のうちで、最後の二者の投票権について対立が存在したのである。しかし、当時の王選挙については多数決の原則は採用されてはおらず、更にフリードリヒとルートヴィヒの選挙は伝統的な選挙手続からみてそれぞれ欠陥のあるものであった。ルートヴィヒは選挙の三カ月後、それまで両陣営の敵対関係を恐れ門戸を閉ざしていたフランクフルトの市民に迎えられ、従来の伝統に従って聖バルトロメーウス教会で王として承認された後、一一月二五日アーヘンでマインツ大司教ペーターの手により王笏、地球儀など皇帝の権標を授与され、聖衣の着用から聖油による聖別を経て王冠の授与へと至る戴冠式を挙行したが、伝統的な手続ではケルン大司教が戴冠をとり行うべきものと規定され、この点マインツ大司教の手になるルートヴィヒの戴冠式は重大な法的瑕疵を含むものであり、更にアーヘンのマリア教会所蔵の帝権の権標は真正の権標ではなかった。儀式行為の法的効果に対する当時の強い信仰からみて、この儀式上の瑕疵は極めて重大な欠陥と考えられたが、これに対するフリードリヒも、選挙の後伝統的な手続に合致してケルン大司教により王冠を授与され帝権の真正な権標を与えられたものの、ザクセンシュピーゲルで規定されたアーヘンではなくボンの聖カシウス教会で戴冠が行われたことは、同様に重大な瑕疵を含むものであった。

それ故、ルートヴィヒとフリードリヒの対立は武力によらずして決着がつくことはなく、以後両者は自らの支持者獲得に努めながら、結局は八年後の一三二二年にミュールドルフの戦いで相対峙することになる。選挙の後フリードリヒとルートヴィヒは、クレメンス五世の死後枢機卿の対立の故に空位の続くローマ教皇庁に対し「将来の教皇」を名宛人として選挙結果を直ちに報告し、それぞれ自らの正当性をローマ教会に対し主張していたが、両者の抗争は先ずドイツの要地アルザスをめぐって表面化し、ルートヴィヒはペーター・アスペルトの意図に従いアルザスにおけるハープスブルク家の勢力を排除すべくラインの諸都市を味方に引き入れ、自らはフランクフルトからシュパイヤーへと南下してアルザスでの戦いに備えた。他方フリードリヒ側も弟のレーオポルト及びハインリヒとともにハーゲナウ更にはゼルツに居を構え、シュトラースブルクの支持獲得に努めながらルートヴィヒとの戦いに備えた。しかしこのとき、ルートヴィヒは自分の軍事力の弱さを自覚しシュパイヤーから退却してしまい、結局アルザスではハープスブルク家の支配が続き、両陣営の間の戦いはミュールドルフまで持ち越されることになる。この後、ルートヴィヒはスイスのヴァルトシュテッテ諸州をハープスブルク家の圧迫から解放し、またミュンヒェンの兄ルードルフとの和解を通じて自己の王権の承認を得るために、ルードルフにオーバーバイエルンの統治権及びニーダーバイエルンの未成年の公たちの後見権を与えようとしたが、結局バイエルンではルートヴィヒの力が優勢となり、最後までルートヴィヒに敵対した兄ルードルフが一三一九年に死去した後は、ヴィッテルスバッハ家とルクセンブルク家は共同してハープスブルク家に対抗する終生の同盟を確約しあった。特に、ボヘミアにおいてフリードリヒと同盟した当地の貴族の反抗に出会い自己の支配権の確立に苦心していたルクセンブルク家のヨハネスをルートヴィヒは援助し、ボヘミア貴族（特にリッパのハインリヒ）と王ヨハネスとの調停を通じて両者の分割統治を採用することにより、ボヘミアに対するルクセンブルク家の支配権を一応維持することに成功したのである。

しかし、選挙された二人の対立王にとって特に重要な問題は、言うまでもなくローマ教皇の支持の獲得であった。一三一四年四月クレメンス五世が死去した後、ローマ教皇庁は、教皇庁をローマに再び移すことを主張するイタリア派の枢機卿とアヴィニョンを教皇庁として主張するフランスのガスコーニュ派の枢機卿が対立していた。そこで、マインツ大司教ペーターの意見に従ってルートヴィヒはイタリア派の枢機卿、特にコロンナ家に働きかけ、ペテロ・コロンナにイゼール及びローヌ河間の領域の領有と関税権そして貨幣鋳造権を認め、その他コロンナ家のステーファノとヤーコポに私生子準正権を与えることにより、コロンナ家を味方に引き入れようとした。そして更に、イタリアにおける皇帝の総代理としてマルシュテッテン伯ベルトホルトを任命しイタリア諸都市の支持獲得に努め、ジェノヴァ、ヴェネツィア、そしてウグッチョーネ・デッラ・ファッジョーラの支配するピーサのなどの支持を得た。これに対してハープスブルク家のフリードリヒも、彼の妃イザベラの父アラゴン王ヤコブス（ハイメ）二世の援助のもとにイタリア諸勢力の支持獲得に乗り出し、まず枢機卿の中ではナポレオン・オルシーニの支持を得て、更にパドヴァとトレヴィーゾをギベッリーニ派の強力な支配者であるヴェローナのカングランデ・デッラ・スカーラの支配から保護し、パドヴァにはケルンテンのハインリヒを自己の代理として置いた他、ミラノ、ファッジョーラ家失墜後のピーサ、そしてギベッリーニ派のカストルッチョ・カストラカーニの支配するルッカなどを味方に引き入れたが、フリードリヒにとり最も重要なことはイタリアのグエルフィ派の首領ナポリ王ロベルトの支持を得ることであった。当初フリードリヒは、アラゴン王ヤコブス二世の弟でギベッリーニ派のシチリア王フェデリーコ二世（三世とも言われる）との同盟を考え、妹カタリーナとフェデリーコ二世の息子との婚姻を計画した。しかし、アラゴン王ヤコブスは、シチリアのギベッリーニ派とハープスブルク家の結合が教皇によるフリードリヒ承認に有利に作用することはありえず、むしろフェデリーコ二世の敵であるナポリのロベルトとの結合を通じてイタリアのグエルフィ派と同盟を結ぶことが教皇の承認を得る最良の方策であると主張し、フリードリヒもこの意見に従い、妹カタリーナとロベルトの息子カラーブリアのカルロとの結婚により、ロベルトを通じてローマ教皇の承認を獲得しようと試みた。フリードリヒはナポリのロベルトと一三一六年に不可侵条約を結び、カラーブリアのカルロをイタリアのグエルフィ派諸都市の皇帝代理と定め、ロベルトは新教皇選出の後は教皇に対しフリードリヒをドイツ王として承認するよう働きかけることを約した。しかし、ロベルトはイタリアのギベッリーニ派に対抗する意図でフリードリヒと同盟を結んだものの、彼の本来の政治的目標は、アンジュー家の支配の下に統一的なイタリア王国を築くことであり、そのためにはドイツ王（従って神聖ローマ帝国皇帝）の空位はむしろ彼の望むところであった。事実、ハインリヒ七世の死と前後して既にロベルトはクレメンス五世に対し、教会、イタリアそしてフランスの敵であるドイツ王の選挙を成立させないこと、そしてたとえ王が選出されても承認を与えないこと、更に、承認はしてもドイツ王が皇帝戴冠のためにイタリアに降下することを阻止することを要請していたのである。それ故、ロベルトのフリードリヒに対する約束はロベルトの真意と解することはできず、フリードリヒが自己のドイツ王承認を目的としてイタリアのグエルフィ派に働きかけたことは、基本的に的はずれな行動であったと言えるだろう。

さて、枢機卿の対立により空位が続いたローマ教皇庁に一三一六年八月新教皇ヨハネス二十二世が即位した(4)。ヨハネス二十二世はナポリ王アンジュー家のロベルト及びフランス王フィリップ五世の支持のもとに徹底したギベッリーニ派制圧の政策を開始し、二人の対立ドイツ王に対しては単に平和的解決を促すだけで一方の確定的な承認を極力回避し、むしろドイツ王従って神聖ローマ帝国皇帝の空位を理由に、帝国はローマ教皇に服従すべきことを宣言した。[5] 教皇は先ず先代の皇帝ハインリヒ七世及びハープスブルク家のフリードリヒがイタリアの支配者たちに認めた皇帝代理権の行使をすべて無効と主張したうえで、一三一七年にイタリアにおける帝権の代行者としてロベルトを任命し、ロベルトを皇帝代理として認めないギベッリーニ派に対しては破門をもって臨むと同時に、他方ではロンバルディーアとトスカーナに自らの王国を築こうとするナポリのロベルトの野心にも警戒しながら、イタリアにおける教皇権の強化に努めた。この点、教皇の第一の攻撃の対象となったのはヴィスコンティ家のミラノである。ヴィスコンティ家のマッテーオは一三一一年ハインリヒ七世によりイタリアにおける皇帝の総代理を任じられ、グエルフィ派のデッラ・トーレ家をミラノから排除したあと都市を支配し、その勢力はノヴァーラ、ヴェルチェッリ、コモへと及んでいた。教皇は先ず皇帝空位を理由に自ら裁判権を行使し、マッテーオに対し不法に監禁されたとされるデッラ・トーレ家の人々の引渡を要求したが、マッテーオがこれを拒否したことから、一三一八年一月マッテーオを破門しミラノに対し聖務禁止を宣告した。更に、ヴィスコンティ家の勢力増大を怖れた教皇は、枢機卿ベルトラン・デュ・プジェをロンバルディーアの教皇特使に任命し、ミラノに対しデッラ・トーレ家の再支配とロベルトの皇帝代理権を認めさせようとした。しかし、ヴィスコンティ家を制圧するための教皇軍は非力であり、教皇援助を要請されたフランス王フィリップ五世も、ナポリ王ロベルトの勢力拡大を望まず、一度はイタリアに降下したフランス軍もヴィスコンティ家との協定によりフランスに帰還した結果、デュ・プジェの防衛力は奪われ、更にヴィスコンティ家がジェノヴァを攻囲するに及び、教皇は危機的状況を回避するためにハープスブルク家のフリードリヒに対してデュ・プジェへの軍事的援助を条件にドイツ王の承認を約束したのである。そこでフリードリヒは弟のハインリヒにイタリア遠征を命令するが、ヴィスコンティ家のマッテーオは極めて巧妙にフリードリヒに対し、教皇の権力がミラノで確立された場合にはイタリアに対する皇帝権の行使が阻害されることを説得し、結局フリードリヒはハインリヒをイタリア遠征から呼び戻すことになる。しかし、マッテーオは、ベルトラン・デュ・プジェにより一三二〇年以来開始されていた異端審問の結果一三二二年三月正式に異端を宣告され、[6] あらゆる財産と職務の喪失を宣言された結果、この宗教的断罪に恐怖を感じたミラノ市民との関係で窮地に追い込まれることになる。更にヴィスコンティ家以外にも、教皇ヨハネス及びその特使ベルトラン・デュ・プジェは、ロベルトの皇帝代理権を認めない他の有力なギベッリーニ派の支配者、特に、ロベルトの圧制を排しフェラーラ市民の擁護者となったエステ家のリナルドとオビッツォに対しローマ教会批判を理由に異端宣告を下し、[7] またヴェローナのカングランデ・

デッラ・スカーラやマントヴァのパッセリーノ・ボナコルシにも同様の異端宣告が下され、更にギベッリーニ派の中心地であったアレッツォの司教グイード・タルラーティも教皇により破門された。これらギベッリーニ派の支配者は後のルートヴィヒによるイタリア遠征に際し重要な役割を演ずることになる。

ルートヴィヒとフリードリヒの対立をどちらか一方を支持する仕方で裁決する意図がローマ教皇にはなく、むしろ皇帝空位を利用しロベルトを支持しながらイタリアでの教権確立のみを教皇が志向するかぎり、また、フリードリヒを表面上は支持したロベルトの真の意図がイタリアにおけるアンジュー家の統一的支配にあるかぎり、両対立王がこれら両者に支持されて正当なドイツ王として承認されることは本来不可能なことであった。そこで結局フリードリヒとルートヴィヒは武力により自己の正当性を世に示すべくミュールドルフで対決することになる。一三二〇年、マインツ大司教でルートヴィヒの中心的支持者であったペーター・アスペルト死去の後、マインツの司教座聖堂参事会の選出したバルドゥインを退けてヨハネス二十二世がハープスブルク家を支持するブヒェックのマティアスをマインツ大司教に任命し、更に、従来ルートヴィヒを支持してきたアウクスブルクやレーゲンスブルクがハープスブルク家支持へと態度を変えラインの諸都市が平和協定を結ぶに及んで、このような自己に不利な状況を前にしたルートヴィヒは直接武力に訴えることによりフリードリヒを制圧することを決意する。他方フリードリヒ側も、支持獲得のためのハープスブルク家の財政上の支出は極限に達しており、同じく武力行使による解決を志向するに至り、一三二二年九月両陣営はミュールドルフで一戦を交えることになる。(8)

ミュールドルフの戦いにおいてローマ教皇は一応ハープスブルク家支持の立場をとり、ハンガリア王であったアンジュー家のシャルル・ロベール（カーロイ一世）に対しフリードリヒへの援助を要請し、ハープスブルク家はハインリヒとレーオポルトの軍隊をも加えてルートヴィヒ側の軍隊と対決した。この戦いは正当な王を神の判断で決定する神判の戦いと観念され、勝者は神が選んだ正当な王とみなされたが、(9)この戦いでルートヴィヒは勝利を収めた。この結果ルートヴィヒはフリードリヒを捕囚し、またルートヴィヒを援助すべく戦いに参加したルクセンブルク家のヨハネスはハープスブルク家のハインリヒを捕囚した。そして戦いに敗れたハープスブルク家は、アルブレヒト一世の時代から自ら保管していた皇帝権の真正な権標をルートヴィヒに正式に手渡しルートヴィヒを正当な王として承認すると同時に、従来ルートヴィヒに敵対あるいは態度を留保していたドイツ諸都市は、バンベルク、ヴュルツブルク、マインツなど司教が強力な世俗権力をもつ都市は別として、その多くがルートヴィヒに服従することになり、特にニュルンベルクとフランクフルト・アム・マインは以後ルートヴィヒに対し強力な支持を与えることになる。

ルートヴィヒはミュールドルフでの勝利の後ヴィッテルスバッハ家の勢力拡大を目的として、北海沿岸地域の支配者ホラントのウィレム三世の娘マルガレーテと結婚し、ウィレムを自己の味方に引き入れ、更にアスカニア家の辺境伯ヴォルデマル及びその後継者ハインリヒ二世が死去した後混乱の続いていたブランデンブルクを一三二三年ニュルンベルクでの帝国議会において自己の領土とし、これを息子のルートヴィヒに与え、ヘンネベルク伯ベルトホルトをその保護者に任命した。しかし、ミュールドルフでのルートヴィヒの勝利とその後の勢力拡大はルクセンブルク家にとり好ましい事態でなかったことは言うまでもない。特に、従来ルートヴィヒを支持してきたルクセンブルク家のトリーア大司教バルドゥインはルートヴィヒ支持の政策を変え、以後ハープスブルク家支持のケルン大司教ハインリヒに接近し、更にまた、ルートヴィヒの中部北部ドイツでの権力拡大を前にしてルクセンブルク家のボヘミア王ヨハネスも、ミュールドルフの戦いではルートヴィヒ勝利の一翼を担ったにもかかわらず、ブランデンブルク及びマイセンへとルートヴィヒが支配権を拡大するに及び、ヨハネスの妹マリアとフランス王シャルル四世との結婚、そして未だ幼少の息子ヴェンツェル（後の皇帝カール四世）とヴァロア伯シャルルの娘ブランカとの結婚を通じてフランス王家に接近した。また他方、ハープスブルク家のレーオポルトも間もなくシュトラースブルク、コルマール、フライブルクといった都市の支持を得てアルザスで勢力を回復し、またボヘミア王ヨハネスがミュールドルフで捕囚したハープスブルク家のハインリヒもフランス王の助言により解放され、ドイツの諸選帝侯は次第に反ルートヴィヒの態度を強めていく。

さて、ルートヴィヒは神判であるミュールドルフの勝利を根拠として、教皇に対しドイツ王承認と皇帝戴冠を要請したが、教皇はミュールドルフの戦いで王選挙をめぐる対立が終結したとは考えず、ルートヴィヒを王として承認することを拒否した。むしろこの後、ルートヴィヒと教皇の関係はミラノ問題をめぐって次第に悪化していく。既述の如く、ヴィスコンティ家のマッテーオに対する教皇の異端宣告とミラノに対する聖務禁止令はミラノ市民を恐怖に陥れていたが、この後市民は教会の敵マッテーオの支配権を否定してミラノ共和国の成立を宣言する一方、教皇特使ベルトラン・デュ・プジェの率いる教皇軍はミラノを攻囲しつつあった。またこの間マッテーオは支配権を息子のガレアッツォに譲った後一三二二年六月に死去し、ヴィスコンティ家は教皇軍に対し降伏寸前の状況にあった。しかしこのときガレアッツォはルートヴィヒに援助を要請したのである。父マッテーオ・ヴィスコンティはかつて皇帝ハインリヒ七世によりイタリアでの皇帝総代理に任命され、従ってミラノは皇帝の都市であり、ミュールドルフで勝利したルートヴィヒがドイツの正当な王であれば、ミラノを擁護することは王の義務であるとガレアッツォは考えたのである。この要請に応えてルートヴィヒは、教皇による皇帝承認が未だ得られずともイタリアにおいて帝権を行使することを正当と考え、ガレアッツォを擁護するべく一三二三年三月にマルシュテッテン伯ベルトホルトをロンバルディーア、トスカーナ及びマルケの皇帝総代理として派遣し、更にグライスバッハ伯ベルトホルト及びトルーエンディンゲンのフリードリヒの二人にミラノ問題に関する全権を与えた[10]。先ずこれら三人の皇帝特使はピアチェンツァでベルトラン・デュ・プジェに会いミラノ攻囲の解除を要求するが、デュ・プジェがこれを拒否したことから、皇帝特使は次にマントヴァのパッセリーノとヴェローナのカングランデ・デッラ・スカーラと会見し、彼らがかつてハインリヒ七世に対して行った忠誠の誓約を想起させることにより、ローマ教会への服従を決意していた彼らを反意させ、教皇軍に対抗してルートヴィヒを援助するよう要請した。この結果、七月にはギベッリーニ派の同盟が結成され、ギベッリーニ派の軍隊はミラノ攻囲を解き教皇軍は退却したのである。以後ルートヴィヒは、ヴェローナのカングランデ、マントヴァのパッセリーノ、フェラーラのエステ家を中心としたギベッリーニ派との同盟を通じて教皇に対抗することになる。

これに対しヨハネス二十二世は一三二三年一〇月八日にルートヴィヒに対する最初の告訴（processus）をアヴィニョンの司教座聖堂の門戸に掲示した[11]。その主な内容としては、ドイツ選帝侯の王選挙に関しては教皇が審査及び承認否認の権限を有し、教皇が承認を与えるまでは、選挙された者は王の候補者にすぎず、皇帝でないことはもとよりドイツ王でもないこと、ドイツ王（従って神聖ローマ帝国皇帝）位が空位の場合、教皇自身が王権（そして皇帝権）を行使しうること、そしてルートヴィヒは王権を不当に行使し、ドイツ及びイタリアの聖職者や世俗支配者から忠誠の誓約を不当に受け、しかも異端者たるヴィスコンティ家を不当に支持したことなどが主張されており、更にルートヴィヒは三カ月以内に帝権を放棄し、自ら王として行った行為を取り消すよう命令され、また彼に忠誠の誓約を行った者もこれを取り消すよう命令された。教皇によるこの告訴の背後には、当時アヴィニョンに滞在していたナポリ王ロベルト、フランス王シャルル四世、それにハープスブルク家との和解を目指すルクセンブルク家の働きかけがあったと考えられるが、この告訴に対してルートヴィヒはアヴィニョンに特使を送り[12]、告訴の確認と三ヶ月の期限の猶予を願い出る一方で、一二月一八日ニュルンベルクで訴書（appellatio）を公布し、自己の立場を擁護した[13]。この訴書でルートヴィヒは、選帝侯によりローマ人民の王として選ばれ、しかるべき場所（アーヘン）で戴冠した者が王の権限を正式に有することは遠い過去よりドイツの法とされており、それ故ルートヴィヒはたとえ教皇の承認が得られずとも正式の王であること、十年の間ルートヴィヒはいかなる抵抗も受けることなく帝国を統治しており教皇による皇帝戴冠なくして正式のローマ皇帝権を有し、それ故帝権は空位でないこと、また、ヴィスコンティ家に異端宣告が下されていたことをルートヴィヒは知らず、異端を擁護する意図はなかったこと、更に教皇ヨハネス自身も告解の秘密義務に違反したフランシスコ修道会を放置する誤りを犯していたことを主張し、更に公会議の召集によりあらゆる非難に対し自己を弁護する用意のあることを公言した。ルートヴィヒはこの訴書に続いて一三二四年一月五日フランクフルトでほぼ同一の内容の第二の訴書を公けにするが[14]、この訴書には告解の秘密に関する問題は削除されている。

しかしこれらの訴書にもかかわらず、ヨハネス二十二世は、ルートヴィヒの王選挙が選帝侯の対立のなかで強行されたこと、それ故少なくとも教皇の承認を得るべきことを繰り返し、召喚の猶予を二カ月認めただけで[15]、ついに一三二四年三月、自分の命令に服従しないルートヴィヒに破門を宣告した[16]。この破門の理由としては、教皇によりロベルトが皇帝代理に任命されたにもかかわらずルートヴィヒはイタリアに対し帝権を不当に行使したこと、そして異端者ヴィスコンティ家を支持したことが挙げられており、更に、以後ルートヴィヒを正当な王として認め続ける聖職者は破門されること、そして、従来教皇の命令に服従しなかった都市や諸侯は今回は寛恕されるものの、今後ルートヴィヒを支持し続ければ破門され、皇帝から授与された封土の没収と聖務禁止が科せられることなどが宣言されている。ルートヴィヒに対するこの破門宣言ではヨハネスはドイツ選帝侯の立場を配慮してか、王選挙の法的効力については何ら言及していない。むしろヨハネスはこの破門宣告を、この宣告と同時に為されたロンバルディーアのギベッリーニ派支配者、特にフェラーラのエステ家やアレッツォ司教グイードへの異端宣告と意識的に連結させ、断罪の対象をドイツ王選挙の効力から北イタリアのギベッリーニ派の異端へと移すことにより、選帝侯に責任が及ばないよう配慮したとも思われる。

このヨハネスによる破門に対し一三二四年五月にルートヴィヒはザクセンハウゼンで新たに第三の訴書を公にした[17]。この訴書は明らかにロンバルディーアのギベッリーニ派の手になるものと考えられる。この訴書の中でルートヴィヒは自己の王選出の正当性を再び主張した後、今回は明瞭に教皇ヨハネス個人を攻撃し、ヨハネスはドイツと帝国の敵であり、教会をシスマ化せんとする者、十字軍による聖地解放をなおざりにしフランシスコ派の清貧を否定する異端者であり、従って真正の教皇ではなく単に自らを教皇と称している者にすぎない、と主張した。ニュルンベルクの訴書ではフランシスコ会を批判したルートヴィヒが、ここではフランシスコ派の清貧をヨハネスに対し擁護していることは興味深く、この点でフランシスコ派とルートヴィヒとの接触が既に存在し、ザクセンハウゼンの訴書の起草にフランシスコ会士が参加したとも想定されうる。しかしルートヴィヒがこの訴書の具体的内容をどの程度了解していたかは明らかでなく、後にルートヴィヒがローマ教皇庁との和解を求めたときに、この訴書の教皇攻撃の部分がルートヴィヒ自身ではなく書記長（protonotarius）のウルリクス・ヴィルドニスの手になる旨の弁解を行っており、訴書にある主張のどこまでがルートヴィヒ自身の主張かは判断し難い[18]。むしろ、フランシスコ派の清貧論争への言及はルートヴィヒの関知するところではなく、この訴書の起草者が教皇に対する批判をより強化する意図で、ロンバルディーアのギベッリーニ派の主張と同時に、清貧論争をめぐるフランシスコ派の教皇攻撃をも付加することによりフランシスコ派を自己の陣営に引き入れようとしたことも十分考えられる。しかしいずれにしても、この訴書はドイツ語訳され、すべての帝国直属都市で読み上げられたものの公式には教皇へ送付されることはなく、教皇は上記の破門宣告の後、更に一三二四年七月一一日の告訴においてルートヴィヒに王としてのあらゆる権限を否定し、一〇月一日までにアヴィニョンへ出頭するよう命令すると共に、ルートヴィヒを支持する者に対しては破門と聖務禁止をもって臨み、ルートヴィヒの断罪をアヴィニョンからヨーロッパの各地へと告知した[19]。以後、ドイツの都市や諸侯及び聖職者は、王への服従を禁止するローマ教皇に従うべきか、それとも当の教皇を異端者として宣言したドイツ王に従うべきか、いずれかの選択を迫られることになる。

しかし、ルートヴィヒに対する真の脅威は、当初よりローマ皇帝選出には消極的であったローマ教皇ではなく、既に述べたように、ミュールドルフの戦い以後ルートヴィヒの勢力拡大に対し警戒体制を固め相互に同盟を結ぶことによりヴィッテルスバッハ家に対抗するに至ったハープスブルク家、ルクセンブルク家及びフランス王家であった。このような状況を前にしてルートヴィヒはハープスブルク家とルクセンブルク家との同盟を阻止すべく、北部ドイツへの進行を中止してまでもレーオポルトとの和解を試み一時的な停戦が取り決められた。しかし既述の如くレーオポルトはルートヴィヒに皇帝の権標を公式に手渡したものの、両者の和解は結局不成功に終わり、むしろレーオポルトは一三二四年以来ローマ教皇を仲介としてフランス王との交渉を開始する。この時期におけるハープスブルク家とルクセンブルク家及びフランス王家の政治的な駆引の焦点は、ルートヴィヒを排して誰をドイツ王そして神聖ローマ帝国皇帝に擁立すべきかという問題であり、一方でボヘミアのヨハネスはフランス王との交渉を通じて自らドイツ王となる野心を抱き、他方ハープスブルク家のレーオポルトとフランス王との交渉の焦点もドイツ王選出にあったが、一三二四年夏のバル＝シュール＝オーブでのレーオポルトとシャルル四世との会見では、シャルルが選帝侯による選挙により、あるいは選挙によらずして直接教皇の承認によってドイツ王（そして神聖ローマ帝国皇帝）となり、レーオポルトがドイツにおける皇帝代理となる提案が論議され、更に両者は共に協力してドイツとイタリアにおいてルートヴィヒに対して戦うこと、そしてハープスブルク家が失ったスイスに対する支配権を奪回する際にフランスが財政的援助を与えることが約束された。しかし、この協定はハープスブルグ家のフリードリヒの王としての権利の否定を意味し、従ってレーオポルトの兄弟たちはこれを承認せず協定は失敗に終ったが、以上のような情勢においてルートヴィヒは、未だ囚われの状態に置かれたフリードリヒを利用し、これと和解し協力関係を結ぶことにより窮地をまぬがれ、後のイタリア遠征のために有利な状況をドイツにおいて形成しようと努力することになる。

それ故フリードリヒとルートヴィヒは一三二五年三月トラウスニッツでの和解において、フリードリヒを釈放する代わりにその王権放棄を約束させ、更にフリードリヒのハープスブルク家の兄弟たちをルートヴィヒの封臣とすることが協定され、更にはフリードリヒの娘アンナとルートヴィヒの息子シュテファンとの婚約が計画された。しかし、この和解はフリードリヒの努力にもかかわらず、当然のことながら兄レーオポルトや教皇ヨハネスの認めるところとはならず、フリードリヒはルートヴィヒに対し、ウィーンでの兄弟との交渉の決裂後ミュンヒェンに帰還するという誓約をしていたが、教皇はフリードリヒをこの誓約から解放しルートヴィヒとの和解を禁止した。これに対し、結局フリードリヒは教皇の指示には従うことなく、ルートヴィヒと一三二五年九月ミュンヒェンにおいて両者ともにドイツ王として共同統治を行うことを約すに至り[20]、ついにレーオポルトもこの協約には賛成することになる。しかしミュンヒェンでのこの協約は教皇ヨハネスや他の選帝侯、特にボヘミア王ヨハネスの支持を受けることはなかった。そこで更にルートヴィヒは一三二六年一月ウルムにおいて、もしフリードリヒが六カ月以内に教皇による王承認の獲得に成功した場合には自ら王権を放棄することを宣言したが[21]、これもフランス王シャルル四世の皇帝擁立を志向しフリードリヒへの信頼を既に失っていたローマ教皇により承認されることはなく、結局ミュンヒェン協約の共同統治が事実上存続することになる。しかし、このようにフランス＝ローマ教皇＝ルクセンブルク家の共謀により自らの運命が左右されていることを自覚し、ミュンヒェン協約やウルム協約を通じハープスブルク家の兄弟の支持を得て今や帝国のために断固としてルートヴィヒと手を結ぶに至ったフリードリヒも、一三二六年のレーオポルトの死、そして一三二七年のハインリヒの死によるハープスブルク家の弱体化と共に力を失い、自らも一三三〇年に死去する。それ故結局のところ、ルートヴィヒのドイツ王としての法的権限の正当性は明確な決着がつくことなく、ドイツの諸勢力はルートヴィヒと教皇ヨハネスの二つの陣営へと分断されたまま[22]ローマでの皇帝戴冠を目的とするイタリア遠征がルートヴィヒにより決行されていく。

二　イタリア遠征（一三二七年―一三二九年）

一三二四年頃からイタリアのギベッリーニ党はルートヴィヒに対しイタリア降下を要請していた[23]が、ルートヴィヒはこの要請を受け入れ、ギベッリーニ派のシチリア王フェデリーコ二世とも同盟を結び[24]イタリア遠征を準備した。既に述べたハープスブルク家のフリードリヒとのミュンヒェン協約も、ルートヴィヒのイタリア遠征を前提とした協約であった。さて、この時期のミュンヒェンの宮廷には、ルートヴィヒの政治的主張の理論的基礎となるような思想を展開した一人の思想家が現れていた。パドヴァのマルシリウスである[25]。既に当時からルートヴィヒのミュンヒェンの宮廷にはジャン・ドゥ・ジャンダン[26]、タルハイムのハインリヒ、そしておそらくはウベルティーノ・ダ・カサーレ[27]など多かれ少なかれ異端的な傾向をもつ幾人かの思想家が庇護を求めて集まっていたが、ルートヴィヒの行動に直接的な影響を与えたのはマルシリウスであり、彼の一三二六年に公刊された『平和の擁護者』（Defensor pacis）はローマでの戴冠及び対立教皇擁立へと至るルートヴィヒのイタリア遠征に決定的な影響を与えることになる。マルシリウスは医学の研究から出発し一三一一年パリで〈magister〉の資格を取得し一三一二年から十三年間〈rector〉をつとめていたが、一三二〇年以降イタリアのギベッリーニ派を支持するようになり、ヴェローナのカングランデやミラノのヴィスコンティ家の使節としてフランス王シャルル四世のもとに赴くこともあった[28]。しかし『平和の擁護者』に含まれる異端的思想の故に、マルシリウスは教皇と密接な関係にあったフランスからジャン・ドゥ・ジャンダンとともに逃亡し、ルートヴィヒの庇護を求めてミュンヒェンの宮廷に滞在していたのである。ミュンヒェンでのマルシリウスはルートヴィヒの侍医であり、従って後者が『平和の擁護者』の理論的内容についてマルシリウスから教えを受けていたことは疑いがない。以後、マルシリウスはジャン・ドゥ・ジャンダンと共にルートヴィヒのイタリア遠征に同行し、影響力ある助言者として活躍することになる。

このローマ遠征は、先ず一三二七年トレントにおけるルートヴィヒとイタリアのギベッリーニ党領主たちとの集会から始まる[29]。トレントでの集会の主たる目的は、ルートヴィヒのイタリア遠征にとって重要な意義をもつ二人の領主ケルンテンのハインリヒとカングランデ・デッラ・スカーラの対立を調停し、両者を共にルートヴィヒの支持者に加えることにあった[30]。ケルンテンのハインリヒは、ハープスブルク家のボヘミア王ルードルフ三世が一三〇七年に死去した後、自分にボヘミア王の継承権があることを主張していたが、ルクセンブルク家がボヘミアを支配するに及びボヘミアからの退却を強いられ、ハープスブルグ家のフリードリヒはハインリヒのボヘミアへの野心を断ち切らせるためにパドヴァの皇帝代理権を与えたが、ヴェネツィアからドイツへの通商上の要地であるパドヴァへの支配権をカングランデも要求したことから、両者の対立が生じていた。しかし、ハインリヒの支配するアルプスの領域はイタリア南下の際にルートヴィヒが通過しなければならない地域であり、従って、ハインリヒの支持を獲得することはルートヴィヒにとり重要である一方、イタリアのギベッリーニ派の中心人物の一人カングランデの支持もイタリア遠征に不可欠な条件であった。当初ルートヴィヒはハインリヒを支持する立場をとり、これを不満としたカングランデは教皇派に接近しようとするが、結局エステ家のオビッツォの仲介によりトレントでのギベッリーニ派の集会に参加することになる。トレントの集会に参加したギベッリーニ派にはカングランデ以外にフェラーラのエステ家のオビッツォ、ミラノのヴィスコンティ家のマルコとアゾ、マントヴァのパッセリーノ・ボナコルシ、教皇により破門されたアレッツォ司教グイード・デ・タルラーティ、シチリア王フェデリーコの使者、ギリシャ皇帝の使者、ピーサその他ギベッリーニ派の諸都市の代表者、そして、ルートヴィヒとフリードリヒの闘争に際して当初は後者を支持したが、その後ルートヴィヒにより新たにルッカの皇帝代理に任命され、更にフィレンツェからピストイアを奪いこれを皇帝代理として支配していたカストルッチョ・カストラカーニの使者などである[31]。この集会においてルートヴィヒはミラノでイタリアの王として戴冠した後ローマで皇帝として戴冠することを約し、更にギベッリーニ派の領主たちに対し各自の支配領域（エステ家のフェラーラ、カングランデのヴェローナ及びヴィチェンツァ、パッセリーノのマントヴァ及びモデーナなど）での帝国法上正式な皇帝代理権の授与を約した一方、これらギベッリーニ派の領主や諸都市はルートヴィヒに対し財政的援助を約した。そして集会の終結後、ルートヴィヒは当初予定したニュルンベルクでの帝国議会には出席することなく、自己の代理としてヘンネベルクのベルトホルトをニュルンベルクに派遣し、ドイツ諸侯に対してイタリア遠征の支持を要請したのである。

　このようなギベッリーニ派の結束に対抗してグエルフィ派の諸都市（フィレンツェ、パルマ、ボローニャなど）はナポリのロベルトの息子カラーブリアのカルロの指揮のもと、ルートヴィヒのイタリア遠征を阻止するために結束するが、トレントの集会の後、ルートヴィヒはベルガモ、コモ、モンツァを経て予定どおりミラノに到着し、五月三一日聖霊降臨節の日曜日に聖アンブロージョ教会で、かつてハインリヒ七世のために創られイタリアの王権を象徴する「鉄の王冠」をアレッツォ司教グイード・デ・タルラーティ及びブレッシァ司教の手により授与された。[32] この後、ギベッリーニ派の領主たちはイタリアの王たるルートヴィヒに忠誠を誓約し、ルートヴィヒは新たに彼らに対し従来の支配権を承認したが、[33] やがてヴィスコンティ家のガレアッツォと衝突することになる。この衝突の理由は必ずしも明確ではないが、[34] ガレアッツォがトレントの集会で約束した経済的援助を拒否したことが主たる理由と思われ、ルートヴィヒはガレアッツォを投獄し、ミラノにおけるヴィスコンティ家の権限をすべて否定して、皇帝代理モントフォルト伯ヴィルヘルム（ヴィレルムス・デ・モンテフォルティ）及びミラノにおけるその更なる代理ブランキヌス・ブルサマーニの統治のもと、都市の支配権を一名のポデスタと二十四名の市民による議会に委ねたのである。かねてからガレアッツォの圧政に不満を抱いていたミラノの貴族と市民は、ルートヴィヒがヴィスコンティ家に対してとった行動を歓喜をもって支持したが、ロンバルディーアの他の領主たちはルートヴィヒのこのような態度に対し警戒の念を抱き始め、ルートヴィヒが自分たちの領土で強力にならないよう配慮しつつ協力関係を維持していくことになる。おそらくルートヴィヒ自身も、ミラノでの経験を通じて、イタリア諸都市の内政上の紛争から生ずる問題、そして自分の同盟者が必ずしも信頼できない事実を既に自覚し始めたと思われる。

さて、ルートヴィヒはミラノにおいて更にシチリア王フェデリーコ二世との間で教皇ヨハネスに対抗する協定を結んだ後、八月上旬にミラノを離れ、クレモーナ、ボルゴ・サンドンニーノ、パルマなどを経て、ポントレーモリでカストルッチョ・カストラカーニと合流した後ピーサへと向かう。ルートヴィヒのイタリア遠征、特にミラノでの戴冠はイタリア諸都市に大きな波紋を投げかけ、各都市はルートヴィヒを支持するか否かについて選択を迫られていた。ミラノに続く重要な滞在地ピーサはギベッリーニとグエルフィが共存し、[35] 特にルートヴィヒを全面的に拒否する態度は示さなかったが、多大の財政的援助を要求されることを恐れ、またルートヴィヒの有力な支持者だったルッカの領主カストルッチョがかねてからピーサ占領を試みピーサ市民と敵対していたことから、市民は教皇とロベルト及びフィレンツェとの協定を通じてルートヴィヒに対し当初は門戸を閉ざした。その後、ピーサは門戸を閉ざす代償として財政的援助をルートヴィヒに申し出るが、ルートヴィヒがこれを拒否し、更にカストルッチョがピーサの使者を捕囚したことからピーサは防衛体制を強化するが、間もなくカストルッチョはピーサを完全に包囲しピーサ周辺の城を占領した。しかしこの間、ピーサの支配者層、特に反ルートヴィヒの立場をとるピーサ大司教シモン・デ・サルタレッリと、ルートヴィヒとの和解を主張する人々との間で意見の対立が生じ、ついに一〇月ピーサは都市の政治的自治の維持とカストルッチョのピーサ滞在の禁止を条件に都市を明け渡し、サルタレッリがピーサを逃亡した後ルートヴィヒは大司教の宮殿に居を構えることになる。しかし、上記の条件も結局はピーサ市民自らにより無視され、ルートヴィヒは都市の支配権を認められカストルッチョもピーサ滞在を許されるに至る。[36]ピーサ滞在の後、ルートヴィヒはポデスタに任命していたパウェリウス・デ・サリングエーラを更にピーサにおける皇帝代理としておき、ルッカに赴く。ルッカの領主カストルッチョはルートヴィヒのイタリア遠征の最大の協力者であり、ローマ行きに必要な莫大な資金を自由に調達しうる人物であった。ルートヴィヒはルッカ、ルーニ、ピストイアなどをカストルッチョの世襲的公領として認め、更にはカストルッチョを神聖ローマ帝国の旗手に任命した。[37]その後、ピーサに戻ったルートヴィヒは一二月中旬にピーサを去り、カラーブリア公カルロの指揮する教皇派にも妨害されることなく一月にヴィテルボに到着する。

以上のようなルートヴィヒのイタリア進軍を前にして教皇ヨハネスは一三二七年四月の一連の告訴[38]において、異端の擁護者ルートヴィヒからバイエルン公領を没収し、ローマ及びロベルトの王国への侵入を禁止し、そして更には一〇月二三日に、キリストの清貧に関して異端思想を支持したことやマルシリウス及びジャン・ドゥ・ジャンダンの庇護及び聖務禁止令違反などを理由としてルートヴィヒに異端の宣告を下し、ルートヴィヒの封臣に対しては誓約義務の免除を認めた。[39]他方、ルートヴィヒのイタリア遠征の目的地ローマでは、ルートヴィヒのローマ入城に対していかなる態度をとるべきかにつき有力者の間で激しい対立が生じていた。[40]かつて教皇ヨハネスは即位の後一三一七年にナポリのロベルトをローマの元老院議員及びカピターノ・デル・ポポロに任命し、ロベルトは更に自己の代理をローマに置いてこれを支配していた。ルートヴィヒのイタリア遠征が確実となったとき、ローマ市民は教皇ヨハネスに対し教皇庁のローマ帰還を要求したが、これを拒否したヨハネスの態度に立腹したローマ市民はオルシーニ家及びコロンナ家の貴族及びロベルトの一派を追放し、コロンナ家で唯一人ギベッリーニ派に属していたシャッラ・コロンナの指揮のもとに五十二名の市民代表による民主制を敷くことになる。その後、ルートヴィヒのミラノでの戴冠がローマに伝わると、ローマの新政府はヨハネス二十二世に対して再度教皇庁のローマ帰還を要請し、教皇がこれに従わない場合はルートヴィヒをローマに迎え入れる旨を伝えた。これに対しヨハネスはローマ帰還を時期尚早として拒絶してローマ市民による貴族やロベルトの追放を非難し、更にロベルトの弟ジョヴァンニをローマのカピターノに任命しローマを占領しようと試みた。そこでついにローマ市民は早急にルートヴィヒを迎え入れる決心をするに至る。

一三二八年一月七日、ルートヴィヒはローマ市民の歓呼のもとに都市に迎え入れられ、先ずサンピエトロ宮殿にとどまった後、サンタマリーア・マッジョーレ教会に居を定めた(41)。ルートヴィヒは皇帝戴冠の準備段階としてカンピドーリオで一一日の月曜日に集会を開き、アウグスティヌス修道会士であったコルシカのアレリア司教を通じて皇帝戴冠の意図を表明したが、ローマ市民は喝采のもとにこれを受け容れ、ルートヴィヒを元老院議員かつカピターノ・デル・ポポロに任命し、サンピエトロ大聖堂での戴冠式を次の日曜日の一月一七日に定めた。教皇派の多くの聖職者たちは既にローマから逃亡し、サンピエトロの司教座聖堂参事会員の一人はキリスト受難の聖遺物である「聖ヴェロニカの帛」を携えてローマを去っていた。そこで戴冠式の当日、教皇により破門されていた前述のアレリア司教とカステッロ（そしてヴェネツィア）司教の二人が聖別と塗油をとり行い、また従来皇帝戴冠に際して重要な役割を果していたラテラノ宮中伯については、前任者の逃亡の故にカストルッチョがその任務を担当することになり、更にローマ市民の代表としてシァッラ・コロンナがルートヴィヒに戴冠した。ローマ市民はこのような皇帝戴冠によって教皇は不在であってもローマが世界の中心であることを誇示し、また、ローマ市民の代表シァッラ・コロンナによる皇帝戴冠は、皇帝権の根拠がローマ教皇にではなくローマ市民の選挙にあるとするパドヴァのマルシリウスの思想を具体的に表現する結果となった。確かに、ルートヴィヒの皇帝戴冠はカール大帝以来の長い伝統に違背し、従来は武力による強制を通じてであれ反立教皇によるものであれ、常に教皇によって戴冠がなされてきたことを考えれば、教皇を介することなくローマ市民の代表が直接に皇帝戴冠を実行したことは当時多くの人々の間に驚きと不安を呼び起こしたに違いない(42)。戴冠の後、ルートヴィヒは三つの勅令を発布し、翌日にカストルッチョはローマ元老院議員そしてローマにおける皇帝代理に任命され、カストルッチョの息子アッリーゴとシァッラ・コロンナの娘アレクシアの婚姻が結ばれた後、更にルートヴィヒは実子ルートヴィヒにブランデンブルク辺境伯領を封土として再度正式に授与した。

ローマでの戴冠へと至るルートヴィヒの以上の行動がアヴィニョンに大きな衝撃を与えたことは言うまでもない。このことは、既に一三二七年一二月にローマ教皇がイタリアの教皇派貴族の支持を得るためにナポリ大司教アンニバルド・カエターニ・デ・チェッカーノ（アニバルド・デ・キカーノ）、及びローマより追放されたマッテーオ・オルシーニとジョヴァンニ・

コロンナの三名を新たに枢機卿として任命したことにも表れており、更にヨハネス二十二世は異端者ルートヴィヒに対する十字軍を唱え[43]、ナポリのロベルトやボローニャ、フィレンツェ、ペルージア、シエーナの諸都市と同盟しルートヴィヒとの戦いを準備する一方、一三二八年二月以降一連の教令[44]により、ルートヴィヒのミラノでの戴冠、ピーサの奪取、ミラノやフェラーラの異端者たちとの結合を断罪し、更に、ローマに侵入しルートヴィヒ自ら元老院議員となり皇帝として戴冠したこと、カストルッチョをラテラノ宮中伯及び元老院議員に任命したことなどをすべて無効と宣言したうえ、皇帝戴冠の儀式に参加した聖職者をすべて破門し、ローマ市民に対して七月までにルートヴィヒを追放すべきことを宣言した。そして教皇は空位のドイツ王の新たな選挙へと向けてドイツ諸侯に働きかけることになる。

　これに対しルートヴィヒは、先ず四月一四日にサンピエトロ広場で人民集会を開き三つの勅令を発布し、自分がキリスト教世界の首長であり、神と皇帝の権力に違背した者は異端者であり死罪に処せられること[45]、皇帝の統治年の記載されていない公正証書は無効であること、帝国及びローマ市民への反抗者は財産を没収されることなどを宣言し[46]、この後直ちにヨハネス二十二世の廃位を宣言する[47]。四月一八日に発布された教皇廃位のこの勅令は、アヴィニョンに滞在する教皇に対しローマの下層市民たちが抱いていた強い反感に由来し、ルートヴィヒ自身の発意によるものではないとも考えられるが、この勅令の作成にはマルシリウスの影響が色濃くみられ、今やローマ帝国皇帝となり自らをローマ教会の擁護者と宣言したルートヴィヒに対しマルシリウスがヨハネスの廃位と新たな教皇の擁立を勧めたことも十分に考えられる。四月一八日の集会におけるヨハネス廃位の宣言では、先ずアウグスティヌス修道会士ニッコラ・ディ・ファッブリアーノが、「自ら教皇ヨハネス二十二世と名乗る司祭ジャック・ドゥ・カオールを擁護しようと欲する者在りや否や」と三たび問い、これに答える者の居ないことを確認したあと、一人の聖職者がルートヴィヒによるヨハネス廃位の宣言を読み上げた。この宣言においてルートヴィヒは、教会の擁護者たる皇帝はローマ人民と聖なる教会の要請に応じて教会の敵によって破壊された秩序を再建すべきこと、ヨハネスはイタリアを戦場にしてサラセン人との戦いを怠ったこと、世俗権力は教皇権から独立しておりキリスト自ら世俗権力に服従したにもかかわらずヨハネスが世俗事項に介入し皇帝権を侮辱したこと、キリストの清貧に関し異端を唱えた[48]こと、キリストの意志に違背してローマ市を離れアヴィニョンに滞在していること、異教徒であるポーランド王やシレジア、ポメラニアなどの貴族に対し辺境伯領に侵入するように挑発し一三二六年にポーランドとリトアニアの軍隊をしてブランデンブルクを荒廃せしめたこと、司教座聖堂参事会の権利を侵害したことなどを根拠として、ヨハネスを「地上から平和を奪い、人々が互いに殺しあうようにすべく出て立つ赤い馬に乗った」黙示録の偽予言者、反キリストとして断罪したのである。更にルートヴィヒは二三日の新たな勅令により、[49]ローマ教皇にはただ三カ月間のみローマ市外での滞在が許されること、以後ローマに教皇庁が置かれるべきこと、そして教皇はローマで選挙されないかぎり真の教皇ではないことを宣言した。

さて、ヨハネス二十二世廃位宣言の後、新教皇の選出についてルートヴィヒはこれをマルシリウスが主宰しシァッラ・コロンナなどの参加する委員会に委ねたが、間もなくフランシスコ修道会出身のコルヴァーラのピエトロが新教皇に推薦された。五月一二日、キリスト昇天祭の日曜日にサンピエトロ広場に集まったローマ市民に対し、カステッロ司教が修道士コルヴァーラのピエトロを教皇として欲するか否かを三たび問い、ローマ市民がこれに対し「然り」と三たび答えた後、市民によるこの教皇選出は直ちに皇帝の勅令で是認され、皇帝からピエトロに「漁夫の指輪」と祭服が渡されることにより、ここに教皇ニコラウス五世が誕生した。[50]従ってニコラウス五世は枢機卿とは無関係に、形式上はローマ市民と皇帝により選出され、この意味でマルシリウスの思想はニコラウス五世選出においても具体的に現実化されたと言えるだろう。しかし、コルヴァーラのピエトロはアヴィニョンのヨハネス二十二世に政治的な意味で比肩しうる人物ではなく、単にフランシスコ修道会の上位者の命令への服従義務から教皇職を引き受けたにすぎず、ルートヴィヒの単なる傀儡としてその後のイタリアにおけるルートヴィヒの軍事的弱体化とともに自らも不幸な運命を辿っていくことになる。

ニコラウス五世選挙の後、七名の枢機卿が選出され、[51]更にルートヴィヒはニコラウス五世の手により改めて正当な皇帝として戴冠した。[52]しかしこの後、ルートヴィヒがナポリ王ロベルトとの戦いを準備する時点に至って、皇帝の軍隊は急激に弱体化してくる。先ず、ルートヴィヒの財政上軍事上の最大の支えであったカストルッチョは、ピストイアがフィレンツェ人により占領奪取されたことでローマを離れ、また期待されたシチリアのフェデリーコの援軍は未だ到着しなかった。更にはルートヴィヒの陣営の内部において低地ドイツ出身と上部ドイツ出身の軍隊の間に新教皇支持をめぐる対立が生じて前者は新教皇ニコラウス五世の承認を拒否し、これに加えてたび重なるシロッコにより軍隊の間で熱病が蔓延したことなどの原因が重なり、結局ルートヴィヒはナポリへの攻撃を中止せざるをえなくなった。また他方、ロベルトを中心とする教皇側の勢力も強く、カラーブリアのカルロはローマの東に位置するラクイラ及び戦術的に重要なスポレートを支配し、またフィレンツェ、ペルージア、シエーナなど教皇派の諸都市は協力してロベルトを支援した。

そしてロベルト自身は自らの王国の要塞の防備を強固にしつつルートヴィヒの軍隊に対し再三攻撃をしかけたうえ、陸路と海路の食料輸送を妨害することによってローマ市民を食料不足で狼狽させ反ルートヴィヒの感情を煽ることにより、次第にローマ市民をルートヴィヒから引き離そうと試み、ついにはテーヴェレ川上流へと自分の軍隊を進軍させてきた(53)。しかも、資金不足の故に十分な報酬を支払われないことから軍隊の間に広まった不満を抑えるためにルートヴィヒがローマ市民に重い税を取り立てたことから、市民自体も次第に強い反感を抱き始めていた。かくしてついに八月、ルートヴィヒはロベルトへの攻撃を断念し、ニコラウス五世と共にローマ市民の激しい罵言と投石をあびながら屈辱的にもローマを出発することになる(54)。そして、ルートヴィヒがローマを離れるや否やベルトルド・オルシーニ、ステーファノ・コロンナ及びナポレオン・オルシーニはその軍隊と共に移り気なローマ市民の歓迎を受けながら帰還し、前二者は元老院議員に任命され、教皇ヨハネスのトスカーナ枢機卿特使ジョヴァンニ・オルシーニはローマでのルートヴィヒの行為をすべて無効と宣言したうえその勅令をすべて焼却し、自らローマを教皇特使として支配するに至った。

他方、ルートヴィヒはローマを離れた後ヴィテルボに直行し、トーディに滞在した後、シチリアからようやくルートヴィヒ援助のために北上してきたフェデリーコの息子ペテロとコルネート・タルクイーニアで落ち合い、更にその後到着したシチリアの軍隊と共にトスカーナへと向かって進軍するが、固く要塞を閉じたフィレンツェへの攻撃を中止せざるをえず、結局ペテロとの協議によりフィレンツェの輸出港として重要なグロッセートを攻囲する。しかしこの間、ルートヴィヒを支持する有力者が次々と死去し、イタリアにおけるルートヴィヒに大きな打撃を与えることになる。先ずカストルッチョはフィレンツェからピストイアを奪回したもののその直後に病死し(55)、またマントヴァのパッセリーノもボローニャの教皇特使の軍隊との戦いにおいて殺害され(56)、そして、フェラーラの司教となったジャン・ドゥ・ジャンダンもフェラーラに赴く途中で既に病死していた(57)。更にこれまでルートヴィヒを支持してきたエステ家は教会と和解し、教会はフェラーラの支配をエステ家に承認することになる。グロッセートを攻囲していたルートヴィヒは、カストルッチョの死の報告を受けた後、攻囲を中止してシチリアのペテロと共に、カストルッチョの息子が支配するピーサへと赴いた(58)。ルートヴィヒは先ずカストルッチョの若い息子の支配権を排除し、皇帝代理としてアレッツォのタルラティーノ・タルラーティを任命したうえ、ピーサに対しコルシカとサルデーニャの領有を承認した。しかしながら、当初はルートヴィヒを歓待したピーサ市民も次第にアヴィニョンの教皇に対抗するルートヴィヒの過激な態度に恐怖を抱きはじめ、ルートヴィヒから離れていく。しかも、ルートヴィヒの陣営で既に生じていた低地ドイツと上部ドイツの騎士の対立は、ついに前者の分離独立へと至り、前者はルートヴィヒの意図とは関係なく、マルコ・ヴィスコンティの指揮のもとルッカを占領し、これを最高値で他に売却しようとするなどの態度に出たために、ルートヴィヒは彼らとの和平を試みねばならず、このようなルートヴィヒの弱点を感じとったピーサ市民は更に一層ルートヴィヒへの信頼を失っていく。

しかし、ピーサにおいてはルートヴィヒのその後の政治的思想的活動に大きな影響を与えることになる出来事が起きた。チェゼーナのミカエルを中心としたフランシスコ修道会士との接触である。ミカエルは、ヨハネス二十二世即位に先立つ一三一六年にナポリでフランシスコ修道会の会長に選ばれていたが、その後修道会の清貧をめぐりヨハネス二十二世と激しく対立するに至り、異端審問を要求されていた。そこで一三二八年にミカエルはヨハネスの攻撃を避けるべくベルガモのボナグラティア、マルキアのフランチェスコ（フランチェスコ・ダスコーリ）及びタルハイムのハインリヒ、そして当時同様に異端審問でアヴィニョンに滞在していたウィリアム・オッカムらと共にアヴィニョンを逃亡し、ルートヴィヒの庇護を求めてピーサに来ていた。ミカエルは当初、ニコラウス五世及びルートヴィヒの庇護を求めることは修道会全体を敵に回すことになると考え(59)、フランス王に清貧に関する自己の立場の支持を要請したが、ヨハネス二十二世の妨害によりこれが実現不可能になると、四月一三日に、ヨハネスを公会議にではなく「聖なるローマ教会」へと訴える訴書をアヴィニョンで出した後(60)、ルートヴィヒの庇護を求めて五月にプロヴァンスの港エギュモルトを出発しジェノヴァからイタリアに上陸して六月九日にピーサに到着していた(61)。その間、ミカエルはボローニャのフランシスコ会総会で再度会長に選挙されたが、これに対し教皇ヨハネスは六月六日にミカエルの破門と会長廃位を宣言する。そこでこれに応えて、七月一日と九日にミカエルはヨハネスを断罪する書状を修道会士たちに送り(62)、更に九月一八日に、修道会及び自己の名においてヨハネスを異端者として公に宣言する訴書を出し自己の立場を正当化しようと試みるが(63)、この直後九月二一日にミカエルはピーサに到着したルートヴィヒと会見することになる。そこで皇帝はミカエルをフランシスコ修道会会長として認めミカエル支持を約束し、ここにミカエルを中心とする修道会とルートヴィヒの結束が生まれ、従来のマルシリウスによる理論的活動と並んでオッカムのルートヴィヒ支持の理論的な活動もここから開始する。

さて、翌一三二九年一月にはニコラウス五世と七名の枢機卿もピーサに到着することになるが、これに先立ちルートヴィヒは前年の一二月一三日にフランシスコ派の影響が強くみられる勅令(64)で改めてヨハネス廃位を明白に宣言してこれをピーサの司教座聖堂の門戸に公示した後、ピーサ市民の集会を要請した。しかしながら、フィレンツェなどのグエルフィ派による経済的封鎖の故に食料難に陥り既にルートヴィヒに対し反感をつのらせていた多くのピーサ市民は、集会の当日、雹を伴う雨と嵐に神の怒りを感じて集会に参集することはなく、しかも市民を強制的に参集させるためにルートヴィヒが送った軍隊長の突然の事故死を神判と判断し、ルートヴィヒに対する警戒心を深めていった(65)。ついに四月一一日、ルートヴィヒはピーサを出発せざるをえなくなる。

ここでルートヴィヒとミラノのヴィスコンティ家の微妙な関係に触れておく必要があるだろう。一三二八年、ルートヴィヒはカストルッチョの執りなしでガレアッツォを拘禁から解放しカストルッチョの傭兵としてピストイアに置いたが、ガレアッツォの死後、その息子アゾ及びジョヴァンニはルートヴィヒの信頼を再び獲得し、前者はモントフォルトのヴィルヘルムに代わりミラノの皇帝代理となり、後者は一三二九年一月にニコラウス五世の新枢機卿及びロンバルディーアの教皇特使に任命された。しかし、冷静な政治家であるアゾは、ルートヴィヒに経済的援助は行いつつも、皇帝の軍隊がミラノに入ることを拒否し、更に教皇ヨハネスの代理とも密かに交渉を進め、教皇はルートヴィヒ失墜の場合にアゾを再び教会に受け容れることを約束して、ミラノを聖務禁止令から解き、アゾをミラノの正当な支配者として承認することになり、更には一月ニコラウス五世の枢機卿となりロンバルディーアの特使に任命されていた(66)ジョヴァンニ・ヴィスコンティもアヴィニョンの教皇により、他の空位となった司教職の授与を約束されたのである。

ルートヴィヒはこのように次第に悪化する状況の中でピーサを出発することになったが、ピーサ市民は、皇帝がアペニン山脈を越えるや否や、皇帝代理アレッツォのタルラティーノ・デ・タルラーティを都市から直ちに追放し、ボニファティウス・デ・ドノラティコが支配者となった。そしてピーサは経済上の封鎖から解放されるべくフィレンツェ、シエーナ及びナポリ王ロベルトとの接触を開始し、その後結局一三三〇年にはアヴィニョン教皇庁と和解するに至る。他方、ルートヴィヒはピーサを出発した後マルケリアでロンバルディーアのギベッリーニ派の支配者を召集し、更にミラノ、クレモーナを通過した後、六月から十月までパヴィーアに滞在し(67)、ここで多くのドイツ諸侯及びフランクフルト、ゲルンハウゼン、ニュルンベルクなどの都市の使者と会見し、これらの都市に特権を授与した。またこれと同時にルートヴィヒはパヴィーア協定を結んで、死去する直前までルートヴィヒと敵対していた兄ルードルフの後継者（プファルツ伯ループレヒト一世及びルードルフ二世）と和解した後、アヴィニョンの枢機卿特使ベルトラン・ドゥ・プジェを既に排除していたパルマに入り、ここからグエルフィ派の都市ボローニャを攻撃し、ボローニャに居を構えていた枢機卿特使を追放しようとするが、特使は事前にこの計画を察知し、フィレンツェ軍の援助を仰ぐことによりルートヴィヒ派の市民を制圧し、皇帝の計画は失敗に終る[68]。

イタリアにおけるルートヴィヒの勢力は、最早グエルフィ派にとって何の脅威ともなりえないほど弱体化していた。また、ルートヴィヒのイタリア遠征失敗と共に対立教皇ニコラウス五世も不幸な運命を辿ることになる。ルートヴィヒがピーサを出発した後も、ニコラウスはピーサ近郊のボニファティウス・デ・ドノラティコの居城に一時身を隠していたが、ヨハネス二十二世がピーサ、フィレンツェ及びルッカの各大司教にニコラウスの逮捕を要請し、フィレンツェの軍隊がニコラウス捜索に出ると、再びピーサ市内のボニファティウスの住居に移っていた。しかしついに事は発覚し、ヨハネスはボニファティウスにニコラウスの引渡しを要求する。これに対しボニファティウスは、ニコラウスの生命の保全、罪の寛恕及びニコラウスが教皇の直接的な裁判権のもとに置かれること、そして一定の年金をニコラウスに支払うことを条件に引渡しを受諾し、ヨハネスは第二の条件を留保したうえで他の条件をすべて承認した。そしてニコラウスも、自分が自らの意志でルートヴィヒから分離したこと、教皇職を放棄すること、そして、自ら行った行為を罪あるものとして取り消すことをヨハネスに対して誓約した後、一三三〇年八月にアヴィニョンに召喚され公開の宗教裁判で自らの非を公に認めた。この後、ニコラウスはヨハネスの寛大な処置によりアヴィニョンのフランシスコ派修道院に身を移され、一三三三年一〇月に死去する。

ルートヴィヒはボローニャ攻撃失敗の後一三二九年一二月に一旦トレントに赴き、新たにボローニャへの進軍を試みようとしたが、オーストリアのフリードリヒ死去の知らせを受け、最早イタリアにとどまることなくドイツに帰還することを決心する。かくして、イタリアを皇帝権のもとに統一しようとするルートヴィヒの試みは失敗に終り、この後ドイツにおいて教皇ヨハネスとの論戦が更に続けられていく[69]。

三　ルートヴィヒのドイツ帰還よりヨハネス二十二世の死まで（一三三〇年—一三三四年）[70]

ルートヴィヒ四世のイタリア遠征の間、オーストリア公アルブレヒトとオットーを首長とするハープスブルク家は、両者の弟フリードリヒのドイツ王選出を実現すべく再三再四教皇ヨハネス二十二世に働きかけていた。この要求は教皇に拒否されたにもかかわらずハープスブルク家はルートヴィヒに敵対しローマ教皇支持の立場を依然としてとり続け、更に一三三〇年のフリードリヒの死後も、オットー自らドイツ王に選出されるべく教皇に働きかけながら教皇庁との友好的関係を維持し続けた。そして、ルートヴィヒのドイツ帰還の後、特にアルザスの支配権をめぐりハープスブルク家とルートヴィヒは更に対立を深めていく。これに対して教皇は既に一三二八年一月頃より新しい王の選出を選帝侯に要請していたが、選帝侯の一人でトリーア大司教のバルドゥインは自分の甥であるルクセンブルク家のボヘミア王ヨハネスをドイツ王に推挙する意図を抱き、他方、カペー朝最後のフランス王シャルル四世が一三二八年に死去し教皇ヨハネス及びボヘミア王ヨハネスと親密な関係にあったヴァロア朝のフィリップ六世がフランス王位に就くと、ローマ教皇はフィリップをドイツ王に推挙する計画を進めていた。ルートヴィヒを廃位させフィリップを皇帝に選出する計画についてはローマ教皇の委任によりウングラのペトルスがその任にあたり、教皇の要請を受けたライン地方の三人の選帝侯大司教、ケルン大司教フィルネブルクのハインリヒ、マインツ大司教ブヒェックのマティアスそしてトリーア大司教バルドゥインは一三二八年五月三一日に新しい王の選挙日を定め、ローマ教皇の意図は実現するかに思われた。しかし、かねてからルクセンブルク家からのドイツ王選出を企図していたバルドゥインがフィリップ選出の代償としてマインツ大司教職を教皇に要求するなど、ローマ教皇の意図は容易に実現することなく、また五月二一日にバルドゥインがモーゼル河通行に際しルートヴィヒの支持者シュパンハイム伯ヤーコプによって捕囚されたことで、選帝侯たるトリーア大司教を欠く王選挙は不可能となった。(71) そして一三二八年九月に死去したマインツ大司教マティアスの後継問題を機にローマ教皇と対立したバルドゥインはルートヴィヒ支持へと態度を変え、ドイツ帰還後の情勢は次第にルートヴィヒに有利な方向へと展開していく。

マインツの司教座聖堂参事会は、かつてペーター・アスペルトの死去に際して行ったと同様に、一三二八年一〇月にバルドゥインを大司教に選出したが、これに対し教皇ヨハネス二十二世は、フランス王フィリップ六世とボヘミア王ヨハネスによるバルドゥイン承認の要請にもかかわらず、ケルン大司教ハインリヒの甥でこれと同名のフィルネブルク伯ハインリヒを大司教に任命した。しかしバルドゥインはハインリヒを力で排除し、教皇による破門宣言及び領地内での聖務禁止令にもかかわらず、マインツにおける自己の支配力を確固たるものにしていた。ところがその後バルドゥインがマインツ市民の特権を否定し自己の支配権拡大を強行しようとしたことから都市がこれに敵対し、バルドゥインの居所であった都市周辺の修道院を破壊するに及び、バルドゥインはルートヴィヒに援助を要請し、ルートヴィヒはこれに応えてバルドゥインに抵抗するマインツに平和喪失を宣告したのである。マインツ市民はその後一三三二年にバルドゥインを正当な大司教として承認することになるが、このマインツ大司教問題を機にルクセンブルク家のバルドゥインはルートヴィヒに政治的に接近していった。教皇により任命される司教と司教座聖堂参事会との対立はマインツに限られず、ヴォルムス、シュパイヤー、ヴュルツブルク、フライジング、アウクスブルク、バーゼルなど多くのドイツ諸都市にみられる現象であり、ルートヴィヒはローマ教皇に対して常に都市の司教座聖堂参事会を擁護し、教皇の聖務禁止令を遵守することにより聖務を拒否した聖職者を都市から追放して、ドイツ諸都市を自らの陣営に引き入れるべく努力したのである。マインツに関してバルドゥインがルートヴィヒの援助を要請したのも、都市に対するルートヴィヒの影響力を十分に理解していたからに他ならない。

ドイツ帰還後のルートヴィヒに有利に作用したもう一つの重要な要因は、以前から対立してきたハープスブルク家との和解である。一三一四年の二重選挙以来続いていたルートヴィヒとハープスブルク家との対立は、ハープスブルク家が擁立した王候補者フリードリヒが一三三〇年一月に死去することにより次第にその度合を弱め、フリードリヒの死後もハープスブルク家はオットーのドイツ王選出を意図しルートヴィヒとの対立が依然続いてはいたが、次第にルートヴィヒ支持へと態度を変えていった。他方ルートヴィヒも、ドイツにおける強力な教皇の支持者たるハープスブルク家を味方にすることを得策と考えたことは言うまでもない。このとき、両者の接近を推進したのはルクセンブルク家である。これは、ハープスブルク家から皇帝が選出されることを危惧したルクセンブルク家が、ハープスブルク家とルートヴィヒとの間に友好関係を確立させることにより、前者からの皇帝選出を阻止しうると考えたからに他ならない。両者の和解はルクセンブルク家のボヘミア王ヨハネスを仲介として行われ、一三三〇年八月アルザスのハーゲナウでハープスブルク家のオットーは、異端者ルートヴィヒとの接触を同じく異端として禁ずる教皇の意図に逆らい、ルートヴィヒと相互援助協定を結ぶに至った(72)。この協定でルートヴィヒは、ハープスブルク家が自分と帝国のために果たしてくれる軍務に対し、帝国直属都市チューリヒ、シャフハウゼン、ザンクト・ガレン、ラインフェルデンを担保に多額の金銭の支払を約し、ハープスブルク家はフリードリヒの短い統治期間に保有していた帝国財産を返還した。この協定の後、ハープスブルク家を代表してオットーは十一月にアウクスブルクでルートヴィヒを正当な皇帝として承認し、封建的主従関係を結んだのである。このような事態に対抗してローマ教皇はオーストリアに聖務禁止令を発布し、「悪魔の分身」たるバイエルンのルートヴィヒとの約定を守らないようにオットーに対し忠告したが、ハーゲナウの協定は一段と強化され、一三三一年五月にはルートヴィヒとハープスブルク家との間に万人に対抗する確固とした同盟が成立した。

そしてオットーはルートヴィヒの帝国代理に任命され、ルートヴィヒはハープスブルク家の公たちに対し一三一四年までに獲得されたあらゆる特権を再確認し、更にオーストリア、シュタイアーマルク、クラインなどを封土として授与した(73)。そして二カ月後には後述の如く、北イタリアをめぐりルートヴィヒと不和になったルクセンブルク家のヨハネスもレーゲンスブルクの協定でルートヴィヒと和解し、ルクセンブルク家とハープスブルク家は共に教皇とルートヴィヒの和解に向けて努力することを約するに至り、両家の支持を得たルートヴィヒは、かねてからハープスブルク家を支持しルートヴィヒに敵対してきたザルツブルク大司教やパッサウ司教の支持をも獲得し、更にはミカエル派のフランシスコ修道会、ドイツ騎士団、ヨハネ騎士団などの協力の下にドイツにおける自らの権力を確固たるものにして(74)、再度イタリア遠征を企図したのである。

しかし、ヴィッテルスバッハ家、ルクセンブルク家及びハープスブルク家の表面的には友好的な関係も、それぞれ私的な利益を追求する三つの集団間の一時的な戦略的均衡状態でしかなく、権力衝突の再燃化の危険を常にはらみ、特にルクセンブルク家のヨハネスとルートヴィヒとの関係は極めて不安定なものであった。両者の抗争はボヘミア王ヨハネスの北イタリア遠征及びケルンテン公ハインリヒの相続問題において顕在化する。

ドイツに帰還した後もルートヴィヒは再度イタリア遠征を意図していたが、当時ボヘミア王ヨハネスはルートヴィヒによる委任のかたちで北イタリア遠征を開始し、ロンバルディーアの多くのギベッリーニ派諸都市はヨハネスに領主権を認めた。しかしヨハネスの本来の意図は教皇とフランス王の支持のもとに北イタリアにおける自己の支配権を確立することにあり、従ってヨハネスは表面的にはルートヴィヒからの委任のかたちで行動しながら、他方でローマ教皇とも交渉を続け、パルマ、モデーナ、レッジョを教皇から封土として授与される代わりにルートヴィヒをドイツ王及びローマ皇帝として承認しないことを約束するなど、ルートヴィヒと教皇双方との衝突を巧妙に回避する政策をとっていた。ヨハネスのこのような態度は言うまでもなくルートヴィヒと教皇の両者から非難されることになるが、ハンガリアとポーランドの軍隊がハープスブルク家の支持のもとにボヘミアに侵入したことを機にヨハネスはイタリアからボヘミアへと帰還することを強いられ、このような情勢においてヨハネスとルートヴィヒの和解にあたったのが、マインツ問題でルートヴィヒの援助を受けたバルドゥインであった。かくして一三三一年七月レーゲンスブルクにおいてヨハネスはルートヴィヒと和解し、後者と教皇との和解実現に向けて努力することを約したのである(75)。

ルクセンブルク家のヨハネスとルートヴィヒの間の敵対的な緊張関係は、前者の北イタリア支配以外に、ケルンテン公（及びティロール伯）ハインリヒの相続問題をめぐり顕在化していた。ハインリヒは、かつてボヘミアの王権をめぐってヨハネスと対立し、一三一四年の二重選挙に際しては依然としてボヘミア王を名乗り、自ら選帝侯としてハープスブルク家のフリードリヒを支持したが、その後一三二三年にブランデンブルク及びマイセンに関するルートヴィヒの処置に激怒したヨハネスは逆にケルンテンのハインリヒと和解し、ハインリヒの娘マルガレーテ・マウルタシュとヨハネスの息子ヨハネス・ハインリヒとの婚姻が約定され、上記の一三三〇年のハーゲナウ協定の後九月にヨハネスはインスブルックに赴き、息子ヨハネス・ハインリヒとマルガレーテの婚姻を正式に成立させていた。従って、既に一三三〇年の二月、ルートヴィヒがヴェローナのスカーラ家のティロール支配の野心に対抗してケルンテン公ハインリヒと同盟を結んだ際に、男子の後継者にめぐまれなかったハインリヒの相続人に娘マルガレーテがなることが両者の間で約されていたが(76)、マルガレーテとルクセンブルク家のヨハネス・ハインリヒの婚姻が今やルクセンブルク家のケルンテン＝ティロール獲得に有利に働いたことは言うまでもない。ところが、ケルンテン＝ティロールはイタリア遠征に際して通過しなければならない要地であり、ルートヴィヒはケルンテン公に対して後継問題の最終的決定を留保し、むしろその後は、ルクセンブルク家のケルンテン＝ティロール領有に反対するハープスブルク家のオットーと一三三〇年一一月に協定を結び、ケルンテン公の死後はエッチュラントをハープスブルク家がルートヴィヒより封土として授与されること、ルートヴィヒはティロール高地を自ら領有すること、そしてボヘミアのヨハネスとその息子ヨハネス・ハインリヒから予期される抗議に対しては協力してこれに立ち向かうことを約したのである。この後、既述の一三三一年のレーゲンスブルクの和約に際してルートヴィヒはヨハネスに対しブランデンブルクとケルンテンの交換を申し出て、両者は一応の和解をみたものの、この後ヨハネスはモラヴィアからオーストリアに侵入しハープスブルク家を攻撃しようと試みた。冬の厳寒のために両者の戦いは起こらなかったが、ティロールをめぐるヨハネスとハープスブルク家の緊張関係は一三三二年まで存続する。他方、ルートヴィヒとルクセンブルク家の間でもティロール支配をめぐる争いは終止することなく前者の死に至るまで継続し、後述の如くマルガレーテの離婚問題に対するルートヴィヒの強引な政策は、ルートヴィヒ自身の政治的運命に致命的な影響を及ぼすことになる。

さて、一三三〇年八月のハープスブルク家とのハーゲナウ協定、そして一三三一年七月のボヘミア王ヨハネスとのレーゲンスブルク協定に先立ち、ルートヴィヒは既に一三三〇年初頭より、デンマーク王クリストフや、義父であるホラント＝ヘンネガウ伯のウィレムを仲介として教皇ヨハネス二十二世との和解を試みていたが、マインツ司教問題を機にルートヴィヒと結合したルクセンブルク家のバルドゥイン及びボヘミア王ヨハネスに和解の仲介を委任し、更にハープスブルク家のオットーの賛同をも得て、一三三〇年五月に教皇ヨハネスに対して次の条件で和解を申し出ていた。すなわち、ルートヴィヒは反立教皇ニコラウスを廃位して教皇に対する自らの告訴を撤回しローマ教会に対して自らが行ったあらゆる行為を取り消すこと、教皇によるルートヴィヒ破門の正当性を承認することなどを条件として、教皇に対しルートヴィヒを真正なドイツ王及び皇帝として認めることを要求した[77]。しかし教皇は二カ月後の返答でルートヴィヒの和解の要請を明白に拒否した[78]。教皇は、ルートヴィヒが皇帝権を不正に行使し反立教皇を擁立し、依然として異端のフランシスコ会士や『平和の擁護者』の著者パドヴァのマルシリウスをかくまっていることなどを批判しながら、ルートヴィヒには反立教皇を廃位する権限など存在せず、既にニコラウスはローマ教皇に服従していること、ルートヴィヒの告訴は異端者によるもので当初から無効なるが故に撤回の必要のないことを指摘し、ドイツ王及び皇帝として承認されることを教皇に要求するルートヴィヒには改悛の念が少しもみられないことを非難したのである。ルートヴィヒの要請が新たな権利を自らの統治のために求めることなくドイツ王及び皇帝としてとどまりたいという趣旨であれば、これは到底承認し難いことであり、また、新たに王権と皇帝権を要求しているのであれば、ルートヴィヒはローマ教会を害する暴君として決してドイツ王に選出されることはなく、教皇の承認により王権や帝権を与えられることもありえない。ルートヴィヒはゼベダイの子たち（『マタイ福音書』（20・22））のように自分が何を求めているのかわかっていない。……このような論調から理解されるように、教皇はルートヴィヒの要請を全面的に拒絶した。当時教皇が新しいドイツ王として念頭に置いていたのはハープスブルク家のオットーであり、教皇は特使としてウングラのペトルスをドイツへ派遣し、ルートヴィヒを孤立させるべくオットーとルクセンブルク家のヨハネスの娘グッタとの婚姻を特免により許可し両家の統合を図っていたが、結局既述のハーゲナウ協定でオットーとルートヴィヒの同盟がルクセンブルク家自身の手により進められるに至って、オットーのドイツ王選出という教皇の計画は失敗した。ルクセンブルク家が教皇とルートヴィヒの和解に積極的に協力したのも、オットーのドイツ王選出を阻止しようとしたからに他ならず、かくしてルクセンブルク家の試みは一応成功したことになる。他方教皇ヨハネスは前述のルートヴィヒの和解の要請に対し、これを妥協の余地なきものとして拒絶したものの、ドイツの有力な諸侯の結束を前にして交渉の決定的な拒絶を不適切なものと考え、和解の可能性を先の返答においてほのめかした。

交渉はとぎれることなく続行された[79]。一三三一年十月にルートヴィヒは皇帝の書記長アウクスブルクのウルリヒ・ホーフマイヤー、アイヒシュテットの司教座聖堂参事会員ミンネペックのアルナルドゥス及びエッチンゲンのルートヴィヒの三名を使者としてアヴィニョンに派遣し、先ず枢機卿たちと交渉してこれらの支持を得たうえで教皇ヨハネスとの和解を試みた。ルートヴィヒが三名の使者に与えた委任状に書かれた指示（instructio）には、交渉の際に使者が守るべき条件として次の事柄が提示されている[80]。（一）ルートヴィヒには帝国の法と栄誉を損うつもりのないこと。（二）マルシリウスと離反フランシスコ会士をルートヴィヒと共にローマ教会の内部に再び戻すこと。もし彼らがこれを拒否し彼らの異端が確認されれば、ルートヴィヒは信仰を擁護すべく彼らを教皇に引き渡すこと。（三）ルートヴィヒは信仰に反する行為を遂行したことはなかったが、もし仮に信仰上犯した過ちがあれば懺悔の用意があること。（四）かつて公にした訴書においてルートヴィヒはフランシスコ派の清貧論争に介入したわけではなく、後者の主張を宣誓によって自ら受け入れたことはないこと。（五）皇帝としての権限は、教皇が新たな戴冠のために使者を派遣してくるまでは放棄しないこと。そしてローマ人民の王は教皇ないしその委任を受けた者によってのみ皇帝として戴冠しうるにすぎないが、ルートヴィヒが帝権を放棄した直後に教皇の使者が再び帝権をルートヴィヒに与えないかぎり帝権を放棄する意志のないこと。（六）ルートヴィヒは先代の諸皇帝が教皇に対して行った誓約を復活し、彼らが教皇に与えた特権を再確認する用意のあること。（七）フランス王及びナポリ王ロベルトと友好的な関係を結ぶ用意があり、これを保証すべく教皇の意志に従って息子の一人をナポリ王の娘と結婚させる用意があること。（八）使者は先ず和解の条件を枢機卿に提示し、枢機卿と密かに交渉した後にその結果を枢機卿の封緘ないしは公証人により認証すべきこと。（九）教皇が新たな特権を要求したときは、ルートヴィヒは教皇の意図を十分に把握できないが故に、使者は返答を回避すべきであり、教皇がルートヴィヒに対して好意的態度をとった場合にはルートヴィヒもそれに好意的に答える用意のあることを告げるにとどめること。（十）和解の約定に関する保証の件についても使者は明確な返答を回避し、ただルートヴィヒの善意のみを告げるにとどめること、以上である。使者に対するルートヴィヒのこの指示事項に明らかにされているように、この時点でルートヴィヒはこれまで自らの政治的主張の理論的支柱であったマルシリウスの見解を拒否し、更にフランシスコ派の清貧論争への介入も否定した。フランシスコ派はルートヴィヒにとり教皇攻撃の単なる一つの道具にすぎず、教皇との和解が必要となった現時点では、和解という目標の追求を妨害する要因として切り捨てられるべきものとなった。上記の指示においてもう一つ注目すべきことは、ルートヴィヒが信仰に反した行動をとっておらず、従って教皇の破門宣告は無効であることが示唆されている点である。これは、ルートヴィヒが和解交渉を、教皇ヨハネスが意図していたような教会法上の破門取消の手続とは考えていなかったことを示している。

しかし、ヨハネス二十二世の強固な態度は変わらず、枢機卿を介してのルートヴィヒの和解の試みは失敗に終った。教皇はルートヴィヒへの敵対的な態度をくずさなかったばかりか、教皇のフランス王フィリップ六世への服従の度合は増々強まり、フィリップの賛同を先ず取りつけないかぎり教皇自身いかなる決断も下せない状況にあったことも交渉失敗の理由である。使者は和解交渉が実現しないまま、一二月初めにルートヴィヒの居るミュンヒェンへと帰還した。この後もルートヴィヒはヨハネス二十二世の死に至るまで幾度となくアヴィニョンに使者を送り和解交渉を試みていくが、これに触れる前に、当時のヨーロッパの諸勢力の関心の焦点となった二つの重要な政治的問題、すなわちルクセンブルク家のイタリア支配とネーデルラントをめぐる英仏の争いにつき簡単に述べる必要がある。

ボヘミア王ヨハネスは一三三一年七月のレーゲンスブルクでルートヴィヒと和解し、北イタリアがルートヴィヒから授与された封土でありルートヴィヒの名において自分が支配しているにすぎないことを確認したが、その後も北イタリア支配の野心を捨てることはなかった。ヨハネスはハンガリアの攻撃を受けていたボヘミアに帰還しハンガリア王との和平協定を首尾よく成立させた後、プラハを出発してフランクフルトの議会でルートヴィヒ、バルドゥインその他ドイツ諸都市の間の同盟に参加し、ルートヴィヒの承認なくいかなる帝国財産も自己のものとなしえないこと、自分が北イタリアにおけるルートヴィヒの代行者にすぎないことを再度確認した。ところが他方でヨハネスは同時にアヴィニョンに密かに使者を送りイタリア支配に関する教皇の支持を獲得しようと試み、更には一三三二年、フォンテーヌブローでフランス王フィリップ六世と交渉して後述のネーデルラント問題につき援助協定を結び、更に娘グッタとフィリップの息子ジャンとの婚約と共に、自分ないし息子カールがドイツ王及び皇帝に選出された場合にはフランスをあらゆる敵から擁護しフランス領土を侵さないことを確約して、フランス王の支持をも獲得した。このようなヨハネスの策謀にルートヴィヒが気づかないはずはなく、それにもかかわらず両者があからさまな敵対関係に入らなかったのは、ヨハネスの伯父バルドゥインの巧みな仲介によるものであり、ルクセンブルク家とフランス王家の前記の婚約が成立した後も、一三三二年八月にニュルンベルクではバルドゥインの協力のもとに、ルートヴィヒの長子とヨハネスの娘で既にハープスブルク家のオットーとの婚約が成立していたアンナの婚約が新たに取り決められ（この婚約には教皇の特免が必要であったが、言うまでもなく特免は得られなかった）、ルートヴィヒはロンバルディーアにおけるヨハネスの以前からの権利を、教皇及びフランス王に対抗して保証することを約した。このようにヨハネスは自分がロンバルディーアにおける皇帝代理であることをルートヴィヒに対しては表向きは認め衝突を巧みに回避しながら、他方で教皇及びフランス王とも結託しながら、北イタリアを自己の支配下に置こうと試みたのである。

ヨハネスのイタリア遠征は一三三〇年末に既に相当の成功を収めていた(81)。ギベッリーニ派と結合したマスティーノ・デッラ・スカーラの攻撃に脅威を感じていたグエルフィ派の都市ブレッシァが一〇月にヨハネスにシニョーリアを授与し、しかもヨハネスがマスティーノと和解してギベッリーニ派をも都市に受け入れて、ロンバルディーアの諸都市の代表者をブレッシァに集めたときには、人々は皇帝代理としてのみならず教皇やフランスにも支持されてイタリアに来たヨハネスを、争いの仲裁者、平和の使者として大いなる期待をもって歓迎した。この後ヨハネスはポー河を越えてギベッリーニ派の諸都市ベルガモ、パルマ、レッジョ、モデーナを自己の支配下におさめ、当初ヨハネスに対し拒否的な態度をとっていたミラノのアゾの支持も得て、更にはマントヴァ、パヴィーア、ヴェルチェッリなどの諸都市を従えて一三三一年四月までにはロンバルディーアの重要な諸都市を支配下におさめた。そしてヨハネスがトスカーナに入った後、カストルッチョ亡き後ジェラルディーノ・スピノーラがシニョーリアを掌握していたルッカがフィレンツェとの戦いに際してヨハネスの援助を要請したとき、ヨハネスはここに自己の代理を置き、ルッカを事実上自らの支配下に置いた。トスカーナでヨハネスに敵対したのはフィレンツェとピーサである。この間ヨハネスにとり必要なことは、イタリアにおける自己の支配権の法的性格、特にローマ教皇及びボローニャに居る教皇特使に対する自己の法的権限を明確にすることであった。パルマに入った後、ヨハネスはローマ教皇に対して北イタリアにおける自己の法的権限の確認を要求していたが、四月一七日にピュマッチョで教皇特使ベルトランと秘密協定を結び、トスカーナと境を接し教皇が教皇領として要求していたパルマ、モデーナ、レッジョにおける教皇の高権を承認する代わりにこれらを封土として受け取り、更に教皇に封建的忠誠を誓ってロンバルディーアにおける教皇への反徒を服従させること、そしてルートヴィヒが教皇と和解しないかぎりルートヴィヒをローマ皇帝として認めないことを約した。しかしこの約定に際して教皇は、ヨハネスのロンバルディーア支配を、フランス王フィリップ六世の同意を条件としてのみ承認した。というのも、フィリップ六世は、ピュマッチョでのヨハネスと教皇特使の協定以前にローマ教皇との間に封建的主従関係を結ぶことによってロンバルディーアを封土として自己の支配下に置くことを取り決めていたからである。従来教皇からの封土として北イタリアを支配しようとしていたのはナポリ王ロベルトであったが、今やロベルトに代わりフランス王が北イタリアへと手を伸ばしロンバルディーアに王国を建てる計画が進められていた。それ故、教皇がフィリップにピュマッチョ協定を報告したとき後者はこれに反対したが、ボヘミア王ヨハネスはその後直ちにフランス王と直接的な交渉を行い一二月下旬にはフィリップの支援を獲得しイタリアに侵入している。そして更に既述の如く一三三二年一月にフォンテーヌブローでフィリップ六世と協定を結び、フィリップはパルマ、レッジョ、モデーナに対するヨハネスの支配権を承認し、ヨハネスと協力しながらイタリア支配にあたることが約されたのである。またこの協定では、ルートヴィヒがフィリップを攻撃した場合には後者を支援すること、ヨハネスないしヨハネスの息子がドイツ王の候補者になった場合にはフランス王家から候補者を立てないことが約されている。他方、ローマ教皇の立場を無視したフランス王とヨハネスの上記の同盟は、ナポリのロベルトにとっては大いなる脅威でありロベルトはこれに激しく反対した。また、教皇領をはさんで南イタリアにはアンジュー家のロベルトを、北イタリアにはフランス王を置き、フランス、教皇、ロベルトの協力によるイタリア支配を意図していたヨハネス二十二世にとっても、ルクセンブルク家のイタリア支配を固めていこうとするボヘミア王の野心が読みとれる上記の同盟が大きな不安の種となっていたことは言うまでもない。教皇はヨハネスに対しあからさまな攻撃は避けながらも、ヨハネスが教皇の承認なくしてイタリアに来ていることを諸都市に対し繰返し宣言した。

ルートヴィヒもイタリアでのボヘミア王ヨハネスの行動を不安をもって眺めていた。既に述べたように、当初ヨハネスは皇帝ルートヴィヒの代理の資格でイタリアに来たことを公言したが、その後ヨハネスが教皇との交渉を開始するに及んで、事態を危惧したルートヴィヒはヨハネスがドイツに帰還せざるをえないような政治的状況をドイツに創り出そうとした。すなわち既述のハーゲナウ協定以後もルートヴィヒはハープスブルク家との結束を強化させ、オーストリア公たちの利益を擁護することを確約して反ルクセンブルク家のブロックを形成していった。この後、既述のように一三三一年レーゲンスブルクにおいてルートヴィヒとヨハネスの間に一応の和解が成立し、更にヨハネスはボヘミアに侵入したポーランド、ハンガリア、ハープスブルク家と戦うためにボヘミアに一度帰還するが、一二月にはドイツに戻りフランクフルトにおいて、イタリアで獲得した領域に対する主権をルートヴィヒに認める条件でこの領域の事実上の支配権をルートヴィヒにより認められた。ところが、ルートヴィヒとの和約の後もヨハネスはパリに赴き、フランス王と前述のフォンテーヌブロー協定を結んでいるのである。ヨハネスは相変わらずフランス王、ローマ教皇、ルートヴィヒの三者とのあからさまな衝突を巧妙に回避しながら、イタリア支配の野心を放棄することはなかった。ピュマッチョでの教皇との協定、レーゲンスブルクでのルートヴィヒとの和約、そして更にフォンテーヌブローでのフランス王との協定は、ヨハネスの豹変する政治的戦略を示している。しかしイタリアの情勢は、結局はボヘミア王ヨハネスにとってもローマ教皇にとっても次第に悪化の一途を辿っていった。すなわち、一三三二年六月にヴェローナのマスティーノ・デッラ・スカーラがブレッシァを奪い取るに及びヨハネスの勢力は急激に弱体化し、これを機として、ギベッリーニとグエルフィの区別なく、イタリアのほぼすべての都市が教皇、ボヘミア王そしてフランスの支配に対し一致団結して反抗したからである。エステ家のフェラーラ、マスティーノ・デッラ・スカーラのヴェローナをはじめとしてパドヴァ、ヴィチェンツァ、マントヴァはフランス軍や教皇特使の軍隊に反旗を翻し、ボヘミアのヨハネスがイタリアにおける代理として置いた息子メーレン（モラヴィア）のカール（後の神聖ローマ帝国皇帝カール四世）はフェラーラのエステ家に対し一応の勝利を収めパルマを支配下に置いたものの、フェラーラを中心に結束を一段と強固にしていくイタリア諸都市を前にして、ルクセンブルク家の勢力は次第に弱体化していった。

既述の如く、ハープスブルク家の支持のもとにボヘミアに侵入したハンガリアとポーランドの攻撃に対抗すべく自国に戻ったボヘミア王ヨハネスは首尾よく協約により争いを終結させた後、ルートヴィヒとフランス王の双方と矛盾した協定を相次いで結びながら再度イタリア行きを企図していたが、このために是非とも必要とされていたのは、フェラーラを中心とする同盟勢力に対抗して、ナポリのアンジュー家のロベルト、フィレンツェ及びミラノが教皇の仲介により相互に和解し一致団結することであった。しかし、フィリップ六世とヨハネスのフォンテーヌブロー協定、及び北イタリア支配に関する両者の引き続く協力関係に対してナポリのロベルトは反感を強め、ローマ教皇も前二者に対し慎重な態度をとるに至り、フェラーラ同盟に対抗する有効な協力体制は実現することはなく、更にこの間フランスとボヘミア王に敵対するイタリアの諸都市の同盟は、ミラノのヴィスコンティ家のアゾ、コモのルスカ、そしてグエルフィ派の都市フィレンツェさえも自らの陣営に引き入れ、今や諸都市はギベッリーニとグエルフィの区別なくフランスとヨハネスに対立するに至った。従って、イタリアに来たヨハネス及び息子カールの軍隊は、これら諸都市の反抗を前にして非力であり、遂に一三三三年七月カストロノーヴォで和平条約を都市と結んだ後、ヨハネスはイタリア支配を断念し失意のうちにドイツに帰還したのである。しかし、ヨハネス及びフランスのイタリア支配の失敗は同時に教皇のイタリア政策の失敗を意味した。ローマ教皇ヨハネス二十二世の甥でイタリアにおける教皇特使ベルトラン・ドゥ・プジェも一三三四年にはボローニャからアヴィニョンに帰還し、教皇は再度イタリアに特使を派遣することはなかった。

さて、北イタリアと並んで十四世紀前半におけるヨーロッパの諸勢力の抗争の地として触れておかねばならないのが、百年戦争の舞台となったドイツ北西部の商業の中心地ネーデルラントである。(82)この地域においては、北イタリアと同様、フランス王及びこれと結合したルクセンブルク家、ドイツ及びドイツと結合したイングランド、そしてフランドルやブラバントの諸都市における貴族と商人の間の複雑な利害関係が、極めて不安定な政治情勢を生み出しており、特にフランドル地方では、十四世紀初期のイングランド王エドワード一世とフランス王フィリップ四世の戦い以来、英仏の対立及びイングランドに支持された都市の市民とフランス（及びローマ教皇）に支持されたフランドル伯との対立が続いていた。そしてフランス王シャルル四世は、エドワード二世とその王妃イザベラの不和及び貴族の支持を失ったエドワード二世の廃位問題などによるイングランド内の混乱に乗じて、一三二六年四月フランドルの諸都市をフランスの支配下に置き、またブルージュやイーペルなどの産業都市がエドワード三世に――カペー朝最後の王シャルル四世の死後ヴァロア朝のフィリップ六世の王即位に反対し、シャルル四世の姉イザベラの子であることを理由にフランス王位の継承を主張していたエドワード三世に――援助を要請したときも、一三二八年カッセルの戦いにおいてフィリップ六世は都市の暴動を鎮圧し、この地におけるフランスの支配を確固たるものにしていた。しかし他方、エドワード二世殺害の後イングランド王に即位していたエドワード三世は、義父であるホラントのウィレム三世と以前から同盟を形成しており、(83)ネーデルラントの支配を積極的に推し進めていた。当時ネーデルラントにおけるフランス王の利益を擁護すべくこの地域を支配していたのがルクセンブルク家のボヘミア王ヨハネスである。エドワード三世は先ず一三二七年一〇月にライン河口地域の中心的都市メヒェルンの商人を自己の保護下に置くことにより、ルクセンブルク家のヨハネスと相対峙することになった。メヒェルンはエドワード三世と親戚関係にあったブラバント公ヨハネス三世の統治下にあり、更にヨハネス三世の息子はホラント伯ウィレム三世の娘と婚約していたことから、エドワード三世とブラバント公及びホラント伯の三者は協力してフランス王及びルクセンブルク家の支配に対抗したのである。これに対して、フランス王はヨハネス三世の息子とウィレム三世の娘との婚約を破棄させ自分の娘との婚約を認めさせることによってブラバント公を自己の陣営に引き入れようとしたが、この試みは結局失敗に終わった。

しかしフランス王が一三三二年にルクセンブルク家のヨハネスと既述のフォンテーヌブロー協定を結び、フランス王とヨハネスとの強固な結合が成立するに及んで、フランドルをめぐるイングランドとフランスの抗争は切迫したものとなった。このときフランス王がゲルデルン伯ライナルドゥスとユーリヒ伯ヴィルヘルム[84]を多額の金銭の提供を条件に味方に引き入れ、ニーダーラインにおいて強力な同盟を結成することに成功すると、一三三二年五月ブラバントのヨハネス三世はサンリスの協定で遂にフランス王に屈服し、王の以前からの要求に従って自分の息子と王の娘との婚約を承諾しただけでなく、更に七月のコンピエーニュの協定において自らフランス王の封臣となった。

しかしこの状況も永続きはしなかった。フランスを支持しブラバントのヨハネス三世に対抗していたネーデルラントの貴族はフランス王の金銭賠償に満足せず、婚約問題に激怒したホラント伯ウィレムと共にフランスの意図に反して反ブラバント同盟を結成したからである。結局のところフランスはブラバントに対し有効な支配権を確立できないまま、後述の如く、ブラバント公は一三三六年以降再びエドワード三世と結合することになる。そして更に重要なことは、フランスと対立するエドワード三世がネーデルラント問題をめぐり、同じくフランス王（及びこれを支持するローマ教皇）と対立していたルートヴィヒと結合し、フランス＝ローマ教皇とルートヴィヒとの間の従来の対立に、イングランド王がルートヴィヒを支持すべく登場したことである。

ルートヴィヒとローマ教皇の和解の試みに叙述を戻そう。既に述べたことから明らかなように、一三三三年の時点におけるドイツの勢力関係の中でルートヴィヒが置かれていた状況は、必ずしもルートヴィヒにとり不利なものではなく、ハープスブルク家もルクセンブルク家もルートヴィヒに敵対するどころか彼を正当なローマ皇帝として認め、皇帝と教皇の和解に努力していた[85]。ところが奇妙なことに一三三三年一一月一九日、ルートヴィヒは突然帝権放棄を宣言し、帝権をヴィッテルスバッハ家のニーダーバイエルン公ハインリヒ十四世に譲渡しようとしたのである。この動機は明らかでない。ルートヴィヒの気まぐれな性格によるのか、それともルートヴィヒは和解をかたくなに拒むヨハネス二十二世に対し帝権を自分が固持するかぎりローマ教会に受け入れられないことを不安に感じたのだろうか。あるいは帝権放棄は真意ではなく単なる見せかけにすぎなかったのだろうか[86]。いずれにせよ先ず一一月一四日ローテンブルクにおいてザクセン公ルードルフがローマ帝国の式部長の資格で、帝国の利益のためにルートヴィヒが自らの意志で帝権を放棄し、これをニーダーバイエルンのハインリヒに譲渡することを宣言し、その五日後ハインリヒは帝権放棄を確認するルートヴィヒの書簡を受け取った。放棄の条件は教皇がルートヴィヒの免罪を受容することであり、教皇がルートヴィヒに対する破門を解いた後に放棄が正式に成立するものとされた。このときルートヴィヒの提案を支持しハインリヒの皇帝選出を積極的に推進したのはハインリヒの義父であるボヘミア王ヨハネスである。ルートヴィヒ、バイエルンのハインリヒ、ザクセンのルードルフそしてボヘミア王ヨハネスは一二月にフランクフルトに参集し、ヨハネスは自分の娘婿ハインリヒがドイツ王に選出された場合には生涯を通じてルートヴィヒの子孫を擁護すること、教皇がルートヴィヒと和解しない場合には教皇に対抗してルートヴィヒを支持することを宣誓し、ヨハネス自らこの計画の実現に向けて、ローマ教皇、フランス王及び他の選帝侯との交渉を進めていくことを約束した。これに応えてハインリヒは、ルートヴィヒがドイツ王及び皇帝としてのあらゆる権利を放棄し、選帝侯が新たな王選挙のために一致して協力することがキリスト教世界にとり有益であり、自分が選帝侯により選出された場合には、利己心ではなく愛から発する義務感により帝国を統治する旨を宣言し、更にはフランス王と友好的な関係を結び、フランスが長い間要求してきたフランス南部のアルルと北西部のカンブレー司教区を譲渡することをフランス王に約束し、更にボヘミア王ヨハネスにはロンバルディーアの支配権を認めたのである。カンブレーとアルルに対する帝国のあらゆる権利をフランスに譲渡することは、ロンバルディーアに対するフランスの要求を放棄させるに十分な代償と言えるものであった。このような状況の中で、ボヘミア王ヨハネスをはじめとする他の選帝侯たち、すなわちザクセン公ルードルフ、ブランデンブルク辺境伯ルートヴィヒ、ケルン大司教ヴァルラム、トリーア大司教バルドゥインはハインリヒの王選出を承諾したが、問題はバルドゥインは既述の如くマインツ大司教でもあり、王選挙に際して一人の選帝侯が二つの選帝侯職を兼ねることは許されず、新たに別の人物がマインツ大司教職に就く必要があったことである。ルクセンブルク家のバルドゥインにとって自分の甥であるボヘミア王ヨハネスの娘婿ハインリヒの王選出が重要な意味をもったことは言うまでもない(87)。そこでバルドゥインはルュティッヒ（リエージュ）司教アードルフと交渉し、マインツ大司教職をアードルフに与える代わりに、ハインリヒの王選出を支持するよう要求した。ドイツにおけるこのような動向に引き続き、ルクセンブルク家とアヴィニョン教皇庁との交渉が進められていき、教皇はルートヴィヒの帝権放棄とハインリヒ選出につき協議して基本的にはこれを受容する方針を固めていったと思われる。しかしこの計画を阻止する重大な障害が生じた。一つはアンジュー家のナポリ王ロベルト（及び同じくアンジュー家のハンガリア王）の激しい反対であり、他の一つは「至福者の見神」(visio beatifica) に関するヨハネス二十二世の異端問題である。これらの障害によりルートヴィヒの帝権放棄が実現しないまま、結局ルートヴィヒは自ら発議したこの計画を拒否するに至る。

アンジュー家のナポリ王ロベルトの主張はおよそ次のようなものであった[88]。すなわち、バイエルンのハインリヒとフランス王との協約にはロベルトがドイツの皇帝から封土として得たプロヴァンスのフランス帰属が含まれ、これまでロベルトがプロヴァンスに対し有してきた権利が無視されている。また、皇帝ティトゥスから最近の皇帝ハインリヒ七世までの歴史は、カール大帝を例外として皇帝による教会への迫害の歴史であり、ローマ皇帝の新たな選出によりイタリアに再び不幸がおとずれるであろう。特にバイエルン公ハインリヒは、イタリアに対し数多くの非行を働き教会財産を略奪したボヘミア王の娘婿であり、決して皇帝に選出されるべきではない。……この主張はかつて皇帝ハインリヒ七世のイタリア遠征を阻止すべくロベルトがクレメンス五世に送った書状の内容と重複している。イタリアにおける自己の支配権が皇帝により脅かされることを恐れたナポリ王ロベルトは、ハインリヒ七世の時代より終始一貫して皇帝のイタリア遠征に対抗し、ルートヴィヒとオーストリア公フリードリヒの二重選挙に際しても皇帝選出が実現しないよう再三ローマ教皇に働きかけていた。ルートヴィヒがイタリアで敗北しドイツに帰還した後も、ロベルトはボヘミアのヨハネスやフランス王のイタリア支配に脅威を感じていたが、ルートヴィヒに代わり新たにニーダーバイエルンのハインリヒがルクセンブルク家の支持のもとに皇帝に選出されれば、再び皇帝のイタリア遠征の脅威が生まれ、しかもルクセンブルク家とローマ教皇の友好的な関係を顧慮すれば、この脅威は一段と強いものとなる。それ故ロベルトは新たな皇帝選挙に激しく反対し、これを承諾しないように教皇に働きかけた。他方、外国勢力による支配を警戒したロンバルディーアの諸都市も、今やグエルフィとギベッリーニの区別なくロベルトに同調し、ロンバルディーアの支配権をボヘミアのヨハネスに認めたハインリヒの皇帝選出に反対したのである。

さて、新たな皇帝の選出が協議されているとき、教皇庁内部では神学上の教義をめぐる論争が進行していた。教皇ヨハネス二十二世は一三三一年から三二年にかけて（特に一三三一年の諸聖人の祝日での説教において）、聖者も含め救済されたあらゆる至福者は、死後直ちにではなく最後の審判において初めて完全なる見神に到達するのであり、死により肉体から分離した魂は審判の後に蘇生する肉体と再び合体して初めて完全なる至福を享受しうるという見解を、キリストや使徒そして教父の教えに基づく教会の正統的な教義として公にしていた[89]。しかしこの見解は直ちに教会内に強い反響を呼び起こした。多くのフランシスコ修道会士、ドミニコ修道会士[90]、そしてパリ大学の神学者は激しくこの見解を異端として断罪し、更にこの攻撃にはルートヴィヒをはじめとしてナポリ王ロベルトやフランス王も加わることになり、ついにはヨハネス二十二世の異端について一般公会議の召集が叫ばれるに至る。[91] 教皇はこれに対処すべく、チェゼーナのミカエルに代わりフランシスコ修道会の会長となっていたゲラルドゥス・オドニスをパリ大学及びフランス王のもとに派遣し、[92] これらを説得して教皇の教説が正しいことを確認させようと試みたが、大学とフランス王はこれを拒絶した。しかし、至福者の見神に関する教皇の異端に対し最も重要な役割を演じたのはドミニコ派の枢機卿ナポレオン・オルシーニである。[93] ナポレオンはかねてから教皇のアヴィニョン在住に激しく反対し、再三再四教皇のローマ帰還を熱心に説いていた。当時ギリシアに侵入してイタリアを脅かしていたオスマン・トルコに対し十字軍が計画されていたときも、十字軍成功のために教皇のローマ帰還の必要性が叫ばれていた。事実教皇は、当時教皇特使ベルトラン・ドゥ・プジェが在住していたボローニャに一三三一年に教皇庁を移す意図をナポレオンに伝えており、その後ボローニャからローマへと更に教皇庁を移す試みが検討されていたことは確かである。しかしこの計画は、教皇庁のイタリア帰還に反対するフランス王によって妨げられ、一三三二年二月に教皇は、フランス王の承認なくしてボローニャに教皇庁を移す意志のないことを明言するに至った。ナポレオンはこの教皇の約束違反に怒り教皇を非難したが、このとき教皇の異端的教義に目を向けたのである。ナポレオンは当時パリ大学や多くのフランシスコ修道会士、ドミニコ修道会士、ナポリ王、フランス王により批判されていたヨハネスの「至福者の見神」[94] に関する神学上の見解をいわば利用し、公会議によってヨハネスを異端者として断罪し廃位させることにより、新教皇による教皇庁のローマ帰還を実現しようとした。そこで一三三四年にナポレオンは先ずフランシスコ会士ヴァルターをユーバーリンゲンに居るルートヴィヒのところに使者として送り、帝権放棄と教皇ヨハネスとの和解の試みがルートヴィヒの真意か否かを尋ね、[95] またトリーアのバルドゥインを仲介としてローマ教皇の異端に関し公会議を提唱するようにルートヴィヒに要請したのである。[96] このときルートヴィヒは帝権放棄の意図がないことを明言し、公会議の召集を枢機卿団に要請して自らもドイツの諸侯と共に公会議に参席する用意のあることをヴァルターに伝えた。更にルートヴィヒは、教皇の神学説についてはミュンヒェンの宮廷に居るチェゼーナのミカエル及びボナグラティアの助[97] 言と支持を求め、これに応えて、既に二年前に教皇の異端に対し公会議を提唱していたボナグラティアが公会議召集を要請する文書の草案を準備した。そしてこの草案に基づいてルートヴィヒは枢機卿宛の正式な書簡において公会議召集を提唱したのである。[98] ナポレオンにとりヨハネス二十二世の廃位を実現するためには、ルートヴィヒと教皇の和解が成立してはならず、従ってバイエルンのハインリヒの皇帝選挙も実現してはならなかった。それ故、このときナポレオン・オルシーニが、アルルと北イタリアに関する教皇＝フランス＝ボヘミア王の協定の故に教皇ヨハネスと政治的な緊張関係にあったナポリ王ロベルトと結合したことも十分理解しうることである。ナポレオンはルートヴィヒに対し、ロベルトとの和解を公会議召集の条件として要求し(99)、これに応えてルートヴィヒは、ロベルトがナポリ王国を皇帝からの封土として認めるならば和解の用意のあることを伝えた。そしてロベルトも、これまでのグエルフィの伝統を捨て去りルートヴィヒと友好関係を結び、ここにローマ教皇に対抗してルートヴィヒ＝ナポリ王ロベルト＝枢機卿ナポレオン・オルシーニの同盟が成立した。ナポレオンがこの同盟に対し期待したのは、教皇の神学上の誤謬の断罪ではなく、皇帝とナポリのアンジュー家を（従ってシチリアおよびナポリを）和解させ、ギベッリーニとグエルフィが協力してフランスに対抗することにより、フランスの影響下に置かれていたアヴィニョン教皇庁をローマに帰還させることであった。しかしこの公会議の召集は直ちには実現せず、遂に一三三四年一二月四日、教皇ヨハネスは自己の異端説を死の直前に取り消しながら死去する(100)。

第二節　バイエルンのルートヴィヒとベネディクトゥス十二世（一三三四年―一三四二年）

一三三四年一二月二〇日、枢機卿団はトゥールーズ出身の枢機卿でシトー派修道会士ジャック・フルニエをローマ教皇に選出し、ベネディクトゥス十二世が即位した。ヨハネス二十二世の異端問題やネポティズムなどの教会行政における権限濫用で教皇庁の改革を望んでいた枢機卿たちは、フランス派もイタリア派も一致して、パリ大学で神学を学び厳正な修道士であったジャック・フルニエを教皇に選んだ(101)。新教皇は即位後直ちにネポティズムの排撃など教会行政上の改革に着手し、更に「至福者の見神」について正統的な見解、すなわち天国の魂は死後直ちに見神を享受するという見解を教令によって確定した(102)。しかしベネディクトゥス十二世はヨハネス二十二世と同様にフランス出身の教皇であり、しかも前任者のような政治的行政的な手腕に欠け、アヴィニョンに対するフランス王の影響は新教皇のもとで一段と強力になっていった(103)。

さて、新教皇即位の数カ月後、ルートヴィヒは教皇との和解の試みを再び開始する。このとき両者の和解を積極的に支持したのはルートヴィヒの義父ホラント＝ヘンネガウ伯ウィレム三世とハープスブルク家であった。先ずルートヴィヒは一三三五年三月に書記長アウクスブルクのウルリヒ・ホーフマイヤー、フランジング司教座聖堂参事会員ランデックのマルクヴァルト、アウクスブルク副司教トゥムナウのエーベルハルト及びエッチンゲン伯ルートヴィヒ（甥）の四人をアヴィニョンへの皇帝特使に任命し、これら四人の特使は四月にアヴィニョンに赴いて教皇に和解の条件を尋ねた。これに答えて教皇はカノン法上の手続による和解を拒否することなく、幾つかの要求をルートヴィヒが受容することを条件として和解の用意のあることを使者に伝え[104]、使者は七月にルートヴィヒのもとに戻り教皇のこの約束を報告した。この条件はおよそ次の如くである。すなわち、教皇の承認を待つことなく帝国を統治したルートヴィヒは教皇庁の権利を侵害し、帝権を失うことを恐れて異端者の意見に従い反立教皇を立ててヨハネス二十二世を廃位しようとしたが、ルートヴィヒは自らの行為を取り消すべきであるのみならず、帝権を行使するためには教皇の承認を必要とし、新たに適法な仕方で聖別されるべきこと、聖別の日にのみローマに滞在し翌日ローマを立ち去るべきこと、オッカムやチェゼーナのミカエルなど離反フランシスコ会士や異端者パドヴァのマルシリウスを自らの帝権を擁護するために受け入れたことを告白し、これら異端者を教会への服従へと連れ戻すこと、もしこれらの者がこれを拒否する場合には宮廷から追放すべきこと、清貧論争の如き神学上の問題に介入せず、ルートヴィヒが庇護する異端者の見解ではなく、《Cum inter nonnullos》の如き教令で提示された見解を教会の教説として受容すべきこと、ルートヴィヒ以前のローマ皇帝が教皇に対して行った宣誓を新たに復活させるべきこと、教皇の聖別によりルートヴィヒが正当な皇帝となった後も、ロンバルディーアやトスカーナに送られる皇帝代理は教皇及び教皇領における教皇代理を支持すべきこと、ローマと教皇領に対しては裁判権を行使しないこと、フランス王と友好な関係を結ぶこと、以上である。この条件の中で、過去の皇帝の教皇に対する宣誓の復活は、皇帝が教皇の封臣であることの承認をも含意し、従ってベネディクトゥス十二世が提示した和解の条件は、ルートヴィヒにとっては極めて厳しいものであったが、ルートヴィヒに対して帝権放棄を明示的に要求しているわけではなく、教皇との和解は実現するかに思われた。上記の条件に対してルートヴィヒは八月に教皇に二つの書簡を送りこれらの条件を受諾する用意のあることを示し、使者の派遣を通知して教皇による破門からの解放を望んだのである[105]。しかし、これらの書簡にはフランス王フィリップ六世との和約の約束を除いてベネディクトゥスの上記の要求への返答は含まれておらず、それ故離反フランシスコ会士への言及もみられない。

一三三五年九月、ルートヴィヒは再度前述の特使（及びこれらに加えてエッチンゲン伯ルートヴィヒ（伯父）とドイツ騎士団のツィップリンゲンのハインリヒ）を送り、このとき特使の一人ランデックのマルクヴァルトは十月の枢機卿会議に出頭しルートヴィヒとの和解を求める演説を行った[106]。この演説でマルクヴァルトは、ヨハネス二十二世が不正にも侵害した権利をルートヴィヒに回復し、改悛せる罪人を恩寵をもって教会に受け入れ、かくして教会に平和が戻ることを阻止すべきでないことを力説した。しかしこの際にもベネディクトゥスが提示した和解の条件に対しては何も答えられていない。使者は、帝国の名誉とルートヴィヒの権利を損なうようなことを厳しく禁じられていたのである[107]。ルートヴィヒは自らの皇帝選出及び帝権行使の正当性につきいかなる譲歩をも認める意志はなく、教皇による新たな皇帝戴冠を条件としてのみ一時的な退位を考えていたにすぎなかった。そしてこの時点においては教皇もルートヴィヒの和解に関しては好意的な態度で臨んでいたと思われる。しかし、教皇はこのとき和解を決断することなく、解答を留保した。この原因はフランス王からの圧力であった[108]。フランス王フィリップ六世（及びナポリ王ロベルト）はルートヴィヒと教皇の和解に激しく反対し、教皇に対し異端者ルートヴィヒとの交渉を差し控えるよう強い圧力を加えていた。というのも、フィリップ六世はベネディクトゥスが教皇に即位した直後に、自らにはイタリアにおける皇帝代理の地位を、また息子のノルマンディー公ジャンにはアルル王国とヴィエンヌ藩侯領を要求しており[109]、ルートヴィヒと教皇の和解は自分のこれらの要求が無に帰することを意味していたからである。また、ナポリ王ロベルトは、ボヘミア王ヨハネスのイタリア支配失敗の後も、イタリアにおける教皇代理としての自己の支配権が皇帝により脅かされるのを恐れ、皇帝と教皇の和解には終始反対の態度をとっていた。かつて、ルートヴィヒの帝権放棄の試みに際してロベルトが新たな皇帝選出に抗議しローマ教皇に敵対したのもこのためである。当初教皇はこのような圧力に対して、和解を勧める枢機卿の支配的な意見に従って、皇帝の特使に対しては好意的な態度で臨んでいたが[110]、和解に対するフィリップ六世とロベルトの反対は極めて激しく、更にこれにボヘミア王ヨハネスとニーダーバイエルンのハインリヒの反対が加わり、教皇の決定が下されないまま、特使は一三三六年の初頭ひとまずアヴィニョンからドイツに帰還せざるをえなかった。ボヘミアのヨハネスとバイエルンのハインリヒは既に述べた如く、ルートヴィヒの帝権放棄に際してルクセンブルク家に有利なハインリヒの皇帝選出を実現させるべくフランス王及び教皇との交渉を積極的に推し進めていたが、ルートヴィヒの帝権放棄の突然の撤回により期待を裏切られ、ルートヴィヒに対して怒りを抱いていた。そしてボヘミア王の怒りは一三三五年四月ケルンテン公ハインリヒの死後、その領土の継承に関しルートヴィヒがハープスブルク家と結託し北ティロールを自分の領有にしようとしたことによって、更に強いものとなっていた。既に述べたように、ケルンテン公ハインリヒの娘マルガレーテはボヘミア王ヨハネスの息子ヨハネス・ハインリヒと結婚しており、一三三〇年二月にルートヴィヒとケルンテン公との間で、公に男子の相続人が生まれない場合には、公の死後、相続権は娘のマルガレーテにいくことが協定されていた。しかし、ケルンテン公の支配するティロールは、ルートヴィヒのイタリア遠征に際して通過しなければならない要地であったことから、ルートヴィヒは前記の協定を無視し、一三三〇年一一月にハープスブルク家のオットーと別の協定を結び、公の死後はハープスブルク家がエッチュラントを皇帝より封土として受けとり、ティロールはルートヴィヒ自身が領有することが取り決められ、ボヘミア王ヨハネスとその息子ヨハネス・ハインリヒの抗議に対しては協力してこれに対抗することが約された。そして一三三五年四月ケルンテン公が死去したとき、ルートヴィヒはリンツでハープスブルク家と交渉し、ハープスブルク家には封土としてケルンテン公領とエッチュラントを与え、自らは北ティロールを領有しようと試みたのである。このときルートヴィヒとハープスブルク家は、ルクセンブルク家のヨハネスとその二人の息子カールとヨハネス・ハインリヒ、そして皇帝選出の期待を裏切られたニーダーバイエルンのハインリヒに対抗する同盟を結び、両陣営の敵対関係は戦争寸前の状態にあった。しかしこのとき、ヨハネスはパリで病床にあったことから、結局一三三五年九月から翌年の六月まで両陣営の間で休戦協定が結ばれることになるが、その後もヨハネスの敵対心はおさまることなく、一一月にルクセンブルク家はルートヴィヒとハープスブルク家に対抗してポーランド及びハンガリア王と同盟を結ぶことになる。このような情勢にあって、ボヘミアのヨハネスがルートヴィヒとローマ教皇との和解に反対したことは当然のことであった。

さて、和解の試みは一三三六年になっても続けられ、二月には新たな特使がアヴィニョンに派遣された[111]。しかしこれ以後、和解の試みが実りのないものであることをルートヴィヒは次第に理解するようになる。フランス王の圧力により自由な決定権を奪われたローマ教皇は決断を再三引きのばした。教皇はアヴィニョンに着いた使者に対し、和解交渉を留保する理由として、ルートヴィヒがフランスに敵対するドイツの有力な諸侯と同盟を試みているうわさのあることを告げて[112]、フランス王との友好関係が和解の条件であったことを確認させたにすぎず、使者は教皇の態度に当惑しながら再びドイツに戻らざるをえなかった。ベネディクトゥスの言う反フランス同盟とは、明らかにイングランドとニーダーライン地域の諸侯との同盟であり、ルートヴィヒが密かにこれらの諸侯と結合しフランスに敵対することになるのではないかとベネディクトゥスは疑ったのである。事実、ネーデルラントをめぐり、イングランド王エドワード三世は一一三三七年にはホラントのウィレム及びユーリヒのヴィルヘルム・

と結合してフランスとの戦争を開始し、後にはルートヴィヒもエドワードと同盟を結ぶことになるが、一三三六年の時点ではベネディクトゥスの疑惑に応えてルートヴィヒはイングランド王及びニーダーライン諸侯との同盟を否定した。(113) 当時フランス王にとってもネーデルラントをめぐるイングランドとの戦いにおいてドイツの皇帝の支持を獲得することは重要な意味をもち、皇帝と教皇との和解を望まないフランス王は、皇帝とイングランドとの同盟をも望まず、一種のディレンマに立たされていたにちがいない。しかし少なくともイングランドに対抗するルートヴィヒとフランスとの結合が明確にならないかぎり、フランス王は皇帝と教皇の和解を決して認めることはできなかった。一三三六年三月フランス王は延期されている十字軍につきアヴィニョンで協議したが、十字軍のために取り立てられた十分の一税は未だフランス王の手許にあり、王はこの資金を利用してネーデルラントにおけるイングランドとの戦いに対処しようとしていた。このときブルゴーニュの貴族たちは王に反旗を翻し、これをルートヴィヒの扇動によるものと考えたベネディクトゥス十二世はフランスに対するルートヴィヒの敵対的態度を批判したが、ルートヴィヒはこれを否定し、むしろフランス王との同盟を求めて一三三六年九月にユーリヒ伯ヴィルヘルムに対しフィリップ六世と交渉する全権を与えた。ヴィルヘルムは一二月にパリのルーヴル宮でフィリップと交渉に入り、交渉が進行する間はルートヴィヒはフランスの敵との同盟を結ばないことを誓約したのである。このとき、ルートヴィヒの王妃でフィリップ六世の姪であったマルガレーテも夫ルートヴィヒのためにフィリップとの仲介に努めている。このように一三三六年後半においてルートヴィヒは教皇が和解の条件として要求したフランスとの同盟を積極的に試みており、これに応えてフィリップ六世もこの試みを受け入れる用意があった。フランス王との友好関係をローマ教皇に対して示したからには教皇との和解の条件は充たされ、ルートヴィヒは教皇の好意的態度を期待した。ユーリヒ伯ヴィルヘルムが教皇の和解を取りつけるべくパリからアヴィニョンに赴いた頃、一三三七年一月にはドイツからユーリヒ伯を支援するためにプファルツ伯ループレヒト一世に率いられた使者団がアヴィニョンに到着し、ローマ教皇の和解の宣言を待った。(114) このとき、ルートヴィヒが一三三六年十月ニュルンベルクの議会においてループレヒトに与えた二つの委任状(115)には、教皇が示した和解条件に対する敬意に満ちた応答が記され、ルートヴィヒが数年来教皇に対し認める用意のあることを明言してきた事項が再確認されている。すなわち、ルートヴィヒはコルヴァーラのピエトロを反立教皇ニコラウス五世として擁立し、不法な祝聖式を行い、相応しくない者たちに教会財産や聖職禄を授与したことを認める。しかしルートヴィヒが不法な行動をとったのはローマ市民の圧力によるものであり、ローマ市民の支持を得るためにはこのような行動が必要であった。そして教皇ヨハネスとの和解の希望が失われ、教皇が帝権を取り上げようとしたが故にルートヴィヒはヨハネスに復讐したのである。またルートヴィヒは、教皇を廃位し別の教皇を擁立することが異端であるとは思わなかったが、今やこの行為の非を認めている。更に、ヴィスコンティ家を援助したときもこれが異端者であることを知らなかった。そして教会から離反したフランシスコ修道会士、チェゼーナのミカエル、マルキアのフランチェスコ、ウィリアム・オッカム、ボナグラティア、タルハイムのハインリヒたちとは、単に皇帝の裁判権に属する事項についてのみ意見を同じくするにすぎず、これらの者たちを庇護したのは彼らが優れた神学者であり、皇帝と帝国の権利を擁護してくれたからである。しかし清貧問題についてはルートヴィヒは彼らの神学上の誤りを認め、むしろ教令《Cum inter nonnullos》に同意しており、かつて自分が一三二四年のザクセンハウゼンの訴書の中に挿入した清貧問題に関する教皇批判は皇帝の書記長でバンベルク司教座聖堂主席司祭（praepositus）のウルリクス・ウィルドニスの手になるもので、ウルリクスは死の直前にこれを告白しており、ルートヴィヒ自身は訴書を公にした際に福音的清貧に関する神学論争に介入する意図のないことを公言していたのであり、訴書ではただ自らの権利と帝国の権利にのみ関心を抱いていたにすぎない。同様にパドヴァのマルシリウスやジャン・ドゥ・ジャンダンを支持したのも、彼らが帝国の権利につき博学であると主張していたからであり、ルートヴィヒは彼らの五つの見解（すなわち、『マタイ福音書』に記されているようにキリストがローマ皇帝に租税を払ったのは後者の強制権によること、ペテロは他の使徒以上の権威を有しておらずキリストは教会に首長や自己の代理を置かなかったこと、教皇を即位及び廃位させたり罰したりする権限を皇帝が有していること、教皇や大司教、司教や司祭の権威はすべて平等であり、彼らの権威に相違があればこれは皇帝からの授与に由来すること、教会は、皇帝の授権によらないかぎり強制的な刑罰権を有していないこと）を誤謬とみなしており、彼らを教会へと連れ戻そうと欲していたこと、また教皇の聖務禁止令を無視し正当な聖職者に代えて自分に味方する者を聖職者にしたこと、破門された聖職者の典礼に参加したこと、そしてローマで不法に皇帝戴冠を行ったことなどの非を認め、今やこれらの行為に対し後悔の念を抱いている。そして和解が成立すれば、ローマで与えられた帝権をルートヴィヒは放棄するであろう。更に、ジャン・ドゥ・ジャンダン、マルシリウス、チェゼーナのミカエル、オッカム、ボナグラティア、タルハイムのハインリヒなどの異端者が教会に戻ることを拒否するときは、ルートヴィヒはこれらの者を根絶するであろう（extirpabimus）……。以上が皇帝が使者に与えた二つの委任状のうち、教義的問題を扱った委任状の概要である。他方、政治的論点に関する第二の委任状では、教皇ヨハネス二十二世に敵対して為されたルートヴィヒのあらゆる行為の取消、先代の皇帝ハインリヒ七世がナポリ王ロベルトやフィレンツェその他に対し行った告訴や、ルートヴィヒが自ら行ったローマ教会に対する告訴の取下げ、教皇領への不侵入が約束され、また、ロンバルディーアに派遣される皇帝代理が教皇領において裁判権を行使しないことやナポリ王ロベルトとの同盟締結などが約束されている。

しかし、ルートヴィヒの熱心な和解の提言にもかかわらず、結局ベネディクトゥス十二世は和解を拒否した。当初ベネディクトゥスは、皇帝の使者プファルツ伯ループレヒトに有徳と和約の象徴たる「金の薔薇」を手渡していたことから、明らかにルートヴィヒの免罪を真剣に受けとめ、個人的には和解の用意があったと思われる(116)。和解を阻止したのは言うまでもなくフランス王であった。フィリップ六世はパリで皇帝の使者に対し同盟を確約したにもかかわらず、アヴィニョンに使者を送り教皇に対して和解を行わないよう働きかけた。フランス王は、ルートヴィヒと教皇の和解が成立しない場合には、ルートヴィヒがイングランド王と同盟を結びフランスに敵対することを十分予想していたはずである。教皇はこのような同盟締結の恐れがあることを再三フィリップ六世に対し忠告し、和解の承認を後者に求めていた(117)。それにもかかわらずフランス王がルートヴィヒと教皇の和解を望まなかったのは、たとえ和解が成立してもルートヴィヒがネーデルラント問題に関してエドワードと同盟を結ぶと予期したからであろうか、それともより広い視点に立って両者の和解がフランスに不利になると考えたからであろうか。いずれにしても、ルーアン大司教ピエール・ロジェ（後のクレメンス六世）を含むフランス王の使者との協議の後、教皇は一三三七年四月十一日枢機卿会議において和解を拒否した。この会議では先ずルートヴィヒの使者としてフライジング司教座聖堂参事会員で教会法に精通し、有能な外交家であったランデックのマルクヴァルトが再度演説を行い(118)、教皇ヨハネス二十二世の告訴により生じたドイツの混乱を指摘しながら、教皇はルートヴィヒへの告訴を取り下げるべきこと、司教としての義務を果して懺悔の用意ある者に贖罪を認めること、教会へと再び受け入れられるためのあらゆる条件を充たしたルートヴィヒに贖罪を認めない者は「悪魔の道具」でしかないことを力説した。しかしこれに答えてベネディクトゥスは、告訴は正当であり、ドイツの混乱の責任は改悛の情なきルートヴィヒにあること、仮にもしルートヴィヒが真摯に和解を望んでいるならば直ちに帝国支配を放棄しているはずであることを冷やかに使者に告げ、ルートヴィヒを『黙示録』第十二章の龍にたとえ、和解を拒絶し、ただルートヴィヒが王権及び帝権を放棄した場合にのみ免罪を与える旨を宣言したのである。使者は根気強く数週間アヴィニョンに滞在し教皇との交渉を続けようとしたが、結局目的を達成しないままアヴィニョンを去ることになる。これ以後ドイツの人民は和解交渉の失敗を教皇及びフランス王の責に帰し、これまではルートヴィヒに対し距離を置いていた諸侯も、やがてルートヴィヒ支持へと態度を変えていった[119]。そして一三三八年を通じて、皇帝と教皇の関係は新たな方向へと展開していく[120]。

教皇との和解が今や不可能となったとき、ルートヴィヒはフランスとの同盟の試みを打ち切りイングランドとの同盟関係に入っていく。エドワード三世はネーデルラントに関してフィリップ六世に和平協定を提案していたが、フランス側がこれを拒否した結果、イングランドはネーデルラントの諸侯、特にブラバント公ヨハネス、ユーリヒ伯ヴィルヘルム、ゲルデルン伯ライナルドゥス、ホラント伯ウィレム三世、ナッサウ伯ゲルラッハと共にフランスに敵対する同盟を結成し、更にブランデンブルク辺境伯ルートヴィヒや、つい最近まで皇帝特使としてアヴィニョンで和解交渉に努めていたランデックのマルクヴァルトとプファルツ伯ループレヒトもこれにならった。このような状況のもとで一三三七年七月二三日ルートヴィヒはフランクフルトで帝国議会を開き、教皇との和解が不可能となった経緯について説明し、更にネーデルラントに関して重要な決定を下した。この議会には、ホラント＝ヘンネガウ伯ウィレム三世の死後これを相続したウィレム四世をはじめとして上記のネーデルラントの諸侯が列席し、またイングランド王エドワード三世の使者も同席した。先ずルートヴィヒは、事実上フランスの支配が確立していた帝国領土カンブレを中心とする地域にゲルデルン伯ライナルドゥス及びユーリヒ伯ヴィルヘルムを皇帝代理として置いてフランス王に対抗する処置をとり、更にエドワード三世との間にフランスに対抗する相互援助協定を結び[121]、エドワードがルートヴィヒに三十万フローレンス金貨の援助金を支払うかわりにルートヴィヒがエドワードのために二千の兵士を用意することが約定され、また、援助金を受け取った後六週間以内にルートヴィヒがフランスに対する戦争に参加しない場合には、エドワードが皇帝代理権を行使しうることが約された。そして更に両者の間では、ともに武力によりアヴィニョンに侵入して教皇を強制的にルートヴィヒと和解させる計画も検討されていた[122]。しかし、エドワード三世は結局のところルートヴィヒとの同盟を、一三三七年秋の時点では対仏戦争を開始するために十分強力なものとは考えず、この協定を直ちに実行に移すことを控え、極めて慎重にフランスへの出兵（すなわち、以後十五世紀中葉まで続くことになる百年戦争）を準備したのである。従って、フランスとイングランドの戦いはしばらくの間休止状態に入り、この間ローマ教皇は両国の和平交渉の仲介に努め、他方ルートヴィヒは一連の重要な帝国議会を通じてドイツ国内における自らの地位を確固たるものにしていく。しかし、一三三八年の一連の帝国議会に触れる前にマインツ大司教職をめぐる新たな状況を一瞥しておかねばならない。

マインツ大司教は選帝侯の一人であるのみならず、帝国の尚書職を担当する重要な地位にあり、従来、この大司教職をめぐる聖堂参事会とローマ教皇の対立は絶えなかった。既に述べた如く、バルドゥインはルートヴィヒがイタリアから帰還した後、教皇がマインツ大司教として任命したフィルネブルクのハインリヒに対抗し、ルートヴィヒの支持のもとで大司教の権限を行使することになったが、その後、情勢の変化に応じて教皇側につき、ボヘミアのヨハネスの北イタリア及びネーデルラント政策を支持し、更に一三三六年の末にはマインツ大司教の地位の放棄を宣言することになる。既に一三三四年にバルドゥインはリュティヒ（リエージュ）司教アードルフをマインツ大司教に、そして教皇によりマインツ大司教に任命されていたハインリヒをリュティヒの司教にする計画をヨハネス二十二世に提案していたが、教皇はいかなる聖職者も高位から低位へと聖職を移されえないことを理由にこれを拒否した。これに対しフィルネブルクのハインリヒは、バルドゥイン及びマインツ司教座聖堂参事会に対抗してアヴィニョンに訴えを提起し、これに応えてベネディクトゥス十二世はバルドゥイン及びマインツの破門と、大司教区に対する聖務禁止令の発布を決定したのである。しかし教皇との対立をこれ以上望まなかったバルドゥインは、破門宣告が現実に下される以前に教皇の意に従い大司教職を放棄し、マインツには聖堂参事会とフィルネブルクのハインリヒとの和解を取りもつべく教皇特使が送られた。しかし教皇特使は両者の和解に向けて努力するどころか、大司教区の統治権を次第に自らのものにしようと試みたためにマインツは再び混乱に陥った。このような状況の中で、一三三五年以来中部ドイツにおけるバルドゥインの勢力拡大政策の敵対者であったマイセンのフリードリヒの仲介でルートヴィヒとの接触を続けていたハインリヒは、次第にルートヴィヒとの結びつきを強めていき、一三三七年六月二九日フランクフルトの帝国議会においてルートヴィヒは、大司教区において教皇の自分に対する敵対的な教令を読み上げないことなどを条件としてハインリヒをマインツ大司教に正式に任命し、聖堂参事会もハインリヒが参事会の伝統的権利を尊重することを確認した後、これを支持した。これに対し、ハインリヒとルートヴィヒとの和解を裏切りとみなしたベネディクトゥス十二世は、ハインリヒ及びマインツの十一名の聖堂参事会員をアヴィニョンに召喚したが、彼らはこれを拒否したのである。

さて、ルートヴィヒによりマインツ大司教に任命されたハインリヒは、一三三八年三月二七日、シュトラースブルク、バーゼル、パーダーボルン、シュパイヤー、クール、アウクスブルクの司教など、マインツ大司教区に属する十人の司教を中心とする司教区会議をシュパイヤーに召集し、ルートヴィヒもハインリヒの要請によって集会に参加した。[123] この集会でルートヴィヒは、自己と教皇ベネディクトゥスとの和解を阻止したのがフランス王であることを明言しフランスに対する宣戦を布告したが、司教区会議では先ず穏健な立場から教会との和解の交渉を続行することが決議され、ルートヴィヒも、正義と自らの名誉に反しないかぎり、和解交渉の続行をひとまず容認したのである。シュパイヤーに集まった司教たちは、クール司教とナッサウ伯ゲルラッハを教皇及び枢機卿団のもとへ使者として送り、集会の決議を報告し、マインツの破門と聖務禁止令の解除を要求した。[124] しかしこのときもフランス王はベネディクトゥスに対し、ルートヴィヒとの和解をボニファティウス八世の先例を引合いにして威嚇的に阻止し、教皇はフランス王に従わざるをえなかった。教皇は和解を拒否し、マインツ大司教区の聖職者はルートヴィヒの共謀者であり不遜にも皇帝と教皇の和解に介入し、自らをローマ教会の裁定者の如く振る舞うものと非難し、ルートヴィヒが「先ず自らの権限と身分と名誉を放棄しないかぎり、ルートヴィヒを恩恵によって受け入れるよりは死ぬ方がましである」[125] と激怒しながら、和解の意図のないことを使者に伝えたのである。しかし、教皇のこのような態度は、シュパイヤーの集会に集まった聖職者があらかじめ予想していたことであり、教皇との上記の和解交渉の一つの目的は、教皇とフランスに対してはルートヴィヒ及びマインツ大司教を中心とする聖職者たちの善意も無益であったことをドイツ人民と聖職者に示し、問題をドイツ人民自身の政治的問題として捉えるべきことを人々に明確にさせることにあった。以前からルートヴィヒは自己の支配権を側近の助言者たちの援助のもとに擁護してきたのであるが、その後一三三八年の議会を通じて問題が帝国法上のものであることを明確にし、選帝侯その他の諸侯、ドイツの聖職者や諸都市が一体となってアヴィニョンに反抗するような状況を創り上げていった。この際、イングランドのエドワード三世がフランスに対する戦争に関して召集した議会が一つの範例をルートヴィヒに示したと想定することも可能だろう。[126]

一三三八年五月一七日ルートヴィヒはフランクフルトの帝国議会に、マインツ、シュトラースブルク、シュパイヤー、ヴォルムスその他の都市、司教座聖堂参事会の代表者や多くの貴族を召集した。ルートヴィヒは教皇ヨハネス二十二世及びベネディクトゥス十二世に対する和解の努力が教皇により無視された経過を説明した後、諸都市に対し普遍教会の代表者としてルートヴィヒのために執りなすことを要請し、更に、教皇が都市の和解要求を聞き入れないときは教皇を「異教徒（ethnicus）」とみなすことを宣言した。[127] この要請に応じて作成された三十六の都市によるベネディクトゥスへの書簡では、一三二三年及び二四年の訴書で公にされた主張、すなわち、古来の帝国慣習法に従って、選帝侯が全員一致で（あるいは票がわれた場合でも）ローマ人民の王に選出された者は、アーヘンでの戴冠の後はドイツ王の権限を与えられ帝国統治権を行使することができ、教皇には選挙結果の報告と皇帝戴冠の要請を行うだけでよい、という主張を再び宣言し、更にヨハネス二十二世がこの帝国法に違背したこと、教会と帝国の首長の抗争はキリスト教徒全体に害を及ぼすが故に、正当に選出された「皇帝」ルートヴィヒに対する告訴を取り消し、恩寵により皇帝を教会に受け入れるべきこと、もしこれを教皇が聞き入れなければ教皇の告訴を最早誰も気にかけることはなく告訴は無視されるであろうことが述べられている。[128] そしてこの書簡と共にケルン大司教区の聖職者と多くの諸侯も、ルートヴィヒの支持をそれぞれの書簡を通じて教皇に告知した。教皇庁から分離してまでもルートヴィヒを支持しようとするドイツの広汎な勢力は教皇にとり大きな圧力となったにちがいない。フランクフルト議会での宣言からも理解されるように、ルートヴィヒは依然として教皇との和解を基本的には望んでおり、選帝侯をはじめとする多くの諸侯や聖職者、都市の支持を受けて和解を実現しようと努めたのである。[129] しかしこのようなドイツからの訴えにもかかわらず教皇は和解を拒絶し、ルートヴィヒをドイツの王及び皇帝として承認することなく帝国を空位とみなして、ルートヴィヒに対する以前の告訴を取り消す意図のないことを宣言した。

さて、マインツ大司教と対立関係にあった選帝侯のトリーア大司教バルドゥインは、自分を支持者に加えようとしたルートヴィヒの誘いにもかかわらず、シュパイヤー及びフランクフルトの議会に対しては消極的な態度で臨んでいた。しかし一三三〇年代後半においてネーデルラントをめぐるイングランド王とルートヴィヒの対仏同盟が強化され、ユーリヒ伯ヴィルヘルムの兄弟であるケルン大司教ヴァルラムもこの同盟に加わり、更にプファルツ、アルザス、マインツ大司教区及びニーダーラインの全貴族がルートヴィヒを支持するに至り、トリーア大司教区の孤立を危惧したバルドゥインは、一三三七年の後半にネーデルラントのイングランド側の勢力と結合し、更には一三三八年七月にマインツ大司教と和解した。このような状況を背景として、七月一六日にレンスの選帝侯会議が開催されることになる。先ず一五日に、ボヘミア王ヨハネスを除く全選帝侯（すなわち、マインツ、ケルン、トリーア大司教、ブランデンブルクをめぐるルートヴィヒの処置の故にこれと敵対しボヘミア王ヨハネスと友好関係にあったザクセン公ルードルフ、ブランデンブルク辺境伯で皇帝ルートヴィヒの息子ルートヴィヒ、そしてヴィッテルスバッハ家の二人の公ループレヒトとルードルフのうち一人がプファルツ選帝侯として参加）はルートヴィヒと共にラーンシュタインに協議のために集まり、その翌日にライン左岸のレンスで選帝侯会議を開いた。[130] 王選挙以外の目的で選帝侯が帝国の問題に関する会議を設けたのはこれが最初である。言うまでもなくこの会議の主要な目的は、万人に対して帝国の法と名誉、そして選帝侯の権利を擁護することにあった。この集会において選帝侯は公式書（Formular）及び王選挙に関する裁決（Weistum）[131]を公にし、「もし或る者が帝国の選帝侯によって、たとえ全員一致でなくとも選帝侯の多数派によりローマ人民の王に選出された後は、教皇座の任命、承認、確認、同意ないし権威を必要とせず帝国財産と法の統治ないし王の権限を獲得することが、帝国の法と古来の慣習により認められている」ことを宣言した。[132]しかしこの裁決に関して注意すべきことは、これが帝国法として抽象的な言葉で作成され、ルートヴィヒの皇帝としての地位については何も触れられておらず、ルートヴィヒに対する教皇の断罪宣告の正当性についての言及もみられないことである。更に、選帝侯会議の裁決の他に、選帝侯の大司教たちは教皇に対して個人的な書簡を作成しているが、ここには各大司教の態度の相違がみられて興味深い。例えばバルドゥインは教皇に対し控えめな言葉で「皇帝に選ばれた」ルートヴィヒを恩寵をもって教会に受け入れ、ドイツの人民と全教会にとって有害な不和を終結させるべく、選帝侯と共に和解の努力をして欲しいという趣旨の要請を行っているのに対し、[133]ルートヴィヒの熱心な支持者であり帝国の尚書職にあったマインツ大司教フィルネブルクのハインリヒが作成した書簡[134]では、「皇帝である」ルートヴィヒと帝国の権利を侵害したヨハネス二十二世の告訴を取り消すべきことが要求され、神と法に違背した破門や聖務禁止令が、帝権により導かれ保護されるべきキリスト教世界に害を与えたこと、ルートヴィヒと和解しないかぎりドイツの諸侯は別の救済手段に訴えねばならないことが述べられている。ハインリヒの言う帝国の権利とはローマ皇帝ルートヴィヒの権利であり、ハインリヒが教皇に対して擁護したのは、選帝侯の選挙に基づくドイツ王だけでなくルートヴィヒ個人の帝権であった。バルドゥインが教皇とルートヴィヒの和解をひたすら志したのに対し、ハインリヒの書簡は戦闘的な論調を帯びたものであった。また、もう一人の選帝侯のケルン大司教のヴァルラムは極めて消極的な調子で、教皇に対しレンスの会議に出席したことの寛恕を願い、自分が常に教会の忠実な息子であること、ルートヴィヒを教皇の承認なくしては皇帝と認めていないことを明言している。[135]従って、三人の大司教の中ではバルドゥインの立場が中庸を得た立場であり、この立場がそのまま裁決の中に反映されていると考えられるだろう。しかしながら他方でルートヴィヒからみれば、レンスの裁決は自分がこれまで主張してきたことの確認を意味したものの、裁決の中にはルートヴィヒの名前はなく、帝国は選帝侯団が代表するかたちとなっており、必ずしもルートヴィヒの意にかなったものではなかった。むしろルートヴィヒは、レンス集会のほぼ二十日後のフランクフルトでの帝国議会、そして更に一カ月後のコーブレンツでの帝国議会で自己の立場を力強く表明することになる。

一三三八年八月四日、ルートヴィヒはフランクフルトにドイツの諸侯、聖職者、諸都市の代表を召集し、その二日後に帝国議会を開いた(136)。ここでは先ずナッサウ伯が、和解を頑強に拒否する教皇の態度を非難した後、ルートヴィヒはこれまでの教皇との和解の努力を説明し、声高に主禱文、天使祝詞そして使徒信教を唱え、自らに対して異端の罪を否定した後、勅令《Licet iuris》(137)及び既にフランクフルト議会で用意されていた指令《Fidem catholicam》(138)を公式に発布し、これらはフランクフルトの司教座聖堂と聖バルトロメーウス教会の扉に皇帝の印章をつけて七日間貼り出された(139)。《Licet iuris》の全文は以下のとおりである。

「神の恩寵により卓越せるローマ人民の皇帝ルートヴィヒ。以下に述べることを永遠に想起するために。確かに両法の証言は次のことを明白に宣言している。すなわち、皇帝の威光と権力は当初より神のみから直接に由来するものであり、神は現世の皇帝と王を通じて人類に法を授けた。そして皇帝は選挙権を有する者の選挙のみにより真の皇帝となり、これ以外のいかなる確認や承認も必要でない。というのも、皇帝は世俗的事項に関してこの世で上位者をもたず、むしろ他のあらゆる国は彼に服従しているからである。そして、主イエス・キリスト自ら、神のものは神に、皇帝のものは皇帝に与えるべきことを命じている。ところが或る人々は、利欲と名誉心に眩惑され、そして他の者は確かに聖書の正しい理解を自ら有すると主張しはするが正しい意味の正路を失って、皇帝の威光と権力は教皇に由来し、皇帝に選ばれた者は教皇ないし教皇座により確認され承認され戴冠されないかぎり、選挙されても真の皇帝でも王でもない、と虚偽の誤った主張をすることにより、皇帝の威光と権力に対し、そして選帝侯やその他帝国の諸侯や忠実な臣下の権利に対して、不正で誤った妄想と憎むべき要求を提出している。そして、このような誤った主張と禍に充ちたドグマにより、昔の敵対者は争いを再び呼び起こし不和を引き起こし、闘いを用意して混乱を眠りから目ざまそうとしている。このような悪を回避するために、余は、選帝侯や他の帝国の諸侯の助言と同意によって、皇帝の威光と権力は直接的に神のみから由来すること、そして帝国の法及び古来の慣習により次のことが認められていることを宣言する。すなわち、帝国の選帝侯により全員一致で（concorditer）、ないし多数派により（a maiori parte）皇帝あるいは王へと選出された者は、直ちに選挙のみによって真の王となり、ローマ人民の皇帝とみなされ命名されること、そして帝国に服するすべての人々は彼に服従義務を負い、彼は帝国の財産と法を統治し、その他真の皇帝に属するあらゆることを行う完全なる権力を有しており、教皇ないし教皇庁あるいは他の誰かの承認や確認、権威や同意を必要としないことである。そして、余はこの永遠に効力をもつ法律により次のことを規定する。すなわち、選帝侯の全員一致ないしは多数決で皇帝に選出された者は、選挙のみにより、万人によって真正で正当な皇帝としてみなされ且つ扱われること、帝国に服するすべての人々は彼に服従する義務があること、彼は帝国の統治権と裁判権及び完全なる皇帝権を有するものであり、また彼がこれらの権利を有することを万人が承認し確固として主張すべきことを余は規定する。しかし、この宣言、決議、決定を批判し、これにつき何かを語ろうとし、あるいはこれに反対する者に同意し、この者の命令や書状や指令に聴従する人々に対しては、余は直ちに、帝国から彼らに与えられたあらゆる封土、余あるいは余の先任者から彼らに認められたあらゆる恩恵、裁判権、特権、負担免除を取り上げ、彼らは法的にも事実上もこれらを失うべきことを決定する。更に余は、彼らが反逆罪（crimen laese maiestatis）を犯したこと、反逆罪を犯した者に科せられるあらゆる刑罰に服することを規定する。これらのことすべての証しとして余はこの法律ないし布告を起草し、余の皇帝の印章によりこれを確証する。この法律は余の都市フランクフルトにおいて、主の年の一三三八年、余の王国の二三年、そして余の帝国の一一年の八月六日に起草され公布されたものである」。

勅令《Licet iuris》では、フランクフルトの五月の帝国議会及びレンスの選帝侯会議の立場が基本的に維持されているが、この勅令の作成にはミカエル派が関与しているとも考えられる[140]。しかし、ルートヴィヒが公にしたもう一つの指令《Fidem catholicam》[141]には、より明白にミカエル派の影響がみられ、事実この指令は、オッカムとボナグラティアを中心とする離反フランシスコ派の助言により作成されたと想定されている。これは一三三四年以来ルートヴィヒへの影響力を失ったかにみえたミカエル派が再び活動を開始したことを示している。この指令で宣言されている三つの中心的な主張は、皇帝権は神から直接皇帝に与えられたもので教皇に由来するものではなく、ローマ人民の王に選出された者は、教皇による聖別や戴冠とは無関係に選挙のみにより、帝国における権限を行使できること[142]、ヨハネス二十二世はルートヴィヒの選挙を無効とみなし帝権を略奪しようと試み、イタリアを帝国から分離しようとしたが、これは帝国の権利に違背する行為であり、ルートヴィヒに対する教皇の告訴も無効であること、皇帝のこの無効宣言に従わない者は皇帝からのあらゆる封禄を喪失すること、帝権を侵害したヨハネス二十二世は異端者であり、前任者ヨハネスの告訴を撤回しないかぎりベネディクトゥス十二世も同様に異端者であること[143]、そして一般公会議は教皇及び枢機卿会議より上位にあり、皇帝は神法に由来する帝国法を擁護するために教皇の異端に関し一般公会議に提訴すること[144]、以上である。このようにフランクフルトの議会でルートヴィヒは自己の主張を力強く宣言したのであるが、レンスで重要な役割を果たしたバルドゥインはこの議会には出席していなかった。ルートヴィヒ個人を皇帝として支持する人々により開催されたフランクフルト議会の立場に対しバルドゥインは一線を画し、勅令《Licet iuris》を積極的に是認することはなかった。また注意すべきことは、この会議には選帝侯をはじめ有力な諸侯や都市の代表者は列席していなかったことである。

さて、フランクフルトの帝国議会から三週間後の九月初頭に、ルートヴィヒはコーブレンツで再び帝国議会を召集した[145]。先ず九月二日に《Licet iuris》、三日に《Fidem catholicam》が再度公布された後、五日には王冠を戴き皇帝の権標たる地球儀と王笏を手にしたルートヴィヒを中心に、ドイツの諸侯が参集した。コーブレンツはトリーア大司教区に属しており、この議会にはフランクフルトの議会と異なり多くの公や大司教と共にトリーア大司教バルドゥインも出席したが、それにもまして重要なことはイングランド王エドワード三世の列席である。一三三八年二月にエドワードはイングランド議会からフランスに対する宣戦、及び戦争に必要な資金の調達に関して同意を得ていた。フランドル伯及びリエージュ司教などに支持されたフランスに対抗し、フランドルの諸都市やネーデルラントの諸侯の支援のもとにエドワードは七月にアントワープに上陸した。この後八月にケルンからボンを経てラインのニーダーヴェルトでルートヴィヒ及びバルドゥインと会見し、更に九月五日にコーブレンツの議会に出席したのである。議会に出席した重要な人物はエドワード三世とバルドゥインの他に、マインツ大司教、アウクスブルクとシュパイヤー司教、ザクセン公ルードルフそしてプファルツ伯であり、ハープスブルク家の公やボヘミア王ヨハネスは出席していない。コーブレンツの議会では、先ずレンスにおいて選帝侯が確認した裁決（Weistum）に基づき、ルートヴィヒに対するヨハネス二十二世の告訴と断罪は不法であり遵守されるべきでないことが宣言され、ルートヴィヒはレンスの裁決を帝国法とみなしたのみならず、これを自己自身の状況に適用し、ヨハネスの行動が無効であることを主張した。またこの議会では、身分に関係なくすべての人々は帝国の法を擁護し皇帝とその代理を支持すべきであり、従軍を拒否する者はこれまでと同様に封禄を失うばかりか平和喪失を宣言されることが告知され、更にフェーデに関する重要な規定が公にされた。すなわち、あらゆるフェーデは三日前に公言されるべきこと、街道での襲撃には重罪が科せられ、特に皇帝の使者に対する襲撃は身体刑と財産刑に処せられることが定められ、また皇帝代理に服従しない者や教皇の聖務禁止令を守り聖務を拒否する聖職者は大逆罪に処せられることが宣言された(146)。次にコーブレンツの議会ではルートヴィヒとエドワード三世の間で重要な協定が締結された(147)。すなわち、ルートヴィヒはフランスの王権に対するエドワードの要求を認め、ヴァロア家のフィリップを排してエドワードにフランス王権を授与し、更にエドワードがルートヴィヒに忠誠の誓いをたてた後、九月一五日のフランクフルト議会での決定に従い、エドワードをライン河の左側の帝国領土の皇帝総代理（vicarius generalis per Alemanniam et Germaniam）に任命し(148)、これに徴税権その他の統治権を与え、更にネーデルラントにおける鋳貨権をも認めた。また、両者はフランスに対する戦争に関して協定を結び、エドワードがルートヴィヒに戦争資金を援助する代わりに、ルートヴィヒは翌年の五月までにフランスに対する戦争を開始することが約されたのである。この協定でエドワードは形式的にはルートヴィヒの封臣となったわけであるが、協定の実質的内容はルートヴィヒがイングランドの対仏戦争の協力者になることであった。

コーブレンツの議会はルートヴィヒの威光が頂点に達したときであった。皇帝と帝国のために教皇を敵にしてまで闘おうとする気運はルートヴィヒの周囲の支持者のみならずドイツ全体に行きわたり、教皇の聖務禁止令にもかかわらず聖職者の中でルートヴィヒに反対する者は多くはなかった。そしてこれまでは消極的な態度を保持していたバルドゥインでさえ、今やイングランド王と結合し、ルートヴィヒを正式に皇帝として承認するに至ったのである。

しかし、ルートヴィヒは教皇との和解の試みを放棄しなかった。既述のレンスの裁決とフランクフルトでの勅令はシュトラースブルク司教によりアヴィニョンに報告されており、またルートヴィヒはコーブレンツの議会の後、議会の結果を収録した書類を使者を通じてアヴィニョンに送っていた(149)。これに対しベネディクトゥス十二世は従来の態度をいささかも変えることなく、聖務禁止令を遵守すべきでないというルートヴィヒの命令を非難し、教皇の承認により帝権が与えられるという主張を繰り返したのである。しかしこの後もルートヴィヒはラインの三人の大司教を教皇との和解の仲裁者とし、仲裁が帝国の法と衝突しないかぎりでこれら大司教の仲裁に従おうとした(150)。しかし教皇は、シュパイヤーでの司教の仲裁の申し出を拒否したのと同様にこの提案を拒否し、和解の条件に関し従来と同様の要求を繰り返すにすぎず(151)、これに加え、レンスの裁決を教会の自由を損なうものとして非難した。教皇のこのような態度を前にして、ルートヴィヒと選帝侯は教皇への敵対的な姿勢を強固にしていく。そして一三三九年三月にフランクフルトで帝国議会が再度召集され[152]、今度はボヘミア王ヨハネス及び教皇の使者が出席する中で、次のことが確認されるに至った。すなわち、選帝侯により選出された王をローマ教皇が承認せず戴冠を拒否する場合は、教皇に代わって大司教ないし司教がローマ以外の場所においても戴冠を行うことができること、これを帝国法として認めない者は帝国から追放されるべきこと、そして将来の王は選挙に際してこのことを誓約すべきことが〈Weistum〉とされたのである[153]。この裁決により、ルートヴィヒが一三二八年に獲得した皇帝権は形式的法的に正当化されたことになった。ケルン大司教ヴァルラムは従来と同様にこの議会に対しても消極的な態度をとり続けたが、これ以外の選帝侯はフランクフルトの決議に至って、レンスで示された立場を更にルートヴィヒに有利な仕方で修正していったことになる。既述の如くこの議会にはフランスと同盟関係にあったボヘミア王ヨハネスも列席し、ヨハネスはその息子メーレンのカール（後のカール四世）の激しい反対にもかかわらずルートヴィヒと和解し[154]、ルートヴィヒに封建的な忠誠を誓ったのである。かくしてドイツは、ルートヴィヒを中心に一団となって、教皇及びフランスに敵対する構えをみせたかに思われた。

一三三九年九月エドワード三世の軍隊は、ブランデンブルク辺境伯ルートヴィヒとマイセン辺境伯フリードリヒその他ネーデルラント諸侯の支援のもとにブリュッセル付近に陣をとりフランスへの戦いを準備し、ルートヴィヒとの和解の後もフランスとの同盟関係を続けたボヘミア王ヨハネスの指揮のもとにフランス側はこれを迎え撃つことになった。しかし、エドワードはこの時点でも未だルートヴィヒに約束した軍資金を提供せず、両者の一三三八年の協定は実現されないまま、エドワードはメヒェルンでドイツの同盟者たちと会議を開いた後フランス王に対し宣戦布告をした。ところが他方でルートヴィヒ自身も積極的にエドワードを支援することなく、英仏戦争に対しては終始中立的な態度を保持したのである[155]。戦いにおいて当初攻撃に出たのはイングランド、ドイツ、ネーデルラントの連合軍であり、フランスは防衛にまわったが、フランスの方が軍事力において勝り両者の争いは容易に決着がつかず、イングランド側は攻撃を中止せざるをえなかった。しかしエドワードは一三四〇年一月に新たな攻撃を開始する。前述の如く、一三三七年に既にエドワードは自分がカペー朝のフランス王フィリップ四世の娘イザベラの息子であることを法的根拠にしてフランス王権の正当な承継者であることを主張し、ヴァロア朝のフィリップ六世の王権を否定しており、フランドルでは既にフランス王として当地の貴族から忠誠の誓いを受けていたが、一三四〇年ヘント（ガン）で自分がフランス王であることを正式に宣言し、ヘントの市民と貴族はエドワードに封建的忠誠を誓い、ゲルデルンのライナルドゥスが当地の総督（gubernator）に任命された。六月二四日、エドワードの軍隊はズヴィン河河口のレクリューズでイングランド軍上陸を阻止しようとしたフランスの船隊を破りフランス軍に大きな打撃を与えた。しかしこの勝利はイングランドに直接的に有利な状況をもたらすことはなく、その後の陸上の戦いにおいてもイングランドは決定的な勝利を収めるには至らず、一三四〇年九月にトゥルネー近くのエスプレシンにおいてエドワードはフランスと休戦協定を結んだ後、失意のうちに一時母国に退却せざるをえなかった。イングランドとフランスはその後再びブルターニュ公国の相続問題をめぐり戦争に突入することになる(156)。

さて、一三四〇年以降ルートヴィヒの政治的行動に新たな変化が生ずる。レクリューズでの敗戦の後、フィリップ六世はルートヴィヒに英仏両王の間の調停を要請したが、これを機会にルートヴィヒはエドワードとの同盟を離れてフィリップとの友好関係の確立を目指すようになる。ルートヴィヒがイングランドとの同盟を破棄した理由は、おそらくニーダーラインにおけるイングランド勢力の強大化の恐れがあったことと、フランス王と友好的な関係を結ぶことによりアヴィニョン教皇庁と和解し、帝国と教会の関係を正常化しようと欲したからであろう(157)。ドイツ各地に対する教皇の聖務禁止令は、聖職者のみならず多くのキリスト教徒に常に大いなる不安を呼び起こしていた。そこで一三四一年一月、ルートヴィヒはついにフィリップ六世と友好条約を結ぶことになる(158)。フィリップはアヴィニョンとの和解の仲介を確約し、ルートヴィヒを英仏戦争の仲裁者として認める一方で、三カ月後にはルートヴィヒはエドワード三世の皇帝代理権を取り消し、フランスがかつて侵略した帝国領土（特にカンブレー）への権利を最終的に放棄することを約した(159)。そしてこれまでイングランドを支持してきたトリーアとマインツの選帝侯大司教もルートヴィヒにならってフランスと和解することになる。ルートヴィヒがこのようにフランス王との友好関係へと態度を変更した理由は、上記のこと以外に、ドイツにおけるルートヴィヒの立場にとって脅威となったルクセンブルク家を味方に引き入れようと欲したからである。既述の如くルクセンブルク家のボヘミア王ヨハネスはフランス王の忠実な支持者であった。ルートヴィヒは、イングランド王と共にフランスに敵対することよりも、フランス王及びローマ教皇との和解を通じ、またルクセンブルク家の支持をも獲得することにより、ドイツ国内の自己の権力を安定化させることが得策と考えたのである。

しかし、このようなルートヴィヒの期待はかなえられることはなかった。フランス王との和解の後、ルートヴィヒは使者をパリの王のもとに送り、アヴィニョンとの和解の試みを熱心に進めた。このとき、ルートヴィヒが交渉の代理として今までその任にあたってきた教会法学者ランデックのマルクヴァルトとならんで、有名な帝国法の理論家ベーベンブルクのルーポルト[160]を任命したことが注目される。ルーポルトは既に一年前に、レンスの選帝侯裁決を理論的に基礎づけた著作〈Tractatus de iuribus regni et imperii romani〉を書きあげており、ルートヴィヒは経験豊かなマルクヴァルトの実務的才能と共に、ルーポルトの理論によって、教皇との交渉に際して自らの立場を適切且つ明確に提示しようとしたのであろう[161]。しかし、ベネディクトゥスはこのときにも和解交渉を固く拒んだのである。和解は再び不成功に終った。そしてルートヴィヒと教皇は、ティロールにおける婚姻問題を機会として決定的に決裂するに至る。ティロール問題はまた、ルートヴィヒの将来の政治的運命を決定する重要な事件ともなった。

　ケルンテン公にしてティロール伯ハインリヒの娘で唯一人の相続人であったマルガレーテ・マウルタシュは、既述の如く、一三三〇年ボヘミア王ヨハネスの息子ヨハネス・ハインリヒと結婚していた。しかし一三三〇年にルートヴィヒはハープスブルク家と密かに協定を結び、ケルンテン公ハインリヒの死後はハープスブルク家にケルンテン領有が認められる代わりにヴィッテルスバッハ家にはティロールが与えられることが相互に約されたのである。そして、ケルンテン公ハインリヒが一三三五年に死去すると、ルートヴィヒはハープスブルク家にケルンテンと南ティロールを封土として授与し、息子のブランデンブルク辺境伯ルートヴィヒには北ティロールの領有を確保しようとしたが、北ティロールの貴族の反抗を制圧することができなかった。更にルクセンブルク家は上記の協定に対抗して自らの権利を主張しハープスブルク家と争ったが、一三三六年に両家の間で和約が成立し、ルクセンブルク家はケルンテンを放棄する代わりに、同家のヨハネス・ハインリヒ及びマルガレーテがティロールを領有することが約され、ヨハネス・ハインリヒの兄メーレンのカールがティロールの保護者となった。このときルートヴィヒはルクセンブルク家に対してティロールとブランデンブルク辺境伯領の交換を申し出たが、ボヘミア王はこれを拒否したのである。従ってルートヴィヒは上記の協定によりいかなる利益も獲得することなく、一三三九年にはヨハネスに対してティロールを封土として正式に授与せざるをえず、自らは英仏戦争に対する態度決定に迫られ、ティロールからは一時身を引くことになった。しかし、再度ルートヴィヒに対しティロール介入を可能にするような事態が生じたのである。

　ティロールがヴィッテルスバッハ、ハープスブルク、ルクセンブルクの三家のかくも熱心な領有をめぐる争いの対象となった理由は、前二者にとりティロール支配はそれぞれ相手方の領土と境を接する地域の支配を意味し、またルクセンブルク家にとっては前二者の勢力拡大を阻止する手段となりえたからであり、またイタリアへの進軍の通路として、ティロールはイタリア支配にとり戦略的に重要な地域でもあったからである。さて、ティロールを支配したルクセンブルク家のヨハネス・ハインリヒとマルガレーテの結婚は、後者にとり最悪の事態をもたらしていた。ヨハネス・ハインリヒの兄でティロールの保護者であったカールは、ティロールの貴族を制圧すべくボヘミアの兵隊を利用したが、両者の対立は容易に解決をみることはなく、更にマルガレーテとヨハネス・ハインリヒには子が生まれず、前者は離婚を望んでいた。ヨハネス・ハインリヒの性的不能がマルガレーテの離婚要求の理由である。従って、ティロールの貴族とマルガレーテはともにヨハネス・ハインリヒとカールの兄弟によるルクセンブルク家の支配を嫌悪していた。そこで、ティロールからヨハネス・ハインリヒを追放すべく、貴族とマルガレーテはティロール領有をかねてから欲していたルートヴィヒに支援を求め、離婚及びルートヴィヒの息子でブランデンブルク辺境伯ルートヴィヒとマルガレーテの結婚を要請した。これを受けて一三四一年一〇月、ルートヴィヒ父子はティロール近くのクーフシュタインに来てハインリヒ追放の報告を待ち、一一月にティロールの貴族とマルガレーテは狩に出たヨハネス・ハインリヒに対しあらゆる居城を閉し、ボヘミアの兵隊と共にハインリヒをティロールから追放したのである[162]。兄カールがティロールに不在であったことから、ハインリヒは貴族の攻撃を逃れて南下し、アクイレイアの総大司教ルクセンブルク家のベルトランドゥスのもとに身を置いた。そしてハインリヒはマルガレーテの行動を教皇に告訴し、これを受けて教皇はベルトランドゥスに両者の主張を聴いたうえで裁決を下すよう命じたが、マルガレーテはベルトランドゥスの召喚を拒否したのである。他方、ティロールの貴族たちはミュンヒェンに赴き、マルガレーテとブランデンブルク辺境伯ルートヴィヒとの結婚を要請し、皇帝ルートヴィヒはこの要請を受け入れ、ティロール貴族の特権の尊重と、彼らの居城に外国の兵隊を駐屯させないことを約した。ところが、マルガレーテとブランデンブルク辺境伯ルートヴィヒの結婚には二つの法的障害が存在した。すなわち、教会法は性的不能の故に成就しない婚姻が解消可能であることを認めていたが[163]、離婚には教皇の承認が必要であると同時にマルガレーテの祖母エリーザベトはルートヴィヒの祖父ルートヴィヒ二世の妹であり、マルガレーテと辺境伯ルートヴィヒは近親関係にあることから両者の婚姻には教会法上の特免が必要とされた。このとき、ベネディクトゥス十二世が離婚の承認を拒否したことは言うまでもない。更に教皇は、自分の許可なくしてマルガレーテが再婚した場合には破門に処することを宣言した。しかしルートヴィヒにとってみれば、息子のルートヴィヒとマルガレーテの結婚は、ティロールをヴィッテルスバッハ家の領有とするための好機であり、教皇の強い反対を押しきってまでも実現されるべきものであった。この際マルガレーテ側が離婚の正当根拠として提示したのはハインリヒが婚姻上の義務を果たしていない、ということである。ハインリヒは後に第二の婚姻において五人の子供をもうけていることから性的不能ではなかったが、マルガレーテは不能を根拠としてハインリヒとの離婚を要求した。しかしベネディクトゥス十二世が離婚と再婚を許可しない以上、ルートヴィヒは別の手段に訴えざるをえず、この時点で教皇ベネディクトゥスに対するルートヴィヒのこれまでの和解の試みも終止符を打つことになった。

先ず皇帝ルートヴィヒは、フライジング司教に選出されていたが教皇がその承認を拒否していたルートヴィヒに離婚の宣言を行うよう要請し、これに同意した司教は、レーゲンスブルク司教フリードリヒ及びアウクスブルク司教ハインリヒを伴い、皇帝ルートヴィヒ父子と共に離婚と再婚を成立させるべく南ティロールへ赴いた。しかしこの旅の途中でフランジング司教は落馬により死去し、これを再婚を禁止する神の審判と考えた他の二人の司教は皇帝ルートヴィヒに南ティロールまで同行することを拒否したのである[164]。そこでルートヴィヒは更に別の方法で息子とマルガレーテの婚姻の正当化を試みた。すなわち、ルートヴィヒはパドヴァのマルシリウスとウィリアム・オッカムの二人に、問題となっている婚姻を理論的に正当化するように要請し、教皇の非難から理論的に身を守ろうとした[165]。ルートヴィヒのこの要請により書かれたのがマルシリウスの〈Tractatus consultationis super divorcio matrimonii[166]〉とオッカムの〈consultatio de causa matrimoniali[167]〉である。以下、両者の助言を比較検討してみよう。

マルシリウスは先ず神法と人定法の区別から議論を始める。神法とは神の命令であり、その違背に対する刑罰は来世において科せられる。神法は具体的には人間に対する神の言葉、すなわち新約聖書の中に含まれ、神法の解釈は神学者や聖職者により行われるが、教皇も含めて神法の解釈者はすべて強制的な刑罰権を行使できない。神法上の刑罰権は神のみに帰属し、しかも来世で刑罰は科せられるからである。「わたしの国はこの世のものではない」(『ヨハネ福音書』(18・36))という言葉は、キリストが人間たるかぎりでは強制権力を有していないことを意味し、地上におけるキリストの代理者も同様である。これに対して人定法は人間たる立法者に由来し、市民の総体（civium universitas）ないしその有力な部分（pars valentior）が、あるいは皇帝と呼ばれるローマ人民の王が人定法の立法者であるが、神法と異なり人定法の立法者は現世における強制的刑罰権を有している。それでは離婚の裁定はどちらの法に属するのであろうか。

「もし、提示された婚姻が何らかの理由で神法上不法であり禁止されているかどうかにつき疑問や問題が生じたならば、これにつき裁定する権限及びこれに回答すべき義務は神法に違背しない法律やその地域の正しい慣習により、この種の問題を裁定すべく任命された司教や司祭、そして神法の博士に属する。というのも、婚姻やこれ以外の人間の行為と業に関する神法上の命令、禁止、許可を理解し、神法により正当に為されるべき（為されるべきでない）事柄は何か、それはどのような方法で為されるべきかを理解するのは、彼らの任務だからである。もし疑問が生じ、例えば配偶者の一方が肉体上の義務を他方に対し果たす能力のないことが、神法上両者の離婚の十分な理由になるか否かが問題とされれば、聖書に仕える職務にある人々や博士はこれを裁定し問題に答えねばならない。というのも、この職務は彼らに属すると繰返し私が述べたように、もしこれを履行しなければ、彼らは神法に従って強制権を行使する裁定者により、現世ではなく来世において罰せられるからである[168]」。

性的不能は離婚事由になるか否かが神法上の問題であれば、これにつき判断を下すのは教皇その他の聖職者の任務に属する。しかし刑罰権や強制的権限は彼らにではなく神にある。

「しかし、肉体的欠陥が離婚の正当事由となりえ、またそうなるべきとされても、疑問が生じ、このような欠陥が配偶者の一方に存在するか否かが問題とされたとき、欠陥が相手の配偶者に存在することが確証され、これを理由に欠陥のない配偶者が相手方を訴え、欠陥ある不能者から離婚することを欲した場合、この問題につき強制的な裁定を下す権限は神法上、キリストないし神に属する。神は現世ではなく来世において不正な配偶者を刑罰に服さしめるのである。例えば、欠陥ある配偶者が不正にも他方に自由を認めず、相手の身体や財産に対し暴力をふるって、相手を引きとめたり妨害や強制を加えたりする場合がそうである。この点に関して、裁定者は上記の欠陥が一方の配偶者に存在し、それ故離婚すべきかどうかを知るために証人の言葉を必要としない。既に述べた如く、いかなることも彼の目から隠れてはいないからである[169]」。

しかし、人定法が離婚につき規定する事柄の強制は、人間たる立法者ないし裁定者（市民の総体ないしその有力な部分あるいはローマ人民の王）の権限に属する。これは規定されている事柄が世俗的事項（temporalia）であるか霊的事項（spiritualia）であるかを問わない[170]。

「それ故、婚姻やそれ以外の霊的事項で、それ自体において、あるいはそれに含まれそれと関連する人間の行為の故に、ある種の状況において、これらの事項について制定された人定法の規定――私が言うのは、神法に違背せず、むしろこれと合致しこれを提示するような規定である――と関係づけられた事項については、世俗の立法者が立法し、強制権を行使する裁定者が裁定を下すことが適切である。そして更に、このことは必要なことと考えるべきである。というのも、これから取り決められる婚姻や既に取り決められた婚姻には、人間行為により正当あるいは不正な仕方で為され、為されない多くの事柄が介在するからである。それ故、人間たる立法者及びこの権限の委任により強制権を行使する裁定者が、違反者を刑罰を通じて強制することによってこれらの事柄を規制することが適切とされる。次のような事例を想定してみよう。例えば一方の配偶者が離婚の判決を宣言された後も他方の配偶者と別れることを欲さず、結婚していたときに、そして離婚判決が下される以前にそうしていたと同じように相手方の身体や財産に手をつけているとしよう。この場合、その者が裁定されたことや判決を守らないかぎり、現世において、強制権を行使する裁定者によって物的ないし身体的な刑罰を科され強制されるべきである[171]」。

神法と人定法は、動力因（causa efficiens）、目的因（causa finalis）、資料因（causa materialis）、形相因（causa formalis）を異にする。神法と人定法の動力因はそれぞれ神と人間の意志であり、目的因はそれぞれ永遠の至福と現世の平和、質料因は信仰や愛、希望などにより至福をえる人間と、平和、権力などの現世的事項にたずさわる人間であり、また前者が天体運動の如く永遠で後者が挽き臼の回転の如く永遠でないように、両者の形相は少なくとも類において異なる[172]。しかし、神は現世において刑罰を下すことはないという主張に対しては、神法違反の罪を犯した人間に対して現世で科せられる破門の存在を論拠に、反論がなされるであろう。しかし、マルシリウスは次のように答える。

「破門は、それが他の社会成員との接触の剥奪（privatio a communicatione civili）を意味するかぎり、人定法上の刑罰であり、物的ならびに身体的刑罰がその結果として科せられるある種の追放刑がこれにあたる。神法によってこのような刑罰が罪人に科せられるよう規定されることはない。これに反して、破門が罪人との交わりを避けること、彼を仲間として社会的な関係や会話を交わすべきでないこと、特にキリスト教の信仰に属することや宗教的儀式においてこれらのことを行うべきでないことを意味するのであれば、これは物的な刑罰でも身体的な刑罰でもなく、一種の恥辱や羞恥であり、これによって社会成員としての物的身体的な利益が神法上の規定によって取り上げられるわけではない[173]」。

次にマルシリウスは、婚姻が霊的事項に属するか世俗的事項に属するかを検討する。先ず、「秘跡」（sacramentum）という言葉に二つの意味があることに注意しなければならない。秘跡は第一に霊的に聖なるものそれ自体を意味すると同時に、聖なるものの徴表（signum）を意味する。婚姻はそれ自体では本質的に霊的なものではなく、霊的なものの徴表と考えるべきであり、婚姻における男女の結合は、キリストと教会の結合たる信仰そのものの徴表なのである。「キリストが教会を愛した如く、汝の妻を愛せ」（『エペソ人への手紙』（5・25））という使徒パウロの言葉は、花嫁たる教会と花婿たるキリストの結合により信仰が生まれることを意味し、男女の婚姻もこのような聖なるキリスト教の信仰を象徴的に指示するものである[174]。しかし、婚姻が世俗的事項であろうと霊的事項であろうと、ローマ教皇やその他の聖職者が強制権を行使できないことに変わりはない。

そして更にマルシリウスは第一親等以外の近親関係は神法上婚姻の障害とされるか、もしこの障害が単に人定法上のものにすぎなければ、近親結婚の特免権は誰に属するかを論ずる。第一の問題に関しては、モーセの旧法には、一定の親等関係にある者に対し婚姻を禁止する規定がみられるものの、キリストの法にはこの種の禁止規定は存在しない。そして、「わたしたちは律法から解放された。新しい霊によって法に仕えよう」（『ローマ人への手紙』（7・6））とある如く、キリスト教徒は旧法に服さないが故に、神法上近親結婚は禁止されていないことになる。従って、この種の禁止は人間たる立法者の権威に由来すると考えるべきであり、この禁止の特免も立法者、特にローマ人民の王たる皇帝の権限に属するのである[175]。近親結婚が神法により禁止されているとすれば、ローマ教皇であろうとこれを特免することはできない。他方、この禁止が人定法上のものであれば、特免権は人定法の最高権威者たる皇帝に属するのである。いずれにしてもローマ教皇は特免権をもたない。近親結婚は、窃盗、殺人、偽証のようなそれ自体において悪しき（per se mala）行為ではなく、神法上禁止されていないが故に、人定法上の規定に由来するものとして皇帝が特免権を行使しうるのである。以上のように論じた後、マルシリウスは次のように結論する。

「既に述べられたすべてのことから、無知や悪意、あるいはこれら両者により堕落している人でないかぎり、次のことは明らかである。すなわち、近親関係にある人々の間での、またこのような人間による結婚に特免を与え、その障害を取り除く権威は、人間たる立法者、あるいは立法者の権威によって統治する者だけに属するのであり、司祭や司教には決して属さず、教皇と呼ばれるローマの司教にさえ――総体としてであろうと個人であろうと――属さない。というのも彼らは世俗社会の一員として存在するかぎりではおそらく話は別であろうが、そのような身分たるかぎりでは、集団としても個人としても立法者ではないからである。ところで、現世において強制的な法を発布したり、この法に従って物的ないし身体的刑罰により強制的な判決を執行して、現世のあらゆる人間に何らかのことを行い、あるいは行わないよう束縛することは、神法により、あるいは神法が承認し指令するところにより、いかなる単独の司教や司祭の権威にも属することはなく、これ以外のあらゆる聖職者やその特定の単一集団に――総体としてであろうと個人であろうと――属することもない。……このようなことを行う強制的な権威ないし権力は、社会成員の総体あるいはローマ人民の皇帝と呼ばれる至高の君主に属するのである[176]」。

マルシリウスは、後述のオッカムの見解と異なり、マルガレーテとヨハネス・ハインリヒの婚姻が成立しているという前提に立ち、両者の離婚と、マルガレーテとブランデンブルク辺境伯ルートヴィヒの近親結婚の特免を、皇帝の権限に属するものと主張している。神法上の規範は絶対的に特免不可能であるのに対し、これ以外の規範は人民ないし人民により選出される皇帝の意志に由来し、従って、皇帝はこれを自由に特免しうる、というのがマルシリウスの見解であり、ローマ教皇には単に神法の解釈権しか認められていない。

次に、オッカムの論考の内容は以下のように要約することができる。先ずオッカムは、皇帝ルートヴィヒが古代ローマ皇帝の後継者であり、古代の皇帝が（異教徒としてであろうとキリスト教徒としてであろうと）有していたあらゆる権限を承継したことから議論を始める。「キリスト教はいかなる者からもその権限を取り上げることはない」というアンブロシウスの言葉が示す如く、新約は「完全なる自由の法」として、キリスト教徒たる皇帝が、先任の異教徒の皇帝が有していたあらゆる権限を承継したことを認めている。

「ところで婚姻に関する事項は、少くとも神法において命令されていないと明らかにわかり、そこで言及されていないとみなされる点については、異教徒の皇帝の裁判権と権力に属していた。キリストと使徒たちはこれらの皇帝が正当なる権力において卓越せる者であることを認めていたのである。……異教徒の皇帝の時代に、聖書で規定されていない点に関して婚姻上の問題が信者の間で、あるいは信者と異教徒の間で生じたとき、この種の問題は皇帝ないしその裁判官によって審理されるのか、それとも聖職者ないしキリスト教徒の裁判官によって審理されるべきなのだろうか。聖職者ないしキリスト教徒により審理されるのではない（と答えるべきである）。……かくして、いささかの疑問の余地もなく、キリスト教徒と異教徒の両者に対するローマ皇帝の完全なる権限を承継した皇帝（ルートヴィヒ）には、婚姻問題、特に聖書に規定されていない事項について審理する権限が属していることになる(177)」。

しかし、仮に婚姻問題につき審理する権限が通常の事態において（regulariter）皇帝には属していないと想定しても、緊急事態が生じた場合には社会全体の利益のために例外的に（casualiter）皇帝が婚姻問題に介入しうると考えねばならない。

「しかし教会法が役に立たず、特に国家（respublica）に害を与えるようなときは、この法は決して遵守されるべきではない。それ故、婚姻に関する問題はローマ教皇の法によって規律されているとしても、もしこれが遵守されると国家に害を与え、その妨害になることが明らかに察知されるときは、皇帝は賢者の意見に従い衡平（epieikeia）を用いて、教皇の法に正当に違背することが可能なのである。教皇の法の解釈や特免とみなされるものにつき、教皇に意見を尋ねることが不可能であり、あるいは意見を尋ねるべきでないときは、教皇に伺いを立てる必要はない。これは、この種の場合に教皇の法を遵守することが法に服する人々に対する危害や害悪、不正や非道とならないためである(178)」。

さて、ブランデンブルク辺境伯ルートヴィヒとケルンテンのマルガレーテの結婚の障害となるような神法上の規定は存在しない。そしてこの結婚は帝国の利益のために緊急に必要とされている。

「というのも、皇帝ルートヴィヒの面前で正当な記録によって明白に証明されているように、上記のマルガレーテと、その夫とみなされているボヘミア王の息子の間には真の結婚は存在しないからである。——もし存在していれば、神法のみにより、このことは上で言及されたマルガレーテとルートヴィヒの結婚の障害となったであろう——。上記のルートヴィヒとマルガレーテの結婚に支援されて皇帝はローマ帝国の再生と多くの害悪の粉砕へと向けて大いなる支配を行うことができるのであれば、この皇帝の権威と意志によって、上記のルートヴィヒとマルガレーテは肉体上の結合あるいは結婚の契約を結ぶことができるのである。皇帝の法や教皇の法により近親関係その他の障害事由が規定されていても、この結婚の妨げにはならない。聖書にはこのような規定が見当たらず、この種の規定は皇帝を拘束しないからである。たとえこれが皇帝を拘束するとしても、本件のような事例においては、皇帝は衡平に訴えてこの規定に違背することが可能であり、教皇座に着いている者が真の離教者とみなされうるかぎり、この者に意見を尋ねる必要はない。この者は、皇帝及び皇帝の息子そして神聖なる帝国の明白な敵であり、……いかなる者も敵や疑わしき裁判官による審理を受けるよう強制されることはない(179)」。

次にオッカムは予想される反論、すなわち、婚姻は秘跡なるが故に教会の問題であって、皇帝はこれに介入すべきでない、という反論を検討する。

「聖なる帝国に敵対する或る人々は、好んで次のように主張する。すなわち婚姻問題は教会に属する問題であって、皇帝の権限には決して属してはいない。というのも、教会法の一般的な規定、そして特に婚姻に関する規定が示すように、秘跡や霊的事項は教会によってのみ規律され取り扱われるべきだからである、と。これらの人々に対しては、先ず秘跡に関して次のように反論することができる。つまり、あらゆる秘跡は常に聖職者によってのみ（上記の人々は教会という言葉によって聖職者たちを意味するものと考えている）とり行われると考えるのは誤りである。特に新約聖書によれば、（聖職者でない）世俗の人々も多くの場合において洗礼の秘跡を授けることができるからである。特に、婚姻の秘跡について言えば、ローマ教皇の教令でさえ婚姻がキリスト教徒と異教徒の双方において存在しうることを認めているのであるが、多くの皇帝は異教徒であったが故に、自然法、万民法そして国家の法が規定していることを越えて、特に聖書により禁止あるいは命令されている事柄に関しては、単に皇帝たるかぎりでの皇帝には婚姻問題の裁判権は属してはいない。……これに対し、それ以外の事柄は皇帝の権限に属するのである。また、霊的事項と理解される事柄に関しても、自然法、万民法、国家の法及び慣習が規定していることを越えて、神法において禁止されあるいは明示されていると認められる事項に関しては、既に触れた如く、多くの皇帝は異教徒であり神法に違背していたが故に、霊的事項は皇帝たるかぎりでの権限には属さないと答えられる。しかし、霊的事項は、キリスト教徒たる皇帝の権限にも決して属することはないという主張は、多くの人々により誤りと判断されている」[180]。

それ故、オッカムによれば神法上の規定は霊的事項として教会の権限に属するとしても、この「教会」（ecclesia）は聖職者の集団ではなく、信徒の集団（congregatio fidelium）として理解されねばならない。そして神法に規定されていない事項について聖職者が裁判権を行使しうるとしても、この権限はキリストによって与えられたものではなく、慣習や世俗の支配者ないし人民により与えられたものである。従って、人民から権力を移譲された皇帝は、聖職者の裁判権行使が国家にとり有害であるときはこれを聖職者から取り上げることが可能である[181]。

以上の要約から明らかなように、オッカムはマルシリウスとは異なり、マルガレーテとヨハネス・ハインリヒとの間には正式な婚姻が成立していないという前提に立ち、近親関係を婚姻の障害事由とする教会法上の規定が神法上の規定ではなく、しかもこの規定の遵守が帝国にとって有害となるという論拠によって、マルガレーテとブランデングルク伯の婚姻を正当化している。もし前二者の間に正式な婚姻が成立していれば、これは後二者の婚姻に対する神法上の障害となる、とオッカムは考えた。また近親関係に関する教会法上の規定が〈regulariter〉には遵守されるべきであり、ただこの規定の遵守が帝国の利益に反するような緊急事態（urgens necessitas）が存在する場合にのみ、〈casualiter〉に特免が許されるとオッカムは主張する。従って、マルシリウスの見解に比べ、オッカムはより穏健な見解を提示していると言えるだろう。皇帝ルートヴィヒはどちらの見解を支持したのだろうか。ルートヴィヒはティロールでの結婚式のために司教の同行を要求している。たとえこれらが教皇と対立関係にあった司教だったとしても、聖職者による婚姻を欲したことは皇帝がオッカムの立場に共感したことを暗示している。

いずれにしてもルートヴィヒは上記のような理論的正当化に依りながら、一三四二年二月一〇日ティロールのメラーンにおいてマルガレーテとハインリヒの婚姻を無効と宣言し、また近親関係の特免を教皇より獲得することなく、息子ルートヴィヒとマルガレーテの結婚式を挙行した。そしてティロールのみならず、一三三五年にハープスブルク家に封土として授与したことを無視してケルンテンをも息子ルートヴィヒに封土として授与した。かくしてルートヴィヒにとって念願のティロール領有は実現したのである。しかし、ティロール領有は極めて強引な仕方で達成されたものであり、ここから生ずる帰結に対してルートヴィヒは盲目であった。とくにルクセンブルク家のヨハネスが息子のヨハネス・ハインリヒの追放と屈辱に対し激怒したことは言うまでもない。ヨハネスはハープスブルク家のアルブレヒト二世に助言と支援を頼み、ルートヴィヒの不正と不道徳を暴きたてた書簡を至るところに送った。ヴィッテルスバッハ家の利益拡大のみを追求するルートヴィヒは、多くの人々にとり最早ドイツの帝国法の擁護者ではなかったのである。今やドイツ諸侯の間では、ルートヴィヒに代えて、ルートヴィヒの甥でプファルツ伯ルードルフやホラント伯ウィレム四世を王位に就ける計画も検討されていた。確かに、ティロールでの結婚は一三四〇年代のルートヴィヒ孤立化の原因となり、ヴィッテルスバッハ家の南ドイツでの勢力拡大を目の前にして、ルクセンブルク家とハープスブルク家は次第にルートヴィヒへの敵対の度を深め、後述のホラント伯ウィレム四世の後継問題においてルートヴィヒが再びヴィッテルスバッハ家の勢力拡大を図るに及び、遂にルートヴィヒの皇帝廃位と新たなドイツ王の選挙へと情勢はエスカレートしていく。

第三節　バイエルンのルートヴィヒとクレメンス六世（一三四二年—一三四七年）

さて、一三四二年二月にティロールで結婚式が挙行された二カ月後、教皇ベネディクトゥス十二世が死去し、これに代わりルーアン大司教であったピエール・ロジェ[182]がクレメンス六世として教皇に即位した。前任のベネディクトゥスが修道会出身で神学者であったのに対し、南フランス出身のクレメンスは有能な政治家としてかつてフランス王の使者としてアヴィニョンに派遣されたことがあるようにフランス王と密接な関係にあり[183]、またフランス宮廷で教育を受けたモラヴィア（メーレン）辺境伯カールの教師としてルクセンブルク家とも親しい関係にあった[184]。従って新教皇クレメンス六世が当初よりルートヴィヒに対し厳しい態度で臨んだことは言うまでもない。既述の如くルートヴィヒはイングランドとの同盟を破棄した後、フランス王を仲介としてアヴィニョンとの和解の試みを熱心に続けていたが、新教皇は即位の後直ちにルートヴィヒに対するヨハネス二十二世の断罪宣言を繰り返して、帝国が空位であり、教皇が承認する正当な皇帝が存在しないかぎり帝国の統治権はローマ教皇にあることを宣言し、更にティロールを領有したルートヴィヒのイタリア侵入に備えて北イタリアに教皇特使を置いた。このようなクレメンスの敵対的態度にもかかわらずルートヴィヒは一三四二年一〇月に尚書のホーエンベルク伯アルブレヒト、ルートヴィヒの忠実な助言者であるドイツ騎士団のネレンブルクのヴォルフラムそれにランデックのマルクヴァルトと皇帝の書記長アウクスブルクのウルリヒ・ホーフマイヤーを使者として派遣した。しかし、既述の如くルクセンブルク家と親しい関係にあり、また異端の仮借なき弾圧者としても有名なクレメンスは頑強に和解を拒み、使者は目的を達することなく一三四三年一月にドイツに帰還せざるをえなかった[185]。そして和解が不成功に終ったばかりかクレメンスはルートヴィヒの断罪を徹底的に推し進めていく。

一三四三年四月一〇日の聖木曜日にクレメンス六世は枢機卿会議においてルートヴィヒに対する攻撃的な演説を行い[186]、ティロールでの教会法に反した婚姻及び一三三八年の不正な勅令、そして教会の信仰への違背を理由に、『黙示録』第十一章（11・2）を引用しながらルートヴィヒをファラオやアンティオコスやニカノルよりも悪において勝る「龍」にたとえ、ルートヴィヒがタルタルスの永遠の火に焼かれ、現世においても神罰が下されることを神に訴えた後、二日後の教令《Prolixa retro series》では、選帝侯の対立する中で王に選ばれたバイエルン人は異端者を保護し自らも異端者なるが故にヨハネス二十二世により王選挙から生じた権利も含めあらゆる権利を剥奪されたことを述べ、ヨハネス二十二世の前例に従って、一定の期限までに帝権と王権を放棄し、これらを教皇の承認なくして再び自己のものとしないよう命じ、三カ月以内にアヴィニョンの教皇のもとに罪の許しを願うべく出頭することを要求して、ルートヴィヒがこれを実行しないときは更に重い刑罰を科することを宣言した[187]。しかし、このような厳しいクレメンスの態度にもかかわらず、ルートヴィヒの過誤としてここで非難されているのは、ルートヴィヒが教皇の承認なくして不当に帝権を行使したことではなく、王及び皇帝としての権利をヨハネス二十二世の断罪によって喪失したにもかかわらずこれを行使し続けている、ということである。ここには、ドイツの選帝侯の権利、特に一三三八年レンスの会議で確認された権利を尊重しようとするクレメンスの配慮をみることができる。クレメンスは、皇帝選出にはローマ教皇の承認が必要であるとあえて明言することによって選帝侯を敵にまわすことを注意深く回避し、選帝侯の権利を尊重しながらルートヴィヒを彼らから引き離そうと試みたのである。

ルートヴィヒはこれに応えて教皇に書簡を送り、ヴィエンヌ藩侯アンベール二世を教皇との和解のための使者に任命したことを報告すると同時に、過去において自分が教会に対して行った行動については改悛の情を示しながらも、帝国法に根拠を置く自らの王権及び帝権を放棄する意図の全くないことを告げ、クレメンスの告訴撤回を要求し、ティロールからルートヴィヒがギベッリーニ派を支持すべく南下するのを恐れて教皇即位の直後にクレメンスが行ったロンバルディーアの帝国分離政策を非難した。しかし他方で、クレメンスの告訴にも影響されてドイツ諸侯の間で新王選出の動きが活発になっていたことも事実である[188]。従って、ルートヴィヒにとり帝権放棄を受け入れることはできない一方で、アヴィニョンと和解しドイツとローマ教皇庁の間に平和をもたらすことは、ドイツ諸侯の信頼を回復するためにも是非必要なことと考えられた。

しかし、一三四三年五月のヴィエンヌ藩侯アンベール二世の仲介による教皇との和解の交渉も遅々として進まなかった。この後クレメンスは六月に枢機卿会議を開き、オッカムやマルシリウスなどの異端者を保護したことを理由にルートヴィヒを断罪し、指定した三カ月の期限が経過した七月には帝国が空位であることを再度宣言した(189)。更に八月にクレメンスはトリーア大司教バルドゥインに対し、教会にとり望ましい皇帝の必要性を説き、その他の選帝侯に対しても新王の選挙を催促する書簡を送付した。このときクレメンスが新しいドイツ王として念頭に置いていたのはおそらく自分の教え子のルクセンブルク家のカールであったと思われる(190)。しかしクレメンスのこのような態度に対してもルートヴィヒは和解を諦めることなく、当時アヴィニョンに滞在していたランデックのマルクヴァルトは和解に向けて巧みにクレメンスを懐柔することに成功し、再び両者の和解交渉が開始した(191)。

クレメンス六世の態度はそれにもかかわらず強固だった。二十四名の枢機卿、エルサレムとアンチオキアの総大司教、ナルボンヌとザルツブルクの大司教及びボヘミア王ヨハネスが列席する中で一三四四年一月に開始した和解交渉(192)は、形式的には一三二四年のルートヴィヒに対するヨハネス二十二世の告訴及び破門と廃位宣言の有効性に関するものであったが、教皇はハインリヒ七世以後帝国は空位であり、ルートヴィヒが皇帝及び王として行ったあらゆる行為は無効であるとする立場を固持し、ランデックのマルクヴァルトによるルートヴィヒ弁護の演説も効果なく、ここに至ってクレメンスは交渉の永久的決裂を宣言したのである。

アヴィニョンでの和解の失敗は、二十年以来の聖務禁止令の故に不安を強めていたドイツの人民に、ルートヴィヒに対する大いなる幻滅を生み出した。ルートヴィヒにとり、帝国の権利に関する譲歩はドイツ諸侯の認めざるところであり、他方現状にとどまるかぎりクレメンスとの和解は絶望的であった。一三四四年八月、ケルンにおいてルートヴィヒは選帝侯その他のドイツ諸侯に対し、教皇が提出した和解の条件につきどのような態度をとるべきか諮問した。これに答えて、ボヘミア王を除く選帝侯はレンスの立場を再度提示し、教皇はドイツ王の承認や廃位に対し何らの権利ももたず、教皇とドイツ王の間には封建的主従関係が存在しないことを宣言し(193)、この立場は九月のフランクフルトの帝国議会で文書化され、会議に出席しなかった他の多くの諸侯と都市もこの宣言を支持したのである(194)。この宣言はバルドゥインの影響のもとで作成されたものであり、従ってルートヴィヒ個人は教会に対する罪深き行為に対して有責とされながら、教皇との和解が選帝侯や将来の皇帝の権利を損なうことは厳しく拒否されている。すなわち、ルートヴィヒは教会に対する不法な行為の故に贖罪する義務があり、帝権を放棄することも許されるが、ルートヴィヒが皇帝及び王として行ったあらゆる行為を無効とすることを教皇に対し認めるべきではなく、教皇に対して皇帝の承認権や皇帝代理権を認めたり、更には教皇と封建的主従関係を結び、教皇に皇帝廃位権を認めることは帝国法違反なるが故に許されないとされた。ルートヴィヒ個人の運命とは無関係に、バルドゥインをはじめとする選帝侯は、自らの自立的な皇帝選挙権を教皇が侵害することのないよう腐心し、ルートヴィヒが教皇との和解を強く欲するあまり帝国法及び将来の皇帝の権利を損なうような仕方で教皇に対し譲歩することを禁じたのである。そしてこのことを教皇に対して確認すべく教皇庁へ使者を派遣することが決定された。

その後間もなく一三四四年の秋に選帝侯はルートヴィヒと共にラインのバッハラッハに集まり、(195)ここにはボヘミア王ヨハネスとその息子カールも同席した。この時点でルートヴィヒは新王選出の提案を受け入れ、息子のブランデンブルク伯ルートヴィヒを王に推挙しようとした。しかしルクセンブルク家は既にカールの王選出を決定していた。それ故この集会でルクセンブルク家とルートヴィヒは相互に敵対的な緊張関係にあり、両者の対立は最早いかなる妥協も許さない深刻なものとなっていた。そして選帝侯たちの多数はルクセンブルク家のカールを支持していたのである。すなわち、ルートヴィヒの甥であるプファルツ伯ループレヒトはこのときはルクセンブルク家の側につき、そしてブランデンブルクにおけるアスカニア家の後継に関しルートヴィヒと対立していたザクセン公ルードルフ一世もボヘミア王に接近してルクセンブルク家を支持し、ケルン大司教も同様であった。従って七名の選帝侯のうち、トリーア大司教、ケルン大司教、ボヘミア王、ザクセン公、プファルツ伯の五名が明確にカールを支持しており、ルートヴィヒの廃位とカール選出は確実に実現するかに思われた。しかしこのときルートヴィヒは、息子のブランデンブルク伯ルートヴィヒやシュテファンそしてマインツ大司教ハインリヒの協力のもとに軍隊を結集して新王選出を阻止し、ルクセンブルク家の企図は直ちには実現するに至らなかった。(196)

他方、やがてカールが選出される数カ月前にルートヴィヒはティロールに関してと同様、ドイツの北西部において再びヴィッテルスバッハ家の勢力拡大を押し進めていた。一三四五年九月ホラント＝ヘンネガウ伯ウィレム四世がフリースラントとの戦いで死去しアヴェーヌ家の血統が絶えた機を捉え、ルートヴィヒは妻マルガレーテがウィレム四世の姉としてヘンネガウ伯領の相続人であることを理由に、ヘンネガウ、そしてまたホラント、ゼーラント、フリースラントの支配権を自己のものにし、この統治を息子のヴィルヘルムに委任した。ウィレム四世にはマルガレーテ以外に二人の姉妹がおり、イングランド王エドワード三世及びユーリヒ辺境伯ヴィルヘルムと結婚していたことから後二者にも相続権の主張が可能であったにもかかわらず、これを無視してルートヴィヒは単独でヘンネガウ伯領その他の領有をヴィッテルスバッハ家のものにしたのである。[197] しかしティロールと同様、自己の家の利益拡大を露骨に追求するルートヴィヒの政策が他のドイツ諸侯をルートヴィヒから更に引き離していったことは言うまでもない。王権を自己の家の勢力拡大のために利用したルートヴィヒの無思慮な行動は、新王選挙をめぐり、ルクセンブルク家にとり一段と有利な状況を作り出したにすぎなかった。

またこれとほぼ時を同じくして、ルートヴィヒはポーランド王カジミェシュ（カシミルス）三世及びハンガリア王ラヨシュ（ルドウィクス）一世との同盟を通じてボヘミアを包囲し、ルクセンブルク家に対し最後の攻撃をしかけた。この攻撃は当初は一応の成功を収め、ボヘミア王ヨハネスは一三四六年三月にはルートヴィヒとの交渉を余儀なくされ、後者はティロールの代償としてラウジッツ及びブランデンブルク辺境伯領内の幾つかの都市と賠償金を前者に提供するという条件で、ティロール領有を確固たるものにしようと試みた。しかしこの交渉は、ヨハネスの息子で新王の候補者であるカールの激しい反対により成立することはなかった。

さて、既述の如くフランクフルトの決議を報告すべくローマ教皇庁に使者が派遣されたが、この決議に関してクレメンス六世は、決議の事実上の作成者たるバルドゥインについてではなくルートヴィヒに対して激怒し、両者の和解は既に絶望的なものになっていた。しかしそれにもかかわらずルートヴィヒは和解を依然として望んだのである。このとき教皇も表面的には和解の要請に応えた。一三四五年の復活祭に、以前より和解の仲介者としてルートヴィヒが信頼していたドーフィネのアンベール及びゲッチンゲン伯ルートヴィヒが使者としてアヴィニョンに派遣された。しかし教皇はかつてルートヴィヒに対して課した和解の条件の変更を断固として拒否し和解は結局今回も実現することなく、その後、同じ年の一二月にハープスブルク家のオーストリア公アルブレヒトの仲介で試みられた和解交渉も失敗に終わることになる。[198] この時点でドイツの情勢は既にカールの王選出へと動き出していた。和解のもつ政治的意義は最早希薄となり、ルートヴィヒ個人とローマ教皇庁の問題へと変質していたと言ってもよい。[199] ルートヴィヒとしては、教皇の恩恵により教会に受け入れられるためにドイツの帝国法に違背し選帝侯の権利を侵害するようなことがあってはならない一方で、クレメンスは和解の条件としてまさにこのことを要求したのであり、両者の和解は根本的に不可能な試みであった。

一三四六年以降、クレメンス六世はルートヴィヒ廃位とルクセンブルク家のカールの王選出に向けて積極的な行動を開始する。先ず一月に教皇はドイツ、イタリア、シチリア、フランスの高位聖職者に対しルートヴィヒが異端者でシスマの張本人であることをすべての祝祭日に宣言すべきことを命じ、三月には枢機卿特使ベルトランに対し、イタリア諸都市の反教会分子を力ずくで制圧し、ルートヴィヒがティロールから北イタリアへ侵入することを阻止するよう要求した。更にカール選出に向けての重要な一歩は、選挙侯の一人でルートヴィヒの忠実な支持者マインツ大司教ハインリヒの破門である(200)。

一三四六年四月七日、クレメンス六世はマインツのハインリヒに対する破門を宣言し、これに代えてナッサウ伯ゲルラッハを大司教に任命した(201)。これはカール側の選帝侯が一人増えたことを意味した。そして更に教皇は四月一三日の聖木曜日にルートヴィヒに対しても破門宣言を下し、教会を破壊せんとするルートヴィヒに神が永劫の罰を下すことを祈り、全世界がルートヴィヒと闘い、「地が割れてルートヴィヒを飲み込み」その名が一世代も経過しないうちに無と帰すること、その息子が居城から追放され敵の手に渡されることを祈った。そして四月二二日にはアヴィニョンに滞在していたルクセンブルク家のカールは、自分が皇帝に選出された場合に遵守すべき条件を教皇に対して誓約したのである(202)。この誓約によれば、シチリア、サルデーニャ、コルシカそして新たにフェラーラを教皇領として認め、これらの領域に皇帝は侵入しないこと、イタリアの帝国領土における皇帝代理権を教皇に与え、教皇の承認なくしてはイタリアに侵入しないこと、皇帝戴冠に際してはローマに一日間だけしか滞在しないこと、教皇をドイツとフランス（及びポーランド）の争いの仲裁者として承認すること、ロンバルディーアとトスカーナに置かれる皇帝代理に対し教皇を援助すべく指示することが含まれ、またルートヴィヒが異端者であり、イタリアでのルートヴィヒの政治的行動及びアンジュー家のロベルトへの断罪宣言がすべて無効であることの確認が含まれている。従ってこの誓約はイタリアに対する皇帝の権利をほぼ全面的に事実上放棄したかたちになっている。しかし他方でカールは、ルートヴィヒのドイツ王としての統治権行使を無効とすることは注意深く回避し、また帝国空位における皇帝代理権を教皇に与えることはなく、更に自らのドイツ王としての権限を教皇の承認に依らしめることもなかった。従って、選帝侯により選出された者の権利はドイツ王国内に限定される一方で、教皇の権限はドイツ以外の帝国領土にのみ及ぶものとされ、ドイツに関しては帝国法上のいかなる譲歩も含まれてはおらず、従ってカールの誓約は選帝侯の意にそったものと言えた。カールは特にイタリアへの支配権を断念する代わりに、ドイツの帝国法をローマ教皇の干渉から解放し、長い年月にわたるドイツと教皇庁との対立に終止符を打とうとしたのである。

四月二八日、クレメンス六世は選帝侯を召集し新たなドイツ王の選出を要請した。そして五月にはトリーアのバルドゥインはルートヴィヒとの決別を正式に宣言し[203]、トリーアでボヘミア王、バルドゥイン、ケルン大司教、ザクセン公の四名の選帝侯及びカールにより、選挙のための準備会議が開かれ、選帝侯は七月の王選挙に臨んだ。そして一三四六年七月一一日のレンスにおける選帝侯会議にはマインツの新大司教ゲルラッハ、ケルン大司教ヴァルラム、トリーア大司教バルドゥイン、ボヘミア王ヨハネス、ザクセン公ルードルフが参集し、これら五名の多数決でルクセンブルク家のモラヴィア伯カールがカール四世として選出されるに至る。選帝侯のうちヴィッテルスバッハ家のブランデンブルク辺境伯とプファルツ伯は選挙に加わることなく、またマインツの前大司教フィルネブルクのハインリヒも当然のこととしてレンスには来なかった[204]。そしてレンスでの選挙の後、カールは一一月二六日にボンでケルン大司教の手により王戴冠を受け、ここにカール四世が正式に即位した[205]。選帝侯は選挙結果の公示においてカールの王承認と皇帝戴冠を教皇に要請したが、教皇による選挙自体の承認は要請することなく、またカール四世自らもクレメンスによる一二月六日の正式な承認が得られるまで王としての権限行使と皇帝戴冠の要求を控えたものの、選挙自体の承認を教皇に要請することはなかった[206]。

さて、カール四世のドイツ王選出の後も、ルートヴィヒは帝権行使を放棄することなく、むしろドイツの諸都市と諸侯に対し、教皇とカールからの新しい王選挙に関する書簡を受け取らないよう要求し、更にハンガリア王ルドウィクスとヴェローナのマスティーノ・デッラ・スカーラと会合する目的で六月の初めにミュンヒェンからティロールに赴き、ナポリ王ロベルトの死とその後継者の殺害によって生じた南イタリアの混乱を好機とみてイタリア侵入を企図した。このとき、トレント司教はルートヴィヒのイタリアへの通過を妨害し、ヴェローナのマスティーノとの予期された会合は結局実現することはなかったが、ドイツにおける多くの都市、司教、諸侯の中で依然ルートヴィヒを支持する者は多く、これに加えてイングランド王エドワード三世は、フランスに対抗する同盟を再びルートヴィヒに申し出たのである。ところがルートヴィヒはエドワードの要請にもかかわらず英仏戦争に加わることを控え、帝国内の諸侯の中に同盟者を探し、特に自己の王権を確認すべくウィーンに赴きハープスブルク家のアルブレヒト二世に支持を要請した。むしろ英仏戦争に積極的に参加しフランス王を支持したのはルクセンブルク家、特にボヘミア王とカールである。イングランドがノルマンディーに上陸するに及び、レンスでのカール選出の後まもなく、カール自身と父ヨハネスは八月にカレー近くのクレシーの戦いに参加した。周知の如く、百年戦争初期の有名なこの戦いでフランス側は大敗し、この戦いの最中に、長年にわたるルートヴィヒの好敵手であり、当時のヨーロッパの最も重要な王侯の一人でルクセンブルク家の指導者であったボヘミア王ヨハネスは戦死した。カールもこの戦いで傷を負い、傷が癒えた一一月に前述のボンでの王戴冠が実現したのである。カールはその後ボンからプラハに帰郷し、ヴィッテルスバッハ家との敵対関係が続くティロールに赴くが、ティロールでの抗争は容易には決着がつかなかった。

従ってカールが王に選出された後も、ドイツでのルートヴィヒの勢力は衰退したわけではなく、一三四七年一〇月一一日にルートヴィヒが急死することがなければ、帝権をめぐる帝国の情勢は依然として流動的な状況が続いたと思われる。しかしルートヴィヒの死によりドイツはカール四世の時代に入り、ルートヴィヒがヨハネス二十二世、ベネディクトゥス十二世、クレメンス六世に対抗して擁護してきた帝国の権利は、一三五六年一月のカール四世の『黄金勅令』となって結実する。[207]

註

(1)　バイエルンのルートヴィヒとヨハネス二十二世（及びベネディクトゥス十二世とクレメンス六世）の政治的思想的対立を詳細に扱ったものとしては、C. Müller,*Der Kampf Ludwigs des Baiern mit der römischen Curie*, 2Bde（Tübingen, 1879, 1880）がある。本論考は、この著作以外に、F. Bock, *Reichsidee und Nationalstaaten vom Untergang des alten Reiches bis zur Kündigung des deutsch-englischen Bündnisses im Jahre* 1341（München, 1943）; D. Unverhau. *Approbatio-Reprobatio*（Lübeck, 1973）; G. Benker, *Ludwig der Bayer*（München, 1980）; H. Thomas, *Ludwig der Bayer (1282–1347), Kaiser und Ketzer*（Graz, Wien, Köln, 1993）; J. Miethke, 'Der Kampf Ludwigs des Bayern mit Papst und avignonesischen Kurie in seiner Bedeutung für die deutsche Geschichte'（H. Nehlsen, H-G. Hermann, hrsg. *Kaiser Ludwig der Bayer*, Paderborn, München, Wien, Zürich, 2002, SS. 39-74）S. 49ff. を主に参考にした。その他要約的な史的叙述としては G. Mollat, *Les Papes d'Avignon*, op. cit., pp. 360; H. Grundmann, 'Wahlkönigtum,Territorialpolitik und Ostbewegung im 13. und 14. Jahrhundert'（B. Gebhardt, *Handbuch der deutschen Geschichte*, Bd. 1, Stuttgart, 1970）S. 427ff.; R. Pauler, *Die deutschen Könige und Italien im 14. Jahrhundert*（Darmstadt, 1997）SS. 117–172 がある。また、ルートヴィヒのイタリア遠征については、Giovanni Villani, *Cronica*（ed. I. Moutier, Firenze, 1845）; id., *Nuova cronica*（ed. G. Porta, Parma, 1990）の他に、A. Chroust, *Beiträge zur Geschichte Ludwigs des Bayern und seiner Zeit*, Bd. 1, *Die Romfahrt Ludwigs des Bayern 1327-1329*（Gotha, 1887）; W. Altmann, *Der Römerzug Ludwigs des Baiern. Ein Beitrag zur Geschichte des Kampfes zwischen Papsttum und Kaisertum*（Berlin, 1886）; E. Dupré Theseider, *Roma dal comune di popolo alla signoria pontificia*（Bologna, 1952）pp. 423–481; M. Berg, 'Der Italienzug Ludwigs des Bayern.Das Itinerar der Jahre 1327–1330'（*Quellen und Forschungen aus italienischen Archiven und Bibliotheken*, Bd. 67, 1987, SS. 142–197）; C. Pincin, *Marsilio*（Torino, 1967）を主として参考にした。

(2)　G. Benker, op. cit., SS. 69–77.

（3）　C. Müller,op. cit., S. 1ff.; F. Bock, op. cit., S. 153ff.

（4）　N. Valois, 'Jacques Duèse, pape sous le nom de Jean XXII' (*Histoire littéraire de la France*, XXXIV, 1914. pp. 391–630); D. Paladilhe, *Les Papes en Avignon ou l'exil de Babylone* (Paris, 1974) pp. 71– 108; J. E. Weakland, 'JohnXXII before his pontificate, 1244–1316: Jacques Duèse and his family' (*Archivum historiae pontificiae*, 1963, pp. 161–185).

（5）　*Monumenta Germaniae Historica* (MGH), Legum sectio IV, Constitutiones V, n. 401, S. 340.

（6）　マッテーオに対する異端宣言の理由としては、ドイツ人、ギベッリーニ、ロンバルディーアの叛徒、そしてシチリアのフェデリーコ二世とその随従者が同盟を結ぶよう配慮し努力したこと以外に、断罪され火刑に処された異端者ドルチーノと結合したことが挙げられている。

（7）　エステ家への異端宣言の理由としては、ヨハネス二十二世は真の教皇でないが故にヨハネスによる破門は無効であると主張したこと、聖職者を狼で悪魔の使者と呼び、教会財産の略奪を罪と考えなかったこと、四旬節に肉を食べることを罪と思わないこと、フェラーラを不当に領有したこと、ローマ教会を商人の集まりとして批判したことなどが挙げられている。

（8）　G. Benker, op. cit., SS. 100–107; H. Thomas, op. cit., SS. 101–107.

（9）　ミュールドルフの戦いが「神判」であったことについては、W. Erben, *Die Schlacht bei Mühldorf* (Graz. 1923); K-G. Cram, *Iudicium Belli: Zum Rechtscharakter des Krieges im deutschen Mittelalter* (Münster/Köln, 1955) S. 1ff.

（10）　MGH. Const. V. n. 729. SS. 568–570.

（11）　MGH. Const. V. n. 792. SS. 616–619.

（12）　MGH. Const. V. n. 817. SS. 636–637.

（13）　MGH. Const. V. n. 824. SS. 641–647. J. Miethke, *Ockhams Weg zur Sozialphilosophie* (Berlin, 1969) SS. 404–406; A. Schütz, 'Die Appellationen Ludwigs des Bayern aus den Jahren 1323/24' (*Mitteilungen des Instituts für Österreichische Geschichtsforschung*, Bd. 80, 1972, SS. 72–112) S. 75ff.; id., *Die Prokuratorien und Instruktion Ludwigs des Bayern für die Kurie (1331–1345)* (Kallmünz, 1973) S. 75ff.; H-J. Becker, *Die Appellation vom Papst an ein allgemeines Konzil* (Böhlau, 1988) SS. 84–85.

（14）　MGH. Const. V. n. 836. SS. 655–659. A. Schütz, 'Die Appellationen' op. cit., S. 86ff.

（15）　MGH. Const. V. n. 839. SS. 661–662.

（16）　MGH. Const. V. n. 881. SS. 692–699.

（17）　MGH. Const. V. nn. 909–910. SS. 722–754. (n. 909 は forma maior, n. 910 は forma minor) また J. Schwalm, hrsg. *Die Appellationen König Ludwigs des Baiern von 1324 in ursprünglicher Gestalt* (Weimar, 1906). この長大なザクセンハウゼンの訴書において、ルートヴィヒはおよそ次のようにヨハネスを批判している。「自らヨハネス二十二世と名乗る」者は、平和の敵であり、帝国に服する人々を叛徒へとかり立てて、イタリアのみならずドイツにおいても不和が生ずるよう腐心している。ヨハネスは、世界の諸王や諸侯が不和であるときにのみ真の教皇、畏敬される教皇であり、特に、選帝侯の不和こそ教皇と教会の救いであり平和である。不和が存在する間は教皇は指一つ動かさず、不和が解決したときにのみ自らを仲裁者と名乗るにすぎない。自ら当事者であると同時に裁定者でもある教皇は、自己の裁定をことごとく覆してしまう。また、教皇はロンバルディーアやイタリア各地の正しき人々を異端として断罪するが、教皇の断罪により異端とされる人々はすべて帝国に服する多数派の人々である。このようにして教皇は、神が義務づけることから人々を解き、神が解くことを義務づけ、法令や聖なる教父たちが定めた法規を変更してしまう。また、教皇は教会が享受する自由と名誉がローマ皇帝コンスタンティヌスに依るものであることを忘れている（コンスタンティヌス帝の贈与を想起）。ヨハネスの告訴においては召喚された当事者は欠席しており、そもそも召喚されてもいなかった。教皇は、キリスト教を広めるべく立ち上がった帝国を公然と破壊し、帝国の旧い慣習を破壊しようと欲し、帝国に反抗する恥ずべき者に重要な職務を与え、帝国に反抗しないかぎりいかなる者も教皇から職務を与えられることはない。また王選挙については、帝国の慣習は記憶にない程遠い過去より遵守されており、多数決で選出された者は合意により選出されたものとみなされている。選挙のために指定された場所はフランクフルトであり、戴冠のための場所はアーヘンである。また、ヨハネスによる告訴においては、教会を不正に攻撃した人々をルートヴィヒが自らの封臣として援助したとされているが、ルートヴィヒは正当な義務を遵守したにすぎない。帝国の各地——特にイタリア——は、教皇の軍隊や特使がこれらの地を制圧すべく侵入する以前は平和な地であった。人々が教会の側につくに及び、マッテーオ・ヴィスコンティ、ガレアッツォ・ヴィスコンティ、カングランデ・デッラ・スカーラ、パッセリーノ・ボナコルシ、及び皇帝に忠実なジェノヴァ市民その他の人々は追放されてしまった。また、王選挙が合意に至らずとも、最も力のある者が優越すべきことは古くからの慣習とされ、神はルートヴィヒに勝利を与えたのであり、対立候補の選出は無効である。それにもかかわらず、ヨハネスは不当にも自ら帝国の首長となり、ルートヴィヒの裁定者になろうとしている。また、ヨハネスは十字軍のために集められた資金を不正に使用し、キリスト教徒自体に対して戦いを行い、ミラノを攻撃している。更にヨハネスは帝国の権利を侵害するのみならず、教令《Ad conditorem canonum》において、フランシスコ修道会の戒律にあるキリストの清貧を否定し、異端を唱えている。従って、ルートヴィヒは教会の擁護者として、ヨハネスが異端者であることを宣言し、公会議において自己の立場を擁護する用意がある……。

ザクセンハウゼンの訴書、及びこれに先行する二つの訴書（appellatio）の訴訟法的性格については、A. Schütz, 'Die Appellationen', op. cit., S. 89ff.

(18) H. Bansa, *Studien zur Kanzlei Kaiser Ludwigs des Bayern vom Tag der Wahl bis zur Rückkehr aus Italien* (1314-1329)（Kallmünz, 1968）SS. 239-242.

(19) MGH. Const. V. n. 944. SS. 779- 788.

(20) MGH. Const. VI. n. 105. SS. 72-75; *Regesta Imperii inde ab anno MCCCXIIII usque ad annum MCCCXLVII. Die Urkunden Kaiser Ludwigs des Baiern, König Friedrichs des Schönen...*（ed. J. F. Böhmer, Frankfurt, 1839）nr. 839, S. 49.

(21) MGM. Const. VI. nn. 140-141. SS. 96-97.

(22) ルートヴィヒとヨハネス二十二世との対立に加えて、言うまでもなくアヴィニョンの教皇の背後にはフランス王が存在し、更にドイツでは、ヴィッテルスバッハ家、ルクセンブルク家、ハープスブルク家との相互的緊張関係に加えて、ドイツ諸都市の司教座聖堂参事会と教皇（及び教皇により直接任命された司教の対立）が、ルートヴィヒの政治的立場に大きな影響を与えていた。従来、司教は、司教座聖堂参事会が選挙した者を大司教が承認し、このように〈electus〉され〈confirmatus〉された者が教皇により最終的に任命されるという手続がふまれたが、次第に教皇は、参事会が選挙した者に留保権を行使してこれを承認せず、直接自らが選んだ者を司教に任命するようになった。特にヨハネス二十二世はこの留保権を大いに利用し参事会と対立したが、ルートヴィヒは参事会の権限を擁護し、参事会が選挙した司教を支持することにより、都市及び都市の司教を自己の陣営に引き入れようとした。G. Frotscher, *Die Anschauungen von Papst Johann XXII über Kirche und Staat* (Jena, phil. Diss. 1932) SS. 28-35; G. Mollat, *Collation des bénéfices ecclésiastiques sous les papes d'Avignon (1305-1378)* (Paris, 1921) pp. 386; O. Bornhak, *Staatskirchliche Anschauungen und Handlungen am Hofe Kaiser Ludwigs des Bayern* (Weimar, 1933) SS. 58-66.

（23）当時、ロンバルディーアでは、グエルフィとギベッリーニの戦いはポー河の南方で展開され、教皇特使はピアチェンツァを堅固に保持する一方、ヴィスコンティ家のアゾはボルゴ・サン・ドンニーノを占領しパルマへと進軍していた。その後、教皇軍はボルゴ・サン・ドンニーノを包囲し、他方ラモンド・ディ・カルドーナに率いられたグエルフィのフィレンツェ軍はトスカーナで勢力をのばして一三二五年ピストイアを包囲する。これに対しカストルッチョはヴィヴィナイアに移り、ギベッリーニ派に援助を要請した。更に九月に教皇軍によるボルゴ・サン・ドンニーノ包囲が弛んだとき、カングランデ、パッセリーノ・ボナコルシ、エステ家がアゾ援助に成功し、その後アゾはルッカに赴きカストルッチョを支援し、両者はアルトパシオでフィレンツェ軍に決定的な打撃を与えた（Villani. ed. I. Moutier. IX. CCCIV. p. 330; ed. G. Porta. X. CCCIV. pp 470-471）。そして一一月にアゾは、モンテヴェリオの城で包囲攻撃を受けていたパッセリーノを援助するためにモデーナに赴き、ザッポリーノでグエルフィ軍を破った。一一月二四日、フィレンツェは十年にわたりカラーブリア公カルロに政権を委ねることになる（Villani（Moutier）IX. CCCXXXIII. p. 353;（Porta）X. CCCXXXIII. p. 503）。

（24）MGH. Const. VI. n. 161. SS. 112-114.

（25）マルシリウスとルートヴィヒの関係については、C. Pincin, *Marsilio*, op. cit., pp. 149-233 が詳しい。また、S. Riezler, *Die literarischen Widersacher der Päpste zur Zeit Ludwigs des Bayern* (Leipzig, 1874) S. 30ff.; J. Quillet, *La philosophie politique de Marsile de Padoue* (Paris, 1970) pp. 11-16 参照。

（26）L. Schmugge, *Johannes von Jandun 1285/89-1328* (Stuttgart, 1966) SS. 30-38.

（27）F. Callaey, *L'idéalisme franciscain spirituel au XIVe siècle. Étude sur Ubertin de Casale* (Louvain, 1911) pp. 249-254; G. L. Potestà, *Storia ed escatologia in Ubertino da Casale* (Milano, 1980) p. 24.

（28）C. Pincin, op. cit. pp. 43-45.

（29）G. Villani, *Cronica*（ed. I. Moutier, op. cit.）tomo III, libro X, capitolo XVIII, pp. 19-20; *Nuova cronica*（ed. G. Porta, op. cit.）vol. II, libro XI, capitolo XVIII, pp. 540-541; C. Müller, op. cit., Bd. 1, S. 164ff.; W. Altmann, op. cit., S. 22ff.; A. Chroust, op. cit., S. 63ff.; F. Bock, op. cit., S. 229ff. また、ルートヴィヒのカストルッチョへの書簡（MGH. Constit. VI. n. 242. SS. 158-159）参照。ヴィッラーニは次のように叙述している。「西暦一三二六年一月、フィレンツェにカラーブリア公が到着したことが理由となって、ギベッリーニ及びトスカーナやロンバルディーアの皇帝側の君主たちはドイツに使節を送り、ローマ人民の王として選挙されたバイエルン公ルートヴィヒに対し、彼らが上記カラーブリア公やロンバルディーアに居る教会側の人々の力に抵抗し戦えるよう援助を要請していた。そこで、前記のルートヴィヒは、人々の大いなる期待のもとに少しばかりの下臣を従えて、……トレントでの集会に、ケルンテン公と共に赴いたのである。この集会には八百名の兵士を従えたヴェローナ領主カーネが居たが、彼は、パドヴァの支配権をめぐってケルンテン公と争っていたことから、このケルンテン公を恐れて、軍隊により武装して集会に到着した。またこの集会には、マントヴァの領主パッセリーノ、エステ家の侯たち（marchesi）、ミラノのヴィスコンティ家のアゾとマルコ、また、自らアレッツォ司教と名乗るグイード・デ・タルラーティ、カストルッチョの使者、ピーサの使者、ジェノヴァから追放された者たち、シチリア君主フェデリーコの使者、そして帝国側及びギベッリーニ派のあらゆる都市の使者が参加した。この集会では先ず、前記ケルンテン公とヴェローナのカーネの間で休戦協定が結ばれた。引き続いて二月一六日に、ローマ人民の王として選挙された者――破門を恐れる人々は彼を俗にバイエルンの人と呼んでいた――は、当の集会で、自分の国に戻ることなくイタリアを通過しローマに赴くことを誓約した。そして上記の君主たちやギベッリーニ派の使節は彼に、ミラノで十五万フローリン金貨を援助することを約した。ただし、この協定にピーサは参加することなく、ピーサはこれとは別に彼に十分な金銭を与えて、彼がピーサに入らないよう求めた」。

（30）MGH. Const. VI. n. 265. SS. 172-173. F. Bock, op. cit., S. 229.

（31）L. Green, *Castruccio Castracani, A Study on the Origins and Character of a Fourteenth-century Italian Despotism*（Oxford, 1986）p. 210.

（32）Villani（Moutier）. X. XIX. p. 21;（Porta）XI. XIX. pp. 542-543. C. Müller, Bd. 1. S. 174ff.; F. Bock, S. 241ff.; A. Chroust, S. 80ff.; W. Altmann, S. 32ff. ヴィッラーニの叙述によれば、「その後、西暦一三二七年五月三一日、聖霊降臨祭の祝日、九時頃、ミラノにおいてバイエルンの人（ルートヴィヒ）は、教皇により免職されたアレッツォの司教グイード・デ・タルラーティ及び免職され破門された……ブレッシァ司教の手により、聖アンブロージョ教会で鉄の王冠を授与された。戴冠の任にあたるべきミラノ大司教はミラノにとどまることを望まなかったからである。この戴冠式には、七百名の兵士を従えたヴェローナ領主カーネ、及び三百名の兵士を従えた教会への反逆者エステ家の侯たち、そして三百名の兵士を従えたマントヴァ領主パッセリーノの息子が出席し、その他の皇帝側の支配者やイタリアのギベッリーニ派の人々が出席した。しかし祝祭は簡素なものであった。（ルートヴィヒは）資金と人材を得るためにミラノに八月一二日まで滞在した」。ちなみに、ミラノでロンバルディーアの王冠をルートヴィヒに戴冠したグイード・デ・タルラーティは、その後カストルッチョと不和になった際にルートヴィヒがカストルッチョを擁護したことからルートヴィヒから離れ、ヨハネス二十二世を支持するに至る。タルラーティは「死去する前に、修道会士、聖職者及び世俗の人々の面前で、（ルートヴィヒに対する）怒りの故か、あるいは良心の故か、自分が教皇及び聖なる教会に対して過ちを犯したことを認め、教皇ヨハネスが正当で聖なること、そして自ら皇帝と名乗るバイエルン人は異端者で異端の擁護者、専制政治の支持者であり、不正で価値なき支配者であると述べ、もし神が自分に健康を再び与えてくれれば、常に聖なる教会と教皇に服従し、その反逆者に敵対することを誓約し、多くの涙を流して贖罪と慈悲を依願した」（Villani, ed. Moutier, X. XXXV. p. 38; ed. Porta, XI. XXXVI. p. 566）。

（33）また、ガレアッツォ・ヴィスコンティは、ルートヴィヒにより皇帝代理権を確認され、ジョヴァンニ・ヴィスコンティは聖職者に対する一般裁判権を与えられた（MGH. Const. VI. n. 312. SS. 222-224）。

（34）Villani（Moutier）. X. XXXI. pp. 31-32;（Porta）XI. XXXII. pp. 557-559.「既述の如く、ローマ人民の王として選挙されたバイエルンのルートヴィヒは、ミラノで戴冠した後ミラノに滞在し、トレントの集会で彼に約束された資金の調達を要求した。ミラノ領主ガレアッツォ・ヴィスコンティは、その高慢で支配者然とした態度の故に、ミラノにおけるバイエルン人（ルートヴィヒ）よりも偉い者であるかのように振る舞った。ガレアッツォは一万二千人ものドイツ兵士を傭兵として有していたのである。そこで、ルートヴィヒが彼に資金を要求したとき、彼は不遜にも、自分が適切と思う時期と場所において資金を調達するとルートヴィヒに答えた。しかしこれには理由があった。というのも、彼の弟のマルコや他の兄弟をも含めてミラノのあらゆる貴族、そしてミラノの全市民は、彼らに対し課せられた過度の負担や税の故にガレアッツォの専制を嫌悪していたからである。……そしてすでに、彼の支配に服していた多くの上層市民はルートヴィヒに不服を申し立てていた。それ故、ルートヴィヒは、ヴォギエーラ救助のために出兵していた彼の軍隊長と兵士たちを帰還させ、ガレアッツォに属していたすべてのドイツの傭兵と相談し密かに彼らと誓約を交わしたうえで、軍隊長が帰還したときに大集会を召集した。ガレアッツォとその家の者たち及びミラノのあらゆる上層市民がこの集会に加わったが、……先ず、ガレアッツォの支配権が否定され、次に同じ集会でルートヴィヒは軍隊長に対し、ガレアッツォとその息子アゾ、そしてガレアッツォの兄弟マルコとルキーノを捕らえるよう命じたのである。これは西暦一三二七年七月のことである。それ故、ミラノの貴族と市民はこのことを大いに喜び満足した。この後、都市は改革により、一人の皇帝代理と二十四名のミラノの上層市民の委員会からなる支配体制が置かれた。そして彼らは直ちに五万フローリン金貨を市民から徴収して、これをバイエルン人に与えた。このようにして、神の教会は、敵でその迫害者たるバイエルンのルートヴィヒの手を通じて、同じく教会の敵たるヴィスコンティ家の高慢さに復讐したのである。かくして福音書に述べられた《私は、私の敵を私の敵によって殺すだろう》というキリストの言葉が成就された」。

(35) Villani (Moutier) X. XXIV. p. 25. (Porta) XI. XXV. p. 549.「六月の初め、バイエルン人のミラノでの戴冠の知らせが一枝のオリーヴと共にピーサにもたらされたとき、フィレンツェやその他の都市から追放された人々により大篝火で祝祭がとり行われ、ピーサの下層市民の何人かは『教皇、王ロベルト、フィレンツェの民には死がもたらされんことを。皇帝万歳』と叫んだ。それ故、当時ピーサを統治していた上層の裕福な市民たちは、カストルッチョに敵対していたが故に、バイエルン人の到来を望まず、絶えず教皇及び王ロベルトと交渉を続け、外部の都市から追放され（ピーサに来ていた）すべての人々はピーサから放逐され、バイエルン人の到来とカストルッチョの支配を欲する危険な多くの市民が追放された。また不安を抱いた彼らはドイツの兵士をすべて追放し、兵士たちから騎馬を取り上げてしまった。このようにして彼らはギベッリーニ派ではなく教皇派の体制を保持したのである」。

(36) Villani (Moutier). X. XXXIII. p. 34. XXXIV. pp. 35-38. (Porta) XI. XXXIV. pp. 561-562. XXXV. pp. 562-565. ポントレーモリにおいてルートヴィヒと合流したカストルッチョはピーサの占領を主張したが、ピーサの上層市民は、カストルッチョに対する恐怖とルートヴィヒによる多額の資金援助の要求を怖れ、また、ロベルト及びフィレンツェとの協定に違背することを望まず、門戸を閉ざした。そこで、アレッツォ司教タルラーティはピーサの使者と交渉し、ピーサは門戸を閉ざす代わりに六万フローリン金貨の援助を約したが、カストルッチョがピーサの使者を捕らえたことから、ピーサはフィレンツェに支援を要請し防衛を強化した。「ルートヴィヒはピーサの門戸に何度も攻撃を加え、壁の下を掘りくずし、都市を襲撃すべく多くの奇異な道具を駆使したが、都市は堅固に防衛されており、すべては効果なく終わった。それ故バイエルン人はピーサ包囲のまま一カ月以上もの間大いなる苦痛と窮乏の状態にあった。しかし、神がピーサの人々の罪を罰することを望んだかのごとく、都市の支配者のあいだで対立が生じ、なかでもガッド伯の若い息子ファツィオ伯、及びヴァンニ・ディ・バンドゥッチョ・ボンコンティは、カストルッチョの書簡と約束を得ていたが故に和約を主張し、また両者と共に都市を支配していた他の人々も恐れから同じように主張した。そこで彼らはルートヴィヒと協定を結び、都市の明け渡しと六万フローリン金貨の提供を約する一方で、これまでの都市の裁判権と政治体制は維持されること、そしてカストルッチョと都市の追放者は、都市の同意なくしてピーサに入ることはできず外にとどまるべきことが要求された。そして、このような偽の協定がバイエルン人により受諾され誓約された後、市民はルートヴィヒに我々の暦によれば西暦一三二七年一〇月八日に都市を明け渡し、その直後一〇月一一日の日曜日にバイエルン人とその妻はすべての兵士と共に、いかなる事件も起こることなく平和に都市に入った。しかし、その三日後、ピーサの市民は自らの手で、ルートヴィヒの意にかなうべく、また恐怖心の故に、協定書を焼却し都市の支配権を自主的に合意によりルートヴィヒに渡してしまった。彼らは下層市民の要求により、こうせざるをえなかったのである。そして、カストルッチョ及びピーサの追放者も都市に呼ばれ、直ちに都市に入った。この際、次のこと以外に特別な事件は起こらなかった。すなわち、ピーサの傭兵隊長であったグリエルモ・ダ・コロンナータが、ルートヴィヒの兵隊長の一人に連れられてルートヴィヒのところに来た際に、下層の市民が背後から彼をののしった。このとき、この兵隊長は広場において主人たるルートヴィヒの面前で、ルートヴィヒを満足させるためにこの市民を殺害したのである。それ故、ルートヴィヒは正義を公に示すべく、このクッラード・デ・ラ・スカーラという名のドイツ人を捕らえ、その頭を切り落とした後、ピーサ及びその周辺領域においては、財貨一リブラにつき八ダナーリの税を支払えばあらゆる種類の人々が安全無事に通行可能であることを知らせたのである。このようにしたのは、ピーサから商人が脱出せず、ピーサ市民が利益を得たときにルートヴィヒがより多い収入を得るためであった」(Moutier, pp. 35-37; Porta, pp. 563-564)。

(37) Villani (Moutier), X. XXXVII. p. 39; (Porta) XI. XXXVIII. pp. 567-568.

(38) MGH. Const. VI. nn. 273-277. SS. 178-196.

(39) MGH. Const. VI. n. 361. SS. 264-268. 同時に教皇ヨハネスはこれとは別の教令《Licet juxta doctrinam》で、マルシリウスの『平和の擁護者』にみられる以下の五つの見解を異端として断罪している。「(一)マタイ福音書にある如くキリスト自らカエサルに租税を支払ったのは、……キリストが寛大さや敬虔な感情から(condescensive e liberalitate sue pietatis)これを行ったのではなく、強制されて(necessitate coactus)行ったのである。そしてまた(二)使徒ペテロは他の使徒たちの首長ではないし教会の首長でもなく、他の使徒以上の権威を有するわけでもない。キリストは教会にいかなる首長も置いたことはなく、また何らかの代理者を任命したわけでもない。更に(三)教皇を正したり罰すること、そして教皇を任命し廃位することは皇帝の権限に属する。そして(四)教皇であれ、また大司教や単なる司祭であれ、あらゆる聖職者はキリストの定めに従えば、すべて平等の権威と裁判権を有している。或る聖職者が他より多くの権威や裁判権を有するのは、皇帝が各々の聖職者に多くあるいは少なく権限を付与したからであり、従って皇帝は、これらの権限を授与することも取り消すことも可能である。最後に(五)教皇も、また教会の全聖職者の集団も、皇帝が彼らにその権限を与えないかぎり、罪あるいかなる者をも強制的に処罰することはできない」。以下、これらの見解を異端とする宣言が続く。O. Rinaldi ed. *Annales ecclesiastici ab anno MCXCVIII*, tomus V (Luca, 1750) p. 353.

(40) Villani (Moutier) X. XX. pp. 21-22; (Porta) XI. XX. pp. 543-544.

「ローマ人民の王として選挙されたバイエルン人が（イタリアに）到来すると同時に、イタリアの殆どの地域ではその知らせを受けて直ちに新しい活動が生じた。ローマ市民も団結して行動を開始した。というのも、ローマには教皇の宮廷も皇帝の宮廷も存在しなかったからである。ローマ市民は、ローマのあらゆる貴族や権力者から支配権と居城を取り上げ、彼らを追放した。追放された者の中にはナポレオーネ・オルシーニとステーファノ・デッラ・コロンナもいた。両者は少し以前に王ロベルトによりナポリで騎士の称号を与えられていたが、ローマ市民は両者がローマの支配権をプーリアの王ロベルトに譲り渡しはしないかと恐れたのである。そして、シャッラ・デッラ・コロンナがローマのカピターノ・デル・ポポロとして宣言され、彼は、ローマの各地区より四人ずつ選ばれた五十二名の代表からなる委員会と共に都市を統治した。他方ローマ市民は、プロヴァンスのアヴィニョンに居る教皇ヨハネスに使節を送り、教皇にはローマに滞在する正当な義務があり、それ故ヨハネスが教皇庁をローマに移すべきことを要求した。そして、もし教皇がこれを行わなければ、ローマ市民は上記のバイエルンのルートヴィヒをローマ人民の王たる支配者として受け入れることを宣言したのである。同様に市民はバイエルン人と呼ばれるルートヴィヒを動かすために使節を送った。……教皇は使節を通じてローマ市民に対し、このルートヴィヒは異端者で破門され、聖なる教会の迫害者なるが故に、バイエルン人を彼らの王として受け入れないよう戒告し、彼らを勇気づけ、適切な時期に必ずローマに赴くと返答した。しかしローマ市民は彼らの誤った態度を中止することなく、教皇、バイエルン人、王ロベルトと交渉しながら、三者の各々にローマ市を自らの手で保持する意向を伝え、民主制により自らを統治しながらも、実は自分たちがギベッリーニ派で皇帝派であることを隠そうとしたのである」。また、W. Altmann. op. cit. S. 58ff. 参照。

（41）　Villani (Moutier) X. LIV. pp. 50-51; (Porta) XI. LV. pp. 583–584.
「このようにして、バイエルン人は自己の臣下と共に一月五日の火曜日ヴィテルボの町を出発し、その週の木曜日一三二七（八）年一月七日九時に、四千の兵士を従えて何の抵抗にも出会うことなくローマに到着した。……彼はローマ市民の大いなる歓迎のもとに受け入れられサンピエトロ宮殿に居を構え、そこに四日間滞在した後、テーヴェレ川を渡りサンタマリーア・マッジョーレに移り住んだ。そして次の月曜日にカンピドーリオに上がり大集会を催した。そこにはルートヴィヒの統治を望むローマの全市民や他の人々が集まった。この集会においてアウグスティヌス会に属するアレリア司教がルートヴィヒに代わり荘重な言葉を述べ、ローマ市民がルートヴィヒに認めた名誉を感謝した後、ルートヴィヒがローマ市民を支援し統治する意図のあることを宣言且つ約束し、またローマ市民を幸多き状態に保つことを約束した。それでこれを大いに喜んだ市民は『我らの主、ローマ人民の王万歳』と叫んだ。この集会でルートヴィヒの戴冠は次の日曜日に定められ、ローマ市民は彼を元老院議員とし、また一年間カピターノ・デル・ポポロに任命した。また注意すべきことは、バイエルン人と共に、教会への反逆者で離教者である多数の聖職者、司祭やあらゆる修道会の会士がローマに来たことであり、ローマは、教皇ヨハネスへの反抗によりキリスト教の異端者となった人々の巣窟となったのである。それ故、カトリック教徒たる多くの聖職者や修道会士はローマから離れてしまった。聖なるローマの地は聖務を禁止され、離教し破門された聖職者が聖務をとり行わないかぎりミサの歌は聴かれず鐘も鳴りわたることはない。バイエルン人はシァッラ・デッラ・コロンナに委任して、従来より聖務を担当してきたカトリック教徒の聖職者を聖務へと強制したが、誰もこれをとり行うことを望まなかった。そしてキリストの「ヴェロニカの帛」は、これを保管していたサンピエトロの参事会員により密かに持ち去られていた」。

（42） Villani（Moutier）X. LV. pp. 51-53;（Porta）XI. LVI. pp. 584-586. 「一三二七（八）年一月一七日の日曜日、ローマ人民の王として選挙されたバイエルン公ルートヴィヒは、ローマのサンピエトロ大聖堂で、すぐ後に述べられるように、大いなる栄誉と勝利の中で戴冠した。すなわち、ルートヴィヒとその王妃は兵士と共に、今まで滞在していたサンタマリーア・マッジョーレ教会を朝に出発し、サンピエトロへと赴いた。彼らの前には、ローマの各区域から四名の市民が旗を持ち騎行し、騎馬は高価な布で飾られ、その他多くのローマ市民以外の者たちが進行した。街路はすべて清掃され、ミルテの花と月桂樹で一杯になり、また家々の上からは各家が所蔵する華美な掛け布や織物、装飾品などが垂れ下げられた。戴冠式の有様及び戴冠をとり行った者については次の如くである。すなわち、カピターノ・デル・ポポロであったシァッラ・デッラ・コロンナ、及び元老院議員であるブッチョ・ディ・プロレッソと（オルシーニ家の）オルシーノ、そしてローマの騎士たるピエトロ・ディ・モンテネーロの四名はすべて金色の服をまとい、これらの者たちと共に五十二名の市民が戴冠に参加した。そして、その称号が示すように、常にローマの長官（prefetto）がこれら市民の先頭に立った。上記の四名――一名のカピターノ・デル・ポポロ、二名の元老院議員及び一名の騎士――とヤーコポ・サヴェッリ、サント・スタツィオのティバルト及び他の多くのローマの貴族がルートヴィヒの騎馬を導いていった。またその間常に、ルートヴィヒの前を、帝国法の摘要を持した裁判官が行進した。ルートヴィヒはこの法に従って戴冠をとり行ない、そこには次のこと以外はいかなる瑕疵も存在しなかった。すなわち、教皇が不在であり、ラテラノ宮中伯はローマを去っていたので両者による祝別と確認が行なわれなかった。帝国法によれば、ラテラノ宮中伯がサンピエトロの中央祭壇で聖油式をとり行うべきものとされ、皇帝が帝冠を脱ぐとき帝冠を受け取るのも宮中伯とされているからである。そこで、ルートヴィヒは戴冠するに先立ち、ルッカ公カストルッチョを宮中伯に任命した。……これが終わった後、バイエルン人は、教皇と枢機卿特使の代わりに、離教者で破門された司教、つまりダ・プラート枢機卿の甥であるヴェネツィアの司教、及びアレリアの司教により聖別され、同じ仕方で彼の妃も皇妃として戴冠した。戴冠の後、ルートヴィヒは三つの勅令を読み上げた。第一はカトリックの信仰に関するもの、第二は聖職者の名誉と崇敬に関するもの、第三は寡婦と孤児の利益の保護に関するものである。……以上のような方法でバイエルンのルートヴィヒは大いなる不名誉のもとに、教皇及びローマ教会の意に逆らい、聖なる教会に対していかなる崇敬をも払うことなく、ローマ人民の皇帝及び王として戴冠したのである。ここで銘記すべきことは、断罪されたバイエルン人の傲慢さである。古い年代記にも新しい年代記にも、キリスト教徒の皇帝で教皇ないしその特使によらずして戴冠した者は一人も見出すことができない。すべては教会に逆らって為されたことであり、このバイエルン人以外には過去にも将来にも、このような者は見出せないだろう。これは極めて驚くべき事態であった」。

（43） C. Müller, op. cit., Bd. 1. S. 181f. W. Altmann, op. cit., S. 79f.

（44） MGH. Const. VI. nn. 427-428. SS. 328-337.

（45） MGH. Const. VI. n. 435. SS. 343-344; C. Müller, op. cit., S. 183.

（46） Villani（Moutier）. X. LXVIII. pp. 62-63;（Porta）XI. LXIX. pp. 600-601. 「西暦一三二八年四月一四日、皇帝及びローマ人民の王と宣言されたバイエルンのルートヴィヒは、ローマのサンピエトロ大聖堂の前の広場で集会を催した。教会の階段に大きな桟敷が設けられ、そこに皇帝として盛装したルートヴィヒが立ち、多くの聖職者、司祭、ローマの僧侶、ルートヴィヒに随行した彼の党派の人々、そして多くの法学者や法律顧問が、皇帝に随伴した。ルートヴィヒはローマ人民の面前で、彼が自ら新たに創った下記の法令を発布し、読み上げた。その要約的内容は次のとおりである。先ず、神及び皇帝の大権に逆らい異端と判断されたあらゆるキリスト教徒は、古くから法により定められた規定に従い死刑を科せられるべきである。……更に彼は、すべての公証人は自らが作成する証書の中に皇帝の統治年と皇帝の名を記すべきこと――つまり、我々の卓越せる偉大な主、ローマ人民の皇帝ルートヴィヒの治世何々年といった記載をすべきこと――、そして、そうでなければ証書は無効であるべきことを命令した。また彼は、神聖なる皇帝及びローマ人民に対する不服従者、反逆者を支援し、あるいはこれらの者に助言を与えたあらゆる者は財産没収の刑を科せられること、そしてこの者の財産は皇帝裁判所の管轄に属することを命じた。これらの勅令はバイエルン人の悪しき判断によって熟慮の末に創られ発布されたものであり、この法により彼は教皇ヨハネスと正しい教会に対する自分の悪しき邪な意図を実現しようとしたのである」。

(47) Villani (Moutier) X. LXIX. pp. 63–65; (Porta) XI. LXX. pp. 602–605. 「その直後、次の月曜日、同じ年の四月一八日にルートヴィヒは、前の木曜日に行われたと同じ仕方で、サンピエトロ広場で集会を催し、聖俗あわせたローマの市民を召集した。ルートヴィヒは前述の桟敷の上に、深紅の衣をまとい、王冠をかぶり、右手に王笏、左手に金の林檎をもち、皇帝として立ち現れ、すべての人々が彼を観られるように、高いところにある豪奢な玉座に座り、人々を聖職者や貴族、武装した騎士たちが取り囲んだ。皇帝が座についたとき、沈黙が要求され、アウグスティヌス修道会(ordine de' romitani)の会士ニッコラ・ディ・ファッブリアーノが説教壇に進み出て、高い声で『自ら教皇ヨハネス二十二世と名乗る司祭ジャック・ドゥ・カオール(ヤーコポ・ディ・カオルサ)を擁護しようと欲する者在りや否や』と叫び、これを三回繰り返したが、答えはなかった。次に、学識豊かなドイツの僧侶が説教壇に進み、『今日は善き使者の日……』という聖書の言葉をラテン語で述べ、この言葉につき立派な説教を行った。この後長大で多くの言葉と誤った論証で飾られた宣告が読み上げられた。これは事実、次のようなものである。先ず、序文においては、現在の聖なる皇帝がローマ市民の名誉を望み、また、ローマ市民の状態を回復させることを望んで、自分のドイツ王国と未だ青年期にある自分の若い息子を残したままドイツを離れ、少しの遅れもなくローマに到着したこと、そしてローマが世界及びキリスト教信仰の中心であるにもかかわらず、ローマに(皇帝の)世俗の座も(教皇の)霊的座も空位であることを認識したことが述べられ、また、(ルートヴィヒが)ローマに居るとき、自分を僭越にもヨハネス二十二世と名乗るジャック・ドゥ・カオールが、ローマに属している枢機卿の称号をアヴィニョンに変えることを望み、枢機卿がこれに反対しなければこの試みを中止しなかったという知らせが自分のところに届いたことが述べられている。次にルートヴィヒは、ジャック・ドゥ・カオールがローマ市民に対して十字軍を宣言したことを聞き、このことをローマ市民の五十二名の統治者及び他の有識者に知らせることが適切であると考えた。それ故、ローマ市の聖職者及びローマ市で統治権を有する市民の集団はルートヴィヒに対し、昔皇帝オットー三世がそうしたように、彼がジャック・ドゥ・カオールを異端として告訴し、ローマ教会及びローマ人民に、キリスト教の信仰者たる聖なる教皇を与えるように提案し要請したのである。そこでルートヴィヒは、全世界とキリスト教を代表するローマ市民及び聖なるローマ教会の敬虔なる信仰を配慮し、次のような仕方でジャック・ドゥ・カオールを異端者とみなし告訴した。すなわち第一に、アルメニア王国がサラセン人により攻撃されたとき、ジャック・ドゥ・カオールはフランス王がそこに武装したガレー船の援軍を送ることを望んだが、結局彼はこの軍隊をキリスト教徒に対し、すなわちシチリア人に対しさし向けたのである。更にまた、ドイツのサンタマリーア会士によりサラセン人への軍隊派遣が要請されたとき、彼は『我々自身のなかにサラセン人が居る』と答えた。また彼は、常に清貧を愛したキリストがその使徒と共に財産を共有したと主張した。そして次に、彼がその他重大な異端の罪に陥っていること、なかでも特に重大なのは、彼がヨアブ――すなわちプロヴァンス伯ロベルト――の助言に従って、霊的な支配権と世俗的な支配権を所有しようと欲したことである。しかし、これは聖書に反している。というのも、キリストは霊的なものと世俗的なものを区別しようと欲し、『カエサルのものはカエサルに、神のものは神に』と述べているからであり、聖書の他の部分では、『私の王国はこの世のものではない。もし私の王国がこの世のものであるならば、私に従っている者たちは（私をユダヤ人に渡さないように戦ったであろう）』云々とあり、結論として『私の王国はこの世のものではない』と述べられているからである。それ故、ジャック・ドゥ・カオールは上記その他様々な重大なる異端の罪を犯したのである。また彼は高慢にも皇帝権に反抗し、皇帝の選挙を自ら処理し、取り消そうと試みた。しかし、皇帝選挙は、それが為されれば直ちに、まさにこれを根拠として確定するのであり、いかなる者の確認をも必要とせず、従って皇帝は誰にも服従せず、むしろ全世界の人々が皇帝に服従するのである。それ故、異端や皇帝への反逆罪といったかくも重大な罪をジャック・ドゥ・カオールは犯したのであるから、たとえ彼が召喚されなくとも――現在の皇帝が立法した新しい法律、及び他の教会法や帝国法により召喚は不必要とされている――ジャック・ドゥ・カオールからは教皇職やその他すべての世俗的宗教的職務や特権が取り上げられ剝奪抹消される。そして彼は世俗的裁判権を有し彼を罰しうるすべての人々に、異端者及び皇帝への反逆者として服すことになる。また、いかなる王、王侯、貴族、そして都市も、彼を援助し、彼に助言を与え指示してはならず、彼を教皇とみなすべきでもない。これを行う者は、聖職者たると否とにかかわらず、罰としてすべての職務は剝奪され、異端の擁護者、大逆罪を犯した者として断罪される。処罰と断罪の半分は皇帝の裁判所で下され、他の半分はローマ市民により下される。……以上のような宣告を下し、これを確認した後でバイエルンのルートヴィヒは、数日後には善き教皇、善き司牧者が与えられることを宣言し、ローマ市民及びあらゆるキリスト教徒はこれに大きな安堵を抱いたのである」。ルートヴィヒの四月十八日のこの勅令は、MGH.Const.VI. n. 436. SS. 344-350.

(48)　ここにみられる清貧論争への言及からカサーレのウベルティーノがこの勅令の作成に参加したと想定する A. Mussatus, Ludovicus Bavarus（J. G. Graevius, P. Burman ed. *Thesaurus Antiquitatum et Historiarum Italiae*, Leyden, 1722 t. VI, pars 2）p. 362 に対して、F. Callaey, op. cit. pp. 249-254 は否定的である。また、G. L. Potestà, *Storia ed escatologia in Ubertino da Casale*, op. cit., p. 24; C. M. Martínez Ruiz, op. cit., p. 317 参照。これに対しマルシリウスの参与は十分考えられるが、これも必ずしも明白とは言えない。C. Pincin, op. cit. p. 162. n. 57 参照。

(49)　MGH. Const. VI. n. 438. SS. 361-362. Villani（Moutier）X. LXXI. pp. 67-68;（Porta）XI. LXXII. pp. 607-608.

(50)　Villani（Moutier）X. LXXII. pp. 68-69;（Porta）XI. LXXIII. pp. 608-610.「西暦一三二八年五月一二日、キリスト昇天祭の朝、サンピエトロ大聖堂の前に、ローマ市民の男女が各自望むがままに集まり、皇帝と名乗るバイエルンのルートヴィヒは帝冠を被り、皇帝の衣をまといサンピエトロ大聖堂の階段の上の説教壇に進み出た。多くの聖職者、修道会士及びローマのカピターノ・デル・ポポロたちが彼に付き従い、彼の周囲にはまた彼の多くの封臣が居た。ルートヴィヒは彼の面前に一人の修道会士ピエトロ・ダ・コルヴァーラを来させた。この者はティボリとアブルッツィの二つの地域が接する所で生まれ、フランシスコ修道会に属し、これまで善良な人間で聖なる生活を送ってきたものと考えられていた。この者が来たとき、バイエルン人は玉座から立ち上がり、修道士ピエトロを天蓋の下に座らせた。この後、アウグスティヌス修道会のニッコラ・ディ・ファッブリアーノが立ち上がり、次のような聖書の言葉、すなわち『われにかえったペテロは〈主の天使が来て、我々をヘロデの手から解放し、ユダヤ人のあらゆる陰謀から救ってくれた〉と言った』という言葉につき説教を行った。ここではバイエルン人が天使に、教皇ヨハネスがヘロデにたとえられている。この言葉について多くの説教が語られた後、ヴェネツィアの司教が前に現われ、人々に対して、上記の修道会士ピエトロを教皇として欲するか否かを三回繰り返し尋ねた。ローマ市民はこれに大いに動揺したが、ローマ教皇を新たにもつことができると信じ、不安を感じながらも「然り」と叫んで答えたのである。その後、バイエルン人は立ち上がり、前記の司教が、ローマ市民による教皇選挙を確認する一つの勅令を読み上げた。そしてバイエルン人はこの教皇をニコラウス五世と名づけ、この者に指輪を与え、衣を着せ、自分の右側に座らせた。その後両者は立ち上がり、大いなる勝利のもとにサンピエトロ大聖堂へと入っていった。……このような反立教皇の宣言と確認により、ローマの大半の人々は大いに動揺し、バイエルン人が信仰と聖なる教会に反した行動をしているのではないかと考えた」。

（51）Villani（Moutier）X. LXXIV. p. 70;（Porta）XI. LXXV. p. 611. すなわち、枢機卿ニッコライオ・ダ・プラートの甥で教皇ヨハネスにより廃位されたカステッロ（そしてヴェネツィア）司教、同じく教皇ヨハネスによって廃位されたミラノの聖アンブロージョ修道院長、教皇ヨハネス廃位の宣言を読み上げたドイツの修道院長、ニッコラ・ダ（ディ）・ファッブリアーノ及び二人のローマ市民ピエトロ・オリンギ（ピエロ・オッリギ）とジャンニ・ダルロット、そしてかつてのモデーナ大司教である。

（52）Villani（Moutier）X. LXXV. p. 71;（Porta）XI. LXXVI. p. 612.

（53）Villani（Moutier）X. LXXIII. p. 69;（Porta）XI. LXXIV. p. 610.

（54）Villani,（Moutier）X. XCIV. pp. 88-90;（Porta）XI. XCV. pp. 638-639.「（彼らが）ローマを出発する際に、ローマ市民はルートヴィヒと偽の教皇及び兵士たちをののしり、彼らを異端者、破門された者と呼び、大いに忠誠心の篤いところを示した。彼らは『汝らに死を、汝らに死を、聖なる教会万歳』と叫び、そして退去する彼らに石を投げて傷を負わせ、一人の兵士を殺し、忘恩にも彼らを嘲笑しながら追い立てていった。それ故バイエルン人は強い恐怖を感じ、不名誉にも、逃げるようにそこから去っていった」（p. 89, p. 638）。

（55）Villani（Moutier）X. LXXXVI. pp. 80-83;（Porta）XI. LXXXVII. pp. 625-629.

（56）Villani（Moutier）X. XCVII. pp. 92-93;（Porta）XI. XCVIII. pp. 643-644.

（57）L. Schmugge, *Johannes von Jandun*, op. cit., S. 38.

（58）A. Chroust, op. cit., S. 179ff.

（59）ミカエルはニコラウス五世を正式なローマ教皇として認めていなかった。九月一八日のピーサでの訴書においてもミカエルはヨハネス二十二世を「聖なるローマ教会」へと訴えている。またニコラウス・ミノリタの〈Chronica〉では「皇帝は……フランシスコ修道会の会士コルバリアのペトルスを教皇に（in summum pontificem）すなわち《summum cuculum》に選び、ニコラウス五世と名づけた。」と記されている（Nicolaus Minorita, *Chronica*, op. cit., p. 201）。〈cuculus〉の意味は不明確であるが、カッコウが他の鳥の巣に卵を産むことから、あるいはカッコウの雌鳥が雄鳥に不実であることから〈cuculus〉は不貞な女の夫を意味する。また、〈cucullus〉であれば、修道士頭巾を意味する。J・ミートケはこの言葉を、コルヴァーラのペトルスが修道士になる以前に妻帯していたことを揶揄したものと解釈している（J. Miethke, *Politiktheorie im Mittelalter*, Tübingen, 2008, S. 251, n. 797）。

（60）Baluze-Mansi, *Miscellanea*, III, Lucae1762, coll. 238-240; C. Eubel, *Bullarium Franciscanum*, V, Romae 1898, pp. 341-343; Nicolaus Minorita, *Chronica*, op. cit., pp. 182-189. また、C. Dolcini, *Crisi di poteri e politologia in crisi* (Bologna, 1988) p. 150, n. 7 参照。

（61）L. Baudry, *Guillaume d'Occam. Sa vie, ses oeuvres, ses idées sociales et politiques*. I (Paris, 1949), pp. 111-117.

（62）七月一日の書状は、*Annales Caesenates*, RIS, XIV, Mediolani 1729, coll. 1148-1151. 七月九日の書状は、Baluze-Mansi, op. cit., coll. 244-246; C. Eubel, op. cit., p. 346. また C. Dolcini, op. cit., p. 150, n. 8 参照。

（63）Baluze-Mansi, op. cit. coll. 246-303; C. Eubel, op. cit., pp 408-410（一部分のみ）; Nicolaus Minorita, op. cit., pp. 227-424. また C. Dolcini, op. cit., p. 151, n. 9 参照。この訴書はピーサ大聖堂の戸口に掲示されたが、三カ月後の一二月一二日にもミカエルはピーサでもう一つ別の小さな〈appellatio〉を出し、この訴書も同じく大聖堂の戸口に掲示された。九月一八日の訴書は〈appellatio in forma maiore〉一二月一二日の〈appellatio〉は〈appellatio in forma minore〉と呼ばれている。一二月一二日の訴書は Baluze-Mansi, op. cit., coll. 303-310; C. Eubel, op. cit., pp. 410-425; Nicolaus Minorita, op. cit., pp. 429-456. アヴィニョンでの四月一三日の訴書においては、訴えの名宛人が教皇とは別のローマ教会であるか否かが不明確であったが、九月一八日のピーサの訴書は明確にローマ教会全体へと向けられている。ピーサの訴書については C. Pincin, *Marsilio*, op. cit., p. 166; L. Baudry, *Guillaume d'Occam*, op. cit., p. 116.

（64）MGH. Const. n. 437. SS. 350-361, n. 528. SS. 437-439. チェゼーナのミカエルの一二月一二日の〈appellatio〉の翌日に、この〈appellatio〉と同じくピーサ大聖堂の戸口に掲示されたこの勅令は、もっぱら清貧論争に関する教皇ヨハネス二十二世の教令《Ad conditorem》、《Quia quorundam》に含まれた異端の断罪にあてられ、四月一八日のヨハネス廃位の勅令がヨハネスの皇帝に対する大逆罪に重点が置かれていたのと対照的である。四月一八日の勅令がヨハネス断罪のために不十分であることを示唆したのはおそらくチェゼーナのミカエルであり、ミカエルは、四月一八日の勅令のように皇帝が霊的事項に介入することに疑念を抱き、ヨハネス廃位の根拠をもっぱら清貧論争という霊的問題に置くようルートヴィヒに求めたと思われる。この勅令では、皇帝は教皇を廃位したのではなく、ジャック・ドゥ・カオールは異端者たることにより教皇であることを止めた、と主張されている。これは、異端者となった教皇は〈ipso facto〉に教皇であることを停止するという後のオッカムの見解を予示するものである。この勅令の発布については Villani（Moutier）X. CXI. pp. 106-107;（Porta）XI. CXX. pp. 663-664. W. Altmann, op. cit., S. 119ff.; C. Müller, op. cit., Bd. I. S. 211; A. Chroust, op. cit., S. 204ff.; L. Baudry, op. cit., p. 118.

（65）Villani（Moutier）X. CXIX. p. 114;（Porta）XI. CXX. P. 674.「このとき、誰の目にも明白にそれとわかる大きな奇跡が起きた。上記の集会が召集されたとき、突然恐ろしい強風と共に、今までピーサに降ったこともないような雹と雨を伴う大きな嵐が天から到来したのである。それ故、ピーサ市民の多くは、前記の説教に行かない方がよいと考え、また悪い天候の故もあり、ごく少数の市民しか集会に集まらなかった。そこでバイエルン人は都市の上層の人々を集会での説教に強いて出席させるために、武装した兵士や歩兵と共に一人の軍隊長を町に派遣した。しかし、どれ程力を行使しても、少数の者しか集会に来なかった。しかも、この軍隊長は、嵐の最中に町を騎馬で乗り回したことから風邪をひき、これを治すために夕方風呂を準備し、風呂の中に火酒を混ぜさせた。しかし、彼が風呂に入っているとき火がつき、直ちに軍隊長は風呂の中で火に包まれ焼死したのである。害を受けたのは彼だけであった。この事態は神の大いなる奇跡とみなされ、バイエルン人や反立教皇が行った不当なる告訴を好まなかった神が彼らに対して示した悪しき徴候とみなされた」。

（66）Villani（Moutier）X. CXV. p. 110;（Porta）XI. CXVI. p. 668.

（67）Villani（Moutier）X. CXXVI. p. 118;（Porta）XI. CXXVII. pp. 679–680. W. Altmann, op. cit., S. 127; A. Chroust, op. cit., S. 219f.

（68）Villani（Moutier）, X. CXXXIX. p. 129;（Porta）XI. CXL. pp. 695–696.（Moutier）X. CXLIV. pp. 133–134;（Porta）XI. CXLV. pp. 701–702.（Moutier）X. CXLV. pp. 134–135;（Porta）XI. CXLVI. pp 702–704.

（69）一三二九年から一三三〇年にかけて、フランシスコ会士によって一つの覚書が著され、後にオッカムが議論することになる諸論点、すなわち教皇の権力には限界があること、教皇権は公教会の正統な信仰に服していること、教皇が異端者である場合には、たとえ、聖職者や信徒の大多数が教皇に従っていても教皇と戦うべき義務あることなどが述べられている。また、一三三〇年には、ミカエルの廃位に対して抗議した、タルハイムのハインリヒ、フランチェスコ・ダスコーリ、ベルガモのボナグラティアの署名のある〈Allegationes religiosorum virorum〉が書かれている。C. Eubel, op. cit., pp. 388–396; Nicolaus Minorita, op. cit., pp. 524–552.

（70）ドイツ帰還後のルートヴィヒとローマ教皇（ヨハネス二十二世、ベネディクトゥス十二世、クレメンス六世）の対立を扱った文献としては、註（1）にあるC. Müller, F. Bock, G. Benker, H. Thomas, G. Mollat, H. Grundmann の著作に加えて、W. Preger, 'Beiträge und Erörterungen zur Geschichte des deutschen Reichs in den Jahren 1330–1334'（*Abhandlungen der historischen Classen der königlich bayerischen Akademie der Wissenschaften*, XV. 2, 1880, SS. 1–82）; id., 'Die Politik des Papstes Johann XXII. in Bezug auf Italien und Deutschland'（id., XVII. 3, 1886, SS. 499–593）; E. E. Stengel, *Avignon und Rhens, Forschungen zur Geschichte des Kampfes um das Recht am Reich in der ersten Hälfte des 14. Jahrhunderts*（Weimar, 1930）; R. Moeller, *Ludwig der Bayer und die Kurie im Kampf um das Reich*（Berlin, 1914）; H. O. Schwöbel, *Der diplomatische Kampf zwischen Ludwig dem Bayern und der römischen Kurie im Rahmen des kanonischen Absolutionsprozesses 1330–1346*（Weimar, 1968）参照。また、史料としては、*Chronicae bavaricae saeculi XIV*（hrsg. G. Leidinger, MGH. *Scriptores rerum Germanicarum in usum scholarum separatim editi*, 19, Hannover, 1918）S. 119ff. 所収の *Chronica de ducibus Bavariae* 及び *Chronica Ludovici Imperatoris Quarti*; Johannes Victoriensis, *Liber certarum historiarum*, Teil 2（hrsg. F. Schneider, MGH. *Scriptores rerum Germanicarum in usum scholarum separatim editi*, 36, tomus II. Hannover, 1910）; Mathias von Neuenburg, *Chronica*（hrsg. A. Hofmeister, MGH. *Scriptores rerum Germanicarum*, Nova ser. IV, Berlin, 1924, 1936, 1937, 1940）; Johann von Winterthur, *Chronica*（hrsg. F. Baethgen, MGH. *Scriptores rerum Germanicarum*, Nova ser. III, Berlin, 1924）.

（71）　F. Bock, op. cit., S. 298.

（72）　MGH. Const. VI. pars 1, nn. 834-835. SS. 701-702. A. Lhotsky, *Geschichte Österreichs seit der Mitte des 13. Jahrhunderts* （*1281-1358*）（Wien, 1967）S. 317.

（73）　A. Lhotsky, op. cit., SS. 318-319.

（74）　ルートヴィヒはこの時点で、同じヴィッテルスバッハ家のニーダーバイエルンの三人の公と同盟を結び、また同時にヴィッテルスバッハ家のもう一つの家系に属するプファルツ伯ループレヒト一世とルードルフ二世とは、既述の如く一三二九年八月のパヴィーア協定で同盟を結ぶことにより、ヴィッテルスバッハ家内部の統一も実現していた。ニーダーバイエルンの三人の公（ルートヴィヒの叔父でニーダーバイエルン公ハインリヒ十三世の三人の孫）は、かつてルートヴィヒの被後見人であったが、成年となり自立すると公国の分割をめぐり争い、この争いは、都市と共に分割に反対した貴族の調停により終止したものの、その後貴族の統治干渉により、ニーダーバイエルンは政治的に不安定な状態におかれており、従って三人の公はルートヴィヒのイタリア遠征に随伴することなく、むしろ三人の公のうち二人はルートヴィヒに敵対的な立場をとった。すなわち、三人の公のうち年上のハインリヒ（ハインリヒ十四世）は一三二一年ルートヴィヒの執り成しでルクセンブルク家のボヘミア王ヨハネスの娘マルガレーテと結婚したが、その後、ルートヴィヒとヨハネスが対立したときはヨハネスの側につき、一三二九年になるとハープスブルク家のオットーとアルブレヒト及びザルツブルク大司教、コンスタンツ司教と共に反ルートヴィヒの同盟を結んだ。また年下のハインリヒ（ハインリヒ十五世）は、一三二五年にルートヴィヒとハープスブルク家の和解が試みられたときにハープスブルク家のフリードリヒの娘アンナと結婚し、その後は終始ハープスブルク家を支持し続けていた。これに対しニーダーバイエルン公オットー四世はルートヴィヒの忠実な支持者であった。しかし、ルートヴィヒがハープスブルク家とルクセンブルク家各々と同盟を結ぶに及んで一三三〇年三月にはこれら三人の公もルートヴィヒと攻守同盟を結び、かくしてルートヴィヒは実質的にニーダーバイエルンの統治に介入できることになった。

他方、プファルツ系のヴィッテルスバッハ家について言えば、一三一四年の二重選挙のときにルートヴィヒに敵対した兄ルードルフが一三一九年に死去し、その未亡人ナッサウのメヒティルトが一三二四年に死去した後、ルートヴィヒは三人の甥と潜在的な敵対関係の中で全プファルツを領有し、三人の甥（とくにアードルフ）はハープスブルク家のレーオポルトに支持を要請しレーオポルトはこれを承諾したが、一三二五年にハープスブルク家のフリードリヒとルートヴィヒの和解が成立すると、レーオポルトの調停によりヴィッテルスバッハ家内部でのプファルツ分割が試みられた。しかし、これはレーオポルトと甥アードルフの死により延期されることになり、抗争の決定的な解決は、他の二人の甥ループレヒトとルードルフがルートヴィヒのイタリア遠征に参加する用意のあることを示したことにより実現し、一三二九年のパヴィーア協定で、ルートヴィヒとその後継者はオーバーバイエルンを、プファルツ系はハイデルベルクを含むプファルツを領有することが取り決められた。

（75）　A. Lhotsky, op. cit., S. 319.

（76）　MGH. Const. VI pars 1, nn. 676-677. SS. 574-575. E. Werunsky, *Geschichte Kaiser Karls IV und seiner Zeit*, Bd. 1 (Innsbruck, 1880) S. 31 ff. ボヘミア王ヨハネスのケルンテン＝ティロールに対する執着は一連の政略結婚の試みにみてとることができる。既に一三二一年四月にヨハネスは、一三二〇年八月に死去したケルンテン公ハインリヒの妻ブラウンシュヴァイクのアーデルハイトに代わり、自分の妹マリアをハインリヒの再婚の相手に推し、この結婚の条件として、ハインリヒの娘マルガレーテとヨハネスの息子ヴェンツェルの結婚を要求した。しかしこの計画は実現せず、マリアはフランス王シャルル四世と結婚することになる。その後再びヨハネスは、ルクセンブルク家の先代の皇帝ハインリヒ七世の妹フェリキタスの娘ブラバントのベアトリクスを再婚の相手としてティロールのハインリヒに申し出て、この条件としてハインリヒの娘マルガレーテとヨハネスの次男ヨハネスとの結婚を要求し、ハインリヒがボヘミアを失った償いに多額の金銭の授与を約束した。一三二四年七月にハインリヒはこれを受け入れたが、この婚姻も結局成立することはなく、ハインリヒはハープスブルク家のアルブレヒトの仲介により、既に他界していたハープスブルク家の公レーオポルトの妻の妹でボヘミア王ヨハネスと親戚関係にあったサヴォアのベアトリクスと再婚することになる。しかし、この結婚からも男子は生まれることなく、一三三一年一一月ベアトリクスは死去した。このような状況において、ベアトリクスの死去以前にルートヴィヒは一三二七年に、そして皇帝の立場から一三三〇年二月に、マルガレーテあるいはその夫がティロールとケルンテンを相続することをハインリヒに対し認めたのである。

(77)　MGH. Const. VI. pars 1. n. 762. S. 649.

(78)　MGH. Const. VI. pars 1. n. 814. SS. 686-691.

(79)　この時期に、ルートヴィヒと教皇との和解に反対してミカエル派のフランシスコ会士により二つの論文が書かれている。一つは〈Quoniam scriptura testante divina〉(ed. W. Preger, 'Beiträge und Erörterungen', op. cit., SS. 76-82) であり、他の一つは〈Ut in compositione〉(ed. H. Foerster, 'Ein unbekannter Traktat aus dem Streit Ludwigs des Bayern mit Johann XXII', *Miscellanea Francescana*, vol. XXXVII, 1937, SS. 596-614) である。これら二つの論文の筆者は明らかではないが、両者共に、ミカエル派のフランシスコ会士によって書かれたことはほぼ確実と思われる。

チェゼーナのミカエルは一三三〇年の末頃に書かれたと思われる書簡〈Litterae deprecatoriae ad regem romanorum 〉(M. Goldast, *Monarchia S. Romani Imperii*, II, pp. 1344, 1347-1360) で、諸侯会議に集まったローマ人民の王と諸侯に対し帝国の擁護と同時に信仰の擁護を懇請していたが、その後一三三一年一月フランシスコ修道会に書簡〈Litterae ad omnes fratres Ordinis Minorum〉(M. Goldast, *Monarchia*, op. cit., II, pp. 1137, 1139, 1338, 1340-1342, 1343-1344; Nicolaus Minorita, op. cit., pp. 896-917) を送り、清貧問題に関するヨハネス二十二世の異端を告発し教皇への不服従を会士に要請していた。多くの会士は離反したミカエルに対し会に戻るよう説得を試みたが、一三三一年四月にミカエルはタルハイムのハインリヒ、フランチェスコ・ダスコーリ、オッカム、ボナグラティアの署名と共に会士に対し書簡〈Litera recitatoria gestorum Fratris de Cezen ad Capitulum Minorum in Perpiniano〉(または〈Tractatus contra errores Iohannis XXII〉) (Goldast, II, pp. 1236, 1 335-1338; Nicolaus Minorita, op. cit., pp. 918-928) を送りこれを拒否した。この書簡ではミカエルは、自分がフランシスコ会から離反しておらず、今なお修道会長の資格を有していること、清貧に関する自己の立場が真理から逸れ、ヨハネス二十二世の言動が福音及びフランシスコの戒律に合致していることが適切に示された場合には自己の訴えを取消し修道会長の職を辞任する用意のあることを述べている。この書簡は新修道会長ゲラルドゥス・オドニスにより召集されたペルピニャンの総会に渡され、ミカエル及び離反修道会士はこの総会で正式に会から追放されるに至った。L. Baudry, *Guillaume d'Occam*, op. cit., pp 138-139; S. Riezler, *Die literarischen Widersacher der Päpste*, op. cit. S. 247; A. Carlini, *Fra Michelino e la sua eresia*（Bologna 1912）pp. 169–170 参照。この後、ルートヴィヒの庇護のもとに教皇に対するミカエル派の攻撃が続くが、一三三一年一〇月にルートヴィヒが教皇との和解を試みたときにミカエル派に対し教皇への攻撃を差し控えるよう要求したのに対し、和解に反対したミカエル派はこれを阻止しようとした。このとき公にされたのが上記の二つの論文である。H. S. Offler, 'Meinungsverschiedenheiten am Hof Ludwigs des Bayern im Herbst 1331'（*Deutsches Archiv für Erforschung des Mittelalters*. Jg. 11. 1954/55）SS. 191–206.〈Quoniam scriptura testante divina〉の内容はおよそ次のようなものである。教皇ヨハネス二十二世は皇帝ルートヴィヒと交渉を始める前に、先ず帝国に対して犯した自らの誤りを取り消さねばならない。帝国の基本法によれば、選帝侯により選出された者は帝国統治権を直ちに行使することができ、ローマでの教皇による戴冠は自主的なもの、あるいは皇帝の敬虔な信仰から生じた慣習でしかなく、また、たとえ或る皇帝がこれを行っても同位者たる後の皇帝を義務づけることはない。従って帝国統治権は戴冠によって生ずるものではなく、教皇は帝権を行使できず皇帝任命権や廃位権をもたない。教皇がギリシア人からゲルマン人へと帝権を移譲したという議論も正当ではなく、これを根拠に教皇に皇帝任命権を認めることはできない。ヨハネス二十二世は、自分が帝国領土を拡張することも縮小することもできるという口実のもとに帝国からのイタリアの分離を宣言する教令を発布したが、これは帝国法への違背である（ここで言われている教令《Ne praetereat》は単なる草案に終った）。また、キリストが世俗的支配権を有していたというジャック・ドゥ・カオールの見解は異端である。もしこれが正しいとすると教皇にはあらゆる王国を移譲することが可能となり、王の代わりに他の公を王位につけ、司教に王国を与え、王国の財産をすべて自己のものとし、選帝侯の権利を無にしてしまうだろう。そして空位の王国を自分の好む者に与える権利を教皇はもつことになり、また世俗裁判所の判決は教皇により自由に取り消され、万人が教皇へと上訴することが可能となり、更に教皇は世俗の諸侯を教皇庁に召集する権利をもつことになるだろう。それ故、教皇は皇帝から授与されないかぎり世俗裁判権を行使しえないと考えるべきである。そして教皇は、皇帝がドイツ、イタリア、エルサレムのみならず教皇領、カンパーニャ、スポレート、アンコーナ、ロマーニャ、ボローニャ、フェラーラに対しても帝権を行使しうることを認めるべきである。更に、教皇がルートヴィヒに帝権を認める以前に交渉を行うべきでない理由としては、ルートヴィヒが異端者ジャック・ドゥ・カオールを正当な教皇として認めるとルートヴィヒ自身異端者とみなされ、逆にジャック・ドゥ・カオールが異端者でないとすると、福音の教えに関してジャック・ドゥ・カオールと反対の見解をとっていたすべての教皇が異端となり、これら異端者により任命された枢機卿も正当な枢機卿ではないが故に、これら異端の枢機卿が選出したヨハネス二十二世は正当な教皇でないことになる。また、ルートヴィヒが一度ジャックを教皇として認めて和解交渉に入れば、その後ルートヴィヒがジャックと敵対し破門されることになった場合、ルートヴィヒはジャックの異端を最早主張できず、公会議によりジャックが異端とされたとき、これと和解したルートヴィヒも異端とされてしまうだろう。また、皇帝ハインリヒ七世の場合と同様、たとえ教皇と和解しても、グエルフィ派その他の帝国への敵対者を味方にすることはできない。……この論文の筆者は既述の如く明らかではないが、R. Scholz, *Wilhelm von Ockham als politischer Denker und seine Breviloquium de principatu tyrannico*（Leipzig. 1944）S. 5 はこれをオッカムの著作と考え、E. Knotte, *Untersuchungen zur Chronologie von Schriften der Minoriten am Hofe Kaiser Ludwigs des Bayern*（Wiesbaden. 1903）SS. 12–17 はオッカムの他の著作との類

似性を指摘する。これに対し、F. Bock. op cit., SS. 321-322 は、これをマルシリウスに帰し、L. Baudry. op. cit., pp. 130-135 はオッカム説とマルシリウス説をともに否定し、H. F. Offler . op. cit., S. 205 もオッカム説に反対する。そしてC. Pincin. op. cit., p. 178, n. 24 は複数の著者による共著の可能性を示唆する。

次に〈Ut in compositione〉も、フランシスコ会士の手になるものと想定されるが、これもオッカムの作とは断定できない。その内容は次の如くである。ルートヴィヒが和解の交渉において教皇の策謀に掛かることを回避するためには、先ず帝国に対して教皇がとったあらゆる行動を取り消して無効にする必要がある。ルートヴィヒは、ザクセンハウゼンの訴書において擁護すると誓約した帝国の慣習法とドイツの選帝侯の権利を損うべきではなく、選帝侯によりローマ人民の王にされた者は、選挙のみによって真の皇帝とされ、帝国の世俗的統治権を行使することができる。「それ故、彼は選挙されると直ちにローマ人民の王（rex romanorum）と呼ばれる。そしてローマは世界の中心であるが故に、ローマ人民の王となった者はその結果、世界全体を構成する万人の王であり、完全で自由なる帝国の統治権を有する。確かに、教皇が枢機卿によりなされる選挙のみにより、これ以外の承認を必要とすることなく教皇となり、教皇は霊的事項において上位者をもたないが故に完全で自由な統治権を有するように……ローマ人民の王も選帝侯によりなされる選挙のみによりローマ人民の王とされ、王は世俗的事項において上位者をもたないが故に、直ちに全世界の王であり帝国の完全で自由な統治権を有することになる。というのも、教皇権も王権ないし帝権もともに神から直接的に由来するからである。……これらの箇所から明らかなのは、二つの権力が神により区別されていることである。というのも王権ないし帝権は世俗的事項のみに関するものであり、霊的事項に介入すべきではなく、他方教皇権は霊的事項のみに関するものであり、帝権に属する世俗的支配ないし統治に介入すべきではないからである」（ed. H. Foerster, op. cit., pp. 599-600）。この後、オーストリアのフリードリヒの王選出が無効であり、ルートヴィヒがフリードリヒに対し勝利を収めたことが述べられ、教皇ヨハネス二十二世の行動とルートヴィヒによる公会議召集の誓約に触れた後、四つの教令《Romani principes》《Pastoralis cura》《Quia vir reprobus》そして、イタリアのドイツ王国からの分離を宣言したヨハネス二十二世の教令（現実には発布されなかった）が検討されている。論文の後半は信仰に関する論点が考察され、清貧問題に関し教令《Exiit qui seminat》の立場を堅持したルートヴィヒが異端的な教令《Ad conditorem canonum》及び《Cum inter nonnullos》を発布した教皇ヨハネスに対抗し公会議を呼びかけ、これに対しヨハネスが教令《Quia quorundam》において、先の二つの教令に従わない者、特にルートヴィヒを異端者として断罪したこと、ローマ及びピーサにおいてルートヴィヒがヨハネスの異端を宣言したことが述べられ、ヨハネスは自らの過誤を取り消すべきことが主張されている。そして、もし教皇が自己の過誤を取り消す以前にルートヴィヒが和解した場合に生ずる六つの不利益（inconveniens）が挙げられている。この不利益の指摘は上述の〈Quoniam scriptura〉とほぼ同一である。

(80)　この交渉に際してヨハネス二十二世はあらかじめ使者に和解の条件を明示し、使者はこれをドイツに持ち帰りルートヴィヒに示した。この条件はオリジナルの資料としては伝えられていないが、この条件を十個の論点にまとめ、更にこれに対するルートヴィヒの十個の返答及び教皇への十個の要請を記したドイツ語で書かれたテキストがRiezler, op. cit., SS. 329-332 に載せられている。教皇の提示した和解の主な条件は、ルートヴィヒはマルシリウスやフランシスコ会士を教皇に服従するよう強制すべきである。またルートヴィヒ自身も教皇に対して犯した過誤につき贖罪しなければならず、破門の解除を願い出て、教皇に対して行った告発やローマでの行動を取り消さねばならない。ルートヴィヒの先代の諸皇帝が教皇に認めた特権を再度確認すべきである。ルートヴィヒの戴冠をとり行うように諸侯は教皇に願い出るべきであり、ルートヴィヒはこれを行うよう諸侯を促すべきである。そしてルートヴィヒは謙虚な態度で教皇の恩赦に服すべきである、というものである。これに対してルートヴィヒは、マルシリウスやフランシスコ会士が教皇と和解すべきことを認め、もし和解したならば枢機卿は彼らの主張に関する公的な議論を開始すべきであり、これによりその主張が非難すべきものであることが判明し、それにもかかわらず彼らが主張を取り下げない場合にのみ、ルートヴィヒは教皇の命令を実行すること、ルートヴィヒ自身は破門の解除と教皇による断罪の取消を願い出て、教皇がこれを認めるならば自らも教皇に対する行動を取り消す用意のあること、また枢機卿とドイツの大司教たちが教皇の約定を保証するかぎりで、ドイツの諸侯もルートヴィヒの申し出を保証すること。皇帝戴冠は秘跡であり、変更不可能であるが故に、一三二八年ローマでの皇帝戴冠を教皇により新たに承認してもらうこと、を返答として提示した。そして更にルートヴィヒは、教皇はシチリアとアプリアを帝国に返還すべきこと、帝権は神から直接皇帝に与えられたものであり、教皇は世俗的裁判権から手を引くべきこと、フランスに有利な行動をとってロンバルディーアを帝国から分離してはならず、このような行動をとる権限を教皇は神からも聖ペテロや聖パウロからも受け取っていないこと、トリーア、マインツ、ケルン大司教区に対する干渉から手を引き司教座聖堂参事会の司教選挙権を承認すべきこと、私生子準正権を行使しないこと、等々が要請されている。（ここで指摘されているロンバルディーアの帝国からの分離は、既に述べた発布されずに終わった教令《Ne praetereat》を指すか、あるいは一三二八年以来フィリップ六世とヨハネス二十二世の間で懸案とされてきたロンバルディーアのフランス王国への併合を意味する。後者の計画は一三三一年にはかなりの程度具体化されていた）このテキストは、ヨハネス二十二世による和解の条件に答えて、ルートヴィヒの助言者が作成したものと想定され、これを基礎としてルートヴィヒの使者はアヴィニョンでの和解交渉に入るべきものとされた。しかし、ルートヴィヒが現実に使者に与えた指示は、上記のテキストでルートヴィヒの要求として挙げられているものとは大きな相違がある。上記のテキストはフランシスコ派により作成された可能性が強い。マルシリウスは、ルートヴィヒのドイツ帰還後も皇帝の侍医且つ助言者として影響を与えていたと思われるが、後述のティロールにおける婚姻問題に関する論考以外には表面的にルートヴィヒの行動に関係した著作活動を行ってはいない。これに対して一三三〇年三月にチェゼーナのミカエルは清貧問題に関するヨハネスの教令《Quia vir reprobus》への訴書（Nicolaus Minorita, *Chronica*, op. cit., pp. 624-886. また E. E. Stengel, *Nova Alamanniae*, 1. Hälfte, Berlin, 1921, n. 218, SS. 121-127; Baudry, op. cit., p. 136; Pincin,op. cit., p. 172 参照）を著し、また同じく一三三〇年の既述の〈Litterae deprecatoriae〉においてヨハネス二十二世の誤謬をキリスト教世界に告知すべくルートヴィヒやドイツ諸侯に呼びかけ、更に一三三一年一月と四月にはフランシスコ修道会にあてた既述の書簡を著すなど積極的な活動を行っていた（W. Preger, '*Beiträge*', op. cit., S. 38f.）。しかし、一三三一年以降、このようなミカエル派の著作活動は一時停止し、ペルピニャンのフランシスコ修道会の総会において会長のゲラルドゥス・オドニスがミカエルに対抗して著した論文〈Quid niteris〉へのミカエルの反論〈Teste Salomone〉は、一三三二年一一月になってようやく著されたにすぎない。（Y. Heysse, Duo Documenta. AFH. IX. 1916, pp. 140-153, pp. 153-183. また〈Quid niteris〉と〈Teste Salomone〉はNicolaus Minorita. op. cit. pp. 961-974, pp. 975-1008 にも所収）この理由は、一三三一年の夏から秋にかけてルートヴィヒは教皇と和解交渉に入り、これを妨害するようなミカエル派の活動を禁止したからに他ならない。前註で触れたフランシスコ派の二つの論文は、ルートヴィヒのこのような禁止に反抗して書かれたものである。同様に、上記のテキストにおけるルートヴィヒの返答と教皇への要求にもミカエル派の影響が強くみられる。特にこのことは、マルシリウスやミカエル派フランシスコ会士に対する処置や、ローマでの皇帝戴冠の承認を要請している点に明らかに示されており、更にロンバルディーアをめぐる教皇への要求については、同様のものが前註のフランシスコ派によると想定される二つの論文にも存在しているのである（ちなみに、教皇によるロンバルディーア分離に対する非難は、一三三一年七月ないし八月にミカエル派により書かれたヨハネス二十二世に対するバルドゥインの公会議への告訴の草案、一三三八年のミカエル派の影響が強くみられる後述のルートヴィヒの指令《Fidem catholicam》（E. E. Stengel. *Avignon und Rhens*. op. cit. S. 109）、そしてミカエル派がマインツ大司教フィルネブルクのハインリヒのために書いた論考〈Inferius describuntur articuli〉においても登場する（E. E. Stengel. *Avignon und Rhens*. op. cit. S. 131; id., *Nova Alamanniae*. 1. op. cit., n. 583. SS. 391-400）。ところがルートヴィヒはこの助言には全く従うことなく、本文のような指示を使者に手渡した。この指示においてはマルシリウスやフランシスコ会士に対し厳しい態度がとられており、帝権を放棄した後新たに皇帝戴冠を行うという主張やフランス王やアンジュー家のロベルトとの友好関係の受容も上記の助言には全く存在していない。ここから明らかな如く、ミュンヒェンの宮廷にはマルシリウスやミカエル派と対立して教皇との和解を支持する人々がおり、一三三一年の夏にはこれらの人々がルートヴィヒの行動に影響を与え、ミカエル派の活動を抑制したものと想像できる。〈Quoniam sciptura〉において「不誠実な助言を行い、皇帝の立場をいささかも理解しておらず、帝国の法がそこに基礎づけられているところの聖書や自然理性、そして信ずるに値する歴史を知らない者達」（W. Preger. 'Beiträge'. op. cit., SS 76-77）として非難されているこれらの人々は、ヘンネブルクのベルトホルト、リヒテンベルクのハインリヒ、エッチンゲンのルートヴィヒ（及びフリードリヒ）、ツィップリングのハインリヒといった、以前からルートヴィヒに仕えていた助言者を指しており、これらの助言者とミュンヒェン宮廷におけるマルシリウスやフランシスコ派の思想家との間には、実務的な政治家と理論家の対立のようなものが常に存在していたに違いない。一三三一年の教皇との和解の試みに際しては前者が主導権を握ったのである。しかしヨハネスとの和解が成功せず、その後ヨハネスの「至福者の見神」（visio beatifica）の異端が発覚するに及び、ミカエル派のフランシスコ会士の活動がまた復活する。S. Riezler. op. cit., S. 84; C. Müller. op. cit., I. S. 267ff.; R. Moeller. op. cit. SS. 61-67; F. Bock. 'Die Prokuratorien Kaiser Ludwigs IV. an Papst Benedikt XII'（*Quellen und Forschungen aus italienischen Archiven und Bibliotheken*, Bd. XXV. 1933/34）S. 253ff.; H. S. Offler. op. cit., SS. 195-201; id., 'Empire and papacy, the last struggle'（*Transactions of Royal Historical Society*. 5 ser. VI. 1956. pp. 21-47）p. 40 参照。ルートヴィヒの使者への指示は、C.Pincin. op. cit., appendice7（pp. 259-261）に所収。

（81）W. Preger. 'Beiträge'. op. cit., SS. 17-28. ロンバルディーアをめぐる一三三〇年から一三三二年にかけての教皇、フランス王、ボヘミア王ヨハネスの関係についてはG. Tabacco. *La casa di Francia nell'azione politica di papa Giovanni XXII*（Roma. 1953）pp. 293-311.

（82）百年戦争の原因は、イングランドの羊毛の輸出先として重要なフランドルをめぐる英仏の対立に加えて、アキテーヌ地方をめぐる両者の対立があった。一三三七年のフィリップ六世によるアキテーヌ公国のイングランド王からの没収が百年戦争の主要な原因であったと考えることもできる。十一世紀以降イングランド王はノルマンディー、メーヌ、アンジュー、トゥレーヌ、ポアトゥそしてアキテーヌにまたがるフランス北西部の領主であったが、カペー朝のフランス王は十二世紀にこの地域の封建的高権を主張し、イングランド王ジョンはこれをフランス王から授与された封土として支配した。その後十三世紀の初頭にフランス王フィリップ二世はジョンからアンジューとノルマンディーを奪回し、十三世紀中葉にはヘンリ三世とルイ九世の和約により、ノルマンディー、メーヌ、アンジュー、トゥレーヌそしてポアトゥはフランス王の領土とされ、イングランド王はアキテーヌとその他フランス南西部の地域をフランス王からの封土として領有することになる。かくして、アキテーヌ地方に関してイングランド王はフランス王の封臣となったが、この地に対してフランスは裁判権を放棄することなく両者の対立関係は続き、アキテーヌ地方、特にその中心地ボルドー内部での党派争いも絶えることがなかった。そして十三世紀の末、フランス王フィリップ四世が、イングランド王でありアキテーヌ公であったエドワード一世に対し公国の没収を宣言するに及んで英仏は戦争に突入し、エドワードはフランドルにも侵入して、当時フィリップ四世と不和になったフランドル伯を援助した。しかし一三〇三年両者の間に和解が成立し、エドワード一世は自分の後継者（後のエドワード二世）をフィリップ四世の娘イザベラと結婚させることに同意した。他方、ボルドーにおけるフランス派とイングランド派の対立は続き、一三〇六年には、イングランドのアキテーヌ領有の法的性格を明らかにするために両派の間で一連の協議が企てられたが、対立は終止することがなかった。そして一三二三年にフランス王シャルル四世がサン・サルドスに建設した城塞都市がイングランド派の攻撃によって焼失したのをきっかけとして、シャルルはアキテーヌの没収を宣言した。これに対し、イングランドの皇太子エドワード（後のエドワード三世）はフランス王に封建的忠誠を誓い、フランスが奪った領土を再び回復し、公国に対するフランス王の主権を正式に認めるに至った。しかし、一三二七年にエドワード二世が廃位されエドワード三世が即位し、その一年後カペー朝最後のフランス王シャルル四世（エドワード三世の母イザベラの弟）が死去するに及び、事態は新たな方向に転回していく。すなわちエドワード三世は自らシャルル四世の後継者としてフランス王位を主張したのに対して、フランスの貴族たちはヴァロア家のフィリップ六世を王に擁立したのである。このときエドワードはアキテーヌに関しては従来どおりフィリップ六世に対し封建的忠誠を誓ったが、この地をめぐる英仏の緊張関係は続き、一三三七年五月四日遂にフィリップ六世はエドワード三世の敵対行為を理由に公国の没収を宣言し、以後英仏は百年戦争に突入していく。

(83)　ネーデルラントをめぐるイングランド、フランスそしてドイツの間の政治的関係において重要な役割を果すことになるハーゲナウ＝ホラント＝ゼーラント伯ウィレム三世はフランス王フィリップ六世の義兄であると同時に、伯の三人の娘はそれぞれバイエルンのルートヴィヒ、イングランドのエドワード三世、そして一三三四年以後ルートヴィヒの支持者となりイングランドと同盟を結ぶことになるユーリヒ伯ヴィルヘルムと結婚していた。

(84)　ニーダーラインのユーリヒ伯ヴィルヘルムは、当地域の諸侯や聖職者（ブレーメン大司教、ミュンスター、パーダーボルン、オスナブルック司教など）が常にそうであったように、これまで教皇派であったが、フランスを支持していたわけではない。ヴィルヘルムは一三二〇年代後半より計画されていたグラナダに対する十字軍に自ら参加することを教皇に申し出て、一三三一年にスペインに出兵したが、この十字軍は結局実現しなかった。この理由は、十字軍を計画したフランス王フィリップ六世、ボヘミア王ヨハネス、アラゴンのアルフォンソ四世が十字軍のために取り立てられた十分の一税を、それぞれロンバルディーアやジェノヴァの戦いのために利用したからであり、フランドルに関してフィリップ六世がユーリヒ伯に提供した金銭も十字軍のために取り立てられたものであった。ユーリヒ伯は十字軍への出兵と、ルートヴィヒに敵対することを教皇に約束し教皇の忠実な支持者として行動した。また同じく教皇の強力な支持者であった選帝侯のケルン大司教フィルネブルクのハインリヒが一三三二年一月に死去した後、教皇はヴィルヘルムの弟ヴァルラムをケルン大司教に任命した。しかし、後述のように一三三四年以降ユーリヒ伯ヴィルヘルムはルートヴィヒを支持することになる。

(85) 例えば、一三三二年から三三年にかけて、エッチンゲン伯とハルス伯が使者として教皇庁に送られ、これにはハープスブルク家のアルブレヒトとオットーの使者も随伴している。しかしこの交渉も不成功に終わった。Schwöbel, op. cit., S. 79.

(86) E. E. Stengel, *Avignon und Rhens*, op. cit., SS. 60-84 では帝権放棄をめぐるボヘミアのヨハネス、トリーアのバルドゥインそしてルートヴィヒの意図が検討されている。

(87) しかし、この時期のバルドゥインは、ボヘミア王ヨハネスと異なりルートヴィヒの忠実な支持者であった。後述の如くヨハネス二十二世の異端問題を機にナポレオン・オルシーニが公会議による教皇廃位をルートヴィヒに提案しようとしたとき、この提案につきナポレオンが先ず交渉したのもバルドゥインであった。E. E. Stengel（op. cit., SS. 73f）は、これを理由として、バルドゥインが帝権放棄を支持したことは、ルートヴィヒの帝権放棄が少くとも当初は真意であったことを裏づけるものと考えている。

(88) C. Müller, op. cit., Bd. I, SS. 323-324.

(89) ヨハネス二十二世は一三二六年の時点では、聖者の魂は最後の審判以前に天国に入ることはなく、苦痛のない休息の状態で最後の審判をどこかで待つのみである、というネストリオス派の説を批判していた。また一三一七年トゥールーズの聖ルイ、一三二〇年のヘリフォードの聖トマス、一三二三年の聖トマス・アクィナスの列聖に際してそれぞれ公布した教令においても、無垢の状態で天国に入った魂は直ちに歓喜のもとに神をそのままの姿において（facie revelata）享受すると述べていた。ところが一三三一年一一月一日の諸聖人の祝日での『第一マカベア書』（2・51）からとられた一節「汝らの父祖たちが彼らの世代において為した業を記憶せよ、そして偉大なる栄誉と永遠なる名を受け取れ。」という言葉に関する説教では次のように述べるに至った。「それでは、我々の祖先が彼らの行為の報酬として獲得したこの栄誉とは何であろうか。我が親愛なる者たちよ、少しの注意を余に向けてほしい。聖ベルナルドゥスは彼の説教の一つにおいて、次のように述べていると思われる。すなわち、キリストの来臨以前は、聖者に与えられる報酬は〈アブラハムの胸〉（sinus Abrahae）であるが、救い主の来臨と受難と昇天以後は、この報酬は、最後の審判が来るまでは祭壇の下にあるという事実にあり、これからもそうであろう。それ故、ベルナルドゥスが示唆しようとしたのは、審判のときまでは聖者たちは天に在るが、それは祭壇の上ではなく、その下に居るということである。……キリストは来臨と受難と死の後、リンブスあるいはアブラハムの胸と呼ばれる場所に降臨し、そこに居るすべての人々を運び連れ去った。それ故、黙示録の第六章で聖ヨハネが次のように言うとき、これらの人々について話しているのである。すなわちヨハネは『私は、神の御言葉のために……殺された人々の魂が祭壇の下にいるうか。アウグスティヌスとベルナルドゥスによれば、聖者の魂は審判の日までは祭壇の下に、すなわちキリストの人性（humanitas Christi）に慰撫され保護されているのである。しかし、イエス・キリストが世界につき審判を下すべく来臨した後は、これらの魂は祭壇の上に、すなわちキリストの人性を越えたところに行くのである。――聖なる父よ、これは何を意味するのか――これは、聖ベルナルドゥスと正確に同一のことを意味しているのである。――しかし、魂がどれほど聖なるものだとしても、キリストの人性を越えたところにまで上昇できるのだろうか。――然りである。最後の審判の日の後、聖者たちは、キリストの人性のみならず、その神性、その本質をも直視するのであり、『永遠の生命とは唯一のまことの神であるあなたと、あなたが遣わされたイエス・キリストを知ることであります』（『ヨハネ福音書』（17・3））と書かれているように、彼らは確かに父と子と聖霊を見るであろう。従って、聖なる魂は最後の審判の日以前は祭壇の下に、すなわちキリストの人性に慰撫されるにとどまるのであるが、審判の後にキリストは彼らを上に持ち上げ、神性自体を彼らは見られるようになるのである。彼らは祭壇の上に登るであろう、と言われるのはこの意味である。しかしながら、我が父よ、次のように私に尋ねて欲しい。すなわち、審判の日以前の聖者の栄光はどこにあるのか、と。ベルナルドゥスはここで『詩篇』の言葉（115・7－8）を参照している。『我が魂よ、おまえの平安に帰るがよい。主は豊かにおまえをあしらわれたからである。主は我が魂を死から、我が目を涙から、我が足をつまずきから助け出された。』明らかにベルナルドゥスはこれらの言葉が、卑しい肉体の中に住み、下界において額に汗してパンを食べる人々について述べているのではないことを指摘する。……これらの言葉は天上の聖者にのみあてはまるのである。……これらの言葉が相応しいのは、天に居る聖者だけである。この種の栄光を侮ってはならない。『主は我が魂を死から助け出された』と述べられており、ここで問題とされているのは魂の死からの、すなわち罪からの解放であり……事実、聖者たちはこの種の死から解放されている。また『主は我が目を涙から、我が足をつまずきから助け出された』とも付言されている。しかしながら、聖者はこれらすべての悪から解放されはしたが、未だ主の歓喜の中に入ってはいない。――それでは彼らがいつそこに入るか汝は知っているか――。それは彼らの肉体が蘇生するときである。というのも、不完全なものが、自己の完成を実現する前に完全な状態を享受する、というのは不合理である。ところで、魂は自己に固有の肉体と結合しないかぎり完全ではなく、それ故この魂は未だ完全な歓喜への権利を有してはいない。しかし、この歓喜は、『汝の主の歓喜のうちに入れ』という言葉がひびきわたる日に、魂に与えられるだろう。なぜならば、このとき魂と肉体は再び結合するからである。聖ベルナルドゥスが言うように、いかなる魂も肉体なくしては主の歓喜の中に入ることはないからである。……この見解は、更に救い主自らが認めているもののように思われる。『マタイ福音書』（25・34）には最後の審判のときの主の言葉がみられる。『我が父に祝福された者よ、汝らのために用意された御国を受けつぎなさい。』魂が王国を受けるのがこの審判のときであれば、このことから、それ以前には魂は王国に未だ入っていなかったということになるだろう」（以上のヨハネス二十二世の説教は、N. Valois, 'Jacques Duèse, pape sous le nom de Jean XXII', *Histoire littéraire de la France*, tome XXXIV, 1914, pp. 555 の仏訳に依った）。ここで教皇は、魂は肉体と結合して完全なものとなるという見解と、最後の審判により聖者の状態に変化が生ずるという考え方に立って、審判以前の聖者の魂に三位一体を直接的に見る歓喜を拒否している。しかしこの見解は多くの人々の批判を呼び、これに答えて一三三一年一二月一五日の待降節の第三日曜日の説教で教皇は再度自己の見解の正しさを論証しようと試みた。この説教でヨハネス二十二世は、天上の報酬が与えられるのは、報酬に値する行為を行った個人であり、個人は魂でも肉体でもなく両者の合一体であることを根拠に、至福的見神も、最後の審判の後に魂と肉体の合一により実現する、と説いた。この説教で教皇は、ぶどう畑で働いた者が一日の終わりに（すなわちこの世の終わりに）受けとる報酬（『マタイ福音書』（20・1−8））の例や、収穫のときに（すなわち最後の審判のときに）毒麦から選別される良麦（『マタイ福音書』（13・24−30））の例など、聖書の幾つかの箇所を引用し、更にはアウグスティヌスその他の教父の見解を論拠として提示している。そして教皇によれば、聖者が死の直後に完全なる見神の至福を享受するとすれば、最後の審判の意味がなくなり、審判の後に肉体が蘇生し魂と合致する必要もなくなるだろう。死後、肉体から分離した魂が既に至福であれば肉体と再び合体する必要はないからである。このように主張した後、教皇は次のように結論する。「しかし、余は聖アウグスティヌスと共に次のように言いたい。『もし私がここで誤っているとすれば、私より賢明な人が私の見解を修正することを期待する。』と。誰か余にこれと反対の教会の定義や、ここで援用された聖書のテキストより明瞭で明白なものを示してくれないかぎり、余はこれと違った見解をとるつもりはない」（N. Valois. p. 564）。この後、教皇は一三三二年一月五日の公現の祝日で再び至福者の見神に関する説教を公にしている。しかし、この説教は、ウィリアム・オッカムの〈Compendium errorum Joannis XXII. cap. VI〉（H. S. Offler. ed. *Opera Politica* IV. Oxford. 1997. pp. 59-61）及びフランシスコ会士ニコラウスの〈Chronica〉（G. Gál. D. Flood. ed.. op. cit.. pp. 885-887）の中で抜粋としてしか伝わっておらず、これら離反フランシスコ会士の述べる史実は必ずしも信用できるわけではない。この説教で教皇は、最後の審判以前に福者たちは至福的見神を享受しないのと同様に、罪人も永久の断罪を受けないことを主張する。「悪魔がもし地獄に閉じ込められているとしたら、これらが我々を誘惑することもありえないだろう。それ故、悪魔は地獄に居るのではなく、暗闇の領域に居るのであって、我々を誘惑しに来るためにこの領域を離れる手段を有しているのである。彼らは未だ地獄には居らず、むしろ地獄の上に居るように思われる。悪魔が地獄へと閉じ込められる時を画するのは最後の審判である」。……更に、ヨハネスは二月二日（聖マリアの御潔めの祝日）での説教で、最後の審判の後にキリストの人性は消失し、父と聖霊と共に三位一体の神性を構成し、これと共に、人性を有するキリストの支配権は父たる神へと移されること、そしてこの時点で、救済された人々は神を初めて対面的に（per speciem）視ることを主張した。〈visio beatifica〉に関するヨハネス二十二世の見解の詳細は、C. Trottmann. *La vision béatifique, des disputes scolastiques à sa définition par Benoît* XII（Roma. 1995）pp. 432-446. オッカムやボナグラティアなど離反フランシスコ会士による攻撃についてはpp. 471-495参照。

さて、至福者の見神については、初期の教父の間でも明確な見解の一致はなく、ニカイア公会議以降、死後直ちに至福見神を認める立場が優勢となり、ギリシア正教とローマ教会の分裂の後、この立場はますます多くの支持者を得たが、教会の正統な教説として明確に確立されたわけでなく、聖ベルナルドゥスの如く、最後の審判の後にのみ至福見神を限定する者もいた。この点トマス・アクィナスにも見解の変化がみられる。E. Lewalter. 'Thomas von Aquinas und die Bulle "Benedictus Deus" von 1336'（*Zeitschrift für Kirchengeschichte*. Bd. LIV. 1935. SS. 399-461）によれば、死から最後の審判までの状態（status intermedius）における救済された人々の魂は、神の本質の完全なる直視を享受できるかにつきトマスは『神学大全』（Ia IIae q. 4 a.5）ではこれを肯定するのに対し、『命題集註解』（IV, d. 49, q. 1 a. 4）はこれを否定し、最後の審判の後、肉体と再び合体した魂は、「肉体の栄誉」（gloria corporis）の付加の故に単により広い範囲にわたって（extensive）至福を体験するのみならず、見神によってより強く（intensive）これを享受すると主張している。

いずれにしてもヨハネス二十二世の見解は離反フランシスコ会士は言うまでもなく、パリ大学の神学者をはじめ多くの人々により異端視されることになるが、ヨハネスの見解を要約すれば次のようになる。最後の審判以前は、聖者の魂は単にキリストの人性を見るだけであり、彼らの休息もこの点に存する。従って聖者は神を対面的に見ること（visio facialis）はなく、鏡の中で見るように（visio specularis）、抽象的な仕方で神を見るだけであり、ここで見られているのは神性それ自体ではなく、その似姿でしかない。また最後の審判以前は、魂は報酬を受けることも罰せられることもない。魂ではなく、肉体と合一した人格がこれらを受けるのである。そして至福は、死後、肉体から分離した魂がある程度享受し、これが最後の審判の後に肉体の再生と共に完全になる、というように増大するわけでもない。……また教皇ヨハネスは一三三三年に「あらゆる罪から浄化された聖者の魂は神の本質を見るか」と題する小さな論考を書いている。至福的見神に関する論争については C. Trottmann, op. cit. の他に A. Maier, *Ausgehendes Mittelalter*, vol. III（Roma, 1977）pp. 319–443, 505–590 参照。

(90)　ヨハネス二十二世の見解をめぐる論争において特に有名なのがイングランドのドミニコ会士トマス・ウァレイス（Thomas Walleis）の異端審問である（Th. Käppeli, *Le procès contre Thomas Waleys*, Roma, 1936; C. Trottmann, op. cit., pp. 586–592）。一三三三年一月三日、トマス・ウァレイスはアヴィニョンでの説教で、キリストの清貧をめぐるフランシスコ修道会の異端を激しく断罪した後、至福者は死後直ちに見神を享受するという見解を公にし、これに反するヨハネス二十二世の見解を論駁し、教皇から報酬として聖職禄を受ける目的でヨハネスの見解を支持している人々を非難した。トマスの説教は必ずしも教皇個人の見解を批判したものではなかったが、トマスは異端審問官のフランシスコ会士モンロンのギヨームの命令で逮捕され投獄されるに至った。このようなトマスの処置に対しフランス王フィリップ六世は抗議したが、これに対し教皇は、トマスの拘禁の理由が、至福者の見神に関する見解にあるのではなく、別の異端説にあることを告げ、トマスの処置に関する弁明をルーアン大司教ピエール・ロジェ（後のクレメンス六世）に委任した。確かに異端審問において明示的に告発されているトマスの説は、キリストの復活と最後の審判が同時に生ずること、蘇生する肉体は、その栄光を魂の至福の発散に負うこと、見神と至福は魂の自然的目的であること、天上に居るのは厳密に言って聖ペテロではなくその魂であること、聖ルチアとキリストの魂は同じ程度に明白且つ完全に見神を享受することなどであり、至福者は死後直ちに完全な見神を享受するという見解は告発の対象とされていない。これはヨハネス二十二世も認めるように、至福者の見神に関するローマ教会の正統的教義が未だ確立していないからである。そして、トマスの異端が至福者の見神以外の論点にあったことは、ベネディクトゥス十二世が一三三六年一月に教令《Benedictus Deus》において、トマスが主張するように至福者は死後直ちに見神を享受するという説を正統的教義として確定した後も、依然拘禁状態にあったことから明らかである。さて、ヨハネス二十二世はフランス王の不興を鎮めるために、自己の主張を多くの神学者に検討させ、その正当性を確かなものにしようと試みた。しかし、教皇の要請で書かれた論文のなかで、モー司教で著名な神学者サン・プルサンのドゥランドゥスの「最後の審判以前に聖者の魂が享受する見神について」と題する論文は教皇と正反対の見解を展開し、これも異端審問の対象となったが（C. Trottmann. pp. 592-601）、フランス王とパリ大学の介入で異端とされるには至らなかった。トマス・ヴァレイスの拘禁に関するヨハネス二十二世のフィリップ六世への書簡は H. Denifle. ed. *Chartularium Universitatis Parisiensis.* tomus II. sectio prior. pp 414. Documenta quae litem de Visione Beatifica illustrant n. 971（p. 415）n. 973（p. 417）。またトマスとサン・プルサンのドゥランドゥスに関する異端審問の内容は、n. 975（pp. 418-423）。

(91)　フィリップ六世は教皇の見解を批判し、トマス・ヴァレイスに対する教皇の厳しい処置を非難し続けたが、教皇は一三三三年一一月の書簡でおよそ次のように答えている。……何人かの神学教授から聞いたところによれば、あなたは、聖なる魂は肉体を再びもつ前に神の本質を見るという説教を行うよう彼らに勧告したそうです。また、彼らのうちの何人かがこれを拒否すると、あなたは彼らを相当ひどく譴責したということです。しかし、信ずるに値する他の人々の言うところによれば、この命令や勧告はあなたから発せられたものではなく、あなたは、恐怖を感じて見神を肯定する見解をあえて支持しようとはしない者たちに、（これを肯定するよう）勇気づけただけなのでしょう。あなたは、誰にも威嚇されずに真理を断固として説くよう彼らに助言したのでしょう。それなら結構なことと思います。このような言い方こそ王にふさわしいものです。しかし次のことを知っていただきたい。聖アウグスティヌスは、彼の著作の幾つかの箇所で、この問題を極めて曖昧なものとして提示しているのです。そして他の多くの博士も、相互に異なる意見を提出しております。また、真理がより明白になるために、私は説教の中でしばしばこのことに言及し、私自身ではいかなる意見も述べてはおりません。私はただ聖書や聖人の言葉、特にその著作が教会により受け入れられている人々の言葉を引用するにとどめたのです。多くの聖職者やかなりの数の枢機卿は、私の前で、あるいは私が列席していないところで、両方の見解にとって好意的な説教を行ってきました。この問題は、高位聖職者と神学者が出席するアヴィニョンの教皇庁の公の場で何度となく論議されてきました。しかし私は神学者ではない、とあなたに言う人もいるでしょう。ですから、或る賢人が言っていることをお聴きください。『誰が言っているかではなく何を述べているかに注意を向けよ』という言葉です。……（H. Denifle . *Chartul. Univ. Paris.*. II. op. cit.. n 978. pp. 426-427）.

(92)　教皇はゲラルドゥス・オドニスとドミニコ会士サン・ミシェルのアルノー（サン・ミケーレのアルナルドゥス）を、イングランド王とスコットランド王の和平協定実現のために派遣するという口実のもとにパリに滞在させ、自説の正しさをフランス王に対し説得しようと試みた。しかしパリ大学の神学者は教皇及びゲラルドゥスの説を異端として非難し、更に王は一二月一九日ヴァンセンヌ城にフランスの王侯、司教それにピエール・ロジェを含む著名な二十九名の神学者を集め、これにはゲラルドゥスも列席したと思われる。この集会で王は「天上の聖なる魂は肉体の復活と最後の審判以前に神の本質を対面的に見るか」、そしてもし見るとすれば、「これらの魂が現在享受している見神は最後の審判の日に停止し、他の見神にとって代わられるのか」という二つの問題を提起した。これに答えて神学者たちは全員一致で前者を肯定し、後者は数人の少数説を除いて全面的に否定された。このときの少数説は見神に程度の差を認め、最後の審判以後、見神はより完全なものとなるという見解である。その後、フランス王は一二月二七日マチュランで同じ神学者と更に数名の神学者を加えた集会を開き、問題に関する最終的な決定を下した。この決定に関し王が教皇に宛てた書簡は H. Denifle. C. U. P.. op. cit..n. 981（pp. 429-431）に所収。

しかしながら、教皇によりパリに派遣されたフランシスコ修道会長ゲラルドゥス・オドニスは教皇と同じ見解を有していたわけではない。A. Maier, 'Die Pariser Disputation des Geraldus Odonis über die Visio Beatfica Dei' (id., *Ausgehendes Mittelalter*, vol. III, op. cit., pp. 319-372) によれば、ゲラルドゥスは至福的見神を最後の審判以前に認めるが審判後にはこれが完全なものになると考え、前者を visio moderna 後者を visio aeterna 名づける。従ってゲラルドゥスは、ヴァンセンヌの集会の少数派の立場に立つと考えられるが、見神の漸次的強化を主張することにより、現世の魂にも見神を認める（A. Maier, pp. 336-346）。後述の如く、至福的見神の正統的教義はゲラルドゥスを含む十六名の神学者の協議を経て一三三六年ベネディクトゥス十二世により裁断を下されるが、正統とされた教義、すなわち死後の聖者の魂は直ちに見神を完全な仕方で享受するという教義は、ベネディクトゥスが教皇即位以前に（枢機卿ジャック・フルニエとして）採用していた見解とは異なり、むしろベネディクトゥスはゲラルドゥスの漸次的強化の立場をとっていた（ibid., p. 372）。また C. Trottmann, pp. 718-722.

（93） C. A. Willemsen, *Kardinal Napoleon Orsini 1263-1342* (Berlin, 1927) SS. 120-128.

（94） しかし両者が教皇の神学説を批判したのは政治的動機によるものであった。ナポリ王ロベルトは、イタリア及びプロヴァンスにおける支配権を守るために、ルクセンブルク家、フランス王そして教皇による新たな皇帝選挙に反対しており、ヨハネス二十二世の異端問題は新たな皇帝選挙を阻止する都合のよい機会となった。これに対しフィリップ六世はバイエルンのハインリヒの皇帝選出については、アルルとカンブレーをハインリヒにより約束され、ハインリヒ選出を積極的に支持していた。フィリップが教皇の異端を利用したのは、当時オスマン・トルコによるロドス島やアルメニアなどに対する攻撃に脅威を感じたヴェネツィアやナポリが中心となり熱心に提唱されていた近東への十字軍の支援金を獲得し、これを北イタリアとネーデルラントでの戦いの資金に流用しようとするフィリップの意図が教皇の消極的態度によって実現しなかったからである。一三三一年以降、フィリップはルーアン大司教でフランス王国の宮内官であったピエール・ロジェ（後のクレメンス六世）を通じてアヴィニョンと交渉し、フィリップに十字軍の指揮を委任するよう要請していた。しかし教皇は、フィリップが十字軍遠征を真剣には考えておらず、上記の私的な政治的目的のために十字軍支援金を利用しようとするにすぎないと疑ったのである。ヨハネス二十二世がフィリップの要請を無視したことからこれに立腹したフィリップは教皇の異端説を攻撃し、一三三三年一二月のヴァンセンヌで既述の如き一種の国内公会議を開き、教皇が説を撤回しないかぎり火刑をもって臨むことが決議された。フィリップ六世とヨハネス二十二世の間での十字軍をめぐる交渉については、N. Hausley, *Avignon Papacy and the Crusades 1305-1378* (Oxford, 1986) pp. 17-28, pp. 178-180, p. 242; G. Tabacco, *La casa di Francia*, op. cit., pp. 325-333.

（95） S. Riezler, *Vatikanische Akten zur deutschen Geschichte in der Zeit Kaiser Ludwigs der Bayern* (Innsbruck, 1891) n. 1663, S. 568, n. 1671, S. 572.

（96） このとき、公会議はボローニャで開催されることが予定されていた。ボローニャは教皇特使ベルトラン・ドゥ・プジェの圧政を嫌悪し、一三三四年にベルトランを追放した後にナポレオンを教皇特使の資格で受け入れていた。

（97） ミュンヒェンの宮廷のミカエル派は従来清貧問題に関してのみ教皇の異端を批判してきた。しかし、いまや至福的見神に関するヨハネスの異端がパリ大学の神学者をはじめ広汎な人々の批判の対象となるに及び、ミカエル派が直ちにこの問題に目を向けたことは言うまでもない。一三三二年四月にベルガモのボナグラティアはヨハネスを告訴し公会議の開催を提唱していた（L. Oliger, Frater Bonagratia de Bergamo et eius tractatus de Christi et apostolorum paupertate, *Archivum Franciscanum Historicum*, T. XXII, 1929, pp. 309-310）。そして一三三三年八月に、バルドゥインの要請で、至福的見神に関する教皇の異端を公会議へと告訴する草稿が書かれ、一三三四年にも一三三二年のそれと同様の告訴が書かれている（L. Oliger, op. cit., pp. 310-312）。また一三三三年八月にボナグラティアは公会議を提唱するもう一つ別の文書を書いている。この文書についてはH.-J. Becker, 'Zwei unbekannte kanonistische Schriften des Bonagratia von Bergamo in cod. Vat. lat. 4009'（*Quellen und Forschungen aus italienischen Archiven und Bibliotheken*, Bd. XLVI, 1966）SS. 237-246, SS. 255-263（テキスト）。E. Wittneben, *Bonagratia von Bergamo*, op. cit., SS. 370-377; C. Trottmann, op. cit., pp. 474-476, pp. 480-484. また、オッカムが一三三四年の聖霊降臨祭にアッシジで開かれたフランシスコ派の総会に宛てた書簡（Epistla ad Fratres Minores, OP. vol. III, pp. 6-17）p. 14でも、天国における聖者の魂は最後の審判以前に神を観ることはないという教皇ヨハネスの見解が誤謬説として挙げられている。この見解以外にオッカムがヨハネスの誤謬として挙げているのは、神には三つの異なるペルソナは存在しない、神はpotentia ordin-ataによって行った以外のことをpotentia absolutaによって行うことはできない、神は自らが実際に行った以外のことを行うことができるという言明は矛盾を含む、すべてのものごとは必然的に生ずるが故に、神によってあらかじめ定められていなかったことが起こりうるという言明は矛盾を含む、断罪された人間の魂が最後の審判以前に地獄に堕ちることはない、悪魔は最後の審判以前に罰せられることはない、キリストは最後の審判の後に王でなくなる、といった見解である（pp. 14-15）。

（98）E. E. Stengel, *Nova Alamanniae*, 1, op. cit., SS. 181-182, n. 338.

（99）ルートヴィヒに対してナポレオン・オルシーニは公会議召集の条件として、ロベルトとの和解以外にパドヴァのマルシリウスとの断絶を要求している。A. Willemsen, op. cit., S. 127; A. Carlini, *Fra Michelino e la sua eresia*（Bologna, 1912）pp. 182-183.

（100）一三三三年一二月二八日、教皇ヨハネス二十二世は枢機卿会議を開き、枢機卿その他の聖職者や神学者が集まる中で、至福的見神に関するいずれの見解がより良く聖書によって基礎づけられるかを論議しようとした（H. Denifle, op. cit., n. 983, pp 434-436）。先ず、教皇は当該問題に関する聖書のテキストを読み上げた後、一月三日の会議で、人間は肉体と魂からなり、従って天国での報酬も肉体から分離した魂ではなく、肉体と魂が合体した人間に与えられ、従って至福的見神は肉体が蘇生する最後の審判においてはじめて生ずること、死後直ちに見神が達成されてしまえば、最後の審判は無意味なフィクションになってしまうことなどを論拠にこれまでの自説の正しさを再度強調した後、聖書や信仰に反した教えを述べる意図は自分になかったこと、もし自説が誤りであることを、貴賤を問わず誰かが説得してくれれば、それを撤回する用意のあることを伝えた（ヨハネスの一月三日の宣言は、Goldast, II, op cit., pp. 740-770でDialogus, secunda parsとして刊行されているオッカムの著作〈De dogmatibus Johannis XXII papae〉の第一論考（pp. 740-761）——また J. Ballweg, J. Kilcullen, et alt., ed. *Dialogus*, Part 2, Part 3, Tract 1, Oxford, 2011, pp. 17-75——の中で引用されている）。これに対し、ボナグラティアは一三三四年六月頃に書かれた告訴書（註（97）参照）で、上記の教皇の最後の言葉は教皇の異端の罪を消し去ることはないと主張し、「公会議、将来の教皇、そして公教会且つ使徒教会たるローマ教会に対して」ヨハネスを訴えた。これとほぼ同じ時期に書かれたのが二つの論考からなるオッカムの上述の〈De dogmatibus Johannis XXII papae〉である。この著作でオッカムは、一月三日の会議での宣言が見せかけで無益なものであり、ヨハネスの異端を解除しないことを主張する。またオッカムはここで信仰内容に関し、明示的信仰を必要とするものとそうでないものを区別し、異端の定義や、異端に固執することを示す証拠の種類を論じ、更に、教義上の問題を論議する権利は聖職者以外の者にも認められ、教皇や枢機卿には限られないこと、キリスト教の信仰内容は、教皇や枢機卿の知識を超えるものであり、聖書に述べられていることを信仰する前に枢機卿や教皇の承認を必要とするという考えが誤りであること、聖職者や神学者以外の一般の信徒に聖書を解釈する権利を認めないことは聖書の研究を不可能にしてしまうこと、教皇や枢機卿は信仰内容に精通した者であるべきであるが、自ら信仰内容を決定する権限をもつものではないこと、彼らが聖書に違背するときは彼らに服従する義務はなく、むしろ異端者として告発すべきことが論じられている。

さて、一三三四年一二月三日、ヨハネス二十二世は病床において枢機卿（この中には次代の教皇ベネディクトゥス十二世となるジャック・フルニエも含まれていた。なお、ナポレオン・オルシーニは欠席している）の前で、遺書として次のような使徒的書簡を読み上げさせた。ここで教皇は至福的見神についての従来の自己の見解を次のような言葉によって取り消したのである。「……それ故、余は肉体から分離され浄化された魂は天上に在り、天上の王国に在り、天国の楽園に在ることを、そしてこれらの魂は天使の集まりにおいてキリストと共にあること、そして一般的な法によれば、これらの魂は分離した魂の状態と条件がこれを許すかぎりにおいて対面的に（facie ad faciem）且つ明白に、神及び神の本質を視ることを認め、信ずる。余がこの問題につきこれと異なった見解をしばしば表明してきたにしても、これは公教会の信仰を絶えず維持しようとしたからであり、余はこの見解を権威の引用と利用という方法によってのみ述べようとしたにすぎない。更に、説教、論究、教義の宣言、教示その他のことを通じて余は公教会の信仰や聖書や善き慣例に関する事柄を論じてきたが、今や余は公教会の信仰、教会の決定、聖書そして善き慣例に合致するかぎりにおいてのみこれらを是認する。そして合致しないのであればそれらは述べられなかったものとみなされることを余は欲し、それを是認することもない。余は、これらが上記の公教会の信仰、教会の決定、聖書そして善き慣例と合致しないかぎり、これらを拒絶する」（H. Denifle. C. U. P., op. cit., n. 987, p. 441）。そして、翌日一二月四日にヨハネス二十二世はこの書簡に自らの封印を付する余裕もなく死去した。ヨハネスが死の直前に至って、従来自分が唱えてきた見解を放棄したか否か定かではない。しかし、上記の書簡の中の「分離した魂の状態と条件がこれを許すかぎりにおいて」（in quantum status et conditio compatitur animae separatae）という微妙なニュアンスをもった言葉に注意すべきである。この言葉には、死の直後に肉体から分離した魂が享受する見神と、最後の審判の後、肉体と再合一した魂のそれとの間に相違のあることを示す意味合いが含まれており、事実、オッカムなど教皇批判者はこの点を捉えて、教皇が自己の従来の見解を取り消していないことを主張している。

ヨハネスの自説放棄の有効性に関しては、ヨハネスの論敵の側から、これを否定する幾つかの論考が著されているが、オッカムも〈Tractatus contra Iohannem XXII〉（H. S. Offler. OP. vol. III. p. 29. pp. 61-64）において、教皇の自説取消は無効であり、教皇は異端者として死去したことを主張している。オッカムはこの論考で、ヨハネスは最後の審判以前の天国の魂に至福的見神を否定する見解を単に引用しただけではなく真理として自ら主張したが故に異端者であり、ヨハネスがこの見解を他者に強要したこと、死の直前の自説取消が虚偽であり、教皇の言葉に含まれた「分離した魂の状態と条件がこれを許すかぎりにおいて」という限定の付加により、結局は自説を放棄しておらず、またヨハネスの自説取消は他から強制されたか、ヨハネスの死後他者により偽造されたとも考えられることなどを指摘する。更にオッカムは異端には、明白に信仰すべき真理に反するものと、暗黙の信仰で十分な真理に反するものがあることを論じる。明白に信仰すべき真理とは、悪魔は地獄に居ること、キリストの身体は聖体拝領の聖体に在ること、世界には始まりがあることなどで、信徒であれば誰でも信じている真理である。これに対し、神学者や聖職者のみが把握しうる信仰上の真理がある。ところで、ヨハネス二十二世は、聖なる魂は死後直ちに神を見る、という明白なる信仰上の真理、信徒全体から構成される普遍教会（ecclesia universalis）の明白なる信仰に違背する異端者である。ヨハネス二十二世ではなく他の者がこのような明白な信仰内容を否定したとすれば、異端審問が直ちに行われていただろう。ヨハネスの異端は、パリにおいてゲラルドゥス・オドニスがフランス王から受けた処遇に明らかに示されている。普遍教会の承認する信仰内容は、教皇といえどもこれを変更しえない。普遍教会は一般公会議より権威がある。普遍教会とは、現在のみならず過去の信徒を含む、年齢と性別を問わないあらゆるキリスト教徒の総体であり、ヨハネスが否定した見解は、この普遍教会が黙示的に信仰してきた真理である。従ってヨハネスが異端者であったことは明らかである。また、ヨハネスは自説を真なるものと主張したが、これに固執したわけではなく異端者とは言えないという弁護に対しては、ヨハネスはすべての人々が受容する信仰上の真理を否定したが故に、この否定に固執しているのであり、異端者であることは明白である。次に、異端者であった者が再び公教会に受け入れられるためには、自分が誤っていたことを告白し、正しい信仰に戻る意図を率直に述べ、その他このために要求されている条件を充たさねばならない。ところが、ヨハネスは自己の誤りを告白するどころか、常に教会の正しい信仰を自らの信仰としてきたことを公言し、改悛の情を示すことなく教皇職にとどまり続けた。また教皇は人定法から解放されている、という反論に対しては、異端となった教皇はこれにより直ちに教皇であることを止め、教会法上のあらゆる規則が彼に適用されることになる、と答えられる。ヨハネス二十二世の如き有能な教会法学者が、死の直前の使徒的書簡に封印を付さなかったのは奇妙であるが、これは神がヨハネスに刑罰を下そうとしたからであろう。……そして最後にオッカムはヨハネス二十二世の説教から八つの誤りを、清貧に関する教令から二十八の誤りを指摘し、これらの誤りをヨハネスは正式に取り消す義務のあること、死の直前の取消は無益で効力のないことを述べた後、新教皇ベネディクトゥス十二世に対し、ヨハネスに対する異端の告訴を開始し、異端者に相当する刑罰、すなわち埋められた遺体を掘りおこし、火刑に処すべきことを要請している。

(101) Y. Renouard, *La papauté à Avignon*, op. cit., pp. 30–34; D. Paladilhe, *Les papes en Avignon*, op. cit., pp. 111–133; G. Mollat, *Les papes d'Avignon*, op. cit., pp. 72–88; P. Fournier, 'Jacques Fournier (Benoît XII)' (*Histoire littéraire de la France*, tome XXXVII, 1938, pp. 176–209). ベネディクトゥス十二世とフランシスコ修道会との関係については C. Schmitt, *Un Pape réformateur et un défenseur de l'unité de l'église, Benoît XII et l'Ordre des Frères mineurs* (Firenze, 1959)、ミカエル派との関係は pp. 197–249 参照。

(102) 教令〈Benedictus Deus〉は以下の如くである。「永久に効力を有すべきこの教令において、余は使徒的権威により次のように規定する。

神の一般的な定めによれば、我らが主イエス・キリストの受難以前に現世を離れたすべての聖者の魂、そして同じく、死に臨んで贖うべき何ものもかつて有さず、あるいは将来において贖うべき何ものも有さぬであろう聖なる使徒、殉教者、懺悔者、童貞女その他キリストの聖なる洗礼を受けた後に死去する信徒の魂、そして贖うべきことをかつて有し、あるいは将来有するであろうが死後には既に贖いを成就し終えているであろう魂、同様にまた、自由な判断力を行使する以前に亡くなった幼児で、同じキリストの洗礼により再生した者の魂又はこれから洗礼を受ける幼児であれば洗礼を受けたとき、これらの魂はすべて死後直ちに、また上記の贖いを必要とした魂については贖いが成就して死んだ後に、たとえ彼らの肉体の蘇生と最後の審判以前であっても、我らが主イエス・キリストの昇天以来、聖なる天使の仲間に加わり、キリストと共に天上に、天の王国に、天上の楽園に在り、在るであろう。そして我らが主イエス・キリストの受難と死以来これらの魂は、直観的で、その上対面的でさえある見神により神の本質を見てきたし、見ており、見るであろう。ここにおいてはいかなる被造物の視力も介在せず、自らをありのままに、明白に且つあからさまに顕す神の本質が直接的に見られているのである。更に、このように神を見ることにより、既に死せる者の魂は神の本質を喜びに充ちて享受し、更に見神と喜びの享受によりこれらの魂は真に至福となり、永遠の生命と休息を獲得する。そして、これから死ぬ者の魂も、最後の審判以前に神の本質を見てその喜びを享受するであろう。更に、神の本質を見て喜びを享受することは、信仰及び希望の魂が厳密な意味での神学上の徳として理解されるかぎりで、これらの魂の中の信仰と希望の働きを消失させることになる。更に、まさにこの直観的で対面的な見神と喜びの享受が魂の中に既に生まれた、あるいは将来生まれるならば、このとき以来、この享受はかつて中断したり終止することなく最後の審判に至るまで続き、これからもそうだろう。そして最後の審判以後、これは永遠に続くのである。更に余は次の如く規定する。神の一般的な定めによれば、現実に致命的な罪を犯して死んだ人々の魂は死後直ちに地獄に堕ち、そこで地獄の刑に服することになる。しかしながら、最後の審判の日には、あらゆる人間は肉体と共にキリストの法廷に召集され、各人は善か悪を為したかに応じて、その肉体において報酬を受けるために自らの個人的な行為の釈明を行うことになるだろう」（Denzinger-Bannwart-Umberg, *Enchiridion symbolorum*, D. LXVII）。この教令は、一三三五年の七月から九月にかけてポン・ドゥ・ソルグ城で十六名の神学者と共に至福見神の問題が検討された後、一三三六年一月二九日に発布された。しかし既述の如く、ベネディクトゥスが教皇即位以前に（特に論考〈De statu animarum sanctorum ante generale iudicium〉において）唱えていた説は、最後の審判に至るまで至福の段階的発展を認めるものであり、この教令の内容はベネディクトゥス自身の見解ではなかった。

(103) ベネディクトゥス十二世は、即位当時は教皇庁のローマ帰還を真剣に考えており、ナポレオン・オルシーニはローマ帰還を推し進めるべく新教皇に圧力をかける必要は最早なく、従ってナポレオンとルートヴィヒとの結合は新教皇即位と共に消失する。しかし、ベネディクトゥスによる教皇庁のローマ帰還の試みは、フランス王の反対により実現することはなかった。

(104) C. Müller, op. cit., II, SS. 9-16; R. Moeller, op. cit., SS. 67-73; Schwalm, 'Reise nach Italien im Herbst 1898, Beilagen, Königsurkunden und Acta imperii, 1335-1338' (*Neues Archiv der Gesellschaft für ältere deutsche Geschichtskunde*, Bd. 26, 1901) SS. 709-710.

(105) S. Riezler, *Vatikanische Akten* (V. A.), op. cit., n. 1748, n. 1748a SS. 591-594; F. Bock, 'Die Prokuratorien', op. cit., SS. 260- 262.

(106) S. Riezler. V. A. op. cit. n. 1759, SS. 597–600.

(107) C. Müller. op. cit. II, SS. 88–91.

(108) S. Riezler. V. A. n. 1762. SS. 601–602. 当時の年代記作者ノイエンブルクのマティアスは次のような説明を与えている。「王フィリップは教皇ベネディクトゥス選出の後直ちに教皇に使者を送り、極めて不遜な態度で、教皇がこれを敢えて拒絶することができないような仕方で前代未聞のことを要求した。すなわち、フランス王は他のことと同時に、自分の長子でボヘミア王の娘婿をヴィエンヌ王にすること、自分をイタリアの皇帝代理とすること、十年にわたって、全キリスト教会の十分の一税と聖地擁護のための教会の全財産を自分に与えることを要求したのである。教皇と枢機卿はこれに恐れを抱き、ローマ人民の王ルートヴィヒと友好的な関係を結ぶことを決定した。ルートヴィヒはこのことを、教皇庁にいた自分と親しい者でこれを枢機卿から聞いていた幾人かの人々の書簡で知り、直ちに教皇と枢機卿団に使者と極めて恭順なる書簡を送った。これらの使者は、どのようにして、そしてどのようなかたちで帰還すべきか、どのような確約があれば赦免と恩恵が認められるべきかを教皇とその兄弟たちから教えられた後、再び、要求された確約を皇帝から受け取り、全権を委任されて教皇庁に戻ってきた。これらの使者の中には、二名のエッチンゲン伯、アウクスブルク司教座聖堂主席司祭（おそらくはトゥムナウのエーベルハルト）、アウクスブルクの司教座聖堂参事会員で後に教皇がバンベルクの司教座聖堂主席司祭に任命することになったランデックのマルクヴアルト、そして皇帝の書記長で教会法学者のウルリヒが居た。そして私も同席した公の枢機卿会議で上記のランデックのマルクヴァルトは、列席したすべての人々が驚く程雄弁な演説を行い、皇帝の名において謙虚な態度で赦免と復位（restitutio）を願い出た。これに答えて教皇は恩恵に充ちた態度で、教皇とその兄弟たちは、ルートヴィヒの人格において病み、教会という幹から分離し始めている、教会の高貴なる枝たるアラマニア（ドイツ）が、教皇座の大いなる栄誉においてこの幹に再び統合される幸福を望んでいる、と述べた。そして教皇はアラマニアと、世界で最も高貴な支配者と教皇が名づけたルートヴィヒに讃辞を繰り返し述べ、そして、イタリアが暴君により支配されていること、アルメニア王国が教皇とキリスト教徒の救援を呼びかけていること、そして聖地が皇帝の不在の故に占領されていることを嘆き、従って赦免が正当にも与えられるべきであると述べた。それ故、人々は別の日に赦免が与えられると期待したのである。しかし前述のフランス王と、シチリア及びアプリアの王ロベルトは、一度為された決定から殆どすべての枢機卿を引き離した。すなわち、この決定の遂行を阻止するために、二人の大司教と二人の司教そして二人の伯がフランス側から、そして王ロベルトの側からも同じくらい多くの者が教皇庁にやって来て、（ルートヴィヒのような）異端の支配者を、彼らのような教会に忠実な支配者より上位に置くのは誤りであること、そして教皇は異端の優遇者と言われないよう注意すべきことを伝えた。そして教皇が『汝らの支配者は帝国でないとしたら他に何をお望みなのか』と言ったのに対し、彼らは不遜にも、『父よ、我らの支配者と我らに対し、我々が言ってはいないことを帰してはならない。我々は帝国に対抗して述べているのではなく、断罪されたルートヴィヒ個人に対抗して述べているのだ』と答えた。そして、ルートヴィヒが教会に敵対して多くのことを行ったことを彼らが述べたとき、教皇は次のように答えた。『むしろ我々は彼に対して誤った行動をとってきた。彼は、謙虚にも余の先任者の足もとに杖をつきつつ来たのである。しかし先任者は彼を望まず、彼が行ったすべてのことに激怒していた』と。ところが教皇はまた、上記の王たち、その王国と彼らの後継者のために、ルートヴィヒに対しより有利な確約を要求することを保証したが故に、王たちは教皇を塔の中に閉じ込めたのと同じような結果になってしまい、それ故教皇は何も成し遂げることができなかったのである。その上、フランス王は自己の領土の至るところで枢機卿の財産や収入を差し押えた。またこの当時、ボヘミア王とその娘婿バヴァリア（バイエルン）公ヘンリクス（ハインリヒ）は教皇庁に書簡を送り、ウンガリアとクラコヴィアの王その他の人々の助けにより、全力をあげて別のローマ人民の王を擁立することを欲する旨を伝えた。それ故枢機卿たちは（ルートヴィヒと同じアラマニアの）人々でさえ彼を廃位しようとしているときに、無力で助けを失った者のためにかくも多くの王侯を害することは教皇座にとり無思慮なことである、と述べることによって、教皇にルートヴィヒを赦免することを断念させたのである。そこで（ルートヴィヒの）使者たちは交渉が成立しないまま、更に期限を与えられて再び帰還せざるをえなかった。

この頃、上述の王ロベルトの甥であるウンガリア王は、当時ルートヴィヒを支持していたオーストリア公の領土に侵入し、何週間にもわたってその地を荒廃させた。上述のボヘミアとクラコヴィアの王及びバヴァリア公ハインリヒは、ルートヴィヒの領土である上部バヴァリアへの侵入を意図した。しかしルートヴィヒはより有能な軍隊を編成し、七千人の兵士とともにハインリヒの領土である低地バヴァリアに侵入し、十七週間にわたってその地を荒廃させたのである。そしてウンガリア王は、ルートヴィヒがかくも強力な軍隊により支持されていることを知ったとき、オーストリアから直ちに撤兵した。彼はルートヴィヒがウンガリアにも侵入してくることを恐れたからである。他の三人の王は、強力な軍隊を有していたにもかかわらず戦地でルートヴィヒをあえて待ちうけようとはしなかった。オーストリア公がルートヴィヒのもとに来たとき、ルートヴィヒは自己の軍隊をボヘミアにさし向けようと欲した。しかし、この軍隊は既に長期にわたって戦場に居て疲れ果てていたことから、これは困難となり、両陣営の軍隊は共に解散することになった。しかし、人々の言うところによれば、ルートヴィヒの軍隊は、食料があるかぎり世界のどの場所においても敗れることはなかった。そして教皇もまた、『これらの人々は彼（ルートヴィヒ）が廃位されたと主張するが、今まで誰が彼の地位を占めているというのか』と述べて、ルートヴィヒの軍隊に満足の意を表明した。帝国直属の諸都市がルートヴィヒの命令により、ボヘミア王に担保として与えられていたカイザースベルクを攻囲したとき、もしボヘミア王が一定の期限内にこの攻囲を解かなければ、そこの住民はルートヴィヒに服することが決められた。そして、ボヘミア王にかつて担保として与えられた都市、カイザースベルク、デュルクハイム、ミュンスター、そしてプリクスブルクの城を再び自己の手に戻したのである。さて、教皇はルートヴィヒに、特命の使者として当時のマグローヌ司教を送り、後者は教皇に対するルートヴィヒの意図と態度を検討することになった。また教皇は、トリーア大司教によるマインツ大司教職の占拠、及び大司教に任命されたフィルネブルクのハインリヒの排除が和解の障害であることを宣言した。しかし教皇がトリーア大司教に対抗して介入したとき、後者は力によって主張してきたマインツ大司教職を聖堂参事会に返した。そして参事会、特に教皇により任命された主席司祭ヨハネス・ウンダーショプフは皇帝に接近し、上記の大司教ハインリヒを、これがルートヴィヒにあらかじめ忠誠を約した後に受け容れることに同意した。……ハインリヒはその後ルートヴィヒの熱心な支持者であり続けた」(Mathias von Neuenburg,ed. Hofmeister, op. cit. SS. 138-146)。

(109)　既述の如く、アルル王国は、かつてルートヴィヒが帝権放棄を申し出たとき、バイエルンのハインリヒが自己の皇帝選出の条件としてフランス王に譲渡を約束していたが、ルートヴィヒが帝権放棄を取り消した後もフィリップ六世はこれに対する支配権をあきらめなかった。また、サヴォアとプロヴァンスの間にあるヴィエンヌ藩侯領(Dauphiné)は、ハープスブルク家の皇帝ルードルフ以来ドイツとフランスの絶えざる争いの対象となっていた。アルル王国とヴィエンヌ藩侯領に対するドイツ皇帝の封建的領主権は放棄されることはなかったものの、事実上は殆ど効力をもっていなかった。ヴィエンヌ藩侯領は一三三三年以来アンベール二世がフランス王の要求に対抗して領有を維持していたが、一三三五年ルートヴィヒの使者の一人として教皇との和解のためアヴィニョンに派遣されたエッチンゲンのルートヴィヒは、皇帝の命に従ってアンベールを訪問し、アルル王国を皇帝よりの封土として授与することを申し出たが、アンベールは和解に関する教皇の決定がなされる以前にルートヴィヒを真の皇帝として承認することを拒否したのである。その後、アンベールはフランス王を封建領主として認め、これに忠誠を誓うに至るが、この後もルートヴィヒはアンベールを味方に引き入れようと再三試みている。そして後に、アンベールは教皇とルートヴィヒの和解のための使者として活動することになる。

(110) 一一月八日の書簡で教皇ベネディクトゥス十二世は返答の遅れをルートヴィヒに詫びている(Riezler, V. A. op. cit. n. 1766, SS. 604-605)。

(111) ルートヴィヒは特使に長大な委任状(procuratorium)を渡し、このなかで一定の指示(instructio)を与えている。この指示は、正式な委任(mandatum)と並んで、使者が教皇との交渉において守るべき一定の条件を非形式的に提示したものであり、ルートヴィヒはこの中で、反立教皇コルヴァーラのペトルス、パドヴァのマルシリウス、ジャン・ドゥ・ジャンダン、チェゼーナのミカエルとその追従者と共に自らが犯した罪過を認め、破門や聖務禁止令の解除を願い出て、更にローマでの皇帝戴冠が不法であったこと、帝権を放棄することを認めているが、同時に、帝権放棄の後、直ちに帝権の回復が与えられることを要請している。また、教会への服従を誓い、教会や修道院の建設、十字軍への参加など、教皇のあらゆる要求に従うこと、先任の皇帝が教皇に与えたあらゆる特権の再確認、教皇の封臣たるナポリのロベルトとの和解、先代の皇帝ハインリヒ七世の教皇に対する告訴を取り下げ、教皇領には侵入しないこと、ローマにはただ戴冠のためにのみ滞在することが述べられている。この委任状は、J. Schwalm, 'Reise nach Italien,' op. cit. SS. 713-724 に所収。また Schwöbel, op. cit., S. 162; F. Bock, 'Die Prokuratorien,' op. cit. S. 260 f.

(112) Riezler, V. A. op. cit. n. 1806, pp. 616-617.

(113) Ibid., n. 1831, S 623(これは教皇がフィリップ六世に対し、ルートヴィヒが反フランス同盟を結んだという噂が誤りであることを知らせる書簡である)。

(114) 一三三六年一〇月二八日の書簡でルートヴィヒはベネディクトゥスに、ユーリヒ伯ヴィルヘルムとプファルツ伯ループレヒトを使者として派遣する旨を告げ、自分が教皇の恩寵に全面的に服することを約束している。Schwalm, op. cit. S 724.

(115) Riezler, V. A. nn. 1841-1842, SS. 637-654.

(116) Schwöbel, op. cit., S. 242.

(117) Riezler, V. A. n. 1872, S 666(三月八日)、n. 1876, SS. 668-670(四月四日)。

(118) この演説は、F. Pelster, 'Die zweite Rede Markwarts von Randeck für die Aussöhnung des Papstes mit Ludwig dem Bayern'(*Historisches Jahrbuch*, Bd. 60, 1940)SS. 88-109 に解説が SS. 109-114 にテキストが載せられている。この演説の基本的な目的は、慈悲深い神の地上の代理者たる教皇ベネディクトゥスに、改悛せる罪人に対する司牧者とし

ての責任を呼び起こすことにあり、ルートヴィヒは単に〈dominus meus〉とのみ言われ、皇帝ないし王の称号を付されてはいない。

(119) 当時のドイツにおけるルートヴィヒ支持の態度を表明する重要な著作として、Konrad von Megenberg〈Planctus Ecclesiae in Germaniam〉(ed. R. Scholz. MGH. *Staatsschriften des späteren Mittelalters*. 2. 1. Leipzig. 1941) が挙げられる。ここには、教皇が貪欲な子ら (pueri avari)(すなわちフランス王とナポリ王)のために鷲(すなわち帝国)を犠牲にしたこと〈cap. 10. S. 30〉、教皇が教会の訴えに従わないかぎりドイツにシスマが起こることが述べられている(cap. 6. 36. 62. 77. S. 27. 51. 65. 69 f)。しかし同時にコンラートは、ドイツと教皇の不和の責任がルートヴィヒの悪しき助言者たるミカエル派のフランシスコ会士やマルシリウスにあることを指摘する(cap. 44. SS. 55-56)。コンラートはこの著作をベネディクトゥス十二世に送っている。

(120) 一三三五年から三七年にかけての和解交渉に対するミュンヒェンの宮廷でのミカエル派の態度についてはCarlini. op. cit. p. 188. カルリーニはミカエル派が和解に反対の立場を表明していたとするが、この時期においてミカエル派の論争的著作が書かれていないことから、ミカエル派はかつて一三三一年のヨハネス二十二世との和解交渉の際に、教皇批判を控えるようにとのルートヴィヒの要請にもかかわらず、交渉への抗議を表明する著作〈Quoniam scriptura testante divina〉と〈Ut in compositione〉が書かれたのと異なり、ベネディクトゥスとの交渉に関しては、反対の態度を明らさまには表明しなかったと想定することもできるだろう。いずれにしても、交渉が失敗に終わった時点で再びミカエル派の活発な教皇批判の著作活動が開始する。その一つが〈Libellus ad defensionem fidei〉である。この著作はルートヴィヒとベネディクトゥスの和解交渉中に既に書かれていたと想定されるが、和解の失敗の後(すなわち一三三七年四月以降)に公にされた(R. Scholz. *Unbekannte kirchenpolitische Streitschriften aus der Zeit Ludwigs des Bayern*. Bd. I (Roma. 1911) SS. 248-249 に解説が、Bd. II (Roma. 1914) SS. 552-562 に抜粋が載せられている)。ショルツはボナグラティアを著者と考えるが、L. Oliger. op. cit., p. 316 n. 2 はこれを否定する。しかしこれがミカエル派の手になることは疑いがない。この著作においては、至福的見神に関し教令《Benedictus Deus》において断を下したベネディクトゥス十二世が、教令の公布以前には、ヨハネス二十二世と同様の異端説を信奉していたこと、ベネディクトゥスの治世においてもトマス・ウァレイスは拘禁され、ヨハネス二十二世に仕えたゲラルドゥス・オドニスが厚遇されていることなどが指摘され、ベネディクトゥスの異端が告発されている。著者によれば、死者の魂が死後直ちに完全なる見神を享受すること(あるいは死後直ちに地獄で永劫の罰を受けること)は普遍教会の伝統的な正統説であり、教会はこれに違背する者を異端とみなしてきた。それにもかかわらず、ベネディクトゥスが至福的見神の問題が未決であるとしたことも、教皇が異端であったことを示すものである。その他、この著作においては、教皇は教父、公会議、教会法により提示された教義に服すべきこと、教義に関して公会議は教皇より上位にあること、信仰上の問題に関し、教皇と枢機卿は可謬であること、異端者たる教皇は直ちに破門され、教権を失い、信徒の教皇への服従義務が停止することが主張され、更に、死の直前におけるヨハネス二十二世の自説撤回は無効であり、これを有効とすれば、人は自由に信仰箇条に反する説を唱え、後でヨハネスの如くそれを単に撤回すればよいことになり、これはあらゆる異端に途を開くことになること、などが主張されている。

この時期に書かれた重要な教皇批判の書として一三三七年五月と一三三八年七月の間に書かれたと想定されるオッカムの〈Tractatus contra Benedictum〉が挙げられる(ed. H. S. Offler. *Opera Politica*. vol.

III, pp. 165-322)。第一巻では、清貧問題に関してヨハネス二十二世が異端説を唱えたことについてはヨハネスの神学上の知識の欠如が責任軽減の事由となるにしても、神学者で聖書に精通したベネディクトゥスがニコラウス三世の教令《Exiit qui seminat》に違背してヨハネスの決定を支持したことはより強く批判されるべきことが主張され、第二巻から五巻にかけては、至福的見神に関して異端説を唱えた先任のヨハネス二十二世をベネディクトゥスが断罪していないこと、ベネディクトゥスが教令《Redemptor noster》(C. Eubel, *Bullarium franciscanum*, tomus VI, Roma, 1902, p. 32) で、教皇座の検討に服している神学説について個人的な見解を述べることを禁止したこと、フランシスコ修道会長ゲラルドゥス・オドニスを、その異端説にもかかわらず厚遇していることが非難され、第六巻ではドイツ王として選出された者は教皇の承認により初めて皇帝権を行使できるという見解が、二つの誤った前提、すなわち帝権は教皇に属するという見解と、教皇は霊的事項についてと同様に世俗的事項についても十全権力(plenitudo potestatis)を有するという見解に由来することが述べられ、教皇は、世俗的事項に関して教皇領以外には(教皇領への権限も皇帝の法に基礎を置く)いかなる権限ももたないばかりか霊的事項に関してさえも絶対的権力を有してはおらず、結婚している者を離婚させて禁欲生活を強制したり、信徒のすべてに独身を命じたり、自らの異端の告発を禁止するようなことはできない。教皇は神法に違背しなければすべてのことを決定できる、とは言えない。キリストの降臨以前から存在していた帝権が教皇座に属することはありえず、キリストもカエサルに租税を支払うべきことを認め皇帝の権力を承認していた。もっとも世俗的君主の明白な欠陥の故に教会の安全が脅かされたり、その他異常な状態が生じた場合には、教皇が世俗的事項に介入することが認められてよい。……オッカムの以上の論証は、ヨハネス二十二世により為され、ベネディクトゥス十二世により是認され維持されている皇帝ルートヴィヒへの制裁が、帝国の権利を侵害し不正で無効であることを示すためのものである。最後に第七巻は異端者ベネディクトゥスに対し科せられるべき制裁として、破門、キリスト教会からの排除、教皇廃位と教皇座からの追放、財産の没収が主張され、制裁者としては、世俗の君主に対し教皇の投獄や財産の没収、そして必要な場合には軍隊の出動の決定を認め、聖職者に対しては教皇の廃位、そして場合により死刑ないし終身禁固刑の言い渡しを認めている。

(121) F. Trautz, *Die Könige von England und das Reich, 1272-1377* (Heidelberg, 1961) SS. 231-249.

(122) Stengel, *Avignon und Rhens*, op. cit., S. 92. 事実ルートヴィヒはアヴィニョンに近接するヴィエンヌ藩侯領の藩侯アンベール二世にアルルを封土として再度提供し、ヴィエンヌ藩侯との同盟を試みている。しかし、フランスとローマ教皇への忠誠の故にアンベールはこれを拒否した。

(123) Ibid., S. 89 f.

(124) Stengel, *Nova Alamanniae*, 1, op. cit., n. 509, SS. 330-331.

(125) Ibid., n. 532, S 353.

(126) H. Grundmann, op. cit., S. 444.

(127) Stengel, *Avignon und Rhens*, op. cit., S. 107; Id., *Nova Alamanniae*, op. cit., n. 519, S. 339. 〈ethnicus〉という表現は『マタイ福音書』(18・15―17)からとられたものであり、ルートヴィヒとの和解を拒否する教皇は異教徒であるとの示唆は、既に一年前のランデックのマルクヴァルトの演説に含まれているが(O. Bornhak, op. cit., S. 25)、ルートヴィヒの宣言との注目すべき類似性はオッカムの〈Tractatus contra Benedictum〉(lib. 7, cap. 1)の言葉にもみられる。「更に、異教徒(ethnicus)や収税吏(publicanus)の如くみなされる者は真の教皇ではない。しかし公教会に耳を傾けない者はたとえ信仰において誤っておらず信仰に反して罪を犯していなくても、異教徒であり収税吏の如くみなされるべきである」とオッカムは述べ、『マタイ福音書』第十八章を援用している。H. S. Offler ed. *Opera Politica*, III, p. 305.

(128) Stengel, *Avignon und Rhens*, op. cit., S. 106; Id., *Nova Alamanniae*, op. cit., n. 520, SS. 339-341.

(129) Schwöbel, op. cit., S. 285.

(130) Stengel, *Avignon und Rhens*, op. cit., S. 112. また H. Mitteis, *Das deutsche Königswahl* (Baden bei Wien, 1938) S. 186.

(131) K. Zeumer, *Quellensammlung zur Geschichte der deutschen Reichsverfassung im Mittelalter und Neuzeit* (Leipzig, 1904) n. 126, SS. 154-156; Stengel, *Nova Alamanniae*, op. cit., n. 545, SS. 361-362. また L. Weinrich (hrsg.), *Quellen zur Verfassungsgeschichte des Römisch-Deutschen Reiches im Spätmittelalter (1250-1500)* (Darmstadt, 1983) n. 88, SS. 286-291.

(132) レンスの裁決を理論的に基礎づけ発展させたのがベーベンブルクのルーポルトの〈De iuribus regni et imperii romani〉であり、この著書はバルドゥインに捧げられている。その基本的主張は次の点にある。選帝侯により選ばれた者は、教皇の承認なくしてドイツ王かつ皇帝となるが、この場合の皇帝はカール大帝やオットー大帝がそうであったように、ドイツ及びイタリアに対して至上権を行使するドイツ皇帝を意味し、ローマ人民の皇帝ではない。全ヨーロッパの世俗的首長たるローマ人民の皇帝は教皇による戴冠と聖別を必要とする。しかし、ローマ皇帝の権力は、ローマ人民を通じて神から直接に与えられるものであり、教皇に由来するものではない。

(133) Stengel, *Nova Alamanniae*, op. cit., n. 547, SS. 365-367.

(134) Ibid., n. 546, SS. 362-365.

(135) Ibid., n. 560, S. 380.

(136) Stengel, *Avignon und Rhens*, op. cit., S. 153 f.

(137) K. Zeumer, op. cit., n. 127, SS. 156-157; id., 'Ludwigs des Bayern Königswahlgesetz "Licet iuris" vom 6. August 1338' (*Neues Archiv der Gesellschaft für ältere deutsche Geschichtskunde*, Bd. 30, 1905) SS. 85-112, 485-487; H. Lieberich, 'Kaiser Ludwig der Baier als Gesetzgeber' (*Zeitschrift der Savigny-Stiftung für Rechtsgeschichte*, Germ. Abt. Bd. 76, 1959) S. 189 f., S. 202. また O. Berthold, *Kaiser, Volk und Avignon* (Darmstaat, 1960) S. 282, 284. L. Weinrich, op. cit., n. 89, SS. 290-293; Nicolaus Minorita, *Cronica*, op. cit., pp. 1150-1152.

(138) この指令の原典は、H.-J. Becker, 'Das Mandat "Fidem catholicam" Ludwigs des Bayern von 1338' (*Deutsches Archiv für Erforschung des Mittelalters*, XXVI, 1970) SS. 496-512; Nicolaus Minorita, op. cit., pp. 1124-1134.

(139) Mathias von Neuenburg, op. cit., pp. 157-158.「その間、皇帝と選帝侯はラインのレンスに集まり、誓約と証書によって、帝国とその法を例外なくすべての者に対して擁護すること、そして、自分たちにできるかぎりあらゆる人々に対し、いかなる免除や弁解も認めることなく、このことを奨励することを約した。また、ルートヴィヒは何人かのフランシスコ会士の助言に従って、自己の大なる印章を付して作成された勅令をフランクフルトの宮廷の門に貼り出した。この勅令においては、他のことと同時に、かつての教皇ヨハネスの告訴が無効であること、教皇と皇帝の裁判権は区別されているが故に、教皇はこのようなことを皇帝に対して企ててはならないことが宣言されている」。また、Johann von Winterthur, *Chronica* (hrsg. F. Baethgen) op. cit., S. 156 f. (ボナグラティアを勅令ないし指令の作成者としている)。そして *Chronica de ducibus Bavariae* (hrsg. G. Leidinger) op. cit., S. 164 f (作成者はOkhanisteと明言されている）参照。

(140)　当時書かれたミカエル派の著作としては、先ず、ボナグラティアの簡単な助言〈Ad praedictam quaestionem〉(Nicolaus Minorita, op. cit., pp. 1153-1155）がある。ルートヴィヒへの不服従を誓約した人々に対し、誓約の拘束力を否定し、これらの人々が誓約により義務づけられないことを主張する。誓約する者がルートヴィヒを正当な皇帝と考えていれば、正当な権威への不服従は神法違反なるが故に誓約は不法であり、正当な皇帝と考えていなければ誓約内容が神法に反するが故に誓約は無効である（Riezler, *Die literarischen Widersacher*, op. cit., S. 99)。次に、同じくミカエル派によって書かれた〈Subsequenter ponuntur〉で始まる小論考（Nicolaus Minorita, op. cit., pp. 1133-1138）は、レンスとフランクフルトの集会で公にされた原則を遠い過去からの法と慣習に基礎づけ、三分の二の多数決で選帝侯によりフランクフルトで選出され、アーヘンで戴冠したルートヴィヒが正当な王であること、教皇による承認と戴冠が不必要であること、帝国が空位のときは、帝権はプファルツ伯に移ることが述べられている（Riezler, SS. 99-100)。更に、小論考〈Contra vero praedicta iura〉(Nicolaus Minorita, pp. 1138-1147）は教皇ヨハネス二十二世とベネディクトゥス十二世が帝国の法に対してとった行動を非難する（Riezler, SS. 101-102)。

しかし、この時期のミカエル派の著作活動で最も重要なのは、一三三八年八月二三日の抗議であり、これには、チェゼーナのミカエル、タルハイムのハインリヒ、ウィリアム・オッカム、ボナグラティア、フィルペルクのフリードリヒなど、ミュンヒェンのフランシスコ修道会士の署名が付されている（テキストはA. Carlini, *Fra Michelino e la sua eresia*, op. cit., pp. 289-308)。この抗議では、福音的清貧に関するヨハネス二十二世の教令に含まれる誤謬、すなわち消費により消失する財の所有と使用の混同、キリスト及び教会に対し世俗的財の普遍的所有を認めたことなどが列挙され、更に至福的見神に関するヨハネスの異端が非難されている。またベネディクトゥスに対しては、先任者の異端の容認が批判され、至福的見神に関する教令《Benedictus Deus》の疑問点が指摘され、最後に両教皇の異端を裁く公会議が提唱されている。更に、同じくミカエル派がグループとして著した著作としては、フランクフルトでの勅令の説明と正当化を与えている〈Allegaciones de potestate imperiali〉(H. S. Offler ed. *Opera Politica*, IV, pp. 367-444）が挙げられる（抜粋がR. Scholz, *Unbekannte kirchenpolitische Streitschriften*, op. cit., Bd. II, SS. 417-431にも所収）。これは、議会の直後八月二四日に公にされた。著者については、H. S. Offler, 'Zum Verfasser der "Allegaciones de potestate imperiali" (1338)' (*Deutsches Archiv für Erforschung des Mittelalters*, XLII, 1987, SS. 555-619. L. Baudry, op. cit., pp. 198-204.

(141)　《Fidem catholicam》は《Licet iuris》と異なり厳密な意味での勅令ではない。この指令は、五月一七日のフランクフルト議会で既に草案となっていたが、現実にこの議会で公布されたか否か不明である。H.J. Becker, op. cit. はこれを否定する。

(142)　「先ず第一に、事実人々は余に対し、そして皇帝権と帝国の法に対抗して、次のことを主張してきた。すなわち、皇帝の権力と権威は教皇に基礎を置き、ローマ人民により選挙された者は、単に選挙のみによっては真の皇帝ではなく、そう呼ばれることもありえない。そしてこの者は、教皇により塗油され聖別され戴冠する以前は、権力も裁判権も権威も有してはいない。そしてこれらの人々の言によれば、教皇は霊的事項に関しても世俗的事項に関しても十全権力（plenitudo potestatis）を有しているのである」(Nicolaus Minorita, op. cit., p. 1124; Becker, op. cit., S. 497)。このように述べ、教会法上の論拠を援用した後、次の如く結論する。「これらの論拠により、また簡略するために省いたその他の論拠から、次のことが明らかとなる。すなわち、皇帝の権力と権威は教皇からではなく、神のみから直接に由来するのであり、皇帝に選ばれた者は選挙のみによりローマ人民の王となり、教皇による塗油、聖別、戴冠の以前から、皇帝としての権威、裁判権、権力を有している。そして教皇は世俗的事項に関して十全権力を有してはいない」（Nicolaus Minorita, p. 1126; Becker, S. 499）。

（143）ベネディクトゥスはヨハネスの告訴を正式な仕方では更新していない。ただ、公的な書簡においてこの告訴の存続を前提とした態度をとっている。

（144）「ひとは、教皇がこの世で上位者をもたず、そして或る人々が口からでまかせに言うように、いかなる仕方においても教皇以外の者へと教皇を告訴することはできない、と反論しても無駄である。確かに、これは反論にはならない。というのも、公教会の教説と聖なる教会法により、教皇は、信仰ないし神法上の事項が問題になるときは公会議に服することは明白だからである。例えば、これは15 D. c. 2 *Sicut sancti* の条文とその標準注釈、25 q. 1. c. 6 *Sunt quidam* とこれに続く箇所、そして19 D. c. 9 *Anastasius* などに書かれ記されている。（最後の）19 D. c. 9 *Anastasius* の標準注釈は「公会議」という言葉につき、『教皇は司教たちの公会議を開くように義務づけられているように思われ、これは信仰が問題になる場合にあてはまる。それ故、公会議は教皇より上位にある。15 D. c. 2 *Sicut sancti* の終結部を参照すべし』と述べている。……そして信仰が問題になる場合は教皇はこの世において上位者を有し、これにより裁かれうること、従って、教皇をこのような上位者へと告訴できることは40 D. c. 6 *Si papa* に書かれ、記されていることからも証明できる。ここでは、教皇は公会議の信仰から逸脱した場合を除いていかなる者によっても裁かれえない、と明瞭に定められている。それ故、もし教皇が公教会の信仰から逸脱すれば、教皇はこの世において上位者をもち、この上位者により裁かれることになり、従って、この上位者へと告訴されうることになる。……これらの論拠により、また簡略するために省いたその他の論拠から次のことが明らかとなる。すなわち、公教会の一般公会議は、神法上ないし信仰上の問題に関するかぎり、教皇と枢機卿の会議より偉大で上位にあり、もし後者が公会議に抵抗すれば、これを解散させ無効にすることができる。それ故、神法に由来する帝国の法と公教会の信仰を擁護するために余は確かで安全な場所で召集されるべき公会議へと訴えているのであるから、余の告訴は、正当な仕方で告訴がなされうるような上位者に対し向けられていたことになる」（Nicolaus Minorita, p. 1132; Becker, SS. 509-510）。

（145）Stengel, *Avignon und Rhens*, op. cit., S. 161 f.; F. Bock, *Reichsidee*, op. cit., S. 433 f. また、H. Lieberich, 'Kaiser Ludwig der Baier als Gesetzgeber' op. cit., S. 195.

（146）Stengel, *Nova Alamanniae*, op. cit., n. 556, SS. 370-375. しかし、コーブレンツの議会で発布されたものも、《Fidem catholicam》と同様、厳密には勅令ではない。Lieberich, op. cit., S. 202.

（147）ルートヴィヒとエドワード三世の同盟を機会として書かれたのが、オッカムの〈An Princeps pro suo succursu, scilicet guerrae, possit recipere bona ecclesiarum etiam invito papa〉（ed. H. S. Offler, *Opera Politica*, vol. I, pp. 228-267）である。本書翻訳（三）参照。これは、フランスに対する戦争資金調達のためにエドワードがイングランドの聖職者に対し、教会財産からの補助を要求した際に、これを理論的に支持し、ありうべき教皇からの批判に対処するために書かれたものである。ベネディクトゥス十二世は、エドワードがルートヴィヒと同盟を結び、更に皇帝代理に任命されて以来、特に、エドワードがフランス攻撃の足がかりとしてカンブレー司教区の攻撃を開始したとき以来、異端の擁護（fautoria）を理由に破門の恐れありとしてエドワードを威嚇し、同盟を停止させようと試みた。オッカムの本著作は、この頃（すなわち一三三六年から三九年にかけて）書かれたものと想定される。ここでオッカムは、聖職者の財産は神法に基礎を置くものではなく、王から特権として授与されたものであり、この特権は戦争の如き国家の緊急事態に際しては王により取り消されうること、教会法は、教会財産が世俗君主への資金補助として利用される場合は教皇の承認を必要とすると規定するが、国家の緊急事態においては教皇はこの補助を禁止する権限をもたないこと、教会財産は、貧民の救済のみならず、これに優先して国家全体の利益に奉仕すべきものであり、聖職者以外の者が戦争資金の負担を強いられ、聖職者がこれから免除されるのは自然法と神法に反することなどを論じ、教皇がイングランドの聖職者に教会財産による補助を禁止する場合でも、エドワードは補助を聖職者に要求できることを主張する。C. J. Nederman, 'Royal taxation and the English church. The origins of William of Ockham's *An Princeps*'（*Journal of Ecclesiastical History*, vol. 37, 1986, pp. 377-388）. エドワード三世の治世末期に同種の問題に関し、ローマ教皇に対抗してイングランド王の主張を正当化する論考を書いたジョン・ウィクリフとオッカムの〈An Princeps〉を比較したものとして、M. Wilks, 'Royal patronage and anti-papalism from Ockham to Wyclif'（A. Hudson, M. Wilks, ed. *From Ockham to Wyclif*, Oxford, 1987, pp. 135-163）。

(148)　F. Bock, *Das deutsch-englische Bündnis von 1335-1342* I. Quellen（München, 1956）n. 531, SS. 121-122. 詳しくは、F. Trautz, op. cit., SS. 271-278. また、H. S. Offler, 'England and Germany at the beginning of the Hundred Years' War'（*English Historical Review*, vol. 54, 1939）pp. 610-618 は、ルートヴィヒとエドワードの両者にとり、エドワードを皇帝代理に任命することがどのような政治的意義をもつかを分析する。オフラーによれば、エドワード皇帝代理の意義は、ラインの西側を意味した〈Gallia〉の支配権をルートヴィヒがフランスに対して擁護し、且つエドワードがこの地域を根拠としてフランスを攻撃できるようにすることにある。エドワードは皇帝代理となることにより、ガリアの一部であるフランドルへの支配権を、自分がフランス王であった場合と同様の仕方で法的に主張することができるようになった。他方、ルートヴィヒは、ガリアに皇帝代理を置くことによって、フランスの東方進出を抑えようとした。形式上は帝国領土であるプロヴァンス、フォルカルキエ、アルル、サヴォア、カンブレーなどの領域は既にフランスの事実上の支配下にあり、フランスの更なる東方進出は帝国にとり脅威であった。また、エドワードにとり、皇帝代理となることは大逆罪の適用が可能となることを意味し、リエージュ司教、ボヘミアのヨハネス、フランドル伯などフランス側についた皇帝の封臣に大逆罪を科し、エドワードは自己の地位を法的に正当化できるようになった。

(149)　Stengel, *Avignon und Rhens*, op. cit., S. 170.

(150)　Stengel, *Nova Alamanniae*, op. cit., n. 557, SS. 375-378.

(151)　Ibid., n. 597, SS. 407-409.

(152)　Stengel, *Avignon und Rhens*, op. cit., S. 174 f.; Lieberich, op. cit., S. 214.

(153)　Stengel, *Nova Alamanniae*, 2. Hälfte, I. Teil（Berlin, 1930）n. 613, SS. 421-423. 一三三九年フランクフルト議会の〈Weistum〉と、勅令《Licet iuris》の解説として当時著わされたフランシスコ派の著作〈Subscripta videntur〉との類似については、Stengel, *Avignon und Rhens*, op. cit., S. 77 f. 参照。

(154)　一三三〇年代を通じて終始フランス王の側に立ちルートヴィヒに敵

対してきたボヘミア王ヨハネスとの和解は、ドイツにおける皇帝としてのルートヴィヒの至上権をゆるぎないものにしたかに思われた。また、ルートヴィヒの敵対者、三人のヴィッテルスバッハ家のバイエルン公の一人ハインリヒ十四世が一三三九年に死去し、オーバーバイエルンとニーダーバイエルンが一つのラントとして統合され、ヴィッテルスバッハ家内部での従来の闘争がようやく終止符を打ったことにより、ルートヴィヒは自己の領土内においてもゆるぎない至上権を獲得するに至った。ニーダーバイエルンのハインリヒ十四世は一三三〇年の攻守同盟の後も他の二人の公（ハインリヒ十五世とオットー四世）に対抗し、領土の単独支配の野望を捨てることはなかった。一三三一年七月にルートヴィヒとの和解により他の二人の公との間で領土分割が約定された後も、一三三三年にハインリヒ十五世が死去し、更に弟のオットーも一三三四年に死去するに至り、ニーダーバイエルンの全領土はハインリヒ十四世の支配下に置かれることになった。ルートヴィヒに対抗するハインリヒを背後から支援したのは、義父のボヘミア王ヨハネスであった。当初ルートヴィヒがハインリヒによるニーダーバイエルンの全領有を黙過したのは、教会との和解に際してルクセンブルク家の代弁を、ボヘミア王との争いにより失うことを望まなかったからである。一時ルートヴィヒは、自ら帝権を放棄し、ハインリヒを皇帝に推挙する意図さえ抱いたことは既述のとおりである。その後、一三三五年ティロールの相続問題をめぐり、ルートヴィヒがルクセンブルク家の相続権を否定し、ハープスブルク家との間で協定を結んだとき、ルートヴィヒとボヘミア王の対立が表面化した。一三三六年を通じて、ルートヴィヒ＝ハープスブルク家とボヘミア王ヨハネス＝ニーダーバイエルンのハインリヒの敵対しあう二つの勢力は戦いを繰り返すが、結局一三三六年一〇月にエンスで和約が実現することになる。しかし、この和約にもかかわらず、ルートヴィヒはアルプスの領域からルクセンブルク家の勢力を排除することができず、南ティロールは依然としてボヘミア王ヨハネスの二人の息子モラヴィアのカール及びヨハネス・ハインリヒの支配下にあり、ルートヴィヒの息子で北ティロールを支配していたブランデンブルク辺境伯ルートヴィヒも当地の反対勢力を完全には制圧することに成功していなかった。これに対しハープスブルグ家は、ケルンテン公領を確実に自己の領土内に組み入れることができた。このような状況においてルートヴィヒはハープスブルグ家に対し、損害賠償としてエンスラントの四つの城を要求した。ルートヴィヒのこの露骨な要求は言うまでもなくハープスブルグ家を怒らせ、その後ハープスブルグ家はルクセンブルグ家に接近していく。一三三八年の帝国議会にハープスブルグ家が参加しなかったのはこのためである。後述の如く、ティロールをめぐるルートヴィヒの要求は、マルガレーテ・マウルタシュの離婚問題を機として、ルートヴィヒの立場を更に悪化させていくことになるが、一三三八年においてはルートヴィヒの勢力は未だ強力であり、一三三九年一月にハープスブルグ家のオットーが急死し、アルブレヒト二世が単独でハープスブルグ家の領土を統治するに及び、アルブレヒトはルートヴィヒと五月に、ローマ教皇とザルツブク大司教を除くすべての敵対勢力に対抗する同盟を結び、更にルートヴィヒはイングランド王エドワード三世の娘ヨアンナとハープスブルグ家のオットーの息子フリードリヒとの結婚を実現させることにより、ルクセンブルグ家のヨハネス＝フランス王の同盟に対抗して、ルートヴィヒ＝エドワード＝ハープスブルグ家の連合を確立したのである。この場合、フランスを攻撃しようとするイングランド王にとり、フランスの東側に近接するハープスブルグ家を自己の陣営に引き入れることが重要な意味をもったことは言うまでもない。イングランド王とハープスブルグ家に支持されたルートヴィヒの勢力は強く、従来ルートヴィヒに敵対してきたニーダーバイエルンのハインリヒも遂に一三三九年二月に屈服し、同じく選帝侯の中で最後までルートヴィヒに対抗してきたボヘミア王ヨハネスも一三三九年三月のフランクフルトの帝国議会でルートヴィヒに封建的忠誠を誓い、ブレッシァを除くイタリアの所領の放棄を宣言し、帝国の名誉、法、自由に対するあらゆる敵に対してルートヴィヒを援助することを約した。この意味で、一三三九年のフランクフルト帝国議会はルートヴィヒの栄光が頂点に達したときであり、ルートヴィヒを中心に、ほぼすべてのドイツの勢力は、フランス及びローマ教皇に対抗したのである。更にまた、この時点においてルートヴィヒはバイエルンにおける至上権を獲得するに至った。すなわち、ニーダーバイエルンのハインリヒとの上記の和解に際し、ルートヴィヒの娘アンナとハインリヒの息子ヨハネスの婚約が成立したが、一三三九年九月にハインリヒは死去し、更に一三四〇年十二月には息子ヨハネスも死去するに及び、ルートヴィヒはオーバーバイエルンとニーダーバイエルンを一つのラントに統合することを宣言し、この領域におけるルートヴィヒのラント領主としての単独支配が確立したのである。

(155) Stengel, *Avignon und Rhens*,op. cit. S. 185.

(156) C. Allmand, *The Hundred Years War* (Cambridge. 1988) pp. 12.

(157) H. S. Offler, 'England and Germany', op. cit., pp. 620-631は、ルートヴィヒがエドワードとの同盟を破棄したのは、教会との和解を望む宗教的な動機によるものではなく、約束された資金をエドワードがルートヴィヒに与えなかったからであり、そして、ルートヴィヒがイタリア支配の野望を捨てきれず、フランス攻撃をエドワードとともに遂行しようとする熱意に欠けていたからであると主張する。当時北イタリアではスカーラ家のマスティーノ及びアルベルトが、ヴェローナ、パドヴァ、ヴィチェンツァ、ブレッシァ、パルマ、ルッカなどを支配下におさめ、このスカーラ家の脅威に対抗するべく、ヴェネツィアとフィレンツェは同盟を結び、これにはルクセンブルク家のカールも加わった。この同盟に対しスカーラ家はルートヴィヒに援助を要請し、これに答えてルートヴィヒはイタリア遠征を計画したが、一三三八年の一連の帝国議会の開催の故にこの計画は実現することなく、ルートヴィヒによる支援の期待を裏切られたスカーラ家は教皇庁と手を結ぼうとした。しかし、一三三七年から三八年のこのような事態によりルートヴィヒのイタリア遠征の野望が再び目覚め、帝国の西部においてエドワードと共にフランス攻撃に加わることよりも、イタリア遠征へとルートヴィヒの心は動き初めていた。そして、エドワードのカンブレー攻撃の失敗とイングランドへの一時退去、そしてルートヴィヒに約束されていた軍資金調達の遅滞などの理由によって、ルートヴィヒはエドワードとの同盟を破棄し、フランスと同盟を結ぶに至る。他方、エドワードは、エスプレシンでの休戦協定が一三四二年で満了した後、ブルターニュ公国の相続問題を機会に、再びフランス攻撃を開始した。ブルターニュ公ジャン三世の死後、パリのパルルマンは公国を王フィリップ六世の甥シャルルド・ドゥ・ブロアに与えたが、エドワードは公国への権利を要求するジャン・ドゥ・モンフォールを支持した。対仏戦争がブルターニュへと舞台を移すことにより、エドワードにとっても、ネーデルラントの貴族及びルートヴィヒとの同盟は、一三三七年から三八年の頃と異なり、重要性を失っていたのである。

(158) Mathias von Neuenburg, op. cit. SS. 153-157.「即位の三年後にイングランド王は、フランドルのあらゆる有力者及び北部の上述の諸侯と共に戦いの用意に入り、指定された期日の数日後にフランクフルトにおいてルートヴィヒに対し約束された金銭を供与し、ルートヴィヒが彼と共に戦いに赴くことを願い出た。しかし、ルートヴィヒは指定された期日までに約束が履行されなかったことを理由に、そして、もし指定された期間内にすべての金銭が支払われなければ契約者は既に納められた金銭を失い、既存の契約は最早拘束力をもたないという契約内容を理由に、金銭を送り返したのである。そして、ルートヴィヒはこのとき、自分は王が要求したように五百の兵隊ではなく、王の出費のもとに二千の軍隊とならば出兵の意図があり、かつて約束されたのはこのことであり、これこそ君主に相応しいことであると述べた。そしてルートヴィヒは、或る人々によればイングランド王が彼に対し異議を申し立てているのをよそに、ドイツの人々の大いなる非難にもかかわらず自己の領地に引き込んでしまったが、他の人々によれば、両者はこの間に密かに協定を結んでいたとも言われる。しかし、イングランド王は上記の諸侯及びフランドルの人々と共に、フランス王が支配する都市トゥルネーを何カ月にもわたり攻囲した。フランス側は大規模な軍隊と共にこの都市の近くに陣をとったが、イングランドの軍隊は侵入しなかった。イングランド側は、騎兵のほかに三十万の武装歩兵を有していた。そして多くの浮沈を経た後に一人の修道女が、すなわち死亡したホラント伯の寡婦でフランス王の姉、そして現在のホラント伯の母、更にルートヴィヒ、イングランド王、ユーリヒ伯の姑である者が、一方の陣営と他の陣営との間を何回も往復することによって、フランスとイングランド及びその同盟者との間に三年間の休戦を、大いなる努力の後に実現したのである。しかし教皇ベネディクトゥスはフランス王について、『この者は平和を望まず、平和も彼から遠いところに在る』と述べた。このときフランス王は、自分の姪であり彼が『ドイツの女主人』と呼ぶルートヴィヒの妃のもとに書簡と共に使者を送り、彼女が自分とルートヴィヒの間に友好な関係を形成し、ルートヴィヒが信頼する交渉者を自分のところに派遣するよう依頼した。そして多くの使者と書簡が交わされた後、ルートヴィヒとフランス王の間で誓約と証書作成を通じて、永久の同盟が締結されたのである。この同盟によってフランス王はルートヴィヒを教皇座と和解させることを誓約した。そしてルートヴィヒはフランス王により、フランス全土とパリにおいて皇帝として記され、呼ばれることになった。しかし、フランス王の助言者たちは、教皇によるルートヴィヒ告訴の故にこの同盟を憂慮し困惑していたので、ルートヴィヒの使者は次のように述べた。『もし、あなた方の意見が、この告訴が効力をもたないという我々の意見と同じであれば、あなた方は主人に良き助言を与えたことになる。そうでなければ、主人を裏切ったのである』と。更にルートヴィヒは公の議会において、証書により、イングランド王に認められた帝国代理の授与を取り消した。しかし、フランス王の使者と書簡と共に皇帝の使者が、教皇によるルートヴィヒの受容のために再び送られたとき、教皇は、『フランス王の判断に従えば、余はルートヴィヒを異端として扱うべきか、それとも最善のキリスト教徒として扱うべきなのだろうか』と答えた。そして、この交渉は、様々な仕方で引き延ばされ、人々は、フランス王は自分が欲していないことを欲しているとみせかけているだけであり、教皇ベネディクトゥスは、自分が欲していることを欲していないとみせかけているのではないか、と思うようになった」。

(159) Stengel, *Nova Alamanniae*, 2, I, op. cit., n. 669, SS. 451–452.

(160) ベーベンブルクのルーポルトの〈Tractatus de iuribus regni et imperii〉は J. Miethke, C. Flüeler, hrsg. *Politische Schriften des Lupold von Bebenburg* (Hannover, 2004) SS. 233–409。ベーベンブルクのルーポルトの帝権思想については、H. Meyer, *Lupold von Bebenburg, Studien zu seinen Schriften* (Freiburg, 1909. Vaduz/Liechtenstein, 1977); R. Most, 'Der Reichsgedanke des Lupold von Bebenburg' (*Deutsches Archiv für Erforschung des Mittelalters*, IV, 1941, SS. 444–485); K. Wand, *Königskaisertum und Weltkaisertum bei Lupold von Bebenburg* (Dissertation, Köln, 1949) 参照。

（161） H. O. Schwöbel, op. cit., S. 296 f.

（162） Johannes Victoriensis. op. cit.（L. VI. Rec. D. A2）S. 221.「一三四一年にボヘミア王の息子ヨハネス・ハインリヒは、ティロール伯領から、その土地の貴族の企みによって追放されてしまった。このとき、皇帝ルートヴィヒ――ルートヴィヒの助言者たちは、皇帝の妃と共にこの地に来ていた――、ケルンテン公ハインリヒの娘、そして密かに書簡を送ったり作成したりしていた尚書もこの企みに参加していた。しかし、モラヴィア（メーレン）辺境伯カールはこれらの貴族の或る者を塔に幽閉し、他の者を財の没収と居城の破壊によって厳しく罰した。そしてカール自身は、旅の費用のために銀製の器具やその他の高価な持ち物を質に入れて総大司教ベルトランドゥスの居るフォルム・ユリイへと出発し、後者により丁重に迎えられ、もてなしを受けた。教皇ベネディクトゥスは事件が婚姻の解消と関係することから、総大司教に、当事者を召喚し事態を審理し、最終的な判決によって事態を終決させることを認めた。しかし、ヨハネス・ハインリヒの妻マルガレーテはこの指図に従うことを拒絶した。それ故、彼女とその土地に対する教皇の告訴が、総大司教の使者によって布告されたのである。」ibid. SS. 222-224「一三四二年に皇帝ルートヴィヒは、彼がティロール支配に関して自分の心に抱いていたことを実行に移し始めた。すなわち、ボヘミア王の息子ヨハネス・ハインリヒがエッチュ地方から追放された後、追放の原因はヨハネス・ハインリヒの性的不能であり、母になりたかった妻マルガレーテは彼女の信頼する人々に、自分は相続人を熱烈に欲しているが今の夫から相続人が生まれることは全く期待できないと話していた、という噂が広まった。しかし、しばしば彼の不能はケルンテンのハインリヒの三番目の妻ベアトリスクスが密かに彼に魔法をかけたせいであると語られていた。子供がいなかったベアトリスクスは、自己の相続分を奪うことになるかもしれない子孫がヨハネス・ハインリヒとその妻から生まれないよう配慮した、というのである。

皇帝は事件を聞いた後、自分の息子でブランデンブルグ辺境伯ルートヴィヒ――この妻であったダキア王の娘はとうの昔に死去していた――に対し、ヨハネス・ハインリヒの妻を自分の妻に娶り、名だたる土地を領有するように勧めた。後者は、力のかぎりこの勧めに抵抗し、この計画を嫌ったが、最終的には父の言葉に従ったのである。そこで皇帝は、離婚の宣言をさせるために自分の味方の司教でフライジング司教職の簒奪者を呼び出して、アルプスへと旅立った。ところが、ある山腹にさしかかったとき、この簒奪者は落馬して首を折ってしまったのである。それにもかかわらず、教会法の規定を無視してルートヴィヒとマルガレーテの結婚式が挙行された。後者は妊娠したが、彼らの犯した過ちは、最初に生まれた子供に報復をもたらした。その子供は生まれてすぐに死んでしまったのである。しかし、皇帝はティロールの城に踏み入り、これに武装を施し堅固なものにした。そして喜びに充ちて声高らかに歓喜の歌を歌った。彼は土地のすばらしい状態や、山岳地帯の領有、そしてイタリアへの出入口にかくも強固な城塞を持ったことを喜んだのである」。

（163） 例えば、十二世紀のグラティアヌス教令集（C. 33, q. 1, c. 2）では、正式な婚約（desponsatio）でもって開始したが、夫の性的不能（impotentia coeundi）の故に未成就の婚姻（matrimonium initiatum）に関しては、一定の条件のもとで、妻が婚姻解消を要求できることを認めていた。W. Plöchl, *Das Eherecht des Magisters Gratianus*（Leibzig. 1935）S. 71.〈copula carnalis〉を婚姻成立の本質的条件とする見解が有力であった中世初期においては、夫の不能を婚姻解消の正当事由とすることに問題はなかったが、十二世紀末から十三世紀にかけて婚姻の諾成主義が教会法の理論として一般化すると、不能を婚姻解消の正当事由とすることに対しては厳しい条件が課されることになる。この点に関する通説は、不能が婚姻締結時以前に生じていたこと、そして婚姻締結時に妻が夫の不能を知らなかったことを婚姻解消の正当事由として認めていた。

(164)　A. Lhotsky, *Geschichte Österreichs*, op. cit., SS. 340-344. E. Werunsky, *Geschichte Kaiser Karls IV und seiner Zeit*, ii（Innsbruck, 1882）SS. 293-297, 451-454.

(165)　M. Grignaschi, 'Il matrimonio di Margarete Maultasch e il《Tractatus de Matrimonio》di Marsilio da Padova'（*Rivista di storia del diritto italiano*, XXV, 1952）pp. 195-204; C. Pincin, Marsilio, op. cit., pp. 202-232; K. J. Thomson, 'A Comparison of the Consultations of Marsilius of Padua and William of Ockham relating to the Tyrolese Marriage of 1341-1342'（*Archivum Franciscanum Historicum*, LXIII, 1970）pp. 3-43. H. Nielsen, 'Die Rolle Ludwigs des Bayern und seiner Berater Marsilius von Padua und Wilhelm von Ockham im Tiroler Ehekonflikt'（H. Nielsen, H-G. Hermann, hrsg. *Kaiser Ludwig der Bayer*, Paderborn, 2002, SS. 285-328）.

(166)　ティロールでの結婚問題に関しては、オッカムとマルシリウスの二つの助言論文以外に、ルートヴィヒ自身の名において書かれている二つの文献が存在する。すなわち、マルガレーテとヨハネス・ハインリヒの離婚を宣言する〈Forma divorcii〉（ed. C. Pincin, op. cit., pp. 262-264）と、近親関係の特免によりブランデンブルク辺境伯ルートヴィヒとの婚姻をマルガレーテに認める〈Forma dispensacionis〉（ed. C. Pincin, op. cit.,pp. 264-268）であり（H. Nehlsen, 'Die Rolle Ludwigs', op. cit., SS. 302-303）、後者はマルシリウスの〈Defensor minor〉の第十六章に相当する。マルシリウスの助言のテキストはC. Pincin, op. cit. pp. 268-283。そしてマルシリウスの助言は、わずかの相違を除けば、〈Defensor minor〉の第十三章から第十五章第四段落までと合致する。本文の訳は〈Defensor minor〉からの訳であり、第十五章第五段落以下と、第十六章の引用箇所は助言には含まれていない。テキストとしては、G. K. Brampton, *The Defensor minor of Marsilius of Padua*（Birmingham, 1922）と、C. Jeudy, J. Quillet , *Marsile de Padoue. Oeuvres mineures*（Paris, 1979）pp. 172-311（羅仏対訳）がある。マルシリウスの助言と〈Defensor minor〉が書かれた時期について、Bramptonは助言が書かれた後に後者が著されたとするが、PincinとJeudy-Quilletはこれと反対の見解をとる。

(167)　H. S. Offler ed. *Opera Politica*, vol. I, pp. 278-286.

(168)　C. 15. 1（Brampton, p. 45; C. Jeudy, J. Quillet, p. 288）.

(169)　C. 15. 2（Brampton, p. 47; C. Jeudy, J. Quillet, pp. 288-290）.

(170)　C. 15. 3（Brampton, p. 47; C. Jeudy, J. Quillet, p. 290）.

(171)　C. 15. 3（Brampton, p. 48; C. Jeudy, J. Quillet, p. 292）.

(172)　C. 15. 5（Brampton, pp. 49-50; C. Jeudy, J. Quillet, p. 296）.

(173)　C. 15. 6（Brampton, p. 50; C. Jeudy, J. Quillet, p. 298）.

(174)　C. 15. 9-10（Brampton, pp. 51-52; C. Jeudy, J. Quillet, pp. 300-304）.

(175)　C. 16. 2（Brampton, p. 53; C. Jeudy, J. Quillet, pp. 304-306）.

(176)　C. 16. 4（Brampton, pp. 54-55; C. Jeudy, J. Quillet, p. 310）.

(177)　*Opera Politica*, vol. I,op. cit., pp. 279-280.

(178)　Ibid., p. 281.

(179)　Ibid., pp. 281-282.

(180)　Ibid., pp. 282-283.

(181)　Ibid., pp. 283-284.

(182)　P. Fournier, 'Pierre Roger（Clément VI）'（*Histoire littéraire de la France*, XXXVII, 1938, pp. 209-238）. Y. Renouard ,op. cit., pp. 34-42; D. Paladilhe , op. cit., pp. 137-190; G. Mollat, op. cit., pp. 89-103; D. Wood,

Clement VI: the Pontificate and Ideas of Avignon Pope (Cambridge, 1989).

（183）H. O. Schwöbel. op. cit., S. 302 f.

（184）クレメンス六世即位の直後、ルクセンブルク家のバルドゥインは、マインツ大司教職をめぐる教皇との反目の故に自己及びトリーア大司教区に科せられた破門と聖務禁止令から解放されるべく、クレメンスに贖罪手続を要請したが、これに対し教皇は、ルートヴィヒは皇帝ではなくその勅令はすべて無効であることを認める条件でバルドゥインとの和解に応じた（ただし、ルートヴィヒのドイツ王権については注意深くも触れられていない）。バルドゥインはルートヴィヒが教会への反抗を依然として続けるかぎりルートヴィヒを援助しないとのみ約束し、またルートヴィヒが破門され異端者であることを明白には認めようとしなかった。これは帝国法に対する教皇の介入を選帝侯バルドゥインが恐れたからである。バルドゥインは《Licet iuris》の立場を拒け、また一三三九年のフランクフルト議会での自分自身の立場をも修正しながら、教皇により戴冠しないかぎり真の皇帝ではなく、従ってルートヴィヒが真の皇帝でないこと、皇帝として制定した勅令が無効であることを認めたのであるが、この場合もバルドゥインは、教皇側の主張、すなわち教皇により承認された皇帝（王）のみが正当とされること、ルートヴィヒが発布した法律は皇帝としての勅令のみならず、これ以外のすべてが無効であることを受け入れなかった（Stengel. *Avignon und Rhens* op. cit. SS. 189-191）。

（185）この交渉の失敗はフランス王とルクセンブルク家のヨハネスが関与していた。クレメンスは和解の条件としてティロールの返還と帝権放棄を要求しており、ティロール返還の条件はおそらくボヘミア王ヨハネスの圧力によるものと思われる。Schwöbel. op. cit. S. 307.

（186）この演説は、H. S. Offler. 'A political《Collatio》of pope Clement VI' (*Revue Bénédictine*, t. 65, 1995) pp. 130-144 に所収。

（187）Schwöbel. op. cit., S. 313.

（188）Johann von Winterthur. op. cit., S. 201, S. 211.

（189）Riezler, V. A. op. cit. n. 2151, S. 775. Schwöbel. op. cit. SS. 319-320 は、この時点でクレメンスがルートヴィヒとの和解を絶対的に拒否し、ルートヴィヒ廃位を断固として決意していたという見解に反対し、クレメンスには未だ和解の意図があったことを強調する。

（190）カールは七年間のフランス滞在の後、一三三一年に十五歳で北イタリアにおける父ヨハネスの代行を務めたが、北イタリアにおけるルクセンブルク家の政治的企図が失敗に終わった後、一三三三年にボヘミアに帰還し、モラヴィア辺境伯となり、ボヘミアにおいて、しばしば不在の父ヨハネスの代理を務めた。そして一三三五年以降生じたティロール問題を機にカールはルートヴィヒとの対立を深めていく。更に一三四〇年に父ヨハネスが失明するに及び、カールは父に代わりボヘミアの支配権を事実上掌握し、ボヘミアの諸侯はカールに対し正当な王位継承者として忠誠を誓った。しかし、クレメンス六世がバルドゥインに新王選出を要請する書簡を送付した時点で、カール自身は未だ自ら王となることは考えていなかったと思われる。当時カールは弟ヴェンツェルとルートヴィヒの娘との結婚によりティロールに関してルクセンブルク家が被った損害をルートヴィヒに償わせようとする父ヨハネスの試みを阻止した後、それにもかかわらず、ティロール問題に関して九月にはブランデンブルグ伯ルートヴィヒと休戦協定を結んでいる。しかし、一三四四年の初めには、バルドゥイン、ボヘミア王ヨハネス及び息子のカールは新王選出を相談するためにトリーアに集まり、このときにはカールを新王に選出する計画はかなり明確になっていた。トリーアでの会合の後、カールは自らの新王選出の諸条件を明らかにするためにアヴィニョンに赴いている。

(191) 一三四三年の夏、マルクヴァルトは対立候補者との抗争の中でバルベルク司教に選出され、ルートヴィヒとクレメンスにより正式に司教として承認されることを望んでいたが、このためにはルートヴィヒとクレメンスが先ず和解することが必要であった。一三四三年の和解交渉はマルクヴァルト自らがイニシャティヴをとって進められたものである。Schwöbel, op. cit., SS. 321–324.

(192) この和解交渉のルートヴィヒ側の使者は、マルクヴァルト以外に、ヴィエンヌのアンベール、アウクスブルクのウルリヒ・ホーフマイヤー及びトゥムナウのエーベルハルトであり、マインツ大司教ハインリヒの使者もこれに加わった。

(193) Stengel, *Nova Alamanniae*, 2. I, op. cit., n. 773, SS. 495–499; id., *Avignon und Rhens*, op. cit., S. 192 f.

(194) Mathias von Neuenburg, op. cit., pp. 186–194.「しかし、教皇即位の八年後、すなわち一三四二年五月に教皇ベネディクトゥスは至福なる死を遂げた。直ちにプロウィンキアの宮内卿を含む枢機卿たちはベネディクトゥス修道会の枢機卿ピエール・ロジェを躊躇することなく教皇に選出した。彼はルーアン大司教であり騎士の出であって、クレメンス六世と名づけられた。選出された後、彼は演説を行い神に対し、先ず彼を最も富める修道会に送り、次に卓越せる司教職に、第三にフランスで最高の大司教職へと就かせてくれたこと、そして重い責任を伴うこれらの職務のすべてを離れた後、神の摂理により枢機卿となり、最後に以前の職務では彼を十分に養い育てることができないが故にこの最高の職務に就かせてくれたことを感謝した。彼はこれらの職務を順を追って述べたのである。この教皇の性格は前任者と非常に異なっていた。というのも、この教皇は女と名誉と権力を愛し、自己の親類を熱心に好遇し、自らと自らの宮廷に聖職売買という悪しき世評をもたらし、自らフランス人として、ひたすらフランス王を支持したからである。彼の聖別式が行われたときに、彼は、伯父のブルゴーニュ公と共に列席したフランス王の長子に多額の金銭を与えた。フランス王のこの息子はボヘミア王の娘婿であり、枢機卿会議に列席し偽瞞的にもドイツ王と教皇を執り成そうとした。この教皇は、自分の家の紋章が五つの薔薇であったことから、前任者たちの慣習に反して、教令に同じ数の薔薇を付した。彼は未だルーアン大司教であったとき、パリにおいてフランス王とボヘミア王の前で説教を行い、彼らに対し、彼が〈Baurus〉と呼んだルートヴィヒと敵対するように扇動したのである。彼はこの呼び名は〈髭を清潔にできない者〉という意味であると説明した。というのも、ルートヴィヒの口には多くの汚物がつまっていて、それがなかなか取れなかったからである。また彼は数々の要求をすることによって、世界のあらゆる教会の大いなる重荷となり、人が彼に貧しい人々から掠奪することは正しいことかと問うたとき、彼らもまた山や丘から掠奪している、と答えた程である。また、イングランド王は、イングランドの聖職者と人民の助言により次のような書簡を送っている。すなわち、教皇がイングランドの教会財産を取り上げ、これを特に外国の者へと譲渡するようなこと、そして高位聖職者の任命権を行使することには同意できない。というのも、昔イングランド王は教会の守護者として、教皇座との合意によって司教座聖堂参事会に選挙の自由を認めており、もし教皇がこのような合意を守らないのであれば、すべては古い状態に逆戻りするであろう、と。

さて、教皇は、ルートヴィヒと教会の和解に対しては、その用意のある外観を装った。ルートヴィヒは再三再四教皇とフランス王に使者を派遣し、王もまたルートヴィヒを教皇に執り成そうとして——しかしこれは人もそう考える如く、偽瞞でしかなかったが——使者や書簡を送った。しかし、使者は長い間引きとどめられ、最終的な決定には達することなく、交渉が成立しないまま帰還したのである。しかし教皇はアヴィニョンの教会の門に貼り出された書状により、ルートヴィヒに対して重い刑罰の威嚇のもとに、ルートヴィヒが特定の日までに神と教会のために罪を贖うこと、皇帝権の行使を放棄すること、その他多くのことを要求した。そして指定された日が経過したとき、教皇は枢機卿会議において羅語と独語で三回、『誰かバイエルンのルートヴィヒを支持する者は居るか』と呼びかけさせた。しかし誰も名乗り出なかった。今や教皇はルートヴィヒに対して重い罰を科そうと意図したが、ただルートヴィヒを強情な反抗者（contumax）としてのみ断罪するにとどめたのである。というのも、ルートヴィヒはフランス王に次のように書簡で伝えたからである。すなわち、教皇はフランス王の目くばせで行動していることは明らかであり、従って自分に敵対して何かが為されれば、それは王から出たものとみなされ、自分もこれに応じた行動をとり、フランス王の書簡を諸侯に対して公にする、と。そこでフランス王は教皇に対し、今回はルートヴィヒに敵対する措置をとらないようにと伝えたのである。

この後、ルートヴィヒは再び教皇庁とフランス王に書簡と使者を送り、自分の和解にとっての障害が何かを知ろうとした。というのも、ルートヴィヒは、教皇に対して、後者が自分に課するあらゆることを行う用意があったからである。これに対しフランス王は、ルートヴィヒがそれに相応しい仕方で恩赦を願い出ていない、というのが教皇の言い分であると答えた。それ故、使者は、自分たちに委任されていたように、教皇の意にかなった委任状が彼らに提示されるべきであることを伝え、この委任状がどのようなものであろうと、再び戻ってくると述べた。かくして、極めて屈辱的で厳しい委任状が作成されたのである。教皇庁は、ルートヴィヒがたとえ拘禁されていたとしてもこのような委任状に封印を押すとは思わなかった。すなわち委任状によれば、ルートヴィヒの親戚である藩侯のアンベール、アウクスブルクとバンベルクの司教座聖堂主席司祭（トゥムナウのエーベルハルトとランデックのマルクヴァルト）、そして書記長ウルリヒに全権が与えられ、ルートヴィヒの名においてあらゆる罪と異端を告白すること、帝権を放棄し、教皇の恩恵によらずして再び帝権を行使すべきでないこと、ルートヴィヒとその息子、その所有財産と身分を教皇の手と意志にあずけること、その他前代未聞のことを行うことが委任されたのである。しかし、ルートヴィヒはこの委任状に印を付したのみならず、教皇から送られた公証人の前で、上記のことを守り、取り消さないことを誓約した。教皇と枢機卿たちはこれに驚き、ルートヴィヒはその不信仰の故に錯乱したのではないかと言いあった。さて、四人の使者は委任状に従って誓約を取り行い、為されるべき贖罪の条件を願い出た。彼らはこの決定なしには帰還することを欲さなかった。このとき遂に教皇は枢機卿の助言に従って、ルートヴィヒに自らが要求することを伝えたが、これはルートヴィヒ個人ではなく帝国の状態に関するものであった。この条件がルートヴィヒに伝えられた後、彼はその写しをあらゆる諸侯、中でも選帝侯と大都市に送り、ドイツのあらゆる諸侯、都市に対し、この事態についてフランクフルトで公の議会を召集した。しかし、選帝侯及び低地ドイツの領主たちは、この召集日の八日前にケルンに参集し、上記の教皇の条件に抵抗することを全員一致で決議していた。ところで、帝国の諸侯や領主や都市の使者が一三四四年九月にフランクフルトに集まったとき、ルートヴィヒはアーヘン、アウクスブルク、ユーバーリンゲンその他の諸都市に対し、これらが列席しているかを問い、これらが『然り』と答えると、ルートヴィヒの命令によりあらゆる人々が聞く中で、トリーア大司教の尚書ヴィッケルが次のように述べた。『慈悲深き神よ、ケルンに集った我々諸侯、選帝侯そして帝国に忠実な他の人々は、教皇が提示し、教皇座がそれを固持する汝らとの関係修復の条件を検討した結果、全員一致で次のことを認める。すなわちこの決定は帝国を害し破壊することを意図したものであり、帝国に対し為された誓約の故に、汝らも彼らもこれを受け入れることはできない。彼らは教皇と枢機卿に使者と書簡を送り、この条件を破棄するつもりである。このことに同意できない場合は、諸侯は既に八日にわたる更なる議会をラインのレンスで開くことを決定した。この議会で彼らは、このような事態においていかにして教皇の不遜な態度に対処すべきかを汝と協議するつもりである』。尚書がこのように述べ、列席していたマインツ大司教とそれ以外の諸侯の使者に対して、『これでよいか』と問うた後、彼らは『これでよい』と答えた。そしてルートヴィヒは諸都市の使者に次のように述べた。『汝らは諸侯の決定と助言を聞いた。それ故、次は汝らが外に出て、汝らの協議の結果を余に述べて欲しい』と。そこで彼らは外に出て、長い協議の後、ルートヴィヒのところに再び来て、マインツの市民がすべての人々に委任されて次のように答えた。『主よ、諸都市は、教皇があのような条件によって帝国の侵害をもくろむことを認めた。そして都市は帝国と共にのみ存立しうるものであり、帝国の侵害は都市破壊でもあるが故に、もし教皇がかようなことに固執するならば、我々には十分な力が欠如していることから、我々は帝国の法、名誉と不可侵性を擁護すべく帝国の諸侯が決定するすべてを受け入れ、支持する用意がある』と。そしてルートヴィヒが『これでよいか』と問い、あらゆる使者が『これでよい』と答えたとき、ルートヴィヒは大いに感謝し、更に次のように述べた。『八日後に余と帝国の諸侯及び我が友モラヴィアのカールはレンスに集まるであろう。そして余が汝らに我々の決議を報告するとき、我々が汝らを信頼しているが如く、余と帝国の名誉のためにそれを履行してもらいたい』と。そして彼らはこれに全員一致で同意したのである。

　この後、諸侯がレンスに集まり、教皇へ送るべき書簡につき検討したとき、ルートヴィヒは彼が与えた損害の故にボヘミア王とその息子と和約することができず、後者二人は不満を抱いたまま出発してしまった。しかし諸侯の使者たちは教皇に対し、その条件を拒絶することを伝えた。そしてこれらの使者たちは更なる交渉への委任を誰からも受け取っていなかった故に、教皇は嘲弄されたと思い、ルートヴィヒを以前にもまして憎悪するに至り、ボヘミア王とその息子そしてボヘミア王の父方の伯父のトリーア大司教と共に、ルートヴィヒとその子孫の全面的な没落を計画したのである。この同盟は二年後に流産する」。

(195)　選帝侯はバッハラッハに集まった後、レンスに赴き、一三三八年の裁決（Weistum）を修正し、七名の選帝侯のうち一名が欠席し、他の六名が二名の候補者にそれぞれ三票ずつ投票したときは、ボヘミア王の支持する候補者が王となるという趣旨の決定がなされた。Stengel, *Avignon und Rhens*, op. cit., SS. 204-205.

(196)　しかし、マインツ大司教職に関しては、司教座聖堂参事会の支持のもとに依然としてフィルネブルクのハインリヒが事実上大司教職を掌握していた。またザクセン公国に関しても、一二九五年以来のラウエンブルク家とヴィッテンベルク家の対立が続き、一三一四年の二重選挙に際して前者がルードヴィヒを後者がオーストリアのフリードリヒを支持したのと同様に、一三四七年のカール選出に際しても、ヴィッテンブルク家のルードルフがカールを支持したのに対し、ラウエンブルク家はこれに抗議した。それ故ルートヴィヒ側からは、カール選出を支持したのが七名の選帝侯のうち三名にすぎず過半数に達していない、という反論が十分可能であった。

(197)　ホラント伯ウィレム四世の相続に関してルートヴィヒがとった強引な態度は、同じくウィレム三世の娘フィリッパと結婚していたイングランド王エドワードを怒らせた。これは一三四五年に再び接近しはじめていたルートヴィヒとエドワードの関係を悪化させる結果となった。イングランドにおける聖職禄授与をめぐりクレメンスと対立したエドワードと、一三四五年五月にクレメンスとの和解を最終的に拒否されたルートヴィヒは、再び同盟へと向かい交渉を開始していたが、上記の相続をめぐり、フィリッパの相続権を無視されたエドワードはルートヴィヒに敵対し、ゼーラントの占領を企図した。両者の同盟の交渉は一三四六年一一月になって初めて再開する。

（198）Riezler. V. A. n. 2210. S. 798. n. 2242. S. 815.

（199）このことは既にカールの王選出を進めていたバルドゥインが一三四六年の初めに再度ルートヴィヒと教皇の和解交渉の仲介を引き受けていることにも表れている。Stengel. *Avignon und Rhens*. op. cit. S. 205.

（200）MGH. Legum sectio IV. Constitutiones VIII. nn. 3-4. SS. 4-6.

（201）既に一三四三年一〇月クレメンス六世はハインリヒに対しアヴィニョンに出頭するよう命じ、三カ月以内に出頭しない場合には破門することを言い渡した。ハインリヒは出頭期限の延長を願い出て、これを教皇は認めたが、結局ハインリヒはアヴィニョンに赴くことはなく、一三四四年一〇月教皇はハインリヒに対し大司教職と聖職禄の停止を宣言した。その後、ハインリヒはヴィッテルスバッハ家のプファルツ伯ループレヒトと領土問題で対立し、ルートヴィヒがループレヒトを支持したとき、一時アヴィニョンとの和解を試みるがこれも実現せず、一三四六年四月、クレメンスにより破門を宣告され大司教職を免職される。

（202）MGH. Const. VIII. nn. 9-13. SS. 12-27. クレメンスとカール四世に関し一三四八年初頭に書かれたと想定され、オッカムの作とされてきた論文〈De electione Caroli quarti〉（これは R. Scholz. *Unbekannte Streitschriften*. op. cit. II. SS. 347-363 にあるメーゲンベルクのコンラートの〈Tractatus contra Wilhelmum Occam〉で引用されているテキストにより伝えられ、H. S. Offler ed. *Opera Politica* IV（Oxford. 1997）pp. 464-486 に収められている）はカールを教皇の傭兵（stipendiarius）で使いばしり（cursor）と呼んで非難している（Offler. p. 480）。この論文の著者は次のように主張する。信仰から逸脱せる教皇は直ちに聖職者たる資格を失い、枢機卿がこの教皇を支持する場合であっても、皇帝は他の聖職者やローマ人民と共に、教皇を廃位し、かつて皇帝オットーがヨハネス十二世に対して行った如く、その後継者を選ぶ権限を有することになる。枢機卿が教皇選挙権を有するに至ったのは一二四二年であり、もし教皇を選挙する権利を皇帝その他に認めることがクレメンス六世が主張するように異端であれば、過去において皇帝やローマ人民により選挙された教皇は真の教皇ではなくなるだろう。更にクレメンスは女性と関係し子供をつくり、これらの子供を高位の聖職につけさせた。またキリストの代理として君主の間の平和実現に努めるべきであるにもかかわらず、フランス王とイングランド王の抗争を助長させた。また神学に関しては、清貧についてのヨハネス二十二世の異端を信奉している。従って、クレメンスの如き異端の教皇に対し為された誓約は不法である。次にモラヴィアのカールに対する誓約も無効である。カールは、帝国が空位でないにもかかわらず、一三三八年ルートヴィヒへの誓約に違背した偽誓者たる王候により選ばれたのであり、真の皇帝ではない。また、クレメンス五世はかつて教令《Romani principes》と《Pastoralis cura》で、カールの祖父ハインリヒ七世を破門したが故に、これらの教令を廃止しないかぎり、カールも破門されていることになる。そしてカールはアヴィニョンの異端者たちと友好的な関係にあり、皇帝位には相応しくない。……オッカムが一四三七年に死去したことが正しければ、この論文はオッカムの作ではないことになる。

（203）MGH. Const. VIII n. 41. SS. 66-67.

(204) クレメンス六世がナッサウのゲルラッハをマインツ大司教に任命した後も、ハインリヒは大司教職を手放さなかった。既述の如くハインリヒは一時ルートヴィヒと不和になるが再び和解し、後者はゲルラッハに対抗し、ハインリヒと司教座聖堂参事会を援助することを約した。しかし教皇によるハインリヒ廃位は、大司教区の事実上の支配からハインリヒを遠ざけ、マインツはハインリヒの名のもとに、聖堂参事会員を含む五名の後見により管理された。その後、ゲルラッハが次第にマインツにおける地歩を固めていったときも、ルートヴィヒとハインリヒは協力してこれに対抗し、コンラート・キルケルの管理のもとに一三四七年に至るまでマインツを事実上支配した。ルートヴィヒの死後、キルケルとバルドゥインは、ハインリヒとゲルラッハの対立を調停すべく、ハインリヒの生前中はこれに大司教職を認め、この後にゲルラッハが継ぐ解決が提示されたが、ゲルラッハはこれを拒否し、ゲルラッハとハインリヒの対立は続いた。

(205) カール四世の選挙及び戴冠の場所は帝国法に定められた正式の場所（すなわちフランクフルトとアーヘン）ではなかった。アーヘンはカールに対し門戸を閉ざしたのである。それ故、後にカールはフランクフルトでの選挙とアーヘンでの戴冠を再度正式に繰り返している。

(206) MGH. Const. VIII nn. 91-100. SS. 116-163. 教皇の承認についてのカールの態度については、Stengel. *Avignon und Rhens*, op. cit., S. 204 f.; H. E. Feine, 'Die Approbation der Luxemburgischen Kaiser in ihren Rechtsformen an der Kurie'（*Zeitschr. d. Savigny-Stiftung f. Rechtsgeschichte*, Kan. Abt. Bd. 58, 1938）S. 369 f.

(207) ルートヴィヒの死後、クレメンス六世は、その未亡人と息子を除き、これまでルートヴィヒを支持してきたすべての者に対し、贖罪による教皇のあらゆる断罪宣告からの解放を認めた。その条件としては、皇帝が教皇を任命、廃位しうるという見解が異端であることを認めること、教皇が承認した皇帝カール四世に服従すること、ルートヴィヒの未亡人と息子が教皇庁とカール四世と和解しないかぎり彼らを異端者と同様なものとみなすことなどが挙げられている。他方カールはルートヴィヒの死を知ると直ちにバイエルンに侵入し、更に南ドイツへと進行し、諸都市や諸侯の封建的忠誠を得ようと試みた。しかし、ルートヴィヒ死後もカールに反対する勢力は多く、バイエルン側は反立王を擁立しようと試み、王候補としてはイングランド王エドワード三世、マイセン辺境伯、シュヴァルツブルク伯などが検討されたが結局実現しなかった。とくにエドワードは一三四八年四月にはカールと和約を結び、カールがフランス王支持を中止するという条件で、これを正式なドイツ王として承認した。更にエドワードはこの和約によって、対仏戦争においてドイツの兵士を自由に徴兵しうることが認められ、更にホラントのアヴェーヌ家の相続財産の四分の一を妃のフィリッパに与えることが約された。エドワード三世は、ヴィッテルスバッハ家の要請に従ってドイツの反立王としてカールと対立するより、ルクセンブルク家との和解により、同家のフランス王支持を中止させることを選んだのである。

第三章　教　会　論

第一節　普遍教会

「普遍教会による承認のみならずその否認や断罪も、公会議による否認や断罪より大きな権威を有し、より効力のあるものである。というのも、公会議は普遍教会の一部分であるが、部分というものはすべて全体より小さいからである」[1]。

これは、死の床にあって至福的見神に関する自らの教説を撤回した教皇ヨハネス二十二世に対しオッカムが教皇の死後に書いた『反教皇ヨハネス論』の一節である。この著作でオッカムは、教皇自身による自説の撤回は真の撤回ではなく許容しえないことを立証しようとした。オッカムは教皇の次のような弁解、すなわち、自分は教会によって正しい教説が未だ宣言されたことのない問題を私人たる神学者として議論したにすぎなかったという弁解に対し、至福的見神に関する正しい教説はこれまで俗人のキリスト教徒でさえ常に明白に保持してきた真理であり、この点に関するヨハネスの無知は、教皇という彼の立場を考えればそれだけ一層罪深いと主張する。そしてオッカムは、四五一年のカルケドン公会議の決定の後はキリスト単性説に関係した議論を続行してはならないという教皇レオ一世と皇帝マルキアノスの命令を典拠としながら、公会議の決定について議論することは許されず、決定を承認しなければならないと述べた後、この公会議にさえ優位するのが「普遍教会」(ecclesia universalis) であると主張する。もっとも、ここでオッカムは公会議の決定について異論を唱えるべきでないと述べるだけであり、公会議が不可謬であるとは述べていないことに注意すべきである。オッカムが不可謬と考えていたのは、俗人のキリスト教徒をも含む信徒全体である普遍教会であった。しかし、オッカムの言うこの普遍教会とは何であろうか。

オッカムの教会論の基礎は、『ルカ福音書』(22・32) と、『マタイ福音書』(28・20) にあるキリストの言葉である。前者においてキリストは「私は、あなたの信仰がなくならないように、あなたのために祈った」と語り、後者においては、「私は、世の終りまで常にあなたたちと共にいる」と約束している。オッカムはこの二つの聖書のテキストに言及しながら、正しい信仰の永続性をキリストが祈り約束しているのは全教会に対してであって、教会の一部分に対してではないと主張する。聖書の言葉が神の啓示であり確実な真理であるとすれば、二つのテキストで述べられたキリストの言葉は、この世においてキリスト教の正しい信仰が跡絶えることなく常に存続していることの証しである。キリストのこの祈りと約束がある以上、教会が正しい信仰から逸れることは決してありえない。しかしオッカムによれば、キリストの祈りと約束は全教会に対して為されたものであり、教会の一部分、例えば教皇や司教、神学者や公会議について言及したものではない(2)。キリストの約束があるかぎり、「普遍教会は聖霊に支配されており、それ故普遍教会が救済のために必要なことに関して誤りを犯すことは決してない(3)」。教皇座や公会議が誤謬を犯すことは可能であり、教皇座が神により設立されたことは、その不可謬性を保証しない。

> 「信徒の集団はこの世の終わりまで過誤や異端を免れるだろう。超自然的な賜物が魂を教導することがなくても、信徒の集団のみならず教皇をも過誤や異端から保護することは神にとって可能である。もっとも、特定の人間や集団についてこのことが言えるのは、当の人間や集団が信仰に関して決して誤りを犯さないことを神が啓示した場合に限られる。しかし神が実際にこのことを啓示したのはただ信徒の集団に対してだけであり、教皇についてこのような啓示はなかった。それ故、教会法に従って自己の職務についた教皇は決して信仰に反した誤りを犯すことはない、と述べるのは向こう見ずなことである(4)」。

このように、全体としての教会とその部分との厳格な区別、普遍教会とその内部にある様々な職務（特に教皇座と公会議）との区別は、オッカムの教会論の中核にある考え方と言ってよいだろう。使徒の教会の真正な後継者は全信徒からなる普遍教会であり、教皇も公会議も、全体としての普遍教会にのみ認められる権威を要求することはできない。従って、公教会の教義を最終的に決定するのも全信徒の集合たる普遍教会でなければならない。教皇の判断が正しい信仰に常に合致しているとはかぎらず、教皇に誤謬の可能性があるかぎり、教皇による教義の確定は上位の普遍教会によって、それが教会の正当な教説に合致しているか審査されねばならず、特に教皇に異端の嫌疑がかかっている場合、教皇は信仰問題における上位者たる普遍教会の裁定に服すことになる(5)。

確かに過去において異端に陥った教皇がいたことは事実であり、異端教皇に対してどのように対処すべきかという問題は教会法学において長い間議論されてきた(6)。異端教皇の出現に対して自らを護る方法を教会は手にしていなければならず、教会法学者がこの方法として選んだ制度が公会議であった。「信仰が問題になるところでは、公会議は教皇の上位にある」と教会法の或る註釈は述べており、オッカムもこの一説を引用している(7)。しかし、既述のようにオッカムは公会議を不可謬とは考えておらず、後の公会議至上主義者のように公会議を信仰の問題に関して教皇に優位する恒常的な制度とはみなしていない。公会議は教皇に異端の疑いがある場合のように教会の共通の利益にとって必要なときに召集され、普遍教会を代表する上位者として裁定を下すのであり、教皇に優位した信仰上の特権が公会議それ自体に認められているわけではない(8)。オッカムにとり公会議は、教皇が正しい信仰からはずれたときに、これに代わって普遍教会を事実上代表するものであり(9)、それが果たす機能は正しい信仰を自ら宣言することではなく、誤謬に陥った教皇を召喚し裁くことにあった(10)。公会議は教皇によらずして普遍教会の各々の人間によって召集されることも場合によっては可能である(11)。しかしいずれにしても教皇によって召集されたか否かに関係なく公会議が全教会の権威を帯びることはない。普遍教会を代理する聖職者集団は、当の集団が代理している普遍教会が享受しうるすべての権限を享受できるわけではない。というのも、「公会議へと集まった一定の人々はただ人間の召喚によらなければ召集されなかったのであり、人間による委任なしにいかなる権威も権力も受け取らない」からである(12)。それ故オッカムにとり公会議は普遍教会と同一視されるべきものではなかった。オッカムは、例えばパドヴァのマルシリウスのように信仰に関する至上の権威は全キリスト教徒の代表者たる公会議ないし公会議の多数派にある(13)とは考えていない。オッカムは言うまでもなく教会が個々の信徒の集合であることは認めるが、この集合ないし集合によって代理権を付与された人々の多数派の意志に信仰の至上の権威を認めてはいない。またオッカムの見解は、後の十五世紀の公会議至上主義者にみられる有機体論的な教会論とも著しく異なっている。ジャン・ジェルソンやピエール・ダイリーに代表される有機体論によれば、至上の権威は個々の信徒の集合にも、信徒の中で最も卓越した者にも属さず、相互に依存し合う数多くの機関がそれへと参与するものであり、教会の「十全権力」は教皇、信徒の集合、公会議によって参与される。この十全権力の主体（subjectum）は教皇であり、教皇は教会の名において権力を行使し、教会は権力行使の対象（objectum）であり目的であると同時に原因でもある。そして公会議は普遍教会の〈exemplum〉としてこれを表現する(14)。後に述べるように、真の信仰を保持する普遍教会がただ一人の人間において存続することも可能であると考えるオッカムにとってこのような有機体論は全くもって無縁であった。更に公会議至上主義に対抗する教皇派の――ホアン・デ・トルケマーダやトマス・カイェタヌスに代表される――見解によれば、真の公会議は教皇により召集され、教皇の委任により、教皇の名において審議する公会議が普遍教会を象徴的に代表し、教会の全権威を帯びる。どれほど多くのキリスト教徒が公会議に集まろうと、このことが公会議に権威を付与するわけではない。教会における権威は、権威をペテロに付与し――ペテロを仲介にして全位階秩序に付与した――キリストから発し、公会議は教会の部分的な諸権威が権威の源であるキリストのまわりに集められたものにすぎない。教皇はキリストの神秘体（すなわち教会）の頭を象徴的に表現し、公会議はキリストの神秘体の頭以外の部分を表現している。従って公会議は教皇から区別された独立した権威をもちえず、むしろ普遍教会の全権威を帯びるのは教皇であり、公会議は教皇により召集され、教皇の権威と結びつくことによって普遍教会を表現することになる。[15]

オッカムは公会議至上主義の有機体論的団体主義を拒否する一方で、マルシリウスのように、教会の権威を個々の信徒の多数派意志に求め、多数派の意志が全信徒の集合の一般意志であると考えることもなかった。多数派の意志は真理の基準ではなく、真理は多数派の意志とは関係なく存立し、キリスト教会の中のただ一人の人間にしか存在しないこともありうるからである。「キリスト教徒の多数派が誤りを犯さず誤りを犯さなかったと考える必要はない」[16]。ただし、「信徒の多数部分が、それどころか極く少数の人々あるいは一人の人間を除いてすべての人間が誤りを犯しても、永遠なる救済の法がキリストによって無益に与えられることはない」[17]。それ故オッカムは普遍教会を公会議と同一視することを拒否した。一つの共同体を代表する個人ないし団体が、この共同体と同じ権限を享受することはないからである。

「確かに、公会議はあらゆるキリスト教徒がそこで取り扱われる問題について、そして自分たちを代表する任務を帯びた代表者たちについて意見を述べられるように、できるかぎり広く公に告示されねばならない。しかしキリスト教徒たちはこれらの代表者たちにすべてを委ねてしまうことはできない。彼らは代表者たちが信仰と倫理に反するいかなる決定も下さないことを留保することによってのみ自分たちの同意を与えるのである。彼らは公会議が宣言するかもしれない誤謬を拒否する可能性をとっておこうとするのである。それ故公会議の決定は、これに反対するために立ち上がるキリスト教徒が一人もいないときにのみ効力を有している。このような場合にのみ普遍教会が語ったと言いうるのである[18]」。

　公会議に対するオッカムの冷めた態度は、オッカムが『対話篇』第一部を書いた一三三四年当時の政治的状況を想起すると、やや奇妙に思える。というのも、一三三四年前半に枢機卿ナポレオン・オルシーニは教皇ヨハネス二十二世がローマ帰還を拒絶したことで教皇と対立しており、これまで教皇派であったナポリのロベルトも、教皇がルクセンブルク家のボヘミア王ヨハネスのイタリア王国建設を支持し、また、プロヴァンスにおけるロベルトの封土にとって脅威となるようなフランスのアルル王国進出を支持したことから教皇と対立し、このような状況で公会議によって教皇ヨハネスを審判する計画が進められていた——この計画は教皇の死によって中止するが——からである。

　公会議が不可謬でないとすると、公会議が下す判断の正否を判断するのは何であろうか。オッカムによれば、既に述べられたように、教皇ではなく不可謬なる普遍教会が公会議の判断を更に判断することになる。しかし普遍教会という観念の事実上の対応物は何であろうか。オッカムにとり教会とは公教会のあらゆる信徒の集団（multitudo catholicorum omnium）であり[19]、「教皇や聖職者の集団ではなく、聖職者、俗人、男女を含む信徒の集団」である[20]。正しい信仰の永遠の存続を約束したキリストの言葉が聖書にある以上、論理的な帰結として、あらゆる信徒によって受け入れられた信仰上の命題は直ちに真なる命題であり、あらゆる信徒の総体が普遍教会ということになる。聖書におけるキリストの約束により、あらゆる信徒が同時に正しい信仰からはずれることはありえないとすれば、あらゆる信徒が特定の信仰上の命題を真とみなして信奉している事実は当の命題が真であることを必然的に保証する。従って、「公教会の或る真理が公教会のあらゆる地域を通して公に主張され説教されており、公教会に属するすべての人々の間で公教会の真理として広められ、このような主張に反対するいかなる信徒も公教会の中に見出されないときはいつでも[21]」当の真理は公教会の正しい信仰上の真理として認められる。更にこの条件をもう少し弱めてオッカムは次のようにも主張する。「しかし公教会に属する人々は、人々の先に立つ聖職者や博士たちに同意し、同一のことを主張していた。というのも、公教会に属する人々でこれら聖職者や博士に反対する者は一人も居なかったからである。それ故、この主張は普遍教会に帰属されるべきであり、従って確固として保持されねばならない[22]」。逆に、或ることに「ただ一人の人間が反対したならば、そのようなことは真理として受け入れられるべきではない。というのも、キリストが死去したときに教会の全信仰が祝福された処女マリアにおいてのみ存続していたように、教会のすべての信仰がただ一人の人間においてのみ存在することもありうるからである[23]」。すべての信徒が或る信仰上の命題に同意していれば、その命題の真理性はキリストの約束によって保障されるが、一人でも反対者がいれば、この一人の反対者の中に真の信仰が息づいている可能性（すなわち、普遍教会をただ一人の人間が体現している可能性）を否定することはできず、むしろこの人間以外のすべての人々が正しい信仰から逸れていることもあるだろう。全員一致の状況においてのみ普遍教会の実在は明らか（つまり、全信徒の集合が普遍教会）であるが、そうでないかぎり普遍教会がどこに実在するかは直ちには明らかでない。キリストの約束が存在する以上、普遍教会は必ずどこかに存在しているが、それがどこかは常に明白に特定できるわけではない。言うまでもなくそれは必ずしもローマ教皇や公会議であるとはかぎらない。「或る事柄を職務上の権威によって（auctoritate officii）確定し、それ故何が異端の主張で何が公教会の主張とみなされるべきかを確定することが教皇と公会議の権限に属す[24]」ことは確かである。教皇の裁治権による教義の確定（definitio）は博士たちの私的な確定と異なり法的効果を有し、これに反する見解を公に支持することが禁止され、教皇は司教や異端審問官に違反者への罰を命ずる[25]。しかし教皇の教義の確定は規律〈disciplina〉の観点では法的拘束力をもつが、教理〈doctrina〉の観点からみて絶対的なものではなく、教皇の確定が正しいことを単に推測させるだけにすぎない[26]。オッカムは、信仰の問題に関してしばしば公会議に対し教皇に優越する権限を認めているが[27]、公会議についても上記のことは同様にあてはまる。この種の権威による公的な確定は信徒を法的には拘束するものの、確定された内容が普遍教会の正しい信仰に属すことを保障するわけではない。教皇や公会議の決定に違背する者は教会法上の手続きによって制裁を科せられるにしても、公的決定がそれ自体で信徒の内面的な同意を要求しうることにはならない。

さて、教義の確定については、職務上の公的決定の他に博士たちの教理による（per modum doctrinae）確定が存在する。この教理的確定の次元においては教皇の見解も数ある見解の一つにすぎず、何ら特別な効力を有してはいない。「教皇は神とキリストの言葉を他の人々とは異なった仕方で自由に解釈することが許されているわけではないし、この種の事柄において他の賢者より教皇の見解のほうを信ずべき理由もない。むしろこの種の事柄に関しては、知識ある人々の見解を教皇自身の見解より優先すべきなのである[28]」。それ故、教皇の見解や公会議の決定は常に神学者たちの判断に服さなければならない[29]。神学者たちの判断は聖職者たちの判断より権威があり、神学者たちは教義に関しては昔から聖職者よりも重んじられてきた。「事実、グラティアヌスは一般的に神学者たちの地位を聖職者の地位に類似したものと考えている」のである[30]。確かに、オッカムにとって神学者の見解は聖職者が職務において公的に下す決定とは異なり非公式な見解であることに変わりはないが、オッカムによれば神学者の個人的な見解の中に普遍教会の真の信仰が保持されていることがあり、しかも当の見解は著名な神学者のものである必要さえない。この考え方を徹底させれば、正しい信仰は、そもそも神学者の見解である必要さえないことになる。すべての神学者が誤謬を犯し、一般の信徒が正しい教義を保持することもありうるだろう。「それ故、確実で真なる知識に基づく判断が存在し、この判断によって各々の人間は自分が知っている事柄について正しく判定を下すのである。そしてこの判断は、どんな学識であろうと何らかの学識において熟達した人ならば誰にでも属している。……戦う教会においては、明確にそれを信ずることが必要な事柄に関して確実な判断が存在している。……というのも、このような仕方で真の信仰に明確にとどまるであろう何人かの公教会信徒が世の終わりに至るまで常に実在するからである[31]」。ここで言われている何人かの信徒が専門の神学者であるとは限らず、信仰について正しい知識を抱く者であればこれは誰でもよい[32]。だからこそ、「もし教皇の解釈が誤りであり真理に合致していない場合には、それが真理に合致していないことを知っている者なら誰でもそれを明白且つ公に非難することが許されてよいだろう[33]」とオッカムは述べる。信仰は一種の共通善として万人にかかわる事柄、聖職者だけでなく俗人をも含めた全キリスト教徒の問題だからである[34]。以上のオッカムの論旨は、普遍教会の正しい信仰は制度的教会の職務上の判断とは独立して存続するということであり、ここに聖書の個人的で私的な解釈を許容する見解への接近を指摘することも可能であるが[35]、オッカムにおいては後述のように、信仰の正しさはあくまでも教会（つまり信徒の集団たる普遍教会）の伝統（traditio）の中に存在することに注目すべきである。

第二節　ペテロの首位権

真の信仰が普遍教会の内部に存在するとすれば、教皇職をはじめとするローマ教会の様々な聖職はオッカムの教会論においてどのように位置づけられているのだろうか。オッカムは教皇職をはじめとする教会の職務が人定的なものではなく神により定められたこと、そしてローマ教皇が首位権を有することを疑わなかった[36]。「教皇は神法により、そして直接的にはキリストの定めによってある種の権力を有している。例えば、祭式に関する権限や教導の権限、そして神の民の中に彼が種まく霊的なるもののために世俗的なものを要求する権限がそうである[37]」。オッカムは教皇が霊的事項に関する権限（聖餐式をとり行い、聖職者を叙任し、信徒を罪から解き放つ権限など）をキリストから直接に受け取ったこと、同様にすべての聖職者が使徒の後継者としてキリストからこの権限を受け取っていることを認めていた。[38] しかしオッカムの主な関心はこのような〈ordo〉に属する教皇の権限ではなく、〈iurisdictio〉に属する権限である。上で引用された箇所で、教導する権限とか世俗的なものを要求する権限とか呼ばれているものが〈iurisdictio〉に含まれる権限であるが、この権限はキリストがペテロに授与したものとされていた。ペテロはキリストの代理であり、キリストが人間として信徒に対し有していたあらゆる指導権をキリストから受け取った。[39]

ペテロの、そしてペテロの後継者であるローマ教皇の首位権については、ペテロと平等に他の使徒たちも直接にキリストから司牧権を——拘束し解放する権力を——受け取ったという解釈に基づいてペテロの首位権を疑問視する立場が存在していた。[40] 特にペトルス・ヨアニス・オリーヴィを支持したSpiritualesは首位権がローマ教皇ではなく、真のキリスト教徒からなる教会に対し、あるいは福音的生それ自体に対して与えられたと主張し、[41] また、托鉢修道会と俗間聖職者の争いにおいても、前者が教会をローマ教皇を頂点とする位階秩序として理解しローマ教皇の首位権を認めたのに対し、司教の相対的独立性を擁護する後者はローマ教皇の首位権を否定ないし限定的に理解した。[42] そして、キリストが聖職者に授与したのは裁治権ではなく聴罪権のみであると主張し、しかも使徒たちの絶対的平等を説いて使徒たちの後継者たるあらゆる司教の平等な地位を主張した——それ故、ローマ司教たるローマ教皇の首位権を否定した——のがパドヴァのマルシリウスである。[43] これに対し、ローマ教皇の首位権を唱える通説は、使徒たち——例えばパウロ——は多くの点でペテロと同様にキリストから直接に特殊な諸権限を例外的に受け取ったとしても、キリストの羊たちを司牧する任務と権限はペテロのみが受け取ったのであり、それ故使徒たちの後継者である司教たちも、その権限のすべてをペテロから受け取ったと主張した。一三二七年、教皇ヨハネス二十二世は教令《Licet juxta doctrinam》において、ペテロが他の使徒以上に大きな権限を有したことはなく、キリストは自分の教会に首長も代理も置かなかったと主張する「ベリアルの子たち」を断罪している。[44] オッカムがチェゼーナのミカエルらと共にアヴィニョンから密かに逃亡したのは、この教令が発布された直後のことだった。やがてオッカムは「ベリアルの子」パドヴァのマルシリウスと共に、バイエルンのルートヴィヒの皇帝権を擁護すべく、ヨハネス二十二世への論難を開始することになる。

しかしオッカムはローマ教皇の首位権に関するかぎり、「ベリアルの子」ではなかった。オッカムは先ず『対話篇』第一部第五巻第十四章から第二十一章にかけてローマ教皇の首位権につき論じ、[45]『対話篇』全体の議論がそうであるように、中立的な立場から、キリストがペテロに首位権を与えたことを認める見解と否定する見解の双方に関してそれぞれの論拠を挙げ、キリストの定めによって（ex ordinatione Christi）ペテロに首位権が与えられたことを否定する論拠として六つのものを挙げている。（一）キリストは使徒の集団に司牧権を与え、使徒たちに世俗君主を模倣することを禁じ、パウロがペテロに抵抗したことから理解されるように、ペテロが他の使徒に対する首位権を受け取ったことはなかった[46]。（二）ペテロがローマに居たことは聖書に記されてなく、ペテロはローマの司教ではなかった[47]。（三）ペテロが首位権を受け取ったのは使徒たちの選挙により（ex electione）、（四）いかなる司祭もキリストの定めにより他の司祭の上位者とされたことはなく、司祭の間の上下関係は人間の定めによる（ex ordinatione humana）にすぎない[49]。（五）コンスタンティヌス帝以前にはローマ教会の首位権は存在せず、（六）ローマ教会に他の教会に対する首位権を認めたのはコンスタンティヌス帝であった[49]。これに対しオッカムは、キリストがペテロに首位権を授与したことを認める立場の論拠としては、『ヨハネ福音書』（21・17）の「わたしの羊を飼いなさい」（pasce oves meas）と『マタイ福音書』（16・18）「あなたはペテロである」（Tu es Petrus）を援用し、更に過去の教皇たち（インノケンティウス一世、レオ一世、グレゴリウス一世、ニコラウス二世など）を援用し、普遍教会がペテロを使徒たちの君主として認めてきたことを指摘している[50]。

『対話篇』第一部の議論が、首位権に対する賛否両論の論拠を単に列挙しているだけでオッカム自身の見解を明確には提示していないのに対し、五年後に書かれた第三部第一論考第四巻では[51]オッカムは――首位権を支持するために主張されてきた必ずしもすべての論拠を受け入れてはいなくても――ペテロの首位権を普遍教会によって承認された信仰上の真理とみなしており、更に特別な一章を設けてマルシリウスの見解を論駁している[52]。しかしオッカムはペテロの首位権に関しては三つの論点を区別する。すなわち第一に、ペテロは実際にキリストから他の使徒に対する首位権を授与されていたか、第二に、いかなる権限によってローマ司教たる教皇は神によって定められたペテロの後継者と言えるのか、そして第三に、教皇に首位権を認めることは、必然的に教皇の単独支配（モナルキア）を認めることを意味するか、という三つの論点である。オッカムは第一の論点について明白にペテロの首位権が神によって定められたことを肯定している。

先ずオッカムはペテロがキリストから首位権を授与されたことを否定する論拠として、（一）すべての使徒はキリストから直接に同じ権限を受け取ったこと、（二）パウロはペテロから権限を受け取ったのではなく、ペテロと同等の者として行動したこと、（三）ペテロの首位権は、使徒たちにいかなる権力の行使をも禁止したキリストの定め――「あなたたちはラビと呼ばれてはならない」（『マタイ福音書』（23・8））――に違背していること、(四) 首位権は他の使徒による委任か皇帝の勅令によらないかぎりありえないこと、を挙げている。(一) に関してオッカムは、キリストが各々の使徒に直接権限を授与したことを認めているように思われ、事実、既に『対話篇』第一部で伝統的な教会法学者の見解、すなわち使徒は〈ordo〉の権限に関しては平等であるが〈administratio〉に関してはペテロが上位者であったという見解を——教会法がこのような区別を設けていないことを理由に——否定していた(53)。しかし他方でオッカムは、すべての使徒が当初キリストから直接に聖餐式の権限や聴悔の権限を与えられていても、その後 (postea) キリストが——〈pasce oves meas〉という言葉をペテロに対し述べることによって——以前に他の使徒たちに認めた権限は保持しつつ他の使徒たちをペテロに従属させたことを無効にするわけではない、と付言している(54)。いずれにしてもオッカムは、ペテロ以外の使徒たちがペテロを仲介にしてキリストから司牧権と福音的使命を与えられた、という見解を明白に採用しているわけではない。

しかし少なくともパウロは司牧権を直接キリストから受け取ったと言えないだろうか。この点についてもオッカムは既に第一部第五巻第十五章で、ペテロがキリストから他の使徒に対する支配権 (principatus) を受け取らなかったことの論拠を挙げる際に、「パウロはペテロを叱責したが、パウロは自分がペテロより劣っていないこと (non imparem esse) を知らないかぎり、このようなことを敢えてしなかっただろう」というアウグスティヌスの言葉を「教師」に引用させている。そしてオッカムはこれに対する標準註釈の解釈、すなわち〈merita〉に関してはパウロはペテロと同等であっても、〈administratio〉に関しては平等でなかったという解釈を「弟子」に提示させ、更に「教師」にこの解釈を——パウロにとり自分が〈merita〉においてペテロと同等であることなど知るよしもなく、叱責は〈merita〉の同等性を必要としないことを理由に——退けさせている。「教師」によれば、アウグスティヌスの言わんとするところは、パウロとペテロの〈potestas〉が平等であり、〈administratio〉に関しても優越性や権力に属する他のすべてのことに関してもパウロはペテロに服従してはいなかったということである(55)。

しかしオッカムはペテロとパウロの関係についての聖書のテキストからマルシリウスが導き出した結論を受け入れていない。パウロはキリストから直接に権限を授与されても、このことはパウロがペテロに服従していなかったことを主張する理由にはならない。またペテロが他の使徒に対して権力を行使したことが聖書に書かれていなくても、使徒たちは聖書に記されていない多くのことを行ったのであり、あるいはペテロが権力を一度も行使しなかったとしても、これはペテロが権力を有していなかったこととの理由にはならない。ペテロはキリストに倣って権力を行使せず、他の人々の下僕として行動したからである(56)。

　更に、キリストが「あなたたちはラビと呼ばれてはならない」と述べて使徒たちにあらゆる権力の行使を禁止したことは確かであるが、この言葉によってキリストが使徒たちに権威の平等性を（aequalitatem auctoritatis）課したことにはならない。オッカムは明らかにマルシリウスを念頭に置きながら次のように述べている(57)。

「これらの言葉によってキリストは――或る人々が聖書のテキストを誤って理解して主張するように――あらゆる首長権や優越的地位を使徒たちに禁じたわけではなかった。なぜならばキリストは自分自身を使徒たちの模範として示し、彼は使徒の真の上位者であり、人間たるかぎりにおいても使徒に対して真に優越した者だったからであり、また、マタイとマルコが語っている言葉から理解されるように、使徒の中でより上位にあり優越した者がいたこと、そして或る者が彼らの間で正当に首位を占めえたことをキリスト自身が明らかに示しているからである。キリストが使徒に対して禁じたのは、ギリシア人から借用された用語で「デスポティクス」と呼ばれ、アリストテレスの『政治学』に述べられているように奴隷に対する権力を意味するような、支配的な首長権（principatus dominativus）であった(58)」。

また『八設問集』の設問三にも次のように述べられている。

「キリストは支配者自身の利益ではなく――支配者の利益が支配者以外の人々の利益の中に含まれる場合は別として――支配者に服する人々の利益のみを配慮するこのような首長権を使徒たちに禁止したわけではなかった。たとえ、キリストが使徒たちに対し自分の名誉や利益のためのあらゆる首長権の行使を差し控えるように命令ないし助言したことは確かだとしても。事実、『マタイ福音書』第二十章（20・25―28）に次のように述べられている。『あなたたちも知るとおり、異邦人の君主はその民を支配し、偉い人たちはその民に対して権力をふるっている。あなたたちの間ではそうであってはならない。むしろあなたたちの中で偉くなりたいと思う者は仕える人となり、あなたたちの中で第一の人になりたいと思う者はしもべにならなければならない。それと同じで、人の子が来たのも、仕えられるためではなく、仕えるためである』。これらの言葉によってキリストは使徒たちにあらゆる首長権を禁止したのではなく、むしろキリストは『あなたたちの中で偉くなりたいと思う者は』と述べ、『あなたたちの中で第一の人になりたいと思う者は』と述べたとき、使徒によってどのような首長の地位が望まれるべきかを示したのである。というのも、偉いこと（maioritas）と第一であること（primitas）は首長の地位に属していると理解されるからである」(59)。

次に、ペテロの首位権は他の使徒の委任や人間の定めによるのだろうか。既にオッカムは『対話篇』第一部第五巻の第十七章において、あらゆる司祭は神法上平等であり、司祭と司教の区別は人間の取決めから生じたという見解を紹介し(60)、またローマ教会に首位権を与えたのはコンスタンティヌス帝であるというマルシリウスの見解に触れていたが(61)、この論点について更に議論を展開してはいない。

さて、ペテロの（それ故ローマ司教たる教皇の）首位権にとって最も重要な論点は、キリストによってペテロに首位権が与えられたか否かという論点である。マルシリウスが主張しているように、聖書の中にペテロの首位権を基礎づけるテキストは一つも存在しないのだろうか。事実、例えば教皇至上主義者のヴィテルボのヤコブスはペテロの首位権を示す数多くの聖書のテキストを挙げている(62)。オッカムは聖書の中から三つのテキスト――これらはマルシリウスによりペテロの首位権を基礎づけるものでないとされている――を挙げている。第一に『ルカ福音書』（22・32）にある「わたしは、あなたの信仰がなくならないように、あなたのために祈った」であり、第二に『ヨハネ福音書』（21・16）の「私の羊を飼いなさい」であり、第三に『マタイ福音書』（16・18―19）の「あなたはペテロである。そして、わたしはこの岩の上にわたしの教会を建てよう。……わたしは、あなたに天国のかぎを授けよう。そして、あなたが地上で繋ぐことは、天でも繋がれ、あなたが地上で解くことは天でも解かれるであろう」である。第一のテキストに関してオッカムは『対話篇』第三部第一論考第四巻第二十一章で弟子にマルシリウスの返答を述べさせている(63)。この返答によれば、ペテロが真の信仰にとどまることを確証したのはパウロであり、このテキストのキリストの言葉は、ペテロとともにすべての使徒に対し自らの悔い改めの模範により真の信仰を互いに固く保ち合うことを勧めているにすぎない。この見解に対して「教師」は次のように答えている。

「或る人々はこの見解にも一理あると考えている。というのもこの言葉によってキリストが福者ペテロを他の使徒たちの上位者、首長にしたことを明確に示すことはできないと思われるからである。それ故、この言葉をペテロの首位権を意味するものとして解釈する聖人たちがいるのであれば、それが言葉の真の意味であると考えなければならないが、それはキリストの言葉の字義的な意味ではなく、その真理がキリストの字義的に理解された他の言葉によって十分に明らかにされうるような神秘的意味（sensus mysticus）として理解されなければならない(64)」。

「教師」のこの返答には曖昧なところがあるが、これと比べて第二のテキスト「私の羊を飼いなさい」はオッカムにとってペテロの首位権を明白に根拠づける決定的なテキストであり、『対話篇』第一部第五巻の関係箇所(65)で援用されているのもこのテキストだった。第一部のこの箇所でオッカムは、このテキストはペテロに厳密な意味での権力（potestas vel principatus）を与えたものでないと解釈する可能性を認めたうえで次のように述べている。

「使徒の時代に主の羊の群全体がキリストによってペテロの指揮と配慮に委ねられた。キリストはペテロに主の羊を司牧するよう要求したとき、羊たちの間に区別を設けなかった。従って使徒たちは他の信徒と同じようにペテロの指揮と配慮に委ねられたのである(66)」。

また『対話篇』第三部第一論考の関係箇所では次のように述べられている(67)。キリストがペテロに「私の羊を飼いなさい」と述べたとき、「羊」はすべてのイスラエルの民を意味し、イスラエルの民にはペテロ以外の使徒も含まれているからペテロは他の使徒を配慮する権限も与えられた。聖書の中にはキリストが使徒たちを他の羊から区別し、ペテロの権限を免れさせている箇所（例えば『マタイ福音書』（18・18、28・19、16・15）、『ヨハネ福音書』（20・21））があるが、これはキリストがペテロ以外の使徒に何らかの特殊な権限を与えたことを述べているにすぎず、キリストはペテロ以外の使徒にペテロと同一の権限を与えたわけではなかった。「飼いなさい」というペテロへの言葉は一般的な表現であるのに対し、ペテロ以外の使徒への「教え導きなさい」「洗礼を施しなさい」は特殊な表現である。しばしばキリストが使徒たちを他の羊から区別し、ペテロ以外の使徒に、説教、洗礼、聴悔といった特殊な権限を与えたとき、これらの事項に関して彼らをペテロの権限から解放したが、キリストはペテロに一般的な権限を与え、他の使徒も含めた他の信徒の上にペテロを置いた。「私の羊を飼いなさい」という言葉で意味されているのは、単に説教し模範となり、羊たちに食糧を与えなさいということではなく、この言葉によって権力と権限がペテロに与えられているのである(68)。

マルシリウスは「私の羊を飼いなさい」という言葉がペテロ個人にではなく、他のすべての使徒に向けられていると主張するが、これはこの言葉がペテロ個人へと向けられているという教父たちの見解に反している。「聖書のテキストを解釈しながら聖人たちが、主の羊を配慮する権限はペテロにのみ与えられたと言葉の字義どおりに主張したとき、このテキストの正しい、公教会的（カトリック的）な意味を表明しているのである。言葉の意味をあからさまに曲解することなくしてこの言葉に他の意味を付与することはできない」[69]。要するに「私の羊を飼いなさい」はペテロにのみ向けられた言葉であり、この言葉によりペテロには使徒も含めてキリストのすべての羊に対する権限が与えられたのである。

「あなたはペテロである」という言葉はどうだろうか。マルシリウスは、教会がその上に建てられた〈petra〉はキリストのことであると主張する。キリストは、キリスト自身である「岩」の上に、全教会を比喩的に表現するペテロを置いた。キリストが「わたしは、あなたに天国のかぎを授けよう」と付言したとき、キリストは特別な使命をペテロに与えたわけではない。というのもキリストはその後、他の使徒にも同じ権限を与えたからである[70]。これに対しオッカムは、このテキストがペテロの首位権は神の定めによるという見解を支持するには不十分であることを認めながらも、テキストは必ずしも常に字義的に解釈しなければならないわけではなく、教皇アナクレトゥス、教皇マルケルス、聖キュプリアヌスその他信仰において卓越した人々の解釈に従って上記のテキストが神によるペテロへの首位権授与として理解されるべきことを主張する。

更にマルシリウスはアウグスティヌス自身が「あなたはペテロである」というテキストの解釈を変更した事実を挙げている。アウグスティヌスは以前には使徒ペトルスがキリストがその上に教会を建てた岩（ペトラ）であると考えていたが、その後この岩はキリストであり、このキリストたる岩の上に教会は築かれるべきであると考えるに至った[71]。これに対しオッカムは、キリストが教会の第一の基礎であるとしても、キリスト以外の者に教会の基礎たる資格を否定することは『ヨハネ黙示録』の「また都の城壁には十二の土台があり、それには子羊の十二使徒の十二の名が書いてあった」という言葉に反し、尊敬すべき博士たちの見解にも反すること、アウグスティヌスの説教の中にペテロが教会の基礎であると三回指摘されていること、ヒエロニュムス、聖レオ、聖マクシムスの説教、教会法の〈praeceptis〉（Dist. 12, c. 2 *preceptis*）、更にニコラウス三世の教令《Exiit qui seminat》などがペテロを教会の基礎とみなしていたことを指摘する[72]。オッカムによれば、キリストはそれなしでは教会全体が崩壊する（rueret）第一の主要な基礎であるのに対し、ペテロはそれなしでも教会全体が設立されうる（poterat erigi）二次的な基礎である。教会の不可謬性は第一の主要な基礎であるキリストによって全面的に保証されており、ペテロはこの第一の基礎と結びつけられることにより不可謬となる。従ってペテロが真理の福音を説いたときは彼も教会を基礎づけたと言えるが、イエスを否定したときや正しい道を踏みはずしたときは教会を基礎づけてはいなかった[73]。それ故、「あなたはペテロである」は、キリストがこの言葉によって教会の不可謬性を約束したと解釈することはできない。またこの言葉はキリストがペテロに鍵の権力を（potestatem clavium）直接に授与したことを証言するものではなく裁治権授与の約束であり、この約束はその後「わたしの羊を飼いなさい」によって成就する[74]。そしてオッカムによれば、「わたしの羊を飼いなさい」という聖書の文言の正しい解釈が過去から現在へと至る普遍教会――不可謬な普遍教会――のメンバーによって合意されているかぎり、この文言の意味について議論することは不必要である。

普遍教会が誤ることはありえない。それ故普遍教会がそう考えてきたこと、そう考えていることは確固として支持されねばならない。しかし普遍教会に含まれるのは教会の聖職者と、聖職者に服する人民だけである。それ故、次から次へと連続的に存在してきた教会の聖職者と、聖職者に服する人民が、使徒の時代から我々の時代に至るまでそう考えてきたことは確固として信じられなければならない。しかし使徒の時代から現在に至るまで教会の聖職者は、聖職者に服する人民とともに、ペテロは他の使徒に優位すると考え、このことを支持してきた[75]」。

オッカムにとり、ペテロの首位権は「私の羊を飼いなさい」というキリストの言葉を根拠にしており、神がペテロに首位権を授与したものとしてこの言葉を解釈する不可謬な普遍教会の合意がこの解釈の正しさを保証するのである。

さて、ペテロに首位権があったとしても、ペテロの後継者たるローマ教皇もペテロと同じ権限を有しているのだろうか。世俗的事項であろうと霊的事項であろうと他者の後継者として権利を行使する者は当の他者と同じ権利を享受するのであるから、ローマ教皇もペテロと同様に他の信徒すべてに対して首位権を行使すると答えるべきだろう。しかし、或る人間がペテロの後継者と言われるのはどのような権利を根拠にしているのだろうか。それはローマ司教としてか、あるいはペテロによる――もしくはペテロの後継者たちの一人による――指名に基づいているのか、あるいはペテロの後継者たちが正式に決定した手続きに従って選ばれたことを根拠にしているのか、それとも普遍教会の任命によるのか。オッカムはこの点について明確な答を提示していないが、ただ一つ明らかなことは、ペテロのみが神から直接に最高の司祭職を受け取ったことである。他の教皇たちも神から直接に教皇職と教皇権を受け取ることは確かであるが、教皇を選ぶのは人間である。この選挙人は、司教に司祭職の候補者を提案する俗人の聖職推挙権保有者に似ている。聖職推挙権保有者が聖職志願者を推挙し、司教が聖職志願者に司祭としての権限を授与するように、教皇選挙人は神に候補者を推薦し、神が候補者に恩寵と権限を授与する。

「このような意味で主任司祭（plebanus）は司教のみから教会を受け取ると言われる。なぜならば、司教のみが教会を授与する権限を有しているからである。しかし聖職推挙権保有者（patronus）の推挙（praesentatio）なくしては（この権限の行使は）ありえない。また同じように司教の裁治権は、（司教になる者に対し）裁治権を承認する者のみから受け取られるが、その前に司教が選挙されていなければならない。選挙が（司教になる者に対し）司教としての裁治権を授与するわけではないが。そして、ペテロ以後のあらゆる教皇に対し教皇権が神のみによって与えられたのもこのような意味においてである、と或る人々には思われている。というのもキリストは人間の業を介在させずに福者ペテロに教皇権を授与したが、ペテロの後継者たちにはこの権力を法に従った選挙なしに授与することは決してないからである。確かに、教皇を選挙する人々は教皇にいかなる権力も授与することはなく、ただ神のみが教皇にこの権力を授与する。しかし選挙人たちがこの種の権力を受け取る能力のある人間を法に従って選択しないかぎり、権力は教皇に授与されることはない[76]」。

しかし教皇の選挙人に認められる選挙権は神から授与されたものだろうか。この点、神がローマ教会に首位権を与えたことが選挙人のこの権利が神によって与えられたことの根拠なのか。あるいは、ペテロとその後継者たちが教皇権の継承の条件を定める権利を有していることが、選挙人の権利の根拠になっているのだろうか。オッカムはこれら二つの根拠が共に不十分であることを主張する。

先ずローマ教会の権利に関しては、パドヴァのマルシリウスは、ローマ司教のみがペテロの後継者であることを否定していた。というのも、このことを明白に記すテキストが聖書の中に――パウロの『ローマ人への手紙』にも『使徒行伝』にも――存在しないからである。聖書にはパウロがローマに滞在し、ローマで活動した事実が明白に述べられているが、ペテロがローマの司教であったことの記載はなく、ペテロがローマに居たことさえ聖書に記されてはいない[77]。オッカムは『対話篇』第三部第一論考第四巻でマルシリウスを批判する際に[78]、ペテロのローマ滞在の問題に関しては奇妙にも何も述べておらず、その理由は定かでない。ペテロを継承する権利はローマ司教の資格と無関係であるとオッカムが考えたからだろうか。

これに対して「あなたはペテロである」というキリストの言

葉によってローマ教会に首位権が与えられること、それ故ローマ教会の首位権は例えば使徒たちの承認や公会議の決定といったものではなく神の定めによると主張する数多くの権威が存在していた。これらの権威の一つ、教皇ニコラウス二世の言葉に(79)関しオッカムは次のように述べている。

「教皇ニコラウスによるとキリストは『地上の帝国の諸権利と共に天上の帝国の諸権利』を福者ペテロに授与ないし『委任した』。このように主張する第一の反対の議論に対しては、この教皇ニコラウスの言葉は、異端のにおいがすると思われないように、字義的な意味とは反対の意味で適切に理解されなければならないと答えられる。これと同じことは、同じ章にある同じ教皇の別の言葉にもあてはまる。すなわち教皇は『キリストのみがこれを──すなわちローマ教会を──設立し基礎づけ、生まれたばかりの信仰の岩の上に打ち立てた』と述べ、また『ローマ教会はあらゆる首座大司教座聖堂、すべての総大司教座聖堂ないし首都大司教座聖堂、司教座聖堂、あるいは教会のすべての階級の聖職を設立した』と述べている。しかしこれらの言葉は、より適切な仕方で理解されないかぎり、聖書や、聖なる教父たちが書いていることから逸れてしまうと思われる。というのもキリストは、『生まれたばかりの信仰の岩の上に』ローマ教会を基礎づけたわけではないからである。ローマ教会は信仰が生まれたと同時に設立されたのではなく、ローマ教会が他のあらゆる教会を基礎づけたわけでもない。事実、数多くの教会はローマ教会よりも前に設立されていたのであり、ローマ教会が設立される以前から多くの人々が教会の顕職についていた。すなわちローマ教会が設立される以前に福者マッテヤが使徒職に選ばれており（『使徒行伝』（1・26））、更にローマ教会が設立される前に七人の助祭（diaconi）が使徒たちによって選ばれた（『使徒行伝』（6・3―6））。そしてローマ教会が設立される以前に『教会はユダヤ、ガリラヤ、サマリア全地方にわたって平和を保っていた』（『使徒行伝』（9・31））。またローマ教会が設立される前に福者パウロとバルナバは神の命令によって使徒職へと高められていた（『使徒行伝』（13・1―3））。ローマ教会が聖職者を任命する権限をもつ以前に、パウロとバルナバは教会ごとに長老たちを任命した（『使徒行伝』（14・23））。ローマ教会が何らかの権限をもつ以前に使徒と長老は一般的な集会を開催していた（『使徒行伝』（15・4―29））。ローマ教会が聖職者を任命する権限をもつ前に、『使徒行伝』二十章にあるように福者パウロは、彼がエペソから呼び寄せた長老に『どうか、あなたがた自身に気をつけ、また、すべての群に気をくばっていただきたい。聖霊は、神の教会を牧させるために、あなたたちを司教としてその群の中に置いたのである』と述べていた。ローマ教会が首位権をもつ前に、アンテオケの教会の数が増え、そこでキリストの弟子たちは初めてその地で〈Christiani〉と呼ばれるようになった（『使徒行伝』（11・26））。そして福者ペテロはローマ以前にこのアンテオケで使徒座を有していた（C. 24. q. 1. c. 15 *Rogamus*）。かくしてアンテオケの教会はローマの教会より前に諸教会を設立し、聖職位を置いていた。教皇ニコラウスの前記の言葉は聖書と明白に矛盾することのないように、このように正しく解釈する必要がある。そしてこれと同様に、ニコラウスのこれに続く別の言葉――ペテロに委ねられた『地上の帝国とともに天上の帝国の』権利という言葉――も、明白な異端のにおいがすると思われないように適切に解釈されなければならない(80)」。

オッカムによれば、キリストがペテロに首位権を授与したとき、ローマ教会については一言も述べなかった。ローマ教会が他の諸教会の上に置かれたのは、ただペテロがローマを彼の最後の使徒座として選んだからにすぎない。首位権がローマ教会に帰属するのは、ローマ教会が教皇と同一視されるからである。首位権は教皇の裁治権に服する聖職者団という意味でのローマ教会に属するのではなく教皇のみに帰属し、教皇がどこを教皇座として選ぼうと、首位権は――教皇が真の教皇であるかぎり――教皇のみに属するのである(81)。

しかしこの見解を突き進めると、首位権はペテロとその後継者にいわば個人的に帰属する権限となり、それ故、権利の承継の条件を決定する権限もペテロとその後継者に属することになるだろう。オッカムは教皇にこのような権限を認めることを疑問視した。教皇に後継者を任命する権利を与えることは危険だろう。従って教皇を選ぶ権利をもつ人々は、この権利をもっぱら教皇から受け取ると考えるべきではない。キリストはペテロとその後継者に教会の首長を任命する権利を明白に授与することはなかった。もし教皇がこのような権利をもっているならば、司教座聖堂参事会員が司教を任命したり、枢機卿が教皇を任命することは誤りになるだろう。それではなぜキリストは後継問題について何も述べなかったのだろうか。ここでオッカムが『対話篇』第三部第二論考第三巻第六章で展開するのが自然法の三つの様態の議論である(82)。

オッカムはここで自然法によりローマ人民の教皇選出権を基礎づけ、教皇を選挙するローマ人民の権利とローマ教皇の首位権の間に存在する根本的結合を論証しようとする。オッカムはおよそ次のように論じている。教皇に自分の後継者を選ぶ権限や、どのような方法で誰によって教皇は選ばれるべきかを決定する権限を委ねることは共通善と理性に反している。重大な結果をもたらすこのような決定権を、罪を犯しうる一人の人間に与えることは不条理で無思慮なことである(83)。福者ペテロが福者クレメンスを後継者に選んだのは神の直接的な啓示か、ローマ人民の同意によるものだった(84)。そして枢機卿に教皇を選ぶ権限が与えられたわけでもない。枢機卿については聖書で何も述べられておらず、枢機卿団は教皇によって創られた人為的制度だからである(85)。それ故キリストは後継問題について何も語らなかった。しかしキリストが何も語らなかったのは、信徒たちを導きなしに放置するためではなく、自然法へと目を向けさせるためである。自然法とは神が創造した人間理性の判断であり三つの様態に、すなわち（一）破棄不可能な理性の命令、（二）原罪に汚れる以前の無垢な人間本性に適合した理想的な理性法、（三）原罪以後の人間の具体的状況の諸条件に最もよく適合した決定の衡平さを表現する条件的自然法に区別される。これら三つの種類の自然法はすべて神法とみなされうる(86)。また自然法は聖書の中に黙示的に含まれている一般的規則から導き出されると言うことができる。そしてオッカムによれば、ローマ人民の権利はキリストの明示的な命令に由来するとさえ考えられる(87)。キリストの明示的な命令とみなされうるのは、ペテロに普遍的な教会権力を与えたこと、しかしペテロにはいかなる特定の司教区も与えられず、ペテロの司教区の選択をペテロ自身に委ねたことである。そして信徒たちの自然的権利を——自分たちの上位者を選ぶ権利——をキリストが否定していると解釈されうるようないかなることも述べられていない。従ってローマ人民はペテロの自由な選択によって指定され、ペテロの後継者を選ぶ権利をもつこととなった(88)。この権利は自然法上の権利——万民法という根源的な人定法によって承認された自然法上の権利——である。

それでは万民法あるいは万民法が承認する自然法の内容は何であろうか。この点につきオッカムが提示する規則はそれ自体では目新しいものではない。既に教会法や公会議の決議の中に「他者に命令を下すよう要請された者は、これら他者のすべてによって選ばれるか承認されねばならない」という趣旨のルールが存在していた(89)。しかしオッカムはこれに自分自身の定義を与えている。

「ローマ人民は第三の様態における自然法によって教皇を選ぶ権利を有していると述べられる。というのも、誰か或る者が高位聖職者や君主あるいは指導者として或る人々の上に置かれるべきことを前提にしたとき、明白な根拠によって次のように結論されるからである。すなわち、関係者あるいは関係者たちによってそれと反対のことが定められていないかぎり、当の者がその上に置かれるべき人々が自分たちの上に置かれるべき者を選出する権利を有しており、それ故いかなる者も人々の意に反して人々に（上位者として）与えられるべきではない、ということである[90]」。

そして「関係者あるいは関係者たちによってそれと反対のことが定められていないかぎり」という言葉の意味は、教皇選出の脈絡においては次のように説明されている。

「しかし教皇は或る意味において格別にローマ人民の上に置かれるべき者である。というのも、ローマ人民には他の司教がいないからである。それ故、彼らは第三の様態の自然法、すなわち前提条件付きの自然法によって――つまり司教がいなければならないという条件のもとで――当の司教を選挙する権利を有している。もっとも、これと反対のことがローマ人民自身によって、あるいは当該事項において権限をもつローマ人民の上位にある誰か他の者によって既に制定ないし決定されていれば話は別であるが。というのも、ローマ人民は自ら自分たちの権利を放棄するか、教皇を選挙する権利を他の者に譲渡できるからであり、また教皇の選挙人を任命する権利を他の者に譲渡することもできたからである。またローマ人民の上位者で、この種の事項に対し権限をもっていた者が選挙権をローマ人民以外の人々に与えることもありえた。しかしこの上位者とはキリストのことであり教皇ではなかった。それ故、教皇ではなくキリストが、教皇を選挙する権利をローマ人民から取り上げることができたのである。しかしキリストはローマ人民から彼らの司教を選挙する権利を取り上げなかった。というのも、キリストがすべてのキリスト教徒の上に福者ペテロを置き、ペテロが自分の欲する場所を司教座に選び、その場所において或る意味で全キリスト教徒に固有の司教となるようにペテロに権力を授与したとき、キリストは、世俗の権力であれ教会の権力であれ、その上に何らかの権力が置かれるべきすべての人々に帰属する権利を取り上げなかったからである――世俗の権力ないし教会の権力がその上に置かれるべき人々自身によって、あるいはこれらの人々の上位者によって、これと反対のことが決定されていないかぎり――。それ故、福者ペテロがローマを司教座に選んだことから、ローマ人民は福者ペテロの後継者を――すなわち霊的事項において彼らの上に置かれるべき者を――選挙する権利をもつことが帰結する。かくしてローマ人民は神法によって――あらゆる自然法を含む広義の意味で理解された神法によって――教皇を選挙する権利を有しているのである[91]」。

「教師」の以上の説明に対して「弟子」は、「それらの上に誰か或る者が支配者として置かれるべきすべての人々が——これらの人々が自分たちの権利を放棄したり、上位者が彼らに対しそれと反対のことを命令することがないかぎり——自分たちの上に置かれるべき者を選挙する権利を有する」というルールは万民法であるから、ローマ人民は万民法によって自分たちの司教を選ぶ権利を有しているのではないかと質問し、これに答えて「教師」は次のように述べている。

「万民法に属する多くのことが——自然法を第三の意味で理解した場合に——自然法に属しているとはいえ、この見解に従えば、ローマ人は万民法によるというよりは神法ないし第三の様態の意味での自然法によって、自分たちの司教を選挙する権利を有していると述べる方がより適切である。というのも、公教会の司教を有することは万民法には属しておらず、これは神法に属するからである。また、支配者として他の人々の上に置かれるべき者は、この者がその上に置かれるべき人々によって選挙されることは万民法に属しているが、それにもかかわらずこのことは神法にも属している。というのも、このことは聖書以外で述べられていることと共に、聖書の中にみられることからも結論できるからである。かくして、ローマ人民が自分たちの司教を選挙する権利をもつことがそこから帰結する二つの前提は、それぞれ異なった仕方ではあるが神法に属している。そして二つの前提の一つだけが万民法に属しているのである。それ故、むしろ次のように述べる方がより適切である。すなわちローマ人民は、万民法によると言うよりは神法ないし第三の様態の意味での自然法によって、自分たちの司教を選挙する権利を有しているということである。

しかしこのような見解をとる人々は、言葉について争うことには関心がないので、自分たちにとっては次のことだけで十分であると述べている。すなわちローマ人民は司教をもたなければならないこと、そして人々の上に置かれるべき支配者は、当の人々により選挙されるべきこと、——人々が自分たちの権利を放棄したり、上位者によって反対のことが定められたのでないかぎり——このことだけでローマ人民には自分たちの司教を選挙する権利があることを基礎づけるのに十分である(92)」。

オッカムによればローマ人民が教皇を選ぶ権限を有する根拠は、キリストがペテロの後継者の選び方について何も語らなかった以上、自然法（ないし広義の神法）に存し、この自然法は、権力をもつ者はこの者の権力に服する人々によって選ばれなければならないという原理である。ローマ人民は選挙権を放棄したり、怠慢や悪意により、あるいは異端者となることで全教会から教皇選挙権を奪ってしまうようなことがないかぎり、教皇を選挙する権限を有している。もしローマ人民が上記の理由で選挙権を失えば、他のカトリック教徒が——教皇はこれらの人々にとっても司教である——教皇を選挙することができる。

しかし教皇は全キリスト教徒の上に置かれるべき者であるのに、なぜ通常は——すなわち、権利放棄や怠慢、異端などの場合は別として——ローマ人民のみが教皇を選ぶ権利を有するのだろうか。権力をもつ者は当の権力に服する人々によって選ばれるべきである、というのが自然法であれば、教皇はローマ人民だけでなく全キリスト教徒によって常に選ばれるべきではないか。この問いに対しオッカムは「教師」に次のように答えさせている。

「教皇は或る意味でローマ人民自身の司教である。すなわち、ローマ人民は教皇以外の司教を有しておらず、ローマ人民以外のすべての人々は自分たち自身の司教を有しているからである。従って教皇の選挙は、ローマ人民がカトリック教徒であるときはローマ人民のみに属するのが理にかなっている。しかし、或る者はまさにローマ人民の司教であるという事実によって全カトリック教徒の司教でもある。それ故、時としてローマ人民以外の人々が選挙権をもつことがあっても、これらの人々はローマ人民と一緒になって選挙する権利をもつことはない。なぜならば、これらの人々は教皇を選ぶ権利を（潜在的には）常に（semper）有してはいるが、選挙する資格がローマ人民にない場合を除いては、教皇を選挙する権利を現実にもつことはないからである」(93)。

しかし、ローマ人民にその資格がない場合を除いて、何故ローマ人民以外の人々には教皇を選挙する権利がないのだろうか。「教師」は次のように答えている。

「正しい理性によると、支配者となるべき者の選挙権は、可能であれば常に、容易に会うことのできる少数の人々に認められるべきである。もしこの選挙権が容易には会えない多数の人々に与えられると、会うことの困難さの故に、共通善を著しく害するような仕方で、そして支配者となる者によって支配されることになる人々に著しい害が及ぶような仕方で選挙が延期されてしまうだろう。それ故ローマ人民は他のカトリック教徒と比べて少数であり、既述のように教皇は同じく或る意味でローマ人民自身の司教である——というのもローマ人民は他のカトリック教徒のように別の司教をもたないからである——ことから、ローマ人民以外のカトリック教徒が、ローマ人民に選挙の資格がない場合は除いて——すなわち、ローマ人民が自分自身の権利の放棄や離教や異端的な邪悪さによって選挙権を欠く場合は除いて——教皇を選挙する権利をもたないことは不合理なことではない[94]」。

要するにオッカムによれば、神法および第三の意味での自然法により、ローマ司教であり教会の首長たる者の選挙権はローマ人民に属しており、教皇には自分の後継者が誰によって選挙されるべきかを決定する権限はない。このように重大な権限を一人の人間に与えることは共通善を脅かすからである。

ところが引き続く第七章でのオッカムの論述をみると、この選挙権行使の様態はより複雑なものになっている。先ずオッカムによれば、ローマ人民が教皇を選出する神法上、自然法上の権利の行使を欲さないか、権利を行使できないときは、ローマ人民以外のカトリック教徒に選挙権が与えられることになり、更にローマ人民以外のカトリック教徒もこの権利の行使を欲さないか、この権利を行使できないとき、ローマ教皇が後継者選出に関して諸決定を下す[95]——選挙人を誰にするか決定する——権利をもつことになる。更にローマ人民はローマ司教（すなわち教皇）を選出する権限や、選挙人を任命する権利を他の人（たち）に移譲することができる[96]。これは司教座聖堂参事会員が司教を選ぶ権利を参事会のメンバーの一人ないし数人に、あるいは会員以外の者に与えることができるのと同様である。それ故ローマ人民は教皇を選ぶ者を任命する権限を教皇に与えることができたし、ローマ人民の中の数人に選挙権を与えることもできた。更に、教皇は後継者たる次の教皇の選出において何の発言権ももたないが、ローマ人たるかぎりで、他のローマ人と共に選挙権を誰に委ねるかを議論することができる。そして教皇はカトリック教徒であるかぎりにおいて、ローマ人や他のカトリック教徒と共に公会議において、教皇を選挙する権利を誰に与えるか議論し決定することができる。更にこれまで教皇が時として王やその他の者に教皇選出権を与えてきたことも確かである。しかしこの理由は、教皇選出権を誰か或る者に与える権限を教皇のみが常に有するからではなく、ローマ人たちが選出権を教皇一人に与えたか、あるいは教皇および何人かの特定のローマ人——ローマ人民を代表するローマ人——に与えたからである。ローマ教会会議に集まった多くのローマ人と共に教皇ハドリアヌスがフランク人の王カロルスに（Carolo regi Francorum）教皇を選ぶ権限を移譲したように[97]。またレオ一世がローマの聖職者や他のローマ人とともにオットー一世に教皇選出に関して決定を下す権限を与えたように。そして最後に皇帝に関してオッカムは「教師」に次のように述べさせている。

「それ故、皇帝はカトリック教徒でありローマ人であるという事実により、他のローマ人と一緒になって（教皇を）選ぶ権利を有しているが、しばしば教皇や他のローマ人は、皇帝に他のローマ人と一緒ではなく単独で（教皇を）選挙する権利を与えた。皇帝はまた、ローマ人が自分たちの権利を教皇に移譲したならば、あるいはまたローマ人民が教皇を選挙する者に関する決定を下すことに怠惰であり教会に害が生ずるならば、教皇のみから選挙権を受け取ることもありえた。そしてローマ人がこのような権利や権能を教皇に移譲し、それ故移譲したときから教皇一人で教皇選挙権を皇帝とか近隣の司教に、あるいは枢機卿やローマの司祭、ローマの或る教会の参事会員その他の人々に——そのほうが教会の利益を促進すると教皇に思われるならば——与えることができた、ということも十分にありうるのである[98]」。

さて、第三の様態の自然法により教皇選出権がローマ人にあることから出発して、ローマ人がその過誤によって選出権を失い、他のカトリック教徒に（そして最終的には教皇に）選出権が移ること、ローマ人民は教皇選出権を教皇をも含め特定の人間や人間集団に移譲することができること、そして選出権を移譲された者は更にこの権利を他者に移譲できること等々、教皇選出権がローマ人以外の者（特に皇帝）へと移ることの基礎にある基本的原理は何であろうか。これらのことはすべて、ローマ人民の選出権と同じく第三の自然法を根拠にしているのだろうか。既に述べたようにローマ人の教皇選出権を基礎づける自然法としてオッカムが提示する原理は、「万人に触れることは万人によって決定されねばならない」という原理であった。これが第三の自然法である理由は、ローマ人が或る聖職者の裁治権に服すことを前提（suppositio）としたうえでの自然法（ius naturale ex suppositione）だからである。しかしこの原理はローマ人の教皇選出権放棄をも基礎づけるだろうか。ローマ人は自然法によって教皇選出権を有すると同時に放棄することもできるのだろうか。もしそうだとすれば、G・ドゥ・ラガルドが主張するように、当該の自然法は客観的な正しさとか「事物の自然的秩序」とかいったものではなく、人間の主観的な権利を意味することになると言えるだろう[99]。ドゥ・ラガルドが指摘するように、教皇選出権に関するオッカムの論述からは、教皇選出が客観的に妥当する自然法原理に則って行われることを示唆するようなものは何もない。共通善をこの原理として理解することはできない。教皇選出権を一人の人間に与えることは共通善に反するという理由でローマ人民に与えられた当の選出権を、なぜ同じく共通善を根拠にしてローマ人民は放棄できるのだろうか。また被支配者の同意なくして支配者を設立してはならないという原理が教皇選出を基礎づける原理だとすれば、ローマ人民が他のキリスト教徒の同意なくして教皇を選出したり、教皇選出権を他の特定の人間に移譲できるのはどうしてだろうか。

以上の理由からドゥ・ラガルドは次のように結論する。教皇選出に関するオッカムの論述の基礎にある自然法は客観的に妥当する正しさの原理ではなく個人の主観的権利、支配者に服する個人が当の支配者を選定する権利であり、この権利は、権利保持者たる個人が放棄しないかぎり当の個人に認められる自然的な権利である。オッカムが擁護しようと試みているは結局のところ皇帝にも教皇選出権があるということであり、各人には自分の支配者を選定する権利があることが認められれば、カトリック教徒にしてローマ人たる皇帝から——皇帝がこの権利を放棄しないかぎり——教皇選出権が奪われないことを保証するために十分なのである。ドゥ・ラガルドにとり、オッカムの言う教皇選出に関する第三の自然法は、要するに各個人の自然権の集合にすぎない[100]。

しかしこのようなドゥ・ラガルドのオッカム解釈は正しいとは思われない。ドゥ・ラガルドのように、自分たちの支配者を選定する権利をすべての人間に認めるだけでは、なぜオッカムが先ずもってローマ人民に教皇選出権を認めているのか説明できないだろう。オッカムの論述は教皇選出権を誰に与えるのが正しいかに関するものであり、そこに明言されてはいないが選出権の根拠としては客観的に妥当する正しさの原理が暗黙に前提されているように思われる。この原理は特定の人間集団あるいは人間に権利を付与するものであっても、権利付与の正しさの根拠となるものである。そしてこの原理は共通善あるいは「支配者は被支配者によって選定されるべきである」といった単一の原理ではなく複合的な原理であり、これは教皇選出の具体的状況に応じて変化すると考えるべきだろう。オッカムの言う第三の自然法は、特定の具体的状況を前提にしたうえで何が正しいか、あるいは何が有益かを示す——例えば原罪に汚れ、正しい理性に常に従うとはかぎらない人間社会では、共有ではなく私的所有権が、そして特定の形態の私的所有権が正しい制度であることを示すような——規範であった。それ故、ローマ人民に教皇選出権を認めるのが正しい理由は、キリストがこの点につき何も述べていないことを前提としたうえで、教皇選出権のような重大な権利を唯一人の人間に与えることは信徒の共同体である教会の共通善に反すること、そしてローマ司教たる教皇を選ぶ権利はローマ司教の裁治権に服するローマ人民に与えることが正しいこと、教皇選出権を全キリスト教徒に与えることは物理的な困難が伴うこと等々、複数の理由からなると考えるべきである。そしてローマ人が怠慢であったり異端者となったときは他のカトリック教徒に教皇選出権が移ること、そして他のカトリック教徒の中でも真摯かつ勤勉に教皇選出に取り組む者たちにのみ選出権を与えるのが正しいこと、そしてローマ人には選出権を（教皇を含めて）特定の者に移譲する権利があることをオッカムが主張するとき、ローマ人は恣意的に選出権を放棄できるということではなく、何らかの正当な事由によって放棄することが含意されているのであり、例えばローマ人が教皇に選出権を移譲し、更に教皇が王や皇帝に選出権を移譲すると言われるときも、状況に応じて変化する複合的な理由が正しさの根拠として存在していると解釈すべきである(101)。オッカムの言う第三の様態の〈ius naturale〉は自然権ではなく、権利付与の正しさの根拠となる自然法であった。

ペテロの首位権は、後でみるように君主制を教会の最善の政体として正当化する理論によっても補強されている。それ故オッカムによれば、皇帝権や王権など世俗的な支配権が純粋に人定的な制度であるのに対し、教皇権は神法のみに基礎を置く神授の権力である。聖ペテロ自身によって保持されていた権力は最も強い意味において「神のみから（a solo Deo）」由来し、「人間のいかなる取決めや選挙や援助」にもよらない。また同様にペテロの後継者たるローマ教皇の権力は、たとえそれが人間の選挙によるとしても、教皇を選挙する人間は神の助力者として行動しているにすぎず、現実に各々の教皇に権力を与えるのは神である。これに対して世俗権力は現実に人間によって支配者に付与される。すなわち世俗権力は、支配者を設立する人々によって当初保持されていたものが後に支配者へと移譲されることによって成立する。

「……裁治権は神から由来するという言明は三つの仕方で理解されうる。或る裁治権は人間のいかなる取決めや選挙や援助によらずして神のみに由来する。モーセが神のみから裁治権を受け取ったのがそうである。このように福者ペテロもまた、『わたしの羊を飼いなさい』というキリストの言葉によって、彼が保持した権力を神のみから受け取ったのである。更に或る裁治権ないし権力は別の意味で神のみに由来すると理解されうる。というのもこれは神のみから与えられるが被造物や人間の援助がまったく欠けているわけではないからである。このようにして洗礼における恩寵は、それが神のみによって生み出されるが故に神のみに由来する。またこのようにして聖体を生み出す聖職者の権限も神のみに由来するが、これも叙品を行う者の援助が伴っている。……そしてこれと同じ仕方で、ペテロ以後のあらゆる教皇に対し教皇権が神のみによって与えられたと或る人々には思われている。というのもキリストは人間の業を介在させずに福者ペテロに教皇権を授与したが、ペテロの後継者たちにはこの権力を法に従った選挙なしに授与することは決してないからである。確かに、教皇を選挙する人々は教皇にいかなる権力も授与することはなく、ただ神のみが教皇にこの権力を授与する。しかし選挙人たちがこの種の権力を受け取る能力のある人間を法に従って選択しないかぎり、権力は教皇に授与されることはない。これはちょうど……パンをキリストの体へと実体変化させるのは神のみであるが、これは司祭が聖変化の言葉を発するときにかぎられるのと同様である。第三に、或る裁治権ないし権力は神のみに由来すると理解されうるが、それは裁治権や権力が付与ないし授与される時点ではなく、それが付与された後でそのように理解されるのである。すなわち、それが付与される時点では、それは第一ないし第二の意味で神のみに由来するというわけではなく、むしろ神以外の者によって与えられるのであるが、それが授与された後はそれは神のみに依存し、それ故それを行使する者は、権力が上位者としての神以外のいかなるものにも由来しないことを通常は認めているのである。従って或る人々によれば、教皇は皇帝や他の者によってローマ教会に与えられた一定の地域に対する世俗的裁治権を神のみから与えられている。というのも彼らによれば、この裁治権は神のみから教皇に与えられたものではなく、当の裁治権が属する信徒たちによって与えられたものでもあるが、それにもかかわらず、ひとたび裁治権が教皇に与えられた後は、教皇はこれを理由に何らかの上位者を認めることはないからであり、上位者を認めることがない理由は、彼らの見解によれば、ひとたび裁治権が与えられた後は、神以外にこの裁治権に対してわずかの権利でさえ有する者が一人もいないからである。このように、もしノアが先祖からの相続や他人からの贈与あるいは購入（売却できる人々から買うこと）によって何らかの世俗的裁治権を有していたとすれば、大洪水以前には彼は裁治権が何らかの王や支配者やその他の誰かに由来することを認めたであろうが、大洪水の後は彼はそれを神のみから受けとっていた。というのも、王やその他の者の権利を相続できる人間は一人も残っていなかったからである[102]」。

更にオッカムは「帝権は神のみに由来する」という言明について次のように論じている。

「……帝権は第三の意味において神のみに由来する。なぜならば、たとえそれが次のような意味で人間の決定を同時に伴うかたちで神に由来したものだとしても、すなわち、或る者に世俗的裁治権を授与する権限をもった人間たちが現実に皇帝に裁治権を授与した——現実に人間たちが法を制定する権力を皇帝に授与し、自分たちから皇帝へとこの権力を移譲した——という意味で人間の決定を同時に伴うかたちで神に由来したものだとしても、ひとたび神と人間たちによる裁治権の授与がなされたからには、帝権はたとえその後、時として人間たちにも依存することがあっても、通常は神以外のいかなる者にも依存することはなかった」[103]。

それ故教皇は教権を神から直接授与されたのに対し、皇帝の世俗的支配権は当初この支配権を有している人間たちからの移譲による。しかし世俗的権力と異なりローマ教皇の権力が神授の絶対的権力であるとすれば、このことは教皇の権力を可能なかぎり霊化し、非法的非政治的なものとして理解しようとするオッカムの試みとどのように調和するのだろうか[104]。ペテロおよびその後継者たるローマ教皇の神授の至上権をオッカムは実際はどうのように解釈しているのだろうか。

第三節　十全権力と福音的自由

オッカムにおいては、教皇権ないし教皇職の神的起源を認めると同時に、これを普遍教会の単なる役職とみなす見解が不整合な仕方で混在している。教会の内奥にある霊的な普遍教会と教皇を頂点とする聖職の神的位階秩序としてのローマ教会、これら二つの教会が相互に調和することなく並存していることがオッカムの教会論の特色である。教皇はペテロの、司教は他の使徒たちの後継者であることをオッカムは認めていたが、教会に関する自らの深い確信が制度的教会と両立不可能なことをおそらくは明確に自覚するには至らなかった。教皇、司教、公会議といった教会の制度的構造が問題とされるたびにオッカムは、これらの制度の神的性格を是認しながら、それらに限定を付そうとした。言うまでもなく教皇職という職務（officium）と、この職務の担い手たる個人としての教皇を区別しなければならない。オッカムにとりアヴィニョンに居る教皇ヨハネス二十二世とその二名の後継者が異端者であることは明白な事実であった。教皇職が神的起源を有するからといって、教皇職の担い手たる特定の教皇が不可謬であることにはならない。更に教皇職自体についても、ペテロがキリストから授与された権力は無際限のものではありえず[105]、従って教皇の権力が一定の拘束に服することも明らかである。キリストは正確にどのような権力をペテロとその後継者に授与したのだろうか。これが「キリストの王国（regnum Christi）」論として議論される問題である[106]。神たる主キリストが有していたものと同一の権力をペテロが授与されたならば、ペテロとその後継者たる教皇は既存の秘跡を自由に廃止して新たな秘跡を設け、その他の神法を任意に修正できることになるが、これはありえないことである。また教皇は、キリストが死すべき人間たるかぎりで有していたあらゆる権力を有していたとさえ言えない[107]。王としてのキリストが有していた権力を教皇が授与されているとすれば、教皇はあらゆる人間を奴隷にし、恣意的に人々に義務を課し、或る君主の王国を自由に他の君主に委譲できることになるが[108]、罪を犯しうる弱い人間にキリストがこの種の権力を授与したなどと考える人はいないだろう。「もしキリストが自分の代理者にこのような権力を授与していたとしたら、それはキリスト教徒の利益にはならなかっただろう[109]」。このような確信のもとにオッカムは教皇派の「十全権力」(plenitudo potestatis) 論を批判する。教皇主義者によれば、教皇は世俗的事項と霊的事項の双方において神法と自然法に反しないかぎりすべてのことを行い命令する完全な権力を有している[110]。しかしオッカムによれば教皇は世俗的事項に関して十全権力をもたないことは言うまでもなく、純粋に祭式的な事項やその他の霊的事項においてさえこの種の権力を行使して恣意的な拘束を信徒に課しうるわけではない[111]。緊急事態や教会に明白に大きな利益がもたらされる場合以外は、教皇は福音の法に付加していかなる新しい掟も定めることはできず、特に信徒に重い負担を課すような掟を新たに制定することはできない。例えば信徒の同意なくして教皇が特別の断食や禁欲を規則的に命令することは不可能であり[112]、処女性や童貞の維持、婚姻の締結、清貧の遵守、布施の実行や非実行などを命ずる法を制定することは不可能である[113]。

「……キリストは福者ペテロを他の使徒たちや全信徒の頭、首長、上位者として置き、信徒たちを善き生活様式に従わせ、どのようなものであろうと信徒にたちにとって霊的に必要なものを実現すべく信徒の共同体を統治するために為すべき、あるいは為さざるべきあらゆることに関して、霊的事項に対する全権力――共通の利益のために唯一人の人間に慎重に、そして危険を伴わない仕方で委ねられるべき事柄に関する権力――を彼に原則として(regulariter)授与した。またキリストはペテロに、皇帝や王や君侯、その他俗人であろうと聖職者であろうといかなる人々の権利――自然法や万民法そして世俗的人定法によって、福音の法が定められる以前から、あるいはそれ以後に彼らに属していたいかなる権利――にも著しく重大な損害や損失を加えないかぎりで、自由と裁治権――強制的裁治権でさえ――を授与した。しかし世俗的事項に関しては、キリストはペテロに原則として、ただ生命を維持し、自己の職務を遂行するために必要な世俗的財を要求する権利のみを与えたのである。従って福者ペテロの後継者すなわちローマ教皇は世俗的事項あるいは霊的事項におけるこの権限を原則として神法により有している。しかし、この権限以外にローマ教皇が原則として有していた、あるいは有しているすべての権限は人間の定め、譲渡、自発的服従、あるいは明示的ないし黙示的同意、もしくは他の人間たちの無能、怠慢、悪意、又は慣習やその他何であれ人定法によってローマ教皇が得た、あるいは得ているものである[114]」。

霊的事項における教皇の権力を規制するものとしてオッカムが強調したのが信仰に関するキリスト教的自由である[115]。

「聖書によると福音の法はモーセの法と比べて自由の法である。このことは次のような意味で少くとも消極的に理解されなければならない。すなわち世俗的事項においても霊的事項においても、儀式や外面的な遵守に関して福音の法はモーセの法ほどには重い服従を課さないということである。それ故、或るキリスト教徒たち、あるいは全キリスト教徒が、新たに生ずる理由によって自分自身の意思により、あるいは他人の介入を通じて、モーセの法と同じくらい、あるいはそれ以上に厳しい義務に服することはあるにしても、福音の法によって信徒の共同体の全体がモーセの法のような隷従状態へと拘束されることはありえない。いかなる人間も福音の法によって、特に何の罪も犯しておらず、あるいは明白で適正な理由がないにもかかわらず、信徒の共同体の全体をこのような隷従状態に置くことはできない。誰であれこのようなことを敢えて試みる者がいれば、この者が行うことは直ちに神法によって無効である。しかし、もし教皇がこのような十全権力をキリストから、そして福音の法によって有しているということになれば、福音の法はモーセの法よりはるかに大きな耐えがたき隷従の法ということになるだろう[116]」。

福音の法は自由の法であるとオッカムが述べるときの自由[117]は、単にモーセの戒律に含まれた特定の掟からの解放や罪への隷従（servitudo peccati）からの解放を意味するだけではなかった。もしそうだとすれば教皇主義者が主張するようにローマ教皇の十全権力にあらゆる点で服す者も自由だということになり、福音的自由は個人が自分の選択したとおりの生活を送るという意味での自由を意味してはいないことになるだろう。オッカムの言うキリスト教の自由はローマ教皇への絶対的な服従からの自由を意味し、それ故福音の自由とローマ教皇の十全権力は矛盾する対立項として考えられている。オッカムは、キリストの福音の法が自由の法であることを示す典拠として『使徒行伝』（15・19—31）を挙げ、次のように述べている。

（キリストの法が旧法のような隷従の法ではなく自由の法であることは）「『使徒行伝』第十五章の認められた権威

によって明白に立証されうる……。というのも使徒たちは聖霊の霊感を通して異邦人に（福音を）説き勧めるべく、そして異邦人が重い隷従状態に悩まされて不安に陥ることのないように、隷従のくびきからの自由を彼らに告げ知らせたからである。それ故ヤコブは……『わたしの意見では、異邦人の中から神に帰依している人たちに、わずらいをかけてはいけない』（15・19）と述べていた。そして神に帰依した当の異邦人たちについては、上記の自由に関する使徒と長老の手紙を彼らが受け取ったとき『彼らはそれを読んで、その勧めの言葉をよろこんだ』と同じ章（15・31）に書かれているのである。しかしキリスト教に改宗した異邦人が神の法への隷従状態から解放されても、ペテロとその後継者へのもっと大きな隷従状態に服することになったのであれば、ますます不安になった彼らは正当にも嘆き悲しみ、勧めの言葉に喜ぶ理由など全くなかったことだろう。かくして彼らはモーセの法よりも大きな、あるいはそれと同じくらい大きなあらゆる隷従状態から解放されたことになる。『聖霊とわたしたちとは、次の必要事項のほかは、どんな負担をも、あなたがたに負わせないことに決めた』（15・28）等々と（手紙に）述べられているが、使徒たちのこの言葉も前記のことを意味している。もし使徒たちが改宗した異邦人にそれ以上のいかなる負担も課そうとしなかったのであれば、旧法の隷従状態より重い負担も、それと同じくらい重い負担も異邦人に課すことを欲さなかったのである」(118)。

旧法からの解放が一つの隷従状態から同じく隷従的な別の状態（すなわち教皇の十全権力への服従）への単なる移行でしかなかったら、ここで記されているようにキリスト教への改宗者が喜ぶようなことはなかっただろう。

「もし福音の法によってキリスト教徒が外面的な行動に関して旧法への隷従と同じような、あるいはそれ以上の隷従（これがどんな隷従であろうと）へと拘束されるようなことがあれば、どれほどキリスト教徒がモーセの法から解放されていても福音の法はモーセの法以上に自由の法であるとは言えなくなるだろう。一つの隷従から解放されても、これと同じくらいの、あるいはそれ以上の別の隷従が課せられる者は以前より自由になったわけではない。一つの物理的な束縛から解放されても、これと同じくらい、あるいはもっと強力な別の束縛で拘束される者は解放されたのではなく、むしろもっと強く縛りつけられているのである」(119)。

オッカムによれば服従の状態は外的な束縛の強さで測定される

べきであり、福音的自由が旧法への隷属から人間を解放したと言われるとき、この解放は外的隷属からの解放を意味し、従ってローマ教皇の十全権力は福音的自由と両立不可能である。エルサレム会議で定められたことも、単に霊的自由への移行ではなく外的束縛からの自由であり、『使徒行伝』から明らかなように使徒たちが降臨した聖霊に鼓舞されて宣言した自由も単に神の法だけでなくペテロとその後継者の法への隷属からの解放であった。

またオッカムの「福音的自由」は特に、すべての王や君主、すべての世俗の所有者、そして聖職者でさえ、自らが所有する財を教皇により取り上げられることはないことをも意味する(120)。自然法と神法に反しないかぎり教皇はどのようなことでも決定できる十全権力を有する、という主張が正しければ、教皇は世俗の支配者から支配権を奪い、世俗的な支配と服従のあらゆる関係を意のままに決定できることになるだろう。これは教皇が世俗的の支配者を自らに隷従させることであり、新たな隷従関係を生み出すことである。福音の自由はこのようなことを禁止する。従ってこの観点からすると、福音の自由の法の中核的な意味は、結局のところ世俗権力の教皇権からの独立に帰着するといっても過言でないだろう。要するに福音の自由の法は、皇帝や王の正当な権限の侵害を禁じ、そして「神と自然によって人間たちに与えられた自由(121)」――この自由には、地上の財を私有する自由と支配者を設ける自由が含まれる――を擁護する法なのである(122)。

更に十全権力のもう一つ別の意味は、教皇は正しい信仰の内容を確定する排他的な権限を有しているということである。オッカムにとり教皇が霊的な十全権力を行使して信仰上の問題を独占的に裁断しえるという主張は由々しき異端に他ならなかった。信仰に関するキリスト教的自由についてオッカムが初めて言及するきっかけとなったのは、信仰上の問題がひとたび教皇庁での審議に付されたからにはいかなる信徒も当該問題について自ら判断を下してはならないとするベネディクトゥス十二世の一三三六年一一月の教令《Redemptor noster》である(123)。オッカムによればこの教令は信仰上の真理について自由に論ずる神学者の権利を侵害するものであり、この教令が効力をもつならば、キリスト教の信仰のすべてが教皇の判断に依存することになり、キリスト教徒はローマ教皇の承認なくしてはいかなることも信仰すべきでないことになるだろう(124)。従って、未だ教皇庁での審議に服している教義上の問題について信徒が自分自身の見解を公に述べることを禁止したベネディクトゥス十二世のこの教令が公布されたとき、オッカムがこれを断固として拒絶したことは言うまでもない。そしてオッカムは、法の問題については教皇が最高の権限を有するのに対し、聖書の解釈については解釈学者は教皇より優越した権威を有するという趣旨のグラティアヌス教令集の一節（Dist. 20, c. 1）を引用しながら、信仰に関する或る問題が教皇庁での審議に付されていても、聖書や伝統に通暁した人々は公教会の真理について発言できることを主張している[125]。

オッカムによれば、《Redemptor noster》は教皇を神にもまして信仰すべきものとする前代未聞の異端であり、聖書で述べられている正しい信仰の教えを破壊するものに他ならない。信仰の対象となる様々な命題の中には、教皇庁で教義に関してどのような問題が提起されていようと、公教会のすべての信徒が明瞭な仕方で信仰すべき命題が存在するが、この種の明白な信仰箇条以外の命題についても、その信仰命題の正否を排他的に裁断する霊的な十全権力を教皇に認めることは異端である。

「確かに多くの人々にとって、教皇がこの種のすべてのことを行えると主張することは異端と思われている。というのも、聖書によればキリストの法は自由の法であり、旧法よりも大きな自由の法だからである。しかし、もし教皇が神法と自然法に違反しないかぎりすべてのことを行えるということになれば、キリストの法は大いなる隷従の法になってしまうだろう[126]」。

教皇は世俗的事項に介入し信徒の世俗的な権利を侵害してならないばかりか、信徒の霊的な自由をも侵害してはならない。福音の自由は神と自然によって人間に与えられた自由であり[127]、教皇にはこの自由を侵害する権利はなく、霊的事項についてみても信徒には必要以上に厳しい教皇の命令に服す義務はない。この種の教皇の命令は神法それ自体によって無効である[128]。福音に述べられているキリストと使徒の共同体が自由な霊的共同体であったとすれば、ペテロの後継者たる教皇を霊的な首長とする教会も本来は信徒の自由な集団であり、教皇は神法や福音で命じられていることを信徒に強制できても[129]、それ以上の厳格な行い（いわゆる supererogatoria）を義務として課すことは、たとえそれが信徒のキリスト教的完成を促進するものであっても、当の義務に服す者の自発的な同意（例えばフランシスコ修道会士として清貧を実行することへの同意）がないかぎり不可能であり[130]、この種の命令は神法によって無効である。教皇が信徒のキリスト教的完全性を助長する目的で信徒の善のために、信徒に過重な義務を課すことは神法によって認められた人間の霊的自由の侵害である[131]。このようにオッカムは福音の法（lex evangelica）が自由の法（lex libertatis）であることを主張し[132]、霊的事項において教皇に十全権力（神法と自然法に違反しないかぎりどのようなことでも信徒に命令することのできる権力）を認める教皇至上主義者を批判した[133]。

更にオッカムは福音的自由に基礎を置く自己の教皇権論を、

福音的自由に言及した聖書のテキストだけでなく、キリストの言行によって正当化している。『暴政論』第二巻第十九章でオッカムは、『マタイ福音書』（16・19）の「あなたが地上で繋ぐことはすべて天でも繋がれ……」というキリストの言葉がいかなる例外も認めていないことを主張する見解に対し、「キリストはそこで言葉の上ではいかなる例外も設けてはいないが、別の箇所では言葉と事例によって或る事柄が除外されるべきことを明白に教示していた」ことを指摘し、次のように論じている。

「例えばキリストは、主として血の裁決に（in iudicio sanguinis）存すると思われる支配的な統治形態を（dominativum modum regendi）を全面的に拒絶したとき、このことを示唆していた。そしてまたキリストは他の人々が彼にそのような統治の機会を提供したときも、それを断ったのである。というのも『ヨハネ福音書』（8・3－5）に次のように書かれているからである。『律法学者たちやパリサイ人たちが、姦淫をしているときにつかまえられた女をひっぱってきて、中に立たせたうえ、イエスに言った。〈先生、この女は姦淫の場でつかまえられました。モーセは律法の中で、こういう女を石で打ち殺せと命じましたが、あなたはどう思いますか〉』。しかし、血の裁決が可死的人間としてのキリスト自身によってもキリストの代理によっても行われるべきでないことを完全に示すために、キリストは女に対し自ら裁決を下すことも、裁判するために女を別の人間に引き渡すこともしなかったばかりか、このような女に対しどのような刑罰が彼女の裁判人によって科せられるべきか彼に質問した人々に返答することさえしなかった。この事例によってキリストは、キリストを模範とし、キリストに付き従おうとするペテロとペテロの後継者の各々に対し、このような裁治権は、キリストがペテロに与えた権限を根拠に、彼自身によっても他の人を通じても通常は行使されるべきでないことを教示したのである。従ってまた『ルカ福音書』（9・55）にあるように、使徒のヤコブとヨハネが、自分たちを歓迎することを拒むことによってサマリヤ人がキリストに対し示した冷淡さを死でもって罰しようと望んだとき、キリストは『あなたたちは、自分がどんな精神に従っているかを知らない。人の子は、魂を亡ぼすためではなく、救うために来たのだ』と言って彼らを叱った。これは次のような意味である。『この冷淡さは死刑に値するが、私はそれを科そうとは思わない。もしあなたたちが私を見習おうとするならば、あなたたちはそれを科してはならない。というのも私は苦しみを受ける死すべき人間として、どのような冷淡さや犯罪に対してであろうと、肉体のいのちを（vitam corporalem）取り上げるためではなく、むしろそれを与えるために来たのだからである』。従ってまた、キリストは誰の目にも明らかに三人の死者を生き返らせたが、どのような犯罪者も死や手足の切断によって罰することはなかった。かくして彼は行為と事例によって、それ自体としては許されるある種の事柄、むしろ人間の統治にとって正当で必要な事柄がペテロとその後継者の権力から除外されるべきことを示したのである。

キリストはまた……『マタイ福音書』（20・25―28）で次のように述べたとき、このことを言葉でもって教示した。『あなたたちも知るとおり、異邦人の君主はその民を支配し、偉い人たちはその民に対し権力をふるっている。あなたたちの間ではそうであってはならない。むしろあなたたちの中で偉くなりたいと思う者は、仕える人となり、あなたたちの中で第一の人になりたいと思う者はしもべにならなければならない。それと同じで、人の子が来たのも、仕えられるためではなく、仕えるためである』。これらの言葉でもってキリストは自分のすべての使徒に対し世俗の支配者の権力を（potestatem principus saeculi）を禁止した。それ故彼は、以前に彼がペテロに述べていた『あなたが地上で繋ぐことはすべて……』という言葉からある種の権力が除外されるべきことを明瞭に教示したのである」[134]。

そしてオッカムは、キリストが使徒に対し禁止したのは暴政的で不正な支配権であって、正当な支配権を禁止したわけではなかったという主張に対し、次のように答えている。

「この世の一部の支配者たちは暴政的な権力を行使しているが……それでも世俗の支配権は暴政的な権力を行使するために神によって――『ローマ人への手紙』（13・1）や『ソロモンの知恵』（6・4）にあるように、あらゆる支配権と権力は神に由来する――設立されたわけではなく、この世の支配者はキリスト教徒ではなくても、そのすべてが暴君というわけではない。『第一マカベア書』（8・13―16）はこのことを明言している。非キリスト教徒であったローマ人を賛美して記された数々の言葉の中に次のようなものがある。『（ローマ人は）友人たちや彼らを信頼する者たちとは友好関係を結び……かくして彼らは高められた。しかるにこのような隆盛の中にありながら、彼らのうち王冠をかぶる者は一人もなく、勢力を得ようとして緋の衣を着ける者もなかった。彼らは元老院をつくり、毎日休むことなく、三二〇名の議員が民の安寧を保つためにはかっており、彼らは毎年一人に国事を委ね、全領土を支配せしめ、全国民は彼のことばに聞き従い、彼らの間には憎しみも妬みもない』これらの言葉から、ローマ人が非キリスト教徒であったにもかかわらず、臣民に暴政的な権力を行使しなかったことが理解される。……それ故、福者アウグスティヌスは『神の国』の多くの箇所で古のローマ人を、彼らの正しい統治、公的精神、祖国愛、思慮深さ、正しい法を制定する際の英知の故に並はずれた仕方で称賛している。ローマ人はこれらの徳やその他の徳によって他国の人民を自分たちを愛するように仕向け、兵力によるよりは英知によって全世界を自分たちの支配権に服従させた。私は、我々の時代においてローマ教皇と呼ばれる者たちが帝国のキリスト教徒に対する暴虐的な専制を放棄し、ローマ人の統治の仕方を見習えばよかったのにと思う。そうであれば、おそらくイタリアは栄え、あらゆる良きものに満ちていたことだろうし、イタリアで人民が殺戮されることもなかっただろう。

それ故キリストは『あなたたちも知るとおり、異邦人の君主は……』という上述の言葉によって彼のすべての使徒に対し暴政的な世俗的支配だけでなく、正しく正当な世俗的支配をも禁止したのである。キリストは『人の子が来たのも、仕えられるためではなく、仕えるためである』と述べて彼自身を一つの例として示したとき、どのような支配を彼が禁止したのかを明示した。その意味は『あなたがたは、私がそれを行うのを見るように、あなたがたもそれを行うべきである』ということであり、『ヨハネ福音書』（13・15）によれば『わたしがあなたがたにしたとおりに、あなたがたもするように、私は手本を示したのだ。』ということである。それ故、ペテロとその後継者たちは、もし彼らが背教者的（apostatici）ではなく使徒的（apostolici）とみなされることを欲し、そのようでありたいと欲するならば、苦しみを受け死すべき人間たるかぎりでのキリストが統治した仕方を見習わなければならない。しかしキリストは不正で暴政的な世俗的支配だけでなく、正当で正しい世俗的支配をも断固として拒絶したのである。それ故、キリストは『あなたが繫ぐものはすべて……』という言葉によってペテロに約束された権力から、言葉と事例によって世俗的支配権を除外した。たとえ言葉のうえではいかなる権力も除外していなくても[135]」。

この後第二十章においてオッカムは次のように続けている。

「『あなたが繫ぐものはすべて……』という言葉でもってペテロに約束された権限からは多くのものが除外されたと理解すべきであり、このことは明白に立証されたと私は考える。それではキリストはこの権限の中にどのようなものを含ませていたのか。そこで、様々な人の様々な見解に従ってこの点について見てみる必要がある。

或る人々は、『あなたが繋ぐものはすべて……』という言葉でもってキリストは福者ペテロに、世俗的事項ではなく霊的事項に対する十全権力を約束したと主張している。

しかし他の人々は、この言葉でもってキリストは福者ペテロに、告解の秘跡を通して繋がれ、解かれるべき罪と過ちに対する十全権力のみを約束したと主張している。

そして更に、キリストはペテロに告解の秘跡と教会の法廷の双方において罪に対する権限を与え、あるいは約束し、それ故、どのような罪に対してもペテロは教会を前にしてあらゆるキリスト教徒を破門し、その者を信徒の共同体から引き離すことができる、と主張する人々がいる。

更に他の人々は次のように主張する。この言葉によってキリストはペテロとその後継者に、他の使徒と他のすべての司祭の権限より大きな権限を約束したわけではない。むしろキリストはペテロ以外の人たちと同様ペテロに、罪に対する、あるいは悔悛の秘跡を受ける人に対する何らかの権限を約束したが、世俗的事項においても霊的事項においても十全権力を約束したわけではなく、どのような事項であろうと強制的裁治権を約束したわけではなかった。

そして別の人々は次のように考えている。教皇権は決してこのような仕方で制限されるべきではないが、それがあらゆる霊的事項へと及びうるほど拡大されるべきでもない。『あなたが繋ぐものはすべて……』という言葉、あるいはそれに先立つ『あなたはペテロである……』という言葉によって福者ペテロに約束された教皇権は、キリスト教の人民を統治するために必要なすべてのものごと、すなわち、それらなくしては信仰ないし共通善が危険に瀕するような、必ず行われなければならない物事へと及んでいるが、これは神と自然によって他の人間に与えられた権利と自由を尊重し、権限として教皇に認められた事柄において教皇が適切な限界を越えないかぎりのことである」[136]。

ここで挙げられている教皇権――キリストがペテロに授与した権限――に関する五つの見解のうち、第四の見解がパドヴァのマルシリウス、第五の見解がオッカム自身の見解と考えてよいだろう。いずれにしても、以上の引用箇所から明らかなように、オッカムによれば、キリストは主として厳格な身体刑を含むような〈dominativus〉な様態の支配を拒否し、自分の後継者であるペテロや教皇が原則として通常は（regulariter）この種の刑罰権を自ら、あるいは他者を通じても行使すべきでないことを模範によって示した。世俗的支配権はその本質において刑罰権、特に死刑や身体刑を科す権力を含んでおり、キリストは使徒たちに不正で暴政的な世俗的支配権は言うまでもなく、正当な世俗的支配権の行使をも禁止したのであるから、ペテロの後継者たるローマ教皇も世俗的支配権を——たとえそれが正当な世俗的支配権であっても——行使することはできない。教皇権の本質は信徒の霊的な利益のために配慮する司牧権にあり、その権力は〈iurisdictio〉ではなく〈ministerium〉として性格づけられるべきである[137]。

「キリストが聖ペテロを介して『わたしの羊を飼いなさい』と述べ伝えた教皇は信徒を注意深く配慮する義務を負い、我々が既に述べた理由によって、教皇に服従する人々から、本人に何の過ちもなく合理的で明白な理由もないのに彼らの権利や自由や財産を奪い取る力がない——もっとも教皇は自分の必要費を彼らから要求することはできるが——ことが合意されているのであるから、我々に残されている結論は次のこと、すなわち教皇の首長権は教皇自身の利益や栄誉のためではなく、彼に服従する人々の利益のために設置されたのであり、それ故支配的（dominativus）ではなく奉仕的（ministrativus）と呼ぶに相応しい権力だということである[138]」。

教皇権を〈dominativus〉ではなく〈ministrativus〉な権力として理解するオッカムの立場は、〈iurisdictio〉を教皇権の本質として捉える教皇至上主義者の立場とは著しく異なっている。例えばエギディウス・ロマヌスは『教会権力論』第二章「教皇は絶大なる権力を有するが故に、すべてのものを裁き、誰によっても裁かれることのない霊的人間である」において教皇権について次のように述べている。

「完全性には個人的な（personalis）ものと地位（status）によるものがある……。個人的完全性は意識の清朗さ（serenitas）と清潔さ（munditia）に存するが、地位の完全性、特に聖職者や、最後の審判の日にキリストの法廷の前に立ち、信徒の魂について報告しなければならないすべての人々の地位の完全性は、裁治権（iurisdictio）と十全権力（plenitudo potentiae）に存する。そして、地位がより完全であれば、これに対応して権力はより強くなり裁治権はより十全的なものとなる。……従って、聖職者の地位は俗人の地位より、支配する者の地位は服従する者の地位より完全である。しかし個人的完全性について言うならば、多くの聖職者よりも霊的で聖なる俗人が存在し、多くの支配者よりも同じく霊的で聖なる臣民が存在する。……霊的な人間はすべてのものを裁き、誰にも裁かれることはない。このような霊的性格が個人的なものとして、意識の純粋さとして理解されるならば、この種の人間は道徳的な問題に関して正しい判断を行い、いかなる人によっても道徳的な理由で非難されることはないだろう。このような人間は神の霊により導かれ、神の子だからである。……しかし、裁治権と十全権力に存する地位による、特に聖職者の地位による完全性と霊的性格について言うならば、より高くより聖なる地位を占める者は、より多くのことを裁き、自分より低い地位の者によって裁かれることはありえない。というのも、使徒パウロが『コリント人への第一の手紙』第四章（4・4）で述べているように『わたしを裁くかたは主（dominus）である』からである。かくして、至高にして至聖なる地位を占める者は、その権力と裁治権によってすべてのものを裁き――というのも、この者はすべてのものの主（dominus）だからである――、誰によっても裁かれることのない――というのも、死すべきいかなる人間もこの者の主ではないからである――霊的人間である。……しかし地位によって、特に聖職者の地位によって完全であり、神聖にして霊的なる者は、裁治権と十全権力によって高みに揚げられている。彼はすべてのものを裁き、従ってすべてのものの主となるだろう。そして彼は誰の裁きにも服すことなく、従って誰も彼の主にはなれないだろう。このような者がローマ教皇である。ローマ教皇の地位は万人の中で最も神聖にして最も霊的であり、それ故、すべての人は彼を至聖なる父と呼ぶべきである……。しかし、すべての地位の中で最も霊的で最も聖なる地位を占める者は、彼自身、個人的完全性によって最も神聖にして最も霊的であるべきである。……それ故、我々は使徒座について、それは一人の聖人を受け入れるか聖人を創ると言うのである。従ってローマ教皇の地位がすべての地位の中で最も神聖にして霊的であるならば、次のように正当に述べることができる。ローマ教皇は、地位によって、そして権力の卓越性に存するならば、そしてこのような霊的性格が権力の卓越性によって最も霊的な人間なるが故にすべてのものを裁き、従ってすべてのものの主であり、彼自身は誰の裁きにも服すことなく、従って誰も彼の主人たりえず、彼と同等者でさえありえない、と[139]」。

またヴィテルボのヤコブスは『キリスト統治論』第二部第九章「至高の霊的権力の中には十全的な教皇権と王権が存在していること、そしてそれが存在する様態について」において、次のように述べている。

「キリストの代理者の権力は、信仰によりキリストの体の一部（Christi membra）であるすべての者たちに――まさに彼らがキリストの体の一部であるという理由によって――及んでいる。それ故、ペテロには例外なく『わたしの羊を飼いなさい』と言われたのであり、また『わたしはこの岩の上にわたしの教会を建てよう』――わたしの教会の或る部分を建てる、ではなく――と言われたのである。それ故、神法によって、この世で死すべき人間として生き、どのような仕方であろうと戦う教会に属するすべての人間は教皇の権力に服さなければならない。教皇の権力が十全的（plena）と言われるのはこの故である。……しかしながら権力の性格に関するかぎり、キリストの権力の十全性（plenitudo potentie）はキリストの代理者のそれとは異なっている。……しかしそれにもかかわらず、キリストの代理が十全権力（plenitudo potestatis）を有すると言われるのは、キリストによって教会に与えられた統治権力の全体――聖職者および王としての権力、霊的権力および世俗的権力――がキリストの代理者たる教皇の中に存在しているからである。確かに、信徒の救済にとって必要なほど大きな権力が教会に与えられたように、キリストの代理者には人間の救済をもたらすために必要なすべての権力が存在している。……

このような権力がどれ程のものであるかについて簡潔に述べるためには、キリストの代理者たる教皇の権力が十全的と言われる第一の理由が、どのような仕方であれ戦う教会に属するいかなる人間も教皇の権力を免れていないことにあることを知るべきである。むしろ、現在の教会の中に存在するすべての人間は教皇の権力に服している。第二の理由は、霊的権力であれ、世俗的権力であれ、信徒を統治するために神が人間に命じ、与えたすべての権力が教皇の権力の中に含まれているからである。第三の理由は、……教皇の権力はあらゆる権力の基礎であり目的であることから、教会内のあらゆる権力がこの権力に由来し、この権力に服しており、それ故、人間のあらゆる権力は法的に（iure）教皇の権力に服しているからである。そして第四の理由は、いかなる人間の権力も教皇の権力に優越し、教皇の権力を凌駕することはなく、事実、教皇の権力はこのようなすべての権力に優越し、すべての権力を凌駕しているからである。第五の理由は、教皇権は単に人間的な他の権力によって制限されたり裁かれたり、そのような権力に服従したりすることがなく、むしろ教皇権が他の権力を制限し、裁き、服従させるからである。第六の理由は、それは自らによって下された命令や自らが制定した法律には拘束されないからである。教皇権は他の権力による代行を通して行動することも、それが有益と思われるときは代行なくして行動することもでき、そうするのが適切だと判断するときは、自ら制定した法律によって行動することも、法律に違反して行動することも可能である」[140]。

そして教皇権を〈iurisdictio〉として明確に特徴づけているのがアウグスティヌス・トリウムフスである。アウグスティヌスは『教会権力大全』において、キリストが全使徒に司教権である〈potestas ordinis〉を授与する前に、ペテロに教会の裁治権である〈potestas iurisdictionis〉を授与したことを主張する。

「それ故キリストは、ペテロを教会の司牧者として選んだとき、『マタイ福音書』第十六章で『わたしは、あなたに天国のかぎを授けよう……』と述べて、裁治権（iurisdictio）を意味する特別な鍵の権力をペテロに与えた。……しかし叙階（ordonis consecratio）を意味する鍵の権力は『ヨハネ福音書』第二十章にあるように、キリストは「『聖霊を受けよ。……』と述べて他の使徒とともにペテロに渡した」[141]。

キリスト復活の後、ペテロも含めてすべての使徒は平等に叙階の権力——それ故秘跡の権力——をキリストより授かった（『ヨハネ福音書』（20・22—23））が、ペテロは既にキリストの受難と死以前にキリストの代理職を——そして〈potestas iurisdictionis〉を——キリストから授けられていた（『マタイ福音書』（16・18—19））。他方、『マタイ福音書』（18・18）の「あなたがたが地上で繋ぐことは、……」という全使徒への言葉は、ペテロの代理職が確立した後にペテロ以外の使徒たちが〈potestas iurisdictionis〉を受け取ったことを示しており、それ故アウグスティヌス・トリウムフスの解釈によれば、『マタイ福音書』（18・18）で言及されているペテロ以外の使徒に与えられた裁治権はキリストの代理たるペテロに由来する。そしてペテロはキリストから〈potestas ordinis〉（すなわち司教権）を授かる以前に〈potestas iurisdictionis〉（すなわち教皇権）を授かっていたのであるから、司教になる以前から教皇であった。確かにペテロが他の使徒と共に〈potestas ordinis〉を復活したキリストから授かった後、『ヨハネ福音書』（21・15—17）にあるように、「わたしの羊を飼いなさい」「わたしの羊を養いなさい」と言われて司教としての〈potestas iurisdictionis〉も受け取ったが、これは叙階の権力、秘跡の権力たる司教権を執行する〈potestas executionis〉の意味での裁治権であり、これに対しペテロがキリストの代理となることで受け取った〈potestas iurisdictionis〉は〈potestas administrationis〉であった[142]。

アウグスティヌスはこのような聖書解釈によって教皇の政治的権力をローマ司教としての司牧権から切り離し、教皇がペテロの後継者ではなくキリストの後継者、地上におけるキリストの代理（vicarius Christi）であることを強調した。伝統的な見解によればローマ教会とローマ司教職は教皇位の本質的要素とされて、教皇はペテロの後継者であることを根拠にキリストの代理とされてきた。教皇はペテロの座を占めることによってのみ、キリストが自分の代理にしたペテロの権力を獲得できる。ペテロとその後継者たる教皇の権力はローマ教皇に具現されており、ローマの司教になることによって教皇はペテロの権力を得る。教皇の普遍性は世界の中心であるローマの卓越性に依存し、教皇がローマから支配し、聖ペテロに委ねられた包括的な権力を具現しているからこそ教皇権は普遍的でありうる。十二世紀以来、教皇職がキリストの直接的な代理職とみなされるようになったことは確かであるが、あくまでもローマ教会が教皇のキリスト代理の基礎であり、教皇が先ずもってローマ司教とされた点では、教皇がペテロの代理とみなされていた十二世紀以前と変わりはなかった。従ってローマ教皇の選挙は本質的にローマ司教の選挙であり、この手続は選挙された者の叙階式によって完成し、この後にローマ司教に選挙された者は戴冠の形式的行為によってローマ教皇として宣言される。

しかし十三世紀以後、教皇権が強力になり、支配的な世界の権力となるに及び、ローマとの結合は教皇主義者にとりむしろ不都合なものと考えられるようになった。アウグスティヌス・トリウムフスにはキリスト代理職とローマ司教職を完全に分離しようとする意図が明白にみられる。アウグスティヌスによれば、教皇職の担い手として選挙された者は叙階を前提とせずに直ちに教皇となる。教皇はペテロの後継者ではあるが、ローマの司教としてではなくキリストの代理職の担い手としてペテロを承継したのであり、代理職の担い手として教皇はペテロではなくキリストの後継者なのである。キリストがローマやローマ教会と結合していなかったように、教皇はローマ司教座を保有するか否かに関係なくキリストの直接的な代理として裁治の十全権力を有している。従って教皇庁はローマとの結びつきなしに——現在アヴィニョンに教皇庁があるように——何処にでも存在することが可能であり、教皇が個人的にローマ司教であっても、キリストの代理職たる教皇職が、職位としてローマ司教職をも兼ねることはない[143]。

教皇を絶対君主として理論的に基礎づけようとするアウグスティヌスにとり、教皇をローマとローマ教会から解放し、ローマ司教としてではなくキリストの直接的な代理として世俗権力を行使する存在にすることが重要であった。この点重要な意味をもつのが、裁治権力（potestas iurisdictionis）と叙階の権力（potestas ordinis）の区別である。既述のように〈ordo〉の権力は、『ヨハネ福音書』（20・22―23）にあるように、「聖霊を受けよ。あなたがたが赦す罪は、だれの罪でも赦され、あなたがたが赦さずにおく罪は、そのまま残るであろう」と述べることによって復活したキリストが全使徒に授与した権力であり、すべての使徒は、そして使徒の後継者であるすべての司教はローマ司教であるローマ教皇と共にこの叙階の権力を平等に有している。他方、〈iurisdictio〉の権力は『マタイ福音書』（16・18―19）にある「あなたはペテロである。そして、わたしはこの岩の上にわたしの教会を建てよう。……わたしは、あなたに天国のかぎを授けよう。そして、あなたが地上で繋ぐことは、天でも繋がれ、あなたが地上で解くことは天でも解かれるであろう」という言葉によってキリストがペテロに授けたのは裁治の権力、統治権を意味する〈potestas iurisdictionis〉であり、司教はこの権力を教皇からの授与によって保有する。そして裁治の権力は行政的権力である〈potestas administrationis〉と、叙階の権力を執行する〈potestas executionis〉とに区別されるが、アウグスティヌスによれば、前者は〈ordo〉の権力を前提にしていないことから、世俗君主も――教皇からの授与により――これを行使することができ、また〈ordo〉の権力が取消不可能であるのに対し、〈iurisdictio〉の権力は喪失したり辞退することが可能である[144]。従って一般の司教は叙階の権力を直接キリストから授与され、裁治の権力を教皇から授与されるが、教皇は裁治の権力を司教から取り上げることが可能であり、教皇により裁治の権力を取り上げられた司教は叙階の権力を執行する〈potestas executionis〉を失い、事実上、裁治の権力だけでなく叙階の権力も、――叙階の権力の実効性が裁治の権力に含まれる〈potestas executionis〉に依存しているかぎり――行使できなくなる。要するに叙階の権力はすべての司教が平等にキリストから受け取ったものであるにもかかわらず、司教の裁治権が法的に教皇に依存するのと同様に、司教の叙階の権力も事実上、教皇に依存することになる。

さて、キリストが使徒とペテロに授与した〈ordo〉と〈iurisdictio〉の二つの権力は、神であり人間であるキリストの二重の性格、そして、神秘的身体であると同時に自然的身体であるキリストの二重の身体に対応すると考えられていた[145]。聖職者の〈ordo〉の秘跡による権力ないし任務は人間キリストが使徒たちに授与ないし課したものであり、人間キリストの自然的身体――すなわち真の身体（corpus verum）――と関係づけられ、これに対しペテロが受け取った裁治の権力は神たるキリストの神秘的身体（corpus mysticum）と関連づけられていた。「教皇には二重の権力が存在しており、一つはキリストの真の体に関連づけられ、これは叙階の権力と呼ばれる。……もう一つはキリストの神秘体と関係づけられ、これは裁治ないし行政の権力と呼ばれる[146]」。そして神たるキリストが人間キリストに優位するように、支配者で統治者たるキリストは司祭たるキリストに優位し、従って教皇の王的権力（potestas regalis）たる裁治権は教皇および司教の叙階の権力に優位すると考えられた。

それ故アウグスティヌス・トリウムフスによれば教皇権の本質は〈potestas ordinis〉ではなく〈potestas iurisdictionis〉にあり、――「教皇権とは叙階ではなく裁治権の名称である」[147]（papatus est nomen iurisdictionis et non ordinis）――後者の権力はペテロが、従ってペテロの後継者たる教皇が神たるキリストから授与された――叙階を前提としていないという意味で――世俗的な権力であった。そして教皇権がローマ司教の地位から分離し、ローマとローマ教会から解き放たれることにより、教皇は真に普遍的な十全権力（plenitudo potestatis）を保持する存在として観念されることになった。

さて、福音的自由を教会論の中心に据え、教皇権の非支配的で教導的な霊的性格を強調するオッカムにとり、教皇はキリストがそうであったように、支配者ではなく信徒を司牧する羊飼いである。福音が自由の法だとしても、人間にとって完全な自由は天国での「栄光の状態」においてのみ可能であり[148]、この世では信徒の上に立って統治する存在者が必要である。しかし教皇の統治権は人間世界を律する不可変な神的秩序に基づいて設けられたものではない。無垢の状態において皇帝の世俗的権力が不必要であるように[149]、万人が完全に自由な存在者となる栄光の状態においては聖職者は（それ故教皇権は）その存立根拠を失う。しかし不完全な自由しか存在しない現世では、最小限の教皇権の行使が必要である。オッカムはフランシスコ会のSpirituales のように現実の教会制度を全面的に否定したり、天使的教皇の黙示録的到来を待ち望むことはしなかった。オッカムは完全なる自由の実現を阻む現実世界の様々な限界を理解したうえでローマ教皇の権力を承認したのである。しかし、この権力はできるかぎり非支配的で霊的なものでなければならないとオッカムは考えた。

第四節　教皇と世俗権力

「次のように主張する人々がいる。すなわち〈tempor-alia〉、〈carnalia〉、そして〈spiritualia〉など既に述べた言葉は様々な著作の中で多義的に用いられているが、世俗的人間は世俗的事項と霊的事項においてどのような権力を有しているかが問題とされる場合は一つの意味へと限定されており、〈temporalia〉という言葉は、神のいかなる啓示もなく単に自然的な状態にある人間あるいは人類の統治に関する事柄を意味するものと理解されている。そしてこれらの事柄を配慮するのは、自然法や人間が制定した実定法以外にはいかなる法をも受け入れず、これ以外のいかなる法律も課せられることのない人々である。これに対して〈spiritualia〉とは、神の啓示によって教えを受けたかぎりでの信徒たちの統治に関するものと理解される[150]」。

オッカムにおいて霊的事項（spiritualia）は神の啓示にのみ関わる事柄を意味し、世俗的事項（temporalia）は自然的な存在者たるかぎりでの人間に関する事柄を意味していた[151]。それ故霊的事項の統治者である教皇は世俗的事項に介入してはならない。「神のために闘う者は世俗の事柄に掛り合ってはならない」（『テモテへの第二の手紙』（2・4））からである[152]。〈spiritualia〉と〈temporalia〉が区別されているように、霊的事項の統治権と世俗的事項の統治権も区別されており、これら二つの権力は別個の人間によって行使されねばならない[153]。旧約の法に比して新約の法が帯びるより強い霊的性格は、聖職者の権限の非強制的で非物質的な性格を示すものであり、新約の法がより強く霊的性格を帯びることを根拠にして世俗的事項に対する聖職者の支配権を主張することはできない。

　オッカムは『教皇権に関する八設問集』の設問（一）第二章で、霊的権力と世俗的権力の両者が教皇に帰属することを主張する見解の一例としてインノケンティウス四世の教令を挙げ、次のように述べている。

> 「それ故、この見解に従うと何故教皇は世俗的事項に対しこのような十全権力を有しているのか、その理由をこれから示さなければならない。このことは数多くの仕方で立証することができると思われる。事実キリストは『マタイ福音書』第十六章にあるように『あなたはペテロである……』と述べ、そしてその後で『あなたが地上で繋ぐことはすべて天でも繋がれ……』と述べて、霊的事項に関しても世俗的事項に関しても、いかなる例外も設けずに、福者ペテロに、従ってペテロの後継者に、約束どおり十全権力を授与した。それ故我々もこの十全権力からいかなるものも例外として除いてはならない。従って教皇は霊的事項だけでなく世俗的事項においても十全権力を有している。……更に、神の定めによっていかなる例外もなしに全人民と全王国の上に置かれた者は、世俗的事項に対する十全権力あるいは、それがどのような俗人であろうと、俗人の権力と少なくとも同等な権力を有している。しかし神の定めはいかなる例外も設けずに全人民と全王国の上に教皇を置いた。というのも、『エレミヤ書』第一章にあるように、旧約の法において聖職者が神から直接的に『見よ、わたしはあなたを万民の上と、万国の上に立て……』と言われており、このとき人民の間にも王国の間にも区別が設けられなかったならば、ますますもって新約の法においてはこれと同じことが教皇に対しても言われたと考えるべきだからである。それ故教皇は世俗的事項においてもこのような十全権力を有しており、いかなる例外もなしに、神法と自然

法に反していないすべてのことを行うことができる。というのも、既に言及されたように、エレミヤには『見よ、わたしはあなたを万民の上と、万国の上に立て、あなたに、あるいは抜き、あるいはこわし、あるいは滅ぼし、あるいは倒し、あるいは建て、あるいは植えさせる』と言われたからであり、これらの言葉には為すべきこと、為すべきでないことに関していかなる例外も付されていないことから、当の言葉によって十全権力がエレミヤに与えられたと考えられるからである。このことは、インノケンティウス四世が彼の或る教令の中で次のように述べるとき、明白に主張していることだと思われる。『確かに、神の恩寵によってペテロの創始の座に定められたキリストの永遠なる教皇権は、旧法において聖職者が世俗的事項に対して行使していた古い権力よりも弱い権力でないどころか、はるかに強い権力であると考えるべきである。しかし、神は旧法の時代に教皇権を行使していた者に対し、〈見よ、わたしはあなたを万民の上と、万国の上に立て、あなたに、あるいは抜き、あるいはこわし……〉と述べたのである[154]』」。

そしてオッカムは同第十章で、インノケンティウス四世のこの主張に対しどのように答えられるかを論じている。

「インノケンティウス四世に対しては様々な仕方で答えられる。事実、或る人々は次のように考えている。すなわち、インノケンティウスの言葉を正しく理解すれば、インノケンティウスが言おうとしているのは、キリストの永遠なる教皇権は例外的に（casualiter）世俗的事項においてさえ旧法の教皇権よりはるかに強いことがある、ということであって、それが通常（regulariter）そうだということではない。それ故、旧法の教皇に対して『見よ、わたしはあなたを万民の上に立て……』と言われたとすれば、なおさらのこと同じことは新法の教皇にもあてはまると考えるべきであるが、これは『あなたは世俗的事項において、ただ例外的にのみ人民と王国に対し裁治権を有している』ということであって、正当な権力を行使している王や君主に害を加えるような仕方で通常そのような裁判権を教皇が有しているということではない。そして、これがインノケンティウスの意図であったことを、これらの人々はすぐ続く教皇の次の言葉から引き出している。『それ故ローマ教皇は、誰であろうと社会的地位に関係なくすべてのキリスト教徒に対し少なくとも例外的に教皇として裁決を下すことがあり、特に罪を理由にして（ratione peccati）どのような罪人をも——その罪人が傲慢にも邪悪さの深い淵へと陥った後に——収税人や異邦人同様に扱い、信者の集合から罪人を引き離すことができる』。この言葉によって、ローマ教皇は例外的な場合を除いてすべてのキリスト教徒に対し世俗的な裁決を下すようなことができないことが示唆されている。このことから、教皇は通常、上に述べたような十全権力を有していないことが帰結する。

他の人々は上記のインノケンティウスを弁護しようとは思わない。その理由は就中――これらの人々の見解によれば――インノケンティウスは彼の教令の中で、教会の外には神によって定められたいかなる権力も存在しないこと、教会の外にはいかなる権力や裁治権も承認されておらず、単に黙許されているにすぎないこと、教会の外にはいかなる世俗統治の権力も存在しないことを主張することによって、明白にして許しがたい異端説を宣言し肯定しているからである。これらの人々が言うように、このような主張はすべて異端と見なされるべきである。……

それ故これらの人々は、このような誤りを犯したことに対し上述のインノケンティウスを許すことはできないと考えており、上で引用されたインノケンティウスの言葉を字義どおりとは異なる意味で解釈すべきでないと考えている。それどころか彼らはこの言葉はあまりにも不合理であることから、当の言葉を発した者が聖書に通暁しているとは到底言えないことを明白に示していると述べている。なぜならば、キリストの恩寵によってペテロの座へと定められた教皇たちが、世俗的事項において聖職者アロンの権力よりはるかに大きな権力を受け取ったことが聖書から導き出されるわけではないし（むしろ通常の状態においては、世俗的事項において教皇たちはより小さな権力しか有しておらず、事実、神の定めによって旧法の聖職者の方が新法の聖職者より多くの、そしてより大きな世俗的権力を与えられていた）、またペテロの教皇権はキリストの教皇権と同等ではなく（確かにキリストは、彼の教皇としての権威によって新しい秘跡を制定することができたが、ペテロはこのようなことが全くできなかったし、更にキリストはペテロが特免できない数多くのことを特免する権限を有していた）、そして更に、神が『見よ、わたしはあなたを……立て、……』と述べたのは教皇権を行使する者に対してではなかったからである。事実、エレミヤは教皇などではなく、低い身分の聖職者であった[155]」。

ここでオッカムによって挙げられているインノケンティウス四世の教令の二つの解釈のうちオッカム自身は後者の解釈をとっていたと考えてよいだろう。

更にオッカムによれば、聖職者の霊的権限は物理的な強制を伴わずして行使されねばならないことはもちろんのこと、生活を祈りと説教に捧げた者にとって世俗財産の所有は必要最小限にとどめられるべきである。教皇やその他の聖職者は自分が生きるために、そして聖職を遂行するために必要な財を信徒から受け取る自然権――〈ius poli〉ないし〈aequitas naturalis〉に基づく権利――を有しており[156]、キリストの使徒たちは財を所有せず、福音を説く者にとって財の所有は不必要だとしても、聖職者に財の所有権の全面的放棄を要求することはできない。しかし、霊的権力が富を背景とした物理的強制力を必要としないかぎり、聖職者にとって豊富な世俗的財の所有は不必要である。確かに、世俗的権力の本質的機能は社会秩序を乱す犯罪者を罰することにあり、富（divitiae）と力（potentia）をもたないかぎり皇帝その他の世俗支配者は社会の平和の維持という自らに課せられた機能を果たすことができない。世俗的裁治権は強制力を伴わなければ無効であり、強制力を保持するためには富や財が必要である。

> 「『裁治権』（iurisdictio）は強制を伴わなければ無と考えるべきである。……ましてや皇帝の権威（auctoritas）は強制なしでは無である。しかし強制は力（potentia）なくしては行使されえない。それ故皇帝には力が必要とされるのである。ところが力というものは富によって強められる。というのも、力は友なし（absque amicis）では、あるいは少くとも服従する者がいなければ存続できないと思われるが、友や服従者は富によって獲得されるからである[157]」。

キリスト教徒が世俗的領域において世俗の権力に服しているかぎり、教会の霊的首長たる教皇は世俗的害悪に対して刑罰を科す権限を有してはいない。

> 「キリスト教徒の法そしてキリストの命令のみによってキリスト教徒が世俗的権力と世俗的裁治権から解放されるようなことは決してない。……それ故、キリスト教徒たちの首長（教皇）は、死刑やその他の身体刑によって世俗的な害悪を罰する権力を通常は（regulariter）有していない。……従って（教皇が）世俗的な力をもって統治したり世俗的な財を富裕にもつことは必要ではなく、ただキリスト教徒が彼に自発的に服従すれば十分なのである[158]」。

オッカムは教皇権と世俗的支配権を峻別し、前者に対しては純粋に霊的な、それ故非強制的な性格しか認めなかった。しかし他方でオッカムによれば、キリストは至高の霊的権力と至高の世俗的権力が原則として通常は分離されるべきことを欲したものの、二つの権力は、それらが同一の人間に属することが絶対に不可能なほど「事物の本性によって」（ex natura rei）対立しているわけではない。

「……事実上は、至高の霊的権力と至高の世俗的権力が同時に同一の人間のもとにあるわけではなく、あるべきでもない。……しかし、これら二つの権力は事物の本性上、本質的に（formaliter）同一の人間のもとにありえないような仕方で区別されているわけではない。……というのも霊的権力を行使する者に属するあらゆる霊的権力は、〈ordo〉によるか〈administratio〉によってその者に属するのであるが、世俗的権力は〈ordo〉にも〈administra-tio〉にも矛盾しないからである[159]」。

「これら二つの権力は同一の人間のもとにあるわけではなく、そうあるべきでもない。しかし、これは事物の本性によりそうなのではなく、神の定めと神法によってそうなのであり、同一の人間が正規に、あるいは通常世俗的事項と神的事項を共に支配することのないよう神の定めと神法により配慮されているのである。もっとも、至高の霊的権力を行使する者が至高の世俗的権力に属する権限を例外的に行使することは可能である。しかし、この場合も正規の至高の世俗的権力がその者自身のもとにあるというわけではない。前記の否定的な主張は、例外的な権力ではなく、ただ正規の、そして通常の権力についてのみ言われているのである[160]」。

従って教皇が例外的に（casualiter）世俗的事項に介入し、通常は世俗の権力に属する権限を行使することは可能である。この点でオッカムは教皇権の完全な霊化には至っていないと言えるが、だからといって聖職者は世俗的事項に掛かり合うべきでないというオッカムの主張がこれで効力を失うことにはならない。世俗的事項に対する教皇の例外的な介入は教皇の自由裁量によってなされるわけではなく、教皇の介入が直ちに拘束力をもつわけでもない。教皇が世俗的支配者の裁治権を簒奪したならばその行為は無効であり、また教皇が世俗的事項に介入できるのは世俗の諸権力が怠慢であり、これら世俗支配者を通常は正すべき人々がこれを行いえないか、行なうのを拒むときにかぎられる。

「しかし前述の見解は次のように主張する。教皇は世俗的事項において、生命維持に必要なものを要求する権利以外には、他人の権利のみならず自由を尊重せずして行使できるようないかなる権力をもキリストから授与されていない。それ故、世俗的事項に関して国家に必要なことを行うことができ、あるいは有益な仕方でそのことを果たそうと欲する他の人々が存在するかぎり、教皇は決してそのようなことを行うことができない。従って、世俗的統治者のいない或る人民が存在していても、当の人民が選挙によって適切な統治者を自分たちの上に置こうと欲するかぎり、教皇は当の人民の上に統治者を置くべきでないし、置くことができない。かくして、或る皇帝や王や君主を、彼らの欠陥や犯罪の故に（propter defectum vel crimen）正したり廃位することが問題になるとき、これらの欠陥や犯罪が純粋に霊的な事項に関わるものでないかぎり、教皇は、俗人たちの無能や怠慢や悪意による場合は別として、キリストが自分に授与した権威を根拠としてそのような問題に介入すべきではない。それ故、この見解をとる人々は一致して次のように主張している。教皇は霊的事項に専念できるように、……世俗の問題を適切かつ正当に取り扱うことを欲し、取り扱うことのできる俗人が存在するかぎり、どのような世俗の問題にも掛かり合うべきではない、と[161]」。

教皇が罪を理由として（ratione peccati）世俗的事項に介入することを認め、実質的には教皇の世俗的事項への全面的介入を承認していた教皇主義者とは異なり、オッカムはこの種の介入に厳格な条件を課し、介入を最小限に抑えようとした[162]。

第五節　単独教皇制と複数教皇制

オッカムは『対話篇』第三部第一論考「教皇と司祭の権力について」の最初の数巻で教皇権の本質について論じ、先ず第一巻で「十全権力」（plenitudo potestatis）に関する五つの見解、すなわち教皇は神法ないし自然法に明白に反していないすべてのことを行うことができるという教皇至上主義者の見解から、教皇に対して強制的権力を全面的に否定するパドヴァのマルシリウスの見解に至るまで五つの見解を検討し[163]、極端な教皇至上主義を拒否した後に、マルシリウスの見解に代わる中間的な見解——これは明らかにオッカム自身の見解である——を提示し[164]、更に第二巻でこの中間的見解を擁護している。

『対話篇』第三部第一論考の第二巻の中心的な論点は、キリスト教徒の全共同体が一人の首長に服することは有益である（expediat）か否かという問題である。この問題は『対話篇』第三部第二論考「ローマ帝国の権利について」の第一巻における世俗的政体の形態に関する議論に対応しており、両者では形式的にみて同一の問題が扱われ、問題を解決するために用いられている原則と、問題の解決自体も極めて類似したものとなっている[165]。信徒の共同体であるキリスト教会がキリストのもとに一人の首長に服することは信徒にとって有益であろうか。そしてまた人類全体が一人の世俗的支配者に服することは人類全体にとって有益だろうか。確かにオッカムは皇帝権に関しては有益性と正当性を直結させ、「もし一人の皇帝が全世界を支配することが有益でない（non expediat）ならば、一人の人間が万人を統治することは不正である（non est iustum）」と主張して[166]いるのに対し、教皇の霊的支配権の正当性は必ずしも信徒の集団（congregatio fidelium）の利益と結びつけられているわけではない。信徒たちにとって教皇権が不利益になる場合は教皇権は正当性を失う、とオッカムは明言してはいない。しかし、第一論考の第二巻では信徒の共同体が一人の首長に服することは信徒たちの利益になるかという問題が提起されており、これは教皇権に関してもオッカムが利益と正当性を相互に密接に関係したものと考えていたことを示している。オッカムは、キリストがペテロとその後継者に霊的支配権を授与したことが、それ故教会が教皇という単独の首長によって支配されることが信徒の共同体にとって有益か否かという観点から、教皇の単独支配とこれ以外の可能な教会の支配体制を比較検討している。

ペテロの後継者たる教皇の単独支配（モナルキア）は、可能な他の支配体制と比較して、信徒にとり有益であろうか。そして「信徒の共同体が、貴族制を王制に類似の体制へと――あるいはその逆――変更する力を有し、他のすべての人々の上位にある一人の至高の教皇を任命する力とともに、同等の権力を持ち、貴族制のように共同で支配し、他のあらゆる信徒の上位にあるような複数の至高の教皇を同時に任命したり選挙したりする力をも有することは有益なことであろうか。信徒の共同体がこの力をもてば、それはちょうど様々な国々が貴族制から王制――あるいはその逆――へと統治体制を適切に変更してきたように、それが有益と思われるならば一つの体制を別の体制へと自由に変えられることになる[167]」。

オッカムが教会の統治権と世俗的支配権とを権力の正当化の観点からみて類比的に理解していたことは、教会の最良の統治形態に関するオッカムの議論の中に示されている。オッカムによれば、最良の世俗的統治形態が単独支配者による君主制であるように、信徒の共同体である教会にとって有益な（expediens）統治形態も、君主制に最も類似した統治形態、すなわち一人の教皇の単独支配である。世俗的支配権と教会の統治権の目的や存在理由が根本的に異なる――前者は社会の平和の維持、犯罪者への刑罰、人民の権利の保護を目的とし、後者は信徒の霊的救済を目的とする――にもかかわらず、世俗的政体の最良の統治形態は教会にとっても最良である。第二巻第一章には教会における単独支配を正当化する根拠として次のようなことが挙げられている。

「裁判や訴訟に関して多数の裁判官が相互に意見を異に

することがあり、彼らの意見の不一致が共同体全体にとって危険であるとき、このように多数の裁判官なくしては最良の仕方で統治されえない共同体にとっては、万人に対し判決の真理性を知らしめることのできる一人の至高の指導者や首長に服することが有益である（expedit）」[168]。「重要な裁判に関して誤りを犯すことのありうる異なった様々な裁判官のもとにいる人々にとって、これら重要な裁判を付託することができ、これらの裁判において正しく、かつ適正に判決を下すことができる一人の首長をもつことは有益（expedit）である[169]」。

「信徒の共同体にとって、彼らのうちの多くが、特に他者に対して権力をもつ多くの人々が、傲慢に、そして懲罰や世俗的刑罰を科せられるいかなる恐れもなしに不正を行えることは有益なことではない。……それ故、聖職者たちにも他のすべての人々と同じように邪悪さへの傾向があることから……『神への恐れだけでは悪行から呼び戻すことのできない聖職者たちが、現世での刑罰によって少くとも罪を犯すことを思いとどまる』ことは信徒にとって大いに有益な（expediens）ことである。……それ故、聖職者が不正を行いキリスト教に危害が生じるならば、すべての聖職者を懲罰できる一人の首長をもつことは信徒の集団にとって有益である（expedit）。或る人々にとってそう思われているように、この種の懲罰権は俗人の裁判官に属していると主張することは役に立たない。というのも既に述べたように、主が昇天する以前は誰かに対して何らかの裁判権を有するようないかなる俗人の信徒も存在していなかったし、あらゆる俗人の信徒がキリスト教徒でない者の権力に服することも依然としてありうるからである。それ故俗人の裁判官の他に、この種の事柄において他の聖職者たちに対し権力を有する、正しい信仰をもった或る一人の聖職者が存在することは有益（expedit）なことである[170]」。

更に公会議が利用可能であるという主張に対しては、次のように述べられている。

「信徒たちは数多くの地域の広大な広がりの中に分散しているので、公会議を召集することは困難であり長い時間がかかり、非常な労力と費用がかかることから……、公会議がこの種のあらゆる事例において召集されねばならないとすると、それは信徒の共同体にとって有益なことではない（non expedit）。それ故この種の場合に危険をより容易に防止するために、信徒の共同体が、この種の事例において権限を有する一人の首長たる聖職者をもつこと、そして高位聖職者の行き過ぎた過ちを罰したり、一人の人間の技能と権限で十分な他の重要な事例を解決したりするためにこの首長に依拠できるようになることは有益である（expedit）[171]」。

教皇の単独支配を支持するオッカムのこれらの議論に特徴的なことは、単独支配が何らかの形而上学的な根拠ではなく教会統治の特定の機能により正当化されていること[172]、そしてこの機能が裁判官の間での衝突の解消、裁判における誤りの訂正、高位聖職者の権力濫用の抑制といった消極的なものであることである。また教会は教皇という単独の支配者に服すべきだとオッカムが考える別の理由は、可視的な者がキリストの代理人として教会の中に存在する必要があるということである。オッカムによれば、教会の真の首長はキリストであるが、教会の中には信徒がそれを必要とするときにはいつでも直接的に対面することのできる可視的存在者が実在する必要がある。

「教会の頭はキリストであるとしても、同じ教会のもう一つ別の頭がキリストの下に存在し、キリストの下で教会を配慮しなければならない。というのも教会にはキリストから委任されて教会を指揮する者がいなければならないからである。すなわち、教会に身体をもって現在して可見的な仕方で教会を統治し、様々な必要事項のために、必要なときに信徒が物理的に近づくことのできる或る者が教会には居なければならないからである。キリストは（例外的な場合を別にして）目に見えない仕方でのみ教会を支配するので、上記のような仕方で教会を統治することはない。それ故、キリストが頭だとしても、キリストに忠実な可死的な人間が――キリストという頭のもとにではあるが――頭とならなければならない[173]」。

それ故この点でもオッカムの教皇単独支配の根拠は消極的なものと言える。教皇至上主義者は、教会という一つの身体が複数の頭をもつことは不合理であり、一つの身体は唯一つの頭をもたねばならないという理由で一人の教皇の単独支配を正当化し、これを根拠に教会という有機体の頭である教皇に絶対的な権力を付与したのに対し、同じように一人の教皇の単独支配を支持するオッカムの論拠は消極的でいわば功利的なものであり、積極的で存在論的なものではい。

オッカムは教会における単独者支配（モナルキア）の是非を議論する際にアリストテレスの『政治学』にみられる三つの統治形態の比較を詳細に紹介している[174]。先ずオッカムは政治体（politia）に先行する二つの共同体、すなわち家と村落を説明してから[175]、より大きな共同体、都市（civitas）、王国（regnum）、公国（ducatus）を論じ、更に第九章では、家という自然的共同体を支配する家父長の自然的支配権（principatus naturalis）と王権の類似性を理由に君主制（それ故教会の単独支配）を支持する見解を挙げている[176]。しかし王権と家父長権の類似性がオッカムにより立ち入って議論されることはなく、少なくとも教会統治に関して教皇の単独支配が家父長権と結びつけられることはなかった。

オッカムはアリストテレスにとって理想的な最善の統治形態が人定法や慣習法によって限定されることのない君主制、王が自然法のみに服しながら自らの意思に従って万人の共通善のために支配する体制であることを認めている[177]。しかしオッカムはアリストテレスのこの主張を根拠として教皇至上主義的な結論を導き出すことはしなかった。第一に、支配者は「万人の共通善のために」（propter commune bonum omnium）統治すべきであるという条件自体が、教皇絶対主義をアリストテレスの言う理想的統治形態とは異なったものにする。アリストテレスの理想的支配者は自然法と神法にのみ拘束され人定法には服さないことから十全権力（plenitudo potestatis）を有していると言えても、この権力は「私的利益ではなく共通善に関係した事柄に関して」のみ行使されるのに対し[178]、オッカムが教皇の十全権力を批判するときに想定されている教皇権は奴隷（servi）に対する主人（dominus）の専制的支配に類似したものと考えられている[179]。主人の専制的支配が共通善のみならず主人自身の私的利益（bonum proprium）のために自然法と神法に違反しない仕方で奴隷を使用するのに対して、アリストテレスの最善の君主制においては支配者が自分自身の利益のために臣民やその財を好きなように使用することはできない。最善の君主制のもとでの臣民は自然的自由（libertas naturalis）を享受しており、「自然的自由には、いかなる者も自分自身の私的な目的のために自由な人間を利用すべきでないことが含意されている[180]」からである。

しかしオッカムが彼の時代に最も適合した統治形態と考えたのは上記のような神法および自然法のみに服する理想的君主制ではなく、神法や自然法に加えて、人定法や慣習法にも拘束される、より弱い権力の君主制であった。

「しかし時として単一者による支配は、しばしば既述の王的支配（principatus regalis）よりも権力において弱いことがある。すなわち、この支配は先に述べられた王的支配が有するような十全権力を有していないからである。この種の王的支配は法による（secundum legem）王的支配と言われる。というのも、これは単一者が支配するといっても、この者は自分の意思によって支配するのではなく、人間によって導き入れられた法律や慣習に拘束されているからである。彼はこれらの法律や慣習を遵守することを義務づけられ、自分がこれらを遵守することを誓約ないし約束するよう義務づけられている。そして彼がこの種の法律や慣習を遵守するよう義務づけられていればいるほど、既述の王的支配からかけ離れたものになっていく。おそらく今日、既述のような王政は全世界のどこにも存在しないだろう[181]」。

神法と自然法のみに服しながら共通善のために十全権力を行使しうるような支配者は理想としては可能であっても現実には存在しえない。この種の権力を保持するに値する人間は叡智と徳、その他心身上のあらゆる善き性質において極度に卓越している（superexcellat）必要があり、そうでないかぎりどのような支配者も暴君になると我々は恐れるべきである[182]。支配者になる人間の道徳的資質に政治制度を適合させる必要性を強調するオッカムの議論は、少なくとも同時代の教皇至上主義者の政治理論とは根本的に異質のものであった。

アリストテレスの政体（politia）の種類について説明した後、オッカムは君主にとって必要な個人的資質について次のように述べている。

「しかし顕職や地位を分配する際には、しばしば当の顕職や地位が分配されるべき人々の功績や価値のみが注目される。というのも、このとき不平等な顕職や地位が平等な人たちに与えられることは不正だからである。……しかし、名誉が与えられるべき人々の功績や価値が注目されるのみならず、多数の人々ではなく一人の人間の支配によってより良く配慮される公的利益（utilitas publica）もまたしばしば注目されることがある。この場合、名誉が与えられるべき人々の功績や価値よりも共通善により大きな注意が払われるのであるから、徳において平等で類似している人々に平等でない顕職や地位が与えられることは正しいのである[183]」。

それ故オッカムは教皇となる人物にカリスマ的な「天使的教皇」たることを要求しない一方で、顕職としての教皇職それ自体を神秘的に高揚することによってこの顕職に就く人間の個人的特徴を度外視するようなこともなく、両者の中間的な立場をとっていた。徳に優れた人間が実際にいればその人間が教皇に選出されることが望ましいが、徳に卓越した人間がいなければ普通の徳を備えた人間が教皇になるほうが、教会に首長がいないことより好ましいとオッカムは考えた。

さて、オッカムは様々な統治形態を比較した後、効率性（efficientia）を理由に貴族制よりも君主制を推奨している。

弟子「なによりも先ず私は次のことをあなたに質問します。彼ら（君主制の支持者たち）によると、信徒の共同体が多数の人々ではなく一人の人間によって支配されるほうが好ましいのはどのような利益の故でしょうか」。

教師「彼らは数多くの利益があると述べている。一つは、多数の人々がいつも同じ場所にいるとはかぎらないので、多数の人々より一人の人間に面接するほうが容易だということである。様々な必要性の故に支配者と容易に面接できることは臣民にとって小さな利益ではない。この理由により、世俗の支配者であれ教会の支配者であれ、支配者が自らを臣民にとって近づきがたいものにするならば、彼らは非難されるべき者とみなされねばならない。もう一つ別の利益は、一般に一人の支配者はその必要が生じたときに多数の支配者たちよりも容易に法廷を開き裁判を行い、危険を防げることである。支配者が一人であるならば、法廷を開き、裁判を行い、危険を防がなければならないときに他の支配者を待つ必要がない。しかし多数の支配者がいるならば、この種の事柄を敏速に片づける必要があっても、そして延期すると危険が生ずるとしても、他の支配者ないし支配者たちを待たねばならない。第三の利益は、人間が道を踏みはずしたとき、それが一人であるならば多数の人間よりも容易に矯正されうることである。というのも多数者は一人の人間よりも多くの弁護者を有しているからである。第四の利益は、大きな社会は多数の人々の助言なくしては良く統治されえないことに存する。これはソロモンの『箴言』第二十四章に『多くの助言あるところに安全があるだろう』と書かれているとおりであり、また『第一マカベア書』第八章にローマ人を賛美して『三百二十人の人間が毎日討議し、立派に行動できるように多くの事柄について常に助言を行うならわしであった。』とあるとおりである。それ故彼らの社会は、一人の者が他の人々を支配し、集会の日時や場所その他の事柄（例えば、どの助言者が許容され、どの助言者が避けられるべきかといった事柄）を決定できる場合のほうが、多くの者が支配し、これらの人々の一人が他の人間を会議や、その他何であれ為されるべきことから――たとえ当の人間が国家に対して悪事を企んでいるときでさえ――容易に排除できない場合よりも良く統治されることだろう。第五の利益は、一人の人間は多数の人間よりも多様な仕方で、そして労力を伴わない仕方で沢山の問題を片づけることができる点にある。というのも、同じ問題を多数の人間が一緒になって決定することを阻止するような事態が多くの仕方で生じうるからである(184)」。

このような教皇による教会の単独者支配（モナルキア）の功

利的機能的正当化は『対話篇』第三部第一論考第二巻第十九章にもみられる。ここでオッカムは、二つの目や耳より多くの目や耳のほうがものごとをよりよく把握することができるように、多数者の判断は一人の人間の判断より優れているというアリストテレスの『政治学』第三巻第十五章と第十六章の見解[185]――従って信徒の共同体も、共同体にとって何が有益かを単独の者より良く判断できる多数者によるほうがより良く統治されると主張する見解――に対して次のように答えている。

「しかし、単一の人間ないし少数の人間によって有益な仕方で処理できる問題については、一般的な会議が召集されることは有益でない。従って原則的に言って、信徒の共同体は多くの人々が共同で統治するよりは、十分に良い助言を利用する一人の最善な（optimus）あるいは善い（bonus）人間によって統治されるほうが有益である。というのも、信徒の共同体は多くの人々の助言なくしては良く統治されえないが、これら多くの人々は、彼らすべてが支配者ないし指導者であるよりは、一人の最善な、あるいは善い人間の単なる助言者であるべきである。この一人の人間は、もしそれが役に立つときは、多くの人々の意見を聞き、彼らのすべて、あるいは何人かを召集し様々な問題を彼らのうちの様々な人間に委ねることができるのである[186]」。

従って、オッカムによれば信徒の共同体たる教会は至高の単独者により統治されることが有益であり効率的である。単一の支配者は自分だけで十分に処理できる問題は一人で処理し、自分の能力だけでは不十分な問題は他の人々の助言によって処理すべきであり、これは多数の人間が共に支配者となって共同統治するよりは効率的だろう。多くの人々が同時に支配する体制は、一人の、ないし少数の人間によって処理されうる容易な問題の解決のためにも常に多くの人々が集合しなければならず[187]、これは単一の支配者が多くの助言者の意見をきいて問題を解決する体制に比べて効率的ではない。

「多くの目と多くの耳をもった多数の人々は、二つの目と二つの耳をもった一人の人間より多くのものごとをより良く理解し、同様に多くの手と多くの足をもった多数の人々は、二つの手と二つの足をもった一人の人間よりも多くのことを行うことができ、それ故多数の人々による支配は一人の人間による支配より有益である、というアリストテレスの他のテキストに対しては、次のように答えられる。一人の賢い善人が信徒の共同体を支配するならば、彼はただ二つの目と二つの耳、そしてまた二つの手と二つの足を使うのではなく、しばしばこの種の数多くの道具を使うのである。或るときには彼が多くの目と手ではなく二つの目と手のみを使うのが有益であるが、或るときは彼がただ二つだけではなく多くの目と手を使うことが有益である。それ故信徒の全共同体にとっては、或る場合には、それが有益なときは自分の能力だけを使い、或る場合には他人の能力を使う一人の人間によって支配されるほうが、必要もないのにすべてのことを処理するために会合する多数の人々によって支配されるよりも有益である[188]」。

それ故オッカムによれば教会の信徒を一人の人間が支配する君主制のほうが、多数者の支配よりも効率的である。そして、「一人の人間に比べて多数の人間が悪や欲望や邪まな感情によって堕落し腐敗する可能性はより少ない」という主張に対してオッカムは次のように述べている。

「或る意味で一人の意思は複数の人々の意思に比べて邪まな情熱や感情によって堕落したり腐敗することが少ないと答えられる。このことを明確にするために次のように言えるだろう。複数ないし多数の人々の意思が堕落するという言葉が二つの意味で理解されうることを知るべきである。すなわち多数の人々が堕落するのは、全体自体において（secundum se totam）であるか――このとき「全体」は共義語として（syncategoreumatice）理解されている[189]――、部分において（secundum partem）であるかのいずれかである。第一の意味にとれば、多数の人々は一人の意思よりも堕落することが少い。第二の意味にとれば、多数の人々の意思は特定の一人の人間――例えばこの人間とかあの人間――の意思よりも堕落しやすいことになる。多数の人々は、その部分においては、ある単独の人間よりも早く容易に堕落し腐敗しやすい。というのも、この多数者の誰か一人の堕落によって多数者自体が――部分としての意味において――堕落し腐敗することになるからであり、他の個々人は堕落していなくても、当の多数者の中に何らかの堕落が見出されるからである。支配者が善い支配者で適正であるためには、部分においてさえ堕落していないことが必要であり、それ故、信徒の共同体にとっては、部分においてさえ堕落することの少い支配者によって支配されることが有益であり、このような支配者は一人の支配者であって多数の支配者ではない。従って信徒の共同体は、多数者でなく一人の人間によって支配されることが有益なのである[190]」。

また、多数者が支配するときは、問題が生ずるたびに会合する手間がかかるのに対し、単独者が支配するときは、それが有益な（expediens）ときに支配者は多数の人々の助言を仰ぐことができ、また助言を求める必要のないときは単独で決定を下すことが有益である。オッカムにとり、教会統治の通常最も有益な形態は単独者の支配すなわちモナルキアであり、これは常に純粋に効率的で機能的な観点から正当化されている。

　オッカムが信徒の共同体である教会の最善の統治形態としてモナルキアを推奨する論拠は、最善の世俗的支配形態としてモナルキアを彼が推奨する論拠と極めて類似している。聖俗二つの支配権を共に便宜性や効率性によって正当化するオッカムは、教会における教皇の単独支配を最善の統治形態とみなす点で教皇至上主義者（例えばエギディウス・ロマヌス、アウグスティヌス・トリウムフス、ヤコブス・デ・ヴィテルボなど）と結論は同じであっても、その論拠は根本的に異なっている。例えばオッカムが教皇の単独支配を正当化する第三の理由――「人間が道を踏みはずしたとき、それが一人であるならば多数の人間よりも容易に矯正される」――は教皇至上主義にとっては教皇制の正当根拠とは到底言えないだろう。オッカムが教皇の単独支配を、ノーマルな状況における当の支配形態の効率性によって正当化するのに対し、既に触れたように政治的アウグスティヌス主義と言われる十四世紀の教皇至上主義においては教皇の単独支配は形而上学的な原理によって正当化されている。

　第二節で述べたようにオッカムは『対話篇』第三部第一論考の第四巻で「キリストは実際に福者ペテロを他の使徒及び全信徒の指導者且つ上位者に任命したか」について論じ、ペテロの首位権を肯定している。しかしオッカムによれば、キリストによるペテロの首位権の確立は恣意的な決定ではなく、効率性と教会の必要性を顧慮したいわば政治的な動機によって為されたものであった。アリストテレスに依拠して教会の君主制（単独教皇制）を正当化する同第二巻におけるオッカムの議論は、キリストがペテロを教会の首長に定めたことを証明する同第四巻の議論と関連づけて解釈しなければならない。アリストテレスの理論の光のもとでは、キリストの決定は政治的な観点からしても合理的なものであった。キリストによって定められた教皇の単独支配とペテロの首位権は、単に実定的神法によってのみならず、アリストテレス的理性によっても正当化される。第四巻におけるペテロの後継者たる教皇の首位権の承認は、神の命令を理由として神学的法実証主義者たるオッカムが不本意に行う承認ではなく、効率性に基礎づけられた君主制に対するオッカムの合理的に根拠づけられた承認なのである。しかしオッカムによる教皇制の合理的で功利的な正当化は、教皇制が教皇至上主義者たちにおいて帯びる格別に宗教的な意義を否定することでもあり、これにより教皇権に異なった性格が付与されることになる。オッカムにとり教皇は司牧者の首長であり、必要とあれば裁判官になりえても、キリスト教信仰の根源（fons et origo）ではありえなかった。

それ故オッカムによると通常の状態を所与の前提とすれば、教皇の首位権と単独支配はキリストの定め（ordinatio Christi）により実定的神法によって基礎づけられると同時に功利性や効率性によっても正当化される。しかし、通常の状態においてみられる実定的神法と功利性の表面的な調和は、異常事態の発生によって破綻し、功利性が実定的神法を排除し、教会制度の唯一の正当化根拠として前面に現れてくる。オッカムは、あらゆるキリスト教徒はキリストの下僕であり、キリストはあらゆる信徒の単独支配者として教皇を任命したのであるから、信徒は神たるキリストが定めた教皇単独支配の体制に変更を加えてはならないという反論に対し[191]、体制の変更が信徒の共同体にとって有益であれば、信徒は教皇の単独支配体制を変更することができると明言している。

「明白な緊急性や利益が問題になる場合には、もしそれが信徒の共同体にとって明白に有益であるならば、（教会は）その統治形態を、例えば統治者を一人も選ばなかったり、複数の統治者を選ぶことによって除去したり変更したりすることができる。……例えばかつて信徒たちは、何年もの間使徒座を空位のままにしておかなければならなかった（すなわち……ディオクレティアヌス帝とマクシミアヌス帝の時代に、上述の教皇マルケリヌスの死後、この二人のローマ皇帝によるキリスト教徒迫害が激しさを増していったとき、七年六カ月二十五日の間、使徒座は空位だった）[192]」。

またオッカムは次のように述べている。

「しかし、たとえ神の命令が明示的なものであっても、それ自体で悪（de se mala）ではなく、神によって禁止されているが故に悪であるようなことに関しては、緊急事態の故に神の命令に違反することは許される。それ故、また共通の利益のためにも神の命令やキリストの定めに違反することは許される。従ってキリストがすべての信徒の上には唯一人の教皇が置かれるべきことを定めたとしても、信徒たちには共通の利益のために少くとも一時的に他の支配体制を設立することが許される[193]」。

通常の状態における単独教皇の至高性が共同体の利益によって正当化されるかぎり、異常事態において同じ利益を根拠に教皇の単独支配を別の体制に変更することは原則からの逸脱と言えない。

「あらゆるキリスト教徒はキリストの弟子にして下僕であり、キリストの上に立つものではないにしても、緊急の必要性と利益を根拠にしてキリストの命令に背くことが――すなわち、キリストの意図に反するのではなくキリストの言葉や行為の表面的な意味に背くことが――できるのである。というのも、キリストが或ることを命令し、あるいは行ったときに、これと反対のことが自然法にいささかも反しておらず、しかもキリスト自身が緊急の必要性や利益を理由にしてこの命令や行いに違反してはいけないと明白には述べていないならば、緊急の必要性や明白な利益が問題となるときは例外であることを自分の言葉の意味に含ませることをキリストは欲していたからである」[194]。

オッカムはキリストが絶対的で例外を許さない命令を下す神的権利を有していることを疑わなかった。罪なき息子を犠牲にするようアブラハムに要求した神の命令は絶対的であり、それが自然法に反していようと神の命令には服従しなければならない[195]。しかし、ペテロへの権力の委任は例外を許さない絶対的な神の命令ではない。この命令に比べるとその表現においてもっと強い神の命令でありながら、当の命令に例外があることをすべての人々が疑わないような神の命令が存在しているとすれば[196]、教会がペテロの後継者たる教皇の単独支配に服するべきことを要求するキリストの命令にも、教会全体の緊急の必要性や明白な利益を根拠として例外を認めることは正当と思われる。一人の教皇の任命に関するキリストの指令は、キリストの教会にとってより利益になるような意味で解釈され適用されるべきである。というのもキリストが唯一人の教皇を任命するように指令したのは教会の利益のためだからである。もし教会の利益が、教会を寡頭的に統治する複数の教皇を設立するよう要求するならば、それはキリストの指令の精神を尊重しているのではないだろうか。そして、キリストが「私はあなたたちに、ペテロの後に一人の至高の教皇を任命するよう命令する」と述べている箇所は聖書のどこにも見当たらないだろう。従って、キリストは福者ペテロを教皇にし、全キリスト教徒の首長にしたとしても、キリスト教徒には、全教会の共通の利益のために、同時に複数の教皇を任命することが許されている[197]。緊急事態は法をもたず（necessitas legem non habet）、法に服さず（necessitas legi non subiacet）、実定的神法にも服さない（necessitas legi divinae positive non subiaceat）のである[198]。オッカムにとっては、単独の教皇を定めたキリストの命令――これは通常の状態において効力を有する――も、このキリストの命令に違背する複数教皇の支配体制も共に同一の原理に、すなわち教会全体の「利益」を根拠にするものであった。

しかしオッカム自身は教会の統治形態として単独教皇の君主

制的支配から複数教皇の寡頭的支配への移行を現実問題として望んでいたのだろうか。『対話篇』第三部第一論考第二巻の最後の諸章は、教皇の単独支配を崩壊させることではなく、教皇制の単なる改革をオッカムが望んでいたことを示しているだけなのだろうか。この点、教皇ヨハネス二十二世、その後継者たるベネディクトゥス十二世とクレメンス六世をオッカムが異端者と見なしていたことを考えあわせると、使徒の後継者でない複数の聖職者が教会において首位権を行使することを許容するオッカムの議論は重要である。オッカムによれば、例えば教皇と枢機卿が共に異端に陥り、ローマ市民が彼らを支持して正統な新教皇を選出する意思のないとき、あるいは教皇が異端者であったり教皇選挙人が互いに不和であることから教皇座が長期間にわたり空位であるとき[199]、あるいはキリスト教徒の間での戦争や異教徒との戦争の故に信徒が教皇に意見を求めることができないときは、キリスト教会の様々な地域で信徒が自分たちの霊的問題を司牧する上位者を合意によって選出することは正当である。このような事態によって教会の統一性が損なわれることはない。それはキリスト教会の様々な部分を一つの信仰において同じ意図のもとに統治する複数の教皇の体制だからである[200]。また、複数教皇制は教皇の使徒性を損うものでもない。信徒の全共同体が合意によって複数の教皇を使徒座に置いても、これらの教皇はすべてペテロの後継者でありキリストの代理である。このことはローマ帝国が同時に複数の皇帝がいたときも単一の皇帝がいたときも、継続する皇帝の連続によって一つであり同一であったことと同様であり、そして幾つかの王国で父と子が同時に権力をもったとしてもこのことで王たちの継承が中断しないことと同様である。これに対し、複数教皇が様々な地域である個々の信徒集団の意思によって選ばれた多数のパトリアルカであるときは、これらの教皇はペテロの後継者として連続した教皇の中には入らず、使徒的性格を帯びることはない[201]。それ故、このとき或る地域の信徒が一人の首長を合意によって選出し、別の地域の信徒が別の首長を選出したならば、キリスト教会は一人の至高の支配者を持たず、数多くの首長（使徒の後継者ではない首長）によって支配されることになる。

「どの地方や領域にとっても、そしてこれを一致して望む地方や領域がどれほど数多くても、霊的事項において他のすべての人々を監督する首位者（primatus）を自分たちで選出することが許されるだろう。それ故、幾つかの地方が一人の首長に関して合意し、他の諸地方が別の首長に関して合意しているならば、上位者をもたず、その中の誰も使徒的ではないこのような多数の首位者たちは信徒の全体が他の（使徒的な）首位者によって配慮されるようになるまで、キリスト教徒を指導することが可能だろう[202]」。

ここで注意すべきは、オッカムが二つの重なった複数教皇制を想定していることである。すなわち、全キリスト教徒によって選ばれた複数の使徒的教皇がペテロの後継者として同時に全キリスト教会を寡頭的に共同で統治するような、――従って各人は自立した権力をもたず、ただ教皇集団の他のメンバーの同意のもと、集団の名においてのみ行動することができるような――いわゆる貴族制の体制と[203]、キリスト教世界の各地域で、当の地域のキリスト教徒により選ばれた非使徒的教皇が単独で当の地域を自立的に統治するような体制である[204]。オッカムはいずれの体制も――もし信徒の利益がそれを要求すれば――実現可能だと考えていた。しかしこれら二つの体制は緊急事態が要求する一時的な体制にすぎない。キリスト教世界のこのような複数の教皇による統治は異常事態が終われば停止し、キリスト教徒はキリストが指令した教皇の単独支配に戻らなければならない[205]。

オッカムのこのような明確な言葉をみると、教会の制度的変更に関する彼の議論を単に仮想的なものとして理解することはできない。しかし言うまでもなくオッカムは教皇制の永久的廃止を望んだわけではなく、むしろ教皇の首位権を示唆した聖書のテキストを功利主義的かつ合理的に解釈しながらノーマルな状態においては単独教皇制が教会の最善の政体であることを主張した。オッカムには、例えば教会史を教会が漸次的に霊化されていく過程とみなし、純粋に霊化された教会においてキリスト教徒の完全なる自由が実現し、教皇による統治が不必要となる時代がやがて到来する、といったSpiritualesの見解は微塵もみられない。オッカムが例えば教皇選挙の延期を主張するとき、その理由は教皇制が不必要だからではなく、むしろ適格な候補者が見当たらないことから教皇選出が不可能だからにすぎない。オッカムは教皇制の停止は一時的でなければならないと考え、通常は最善な政体である単独教皇制が異常事態において非効率ないし有害となった場合に限定されるべきであると考えていた。オッカムにとり教会の霊的支配権も世俗社会の支配権も、これらの支配権の正当根拠はキリスト教徒たるかぎりでの信徒、および世俗社会の成員たるかぎりでの諸個人の霊的ないし世俗的な福利にあり、これら福利を最善の仕方で促進する体制は通常は単独者支配であるが、異常事態において単独者支配が人々の福利を阻害するときに別の体制が正当化される。この論理は世俗権力と霊的権力の両者にとって妥当する。通常は最善な政体である（霊的ないし世俗的）君主制が臣民の（霊的ないし世俗的な）福利にとって例外的に有害となる場合、臣民たちは異常事態において最善な政体を形成すべく積極的な行動をとれるようでなければならない。「全世界が一人の君主に服すことを望まず、自分の身分にとってそれが可能であるかぎりにおいて、このために努力しない人間は共通善の真なる熱望者ではない[206]」のと同様に、教会の霊的共通善のためにすべての信徒は、教皇が堕落していないかぎり、教会がこの聖ペテロの後継者によって統治されることを望み、このために努力しなければならないとオッカムは言うだろう。

さて、ローマ教皇がペテロの後継者として、キリストがペテロに授与した「天国の鍵」と同じ権限を有するかぎり、〈iurisdictio〉に関しては教皇は教会の最高位者であり、「ローマ教皇の——特に信仰に関する——決定や確定は、もしそれが正しいものであるならば、福音者ペテロの神的な声によって確証されたものとして受け入れられねばならない[207]」。教会の最高支配者たるローマ教皇は、異端に陥り、あるいは極度の悪行を行わないかぎり、神以外のいかなる者に対しても責任を負うことがない。オッカムは「教皇以外の信徒の総体は教皇の下位にある[208]」こと、「矯正不可能ではない教皇は神のみによって判断される[209]」べきであり、信徒によっては裁かれえないことを明言している。教皇はキリストにより任命された代理者であり[210]、教会の信徒の委任に基づいて権限を行使しているわけではない。教皇や司教の職務は天より降下した。教皇権はキリストがペテロとその後継者たるローマ教皇に授与したものであり、司教たちはキリストの使徒の後継者である。この点でオッカムの教皇論は正統的な教説と何ら異なるところがなく、例えば教皇を全信徒により委任された教会の代表者とみなす公会議至上主義的な考え方はオッカムにはみられない。教皇が異端者であり、あるいは公然たる犯罪者である場合に廃位させられるのは、教皇職が教会共同体により設立されたからでも、制度上教会全体の権威に服しているからでもなく、非常事態においては教会の共通善のために教皇廃位が必要だからにすぎない。もっとも、観点を変えれば、ここに教皇職の権限の相対化を指摘することもできるだろう。教皇職の権限は共通善によって制限される。共通善とは言うまでもなく正しい信仰の維持であり、教皇の異端と重罪は真の信仰を危うくし、この種の危険が教会を脅かすときは、真の信仰を抱く人々は教皇を裁くために「例外的に」（casualiter）介入する権限を有し、責務に服している。教皇の犯罪が公然と明らかなときはいつでも、或る意味で教皇がそれに固有の司教であるところのローマ人民の教会ないし集会に申し立てられるべきである。もしローマ人民が教皇を裁くことを欲さず、あるいは裁く能力がないならば、裁判の権限は公教会の信者の誰もが行使できることになる[211]。そして教皇に対する「裁判権は先ず第一に聖職者のうちの特定の人々に属し、これらの人々が背けば……裁判権は世俗の最高支配者に属するべきであり、更にこの者も背いた場合には、教皇に対して同じような世俗的権力をもつことのできる任意の信徒に属するべきである[212]」。しかし、正しい信仰を教皇職の上位にある窮極的な価値として認め、正しい信仰の観点から例外的に教皇が廃位されうることが許容されれば、教皇職は原理的に相対化されたことになるだろう。オッカムによれば、ローマ教皇職がペテロに対するキリストの委任に基礎を置き使徒的基礎を有するからといって、ローマの教会が信仰に関して過ちを犯すことはありえない、ということにはならない。公教会に属するあらゆる教会が使徒的な基礎を有しているのであり、パリであろうがナポリであろうがローマであろうが教会は使徒の教えに従っているかぎり使徒的教会と言える。使徒時代からの権威の連続的継承が中断したとしても、使徒の教義が生きているかぎりそれは使徒的教会なのである[213]。

「使徒の座を根源として司教たる後継者たちによって構成される教会、すなわち、使徒の教えを守り、司教たる後継者たちによって（たとえこのような統治が時として中断されたとしても）統治されてきた教会……[214]」。

オッカムにとり教会を使徒的なものにしているのは信仰であり、信仰が教会を形成している。もしそうだとすれば、共通善たる正しい信仰の観点からは聖職者と俗人との区別は消失するだろう。例えば聖職者を選挙する権限が聖職者に与えられているのは、聖職者の〈ordo〉上の権限や聖職上の権限を根拠とするのではなく、この種の問題については聖職者の判断に任すことが教会の共通善を促進するからである。

「昔より高位聖職者たちを選出する権利は司祭に与えられてきた。というのも、あらゆる司祭と俗人が選挙権を有していたが、司祭のほうが俗人より賢明で神聖であることから、俗人たちの同意によって、司祭だけが選挙の権利を有することが定められたからである。それ故、俗人が司祭より思慮深く適任なときは選挙の権利は司祭から取り上げられ、俗人に与えられるべきである。ordo ないし聖職上の何らかの権限に属するのではなく共通善に属する事柄は、……より賢明で適任で、共通善をより良く配慮できる人々によって取り扱われるべきだからである[215]」。

しかし、聖職者が聖職者を選挙することが教会の共通善を阻止する場合は、共通善に対して等しく責任のある俗人が選挙権を行使することになる。同様に、教会を代表して公会議に参加できる人々から俗人を排除してはならない。

「しかし、公会議に出席することが俗人の権限の中に含まれている。俗人が聖職者たちに黙示的ないし明示的に権限を委任しても、俗人が公会議から排除されるようなことがあってはならない。……聖職者は俗人を法的に排除することはできない[216]」。

俗人には公会議に参加する不可譲の権利があるというオッカムの見解は、オッカムが教会の共通善を聖職者のみならず俗人の関心事と考えていたことを示している。教会の聖職は神に由来し、聖職者の権威は人民を代表するものではない。しかし共通善が問題となるときは、聖職を担うか否かに関係なく万人が正当に権利を行使しえるのである。

「標準註釈（Dist. 96, *c. ubinam*）に述べられているように、万人に触れることは万人により討議され承諾されねばならない。……しかし、公会議で討議されることは万人に触れることである。というのも、公会議においては、あらゆるキリスト教徒に関係した信仰その他の事柄について討議されるべきだからである。それ故、公教会が触れる俗人たち（laici quos tangunt generalia concilia）は、もし彼らがそれを欲するならば正当に公会議に出席できるのである[217]」。

正しい信仰の保持のために必要な共通善という観念は、教会の内的実在をその外的構造から分離するためにオッカムが用いた一般的原理である。共通善を達成するかぎり、場合によっては俗人が聖職者を霊的事項において統治することさえ可能である。「教会の権力がうまく機能しないときは俗人が教会の内部において、すなわち聖職者に対して、裁治権を有することになる[218]」。教会の窮極的な根拠は共通善であり、たとえ聖職が神に由来し超越的な性格を帯びるとしても、それが教会の共通善を達成しえないときは既存の聖職組織の外で俗人が霊的裁治権を行使することになる。これは俗人の潜在的権利が非常事態において顕在化することに他ならない。共通善を実現する義務に万人が服しているからである。

更にオッカムはキリストによって打ち建てられた教会の基本法（constitutio）自体がより上位の神法に服すことを明言している。

「多数の事例において王侯や世俗の人々は教会の基本法によらずして、聖職者や異端教皇に対し権力を有している。すなわち彼らは場合によってはこの種の権力を教会の基本法を通じてのみならず、神法から受け取ることがある[219]」。

異端教皇を廃位する俗人の権限は教会の基本法と対置され、神から直接的に授与されたものとされている。俗人の権限は教会の内奥の本質に由来するのに対し、教会の基本法は制度的な外形にすぎず、必要とあれば神法の名において破棄されるべきものである。俗人による異端教皇の廃位はこの種の事例の一つであるが、制度的教会の亀裂によって教会の内奥の本質が露呈するのは教皇の廃位にかぎられず、例えば緊急事態において教皇が例外的に教会の基本法を破棄する場合も同様である。オッカムは教皇に教会の「一般的状態」(status generalis) を一時的に無効にする権能を認めていた。例えば、教会を異端から保護する緊急の必要性があるときは教皇は自ら後継者を任命することが可能であり、またそれが信仰と矛盾しないかぎり、聖書で黙示的ないし明示的に語られていることでさえ無視して行動することができる[220]。教会の基本法が緊急事態において破棄されるべきことはキリスト自身の意図であり、教会はその制度的構造を状況に応じて自ら変更していく力を神から授けられており、既に述べたように教会が一名の教皇によって統治されることさえ変更可能である。明白な緊急事態や明白な利益が生ずる場合でも教会の統治方法は放棄されたり変更されることがありえない、というような仕方でキリストは自らの教会を最善の統治形態へと全面的に義務づけることはしなかった。すなわち、もしそれが信徒の共同体にとって明らかに有益であったり、その種のことを行うよう強制されるべきであるならば、一人の統治者も選ばなかったり多数の統治者を選ぶことによって教会の統治方法を変更することができる[221]。オッカムにとってキリストが定めた教皇職は、教皇至上主義者がしばしば主張するような事物の不可変な本性に基礎を置く神秘的な必然性を帯びた制度ではなく、他のあらゆる被造物と同様に根本的には偶然的かつ可変的なものであった。事実、教会の歴史において教皇座が空位のときがあり、オッカムはこの例外的な事実を一種の規範的事態として解釈することにより、キリスト自身の定めをも含めて教会のあらゆる実定的制度を偶然的で可変的なものと考えた。不変的な教会、正しい信仰の真の担い手たる教会は制度の外形の背後にある信徒の集団たる無定型な普遍教会なのである。

「キリストはすべての信徒が一人の至高の教皇に服すべきことを命じたが、このキリストの命令は肯定的であり否定的ではないので、永久に義務づける力を有しはするが、どんなときでも義務づけるわけではなく、それ故すべての信徒はいつでも一人の教皇に服さなければならないわけではない。……すべての信徒は場所と時に応じて、そして然るべき仕方で一人の至高の教皇に服する用意がいつもできていなければならないが、……教皇の選挙が……百年間、二百年間、あるいはそれ以上延期されることもありうるのである[222]」。

オッカムは否定的命令とは異なり肯定的命令が例外なくあらゆる時点で拘束力をもつとはかぎらないことを論拠としながら、

キリストの命令が百年や二百年にわたり効力を停止しうることを主張し、教会の制度的構造に関するキリストの言葉を信仰上の真理を含む言葉から区別しようとした。聖書に含まれる信仰上の真理が絶対的な遵守を要求するのに対して、教会制度についてのキリストの命令は変更可能である。オッカムは制度的教会が啓示と救済の歴史の中で神から人間に授与されたことを認める一方で、教会制度、特に教皇制を信仰の対象とは考えなかった。オッカムにとり神的実在たる教会は制度の背後にある普遍教会であり、この普遍教会の共通善の要求により制度が変更され、場合によってはキリストが定めた教皇制でさえ一時的に放棄されうる。

第六節　普遍教会と啓示

オッカムの教会論の基本的な特徴は、位階的な教会制度が神的起源をもつことを認める一方で、教会の本質は正しい信仰をもつ信徒の集団たる普遍教会にあると考え、キリストによって約束された不可謬性を制度的教会には拒否し普遍教会に認めていることである。清貧論争においてヨハネス二十二世の異端を確信したオッカムにとっては、キリストの約束が個々の教皇の不可謬性を保証するものでないことは言うまでもなく、教皇ヨハネスがキリストによって授与された権限を正当に行使していないことはあまりに明白であった。このような状況に対する理論的に可能な説明として考えられるのは顕職としての教皇と自然的人間としての教皇の区別である。教皇職は不可謬であるのに対して個人としての教皇は可謬であり、個人としての教皇が異端者となった場合は、直ちに当の教皇は教皇でなくなるという考え方である。この見解においては教皇たる者が異端者であることは論理的に不可能となる。しかしオッカムは職務それ自体と職務の担い手を区別するこのような見解を採用することなく、教皇職自体の可変性や可謬性を主張することで異端教皇の問題に対処した。もし教会の本質が教皇職から分離不可能であるならば、教皇職の真の担い手は構造的にみて必然的に全教会を代表して行動することになり、教皇が教皇として公に行うことはすべて教会自体の行動とされるだろう。しかし、キリストは教会の信仰が誤謬に陥ることなく永遠に存続することを祈り、常に自分が教会と共にあることを約束している。従って、教皇が異端を唱え、教会の共通善に反する行動をとった事実があるならばキリストの祈りは無益に終わり、キリストは約束に違背したことになるだろう。それ故、キリストの祈りと約束が真に効力をもつとすれば、それは教皇を頭とする制度的教会に対してではなく信徒の集団たる教会それ自体に対し為されたものと考える他はない。真の教会は聖職の位階制度にではなく信徒たちの無形態な集合であり(223)、教皇職は全教会を体現し標榜するものではなく、教会の単なる一部分にすぎない。教会における正しい信仰の永続を保証するキリストの約束と祈りも位階的に構造化された制度としての教会ではなく、あらゆる信徒の構造化されざる無形態な全体としての教会であった。これは教会の真の本質が制度ではなく信徒の全集合にあるからに他ならない。

　更にオッカムの教会論の特徴は、教会を歴史を通じて蓄積されていく過去および現在の全信徒の集合体と考える点にある(224)。オッカムにとり「教会とは預言者や使徒の時代から存在してきたあらゆる公教会信徒の集合(225)」であり、使徒や福音史家や殉教者や博士のみならず現在に至るまでのあらゆる信徒を含む集合である。しかし、オッカムはこの集合を信徒たちの単なる寄せ集めではなく累積的で発展的な過程に服する信徒の歴史的統一体として理解した。オッカムにとり現在の教会は蓄積された伝統の総体であり、キリストの祈りと約束もこのような歴史的な総体としての教会に向けられているのである。真に権威ある教会、正しい信仰が息づく教会は歴史の一時点において存在する教会ではなく過去のあらゆる信徒を包含する歴史的全体としての教会である。

　「というのも、使徒や福音史家、すべてのローマ教皇そしてこれ以外の司教や司祭…そして現在に至るまでの公教会のあらゆる人々を包含する教会は、現在この世を旅し続ける教会……よりも権威があると思われるからである(226)」。

従って「人々は現在生きている者たちよりも過去の信徒の全共同体のほうを信ずるべきである(227)」。言うまでもなくオッカムの直接的な趣旨は、過去の教会の総体へと訴えることで現在のアヴィニョン教会の権威を貶めることにあったが、そこで理論的に前提とされているのは、普遍教会は時間の経過の中で蓄積された——そして「時の充満」を待つ——歴史的総体としての教会であること、そして歴史の或る一時点において存在する教会は普遍教会の単なる一部分として、普遍教会ほどの権威をもちえないということであった。

　さて、オッカムは或る箇所で教会を「キリストの神秘体」(corpus mysticum Christi)と呼んでいる(228)。「キリストの神秘体」という観念は教皇派の理論家により世俗的領域における教皇の至上性を根拠づけるために利用されてきた(229)。『反教皇ベネディクトゥス論』においてオッカムは、フランシスコ修道会のような団体は擬制的人格(persona ficta)であり、擬制的人格には財の事実上の使用は不可能であるという教皇ヨハネス二十二世の批判に答えて次のように主張している。

　「教会ないし信徒の団体(congregatio)は単一の人格ではなくても、現実に存在する多数の真の人格(plures

verae personae et reales）である。というのも、それは複数の真の諸人格であるところのキリストの神秘体だからである（『ローマ人への手紙』（12・5）、『コリント人への第一の手紙』（12・12―14、20、27の引用））。……このことから、あらゆる信徒が一つの体であり、一つの集団であり、一つの教会であることは明らかである(230)」。

ヨハネス二十二世は、フランシスコ修道会は財を法的な権利によって使用してはおらず財を単に事実上使用しているだけであるという修道会の主張に対して、修道会は真の人格（vera persona）ではなく擬制的（ficta）な想像上（imaginaria）の、あるいは表象された（repraesentata）人格であるから財を事実上使用することは不可能であり、その財の使用は法的な使用でなければならないと主張した(231)。真の意味での人格である具体的な個々の人間は財を事実上使用することが可能であっても、抽象的な擬制的人格である修道会の財の使用は事実上ではなく法律上のものでなければならないというのが教皇の主張である。ヨハネスは教令《Quia quorundam》の中で「個々の人間が行う事実上の行為は真の人格を要求し必要とするが、修道会は真の人格ではなく表象された想像上の人格である。それ故、このような人格に法律上のものごとが適合することはありえても事実上のものごとがそれに生ずることはありえない(232)」と述べている。この主張の前提となっているのは、修道会は個々の修道士の集合とは別の独立した人格――個々の修道士の真の人格とは異なり、観念的ではあるが或る意味で客観的に存在している人格――を有するという一種の法人実在説である。この主張に対してオッカムは『九十日の書』第六十二章で次のように反論する。

「もしフランシスコ修道会が表象され想像された人格（persona repraesentata et imaginaria）であるならば、同じ理由で教会やどのような共同体も表象され想像された人格ということになるだろう。これは不合理である。というのも、表象され想像されたにすぎないものは架空の（fantasticum）ものであり、人間精神の外に実在しないからである。しかし教会は精神の外に実在しない架空のものではなく、それ故表象され想像された人格ではない。これは確証される。すなわち、教会は人間精神の外にあるか、人間精神の中にのみあるか、あるいは人間精神の中にあるものと外にあるものから構成されたもののいずれかである。もし人間精神の中にのみあるか、人間精神の中にあるものと外にあるものから構成されたものならば、それは実在するものではなく、実在する裁判権をもちえないことになるが、教会についてこのように述べることは邪悪で瀆聖的である。

しかし教会が精神の外にあるものならば、それは一つのものか多数のもののいずれかである。そして、一つであろうと多数であろうと教会は表象され想像された人格ではない。というのも、一つのものは表象され想像された人格ではなく、多数のものも表象され想像された人格ではないからである。それ故教会は表象され想像されたものではない。そして同じ論証によって、フランシスコ修道会は表象され想像された人格ではない[233]」。

また次のように主張されている。

「事実に属するものごとが本当に修道会に適合しえないならば、同じ理由で、事実に属することはいかなる共同体や団体にも適合しえないことになり、従って教会にも公会議にも、信徒の集団にも、人民や民衆にも、平民集団や都市、王国やその他どのような団体や共同体にも適合しえないことになるが、これは聖書やカノン法や聖人の教説に違反していることが理解される。というのも『ルカ福音書』の第一章（1・10）には、『すべての民衆（omnis multitudo populi）は外で祈っていた』……とあるからである[234]」。

更にオッカムは『反教皇ベネディクトゥス論』において、どのような団体も擬制的人格ではなく現実の人間の集合であることを主張する。「明白なことは、共同体（communitas）や人間の集合体（multitudo）は現実に行為しうるということであり、従ってそれは想像上の表象された人格ではないことである[235]」。修道会はヨハネス二十二世が主張するような擬制的人格ではなく、生身の人間の集合体としてのみ存在しうるのであり、それ故個々の具体的人間が財を事実上使用するように修道会も財を事実上使用すると言えるのである。

「かくして修道会士たちが修道会であり、修道会は修道会士たちのことである。ここから修道会は想像上の表象された人格ではなく、むしろ修道会とは真なる現実の諸人格（verae personae reales）であることが明白に帰結する。……修道会は一つの真なる人格（unica vera persona）ではなく、複数の真なる人格（verae personae）であることは確かである。ちょうど人民が一人の人間ではなく数多くの人間であり…教会が複数の真なる人格であるように[236]」。

それ故、オッカムによれば修道会のみならず教会全体も真なる人格である個々の信徒の集合であり、この集合が「キリストの神秘体」である[237]。オッカムはパウロの『ローマ人への手紙』（12・5）にある「わたしたちも数は多いが、キリストにあって一つのからだであり、また各自は互いに肢体だからである。」や『コリント人への第一の手紙』（12・27）「あなたがたはキリストのからだであり、ひとりびとりはその肢体である」を引用しながら次のように述べている。

「……明らかなのは、信徒たちが例の家だということ、すなわち拘束し解き放つ力を受け取った例の家だということである。従って信徒たちは一つの教会である。かくして教会は真なる諸人格であって想像上の表象された人格ではない(238)」。

教会を個々の信徒の集合から分離した抽象的実体として捉えることを否定するオッカムの見解をノミナリズムと関連づけて解釈することも可能であるが、個物と普遍者（個々の人間と人間概念ないし人間の普遍的本質）の関係が個人と個人の集合（社会や共同体）の関係と異なることに注意しなければならない。存在するのは個物のみであり、普遍者は客観的に実在せず人間精神の中に概念として、記号として存在するにすぎない、という狭義のノミナリズムから、存在するのは個人のみであり、共同体は単なる諸個人の集合にすぎず、諸個人を超越した共同体そのものが実在するわけではない、という考え方が必然的に導き出されるわけではない(239)。

オッカムは例えば『アリストテレス自然学要説』で個人と集合体について次のように説明している。

「というのもアリストテレスによれば、全体は諸部分が一諸に集められたもの、すなわち結び合わされ統合されたものに他ならない。……それ自体で真に一つである複合体についても同様に、それらのどれもが諸部分が一諸に結び合わされたものであり、それ故一つの全体は、同時に存在する諸部分に他ならないと言える。……しかし人工的なものに関しては事情は異なる。なぜならば、その本性上、一つの部分は他の部分から分離して存在することができ、それ故本性上、諸部分は統合されることなしに同時に存在できるからである。従って全体は、存在する諸部分と必ずしも常に同一であるとはかぎらない。全体は、存在する諸部分が然るべき様態で一つにまとめられ、或る場所に適切に位置づけられたときにのみ、当の諸部分と同一なのである。……それ故次のことが明らかとなる。すなわち複合体はその諸部分に他ならないが、常にそうだというわけではなく、諸部分が然るべく秩序づけられ統合されているときにのみそうである。というのも、異なる複合体が生じるためには、諸部分が異なった仕方で結合する必要があるからである。すなわち、或るときは諸部分が同じ場所に同時に存在する必要があり、或るときは相互に分離せず媒介物が存在しないような仕方で、或るときは何らかの媒介物が存在しうるが、多数の人間が一つの人民を形成するように一定の秩序が必要とされる(240)」。

「家が木と石で建てられるとき、木ないし石以外のいかなるものも新たに付加されることはない(241)」。

「すなわち家が生ずる、あるいは建てられると言われるとき、それはそれ自体で全く新しい家の特定部分が生ずるという意味ではなく、諸部分が場所の移動によって一諸にされ然るべく位置づけられるということであり、それ故いかなるものも新たに付け加わることなく一つの部分が他の部分とともに、あるいは他の部分の上に然るべき仕方で配列されるということである(242)」。

すなわち、団体はその成員が一定の仕方で配置されていることを意味するだけであり、成員とは別に成員たちを一つの団体にしている何ものかが客観的に存在しているわけではない。「多くの人間が一つの人民（populus）と言われるのは、彼ら自身の間にある特定の秩序の故であり、一人の王の下に存在する多くの人間が数において一つの王国と言われるのである(243)」。

オッカムの意味論の用語を用いれば、「普遍教会」という団体は個々の信徒を直格で（in recto）意味ないし指示し、真の信仰を斜格で（in obliquo）共意する（connotare）とも言えるだろう。「普遍教会」は真の信仰をもつ諸個人の集合だからである。オッカムは関係のカテゴリーの客観的実在性を認めなかった。例えば父と子の間には客観的な父子関係が実在していることは確かであるが、だからといって（三位一体論のような特殊な脈絡は別にして）父たる人間と子たる人間とは別個に父子関係という関係的なもの（res relativa）が客観的に実在しているわけではない。関係についてオッカムは「宇宙の統一性……は絶対的なものから区別された関係ないしはものを生じさせているのだろうか」と問い、「然りである。というのも宇宙の統一性は、ちょうど軍隊の統一性が、諸部分がお互いの間で、そして指揮官に対して秩序づけられていることに存するように、諸部分が相互に秩序づけられ、そして諸部分が第一の存在者に対して秩序づけられていることに存するからである」という返答に対し、「宇宙の秩序と統一性は、……宇宙の中で秩序づけられた様々な体を相互に結びつける何らかの帯であるかのような……何らかの関係といったものではない。……むしろ宇宙の秩序は絶対的なもののみを含んでいるのであり、これらのものは数において一なるものを形成しているわけではない」と反論している(244)。

それ故、オッカムが教会は「キリストの神秘体」であると述べるとき、教会や修道会が個々の信徒の人格から超越し、個々の信徒の自然的身体とは独立した身体をそれ自体で有することを主張しているわけではない。オッカムは教会がキリストを首長として、聖霊に支配されていることを認めるが、キリストの神秘体は個々の信徒たる「真の人格」が形成する集合体にすぎず、信徒たちを包含する一つの独立した霊的総体として理解されてはいない[245]。神秘体としての教会を、教皇を頭とし信徒をその肢体とする一つの巨大な「完全なる人間」(homo perfectus)のような実在として観念したのは教皇至上主義者であり、オッカムにはこのような有機体論的な団体実在説はみられない。オッカムが言うキリストの神秘体は、単なる信徒の集合体の比喩的表現以上のものではない。事実、「神秘体」は既に十三世紀において単にキリスト教会の社会的な統一を漠然と意味する言葉になっていた。「あらゆる信徒が一つの体であり、一つの集団であり、一つの教会であることは明らかである」というオッカムの上述の言葉も、単にすべての信徒は全体として一つの体、一つの集団、一つの教会を形成しているという当然のことを述べているにすぎない。

もっとも既述の如く、オッカムにとりこの神秘体は、歴史を通じて蓄積されていく信徒の集団であり、キリストの祈りと約束がある以上、跡絶えることなく存続し、或る時点において大多数の人々が異端に陥ったとしても、少数の人々と縮小されたかたちで存在し続ける信徒の集合体である。

オッカムは『対話篇』第一部第五巻で、教会が個々の信徒の集合にすぎず、しかも「あらゆるキリスト教徒が信仰に違反する可能性があれば、キリスト教徒の全共同体が信仰に反して誤謬を犯すこともありうるのではないかという「弟子」の質問に対し、「教師」に次のように答えさせている。

「集団の中のどの者にも誤る可能性があるならば全集団が誤りを犯すことがありうる、という命題はどんな場合にも真であるというわけではない。というのも集団が特別に保護されている場合があるからである。例えば世俗の支配者が、多くの修道僧がいる間はそのうちの誰をも特別に擁護しようとしなくても、あらゆる修道僧が同時に殺されてしまうのを阻止することによって或る修道院を保持することがあるだろう。もし一人の修道僧以外のすべての修道僧が殺されるようなことが起こったとき、世俗の支配者は、この一人の修道僧に加えて別の修道僧が同じ修道院に入ってくれば、このときから一人の修道僧を特に保護することはなくなるだろう。このような支配者は修道院を保護しているのであって、修道院のいかなる修道僧をも——そうすべきときが来ないかぎり——保護しているわけではない[246]」。

これと同じように神は真の信仰をもつ人間が常に教会に居る

ように配慮し、教会を保護している。

「救世主の約束によれば公教会の信仰は世の終わりまで存続するように、教会の中には聖職者であれ俗人であれ、高位聖職者であれ下位聖職者であれ、あらゆる誤謬――いつかこのような誤謬が信ずべきものとしてすべての信徒に押しつけられることもあるだろう――に対して強い堅忍をもって抵抗するような誰かしらが常に（semper）存在することだろう」[247]。

「すなわちキリストは自分の教会が世の終わりまで公教会の信仰のもとに永続すると預言することで……キリスト教徒の全教会がいかなるときにおいても（pro nullo tempore）……公教会の信仰から離れないことを言おうとしたのである」[248]。

「神はしばしば小さき者に、知者や識者には隠されていることを啓示する。それ故、たとえ公会議に参加するすべての人々が誤りを犯し、小さき者や無学の者だけでは公会議に集まることがなくても、これで絶望してはならない、というのも神は公教会の真理を小さき者に啓示し、あるいは認識された同じ真理を擁護するように鼓吹するからである」[249]。

既に指摘したようにオッカムは公教会の正しい信仰の永続を祈り約束するキリストの言葉が教会の諸部分ではなく教会全体を普遍へと向けられたものであることを主張し、この教会全体を普遍教会として理解したが、世の終わりまで存続するこの普遍教会は逆に現実の教会を構成する信徒の一部分において存続するものとされる。すなわち、教会全体である普遍教会は可視的教会の一部分の中に現在する。この一部分は唯一人の信徒であってもよい。「教会の全信仰がたった一人の人間にしか存在しないこともありうる（In unus solo potest stare tota fides ecclesiae）からである」[250]。キリストの祈りと約束の対象が単独の信徒であることも可能であり、このとき普遍教会は一人の信徒の中に存続するだろう。オッカムにとって、宇宙の秩序や統一性が、宇宙のすべての構成部分から区別された実在者ではないのと同様に、教会秩序も個々の信徒から独立した超越的な実在ではなく、個々の信徒の間の事実的な関係――しかしこの関係自体は実在せず実在するのは個々の信徒だけである――から生ずる偶然的秩序にすぎない。そしてこの教会秩序が窮極的には神の救済意思に基礎を置いているとしても、神の意思を拘束する必然的秩序が存在しない以上、この教会秩序も偶然的なものでしかないだろう。もし教会が教皇を頂点とする位階秩序であり、この秩序が必然的に妥当するものであるならば、教皇の行動は教会全体の行動とみなされる。しかしオッカムによればアヴィニョンの教皇庁は異端に陥っているのであるから、もし教会が教皇と同一視されればキリストの約束と祈りは無効にされてしまうだろう。従って、キリストの祈りと約束が無効とされないためには現実の教会に属する一部の信徒たちに真の信仰が維持されていなければならず、そして神であるキリストの祈りと約束が無効となるはずはないのであるから、一部の信徒たちにより現実に真の信仰が常に維持されていることになる。既述のように、オッカムは制度的に構造化された教会とは別に無形態の普遍教会を真の信仰が維持される場と考え、この普遍教会においてキリストの祈りと約束が成就するものと考えていたが、真の信仰が保持される普遍教会が教会の聖職位階秩序と呼応するものとは考えなかった。人間存在の自由、予見不可能性、この世を旅する人間（viator）の状態の故に、聖職にある人々に真の信仰が存続する必然性は存在しない[251]。聖職が真の信仰を規定するのではない。聖職とは無関係に真の信仰は個々の信徒から信徒へと移行（devolutio）していく[252]。これまで真の信仰を保持していた者が誤謬や異端に陥り、逆にこれまで誤謬や異端に陥っていた者が真の信仰を抱くようになることによって真の信仰の所在——すなわち普遍教会の所在——は時間を通じて信徒の間で推移していく。従って、正しい信仰の所在が聖職者から俗人へと移行し、更に数多くの俗人から極く少数の俗人へと移行することもあるだろう。

「戦う教会の中に居るいかなる人間も、自らの自由意思に従って信仰にとどまるか、……それとも公教会の信仰から離反するかは本人の判断に委ねられている。しかしキリスト教徒の共同体は、たとえ一人の人間が信仰から逸れても別の人間が神の恵みによって信仰のうちにとどまるように神により保持されており、それ故たとえ教皇が信仰に対して過ちを犯したとしても、男であれ女であれ別のキリスト教徒は決して信仰から離れることはない[253]」。

オッカムはまた『対話篇』の別の箇所で、他のすべての人間が正しい信仰を踏みはずしても、キリストの約束により、未だ理性を使用できない洗礼を受けた唯一人の幼児のみに真の信仰が存続することもありうる、と「教師」に言わしめている[254]。これがオッカム自身の見解であるか否かは別にして、上記の箇所には個々の信徒が単独で普遍教会になりうること、普遍教会を化体する個人は教皇にかぎられないこと、別言すれば個々の人間は信仰から分離することはあっても団体としての普遍教会は不可謬であり、しかもこの団体が唯一人の信徒へと縮小することもありうることが主張されているのである。例えばオッカムは次のようにも述べている。

「真理から逸れる可能性が使徒たちのすべてに——例えばペテロがそうであったように——あったとしても、使徒の集団が誤ることはありえなかった。それ故、ペテロが過ちを犯したとき使徒の集団は決して過ちを犯してはおらず、使徒のうちの一人——すなわちパウロ——がペテロを正したのである(255)」。

個々の使徒が過ちを犯すことはありうるが使徒の全体が過ちを犯すことはありえない。他の信徒が信仰から離れてもパウロのように正しい信仰を堅持する個人が必ずいて、教会はパウロ一人の中に存続し、パウロ個人が教会という普遍的性格を帯びることになる。そしてこのことは使徒時代の教会だけでなく、あらゆる時代の教会について言えることである。場合によっては聖職者がすべて異端に陥り、俗人のみに公教会の真の信仰が存続し、俗人が異端者を裁く正当な法的権利を行使することもあるだろう。

「(キリストの約束によって)公教会の信仰が世の終わりまで永続するように、神の教会において異端者を法的に強制する権力も……存続するだろう。しかし、すべての聖職者と共に教皇が異端者になったならば、異端者を法的に強制する権力は教皇や聖職者にはない。……それ故、このような場合は異端者を法的に強制する権力は俗人へと移る(256)」。

従って、俗人への霊的裁判権の移行は、あらゆる聖職者が異端に陥ってしまった異常な緊急事態から生ずる超法的な出来事——「緊急事態は法を知らない」——ではなく、たとえそれが緊急事態であっても教会の法的構造の内部で生ずる法的な出来事に変わりはない。そして、異端に対して強制権を行使する教会の役職上の権限は真の信仰を保持する者にあり、真の信仰が別の者へと移行したときは役職上の権限も同じ者へと移行し、真の信仰と役職上の権限が極く少数の人々——あるいは唯一人——の許で保持されることもあるだろう。そしてこのときは少数ないし唯一人の人間が普遍教会を形成することになる。真の信仰が在る場所に普遍教会も在り、かくして普遍教会は現実のローマ教会の外的形態から分離されて唯一人の信徒において存立することもありうるわけである。キリストの意図は制度的教会を必要とすることなく、唯一人の人間においても十分に実現可能である。「たとえ信徒の大多数が、否むしろ極く少数の人々あるいは唯一人の人間を除いてすべての人々が誤りに陥ったとしても、永遠の救済の法はキリストにより無益に与えられたわけではない(257)」し、また「一人ないし二人を除くすべての人々が悪で汚れたとしても……キリストの同じ約束は守られるだろう(258)」。それ故、「公教会の信仰が少数の人々の中で守られることもありえるし、実に多くの人々が真の信仰が唯一人の人間の中にのみ存続することも可能であると述べている。キリストが公教会の信仰に関してこの世の続くかぎり使徒に約束したことのすべてが唯一人の人間によって守られることもありうるからである[259]」。真の信仰が唯一人の人間によって保持されうることは、キリストの受難に際するマリアの例から明らかであるが[260]、オッカムはこのような例外的事態を利用することによりローマ教会の聖職上の権威を相対化し、彼の言う「普遍教会」を真の信仰が保持される場と考え、この普遍教会がマリアのように唯一人の人間によって担われる――あるいは唯一人の人間が普遍教会となる――ことも可能だと主張する[261]。既述のように、世の終わりに至るまで真の信仰が跡絶えることなく少なくとも信徒のうち誰かによって保持され、存在し続けるのはキリストの祈りと約束の故であるが、同時にそれは神の恩寵が信徒の少くとも一部分が真の信仰にとどまるように絶えず働きかけているからである。

弟子「自分がしなければならないことを誰も配慮しなくなったらどうなるのでしょうか」。

教師「次のように答えられる。世の終わりに至るまで信仰が決して跡絶えることがないように、恩寵に充たされ、神の教会に必要なことを正しい仕方で配慮する者が常に存在するだろう。しかし配慮する者が仮に一人もいなくなるとすれば、……万人が恩寵の外にあり致命的な罪の状態にあることになるが、このようなことは決して起こらないだろう[262]」。

オッカムによれば個々のキリスト教徒は信仰から逸れることがあっても、キリスト教徒の共同体たる教会は常に正しい信仰を保持し続ける。というのも、これまで正しい信仰を保持していた信徒が誤謬に陥っても、これに代わって正しい信仰を保持する別の信徒が少くとも一人は必ず存在し、この信徒を通じて教会はキリストの祈りと約束に合致して常に正しい信仰にとどまるからである[263]。

以上の見解と密接な関係にあるのがオッカムの啓示論である。啓示はただ聖書の中にのみ存在する（sola scriptura の立場）のか、それとも聖書以外のものを通じて人間に与えられることがあるのだろうか。公教会の正しい教えはどこを捜せば見出され、どのようにして教会に示されるのか。オッカムによればキリスト教の啓示とは神から教会に与えられるあらゆる真理を意味し、それはキリストと使徒を通じて与えられたものに限られない。啓示は使徒たちの新約聖書の時代には限定されないからである。聖書に含まれているもの、および聖書に含まれているものから推論によって必然的に導出されるものだけが救済のために信仰すべき真理であるという見解を拒否して、[264] オッカムは聖書に含まれておらず聖書の内容から推論だけによって導き出すこともできない真理が存在することを主張し、この種の真理として三種類のものを挙げている。

「というのも、或る真理は神から由来し、人間としてのキリストから由来する。我々の救済は中心的にこの種の真理にかかっている。……また、人間の救済がそれほどまで中心的にそれに依存しているわけではないが、確固とした信仰によって保持すべき別の真理が存在する。というのも、これらの真理は神の啓示ないしは是認に由来するからである。……更にこの種の多くの真理が上記の聖書の掟以外のものの中に含まれている。しかし、聖書の掟以外とはいってもこれらの真理は使徒を媒介として神の啓示や是認により公教会の信徒に伝えられたものである。というのもキリストは可死的な肉体をもって使徒たちと生きていた間に、聖書には含まれていない多くのことを使徒たちに教示していたからである。……上に述べたすべての真理およびこれらの真理から必然的な推論によって導き出される真理が公教会の信徒によって保持されねばならない。しかし上記の真理以外にも、聖書に含まれているものや使徒により我々に伝えられたものだけからは導き出されえないが、上記の様々な真理ないしはそのうちの或るものと、事実として存在する疑いえない他の何らかの真なることの両者から……帰結する別の或る種の真理が存在する。……そして更に単に事実として存在すると言われる他の真理が存在し、教会や聖人の行いについての（de gestis）真理がこの類いのものである[265]」。

オッカムはここで人間の救済が中心的に（principaliter）それに依存している真理と、それを信仰することがそれほど中心的には人間の救済の条件となっていない真理を区別した後、後者の真理を三種類のものに区別している。すなわち（一）聖書に含まれていないが神の啓示として使徒を通じて伝えられたもの、（二）聖書や使徒の言い伝えと疑いえない真なる事実の両者から演繹されるもの、そして（三）教会や聖人の行いである。ここでオッカムは以上三種類のものを救済のために必須とは言えない真理として挙げており、この箇所の言葉だけから理解すれば聖書に含まれる真理が救済に不可欠であり、聖書に含まれない三種類の真理は救済にとって不可欠でないと考えているように思われる。しかし、別の箇所でオッカムは救済に必須な真理で、しかも聖書には含まれない真理の存在を認めているのであるから、上記の引用箇所においてはこの種の真理には特に触れていないことになる。すなわち別の箇所でオッカムは、公教会のあらゆる真理が聖書に明示的ないし黙示的に含まれているという説と、聖書に含まれておらず、聖書から推論することのできない真理が存在するという説を挙げ、後者の説を採用する神学者（これにはオッカムも含まれる）にとって公教会の真理の源泉とされているものに五種類あることを述べている。五種類の源泉とは（1）聖書とその必然的帰結、（2）聖書には記されていないが口承ないしは信徒の書いたものを通じて伝わっている使徒の教え、（3）信徒によって書かれた編年記、（4）（1）や（2）や（3）からの論理的帰結、（5）新しい啓示、の五つである。

「彼らはキリスト教徒がそれに異論を唱えることが許されない五種類の真理が存在すると主張している。まず第一は聖書で述べられているもの、あるいはこれらから必然的推論によって導き出されうるもの。第二は、聖書の中に記されておらず、聖書のみから必然的推論によって帰結するものでもないが、使徒に続く信徒たちの報告や著作を通じて使徒から我々に伝わっているもの。第三は正しい信仰によって信徒が書いた編年記や歴史や物語の中に我々が見出すもの。第四は第一および第二の種類の真理だけから帰結するか、あるいはこれらの真理ないしはそのうちの一つと第三の種類の真理から明白に帰結しうるもの。第五は、使徒に対して啓示された真理以外に、神が他の人々に啓示したり、更には霊感によって吹き込んだもの、そして新たに啓示するであろうもの、霊感を吹き込むであろうものである。しかし第五の啓示や霊感は、疑いもなく普遍教会に向けられた、あるいは向けられるであろうものでなければならない」[266]。

これら五種類の真理がすべて厳密な意味での「啓示」（revelatio）であるとは言えないが[267]、神の啓示がこれらの真理の中に潜在していることは確かであり、これらを異論の余地のない義務的な信仰内容と考えてよいだろう[268]。教会が正当な信仰内容として是認するものは必ず上記五つのカテゴリーのどれかに該当している[269]。しかし、これら五つの真理の分類は聖書（および聖書の内容からの論理的帰結）と聖書以外の真理とに大きく二分され[270]、このことはオッカムが宗教改革の「sola scriptura」の先駆者でなかったことを示している。

神が啓示する真理は聖書と伝統を通じて人間に与えられる。しかし「伝統」については幾つか異なる見解が存在した。或る見解によればすべての真理は旧約と新約の聖書の中に含まれており、伝統とは解釈によって聖書の中に含まれている真理をいっそう明確なものにしていく絶えざる営為を意味する。他の見解（これはトレント公会議によりローマ教会の通説となった）

によれば聖書中に記されておらず、キリストが使徒に口頭で伝達し、更に使徒自身によって教会に伝えられた真理が存在し、これが伝統である。十三世紀以前の神学には伝統を聖書とは別個の啓示の源とみなす見解は存在せず、教会の教えと聖書の教えは本質的に同一のものと考えられていた[271]。信仰上の真理が聖書以外のものを通じて啓示されることはありえず、教会が承認することで聖書に含まれていないものがあるとすれば、それは典礼上の慣習や敬虔なる慣習にすぎない。そして「使徒信経」のような信仰の聖書外的な源は、使徒自身が生み出したものではあっても、聖書を補完するような啓示された真理の源ではなく、聖書に含まれた真理の単なる要約と考えられていた。十三世紀以前の神学においては、聖書にはすべての真理が一挙に啓示されており、聖霊に導かれた教会の信徒がこの真理を解釈し、次の世代へと新たな解釈を伝えていくものと考えられていた。従って聖書の教えと教会の教えが矛盾することはありえなかった。それでは教会の伝統を聖書とは別個の独立した神の啓示の源とみなす見解は全く存在しなかったのだろうか。この点に関して或る見解によれば、グラティアヌス教令集以降、十三世紀の教会法学者の間で教会の伝統を聖書とは別個の真理の源とみなす見解が有力になり、グラティアヌス教令集に収められた聖バシレウスの一節「我々は聖書によって教会の或る制度を認め、使徒の伝統によって他の制度を……認める」(Dist. 11, c. 5) を典拠として、使徒たちは聖書に啓示されていない真理を口頭でキリスト教徒たちに告げ知らせたという教説（啓示の二元論）が広く受け入れられるに至った[272]。また別の見解によれば十三世紀の教会法学者は、使徒から口頭で伝えられたものだけでなく教皇の教令をも伝統に含ませ[273]、更には教皇を啓示の源泉とみなし、教皇の教令に対して聖書と同等ないしそれ以上の権威を認めることにより教皇不可謬説を展開したとまで主張されている。しかし、B・ティアニーによれば、聖書とは別個に使徒の伝承を真理の源とみなす二元論的な教説や、教皇の教令を生きた伝統とみなし、教皇に信仰上の真理を改新的に形成する権限を認めるような教説は十三世紀以前の教会法学には存在しなかった[274]。グラティアヌス教令集の中には聖書以外のものを啓示の源泉とみなすような箇所は存在せず、グラティアヌスが教会内のある種の実践が使徒の時代にまで遡ることを理由に当の実践を尊重に値するものとみなしていても、使徒の時代からの伝統が啓示の源とされるようなことはなかった。そしてグラティアヌス教令集のバシレウスの一節についても、教令集の注釈者たちは啓示の聖書外的な源としての資格を伝統に認める趣旨で当の一節を解釈することはなかった。十三世紀の教会法学はキリスト教の信仰上のあらゆる真理は聖書の中に明示的黙示的に含まれており、教皇権は信仰の内容に関するかぎり聖書の中の啓示に全面的に拘束されている、という一元論的な考え方に立っており、聖書と伝統の関係が本格的な議論の対象となった十四世紀初頭においても教会法学者たちは聖書のみを真理の源とする一元論を固持した。

他方オッカムにおいては公教会の正しい信仰上の真理の源泉ないし所在に関する前記の説明と重なり合う仕方で別の真理の分類が存在する。『反教皇ベネディクトゥス論』でオッカムは、信徒が信仰すべき真理として（一）使徒信経にある信仰箇条、（二）聖書の中に明示的に含まれていることが理解される真理、（三）公会議ないしローマ教皇が公教会の真理に合致する仕方で決定したと理解される真理の三種類を挙げている(275)。前記の分類に比較してこの分類の特徴は、ローマ教皇と公会議の決定が含まれていることである。しかしこの分類は前記の分類のような真理の源泉ないし所在の分類ではなく、教会が真理を公に示し、個々の信徒が信仰上の真理を把握する実際的な方法の分類にすぎず、事実、教会の伝統的な見解には教皇や公会議の決定を信仰の源泉とみなすような考え方は含まれていない。むしろ、公会議やローマ教皇の決定は既に存在する啓示上の真理に合致した仕方で下されるべきである(276)。既述のようにオッカムは教皇や公会議の決定をそれ自体で不可謬な真理の定式化とは考えなかった。この種の公的決定はそれ自体で公教会の信仰上の真理なのではなく、むしろ啓示された公教会の真理に拘束された仕方で下されるべきものである。

> 「教会が決定ないし定義するあらゆる真理は、既述の五種類の真理のどれかに含まれると理解される。……どんなことでも好きなように是認したり否認するようなことは教会の権限には含まれていない。むしろ教会は、既述の五種類の真理のどれかを是認するときに、正当な根拠を有すると言えるのである(277)」。

確かに信仰上の真理はローマ教皇によって是認されることで「公教会の」真理と呼ばれるようになる。しかし、ローマ教皇は当の真理が既に聖書やその他の源泉を通じて客観的に啓示されていることを前提とし、この啓示された真理を是認できるにすぎない。

> 「このときローマ教皇は……何らかの啓示、あるいはまた聖書や普遍教会の教説に自らの決定を基礎づけているか否かが問われねばならない。これらのどれであろうと、ローマ教皇は自らの是認によってこの種の真理を存在させたり、公教会の真理にしたりしているわけではない(278)」。

普遍教会による受容は特定の教説が公教会の真理であることを示しているが、ローマ教皇や制度としての教会の公的な是認は真理を創造するものではない。

「いかなる真理も神によって啓示されるか聖書の中に挿入されているか普遍教会の確実さによって知られないかぎり、あるいは、これらのどれかから必然的な推論によって帰結しないかぎり公教会の真理ではない。しかし、上に挙げたもののどれもローマ教皇の是認に依存してはいないし、教会の是認にさえ依存していないのである(279)」。

教皇や公会議は信仰上の真理を宣言したり明確にすることができない、というわけではない。しかし教皇や公会議は信仰上の真理の源泉ではないし最良の教師でさえない。教皇や公会議の決定とは独立に、当の決定の是非の基準となる真理の源泉が存在する。オッカムはこの源泉を聖書とそれ以外のものに区別し、後者の源泉には使徒を通じて教会に与えられてきた聖書に記されていない啓示のみならず、歴史の中で新たに教会に与えられる啓示も可能性として含まれている。神が矛盾律以外のものには拘束されない絶対的に自由な存在であるかぎり、歴史の中で新たな真理を人間に啓示していくことも神にとって可能である(280)。新約聖書の使徒の時代以降に教会に与えられるこの新しい啓示の第一の特徴は、当の啓示が与えられる教会内の場所が特定化されていないことである。ましてやこの啓示の示される場所が制度的教会の位階秩序の特定の顕職に限定されているわけでもない。それは予測不可能な仕方でどんな場所でも、そしてどのような人間にも示されうる。新しい啓示の第二の特徴は、この啓示が独立のカテゴリーとして他の啓示に付加されることにより、啓示というものが単なる伝統にとどまらず一つの継続的なプロセスとして捉えられている点である。信仰は聖書や使徒時代以降の伝統の解釈を通じて増大し深められていくだけでなく、端的に神の新しい啓示によっても増大していく。オッカムによれば伝統とはあらゆる時代の信徒の集積的な証言であり、この伝統は解釈を通してより確実で豊かなものになっていく。しかし、これと同時に啓示それ自体の増加が起こりうるわけである。オッカムにおいて普遍教会が正しい信仰を抱く信徒の漸次的な集積態であるように、啓示も歴史の過程の中で漸次的に集積されていく。

さて、聖書はオッカムにとり唯一の啓示の源泉でないにしても最も重要な源泉であり、公教会の基礎であることにかわりはない。この意味で教会は聖書に服している。しかしオッカムは個々の福音史家に対しては聖書全体に対するほどの権威を認めてはいない。福音史家はあらゆる時代の信徒からなる普遍教会の単なる一部分にすぎないからである。この観点からみれば聖書が教会に服することになるだろう。

「預言者や使徒の時代から今日に至るまで存在してきた全カトリック教徒の集合である教会は一つの福音書よりも強く信じられるべきである。その理由は、何らかの意味で福音書が疑わしいからではなく、全体は部分より大きいからである。それ故、福音史家より大きな権威のある教会とは、福音書の作者がその一員とされている教会のことである(281)」。

またオッカムは、教会の権威によって福音書を信ずるように命じられなかったならば福音書を信じないだろうというアウグスティヌスの言葉を引用し、次のように述べている。

「使徒や福音史家や殉教者、そしてアウグスティヌスの時代の公教会の全博士を包含し、福音書を信ずべきものと一致して主張していた教会は、或る一人の福音史家より大きな権威を有している(282)」。

福音史家の（従って個々の福音書の）権威は、それが啓示プロセスの一部であることから普遍教会の権威に服すものである。オッカムにおいては普遍教会が過去および現在のすべての信徒を含む集積的共同体であるように、啓示も真理の集積的プロセスとして動態的に捉えられている。集積過程の全体として理解された普遍教会は信仰の不可謬な規範であるだけでなく、啓示の源泉であり、この観点からすると普遍教会の成員たる個々の福音史家は真理の啓示者というよりは正しい信仰を証言する信徒にすぎない。

オッカムの教会論の特徴は、無形態な普遍教会を信仰上の真理の所在として理解し、しかも普遍教会を啓示がそこで漸次的に蓄積されていく歴史過程の中で捉えていることである。教会の権威は教義上の決定を公式に宣言する必要はない。真なる信仰は教会の歴史の中で黙示的な同意を通じて保持されていく。他方オッカムによれば普遍教会は個々の信徒を超越した実在ではなく、正しい信仰を抱いた個々の信徒の集合であるから、既述のように場合によっては唯一人の信徒へと普遍教会が縮小されることが起こりうる。教会の真の本質はローマ教皇を頂点とする制度的教会の位階秩序や公会議に存するのではなく、普遍教会に啓示された真理を保持する個々の信徒（普遍教会の構成員たる個々の信徒）の集合に存する。もっとも、教皇職が人定的な制度ではなく神が定めた制度であることも確かであり、教皇をはじめとする位階上の聖職者や公会議が普遍教会の正しい信仰から逸脱していないかぎり、通常は教会の問題の決定はこれらの制度を通して下されることになり、個々の信徒が教会の決定に直接的に参加するのは例外的な事態である。

確かにオッカムの教会論の中心にある普遍教会は、可視的で制度的な形態をとらない点で捕らえどころのない観念と言えるだろう。しかしこの観念は漠然としているだけにそれだけ現実の教会を批判する脈絡においては或る意味で実践的に有効だった。オッカムはこの観念をあるべき教会の規範として用いながら、彼の目からすると堕落したアヴィニョンの教会を批難したのである。しかし真の教会が普遍教会であり、啓示の源泉としての普遍教会が信仰内容の正否を判断する窮極的な主体であるとしても、ある特定の信仰内容が啓示に基づく真理であるか否かは実際上どのようにして判断されうるのであろうか。信仰の内容につき最終的決定権をもつものがローマ教皇でも公会議でもないとすれば、それは何か。制度的に見現しないかぎり、普遍教会はこの点何の役にも立たないだろう。オッカムがしばしば主張するように信仰上の真理を正しく認識できるのは聖職者ではなく神学者の集団だとしても、歴史上集積された啓示の言葉の解釈につき神学者の間で意見が一致しない場合、誰が正しい解釈を裁断するのだろうか。キリストの祈りと約束があるかぎり普遍教会は永続し、正しい信仰を抱く人間が必ず一人は存在するとしても、この人間が誰であるかを特定化することはできないだろう。十五世紀になって公会議至上主義が教会論における主導権を握ったとき、正しい信仰の所在を明確に特定化しえないことから実践的有効性を欠くオッカムの普遍教会論は、教皇至上主義と公会議至上主義に代わる第三の立場にはなりえなかった。

教会の本質に関しては伝統的に二つの見解の対立がみられる。すなわち、教会を先ずもって信徒の共同体とみなす見解と、教会を救済のための装置の総体、秘跡や聖職などキリストによって打ち立てられた超個人的な位階的制度として捉える見解である。この見解の対立は十三世紀後半に制度としてのローマ教会が次第に宗教的な権威を失うにつれて激しさの度合を強めていった。教会を信徒の集団として理解し、教会の制度的側面を副次的なものとみなすオッカムの教会論もアヴィニョンの教皇庁に対する深い失望の念から発したものであった。しかしオッカムは教会の制度的側面を純粋に人定的なものとして拒否したわけではなく、それ故上記の二つの見解の対立はオッカムの教会論内部においても調和されざる二つの異質な要素として共存している。しかしオッカムの教会論にみられるこれら二つの要素の対立は、これを別の観点からみると、信徒の共同体としての教会と位階的制度としての教会の対立ではなく、二つの形態の神法の間の対立であることが理解される。教会の通常の（regularis）存在様態を前提とすれば、そこで規範とされるのは神によって打ち建てられた職階秩序であり、ここでは制度的な神法が妥当するのに対し、教会の例外的な（casualis）存在様態を前提とすれば、職階秩序は効力を失い、これに代わり例外的な神法が妥当するようになる。このような二つの神法の区別はオッカムの神学における神の potentia absoluta と potentia ordinata の区別を想起させるかもしれない。しかしオッカムにとっては教会の通常の神法に基礎づけられた職階秩序も、教会の例外的法秩序も神の potentia ordinata によって打ち立てられたものと考えることもできる。むしろ二つの神法の区別は、教会がその一部分として含まれる社会秩序の偶然的性格を表している。通常の存在様態においては教会は神によって打ち立てられる聖職の位階秩序を通じて機能するのに対し、教会の例外的な状況においては位階制度は機能を停止し、これに代わり信徒の集団（あるいは場合によっては唯一人の信徒）によって教会の救済機能が非制度的なかたちで存続していくことになる。しかし、これらのいずれも神が定めた教会の神的秩序（神の potentia ordinata に基礎をおく秩序）であることに変わりはないとも言えるだろう。根源的な神法が或る場合には制度的法として現出し、別の場合は例外的な法として非制度的なかたちで現出するのである。

しかし信徒の集団と聖職位階秩序が共に神法に基礎を置くにしても、聖職が信徒の集団の介入によって失効する事態が起こりうるかぎり、オッカムにおいて信徒の集団の権威は聖職の権威を凌駕していると言えるだろう。聖職の位階秩序も信徒の集団も共にキリストの定めに由来するとしても、聖職は信徒の集団（すなわち普遍教会）と異なり絶対な権威をもちえない。オッカムは教皇を頂点とするローマ教会の位階秩序を、無条件的な権威を要求しうる神的実在から切り離し、教会の内奥の本質が信徒の集団たる普遍教会にあることを主張した。宗教改革以後の教会論において一般化するこの主張は十四世紀においては少しばかり奇異に聞えたことだろう。オッカムは、聖職位階秩序と無形態な信徒の集団を共に神が定めた教会の要素として認める一方で、これら二つの要素を分離するわけであるが、教会のいわば外的な構造と内的実在のこの種の分離はどのような根拠によって正当化されるのだろうか。オッカムはこのような根拠を提示してはいないし、それどころか自己が上記二つの要素を分離していることも自覚していないように思われる。

教会に関するオッカムの言説の非体系的で論争的時事的な性格を考えれば、これを整合的な諸原理の上に自覚的に仕上げられた教会論として再構成することには無理があるかもしれない。もっとも、アヴィニョンの教皇庁へと向けられたオッカムの主張のまさにポレミカルな性格の故に、彼の教会論に含まれた上記の新奇な要素が表面化しないようにオッカムが意識的に自らの教会論に正統的教説の衣をかぶせた、というようがった見方をすることも可能である。オッカムがキリストによって設立された聖職位階制度としての教会と信徒のコミュニオンとしての教会という二つの異質な要素を自らの教会論の中に無自覚的に並存させていたのか、それとも非正統的な自分の見解を十分に自覚しており、これを隠すために聖職位階秩序の神的権威を表向きは認める態度をとったのか、という点は別にして、いずれにしてもオッカムの教会論の中に、緊張関係にある二つの要素が潜在することは明らかである。従ってこれら二つの要素のうち位階的聖職制度を教会の可見的で非本質的側面、信徒の集団を不可見的で本質的な内奥と解釈し、オッカムは後者のみを真の教会と考えていた、と解釈するのは正しくないかもしれない。信徒が聖職制度に抵抗して自ら真の教会として活動するとき、それは常に具体的な行動として可見的な形態をとるからである。信徒たちが公会議を召集し、枢機卿ないし信徒の集団が教皇を選出しないことを決定するとき、あるいはローマの聖職者や市民が教皇を廃位するとき、これらはすべて可見的な社会的行動として定義される。オッカムの教会論においては可見的な教会と不可見の教会という二つの教会が対立しているというよりは、同一の教会に二つの法が、すなわち通常効力を有する制度としての法と、制度が破綻したときに顕在化する信仰のより高次の法が並存していると理解すべきだろう。それではオッカムはどのようにしてこのような教会観に到達したのだろうか。

当初、オッカムは以上の問題を教会における信仰の無欠性に対する彼の信念と、教会の最高権威者が異端者である事実をどのように説明すべきかという問題として捉えていた。そしてオッカムはキリストの祈りと約束の対象たる教会を伝統的な位階制度としての教会から引き離し、教会の本質は信徒の集団（congregatio）の中に存すると考えた。信徒の集団以外のすべてのものは、たとえそれが神によって打ち立てられた聖職機構であっても第二次的なものにすぎなかった。それでは第一にオッカムは教会の制度的構造に神的な妥当性を認める一方で、いかにして教会の内的本質をこの構造から引き離すことができたのだろうか。第二に、キリストの祈りと約束の有効性を正当化すると同時に、教会が正しい信仰を抱く信徒の集団であることを立証するような教会論をオッカムは提示しているだろうか。

第一の点に関してオッカムは教皇制の相対的な価値と神法の絶対的価値を対比させている。キリストを媒介として神が定めた教皇制は神的起源を有してはいるものの、神は信徒に対して自由の法たる福音やその他の啓示を通して不可変の神法を与え、これら不可変の絶対的神法は教会とその聖職者たちに対しても至高の法としての効力を有している。更に神法に属する事柄についても信徒が何らかの判断を下さなければならないときのために神は理性の光を人間に与えた。理性、福音、神法が人間に対する神の直接的な賜物であるのに対し、教会の制度的権威はそれ自体キリストの定めにより神的性格を帯びてはいても、この権威によって創り出される法は人定法にすぎない。教皇はキリストから権威を授与されてはいても、状況によってはローマ市民には自然法によって（これは神法でもある）教皇を廃位する権利があり、更にこの廃位権をローマ教会の一信徒たる神聖ローマ帝国皇帝が行使することもあるだろう。教皇制がキリストにより直接的に設けられたとしても、信徒の総体としての教会は、人間を教皇職に置くことが信仰のために常に必要か否かを判断するために神により授けられた理性を行使するだろう。そして状況によっては複数の教皇の必要性を理性が肯定することもあるだろう。オッカムによれば信仰や不変的神法に属する問題を除くすべての問題について判断を下すのは人間理性であり、人定的諸制度が可変的で相対的である以上、教会の制度的形態を特定の状況において決定するのも人間理性である。教会制度の決定において理性が支配すべきことはキリスト自身の意思でもあった(283)。

オッカムは教皇を頂点とする教会の位階制度の妥当性を否定したわけではなく、これに限定を加えようとした。このことによりオッカムの教会観は伝統的な教会観に比べていわば非政治化され、より霊的なものになっていった。オッカムの教会観の霊的性格は教会秩序の窮極的規範が神の啓示それ自体——すなわち聖書および普遍教会の教義——に置かれていることに最も特徴的に示されている。聖書や普遍教会の教義の中に存在する神の啓示が真の信仰の内容であり、真の信仰を通じて信徒たちはキリストにおいて一つに結ばれ、真の信仰こそ教会の共通善であり、これ以外のすべてのものは共通善たる真の信仰に従属している。オッカムにとりキリストの祈りと約束は教会の本質へと向けられているはずであり、現にこれらが教会の個々のメンバーの信仰へと向けられたものであるかぎり、教会は本質的に信仰共同体でなければならない。それでは教会はその総体においていかにして真なる信徒の共同体たりえるのだろうか。

第一に、教会が真のキリスト教徒の共同体だとすれば、オッカムの時代において、この共同体が位階秩序的に構造化されているはずがない。教皇や枢機卿団、アヴィニョンの教皇庁全体、その他多くの聖職者は福音的清貧を否定し、異端者となっているからである。また教会は制度的構造から分離したあらゆる信徒の単なる集合でもない。過去と現在の無数の信徒が真の信仰から逸脱しているからである。オッカムによればキリストの祈りと約束の対象となる教会とは、過去から未来にわたってこの世に存在する正しい信仰を抱く信徒の全集合であり、特定の時点において唯一人の人間のみをメンバーとすることもありうるような信徒の集合であった。

それ故オッカムの教会論をいわば過渡的な形態の教会論として特徴づけることができるだろう。すなわちオッカムは教会を、ローマ教皇を頂点とする神的な位階秩序——神によって設立された秘跡的恩寵の制度化された体制、教導と支配の職階秩序——として理解する十三世紀の立場を維持する一方で、教会を信仰のみによって結ばれた信徒の集合と考え、教皇や公会議に対して窮極的な意味での神的権威を拒否する宗教改革的な見解をも有していた。オッカムはローマ教皇をキリストの代理とする伝統的見解を固持しながらも、可能なかぎり教皇職の権威を希薄なものにし、教皇を頭とするキリストの神秘体に教会の霊的統一を基礎づけるようなことはしなかった。教会の統一原理は、全信徒を霊的に統べる教皇の神的権力ではなく、いわば偶然に真なる信仰を抱くに至った各々の信徒たちが共有する当の信仰そのものに他ならない。既に触れたように、神の potentia ordinata による実定的な聖職位階秩序が神の potentia absoluta によって無効とされ、信徒の無形態な普遍教会が現出するという言い方は、神の二つの力の観念を単に比喩的に教会論に適用しているだけかもしれない。しかし神が教皇に授けた教権は神の実定的な秩序に属する権限であり、神の絶対力には世界の実定的秩序を覆す潜在的な可能性が秘められているのと同様に、神の実定的秩序に属する教権の外形の背後には永遠不変の真なる教会、すなわち正しい信仰に生きる信徒たちの集合（普遍教会）が存在し、何らかの理由で教権が破綻したときにこの普遍教会が可見的な姿で立ち現れると述べることも可能である。この意味でオッカムの神学と教会論との間の密接な関係を指摘することもできるだろう。神によって創造された世界秩序が偶然的であり、神が絶対力により常に世界秩序に変更を加えることができるように、教会の職階秩序も神によって定められたものでありながら偶然的で可変的なものにすぎない。

しかしオッカムは教会の職階秩序の偶然性を強調しながらも、職階秩序の神的起源を認めている点で未だルターの〈sola scriptura〉の立場に至っていなかったし、自らの教会論の窮極的な帰結を自覚してもいなかった。オッカムと同時代のパドヴァのマルシリウスは聖書の充足性を主張し、教皇職の優位性のみならず司教職の神的起源さえ否定していたが、事実オッカムはマルシリウスのラディカリズムを批判しているのである。しかしオッカムの教会論は調和しがたい二つの要素を包含し、その整合性の欠如の故に一つの有力な規範的実践的理論として後世の教会論争に影響を及ぼすことはなかった。確かに教会の位階的構造を霊的実在から分離したオッカムの見解は、恩寵に基づかない教会の権威を拒絶したウィクリフの立場の先駆と言えるし、状況の必要性に応じて権威が教皇から教会共同体へと転移することを認める見解も十五世紀の公会議至上主義と親和したものと言えるだろう。オッカムの教会論は例えば十四世紀初頭のパリのヨハネスによって開始された新たな動向、すなわち制度的教会観から福音的教会観――新約聖書の教えを直接的な範とし、宗教改革で結実する教会観――への移行を示すものと言えるが、同時にそれは新旧二つの思想の混合態であり、――オッカムがそれを自覚していようといまいと――古いワイン袋に新しいワインを注ぎ込むような試みであった[284]。

第七節　普遍教会と不可謬性

教皇が誤謬を犯すことはグラティアヌス教令集においても言及されており[285]、教皇の絶対的権力を擁護する人々――教皇至上主義あるいは政治的アウグスティヌス主義と呼ばれる人々――でさえ、教皇が異端に陥る可能性を認めていた。例えばアウグスティヌス・トリウムフスは「死人が人間でないように、異端に陥った教皇は教皇ではなく、それ故、このことにより直ちに廃位される。」と主張し[286]、アルウァルス・ペラギウスは異端に陥った教皇が枢機卿と公会議により審判され廃位されうることを主張した[287]。そして同じく教皇派のグイード・テレーニは次のようなミカエル派の主張、すなわち知の鍵によって為される信仰上の真理に関する教会の公式の決定は不可謬であるが、教会の公式の決定が知の鍵によらずして力の鍵のみによって為されることがあり、従って誤ることがありうるという主張に対し、信仰上の真理に関する教会の決定は常に聖霊に導かれた知の鍵による決定であり、教会が知の鍵によらずして力の鍵のみによって決定することはなく、従って聖霊に導かれて教皇が教会の長として知の鍵と力の鍵によって公式に――特に枢機卿の助言によって――決定した教説は不可謬であると主張したが[288]、グイード・テレーニも私人としての教皇が異端に陥ることは認めていた。B・ティアニーは、フランシスコ派の清貧に関するニコラウス三世の教令《Exiit qui seminat》が修正不可能であることを主張したオッカムに教皇不可謬説を帰しているが[289]、このオッカム解釈はオッカムが明言していることと矛盾している。

「というのも、どのような教皇も誤謬を犯し、異端の邪悪さで汚れることがありうるが故に、キリスト教信仰にとっての規範となりえないからである。……聖書と、誤りを犯すことのありえない普遍教会の教説が我々の信仰の規範である[290]」。

「教皇職を引き受けることによって……必然的に恩寵と徳が増大するわけでもない。それ故、教皇は教皇職を引き受ける以前に異端の邪悪さを帯びることがありえたのであるから、教皇職を引き受けた後も同じ罪で汚れることがありうるだろう[291]」。

「教会の顕職は現世の人間に聖性を付与しない。従って信仰に関する不可謬性を付与することもない[292]」。

「戦う教会の中にいるすべての者にとり、神の恩寵に助けられて信仰にとどまるか信仰から逸れるかは本人の自由意思による。現世のいかなる人間（viator）も決して邪悪な異端に汚れることがないほど確固とした信仰を保証されているわけではない[293]」。

J・J・ライアンによれば、ティアニーは教皇の不可謬性とある種の教皇文書の修正不可能性を混同し、不可謬性を教皇個人ではなく教皇文書の不可謬性として理解している(294)。教令に含まれた内容に誤りが存在しないことは、単に当の内容が信仰上の真理に合致していることから修正不可能である事実を意味するにすぎず、ここから教皇個人の特権としての不可謬性を推論することはできない。オッカムその他のフランシスコ会士は、ヨハネス二十二世の教令に含まれた異端説に対抗してニコラウス三世の教令《Exiit qui seminat》の修正不可能性を主張したのである。「ローマ教皇が——知の鍵あるいは力の鍵によってであろうと、教皇としての権威ないしその他のどのような権限によってであろうと——信仰と徳に関してひとたび確定したことは不変的に妥当し続けるが故に、後継者はそれを疑問視したり、それと反対のことを肯定することはできない(295)」。しかし教皇の決定が真理とされるのは、普遍教会がその正しさを判定し、受容したからである。教皇の決定はそれ自体で修正不可能なのではなく、普遍教会に受容され、真理であることが確立されてはじめて修正不可能となる。「知の鍵を用いて……ローマ教皇によって正しく（recte）公教会の真理に一致したかたちで（catholice）決定されたことに反することを後継者たちは主張してはならない(296)」とオッカムは述べている。オッカムによれば、教会のいかなる顕職も、顕職につくいかなる人間も、信仰の真理に関して不可謬ではありえない。

ちなみに、オッカムが教皇の宣言の修正不可能性に関して論じている箇所は彼の全著作の中で『九十日の書』の関係箇所のみであり、この著作はオッカム自身の見解というよりは、チェゼーナのミカエルを長とするフランシスコ会の見解を代弁したものであり、こう言ってよければ清貧論争の当時の状況によっていわば強いられたものであった。言うまでもなくオッカム自身の見解は教皇の不可謬性を認めるどころか、教義に関する教皇の権威を相対化し、教皇により宣言される教義の妥当性を限定的に捉えている。

確かにオッカムは、救済のために認識されるべき信仰上の真理をキリスト教徒はどのようにして確実に得ることができるかを論じながら、教皇が「力の鍵」によって決定したことが変更可能であるのに対して、知の鍵（clavis scientiae）によって確定したことは不可変であることを論じ、これを否定するヨハネス二十二世を異端者として断罪している(297)。教皇は前任者たちの信仰上の決定を取り消せないという主張は既に一三二四年のバイエルンのルートヴィヒのザクセンハウゼンの訴書の中にみられ、これはフランシスコ会会長チェゼーナのミカエルの主張であった。オッカムは『九十日の書』においてミカエルの見解をそのまま採用しているのである。ところが実際のところオッカムは、教皇の「知の鍵」をミカエルのように不可謬と考えることにためらいを感じたにちがいない。「知の鍵」に関するミカエルのこの見解は神学の伝統的な見解とは異なるものであった。そこでオッカムは教皇の教令の修正不可能性を、「知の鍵」についてのミカエルの特異な見解を前提としないで立証しようと試みている。

教皇は前任者が「力の鍵」によって確立したことを変更できるが、前任者が「知の鍵」によって確立したことを変更できない、というミカエルの主張に対するヨハネス二十二世の反論は、いかなる教令も「知の鍵」によって発布されたものではないという前提に立っていた。ヨハネスにとり教皇は知の鍵を有してはおらず、『ルカ福音書』（11・52）で言われている知の鍵は単にキリストへの信仰や、聖書を正しく理解するために必要な謙虚さといったものを意味するにすぎず、それはキリストがペテロに授けた天国の鍵を意味するわけでもない。いずれにしても、たとえ教皇が知の鍵を持つとしても、それは教義の確定とは無関係である。以上がヨハネスの見解であり、これを根拠にヨハネスは前任者の教令が修正可能であることを主張し、ニコラウス三世の教令《Exiit qui seminat》を自分が修正したことを正当化した。

叙任に際してすべての司祭に「知の鍵」が与えられることを否定する人々でも、或る司祭が叙任の前から有していた知が叙任によって「鍵」になることは認めるだろうし、同様に、パウロが有していた正しい信仰が「あなたに天国のかぎを授ける」というキリストの言葉によって「天国の鍵（clavis regni caelorum）」となることは認めるだろう。しかしオッカムによれば、ミカエルの立場を擁護するために知の鍵が「天国の鍵」であると考える必要はない。ローマ教皇が何らかの知の鍵でもって信仰上の問題について定めたことは疑問視しえない、ということで十分である。ヨハネス二十二世自身、知の鍵がキリストへの信仰であることを明言しており、教皇が自らのキリスト教信仰によって教義上の或る問題について判断を下せば、この判断は知の鍵による判断なのである。それ故「知の鍵によって」という語句はミカエル派の立場にとって本質的なことではなく、単に次のことを意味するにすぎない。すなわち、既に引用した箇所をもう一度繰り返せば、「ローマ教皇が――知の鍵あるいは力の鍵によってであろうと、教皇としての権威ないしその他のどのような権限によってであろうと――信仰と徳に関してひとたび確定したことは不変的に妥当し続けるが故に、後継者はそれを疑問視したり、それと反対のことを肯定することはできない」ということである。

しかし、知の鍵が単に正しい信仰を意味し、修正不可能な確定が知の鍵によって公に示されうるならば、キリスト教徒であれば誰でもこの種の確定を公に示せることにならないだろうか。

しかし実際にはオッカムは信仰を確定する権限を教皇と公会議にしか認めていない。確かに神学者たちは信仰に関する問題について真理を述べるという意味で確定する（definire）ことはできるが、これを厳格な意味で確定するには裁治の権威と権力（auctoritas et potestas iurisdictionis）が必要であり、従って教皇が信仰上の問題について判断を下したとき、それは知の鍵による確定と思われるだろう。ヨハネス二十二世も常にこれを主張していた。オッカムも知の鍵と力の鍵が精神と身体の関係のように、分離してはいないものの区別されうることを認めている。

それでは何故チェゼーナのミカエルは、知の鍵で確定されたことは修正不可能で力の鍵で確定されたことは修正可能だと主張したのだろうか。この点オッカムは「教理」（doctrina）の定めと「規律」（disciplina）の定めの区別によってこの問いに答えている。これら二つの定めのそれぞれに二つの鍵が用いられることは確かであるが、力の鍵が特に重要となるのは規律に関する定めであり、知の鍵は教理に関して特に重要な意味をもつ。従って、規律に関して教皇が自らの「権力」を行使するとき、仮に教皇の決定が当の決定に服する人々の、信仰上の真理に関する「知」に反するとしても、その決定は依然として法的効力を有する。これに対して教理の効力は知の正しさのみに依存する。もし教皇が「知」の命ずることに反して信仰に関する教理を「力」によって確定したとき、その確定は無効であり、問題に関する真理を知っているキリスト教徒は誰であろうと教皇の教令を拒絶し、教皇を異端者とみなさなければならない。

教理に関する教令の修正不可能性を理論化しようとするオッカムの立場の一つの特徴は、チェゼーナのミカエルのような「知の鍵」に関する異論の余地ある見解に依拠することなく修正不可能性を擁護している点にある。言うまでもなく、この種の理論でもってアヴィニョンの教皇の権力を強化しようといった意図はオッカムには毛頭なかった。むしろ、ヨハネス二十二世が先任者の修正不可能な教理上の定め、すなわち具体的にはニコラウス三世の教令《Exiit qui seminat》を覆したが故に異端者であるというのがオッカムの中核的な主張である。オッカムは、ヨハネス二十二世の主張、すなわちキリストと使徒が財の「単なる事実上の使用」しか有していなかったことは信仰上の教義には含まれないという主張を否定し、キリストと使徒の事実上の使用は聖書と教会の教えに含まれているが故に公教会の真理に属する教義であり、この真なる教義がニコラウス三世によって確定されたのであるから、この修正不可能な教義を否定するヨハネスは異端者であると主張する。

しかし、教理に関する教皇の教令が修正不可能なことと、教皇が異端説を公式に表明することがありうることは、どのようにして両立可能なのだろうか。これに対してオッカムはペトルス・ヨアニス・オリーヴィと同じように次のように主張する。「ヨハネス二十二世がローマ教皇であった間に知の鍵によって定めたことはすべてこれを疑いをもって取り消すようなことはできない。しかし彼がローマ教皇たちの確定に違反して定めたことは知の鍵によって定めたのではなく、異端の邪悪さによって定めたものである」[298]。オッカムによれば、ヨハネスは異端者になったと同時に真の教皇ではなくなった。異端説に固執する教皇が自動的に教皇でなくなることは十四世紀に広範に受け入れられていたが、オッカムのように信仰上の問題について誤謬を犯した教皇は直ちに異端者となる、という考え方は従来の神学上、教会法上の通説とは異なっていた。誤謬を指摘された後も誤った教義に固執する者だけが異端者と考えられてきたからである。これに対してオッカムは、黙示的に信仰すること（implicite credere）と明示的に信仰すること（explicite credere）を区別することにより、教皇ヨハネスの異端を次のように論じている。

あらゆるキリスト教徒には啓示されたすべての真理を黙示的に信仰する義務があり、また各人の理解力の範囲内にあるすべての教義を明示的に信仰する義務がある。単に黙示的にのみ信仰することを要求されている真理について無知や誤解によって誤謬を犯した者は、誤謬を忠告された後も当の誤謬に固執することがないかぎり、異端の罪を犯していることにはならない。しかし、明示的に信仰することを義務づけられている教義を拒否する者は直ちに異端者となる。素朴で教育を受けたことのないキリスト教徒でも明示的に信仰するように義務づけられているのは、使徒信経（Credo）や「地獄は存在する」とか「悪魔は存在する」「世界には始まりがある」「キリスト教の信仰は真にして聖である」といった基本的な教義である[299]。これに対して司教や神学の教師はより多くのことを明示的に信仰するように義務づけられている。教皇に至っては、彼が公的に宣言したあらゆる信仰上の問題についての真理を明示的に信じていなければならない。宣言の中に誤謬があれば、彼は明示的に信ずるべき真理に反していることになり、直ちに異端者となる[300]。それ故オッカムにとって教理に関する教皇の教令については不変的な真理か異端のどちらかしかないことになるだろう。単なる誤謬は教皇に関してはありえない。そして教令の内容が異端であれば、教令を発布する者は直ちに教皇であることを停止する。

しかし、キリスト教徒はどのようにして信仰の真理を確実に認識できるのだろうか。教皇がひとたび決定したことは不変的に存続するという答は役に立たない。教皇座にある者が異端者であることもありうるからである。従って、教皇の決定が真に正しい（この場合、教皇の決定はあらゆる信徒をあらゆる時代において拘束することになる）か、異端（この場合、決定は当初から無効である）かを神学者が精査しなければならない。オッカムにとり、教皇の決定の正否を批判的に検討することは信徒の（とりわけ神学者の）権利であり義務であった。しかし神学者がこのような検討を行うとき、教皇の決定の正否を判定する基準は何であろうか。オッカムはチェゼーナのミカエルが用いる「知の鍵」という言葉について論じた際に「ローマ教皇によって……正しく公教会の真理に一致したかたちで決定されたことに反することを後継者たちは主張してはならない」と述べていた。しかし、神学者はローマ教皇がいつ「正しく」かつ「公教会の真理に一致したかたちで」教義を宣言しているかをどのようにして判断できるのだろうか。この点オッカムは、教皇たちの間で教義が異なる場合に生ずる問題について次のように述べている。

「次のことが一般的な規則である。異なる教皇が正統の信仰に属する事柄についてそれぞれ相反する主張や意見を有していることが示されたならば、どちらを選ぶべきかを知るためには聖書および普遍教会の教説ないし主張に立ち帰らなければならない。……というのも、どのような教皇も誤謬を犯し、異端の邪悪さで汚れることがありうるが故に、キリスト教信仰にとっての規範となりえないからである。……聖書と、誤りを犯すことのありえない普遍教会の教説が我々の信仰の規範である[301]」。

それではオッカムにとりキリスト教の真理の源泉は何であろうか。既に引用した『対話篇』の一節でオッカムは、聖書の中に含まれておらず、聖書から推論することのできない真理が存在することを述べ、公教会の真理の源泉を五種類に区別していた。聖書、使徒からの伝承、信徒によって書かれた編年記、聖書と使徒の伝承からの、あるいは聖書ないし伝承と編年記からの論理的帰結、新しい啓示である[302]。『対話篇』のこの一節で「教師」は引用箇所に引き続き、第三の真理に対する違反は厳密な意味における「異端」ではないと指摘していることから、「教師」の挙げる本質的なキリスト教真理の源は、聖書、使徒の伝統、そして非使徒的な啓示の三種類に、あるいはもっと単純に聖書における啓示と聖書外の啓示の二種類に区別されうるだろう。ここには教会による確定は含まれていない。オッカムはこれを意図的に含ませなかったものと思われる[303]。オッカムによれば、教会は上に挙げた真理の五つのカテゴリーに含まれるものだけしか確定できないからである。「それ故教会が決定ないし確定したすべての真理は上記五つの種類の真理のどれかに包摂されることが理解される[304]」。従ってここでもう一度繰り返せば、オッカムは聖書を啓示された唯一の真理の源と考える〈sola scriptura〉の立場をとっていたわけではない。例えば聖餐論における実体変化（transsubstantiatio）説は聖書で定められておらず、聖変化の後もパンの実体が存続するという見解が聖書の内容と矛盾することなく、むしろ実体変化説よりも哲学的にみて理にかなっているとしても、オッカムは実体変化説を「私が思うに何らかの啓示によって」教会が受け入れた真理とみなしている(305)。オッカムが『対話篇』において「教師」に提示させている啓示の二源泉説を彼自身採用していたか否かは、この著作の中立的な叙述の故に表面的には明らかでない(306)。しかし、オッカムが『対話篇』において「私は異端について多くのことを探究したいが、……或る事柄の知識はしばしばそれと反対の事柄の知識によって与えられるので、私は先ず第一にどの真理が公教会の真理と考えられるべきかを問題にしたい(307)」と明言しているように、公教会の真理の源泉が何であるかは教皇ヨハネス二十二世の異端を主張するミカエル派のフランシスコ会士にとって基本的に重要な論点であった。ミカエル派にとり、ヨハネス二十二世が聖書の文言のみならず教会の決定に違反しているが故に異端者であることを立証することが肝要だったのである。聖書が公教会の信仰の唯一の源泉であることを主張する教皇ヨハネスに対抗して、ミカエル派は聖フランチェスコに始まる教会の新しい伝統の中にも公教会の真理が神によって啓示されていること、伝統に付加され、その一部となったこの新しい真理を否定する教皇は異端者であることを主張した。それ故オッカムおよびミカエル派にとって真理の二源泉論は教皇を攻撃する武器として是非とも必要な前提であった。

オッカムが二源泉論を採用していたことは「至福的見神」(visio beatifica) に関するヨハネス二十二世の見解——天国に行った魂は直ちに見神を享受するのではなく、この世の終末に肉体と再び合体することによって初めて見神を享受するという見解——を異端として論難している『反教皇ヨハネス論』にも明白に示されている。

「ヨハネス二十二世は、聖なる魂は天において神の本質を見るという普遍教会 (universalis ecclesia) が主張する真理に反するように思われる聖書の一節に出くわしたならば、自分が持っている聖書の写本が間違っていると考え、より正しい写本を求めなければならなかったか、あるいは翻訳者が正しく翻訳しなかったと判断すべきであったし、あるいはまた、普遍教会が公にしている真理に反しているようにみえる一節を自分が正しく理解していない、と疑念を抱くことなく思わなければならなかった(308)」。

オッカムによれば聖書の文言は普遍教会が正しいと認める教義に合致するように解釈されなければならない。この主張は、オッカムが聖書と並び普遍教会の教説を真理の源泉として認めていたことを示しており、オッカムはすべての真理を聖書のみに還元する一元主義を信奉してはいなかった。ただしオッカムは、キリスト教徒がそこから逸れてはならない正しい信仰の五つの源の中に「普遍教会の教説」を含めてはいない。というのも、誤謬を犯すことのない普遍教会は、これらの源の中に潜在的に含まれてはいない教えを正しい信仰の教えとして確定することはなく、普遍教会の教えは聖書あるいは聖書外の啓示の源泉から導出されるからである。

「正しい道を進む教会は、聖書あるいは使徒たちの伝統、編年記の叙述あるいは信徒に与えられた疑いえない啓示、そしてまた上述の諸源泉や、これらの源泉のうちの或るものから論理的に帰結すること、または然るべき仕方で明示された神の啓示や霊感に基礎づけられえないかぎり、いかなる真理も確定したり規定したりすることはない[309]」。

オッカムにとり、教会による神の真理の認識が発展していくことはあっても、真理自体は不変であり、教会が真理を新たに創出することなどありえない。

「教皇も神の全教会も、真でない主張を真にすることはできないし、誤っていない主張を誤りにすることもできない。それ故また教皇は公教会の主張ではないものを公教会の主張にすることも、異端でない主張を異端にすることもできない。それ故教皇は新たな信仰箇条を創造することはできない[310]」。

『対話篇』における「教師」のこの言葉は、オッカム自身の見解と解釈してよいだろう。オッカムは『対話篇』で、教皇は新しい信仰箇条を創造できるという見解を「教師」に提示させ、この見解の一つの典拠としてヨハネス二十二世が教令《Cum inter nonnullos》において、「今後は」（deinceps）キリストの清貧の教説を主張することは異端とみなされると述べている箇所を挙げている[311]。しかしオッカムがこの見解を拒絶していたことは「反教皇ベネディクトゥス論」の次の箇所から明らかである。

「以上のことから、教皇がこのようにしてキリスト教の信仰を支配している（dominatur）こと、その結果、すべての信仰を変えることができ、他の信仰を創り出すことができることが帰結する。……これは、すべての異端説の中で最も悪質なものである[312]」。

「しかし教皇は自分が制定するいかなる法によっても、これまで明白に公教会の真理に属していたことを疑問視することはできない[313]」。

しかしながらオッカムは、当時の通説に従って、公教会の真理の「確定」（diffinitio）に関して、私人たる神学者による確定と、教皇や公会議による公的な真の意味での確定を明白に区別していた。私人の神学者による確定と異なり、例えば見解の対立が生じた信仰上の問題に対し教皇が一定の決定を下したとき、教皇はこのことによって新しい真理を創造しているわけではなく既存の真理を宣言しているにすぎないが、教皇の宣言から実践的に重要な帰結が生ずることは確かである。というのも、教皇が正しく確定したことを拒否する者たちに対して司教や異端審問官は彼らを異端者として告発することができる――教皇による確定以前には告発できなかったとしても――ようになるからである。

「教皇が正しい確定を行った後は、司教や異端審問官たちは誰でも聖なるカノン法に従って、この確定と反対のことを主張する者たちを不正な異端者として訴追することが可能である[314]」。

或る教説が公教会の真の信仰とされたり異端とされたりするのはローマ教会（教皇）の確定によるのか、それともそのような確定に先立って真の信仰や異端は存在しているのだろうか。オッカムは前者の見解について次のように述べている。

「それ故、彼らは教皇が新しい信仰箇条を創造することができ、同じ理由で以前は異端でなかった同じ主張をその後断罪によって異端となるようにすることができると述べている[315]」。

この見解をとる者たちは、ヨハネス二十二世の教令《Cum inter nonnullos》の文言、すなわち「今後は、キリストとその使徒が或るものを個人としても共有としても所有していなかったと主張することは異端であることが確定される」に依拠し、それ故、「それ以前は当の主張は異端ではなかった」と考えていた。しかし別の見解によればローマ教会（教皇）の確定に先立って真の信仰や異端は存在している。

「というのも、公教会の真理が教会のいかなる承認もなくして本性上不可変であり、不変的に真であるように、これらの真理は不変的に公教会の真理とみなされるべきであるからであり、これと同様に教会のいかなる断罪もなくして異端は誤謬であり、かくして異端は教会のいかなる断罪もなくして異端なのである[316]」。

オッカムが前者の見解を拒絶していることは『九十日の書』の次の一節からも明らかである。

（教皇ヨハネス二十二世の教令《Cum inter nonnullos》にある「今後は、……と主張することは（Affirmare deinceps）」という言葉には）「明白な誤謬が含まれている。すなわち、聖書に反する或ることが新たに（de novo）異端になることがありうるという誤謬である。これは明らかに誤っている。というのも、聖書に反することはすべて常に異端だからであり、或る真理が公教会の真理であることが人間の意思に依存しないように、或ることが異端であることは人間の意思に依存しないからである。聖書の中に明示的ないし黙示的に含まれている何らかの真理が人間の意思によって公教会の真理になるのであれば、我々の信仰は人間の知識に依存することになるが、これは『あなたがたの信仰が人の知恵によらないで、神の力によるものとなるためであった』『コリント人への第一の手紙』（2・5）と述べる使徒パウロの判断に明白に反している。それ故、聖書の中に含まれる真理が——黙示的に含まれる真理でさえ——人間の知恵や意思によって公教会の真理になるようなことはありえない。従って、聖書に反するいかなる誤りも、人間の知恵や意思によって異端となるようなことはありえない」[317]。

またオッカムは公教会の信仰の真理が教皇の確定に依存しないことを次のように述べている。

「もし或る真理が公教会の真理であり、あるいは公教会の真理と言われるべきだとすれば、その理由はそれが神により啓示されたか、聖書の中に含まれているか、普遍教会によって受容されているからであり、あるいは、神により啓示され、聖書の中に含まれ、普遍教会によって受容されていることから、あるいはこれらのうちのどれかから論理的に帰結するからであり、あるいは更にローマ教皇によって承認されたからである。もし或る真理が、神により啓示されたことから公教会の真理であるならば、神の啓示はローマ教皇の承認にも全教会の承認にも全く依存しないのであるから、ローマ教皇がこれを承認しても、このような真理が真に公教会の真理であることに何の寄与もしないことになる。そして第二の場合、すなわち或る真理が聖書の中に導入されているが故に公教会の真理とされているならば、このような真理が聖書に導入されていることが教会や教皇のいかなる承認にも依存していないことは確かであり、それ故、このような真理はいかなる承認もなくして公教会の真理の中に数えられるべきである。……第三の場合には……なぜ普遍教会がそのような真理を受容したかその理由が問われるべきである。一つの理由は、それが神により承認され、啓示され、霊感を通して吹き込まれたからであり、このときは教会のそのような受容なくしてそれは真に公教会の真理である。……あるいはその理由は、その真理が聖書の中に見出されることから普遍教会がそれを受容したからであり、このとき、その真理はそのような受容なくして公教会の真理と判定されるべきである。あるいは別の理由としては、普遍教会がその真理を経験ないし自然理性によって認識するが故に受容したことが挙げられるが……このように述べることはできない。というのも、もしそうだとすれば普遍教会は、幾何学のすべての真理や、その他どのような知識であれ、知識により立証されたすべての真理を公教会の真理に含ませることになるからである。……第四の場合であれば、すなわち或る真理が、神により啓示されたこと、聖書に導入されたこと、普遍教会により受容されたこと、これらのことから、あるいはこれらのことのどれか一つから帰結するが故に公教会の真理である場合には、教会の承認によって当の真理がこれらのことからいっそう明白に推論されるようなことはないのであるから、真理はそのような承認によって公教会の真理となるわけではない。……そして第五の場合、すなわち或る真理がローマ教皇によって承認されたことから公教会の真理とされているときは、ローマ教皇が何らかの啓示に依拠しているのか、それとも聖書か、あるいは普遍教会の教義に依拠しているのかを問わなければならない。このうちのどれかであれば、ローマ教皇は彼の承認によってこのような真理を公教会の真理にしたわけでも、公教会の真理にしているわけでもないことが帰結する。あるいはローマ教皇が……自分自身の洞察ないし意思に依拠していることが考えられ、もしこれが事実ならば、ローマ教皇のこのような承認によっては、いかなる真理も公教会の真理として認められることはないことが帰結する。というのも、我々の信仰は人間の知恵にも意思にも基づいていないからである。……しかし、上述のいかなることもローマ教皇の承認に、あるいは教会の承認にさえ依存していないことが理解される。それ故、いかなる真理もこのような承認によって公教会の真理になることはなく、むしろこのような承認によって何らかの真理が公教会の真理であったこと、公教会の真理であることが認識され確定されるのである(318)」。

しかし、教皇は以前は真理でなかったことを自らの決定によって信仰の新しい真理に変え、かくして新しい真理を創造できるという見解は、中世の教会法学者が——そして当のヨハネス二十二世自身が——拒絶してきた見解だった[319]。従ってこの点に関するかぎりオッカムには誤解がみられる。むしろオッカムがヨハネス二十二世や当時の教会法学者と異なっていたのは、真の教皇による教義上の確定は、あらゆる後継の教皇を拘束するほど強い権威を有しているという主張だった。しかし、真正なる教皇の確定が不変的な仕方で信仰の真理を決定するとしても、何によって真正な確定と真正でない確定を区別することができるのだろうか。先ずオッカムは、真なる教皇の宣言のすべてが公教会の不変的真理を確定するのであれば、誤った宣言をした教皇は明らかに真の教皇でないことになると主張する。真なる教皇が必然的に不可謬であれば、誤謬を犯した教皇は真の教皇ではない。更に、真なる教会が不可謬であるならば、教義上の論点について——例えば財の「使用権」と「単なる事実上の使用」を区別しない——誤謬を犯した教会は真の教会ではありえない。しかし、キリスト教徒は自分の信仰が正しいことをどのようにして確認できるのだろうか。真の教皇ないし真の教会を特定化する規準は何だろうか。普遍教会が誤謬を犯しえないとしても、信仰上の特定の問題に関する教皇の宣言が公教会の正しい信仰上の真理であるか否かに関して論争が生じ、当の問題に関する聖書のテキストが両義的であり、神学者の間でも見解の一致がみられないとき、聖書の解釈の正しさや教義の正しさを確定する規準は何だろうか。オッカムはこの点、いかなる規準も提示していない。

「私は既述の誤謬が信仰と両立すると判断する前に、キリスト教の全信仰と、公教会の信仰が世の終わりに至るまで存続するというキリストのすべての約束が少数の、それどころか一人の人間の中に保持されると考え、他のすべてのキリスト教徒は公教会の信仰に反して誤りを犯していると判断するだろう[320]」。

ここに示されている態度が何を意味しているかは、正しい信仰を特定するルールとしてオッカムが挙げる二つの客観的（と言われる）規準、すなわち聖書と普遍教会の教説をオッカムがどのように取り扱っているかをみることによって明らかになる。オッカムは聖書は先ずもって字義的に解釈されるべきであり、例えばトマス・アクィナスと同様に、神学上の論争を解決するために神秘的解釈を用いるべきではないと考えていた[321]。『暴政論』第五巻第三章でオッカムは、皇帝権がローマ教皇に由来することを「主よ、ごらんなさい、ここにつるぎが二振りございます」（『ルカ福音書』（22・38））や「神は二つの大きな光を造り、大きい光に昼を司らせ、小さい光に夜を司らせ、……」（『創世記』（1・16））といった聖書のテキストを比喩的ないし神秘的に（allegorice seu mistice）解釈することで正当化しようとする教皇主義者を批判しながら次のように述べている。

「真理に反していない聖書の神秘的意味（sensus scripture misticus）は、もしそれが聖書の中にそれ自体において、あるいはそれを含意するような言葉で明示的に示されていないならば、それを教化や説教のために引用することは許されても、キリスト教徒の間で見解が一致していないような異論の余地のある疑わしいことを立証し確認するために引用されるべきではなく、引用されえない。というのも、アブラハムには二人の息子がおり、一人はつかえめによる息子であり、もう一人は自由人の女による子供だったという『創世記』にある言明の神秘的意味は『ガラテヤ人への手紙』第四章で明示的に示されており、論争されている論点を立証するためにこの意味を引用することができる。同様に、『創世記』で王メルキゼデクについて記されていることの神秘的意味は『ヘブル人への手紙』第七章で明示的に示されており、疑わしい論点を立証するためにこの意味を引用することができる。しかし聖書に明示的に示されていない神秘的意味は、それが他の聖書や明証的な論拠に(rationi evidenti) 基づいていないかぎり、このような仕方で引用されることは決してありえない。

しかし、或る人々は自分たちが考え出した神秘的意味によって、何であれ好きなことを立証しようと試み、このような立証が疑いを入れないものとして受容されることを望んでいるので、このような神秘的意味なるものを受け入れる必要のないことが権威と理性によって証明される必要があるだろう。例えば福者アウグスティヌスはウィンケンティウスに次のように述べている。『非常な軽率さなくして一体誰が、比喩によって表現されていることを自分に都合のよいように敢えて解釈しようとするだろうか。その光によって曖昧な点が解明されるような明らかな証言をその人が有している場合は別であるが』。この言葉から結論されうるのは、他人と論争する者は、比喩的意味（sensus allegoricus）が聖書に明示されていないかぎり、このような意味を援用してはならないということである。なぜならば、もしそれが聖書によって明示的に立証されえないならば、論争相手は、そのような意味は容易に立証されうるが、同じように容易に軽視されうる、と述べると思われるからである。……それ故、聖書に明示的に示されておらず、誰でも自分の想像力によって考え出すことのできる神秘的意味は、キリスト教徒がそれについて異なった見解をもつ異論の余地あるものごとを立証するにはそれほど適してはいない。

更に、神の啓示なくして人間の想像力によって為されうる解釈は、それが聖書の他の箇所によって、あるいは明白な論拠によって（per rationem manifestam）疑問の余地なく立証されえないかぎり、異論の余地ある論点の確証のために使用できるほど十分な権威を有してはいない。このような神秘的意味の伝承（traditio）は、司教たちの教説や、正典の聖書の作者ではなく、聖書について書き記し論議する他の人々の教説の中に含ませなければならない。しかしこのような教説はアウグスティヌスも証言しているように、争われており異論の余地ある論点を立証するためにはそれほど相応しいものではない。……以上の（アウグスティヌスの）言葉から明白に結論されるのは、正典の聖書の作者の後に生きた人々の教説は、そのどれもが批判されえないほど権威のあるものではないということであり、従って、これらの人々が、論争されている論点を支持するために聖書から引き出した神秘的意味は受け入れる必要がないということである[322]」。

そして同第四章でオッカムはこれに対する二つの反論、すなわち、アウグスティヌスや他の聖人たちは聖書に明示されていない神秘的意味によって多くのことを立証し、キリストの言葉の神秘的意味を用いて異端者や教会分離者を教会に入るよう強いなければならないと主張しているという反論、そして、ローマ教皇の教令は争われている論点の立証のために引用されうるし引用されるべきであるが、教令では多くのことが神秘的意味によって立証されているという反論を挙げ、この二つの反論に対し次のように答えている。

「これらの反論には容易に答えることができる。信仰の真理に属し、神のみによって啓示されたことを信じるように、手近な仕方でカトリック教徒を教え導くために人間的論拠（rationes humane）が提示されるとき、それは明証的な証明としてではなく、ある種の合致ないし類似性たるかぎりで引用されるのである。従って、或る真理が先ずもって聖書ないし明証的論証によって確実なとき、その後で確実な真理を支持するために神秘的な意味を引用することは許されている。これは真理を知っている人々を喜ばすためであり——これらの人々の多くは、聖書の言葉の神秘的意味が真理に適合しうることを理解すると喜びを感ずるからである——、また真理に反対する人々を陰鬱にさせるためであって——これらの人々は神秘的意味が自分たちの否定する真理に適合しうることに苦痛を感じるからである——、専門家の間で争われていることを立証するためではない。聖書に通暁している人は、神秘的意味が何らかの権威や論証によって支持されていないかぎり、このような意味によって動かされることはないだろう。というのもこの人は、誰でも自分の好む結論が引き出されるように聖書を神秘的に説明できることを知っているからである。……カトリック教徒のみならず異端者も自分たちの異端や誤謬に都合のよいように聖書を神秘的に説明しようと試みる。それ故、軽々しくこのような神秘的意味に同意すべきではなく、ましてや神法に関係していることが知られる何か或ることを支持するために、そのような意味を受け入れるべきではない。

第二の反論に対しては次のように答えなければならない。すなわち、公教会に従った仕方で行動し、自分自身の正義ではなく神の正義を定めようと努めるローマ教皇は、何か或ることを、特に信仰と神法に関係することが知られる或ることを、神秘的な意味を用いて——この意味が聖書の正典や明白な論証によって支持されるものでないかぎり——立証しようと試みるようなことはない。もし教皇がそのようなことを試み、自分が夢想ないしは願望する結論を——聖書に合致しないか、聖書によって示唆されることのない結論を——聖書から引き出そうと腐心するならば、教皇のそのような立証には耳を傾けるべきではなく、もしそれが真理に反するならば、これを知る者によって徹底的に論駁されるべきである。……というのも正統的な見解をもつ人であれば誰でも、教皇が善き徳行に違反して罪を犯し、信仰に反して誤りを犯しうることを……確信しているからである。……」(323)。

しかし聖書の字義的解釈を主張することは、しばしば神秘的解釈の濫用によって世俗的支配権に対する教皇権の優位を唱える教皇至上主義者に対しては有効であっても、清貧論争に関するかぎり、聖書の字義的解釈はヨハネス二十二世の方に有利に働いたはずである。聖書では明らかに、キリストと使徒が財布を持ち、使徒と原始キリスト教共同体が財を共有していたことが述べられているからである。オッカムはこれらの聖書のテキストを説明するために特別な議論を展開しなければならなかった。

オッカムによれば聖書のテキストそれ自体のみでは信仰の真理のための十分な導きにはならない。聖書は正しい理性によって解釈される必要がある。真理は「聖書の中に含まれているものから、異論の余地のない推論によって（irrefragibili argumento）」導き出される(324)。しかし、例えば「もしあなたが完全であることを欲するならば、持っているすべてのものを売り、それを貧しい人に与えなさい」といったテキストから、使用によって消失する財についても事実上の使用と使用権の区別が存在しうることを「異論の余地のない推論」で立証することなど不可能だろう。しかしヨハネス二十二世に対するオッカムの全論拠は、聖書の解釈に関するこの種の微妙な問題に依存している。要するにオッカムの議論は、本質的に多義的な聖書のテキストに関して彼が採用する解釈は、この解釈が現在の教皇や殆どすべての神学者によって拒否されているとしても、不変なる信仰の真理として受け入れられねばならないという主張に帰着するだろう。オッカム自身の見解が正しい信仰上の真理であるという主張を正当化するように要求されたとき、オッカムは抽象的な論理ではなく、聖書の権威による論証へと訴え、自分が擁護する解釈こそ公教会の真理の表現であることを主張し、この主張の正しさを、当の解釈が過去の教皇により是認され、信仰上誤ることのない普遍教会によって受容されてきたことによって根拠づけるわけである。

さて、個人としての教皇が信仰からはずれ、真なる教皇たることを停止することがあるにしても、普遍教会は誤謬に陥ることがないとすれば、キリスト教徒にとって、教会全体を代表する適正に構成された集団の権威的な宣言の中に最終的な確固とした基礎を見出すことは可能だろうか。繰返し述べられてきたように、オッカムはこの可能性をも否定した。オッカムは『対話篇』の中で唯一誤ることのない「ローマ教会（romana ecclesia）」とは普遍教会、すなわち全信徒の〈congregatio〉であることを論じ、この議論の中で「教師」は先ずローマ教皇が誤謬を犯しうることを立証し、次に枢機卿、公会議、すべての聖職者が誤謬を犯しうることを立証して、最後に真の教会、真の信仰が極く少数の信徒や女性たちの中に、更には洗礼を受けた幼児の中に生き続けるという結論に達している。

誤ることなき「ローマ教会」が全信徒の集団であることは教会法学者の通説であった[325]。しかしオッカムは公会議に関して教会法の伝統とは異なった見解を採用している。確かにオッカムは公会議が教皇の上位にあり、信仰の問題に関して異端教皇を裁くことができると主張する点では、十四世紀初期の教会法学者の通説と同様であり、また、異端者として非難されている教皇への反抗を正当化するために公会議に告訴する必要はないというオッカムの主張も――十四世紀においては少数意見であったが――オッカムのみに特有の見解というわけではない。むしろオッカムが当時の通説と異なっている点は、公会議は普遍教会を完全には代表しておらず、それ故教会の他の制度と同じく信仰に関して可謬であるという見解である。

ここでオッカムは二つの通説的な見解を結び合わせている。すなわち、普遍教会は真なる信仰から逸脱しないという無可謬説と、教会はたとえその真の成員がわずかな人数に縮小しても消滅することはないという不滅性の教説である。そしてオッカムは、この二つの教説からの論理的帰結として、或る教説が信仰上の真理であることが確実に立証されるのは教会のメンバーの誰もそれに異議を唱えていない場合にかぎられるという見解を導出している。教会には真の信仰を抱く人間が常に少くとも一人は存在するのであるから、教会の全成員が或る命題を真なる命題として信仰しているならば、当の命題は確実に信仰上の真理なのである。『反教皇ヨハネス論』においてオッカムは至福的見神に関するヨハネス二十二世の教説が、たとえ以前の教皇や公会議によって正式に断罪されていなくても異端説であることを論証しながら、いかにして信仰上の真理が確証されうるかについて次のように述べている。

「このことが起きるのは、公教会の真理が、公教会のあらゆる地域を通して主張され説教されており、公教会の信徒としてのあらゆる人民に浸透しており（divulgantur）、公教会の信徒でこのような主張に反対する者が一人もいないときである[326]」。

イエス・キリストは自分の教会が世の終わりに至るまで存続することを約束したのであるから、誤った教えが公教会の教えとされているときは常に、それが聖職者であれ俗人であれ、上位者であれ下位者であれ、この誤った教えに異議を唱える者が必ず存在する。これは換言すれば、教会において一般的に支持されている教えに異議を唱える者がいたとき、制度的教会の権威へと訴えることによってこの異議に応答することはできない、ということである。オッカムの教会論によれば、通説に対する唯一人の反対者の方が真の教会を形成していることがありうるからである。そして、公教会の個々の信徒は、信仰に関する自分自身の知識に照らして教皇の宣言の正統性を判断する権利と義務を有している。

「それ故教皇が、すべてのキリスト教徒が明示的に信じるよう義務づけられていることに反した何ごとかを決定した……ならば、このことだけで各々のキリスト教徒は、教皇は誤謬を犯していると判断しなければならない[327]」。

更に、既に述べたようにオッカムは、キリスト教会が或る時点において生きている信徒のみならず、教会の誕生から現在へと至る何世紀もの間に存在した聖職者や信徒によって構成されることを主張していた。従って、オッカムの言う普遍教会は時間の流れの中で存在する教会を意味するが、この「普遍教会」は正しい信仰を特定化する客観的な規準たりうるだろうか。オッカムは自分の生きる時点の教会（アヴィニョンの教会）が過去の正しい教説から離反していることを主張し、過去の権威を根拠として自分の時代の教会の誤りを批判する。しかし過去から跡絶えることなく存続する普遍教会とは具体的に何だろうか。過去の時代のどの文書や口授の伝統が真なる信仰を証言しているのだろうか。オッカムは、普遍教会の真の信仰を証言するこれらの文書や伝統を特定化する規準を提示していない。オッカムは単に自分自身の信仰を過去の時代に投影し、この信仰の正しさを証明することなく、当の信仰がこれまで教会によって支持されてきたと主張しているだけのようにも思われる。例えばオッカムは、ヨハネス二十二世が拒否する至福的見神論は昔から支持されてきたものであり、公教会の信徒でこの教説に意義を唱えた者は一人もいなかった、と主張する。「当の教説に抵抗するような公教会の信徒は一人も現れなかった[328]」。しかし、この主張は明白に立証不可能である。それどころか、オッカムが擁護する至福的見神論は比較的新しい教説であり、十四世紀の神学者の通説であったにすぎず、むしろヨハネス二十二世が唱える至福的見神論の方が聖ベルナルドゥスやトマス・アクィナスによって支持されていたとも考えられるのである[329]。

教説に関する全員一致の合意のみが当の教説の正しさの証しだとしても、過去においても現在においてもこのような合意を立証しえないかぎり——真の信仰は極く少数の者たちの中に生き続けるというオッカムの別の主張と相俟って——オッカムの見解は信仰の正しさを確定する客観的な規準を奪われる結果になるだろう。或る時点で広汎に受け入れられている教説に反対する異端が存在するとき、オッカムの見解においては、異端が誤謬で通説が真理だとする客観的な規準は不可知である。時間の中において存在する普遍教会へと訴えても、この普遍教会のメンバーを特定化する規準をオッカムは提示していない。オッカムが主張しているのは、自分自身が信奉する教説こそ過去から現在に至るまで存続してきた普遍教会の教説だということであるが、この普遍教会という無形態な観念を持ち出すだけではオッカムの教説が正しい教説であることの立証にはならない。例えばオッカムは『暴政論』で、キリストはペテロに「わたしは、あなたに天国のかぎを授けよう、そして、あなたが地上で繋ぐことは（すべて）天でも繋がれ、あなたが地上で解くことは（すべて）天でも解かれるであろう」と述べることによって、自然法と神法に反しないすべてのことを行いうる〈plenitudo potestatis〉を与えた、という主張に言及しながら、インノケンティウス三世の教令《Solite》について次のように述べている。

「インノケンティウス三世は、extra de maioritate et obedientia《Solite》にあるように、キリストの上述の言葉を根拠にして、この主張を行ったように思われる。彼は『主はペテロに、そしてペテロを通じてペテロの後継者たちに〈あなたが地上で繋ぐことはすべて天でも繋がれるであろう〉と語り、〈あなたが繋ぐことはすべて〉と述べて、真にいかなることも除外しなかった』と述べている。これらの言葉から理解されるのは、インノケンティウスによると、キリストはペテロとペテロの後継者の権力からいかなるものも除外せず、それ故カノン法が何の例外をも認めていない場合は我々も何の例外も認めるべきでないように、我々も（教皇の権力から）いかなるものも除外すべきではないということである。……私の意見ではこの主張は、誤りであるだけでなく、信徒の全共同体にとって危険であり、異端でさえある」[330]。

しかし、他方でオッカムがニコラウス三世の教令《Exiit qui seminat》は不変的に妥当し、修正不可能であると主張するとき、教会法としては共に正規の手続きを通して発布された効力あるこれら二つの教令の一方を正統で他方を異端と判断する根拠は何であろうか。オッカムは判断のための客観的な規準を提示していない。

註

（1） *Tractatus contra Ioannem*, cap. 14 (ed. H. S. Offler, *Guillelmi de Ockhami, Opera Politica*（以下 OP と略）, vol. III, Manchester, 1956) p. 63).

（2） 「全体に対して約束され、いかなる部分に対しても約束されなかったことを、何らかの部分に帰せしめるべきではない。たとえ、当の部分が他より上位にあるとしてもこのことにかわりはない。ところで……この（キリストの）約束は、いかなる部分に対するものでもなかった」（*Dialogus de potestate imperiali et papali*, I. v. c. 22, M.Goldast, *Monarchia S. Romani Imperii*, tomus II, p. 489）。「全教会にあてはまることを、教会の一部分に――たとえこれが主要な部分であるとしても――帰してはならない」（*Dialogus*, I. v. c. 7, p. 478）。「すべての神学の教授、そして公会議における教皇以外の全出席者でさえ、キリストがそのために祈った全教会ではない」（*Dialogus*, I. ii. c. 30, p. 432）。キリストの祈りは司教の集団に対して向けられたものでもない。「大司教や司教の団体ないし共同体も信仰に違背することがありうる。……というのも、キリストは公教会の信仰が世の終わりに至るまで司教たちの中に存続するだろうとは約束しなかったからである」（*Dialogus*, I. v. c. 7, p. 478）。すなわち、司教たちの collegium ないし communitas それ自体が個々の司教とは独立に存在しているわけではなく、それ故個々の司教が信仰に違背しうるかぎり司教の集団も信仰に違背しうるのである。またオッカムは公会議の可謬性を次のように説明している。「様々な場所にいて信仰に違背することのあるこれらの人々は、たとえ彼らが同じ場所に集合しても信仰に違背するだろう。というのも同じ場所に集合することは、或る人間が信仰から逸れることを妨げないからである。場所は人間を聖化しないように何人をも信仰において確実なものにしないからである。……しかし公会議に集まるすべての人々は、集まらない前には信仰に違背することもありえた。……それ故、百人や二百人の司教が集合しても、すべての者が自由意思によって異端の邪悪さに陥ることがありえるのである。彼らは集合したあとでも異端の誤りに陥ることがあるだろう」。これは *Dialogus*, I. v. c. 25

（pp. 494-495）で、公会議は普遍教会の代理として後者の不可謬性の特権に事実上あずかっているのではないか、という「弟子」の問いかけに対して「教師」が答えている箇所である。確かに『対話篇』でオッカムは複数の見解を列挙するだけで自分自身の見解を明示していない。しかし『対話篇』第一部とほぼ同じ頃の一三三四年に書かれたアッシジでのフランシスコ修道会の総会に宛てられたミカエル派を支持するための書簡〈*Epistola ad fratres minores*〉（OP. vol. III, pp. 6-17）や、『反教皇ヨハネス論』（op. cit. OP. vol. III, pp. 29-156）、『反教皇ベネディクトゥス論』〈*Tractatus contra Benedictum*, OP. vol. III, pp. 165-322〉からオッカムが公会議の不可謬性を否定していたことが理解される。〈*Epistola*〉でオッカムは教皇ヨハネス二十二世が、キリストと使徒は彼らが使用する財を私有していたとする異端のみならず、至福的見神、神の絶対力そして三位一体論に関して異端を唱えている——オッカムによれば、教皇は神の絶対力に関して、「神は potentia ordinata によって行うことと以外のいかなることも potentia absoluta によって行うことはできない」（p. 14）と主張し、三位一体については、「神の中には区別される三つのペルソナが存在してはいない」（ibid.）とサベリヌス的異端を主張していた——が故に審判に服さなければならない、と主張する。しかし誰が審判し、それを執行するのか。オッカムは次のように答えている。「教会法の規定によれば、そのような主張が信仰の真理に違反していることが明らかなとき、信仰の問題は公会議や高位聖職者や更に『司祭にだけでなく、確かに俗人や実にすべてのキリスト教徒に関わる問題である』（グラティアヌス教令集 Dist. 96, c. 4）。この点に関して標準注釈は『万人に触れることは万人によって取り扱われるべきである』という論拠を認めている。このことから明らかに理解されるのは、信仰の問題は公教会の信徒たる女性にさえ属しているということである」（p. 10）。ここでは公会議の可謬性が主張されているわけではないが、オッカムにとりキリストが約束する信仰の不可謬性が保証されているのは公会議ではなく、女性をも含む普遍教会であることが示唆されている。

全体が単に部分の集合にすぎなければ、公会議も単に司教などの集合体であり、司教たちが参集することによって特殊な実在性を帯びた公会議という集団が新たに生成するわけではない。これは言うまでもなくノミナリズムに親和した考え方であるが、ノミナリズムを前提にしないと公会議の性格をこのように理解することはできないとは言えないだろう。またオッカムによれば、公会議が聖霊に導かれていることはその不可謬性の根拠となりえない。聖霊は一般的な公会議に限られず、教皇が枢機卿と協議するときも、特定の地域の会議においても参加者を導くからである（*Dialogus*, III, I, iii, c. 8, M. Goldast, op. cit. p. 825; J. Kilcullen, J. Scott, J. Ballweg, V. Leppin, ed. *Dialogus, part 2, part 3, Tract 1*, Oxford, 2011, p. 251）。A. van Leeuwen, 'L'église, règle de foi, dans les écrits de Guillaume d'Occam' (*Ephemerides Theologiae Lovanienses*, vol. 11, 1934, p. 286）は、オッカムが公会議の可謬性を明確には肯定していないことを主張するが、これは明らかに誤解である。

（3）*Dialogus*, I, vi, c. 68, p. 582. 従って、仮に全信徒が現実に集合し「普遍教会が召集されうるのであれば、先ずもって普遍教会にさえ上訴がなされるべきことになるだろう」（*Dialogus*, I, v, c. 28, p. 497）。

（4）*Dialogus*, I, v, c. 3, p. 471.

（5）「第二の誤りは……人々は教皇の裁定から（上位の裁定）へと法的に控訴することができないという考えであり、第三の誤りは……信仰問題において教皇はこの世に上位者をもたないという考えである」。OND, c. 124,OP. II, p. 856.

（6）フグッキオ、ルフィヌス、〈Glossa Palatina〉などは、教皇は異端の場合以外にも、教会の共通善を害するような重罪や教会の名誉を損なう行為（scandalum）を行ったときは廃位されると主張した。B. Tierney, *Foundations of the Conciliar Theory* (Cambridge, 1955) pp. 56-67 参照。これに対して、ホスティエンシスなど十三世紀の教会法学者は、「信仰が問題になるところでは、公会議は教皇の上位にある」(Ubi de fide agitur,synodus est major papa) という原則を認めていたが、異端教皇の廃位は神法によって自動的に生ずべきものと考えたことから異端以外のものを教皇廃位の理由として認めない傾向にあった。また、アウグスティヌス・トリウムフスやアルウァルス・ペラギウスなど十四世紀の教皇至上主義者も、異端以外の理由を認めず犯罪を犯した教皇も依然として教皇であると主張した。教皇は異端者になることで直ちに教皇職とその裁治権を喪失し、他のキリスト教徒と同様に審判に服するが、異端以外の罪については審判の対象とならないという見解と、教皇は異端以外に、教会による信徒の救済を危険に陥らせるような罪についても公会議の審判に服するという見解が対立していたが、オッカムは後者の見解をとり、教皇が審判に服しうる四つのタイプの罪を区別している。第一に明白な異端の場合は、教皇はこの事実によって直ちに神法により廃位される（*Dialogus*, I, vi, c. 66, pp. 572-578; *Tractatus contra Benedictum* (CB), vii, c. 2, p. 303, p. 305; *Octo quaestiones de potestate papae* (OQ), OP. vol. I, i, c. 17, p. 59）。第二は異端者として告発されている場合（告発が誤りの場合も含む）であり（OQ, ibid., p. 60）、第三は他人（特に世俗君主や皇帝）の財産や権利を侵害したり不正に保持する場合（CB, vii, c. 13, pp. 318-320; OQ, ibid., p. 62）、第四は、教皇が教会を誤った道へと導くような重罪（異端者を支持することも含む）を犯し、自らを正さない場合である（CB, vii, c. 12, pp. 317-318; OQ, ibid.）。異端教皇や異端の嫌疑をかけられた教皇に対する審理が先ずもって公会議の権限に属することをオッカムは認めている（*Dialogus*, ibid., c. 73, pp. 585-586; CB, ibid. c. 2, p. 305; OQ, ibid., p. 60）。そして断罪された教皇が依然として教皇座を占め、教会財産を保持しているならば、世俗権力が教皇を教皇座から追放し、教皇が保持する財産を取り上げ、教皇を捕囚する（*Dialogus*, I, vi, c. 82, p. 601; CB, ibid., c. 5, p. 308）。

しかし公会議のこの権限は、公会議至上主義者が考えるように公会議の不可謬性を根拠としたものではない。そして教皇が明白な異端者であれば、この事実によって直ちに教皇は教皇でなくなるが故に、この場合、公会議が教皇を審判によって正式に廃位する必要はなく、異端教皇が教会に害を加えることを阻止できる者がいればよい。このようなとき、公会議が開催可能であれば公会議がこれを阻止し、正規の手続によって教皇が選出されれば新教皇が、更に枢機卿、異端教皇が居る司教区の司教が阻止することもあり、教会のすべての権威が阻止を拒めば、世俗の君主や単なる俗人が阻止することもできる。従って公会議は教皇を断罪する最終審ではない。また、異端の嫌疑をかけられた教皇に対する審理についても、必ずしも公会議によって行われる必要はない。要するにオッカムにとり公会議は不可謬ではなく、排他的な最終審でもない。オッカムの後期の著作では異端教皇ないし異端の嫌疑をかけられた教皇の審判者として公会議が言及されることはなく、司教と、教会の信徒であるかぎりの皇帝をはじめとする任意の信徒が挙げられているにすぎない。最後にオッカムは、異端以外の教皇の犯罪について通常は公会議が裁判権を行使することはないと考えている。以上の点に関して『八設問集』設問（一）第十七章でオッカムは次のように述べている。

「或る人々によれば、教皇は三つの場合に人間の審判に服すよう義務づけられている。第一は先の章で述べられたように異端の場合である。しかし、真に異端である場合と、ただ異端で告発されているにすぎない場合を区別する必要がある。というのも、もし真に異端である場合は、法によって――すなわち神法と人定法によって――直ちに教皇は教皇職を奪われ、教会のあらゆる顕職を失うからである。……事実、すべての異端者は……異端教皇を審判する権限を有する一般公会議によって断罪される。……しかし教皇が当初、異端の嫌疑をかけられているだけで、その後で告発されるときは、教皇はそのような事実によって直ちに顕職を奪われるようなことはない。しかし、教皇が異端であることが立証され、彼に対して判決が下された場合、彼が上訴しなければ、判決は既判力を有することになる。

しかし、教皇をどの審判人に対し異端として告発することができ、告発すべきなのだろうか。或る人々は、教皇は彼が居住する司教区の裁判所に対し告発されうると答える。また或る人は、異端教皇には他の異端司教以上の特権が法的に認められるわけではないことから、犯罪が発覚した場所によって法廷を選び、他の司教たちが或る司教の司教区で異端者であることが発覚したならば当の司教によって――正式に司教職を奪われることはなくても――審判されうるように、異端者であることが、特に公然たる異端者であることが判明した教皇も同様であると考えている。もし教皇がローマ司教区に居るならば、あるいは教皇の居る司教区の司教が教皇を異端者として告発する者に耳をかそうとしないか、それができないならば、信仰への情熱をもった他の司教が告発者の言い分を聴くべきである。……

もし司教たちが異端教皇を審判しようとせず、あるいは審判できないならば、他のカトリック教徒、特に皇帝が――皇帝がカトリック教徒ならば――教皇を審判することができる。

第二に、（異端以外の）教皇の犯罪が明白であり、それ故教皇が教会を誤った道へと導き、そして矯正不可能な場合、教皇は人間の審判に服さなければならない。……しかし、このような場合、教皇はどの審判人に対し告発されうるかが問題になる。この問題に対し或る人々は、教皇が行う職務――教皇は直ちにこの職務を奪われるわけではない――に敬意を払い、……先ず教皇にも他の誰にも疑いを抱かれていない賢明で思慮深い人間に服従するよう勧告されるべきである。もし、教皇の犯罪が明白であることからこの人間がそれを受け入れないならば証人に依拠する必要はないが、教会全体に教皇のことを知らしめる必要がある。この場合、先ずローマ人の教会ないし信徒集団――教皇は或る意味でローマ人に固有の司教である――に知らしめるべきだと思われる。これは教皇を審判するためにより容易に集まることのできるローマ人に向けて告発がなされるためである。しかしローマ人が教皇を審判することを欲さず、あるいは審判できないならば、教皇を審判する権限は、世俗的権力によって教皇に強制を加えることのできる十分な力を備えたカトリック教徒に移行する。特に教皇の犯罪が信徒の共同体を危険に陥らせるような場合はそうである。……

第三に、或る人々が主張するように、教皇は他人の財産や権利を奪ったり不法に保持するならば人間による審判に服さねばならない。この場合、これらの人々に、教皇はどの審判人のもとに出頭すべきかと問うならば、彼らは二つの事例を区別する。一つは教皇が、皇帝のように世俗的事項において上位者をもたない者に対し不正を行ったときであり、もう一つは上位者をもつ者に対し不正を行ったときである。前者の事例においては、教皇は中立的な人間の審判に服すか、他方当事者の意志によって審判人――このような事例において教皇に対し権限を有する審判人――を選ばなければならない。もし皇帝自身が中立的な審判人の役割を引き受けることを望んだならば、教皇の罪の故に自ら教皇を審判するか、このような事例において教皇に対し権限を有する他人にそれを委任することができる。しかし教皇が上位者をもつ者の財産ないし権利を侵害ないし保持するならば、この上位者のもとに出頭することが可能である」(OQ, i, c. 17, pp. 59–62)。

(7) OND, c. 1, OP, vol. I, p. 295.

(8) オッカムによれば公会議は不可謬ではなく、それ故「知の鍵」を有していなくても、教皇と共に、あるいは教皇によって召集されることで「力の鍵」を有し、信仰上の真理を認可し、信徒にこれを強制する権限は有している。これに対し十五世紀の公会議至上主義者にとって公会議は不可謬であり、教皇の判決もキリスト教会の最終審たる公会議へと上訴可能と考えられ、普遍教会を具現する公会議は、例えば異端の嫌疑がかけられた教皇の正当な審判者とみなされていた。

(9)「公会議が普遍教会を代表し、それを代行するように、教皇もまた普遍教会を代表し、それを代行する」(*Dialogus*, I, v, c. 25, p. 494)。公会議は一次的には教皇ではなく普遍教会の名において召集される。「公会議はそれが代行する普遍教会から基本的には権力を委ねられており、基本的には普遍教会の権威によって召集される。しかし、もし教皇が公教会の教えに一致し正義に従うことを望んでいるならば、公会議は直接的には教皇により召集される」(*Dialogus*, I, vi, c. 64, p. 571)。しかしたとえ公会議が普遍教会の名において召集されても、公会議はそれが代表するところの普遍教会の全権威を要求することはできない。なぜならば「他者を代理する人間や集団は、当の人間や集団が代理する共同体が享受する権限を必ずしもすべて享受するわけではない」(*Dialogus*, I, v, c. 25, p. 494)からである。「それ故、普遍教会が信仰に反して誤りを犯すことがないからといって、公会議もたとえそれが普遍教会を代理していようと、信仰に反して誤りを犯すことがないということにはならない」(ibid.)。また、「人間の意志によって解散されうるこの集団は信仰に反して誤りを犯しうる。というのも、信仰に反して誤りを犯しえないかの教会は『マタイ福音書』(28・20)にあるようにキリストの約束によってこの世の終りに至るまで存続するのに対して、公会議は人間の意志によって解散されうるからである。それ故公会議は信仰に反して誤りを犯しうる」(ibid.)。

(10)「公会議に属する権限は、信仰に関する事柄において教皇を正し修正することである」(OND, c. 124, OP, II, p. 851)。公会議は信仰の正しい内容を自ら決定しうる主権者ではなく、緊急事態において教皇ないし全教会に対して助言する機能を有するにすぎない。十五世紀の公会議至上主義者たちは、教皇と共に公会議に立法権があること、公会議の立法権は教皇の立法権より卓越していること、公会議によって公布された法律は教皇をも含む全キリスト教徒を拘束することを主張した。この主張は十三世紀末にグィレルムス・ドゥランドゥスが、十四世紀にはよりラディカルな仕方でパドヴァのマルシリウスが唱えていたが、この点に関してオッカムは共通善が立法を要求するとき、必ずしも公会議が立法する必要はないと考えていた。「一人あるいは(公会議より)少ない数の人間によって有益に果たされうる勤めについては公会議を召集することは有益でない。かくして通常は、信徒の共同体が公会議ではなく一人ないし少数の人間によって統治されるほうが有益である」(*Dialogus*, III, I, ii, c. 19, p. 804; J. Kilcullen et al., p. 199)。「一人だけで十分であり、それ故他人の助言も賛同も必要でないときは、多くの人々を召集すべきでない。というのも、一人の人間によって同じように善く行いうることを多くの人々が行うのは無益だからである」(*Dialogus*, III, I, ii, c. 19, p. 805; J. Kilcullen et al., p. 202)。オッカムは次のようにも述べている。「それ故、或る人々が公会議へと召集されても会議を正しく挙行できない可能性が強いと思われるならば、それらの人々が集合しないように阻止されるべきである。しかし、彼らが会議を正しく挙行する可能性が強いと思われるならば、生ずる利益より不利益のほうが大きいと思われないかぎり、彼らが集合するように処置すべきである」(ibid., p. 806; J. Kilcullen et al., pp. 202–203)。

共通善のための立法において教皇や教皇の顧問たちでは十分でないときも、公会議は、労苦と費用によって（ex laboribus et expensis）生まれる利益がその不利益を上回るかぎりにおいてのみ召集されるべきである。しかも、公会議の開催が望ましいとしても、公会議は「決して統治するために（ad principandum）ではなく、共同体全体にとって何が有益であるかを審議し明らかにするために（ad deliberandum et inveniendum）、そして統治者が何を行うように義務づけられているか助言するために（ad consulendum）」（ibid., p. 805; J. Kilcullen et al., p. 201）召集されるのである。従ってオッカムにおいては公会議は立法権を有する主権者ではなく、主権者に対する助言者でしかない。主権者たる教皇が公会議の助言を無視し、教会を非常な危険に陥れる状況が生じて初めて公会議は教皇に対する審判者となるにすぎない。最後に、十五世紀の公会議至上主義者は聖職禄の問題を公会議の主要な審議対象と考えていたが、オッカムは教会の全財産の所有者は（神の次に）一般信徒の全体であると考える一方で、教会財産を管理する権限を公会議に認めてはいない。

（11）*Dialogus*, I, vi, c. 84, p. 602.

（12）*Dialogus*, I, v, c. 25, p. 495. それ故人間によって召集される公会議が神によって定められた教皇職の上位にあるはずがない。Y. M.-J. Congar, 'Incidence ecclésiologique d'un thème de dévotion Mariale' (*Mélanges de science religieuse*, vii, 1950, pp. 277–292) p. 286 はオッカムを公会議至上主義者と見なしているが、これは誤りである。

（13）*Defensor Pacis*, dictio II, c. 20（ed. R. Scholz, Hannover, 1932）pp. 392–402.

（14）ピエール・ダイリーは次のように述べている。「第一に私は、十全権力（plenitudo potestatis）について言われる権限（jura）は裁治権力（potestas jurisdictionis）として理解されると主張する。……第二に私は、この十全的裁治権（plenitudo jurisdictionis）は厳密に言うと、ペテロの後継者であるローマ教皇においてのみ存在すると主張する。……第三に私は、このような十全権力は比喩的に、そして別の両義的な意味で普遍教会（Ecclesia universalis）およびこれを象徴的に代表する一般公会議において存在すると主張する。このことを明確にするためには次のことが認識されねばならない。すなわち、上で言われたことに関するかぎり、或るものが他のものにおいて存在するということには三つの意味があることである。第一に、徳が（主体としての）魂の中にあるように、そして付帯性が主体としての実体の中にあるように、或るものは他のものを主体（subjectum）としてこの主体の中に存在する。第二に、結果がその原因（causa）の中にあるいはその目的（finis）の中に――というのも結果はその最終的な対象（objectum finale）として目的を目指すからである――あると言われるように、或るものはその目的たる対象（objectum）の中にあるように存在する。第三に、ものが鏡の中に見られると言われるように、あるいは何らかの教説が書物の中にあると言われるように――或るものはそれを表わす鑑の中にあるように別のものの中に存在する。というのも、或るものは別のものの中に、別のものによって表現されるような仕方で（repraesentative）存在しているからである。それ故、第一に十全権力は、当の十全権力を受け取り、それを奉職として（ministerialiter）行使する主体としての教皇の中に存在する。第二に十全権力は、当の十全権力を原因として（causaliter）そして目的として（finaliter）含んでいる「目的にして対象」たる普遍教会の中に存在している。第三に十全権力は、当の十全権力を象徴的に表現し、それを正規な仕方で導く鑑としての一般公会議の中に存在する」（Petri de Alliaco, *Tractatus de ecclesiae, concilii generalis, Romani Pontificis, et cardinalium autoritate*, Johannes Gersoni. *Opera Omnia*, edidit L. E. du Pin.

t. II, col. 925-960, tertia pars〈Utrum plenitudo potestatis in Papa, vel in Ecclesia, aut Concilio resideat〉cap. I, col. 949-951〉col. 950-951. また V. Martin, *Les origines du gallicanisme* (Paris, 1939) t. II, pp. 135-136; F. Oakley, *The Political Thought of Pierre d'Ailly* (New Haven, London, 1964) pp. 119-126 参照。ジャン・ジェルソンについては、G. H. M. Posthumus Meyjes, *Jean Gerson, zijn kerkpolitek en ecclesiologie* ('s-Gravenhage, 1963) pp. 210-251; Id. (J. C. Grayson, transl.) *Jean Gerson. Apostle of Unity* (Leiden, 1999) pp. 247-313); L. B. Pascoe, *Jean Gerson: Principles of Church Reform* (Leiden, 1973) pp. 22-30; D. C. Brown, *Pastor and Laity in the Theology of Jean Gerson* (Cambridge, 1987) pp. 38-44.

（15）T. M. Izbicki, *Protector of the Faith* (Washington, D. C., 1981) pp. 41-51, pp. 72-106; K. Binder, *Konzilgedanken bei Kardinal Juan de Torquemada O. P.* (Wien, 1976) SS. 153-202; G. de Lagarde, *La naissance de l'esprit laïque au déclin du moyen âge, V, Guillaume d'Ockham. Critique des structures ecclésiales* (Louvain, Paris, 1963) p. 61, pp. 71-72.

（16）*Dialogus*, I, iv, c. 9, p. 450.

（17）*Dialogus*, III, I, iii, c. 11, p. 828 (Kilcullen, p. 258).

（18）*Dialogus*, . I, iii, c. 13, p. 830 (Kilcullen, p. 264). cf. G. de Lagarde, op. cit., p. 73.

（19）*Dialogus*, I, i, c. 4, p. 402. また「教会あるいは信徒の集団とは、数多くの実在する真の人間たち (plures verae personae et reales) のことである」(*Contra Benedictum*, i, c. 8, p. 191)。

（20）*Octo quaestiones*, i, c. 17, p. 63.

（21）*Contra Iohannem*, c. 14, p. 67.

（22）*Dialogus*, III, I, iv, c. 22, p. 865 (Kilcullen, p. 345).

（23）*Dialigos*, I, ii, c. 25, p. 429.『対話篇』第一部の第五巻においては、キリストの約束は教皇が異端に陥らないことを意味せず、また枢機卿の集団や公会議が異端に陥らないことを意味しないことが論じられ、正しい信仰が一人の女性や一人の幼児においてのみ存続することもありうることが主張されている。また *Epistola*, OP. III, p. 14 参照。正しい信仰がマリア一人において存続したことは一般に認められていた。Y. Congar, 'Incidence ecclésiastique d'un thème de dévotion Mariale', op. cit., pp. 277-292. また B. Tierney, *Foundations of Conciliar Theory*, op. cit., p. 44 で引用されている Decretum, C. 24, q. 1, c. 9 への Glossa *Ecce Vicit Leo* を参照。

（24）*Dialogus*, I, i, c. 1, p. 399.

（25）OND., c. 124, pp. 847-848, *Dialogus*, I, ii, c. 13, p. 421.

（26）*Dialogus*, I, vii, c. 37, p. 688.

（27）OND., c. 1, p. 297.

（28）*Dialogus*, III, I, ii, c. 24, p. 811 (Kilcullen, p. 217).

（29）しかしオッカムは清貧論争においてヨハネス二十二世の異端を確信する以前は、教義を確定するローマ教皇の権威を認めていた。例えば聖餐式に関する論考〈Tractatus de Corpore Christi〉(ed. C. A. Grassi, OT. X, St. Bonaventure, 1986, pp. 87-234) においては次のように述べられている。「私はローマ教会が教示していることでないかぎり、いかなることも断言的に (assertive) に述べるつもりはない。しかしそれでも私は、ローマ教会の権威に合致するように、あらゆる点で私の見解を拘束し (captivare)、ローマ教会が表明し、表明するであろうすべてのことを心から信じ、言葉によって表わす用意がある」(c. 17, p. 125)。また、「それ故、何らかの信条がキリスト教の信仰に合致しているか否かにつき神学者の間で論争が存在するときは、ローマ教皇の意見を求めるべきことは明らかである」(c. 37, p. 209)。オッカムは実体変化（transsubstantiatio）説のように、聖書にも、教会の伝統によっても定められていない教説は、ローマ教皇の確定によって、信仰されるべき真の教説となると考えていた。これはオッカムが聖書や使徒的伝統以外に、教会の歴史を通じて神が特定の個人や集団に与える個別的啓示を信仰上の真理の源泉として認めていたことによる。A. van Leeuwen, 'L'église, règle de foi,' op. cit., pp. 206-207; J. Pelikan, 'Determinatio ecclesiae and/or *Communiter omnes doctores*: On locating Ockham within the orthodox dogmatic tradition'（*Franciscan Studies*, vol. 46, 1986, pp. 37-45）p. 43; V. Leppin, *Wilhelm von Ockham. Gelehrter, Streiter, Bettelmönch*（Darmstadt, 2003）S. 114.

（30）*Dialogus*, I, iv, c. 14, pp. 454-455.「或る事柄においてより権威のある者が当の事柄に関してより権威のない者に従うようなことがあってはならない。それ故、聖書の解釈において聖職者たちよりも優れている者は、この点について聖職者に従うことはない。ところが、神学者ないし聖書の註釈者は、聖書の解釈に関しては聖職者や裁判権を有する人々よりも上位にあり、従って、彼らの伝統的な教義に関するかぎり、彼らは正統な信仰に属しているのである。それ故、神学者たちは、自分たちの見解が真理から逸れていることが明白なかたちで証明されないかぎり、たとえ聖職者たちによって非難されたとしても、当の見解を——仮にこれが誤っているにしても——放棄するように義務づけられることはない。……グラティアヌスは一般的に神学者たちの地位を聖職者の地位に類似したものと考えている。それ故、昔から神学者たちは信仰に属する彼らの伝統的な教義に関して聖職者よりも上位にあったように、今でも神学者は、厳しい義務の遂行や祈り、あるいは他者の好意によってではなく、卓越した学識と称讃すべき生活の故に教師の崇高なる職へと就いたかぎりにおいて、現在の聖職者より上位にある」。

（31）*Dialogus*, I, v, c. 28, p. 497.

（32）Ibid. また *Dialogus*, I, i, c. 30, p. 434; *Contra Ioannem*, c. 14, p. 67.

（33）*Dialogus*, III, I, ii, c. 24, p. 811（Kilcullen, p. 217）.

（34）*Epistola*, p. 10. また *Compendium errorum Ioannis Papae XXII*（ed. H. S. Offler, OP. IV）c. vii, p. 70.「信仰の問題はすべてのキリスト教徒に関わることであり、聖職者だけでなく俗人にも関わる。それ故グラティアヌス教令集（Dist. 96, c. 4）においても教皇ニコラウスは次のように述べている。『教会会議において普遍的で万人に共通の信仰が、すなわち聖職者のみならず、実に俗人にも関わり、確かに全キリスト教徒に関わる信仰が議論される場合はおそらく別として、あなたがたの先任者たる皇帝たちが教会会議に出席したことなどどこに書かれているのか』と」。Friedberg t. I, col. 338 参照。これら二つの箇所でオッカムは「万人に関わることは万人によって取り扱われなければならない」（Quod omnes tangit ab omnibus tractari debet）を引用している。

（35）ただし、個人的で私的な解釈というのは、制度的教会の権威を前提しない解釈という意味である。プロテスタンティズムにおいても、聖霊に導かれた解釈者にとっては聖書のテキストの意味は透明であり解釈の対立はありえず、従って主観的で相対的な解釈が入り込む余地はないだろう。

（36）オッカムは *Dialogus*, I, v, cc. 14-21（pp. 483-489）でローマ教皇の首位権に関して幾つかの見解を挙げており、また *Dialogus*, III, I, iv, cc. 1-26（pp. 846-868; Kilcullen, pp. 299-353）の議論の中で首位権を肯定している。

（37）*Breviloquium de principatu tyrannico*, i, c. 7.（R. Scholz, *Wilhelm von Ockham als politischer Denker und sein Breviloquium de principatu tyrannico*, Stuttgart, 1944, S. 47; H. S. Offler, OP. vol. IV, Oxford, 1997,

p. 105).

(38) 司教職もまた神によって定められたものであり、キリストの使徒たちを起源とする。「というのも、聖職者たちは或る点では——すなわち霊的な裁治権や福音の説教や秘跡の執行などに関しては——キリストの使徒たちの地位を占めるものではあるが……」（OND. c. 119, OP. II, p. 823）とオッカムは述べ、また「『マタイ福音書』の最終章にあるように『私があなたたちに命じたすべてを守るようにすべての国の人々に教えなさい』と使徒たちに述べたキリストの命令に従って、聖職者はこれらのことを他の人々に説教すべきである」（*Breviloquium*, i, c. 5, R. Scholz, S. 46; H. S. Offler, OP. IV, p. 103）と述べている。

(39) 「キリストは『私の羊たちを飼いなさい』と述べて福者ペテロを自分の代理に定め、羊を司牧するために必要な、キリストに属するあらゆる権限を当のペテロに委ねたのである」（OND, c. 93, OP. II, p. 696）。「キリストは自らに委ねられた職務を区別せずに、『私の羊たちを飼いなさい』と述べることによって福者ペテロを自分の代理に定めた。それ故キリストは人間として自分が追従者に対し有していたあらゆる職務に関して、福者ペテロを自分の代理に定めたのである」（ibid., p. 686）。この種のオッカムの言明は、初期の論考から後期の論考に至るまで終始一貫してみられる。

(40) この主張の典拠になったのが偽イシドルスにより教皇アナクレトゥスに帰せられたグラティアヌス教令集の次の一節（Dist. 21, c. 2 *In novo*）である。「新約聖書において聖職は先ずキリストから生まれ、次にペテロから生まれた。なぜならば、キリストの教会において教権を先ず最初に与えられたのはペテロだからである。……ペテロは、拘束し解放する権力を最初に受け取った。そして、ペテロとともに平等に名誉と権力を分有するように言われた他の使徒たちは、ペテロが自分たちの君主であることを望んだ」。この主張のもう一つ別の典拠となったのは、同じくグラティアヌス教令集の一節（C. 24, q. 1, c. 6 *Quodcumque*）にある「鍵を受け取ったときのペトルスは教会全体を意味していた」である。

(41) E. Benz, *Ecclesia spiritualis* (Stuttgart, 1934) S. 411.

(42) Y. Congar, 'Aspects ecclésiologiques,' op. cit., pp. 88–104.

(43) *Defensor pacis*, II, c. 16, pp. 337–355.

(44) E. Martène, U. Durand, ed. *Thesaurus novus anecdotorum*, II, 1717, col. 704–716.

(45) *Dialogus*, I, v, c. 14–21, pp. 483–489.

(46) *Dialogus*, I, v, c. 15, pp. 483–485.

(47) Ibid., c. 17, p. 486.

(48) Ibid., pp. 486–487.

(49) Ibid., c. 18, p. 487.

(50) Ibid., c. 16, p. 486, c. 20, p. 488.

(51) オッカムは『対話篇』第三部第一論考第四巻（*Dialogus*, III, I, iv, cc. 1–26, pp. 846–868; Kilcullen, pp. 299–353）を、キリストはペテロを他の使徒及びすべての信徒の首長として定めたかという問題にあて、これを否定する議論を最初提示した後、これを肯定する議論を二十二章にわたって提示し、第二十五章でペテロの首位権を否定する議論に答えている。『対話篇』はオッカム自身の見解を直接的に提示したものではなく、「弟子」の問いに対する「教師」の返答という形式で様々な論点に関する可能な諸見解を客観的中立的に叙述したものであることから、そこにオッカム自身の見解を読み取ることには慎重でなければならないが、上記の問題に対するオッカム自身の答は、この巻の構成からして明らかと思われる。既述のように、オッカムはペテロ及びその後継者たる教皇の首位権を認めていた。

(52) もっとも『対話篇』第一部においてペテロの首位権を否定する論拠

とされているものの幾つか（キリストは司牧権を使徒の集団に委任したこと、使徒に対し世俗君主の模倣を禁じたこと、パウロがペテロに抵抗したこと、聖書にはペテロがローマに居た事実が記されていないこと）は、マルシリウスの『平和の擁護者』（*Defensor pacis*, II, c. 16）で既に挙げられていた。

（53）*Dialogus*, I, v, c. 15, p. 485.

（54）*Dialogus*, III, I, iv, c. 5, p. 852（Kilcullen, p. 316）.

（55）*Dialogus*, I, v, c. 15, p. 485.

（56）*Dialogus*, III, I, iv, c. 25, p. 868（Kilcullen, pp. 351–352）.

（57）マルシリウスによれば、キリストが使徒に対して支配を禁止したことは、ペテロが使徒たちの「君主」（princeps）ではありえなかったことを意味する。ペテロはおそらく年齢の故に、あるいはキリストが神の子であることを最初に認めたことの故に、名誉ある地位にあったにすぎない。*Defensor pacis*, II, c. 16, § 10, 11（R. Scholz, pp. 346–348）.

（58）*De imperatorum et pontificum potestate*, ed. H. S. Offler, OP, IV, c. 7, pp. 293–294. 本書翻訳（二）515頁参照。

（59）*Octo quaestiones*, iii, c. 4, p. 105.

（60）*Dialogus*, I, v, c. 17, p. 487.

（61）Ibid., c. 18, p. 487.

（62）*De regimine christiano*, c. 5（H.-X. Arquillière, ed., *Le plus ancien traité de l'Eglise: Jacques de Viterbe, De regimine christiano*, Paris, 1926, p. 201–222）英訳は、R. W. Dyson, *James of Viterbo on Christian Government*（Woodbridge, 1995）pp. 82–96.

（63）*Dialogus*, III, I, iv, c. 21, p. 864（Kilcullen, p. 343）.

（64）Ibid.（Kilcullen, pp. 343–344）.

（65）*Dialogus*, I, v, c. 15, p. 484.

（66）*Dialogus*, I, v, c. 16, p. 486.

（67）*Dialogus*, III, I, iv, c. 8, p. 855（Kilcullen, pp. 321–322）.

（68）Ibid., c. 10, p. 857（Kilcullen, pp. 325–327）.

（69）Ibid., c. 4, p. 851（Kilcullen, p. 312）.

（70）*Defensor pacis*, II, c. 28, § 6, pp. 534–535, § 8, pp. 537–538, § 11, p. 543, § 22, pp. 560–561.

（71）Ibid., § 5, pp. 533–534.

（72）*Dialogus*, III, I, iv, c. 18, pp. 861–862（Kilcullen, pp. 336–338）.

（73）Ibid., c. 19, p. 862（Kilcullen, p. 339）.

（74）Ibid., p. 863（Kilcullen, p. 340）.

（75）Ibid., c. 22, p. 864（Kilcullen, p. 344）.

（76）*Breviloquium*, iv, c. 5（Scholz, SS. 149–150; Offler, p. 202）.

（77）*Defensor pacis*, II, c. 16, § 16, pp. 352–353.

（78）*Dialogus*, III, I, iv, c. 1–2, pp. 847–848. ペテロがローマの司教であったという記載が聖書に見当たらないことは既に *Dialogus*, I, v, c. 17, p. 486 で指摘されている。

（79）グラティアヌス教令集 Dist. 22, c. 1（Friedberg I, col. 73）。

（80）*Octo quaestiones*, ii, c. 7, pp. 80–81.

（81）*Dialogus*, I, v, c. 24, p. 493.

（82）本書翻訳（一）参照。

（83）*Dialogus*, III, I, i, c. 17, p. 787（Kilcullen, pp. 158–159）.

（84）*Dialogus*, III, II, iii, c. 7, p. 936.

（85）*Dialogus*, I, v, c. 7, p. 477.

（86）*Dialogus*, III, II, iii, c. 6, pp. 932–935.

（87）Ibid., c. 10, p. 940.

（88）Ibid., c. 6, p. 934.

（89）Y. Congar, 'Quod omnes tangit', op. cit., pp. 224–228.

（90）*Dialogus*, III, II, iii, c. 6, p. 934. 本書翻訳（一）500頁参照。

（91）Ibid. 同501-502頁。

（92）Ibid. 同502-503頁。

（93）Ibid. c. 5, p. 932.

（94）Ibid.

（95）Ibid. c. 7, p. 935. この点に関し第八章で「弟子」は、例えばローマ人がすべて異端者となったとき、教皇選出権が他のカトリック教徒たちに移ることは「教師」が既に述べたように「容易には会えない多数の人々」に選出権を与えることになり不合理ではないかと質問し、これに対し「教師」は次のように答えている。「このような場合、教皇選出に対し然るべき勤勉さを示さない様々な地域や司教区、あるいは人間集団、あるいは誰であれ特定の個人は、勤勉さを示さないという事実自体によって、教皇選出権ないし教皇選出の条件を定める権利を奪われ、選出権はそれ以外の人々へと移ることになる。この結果、教皇選出に対して然るべき配慮を尽す者が唯一人の司祭あるいは唯一人の俗人だけになったときは、選挙の責務はこの者へと移ることになる」。全信徒が教皇選出を棄権することはありえない。それは全信徒が罪人となることを意味し、このような事態は起こりえないからである(Ibid., c. 8, p. 937)。

（96）Ibid., c. 7, p. 936.

（97）Ibid. この箇所から明らかなことは、ローマ人民は教皇選出者を任命する権限を教皇に与えることができるだけでなく、教皇自身に教皇選出権を与えることができる、とオッカムが考えていることである。多くの場合オッカムは、教皇選出者を任命する権限、あるいは後任の教皇の選出に関して何らかの決定を下す権限をローマ人民は教皇に与えることができる、という言い方をしているが、この箇所から、ローマ人民が後任教皇の選出権を教皇に与えることができるとオッカムが考えていることは明らかである。

（98）Ibid.

（99）G. de Lagarde, op. cit., p. 118. また id., *La naissance de l'esprit laïque au déclin du moyen âge, VI, L'individualisme Ockhamiste*（Paris, 1946）pp. 152-185.

（100）ドゥ・ラガルドはY・コンガルの解釈（Y.Congar, 'Quod omnes tangit', op. cit., p. 255-256）に従い、〈quod omnes tangit〉の原理を個人主義的に理解し、団体そのものに独自の存在様態を認めないオッカムが人民主権の明確な観念に至らなかったこと、これはオッカムがローマ教会をカトリック教徒の集合に、ローマ人民をローマ人の集合に解体し、教皇を選出する権利を団体的権利ではなく、個人の権利の集合と考えたことに由来すると主張する。仮にこのオッカム解釈が——すなわちオッカムの存在論上のノミナリズムを直接に社会哲学に適用することが可能だと考える解釈が——正しいとしても、オッカムの個人主義的な団体観念は共通善の観念と相容れないというドゥ・ラガルドの主張は正しくない。オッカムにとり、教会の共通善は個々の信徒の救済だからである。

（101）それ故、教皇選出に関する自然法の意義については、ドゥ・ラガルドが批判するW・ケルメルの解釈のほうが正しいと思われる。W. Kölmel,'Das Naturrecht bei Wilhelm Ockham'（*Franziskanische Studien*, Bd. 35, 1953）SS. 39-85.

（102）*Breviloquium*, iv. c. 5（R. Scholz, SS. 149-150; H. S. Offler, pp. 202-203）.

（103）Ibid. c. 6（R. Scholz, S. 151; H. S. Offler, p. 203）.

（104）オッカムは教皇という職務ないし教皇権それ自体が神に由来するだけでなく、特定の教皇に教皇権が帰属することも神の作用によると考えた。それ故教皇権が直接神のみに由来することを認めながら、人間の利益を配慮しつつ教皇権を功利的に限界づけ、場合によっては特定の教皇から教皇権を人間が奪う可能性を認めようとするオッカムの理論的試みは困難なものとなった。この点、教皇権のみを神から直接由来するものと考え、特定の者が教皇となることは人間の決定によると考えるパリのヨハネスのような見解は、特定の教皇から教皇権を取り上げることを容易に説明できた。Johannes Quidort von Paris, *De regia potestate et papali*, ed., F. Bleienstein (Stuttgart, 1969) c. 25, S. 202. また B. Tierney, *Foundations of the Conciliar Theory*, op. cit., p. 175.

（105）「キリストはペテロの権力に、越えてはならない一定の限界を設けた。……キリストはすべての信徒の上に福者ペテロを置いたとき、彼が越えることを許されない一定の限界を定めたのである」（*De imperatorum et pontificum potestate*, c. 1, p. 282, p. 284）。

（106）G. de Lagarde, *La naissance de l'esprit laïque au déclin du moyen âge, IV, Guillaume d'Ockham: défense de l'empire*, (Louvain, Paris, 1962) pp. 160-176; J. Miethke, *Ockhams Weg*, op. cit., SS. 516-535; J. Leclercq, *L'idée de la royauté du Christ au moyen âge* (Paris, 1959) pp. 178-180.

（107）*Breviloquium*, ii, c. 22（R. Scholz, S. 103; H. S. Offler, p. 158).

（108）Ibid.（R. Scholz, S. 104; H. S. Offler, p. 159), c. 21（R. Scholz, SS. 101-102; H. S. Offler, pp. 156-157).

（109）Ibid. c. 22（R. Scholz, S. 103; H. S. Offler, p. 158).

（110）「自然法に反しないかぎり」と言われる場合の「自然法」とは、オッカムが区別する三つの自然法のうちどれを指すのだろうか。この点オッカムは明言していないが、言うまでもなくそれは第一の意味での自然法——絶対的で不変的、そして特免不可能な自然法——を含んでいる。しかし、第二の意味での自然法——原罪以前の無垢な状態において妥当する自然法——と、第三の意味での自然法——原罪後の堕落した人間本性を前提としたうえでの正しい自然理性の命令たる自然法——を含むだろうか。含まないと考えるべきである。特に第三の自然法は原罪以後の人間本性を前提として自然理性の命令に従う人間が制定する実定法であるが、もし教皇の十全権力がこの種の自然法にも拘束されるのであれば、オッカムとしては十全権力に反対する理由がなくなるからである。しかし、十全権力は第一の自然法にのみ拘束されると考えることは、第二と第三の自然法は規範的拘束力を欠くと考えるべきことを含意しない。原罪により堕落した人間の社会において第二の自然法は最早効力をもたないとしても、原罪後も正しい理性のみを用いて生きようとする人間のあいだでは依然として効力を有するし、第三の自然法も、たとえそれが人間により制定される実定法だとしても、正しい理性の命令であることに変わりはなく、オッカムの言う三種類の自然法はすべて正しい理性の命令であるという点で、自然的規範として統一的な全体を形成しているからである。G. Knysh, *Political Ockhamism* (Winnipeg, 1996) pp. 120-132 はこの点に関するG・ドゥ・ラガルドとW・ケルメルの見解の対立を検討し、十全権力の定義に含まれる「自然法に反しないかぎり」の「自然法」を第一の意味での自然法に限定すべきことを指摘する。

（111）*Contra Benedictum*, iv, c. 12, p. 262.

（112）*Breviloquium*, ii, c. 17（Scholz, S. 92; Offler, p. 147).

（113）*Dialogus*, III, I, i, c. 17, p. 787（Kilcullen, p. 158).

（114）Ibid., p. 786. また *De imperatorum et pontificum potestate*, c. 8, pp. 298-299. 参照。

（115）オッカムにおける福音的自由については、G. de Lagarde, *La naissance de l'esprit laïque*, V, op. cit., pp. 84-91; W. Kölmel, *Wilhelm Ockham und seine kirchenpolitischen Schriften* (Essen, 1962) S. 187; A. S. McGrade, *The Political Thought of William of Ockham* (Cambridge, 1974) pp. 140-149; M. Damiata, *Guglielmo d'Ockham: povertà e po-*

tere, II（Firenze, 1979）pp. 389-392. F. Kelly, 'Ockham: Avignon, before and after'（A. Hudson, M. Wilks, ed., *From Ockham to Wyclif*（Oxford, 1987, pp. 1-18）pp. 13-15. A. Eusterschulte, '*Lex libertatis* und *ius naturale*. Freiheitsgesetz und Naturrechtslehre bei Wilhelm von Ockham'（A. Speer, G. Guldentops, hrsg. *Das Gesetz - The Law - La Loi*, Berlin, 2014, SS. 399-423）は福音的自由の倫理的含意を強調するが、オッカムの福音的自由は教皇の十全権力からの政治的自由であり、倫理的自由との関係は間接的なものにすぎないと理解すべきである。

(116) *Octo quaestiones*, i, c. 6, p. 28.

(117) オッカムは『ヤコブの手紙』（1・25）、『使徒行伝』（15・10、19－20、28－34）、『ガラテア人への手紙』（2・3－4、5・13）、『コリント人への第二の手紙』（3・17）などに依拠して福音の自由を論じている。

(118) *Dialogus*, III, I, i, c. 7, p. 778（Kilcullen, p. 136）.

(119) Ibid., p. 777（Kilcullen, p. 134）.

(120) *Contra Benedictum*, vi, c. 4, p. 275.

(121) *Breviloquium*, ii, c. 17（Scholz, SS. 90-91; Offler, p. 146）.

(122) 従ってオッカムの言う「福音の自由」は、主として教皇の十全権力からの自由を意味する。それ故、次のような趣旨の「弟子」の質問——福音の法は自由の法であると言われているが、使徒たちは信徒たちに厳格な義務を負わせることを怠らなかった。他方で、もし福音が我々を教皇への服従から解放したことが本当であるならば、すべてのことにおいて教皇に服従するとのフランシスコ会士の誓約をどのように正当化するか。そしてもし福音がキリスト教徒に対し、他者のくびきを受け入れることを禁止するならば、いかにしてキリスト教徒たる君主や王たちは自分たちの権力を正当に行使できるのか（*Dialogus*, III, I, i, c. 6, p. 777; Kilcullen, p. 134）という質問——に対し、「教師」は次のように答えている。使徒たちは信徒に自然法と神法から直接的に導きだされる法、あるいは一般的利益によって正当化される法のみを課した（ibid., c. 7, p. 778; Kilcullen, p. 136）。更に福音の自由の法は信者に自由の享受を命ずる積極的な法ではなく、自由の享受を阻止することを禁止する消極的な法である（c. 12, p. 784; Kilcullen, p. 151）。それ故信徒は福音の自由の法をフランシスコ修道会士のように、自由意思によって放棄することができる（c. 7, p. 777; Kilcullen, p. 134）。更に、この法は福音の名において人を隷従させることを禁止するだけで、この法より以前に存在した、そしてこの法の効力範囲の外にある実践から生ずる服従を否定するわけではない。従って福音の法の外で正当に生じた主人と奴隷、君主と臣民の支配服従関係が福音の法によって修正されることはない（c. 7, p. 779; Kilcullen, pp. 138-139）。

(123) この教令は一三三七年六月にカオールで開かれたフランシスコ修道会の総会に送付された。P. C. Schmitt, *Un pape réformateur et un défenseur de l'unité de l'église: Benoît XII et l'ordre des Frères mineurs (1334-1342)*（Firenze, 1959）pp. 30-60 参照。オッカムは *Contra Benedictum*, iv, c. 1-3,（OP. III, p. 243-250）でこの教令に言及している。また *Dialogus*, III, II, ii, c. 8, p. 909; *Compendium errorum*, c. vii（OP. IV, p. 75）でもこの教令が言及されている。

(124) *Contra Benedictum*, iv, c. 2, p. 244.

(125) Ibid., c. 3, pp. 247-249.

(126) *Contra Benedictum*, iv, c. 12, p. 262. 同様の主張は『対話篇』にもみられる。「キリストの法はキリストの定めにより旧法と比較すると自由の法であり、旧法は新法と比較して隷従の法である。しかし、もし教皇がキリストから神法と自然法に違反しないすべてのことを行えるような十全権力を受け取っていたら、キリストの法はキリストの定めによって耐えがたい隷従の法となり、旧法よりもはるかに隷属的な法となるだろう。それ故、教皇は霊的事項においても世俗的事項においてもキリストからこのような十全権力は受け取っていないことになる」(*Dialogus.* III. I. i. c. 5, p. 776: Kilcullen, p. 130)。「新法ないし福音の法は、もし教皇がキリストの定めによってこのような十全権力を有するとしたら、旧法よりも大きな隷従の耐えがたき法となるだろう。……仮にそうだとすると、あらゆるキリスト教徒は奴隷だということになり、自由な条件に置かれた人は誰もいなくなるだろう。すべての人々がローマ教皇の奴隷となるからである」(ibid.: Kilcullen, p. 132)。しかし「キリストの法が自由の法と言われるのは、それがキリスト教徒をあらゆる服従から解放したからではない。むしろそれはユダヤ人たちに押しつけられていたような隷従でもってキリスト教徒を圧迫することがないからである。それ故、どのキリスト教徒もキリストの法により誰か或る人の奴隷にされるようなことはないにしても、王や他のキリスト教徒が奴隷をもつことは許されている。そして福者ヤコブの手紙には、あらゆるキリスト教徒が誰にも服従することがないほどキリストの法が完全なる自由の法であることをキリストは意図していなかったと語られている。事実、キリスト教徒は教皇に服従しており、また数多くの君侯やそれ以外のキリスト教徒に服従している。むしろキリストが自分の法を完全なる自由の法だと言っているのは、この法によりキリスト教が神の定めに従って少ない秘跡や準秘跡や儀式に拘束されることになったからであり、また同じ法により、いかなるキリスト教徒も、――それが当人ないし国家にとって必要であるか利益になる事柄において誰か或る人間の権力に服すような場合を除いては――他の人間の奴隷にされることはないからである」(ibid. c. 7. p. 779: Kilcullen, pp. 138–139)。

(127)「『あなたが繋ぐものはすべて……』というキリストの言葉によってペテロとその後継者に与えられた権力の対象からは、皇帝や王その他の人々の権利が除外されなければならないのみならず、神と自然とによって人間に与えられた自由も除外されなければならない。それ故、教皇はどのような人間にも――その人間が何らかの特別な意味で教皇に服従していないかぎり――重荷となる、特に著しく重荷となるいかなるものも正当な理由なくして、そして当人に過ちがないにもかかわらず課すことはできない。というのも、神が命ずること以上のいかなることも、あるいは自然法ないし明白な神法により要求されていないいかなることも――特に重荷となるいかなることも――、緊急の必要性と明白な利益が存在する場合以外は、福音の法を遵守する人々にいかなる過ちもないときに彼らの意に反して、当の福音の法を理由として彼らに課されることはありえないからである。旧約聖書の大司祭が旧法の中に明示されている儀式や秘跡や司法上の規則以外に新しい伝統を、特に人々に重荷となるいかなる伝統も導入したり確立したりすることができなかったように、福音の法のもとでの大司祭も、彼に服する人々の側に何らかの過ちがあるときは別として、そして緊急の必要性や明白な利益が存在するときは別として、新約聖書に明示されている事柄以上に、新しいいかなるものも、特に公教会の信徒にとって重い負担となる新しいいかなるものも導入することはできない。

もし教皇が緊急の必要性やこれに匹敵する明白な利益が存在しないときでも、新約聖書で明言されている以上の負担をキリスト教徒に、彼らの意に反して課すことができるとなると、とりわけ教皇は、神によって命じられている以上の物事を、そして信徒の完成(perfectio)に資することが知られた物事を課せることになるだろう。この種の物事は信徒の利益になり役に立つことから、そして教皇は信徒の利益のために信徒を支配するのであるから、教皇は特にこれらの負担を課する際にそれが有益であると主張することができるだろう。しかし、この種のことは救済のために必須なものではなく、新約聖書で明示的に述べられてはいないのであるから不必要であり、教皇は……これらの負担を信徒に負わせることはできない。アンブロシウスは、『純潔は戒律ではなく誓約の問題であり、推奨されるだけで命令されることはありえない』と述べている」。*Breviloquium*, ii. c. 17. (Scholz, SS. 90–91; Offler, p. 146).

(128) Ibid. c. 18. (Scholz, S. 94; Offler, p. 149).

(129) オッカムは霊的事項においても教皇に十全権力を認めず、福音的自由を強調したが、教会内部においても権力と権威の位階的な差異が存在することを否定しなかった。オッカムはあらゆるキリスト教徒がローマ教皇に服すべきことを聖書の「私の羊を飼いなさい」というテキストに依りながら主張している。「（羊を）『飼う』という言葉は、他の人々を言葉や模範や身体的援助によって配慮することだけでなく、権力的に、そして権威によって（potestative et cum auctoritate）監督することをも意味する。特にこれは『飼う』という言葉が聖書や聖人たる教父たちの叙述の中で使われている場合はそうである。このことは豊富な典拠によって示されうるが、幾つか（の聖書のテキスト）を引用するだけで十分だろう。……キリストのこれらの言葉や、それに引き続く他の言葉から、キリストの信徒を牧する者は、その者の職務に関するものとして、理性のない羊を飼う者になぞらえられていることがわかる。しかし、このような司牧者は彼の職務によって、彼の主なる神の羊に対してある種の権力と権威を有している。それ故、キリストの羊である信徒の司牧者も、その職務により信徒たちに対し権力と権威を有しているのである。このことは、聖なる教父たちの叙述や主張の中に非常に明白かつ明確に見出されるので、これらによってこのことを証明することは全く余計なことと思われる」（*Dialogus*, III. I. iv. c. 10. p. 857; Kilcullen, p. 326）。オッカムは教会内部においても権力や権威の必要性を説く点で、例えばマルシリウスにみられるような、聖職者たちの職務上の（ex officio）の平等を主張するよりラディカルな立場とは異なっていた。しかしオッカムは権力や権威を教会の本質とみなしていたわけではなく、法的制度的組織体としての教会を真の教会と考えていたわけでもない。教会内部の権力や権威は最小限にとどめられるべきであり、教皇権が厳格な限定に服すことをオッカムは主張する。オッカムは福音的自由を論じながら原始教会における使徒の支配の様態を教皇権の模範として示しているが、原始教会にも最小限の強制的契機が存在していた。使徒も数多くの法（canones）を定め、数多くのことを命令している。しかし神法や自然法に属する事項、あるいは必要性や公の利益に関わる問題を除いては、使徒は信徒の意見に従い、信徒の同意のもとに命令を下したのである。ローマ教皇の権力も同様である。*Dialogus*, III. I. i. c. 7. p. 779; Kilcullen, pp. 134-135.

(130) *Breviloquium*, ii. c. 5 (Scholz, S. 62; Offler, p. 119). また次のようにも述べられている。「しかし上で述べられたことから、どのようなものが教皇の権力から排除されるべきかは明らかである。というのも通常の状況においては世俗的事項は教皇の権力から排除されるべきであり、これには少くとも大抵の場合、他の人々の権利や自由が含まれている。更に、神が命ずる以上の勤めも排除されるべきである。教皇はこれらの勤めをキリスト教徒に勧告することはできても、これらの勤めへと自主的に自らを義務づけたわけではないいかなるキリスト教徒に対しても——本人に罪がなく、合理的で明白な理由もないとき、すなわち緊急事態や、これに匹敵する利益が生ずる事態が存在しないときに——厳格な規則によって当の勤めを命令することはできない。たとえ教皇がこの種の命令を下しても、他の人には教皇に服す義務はない。このような勤めを命令することは教皇の権力に属さないからである。それ故、この種の事項において教皇に服従することを拒否する者に対し教皇が何らかの訴訟を提起したり判決を下したとしても、このような訴訟や判決はこの種の事例において裁判官でない者により提起され、下されたものとして法的に無効である」（*De imperatorum et potificum potestate*, c. 5, p. 289）。本書翻訳（二）512頁。

（131）　教皇が福音的自由に違背して信徒の意に反しても重い負担を課せるのは緊急の必要性（urgens necessitas）と明白な利益（manifesta utilitas）、すなわち救済のために必要なこと（necessitas salutis）が問題になっている場合にかぎられる。ただし『八設問集』では、この条件が少し緩和されているような言い方が為されている。「教皇が十全権力をもつことは、最も完全なる服従に自主的に従う完全な人間にとっては危険ではないだろうが、最も完全なる服従へと義務づけられることが苦しみの極みであるような多くの不完全な人間にとっては危険だろう。それ故、信徒の集団の中には不完全な数多くの人間がいるのであるから、教皇がすべての信徒に対してそのような十全権力をもつことは適切ではない。もし仮に教皇がそのような十全権力を有しているならば、教皇は悪意をもって、あるいは無差別に重い負担を課すことも正当にできることになるが、不完全な人間は重い負担や危険なことを遂行するよう義務づけられるよりは、最も完全なる服従へと義務づけられない方が安全である。それ故、少くとも不完全な人間にとっては教皇の十全権力は危険である」（*Octo quaestiones*, i, c. 8, pp. 38-39）。

（132）　オッカムは〈Tractatus contra Benedictum〉以後も、何回となく、教皇の霊的権力を限定するものとして「福音的自由」に言及している。〈An Princeps〉（c. 2, OP. I, p. 232）,〈Dialogus〉（III, I, i, c. 5-8, pp. 776-780; Kilcullen, pp. 130-141）,〈Breviloquium〉（ii, c. 3-4, Scholz, SS. 56-59; Offler, pp. 113-116）,〈Octo quaestiones〉（i, c. 6, OP. I, pp. 28-29）,〈De imperatorum et potificum potestate〉（c. 1, p. 284, c. 3, p. 286）.

（133）　しかしW. D. McCready, 'Papalists and antipapalists:aspects of the church/state controversy in the later middle ages'（*Viator*, vol. 6, 1975, pp. 241-273）によれば、教皇主義者と反教皇主義者の論争が互いに相手方の議論を冷静に理解することを不可能にさせるほど激しかったことから、両者の理論にはそう思われたほど深刻な対立がみられないことを論争の当事者自身たちが気づいていなかった。例えばオッカムは、教皇主義者のように世俗的事項に対する〈plenitudo potestatis〉を教皇に認めると、教皇は好きなように世俗権力を或る君主から取り上げ別の者に授与することも可能になる、と主張するが、このようにラディカルな主張をする教皇主義者はいなかった。

　マクレディによれば、教皇主義者は教皇が霊的事項と世俗的事項において〈plenitudo potestatis〉を有し、すべての世俗的事項に対して普遍的な〈dominium〉を有すると主張しても、教皇が世俗権力を行使できるのは——世俗の支配者が自分の領土を教皇に与えた場合や、世俗の支配者が自分の領土の世俗的事項に関し教皇への上訴を認めている場合など——特別な場合に限定されると考えていた。教皇がキリストの代理として有する権限に含まれているのは、霊的配慮によって世俗的事項に介入する権限である。教皇はキリスト教会の霊的福利を守る義務の一環として世俗的事項に介入できるにすぎない。通常の状態においては、世俗的事項は世俗君主の裁治権に服し、霊的福利が要求するときにのみ教皇は世俗的事項に介入できる。そして世俗的事項に介入する教皇の権力は〈potestas indirecta〉と〈potestas directa〉という二つのタイプに区別される。前者の権力は、霊的事項に関する教皇の決定がその反射的効果として世俗的事項に影響を及ぼす場合の教皇の権力を意味し、後者の権力は、もし状況がそれを要求するならばキリスト教会の霊的価値を配慮して教皇が世俗的事項に直接介入する場合の教皇の権力を意味するが、いずれの場合も世俗的事項への教皇の介入はキリスト教徒の霊的福利の配慮を理由にした介入である。また教皇至上主義者は、世俗的事項に関して教皇と世俗君主の命令が衝突するときは、すべてのキリスト教徒は教皇に従うべきであると主張するが、この場合も、世俗君主の命令と衝突する教皇の命令はキリスト教会の霊的福利が要求する命令でなければならず、世俗君主の命令と衝突するのが教皇の恣意的な命令であっても教皇の命令が優先する、とは主張していない。また世俗君主の制定法は教皇の確認を必要とするという教皇至上主義者の主張も限定が必要である。というのも教皇は任意に世俗君主の制定法を破棄できるわけではなく、制定法がキリスト教徒の霊的福利を害するか否かを判断し、教会法あるいは神法に照らして世俗法をチェックできるにすぎないからである。

これに対して反教皇主義者が、世俗君主と教皇の命令が衝突するときは教皇の命令に服従すべきであるとか、世俗君主の制定法は教皇によって確認されるべきであるといった主張をしないことは確かである。反教皇主義者にとって教皇は――教皇が世俗的裁治権を直接的に行使する領域以外は――世俗的事項に対し〈plenitudo potestatis〉をもたない。しかしオッカムも含めて反教皇主義者は、介入を必要とする十分な霊的事由が存在すれば教皇は例外的に世俗的事項に介入できると考えていた。これは教皇の〈potestas partialis〉とか〈potestas casualis〉と言われている (p. 251)。

教皇主義者が教皇の介入を認めている世俗的事項としては十分の一税――教皇は十分の一税を課す〈potestas directa〉を有している――、新婦の持参金――これは婚姻の秘跡と関係しており教皇は〈potestas indirecta〉を有する――、遺産相続――これは嫡出の認定と関係しており教皇は〈potestas indirecta〉を有する――が挙げられ、また「罪を理由とした」(ratione peccati) 世俗的事項への介入も教皇の〈potestas indirecta〉の行使である。教皇は罪の問題について判決できることから、罪と分かちがたく結合している世俗的事項に介入する権利があり、これも教皇が霊的問題を裁決することで結果的に世俗的事項に影響を及ぼす〈potestas indirecta〉の行使の一例である。例えば教皇は異端者の世俗君主を破門することができるが、その効果として世俗君主は人民によって廃位され、それ故教皇は君主の廃位に対して〈potestas indirecta〉を行使していることになる。

これに対して世俗的事項に対する教皇の〈potestas directa〉による介入は世俗君主の権限を侵害するかもしれないが、これもキリスト教会の霊的福利を配慮しての介入であり、しかも緊急に介入が必要な場合に限られている。例えば、王が死亡した後、王国に有効な世俗支配権が欠如する状態が続くとき、教皇は王国内のキリスト教徒の人民の霊的福利を配慮して自ら世俗の統治権を行使することができる。また世俗の裁判官が裁判を行えず、また行おうとしないとき、――特に世俗の上位者が不在のときは――司教あるいは教皇が世俗的事項に関し裁判を行うことができる。このような「世俗的司法の欠如による」(ex defectu iustitiae saecularis) 教皇の介入は世俗君主の廃位に至ることもありうる。しかし、教皇は世俗君主を好きなように廃位できるわけではなく、介入は司法の由々しい欠如がみられる場合に限られ、しかも教皇は人民の協力なしに君主を廃位することはできない。そして――君主は人民の同意なしに廃位されえないのと同様に――廃位のプロセスにおける君主に対する非難は人民ないし貴族によって為されるべきであるが、世俗君主に対し廃位を正式に宣言できるのは人民ではなく教皇である。教皇は人民の非難の妥当性を判断し、非難が妥当であるときどのような刑罰が適切であるかを判断する権限を有し、この点に関しては人民の同意は不要である。しかし教皇が世俗君主を廃位したり新たに君主を選ぶとき、人民の協力が絶対的に必要である。

また異端者に対し刑罰が確実に科せられるように教皇は世俗君主に刑罰権を行使するよう指示できるだけでなく、キリスト教会の霊的福利が要求する場合には、教皇自ら刑罰を科することができる。

以上のような教皇主義者の見解と同様、反教皇主義者も霊的価値を危険に陥れるような欠陥が世俗裁判権にみられるときは教皇は世俗的事項に介入できると主張した。オッカムは世俗裁判権を司るべき者が責任を果そうとせず、果たせないとき、そして他に世俗裁判権の行使を依頼できる者がいないとき、教皇は〈casualiter〉に世俗裁判権を行使できると主張している（p. 265）。更に或る反教皇主義者は、世俗君主がキリスト教の信仰に反し、君主としての職務にふさわしくないときだけでなく、——メロヴィング朝最後の王キルデリクスのように——無益なときにも教皇は廃位を宣言できると考え、またオッカムは、通常は君主を廃位する任務を帯びる者たちが君主を廃位しようとせず、廃位できないならば、キリスト教会の霊的福利が大いに損なわれるおそれがあるかぎり、教皇は異端を理由に（ratione haeresis）あるいは無益を理由に（ratione inutilitatis）自ら君主を廃位できる——あるいは教皇が審理し、廃位は人民自身が行う——と考えた（p. 267. n. 120. n. 121）。マクレディによれば、教皇の霊的権威に裁治権を認めず、教皇は霊的事由によっても世俗の領域に介入できないと主張するパドヴァのマルシリウスのようなラディカルな反教皇主義者は別にして、世俗的事項への教皇の介入をめぐる教皇主義者と反教皇主義者の見解の相違は本質的な相違ではなく程度の相違に過ぎなかった。

(134)　*Breviloquium*, ii. c. 19（Scholz, SS. 95-96; Offler, p. 151）.

(135)　Ibid.（Scholz, SS. 97-98; Offler, pp. 152-153）.

(136)　Ibid., c. 20（Scholz, SS. 99-100; Offler, p. 154）.

(137)　オッカムは『対話篇』第三部第一論考において『マタイ福音書』（16・18—19）などのテキストの解釈によりペテロの首位権を肯定する議論を展開するときも、〈iurisdictio〉という言葉を用いていない（*Dialogus*, III, I, iv, c. 12-20, pp. 858-864; Kilcullen, pp. 328-342）。また、ペテロの後継者である教皇と同様に、使徒たちの後継者である司教の権力も「支配的」（dominativus）ではなく「奉仕的」（ministrativus）なものである。「キリストが使徒に対して禁じたのは、ギリシア人から借用された言葉で『デスポティクス』と呼ばれ、アリストテレスの『政治学』に述べられているように奴隷に対する権力を意味するような、支配的な首長権であった。キリストはこのような首長権を使徒に与えなかった。彼が与えたのは自由人に対する権限、支配的首長権よりもはるかに高貴であり、より大きな威厳を伴った奉仕的首長権である」（*De imperatorum et pontificum potestate*, c. 7, pp. 293-294）。それ故、聖職者が信徒に仕える下僕であり、純粋に霊的な権力しかもたないのであれば。彼らは教会財産を単に信徒の代理人として保持し管理するにすぎない（*Breviloquium*, ii, c. 8, Scholz, SS. 68-69; Offler, pp. 125-126）。中世の〈iurisdictio〉論の展開の中でオッカムに言及したものとして、P. Costa, *Iurisdictio, Semantica del potere politico nella pubblicistica medievale*（Milano, 1969）pp. 296-300.

(138)　*De imperatorum et pontificum potestate*, c. 6, p. 291.

(139)　*Aegidius Romanus de ecclesiastica potestate*（hrsg. R. Sholz, Weimar, 1929）Lib. I, c. 2, pp. 6-9; R. W. Dyson, ed., transl., *Giles of Rome's on Ecclesiastical Power*（New York, 2004）pp. 6-13. またE. Krüger, *Der Traktat »De ecclesiastica potestate« des Aegidius Romanus*（Köln, Weimar, Wien, 2007）SS. 160-174.

(140)　H. X. Arquillière, *Le plus ancien traité de l'église: Jacques de Viterbe, De regimine christiano*（Paris, 1926）c. iv, p. 270, pp. 272-273; R. W. Dyson, transl., *James of Viterbo on Christian Government*（Woodbridge, 1995）p. 129, pp. 131-132.

(141)　Augustinus Triumphus, *Summa de potestate ecclesiastica*, xx, 5（cit. by M. Wilks, *The Problem of Sovereignty in the Later Middle Ages*, Cambridge, 1964, p. 531, n. 1）.

(142)　M. Wilks, op. cit., pp. 530-537.

(143)　Ibid., pp. 398-407.

(144)　Ibid., pp. 378-379.

(145)　Ibid., pp. 375-376.

(146)　Augustinus Triumphus, *Summa de potestate ecclesiastica*, i, 6（cit. by M. Wilks, op. cit., p. 378）.

(147)　Ibid., iv, 2（cit. by M. Wilks, op. cit., p. 388）.

(148)　「これらの言葉から結論されることは、使徒たちは信徒たちに対するいかなる権力も、当の信徒たちの利益のためでないかぎり神から受け取ることはなかったということである。それ故、キリスト教の法は、法に服する人々の、あるいはあらゆる共同体の利益のためでないかぎりいかなる服従をも要求せず、それが服する神の秘跡もより少ない。それ故、キリスト教の法は、より多くの秘跡と、殆ど耐えがたい儀式によって臣民を拘束するモーセの法と特に比べて、完全な自由の法と正当にも言われるべきである。しかしそれは最も完全な自由の法とは言えない。完全なものはすべて最も完全であるとみなされるべきではなく、完全性には程度の差が存在する。しかし可死的な現世においては最も完全な自由は決して存在しないだろう」（*Dialogus*, III, I, i, c. 7, p. 779; Kilcullen, p. 139）。

(149)　オッカムは、人類が一人の皇帝ないし世俗君主に服することは世界にとって有益でないという主張の論拠の一つを次のように述べている。「統治形態は、人類が無垢な状態にとどまっていたならば存在したであろう統治形態にそれが類似していればいるほど、罪に汚れた状態にある人類にとって有益なものになる。というのも、より良いものに類似していればいるほどそれは有益だからである。しかし、もし人類が無垢な状態にとどまっていたならば、一人の人間が他のすべての人間たちの皇帝になるようなことはなかっただろう。それ故、一人の人間が他のすべての人間に対し支配権を有することは、罪に汚れた状態においても有益ではない」（*Dialogus*, III, II, i, c. 2, p. 872）。そしてオッカムはこの主張に対して次のような反論を提示している。「無垢の状態と本性が堕落した状態の相違の故に、無垢の状態において存在したであろう統治形態により類似した統治形態が、必ずしも本性の堕落した状態において（in statu naturae lapsae）常により良いとはかぎらない。これは、栄光の状態において（in statu naturae gloriae）存在するであろう統治形態により類似している統治形態が本性の堕落した状態においてはより良くないのと同様である。というのも、栄光の状態においては統治とか優越的地位は存在しないことから、各人が自分を支配し、誰も他人を支配したり他人に優越しないことの方がより良いことだからである」（ibid., c. xi, p. 879）。

(150)　*Dialogus*, III, II, ii, c. 4, p. 904.

(151)　〈霊的事項〉という言葉が、純粋に神の啓示によってしか示されえない事柄に限定されるか、それとも神の啓示たる聖書の中に示されているが自然理性によっても把握できる事柄を含むかについては、例えばトマス・アクィナスが信仰や恩寵や啓示は理性を超越するのみならず理性を含み、理性を完成させるものであるとの立場から後者の見解をとるのに対し、オッカムは、一般的な傾向として〈霊的事項〉をより限定的に捉え前者の立場をとる。〈霊的事項〉をオッカムが極めて限定的に解釈している例として、犯罪を犯した皇帝の廃位を論じた『暴政論』第六巻第二章参照。そこでオッカムは、皇帝を廃位へと至らせる犯罪を、キリスト教に直接的に違反しキリスト教のみが断罪に値する犯罪とみなしている「教会上の犯罪（crimen ecclesiasticum）」

と世俗的犯罪（crimen saeculare）に区別し、前者の犯罪に関して教皇の任務は皇帝が実際にキリスト教に違反したか否かを判断することだけであり、刑罰の宣告と執行はローマの元老院ないしローマ人民に属することを主張し、更に世俗的犯罪に関しては、刑罰権は全面的に人民ないしは人民が権限を移譲した者が行使すべきことを主張する。*Breviloquium*, vi. c. 2 (Scholz, S. 198; Offler, p. 251). それ故、「霊的」とは自然的ないし世俗的なものが除外された後に残るものを意味することになるだろう。

(152) *Octo quaestiones*（OQ）, i. c. 4, OP. I, p. 23.

(153) 「これら二つの至高の権力が別々の個人に属すべきことをキリストが命令した理由は三つ存在する。第一の理由は、もし皇帝あるいは教皇が二つの権力をもつと傲慢になり地獄へと堕ちるからであり、……第二の理由は、それぞれ別の至上権をもつ別々の人間がお互いを必要とするようにするためであり、第三の理由は、……神のために闘う者は世俗の事柄に掛かり合ってはならないからであり、世俗の事柄に関心をもつ者は霊的事項において至上権をもつべきではないからである」(OQ, i. c. 4, p. 24)。

(154) OQ, i. c. 2, pp. 18–19.

(155) Ibid., c. 10, pp. 42–45.

(156) 人定法と実定的神法を前提としないで正しい理性に合致している自然的衡平は、純粋に自然的な正しい理性に合致しているか、神の啓示から取り出された正しい理性に合致しているかのいずれかであり、「天の法」(ius poli) と呼ばれる。それ故、自然法はすべて天の法に属するので天の法はしばしば自然法と言われるが、啓示から取り出された正しい理性には合致していても純粋に自然的な理性には合致していない多くのことが存在することから、天の法はしばしば神法と呼ばれる。「例えば、福音を説教する者は、説教する相手の人々の財産によって生活の糧を得なければならない（少くとも、これ以外の方法でこの者が生活の糧を得ることができないならば）ということは、信仰箇条から取り出された正しい理性には合致しているが、これは純粋に自然的な論証によっては立証されえない。このことは、この者が説教することは、説教する相手の人々にとって真で、有益で、必要であることが、この種の論証によっては十分に立証されえないのと同様である」(OND, c. 65, p. 575)。

(157) *Dialogus*, III. II. i. c. 17, p. 885.

(158) *Dialogus*, III. I. ii. c. 29, p. 817 (Kilcullen, p. 232).

(159) OQ, i. c. 3, p. 21.

(160) Ibid., c. 4, pp. 22–23.

(161) OQ, ii. c. 2, p. 71. また次のようにも述べられている。「一般的にすべての司教と同様に教皇には、聖書の朗読、祈禱、神の言葉の説教、礼拝その他、永遠の生を得るためにキリスト教徒にとり必要で、キリスト教徒に特有で異教徒のもとには存在しないあらゆる事項を配慮することが属している。……これらの事柄は通常は教皇自身の権限に属しており、これらすべては霊的事項とみなされる。しかしながら世俗的事項に関しても、緊急事態や、緊急事態と同一視できるような利益が問題となる場合は、これらを配慮する権限を有する他のすべての者たちが不在のとき、教皇はこれらの事項に介入することができ、介入しなければならず、他の者たちの非難すべき危険な怠慢を補うことができ、補わなければならない」(*Imp. pont. pot.*, c. 10, p. 301)。本書翻訳(二) 522頁。もっとも、オッカムも認めるように、教皇が世俗的事項に介入できるときと介入できないときを明確に定めるルールを提示することはできない。「正規には、そして通常は教皇の権力に一定の限界が引かれており、通常はこの限界を越えることは許されないにもかかわらず、教皇は神法上、信徒の統治や支配に必要なすべてのことを通常は、あるいは例外的に行うことができるからである。そしてこの限界が何であるかは上に述べられたことから明らかである。もっとも、教皇が通常は行うことを決して許されてはいないことを行ってもよい事例がどのようなものであるかは明らかではない。おそらくこの種の事例に関して一般的な規則を与えることは確かに不可能だろう」(*Imp. pont. pot.* c. 13, p. 305)。同525頁。

(162) 〈ratio peccati〉による教皇の世俗的事項への介入は「罪」(peccatum)を広義に理解し、道徳的な邪悪さも罪に含まれると考えられるならば、不道徳とみなされる世俗君主の意図や行為に対しても教皇の介入が認められることになり、従って教皇が正当に介入できる世俗的領域の範囲は拡大するだろう。これに対し、世俗支配者は不道徳であっても——それどころか大罪を犯したキリスト教徒ないし異教徒であっても——政治的に正当な世俗支配権を保持できると考えるオッカムにとり、罪を根拠とした教皇の世俗的事項への介入は許されないことだった。罪を犯したキリスト教徒や異教徒は世俗的支配権を保持するにふさわしくない(indigni)が、それでも世俗的支配権を正当に保持しているのである。*Breviloquium*, iii. c.12 (Sholz, S. 133; Offler, p. 186).

(163) *Dialogus*, III, I, i. c. 1, p. 772 (Kilcullen, pp. 119-120). オッカムは次の五つの見解を挙げている。(一) 教皇は霊的事項と世俗的事項の両者において、神法と自然法に明白には違反していないすべてのことを通常の権限として(regulaliter)、そしてあらゆる場合に行える十全権力をキリストの定めによって有している。(二) 教皇は神法によりそのような十全権力を霊的事項において有しているが世俗的事項においては有していない。(三) 教皇はそのような十全権力を、一部はキリストの定めにより、一部は人間の定めにより有している。(四) 教皇はそのような十全権力を神法によっても人定法によっても有しておらず、そしてそのような権力を通常の権限としても例外的な権限としても有してはいない (五) 教皇は通常はそのような十全権力を神法によっても人定法によっても有していないが、例外的に神法によりそのような十全権力を有することがある。五つの見解のうち (四) がマルシリウスの見解、(五) がオッカムの見解である。

(164) Id. c. 16, pp. 785-786 (Kilcullen, pp. 155-156) で第五のオッカムの見解が詳しく提示されている。すなわち、教皇は通常の場合、神法によっても人定法によっても、神法や自然法に反しないすべてのことを行えるような十全権力を世俗的事項と霊的事項において有するようなことはない。しかし、特別な場合に特定の点に関して教皇はキリストの定め、あるいは神法によってそのような十全権力をもつときがある。これは次のような意味で理解される。教皇は神法ないしキリストの定めにより通常は世俗的事項に介入してはならない——ただし教皇は自分の生命を維持するために、あるいは職務遂行のために必要な世俗的財を俗人から受け取ることはできる——。それ故教皇は、通常の場合、世俗的事項に関して命令する権限をキリストから受け取ることはなかった。しかし特別な場合、すなわち世俗的事項が他の者により、キリスト教徒にとって危険な仕方で、あるいはキリスト教の信仰を破壊するような仕方で取り扱われ、俗人がこの危険を防止しようとしない、あるいは防止できないような特別な場合には、教皇には神法によって世俗的事項に介入する権限がある。もっとも、この介入は常に共通善のため、信仰を護るために正しい理性に従って行われなければならない。このような場合、教皇は或る意味で、そして特定の点に関して世俗的事項に対し十全権力を有していると言えるが、これによって世俗的財が教皇の所有物になったり、教皇の支配権に服するようなことはなく、教皇は世俗的財を恣意的に使用することもできない。それ故このような場合、教皇は世俗的財に対して端的に十全権力を有しているのではなく、単に特定の点に関して有しているにすぎないと言うべきだろう。

同様に、教皇は霊的事項においても、通常の場合、このような十全権力を端的に有することはない。従って教皇は信徒に対し何の理由もなく過度の義務を課す――婚姻を強制したり、禁欲を命じたりする――ことはできない。たとえ、これらのことが神法や自然法に反していなくても。それ故、教皇が神法によって通常は十全権力を有していない多くの霊的事項が存在する。しかし、教皇が神法や自然法に反しないかぎり、何らかの利益のために十全権力を行使できる特別な場合が存在する。それ故第五の見解は、教皇は個々の特別な事例において、神法上、世俗的および霊的事項において十全権力を有するときがある、ということになる。

そしてc. 17, pp. 786–788（Kilcullen, pp. 157–160）では第五の見解はおよそ次のように説明されている。キリストはペテロを他の使徒とすべてのキリスト教徒の首長にし、キリスト教徒を統治し、キリスト教徒の霊的必要性を充たすために必要なすべてのことを行う権限を――そして一人の人間に託すことが危険ではなく、むしろ共通の利益になるようなものごとに対する権限を――霊的事項に対する通常の権限としてペテロに与えた。霊的事項に対する通常の権限として教皇に属するものの中には強制的裁治権も含まれているが、これは皇帝など世俗君主の世俗的権利――彼らが福音の法が定められる以前から、自然法、万民法、世俗の人定法によって有していた世俗的権利――を害するものであってはならない。これに対して世俗的事項に関してキリストがペテロに通常の権利として与えたのは、自分の生命維持と職務遂行のために必要な世俗的財を要求する権利のみである。これら霊的事項および世俗的事項における通常の権限や権利をペテロの後継者であるローマ教皇は神法によって有している。そして以上の権限や権利以外で教皇が通常有した、あるいは有する権限や権利については、教皇はそれらを、人間の定めや譲渡、自発的服従、合意によって、あるいは他の人々の無力や怠慢や邪悪などの理由によって、あるいは慣習法などによって獲得した、あるいは獲得するのである。

(165) G. Tabacco, *Pluralità di papi ed unità di chiesa nel pensiero di Guglielmo di Occam*（Torino, 1949）pp. 3–4.

(166) *Dialogus*, III, II, i, c. 1, p. 872.

(167) *Dialogus*, III, I, ii, c. 20, p. 806（Kilcullen, pp. 203–204）.

(168) Ibid., c. 1, p. 789（Kilcullen, p. 163）.

(169) Ibid.（Kilcullen, p. 164）.

(170) Ibid., p. 790（Kilcullen, pp. 165–166）.

(171) Ibid., p. 789（Kilcullen, p. 165）.

(172) 例えばヴィテルボのヤコブスは、偽ディオニュシウス・アレオパギタに依りながら、多種多様な存在者を含む宇宙が神である単一の君主に支配される単一の王国であるように、理性的存在者たる人間のみを含む単一の教会は単一の支配者たる教皇によって支配されていると主張する（*De regimine christiano*, op. cit., I, c. 3, p. 107; R. W. Dyson, transl. op. cit., p. 15）。「それ故教会共同体は一つであり、主はこの一性（unitas）を示そうと望んで一人の人間を教会の首長として任命した。すなわちペテロである」（ibid., p. 117; Dyson, p. 22）。しかし、共通善への言及もみられる。「というのも、先ず教会は単一であり、それ故その首長も単一、その司牧者も単一である。従って（教会には）第一（primus）にして至高（supremus）の一人の人間が存在するのであり、……王が単一である理由は、王が多数の人々の共通善を追求できるようにするためであり、……それ故単一である全キリスト教の人民に関しても、教会全体には単一の首長が存在する必要がある」（ibid., II, c. 5, pp. 208–209; Dyson, p. 87）。またエギディウス・ロマヌスも偽ディオニュシウス・アレオパギタに依拠して、宇宙が最下位のものから中間的なものを媒介にして最上位のものへと位階的な秩序を形成しているように、教会もローマ教皇を頂点とした――皇帝その他の世俗君主は教皇の下位に位置づけられる――位階秩序を形成し（*De ecclesiastica potestate.* I. c. 4. R. Scholz, op. cit., pp. 12-13; R. W. Dyson, op. cit., p. 18）、身分と卓越した権力において最も聖なる人間であるローマ教皇がいかなる者にも服さず、同等の者さえいない万物の裁治者であることを主張する（ibid., c. 2, Scholz, p. 9; Dyson, p. 12）。E. Krüger, *Der Traktat,* op. cit. SS. 156-157. エギディウスの政治理論と新プラトン主義については、E. Homann, *Totum posse, quod est in ecclesia, reseruatur in summo pontifice. Studien zur politishen Theorie bei Aegidius Romanus* （Würzburg, 2004) SS. 115-131 参照。

(173) *Dialogus,* III, I, ii, c. 1, p. 788（Kilcullen, pp. 161-162）.

(174) 『対話篇』第三部第一論考第二巻の第一章から第十九章にかけてのアリストテレスの引用について要約しておこう。

〈第一章〉『ニコマコス倫理学』（8・10　1610　a32）が引用され、王制（regnum）、貴族制（aristocracia）、有産者制（timocracia）ないし共和制（policia）のうち最善の世俗的国制は王制であるから、同様に教会についても一人の首長による支配が最善であるという主張の論拠とされている（p. 790; Kilcullen,p. 166）。

〈第二章〉『政治学』（3・16――オッカムは15と表記――1287　a12）が引用され、多くの信徒は思慮や徳において、そして善き支配者にとって必要なあらゆる条件において同等であるから一人の首長が他の信徒を支配することは不正であり、それ故信徒の共同体にとって有益でないという主張の論拠とされている（p. 790; Kilcullen, p. 167）。また『ニコマコス倫理学』（8・10　1610　b3）が引用され、犯罪者を罰することを任務とする王（rex）は十分に強力でなければならず、そのためには十分な富をもたなければならないが、使徒の時代より信徒の上に立つ者は富や権力をもたず清貧を実行する者であり、それ故富と権力をもつ王は信徒の共同体にとって不用であると主張されている（p. 791; Kilcullen, p. 168）。更に、『政治学』（3・15――オッカムは13と表記――1286　a27）と同（3・16(14)　1287　b26）が引用され、個々の人間よりも多数の人間集団の方が物事をよく判断できることを論拠として、信徒は多数の人間により支配されることが有益であると主張されている（p. 791; Kilcullen, p. 169）。また同（3・10(2)　1281　a28―29）と（3・11(8)　1281　a43）が引用され、個人より多数の人間の集団の方が悪徳に染まりにくいことを論拠に、信徒は一人の人間より多数の人間の集団に支配される方が有益であると主張されている（p. 792; Kilcullen, pp. 170-171）。そして同（3・15(14)　1286　a38―b5）が引用され、多数の善き人間から成る貴族制の方が王制より優れているが故に教会も一人ではなく複数の人間によって支配されることが好ましいという主張の論拠とされている（p. 792; Kilcullen, p. 171）。

〈第三章〉『政治学』（1・12　1259　a37―b3）の家（domus）における夫の妻に対する法に従った〈politicus〉な支配、父の子に対する父自身の意志に従った〈regalis〉な支配、そして主人の奴隷に対する〈despoticus〉な支配が説明されている（pp. 792-794; Kilcullen, pp. 171-174）。

〈第四章〉村（vicus）が説明されている（p.793; Kilcullen,p.175）。

〈第五章〉国（civitas）が説明されている（p. 794; Kilcullen, pp. 175-176）。

〈第六章〉共通善のための支配と支配者の私的利益のための支配の区別、共通善のための単独者支配である王制、『政治学』（3・14(16)　1285　a1―2）の引用により、王制に幾つかの種類があることが指摘され、支配者が自分の意志のみにより支配する王制と、支配者が自分の利益のために支配する僭主制（principatus tyrannicus）が説明され（p. 794; Kilcullen, pp. 176-177）、『政治学』（5・5　1305 a10）と同（5・10(8)　1310 b14）の引用により、僭主（tyranni）がしばしば民衆指導者（demagogi）の中から出てくること、同（4・4(3)　1299 a17）の引用により、民衆指導者が「おべっか使い」（adulatores）であることが述べられ、『ニコマコス倫理学』（8・10　1160 b10－11）の引用により、悪しき王は僭主になることが指摘されている（p. 795; Kilcullen, p. 179）。

〈第七章〉『政治学』（4・7(5)　1293 b14－21）が引用され、貴族制に幾つかの種類があること、貴族制と対立する悪しき国制が寡頭制（oligachia）あることが述べられている（p. 795; Kilcullen, pp. 179-180）。

〈第八章〉有産者制とも言われる共和制について述べ、『ニコマコス倫理学』（8・10　1160 b20）の引用により、最善の国制は王制、次に貴族制、そして最後に有産者制であるのに対し、最悪の国制は僭主制、次に寡頭制、最後に民主制（democracia）であり、民主制は前二者に比べ悪しき程度が最小であることが述べられている（p. 796; Kilcullen, pp. 180-181）。

〈第九章〉『政治学』（1・12(10)　1259 a40、b10）の引用により、子に対する家父長の支配が王的であること、同（1・1　1252 b13）の引用により、家が自然的共同体（communitas secundum naturam）であることが述べられ、同（1・3(2)　1253 b6－7及び1・12(10)　1259 a37）の引用により、経済的共同体（communitas economica）である家においては、主人の奴隷に対する〈despoticus〉な支配、夫の妻に対する〈politicus〉な支配、父の子に対する〈regalis〉な支配の三種類が存在することが述べられ、同（1・5(3)　1254 b13－14）の引用により、男性は女性より自然的に優れていることから自然的に女性を支配することが述べられ、同（1・5(3)　1254 a25）の引用により、支配は支配される者が優れていれば、それだけ優れていることが述べられている（pp. 796-797; Kilcullen, pp. 182-184）。

〈第十章〉『政治学』（2・4(3)　1262 b7－9）と『ニコマコス倫理学』（8・1　1155 a23）が引用され、信徒の共同体にとって最も有益なのは、友愛（amicicia）と和合（concordia）が維持され、不和（sedicio）が回避されていることであり、このことは単一の支配者による統治を要請することが述べられている（p. 797; Kilcullen, pp. 184-185）。

〈第十三章〉信徒の上に立つ者は知恵（sapiencia）と徳（virtus）において他のすべての者を凌駕していなければならないという主張の論拠として『政治学』（7・14(13)　1332 b17）が引用され、また同（5・10(8)　1310 b32）にある「王制は貴族制に従って設立された」（regnum est secundum aristocraciam institutum）が引用され、そして同（4・7(5)　1293 b3－5）にあるように貴族制においては知恵と徳において優れた人々が支配するのであるから王制においても同様であり、更に教皇による支配は王による支配より完全であることから、教皇も知恵と徳において優れていなければならないという見解が述べられている（p. 799; Kilcullen, p. 186）。

〈第十七章〉『政治学』（3・17(16)　1288 a15）が引用され、或る家族全体ないし或る個人が徳において他のすべての人々を凌駕しているときは、この家族ないし個人が王として支配することは正しいことであり、従って臣民の合意によって或る人間が王的支配者となるときは、知恵と徳において最善なる人間が王になるべきであることが述べられ、また『政治学』（7・14(13)　1332 b19）で、神々や英雄が普通の人間とは異なるように支配者が臣民と異なっていないかぎりその支配は正当でない、と言われていることに対し、このことは支配者の道徳的価値のみが考慮される場合にはそうかもしれないが、共通善にとっての有益性の観念からみればそうとは言えないこと、また上記のことは、『政治学』第一巻にあるように、夫の妻に対する、父の子に対する、主人の奴隷に対する支配のように自然的正義（iustum naturale）に関しては言えても、同程度に有徳な者の間でも支配者と被支配者がいなければならないように、実定的正義（iustum positivum）についてはあてはまらないことが述べられている（pp. 801-802; Kilcullen, pp. 192-193）。

〈第十九章〉『政治学』（3・11（8）1281 a 41）にみられる、少数者ではなく多数者が主権者でなければならないという主張に対してオッカムは、何が為されるべきかを完全に理解するために少数者だけで十分でない場合は、しばしば多数者が——支配するのではなく——集会によって共同体全体にとって何が有益かを審議し発見することが好ましいが、少数者で十分な場合は多数者が審議することは好ましくない、と答えている（p. 805; Kilcullen, p. 201）。

複数の見解を列挙するだけでオッカム自身の見解を明示しない『対話篇』のスタイルに従って、アリストテレスからの引用も、相互に対立する諸見解のそれぞれを支持するアリストテレスのテキストが引用されており、「教師」あるいはオッカム自身の見解と想定されるものを正当化するためにアリストテレスが引用されているわけではない。『対話篇』第三部第一論考第二巻にみられるオッカムのアリストテレス引用については R. Lambertini, 'Ockham, lettore della Politica: a proposito dell' utilizzo di Aristotele nella sua ecclesiologia (id., *La povertà pensata*, Modena, 2000, pp. 269-288)。

(175) 家から始まる諸共同体の秩序形成に関する——アリストテレスに依拠した——オッカムの説明の中に、人間の社会的本性とか社会的動物といったアリストテレスの観念が全くみられないことについて、W. Kölmel, 'Perfekter Prinzipat? Ockhams Fragen an die Macht' (W. Vossenkuhl, R. Schönberger, hrsg. *Die Gegenwart Ockhams*, Weinheim, 1990, SS. 288-304) SS. 291-292.

(176) *Dialogus*, III, I, ii, c. 9, pp. 796-797 (Kilcullen, p. 182).

(177) Ibid., c. 6, p. 794 (Kilcullen, p. 176).

(178) Ibid.

(179) 奴隷に対する主人の支配については、Ibid., c. 3, pp. 792-793 (Kilcullen, p. 173)。この種の支配権はオッカムによると必ずしも不正ではないが、最善の統治形態には反している。

(180) Ibid., c. 6, p. 794 (Kilcullen, p. 177).

(181) Ibid., p. 795 (Kilcullen, p. 178).

(182) Ibid.

(183) Ibid., c. 15, p. 800 (Kilcullen, p. 190).

(184) Ibid., c. 18, p. 803 (Kilcullen, pp. 197-198).

(185) Ibid., c. 2, p. 791 (Kilcullen, p. 169).

(186) Ibid., c. 19, p. 804 (Kilcullen, p. 199).

(187) Ibid., p. 805 (Kilcullen, p. 201).

(188) Ibid., p. 804 (Kilcullen, pp. 199-200).

(189) 「全体」が共義語として理解されるならば、「X全体はYである」は「Xのあらゆる部分はYである」と同義である。従って、「多数者の全体が堕落している」は「多数者のあらゆるメンバーが堕落している」と同義であり、多数者をこの意味で理解すれば、多数者が堕落する可能性は少ない。

(190) Ibid., p. 805 (Kilcullen, pp. 200-201). この箇所は、パドヴァのマルシリウスが人民主権を擁護するための基本原理と考えた人民意志（ないし pars valentior）の堕落不可能性（A. Gewirth, *Marsilius of Padua and Medieval Political Philosophy*, New York, 1951, pp. 58–59, p. 185, p. 204, p. 209, p. 211 にみられる〈orbatio〉という観念についての説明を参照）をオッカムが否定していることを示している。

（191）*Dialogus*, III, I, ii, c. 21, p. 808（Kilcullen, p. 209）.

（192）Ibid., iv, c. 24, p. 866（Kilcullen, p. 349）.

（193）Ibid., ii, c. 20, p. 808（Kilcullen, p. 208）.

（194）Ibid., c. 22, p. 809（Kilcullen, p. 212）.

（195）*Dialogus*, III, I, ii, c. 24, p. 812（Kilcullen, pp. 218–219）.「……我々は類似したことについては類似した判断をしなければならない。類似した判断をすることが明示的にも黙示的にも禁止されていないときは。しかし、類似したことについて類似した判断をすることが明示的ないし黙示的に禁止されている場合、我々は類似したことについて類似した判断をすべきではない。アブラハムは自分の息子を犠牲にせよとの命令を受け取ったのであるから、罪のない自分の息子を殺すよう義務づけられたが、他の罪なき子供を殺さないよう義務づけられていた。というのも彼は他の子供ではなくただ自分の息子だけを犠牲にするよう命令されたからであり、それ故、彼は命令の言葉から、そこで先ずもって表明されていた意味以外の意味を引き出すことはできなかったからである。そしてそれは曖昧なところが全くない極めて明白な言葉だったので解釈の余地はなく、彼はそこから別の意味を引き出すことはできなかった。そしてまた彼は推論によってこの神の言葉からいかなる他の意味も引き出すことができなかった。彼は神が生と死の支配者であることに無知でなかったからである。それ故、たとえ婚姻を解消してはならないという神の命令や妻を追い出してはならないという神の命令と、これ以外の神の何らかの命令の間に類似性が存在していても、前者の命令と後者の他の命令に関しすべての点でそれらが類似しているとの判断は為されないし、為されるべきではない。なぜならば、妻を追い出すことが許される或る特別な場合は例外にして、キリストは他の場合にはこれを禁止したからであり、『或る一つの場合に承認されていることは、他の場合には否認されている』からである。……この規則は反対解釈（argumentum a contrario sensu）が有効な場合に妥当する規則であり、この解釈は特に法律において極めて有力な解釈である。しかし神とキリストの他の多くの命令においては、特別な事例が明示的に例外とされているわけではない。それ故、これらの命令においては、一つの事例は他の事例以上に例外扱いされていると理解されるべきではない。従って我々は、或る事例が例外であることが明示されていなくても、その事例が例外扱いされるべきか否かを、そして或る一つの命令と他の命令においてそのような事例を例外扱いする同じ理由が存在するか否か、複数の命令が命令の種類において類似しているか否か（例えば、それらは自然的な命令か実定的な命令か、それとも一方は自然的で他方は実定的な命令か）を、聖書の他の箇所から推測しなければならない。もしそれらが端的に自然法上の命令であれば、神が（例えば、罪のない人間を故意に殺してはならないという純粋に自然法上の命令が存在するにもかかわらず、アブラハムに自分の息子を殺すように命令し、特別な例外を設けたように）何らかの事例を特別に例外扱いしていないかぎり、いかなる事例も緊急の必要性や利益——これらがどのようなものであれ——を理由に例外扱いされるべきではない。しかし、それらが純粋に実定的な命令であれば、このような命令の或るものに関しては緊急の必要性や利益を理由に例外扱いしてならないことが聖書から特に推測されえないかぎり、これら実定的な命令の各々について同じように、緊急の必要性と利益を理由に例外を認めるべきである。このようにして、類似した命令について類似した判断をすることができる」。

(196) 緊急事態において神の命令に背き安息日に戦いを行ったマカバイの行為は正当であった。また『マタイ福音書』（12・4）と『ルカ福音書』（6・4）にあるように、司祭以外には供えのパンを食べてはならないという神の命令に背いてダヴィデはパンを食べたが、緊急事態におけるダヴィデのこの行為は正当であった。ibid.,1 c. 20, p. 808 (Kilcullen, p. 208).

(197) 「あらゆるキリスト教徒はキリストの命令に違反することはできない、ということに基づいた最初の見解に対しては、……緊急の必要性と利益は、他のときにはキリストの命令に反することとして許されないことを許されたものにする、と答えられる。それ故、あらゆるキリスト教徒はキリストの弟子にして下僕であり、キリストの上に立つものではないにしても、緊急の必要性と利益を根拠にしてキリストの命令に背くことが――すなわち、キリストの意図に反するのではなく、キリストの言葉や行為の表面的な意味に背くことが――できるのである。というのも、キリストが或ることを命令し、あるいは行ったとき、これと反対のことが自然法にいささかも反しておらず、しかもキリスト自身が、緊急の必要性や利益を理由にしてこの命令や行いに違反してはいけないと明白には述べていないならば、緊急の必要性や明白な利益が問題になるときは例外であることを自分の言葉の意味に含ませることをキリストは欲していたからである。

　これとは別の仕方で同じことの立証が試みられている。『マタイ福音書』（5・39）にあるように、キリストは使徒たちに悪に抵抗しないように命じ、誰かが一つの頬を打ったらもう一つの頬も向けてやりなさいと命じた。しかし使徒パウロが打たれるとき、パウロは大祭司に向かって『白く塗られた壁よ、神があなたを打つであろう』（『使徒行伝』（23・2―3））と言うことが許されていた。これは……アウグスティヌスが証言しているとおりである。従って、アウグスティヌスによると忍耐についてのキリストの命令は「公然と為される行為ではなく心の準備に関するものであり、それ故忍耐は善意をもって心の中で密かに保持されるべきであるが、外に対しては、我々が善意を向けるべき人々にとり有益と思われることを実行しなければならない。これと同様に、一人の教皇の任命に関するキリストの命令についても、我々はキリストの教会にとって――キリストはこの教会の利益のために、一人の教皇が任命されるべきことを命令したのである――より利益になることを実行すべきであり、それ故、複数の教皇が存在することが教会にとって有益なときは、教会を貴族制的に統治する複数の教皇が存在しなければならない。

　この返答は以下のように確証することができると思われる。もっと明白な命令の言葉に反して行動することが許されるならば、それほど明白でない命令の言葉に反して行動することが許されるだろう。しかし『マタイ福音書』（5・39―41）のキリストが使徒たちに与えた忍耐の命令は、ペテロの後に一人の教皇を任命せよとの命令よりも明白であった。なぜならば、キリストはいかなる条件、修正、例外あるいは限定も設けることなく『しかし、わたしはあなたがたに言う。悪に抵抗するな』等々と明白に述べたからである。ところが『わたしはあなたがたに言う。ペテロの後に一人の教皇を任命すべきである』といった言葉や、これに類似の言葉はどこにも見出されない。それ故、忍耐に関するキリストの意図ではなくキリストの明白な言葉に違反することが許されるならば、……なおさらのことキリスト教徒が教皇の任命に関するキリストのそれほど明白でない言葉に反して行動することは許されており、従ってキリストの教会にとってそれが有益であれば、キリスト教徒は一人ではなく複数の教皇を任命することができるのである。

　キリストはいかなる場合も例外視することなく明白な言葉で、宣誓してはならないと命令した。『マタイ福音書』（5・34）でキリストは『わたしはあなたがたに言う。いっさい誓ってはならない』等々と述べ、その後で『あなたがたの言葉は、ただ、しかり、しかり、否、否、であるべきだ。それ以上に出ることは、悪から来るのである』と述べている。しかしキリストのこの明白な命令にもかかわらず、時として誓約は許されており……アウグスティヌスも、誓約がないと信じようとしない人々の弱さや不信の故に誓約は許されていると主張している。それ故なおさらのこと、キリストは福者ペテロを教皇に、全キリスト教徒の首長にしたけれども、キリスト教徒は、教会全体の共通の利益の故に、もしそれが或るとき有益であれば、同時に複数の者を教皇に任命することが許されている。

更に、『マタイ福音書』（10・9—10）でキリストは使徒たちに金銀や金銭を所有しないこと、二枚の下着も持たず、くつもはかないように明白に命令した。しかし明白な緊急事態がそれを強いる場合は、このような命令に違反することが使徒たちに許されていた。命令に違反することにより使徒たちはキリストの言葉ではなく意図を実行に移したのである。キリスト自身もこのことを十分に明確に示唆しているように思われる。すなわち『ルカ福音書』（22・35）では次のように記されている。『そして（キリストは）彼らに言われた。〈わたしが財布も袋もくつも持たせずにあなたがたをつかわしたとき、何かこまったことがあったか。〉彼らは、〈いいえ、何もありませんでした〉と答えた。そこで（キリストは）言われた、〈しかし今は、財布のあるものは、それを持って行け。袋も同様に持って行け。また、つるぎのない者は、自分の上着を売って、それを買うがよい〉』これらの言葉からベダは或る一般的規則を、すなわち、キリストの命令にもかかわらず、平和なときに生きるルールと迫害のときに生きるもう一つ別のルールが存在する、という規則を引き出している。ベダの規則から、もっと一般的な規則を導き出すことができる。すなわち緊急の必要性と利益の故に、キリストの命令に違反することが許されているという規則である。というのも、キリストの命令にもかかわらず、平和なときに生きる一つのルールと、迫害のときに生きる別のルールがあるならば、同じ推論によって、キリストの命令にもかかわらず緊急の必要性と利益が存在するときに生きるルールと、緊急の必要性と利益が存在するとき以外のルールがあることになる。というのも、平和なときに生きる一つのルールがあり、迫害のときに生きる別のルールがある理由は、緊急の必要性と利益の故だからである。もし、迫害のために緊急の必要性や利益が生ずることがなければ、生きる一つのルール——特にそれに対する服従が約束されたルール——は決して放棄されるべきではない。それ故、緊急の必要性と利益が生ずるからこそ、キリストの言葉どおりに実行しないことが許されるのである。従って、一人の教皇の任命に関するキリストのどのような命令があろうと、もし明白な利益がそれを要求するならば、信徒の全集団を貴族制的に統治する複数の教皇を任命することが許されるだろう（*Dialogus*. III. I. ii. c. 22. pp. 809-810: Kilcullen. pp. 212-214）。

ペテロに教会の支配権を委任したキリストの言葉は合理的な解釈を拒否する神秘的な意味を帯びた言葉ではなく、教皇の支配に関する聖書のテキストを正しく解釈する能力のある専門家たちによって合理的に解釈可能なものである。「しかし多くの専門家は神とキリストの命令の真の意味（verum intellectum）を知っている。彼らはこの命令を知らない人々のために解釈して教えることができる。というのもこの種の解釈は神の命令の真の意味を釈義し、解明し、あるいは明示することに他ならないからである。このようにキリスト教徒は神の命令を解釈する力をしばしば有している。すなわち、彼らが命令の真の意味を知っているときがそうである。しかし、神が或ることを命令した意図（intencio）が知られていないことから、その命令の真の意味が推論によっても（per rationem）聖書の他の言葉によっても知られえず、ただ神の啓示によって（per revelacionem dei）知られうるにすぎないならば――例えば、或る人々によれば黙示録や他の預言の書に述べられている数多くの字義上の真の意味（verus intellectus litteralis）が新たな啓示による（per revelacionem novam）以外には知られえないように――このような命令の解釈は神のみから期待されねばならない。しかし忍耐し続けるべきであるとか、宣誓してはならないとか、財布や袋を携帯してはならないといったことや、至高の教皇を任命すること、その他数多くのことに関する神の指図ないし命令は多くのキリスト教徒によって知られており、推論と聖書によって知られうるのである。それ故キリスト教徒である専門家はこのような命令や指令を解釈することができ、これらの命令や指令は真の解釈に従って遵守されねばならない。そして、それがキリストの言葉であっても我々は常に『言葉に(verbis)』ではなく、『精神に(menti)』……従わなければならない」（*Dialogus*, III, I, ii, c. 24, p. 811; Kilcullen, pp. 216–217）。

（198）Ibid., c. 20, p. 808（Kilcullen, pp. 208–209）. 緊急事態と実定的神法の関係については、神法は緊急事態に優位し、神法自体が緊急事態を例外として定めていないかぎり神法が常に妥当するという見解と、緊急事態は神法に優位し、神法が緊急事態においても妥当することを当の神法が明白に規定している場合は除いて、常に緊急事態は神法を破棄するという見解がある。オッカムは後者の見解をとる。G. Tabacco, *Pluralità di papi*, op. cit., pp. 8–9.

（199）また世俗的支配者に関しても、一人の世俗的支配者による支配が人類にとって常に有益かを論じた『対話篇』第三部第二論考第一巻第八章には次のような説明がみられる。教皇の単独支配はキリストの命令により、人間は神の命令を変更することができないのに対し、一人の世俗支配者が世俗的事項に関して全世界を支配することは神法や自然法ではなく人間の取決めにより、――或る原因が生み出したものは当の同じ原因によって解消されるのであるから――同じ人間の取決めによって変更されうる。全世界を一人の世俗君主が支配することが、支配される人々の自由や権限や権利を侵害し、あるいは共通善を害するのであれば、人々は世界君主に服するべきではない。更に、「別の仕方で次のように言うことができる。すなわち、キリストはすべての信徒が一人の至高の教皇に服すべきことを命じたが、このキリストの命令は肯定的（affirmativa）であり否定的（negativa）ではないので、永久に（ad semper）義務づける力を有しはするが、どんなときでも（pro semper）義務づけるわけではなく、それ故すべての信徒はいつでも一人の教皇に服さなければならないわけではない。というのも、教皇座がしばしば空位とならざるをえないことがあるので、このようなことは不可能だからである。従って、すべての信徒は場所と時に応じて、そして然るべき仕方で一人の至高の教皇に服する用意がいつもできていなければならないが、教皇座が空位のとき、教皇の選挙が理にかなった明白な理由で延期されることがあり、これは短期間の場合だけではなく、長期間にわたる場合もあり、それ故、このような選挙が何らかの理由でしばしば数日間、しばしば数カ月間、あるいはしばしば実に数年間延期されることがあった（このようにして教皇座はしばしば六年間空位のことがあった）ように、何らかの理由で選挙が正当にも百年間、二百年間、あるいはそれ以上延期されることもありうるのである。同様のことは世界帝国の支配者の任命についてもあてはまるだろう」（*Dialogus*, III, II, i, c. 8, p. 878）。

（200）*Dialogus*, III, I, ii, c. 25, p. 814（Kilcullen, pp. 223–224）.

（201）Ibid., c. 26, p. 814（Kilcullen, p. 225）.

（202） Ibid., c. 28, pp. 816（Kilcullen, p. 230）.

（203） G. Tabacco, op. cit., p. 14.

（204） Ibid., p. 16.

（205） 「キリストはこの行いによって、（自分が示した）最善の統治形態へと彼の教会を（絶対的に）義務づけたわけではないことを我々に示した。すなわち、明白な緊急の必要性や利益が問題になる場合には、もしそれが信徒の共同体にとって明らかに利益になるならば、（教会は）その統治形態を、例えば統治者を一人も選ばなかったり、複数の統治者を選ぶことによって除去したり変更したりすることができる。……しかし緊急事態や利益が停止したならば、（信徒たちは）最善の統治形態——すなわち一人の普遍的な首長と指導者がいる体制——へと戻るように義務づけられている」（*Dialogus*, III, I, iv, c. 24, pp. 866-867; Kilcullen, p. 349）。

（206） *Breviloquium*, iv, c. 13（Scholz, S. 166; Offler, p. 219）.

（207） *Contra Ioannem*, c. 25, OP. III, p. 106.

（208） *Dialogus*, I, v, c. 7, p. 477〈tota fidelium multitudo praeter papam est inferior papa〉.

（209） Ibid., vi, c. 62, p. 568〈papa autem, qui non est incorrigibilis,a Domino solo iudicatur〉.

（210） ただし、教皇庁がローマにあることは、キリストの命令ではなくペテロの決定による。Ibid., v, c. 21, pp. 488-489.

（211） OQ, i, c. 17, OP. I, p. 62.

（212） Ibid., iii, c. 12, p. 118.

（213） *Dialogus*, I, v, c. 24, p. 494.

（214） Ibid.

（215） *Dialogus*, III, II,iii, c. 8, p. 937.

（216） *Dialogus*, I vi, c. 85, p. 605.

（217） Ibid., p. 604.

（218） Ibid., c. 99, p. 622.

（219） *Contra Benedictum*, vii, c. 9, OP. III, p. 314.

（220） *Dialogus*, III, I, ii, c. 26, p. 815（Kilcullen, p. 225, p. 226）.

（221） *Dialogus*, III, I, iv, c. 24, p. 866（Kilcullen, p. 349）.

（222） 註（199）参照。

（223） 「確かに〈ecclesiastica〉と呼ばれるのは、教皇ないし聖職者の集団としての教会ではなく、聖職者と俗人、男と女を含む信徒の集団（congregatio fidelium）としての教会という意味でそう呼ばれるのである」（OQ, i, c. 17, p. 63）。また「教会ないし信徒の集団とは現実に存在する多数の真の人格（plures verae personae et reales）のことである」（*Contra Benedictum*, i, c. 8, p. 191）。ここでオッカムはフランシスコ修道会は単に想像上の人格にすぎないという教皇の主張に対して、修道会や教会の集団的な法的アイデンティティーを擁護しているのであるが、集団的アイデンティティーを擁護しながらもオッカムは教会が多数の現実の人間の集合に他ならないことを指摘している。

（224） J. B. Morrall, 'Ockham and ecclesiology'（J. A. Watt, J. B. Morrall, F. X. Martin, eds., *Medieval Studies Presented to Aubrey Gwynn*, Dublin, 1963, pp. 481-491）pp. 488-489.

（225） *Dialogus*, I, i, c. 4, p. 402.

（226） *Contra Ioannem*, c. 14, OP. III, p. 66.

（227） *Dialogus*, I, c. vi, p. 616.

（228） 例えば聖パウロは「キリストの体」を教会を意味する言葉として使っていたが、十二世紀中葉から十三世紀にかけて「キリストの神秘体」という言葉が教会を意味する言葉として一般化した。十二世紀までは「キリストの神秘体」はホスティアを意味していたが、その後、ホスティアにはキリストの「真の体」（verum corpus）が用いられ、キリストの「神秘体」は教会を意味するようになった。しかし、聖餐式において教会の成員とキリストとの交わり（communio）、教会の成員どうしの交わりたる神秘体が生成するかぎりにおいて、〈corpus verum〉と〈corpus mysticum〉は密接に関連した言葉である。しかし後述のように、オッカムの教会論において「キリストの神秘体」という言葉は重要な役割を与えられていない。〈Corpus mysticum〉の意味の変化については H. de Lubac. *Corpus Mysticum; L'Eucharistie et l'église au moyen âge*（Paris, 1949）p. 18, pp. 99-100, pp. 104-107, pp. 129-131, pp. 279-281, p. 291.

(229) H. de Lubac, op. cit., p. 100; A. Watt, *The Theory of Papal Monarchy in the Thirteenth Century*（London, 1965）pp. 104-105.

(230) *Contra Benedictum*, i. c. 8, p. 192.

(231) 〈persona ficta〉や〈persona repraesentata〉といった言葉は、既に十三世紀の教会法学者が団体の人格化のために用いていた。O. Gierke, *Das deutsche Genossenschaftsrecht*, Bd. III（Berlin, 1881）S. 204, 279, 363.

(232) C. Eubel, ed. *Bullarium Franciscanum*, t. v（Roma, 1898）n. 554, p. 274; Nicolaus Minorita, op. cit., p. 163.

(233) OND. c. 62, OP. II, p. 568.

(234) Ibid.

(235) *Contra Benedictum*, i. c. 8, p. 191.

(236) OND. c. 62, pp. 569-570.

(237) *Contra Benedictum*, i. c. 8, p. 191.

(238) Ibid. この点、ジョン・モラルによれば、オッカムが〈persona ficta〉の観念を拒否したことは、公会議の不可謬性を主張する公会議至上主義者の議論をもオッカムが拒否したことを含意する。教会が個々の信徒の集合に他ならなければ、全教会を代表するのも信徒の集合であり、それ故教会を完全に代表するのは（それ故不可謬であるのは）公会議であるという主張は誤りとなるだろう。J. B. Morrall, 'Ockham and ecclesiology', op. cit., p. 486.

(239) C. Zuckerman, 'The relationship of theories of universals to theories of church government in the middle ages: a critique of previous views'（*Journal of the History of Ideas*, vol. 36, 1975, pp. 579-594）pp. 589-594.

(240) *Summula philosophiae naturalis*（ed. S. Brown, St. Bonaventure, N. Y. 1984, OPh. VI）, Liber I, c. 19, pp. 205-208.

(241) Ibid., c. 20, p. 209.

(242) Ibid., c. 16, p. 198.

(243) Ibid., praeambula, p. 141.

(244) *Quodlibeta*, vii. c. 8（*Opera Theologica*（OT）, IX, ed. J. C. Wey, St. Bonaventure, N. Y. 1980）p. 726, p. 729; A. J. Freddoso, transl., New Haven, 1991, p. 613, p. 614.

(245) 「オッカムの教会は可能なかぎり〈pneumatique〉ではないものであった」。G. de Lagarde, *La naissance de l'esprit laïque*, V, op. cit., p. 34.

(246) *Dialogus*, I, v, c. 5, p. 476.

(247) *Contra Ioannem*, c. 14, p. 67.

(248) *Dialogus*, I, v, c. 23, p. 490.

(249) Ibid., c. 25, p. 495.

(250) Ibid., ii. c. 25, p. 429.

(251) Ibid., v. c. 5, pp. 474-475, c. 35, p. 506.

(252) 真の信仰の移行に応じて、教会内部での正しい権利の行使も移行していく。例えば、他のすべての人々が異端に陥ったときは教皇を選出する権利は正しい信仰にとどまる別の信徒へと移行（devoltio）し（*Dialogus*, I, v, c. 8, p. 479, c. 31, p. 502）、異端者を審判し強制する権限も移行する（ibid., c. 28, p. 497, p. 498; vi, c. 99, p. 626）。更に、犯罪を犯した教皇を罰する権利も、罰する権限のある人々がそれを行わないのであれば別の信徒へと移行していく（OQ. i, c. 17, p. 62）。E. Lewis, *Medieval Political Ideas*（London, 1954）vol. 2, pp. 550-551.

（253）*Dialogus*, I, v, c. 5, pp. 474-475.

（254）*Dialogus*, I, v, c. 35, p. 506.「理性を用いうるキリスト教徒の全集合が誤りに陥っても、キリストの約束は洗礼を受けた幼児によって守られることもありうる」（Errante tota multitudine Christianorum usum rationis habentium, possunt salvari promissiones Christi per parvulos baptizatos.）。これと同様の見解は、ペトルス・ヨアニス・オリーヴィにもみられる。Y. Congar, 'Les positions ecclésiologiques de Pierre Jean-Olivi d'après les publications récentes'（*Cahiers de Fanjeaux*, 10, 1975, pp. 155-165）pp. 160-161; id., *Etudes d'ecclésiologie médiévale*（London, 1983）XI, pp. 160-161.

（255）*Dialogus*, III, I, iii, c. 25, p. 843（Kilcullen, p. 292）.

（256）*Dialogus*, I, vi, c. 99, p. 626.

（257）*Dialogus*, III, I, iii, c. 11, p. 828（Kilcullen, p. 258）.

（258）Ibid., ii, c. 30, p. 818（Kilcullen, p. 234）.

（259）*Dialogus*, I, iv, c. 9, p. 451.

（260）このテーマについてはY. Congar, 'Incidence ecclésiologique d'un thème de dévotion Mariale', op. cit. 参照。

（261）「キリストによって与えられた永遠なる救済の法に関して全キリスト教徒が、数人あるいは唯一人を除いて、断罪に値するほどの過ちを犯しても、その法が与えられたことは無益ではなかっただろう。なぜならば、キリスト教の全信仰が三日の間、我らが救い主の母の中にのみ存在したように、全信仰が唯一人の人間の中で保持されることがあり、永遠なる救済の法が無益に与えられたとは言えないからである」（*Dialogus*, III, I, iii, c. 11, p. 828; Kilcullen, p. 258）。

（262）*Dialogus*, III, II, iii, c. 8, p. 937.

（263）*Dialogus*, I, v, c. 5, pp. 474-475.

（264）「聖書の中に明瞭に述べられておらず、聖書に含まれているものだけからは推論されえない公教会の真理や公教会の信仰上の教えを知っている数多くの人々がいるが、それらを疑うことなく明示的ないし黙示的に信仰することが救済のために必要である（*Dialogus*, I, ii, c. 2, pp. 411-412）。信仰上の真理の源に関するオッカムの見解の詳細は、J. Schlageter, *Glaube und Kirche nach Wilhelm von Ockham*（Münster, 1975, Ph. D. Universität München）SS. 107-274. また P.-R. Cren, 'Der Offenbarungsbegriff im Denken von Wilhelm von Ockham und Gabriel Biel'（M. Seybold u. a., *Offenbarung: von der Schrift bis zum Ausgang der Scholastik*, Freiburg, Basel, Wien, 1971, SS. 144-152）; H. Schüssler, *Der Primat der heiligen Schrift als theologisches und kanonistisches Problem im Spätmittelalter*（Wiesbaden, 1977）SS. 109-130 参照。J・シュラゲターは信仰上の真理に関する権威（Glaubensautorität）と信仰上の真理の認識（Glaubenserkenntnis）を区別し、オッカムが絶対的な権威（神の啓示が人間に示される場）とみなすものに「聖書」、聖書には述べられていない真理の「使徒による口承の伝統」、そして使徒の時代以降、教会の歴史の中で特定の人間に与えられる（シュラゲターがカリスマ的ないしpneuma的と名づける）「神の個別的啓示」の三種類のものがあること、そしてオッカムが真理の認識（神の啓示が認識される方法）とみなすものに、神学的合理的推論と、神の個別的啓示のカリスマ的、pneuma的受容の二種類のものがあることを論ずる。以下、シュラゲターの重要な所論の幾つかを挙げておこう。（一）神学的合理的認識は「聖書」と「使徒の伝統」のテキストの解釈により啓示における神の意図を理解し、更に演繹的推論によってこの神の意図から更に別の意図を結論として導き出すことであるが、オッカムにおいては、テキストから一定の結論を導出する際に、正しい理性により把握される自然法規範が前提とされている（*Glaube und Kirche*,op. cit., SS.285-289）。（二）使徒の口承の伝統は——オッカムはこれを『ヨハネ福音書』（14・26）と同（20・30）に基礎づけている——教父により書物の中に定着したが（ibid., S. 118）、これが信仰上の真理として絶対的権威を帯びるのは、個々の使徒が可謬であるのに対し使徒集団は原初の普遍教会として不可謬だったからである。グラティアヌス教令集（Dist. 16, cc. 1-7）の〈Canones Apostolorum〉をオッカムは真正なものとして認めていた（ibid., S. 114）。しかし使徒の伝統に含まれている真理は主に（ローマ司教はペテロの後継者であるといった類の）歴史的な性格のものであり、人間の救済が第一次的にそれに依存するような真理ではなかった（ibid., S. 119）。（三）パウロの『コリント人への第一の手紙』（14・30）に示唆されている信仰上の真理の第三の源泉であるカリスマ的ないしpneuma的啓示は、祈りを通じて特定の人間に与えられるが、それが真の啓示とみなされるためには奇跡が伴わなければならない（ibid., SS. 296-298）。しかしカリスマ的に啓示された教えがすべての信徒によって真理とみなされるに至れば、世の終わりまで真の信仰が永続することを保証するキリストの約束——この約束の効力もキリストが行った奇跡に基礎づけられる——がある以上、この種の啓示は特別な奇跡を伴わなくても真理とみなされる（ibid.,SS.299-300）。しかしオッカムによれば例えば説教に伴う奇跡は説教されたことへの信仰を引き起こすが、説教されたことが真であるとの明証的認識を引き起こすことがないように、一般に真の奇跡と偽の奇跡を区別することは不可能である。例えばイスラーム教とキリスト教に対し無差別な態度をとる人間に或る人がキリストの法を、別の人がムハンマドの法を説教し、両者ともに奇跡を行ったとき、当の人間がいずれか一方の法に同意することはない。真の奇跡も偽の奇跡も説教されたことが真であるとの明証的認識を与えることはなく、従って当の人間はディレンマの状態に置かれるだろう。オッカムは神が当の人間にどちらの説教が真であるか霊感を通じて教示すると考えることでこのディレンマを解決しようとした。しかし神の恩寵の助けがなければ、真の奇跡と偽の奇跡を区別することは認識論的に不可能である（ibid.,SS.306-310）。（四）カリスマ的啓示は意味不明な聖書のテキストの意味開示という様態で特定の人間に与えられる場合と、聖書の解釈の脈絡から離れて、新たな真理が直接的に特定の人間に与えられる場合がある（ibid., SS. 263-264）。

（265）*Dialogus*, I, ii, c. 2, p. 412.

（266）Ibid., c. 5, pp. 415-416.

（267）Ibid., c. 2, p. 412. オッカムは、聖書や使徒からの伝承と、歴史的な事実として信徒が記してきたことの双方から演繹的に推論されうるもの、あるいは後者の歴史的事実の記載をも広義の「啓示」の中に含ませている。しかしオッカムは伝統的な見解に比べて信仰上の真理のカテゴリーをそれほど拡大しているわけではない。トマス・アクィナスについては *Summa Theologiae*, 2a2ae, q. 1, art. 5, ad tertium: art. 7, *in corp.*; q. 11, art. 2, *in corp.*

（268）信仰上の真理のより単純化された分類は、*Dialogus*, III, I, iii, c. 1, p. 821（Kilcullen, p. 241）。「聖書に含まれている神の言葉や、聖書を書いた人々の言葉に含まれている神の教え、普遍教会や使徒たちが告げる神の言葉は、いかなる疑いも抱かずにあらゆる点において信じるべきである」。

（269）*Dialogus*, I, ii, c. 5, p. 416.

（270）A. H. Oberman, *The Harvest of Medieval Theology*（Cambridge, Mass., 1963）p. 381.

（271）B. Tierney, *Origins of Papal Infallibility 1150–1350*（Leiden, 1972）p. 16.

（272）A. H. Oberman, *The Harvest*, op. cit., p. 369, p. 372.

（273）G. H. Tavart, *Holy Writ or Holy Church*（London, 1959）p. 48.

（274）B. Tierney, op. cit., pp. 19-31.

（275）*Contra Benedictum*, iv, c. 3, pp. 245-246.

（276）*Dialogus*, I, ii, c. 4, p. 414.

（277）Ibid., c. 5, p. 416.

（278）Ibid., c. 12, p. 420.

（279）Ibid.

（280）Ibid., c. 25, p. 429.「というのも、もし神がそれを望めば、多くの公教会の真理を新たに（noviter）啓示し鼓吹することができるからである」。

（281）*Dialogus*, I, i, c. 4, p. 402.

（282）*Contra Ioannem*, c. 14, p. 66.

（283）例えば、*Dialogus*, I, vii, c. 13, p. 654.

（284）オッカムの教会論にみられるこのような二義的な性格は、オッカムが死の直前にローマ教皇庁との和解を求めた事実に象徴的に表現されている、という解釈をする研究者もかつてはいたが、近年の有力な見解によれば、オッカムが死の直前にローマ教皇庁に罪の赦しを願い出たことはなく、オッカムは死ぬまで自己の信念と思想を堅持した。G. Gál, 'William of Ockham died impenitent in April 1347'（*Franciscan Studies*, vol. 42, 1982, pp. 90-95）参照。オッカムが一三四八年にローマ教皇庁との和解を求めたという見解は、一三四九年六月に教皇クレメンス六世が〈Guilelmus de Anglia〉の赦免を当時のフランシスコ修道会会長に――一三四八年にヴェローナの総会で修道会会長に選出されたウィリアム・ファリニエ――に対し認可した書簡を典拠としていた。しかしG・ガルは、この書簡で言及されている〈Guilelmus de Anglia〉がオッカムでないことを説得的に論じている。ガルによれば、オッカムはミュンヒェンにあるフランシスコ派修道院の墓石に刻まれているように一三四七年に死去し、従って一三四八年にローマ教皇庁との和解を求めたことはありえず、オッカムの作とされてきた〈De electione Caroli quarti〉（または〈Quia saepe iuris〉）もオッカムの著書ではありえない。これと同じ結論は既にC. K. Brampton, 'Traditions relating to the death of William of Ockham'（AFH, LIII, 1960, pp. 442-449）によって（別の理由で）提示されていた。また J. Miethke, 'Zu Wilhelm Ockhams Tod'（AFH, LXI, 1968）pp. 79-98 参照。

（285）Dist. 40, c. 6 *Si papa*（Friedberg I, col. 146）.

（286）M. Wilks, *The Problem of Sovereignty*, op. cit., p. 502, n. 4.

（287）M. Damiata, *Alvaro Pelagio, teocratico scontento*（Firenze, 1984）pp. 60-61.

（288）B. Tierney, op. cit., pp. 241-243, 249-251. ミカエル派の「知の鍵」と「力の鍵」については本書第1章註（122）参照。

（289）Ibid., pp. 210-218, 226-237.

（290）*Contra Ioannem*, c. 15, p. 72.

（291）*Dialogus*, I, v, c. 3, p. 470.

（292）Ibid., c. 7, p. 478.

（293）Ibid., c. 3, p. 471.

（294）J. J. Ryan, 'Ockham's dilemma: Tierney's ambiguous infallibility and Ockham's ambiguous church'（*Journal of Ecumenical Studies*, vol. 13, 1976, pp. 37-50）と、これに対するティアニーの反論 B. Tierney, 'Ockham's ambiguous infallibility'（*Journal of Ecumenical Studies*, vol. 14, 1977, pp. 102-105）。そして更に、J. J. Ryan, 'Evasion and ambiguity: Ockham and Tierney's Ockham'（*Franciscan Studies*, vol. 46, 1986, pp. 285-294）と、これに対するティアニーの反論 B. Tierney, 'Ockham's infallibility and Ryan's infallibility'（ibid., pp. 295-300）参照。しかし両者はオッカムの主張の内容については同じ解釈をしており、見解の対立はオッカムの主張に教皇不可謬説というレッテルを貼ることが正しいか否かをめぐる対立であるように思われる。従って両者の真の対立は、教皇の不可謬性とは何かについての対立であると言ってよいだろう。またティアニーに対する同じく批判的なコメントは、A. M. Stickler, 'Papal infallibility: a thirteenth-century invention? reflections on a recent book'（*The Catholic Historical Review*, vol. 60, 1974, pp. 427-441）および Id., 'A rejoinder to professor Tierney'（*The Catholic Historical Review*, vol. 61, 1975, pp. 274-279）にもみられる。スティックラーによれば、教皇の不可謬性は、教皇が信仰に反した罪を犯すことはありえず、個人として異端者になることはありえない、といったことに存するのではなく、教皇が教会の首長としての資格で、過去において常に妥当してきた正統な信仰上の真理に反することをすべての信徒が信ずるべき真理として教示するようなことはありえないこと、そして変更されてはならず、変更されえない信仰上の真理を将来に向けて確定する権限を有していることに存する。スティックラーによると、不可謬性をこの意味で理解すれば、カノン法学者も教皇の不可謬性を認めており、従って教皇不可謬説はティアニーが主張するように、十三世紀のフランシスコ派――特にオリーヴィ――において初めて形成されたものではなく、教皇の不可謬性に関するオリーヴィの教説は、当時の教会法学の見解と異なるところがなかった。

　その他オッカムにおける教皇の不可謬性を論じたものとして、J. Schlageter, 'Zur Genese der Unfehlbarkeitsdoktrin. Stellungnahmen zur päpstlichen Lehrautorität von Bonaventura bis Ockham'（I. Vanderheyden, hrsg. *Bonaventura: Studien zu seiner Wirkungsgeschichte*, Werl/Westf. 1976, SS. 113-135）SS. 127-133（オッカムによれば教皇も含め教会のどの制度も可謬的であり、教皇の決定が取消不可能なのは、決定が普遍教会の教説に合致しているときに限られる、と正当にも主張する）。また L. Parisoli, 'La formazione del concetto di infallibilità pontificia nella riflessione francescana sulla povertà da Pietro di Giovanni Olivi a Guglielmo di Ockham'（*Collectanea Franciscana*, vol. 57, 1997, pp. 431-458）（オリーヴィやオッカムが教皇不可謬説をとっていることを前提としたうえで、この不可謬説がフランシスコ派の清貧論争の脈絡においてローマ教皇の十全権力（plenituto potestatis）を制限する手段であったことを主張する）。

　更に、教皇不可謬説にはオリーヴィに代表される反教皇主義的な教説と並んで教皇至上主義的な教説が存在したことについては、T. Turley, 'Infallibilists in the curia of Pope John XXII'（*Journal of Medieval History*, vol. 1, 1975, pp. 71-101）。ターリィは次のように論じている。教皇ヨハネス二十二世の側近グループの中に、（バイエルンのルートヴィヒによりザクセンハウゼンの訴書が出された）一三二四年以前からローマ教会（ローカルな意味でのローマ教会）の不可謬性を説く人々（ピエール・ドゥ・ラ・パリュやグイード・テレーニなど）がいた。ヨハネス二十二世は一三二四年以前はカノン法学者の通説に従い、教皇は可謬的であり、従って後任の教皇は誤謬を犯した過去の教皇の教令を――たとえそれが教義に関する教令であっても――破棄できると主張していた。従って、ヨハネス二十二世がザクセンハウゼンの訴書の中に、教皇の不可謬性を根拠にニコラウス三世の《Exiit qui seminat》が撤回不可能であることが――そしてこの教令を撤回する教皇は異端者であることが――フランシスコ派により主張されていることを知ったとき、当然のことながらこの主張を教皇は断罪したはずである。しかし教皇は一三二四年以後、フランシスコ派の教皇不可謬説それ自体を批判することなく、しかも自分が過去の教皇の教義に関する教令を否定したことはないと主張することになる。ターリィによれば、ヨハネスの態度のこの変化は、側近の教皇主義者たちの影響によるものであり、これら教皇主義者たちはザクセンハウゼンの訴書が公にされる以前から、ローマ教会が決定したこと、特にローマ教皇が枢機卿の助言と共に決定したことの不可謬性を――オリーヴィ的な教皇不可謬説とは異なった独自の不可謬説を――唱えていた。

(295) OND. c. 123. II, p. 835.

(296) *Contra Benedictum*, i. c. 7, p. 187.「真正に(vere)、そして同時に公教会の真理に一致したかたちでローマ教皇が真であると決定したすべてのことは、……どの後継者によっても意識的に疑問視され破棄されてはならないし、それと反対のことが主張されることも許されない」(*Contra Ioannem*, c. 28, p. 118)。

(297) OND. c. 123. II. p. 833. また、*Epistola ad fratres minores*, OP. III, p. 14. ヨハネス二十二世の主張は本書第一章註(122)参照。

(298) OND. c. 123. II. p. 844.

(299) *Contra Ioannem*, c. 6, p. 47.

(300) Ibid., c. 18, p. 79.

(301) *Contra Ioannem*, c. 15, p. 72.

(302) 本章300頁参照。

(303) A. van Leeuwen, L'église,règle de foi,' op. cit., p. 270.

(304) *Dialogus*, I, ii. c. 5, p. 416.

(305) オッカムは、聖変化の後もパンの実体が存続するという見解(第三の見解)について次のように述べている。「第三の見解は、これと反対のことを教会が決定していなければ、はるかに理にかなった見解であろう。……この見解と反対のことが聖書の規範の中に規定されているわけではないし、キリストの体がパンの付帯性とではなくパンの実体と共存することはいかなる矛盾も含んでおらず、理性に反してもいないからである。……主要な議論に対して私は次のように主張する。より少い奇跡で為されうることに関して、しばしばより多くの奇跡が措定されるべきときがある。これは(実体変化説は)神の意にかない、私が思うに何らかの啓示によって(per aliquam revelationem)教会がこれに同意したことから、このような決定を教会は下したのである」(*Quodlibeta*, iv. q. 30, OT. IX, p. 450: A. J. Freddoso, F. Kelley transl. New Haven, 1991, pp. 370-371)。この見解は『命題集第四巻註解』でも主張されているが、オッカムの聖餐論がラッタレルにより批判された後に書かれた〈Tractatus de Corpore Christi〉c. 4 (OT. X. ed. C. A. Grassi, St. Bonaventure, N. Y. 1986, p. 95)では、「しかしこれ(実体変化説)は、神によって啓示されたもの(divinitus revelatum)、あるいは注意深く鋭敏な考察を通して聖書の権威でもって確証されたものと聖なる教父たちによって信じられている」と述べて、以前の見解を少し修正している。この点 Van Leeuwen (op. cit., p. 264, n. 42)は、オッカムは revelatio と revelatum という言葉を、聖書解釈において教会が受け取る神の導きを意味するものとして使用していると主張するが、L. Baudry, *Guillaume d'Occam*, op. cit., p. 93 はこの見解を否定し、divinitus revelatum を聖書が介在しない神の直接的な啓示と考えている。そしてまたオッカムは、〈Tractatus de Corpore Christi〉c. 2 (OT. X, p. 92)で、自分がローマ教会の信仰とは異なったどのような信仰をも公言するつもりはないことを述べた後、この種の「暗黙の信仰」(fides implicita)について次のように指摘している。「それ故、もし暗黙の信仰が、聖書に明言されていることに関して無知の故に誤りを犯す者を許すほど有効なものならば、なおさらのことそれは、聖書に明言されておらず、教会が是認する博士たちによっても明言されていないことを無知の故に信じる者を許すことだろう」。それ故、オッカムは聖書と聖書以外の啓示による真理の二源泉説を採用していた。なお、〈Tractatus de Corpore Christi〉の執筆時にオッカムが既にジョン・ラッタレルの批判を知っていたと想定できることについては、V. Leppin, *Geglaubte Wahrheit*（Göttingen, 1995）SS. 255–262。

(306)　この点、P. de Vooght, *Les sources de la doctrine chrétienne*（Paris, 1954）pp. 161-167 は〈Dialogus〉におけるこの問題についてのオッカムの議論を取り上げ、オッカムは聖書一源泉説と二源泉説について態度を決定していなかったと述べている（p. 167）。しかしオッカムは明らかに二源泉説を採用していた。

(307)　*Dialogus*, I, i, c. 1, p. 410.

(308)　*Contra Ioannem*, c. 15, p. 73.

(309)　*Dialogus*, I, ii, c. 5, p. 416.

(310)　*Dialogus*, I, ii, c. 11, p. 419. オッカムは次のようにも述べている。「多くの人々にそう思われているように教皇は正統的信仰をもつ人々に数多くの事例を委任し、信仰の検討、議論そして確定を任せることさえできる。しかし、この後で教皇がこれらの人々の決定や助言や判断に対して教皇としての自分自身の形式の下に正式の特別な承認を与え、それを自分の教令の一つの中に挿入しようと欲するならば、教皇は自分自身で当の決定や助言や判断を極めて勤勉に検討し、十分な熟慮をもってすべての言葉を注意して見なければならない。……これはすなわち、信仰の問題の確定が人間たちの知恵や意志、指導や主張に依存しないようにするためである」（*Contra Ioannem*, c. 25, p. 107）。神が人間に啓示したものだけが信仰の真理であり、オッカムは「それは、あなたがたの信仰が人の知恵によらないで、神の力によるものとなるためであった」（『コリント人への第一の手紙』（2・5））に依拠して、このことを幾度となく強調している。J. Kilcullen, 'Ockham and infallibility'（*The Journal of Religious History*, vol. 16, 1991, pp. 387-409）p. 393.

(311)　*Dialogus*, I, ii, c. 11, p. 418.

(312)　*Contra Benedictum*, iv, c. 2, p. 245.

(313)　Ibid., iv, c. 3, p. 250.

(314)　*Dialogus*, I, ii, c. 13, p. 421.

(315)　Ibid., c. 11, p. 418.

(316)　Ibid., c. 12, p. 419.

(317)　OND, c. 82, OP. II, p. 643.

(318)　*Dialogus*, I, ii, c. 12, p. 419.

(319)　ヨハネス二十二世は教令《Quia vir reprobus》の一節（*Bull. Franc.* t. v, op. cit., p. 449; Nicolaus Minorita, op. cit., p. 612）で、教皇は前任者の教義の確定を取り消すことができないというチェゼーナのミカエルの主張に対して、自分は信仰に関して既に確定されたものを教皇が取り消しうるとは考えていないと主張し、キリストと使徒は個人としても共有としても、いかなるものも所有していなかったという見解は、聖書に述べられていることに反し、公教会の信仰には含まれていないが故に異端と断じたにすぎない、と述べている。ヨハネスは「むしろキリストと使徒は、彼らが保持するものに対して、単なる事実上の使用以上のものを有していなかったということが信仰に属していることを明白に否定した」にすぎず、ミカエル派の見解は、ヨハネスによる異端宣言以前から、それ自体で異端なのである。

(320)　*Epistola ad fratres minores*, p. 15.

(321)　*Summa Theologiae*, I, q. 1, art. 10, ad 1. オッカムの聖書解釈のヘルメノイティークに関する有益な研究として、J. Schlageter, 'Hermeneutik der Heiligen Schrift bei Wilhelm von Ockham'（*Franziskanische Studien*, Bd. 57, 1975, SS. 230-283）; id., *Glaube und Kirche*, op. cit., SS. 234-264 参照。オッカムにとってテキストの解釈とはテキス

トの作者の意図を把握することであり、それ故、聖書にある神の命令の解釈は、神がそのような命令によって意図したことを明らかにすることである。「しかし多くの専門家は神とキリストの命令の真の意味を知っている。彼らはこれらの命令を、命令の真の意味を知らない人々のために解釈することができる。というのもこのような解釈は、神の命令の真なる意味の（veri intellectus）開陳、説明、表明に他ならないからである。従ってキリスト教徒は、もし神の命令の真なる意味を知っているならば、しばしば神の命令を解釈する権限を（potestatem）有している。しかし、命令するときに神が意図していたことが知られておらず、推論を通してあるいは他の聖書を通しても神の意図を知ることができず、ただ神の啓示によってしかこの意図を知ることができないことから、神の或る命令の真の意味が知られていないならば、——或る人々によれば『黙示録』その他の預言的著作に含まれている数多くの預言の字義的な真の意味（verus intellectus litteralis）は、新たな神の啓示による以外は知ることができない——この種の命令の解釈は神のみから期待されねばならない。しかし、（悪に抵抗せず）忍耐せよ、誓約してはならない、財布や袋を携えてはならない、一人の教皇を任命せよ、といった神の命令ないし定め、そしてその他数多くの命令の意味は多くのキリスト教徒によって知られており、推論と他の聖書を通して知ることができる。それ故、キリスト教徒の専門家たちはこの種の命令や定めを解釈することができ、これらの命令や定めはその正しい解釈に従って遵守されるべきである。そして『標準註釈』……によれば『我々は常に言葉』——それがキリストの言葉であっても——『にではなく意図に忠実でなければならない』」（*Dialogus*. III. I. ii. c. 24. p. 811: Kilcullen. pp. 216-217）。聖書の或るテキストが多義的で、神の意図が不明なときは、神の新たな啓示——すなわち聖書のテキストの意味を人間に告知する神の啓示——を謙虚に待たなければならない。そしてオッカムによれば、この啓示がいつ、どの人間に啓示されるか予測することは不可能であり、（例えばパドヴァのマルシリウスがそう主張したように）必然的に公会議において告知されるとはかぎらない。神が「小さき者」に聖書の或るテキストの真の意味を啓示することもありうる。

　オッカムは信仰上の真理をめぐる問題を解決するために多義的なテキストの「神秘的解釈」に依拠することを拒否した。「神秘的解釈」——そして比喩的解釈や予型論的解釈——は、例えば信者の宗教心を高揚させるような教化的目的のために利用することは許されても、信仰の真理をめぐる神学的論争を解決するために利用されてはならない。それ故オッカムはフィオーレのヨアキムに——そしてフランシスコ派の Spirituales に——みられるような聖書の神秘的解釈の誤用を批判する。

　「このことから次のように結論することができる。すなわち、聖書の神秘的意味のみにより——聖書の他の箇所から明証的な論証によって推論することも、疑問視することのできない理性によって結論することも、特定の特別な、あるいは奇跡的な啓示によって確定することもできない神秘的な意味のみにより——未来の偶然事（futura contingencia）を敢えて預言しようと試みたり、聖書の中に特定の日時があらかじめ述べられていないにもかかわらず未来の出来事がいつ生起するかを恐れることなく断言し、あるいは疑いえない明白な他の方法で明示できないこれ以外のことを何らはばかることなく主張するような人々は、その愚かな軽率さを寛恕されえないということである。……このような人々は分別を欠く恥しらずな人間、異端の邪悪さに近い人間である。というのも、彼らは聖書に含まれているすべてのことの根源的意味を（primum intellectum）把握できると信じており、聖アウグスティヌスの謙虚さをいささかも模倣することがないからである。聖アウグスティヌスは確かに他の人々よりも聖書に通暁していたにもかかわらず、自分が聖書の中に細心の注意を払って読む必ずしもすべてのことを理解してはいないと告白している」（*Dialogus*, III, I, iii, c. 19, p. 838; Kilcullen, p. 280）。

それ故、オッカムによれば聖書の全テキストの意味が一挙に人間に明示されているわけではなく、未だ意味の不明なテキストが存在し、神の新たな啓示を通じてその意味は漸次的に明らかにされていく。従って救済に必要な真理は、歴史を通じて次第に増大していき、かつてはそれを信じていなくても救済された真理は、歴史上の或る一時点で神により啓示されることで、それ以降は救済にとって必須な真理となる。

（322）　*Breviloquium*, v, c. 3（Scholz, SS. 171–173; Offler, pp. 223–224）.

（323）　Ibid., v, c. 4（Scholz, SS. 174–175; Offler, pp. 227–228）.

（324）　*Contra Benedictum*, iv, c. 6, p. 255.

（325）　B. Tierney, 'Ockham, the conciliar theory, and the canonists'（*Journal of the History of Ideas*, vol. 15, 1954, pp. 40–70）pp. 64–65.

（326）　*Contra Ioannem*, c. 14, p. 67.

（327）　*Breviloquium*, v, c. 4（Scholz, S. 176; Offler, p. 228）.

（328）　*Contra Ioannem*, c. 14, p. 67.

（329）　C. Trottmann, *La vision béatifique: des disputes scolastiques à sa définition par Benoît XII*（Roma, 1995）p. 104, p. 422.

（330）　*Breviloquium*, ii, c. 2–3（Scholz, SS. 55–56; Offler, pp. 112–113）.

第四章　世俗権力論

第一節　世俗的支配権の起源

オッカムは『暴政論』第三巻の中で所有権と世俗的な裁治権の起源を次のように説明している。(1)

〔第七章〕以上述べたことの次に、世俗的事物の所有権（dominium）と世俗的裁治権（iurisdictio temporalis）がどのような法によって導入されたかをみなければならない。このことをより正しく理解するためには、所有権に区別を設ける必要がある。世俗的事物に対する所有権のうち或るものは神的であり、この種の所有権については今ここで論じないことにする。他方、或る所有権は人的であり、これには二種類のもの、すなわち全人類が共有する所有権と特定の人間に固有な所有権がある。全人類が共有する所有権とは、神がアダムとその妻に対して、彼らとその子孫のために与えたものであり、これは彼らの利益のために世俗的事物を取り扱い使用する力（potestas disponendi et utendi temporalibus rebus）を意味していた。そしてこの力は無垢の状態にあっては、世俗的事物を私有する力（potestas appropriandi）が単独の個人や特定の集団や複数の特定の人々に帰属することなく存在していたのである。しかし原罪の後は、この力は世俗的事物を私有するこのような力と共に存在することになる。もう一つ別の所有権は、特定の人間に固有な所有権であり、これは法学や法学の言葉づかいを模倣する著作において「私的所有権」（proprietas）と呼ばれている。この所有権は、単独の個人や複数の特定の人々、あるいは特定の集団に私的に帰属し、世俗的事物を取り扱う基本的な力であり、この種の力は大小様々でありうるに応じて異なった形態をとる。

第一の所有権、すなわち全人類が共有する所有権はかつて無垢の状態において存在し、もし人間が罪を犯さなかったならばずっと存続したはずであるが、既に述べたように、使用（usus）による以外の仕方で何らかの事物を私有する力が誰か特定の人間に帰属することはない。人々の間には貪欲や、何であろうと世俗的な事物を正しい理性に反する仕方で保持したり利用しようとする欲望が存在しなかったことから、当時はどのような世俗的事物についても、それを私的に所有する必要がなく、またこのことが利益になるわけでもなかった。しかし罪を犯した後は、人々の間に貪欲と、不正な仕方で世俗的事物を保持し利用しようとする欲望が芽生えたので、世俗的事物を持とうとする邪悪な人々の放縦な欲求を抑制し、共同の事柄は悪しき人間によって共通に軽んじられることから世俗的事物の適正な取扱いや管理が等閑にされることを排除するために、世俗的事物が私有化され、すべての事物を共有にしておかないことが有用で役に立つことになった。それ故原罪の後は、無垢の状態で存在していた所有権と共に、このようにして世俗的事物を私有する力が存在することになった。しかし、原罪の後に直ちに私的所有権が生じたわけではない。

ところで、世俗的事物を私有するこのような力を伴い、全人類に共有されたこの所有権は、神の特別な授与によるが故に、神法によってもたらされたものである。万物は、創造の権利と保持の権利によって神に属していたし、今でもそうである。神により維持されないかぎり万物は無に帰すことだろう。このような神法、すなわち神の授与を我々は聖書の中に見出す。人祖とその後裔に与えられた所有権については『創世記』に次のように述べられている。「神は彼らを男と女に創造された。神は彼らを祝福して言われた。『生めよ、ふえよ、地に満ちよ、地を従わせよ。また海の魚と、空の鳥と、地に動くすべての生き物とを治めよ』。神はまた言われた。『わたしは全地のおもてにある種をもつすべての草と、種のある実を結ぶすべての木とをあなたがたに与える。これはあなたがたの食物となるであろう』」。

これに対して、世俗的事物を私有する力については、少なくとも黙示的に『集会の書』第十七章に書かれており、ここには次のような言葉がみられる。「神は人間を土から創造し、自らの姿に似せて作った。次に神は人間を土へと返す。神は自分自身と同じように人間に徳をまとわせた」。そしてこの後で「そして神は人間に、地上にあるものに対する力を与えた」と書かれている。すなわち神は人間に対し、自分たちとその子孫のために、単に生きるだけでなく善く生きるために必要で便利で適当で有益であると正しい理性が宣言するような地上のものを取り扱う力を与えたのである。それ故ここでは「彼は、考えるために知恵と舌、目と耳と心を彼らに与えた」と付言されているのであり、これはすなわち、単独で生きようと、また完全な共同体の中で国の一員として生きようと、善く生きるために必要で有益なものは何かを考えるためである。しかしながら、それが妻とか子供のように理性的なものであろうと、これ以外の事物であろうと世俗的事物を私有する力は、『伝道の書』の第一章で「数えることができない」と言われている多くの怠惰で愚かな人々が居ることから、原罪以後の時代において善く生きるために人類にとって必要で有益なものとみなされねばならない。この故にアリストテレスも『政治学』第二巻にみられるように、プラトンの政体ないし法律を、つまり、あらゆるものが私有されている国より、あらゆるものが共有されている国のほうがより良く規律されていると考えたプラトンの政体ないし法律を批判した。というのも、大多数の人々は悪しき人々で悪に陥りやすいが故に、共有財産は私有財産に比べて多くの人々によって愛されず、従って配慮されることも少ないとアリストテレスは考えたからである。このことの故に、この種の人々の間では、事物の私有のほうが共有より善いということになる。しかしながら、完全なる人々の集団ないしは全力を尽くして完全を目指す人々の集団においては事情が異なる。なぜならば、完全なる人々は私有の財産より共有の財産のほうを強く愛し、配慮するからである。それ故、或るローマ人たちは、異教徒であったにもかかわらず、私有財産よりも共有財産に対してはるかに強い配慮を示したことが書物に書かれているのである。以上のことから、個人や人々の集団が世俗的事物を私有する力は神によって人類に授けられたことになる。そして類似の理由によって、世俗的裁治権をもつ支配者を置く力も、人間の援助や協働なくして神から授けられた。なぜならば、世俗的裁治権というものは幸福に生き国の中で生きるために必要で有益なものの中に数えられるからであり、これは『箴言』第十一章でソロモンが「支配者のいないところでは民は倒れるだろう」と証言しているとおりである。

〔第八章〕上に述べた二つの力、すなわち、世俗的事物を私有する力と、裁治権をもつ支配者を置く力は、自然的な掟に含まれ、純粋に倫理的なものの中に数えられるようなかたちで、キリスト教徒のみならず異教徒に対しても神によって直接的に与えられたのであり、それ故、キリスト教徒と異教徒とを問わず、すべての人間を義務づけるものである。従って異教徒は、神の自然的な掟と自然法によって父母を敬い、その他隣人にとって必要なことを行うよう義務づけられるのと同様に、場合に応じてこの種の私有を実行し、世俗的な事項に関して様々な権力を自らの上に置くように義務づけられているのである。

確かに、これらのことは肯定的な命令〈preceptum affirmativum〉に属する事柄であり、人々を常に義務づけはするがどのようなときでも絶対的に義務づけるものではないので、キリスト教徒と同様に異教徒もこれらの命令にいつも義務づけられているわけではなく、ただ緊急の必要性があるときに義務づけられるのである。それ故、緊急の必要性があるとき以外は、そして、緊急の必要性と同じようなものとみなされるべき大きな利益が前記の二つの力の行使によって生まれるとき以外は、異教徒もキリスト教徒もこれら二つの力を放棄することができる。また同じ理由によって、キリスト教徒であれ異教徒であれ或る人々は罪過の故に、あるいは何らかの事由によりこのような力を奪われることがあり、その結果、緊急の必要性のある場合以外にはそれらを正当には行使することができず、かくして、仮に彼らがそれらを事実上行使しようと試みても、彼らの行為は法それ自体によって無効とされることがある。それ故、神が我々の先祖（アダムとエバ）自身のために、そして彼らの子孫のために神が前者に与えたこの種の二つの力を異教徒から取り去ったことなど聖書には書き記されていないし、異教徒に関するかぎりはこの種の肯定的命令を神が取り消したとも書き記されていないのであるから、異教徒たちは、たとえ不信仰であり続けているとしても、正当な権力を有する者によって合法的にこれら二つの力が取り去られないかぎり、緊急の必要性がないときでもこれらの力を行使することができる、という結論になる。そして彼らは緊急の必要性があるときはこれらの力を行使するように義務づけられる。というのも、緊急事態は人定的な法律や規則の対象には決して含まれることがないからである。

〔第九章〕以上述べたことから、私的所有権と世俗的事物を私有する力との間には何らかの相違が存在すること、そして同様に裁治権を設ける力と裁治権との間にも何らかの相違が存在することは明らかであるから、今やどのような法によって〈proprietas〉と呼ばれる私的所有権が導入されたのか、そしてどのような法によって裁治権が導入されたのか、つまりそれらは人定法によって導入されたのか、それとも神法によって導入されたのかを考察すべきである。私的所有権については、それが神法によって、すなわち人的な定めなくしてもっぱら神の定めのみによって初めて導入されたとは聖書に明白に述べられてはいない。というのも、私的所有権を制定したと思われる事物の最初の分割はカインとアベルの間で行われたと思われるからである。これについては『創世記』第四章で次のように言われている。「日がたって、カインは地の産物を持ってきて、主に供え物とした。アベルもまた、その群のういごと肥えたものとを持ってきた」。ここでは、神が或るものを特別にカインに与え、別のものを特別にアベルに与えたとは書かれていない。むしろ、カインが邪悪で貪欲だったので、アベルはカインの――すなわち、アベルを乱暴に屈服させ不当にもすべてのものを自分のものにしようと欲したカインの――悪意によってこのような事物の何らかの分割を行うように強要されたのである。確かにこれ以前には、それによって私的所有権が導入されたことがわかるようないかなる事物の分割も聖書には記されていない。

しかしおそらく次のように言う人がいるだろう。これ以前に事物の分割が神によって直接に為されたことが聖書に述べられている。というのも、『創世記』第三章には「主なる神はアダムとその妻とのために皮の着物を造って、彼らに着せられた」と記されており、神はアダムとその妻に別々の毛皮を与えたのであるから、ここでは毛皮の分割が行われたものと思われる、と。しかし、これは容易に反論することができる。つまり、このような毛皮の贈与からは、神が一つの毛皮の私的所有権をアダムに、もう一つ別の毛皮の私的所有権を彼の妻に与えたことが帰結するわけではないからである。というのも、神は他の事物と同様に毛皮の共有（dominium commune）だけを維持し、事物の使用（usus）を分割することができたからである。確かに、ヨハネス二十二世が主張するように、この種の事物においては使用は私有たる所有権から分離されえないと主張することは、後に示されるように明白に異端である。他方、アダムとその妻は大いなる愛と同じ心で結ばれていたので、両者は使用していた毛皮でさえ私的に所有することを望まなかったのであり、これはしばしば兄弟や親族その他の人々が何らかの事物の共有だけを欲し、共有に関する分割以外には事物を分割することを欲さないのと同様である。そして、もし誰か或る人が、当時はアダムが一つの毛皮を私的に所有し、エバがもう一つの毛皮を私的に所有するように毛皮の私有が行われたのだとどうしても主張するのであれば、同様の理由によって、アダムとエバがイチジクの葉を縫い合わせて自分たちの腰帯にしたとき、このとき彼らは各々使用する腰帯に対し私的所有権を有していたことが帰結する。事実また、エバが最初に禁断の木の実を食べ、次にアダムがそのようにしたときも同様に彼らは自分が食べたものの私的所有権を獲得したのだとおそらく言えるだろう。しかし、彼らは神が彼らに毛皮を与える以前に自分たちのために腰帯を作り、禁断の木の実を食べたのであり、神の特別な定めや命令によって禁断の木の実を食べたのでも腰帯を作ったのでもなかった。それ故、このことによりはなく、むしろ人間の定めによって導入されたことになる。

私的所有権は先ず神の特別な定めによって導入されたのでいし神の命令のみによってはじめて導入されたか否かは定かでないが、その後、多くの私的所有権が人間の法ではなく神の命令のみによって導入された。神は特に一定の地域と土地をイスラエルの子らに与え、彼らはこれらを人定法ではなく神法によって保有していた（possidebant）。というのも、もし神が特別の啓示によって彼らにカナーンの地を与えたのでなかったならば、彼らは他の土地ではなく当のカナーンの地を私有する力をもたなかったからである。それ故彼らは神の権威のみによって当の土地の所有権（dominium）を受け取ったことになる。神は人間に世俗的事物を私有し自分たちの間で分割する力を与えたのであるが、この力を完全に人間へ移譲してしまったわけではなく自らもこの力を保持しているからである。この力によって神はその時々に様々な人々に様々な事物を私有させ、しばしば信徒と同様に非信徒にも、この種の事物を私的所有権の対象として自分たちの間で分割することを許可したのである。かくして、或る私的所有権は神法により導入され、或る私的所有権は人定法により導入されたことは明らかである。

〔第十章〕聖書からは世俗的事物の私的所有権が神法な

〔第十一章〕他方、世俗的裁治権に関しては、もし我々が自分に服従する他者を支配し強制するあらゆる力を意味するものとしてこの言葉を最も広義に理解するならば——目下のところこれが言葉の固有の意味か否かはどうでもよい——或る裁治権は神法と自然法により導入され、ある裁治権は人定法により導入されたと言うべきであるように思われる。というのも、*C.* 23, *q.* 4, *c.* 35 *Duo ista* にあるようにアウグスティヌスは、「自分の子供を支配することが父親に」属し、「自分の妻を支配することが夫に」属し、「自分の管轄区域を支配することが裁判官に」属し、そして「自分の人民を支配することが王に」属すと述べているからである。このことから次のことが明らかである。すなわち、裁判官だけが自らに服す者を支配し強制する力をもつのではなく、夫も自分の妻を支配し強制する力をもち、また父親も自分の子供を支配し強制する力をもつということである。それ故にまたアリストテレスの『政治学』第一巻によると夫は妻を政治家的に（politice）統治し、父親は子供を王的に（regaliter）統治するとされている。ところで、妻に対する夫の力は、『創世記』第三巻に「汝は夫の権力のもとにあるだろう」とあるように神法と自然法に由来する。そして自分の子供に対する父親の力も同じ法に由来する。それ故『エペソ人への手紙』（6・4）には「父たちよ、あなたたちの子供を怒らせることなく、主にしたがって規律をもってそだて、訓戒せよ」と書かれているのである。これに対して都市や王国ないし行政区の裁判官には妻とか子供以外の人々が服しているわけであり、裁判官の権力は必ずしもあらゆる場合に神法や自然法に由来するのではなく、時として人定法に由来する。というのも、自らに服する人々を強制する権力をもつ裁判官や支配者を置く力は神法と自然法によって人間たちに与えられたとはいってても、或る人間がこれらの人々に対しこの種の権力をもつようになるのは必ずしも常に神法に由来するとはかぎらないからである。それ故、少数の人々は神の定めによってのみこの種の権力を有していたし、実際にモーセやヨシュアやその他若干の人々は神の定めのみによって他の人々に対する裁判官として置かれたのであるが、これ以外の人々は人間による選挙や協定やその他の方法によって他者に対する裁判権を獲得したのである。

〔第十二章〕神の民と公教会の外にも世俗的事物に対する真の所有権と真の世俗的裁治権が存在したこと、そしてどのような法によって真の世俗的裁治権と世俗的事物に対する真の所有権が保持されうるかが簡単に述べられた。しかし今や、第三巻の第一章で既に引用されたアウグスティヌスの言葉、すなわち教会の外では世俗的事物に対する真の所有権は存在しえないことを証明するために引用されたアウグスティヌスの言葉がどのような意味で理解されるべきかについて述べなければならない。そして確かに、アウグスティヌスの「この世のいかなるものも、あらゆるものは正しき人々に属すと定めている神法によらずしては誰も正当に所有することはできないのではあるが、云々」という言葉は、誤解されないように正しく説明されるべきことは明らかである。すなわち、これらの言葉は一般的に旧約の法の信徒あるいは新約の法の信徒について言われているのではなく、特に正しき人々について述べられているのである。というのも、アウグスティヌスは「あらゆるものは信徒に属す」とは言わずに「あらゆるものは正しき人々に属す」と言っているからである。

ところで、正しい真の信仰を抱く人々の中にも、決して正しいとは言えず不信心で不正な多くの人々が存在する。それ故上記のアウグスティヌスの言葉によって、キリスト教徒でない人々には世俗的事物に対する真の所有権は存在しないことが証明されるとするならば、正しい信仰を抱いているが何らかの大罪を犯している信徒にも世俗的事物に対する真の所有権は存在しないことが同じく容易に証明されることになるだろう。皇帝や王その他誰であろうとキリスト教徒が大罪を犯すならば、その人がかつては世俗的事物に対して有していた真の所有権をすべて失うことになるだろう。しかし、これがどれほど不合理なことであり、むしろ明らかな異端と思われることは聖書によって十分に証明されうるのである。しかし議論を簡略にするために私はこの点の証明を割愛することにしたい。

従って、上記のアウグスティヌスの言葉は別の正統的な意味をもちうるのである。すなわち、神法によってすべての事物はキリストを信じる信徒のみならず、恩寵によって神の意にかなう者として義とされた正しき人々にも属すのである。しかし、これは支配権や私的所有権それ自体に関するものではない。もしそうだとすると、罪を犯した人はキリスト教徒であっても世俗的事物に対するいかなる支配権や私的所有権をももたないことになってしまうだろう。上記のことはむしろ占有し所有し使用することの相応しさ(dignitas)に関して言われているのである。すなわち、正しき人々のみが世俗的事物を占有し所有し使用するに相応しいということである。信徒であろうとなかろうと、不正な人々にとって世俗的事物を所有することは相応しくない。なぜならば、不正な人が食べるパンは彼に相応しくはないからである。それ故、信仰から離れていないキリスト教徒でも大罪を犯せば、直ちに彼がかつて有していた——あるいは今彼が有している——所有権は彼に相応しくないものになる。このとき、彼がかつて有していた所有権を失うことだけでなく、永劫の罰を受けることが彼にとって相応しいものとなるからである。それ故、或る罪人が何らかの善行——それ自体としては善なる行い——の故に現世で世俗的事物を神から報酬として受け取ったならば、それは神の好意のみによるものであって、その人がキリスト教の信徒であろうとなかろうと、その人自身の相応しさによるのではない。彼は自分には相応しくない当の世俗的報酬を神から受け取るのである。しかし、彼がこのように神から利益を受けるに相応しくないとしても、彼は真に神から利益を受けたことにかわりはなく、従ってそれは単に黙許された(permissum)利益というだけではなく、神によって真に授与され指定された(concessum et ordinatum)利益なのである。

かくして、キリスト教の信徒でない人々や罪人たちはすべて世俗的事物に対する所有権をもつに相応しくない人々だとしても、それにもかかわらず彼らはこの種の真の所有権をもちうるわけである。そして世俗的事物の所有権と同じことが世俗的裁治権についてもあてはまる。信徒でない人々、そして一般的に不信心な人々は世俗的裁治権を行使するに相応しくない。しかし、信徒でない人々も罪を犯した信徒も共にこの種の真の裁治権を有しうるのである。

第三巻の第一章で述べられた誤謬の主張者たちが是認する見解、すなわち教会の外ではあらゆるものが地獄へと向かって建つ（edificant ad gehennam）という見解も上に述べたこととの反論とはなりえない。これには二つの理由がある。第一に、地獄へと向かって建つ必ずしもすべてのことが真の世俗的裁治権を無効にするわけではない。アウグスティヌスは上述の誤謬を完全に否定し去りながら、C. 14. q. 5. c. 9 *Neque enim* にある如く次のように述べている。「たとえ暴君が王の慈悲をもって臣民を取り扱ったとしても暴政自体が称賛に値することにはならない。そして王が暴君のような残虐な行為を行っても王権の秩序それ自体が無効になるわけではない。というのも、不正な権力を正しく行使しようとすることと、正しい権力を不正に行使しようとすることは別のことだからである。」この言葉から明らかに次のことを結論することができる。すなわち、地獄へと建つ権力の濫用は真の王権を無効にすることはない。それ故、これとの類比によって、信仰心のないことは地獄へと向かって建つことだとはいえ、それは真の世俗的な裁治権を決して取り去るものではなく、むしろ裁治権と両立するのである。これはちょうど体の真の健康、美しさ、知性その他世俗的裁治権よりはるかに重要な自然的善と共に不信仰が共存しうるのと同様である。第二の理由は、教会の外ではあらゆるものが地獄に向かって建つということは——正しい解釈の下でないかぎり——真でないからである。信仰なき人間たちの中にあるどのようなものも、永遠の生へと向かうように彼らを助けることはないし、彼らには真の徳は存在しない。しかしそれにもかかわらず、グラティアヌスがC. 28. q. 1. c. 14 *Ex his* で述べているように彼らの行為の必ずしもすべてが罪というわけではない。グラティアヌスは「それ故、これらのことから我々は信仰なき人間の間に婚姻が存在することを明白に知る。『信仰から由来しないことは罪である』という使徒パウロのテキストは、信仰なき人間が行うすべてのことは罪であると我々が考えるべきことを意味すると理解されるべきではなく、良心に反して為されるすべてのことは地獄に向かって建つということを意味すると理解されるべきである」と述べている。それ故、信仰なき人間の間で真の婚姻が存在しうるし、彼らの婚姻が必ずしも常に地獄に向かって建つわけではない——というのも信仰なき人間が結婚するときはいつでも、そして彼らが自然法の命令によって支配し強制することが義務づけられている妻や子供を懲罰するときはいつでも必然的に大罪を犯す、というわけではないからである――ように、信仰なき人間は真の世俗的裁治権を有しうるのである。そして我々は、この人間が世俗的裁治権を行使するときはいつでも大罪を犯す、と述べる必要はない。これは、真の世俗的裁治権を有する人間が大罪に汚れていても、裁治権を行使すること自体が必ずしも常に大罪を犯すことにならないのと同様である。

〔第十三章〕上に述べたことから、かつては教会の外に、単に黙許されたというだけでなく指定され授与された正規の真の権力が存在していたことが理解される。それ故、コンスタンティヌス大帝はキリスト教徒になる以前から、単に黙許されたというだけでなく承認された正規の真の権力を有していたのである。仮にコンスタンティヌスが権力を常に濫用していたとしても、前章で福者アウグスティヌスにより説明された如く、コンスタンティヌスが正当なる真の権力を有していなかったことが彼の権力濫用によって示されるわけではない。真の結婚や体の真の美しさ、勇敢さ、健康、理性、才能その他の自然的善がそうであるように、正当な真の権力が濫用されることも起こりうるのである。そして、コンスタンティヌスが多くの土地や権力や顕職、自由や多くの特権を福者シルウェステルとその後継者たちに贈与し譲渡し授与したことが書かれているとはいえ、コンスタンティヌスが帝権を福者シルウェステルの手に委譲したとは言えないのである。註釈者が Extra, *De electione*, c. *Venerabilem* への註釈で「教会の外には帝権は存在しない。C. 24, q. 1, c. 39 § *Sed illud*」と述べるとき、この言葉はそれ自体としては現在のローマ帝国については真であることが認められる。というのもローマ人民や、皇帝を選び即位させることのできる他の人々がキリスト教徒となったとき以来、帝権は教会の外には存在しなかったからである。しかし、註釈者が与えている証明は彼の主張の論拠とはならない。なぜならばそこで述べられているのは世俗的権力ではなく霊的権力だからである。異端者たちは福音の法を論拠としてこの霊的権力を不当に自らのものにしたのであるが、福音の法の権威によって行使されるべき破門や、多くの秘跡の合法的で正当な執行に関しては異端者の霊的権力は無効である。しかし、洗礼を施す権力は教会の外に存在し、教会から切り離された異端者たちにさえ存在するのであるから、もし彼らが教会の形式に則って洗礼を施したならば、彼らは真の洗礼を授けていることになる。そしてこのことから、真の世俗的裁治権は教会の外に存在しうるという議論が認められることになる。というのも、洗礼の権限やキリストの体を現存させる権限、そして叙品の権限といったものは世俗的裁治権よりも霊的であり、より強い意味で教会に属する権限であるが、これらの権限は教会の外にいる異端の聖職者や司教においても存在する――たとえ彼らがこの権限を行使すべきでないとしても――のであるから、真の世俗的裁治権も教会の外に存在しえるのである。

また、ローマ帝国がかつては教会の外に存在していても現在は教会の外には存在していない、という事実があるからといって、いかなる真の世俗的裁治権も、そして世俗的事物のいかなる真の所有権も事実上教会の外には存在していないことが立証されうるわけではない。というのも、かつてローマ帝国が教会の外に存在していなくても真の世俗的裁治権と同様に世俗的事物の真の所有権が教会の外に存在していたときが――すなわちコンスタンティヌス帝の時代が――あるからである。確かに、コンスタンティヌスが改宗したときに非信徒にとどまった人々は世俗的な裁治権と所有権を保持していた。彼らは神法によっても人定法によっても裁治権や所有権を剝奪されることはなかったからである。事実、コンスタンティヌスも他の誰も彼らに対して裁治権や所有権を剝奪する判決を下さなかった。かくして、今でも多数の非信徒は妻や子供に対して世俗的裁治権を有しているだけでなく、奴隷や自由人のような他の者に対しても裁判の権限を有しており、更に世俗的な財に対する真の所有権も有している。なぜならば、彼らの世俗的な権限に対する至高の裁判官が判決によって彼らから裁治権や所有権を剝奪することはなかったからである。もっとも、彼らのうちの或る者は、他人に属するものを暴力によって奪ったことから、現実に占有するものに対してはいかなる実定的な権利（ius positivum）をも有していなかったのであるが。

世俗的財の所有権と世俗的裁治権の起源を論じた以上の長い引用文は『暴政論』第三巻の第七章から第十三章である。第三巻でオッカムは教皇派の主張、すなわち教皇はキリストの定めにより神聖ローマ帝国――中世の帝権移管論によれば、神聖ローマ帝国は古代ローマ帝国の後継者であり、コンスタンティヌス大帝が首都をコンスタンティノープルに移した後、教皇レオ三世によって帝権はギリシア人からカール大帝に移譲され、更にカール大帝からドイツ人民へと移譲されたと一般に考えられていた。(2) 神聖ローマ帝国皇帝はドイツの選帝侯により選挙されるからである(3)――の支配権を授与され、従って皇帝は教皇の封臣であり、選帝侯によって選挙されたドイツ王は教皇の承認がなければローマ皇帝たりえない、という主張を論駁している。(4) 皇帝は教皇から授与された封土として帝国を保有しているという教皇派の主張の根拠は「教会の外に帝国（帝権）は存在しない」（extra ecclesiam non est imperium）という見解である[5]。教会の外には世俗的財に対する真の所有権も真の世俗的支配権も存在しえない。教会の外ではすべてのものが「地獄に向かって建てられている」からである。キリスト教に改宗する以前、コンスタンティヌス大帝は教会の外で（単に黙許されているだけで正式に承認されてはいない）権力を不正に把持していたのであり、改宗の後、謙虚に権力を教会に返還し、その後でペテロの後継者から改めて権力を受け取ることによって正当に支配権を行使しえたのである[6]。世俗的財の所有権と世俗的支配権は人定法ではなく神法により導入され[7]、正しい信仰を抱いた人間のみが真に財を所有し支配権を行使することができるのであるから教会の外には正当な所有権も支配権も存在しえない。従って神聖ローマ帝国の皇帝権も含めてあらゆる世俗的支配権は神の代理者たる教皇に由来する。

政治的アウグスティヌス主義と総称される十四世紀の教皇至上主義は、地上におけるあらゆる〈dominium〉（支配権と所有権）は神から教皇を介して個々のキリスト教徒に分配され、自然的支配権や自然的所有権といった権利は存在しないと主張した。〈dominium〉は教皇を仲介にして神の恩寵に基礎を置くことから、教会の外に支配権や所有権は存在しえず、異教徒が正当な支配権や所有権をもつことはありえない。〈dominium〉は神からの霊的賜物であり、霊的賜物は源たる神から教皇へ、教皇から皇帝へ、そして更に教会のあらゆる信徒へと伝えられていく。神の恩寵の地上における源たる教皇のみが、キリストの代理として真の〈dominium〉を有し、あらゆる人間は支配権と所有権を教皇からの授与によって保持している。このような権利論の形而上学的前提は、教会をキリストの神秘体と考える団体論的教会論であった。救済へと予定されたあらゆるキリスト教徒（普遍教会）は天国において単一の人間を形成し、この単一の人間がキリストの神秘体であり、個々のキリスト教徒はキリストの体を構成する諸部分、神秘体の頭（caput）は「一つの完全なる人間」（unus homo perfectus）たる教皇である。従って〈dominium〉を保持するのが普遍教会であれば、キリストこそ万物の窮極的な支配者にして所有権者ということになる。そしてキリストは自己の〈fiscus〉に二つの恩寵の〈thesaurus〉――すなわち裁治権及び所有権と聖職上の権限――を有し、これらの権限は地上におけるキリストの代理者たる教皇を通じてキリスト教徒に授与される。従ってキリスト教徒の所有権や支配権――それ故神聖ローマ帝国の皇帝権――は権利保持者の絶対的な権利ではなく、キリストそして教皇から授与された管理権にすぎず、教皇によって任意に取り消されうる権利である[8]。

このような教皇派の主張に対してオッカムは世俗的な所有権

と支配権が非キリスト教徒においても（従ってローマ教会の外においても）存在したこと、教皇の誤った主張があらゆる人間にとって有害な結果をもたらすことを主張し、世俗的所有権や支配権の真の源泉がどこにあるかを論じている。アブラハムがソドムの王に「天地の主なるいと高き神、主に手をあげて、私は誓います。私は糸一本でも、くつひも一本でも、あなたのものは何も受けません」（『創世記』（14・22―23））と述べたとき、アブラハムは信仰なきソドムの王を世俗的財の正当な所有者として認めていなかっただろうか。神がアブラハムに「あなたはよく心にとめておきなさい。あなたの子孫は他の国に旅びととなって、その人々に仕え、その人々は彼らを四百年の間、悩ますでしょう」（『創世記』（15・13））と述べてカナーンの地をアブラハムの子孫に約束したとき、土地が以前には信仰なきカナーン人の正当な所有物であったことを前提にしていないだろうか。信仰なき人々も神から直接的に世俗的財の所有権を与えられ、正当に世俗的財を所有しているのである。また世俗的支配権に関してもキュロスやネブカデネザルが真の世俗的支配権を神から授かったことが旧約聖書（『歴代志下』（36・22）、『エズラ記』（1・1―2）、『ダニエル書』（2・37―38、5・18））に述べられていないだろうか。更にオッカムは新約聖書の一節を引用しながら非キリスト教徒たちが世俗的財に対する正当な所有権や真正な世俗的支配権を有していたことを指摘する。「カエサルのものはカエサルに」（『マタイ福音書』22・21）や「あなたはカエサルへと訴えた。あなたはカエサルのところに行くだろう」（『使徒行伝』（25・12））という言葉は異教徒のカエサルが正当な所有権や裁治権を有していたことを示してはいないだろうか。また「すべての人は、上の権威者に服従せよ。なぜなら、神から出ない権威はなく、存在する権威者は神によって立てられたからである。従って、権威にそむく者は、神の定めにそむくのである。……怒りを恐れるためだけではなく、良心のためにも、服従せねばならぬ。そのために、あなたたちは、貢を納めている。彼らは、その役目にたえず従事する神の奉仕者だからである」（『ローマ人への手紙』（13・1―2、5―7））と聖パウロは述べていないだろうか。パウロの言葉は支配者がキリスト教徒か否かに関係なく真に正当な裁治権を有していたことを示している(9)。

次にオッカムは非キリスト教徒の間には世俗的財に対する所有権も世俗的裁治権も存在しえないという主張が有害な結果をもたらすことを指摘する。先ず、悪意の所有者は時効取得できないことから、もし非キリスト教徒たちが神法上正当な所有者や支配者になれないならば、彼らの相続人である子孫も、たとえ子孫はキリスト教徒になっても先祖と同じく正当な所有者や支配者たりえないことになる。先祖が神法について無知であったとしても、法の無知は善意ではないと推定されるから先祖の時効取得は成立せず、また子孫が先祖の所有ないし支配が正当でないことを知っている、あるいは知るべきであったならば、子孫も善意ではなく、時効取得によって自らの権利を正当化しえないからである。また、キリスト教徒でないかぎり所有権をもちえないとすると幼児は洗礼以前にはいかなる財も所有できず、洗礼以前に父親が死亡すれば相続権はないことになる。しかし洗礼以後幼児に権利が譲渡されないかぎり幼児は何ものをも正当に所有しえないという見解は不合理だろう(10)。

以上から明らかなように、非キリスト教徒は世俗的財の正当な所有者たりうるし、また世俗的裁治権の正当な保持者たりうる。神はキリスト教徒だけでなく非キリスト教徒にも身体の健康や理性など多数の善を与え、非キリスト教徒の夫にも妻や子に対する家父長権を与えた。これと同様に非キリスト教徒であっても無主物の先占、売買、他人からの贈与などにより財に対する正当な所有権を有し、また正当な世俗的裁治権を行使しうるのである(11)。

それでは非キリスト教徒でも正当に行使しうる裁治権はいかなる法によって人間社会に導入されたのだろうか。この問題について論じたのが上記の長い引用箇所である。世俗権力の起源については、特にアウグスティヌスの影響のもとにこれを原罪によって説明する立場が中世を通じて有力であった。世俗的支配権は原罪後の人間の罪深き利己心と傲慢さ（superbia）、他者に対する支配欲の産物であり、ただ神と教会に絶対的に服従することによってのみその正当性を獲得できる。しかしこのような否定的な見解と並んで、中世には世俗権力を人間に対する神慮によって説明する見解も存在していた。神は原罪以後の人間社会を野蛮な無秩序と自己破壊から救うために世俗的裁治権を人間世界に導き入れた。神慮に由来する世俗的支配権は、罪深き人間社会に平和と秩序をもたらし、世俗の支配者はキリスト教徒として教会に対し責任を負いながら窮極的には神的秩序の維持に貢献する。そして更にこの見解に関しては、世俗的支配権は神慮に由来するとの立場に立ちながらも、一方では宗教的権威に対する世俗的支配権の相対的自立を説く聖俗二元論と、他方では世俗権力が地上におけるキリストの代理たるローマ教皇による抑制と監視に服すことを主張する教皇主義的な見解を区別することができる。しかしこのような原罪論的な世俗権力起源論に対し、一二六〇年頃にアリストテレスの『政治学』がラテン語に翻訳されて以来、支配権の存在を神と人間の関係においてではなく人間の自然的本性によって説明する立場が有力になる。例えばパドヴァのマルシリウスに代表される見解によれば、人間に共通の自然的本性は現世的幸福の追求にあり、国家は人間の幸福への欲求を満足させるべくその構成員たる市民の総体的意志によって創造された自立的存在である。しかし、マルシリウスを別にすれば多くの政治神学者はアリストテレスの強い影響下にありながらも世俗的支配者を原罪から生じた邪悪に対して闘う神の道具として理解し、あるいは現世的なものへと限定された世俗的支配者の権力の限界と教会への従属を強調していた。例えばエギディウス・ロマヌスは人間の邪悪性に対抗する世俗的支配権に独自の価値を認める一方で、原罪によってアダムの後裔たる人間が神から与えられた財と同時に支配権をも失ったこと、そして教会を通じて神と再び融和することによって初めて正当な支配権を恢復できることを主張している[12]。

この点オッカムは、世俗権力形成論に関しては伝統的な立場を堅持し、国家形成に対する人間の自然的傾向といったアリストテレス的観念に依拠することなく、もっぱら原罪により世俗権力形成を説明している[13]。そして更に注目すべきことは、オッカムが世俗権力の形成を、彼がフランシスコ派の清貧論争で展開した私的所有権形成論と同一の脈絡において論じていることである。オッカムの所有権形成論によれば、先ず最初に神は人祖（とその子孫たちのため）に他の被造物からいかなる抵抗も受けずに世俗的財を自由に使用する力を与えた。しかし原罪の故に神はこの種の力を人間から奪い、原罪後は財の共有（dominium commune rerum）の状態が生じるが、神は人間に世俗的財を分割し私有する力（potestas appropriandi）を与えた。この私有の力は原罪後の堕落した人間にとって有益な力であり、人々が天賦のこの力を行使することにより人定法上の私的所有権が生成する。原罪後の人間がもつこのような私有の力は神に由来すると同時に、私有は正しい理性の命令でもあった。オッカムは『九十日の書』の中で次のように述べていた。「それ故、人祖が罪を犯す以前はもっていなかった世俗的財を私有（自分のものに）するこの力を何によって保持しているのかと問われるならば、人祖は堕落した本性の故にこの力を保持していたと彼ら（ミカエル派）は主張する。なぜならば、罪を犯しうる人間たちが財を私有（自分のものに）する力をもつことが有益であることが自然理性の命令によって確証されるからである[14]」。

オッカムは教皇の主張に対抗して世俗権力を擁護するときも同様の論法を用いている。神がアダムに（そしてあらゆる人間に）付与した世俗的財に対する支配権は原罪によって変質した。原罪以前の地上の楽園においては財の所有欲や誤用は存在しないことから私有は不必要であり、人間は対象からの抵抗を受けることなくすべてのものを支配する天使的な〈dominium〉と、豊富な財を自らの必要性を充たすために自由に使用する〈potestas〉を有していた。しかし原罪の後、人間の心の中に欲望と邪悪さが生まれると、飽くことなき貪欲さに歯止めをかけ、怠惰な人間に対する刺激として個人ないし特定の集団の排他的な私有権が生まれた。この私有化は神が人間に与えた（従って神法〈ius divinum〉に由来する）「世俗的財を私有する力」（potestas appropriandi res temporales）によって実現する。社会生活に必要不可欠なものを正しい理性に従って自らの利益のために私有するこの力は神が万人に付与した基本的権利である。フランシスコ修道会士のように絶対的清貧の誓約によってキリストと使徒たちの生活と同じ生活を希求する者たちは別にして、自己の利益を求める現実的人間にとり私有の権利は神により付与された力に基礎を置く人間の基本権である。更に注目すべきことは、オッカムがこの「私有する力」と並んで世俗的裁治権を設ける力も、神から与えられた権能と考えていたことである。世俗的支配者を設立し世俗的裁治権を創造する権能は私的所有権を創出する権能と同様に神が人間に付与した権能である。私的所有権と同様に世俗的裁治権は原罪後の人間の邪悪さに対処すべく人間が創造した人定的制度であるが、この制度を創造する力は神から与えられた権能とされている(15)。

更にオッカムは、私的所有権を形成する力と支配者を設立する力が神によって万人に与えられたことを強調する。異教の支配者の世俗的裁治権は神が単に黙許したにすぎない不正な権限といったものではなく、神及び自然によって正当化された世俗的支配の真の権限（vera potestas gladii materialis）である。異教の支配者には永遠の救済が与えられていなくても、彼らが行使する権力は神によって与えられた正当な権限に基づいている。更にオッカムによれば、神は支配者を設立する力を万人に付与したのであるから、世俗的裁治権の源は人民にあり、世俗的支配者は人民から裁治権を委譲された。しかし人民はひとたび統治形態を決定した後はこの決定に拘束されることになる。ローマ人民が支配権を自主的に皇帝に委譲した後は皇帝が神により命ぜられた支配者として人民を支配し、皇帝は神にのみ服従することになる(16)。しかしながら皇帝権が「人間たちを通じて神から」（a Deo per homines）由来するとしても、皇帝権には一定の役割と限界が課せられる。すなわち皇帝は犯罪を阻止し、神から各個人に与えられた自然法（leges naturales）上の権利と自由（iura et libertas）を擁護するために(17)、そして特に、個人が善く生きる（bene vivere）ための基礎——これは原罪の故に脅威にさらされている——である所有と自由を守るためにこの世に置かれた。要するに皇帝は共通善（bonum commune）を実現し、共同体の正しい秩序を維持しなければならない。原罪の後は共同体の正しい秩序のみが個人の幸福を保証できるからである。状況によって共通善が個人の権利や財の縮減を要求することはあっても、人民が選んだ支配者が自己の私的利益のために人民を抑圧する暴君となったときは、統治権は再び人民に移されることとなる(18)。

オッカムは神により意図された世俗権力の自立性と必要性が原罪の帰結であることを主張し、人間の社会的政治的本性というアリストテレス的な観念に依拠せずに国家形成を契約論的に説明した。更に、同じく原罪によって世俗的支配権の形成を説明した以前の見解、――例えばフリードリヒ二世の見解[19]――が依然として神が打ち立てた正しい秩序の配慮と維持を世俗的支配者の役割とみなしていたのに対し、オッカムは世俗的支配権の正当性の実質的根拠は原罪以後の個々の人間の世俗的幸福の保持、世俗的幸福を保持するために導入された実定法――特に所有権――の維持にあると考えている。世俗的支配者の役割が神的秩序の維持とされているかぎり、教会が世俗的支配権に介入してくる余地が常に残るだろう。オッカムは世俗的支配権の役割から神的な、あるいは宇宙論的形而上学的要素を除去し、人間の自然的幸福という純粋に現世的な目的を世俗的支配権の正当根拠に据えることによって、神によって意図されたものでありながら霊的支配権から区別された独自の領域を世俗的支配権に付与したのである。

以上の議論を前提としたうえでオッカムは『暴政論』第三巻の最後の数章を教皇ヨハネス二十二世への批判にあてている。世俗的事項に関する立法権を原初的に有していたのは――ローマ人民であろうが他の人民であろうが――人民であり、皇帝や王その他様々な支配者が行使する立法権は人民からの移譲によるものである。また、世俗的財を私有する力は神が人類全体に与えたものであり、この力を行使する過程で人々は人定的な制度により世俗的財を分割し私有するに至るが、この人定的な制度は王や皇帝の法のみならず慣習法や人民が制定した法でもありうる。事実、皇帝や王がこの世に存在するようになる以前は人民が自ら制定した法によって世俗的財は私有されていた。ヨハネス二十二世は王や皇帝が存在する以前から人民が財を私有していたことを理由に所有権は神法に由来すると主張するが、神が人間に財を分割し私有する力を与える以前は排他的な所有権は存在せず、従って王が存在する以前に財が或る人間に属していたという事実は、そのとき何らかの所有権が存在していたことは示していても、排他的な私有権が人定法ではなく神法によって形成されたことを示しているわけではない[20]。更にヨハネス二十二世は原罪以前の無垢な状態において既に排他的所有権が存在しており、エバが生まれる以前はアダムが排他的に財を私有していたと主張するが、この主張も誤っている。というのも原罪以前は財の分割や排他的所有権は存在していなかったからである。修道院の修道士が一人を残して全員死亡したとき、残った一人は修道院の財産に対して、他の修道士たちが生前有していた所有権を唯一人で有することになるが、だからといって彼が財産の排他的な所有権者になるわけではない。修道院の他の成員たちの死亡によって彼は財産を自分のために私有するのではなく、将来修道院の成員となる修道士のために財産を保持しているのである。これと同様に、たとえエバが生まれる以前にアダムが無垢の状態において単独で財を保持しても、彼は財を将来の自分の妻や子孫のために保持したのであり、排他的に私有したわけではない。それ故アダムは財を自分のために独占し、これを妻や子孫に対して拒否することなどできないし、財をエバが使用するようになったのは、アダムの贈与や売買その他の行為によるのではなく、アダム自身が財を得たときと同じく神からの直接的で原初的な贈与によるのである[21]。神はアダムとエバ、そして両者から生まれる子孫のために財を贈与した。財の共有は複数の人間を前提とするが、同じ時点で複数の人間が存在することではなく、過去、現在、未来にわたって複数の人間が存在することを前提とするのである[22]。

オッカムは以上のような論法によって私的所有権と世俗的支配権が神法でなく人定法によって生じたこと、従って教会の外には正当な所有権や支配権は存在せず皇帝権は教皇に由来するという教皇ヨハネス二十二世の見解が誤りであることを主張した。

既にオッカムはフランシスコ修道会の会長、チェゼーナのミカエルの要請によりフランシスコ派の清貧を正当化すべく書かれた『九十日の書』で私的所有権形成の神学的法学的議論を展開していた。社会秩序に関するオッカムのその後の理論的考察の出発点となったのもフランシスコ派の清貧を教皇の攻撃に対して正当化したこの論考であった。オックスフォードにおいて神学、哲学、論理学の研究にのみ専念していたオッカムが、アヴィニョンに召喚されたことでチェゼーナのミカエルと出会い、清貧論争をきっかけにして政治的社会的考察へと没頭していったことは、社会秩序に関するオッカムの考察が伝統的な中世思想に根差したものであり、例えば同じくバイエルンのルートヴィヒの助言者であったパドヴァのマルシリウスにみられるような急進的な世俗主義からはほど遠いことを示している。しかし、逆にオッカムの社会理論の出発点となったフランシスコ派の清貧論争は、近代的な政治理論の生成過程の中にオッカムを位置づけることができるような新しい思想が芽生える土壌となっていた。フランシスコ派の清貧思想、原罪論、ローマ法の所有概念、カノン法の伝統的教説を融合させた所有権起源論および世俗的支配権起源論を展開することにより、オッカムは、彼以前のスコラ学の社会思想にはみられなかった新たな規範的概念を生み出した。

オッカムによれば原罪以前の原始状態における人間は私的所有権も支配権も有していなかった。非理性的な被造物は理性的な被造物たる人間の意志に抵抗することなく従い、人間は抵抗や争いなくして他の被造物を理性的に導き、使用していた。非理性的被造物に対する人間のこのような支配権（dominium）をオッカムは「事物を使用する生来的な力」（concreata potestas utendi rebus）と呼んでいる[23]。しかし原罪によって人間と世界の関係は根本的に変化していく。人間は他の被造物を意のままに使用する原罪以前の力を失い、完全性の状態にあったキリストの使徒たちでさえこのような力を再び獲得することはなかった。他の被造物に対する人間の支配権は、原罪により、非理性的被造物も同じように享受している単に事物を使用する力（potestas utendi）へと縮小されてしまった。しかし、単なる事物の使用に関して人間の間で争いが生じたことから、神は人間に付加的な力を与えた。これが事物を相互に分割し私的に所有する力（potestas approprianđ sibi et dividend res inter se quoad dominia）である[24]。それ故オッカムは具体的な私的所有権を神から直接的に由来する制度とは考えなかった。神は私的所有権を形成する力と機会を人間に与えただけであり、私有の具体的形成は、一定の歴史的社会的状況においてこの力を現実に行使しようとする人間の決定に依存する。

さて、オッカムは以上のような私的所有権起源論に依りながら、フランシスコ派の「単なる事実上の使用」（simplex usus facti）に対する教皇ヨハネス二十二世の攻撃に答えようとする。私的所有権を放棄し、財の使用を「単なる事実上の使用」に基づかせるフランシスコ派の立場に対し、教皇は少くとも消費によって消滅する財については事実上の使用と私的所有の区別は不可能であり、私的所有を全面的に放棄したというフランシスコ派の立場が欺瞞的であることを主張した。これに対してオッカムは、緊急事態においてはあらゆる財は共有されている（in casu necessitatis omnia sunt communia）というカノン法学の原則を採用し、この原則をフランシスコ会士の状態に類推的に適用することにより、「事実上の使用」を理論的に正当化した。私有権者は私有財産の排他的使用を他の人間の「使用する力」に対抗して主張できるが、人間の合意により定められた実定的な私的所有権は緊急状態においては効力を失う。餓死に瀕した人間は、他人が必要以上に所有するパンを当の他人の許可なしに食べることができ、寒さで凍死しそうな人間は他人の衣服を許可なく使用できる。しかし、これらの人間はパンや衣服に対し実定的な所有権を獲得することはなく、ただ事実上の使用が一種の権利として認められるのである。無垢の状態から原罪後の状態へと移行した人間は私有制度に合意することによって、各人に直接的に帰属し、他者の侵入に対して対抗できる私的財の領域を形成し、更に、私的財をめぐる論争を処理するための具体的な訴訟形式を定めた。しかし合意による私有制度や、これに付随した裁判制度は変更可能であり、更に人はフランシスコ会士のように禁欲によって私有財を全面的に放棄することが可能であり、また緊急状態においては人定的な私有制度が失効し、私的所有権をもたない人に財の事実上の使用が認められる。

オッカムはフランシスコ派の清貧論争の脈絡で展開されたこの論法を世俗的支配権の起源という別の脈絡で利用することになる。所有権起源論は、無垢の状態から原罪以後の状態へと人間が移行することで人間と財の関係がどのように変化したかを叙述するものであったが、オッカムはこの叙述で用いられた論法を人間と人間の関係、すなわち人間のあいだに生ずる支配関係の形成にも適用する。十四世紀において〈dominium〉という語はテクニカルな語としてローマ法上の財に対する所有権を意味し、政治的支配権を意味する語は〈iurisdictio〉であった。[25]オッカムは財に対する支配権である所有権には〈dominium〉を、人間に対する支配権である政治的支配権には〈iurisdictio〉を用い、この点で当時の一般的用語法に従っている。しかし同時にオッカムはこれら二つの支配権の類似性を強調するために『暴政論』では、原罪後の人間に二つの力（potestas）、すなわち世俗的財を私有する力（potestas appropriandi res temporales）と、裁治権を有する統治者を設立する力（potestas instituendi rectores iurisdictionem habentes）を認め、これら二つの力がキリスト教徒のみならず、あらゆる人間に神から付与されたことを主張する。オッカムによれば裁治権と私的所有権を形成する力はキリスト教徒であるか否かに関係なく人間が人間として有する天賦の生来的な力であり、この点、正当な裁治権や所有権を神の恩寵に基礎付け、真の信仰を有するキリスト教徒のみが裁治権や所有権を有しうるという見解をオッカムは明確に拒否したのである。[26]

　世俗的裁治権と私的所有権の形成にみられる類似性は更に次の点にも表れている。オッカムによれば緊急状態において人定的制度である私的所有権が効力を失い、財の事実上の使用が蘇生するように、緊急事態においては世俗的裁治権も変更可能であり、既存の裁治権が最早機能しないときは人民は自然権としての抵抗権を行使して統治形態を変更することができる。[27]「確かに王は通常は（regulariter）自己の王国全体に優位するものの、例外的に（in casu）王国より下位に置かれることがある。というのも、緊急事態において王国は自らの王を廃位し監視下に置くことができるからである。王国はこの権利を自然法によって（ex iure naturali）有している[28]」。しかしオッカムによれば、このことは王の支配権が人民（populus）に依存していることを意味しない。緊急事態が生じないかぎり王には服従を人民に対して要求する権利がある。緊急事態の発生によって、これまで王権の支配体制の背後に隠れていた人民の原初的権利が蘇生し、支配者の権力の悪用に対して自然権に基礎を置く抵抗権が正当に行使されうることになる。「共通善（bonum commune）に属する事柄に関して人間社会が自らの王たちに服従するということが一般的な契約である。それ故、人間社会は共通の利益に役立つ事柄に関して支配者に一般的に服従するように義務づけられているが、共通善に役立たないことが明らかな他の事柄に関しては服従を義務づけられてはいない[29]」。支配者が共通善を阻害する行動をとり、本来の社会的機能を果たすことができないとき、支配者に代わって別の集団や個人が国を統治する義務を負う。「自然的身体においてその一つの部分に欠陥が生じたとき、身体の他の一部分がその欠陥を何らかの仕方でそれが可能ならば補うように――例えば足で歩けない者は可能ならば別の仕方で這ったり、ころがりながら進むように、……そして小刀で自分のパンを切れない者が、可能であれば歯でそれを噛み切るように――、神秘体や団体や統合体において一部分に欠陥が生ずると、他の部分は、もし自然的な力をそれが有しているならば、その欠陥を補うのである。すなわち軍人がいないところでは可能とあれば農民が祖国のために戦い、男が不足していれば、女にその力があれば女が祖国と自分たちを防衛するのである[30]」。

それ故オッカムは神秘体（すなわち社会秩序）と自然的身体を類比的に説明しながらも、社会を――各々の成員が己れに相応しい地位を占めるといった――静態的なものとしてではなく、あらゆる成員が必要に応じて秩序の維持に対し相互に責任を負う動態的なものとして理解していた。更にオッカムは自然的身体と社会の体の相違を次のように説明している。

> 「人間の身体の各部分と教会の各部分は完全に類似しているわけではない。両者は多くの点で類似しているにしても、人体の各部分はそれぞれに固有な役割を自然的に果たすことができ、従って一つの部分の欠陥を他の部分が（どれほどそれが必要であっても）補充することができないのに対し、教会の体の各部分はある程度まで自己に固有な多くの役割に関して相互に欠陥を補うことができる[31]」。

自然的身体の各器官がそれぞれ代替不可能な固有の機能を有するのに対して、世俗的社会であれ教会であれ社会という身体においては、通常は一定の機能（正しいことや、社会にとって必要なことの実現）を果たすべきと考えられた成員（membrum）が当の機能を果たせないときは、これに代わって機能を果たすべき他のメンバーへと権限は移行し、後者のメンバーが機能を果たせないときは、更に別のメンバーへと権限は転移していく。教会論においてオッカムがキリスト教の正しい信仰が唯一人の人間においてのみ保持されることを主張したように、世俗的な政治秩序も、正義や社会的必要性について判断を下し行動する役割を担った人々が当の役割を果たせないときは、自然的能力を有しているかぎり各々の人間が緊急状態において社会にとって必要なことや正義を実現すべき義務に服している。実定的な秩序によって政治的権限が特定の人間に付与されていても、この秩序に従い、これらの人間に権限を認めることが社会に不利益や不正をもたらすときは、この実定的秩序は効力を失い、緊急の必要性（necessitas）や「明白な利益」（evidens utilitas）や正義を根拠として、窮極的にはこれらの必要性や利益や正義を認識する自然的能力をもったすべての人間へと権限は転移されていく。この権限の転移は制度上、一定の段階を踏まなくてはならないとしても、社会にとって正しいこと必要なことを認識する責任は窮極的には個人が制度的枠組の外において負うことになる。福音が自由の法であり、教皇権が自由の法に違背してはならないように、世俗的な政治秩序も自由な諸個人からなる秩序であり、窮極的には各個人が秩序の正しさに対して責任を負わなければならない。自由人に対する支配権は奴隷に対する支配権より価値があるというアリストテレスの見解によりながら教皇権が福音的自由により拘束されることを主張したオッカムは、世俗的支配権についてもそれが自由の秩序であることを主張する。「もし万人が皇帝の奴隷となれば人間の尊厳は取り上げられてしまうだろう。それ故、もしあらゆることにおいて皇帝が自由な人々を奴隷の如く取り扱うことができるならば、同じ様に人間の尊厳は取り上げられてしまうだろう[32]」。

オッカムの帝権論ないし世俗権力論は、ドイツ王に選出された者は教皇の聖別と承認なくして正当な皇帝たりうるというバイエルンのルートヴィヒの主張を理論的に支持し、教皇ヨハネス二十二世や教皇至上主義者の主張、すなわち帝権は教皇に由来する（Imperium est a Papa）が故に、たとえ選帝侯により選出されても教皇の承認を得ない者は単に慣習に違反しているだけでなく、法的に正当な皇帝たりえず帝権を行使することはできない、という主張の論駁を意図したものであった。オッカムにとり聖職者による塗油、聖別、戴冠は人々に新しい世俗支配者に対する畏敬の念を引き起こす効果はあっても新しい支配者に世俗権力を授与し、その権力の正当性の根拠となるようなものではない。『八設問集』の設問第五でオッカムは世襲的君主（rex hereditarie succedens）は聖職者による塗油、聖別、戴冠によって初めて正当な権力を保持するのかという問題を論じ、塗油について次のように述べている。

「聖職者や司教に対する塗油は神の定めによる。しかし、王への塗油は、たとえ旧約聖書においては神の命令によって為されたにしても、新しい法においては単に人間の定めによって為されるにすぎない。それ故塗油は、人間の意志によって意図的にそのように定められないかぎり、世俗的事項に対するいかなる権力も与えない。従って、王への塗油が世俗的事項に対する権力を与えることが人間の定めによって制定されなければ、それはいかなる権力も王に与えることはないだろう。……（しかし）王への塗油は無益に為されているわけではない。……それは、王がより大きな威光に包まれ、強い畏敬の対象となるように為されうるのである」[33]。

これは世襲君主について述べられたものであるが[34]、世俗権力と教皇権の関係についての一般的な主張として理解することが可能であり、それ故オッカムは、皇帝への塗油についても世襲君主と同様に考えていたと理解してよいだろう[35]。また聖職者による戴冠についてもオッカムは次のように述べている。

「アリストテレスが『政治学』で述べているように、王的支配（principatus regalis）には様々なものがあるとしても、いかなる王的支配も自然的（naturalis）なものではない――それは数多くの点で自然の支配権に類似してはいるが――。むしろ、あらゆる王的支配は神ないし人間による実定的制度に基礎を置いている。神による実定的制度については『サムエル記』の中に明らかに示されている。そこには神がサムエルを通じて、制定されるべき王の法はどのようなものであるべきかを示すことによって王的支配を設立したことが記されている。……人間によって制定された王的支配は――現在においても依然として存在しているあらゆる支配はこの類いのものであるが――理にかなった根拠によって変化することのありうる人間の定めに依存し、人間の定めによって生ずる[36]。それ故、世襲的に王位を継承する王が世俗的事項に対する何らかの権力を受け取るために、必ずしも聖職者ないしその他の者による戴冠が必要とされるわけではない」。

オッカムは世俗権力が聖職者による戴冠を通じて君主に授与されうることを認めるが、これは自然的な制度ではなく、また世俗権力が教皇に由来することを意味するわけでもない。神の定めや人為によらず自然に存在する王権といったものは存在せず、また現在においては神によって制定された王権も存在しない。現在の王権が聖職者による戴冠によって王に授与されることはあっても、これは可変的な人定的制度にすぎない[37]。

更にオッカムは『八設問集』の設問第七において、慣習上、王に戴冠してきた大司教とは別の大司教によって戴冠した者は、このことを理由に王としての正当な権限や権力をもつか否かを論じ、大司教の戴冠する権限は神聖にして不可侵なるが故に正当な権限をもたない大司教によって戴冠された王は王権をもたないという見解に対して次のように述べている。もし王に戴冠する大司教の権限が王ないし人民から「単なる恩恵によって」（de pura gratia）取消可能な仕方で授与されたものにすぎないならば、王は他の大司教によって戴冠することができる[38]。また、戴冠を長く延期することが国にとって危険（reipublicae periculosus）なときは、他の大司教により戴冠が行われるべきである。他方、もし大司教が戴冠する権利を「法によって」（de iure）有しているならば、大司教のこの権利を無視して王として戴冠した者は教会の特権に違背しているが、これは王を廃位する根拠にはなりえない。法に違反して戴冠が為された王を廃位することが人民の生活に混乱をもたらすときは、たとえ戴冠に関して王のほうに過誤があったときでも王は廃位されるべきでない。「我々は一人の悪しき人間を罰することよりも人民の生活のほうに喜びを見出すべきであり」、それ故、王が廃位されるという〈scandalum〉が人民を破滅させる恐れのあるときは、そのように厳格なルールは破棄されるべきである[39]。そしてまた教会（普遍教会ではなく個々の特殊な教会）が過ち（culpa）を犯している場合は、教会は俗人によって認められた戴冠の権限を失う。「教会に認めたことを取り消そうとする者は瀆聖者（sacrilegus）である」という主張に対しオッカムは次のように述べている。

「もし教会が俗人に与えるべきものを与えないならば、教会は自らの権利が俗人によって尊重されることを求めても無益である。同様に、ひたすら信仰のみによって名誉、権利、特権そして自由を教会に認めてきた俗人――特に皇帝、王、諸侯、その他高位の人々――は、この種のことに関して、封臣が主君に服する以上に教会に服しているわけではない。……『もし主君が約束を守らないならば、主君は臣下に対する支配権を奪われ、……封建的権利は上位者に移行する。』……それ故、なおさらのこと、名誉、権利、自由そして特権を教会に認めた俗人に対し教会が不実なときは、俗人はこれらのものを正当に教会から奪うことができる。同様に、約束を守らない敵に対しては約束を守るべきでない。……それ故、もし教会が俗人との約束を守らず、敵意をもって俗人を取り扱い始めるならば、教会との約束は守られるべきではなく、教会に認められてきたこれらのものを奪うことが可能である[40]」。

この箇所はヨハネス二十二世とルートヴィヒに言及したものではないが、皇帝に戴冠する教皇の権利についてもあてはまるだろう。教皇に認められてきた皇帝に戴冠する権利は単に実定法上の権利であり、この権利の行使が人民を混乱に陥れるときは権利は停止する。この点にも世俗支配権から霊的要素を排除しローマ教皇の介入を否認するオッカムの基本的な主張が表現されている。

第二節　世俗的支配権の自立性

教皇は皇帝権に対する自らの要求を、皇帝は教皇の封臣であるという主張に基礎づけていた。オッカムはこの主張を論駁する。これまで教皇派の人々は、教皇ヨハネス十二世に対する皇帝オットー一世の誓約（この誓約は教会法のテキスト〈Tibi domino〉に記されている）と教皇ニコラウス二世の良く知られた後述のテキストを典拠にして、教皇と神聖ローマ帝国皇帝が領主と臣下の封建的主従関係にあることを主張してきた。オットー一世の誓約に関してオッカムは『九十日の書』や『対話篇』第一部のような初期の著作では前任の皇帝の誓約は後任の皇帝を拘束しないという論法のみによって問題を処理していたが[41]、その後『八設問集』設問第二第十二章では封建的忠誠の誓約（iuramentum fidelitatis et homagii）と教会を防衛する誓約（iuramentum fidelis defensionis）を区別し[42]、そして『対話篇』第三部第二論考第一巻第二十一章でも同様の区別に基づいて、オットーの誓約は後者であり、教皇から領土を封土として授与されるような封建的な忠誠の誓約でないことを主張する。

「或る皇帝が教皇に対し、皇帝オットー一世が（教皇）ヨハネス十二世に対し行ったものとは異なった誓約を行ったことを立証することはできない。オットーの誓約は、封臣が領主から封土を受けるときに領主に対し行うような忠誠の誓約とか服従の誓約（iuramentum fidelitatis et subiectionis）といったものではなかった。これを立証するためには皇帝オットーの誓約の言葉と、封臣が領主に対して行う誓約（を比較する）だけで十分である。オットーの誓約は〈Dist. 63, c. 33, *Tibi domino*〉にみられる。『余オットーは、父と子と聖霊により、そして生命を与えるこの十字架の木と聖者たちのこれら聖遺物によって次のことを汝、主なるヨハネスに約束し誓約する。余が神の加護によりローマへと赴いたときは、聖なるローマ教会とその導き手たる汝を余の力の及ぶかぎり昂揚し、汝が自身の生命、四肢そして栄誉の権利を余の意思によって、あるいは助言や同意や余の要求によって失うようなことがないことを。また余はローマにおいていかなる裁判も行わず、汝ないしローマ人民に関係した一つの命令たりとも汝の助言なしには発しないだろう。そして聖ペテロの領土のうち余の権力に服するに至ったものがあれば、それを汝に返還するだろう。余がイタリア王国へとふり向ける者がいれば、その者と余の力の及ぶかぎり聖ペテロの領土の防衛に際して汝を支援することをその者に誓約させるだろう』。封臣が領主に誓約するときの言葉はホスティエンシスの書物の中に読むことができ、それは次のようなものである。『私ティティウスは、神の聖なる福音において、今この時から私の最期の日まで、封臣が領主に対し尽くすべき忠誠をあなたに対し尽くすことを誓約する。そして私は、あなたが忠誠の誓約を示して私に委任したことを、故意に他人に打ち明け、あなたに害が及ぶようなことはしないだろう』。……さて、或る人々はこれら（二つの）誓約の言葉に関して皇帝オットーの誓約には忠誠についていかなる言及もないことから、そして更に次のような理由からそれは忠誠の誓約ではなかったと考えている。すなわち、この誓約の幾つかの言葉によっておそらくある種の忠誠が意図されていたとしても、この誓約の一つの言葉たりとも、封臣が領主に対して行うような忠誠が意図されたことを示してはいない。というのも必ずしもすべての忠誠が、封臣が領主に対し負うような忠誠とはかぎらないからである。すなわち、敵に対して約束されたことは守らなければならないのであるから、しばしば人は自分の敵に対してでさえ忠誠を示さなければならない。しかし封臣が領主に対して負うような忠誠を敵に対して示すべきだということではない。……他人に対して身体に害を加えないことを誓約により保証する者の必ずしもすべてが、当の他人に対し、封臣が領主に対して行うような忠誠の誓約を行うわけではない。……もしオットーが教皇に対し教皇の身体に害を加えないこと、密かに、あるいは公然と、教皇の堡塁であれ支配権であれ、教皇の所有する財であれその他教皇に属する何らかのものであれ、そのようなものを害さないことを誓約したとしても、このことからオットーが教皇に、封臣が領主に対し負うような忠誠の誓約をしたことにはならないし、そのうえ、言葉の中にも、オットーが彼の最期の日まで、封臣が領主に対してするように、万人に対抗して教皇に忠誠を尽くそうとしたことを示すようなものは含まれていない」[43]。

更に教皇至上主義者たちが「帝権は教皇に由来する」という見解を支持すべく引用したニコラウス二世のテキスト[44]、すなわちキリストは福者ペテロに地上の帝国と天上の帝国の権利(iura)を委任したというカノン法（Dist. 22, c. 1）を根拠にした主張に対してオッカムは次のように反論する[45]。

「或る人々は（帝権は教権に由来するという主張を）教皇ニコラウスの教令（Dist. 22, c. 1）によって証明できると考えている。そこには『キリストのみがそれを（すなわちローマ教会を）設立し、基礎づけ、これから生まれる信仰の岩の上に打ち立てた。彼は永遠なる生の鍵の担い手たる福者ペテロに、地上の帝国と同時に天上の帝国の権利を与えた』と述べられている。この言葉はキリストが福者ペテロに地上の帝国に対する権利を与えたこと、それ故福者ペテロは地上の帝国に対する権利を有していたことを示している。従って帝権は福者ペテロに由来することが認められなければならないだろう。しかし、教皇ニコラウスのこれらの言葉は、もしそれが一見して有している意味に反した仕方で説明されえないならば、あるいは説明されるべきでないならば、不合理で誤ったものとみなされなければならない。というのもこの言葉からは数多くの不合理なことが帰結するからである(46)」。

このように述べた後、オッカムは教皇の教令を字義通りに解釈すると、天上の帝国を保持する者はペテロとその後継者たるローマ教皇の臣下として（tamquam eius vassalus）帝国を保持しているという不合理な結論が生ずること、そして皇帝のみならずあらゆる王が教皇の臣下として世俗的裁治権を教皇から授与されているという同じく不合理な結論になることを主張し、更に次のように論ずる。

> 「更にこのことから次の帰結が生ずる。すなわち、この見解を主張する人々によれば多くのフランス王は異端の故に恥ずべき罪を犯していることになり、多くの教皇は異端の邪悪さを勧めていることから恥ずべき罪を犯していることになる。というのも、もしあらゆる王国が教皇から由来し、教皇の授与により保持されているもの、主として神法によって保持されているもの――なぜならば、キリストは福者ペテロに地上の帝国の権利、それ故あらゆる王国の権利を与えたと教皇ニコラウスは述べており、キリストにより与えられたものはすべて神法により与えられたものだからである。――とみなされるべきであるならば、世俗的事項において上位者を認めないフランス王は（Extra, *Qui filii sint legitimi*, c. *Per venerabilem* を参照）神法に反した誤りを犯しているが故に、従って異端の故に、恥ずべき罪を犯しているものとみなされねばならない。……そしてまた、フランス王に対しその誤りないし異端を非難しなかった教皇も、異端の邪悪さを勧める者の中に数えられるべきことになるだろう(47)」。

それ故教皇ニコラウスのテキストはそれが表面的に有している意味とは異なる意味で解釈されねばならない。この点につき『対話篇』第三部でオッカムは教皇が地上の帝国に対して「ある種の権利（aliquod ius）を」有していることを認めている。

> 「しかし教皇は、地上の帝国がキリスト教徒（の皇帝）によって統治されているときは、地上の帝国に対してある種の権利を有している。というのも、一つには教皇は皇帝に対して霊的な権力を有しているからであり、また一つには自分がそこで霊的な勤めを果している帝国から、物質的

な財（carnalia）を受け取る権利を有しているからである」[48]。

そして『暴政論』第六巻第一章では、教皇ニコラウスが誤謬を犯していないとすれば、教令で述べられている「地上の帝国」と「天上の帝国」に対する権利は、キリストが「わたしは、あなたに天の王国のかぎを授けよう。……」（『マタイ福音書』（16・19））と述べてペテロに授与した純粋に霊的な権力、すなわちあらゆる罪を拘束したり解き放したりする霊的な権力を意味しているという見解に触れた後に、地上の帝国を「戦う教会」、天上の帝国を「勝利する教会」として解釈する見解に言及し、これを次のように説明している。

「或る人々は次のように主張する。教皇ニコラウスが誤っていないとすれば、教皇が『天上の帝国』という言葉で意味していたものは、勝利した教会が天上で有し保持する帝国ではない。というのも、この帝国は教皇に由来するものではないからである。福者ペテロがこの帝国に優位することは決してなかった。彼はただ或る意味において帝国を開ける権限を有していたにすぎない。このことは、しばしば皇帝や王の侍従が皇帝や王の部屋を開ける権限を（potestatem aperiendi）有しているが、部屋に対する真の支配権を（verum dominium）有していないのと同様であり、皇帝が或る者に部屋を与えたならば、これを理由にその者が部屋の中に入ったとき、戸を開けて自分を部屋に入れた者から自分がその部屋を保持していることを認める必要がないのと同様である。それ故彼らが主張するには、『地上の帝国』という言葉によって教皇ニコラウスは、ローマ皇帝によって支配される世俗的帝国を意味していたのではなく、真の皇帝がしばしばそれに属さないこともありうる戦う教会を意味していたのであり、『天上の帝国』という言葉で勝利の教会を意味していたのである。キリストは福者ペテロにこれらの帝国の支配権を授与したのではなく、これらの帝国に関してある種の権利を或る意味で授与したのである。すなわちキリストは福者ペテロに、信仰なき者を洗礼によって戦う教会へと受け入れる権利を授与し、また、戦う教会を「養う」権利（ius pascendi）を授与した。しかしキリストは福者ペテロに戦う教会の支配者となる権利を授与したわけではない。また勝利する教会に関しても、キリストはペテロに支配権を授与したのではなく、この教会に関係したある種の権利を或る意味で授与したにすぎない。というのも、キリストはペテロに或る仕方で罪から解き放つ権利を授与し、罪から解放された者は勝利する教会へと導かれるに相応しい人間となるからである。またキリストはペテロに、戦う教会の成員が善い行いをするように教育し訓練する権利を授与した。アウグスティヌスの説教〈De dedicatione ecclesiarum〉によると、この善い行いによって勝利する教会の門は開けられるのである。
或る人々にはそう思われるように、別の解釈で次のように言えるかもしれない。すなわち『地上の帝国』という言葉でもってニコラウスは戦う教会の悪しき成員を（malos）意味し、「天上の帝国」でその善き成員を（bonos）意味したのであり、これら両者に対して教皇は支配権（dominium）ではないが、或る種の権力を（potestatem）有しており、それ故ニコラウスは、キリストは「支配権」（dominium）を授与したとは言わずに「権利」（iura）を授与したと言っているのである。あるいは、キリストは或る意味において福者ペテロに、——皇帝が信者であろうとなかろうと——ローマ皇帝たちによって支配された地上の帝国への権利を授与したと言いうる。しかし確かにこれは所有権や支配権ではなく、皇帝たちに公教会の信仰を教え説教する権利と権限のことである。そして、もし皇帝がキリスト教の信仰を受け入れた場合には、キリストは福者ペテロに、皇帝に対する霊的事項における権利と権限を与え、自らの生命維持と職務遂行に必要な物質的財（carnalia）をもらう権利を与えたのである。というのも、救世主によれば『働き人がその報いを得るのは当然である』（『ルカ福音書』（10・7））からであり、使徒パウロによれば『もしわたしたちがあなたがたのために霊のものをまいたのなら、肉のもの（carnalia）をあなたがたから刈りとるのは、行き過ぎではないからである。』（『コリント人への第一の手紙』（9・11））教皇ニコラウスの言葉の以上の諸解釈は相互に衝突しあうものではなく、教皇の言葉は、もしそれらが誤りとみなされるべきでないならばこれらの意味のすべて、あるいはその幾つかを有しているはずだと思われる。というのも、もしニコラウスが、キリストは福者ペテロに地上と天上の帝国に対する所有権と支配権（iura proprietatis et dominii）を与えたと主張しようとしたならば、彼は明白に誤っているからである」[49]。

オッカムによれば、教皇が皇帝に対して有する権限は、公教会の信仰を教える霊的権限と、自らの生命維持と聖職遂行に必要な財を受け取る権限のみであり、教皇の霊的権力でさえ、地上の帝国がキリスト教徒（の皇帝）によって統治されているとき——「皇帝がキリスト教の信仰を受け入れた場合」——に限定されている。

教皇権と皇帝権の関係、特に「帝権は教皇から由来する」という表現をもっぱら封建主義的な観点から解釈して批判するオッカムの法理論的な立場は、世俗的支配権に対する教皇権の優位を神学的形而上学的に基礎づけようとする教皇至上主義者の論法と著しく趣きを異にしている。オッカムは封建的主従関係という法的な関係に焦点を絞って教皇と皇帝の関係を論ずることで、思弁的神学のレヴェルで教皇至上主義者と論戦を張ることを回避し、帝権と教権の関係を宇宙の秩序の制度的具現化として説明するようなことはなかった。何らかの存在論的原理に依拠して皇帝権や世俗的権力を基礎づける試みはオッカムには希薄である。オッカムはある種の存在論的原理が皇帝権の自立性を基礎づけ、教皇の十全権力を否定する根拠と思われるときも、これについて議論を展開することはなかった。例えばオッカムは、教皇と皇帝の関係を示すために教皇至上主義者が用いる比喩、「父と子」「師と弟子」「金と鉛」「太陽と月」等々を霊的権力の優越性を意味するものとして認めており、この点について特に異論を唱えてはいない。「八設問集」設問第二の第十四章でオッカムは、魂と肉体の関係を根拠として教皇権の優位を主張する議論に対し次の様に述べている。

「多くの点で魂と肉体との関係は、霊的なものと物質的ないし世俗的なものとの関係に類似しているが、これはすべての点でそうだというわけではない、と答えられる。というのも、魂が肉体より高貴である如く、霊的なものは世俗的なものより価値があり、そして多くの点で魂が肉体を支配するように、多くの点で世俗的なものは霊的な要求に従って配備されるべきだからである。そして、肉体は理性的魂の権力には属さない数多くの働きを有しているが故に理性的魂は肉体に対して十全権力を有していないように、霊的事項において権力を有する者が世俗的事項において十全権力を有することはない[50]」。

この箇所でオッカムは、教皇と皇帝の関係を魂と肉体という比喩で示すことを当初は拒否するつもりであったのが、後半になると、この比喩が自分の見解を支持するために利用可能なことに気づいたかのようである。肉体のある種の働きが理性的魂のコントロールから自然的に独立していることは、世俗権力に属する多くの事項が教会のコントロールから正当にも独立していることに類似しているからである。しかし、オッカムは魂と肉体の関係とのアナロジーで教権と帝権の関係を論ずるようなことはなかった。

さて、帝権に対する教権の優位を説く教皇至上主義者が取り上げる論拠として、歴史上の教皇による世俗君主の廃位と、教皇による或る人民から別の人民への支配権の移管が挙げられる。例えば教皇ザカリアスはフランク人の王キルデリクスを廃位しなかっただろうか。教皇は帝権をギリシア人からカール大帝へと、そして更にカール大帝からゲルマン人へと移管しなかっただろうか。オッカムはこの種の廃位や支配権移管を、教皇がペテロから受け取った権力の一部、正規の教皇権の一部とは考えず、「人民の権威による」(auctoritate populi)教皇の行為と考えている。

> 「一つにはキリスト教徒の皇帝は犯罪を理由にして(ratione criminis)教皇に服従することがあり、同じことは他の王にもあてはまる。……それ故、犯罪を理由として教皇は皇帝と王に対して、世俗的ではなく霊的な裁治権を有している。……他方、教皇は皇帝や他の王に対し世俗的な裁治権を有してはいないが、それにもかかわらずこのような世俗的裁治権をもつことは教皇たる地位に反したことではない。それ故、ローマ人民もこれ以外の人民も、皇帝や、上位者をもたない王に対して自分たちが場合によっては有していることが知られている裁治権を、教皇へと移譲することが可能であり、このとき教皇は人民の権威によって皇帝や王を廃位することができる。このような意味で我々は、教皇がフランキア王を廃位したという〈C. 15. q. 6. c. 3 *Alius*〉を解釈する。『廃位した』という言葉について註釈は、『教皇は、廃位を行った人々と同意見であったことから廃位したと言われている』と述べており、その趣旨は、王は廃位されるべきだと考えた人民の権威によって(教皇は廃位した)ということである。このようにして、大司教や司教も、自分たちの霊的職務を理由としてではなく、この種の権限を自分たちに移譲した人民の権威によって、何らかの王を廃位できたのである。……或る人々には、教皇は福者ペテロの後継者としてではなく、そのような権力を教皇に授与したローマ人民の権威によってローマ帝国を移管する、と主張している」[51]。

この箇所では先ず世俗の支配者が犯罪(crimen)あるいは罪(peccatum)を犯した場合に教皇は自己に固有の霊的裁治権を根拠として世俗権力に介入できることが指摘されている。しかし、教皇が霊的な意味で皇帝や王に対して優位にあるとしても、霊的優位を根拠とした世俗権力に対する間接的な介入権は、世俗支配者の罪を口実に教皇が恣意的に権力を行使する機会を生むことから、オッカムは教皇の介入を「人民の権威によって」根拠づける見解をより強調するようになる。オッカムによれば八世紀のザカリアスによるフランク王キルデリクスの廃位は、教皇に固有の権威ではなく人民の権威によって為された場合にのみ有効である。ザカリアスは人民によって既に為されたキルデリクスの廃位を事後的に追認したにすぎないのか、あるいは自らキルデリクスを廃位する権限をフランク人の人民から移譲されたかオッカムは明確にしていないが、いずれにしても廃位は教皇がペテロの後継者として有する権限によって為されたものではない。オッカムによれば、教皇による世俗支配者の廃位は、教皇至上主義者が主張するような神により定められた永遠普遍の位階秩序の具体的な現れではなく、特定の歴史的状況において個々の教皇が人民の権威を根拠として遂行した行為にすぎない。『九十日の書』より後に書かれた『八設問集』では次のように言われている。

「それ故、正確に言うと教皇はフランク人の王を廃位したのではなく、標準註釈が『教皇は、廃位を行った人々と同意見であったことから廃位したと言われている』と述べているように、人々の意図を称賛し、万人に共通の利益のために王に対抗して自分たちの権限を行使することを恐れないように助言したのである。従ってフランク人たちは、おそらく自分たちの権限について疑問を抱いていたので、賢者としての、そして自分たちより賢い人々を伴った者としての――当時、未だパリ大学は存在していなかったからである――教皇に助言を求め、自分たちが王を神の意にかない正当に廃位できるか否かを尋ねたのである[52]」。

ここでは教皇は人民の行為に同意することによって、そしてフランク人に対し「万人に共通の利益のために王に対抗して自分たちの権限を行使する」ことを恐れるべきでないと助言することによって、キルデリクスを廃位したと言われている。そして教皇ザカリアスはこのとき教皇の権限において人民に助言したわけではない。フランク人が助言を求めてローマに赴いたとき、「賢者として」の教皇に、そして「自分たちより賢い人々を伴った者としての」教皇に助言を求めたにすぎない。「当時、未だパリ大学（studium Parisius）は存在していなかったからである」とオッカムは付け加えている。教皇の助言は、そしてましてや教皇の同意は、教皇職に固有な〈ex officio〉な権限の行使ではなかった。オッカムによれば、エドワード二世の廃位から明らかなように、人民が王を廃位する権限を自分たちがもつことを確信し、何の危険もなくしてこのような行動をとれるのであれば、教皇による廃位は不必要である[53]。

またギリシア人からゲルマン人への帝権の移管が教皇によって為されたことを理由に、教皇は選帝侯が選挙した皇帝候補者を承認することも拒否することもできるというインノケンティウス三世の教令《Per venerabilem》に依拠した教皇主義者の見解に関しても、オッカムは教皇権自体に帝権移管の権限が内属することを否定している。教皇はキリストが教皇に授与した権限によってではなく「自分にこの種の権力を譲渡したローマ人民の権威によって[54]」、そして「理にかなった理由によって自分にこの権力を譲渡した[55]」ローマ人民の権威によって行動したか、あるいはローマ人民が実際に行った移管に同意したことから（教皇自身が）移管したと言われうるのである[56]。

従ってオッカムによれば教皇は教皇に属する権限の行使として世俗君主を廃位したり帝権を移管することはできない。しかし『八設問集』ではオッカムはこの主張を少し修正して次のように述べている。

「それ故、もし皇帝が帝国に大きな損害を与えたり、帝国を破滅させたりするような犯罪（crimen）を犯し、あるいは非難すべき怠慢によって帝国を危険に陥れ、暴政その他、廃位に最も値するようなことを行うならば、ローマ人民あるいは、ローマ人民が自分たちの権限をそれへと移譲した者たちは、皇帝を廃位しなければならない。教皇には廃位する権限はない。ただし、この権限を有する者たちが教皇に自分たちの権限を移譲した場合、あるいはこれらの者たちが完全なる正義を実行しようとせず、あるいは実行できず、状況が皇帝に対抗して緊急に正義を実行する必要性のある場合はこのかぎりではない[57]」。

「帝権の移管の権限は世俗権力に属している。しかし、教皇は教皇たるかぎりにおいて、少くとも通常は（regulariter）、世俗的な諸権利が違反されることのないように世俗的事項に決して介入すべきではない。従って教皇は、ローマ人が疲弊しており、それが必要なときに帝権を移管しようとしなければ、緊急事態の故に例外的に（casualiter）帝権を移管することができる。しかしローマ人たちが共通善のために緊急に帝権を移管しようとする場合は、教皇は自らに固有の権威によって帝権を移管すべきではない。教皇が一人のローマ人たるかぎりで他のローマ人とともに帝権を移管することはできても[58]」。

「確かに、何らかの世俗的な犯罪ないし非難すべき怠慢の故に、あるいは他の世俗的な欠陥の故に帝権が或る人民から他の人民へと移管されるべきだとしても、教皇は自己に固有な権威によってこのような移管を行うことはできない。ただし、ローマ人やその他の俗人が非難すべき仕方で怠慢な場合は別であるが[59]」。

最後にオッカムは、世俗的事項に対し教皇が介入した歴史上の事例に対し、端的にそれが不正であったことを主張する。

「他方で次のように言われている。教皇ザカリアスは、彼がフランク人の王を廃位したとき、『他人の収穫物に自分の鎌を入れた』と。そして彼は、職務上自分には属していない権限を不当に行使したと。これは〈Extra, *de foro competenti*, c. *Si quis clericus*（正しくは c. *Si clericus laicum*〉〉（X. II, 2, 5）の〈*de consuetudine*〉という言葉に対する標準註釈が証言しているように、他の教皇たちが周知の如く俗人を害する仕方で行動したのと同様である。註釈は次のように述べている。『〈俗人が聖職者に対して裁判を行うとき〉俗人たちが怠慢であろうとなかろうと、教皇はあらゆる問題に関して俗人たちに対抗して聖職者に日常的に恩赦の書状を与えてきた。このようにして、教皇はすぐ前の titulus 1 の〈c. *Novit*〉（X. II. 1. 13）の冒頭で教皇自身が述べていることに反して、他人に属する裁判権を不当にも自分のものにしているのである。――教皇はそこで次のように述べている――『いかなる者も、余がいささかたりともフランス人の王の裁判権を侵害しようとしているなどと思ってはならない。なぜならば、フランス王自身も余の裁判権を阻害することはできないし、阻害すべきでないからである』』。(60)

「しかしおそらく或る人は、インノケンティウス三世はオットー四世を皇帝位から退位させ、インノケンティウス四世は皇帝フリードリヒ二世を廃位したと主張するだろう。これに対しては三つの異なった仕方で答えることができる。事実或る人々は、インノケンティウス三世とインノケンティウス四世によって行われた廃位はローマ人の権威によって為されたと主張する。ローマ人には皇帝を正す権限が属しており、特にこのことは、ローマ人が皇帝を選ぶ権利をそれへと移譲したドイツ選帝侯が非難に値するほど、皇帝を正すことに関して怠慢であった場合はそうである。他の人々は次のように主張する。特にインノケンティウス四世がフリードリヒ二世を廃位したのは、異端の問題に関してあらゆるキリスト教徒に対し排他的な権限を有する公会議の権威によると。また他の人々は、両教皇は、自分が有していなかった権限を不当に自分のものにして悪しき仕方で行動したと主張する。〈X. II, 2, 5〉の〈de consuetudine〉に対する標準註釈が述べているように、ローマ教皇たちはしばしばそのような行動をとっていた。『俗人たちが怠慢であろうとなかろうと、教皇はあらゆる問題に関して俗人たちに対抗し聖職者に日常的に恩赦の書状を与えてきた。このようにして教皇は、すぐ前の titulus 1 の〈c. *Novit*〉（X. II. 1. 13）の冒頭で教皇自身が述べていることに反し、他人に属する裁判権を不当にも自分のものにしているのである』。そしてこれらの人々は、このような他人の権利の侵害によってキリスト教世界の秩序が混乱したと主張している。というのも、カノン法〈xi. q. i. *Pervenit*〉（C. 11. q. 1. c. 39）が述べているように、各人が自分の裁判権を保持しなければ、あらゆる秩序は混乱するからである。そして彼らは、このような権利侵害の故に、インノケンティウス四世の時代から、イタリアでは人民の殺戮、都市や地域や領土の荒廃その他数えきれないほどの悲惨な事態が生じたと述べ、そしてフリードリヒが異端者であろうとカトリック教徒であろうと、インノケンティウス四世はフリードリヒに対し、信仰に反した数多くの許し難い誤謬でいっぱいになった教令や指令を発布したと主張している[61]」。

オッカムによれば、危機的な状況にあるときに世俗の人間が誰一人として適切な行動をとらなければ、ローマ教皇は自らの発意で必要な行動をとる神法上の権限を有している。しかし、教皇が世俗的事項に介入できるのは、文字通り俗人が適切な行動をとらない場合に限られる。すなわち世俗の裁治権者や支配者だけでなく、これらの者に服する人民、世俗的社会のために行動することが期待されている人々が必要な行動をとらない場合にのみ教皇は世俗的事項に介入できる。世俗的事項は宗教的事項から自立した世俗の人々によって営まれる領域であり、世俗の支配者が適切な行動をとらないときも、これを矯正するのは宗教的権威たる教皇ではなく支配者に服する世俗の人民自身である。教皇は世俗支配者の封建的な上位者ではない。オッカムにとりキリスト教社会における世俗権力の基礎は聖職者の権力にあるのではなく、教皇が介入できるのは世俗の人間が誰も適切な行動をとれない極めて例外的な状況に限定されている。

教皇が聖俗両剣を有し十全権力を行使しえることは、これまでの歴史を通じて世俗の支配者自身が聖職者の優越性を承認してきた事実によって立証される、というルッカのトロメーオの〈Determinatio Compendiosa〉の主張に対してオッカムは次のように答えている。

「上述の人々（世俗的事項における教皇の皇帝に対する優位を主張する人々）はコンスタンティヌス、ユスティニアヌスそしてカール大帝を例に挙げているが、これはむしろ彼らの主張とは反対のことの論拠となるように思われる。事実、これらの皇帝は教皇に対してだけでなく司祭やすべての聖職者に対し敬虔な態度をとっていたが、世俗的事項において自分が聖職者に服しているとは思わず、むしろ聖職者に優位する者として行動したのである。……更に或る者たちは、上述の人々により（教皇の優位を示す例として）ユスティニアヌスが挙げられていることに驚いており、これらの者には、（教皇の優位を）主張する人々がユスティニアヌスの法律を読んでいないように思われている。というのも、ユスティニアヌスの後にも先にも、ユスティニアヌスが彼により制定され、全世界のすべての人によって遵守され受け入れられるべく発布された法律の中で、教皇と聖職者の財産や身体に対し（super res et personas）

――そして教皇がコンスタンティヌス大帝の寄付ないし放棄を理由に（collatione et resignatione）自分に属すると主張しているものに対し――明白に要求しているようなかくも大いなる優越的地位と裁治権と権力が自分にあると主張したキリスト教徒の皇帝は他に一人もいなかったからである」(62)。

さて、聖職者に対する世俗支配者の、そして霊的領域に対する世俗的領域の独立性を説き、世俗支配権の基礎を非神聖化するオッカムの理論は、聖職者による過度の権限要求に対してキリスト教会内での世俗支配権の自立性を説くのみならず、世俗支配権の基礎を教会の外に置くことで、霊的性格を払拭した世俗支配権の純粋に自然的な性格を強調する。

既に指摘したように、帝権が教皇による承認や規制から独立していることを示すためにオッカムはしばしば非キリスト教徒の間に正当な支配権や裁治権が存在することを認める聖書のテキストを引用している。聖書が非キリスト教徒に正当な支配権を認めているのであるから、非キリスト教徒に対し支配権を否定することは不正であるのみならず異端ではないだろうか(63)。オッカムは自分の時代の皇帝がカール大帝の後継者であることを根拠にするよりも、古代ローマ皇帝、特にキリストと使徒と同時代の非キリスト教徒の皇帝の後継者であることを根拠とした方が、教皇権に対する独立性をより説得力をもって主張できると考えていた。聖書に記されている神の証言のほうが人間の証言より確実だからである。

オッカムと同時代のドイツの法学者ベーベンブルクのルーポルトは神聖ローマ帝国皇帝の権限をローマ人民の王としてのいわばナショナルな権限とキリスト教会全体に及ぶ普遍的な権限に区別し、帝国の中のドイツおよびイタリアの領域への権限は、皇帝が「ローマ人民の王としてのカール大帝」の後継者であることにのみ基礎づけられ、サンピエトロ大聖堂での皇帝戴冠以前から保持されているのに対し、「皇帝としてのカール大帝」の後継者として有する普遍的権限は教皇による聖別と戴冠に依存することを主張した(64)。

『八設問集』設問第四でオッカムは、選帝侯によりローマ人民の王として選挙された者は直ちに皇帝となり、帝国に対して完全な統治権を行使できるのか、それともローマ人民の王は教皇の塗油と戴冠によって初めて皇帝になるのかという問題を論じ、ローマ人民の王は、カール大帝が相続や正戦によって――帝権がギリシア人から彼へと移管される以前から――有していた領域への権力を有するが、これ以外の領域に対する帝権は教皇による塗油と戴冠を通して受けとるという（ベーベンブルクのルーポルトの）第一の見解と、ローマ人民の王は直ちに皇帝となるという（オッカム自身の）第二の見解を比較検討している。前者の第一の見解によれば、カール大帝以後の皇帝たちはカール大帝の後継者であるが、彼らは皇帝としてのカールの後継者であるだけでなく、相続によってフランク人の王となった――フランク人の王キルデリクスが廃位された後、キルデリクスを継いでフランク人の王となった父ピピンを相続した――カールの、そして正戦によって多くの領域をフランク王国に付加したカールの後継者でもある。これに対して後者の第二の見解によれば、カール大帝以後のローマ人民の王と皇帝たちは古代のローマ皇帝たち――このうち何人かはキリストと使徒の時代の皇帝であった――の後継者であり、これらの皇帝がカール大帝の後継者でもあるのはカールが古代ローマ皇帝の後継者であるからにすぎない。中世の皇帝たちは古代ローマ皇帝の直接的な後継者なのである。

　そして「カール以後の皇帝たちがカール大帝の後継者であったという事実によるよりも、彼らが最初の皇帝にしてローマ人民の王の――特にキリストと使徒の時代の皇帝にしてローマ人民の王の――後継者であったという事実による方が……皇帝にしてローマ人民の王たる者ははるかに大きな安定性（stabilitas）と活力（vigor）を得られるように思われる。その理由は、カールが真の皇帝にしてローマ人民の王であったことより、これら異教の者たちが真の皇帝にしてローマ人民の王であったことの方がより明白に知られているからである」[65]。

　事実、古代ローマの皇帝、特にキリストと使徒の時代の皇帝（ティベリウスやオクタウィアヌス）が真の皇帝にしてローマ人民の王であったことは新約聖書（『マタイ福音書』（22・21）、『ルカ福音書』（3・13―14）、（2・1）、『ペテロの第一の手紙』（2・13）、（2・17）、『使徒行伝』（25・10―11））に記されているのに対し、カール大帝に関してはこれほど多くの証言は存在せず、その数ははるかに少ない。

　「カールの帝権ないし王権が真の帝権ないし王権であったことについて我々は確かなことを知らないし、特にフランク王国に関してそうである。そのうえ、フランク王国が真の王国ではなく、単に略奪されたにすぎないことの立証が史書や年代記によって試みられている。というのも、カール大帝がその後を継いだ最初のフランク王たちは、皇帝に服従すべきであるにもかかわらず服従に違背して当の王国の領土やその他の地域を傲慢にも略奪した侵入者とその後継者だったからである。……これらの事実からフランク王国が当初は暴政であったことが帰結する。少くともカール大帝が皇帝になる以前はフランク王国は正しい真なる王

> 国ではなく略奪された暴政国家であった。もしその後、それが正当にして正義にかなった真の王国になったとすれば、それは時効によるか、フランク人の選挙や合意や意志によるか、キルデリクス王が廃位され、これに代わりピピンが王位に就いたことのいずれかによる(66)」。

しかしフランク人は帝権に属する土地に暴力でもって侵入したのであるから、「悪意の占有者はどれほど時間が経とうと時効取得できない」ように、当の土地を時効取得することはなく、フランク人の王国が時効により真正の王国になることもない。またフランク人の王国がフランク人による選挙や合意や意志によって真正な王国になることもない。支配者をもたない人民が万民法によって自分たちの支配者を設けることができることは確かであるが、事実上はともかくとして既に法的な支配者や王を有する人民が別の支配者や王を設けることはできず、フランク人には皇帝という支配者が存在していたからである。フランク人は皇帝の権威を無視して王を設立することはできない。従ってフランク王国が人民の意志をもってしても真正な王国になることはなかった。更に、キルデリクス王に代わってピピンが王になったことでフランク王国が真正な王国になったとも言えない。交代は人民によって為されたか教皇によって為されたかのいずれかであるが、人民によって王が交代したならば、それは無効である。というのも、王を設立できない人民は、王を別の王に変えることもできないが、フランク人は既に法的に皇帝に服していたのであるから王を設立できず、それ故、王を別の王に変えることもできないからである。交代が教皇によるならば、それも法的に無効である。教皇は皇帝の権限を損なうことはできず世俗的事項に介入できないからである。この主張に対しては、教皇は緊急事態においては例外的に世俗的事項に介入し、王を設立することが可能であり、教皇の介入によりピピンがフランク王になったのも緊急事態の故である、と反論する人がいるかもしれない。

> 「(しかし)このような人には次のように答えられる。たとえ教皇が緊急事態において王を設立することができるとしても、このような行為が王を設立する権限のある者(ないし者たち)を害することがあってはならず、特にこの者(ないし者たち)の意見を聞くことなしに遂行されてはならない。更にこのような行為は、危険を回避できる別の方法が、そして共通の利益を得るための別の方法が存在するときは遂行されえない。しかしピピンが王になったとき、このような別の方法を用いる可能性が存在していた。事実、王の設立はその当時、皇帝の権限に属していたのである。そしてもし皇帝が怠慢であったとしても、王を設立

する権限が教皇に移ることはなかった。上で援用された使徒ペテロの権威と聖なるカノン法に従えば、教皇は世俗的事項に関わるべきではないからである。王を設立する権限はローマ人民に移った。しかし、仮にローマ人民も怠慢であったならば、緊急状態が存在するかぎり、王を設立する権限はフランク人へと移ったことだろう。そしてこれらすべての者が王を設立できない場合に初めて権限は教皇へと移るのである。確かに教皇は緊急事態において、或ることを行う権限がもともとそれへと属していた人々の怠慢を補うことができた。また、王を設立する以外の方法で――皇帝に、あるいは皇帝がそれを行わないときはローマ人民に留保された行為の中で優れている、あるいは最も優れたものに属するのが王を設立する行為である――フランク人の土地に生ずる危険は回避されえたし、共通の利益が得られたのである。従って、それは教皇が王を設立する権限を有するような事例ではなかった(67)」。

以上が中世のキリスト教皇帝をカール大帝ではなく古代ローマの――特にキリストと使徒の時代の――皇帝の後継者とみなすほうがより適切であるというオッカムの主張の根拠である。

　さて、上に述べた二つの見解のうち第一の見解は次のように主張する。

　「ローマ人民の王は、ローマ人民の王であるかぎり、塗油と皇帝戴冠以後に皇帝があらゆる地域や領域に対し有することになる権力と同じ権力を、塗油と皇帝戴冠以前から有しているわけではない。ローマ人民の王は、選帝侯によって選出されることにより、イタリアやその他の領域、そして今日ドイツ王国と帝国に服している地域に対し（in Italia et aliis provinciis et terris subiectis hodie regno et imperio）皇帝が有する権力と同じ権力を有してはいても、塗油と皇帝戴冠以前は、あらゆる王国とあらゆる領域、特に西洋のあらゆる領域に対し（in omnibus regnis et provinciis praesertim occidentalibus）――すなわち帝権がカール大帝に移管される以前はカール大帝の権力に服しておらず、現在でも事実上は帝権に服していないあらゆる王国とあらゆる領域に対し――皇帝が有するすべての権力を有しているわけではない(68)」。

これに対し第二の見解は、

　「ローマ人民の王国とフランク人の王国、ローマ人民の王とフランク人の王を区別し、上述のことは少くとも部分的に、すなわちフランク人の王やフランク人の王たるかぎりでのカールに関しては真でありえても、ローマ人民の王やローマ人民の王たるかぎりでのカールに関しては真でない、と主張する。事実カールは、塗油と皇帝戴冠以前は、そして帝国が彼へと移管される以前は確かにフランク人の王でありローマ人の貴族（patricius Romanorum）であったが……ローマ人の王ではなかった。それ故カールはローマ人の王たるかぎりでは、彼が皇帝たるかぎりで有していたすべての権力を有していたが、皇帝になる前は彼はローマ人の王ではなかったのである。それ故、カールの後継者たちについても、彼らがローマ人の王として有する権力と、皇帝として有する権力に違いがあるわけではない。すなわち、彼らがローマ人の王としては有しているが皇帝としては有していないような、どのような地域や領域も存在しない。このことは、カール大帝が皇帝としてはその地域に対し何らかの権力を有しているが、ローマ人の王としては当の地域に対しいかなる権力も有してはいない、といったようないかなる地域も存在しないのと同様である。というのも、カールが皇帝であろうとローマ人の王であろうとそれは同じことであり、どちらの名称で呼ばれようとそこに違いはないからである。すなわちカールは皇帝となる以前にローマ人の王と呼ばれることはないし、皇帝に任命され選出される以前にローマ人の王に任命され選出されることもない。そしてローマ人の王たるかぎりではカールに対し特別な儀式がなされるが皇帝たるかぎりではそのような儀式はなされない、といったこともない。従ってカール大帝の後継者についても、ローマ人の王と皇帝の間には、その権力に関していかなる差異も存在しないのである(69)」。

そして次のような主張、すなわち「少くとも、カールが皇帝になる以前に獲得した地域とそれ以外の地域のあいだには何らかの差異が認められるべきである。事実カールは皇帝になる以前に或る地域と領域に対して王権を有していた。それ故カールの後継者である皇帝たちは、皇帝になる以前に、カールが皇帝になる以前に有した地域と領域に対して王権を有していた(70)」という主張に対し、上述の第二の見解は次のように答える

「カールは皇帝になる以前に、フランク人の王たるかぎりで、相続権により或る地域や領域を領有し、別の領域や地域についてはそれらを不正に保持していた者たちの攻略者、征服者として領有した。これら不正な保持者たちは、罪のない人々を不正に苦しめる暴政と加害行為の故に正当な戦争によって（licito bello）その強力な世俗権力を誰か或る人間に奪われ、完全に根絶されることがふさわしい者たちだった。前者の地域と領域に対してカールは、他の王

たちが各自の王国において王権をそれによって授けられたのと同じ法によって王権を有しており、後者の地域においては、すべての人々に明らかなように、カールは皇帝になる前に王権を有していなかった。

確かに正戦を（iusta bella）行う者は、敵や敵に加担した人々から取り上げたものをしばしば自分のものにしているが、このことは、時と場所を問わずどんな場合でも正当というわけでなく、これには幾つかの例外がある。或る人々によれば、この例外の一つは、正戦を行う者に対し敵が良心によって（secundum bonam conscientiam）、この者が被ったすべての損害と、この者とこの者の臣下の労苦に対して賠償したときは、この賠償のみを敵から受け取るというものである。もう一つ別の例外は、正戦がそれに対して行われる相手方が、正戦を行う者の権利を認め賠償しようとする場合である。更に別の例外は、正戦を行う者が、正戦がそれに対して行われる相手方に対して裁治権を有しておらず、ただ相手方が自分の領土に侵入したという理由で戦争する場合である。この場合、敵方の財産や身体を捕えることも、侵入者を拘留することも許されないが、正戦を行う者は略奪された財産の返還を要求できる。また更に別の例外と考えられるのは、正戦を行う者が、敵によって不正に保持された第三者の財産を取り上げた場合である。事実、罪のない人間の財産や奴隷、あるいは罪のない人間自身が敵に占有され、その後で正戦を行う者によって取り上げられたならば、それらの財産や奴隷や人間が、それらを捕えた者の所有に帰することはない。更に別の例外でありうるのは、或る主人の奴隷や臣民や家臣が正当な理由によって、あるいは主人の権威によって、自分の主人の動産や不動産や家人を略奪し不正に保持する者に対し戦争を行い、自分の主人の財産や家人を不正な保持者や占有者の手から奪い返す場合である。この種の正戦を行う者は、自分たちが取り上げるものを自分のものにしているわけではない。このことによって彼らの主人は、自分の財産や家人に対する所有権や支配権を失うことはないからである。従ってカールは、正戦によって数多くの領域や地域を占有したとしても、この種の正戦によってこれらの領域や地域を自分のものにすることはできなかった。なぜならば、これらの領域や地域は皇帝の権利と支配権に（ad ius et dominium）属していたからであり、おそらくこれらの領域や地域の或るものは皇帝以外の者の権利と支配権に属しており、これらの者は、彼らが当の領域や地域に対し有する権利をカールによって奪われることはありえなかったからである。しかしながら、カールは、自分が被った損害、労苦、出費、自分や臣下の努力に対し賠償を受けるまでは、それらの地域を正当に占有し、そこから利益を享受することができ、特にそれらの地域の真の所有者が然るべき仕方で当の地域を取り返さなかったときはそうである。しかしカールは、このような占有によってこれらの地域の所有権——少くとも第一次的な所有権（dominium, saltem principale）——を獲得することはできず、かくして占有によって当の地域に対する王権を手に入れることもできなかった。カールは皇帝になった後に、当の地域に対する帝権と王権を獲得したのである。

それ故、カールの後継者たる皇帝たちはフランク人の王たるかぎりでの、そして正戦によって何らかの地域や領域を占有していたかぎりでのカールを承継したのではなく、ただ皇帝たるかぎりでのカールを承継したのである。皇帝たるかぎりでのカールは自分が占有していた地域を分割し、その或るものを帝権に割り当て、自分の後継者である皇帝がその地域を自分と同じ権限で領有するようにしたのであり、これ以外の地域を自分の息子や甥に譲渡した。それ故カールの後継者である皇帝ないしローマ人民の王は、自分たちに服するすべての地域を、皇帝たるかぎりでのカールがそれらを領有していたのと同じ権限で、あるいは異なる権限によって領有し、ローマ人民の王ないし皇帝たるかぎりで、それらの地域を統治すべきである。

更に、なぜ『同じ権限で、あるいは異なる権限によって』と言われているのか理解しなければならない。このように言われているのは、カールが他のすべての皇帝と同様に、自分に服する全地域に対し同じ権限ないし権力を有していたわけではないことに注意する必要があるからである。確かに或る地域は帝権にのみ属しており、他の王や君主や領主には属していない。これらの地域は、帝国統治の労力に対する、そして皇帝の職務に属する事項の遂行に対する或る種の俸給として皇帝にあてがわれたものであり、これらの地域に関して皇帝は、特に帝国にとってそれが有益と思われ、帝国の破壊や毀損や縮小をそれが防止すると思われる場合には、自分が欲するすべてのことを行う権力を有していた。しかしこれ以外の地域は他の王や君主や領主に属していた。他の王や君主や領主は皇帝の従僕ではなく自由人だからである。最善の統治体制である帝国は主としてこれら自由人の利益のために設立されたのであり、皇帝は法で定められたことを越えてこれらの地域に関して好きなことを行えるような権力は有していなかった。もし帝国が最善の世俗的統治体制であれば、皇帝が——公の利益のために必要な場合は別にして——自分に与えられた権限を越えて他の王や君主や領主の意に反して何らかの地域を彼らから取り上げるようなことは法的に不可能である。

以上のことから次のことが帰結する。カールは皇帝になる以前はイタリアに対し王権を有してはおらず、それ故イタリアは、――特にイタリアが帝国の首都であるローマを包含しているかぎり――主たる王国に付属する王国のようにゲルマニア王国に結びつけられてはいなかったということである。しかし、或る時期、ゲルマニアだけでなくイタリアも上述の理由により帝国の責務を引き受けるべく、帝権に属するものとみなされた(71)。

しかし、この第二の見解に反対して或る人は次のように主張するだろう。この見解に従うとフランク人の王国はカール大帝以後、存在を停止したことが帰結する。というのも、皇帝以外には誰もフランク人の王国でカールの跡を継いだ者はいないように思われるからである。すなわち上述の見解が主張するように、いかなる皇帝もフランク人の王としてカールを承継したのではなく、すべての皇帝は単に皇帝としてのカールを承継したのであるから、その時点でフランク人の王国は存在を停止したことになる、と。

これに対しては次のように答えられる。このフランク人の王国（regnum Francorum）は――この王国は初めからこのように呼ばれていた――、その主たる領土と起源がテウトニアにあり、カールが――皇帝になる以前に――この王国の初代の王であったが、カールの死後、王国であることを停止した、と。このとき以来長きにわたって誰もフランク人の王と呼ばれたことはなかった。事実、カールは当時の慣わしに従って、フランク人の王国だけでなく帝国をも分割したのである。確かにこれは幾つかの年代記に記されているとおりである。……以上のこと、そして他の多くのことから、フランク人の王国が王国であることを止め、カールに直接的に服していた地域が、フランク人の王国の領土と同様に帝国の領土も、様々な仕方で分割されたことが帰結する。それ故フランク人の王国においても、この王国のいかなる部分においても、フランク人の王たるかぎりでのカールを承継した者はいなかった。しかし、カールの息子たちのうちの一人が、帝国の一部分において、そして王国において――すなわちフランク人の王国の一部分において――皇帝たるかぎりでのカールを承継したのである。ところがこの息子（ルドウィクス）はフランク人の王とは呼ばれず、ただ皇帝とだけ、あるいはアクィタニア王にして皇帝と呼ばれていた。その理由は、（ルドウィクスは）皇帝になる前にアクィタニアの王だったからである。カールのもう一人の息子――あるいはむしろ甥――は、帝国に属していた部分的地域においてカールを承継したが、この息子は、カールが帝国の或る部分を――この部分が直接的にではなく間接的に皇帝に服するような仕方で――帝国から分離する権力を有する皇帝であったかぎりでカールを承継したのである。確かにイタリアは、以前は皇帝に直接的に服する帝国の一部分であり、皇帝以外の王や領主を有していなかったが、当時カールの甥ベルナルドゥスに授与され、ベルナルドゥスはイタリアの王となった。この後、フランク人の王国は、既述のことから明らかなように様々な仕方で分割されたことから、当時も、そしてその後の時代も、誰もフランク人の王とは呼ばれなかった。そして以前は皇帝に直接的に服する地域から分離されていたイタリアは、その後この地域へと統合されたのである[72]」。

以上のように、オッカムは、中世の神聖ローマ帝国皇帝がカール大帝ではなくむしろローマの皇帝の後継者であること、そして古代ローマ帝国の支配権が聖書で述べられていることを根拠に正当な支配権であったことを主張する。しかしオッカムのこの主張を、教皇を介在させることなく皇帝権を聖書にある神の命令に直接に基礎づけることで神聖化する試みとして理解すべきではないだろう。オッカムは聖書に述べられているローマ帝国が神的起源を有し、神意の具現化であることを主張するために聖書の記録を利用しているわけではない。この脈絡においてはオッカムにとり聖書は規範ではなく、いわば誤りのない情報源であった。例えば旧約聖書の中には、神が教会の外に（extra ecclesiam）、神の民の外に（extra populum Dei）いる特定の個人に世俗権力を授与したことを述べる幾つかの箇所が存在するが、その殆どの箇所がこの種の支配権の正当性を（その起源を特定化することなく）承認している。そして新約聖書においては、異教徒の支配権が正当であったことが一般的に述べられている。しかし、帝権の正当性を認める新約聖書の中の言葉や行為は、オッカムにとり、当の正当性の規範的根拠となるようなものではなく、その意味するところは単にキリストと使徒が一つの世俗的な帝国支配と向かい合っていたこと、彼らがこの帝国支配には何ら参与しておらず、この帝国支配が彼らにより承認されたり祝福される必要もなかったということ、人間たるかぎりでのキリストは普遍的な世俗的支配権を有していなかったということである[73]。キリストと使徒たちは恐怖の故にではなく良心に従って（propter conscientiam）ローマ帝国の裁治権に服し、ローマ人は単に事実上黙許された権力ではなく真に承認された権力を有すると考えていたはずである[74]。ローマ帝国に関するオッカムの議論の中には、ローマ皇帝個人の権力ないしローマ帝国の制度的構造が神の特別の定めによるという見解を見出すことはできない。オッカムは、例えばローマ史を神の意図の徴表として捉え、「神が人間社会に関して欲することは真なる法、純粋な法とみなされるべき[75]」であるとして、ローマ人民は帝国の支配権を正当に受容したと主張するダンテのような皇帝主義者とは基本的に見解を異にしていた。ダンテは『帝政論』第一巻第十六章で次のように述べている。

「我々が邪な路を辿る分岐点となった最初の祖先の堕落以降、人間たちが置かれた境遇と時代を回想してみると、世界が到るところにおいて平和であったのは、完全なる君主国が存在していた神的なる君主アウグストゥスの治世以外には見当たらないからである。このとき、人類が普遍的な平和の静けさの中で幸福な状態にあったことについてはあらゆる歴史家や著名な詩人たちがこれを記しており、そして更にはキリストの温良さについて記録した者（ルカ）もこれを証言しておく価値のあるものと考えた。そして最後にパウロもこの最も幸福な状態を「時の充満」と呼んだ。確かにこのとき、時と現世の事物は充満の状態にあった」[76]。

これに対してオッカムはローマ帝国に神的な栄光を付与することはなかった。オッカムにとり「帝権は神から直接的に由来する」(imperium est immediate a Deo)という表現は、皇帝は世俗的事項においては神以外のいかなる者にも通常は服従することがない、という意味にすぎない[77]。オッカムは『暴政論』第四巻の第五章から第八章にかけて帝権の神的起源に関して次のように論じている。

裁治権は三つの異なる様態のもとで神から由来すると言われる。第一に人間の行為が介在することなく裁治権が神から直接的に由来する場合であり、モーセの裁治権や、「私の羊を飼いなさい」というキリストの言葉によりペテロが受けとった権限がこれに相当する。第二に、人間の行為が介在することにより神から間接的に裁治権が由来する場合であり、選挙を通じて特定の人間に与えられる教皇権や、叙品を通じて聖職者に与えられる司牧権などがこれに相当する。第三に、裁治権は神ではなく人間によって与えられるが、ひとたび与えられた後は裁治権は神のみに依存し、裁治権を行使する者が神以外のいかなる者も上位者として認めない場合であり、例えば（或る見解によれば）皇帝その他の人間から与えられた領土に対し教皇が行使する世俗的裁治権や、――ノアが大洪水以前に相続や贈与や購買によって有する世俗的裁治権が王や君主のもとにあることを認めても――大洪水の後に王や君主の相続人がいなくなった後でノアが保持する世俗的裁治権がこれに相当する。世俗的裁治権が神に由来すると言われるこれら三つの様態のうち、皇帝権は第三の様態において神に由来する。

「しかし帝権は、この第三の意味において神のみに由来する。というのも、世俗的裁治権を誰か或る者に授与する権限をもった人々が、（ちょうど立法権を実際に皇帝に授与し、自分たちから皇帝へと移譲したように）実際に皇帝に裁治権を授与したのであるから帝権は人間の何らかの定めを伴う仕方で神から由来したと言えるのであるが、ひとたび神と人間により裁治権が授与された後は、帝権は通常、神以外のいかなる者にも依存していないからである。もっとも、時として帝権が人民にも依存することがあるかもしれない。というのも、時として人民は……皇帝を正す権限を有していたからである(78)」。

我々は裁治権が第一ないし第二の様態で神のみに由来することを経験あるいは自然理性によってではなく、ただ神の啓示によってのみ知ることができるが、聖書のどこにもローマ帝国が神によって設立されたことは書かれていない。「カエサルのものはカエサルに……返しなさい」（『マタイ福音書』（22・21））というキリストの言葉は、カエサルに然るべく与えられるべきものを与えるように命じているだけであり、キリストがカエサルを皇帝として任命したことを意味していない。またキュロス（『歴代志下』（36・23）、『エズラ記』（1・2）、『イザヤ書』（45・1））やネブカデネザル（『エレミア書』（43・10）、『ダニエル書』（2・37））のような異教の支配者が神から支配権を授与されたこと、エリアが神の特別の命令によって非キリスト教徒ハザエルをスリア（シリア）の王に任命したことが聖書（『列王紀』上（19・15））に書かれていても、ローマ帝国が第一ないし第二の様態で神のみから由来することは聖書には書かれておらず、ただキリストがローマ帝国を真なる正当な帝国として確認していることが書かれているだけである。

従ってローマ帝国は第三の様態において神のみから由来する。すなわち当初ローマ帝国は、自主的に裁治権を皇帝に授与したローマ人民を通じて神により設立されたが、このように人間の定めによって設立された後は皇帝は――時として上位者をもつことはあっても――通常は神以外にいかなる世俗的上位者も有していない。

「というのも、もしユリウス・カエサルやオクタウィアヌスといった皇帝が、皇帝の顕職を受け取った後、神以外に誰か或る世俗的上位者を有していたとするならば、この上位者は信徒、すなわち当時唯一の信徒であったユダヤ人の王や司祭であるか、他の誰か或る人間ないし共同体、すなわち元老院ないしローマ人民であるかのいずれかである。しかし信徒であるとは言えない。なぜならば他の諸国王、すなわちアッシリアやメディアその他の王国は信徒たる人民の裁判官や王や司祭には服しておらず、それ故、ローマ帝国も彼らには服してはいなかったからである。しかし元老院やローマの人民が上位者であったと正当に言うこともできない。というのも皇帝はこれらすべての人々の上位者で、彼らの支配者だからである。それ故、ユリウス・カエサルとオクタウィアヌスの時代にローマ帝国は第三の様態において神のみから由来したことになる。なぜならば、キリストは皇帝や世俗の支配者の世俗的権利を取り上げたり減じるために来たのではなく、彼が苦しみを受ける可死的な人間であるかぎりにおいて、世俗的王権を自分のものにするために来たのではないからである。……キリストは、苦しみを受けうる可死的な人性に従えば王ではなく、あるいは世俗的事項において王の上位者でなかったことは極めて明白である。それ故、当時信徒ではなかった皇帝はキリストの臣下ではなく、キリストから帝権を受け取ったわけでもなかった。というのも、既に述べられたように、キリストは皇帝やこの世の支配者の権利を取り上げたり減じるために来たわけではないからである……。更にこのことから帰結するのは、キリストの死後、皇帝はペテロの臣下ではなかったこと、帝権は福者ペテロに由来するのではないということである。なぜならば、キリストが他人の世俗的権利を取り上げるために来たのでないように、キリスト教はいかなる人間の権利も取り上げることはないからである。……それ故、皇帝が信徒ではなかった福者ペテロの時代において、帝国がキリスト教によってその権利を奪われたことはなく、それ故、帝国は最初に設立されたときにそうでなかったように、世俗的事項においていかなる人間にも服していなかった。このことから更に帰結するのは、信徒である皇帝も世俗的事項においていかなる人間にも服しておらず、誰の封臣でもなかったことである。というのも、既に述べられたように、信徒である皇帝は、信徒でない皇帝の権利を継承したからであり、従って、帝権を放棄し皇帝でない――あるいは皇帝と呼ばれない――ことを欲さないかぎり、信徒でない皇帝が行使した権限を行使すべきだからである。後継者が前任者より少い権限を有するのであれば、それは真の継承ではない。それ故、或る皇帝が世俗的事項において教皇に服従し、自分を教皇の封臣にしたならば、まさにこの事実によって彼は帝権を放棄したことになり、その時から最初の皇帝たちの後継者とはみなされえないし、〈Augustus〉と呼ばれるべきでもない。というのも、彼は帝国を拡大してはいない（non augeret）からであり、――仮に彼にそのようなことができるとして――帝国を破壊しているからである。ちょうど、もし或る王が自分を教皇の奴隷にしたならば、その時から彼は王ではなく奴隷とみなされるべきであるように[79]」。

そしてオッカムは同第十章で、ローマ人が正当な支配権を獲得した三つの可能な方法として他の人民の自発的な服従、正戦そして神の定めの三つを挙げ、聖書に典拠がないことを理由にローマ人の支配権が神的起源をもつことを否定している。

「第三に、ローマ帝国は、イスラエルの子らに対するモーセの支配やその他の者たちの支配のように特別な奇跡によって啓示される特別な神の定めによって設立されたこともありえた。……（しかし支配権が設立される）第三の方法がローマ帝国の設立に寄与したとは思われない。というのも、このようなことは聖書に記されていないからである。おそらく、他の二つの方法が合わさってローマ帝国が設立されたのだろう。おそらく或る地域は、ローマ人の支配によって全世界にもたらされうる利益を考えて自主的にローマ人に服従したのであり、おそらく別の地域は正戦により服従したのだろう。従っておそらくローマ帝国は当初暴政的であったが、その後、正当な帝国へと変わったと思われる(80)」。

オッカムによれば、非キリスト教徒に正当な所有権や支配権を否定する論拠となるようなものは聖書の中に存在しない。恩寵が自然を完成するように非キリスト教徒の裁治権はキリスト教化され、教会の中に統合されることによって初めて正当な裁治権となる、といった見解はオッカムにはなかった。世俗的裁治権はその本質的性格においても起源においても純粋に自然的なものである。

キリストの時代におけるローマ帝国の権力が正当な権力であったことは、少くとも厳しい刑罰が課せられる事例においてはローマ帝国が排他的な裁判権を有していたことに示されている。オッカムは『暴政論』第五巻第九章で、『コリント人への第一の手紙』（6・3）にある「あなたがたは知らないのか、わたしたちは天使をさえ裁く者である。まして世俗の事件などは、言うまでもないではないか」というパウロの言葉を帝権が教皇に由来することの論拠とする見解を批判し、コリント人に対しいかなる場合も異教の裁判官の裁判に服さないようにと助言することがパウロの意図ではなかったこと、キリスト教徒の間で生じた世俗的事項に関する争いが異教徒の裁判官ではなくキリスト教徒が選んだキリスト教徒の裁判官によって裁判されることをパウロが認めていても、それは上位者である異教徒の裁判官の権限を侵害しないかぎりであったことを主張する。

「確かに多くの事例において、不正を被った者や詐欺された者は、上位者のいかなる権限も損なわれることがないかぎり（salvo omni iure superioris）、この上位者により裁判されることを欲さず、この上位者のもとで訴訟しないことが可能だった。……しかし、使徒パウロがそれに対し手紙を書いている人々は、自分たちの間で生じるすべての事例において自分たちで裁判を行い、判決を執行することが——たとえ刑が厳格なものであっても——許されていたのか、と問う人がおそらくいるだろう。これに対しては次のように答えられる。あらゆる事例においてこのようなことを行うことが彼らに許されていたわけではない。というのもおそらく彼らは〈merum imperium〉を有していなかったからであり、従って彼らには死刑や身体の一部を切断する刑罰を科することは許されていなかったからである。また彼らは、加害者が異教の支配者に服従し然るべき役務を行うことを阻止するような刑罰を科すことも許されてはいなかった。なぜならば彼らは、異教の支配者の臣民が当の支配者に服従し義務を果たすことを不可能にすることによって、犯罪者に対し異教の支配者が有する権利を当の支配者から奪うようなことをすべきでなかったからである[81]」。

またキリストは自分がいかなる意味においてもカエサルの支配権を脅かすようなこの世の王ではないことを主張し、ピラトの裁判権を受け容れなかっただろうか。

「或る場合に教皇が犯罪を理由に至高の支配者——この支配者は俗人でなければならない——の法廷に出頭しなければならないことの証拠は聖書から取り出すことができる。聖書の中にはキリストと使徒たちが犯罪の故に告発されたとき、世俗の——しかも異教徒の——裁判官によって裁判されたことが述べられている。彼らは自分たちに帰せられた犯罪を否定しはしたが、このような場合にこの種の裁判官に対し答えるように自分たちは義務づけられてはいないと主張したり異議を申し立てたりしたことは聖書に述べられていない。むしろこのような場合に彼らは自分たちがこの種の裁判官に服従していることを示していたように思われる。事実キリストは『ヨハネ福音書』の第十九章にあるようにピラトに対し『あなたは、上から賜るのでなければ、わたしに対してなんの権威もない』と述べており、この言葉によってキリストは次のことを示したのである。すなわちピラトは当該の事例において、上から彼に与えられた正当で正規な権力をキリストに対し有していたということである。この場合「上から」（desuper）は或る博士たちによれば「神から」を意味し、別の博士たちによれば「皇帝から」を意味している。それ故、当該事例においてピラトはキリストに対して黙許されている（permissam）だけで不正に使用された（usurpatam）権力のみならず、承認され（concessam）正当に授与された（datam）権力をも有していた。使徒パウロも異教徒の裁判官の面前で犯罪の故に告発されたとき、同様のことを主張した。『使徒行伝』の第二十四章にあるように、パウロは『閣下が、多年にわたり、この国民の裁判を司っておられることを、よく承知していますので、わたしは喜んで、自分のことを弁明いたします』と総督に述べていた。パウロは『わたしにはあなたに答える義務はありません』と述べたのではなく、『わたしは自分のことを弁明いたします』と述べたのであり、それ故、当該事例においてピラトが自分の裁判官であることを行いと言葉によって承認していた。そして『使徒行伝』第二十五章にあるように、パウロは総督フェストに『わたしは今、カエサルの法廷に立っています。わたしはこの法廷で裁判されるべきである。よくご承知のとおり、わたしはユダヤ人たちに、何も悪いことをしていません。もしわたしが悪いことをし、死に当たるようなことをしているのなら、死を免れようとはしません。しかし、もし彼らの訴えることになんの根拠もないとすれば、だれもわたしを彼らに引き渡す権利はありません。わたしはカエサルに上訴します』と述べた。この言葉によってパウロはフェストとカエサルの両者を自分の裁判官として承認していたのである。そして、パウロはこの言葉と行いによって嘘をついていたと主張することは許されないので、カエサルは真にパウロの裁判官だったことになる[82]」。

キリストの言葉と行為はローマ帝国の支配権や裁判権が倫理的に善であることやピラトの裁決が正当であることを示しているわけではないが、それはローマ帝国の刑事裁判権——それ故支配権——をキリストが承認していたことを示している。

オッカムは皇帝権が神的基礎を欠くことをことさら強調しているわけではない。しかしオッカムの非キリスト教的な帝権観念は離教者ユリアヌスの統治権の正当性の擁護にも明白に示されている。オッカムによれば、異端者が世俗的裁判権を行使しえないことは人定法の上の定めにすぎず、ユリアヌスの時代にはこの種の人定法は制定されていなかったが故に、ユリアヌスの臣民には、ユリアヌスがキリスト教の信仰に反したことを命令しないかぎり服従義務がある。

「アンブロシウスは次のように述べている。『皇帝ユリアヌスは離教者であったが、彼にはキリスト教徒の兵士たちが仕えていた。そしてユリアヌスが〈国を守るために戦闘隊形を整えて進軍せよ〉と命じたとき、彼らは命令に従った。しかしユリアヌスが〈キリスト教徒に対し武器をとって出撃せよ〉と命じたとき、彼らは天上の皇帝の方を承認したのである』。また……アウグスティヌスは次のように述べている。『ユリアヌスは異教徒の皇帝であった。彼は離教者で邪悪な偶像崇拝者ではなかっただろうか。キリスト教徒の兵士たちは異教徒の皇帝に仕えていた。しかしキリストに関係したことが問題になるときは、兵士たちは天に在すキリストだけを承認した。ユリアヌスが彼らに偶像を崇拝し、偶像のために香を焚くことを要求したとき、彼らはユリアヌスより神を選んだ。しかしユリアヌスが〈戦闘隊形を整えて進軍し、あの国を攻撃せよ〉と命令したときは、彼らはすぐさま命令に従った。彼らは永遠なる主と現世の一時的な主人を区別していたのである』。これらの言葉から我々は明らかに次のことを理解する。すなわちユリアヌスは異端者で離教者であったにもかかわらず真の皇帝にして主人であったことを、そしてネロやドミティアヌスやカリグラもそうであったことを。

しかし或る人はおそらくユリアヌスについて次のように主張するだろう。彼は真の皇帝ではなく皇帝と呼ばれ、一部の人々により皇帝とみなされていたにすぎず、キリスト教徒は彼を真の皇帝として認めず、単に黙許していたにすぎない、と。……アンブロシウスの一節への註釈は『ユリアヌスは、キリスト教徒にとって躓きの石とならないように教会によって依然として黙許されていた』と述べている。従ってユリアヌスは真の世俗的裁治権ないしは世俗的事項に対する真の支配権を有してはいなかった。

これに対しては容易に答えることができる。註釈者より大きな権威を有しているアンブロシウスとアウグスティヌスの言葉は、（アウグスティヌスが述べるように）永遠なる主と現世の一時的な主人を区別することによって、キリスト教徒の兵士たちが神に違背しない事柄において真の皇帝としてのユリアヌスに服従していたことを確認している。というのも、後に異端者に対し制定される法律は当時存在しておらず、当時、異端者が人定法によって世俗的な財産や支配権を剝奪されるようなことはなかったからである。それ故、異端者や離教者が当時、現世の一時的な顕職に就くことが可能であったように、キリスト教徒も、神に違背しない事柄において真の主人にして真の権力をもった彼らに正当に服従することができた。もし離教者ユリアヌスが、現在異端者がそれによって破門されることが知られているような方法で異端者として破門されていたならば、敬虔なカトリック教徒であったキリスト教徒の兵士たち――その一人が福者マルティヌスである――は、神に違背しない事柄やそれ以外の事柄においてもユリアヌスには服従しなかっただろう。……それ故ユリアヌスは教会により真の皇帝として認容されていたのであり、ただ単にキリスト教徒にとっての躓きの石にならないように認容されていたわけではなかった。というのも、当時の記録が明らかにしているように、ユリアヌスは彼の力の全てを行使してキリスト教徒を迫害したからである[83]」。

それ故ユリアヌスの時代の非キリスト教徒は、異端に対する法律が制定されるまでは、依然として正当な裁治権を行使することができた。そして教会の外部にはどのような〈dominium〉（所有権と支配権）も存在しえないという教皇至上主義者の見解は非キリスト教徒に害を加え、彼らの改宗を阻止してしまうとオッカムは主張する。

「そのうえこの誤りは、キリスト教に改宗しない機会を非キリスト教徒たちに与えることで、非キリスト教徒たちを害することになる。もし彼らが事実上保持している財産に対し少しの権利も有していないならば、彼らがキリスト教に改宗したとき、彼らがそれ以前に保持していたいかなる財産も権利として要求することはできない。それ故、彼らが保持するすべての財産を法的に喪失する恐れが原因で、彼らはカトリックの信仰を受け入れないだろう。また上述の誤りは別の点でも非キリスト教徒たちを害する。というのも、彼らは自分たちの子に対しいかなる権利もまったく有していないことが帰結するからである。人間以外のものは人間より価値がないのであるから、もし非キリスト教徒がいかなる裁治権も世俗的財産ももつことができないのであれば、当然のことながら彼らは自分たちの子に対しいかなる権利ももたないことになる。また、非キリスト教徒の夫は自分の妻に対し真の権限をもっていないことになる。なぜならば、理性をもたず魂のないものに対し権限を有するよりも、理性をもった人間に対して真の権限を有することの方がより大きな価値を帯びたことだからである[84]」。

異教徒でも、そして信仰なき者であっても正当な所有権と裁治権を行使しうる。従ってローマ帝国の皇帝はキリスト教徒である必要はないし、キリスト教徒と非キリスト教徒を共に含む世界帝国で、異教徒の皇帝が人類を統治するようなことも、過去だけでなく将来も可能であり、その方が利益になることもあるだろう。

「信者たちが非信者たちと同じ霊的なくびきに服すようなことがあってはならない。しかし前者が後者と同じ世俗的なくびきに服すことは正当でありうる。それ故、旧約と新約の聖書には、非信者と同一の世俗的くびきに服し、一人の異教徒の支配者に服従する数多くの信者が存在した。信者たちは非信者とも正当に共同体と平和な社会を形成することができた。……それ故、場合によっては（in casu）一人の異教の皇帝があらゆる人間を支配することが有益なことさえありうるだろう[85]」。

そしてオッカムによれば、異教徒の皇帝であっても共通善を危険にさらすような宗教的争いに介入する権限を有している。

「信仰に関する争いは、それがただ単に神によって啓示された真理のみにかかわる場合は、異教の皇帝によって取り扱われることはありえないが、そのような争いが国の習慣を害し、共通善や或る人間に危害を与えるかぎりにおいて異教徒の皇帝によって取り扱われうる[86]」。

オッカムの直接的な関心はキリスト教徒に対するキリスト教徒の皇帝の権限を擁護することにあり、例えばイスラーム教徒の政治的権限や、キリスト教に改宗していないリトアニア人の政治的権限、そしてより一般的に非キリスト教徒によって統治される政治社会の正当性といった問題が、オッカムによって体系的に論じられているわけではない。しかしオッカムの上記の主張は、例えばトマス・アクィナスの次のような主張と基本的に異なることは明白である。トマスはオッカムと同様に支配権（dominium）が人定法によって導入されたこと、支配権の正当性は支配者がキリスト教徒であることを条件としていないことを主張する一方で、教会は非キリスト教徒の支配者から、少くともキリスト教徒に対する支配権を取り上げることができると主張する。

「しかし、支配ないし優越的地位に対するこの種の権限が神の権威を有する教会の判決ないし命令によって取り上げられることはありうる。というのも非キリスト教徒は、彼らの不信仰の故に、神の子となったキリスト教徒に対する権力を失うことが相応しいからである[87]」。

そしてトマスによれば、離教者ユリアヌスの〈dominium〉が教会によって認容されていたのは教会に強制的権力が欠けていたからにすぎない。

「当時、教会は……この世の世俗君主を強制する権力を未だ有してはいなかった。それ故、教会は信者たちが、信仰に未だ反していない事柄において離教者ユリアヌスに服従することを認容していたのである。これは信仰上のより大きな危険を回避するためであった[88]」。

さて、キリスト教徒の皇帝は非キリスト教徒の皇帝を承継したのであるから、前者は後者と同一の権限を有していなければならない。そしてオッカムにとって現代の皇帝たちは、カール大帝の後継者というよりは古代ローマの、特にキリストと使徒たちの時代のローマ皇帝の後継者と考えるべきである。それ故神聖ローマ帝国の皇帝はアヴィニョンの教皇庁から完全に独立していなければならない。キリストの来臨によって皇帝権の性格が変化したわけではなく、皇帝がキリストの代理者の支配に服すようになったわけでも、反対に（ダンテがそう考えたように）世俗の皇帝権に教皇権とは別に独自の聖性が付与されたわけでもなかった。

教皇派の主張によれば地上におけるすべての権力は神から由来し、しかも地上における神の代理たる教皇を仲介して他の支配者たちに授与される。オッカムはこの見解を徹底的に論駁しようと試みた。キリスト教世界の内部に関して言えば、オッカムは世俗の政治に介入しようとする教皇の要求を拒否し、キリスト教的政治秩序と非キリスト教秩序の関係に関しては、前者は後者に対して本質的に優越しているという主張を論駁し、古代ローマ帝国のコンスタンティヌス大帝以前のキリスト教徒の状態に関しては、キリストと使徒たちの清貧にして権力をもたない状態をペテロの教会における世俗権力掌握の状態へと変化させようとする試みに抵抗した。そしてオッカムは、世俗的政治権力が窮極的には神から由来することを認める一方で、道徳的にみて当の権力を保持するに相応しい正しい者たちにのみ正当に属するというアウグスティヌス的な見解を否定した。公教会の外部には正当な世俗的裁治権も世俗的財の所有権も存在しないことの典拠として、神法により「あらゆるものは正しき人々に属す」（cuncta iustorum sunt）というアウグスティヌスの言葉が挙げられるが、オッカムはアウグスティヌスの言う「正しき人々」がキリスト教の信者一般ではなく、非キリスト教徒も含めた道徳的に正しい者を意味すること、そして、正しい者のみが所有権と支配権をもちうるということではなく、正しい者のみが所有権と支配権をもつに値する、という趣旨であることを主張する。要するにアウグスティヌスは、所有権と支配権をもつことが相応しいのは正しい者だけであると述べているにすぎず、相応しくない者は所有権と支配権をもちえないと述べているわけではない。[89] [90]

さて、オッカムは『対話篇』第一部の第六巻で異端者、特に異端教皇の可罰性について論じ、同巻の最初の数章において、教皇権に優位する権力を帯びた者が地上に存在するか否か、特に皇帝は教皇に対する正規の裁判官とみなされうるか否かを論じている。「弟子」の問いに答えるかたちで「教師」は対立する二つのタイプの見解、すなわち教皇は地上において上位者をもたず、いかなる者によっても裁かれえないという教皇至上主義――この見解を支持する典拠としてオッカムが挙げているものの大部分はグラティアヌス教令集からとられている——と、この見解に対立する二つの見解を挙げ、これら二つの見解のうち一つは、教皇の正規の裁判官は皇帝であり、教皇は常に皇帝に服していると主張し、他の見解は教皇は例外的な場合においてのみ皇帝の裁判権に服すことを主張する。後者の二つの見解のうち前者についてオッカムはパドヴァのマルシリウスの『平和の擁護者』に暗に言及しているように思われ、事実、オッカムが第六巻の第三章と第四章で引用している聖書と教父のテキストのすべてが『平和の擁護者』の第二の〈dictio〉の第四章と第五章で引用されている。[91] しかしオッカムはマルシリウスを参考にしながらも、マルシリウスとは完全には合致しない動機と関心によって独自の考察を進めている。『対話篇』第六巻第八章で、「教師」が異教の皇帝の時代にはすべてのキリスト教徒が皇帝に服していたことを指摘したとき、「弟子」は「私は皇帝の裁治権に関するこの問題を離れて、これを別の論考のために後回しにしたいと思っていたのですが、常にあなたはこの問題へと私を引き戻すのです」と述べ、これを機会に「教師」（すなわちオッカム）はこの後、教皇は強制的権力を行使できるか否かという問題ではなく皇帝の裁治権の問題に戻り、教会側からのあらゆる主張に対抗して皇帝の至上権の理論的正当化を試みる。[92]

この点、第四章が重要な意味を有している。ここで教師は次の三段論法の妥当性を証明しようとする。（一）教皇はキリストが皇帝の裁治権を免れていた以上に皇帝の裁治権を免れていることはない。（二）しかし、人間である限りのキリストは皇帝の裁治権に服していた。（三）それ故、皇帝は教皇の正規の裁判官である。小前提は『ヨハネ福音書』（19・10—11）によって立証されている。ピラトがキリストに対する正当な権力が自分にあることを主張したとき、キリストは、「あなたは、上から賜るのでなければ、わたしに対してなんの権威もない」と答え、自分がピラトの強制的な裁治権に服していることを認めていた。「教師」のこの議論に対して「弟子」は、キリストがピラトに認めていたのは正規の（ordinata）権力ではなく簒奪された（usurpata）権力であったと反論するが、これに答えて「教師」はアウグスティヌスやベルナルドゥスの言葉を援用し、これらの言葉から、ピラトの権力が簒奪されたものではなく正規の権力であり、それ故ピラトはキリストに対して強制的裁治権を有していたと主張している。[93]

「教師」の主張は、マルシリウスの『平和の擁護者』の第二の〈dictio〉の第四章にみられるものと同一であり、マルシリウスも教皇の強制的裁治権を否定する論証の中で『ヨハネ福音書』（19・11）と、オッカムが引用しているものと同じ権威を引用している。しかし『平和の擁護者』においてはキリストが行使し、その後継者たちに実際に伝達されたのはどのような権力かが着目され、ピラトの権力行使が単なる事実上の権力行使ではなく法的に正統なものであったか否かという問題は言及されていないのに対し[94]、オッカムはおそらく最近に起こった出来事——特に、ローマにおけるルートヴィヒの対立教皇擁立の失敗に続くルートヴィヒの苦境[95]——に触発されて、皇帝権の正当性を考察の対象にしている。

　ピラトが行使した権力は「簒奪された権力」だったのだろうか。パウロの『ローマ人への手紙』(13・1)にあるように、すべての権力が神に由来するのであれば、悪しき権力はいかにして存在しうるのだろうか。オッカムによれば、ピラトの権力は神によって定められた正規の権力であり、ピラトは法の遵守ではなく恐れからこの権力を誤用したにすぎない。もし仮にピラトが法的手続に従い、告訴の理由や証言に耳を傾けてキリストを有罪にしていれば、ピラトには何の罪もなかっただろう。裁判官は偽証に対して責任を負わないからである。権力の誤用は簒奪とは異なる。たとえイエスの断罪が合法的な手続きによって為されなかったとしても、ピラトの権力は神の定めの中に正当に組み入れられていた[96]。

　オッカムの解釈によれば、『ローマ人への手紙』(13・1)、そして『ヨハネ福音書』(19・11)は、世俗権力が神から発し、教会の仲介なくしてその権力の行使が正当であることを示している。従って異教徒は自分たちの支配領域において裁治権と所有権を正当に行使することができ、更に非キリスト教徒の君主がキリスト教徒の臣民を支配することも可能である。『対話篇』において「弟子」が、カノン法によれば霊的事項について世俗の人間の意見を聞くことは禁じられており、アタナシウスは異教徒に信仰の問題について意見を聞くべきではなかったという「弟子」の指摘に対し「教師」は次のように答えている。

　「教会は皇帝たちと王たちの支持を得た後は異教徒に対して、神法によってもキリストの命令によっても定められたわけでない数多くのことを定めてきた。それ故、当時は正しかったことが今では不正になっている。当時は離教者の皇帝のもとで軍務につくことも正当とされ、かくして数多くの聖人や殉教者その他のキリスト教徒が離教者ユリアヌスのもとで軍務についていたし、神法に違反していないことに関してユリアヌスに服従しても罪にはならなかった。しかし今日では、離教した皇帝のもとで軍務につくことは、いかなるキリスト教徒にとっても正当なことではない。かくして今日では信仰の問題に関して異教徒の判断に頼ることは不正であっても、アタナシウスの時代においてこれは不正なことではなかった[97]」。

オッカムはここで『グラティアヌス教令集』(Causa 11, q. 3,

c. 94 *Iulianus*）に言及し、[98] カノン法の効力を時代に応じて相対化して次のように論ずる。皇帝権は神の意志と自然の法により、それが設立されたときはあらゆる宗教的権力から独立していた。皇帝権のこの性格は初期のキリスト教徒によって十分に認められており、当時のキリスト教徒は最初の皇帝たちの権威だけでなく、コンスタンティヌス帝の治世以降も、離教者ユリアヌスのもとで軍務を提供していた。ユリアヌスの後、これまでと異なる教会と帝国の関係が十分に承認され確立され、当初は存在していなかった数多くのカノン法の規定が効力をもつことになり、教会と世俗国家の間の法的制度的関係に大きな変化が生じ、皇帝はキリスト教徒でなければならないとされるに至った。

オッカムの考察の中核にあるのは、神法及び自然法と実定法の峻別である。『対話篇』第一部第六巻第六十七章において「教師」は次の推論を提示する。（一）教皇が皇帝よりも劣った地位にあることはない。しかし、（二）異端の皇帝は異端の故に神法によって皇帝の顕職を失うことはなかった（例えば皇帝ユリアヌス）、それ故、（三）異端教皇も異端の故に神法によって教皇権を失うことはない。[99] そして第六十八章で「教師」はこの推論の論駁を試みており、これはオッカム自身の見解とみなしてよいと思われる。教師はここで霊的事項と世俗的事項の区別へと訴え、霊的事項においてはキリスト教徒と異教徒、あるいはカトリック教徒と異端者のいかなる交わり（communicatio）も神の定めにより存在することはありえず、従って異端教皇がキリスト教徒の首長にとどまることは神法上許されないが、これに対して世俗的事項においては信徒と非信徒が共存することは可能であり、[100] 特に異教の君主、離教者や異端者の君主が神法によって支配権を失ったりキリスト教徒たちによって規則的に（regulariter）回避されるようなこともない。[101] 要するにキリスト教の信仰に固有の領域においてはキリスト教徒と非キリスト教徒のいかなる混合も許されないのに対し、異なった信仰を抱く様々な人間に共通の世俗的領域においては、キリスト教徒と非キリスト教徒が協力しあい、あるいは一方が支配し他方が支配されることは可能である。

オッカムは「教会は皇帝たちや王たちの支持を得た後は」世俗権力がキリスト教徒の皇帝や王によって行使されていることを明白に認めている。このことから、強制的裁治権（iurisdictio coactiva）を与えられた公的権力——世俗的事項において立法権を有するあらゆる civitas や communitas も含めて——にとってキリスト教を擁護する義務と教会との特別な結合が生ずる。特に皇帝に関して言えば、マルシリウスと同様にオッカムは異端者、とりわけ異端教皇に対する皇帝の介入を認めていた。[102] しかしキリスト教徒の皇帝のこの種の介入は、キリスト教徒の臣民を擁護する権能の行使に他ならず、この権能は異教徒の皇帝や王たちに——異教徒ではなく主権者たるかぎりにおいて――既に属していた。

「異教徒であった皇帝には、彼らが異教徒たるかぎりではなく人間であったかぎりにおいて神を礼拝し偶像を破棄する任務が属していたのと同様に、異教徒であった皇帝と王には、異教徒たるかぎりではなく皇帝と王であったかぎりにおいてカトリック教徒を擁護する任務が属していた。従って、異教徒たることにおいてではなく皇帝と王の顕職において異教の皇帝と王を継承したキリスト教の皇帝と王には、聖職者たちが異端教皇を正したり強制することを欲さないかそれができないとき、異端教皇を正し、強制する任務が属している(103)」。

事実、皇帝は異端に介入することによって、神に違背し人民の宗教の信徒たちに対して犯された犯罪を罰しているのであるから、神法によってあらゆる公権力に与えられ、自然理性によって承認された権力を行使しているのである。皇帝権にキリスト教という属性が付加されることによって皇帝権の基礎が修正されたり増大することはなく、それは皇帝権が及ぶ歴史的に規定された範域を示しているにすぎない。

「世俗の裁判官の管轄権には世俗的な犯罪を罰することだけでなく、神と人間そして教会の財産に対して犯される犯罪を罰することも含まれている。事実、あらゆる法と教説が、聖職者とは区別される王や君主が世俗的犯罪だけでなく、神ないし自分たちの神々そして教説に対して犯されたと彼らがみなす犯罪をも罰することを認めている。それ故、旧約聖書の王たちも偶像崇拝者を罰し、異教の裁判官たる皇帝も、自分たちの神々や教説に違背して重い罪を犯すキリスト教徒を極めて厳しく懲罰したのである。同様にキリスト教徒の王たちも聖職者を殺害した者や教会財産を盗んだ者に然るべき罰を科した(104)」。

さて、オッカムは「全世界を世俗的事項において一人の世俗君主が統治することは人間の定めによるものであり、この人間の定めは（神法と自然法のどちらからも由来しないが故に）人間によって正当に変更されうる。というのも、すべてのものはそれを生み出した原因と同じ原因によって解消されるからである(105)」と「教師」に語らせている。そして全世界を一人の皇帝が単独で統治することが人間の定め（すなわち実定法）に依るのと同様に、皇帝がキリスト教徒であることも、教会が「皇帝たちと王たちの支持を得た後に」実定法によって歴史的に生じたことにすぎない。従って、キリスト教徒が異教の皇帝の世俗的支配権に服することも可能である。信者が信者でない人々と同一の霊的支配に服することは許されないのに対し、信者と非信者が同一の世俗的支配に服すること、しかも同一の非キリスト教徒の皇帝に服すること――もしそれが人類にとって有益であるならば――も可能である。これはオッカムが『対話篇』第一巻で、地理的で政治的な存在たるかぎりでのキリスト教世界の歴史的運命は神の不可知の意志に左右され予見不可能であると主張していたことと呼応する。「公教会のキリスト信仰が四散したキリスト教徒の中に、異教徒によって占められている土地に隠れて存続することもありうるだろう。ちょうど現在、ユダヤ人やサラセン人がキリスト教徒たちの土地に公然ととどまっているように[106]」。

オッカムは地上のすべての権力が神の代理を仲介にして神から由来するという見解を拒絶した。権力が神から直接的に由来するのは聖書に述べられているような神が特別に啓示した場合に限定されている。それでは世俗権力は人民の合意を基礎としているのだろうか。オッカムはキリストの時代のローマ帝国の権力が、暴力によって簒奪された不当な権力ではなく正当な権力であったことを主張し、このローマ帝国の権力がいつから正当なものになったかを明言できないことを指摘した後、先ず次のように述べている。

「……皇帝がキリスト教徒でなかった時代、そして少くともキリストの時代以降、ローマ帝国が単に黙許された（permissum）帝国ではなく正規（ordinatum）で承認された（concessum）真の帝国であったことは、キリストの言行と使徒や福音の著者の教えによって明白に立証されている。というのもキリストと使徒は言葉と行いによって、彼らが非キリスト教徒の皇帝が行ったことを必ずしもすべて是認していなくても、これらの皇帝を真の皇帝として認めていたことを明白に示しているからである。例えば洗者ヨハネはヘロデが約束された土地を所有し支配していたことを非難したとは書かれてはおらず、ヘロデが自分の兄弟の妻ヘロディアスを妻にしたことでヘロデを非難したと書かれているのである。そしてネロその他何人かの非キリスト教徒の皇帝も、暴虐的で残忍な行動をとったが真正な権力を有していた。そしてキリストは自分を不正に扱ったことでピラトを非難したが……裁判権も簒奪したという理由で非難したわけではない。……事実我々は、キリストや使徒がローマ人のうちの或る者を何らかの理由で非難するどころか、彼らを絶賛していることを聖書の中に読むのである。それ故、キリストは或る一人の百人隊長について『まことに私はあなたがたに言う。私はイスラエルにおいてもこれほどの信仰を見たことはなかった』（『マタイ福音書』（8・10））と述べている。また百人隊隊長コルネリウスについても次のように言われている。「カイザリアにコルネリウスという名の男がいた。イタリア隊と呼ばれた歩兵隊の隊長であり、信心深く、神を敬う男だった。天使は彼に次のように述べた。『あなたの祈りと施しは神のみ前にとどいて、記憶されている』と(『使徒行伝』(10・1―4))。それ故、当時のローマ人が真正の帝国を有していたことは疑う余地がない[107]」。

オッカムはキリストの時代のローマ帝国が真に正当な帝国であったことを認め、ただそれがいつどのようにして正当な帝国となったかは不明であることを再度指摘した後、皇帝が非キリスト教徒であるにもかかわらずローマ帝国が真の帝国になりえた三つの途を次のように説明している。

「一つのありえた途は、何の暴力も伴わずして人々が自由で自発的な同意によってローマ人民に進んで服従したことである。というのも、神及び自然によって自由な存在として生まれ、人定法上は他のいかなる人間にも服従しないすべての人間は、自分たちにとっての支配者を自発的に置くことができるからである。これは『どのような人民やどのような都市も自らに対して法を制定することができる』(*Dist*. 1, c. 8 *Ius civile*)のと同様である。それ故、万人がローマ人民に自発的に服従し、一つの真なるローマ帝国を設立したこともありえたことである。このことはすべてが同時に生じたこともありえたし、ローマ人たちが或る一つの領域に対して真の支配権を受け取り、その後、別の領域に対する支配権を受け取るような仕方で継続的に生じたこともありえた。事実、ローマ人たちが先ず或る領域に対して真なる支配権を有しており他の領域に対しては暴力によって簒奪された支配権を有していたが、その後、後者の領域がローマ人たちの真なる支配権に自ら服従したということもありえただろう。

そして不信仰がそのような仕方で支配権を設立することの妨げになったはずはないし、妨げになりえなかったことは明らかである。なぜならば不信仰者たちはいかなる点においても自然的衡平から解かれて(absoluti)はいないからである。もし不信仰者が或る問題において自然的衡平に違反したとしても、このことによって他の諸問題において衡平を遵守する資格を失うことはない。たとえ彼らが他の諸問題において、永遠の生命に値するような仕方で衡平を遵守することができなくても。このような理由によって不信仰は婚姻契約をする力や、各人に各人のものを与える力を取り去ることはなく、他人を害さない力を取り去ることもない。――もっとも、不信仰が続くかぎり、これらのことが救済にかなった仕方で為されることはありえないが――。それ故同様に、他の人々を真に、そして正当に支配し各人に各人の権利を与える統治者や支配者を設立する力は不信仰と両立するのである。

真の帝国を設立するもう一つ別の可能な方法は正戦によるものである。ローマ人の戦争は二つの仕方で正当でありえた。すなわち、他の人民がローマ人に戦争をしかけたが故に正当でありえたか、あるいは他の人民が正当に強制されうることの履行を拒否したことから正当でありえた。すなわち、他の人民は彼らが奪ったものの返却を欲さず、あるいは、正当に罰せられうる不正やその他の犯罪を犯し、このためにひとたび正戦において捕えられ制圧されたときは、彼らは自分たちを捕え、制圧した人々の奴隷に正当になりうるのである。

第三にローマ帝国は、ちょうどイスラエルの子たちに対するモーセの支配や、その他の者たちの支配が設立されたのと同じ仕方で、特別な奇跡を通じて啓示された特別な神の命令によって設立されたこともありうる。……

以上が真の支配権が設立される三つの主な方法である。支配権はこれらの方法のどれか一つのみによって設立されうるが、領域が異なるに応じて異なる方法がとられるというように、三つの方法を混合させて支配権が設立されることもありうる。すなわち、支配者は一つの領域や地方に対しては一つの方法で、別の領域や地方に対しては別の方法で自らの支配権を獲得することもありうるだろう。しかし第三の主な方法、すなわち、特別な奇跡を通じて啓示された特別な神の命令による方法がローマの支配権が設立された原因であったとは思われない。というのも、聖書の中にこの種のことが少しも書かれていないからである。おそらく他の二つの方法が合わさってローマ帝国が設立されたのだろう。おそらく或る地方は、ローマ人の支配によって全世界に利益がもたらされることを理解して自発的にローマ人に服従し、おそらく別の地方は正戦によって服従したものと思われる。かくして、おそらくローマ帝国は当初は暴政的であったが、その後正当な帝国へと変化したと思われる[108]」。

この一節から明らかなようにオッカムは人民の合意ないし同意を、世俗的権力を正当化する通常の根拠と考えていた。支配者を欠く人民は、自分たちの間に支配権を自発的に置く力(potestas)を神によって与えられている。それ故支配権は原初的には人民が有しているのである。教皇ザカリアスも、フランク王国の人民に王を廃位する権限があることを認めていなかっただろうか。教皇ザカリアスは正確にはフランク人の王キルデリクスを廃位したわけではなかった。むしろ教皇は、フランク人の意図を称讃し、万人に共通の利益のために、王に対抗して自分たちの権力を行使することを恐れないよう助言することで、標準注釈が述べているように、王を廃位した人々に同意したことから王を廃位したと言われているのである。[109]それ故、「ローマ帝国は何に由来するのか」(a quo est imperium Romanorum) という問いに対しては「人間たちを通じて神から」(a Deo per homines) と答えられるが、オッカムは「人間たちを通じて」という表現を、人民が神からの霊感に促されて神意に服するという意味ではなく、単に人民が自らの発意によって支配権を設立すること、あるいは既に設立された支配権に自発的に服することとして理解した。

オッカムは裁治権が神に由来すると言える事例を三つに区別する。第一に、モーセが神から裁治権を受け取ったときのように、そして聖ペテロが神から司牧権を受け取ったように、いかなる人間の取り決めや選択も介在しないで神から直接的に人間に与えられる場合があり、第二に、(洗礼における恩寵は神のみによって引き起こされるが故に神から由来するが、洗礼を施す人間の行いなしには生じえないように、そして、パンをキリストの体に変える権能は神のみに由来するが、叙品者の行いなしには存在しえないように、そして教皇権は神のみに由来するが、ペテロの後継者たちは選挙によって教皇に選出されるが故に——選挙人が教皇に教皇権を付与するわけではないが——選挙人の介在がないかぎり教皇権を行使しえないように) 裁治権が神のみから授けられるが故に神のみから由来すると言えるが、人間や被造物が何らかの仕方で介在する場合がある。そして第三の事例をオッカムは次のように説明する。

「第三に、或る裁治権ないし権力はただ神のみから由来すると理解される。しかしこれは、裁治権や権力が付与されたり授与される時点においてではなく、それが与えられた後でのこと、すなわち、——それが与えられたときは、第一や第二の意味で神のみに由来したわけではなく、真に神以外の者から付与され授与されたのであるが、それが与えられた後は、次のような意味で神だけに依存している。すなわち、そのような裁治権ないし権限を行使する者は、通常、それが神以外の何らかの上位者から由来したことを決して認めることはない。このように、或る人々によれば、教皇は皇帝やそれ以外の者からローマ教会に与えられた一定の領域に対する世俗的裁治権を神のみから受け取っているのである。なぜならば、彼らによれば、この裁治権は神のみから教皇に与えられたのではなく、当の裁治権がそれに属していた信徒たちによって与えられたものであるが、それにもかかわらず、ひとたびそれが教皇に与えられたならば、教皇はこのことの故に何らかの上位者を認めることにはならないからである。というのも、彼らの見解によれば、ひとたびそれが与えられたからには、神を除いて他のいかなる者も、当の裁治権に対してわずかばかりの権利さえ有してはいないからである。かくして、ノアが彼の先祖からの相続によるか、あるいは他者からの贈与や他者との売買（つまり、それを売却できた者たちから買い取ること）によって、何らかの世俗的裁治権を有していたとき、大洪水以前には彼がその裁治権が或る王や支配者や他の誰かから由来することを認めるだろうが、大洪水の後はノアはそれを神のみから受け取ったのである。なぜならば、王ないし他の者の権利において、それを相続できる人は一人も生き残ってはいなかったからである。……しかし帝権は、この第三の意味において神のみに由来する。というのも、世俗的裁治権を誰か或る者に授与する権限をもった人々が、（ちょうど立法権を実際に皇帝に授与し、自分たちから皇帝へと移譲したように）実際に皇帝に裁治権を授与したのであるから帝権は人間の何らかの定めを伴う仕方で神から由来したと言えるのであるが、ひとたび神と人間により裁治権が授与された後は、帝権は通常、神以外のいかなる者にも依存していないからである。もっとも、時として帝権が人民にも依存することがあるかもしれない。というのも、時として人民は、しばしば奴隷が主人に物理的な力を行使することがあるように、皇帝を正す権限を有していたからである」[110]。

　既に述べたようにオッカムによれば人間が原罪を犯す以前は私的所有権も政治的支配権も存在していなかった。確かに人類は他の被造物に対して〈dominium〉や〈potestas dominandi〉を有していたが、これは人間が共有する自然的な力だった。原罪の後、神によって第二の力が、すなわち世俗的財産を私有する力、そして支配者を設立する力が授与された。この力もまた人類が共有する力として付与されたものであり、特定の人間に付与されたものではない。それ故、オッカムが所有権と裁治権が人定法によって導入されたと語るとき、この人定法は人類が共有する力の協同的な行使として理解されねばならない。

　ただし、支配権や立法権を人民の合意に基礎づけるオッカムの見解には重要な限定を付さなければならない。例えば『対話篇』の或る箇所で、ローマ人民は他の人民を制圧して支配権を不法に横領したにすぎないという「弟子」の意見に対し「教師」は次のように答えている。

　「それに対しては二つの答がある。第一に、ローマ人民は全世界の共通の利益のためには一人の皇帝があらゆる人間を支配する必要があると考えた。それ故、帝国の統一性に反対する者たちは共通善に対する障害であったことから、帝国を確立する力はローマ人民および、この点でローマ人民に同意した人々のものになった。このときからローマ人民は自分たちの支配権に反対し抵抗する人々を正当に従属させることができたのである。もう一つの答は、たとえローマ人民は当初、そしてその後も長い間不正に他の人民を強制的に自分たちに服属させていたとしても、他の人民がローマ人民の支配に同意を与え始めた後は、これらの人民に対し真なる支配権を保持していた、という答である。それ故、全人類がローマ人民の支配権と統治権に自発的に同意した後は、この支配権は真なる正しい善き支配権であった[111]。」

ここでローマ人民の支配権は被支配者の合意と同時に全世界の共通善という実質的価値に基礎づけられているが、「教師」の答としてここで提示されているこの見解をオッカム自身の見解として理解することも可能だろう。またオッカムは支配権を人民の合意に基づかせる一方で、一度設立された支配権を人民が任意に取り消しうることを否定している。ひとたび人民によって支配の座に就いた皇帝は地上において正規の上位者をもたない。この意味で、皇帝は神から直接に権力を委任されたわけではないとしても、皇帝権は神のみに由来する（a solo Deo）と言えるだろう。それ故、何の過誤も犯していない皇帝が正当な理由もなく廃位されることはありえない。このオッカムの主張は、一三四五年頃、教皇庁とトリーア大司教バルドゥインによって進められていたルートヴィヒ廃位の計画に対抗するのに有効であった。選帝侯が自分たちの選んだ皇帝を任意に廃位し、その後継者を選挙できることを確信していれば、ルートヴィヒ廃位の計画は選帝侯自身にとってより受け入れやすいものであっただろう。選帝侯は、かつて自分たちが行った皇帝選挙が無効であったことを認めなくても、任意に皇帝を廃位する権限を自分たちが保持していることを根拠にルートヴィヒを廃位しえたからである。それ故オッカムが皇帝の支配権を人民の合意に基づかせる一方で、皇帝を任意に廃位する権限を人民に認めなかったことは、ルートヴィヒを廃位しようとする選帝侯の動きに対抗するためであった、と考えることもできるだろう[112]。しかし、支配権を被支配者の合意によって基礎づける見解にこの種の限定を設けても、このような限定がオッカムの思想の基本的原理と不整合なわけではない。支配権は被支配者の継続的な合意によってのみ正当化されるといった見解はオッカムにはみられない[113]。

第三節　君主制と最善の統治形態

さて、例えば『対話篇』第一部第六巻の幾つかの章にみられる公会議に対するオッカムの好意的な見解は[114]、教会の問題において信徒の共同体あるいはその代表者たちの明示的な合意が決定的に重要であるとオッカムが考えていたことを示していると思われるかもしれない。しかしオッカムのこの見解を世俗政治にまで及ぼし、世俗政治においてもオッカムが人民の代表者たちの合意が決定的であると考えていたと解釈することはできない。『対話篇』第一部は異端教皇という異例なケースを論じており、このような脈絡においてオッカムが公会議について述べていることを根拠に、世俗政治においても人民の代表者の合意が決定的であるとオッカムが考えていたと解釈することはできない。このことはオッカムの比較的後期の著作においてより明白に示されている。

『対話篇』第三部においてオッカムは、教会あるいは世界が単独者と多数者のいずれによって支配されるのが好ましいかを議論しているが、そこで問題とされているのは単独者支配（君主制）と寡頭制であり、人民による支配は全く顧慮されていない。しかもオッカムが単独者支配より多数者の支配のほうがより適切である唯一つの理由として挙げているのは、「もし多くの賢者や有徳者が人間世界を支配したならば」誤謬や罪がより減少するということにすぎない[115]。また本書第三章で既にみたように、『対話篇』第三巻第一章でオッカムがアリストテレスによって区別された国制の種類を検討するときも——確かにそこには民主制ないし〈policia〉も挙げられてはいるが——オッカムによる国制の変更に関する議論はもっぱら君主制と寡頭制ないし貴族制を対象としていた。多数者による統治を議論する際にオッカムは、アリストテレスにより人民集会を支持する論拠として挙げられているものを考慮しているが、寡頭制より君主制のほうが好ましいというオッカムの結論の根拠は、君主制においては君主が人民集会の助言や支持を必要とするときに人民集会を開催でき、必要としないときは開催しないでおけるのに対し、寡頭制においては、そのような必要のないときでもメンバーである統治者全員の意見を聞かなければならない点に存する[116]。それ故、オッカムが最善と考える君主制において人民集会が果たす役割は付随的なものにすぎず、オッカムが君主制と人民集会の混合体制を支持していたとは言い難い[117]。

事実、オッカムは支配権が確立される過程において人民の意志を確定する方法をどこにも論じていない[118]。オッカムは世俗権力から宗教的な基礎を完全に払拭したが、この世俗権力が悪政を行った時オッカムは人民に対してどのような保護を与えているだろうか。この点オッカムはパドヴァのマルシリウスのように人民主権論を展開することも、トマス・アクィナスのように人間本性とその完成に関する理論によって政治制度についての自らの理論を基礎づけることもなかった。確かにオッカムは緊急事態において教皇が世俗政治に例外的に介入できる余地を認めており、教皇の介入により人民は暴政から保護されていると考えられるが、世俗的支配者に対する教皇の聖別が純粋に儀式的な意義しか有していないことを考え合わせると、支配者が設立された後に教皇が例外的に介入することがどれほど現実味を帯びているか不確定である。しかし他方でオッカムは同じ時代の誰よりも、あらゆる権力が一箇所に集中することの危険を強く感じていた。唯一人の至高の裁判官に服する共同体では、この裁判官がその不正行為によって正義を破壊し、全共同体を危険に陥れることさえありうる。これは、それがどのような共同体であろうと、共同体の最善なる秩序に違背したことである。権力の誤用に対し敏感だったオッカムが、世俗的支配権の神権的根拠を否定する一方で、人民主権論を首尾一貫した仕方で展開しなかったのはなぜだろうか。ここに、オッカムの政治思想の解釈上の主要問題が存する。

オッカムはあらゆる政治権力の正当性を、神によって設立された教皇職の担い手たるローマ教皇を媒介とした神的正義への参与に基礎づける伝統的な見解（特に政治的アウグスティヌス主義）を拒否し、所有権と裁治権が純粋に人為的な起源を有する制度であることを主張する一方で、世俗支配権の正当性を被支配者たる人民の継続的な同意に求めるような明確な人民主権論を展開することはなかった。オッカムは、世俗権力が教皇を仲介として神から降下してくることを拒否しながらも、世俗権力を人民を出発点として上昇していくものとして捉えることもなかったのである。それではオッカムにおいて世俗の政治権力の果たす目的、その機能は何だろうか。政治権力の正当化の根拠は何かという問題と、その機能は何かという問題が密接に連関していることは言うまでもない。オッカムは皇帝権について「一人の皇帝ないし支配者が世界の全領域を支配することが何ら有益でない（nullatenus expediret）ならば、ローマ人は全世界に対する統治権を獲得したのであるから、ローマ帝国の権限（iura）は真の権限ではなく、然るべく不法、不正そして残忍な暴政とみなされるべきだろう[119]」と述べている。すなわち、正当化されるべき権力が有益な機能を果たさないのであれば、当の権力が正当であるという主張について議論する価値はないということである。逆に、世俗権力の目的や為すべきことが特定化されれば、オッカムにおける世俗権力の正当性の根拠もより明白になるだろう。

世俗権力の機能に関するオッカムの議論は、上述の『対話篇』第三部第二論考一巻と『八設問集』の設問第三において論じられている。そこで議論されているのは、最善なる形態の必要条件は何か、この形態と両立不可能なもの、両立可能なものは何かという問題である。

先ずオッカムはローマ帝国の権利と関連して次の問を立てる。全世界が一人の皇帝ないし世俗君主に世俗的事項において服従することは人類にとって有益であると言えるだろうか。

「ローマ帝国の権利について数多くのことをこれから考究することになるので、私は何よりも先ず、全世界に一人の皇帝が居ることは有益である（expediat）か、あるいはこの地上のすべてが世俗的事項において一人の皇帝ないし世俗君主に服することが全人類にとって有益で有用であるか（ad totius generis humani commodum et utilitatem pertineat）否かを問うことに決めました[120]」。

この「弟子」の質問に答えて「教師」は、「世界が世俗的事項において単独の世俗支配者――これを皇帝と呼んでもさしつかえない――によって支配されるのが最善であり、人間社会全体の平和と静けさはこれ以外の統治形態によっては十分に提供されえない」という意見を提示し、この意見を支持する十一の論拠を挙げている。その第一は、「全世界に対して権力を有する単独の世俗君主によって悪人たちはより容易に、より効果的に、より有効に、より正しく、より厳しく強制され、善人たちは悪人たちの居る中でより静かに生きる」からである。要するに世俗支配権の目的は悪人を罰し善人の安全を図ることに存する。

「世界に一人の支配者ではなく、上位者をもたない複数の支配者がいるならば、すべての人々が一人の支配者に服従する場合に比べて非常に多くの人々が反乱や争いを起こしやすくなり、敢えて起こそうとする動機も強くなるだろう。そしてこのようにして我々は一人の世俗支配者に服従することを拒否する王や君主や共同体（comites）の間の戦争の方が、一般論として、一人の世俗支配者に服従している臣下の間の戦いより危険で、抑制するのが困難で、いっそう残忍になることを理解する。そして反乱や戦争の時に悪人は放恣になり、善人は数多くの仕方で不安にさせられる。それ故、すべての人間に対し権力を有する、世界で唯一人の支配者ないし君主が存在するほうが全世界にとって有益である[121]」。

第二の論拠は、次のように説明されている。

「霊的事項が聖職者によって司られるように、世俗的事項は世俗の人間によって取り扱われなければならない。しかし、たとえ全世界が改宗して信仰を抱くに至っても、信徒の全体にとっては霊的事項において一人の至高の教皇に服するのが有益だろう。それは霊的事項が聖職者に関係するのみならず、俗人や世俗の支配者にも関係しているからである。それ故、世俗的事項においても、世俗的事項が俗人に関係するのみならず聖職者と至高の教皇にも関係しているが故に、すべての人間が一人の世俗支配者に服するのが有益である(122)」。

そして第三の論拠については次のように説明されている。

「全体と部分、大きな問題と小さな問題において同様の判断が下されなければならない。……しかし世界の一部分たるあらゆる個々の王国にとって一人の世俗の君主に服従することが有益である。そうでないと、世界のあらゆる王国は邪悪あるいは無益ないし有害なものとみなされなければならないだろう。それ故、同様に世界の全体も一人の世俗支配者に服することが有益である(123)」。

第四の論拠は次のように説明されている。

「世俗的領域において相互的な交わりをもち、あるいはもつ可能性があり、その結果、各人が他人を助けることがあると同時に害することもありうるすべての人々は、世俗的事項において一人の最高の支配者に服従しないかぎり、最善の仕方で統治されることはない。その理由は第一に、このような人々は一つの人民（populus）を形成しているがソロモン（『箴言』（11・14））によれば『一人の統治者のいないところでは人民は滅亡する』からである。それ故、このような交わりをもつすべての人々の上に置かれる一人の統治者がいないかぎり、これらの人々は損失を被り、滅亡する恐れがあると考えなければならない。というのも、『統治者たちがいないところでは』ではなく『一人の統治者がいないところでは人民は滅亡する』と述べることでソロモンは、どれほど偉大であろうといかなる人民も一人の統治者なくしては存立しえないことを指摘しているように思われるからである。また、（その理由は）相互に交わりをもつすべての人々は一つの羊舎と一つの羊の群れにたとえられるが、一つの羊舎と一つの群れが存在するところには一人の羊飼いがいなければならないからである。これは真理（イエス・キリスト）が『ヨハネ福音書』（10・16）で『一つの群れ、一人の牧者となるであろう』と述べ、そしてまた真理が『マタイ福音書』（26・31）で『わたしは羊飼を打つ。そして、羊の群れは散らされるであろう』と述べているとおりである。『羊飼たち』ではなく『羊飼』

と述べることによって彼は一つの群れないし羊舎には複数ではなく一人の羊飼の長がいなければならないことを示唆しているように思われる。更にその理由は、相互に交わり、交わる可能性があるすべての人々は一つの都市、一つの集団、一つの地域集団、一つの王国となり、またそうなる可能性があり、これらの人々がうまく統合されないかぎり、彼らは少しも善く秩序づけられることがないからである。しかし頭をもたない体や複数の頭をもつ体は（そして都市や集団、地域集団や王国は）怪異（monstruosum）であり、それ故、世俗的事項において相互に交わる可能性のあるすべての人々は、唯一の世俗支配者に服従しなければならない。さもないと人々は最善の仕方で統治されえない。しかしあらゆる人間は、彼らがどれほど相互に遠隔の地にいようとお互いに交わる可能性があり、その結果、邪悪さが彼らを分離させることがないかぎり、一つの人民、一つの群れ、一つの集団、一つの体、一つの都市、一つの地域集団、一つの王国になり、そうなりうるのである[124]」。

第五の論拠は次のように説明されている。

「また、不和が現世において可能なかぎり最も効果的にそして最も完全に信徒の全体から除かれ取り去られ、何よりも和合と正義が維持されるような統治が最善である。しかし、もし信徒の全体が一人の世俗支配者に服従しているならば、人間のあいだの不和は、上位者のいない複数の支配者が存在する場合に比べていっそう効果的に取り去られるだろう。その理由は第一に、多数があるところには不和があるからであり、更に……不和によって分裂した或る特定の王国が荒れ果てるように、もし一人の人間に服することのない数多くの支配者をもつことで、人間の全体が不和により互いに分裂すれば同じように荒廃を招くことになる。それ故、人々の全体にとって、一人の世俗支配者に服従することが有益である[125]」。

第六の論拠は次のように述べられている。

「また、人間たちの本性には紛争や争訟への傾向がみられるが、これら紛争や争訟がより衡平に、より適正に解決されるような統治形態が人間の全体にとって有益である。しかし、訴訟を行う人々が、一人の人間には決して服することのない複数の裁判官、領主、ないし支配者を有するときより、一人の裁判官、領主、支配者を有するときの方が、彼らの間の紛争や争訟がより適正に解決される。というのも、訴訟を行う人々の一方が他方に損害を与えたり害を加え他方の権利を否定したとき、彼らが上位者のいない複数の王や支配者に服しているならば、正義が容易に危険にさらされることもありうるし、両当事者がどの裁判官のもとで訴訟を行うのが安全であるかも明確ではない。というのも、害を被った当事者は自分の領主のもとで、あるいは自分の領主によって任命された裁判官のもとで訴訟を行うか、それとも加害者自身の王あるいは王によって任命された裁判官のもとで訴訟を行うからである。もし害を被った当事者が自分の領主や王、あるいは王によって任命された裁判官のもとで訴訟を行うならば、裁判官は加害者にとっては当然のことながら疑わしい者とされるだろう。……しかし疑わしい裁判官のもとで訴訟を行うのは危険である。……それ故、害を被った当事者の王や領主、あるいは王や領主によって任命された裁判官のもとで訴訟を行うのは両当事者にとって安全ではない。そしてまた、加害者の王や領主、あるいはこの王や領主によって任命された裁判官のもとで訴訟を行うことも両当事者にとって安全ではない。というのも、……この裁判官は害を被った当事者にとって疑わしい者となりうるからである。かくして、訴訟当事者が上位者のいない複数の主人を有しているならば、正義は容易に危険にさらされる。それ故、人間全体にとっては、訴訟を行うどの人も共通の裁判官として訴えることのできる一人の最高の支配者、被害者と加害者の両当事者に対して同等の支配権をもつが故に適切に疑いを取り除くことのできる支配者をもつことが有益である」(126)。

第七の論拠は次のように説明されている。

「また、下位者のみならず上位者も不正を行ったならば正しく矯正されうるような統治ないし支配の形態が人間全体にとって有益である。さもないと人間社会の平和は……維持されえないし、正義も……上位者が傲慢にも不正を犯すことのないように可能なかぎり注意が払われないかぎり維持されえないだろう。というのも世界の様々な部分に上位者をもたない多くの王や支配者が存在するならば、彼らは自由に、そして刑罰を受けることなく平和を乱し、下位の人々の権利を害するからである。しかし、すべての王や支配者が一人の皇帝に服従すれば、下位者だけでなく上位者たちも、彼らが不正を行ったときに合法的に矯正されうる。それ故、一人の皇帝があらゆる王や支配者の上に君臨し、すべての人々に対して強制的な裁治権を有することが全世界にとって有益である」(127)。

第八の論拠は次のように説明されている。

「あらゆる人々の間に次のような結合(connexio)が存在しなければならない。すなわち、彼らのうちの誰もが他の人間との関係において下位者であるか上位者であり、あるいは両者ともに同一の人間との関係において下位者であることから、万人の間に真の調和が生じ、各人が互を尊敬し愛するような結合である。……しかしこのような結合は、一人の人間が他のすべての人間を統べないかぎり万人の間に存在しえない。それ故、人間全体にとって世界が一人の支配者によって統治されることが有益である(128)」。

第九の論拠は次のように説明されている。

「多くの人々の罪の故に神が人間の間に存在することを許さず、取り去ってしまった統治形態は、神が多くの人々の罪を罰するために導き入れた統治形態より善い。しかし、……神は人間たちの罪を罰するために人間の全体に対して一人ではなく多くの者が支配権をもつように定めた。……それ故、人間全体が一人の人間に服することがすべての人々にとって有益ということになるだろう(129)」。

第十の論拠は次のように説明されている。

「また、もし人間の全体にとって一人の皇帝に服することが利益にならないとすれば、それは人間の不十分さ(insufficientia)によるか――というのも全世界を支配するに適した人間が一人も見出されないことがあるからである――、あるいは、全世界を支配する一人の人間の度を越した世俗権力による――この権力によって彼は臣民たちに対して好きなように猛威をふるうことができる――かのどちらかである。しかし人間の不十分さは反論の根拠にはなりえない。これは人間の不十分さが、人間全体が改宗して信仰をもつに至ったとしても一人の人間が霊的事項において全世界を統べるべきでない、といった反論の根拠になりえないのと同様である。そして度を越した権力も反論にはなりえない。というのも、或る特定の王国が王に抵抗できるように、これに比例して、全世界の人間も全世界を支配する一人の皇帝の残虐さに抵抗できるからである(130)」。

第十一の論拠は次のように説明されている。

「更に、もし全世界を一人の皇帝が支配することが有益でない(non expediat)ならば、一人の人間が万人に対して支配権をもつことは正しくない(non est iustum)。もしそれが正しくなく有益でもないならば、それは邪悪（iniquum）である。しかし、一人の人間が他のすべての人々を支配することは邪悪ではない。というのも、もしそれが邪悪ならば法に反していることになり、それ故自然法あるいは実定法のどちらかに反していることになる。しかしそれは自然法には反していない。なぜならば、もしそうだとすると、それは常に邪悪であったことになり、自然法に反して行使される帝権は真の帝権ではないことから、これまで誰ひとりとして世界の真なる皇帝ではなかったことになってしまうからである。またそれは実定法にも反していない。というのも、誰も全世界の皇帝となるべきではない、ということを定める実定法は、人間の全体によらずしては制定されえないが、人間の全体がこれを制定したことは一度もなく、むしろ、これと反対のことを定めたからである。それ故、一人の人間が全世界に対して帝権を有することは邪悪ではない。従って、それは有益なものとみなされるべきである」[131]。

第四節　世俗的支配権の機能

皇帝権を正当化する以上十一の論拠から、オッカムの見解を次のように特徴づけることができるだろう。先ず世俗的支配権の主要な目的は平和の維持、犯罪者への刑罰、社会秩序攪乱の予防といった消極的な目的であること[132]、そして個々の人間とは別個に、そして個々の人間に優位して社会的総体そのものに価値があるわけではなく、国家統治の真の受益者は抽象的な集合体ではなく個々の人間であること、更に、統治は何らかの恒久的な形而上学的ないし宗教的な価値を具現する度合によって評価されるのではなく、それが平和の維持、犯罪者の刑罰といった目的を促進するための手段として価値があるか否かといういわば道具主義的な考量によって評価されるべきであること、それ故、社会状況が異なれば目的実現にとって効率的で有益な統治形態も異なるということである。

オッカムの世俗支配権の機能が消極的なものであることは特に第一の論拠において明らかである。世俗的支配権の中心的な機能は犯罪者に刑罰を科し、犯罪を抑止し、善人が平和に生活できる状態を維持することにある。世俗支配権は、善人が悪人と一緒に「より静かに」生活できるようにすればよく、より積極的な意味での善へと人間を向かわせることはその目的ではない[133]。世俗支配権の中心的な目的はむしろ悪人に対する強制にある。

第五・六・七の論拠もまた主として世俗支配権による平和維持という消極的な機能に基礎を置いている。第五の論拠は抗争の除去に基づき、第六は人々の間で起こりやすい紛争や訴訟は人々が共通の裁判官に訴えることができるときにより衡平にかなった仕方で適正に裁決されるという事実に基づき、第七の論拠は、一人の最高支配者は多数の有力者の権力を調整し積極的な目的を実現する、ということではなく、上位者をもたない多数の有力者のいる状況ではこれらの有力者が何ら罰せられずして自由に下位の者たちの権利を侵害し、平和を乱しやすくなるということにある。

世俗権力の機能が平和の維持という消極的で最小限のものであることは『八設問集』の設問第三でも明白に主張されている。ここでは、世俗支配者の主要な任務が刑罰にあることを強調することで、教皇権をめぐる問題が解決されている。設問第三の主題は、キリストの定めによりローマ教皇とローマ教会には世俗裁治権を皇帝その他世俗の支配者に委任する権限が属しており、教皇の委任によらなければ世俗の支配者は世俗的裁治権を行使しえないのか、という論点に関するものである[134]。第一の見解によれば、ローマ教会すなわちローマ教皇はキリストの定めにより、自然法と神法に違反しないかぎり世俗的事項と霊的事項においてすべてのことを行う十全権力（plenitudo potestatis）を有しているが、皇帝その他世俗の支配者に世俗的裁治権を委任することは自然法にも神法にも違反していないことから教皇はこのような委任の権限を有しており、否むしろ、教皇は神から課せられた霊的任務を全うするためには、神が自分に与えた世俗的権力を世俗の支配者に委任せざるをえない、というものである。従ってこの見解によれば、世俗的裁治権に属する事柄の決定権は教皇に属するのであるから、皇帝を含め世俗の支配者は教皇の委任によらなければ世俗的裁治権を正当に行使することができない。またこれとは別の見解、すなわち旧約の法と異なり新約の法は自由の法であり、教皇は神法と自然法に違反しないかぎりすべてのことを行いうるような——例えば信徒に対し、義務以上の禁欲や善行を強制するような——十全権力をもたないが、それにもかかわらず教皇には信徒の共同体を統治するために必要なすべてのことを行う権限があり、従って信徒の共同体にとって不可欠な世俗的裁治権を世俗の支配者に委任する権限も教皇に属している。

以上のような教皇の単独支配は次のようにして正当化される。不和や争いの生ずる人間の共同体は、他のすべての裁判官や支配者の裁治権がそれに従属するような唯一の至高の裁判官や支配者に服さないかぎり最善の仕方で秩序づけられることはなく、従って人類全体（totum genus humanum）も最善の仕方で秩序づけられるためには、あらゆる事柄に関して（cui quoad omnia）一人の至高の支配者に服さなければならない。もし人類全体が一人の至高の支配者に服しておらず、上位者をもたない複数の支配者に服すならば、それは同じ人民に対して複数の至高の支配者が存在するか、あるいはそれぞれ異なる人民に対して一人の至高の支配者がいるかのいずれかである。前者であれば、それは一つの王国に王と大司教が存在するのと同様に、たとえ世俗的事項と霊的事項をそれぞれ別の一人の至高の支配者が統治するとしても、そのような共同体が最善の仕方で統治されることはない。というのも、複数の至高の支配者が存在するかぎり、同じ臣民が同時に異なった場所へと支配者により召喚されるようなことが起こり、人民はどちらか一方の支配者に服従できない事態が生じうるからである。他方、異なった王がそれぞれ異なった王国を支配するように、複数の至高の支配者がそれぞれ異なる人民を支配するならば、上位者のいない複数の至高の支配者の間で争いが生ずる可能性があり、この争いは非常に危険なものになるだろう。従って同じ人民を複数の至高の支配者が統治する場合も、それぞれ異なった人民をそれぞれ別の至高の支配者が統治する場合も、人間の共同体は最善の仕方で秩序づけられてはいない。それ故いかなる共同体も、他のすべての裁治権がそれに従属するような一人の首長のもとに置かれないかぎり最善の仕方で秩序づけられないとすれば、共同体である人類全体も——すなわち人々の間で争いが生ずる可能性のある人類全体も——一人の至高の首長のもとに置かれないかぎり最善の仕方で統治されることはない。しかしこの至高の首長はローマ教皇以外にはありえない。なぜならばローマ教皇の裁治権は、少くともキリスト教の信仰に関する事項においては神のみに由来し、他方で、皇帝はかつて異教徒であったように再び異教徒になる可能性があり、霊的事項の裁治権が異教徒に属することはありえないからである。それ故、他のすべての裁治権がそれに従属する至高の裁治権はローマ教皇に属していることになり、皇帝その他の世俗的支配者はローマ教皇により世俗的裁治権を委任されないかぎり世俗的裁治権を正当に行使できないことになる[135]。

次にこれと反対の第二の見解によれば、教皇もローマ教会もキリストの定めにより皇帝その他の世俗支配者に規則的に世俗的裁治権を委任するような権限を与えられてはおらず、皇帝その他の世俗支配者は教皇から委任されることなくして世俗的裁治権を行使できる。この種の見解には幾つかのタイプが存在するが、一つの見解によれば、教皇もローマ教会も世俗の支配者に世俗的裁治権を委任する権限をキリストから与えられておらず、むしろキリストの定めによれば教皇（そしてローマ教会）は人民や皇帝、あるいは皇帝の下位にある何らかの者から強制権力を委任されないかぎりいかなる強制的権力をも有していない。そして教皇が世俗的あるいは霊的な何らかの犯罪を（aliquod crimen sive saeculare sive spirituale）犯したならば、世俗的事項において（in temporalibus）皇帝ないし人民に服し、通常は（regulariter）然るべき刑罰を強制的に科せられなければならず、皇帝その他の世俗支配者は教皇からの委任によらずしてこのような世俗的裁治権を行使する権限を有している。別の見解によれば、教皇はキリストの定めにより霊的事項――霊的事項に属する犯罪やその他の霊的事項――においては強制的権力を有しているが、世俗的事項に関しては、人民や皇帝その他の世俗支配者から委任されることなくしては通常も例外的にも世俗的事項に介入する権限をもたない。更に別の見解によれば教皇はキリストの定めにより、世俗的裁治権を皇帝その他の支配者に委任する権限を通常は持たないが、例外的にこの権限をもつ場合があり、このような例外的な場合に世俗の支配者は教皇からの委任なくして世俗的裁治権を行使すべきではない。これら三つの見解が一致している点は、教皇もローマ教会もキリストの定めにより、皇帝その他の世俗の支配者に世俗的裁治権を委任する権限を通常は（あるいは規則的には）有しておらず、世俗の支配者は教皇の委任なくして世俗的裁治権を行使できるということである。この見解の可能な論拠としては次のことが挙げられる。先ず、教皇は皇帝の家臣（vasallus）、皇帝は教皇の主人（dominus）であるから、――教皇は、皇帝の好意により、貢物を収める義務を免除されていないかぎり、皇帝に貢物を納めなければならい――教皇が皇帝に世俗的裁治権を委任することなどありえない。また、キリスト教徒になった奴隷がこのことにより自由人になるわけではないように、以前に皇帝に服従していた者は教皇になっても――皇帝がこの者を服従から解く場合は別として――皇帝に服従し続ける。或る人間が正当に有していた権利がキリスト教を理由に、当の人間から剝奪されることはないからである。それ故、奴隷が聖職者や教皇になっても、神法ないし自然法により、そしてカノン法により奴隷の身分を解かれることはなく、解かれるとすれば皇帝の人定法による以外にありえない[136]。

以上のような第二の見解に立った場合、第一の教皇至上主義的見解に対しては次のような幾つかの返答がありうる。先ず（第二の見解のうち）一元論的な立場に立った返答によれば、最善の統治形態は人民の全体ないし人民の大多数が選んだ唯一人の至高の裁判官による統治であるが、この至高の裁判官は教皇ではありえない。教皇は他のすべての人々と同様に、この至高の裁判官の職務に属するすべての事項において当の裁判官に服従し、しかも教皇はキリストの定めにより世俗的事項においても霊的事項においても強制的な裁治権を通常も例外的にも有しておらず、ただ聴罪の法廷において信徒を罪から解き、その他教会の秘跡をとり行い、永遠の生を得るためにどのように生きるべきかを教示する権限しか有していない。他方（第二の見解のうち）二元論的な立場に立った返答によれば、教皇は霊的事項において完全な強制権力を有し、もう一人別の裁判官はただ世俗的事項においてのみ完全な強制権力を有している。そして、これにもかかわらず人間の共同体は最善の仕方で秩序づけられる。それ故「共同体は一人の至高の裁判官に服従しないかぎり最善の仕方で秩序づけられていない」という言明は否定される。更に二元論的見解に立った別の見解によれば、不和が生ずるいかなる人間の共同体も、規則的に、そしてすべての事例において（regulariter et omni casu）一人の至高の裁判官に服従するならば最善の仕方で秩序づけられることはない。というのも、このような共同体では至高の裁判官は不正を行っても罰せられず、共同体全体はやがて崩壊するからである。しかし至高の裁判官以外の人々が、たとえ規則的にであっても、至高の裁判官の権力を損なわないような仕方で強制権力をもつならば、それは最善の秩序に反することはないだろう。更に、或る者（例えば教皇その他の聖職者）が至高の裁判官（世俗の支配者）の強制的な裁治権の行使を通常は免れていても、この者が時として例外的に――すなわち、そうしないと共通善が大いに損なわれるようなときは――至高の裁判官の裁判権に服すのであれば、そのような体制は共同体の最善の秩序づけに違反することはない。以上のことから次のことが帰結する。すなわち至高の裁判官（世俗の支配者）――そしてこれより下位にある他の裁判官たち――が時として例外的に当の至高の裁判官以外の者（教皇その他の聖職者）に――すなわち、至高の裁判官や、これより下位にある他の裁判官たちに対して強制権力をもつことになる者に――服することは、共同体の最善の秩序づけに違反しない、ということである。

それ故次のように結論することができる。すなわち、紛争が生じうるいかなる共同体も、その全体が規則的にも例外的にも一人の至高の裁判官に服することがなければ、最善の仕方では秩序づけられていないということである。至高の裁判官がどのような場合でも一部の人間を強制することが不可能なほど、当の人間が至高の裁判官の権力行使を完全に免れているようなことがなければ、共同体は最善の仕方で秩序づけられうるのである。従って、或る人間が至高の裁判官の権力行使を通常は免れていても、必要なときにこの裁判官に服するようになっていれば、このような体制は最善の秩序づけに違反しているわけではなく、また、共同体の一人の至高のメンバーが通常は当の共同体全体の権力行使を免れていても、必要なときに例外的に当の共同体全体の権力に服するのであれば、これも最善の秩序づけに反してはいない。それ故、人間社会は規則的にしろ例外的にしろ、上述のような仕方で一人の至高の裁判官に服さないかぎり最善の仕方で秩序づけられているとは言えないことになる[137]。

更にオッカムは以上の言明の意味と真偽を明らかにするために、第二の見解に立った場合、最善の統治体制にとって必須の条件は何か、最善の統治体制と両立不可能なものは何か、そして最善の統治体制にとって必須ではないが両立可能なものは何かを論ずる。

第一に、最善の統治は統治者自身の利益のためではなく被統治者の共通善のための統治であり、キリストの定めによって存在するかぎりでの教皇と司教の統治も、被統治者たる信徒の共通善のための統治である。キリストが「私の羊を飼いなさい」と述べて使徒ペテロを教皇に任命したときも、それは、私はあなたを私の羊の支配者に任命するが、それは、あなた自身が生きていくために必要なものは別として、羊毛や乳を羊たちから取り上げるためではない、ということだった。またキリストがペテロに天国の鍵を授けたとき、それは教会を打ち立てるため（ad aedificandum）であり、教会を支配するため（ad dominandum）ではなかった。

それ故、ペテロは彼に服する人々が天国に入れるよう、人々の共通善のためにのみキリストから権力を受け取ったのであり、人々が天国に入るために必要なこと以外のことを命令する権限を有していなかった。ペテロは緊急事態と、緊急事態に匹敵するほど大きな利益が問題となっている場合は別として、神と自然が信徒たちに与えた権利と自由を侵害することはできない。神と自然によって信徒に付与された権利と自由はペテロの裁判権を免れているからである。支配者自身の善ではなく――支配者自身の善が他の人々にとっての善の中に含まれている場合は別として――被支配者の善のみを目指す支配権をキリストは使徒たちに拒みはしなかった。キリストは支配者自身の名誉と利益のために支配権を行使することを禁止したのである。(138)

第二に、第二の見解によれば、統治体制が一つであるように、支配者も一人でなければならない。唯一の支配者による統治が最善の形態であり、従って複数者による支配である貴族制（principatus aristocraticus）や民主制（principatus politicus）より王制（principatus regalis）のほうが優れた統治形態である、という見解を支持する一つの論拠は次のことに存する。被支配者の間で愛（caritas）や友愛（amicitia）、平和（pax）や和合（concordia）がより良く配慮され、促進され、増大され、維持されるような体制、そしてあらゆる社会の堕落である反乱や不和が特に回避されるような体制が最善の体制であるが、これは貴族制のような複数者支配の体制ではなく、単独者による支配体制のもとでのほうがより確実に実現される。あらゆる支配体制が目指すべき共通善は、人々の間に愛と友愛が生まれ、社会が平和になることである。そしてどのような社会においても、社会の崩壊は不和から生まれるので、和合こそ社会の存続にとって必要である。アリストテレスが『政治学』第二巻第三(四)章（1262 b7―8）で「我々は友愛が国にとって最高の善であると思う。そうであれば（友愛があれば）反乱は全く起こらないからである」と述べ、『ニコマコス倫理学』第八巻第一章（1155 a22―23）で「そして友愛は国を統合するように思われ、立法者たちは正義より熱心に友愛を求める。

というのも和合は友愛に似たものに思われ、立法者は友愛を最も強く欲するからである」と述べているように、国の統治が第一に目指すのは、支配者に服する人々の間で友愛と平和と和合を保持し不和を取り除くことである。しかし、これは、貴族制のように支配者が多数いる場合よりも唯一人の人間である場合のほうがより良く達成される。というのも、或る人が単独で至高の支配者であるならば、誰も自分自身と不和になることはないのであるから、そもそもいかなる不和も生ずることはないからである。しかし至高の支配者が複数存在するならば、彼らが異なる様々な統治を指揮しようと一つの統治を指揮しようと、それが貴族的な支配であろうと民主的な支配であろうと、友愛と平和は損なわれる可能性があり、不和や反乱が全共同体の主要な支配者の間で生じ、このようなことは我々が知るように被支配者の間で、そしてより弱い権力をもった人々の間で生ずるどのような不和より重大で危険である。なぜならば、より弱い権力をもった被支配者の間で生ずるどのような不和も、支配者ないし支配者たちによって解決され治癒されうるからである。しかし、至高の支配者たちの間で不和が生じるならば、それは容易に他のすべての人々へと広がっていく。というのも、アリストテレスが『政治学』第五巻第九章（１３０３　b31―32）で証言しているように「有力者たちの争いは都市国家の全体を完全に崩壊させる」からである。「従って被支配者たちはそのような争いを恐れ、首長や権力者の間の争いを解決するはずである」。すなわち、被支配者は、彼らにとってそれが可能であるならば、すべての人々の上に位する一人の支配者を置くことによってその争いを解決するだろう。あらゆる共同体において支配者間の不和が最も危険なものだとすれば、端的に最善なる統治体制にとっては、支配する人間は統治体制が一つであるのと同様に単独である必要がある[139]。

次に、最善の統治体制と両立不可能なことに関して言えば、被支配者がすべて奴隷であるならば、政治体制は最善ではありえない。最善の政治体制は被支配者にとっての善を促進する体制であるが、奴隷に対する支配は支配者の利益のための体制だからである。しかし特免不可能で不可変の自然法と神法に反しないかぎり支配者がどのようなことでも命令できるような体制、すなわち支配者が十全権力（plenitudo potestatis）を有するような体制は、まさに奴隷に対する支配体制であるから最善ではありえない[140]。

以上のような議論を展開した後でオッカムは、最善の統治体制にとって必須の条件ではなくても、そのような体制と両立可能なものとみなされるべき特徴について次のように述べている。

「この点を明らかにするために、就中、次のことが認識されなければならない。すなわち、多くのことが我々が語っている支配者の権限に属しているが――すなわち各人に各人の権利を与え（iura sua unicuique tribuere）、これらの権利を維持すること、必要にして正しい法を制定すること、下位の裁判官や他の公職者を任命すること、自分の支配に服する共同体においてどのような業(artes)が誰によって行使されるべきかを決定すること、あらゆる有徳な行為を命令すること、その他数多くのこと。――、それにもかかわらず、彼がそのために支配者に任命された最も中心的な権限は犯罪者を矯正し罰する（corrigat et puniat delinquentes）ことであるように思われる。というのも、或る共同体において誰も過ちや犯罪の故に罰せられる必要がないならば、善の助言者や教師だけで十分であり、支配者は全くもって不必要と思われるからである。このことは聖書の文言から知られる。というのも法と支配者は、その最も主要な点に関するかぎり同じ目的のために置かれたと思われるからである。ところで法は使徒パウロが証言しているように、善人のためではなく悪人を矯正し罰するために定められた。『テモテへの第一の手紙』の第一章で使徒は『律法は正しい人のために定められたのではなく、不法な者と法に服さない者……のために定められている』と述べている」[141]。

それ故、犯罪者に刑罰を科すことが世俗権力の本質的機能であるならば、至高の支配者に従属しない――あるいは至高の支配者によって設立されたのではない――裁治権や政治権力をもつ人や人々が社会の中に居ても、このことによって社会の中の一部の人間が適正な刑罰を免れるようなことがなければ、そのような社会は最善の統治体制と両立可能である。犯罪者に然るべき刑罰が必ず科せられ、一部の裁治権や政治権力が至高の支配者に従属していなくても、最善の統治体制は保たれている。また、社会の中の或る人間が至高の支配者の強制的権力を規則的に（通常は）免れていても、この人間が不正を行った場合は至高の支配者に服従し、不正の故に罰せられるようになっていれば、共通善は保持され、従ってこのような社会も最善の統治体制に違背してはいない。そして、至高の支配者の権力を免れている人間が不正を行ったとき、この人間を矯正し罰することが至高の支配者の任務ではなく、これ以外の者の任務になっていても、後者が――悪意、無力、非難すべき怠慢によって――任務を遂行しないときに至高の支配者によって例外的に罰せられうるのであれば共通善は保持されており、これも最善の統治体制と両立可能である。犯罪者を法的に罰するのが誰であるかは共通善とは無関係だからである[142]。

以上のことを前提とすれば、不和や争いが生じうる共同体は一人の至高の裁判官——他のすべての裁判官がそれに従属している裁判官——に服さないかぎり最善の仕方で秩序づけられていないという一元論的な主張に対しては、すべての裁判権が至高の支配者に従属することは共同体が最善の仕方で秩序づけられていることの必要条件ではないと答えられる。至高の支配者に通常服していない者が存在することは、このことが共通善を損なうことがなければ最善の統治体制と両立可能であり、ただこの者がある種の犯罪を犯した場合は至高の支配者により罰せられるようになっていればよい。この種の体制は、同じ共同体の中に上位者をもたない複数の人間が存在する体制や、異なる共同体にそれぞれ上位者をもたない一人の人間が存在する体制——この二つの体制では不和が生じ、共通善が損われる——とは異なり、通常は上位者に服さない複数の人間が存在するが、これらの人間の一人が犯罪を犯したときは例外的に至高の支配者が当の人間を罰するようになっているので共通善が損われることはない[143]。

さて、上記の至高の支配者は教皇でありえない[144]。キリストは教皇その他の聖職者が緊急事態以外に世俗的事項に介入することを禁止したからである。従って至高の支配者は俗人のキリスト教徒たる世俗の支配者でなければならない。教皇は信徒の霊的福利に関わる事項においては世俗の至高の支配者の権力と裁判権を正当に免れていても、共通善を大いに損うような重大な悪行を行ったときは、——特に教皇が矯正不可能に思われ、教皇が教会にとって「躓きの石」（scandalum）となるときは——人間の判断によって廃位されうる。すなわち教皇は先ず聖職者により廃位され、そして聖職者が邪悪さ、非難すべき怠慢、あるいは無力さの故に教皇を廃位しないときは、キリスト教徒の至高の世俗支配者が教皇を廃位し、更にこの支配者も邪悪さや怠慢の故に教皇を廃位しなければ、信徒の集団が、あるいは教皇に対し十分な世俗権力を行使できる信徒が教皇を廃位する。世俗の支配者が犯罪を犯した教皇を裁判できることは、キリストに対するピラトの裁判が正当な権限に基づくものであったことから明らかであり、また『使徒行伝』（18・14—15）にあるようにパウロがユダヤ人に告発されたとき、地方総督ガリオが「不正の事や重大犯罪の事であれば、私は、当然のこととして、忍耐してあなたたちの言い分を聞くが……」と述べたように、教皇が不正を犯したことで皇帝の——しかも異教徒の皇帝の——裁判に服すこともありうる[145]。

最後に、仮に第一の（教皇至上主義的な）見解に立ったとき、第二の見解を支持する論拠に対しどのように答えられるかみなければならない。先ず皇帝は教皇の主人ではなく、教皇は皇帝の臣下でも奴隷でもない。また奴隷はキリスト教徒になることで奴隷でなくなるわけではないという主張も正しくない。不正なことがキリスト教を支持するために行われてはならないが、過ちを犯していない人から権利を取り上げることは必ずしも常に不正であるとは限らない。すなわち、そのような人から権利を取り上げることに正当な理由があり、しかも権利を付与したり取り上げたりすることが上位者の権限に全面的に属しているならば、上位者は過ちを犯していない人から権利を正当に取り上げることができ、とりわけ教皇はそのような上位者である。また、カノン法が世俗の法や俗人の権利を破棄することはないという主張に対しては、第一の見解をとる或る者は、教皇は十全権力により世俗の法や俗人の権利を破棄して自分の好む者に権利を授与することができると答え、別の者は、たとえ教皇はこれほどの十全権力は有していなくても、信徒の共同体を統治するために必要なかぎりでの十全権力を行使し、正当な事由によって世俗の法を破棄し、俗人から権利を取り上げることができると答える。[146]

以上が『八設問集』の十三の章から成る設問第三の要約である。『対話篇』と同様に『八設問集』においても、特定の問題に関する様々な見解が列挙され解説されているだけで、一定の見解が明白にオッカム自身の見解とされ擁護されているわけではない。しかしオッカムが第二の見解に属する二元論的な立場をとっていることは明らかである。オッカムは世俗的支配権の最も中心的な機能——すなわち、犯罪者の刑罰と平和の維持——と考えられるものを基礎として、君主の単独支配を最善とみなす一元論的な説——どのような社会も、それが唯一人の至高の裁治者に服従しないかぎり良く統治されることはないという説——を論駁することができた。というのも、教皇が犯罪を犯さないかぎり、教皇を世俗君主に服従するものとみなすいかなる理由も存在しないからである。世俗的支配権の平和維持という消極的な機能を強調することで霊的権威の自立性は確保された。しかし逆に教皇の霊的権力の自立性は、オッカムが挙げている世俗権力の別種の機能——特に下位の裁判官や他の公職者の設置、業の指導、徳の促進——を無視することによって確保されることも確かである。これら別種の機能は政治の目的の中でも最も倫理的な性格が強く、霊的領域と境を接しており、従って世俗国家への教会の服従、あるいは逆に教会への世俗国家の服従を要求するように思われる。しかしオッカムはこれらの機能を世俗権力と両立可能ではあるが、非本質的な機能とみなすことによって、世俗権力に必然的に伴う任務と、霊的支配権のより高次の機能との中間にある緩衝地帯を提示したわけである。オッカムは聖俗二つの領域を厳格に峻別して世俗的権力と霊的権力は例外的にも他方の領域の或る部分に介入することができないとは考えなかった。世俗権力が絶対的に介入できないのは信徒の霊的救済に関わる領域であり、教皇権が絶対的に介入できないのは物理的な刑罰の威嚇による犯罪の防止と犯罪者に対する刑罰の執行である。しかし中間領域に関してはオッカムはそれをどちらか一方の排他的専属事項とは考えず、状況の変化に応じてどちらか一方の権力に服すべきものと考えた。かくして『八設問集』設問第三第八章の上記の引用箇所は、『対話篇』第三部の世界帝国の支配権を正当化する議論によって示唆された結論を確証している。世俗的支配権の消極的な機能はオッカムの世俗権力論の重要な構成要素と言えるだろう。

ちなみにオッカムにおける世俗支配権の消極的機能は、これを例えばダンテの『帝政論』における皇帝権の機能と比較するとより鮮明になる。ダンテにとって皇帝は、哲学の教えによって人類を地上の至福へと導いていく任務を帯びており、人類の〈civitas〉の普遍的な目的である地上の至福は、思索と実践の両者における可能理性の潜在的力を完全に実現することとされている。

「かくして、可能理性の全潜在能力を常に顕在化させることが、全体として理解された人類に固有の活動であること、この能力は先ず第一には思索によって、そして第二次的に思索を通じて——思索の拡張により——行為によって顕在化されるべきことが十分に説明された。そして部分に関してあてはまることは全体についてもあてはまり、個人が座して安らうことにより個人の思慮と叡智は完全になるのであるから、人類全体も平和の静けさないし安らぎの中で自己に固有の行為を——ちょうど『あなたは人を天使より少しく低く造り給うた』とあるように殆ど神的な行為を——最も自由に最も容易に遂行できることは明らかである。従って、普遍的平和こそ我々の至福のために定められたものの中で最善のものであることも明白である[147]」。

「それ故、もし人間が可滅的なものと不滅的なもののあいだにある或る種の中間的存在者であるならば、あらゆる中間的存在者は両極にある存在者の本性を分有するのであるから、人間は必然的に両者の本性を分有していることになる。そしてあらゆる本性は一つの窮極的目的へと秩序づけられていることから、人間には二つの目的が存在することが帰結する。従って、あらゆる被造物の中で人間のみが不滅なものと可滅的なものへと参与するように、あらゆる被造物の中で人間のみが二つの窮極的目的へと秩序づけられており、このうち一つは可滅的存在者としての人間の目的であり、もう一つは不滅な存在者としての人間の目的である。それ故、筆舌に尽しがたきかの神の摂理は人間に対し、目指すべき二つの目的を提示した。すなわち現世の幸福と永遠なる世の幸福である。現世の幸福は人間に固有な力の働きに存し、地上の楽園によって象徴的に表現されている。これに対して永遠の生の幸福は、神の光に助けられることなくしては人間に固有な力が到達することのできない見神の享受に存し、天上の楽園の形象によって我々が理解するところのものである。ところで人間は、異なった推論を通じて異なった結論へと到達するように、異なった方法を通じてこれら二つの幸福へと到達しなければならない。すなわち我々は哲学の教えを通じて——我々が道徳的及び知的な諸力を働かせることによってこの教えに従うならば——前者の幸福に到達するのに対して、後者の幸福には人間の理性を超越した霊的な教えを通じて——我々が神学的な諸力（徳）すなわち信仰、希望そして愛を働かせることによってこの教えに従うならば——到達する。それ故、これら二つの目的と二つの手段のうち、一方は哲学者たちを通じてそのすべてが我々に知られるようになった人間理性により我々に明示され、他方は聖霊により、すなわち、預言者や聖文学の作者を通じて、そして聖霊と共に永遠なる神の子イエス・キリストとその弟子たちを通じて我々に必要な超自然的真理を啓示した聖霊により我々に明示された。しかしそれにもかかわらず、この世を旅する人間が馬のように獣性にまかせて歩き回り、『くつわと手綱によって』旅の歩みを制御されなければ、人間の貪欲さは上記の目的と手段に背を向けてしまうだろう。このことの故に人間は二つの目的に応じて二つの指導者を必要とした。すなわち、啓示された真理に従って人類を永遠の生へと案内する教皇と、哲学の教えに従って人類を現世の幸福へと導いていく皇帝である」[148]。

さて、オッカムが『対話篇』第三部第二論考やその他の著作で提示した世界帝国を支持する論証をみると、オッカムの関心が先ずもって様々な統治形態の下で生きる諸個人の具体的な集団に向けられていること、政治体制をそれ自体において価値あるものとする考え方が極めて希薄であることが理解される。例えばオッカムは単独支配者の不在は報復や戦争を助長し、単一の統治に服することを拒絶する諸君主の間の戦争は、単独支配者の臣下の間の抗争より残忍で危険なものになることを指摘している。オッカムの関心は戦争が諸個人に与える破壊的な影響に向けられている。戦争時には「悪人が放埒になり（insolescunt）、善人が様々な仕方で不安にさせられる（turbantur）」[149]。オッカムの関心が形式的な政治構造それ自体にではなく、個人の権利や損害へと向けられていることは、本章第三節で示された世界帝国を支持する第二と第四の論拠にも明らかに示されている。第二の論拠の形式的な性格は、霊的領域における正しい秩序から世俗的領域における正しい秩序を導き出している点にあり、霊的領域における教皇の単独統治（モナルキア）は世俗的領域においても皇帝の単独支配が正しい秩序であることを示しているというのがその趣旨であるが、第二の論証の結論として暗に提示されているのは、聖職者が世俗的な犯罪に対する刑罰を免れることの批判であり、オッカムの主張は、世俗的事項に関して全世界は俗人のみならず教皇その他の聖職者を含めてすべて唯一の世俗支配者に——それ故世俗支配者の刑罰権に——服するべきであるということである。オッカムは、どのような統治体制が最善かという問題を、体制自体の正しさではなく、構成員たる諸個人の総体に対し統治体制がどのような影響を及ぼすかという観点から論じている。特にオッカムの第四の論拠では、諸個人の前政治的な社会集団、未だ法的に組織化されてはいない人間の共同体に対し統治体制が及ぼす影響が述べられている。「世俗的領域において相互的な交わりをもち、あるいはもつ可能性がある」（communicationem in temporalibus ad invicem habent aut habere possunt）すべての人々は、この領域において唯一人の君主に服従するときにのみ最善の仕方で統治されるというのが第四の論証の大前提であった。この種の交わりをもちうる人々は一つの〈populus〉であり、一つの羊舎（ovile）と羊の群れ（grex）、一つの都市（civitas）、一つの集団（collegium）、一つの地域集団（gens）、一つの王国（regnum）である。これら種々の人間集団に頭が欠けていたり、複数の頭があれば、それは「怪異な」体だろう。しかしオッカムの議論の特徴は、人間集団を一つに統合する首長の必要性は、人間集団が統一化され善く秩序づけられていること自体の理念的で形而上学的な価値にではなく、あくまでも諸個人相互の具体的な交流が適切な仕方で行われることに基礎づけられている点にある。オッカムは、人間社会における単独の首長の必要性を、世界の自然的な位階秩序といった形而上学的存在論的な理念によって基礎づけることはしなかった。オッカムにとり、単独の支配者が必要なのは、そのことによって諸個人間の交わりが諸個人にとって利益になるような仕方で生ずるからに他ならない。第四の論証の小前提も、オッカムの関心が共同体の「前政治的」な性格に向けられていることを明らかに示している。あらゆる人間はどれほど相互に遠隔の地にいようと相互に交わりを形成し、一つの人民、群れ、集団、都市、家族、国となることが可能である。そして統治体制の目的は、このような人民の交わりを可能にする諸条件を維持する——あるいは諸条件が解体することを阻止する——ことに存する。オッカムは聖書に依拠しながらこのことを論ずるが、それはローマ帝国やその他現実に世界を包含した政治的統一体が聖書の中で是認されていることを示すためではなく、人類の有機的な相互依存と神の王国としての全世界の統一性を政治的統治の基礎ないし目的として示すためであった。

「かくして使徒パウロは『ローマ人への手紙』十二章（12・5）で『我々はキリストにあって一つの体であり、

各人は互いに肢体である』と述べ、次のことを明白に示している。すなわち、信徒のみならず信徒でない者も含めすべての人間が信仰と愛を通して悪魔を放棄してキリストへとより固く結びつくべきであるように、もし人間たちが善く秩序づけられているならば、すべての人間は一つの体でなければならない。ソロモンもまた『箴言』第十章（正しくは第十八章18・19）で『助けあう兄弟は堅固な国（civitas）のようである』と述べ、世界のすべての人間が兄弟であるように、悪意が人間たちを妨害しないかぎり、人間たちは一つの国にならなければならないことを示唆している。かくして『ソロモンの知恵』第六章（6・4—5）で、賢者が邪な王たちを譴責しながら『支配は主から汝らに与えられ、力はいと高き者から与えられた。主は汝らの業について問い、汝らのはかりごとを詮索するだろう。というのも、汝らが主の王国の仕え人であったとき、汝らは正しく裁かなかったからである』。これらの言葉から理解されることは、悪人たちの罪の故に主によって設けられた数多くの支配者が存在するにもかかわらず……全世界は一つの王国だということである[150]」。

このテキストを読むかぎり、オッカムの推奨する政治制度を、恒常的に孤立した諸個人による純粋に規約的な制度として理解することはできない。オッカムによれば人間が政府を樹立するのは、政治組織の形成に先立ち既に存在している人間どうしの社会的「交わり」が人間の邪悪さによって解体するのを回避するためである。人間の道徳的人格性や道徳的地位は政治社会の形式に先立って存在し、しかもこの道徳性は相互に孤立した個的人間の道徳性ではなく、他者と自然的に交わる人類共同体の成員としての道徳性である。人間はすべて同胞として既に一つの共同体を形成しており、数多くの王が存在する現実の政治組織はこの共同体の外形にすぎず、人類の共同体の〈communicatio〉とその社会的道徳的価値を維持するための道具にすぎない。

政治組織には服するが自立した共同体、自己に固有の協同によって活動し、固有の価値を帯びた共同体の観念の明白な表現がオッカムの自由の擁護である。既に指摘したようにオッカムは『八設問集』設問第三で、最善の統治形態が要求すること、可能なことは何かについて論じている。先ず、最善の統治形態がもっぱら奴隷や隷従民（servi）といった非自由人に対して行使されることはありえない。特にそれが誰であろうと或る臣民が自らの誤ちなくして、特に自らの意に反し〈servus〉であることは純粋に最善の統治形態と両立不可能である。というのも第一に、非自由人に対する統治は常に専制的であり、主として支配者自身の利益のために行使されるからである。最善の統治は被支配者の利益のために設けられるのであるから、非自由人への専制的支配は最善たりえない。このかぎりでこれはアリストテレスの見解を忠実に表現したものと言えるが、オッカムの見解は、アリストテレスに依然としてみられる次のようなプラトン的見解、すなわち政治的支配を家族に対する家父長の支配と類似したものと考え、自由を、被支配者の利益とは別個に存立する善への服従として観念するようなプラトン的な思想とは全く異質なものである。家父長制的支配と超越的善を結合させた観念は、臣民を〈servus〉とみなすことはなく、統治を専制的と考えることもないが、その支配は全面的に上から人民へと降下する。オッカムは教皇の統治に関しては（重要な限定を設けながらも）この種の家父長制のモデルを受け入れたが、世俗的支配に関しては家父長制に言及することさえしていない。

オッカムの政治的自由観念の基本的な特徴を一言で言えば支配権力の介入からの自由であり、この点、マルシリウスの自由観念や教皇至上主義者の自由観念のように、政治的自由を統治に対する何らかの意味で積極的な関係（マルシリウスの場合は立法における動力因として統治に参加すること、教皇至上主義者においては、共通善を実現する秩序づけられた政体を構成するために必要な一部分であること[151]）としては理解していなかった。またオッカムの自由観念はダンテの自由観念とも異なっている。ダンテによれば、自由とは他のもののためではなく自分自身のために存在する（sui met et non alterius gratia est）ことであり、正しい政体は人民が支配者のために存在するのではなく支配者が人民のために存在するような政体である。しかしダンテの自由は、他者に拘束されることなく自己の欲求を最大限充足させるために行為できることを意味しない。むしろ欲求が善に関する理性の正しい判断に従うとき人間は自由であり、従って自由な人間とは自己の欲求を理性の判断に従わせる善い人間を意味する。そしてダンテは、人間は一人の君主が全世界を統治するときに善き人間となり、それ故自由な人間になると考えた。善い君主とは「人間たちを最も強く愛するが故に万人が善い人間になることを望む」君主なのである[152]。

臣民の自由を支持するオッカムの第二の議論は、支配者になる人間が徳と知において全臣民より根本的に優れていることは、あるいは支配者の徳と知が臣民の至達しうる徳と知より根本的に優れていることはありそうにないという前提に依拠している。この前提に立てば人民を〈servi〉として統治することは自然に反しており不正である。どのような人間であれ、自分より徳と知において優れている者たちを、あるいは自分と同等か、将来自分より善いか自分と同等の人間になると合理的に期待できる者たちを奴隷として支配することは不正で自然に反しているからである。

「或る者が徳と知において自分より優れているか同等であるか類似している人々を、あるいは将来、自分より優れているか同等であるか類似するようになると予期される人々を奴隷のように支配することは不正であり、自然に反している。アリストテレスは『政治学』第三巻（第十六章）でこのことを明白に主張している。更にヒエロニュムスもグラティアヌス教令集（Dist. 25. c. 3 § *Nunc autem*）にあるように『その者と比べると他の人々が群れ（grex）と言えるような者が選ばれる（すなわち君主や指導者に選ばれる）べきである』と述べるとき、同じことを証言していると思われる。更に同教令集（C. 1. q. 1. c. 45 *Vilissimus*）では、『知と聖性において卓越していないかぎり、顕職において秀でる者は最も価値なき者の中に数えられるべきである』と言われている。そして『集会の書』第三十二章で賢者は指導者や君主に教示しながら、『彼らは汝を指導者として置いたのか。ほめそやされることを望んではいけない。彼らの間では彼らのうちの一人であるかのようにしていなさい』と述べている。それ故、一人の支配者に服従するすべての人々が奴隷であることは最善の統治に反している。

このことを証明するには、『政治学』第一巻（第五章）にあるアリストテレスの議論だけで十分である。この議論によって、奴隷の統治よりも自由人の統治のほうが善いことの論証が試みられている。より善い理由は、野獣を支配することより人間を支配することのほうが善いように、支配に服従する人々がより善ければ支配もより善くなるからである。しかし自由人は奴隷より善いのであるから、奴隷の支配を最善と判断すべきではない[153]」。

アリストテレスは『政治学』第三巻第十六章（そして第二巻第二章で）、もし市民が徳と知において同等であるならば支配と被支配を順番に交代で行うべきであると述べていたが、オッカムは支配者の規則的な変更を支持しなかったものの、支配者と臣民が徳と知においてほぼ同等であることを根拠として、君主は人民を自由人として扱うべきことを主張する。またヒエロニュムスは知と神聖さにおいて卓越した人間のみが支配者になるべきであると述べていたが、オッカムはヒエロニュムスの言葉の意味を少し変えて、支配者が徳や知の点でも臣民より優れていないかぎり臣民以上に支配者を尊ぶべきではないという意味で理解し、更に『集会の書』を引用し、支配者は自分が人民によって選ばれた者であることを自覚し、自分が臣民の中の一人であるかのように振る舞わなければならないと主張している。支配に関するこのような政治的感情は、同じ時代の教皇派の政治的アウグスティヌス主義にみられる位階制的な精神とは明白な対照をなしている。

自由を支持する第三の議論はアリストテレスからとられている。オッカムによれば統治形態の性格は臣民の性格に依存し、臣民がより善くなれば統治もより善くなる。自由人は非自由人より善いので、最善の統治は自由人に対する統治である。それ故、もっぱら〈servi〉に対して為される統治は最善の統治ではない。この点でもオッカムの見解はプラトン＝アウグスティヌス的伝統と明白な対照を為している。後者にとって最善の統治形態は、社会の中の最善の人間が優位に立って支配するような形態であり、社会の性格は支配者の性格によって定まる。オッカムの見解はこれとは逆に、被支配者の性格が統治の善性を決定する。専制政治と王制を比べたとき、前者は後者より量的にみて大なる支配権を有する点でより完全と言えるかもしれないが、まさに同じ理由でそれは不完全である。

「専制的な支配は或る意味でより多くのことへと及ぶが故に或る意味でより大きい（maior）。しかし、まさにこのことの故にそれはより不完全なのである。その理由は一人の善より多くの人々の善のほうが善い（melius）からであり、より多くの人々の善が害されることは完全性ではなく不完全性を意味するからである。確かに専制支配は、専制君主が自分自身の利益のために臣民とその財産を利用できることから、多くの人々にとって有害である。……従って専制支配は……王的支配より端的に不完全である」[154]。

オッカムにとり、臣民を〈servi〉として利用する可能性のある統治形態と臣民が自然的自由を享受する統治形態の差異は明らかである。

政治以前に存在する人民の集団的交わりを強調し、臣民の自由を擁護するオッカムの見解においては、伝統的に教皇権が世俗的支配者に対し果たしてきた抑止的機能は自由な人民集団へと移され、統治は人民の共同体に奉仕すべきものとされている。これら自由な人民を私的な利益を求める利己的な個人として理解し、諸個人が自分の利益のために支配者を設立するといった見解はオッカムにおいて存在しないが、権力者に対する被支配者集団の関係は隷従とはほど遠いものである。臣民には一方的に支配者への服従を止めて他の支配者を設立する権利はないにしても、オッカムの統治観念を道具主義として特徴づけることができるだろう。統治者は自由な人民の共同体の利益を実現するための道具なのである。

さて『対話篇』第三部第二論考の冒頭部分にみられる世界帝国のための十一の論拠も世俗統治に関する抑制的で道具主義的な観念を支持する。人民の共同体は恒常的に支配権力をコントロールするものではないが、支配権力は共同体の利益に奉仕するものであり、統治を単に公共の利益を促進するための実効性ある手段とみなす見解には、この目的を達成できない統治は非効率的であるという見解が含意されている。統治が効率的であるか否かは現実の具体的状況において当の統治がどのように作用するかに依存し、それ故具体的状況に応じて変化する。統治形態の有用性（expedientia）というオッカムの観念は、オッカムと同時代の他の多くの理論家にはみられない注目すべき特徴であった。当時の理論家の多くは特定の統治形態それ自体に内在的な価値を認め、当の統治形態を永遠に有効かつ正当な統治形態としてみる傾向が強かったからである。例えば教皇至上主義者はキリスト教会を有機的に組織化された一つの団体として捉え、この団体の頭たる教皇の単独統治に唯一絶対的な価値を付与していた。この種の見解においても教皇制が重要な機能を果たす神の道具だったことは確かであるが、それはあくまで神的諸特徴を具現する道具であった[155]。それ故、教皇制はキリスト教徒の集団にとって単なる功利的な制度とは到底言えなかった。これは「教会の善はただ教皇の善の故にのみ存在しているのであるから、教皇の善は全教会の善より大である[156]」というアウグスティヌス・トリウムフスの主張に明白に示されている。逆に、教皇至上主義者の対極にあるパドヴァのマルシリウスについても同様のことが言えるだろう。マルシリウスは世俗権力の目的を平和の維持とみなす点でオッカムと基本的に同じ立場をとるが、平和維持という目的と、このために利用されるべき道具との間には必然的で不変的な相関関係があることを主張し、人民の立法権による政府のコントロールを統治形態の本質的で不変的な構成要素とみなす点で、君主たる教皇の単独支配を統治の不可変の本質と考える教皇至上主義者と同質的な立場をとっている[157]。更にダンテもこの点では同様だった。ダンテはオッカムよりはるかに崇高な目標を皇帝の世俗権力に課す一方で、この目標が君主による単独支配によってのみ最善の仕方で達成されることを主張する。ダンテにとり、世俗権力が世界皇帝のもとに統一化されることが、人類社会が神ないし天体と最大限に類似するための方法であった。

「そしてまた、あらゆる息子は、彼自身の性格が許すかぎりにおいて完全なる父の足跡を模倣するとき、正しく最善の状態にある。人類は天の息子、そのすべての働きにおいてこの上なく完全な天の息子である。というのも『自然学』第二巻にあるように、人間と太陽が人間を生み出すからである。それ故人類は、己れの性格が許すかぎりにおいて天の足跡を模倣するとき、最善の状態にある。そして、人間理性が哲学的思索によって極めて明白に理解したように、天全体はそのあらゆる部分、諸運動、諸動者が唯一の運動すなわち第一動者の運動と、神たる唯一の原動者により支配されているのであるから、もし我々の推論が正しければ、人類も、その諸動者と諸運動が唯一の原動者としての一人の君主及び唯一の運動としての一つの法により支配されるとき、最善の状態にあることになる。それ故、世界が善い状態にあるためには、帝政ないし「インペリウム」と呼ばれる唯一の君主国が必要であることは明らかである」[158]。

そしてダンテは皇帝の単独支配を正当化するために或る種の「倹約」の原理を利用するが、この原理の利用でさえ、実際的な実効性ではなく形而上学的な適正さの問題——余分なことを神と自然は好まない。そして神と自然が好まないことはすべて悪である——であった。

「さて、一つのものによって為されうることは、複数のものによるよりも一つのものによって為される方がよい。このことは、次のように説明できる。Aというものがあり、あることがこの一つのものにより為されうるとしよう。そして、同じようにそのことを為しうる複数のものAとBがあるとする。それ故、AとBにより為される同じことがAだけによって為されうるならば、この場合Bの追加によって何も生じないのであるから、Bは無益に追加されていることになる。Bが追加される以前に、同じことはAだけによっても為されえたからである。そして、この種の追加はすべて役に立たず無益であり、無益なものはすべて神と自然の好まざるところであり、また自ずから明らかな如く、神と自然が好まざるものはすべて悪なるが故に、もし或ることが一つのものによって為されうるのであれば、複数のものによって為されるよりも一つのものによって為されるほうがよりよいばかりでなく、それが一つのもので為されることは善であり、複数のものがそれを為すことは端的に悪であることが帰結する。……ところで、人類は君主たる一人の至高の支配者により統治されうる。……それ故、人類は複数のものによって支配されるよりも、一人の者、すなわち唯一の支配者たる君主によって支配されるほうがよい。そして神は常によりよいことを欲するが故に、よりよいことは、すなわち神にとってより受容可能なことである。そして二つの選択肢だけの間では、よりよいことは最もよいことと同じであるから、「一人の者」と「複数の者」のうち、「一人の者」のほうが神にとってより受容可能というだけでなく最も受容可能なものであるという結論になる。それ故、人類は一人の者により支配されるときに最も善い状態にあることが帰結し、かくして、世界が善い状態にあるために君主国が必要であるということになる[159]。

オッカムは最善の統治形態として無条件的に君主制を認めることなく、状況の変化に応じて統治形態の根本的な変更を許容した[160]。

「時代の相違や性格や必要性に応じて人間の統治ないし支配を変化させていくのが有益(expediens)である。或る時には万人に対して一人の世俗の支配者ないし一人の聖職の支配者をもつことが有益であり、別の時には数多くの世俗ないし聖職の支配者が他のすべての人々を支配することが有益であり（expedit）、そして確かに別の時には、上位者のいない数多くの支配者が世界の様々な部分領域を統治することが有益（utile）である[161]」。

そして何が有益な統治形態であるかは、状況の変化に応じて異なってくるという議論の主たる論拠は共通の利益(utilitas communis)にある。

「というのも、法律が共通の利益のために(pro communi utilitate)制定されるべきであるように……君主や指導者や支配者は、世俗のそれであろうと教会のそれであろうと、何にもまして共通の利益のために置かれなければならないからである。そして彼らは自分自身の利益よりも共通の利益を配慮するよう義務づけられている。もし彼らが共通の利益より自分自身の利益を優先させるならば、彼らは指導者や君主や支配者ではなく暴君とみなされるべきである[162]」。

オッカムはすべての統治形態を同等に評価したわけではない。当時の政治思想に共通してみられる唯一絶対的に正しい統治形態の追究はオッカムにみられなかったが、オッカムは君主制が通常は最善の統治形態であると考えていた。しかし、その根拠は君主制それ自体に内在する形而上学的な価値といったものではなく功利的なものだった。君主制は共同生活のための正しい平和的な諸条件を提供するのに通常は最も効果的だからである。従って、或る状況において君主制が共通の利益を生み出す手段として効果的でなければ、他の統治形態に変更されるべきである[163]。通常は単独の世俗支配者が万人を支配するときに悪人はより厳格に強制され、善人はより平和に生活できるが、特定の状況においては君主制がこのような共通の利益を生み出さないときがある。例えば世界の中の相当数の有力者が悪意をもって単独支配者に服従することを拒絶し、反乱や戦争を惹起しようとするような状況では、様々な領域ごとに独立した支配者がいたほうがこれら悪意ある人間たちがこの種の活動を差し控えるならば、君主制は非効率的な制度と言えるだろう。[164]また単独の君主による世界支配は、君主が自己の権力を専制的に行使し、共和制を欲する善き人々を攻撃し、君主の専制的支配を支援する悪しき人々を昇進させるようなことがあれば、君主制は好ましくないものになる。[165]要するにオッカムにとり、君主制は、一般に人々の間に君主制への同意が存在し、君主が信頼するに足る人間である場合にのみ最善の統治形態なのである。

共通の利益を論拠とする議論に加えてオッカムは聖書の引用によって状況に応じた統治形態の可変性を立証している。万人にとって最善の統治形態とは神がイスラエルの民を処遇した方法に最も類似していないだろうか。神はイスラエルの民が或るときは唯一の世俗支配者によって、また或るときは唯一の聖職者の支配者によって、更に別の時は複数の独立した王によって統治されるように配慮しなかっただろうか。……もっとも、オッカムの聖書による正当化を重要視すべきではないだろう。オッカムは特定の具体的な状況において何が最善の統治形態であるかを聖書の中に読み取ろうとしているわけではない。[166]

さて、以上の議論から明らかなように、オッカムの世俗権力論に関しては幾つかの顕著な特徴を指摘することができる。まず、世俗権力の主な機能は犯罪者の矯正と処罰という消極的な機能に置かれている。オッカムはこれ以上の機能を世俗権力に対して要求することはなかった。次に、政治以前の人間の共同体の社会的交わりが、統治から生ずる利益の評価基準とされていることである。この特徴は、最善の統治形態は個人の自由を尊重しなければならないという主張や、共通の利益によって世界帝国を支持する論証や、同じく共通の利益によってこの論証に加えられる限定の中に表現されている。またオッカムの世俗権力論の更なる特徴は、最善の統治形態を、それに内在する価値ではなく共通の利益をもたらす道具的な有用性によって判断し、その時々の状況の必要性に応じた最善の統治形態の可変性を強調していることである。このような特徴を帯びた消極的で道具主義的な世俗権力論の中に、政治参加論を見出すのは困難だろう。世俗権力の主要な機能が単に犯罪者を処罰し平和を維持することであれば、政治は道徳から切り離され、政治を例えば人間性の完成の場として捉えるような見解が入り込む余地はない。オッカムが想定する世俗権力の領域とは、特定の統治形態のみが常に最善であるといった幻想を抱かず、犯罪者を罰し社会の治安を維持するために効果的な権力を維持すべく統治形態を状況に応じて変更していく自由な諸個人からなる領域であった。そして世俗権力の目的が上記のように消極的なものであれば、言うまでもなく世俗権力は霊的宗教的領域から完全に切り離されることになる。オッカムにおいて世俗権力と霊的権力の関係は和合や協力というよりも完全なる分離であり、世俗権力が可能なかぎり世俗化され、霊的権力が可能なかぎり霊化されていることで、聖俗二つの権力が共に介入してくるような状況が生じることはない。それでは、世俗権力が霊的な役割を担うようなことは全くありえないのだろうか。

世俗支配者が恒常的に霊的役割を担うようなことをオッカムは認めていない。霊的事項はもっぱら教皇権に帰属する。

「キリストは福者ペテロを他の使徒と全信徒の首長、君主、最高位の聖職者として定め、霊的事項において通常行使しうるあらゆる権力を——すなわち道徳の問題に関して(ad bonos mores)、そして信徒にとって霊的に必要で為されねばならない(あるいは為されるべきでない)すべてのことに関して、共通の利益にとって危険とならずに慎重に一人の人間に委ねられうる事項におけるあらゆる権力を——ペテロに授与し、そして福音の法が制定される以前とそれ以後に皇帝や王や君主その他、俗人や聖職者に自然法および万民法上、あるいは世俗の人定法上属していたいかなる権利に対しても著しく甚大な損害や損失を与えないという条件で、自由と裁治権を——強制的な裁治権でさえ——ペテロに授与したのである。……そしてこの権力を現在はペテロの後継者たち、すなわちローマ教皇が神法上、通常は保持している[167]」。

オッカムは教皇権論において、マルシリウスのように教皇に強制力を全面的に否定することはなかったし、むしろ霊的事項において教皇が世俗の支配者も含めた全キリスト教徒に優越することを幾度となく主張している。これとは反対に、世俗的事項の統治に関してオッカムは、至高の単独の世俗的支配者から独立した世俗権力や裁判権が通常の状態として存在することが最善の統治形態たりうることを認めており、この見解が教皇至上主義であれ極端な世俗主義であれ、最善に秩序づけられた社会は至高の単一の裁治者に服さなければならないという当時の一般的な見解と異なることを自覚していた。オッカムの見解の核心にあるのは、教皇権は世俗裁治権から独立しており、世俗支配者は教会に属する問題に恒常的に介入することはできないという基本的な考え方である。確かにオッカムは教会の世俗財産——特に過剰な財産——に対する最終的な裁治権を世俗権力に留保した点で教会に対しては厳しい態度をとったと言えるだろう[168]。また、聖職者が世俗的な犯罪を犯したとき、聖職者を世俗裁判所の管轄権に服さしめようとする意向をオッカムに読み取ることができる[169]。しかし、このことを理由にオッカムは世俗権力が霊的事項に介入できると考えていた、と解釈することはできない。また『対話篇』第三部には、教皇を選出する皇帝の権利が、この権利を支持するような仕方で言及されているが、ここでオッカムは教皇選出の権限が皇帝権の本質的な要素であり、皇帝は皇帝としての資格において教皇を選出する、と述べているわけではない。むしろオッカムは教皇選出の「自然的な」権利は皇帝にではなく、教皇が裁治権を行使することになる「人民」にあると考えている。それ故、キリスト教徒の皇帝が教皇を選出することは可能でも、この権利を皇帝が放棄し、あるいは人民の合意によってこの権利が皇帝以外の人間ないし集団に授与されることも可能である(170)。

オッカムは霊的事項に対する恒常的なコントロールを世俗権力にとって本質的なことと考えてはいなかった。しかし、霊的事項に対する世俗権力の例外的な裁治権についてはどうだろうか。異端教皇の事例において世俗支配者による行動へと訴えるオッカムの見解は世俗国家への途を指し示してはいないだろうか。しかし教皇が異端者であるような事例は教会が重大な危険にさらされている場合である。教皇が単に無能であったり危険な人物であるからといって、直ちに教皇を廃位できるわけではなく、『対話篇』第一巻にこのような主張は見当たらない(171)。オッカムはヨハネス二十二世との激しい論争の際中においても世俗的裁治権者の介入には注意深く厳格な制限を設けていた。更に異端教皇の事例においても、世俗支配者の介入が許されるか否かの問題に関してオッカムは、教皇の異端が明白に断罪されている場合と、教皇の異端性が不確定な場合——すなわち問題となっている教皇の教説が過去において教会によって明白に断罪されてはいない場合——を区別し、前者の場合にのみ——しかも聖職者たちが教皇を廃位しようとしない、あるいは廃位することができない場合にのみ——俗人は教皇を強制的に廃位できると主張していた。教皇の教説が未だ異端として断罪されてはいない場合——あるいは、それと反対の教説が公教会の真理として明白に承認されてはいない場合——は、事例は普遍教会や公会議あるいはローマ教皇の管轄となり、世俗の裁判所で審理されることはない。この場合、たとえ聖職者たちが教会としての見解を提示できなくても、問題は俗人によって審理されることはなく未解決のままにされなければならない(172)。従ってキリスト教徒の世俗支配者は、教会の手続きによってキリスト教の真なる教説であることが既に確定しているものを擁護する義務に服しているのであり、世俗の支配者が教会の正統な教説の確定に参加することはありえない。教皇ヨハネス二十二世との闘争においてできるかぎり多くの支持者を得る必要のあったときでさえ、オッカムはこの立場を堅持した。

ところがオッカムは明白な異端の事例においても、世俗支配者が介入することの意味を限定的に解釈するに至った。オッカムは初期の著作である『対話篇』第一巻の既に引用された箇所では、キリスト教の皇帝は皇帝として異教徒の皇帝の後継者ではあっても、皇帝の資格で教会の問題に介入できると考えていた。

「異教徒であった皇帝には、彼らが異教徒たるかぎりではなく人間であったかぎりにおいて（in quantum erant homines）神を礼拝し偶像を破棄する任務が属していたのと同様に、異教徒であった皇帝と王には、異教徒たるかぎりではなく皇帝と王であったかぎりにおいてカトリック教徒を擁護する任務が属していた。従って、異教徒たることにおいて（in paganismo）ではなく皇帝と王の顕職において（in Imperiali et regali dignitate）異教の皇帝と王を継承したキリスト教の皇帝と王には、聖職者たちが異端教皇を正したり強制することを欲さないかそれができないとき、異端教皇を正し、強制する任務が属している[173]」。

しかしその後オッカムは『対話篇』第三部第二論考、そして更に後に書かれた『皇帝権と教皇権』において、キリスト教徒の皇帝が例外的に教会の問題に介入する権利を有するのは彼がキリスト教徒だからであり、皇帝として介入する権利を有しているわけではない――というのも、彼は皇帝としては異教の皇帝を承継したからである――、と主張することになる。

「たとえあらゆる事項に関してすべての信徒が直接的には教皇に服従してはおらず、教皇は数多くの事例において信徒たちの裁判官でないとしても、法廷で確定される必要のあるすべての問題において神法上、通常ないし例外的に裁判官でありえるが故に、キリストのもとに教皇が全信徒の頭にして至高の裁判官であることが認められなければならない。皇帝についてこのように言うことはできない。なぜならば皇帝であるかぎりの皇帝は、数多くの真の皇帝はキリスト教の信徒ではなかったのであるから、例外的にでさえ霊的事項に介入すべきではないからである。もっとも、もし皇帝が信徒であれば、信徒たるかぎりにおいて、彼は数多くの霊的な問題に関し数多くの事例において、特に信仰に関する問題について介入するよう義務づけられている。信仰に関する問題は『全くもってあらゆるキリスト教徒に関わる』からである[174]」。

このことは、オッカムの政治思想において当初から存在していた世俗権力の非宗教的性格が、その後更に強調されていったこと、世俗的権力と霊的権力が一層厳格に峻別されていったことを示している。

註

（1） *Breviloquium de principatu tyrannico*, Liber iii, capitulum 7–13（ed. R. Scholz, *Wilhelm von Ockham als politischen Denker und sein Brevi-*

loquium de principatu tyrannico, Stuttgart, 1944, SS. 125-132;ed., H. S. Offler, *Opera Politica*, IV, Oxford, 1997, pp. 178-188）また英訳 ed., A. S. McGrade, transl., J. Kilcullen, *William of Ockham, A Short Discourse on the Tyrannical Government*, Cambridge, 1992) pp. 87-99. 仏訳 trd., J-F. Spitz, *Cour traité du pouvoir tyrannique*（Paris, 1999）pp. 206-222 参照。『暴政論』の研究としては今でも P. A. Hamman, *La doctrine de l'église et de l'état chez Occam*（Paris, 1942）が最も詳しい（本文に関連した箇所は pp. 101-120）。また M. Damiata, *Guglielmo d'Ockham: povertà e potere*, II（Firenze, 1979）pp. 321-357; W. Kölmel, *Wilhelm Ockham und seine kirchenpolitischen Schriften*（Essen, 1962）SS. 151-153.

（2）中世後期の帝権移管論において重要な意味をもつことになるのがインノケンティウス三世の教令《Venerabilem》である。これはもともとシュヴァーベンのフィリップとブラウンシュヴァイクのオットーの二重選挙に際して教皇がオットーを支持すべくツェーリンゲン公に宛てた一二〇二年の書簡であり、その後一二一〇年に教令《Venerabilem》としてインノケンティウスの教令集〈Compilatio tertia〉に編入された。この教令で教皇は二重選挙の問題は決闘による神判ではなくローマ教皇庁の審査によって解決されるべきことを主張し、〈translatio imperii〉を根拠として教皇庁の審査権を正当化する。教皇によれば、皇帝となるべきドイツ王を選挙する権限は選帝侯に認められるが、選帝侯のこの権限はローマ帝国をギリシア人からドイツ人へと（カール大帝へと）移管したローマ教皇庁に由来するが故に、ドイツ王に選挙された者を審査する権限（ius examinandi）は——この者に塗油し、この者を聖別し戴冠する——ローマ教皇にある。《Venerabilem》と帝権移管論については、W. Goez, *Translatio Imperii*（Tübingen, 1958）SS. 164-165 参照。また別の機会にインノケンティウスは、皇帝は教会の守護者であり、教会は最も強力で教会を最も熱心に守護する者を守護者にしなければならないことから、必要なときには——八〇〇年にそれが生じたように——帝権を他の人民に委譲することができると述べている（Goez, S. 162）。しかしインノケンティウスは帝権をカール大帝に移管した教皇の名を明言していない（Goez, S. 160）。

そして W. Goez, SS. 214-237 は十三・十四世紀の帝権移管論につき論じ、教皇派の論者たち——例えばエギディウス・ロマヌス——が基本的にはインノケンティウスの教令《Venerabilem》とこの教令に対する教会法学者の注釈を繰り返しているだけであるのに対し、興味深い議論はむしろ反教皇派にみられることを指摘した後、先ず十三世紀の教皇主義者ルッカのトロメーオの〈Determinatio Compendiosa de iurisdictione imperii〉（ed. M. Krammer, Hannoverae. 1909）を取り上げている。トロメーオによれば教皇は地上に上位者をもたない「万人の裁判官」であり、世俗的事項に対して〈potestas directa〉を有している。そしてトロメーオは、『ダニエル書』（2・31—45）に記されたネブカデネザル王の夢に出てくる「人手によらずに山から切り出された石」によって打ち砕かれる四つの大きな像を四つの世界帝国（最初にアッシリア、次にメディアとペルシア、そして更にギリシアとエジプト（プトレマイオス王朝）、そして最後にローマ）として解釈し、キリストを意味する「石」がこれらの帝国を次々と倒した後、万人がキリストに、そしてキリストの代理たる教皇に服従することになると述べている。更にトロメーオによれば、コンスタンティヌス帝はキリスト教に改宗した後、ローマ帝国を——いずれにしてもキリストの代理者たる教皇に属していたローマ帝国を——教皇に譲渡し、この返還（redditio）の後に教皇シルウェステルが皇帝に帝国の東の部分を委譲した。そして《Venerabilem》への標準註釈（一二六〇年頃パルマのベルナルドゥスによって著されたグレゴリウス九世教皇令集への註釈で、この中には《Venerabilem》に対するタンクレドゥスの註釈がほぼそのままのかたちで引用されている。W. Goez. S. 195）に従いトロメーオは次のように述べている。ランゴバルド人が教皇庁を圧迫したときギリシア人が教皇庁を守護する義務を果たさず、ローマ人も教皇レオ三世に敵対したことから教皇はフランク王カールに援助を要請し、カールは教会の敵を打ち倒した。それ故教皇は帝権をカールに委譲し、カールを皇帝にした。帝権がギリシア人からゲルマン人――カールはゲルマニアで生まれた――に移行したのはこのときである。（Goez. S. 217）……ところがトロメーオは、帝権をカールに移管した教皇を標準註釈の権威に従って（タンクレドゥスは移管者を教皇ステファヌス二世と考えていた。Goez. S. 194）ステファヌス二世とする見解を斥けて、移管者をハドリアヌス一世とみなしている。Goez. S. 218.

次にケルンの司教座聖堂参事会員レースのアレクサンデルの〈Memoriale〉（H. Grundmann. H. Heimpel ed. *Die Schriften des Alexander von Roes*. Weimar. 1949. SS. 18-67）は帝権をゲルマン人から他の人民（特にフランス人）に移管しようとする動きに対し、神がキリスト教会の維持のために必要な三つの任務のうち、教皇権をイタリア人に、学問をフランス人に、皇帝権をドイツ人に与えたこと（Goez. SS. 122-123. SS. 219-220）、それ故、皇帝権をドイツ人以外の人民に移管することは神の意志によって打ち立てられた秩序を乱すことであると主張した。アレクサンデルは移管が教皇によって為されたことは否定しないが、フランク人はガリア人ではなくドイツ（ゲルマン）人であるからカールはドイツ人であり、従って移管はドイツ人に対して為されたと主張する（*Memoriale*. op. cit. S. 32. SS. 64-66）。Goez. SS. 219-221.

さて、十四世紀の反教皇主義者たちはカール大帝へと〈translatio imperii〉が為されたことを認める一方で、これを根拠に教皇が自らに主張するような権限を疑問視した。先ずパリのヨハネスはフランス王フィリップ四世と教皇ボニファティウス八世が反目していた一三〇二年から一三〇三年頃に書かれた〈De potestate regia et papali〉（F. Bleienstein. *Johannes Quidort von Paris über königliche und päpstliche Gewalt. Textkritische Edition mit deutscher Übersetzung*. Stuttgart. 1969）の第二十二章「コンスタンティヌスの贈与について」において、コンスタンティヌスが教皇に贈与したのはイタリアとこれ以外の幾つかの領域のみであり、フランスは贈与に含まれておらず教皇には属していないこと、帝権はギリシア人へと移管されたのであるからコンスタンティヌスは皇帝権を保持し続けたことを主張し、ギリシア人からゲルマン人へと帝権が移管されたことを否定する。ヨハネスによれば、帝権の分割が為され、ローマ皇帝とビザンチン皇帝が存在するが、実質的には帝権はギリシア人のもとにあり、西洋の帝権は単に言葉の上での帝権（imperium secundum nomen）にすぎない。フランス王国の自立性を擁護するヨハネスにとり、フランス王国は教皇にではなく西洋のドイツ・ローマ皇帝にのみ服するが、ドイツ人は単に名目上の帝権を有するにすぎない。ヨハネスは既に第十二章で、教皇によるドイツ人への帝権移管に関して、教皇は「真実ではなく名称を移した（non transtulit veritatem.sed nomen）」にすぎないと述べていた。ヨハネスによればローマ人がギリシア人から帝権を取り上げたことには三つの理由が存在する。すなわち、ローマ人の国家を擁護したのはカールだったこと、コンスタンティヌス大帝がランゴバルド人の攻撃にさらされたローマ人の苦境を無視したこと――なぜならばローマ人は、皇妃イレーネーが単独支配を欲して息子のコンスタンティヌスと彼の子供たちを幻惑させたことで皇妃を嫌悪していたからである――、そして、コンスタンティヌス大帝が帝権をローマ人からギリシア人へと移管したことに対してローマ人が立腹していたことである。しかしヨハネスによれば、ローマ人は帝国を分割したにすぎず、皇帝はギリシア人のもとにとどまった。しかもローマ人（と教皇）はカールに実質的な帝権ではなく皇帝という名称を与えたにすぎない。ドイツ人への帝権移管は帝権という「名称の移管」(translatio nominis）であり、特にフランス王国は皇帝の権力には服していない。Goez, SS. 221-223.

パリのヨハネスが教皇権と皇帝権に対するフランス王権の独立性を擁護したのに対し、ダンテは〈Monarchia〉(a cura di P. Shaw, Firenze, 2009）において普遍的皇帝権を擁護する。サムエルがサウルを王位に就け、廃位したことを根拠に、神の代理である教皇には世俗君主に統治権を授与したり世俗君主から統治権を取り上げ、他の君主に委譲する権限があることを主張する教皇主義者に対して、ダンテはサムエルが神の特使として、聖職者ではなく預言者として行動したこと、教皇は世俗の領域に介入せよとの命令を神から受け取ったわけではなく、従って王国を他者に委譲できないことを主張する（第一巻第六章）。そして、教皇ハドリアヌスがランゴバルド人の不正の故に教会への援助をカールに要請し、カールが教会を擁護したことから、カールはビザンツの皇帝に反対されることなく教皇から皇帝権を受け取ったのであるから、カール以降のすべての皇帝はローマ教皇に従属している、という教皇派の主張に対してダンテは、権限の略奪は不正しか生み出さないとのみ答え、更に、後に皇帝オットーが教皇ベネディクトゥスを廃位してザクセンへと追放し、教皇レオ八世を即位させた事実を考えれば、上記の教皇派の論拠は反対に教皇が皇帝に従属していることを示す論拠にもなると主張する（第三巻第十一章）。Goez, SS. 223-224.

更にパドヴァのマルシリウスは〈Defensor pacis〉(ed. R. Scholz, Hannover, 1932）以外に〈De translatione imperii〉と題する論考（C. Jeudy, J. Quillet ed. *Marsile de Padoue, Œuvres Mineures*, Paris, 1979, pp. 372-433）を書いているが、前者（〈dictio II〉の第三十章）において教皇派の帝権移管論に対するマルシリウスの本質的な議論のすべてが展開されている（ed. R. Scholz, op. cit., pp. 588-601）。マルシリウスによれば教皇は世俗的事項に対する〈potestas directa〉を有しておらず、主権はローマ人民にあるので、八〇〇年に帝権をギリシア人からゲルマン人に移管したのは教皇である——それ故教皇は皇帝に優位し、皇帝を正当に任命し廃位することができる——という教皇派の主張は誤っている。教皇はローマ帝国の至上の立法者であるローマ人民の指示に従い、ローマ人民の代理人（procurator）として帝権をフランク王に委譲したのである。Goez, SS. 226-227.

オッカムもマルシリウスと同様の見解をとっていた。Goez, SS. 227-228. オッカムによれば、教皇はペテロを通じてキリストから自分に与えられた権威によってではなく、帝国において立法権を有し、それ故立法権を皇帝に委譲することのできる人民の権威において帝権をギリシア人からドイツ人に委譲した。委譲の理由は、ローマ人民を擁護する義務のあるギリシアの皇帝たちが非難すべき怠慢によりローマ人民を擁護することを拒否したからである。Tractatus contra Benedictum, *Opera Politica* III, p. 295. また R. Scholz, *Unbekannte kirchenpolitische Streitschriften aus der Zeit Ludwigs des Bayern (1327-1354)* (2Bde, Roma, 1911-14) Bd. 2, S. 412; Breviloquium, Liber iii, cap. 14 (ed. R. Scholz, p. 136; ed. H. S. Offler, *Opera Politica* IV, p. 189). そしてオッカムは Octo quaestiones (H. S. Offler ed., *Opera Politica*, I,) iv, c. 6, pp. 137-139 においてもカール大帝への帝権移管を論じている。誰が帝権をギリシア人からカールへと移管したかという問いについてオッカムは、教令《Venerabilem》を根拠にして移管者は教皇であったという見解と、教皇や聖職者もその構成員であるローマ人民であった――教皇レオがローマ人民の意図に従いカールを戴冠した――という見解があることを指摘し、後者の見解の論拠として、帝権の移管は帝権を設立した者によって為されねばならないが、帝権は教皇ではなくローマ人民によって設立されたのであるから、移管は――ローマ人民の一員としての資格によらないかぎり――教皇ではなく、ローマ人民により為されねばならないことを挙げている。帝権移管は世俗的権力に属することから、世俗的事項に介入すべきでない教皇は、通常は〈regulariter〉帝権移管の権限をもたない。しかし、例外的に〈casualiter〉――すなわち緊急に移管が必要であるにもかかわらずローマ人民が帝権を移管しようとしないときは――教皇が移管することもありうるが、ローマ人民が共通善のために移管する用意のあるときは、教皇は教皇自身の権威によってではなく他のローマ人民と共に、ローマ人としてのみ移管を行うことができる。そして《Venerabilem》に対しては、教皇座がギリシア人からドイツ人へと〈カール大帝へと〉ローマ帝国を委譲したということの意味は、ローマ人民が、ローマ人の中で卓越した人間の一人である教皇にカールを皇帝として戴冠する権限を与え、教皇と聖職者は他のローマ人と共に帝国を移管したということ、あるいは教皇がドイツ人への移管をローマ人民に勧告し、説きすすめたということである。オッカムは〈Octo quaestiones〉において様々な見解を提示するだけで、自分の見解を明示していないが、オッカムが後者の見解をとっていることは他の著作から明らかである。

　次にベーベンブルクのルーポルトは〈Tractatus de iuribus regni et imperii Romanorum〉（J. Miethke, C. Flüeler, hrsg. *Politische Schriften des Lupold von Bebenburg*, Hannover, 2004, SS. 233-409）の第一章でフランク王国の起源を論じ、フランク人がトロヤ人の後裔であり、遍歴してアクィタニアの地に辿りつき、その何人かがガリアの女性と結婚して、ドイツの〈Franci〉とは異なる〈Francigenae〉が生まれたという伝説について語り、八〇一年に〈Franci〉の王カールに帝権が委譲されたことを述べている。そして第二章ではオットー三世までの歴史が簡単に語られ、第三章では、ローマ人民の帝権がギリシアの皇帝からカール大帝に、そしてフランク人の王たちへと移管されたとき、これはドイツ人への帝権移管であったこと、移管は教皇ステファヌス二世ではなく教皇レオ三世によって行われたことが述べられている。ルーポルトによれば〈Francigenae〉はフランス人、〈Franci〉はドイツ人であり、帝権はドイツ人に移譲された――カール大帝はドイツのインゲルハイムで生まれたと考えられていた――。教皇ステファヌスは、カール大帝が子供の頃、カールと共にその兄弟と父ピピンに塗油を施して新しい王朝を正当化し、ランゴバルド人に対抗して教皇庁を擁護する〈defensores ecclesiae〉としての使命を与えたが、カール大帝を塗油と戴冠によってローマ人民の皇帝にすることで帝権をギリシア人からフランク王へと移管したのはレオ三世だった。教皇による帝権移管の理由はビザンツの皇帝がローマ教会に敵意を抱いていたことによる。そしてルーポルトによれば、帝権移管によってカール大帝とその後継者は東ローマの皇帝から法的に独立し、帝権移管以前はカールに従属していなかった西欧の王国や領土は移管以後、カールとその後継者に〈de iure〉に従属することになった。しかしカール大帝はローマ皇帝として戴冠する以前から自分の帝国に対する全権限を有していたのであり、それ故カールの後継者たちもローマ人民の王〈rex Romanorum〉に選挙されることで自分の帝国に対するすべての権利を有し、このために教皇の承認は必要でない。皇帝が教皇に対して行う誓約は封建的忠誠の誓約ではなく、教会と教皇を擁護することの誓約である。しかしローマ人民の王と皇帝が自分の帝国に対して事実上同じ権限を有しているとすれば、帝権移管は何を意味しているのか。これに対してルーポルトは「しかし私は次のように主張する。皇帝は塗油と戴冠の後、帝権移管以前にはカールの権力に属しておらず、今日でも事実上（de facto）は帝国が領有していないあらゆる王国と領土――特に西方の王国と領土――に対し皇帝権を獲得する」と述べている。皇帝は教皇の聖別によって普遍的帝国に対する法的権限を獲得し、これに加えて直接的には皇帝に服していないすべての領土に対し皇帝留保権を行使できるようになる。これが帝権移管によって生じる法的効果である。更にルーポルトは、正式に選挙されたドイツ王はローマ皇帝となるために教皇の承認を必要としないという反論に対して、帝権移管は皇帝承認より〈maior〉なことであるから、教皇が帝権移管を行ったことを認めれば、教皇がローマ皇帝を承認することも認めなければならないと主張する。そして帝権移管はローマ教皇ではなくローマ人民によって行われたという反論に対しては、帝権移管が行われたとき帝権はローマ人民のもとにはなくギリシア人のもとにあったのでローマ人民が帝権を移管したことはありえないと主張する。最後にルーポルトは、皇帝と教皇の権限が及ぶ範囲は異なっており、一方は他方の権利を侵犯することはできないが故に教皇は八〇〇年の帝権移管を理由に皇帝を任命したり承認したりすることはできないという主張に対し、教皇は最高位の世俗支配者が存在しない場合には緊急権を根拠として例外的に(casualiter)世俗の領域について裁治権を行使できる――帝国を移管できる――と主張している。Goez, SS. 228-232.

これに対してメーゲンベルクのコンラートの〈De translatione Romani imperii〉(R. Scholz, *Unbekannte kirchenpolitische Streitschriften*, op. cit. Bd. 2. SS. 249-345. 解説は Bd. 1. SS. 95-127）は、教皇は例外的にのみ世俗的事項に介入できる――帝権を移管できる――というベーベンベルクのルーポルトの主張を批判する。教皇派のコンラートによれば、キリスト教が生まれてこのかた、帝権移管の権限は正規に、そして通常は（regulariter）教皇のみに属する。教皇にとって上位者は存在しえず、存在していないからである。教皇がいないときは、移管は将来の教皇に、そして――緊急事態においては――おそらく枢機卿団に委任されることになるだろう。帝権を移管する教皇の権限は教皇がキリストの代理として有する「十全権力」（plenitudo potestatis）を根拠にしている。従ってカール大帝を皇帝にした教皇は、教皇が例外的にではなく正規に、そして通常有する権限を行使したのである。アリストテレスが教えているように、自然法によれば賢者が統治し、他の人々の支配者にならなければならない。「それ故、聖なる帝国の移管の必要性は俗人の粗野な愚かさによるよりは……むしろ使徒座によって判断され、神の教会によって為されるべきである」。メーゲンベルクのコンラートは他の教皇至上主義者と同様に教皇の〈potestas directa〉を認めているが、ラディカルな教皇至上主義者とは異なり、教皇権と皇帝権の協調を説く穏健な立場を保持し、フランク人とドイツ人への帝権移管の根拠を説明するときも、二つの普遍的権力の協調という理念を想起している。そして最後にコンラートは、ルーポルトと同様、カール大帝への帝権移管は教皇ステファヌス二世によって為されたという《Venerabilem》の標準註釈を排し、移管がレオ三世によって為されたことを指摘する。Goez, SS. 232-234.

（3）　オッカムは帝国と皇帝権が普遍的であることを強く確信していたことから、それが特殊ゲルマン的なものであるとは考えなかった。選帝侯による選出がドイツ王と同時に神聖ローマ帝国皇帝の選出であるという事実は、一三三八年以前は、特にオッカムがベーベンブルクのルーポルトを知るまでは殆どオッカムの考察の対象になっていなかった。事実、オッカムは希れにしか選帝侯に言及していない。例えば『暴政論』第六巻第二章では皇帝廃位の手続きに関して次のように述べられている。

「もし皇帝が廃位されるか、帝国の統治からはずされるに値するならば、それは何らかの世俗的な欠陥ないし犯罪の故か、何らかの教会上の犯罪、すなわちキリスト教に直接的に違背すること、キリスト教のみが極めて断罪に値する罪とみなしていること、あるいはこれに類似したことの故である。前者の場合、問題全体の議論と調査、そして判決と判決の執行はローマ人民に(ad romanos)属する。この場合、ローマ人民と呼ばれるのは、皇帝を選挙する諸侯のようにローマ帝国を統治し支配する権限のある者たちである。もし、元老院の地位を継承したと思われるこれらの者たちにこの種の権力が引き渡されたのであれば。皇帝が廃位に値するとき、彼らが皇帝を正すか廃位することを非難されるべき仕方で怠ったならば、これらの任務のすべてはローマ人民へと、すなわち、帝権がそこから由来し、立法権やその他帝国の統治に属することを遂行する権力を皇帝に委譲したローマ人民へと移るだろう。ローマ人民が(あるいはローマ人民の権威によって、そしてローマ人民の名において或る者が)選帝侯に、皇帝を選挙し、正し、廃位する権力を与えたのである——もし選帝侯がこの権力を有しているならば、そしてこの権力が誰か或る皇帝によって選帝侯に与えられたのでないならば——」(*Breviloquium*. vi. c. 2. Scholz. S. 198. Offler. p. 251)。

皇帝権はドイツ王冠に属するという観念が根づいたのは十一世紀と考えられ、十二世紀の年代記編者は、フランク人がアエネアスと同じ時代にトロヤを脱出したローマの種族であり、その後ローマ人はこの種族を兄弟(germanus)とみなすようになった、という伝説を広めた。独立した自由人(francus)であったこの種族は帝国を支配する権利を有し、帝国支配はゲルマン人の使命となった。ドイツ王に選挙された者は直ちに皇帝となり皇帝権を行使できるのか、それともローマ教皇による聖別と承認と戴冠によって初めて皇帝権を行使できるのか、という点に関しては見解の対立があるとしても、ローマ皇帝になるのはドイツ王に選挙された者である。

ベーベンブルクのルーポルト〈Tractatus de iuribus regni et imperii Romanorum〉(J. Miethke, C. Flüeler, *Politische Schriften des Lupold von Bebenburg*, op. cit.)によれば、ドイツ、ブルゴーニュ、イタリアの三つの王国に対するドイツ王の帝権は、ローマやローマ教皇からではなく、カール大帝の承継者としての資格に由来する。カール大帝はローマ帝国の統治を委ねられる以前から相続と征服により、これら三つの王国を領有していた(id. c. 1. S. 248)。サクソニア家のハインリヒ一世がゲルマン人とフランク人の王に選ばれたとき、ハインリヒを王に選挙したフランク人、ドイツ人、バヴァリア人、サクソニア人の君侯はゲルマニアやイタリアその他カール大帝が領有していた地域の全君侯と全人民を代表してハインリヒを選んだのである(id. c. 2. S. 256)。従ってドイツ選帝侯による選挙によってドイツ王すなわち皇帝に授与される権限(ドイツ、ブルゴーニュ、イタリアの三つの王国の支配権)は、カール大帝の直系の子孫が相続した権限であり、従って三つの王国は、これらを支配するドイツ王がその後ローマ皇帝の帝冠を授与される以前から一つの帝国を形成していた(id. c. 7. S. 305)。普遍的なローマ帝国の皇帝は先ずドイツ王でなければならないとしても、このことはカール大帝の後継者たる諸王がローマ皇帝となる以前に有していた権限を無効にするものではない。選帝侯によって選挙された者は何よりも先ず、自己の裁治権に服するすべての領域に対し「皇帝としての特権を有するゲルマニアの王」であり、この者はゲルマニアの王になった後、ローマ教皇の聖別によって与えられるもう一つ別の帝国の皇帝となる。このようにルーポルトは、ドイツの帝国と普遍的なローマ帝国を区別した。R. Most, 'Der Reichsgedanke des Lupold von Bebenburg'（*Deutsches Archiv für Erforschung des Mittelalters*, Bd. 4, 1941, SS. 444-485）; H. Meyer, *Lupold von Bebenburg. Studien zu seinen Schriften*（Vadus/Liechtenstein, 1977）; K. Wand, Königskaisertum und Weltkaisertum bei Lupold von Bebenburg（jur. Diss. Köln, 1949）; H. Gross, 'Lupold of Bebenburg: National monarchy and representative government in Germany'（*Il Pensiero Politico*, vol. 7, 1974, pp. 3-14）参照。

これに対しオッカムは次のように主張する。カール大帝の死後、フランク王国は複数の王国に分割されたことから一つの王国であることを停止した（Octo quaestiones de potestate papae（OQ）, ed. H. S. Offler, *Opera Politica*, I.iv, c. 5, p. 135）。イタリアはゲルマニアの王国の付属物であるというルーポルトの主張は全世界の首長たる国への侮辱である。「どちらも他に対し付属物であったり主たる王国であったりすることはない」からである（OQ.viii, c. 5, pp. 196）。帝国を一つの王国にまで引き下げることによって帝権を小さなものにすべきではない。ドイツ王が帝権への排他的権利をもつと考えるべきではなく、皇帝がドイツ人である必然性は存在しない。

> 「ローマ帝国は、いかなるギリシア人も皇帝になるべきではないといったような意味でギリシア人から移管されたのではないし、ゲルマン人でなければ誰も皇帝になるべきではないという意味でゲルマン人へと移管されたのでもない。このような定めや移管は帝国に皇帝を置く最善の方法に反しており、皇帝の権限を大いに損うものである。というのも、このようなことだと、カール大帝や彼以後の他のいかなる者も、ゲルマン人以外の者を皇帝にする権限を有していなかったことになるだろう。しかし実際は彼以後、ゲルマン人以外の者たちが皇帝に選ばれていた」（OQ.iv, c. 6, pp. 139-140）。

オッカムは大空位時代の一二五六年にカスティーリャのアルフォンソや、一二五八年にコーンウォールのリチャードがごく短期間ながら皇帝に選出されたことを指摘している（ibid., p. 140）。

オッカムにとって神聖ローマ帝国はゲルマン的ではなくまさにローマ的な帝国であった。それは古代ローマ帝国の後継者であるだけでなく、十四世紀においてもローマ市およびローマ市民と密接に結びつけられていた。しかもこのことは、ローマ教皇の権力に対し帝国の自立性を擁護する効果的な論拠になりえた。神聖ローマ帝国が古代ローマ帝国の後継者であることは、教皇権が存在する以前から帝権が存在していたことを含意し、帝権がローマ人民に由来することは、帝権が神法にではなく人民の権利に基礎づけられていること、それ故ローマ教皇の権力から独立していることを含意した。従ってオッカムにとり、十四世紀のバイエルンのルートヴィヒの帝権が一世紀の古代ローマ皇帝の帝権と連結し、後者から途切れることなく連続していると観念されることは重要な意味をもっていた。九世紀に生じたギリシア人からフランク人への帝権移管〈translatio imperii〉があって初めて、ドイツの一人の君侯の権限は古代ローマの皇帝の権限と繋がるのである。オッカムにとりドイツ選帝侯によって選出された「ローマ人民の王」（rex Romanorum）は「皇帝」（imperator）であり、「ローマ人民の王」と「皇帝」は全くもって同一のことを意味していた（OQ.iv, c. 2, p. 124, c. 4, p. 131）。「今日に至るまで存在してきたローマ人民の王と皇帝は、ローマ人民の王と呼ばれただけでなくローマ人民の皇帝とも呼ばれた者たちを承継した。すなわち、ユリウス・カエサル、オクタヴィアヌス・アウグストゥス、そして両者を思い起こすべくカエサルにしてアウグストゥスと呼ばれた他の者たちを承継した。」（ibid. p. 124）オッカムとベーベンブルクのルーポルトの関係については、E. L. Wittneben, 'Lupold von Bebenburg und Wilhelm von Ockham im Dialog über die Rechte am Römischen Reich des Spätmittelalters' (*Deutsches Archiv für Enforschung des Mittelalters*, Bd. 53, 1998, SS. 568–587); C. Flüeler, 'Acht Fragen über die Herrschaft des Papstes. Lupold von Bebenburg und Wilhelm von Ockham im Kontext' (M. Maufhold, hrsg. *Politische Reflexion in der Welt des späten Mittelalters*, Leiden, 2004, SS. 225–246).

（4）オッカムは選帝侯が選出したドイツ王は選出によって直ちに真の皇帝となり、教皇の承認を要請することなくして完全な帝権を行使できるという主張を、一三三七年の論考『反教皇ベネディクトゥス論』（op. cit. p. 282）で初めて提示して以来、常に擁護してきた。かつてオッカム最晩年の著作とみなされていた〈De electione Caroli quarti〉——既述の如く、有力な説が主張するようにオッカムが一三四七年に死去したことが事実ならば、一三四八年以後に書かれたこの論考はオッカムの作ではありえない——も、バイエルンのルートヴィヒの後継者カール四世（モラヴィアのカール）がローマ教皇に対し自分が皇帝に選出されたことの承認を要請し選出の承認を得たことを帝国法の——ルートヴィヒの勅令〈Licet iuris〉で確認された帝国法の——違反として批判し、カールを「司祭たちの王」として揶揄している（De electione, op. cit., p. 359)。特殊ドイツ的な帝国論を唱えるベーベンブルクのルーポルトへのオッカムの批判も、まさにこの論点に関するものだった。

　オッカムにとり神聖ローマ帝国は全世界に及ぶ普遍的な帝国であり、選帝侯によって選出されたドイツ王にしてローマ皇帝たる者は、選出の後直ちに普遍的帝権を正当に行使できる。そしてオッカムは帝権のこの普遍性を自然法に基礎づけている。オッカムによると自然法には、あらゆる時代、あらゆる場所において無条件に妥当する絶対的自然法と、条件的に妥当し、場合によってはそれに違反することが正当化される相対的自然法が存在する。普遍的帝権は通常は（regulariter）後者の相対的条件的な自然法に合致しており、正当にして有益であるが、それが人類の共通の利益に違反するときは、上位者をもたない複数支配者の支配体制——複数の支配者が共同で人類を支配する体制であろうと、世界の異なった領域をそれぞれ一人の支配者が支配する体制であろうと——が正当化される。オッカムは以上のことをおよそ次のように説明している（*Dialogus*, III, II, i, c. 10, p. 878）。

　二種類の自然法が存在する。すなわち「異教の神を礼拝するなかれ」、「姦通するなかれ」、「偽証するなかれ」、「嘘をつくなかれ」のような絶対的に妥当する第一の自然法と、——「緊急事態にあるときは、財産をその所有者の意志に反してさえ使用しなさい」とか「体の健康を維持するためにあなたの四肢の一つを切り離しなさい」といった条件つきで妥当する相対的な第二の自然法である。一人の皇帝が人類全体を支配することは絶対的自然法に反してはいない。もし仮に反していれば、どのような場合であろうと、いかなる皇帝も人類全体を正当に支配することはないだろう。しかし皇帝の普遍的支配は条件つきの相対的自然法に反することがある。というのも自然理性は、皇帝の普遍的支配が人類共通の利益に反する場合には当の普遍的支配を否定するからである。「それ故、このような支配は、通常は正しく（iustus）、有益であり（expediens）、自然法に合致しているが、時として不正であり、第二の自然法に反する場合がある」。……ところがオッカムは皇帝の普遍的支配権が通常は自然法に合致していることを主張する一方で、この支配が人間の定めによること、それ故可変的であることを主張する（ibid. c. 8, p. 877）。霊的事項において一人の人間すなわちローマ教皇が支配すべきことは神の定めによるものであり、人間は神の定めを変えることができない。しかし世俗的事項において唯一の支配者が支配することは神法や自然法によるのではなく人間の定めにより、「すべてのものはそれを引き起こした原因と同じ原因によって解消される」のであるから、皇帝の単独支配を人間は正当に変えることができる。「それ故、一人の世俗の支配者が万人を支配する以前に、正当で理にかなった理由で人々がそう望めば、或る者が全世界の帝国を支配すべく任命されることに対して正当にも同意しないことが可能である。というのも、或る人間の自由や権限や権利の喪失が伴うときは、『万人の同意が求められなければならない』……からである。同様に、一人の支配者が世界帝国の支配者に任命されることが何らかの理由で共通善を著しく害するならば、そのようなときはいかなる者も帝権を掌握すべきではない」。ここでオッカムが普遍的帝権は自然法に基礎を置かないと述べるとき、この自然法は上記の第一の絶対的自然法を意味しているのだろう。上記の箇所でオッカムは普遍的帝権が第二の相対的自然法に合致していることを明言しているからである。神法や絶対的自然法の規範的妥当性が有益性（expedientia）に基礎を置くことはない。これに対して相対的自然法は有益性と密接に関連している。要するに教皇権とは異なり普遍的帝権は人間の定めによる人定的で可変的な制度であるが、それは共通の利益になる――それ故第二の自然法に合致した――ものでなければならず、「通常は」共通の利益を促進する普遍的帝権であってもそれが人類の共通の利益を損なうときは、この体制に代えて複数の支配者による体制を採用すべきことを第二の自然法が共通の利益を根拠として命ずるのである。『対話篇』でオッカムは自分自身の見解を明示せず、相反する様々な見解を列挙しているだけであるが、オッカムの他の著作を考慮して『対話篇』を読んだとき、普遍的帝権と自然法の関係は上記のように理解するのが正しいだろう。

しかし第二の相対的自然法と皇帝権は実際のところどのような関係にあるのだろうか。オッカムの説明から理解されるかぎり、「人類の共通の利益を促進する」ことが「第二の自然法に合致していること」を意味し、自然法に合致して正しい（iustus）ことと、有益な（expediens）こととはほとんど同義に――あるいは外延が一致すると――理解されているように思われる。「正しいことや許された（licitus）ことはすべて有益なことと理解されねばならない。しかし、或るときは世界が一人の支配者の統治に服することが正しく、許されており、そして或るときは多数者の統治に服することが正しく、許されていた。それぞれの時代の相違や性格や必要性に応じて人類全体を様々な仕方で支配することは依然として有益とみなされなければならない」（ibid., c. 5, p. 874）。

それでは有益なことはすべて正しいとオッカムは考えているのだろうか。この点不明確である。政治体制が有益であるためには時と場所に応じて変化すべきであるが、通常は（regulariter）一人の皇帝が単独支配する体制が正しい（そして有益である）とオッカムは主張する。しかし普遍的帝国が通常は相対的自然法に合致して正しいのは、単にそれが有益だからだろうか。有益性（expedientia）は自然法の原理なのだろうか、それとも、自然法に基礎を置く普遍的帝権が人類にとって有益でないときは複数支配体制が有益で正しい体制となると主張される場合、有益性は自然法の原理ではなく、むしろ自然法を破棄する原理と考えられているのだろうか。オッカムは有益性が自然法の原理であるような言い方をする一方で、普遍的帝国は相対的自然法と同一視される万民法（ius gentium）に反していても有益性を根拠として正当化される、といった説明をしており（ibid., c. 2, p. 874; c. 11, p. 879）、有益性が自然法を破棄する原理であるかのような言い方もしている。

「一人の皇帝がすべての人間に対する支配者であることは自然法である万民法に反しており、従って決して有益ではなく許可されるものでもない、という前提に基礎を置いた第四の議論は、前章で述べられたことによって反論可能と思われる。万民法に反することはしばしば邪悪だとしても、どんなときでも常に邪悪というわけではない。事実、それは通常は正しく、衡平にかなっており、時として例外的に邪悪であるにすぎない。というのも、少なくとも多くの事柄に関して万民法はいかなる条件や制限もなく、いかなる限定や特定化も伴わない絶対的な自然法ではなく、条件つきで制限つきの、あるいは何らかの限定や特定化を伴う自然法だからである。〈Decreta. Dist. i. *Ius gentium*〉には『万民法に属するのは戦争や捕虜や奴隷である』と述べられているが、これらのことは、いかなる条件や制限もなく、いかなる限定や特定化も伴わない絶対的な自然法によって存在しているのではない。なぜならば、もしそうだとすると、絶対的な自然法に反することが許容されることはなく、どのような場合もそれは許されず特免されえないのであるから……これらのことと反対のことは決して許されないことになるからである。それ故、たとえ一人の皇帝がすべての人間を支配していても、戦争や捕虜や異国の人間どうしの婚姻はしばしば万民法に合致し、それ故条件付きの、あるいは制限付きの、あるいは限定や特定化を伴う自然法に属することがありうる。しかしこれらのことは常に正しい（原典はiniquaとなっているが、aequaと読まないと意味が通じない）というわけではない。というのも、これらのことは、変化せず不変で不動であり続ける絶対的な自然法に属してはいないからである」（*Dialogus.* III. II. i. c. 11. p. 879）。

オッカムが通常は普遍的帝国が人類にとって正しい体制であると主張するとき、その理由は帝国が人類にとって有益だからだろうか。この点、オッカムの説明は不明確である。オッカムは『対話篇』やその他の著作でキリストが真の帝国の存在を認めていたことを根拠に普遍的帝国を正当化している。オッカムが初めて福音書のテキストを根拠としてローマ帝国の正当性に言及したのは『反教皇ベネディクトゥス論』（op. cit. pp.277–278）であり、『マタイ福音書』（17・24―26、22・21）『ルカ福音書』（3・1、3・13）『ヨハネ福音書』（19・2）、『ローマ人への手紙』（13・7）、使徒行伝（16・37、22・27）が引用されている。また『対話篇』（III. II. i. c. 25, p. 898; III. II. ii. c. 5, p. 905）参照。『暴政論』では、『ルカ福音書』（2・1）を根拠にオクタウィアヌスが真のアウグストゥスであったことが述べられ（iv. c. 1. Scholz. S. 141; Offler. p. 194）、キリストや使徒たちの言葉によって、ネロその他の皇帝が暴君ではあっても正当な権力を有していたことが指摘されている（iv. c. 10. Scholz. S. 160; Offler. p. 213）。そしてオッカムは、『歴代志下』（36・22）、『エズラ記』（1・1―2）、『イザヤ書』（45・1―3）を根拠にペルシア王キュロスの支配権が、『ダニエル書』（2・37―38）や同（5・18）を根拠にネブカデネザルの支配権が神によって認められた正当なものであったことを述べ（iii. c. 2. Scholz. S. 112; Offler. p. 166）、普遍的帝国を自然法によってではなく神学的に――実定的神法によって――正当化している。また、ローマ人によって設立された普遍的帝国は不滅であり、単にその担い手が変化するにすぎないこと、普遍的帝国を一時的に空位にすることはできるが消滅させることはできないこと（*Dialogus.* III. II. i. c. 31, p. 901, c. 8, p. 877）が主張されているが、これは帝国を有益性や共通善以上のものによって正当化することを含意していないだろうか。帝国を消滅させることが人類に共通の利益になるときも、オッカムは帝国を消滅させることを認めないだろう。これは通常は普遍的帝国の政体が妥当するという主張や、時と場所の要求に応じて政体を変えねばならないという主張と相容れないように思われ、オッカムにとって帝国の普遍性は単なる利益以上のものに基礎づけられているようにも思われる。

（5）　破門された世俗の支配者は破門により直ちに正当な支配権を失うのか。非キリスト教徒の支配者はキリスト教徒に対し正当な支配権を行使できるか。そもそも非キリスト教徒の支配権は正当たりうるか。教会の外に正当な支配権は存在しないという表現は『グラティアヌス教令集』（C. 24, q. 1, c. 39）にみられる。グラティアヌスは、異端者である司祭によって破門を宣告された異端者は、このような破門によって直ちに正統な公教会の成員として受け入れられるわけではないというアウグスティヌスの言葉を教令の中に収め、これに関する〈dictum〉の中で、破門された者の受け入れを公教会が拒否する理由は、破門された者が罪人であり、公教会に受け入れられるためには悔悛する必要があるからであり、異端の司祭による破門が正当とみなされるからではないと付記し、「教会の外にはいかなる権力も存在しない」（potestas nulla est extra ecclesiam）――すなわち教会から分離した異端の司祭は秘跡（sacramentum）や懲戒（disciplina）の権限をもたない――からであると述べている。その後、グラティアヌスのこの〈dictum〉を注釈した教会法学者たちは、〈potestas〉を世俗権力にまで及ぼしていった（A. M. Stickler, 'De ecclesiae potestate coactiva materiali apud magistrum Gratianum', *Salesianum*, vol. 4, 1942, pp. 2-23）。先ず〈potestas〉が〈imperium〉に置き換えられ、十二世紀末にピーサのフグッキオは、「教会の外に imperium は存在しない」という表現に関連して、コンスタンティヌス帝の贈与と東ローマ帝国皇帝の身分の問題を取り上げている。フグッキオによれば、コンスタンティヌス帝は自己の権力を教皇に譲り渡したうえでそれを教皇から授与されることで自己の権力の正当性を手に入れたとする見解を否定し、世俗的権力と霊的権力の二元論の立場から、教会の外にはいかなる正統な世俗的権力も存在しないという主張を否定する（コンスタンティヌス帝の贈与についてのフグッキオの見解は、D. Maffei, *La donazione di Costantino nei giuristi medievali*, Milano, 1969, pp. 41-42）。他方でフグッキオは東ローマ帝国皇帝は教会分離者で異端者であるが故に〈imperator〉ではなく、真の〈imperator〉は、教皇を上位者として認め、教皇の承認によって〈imperator〉になるドイツ王であると主張する。しかしここでフグッキオは前の主張と矛盾したことを言っているわけではなく、フグッキオが用いている〈imperator〉という言葉は教会の保護者、ローマとその周辺を攻撃から守る〈patriciatus〉を意味するので、東ローマ帝国皇帝は教皇によって承認されていないが故に正当な〈imperator〉ではない、という主張は聖俗二つの権力の二元論と矛盾しない（フグッキオについては、A. M. Stickler, 'Der Schwesterbegriff bei Huguccio', *Ephemerides iuris canonici*, vol. 3, 1947, pp. 201-242）。これに対してアラヌス・アングリクスは教皇至上主義の立場から、キリストの降臨以前は、真なる神を信仰する（ヘブライ人の）支配者のみが正当な権力を有し、異教の支配者の権力は不正であったが、キリスト降臨以降は、教会から権力を授与された支配者のみが正当な支配権を有すると主張する。キリストは霊的な剣と物質的な剣を有し、これら二つの剣をペテロとその後継者に授与した。更に教皇は物質的な剣を皇帝その他世俗の支配者に授与したのである。皇帝が物質的剣を教皇ではなく神から直接に授与されたとすれば、地上に二人のキリストの代理がいることになり、これは双頭の動物のように怪奇である。従って地上の権力はすべて教皇に由来する（アラヌスについては A. M. Stickler, 'Alanus Anglicus als Verteidiger des monarchischen Papstums', *Salesianum*, vol. 21, 1950, pp. 346-406）。

アラヌス以後の教会法学者が世俗権力の正当性を議論する際に着目したのが帝権移管（translatio imperii）である。フグッキオの弟子であった教皇インノケンティウス三世は、教令《Venerabilem》（X. 1. 6. c. 34）において東ローマ帝国皇帝の権力の正当性について次のように論じている。〈imperium〉の役割は教皇庁をその敵から守ることにあり、従って〈imperator〉の職務の担い手は教皇により決定され、選帝侯が選んだドイツ王は教皇により〈imperator〉として承認されて初めて〈imperium〉を身に帯びる。教皇庁は〈imperium〉をコンスタンティノープルから西欧へと移した。その理由は、東ローマ帝国皇帝がローマをランゴバルド人から守ることを拒否したからである。カール大帝は〈imperator〉の任務である教皇庁の守護を進んで受け入れたことから、〈imperator〉の称号を受け取った。……それ故インノケンティウスのこの教令においては、教皇から授与される〈imperium〉は——ローマとその近隣を除いて——領土に対する支配権を含まず、インノケンティウスは師であるフグッキオと同様、東ローマの皇帝に対し〈imperator〉の称号は拒否したが、東ローマ帝国の領土と人民に対する支配権の正当性は否定しなかった。

皇帝戴冠に際しての教皇による聖別の意義についても教会法学者の間で見解の対立がみられた。世俗権力を正当化する権限をローマ教会に認めないフグッキオは、聖別を世俗君主の権力の正当性の根拠とは考えなかった。教皇による皇帝の聖別は、皇帝という称号の使用を正当化するにすぎない（Stickler, 'Der Schwesterbegriff,' op. cit., pp. 210-211）。これに対して世俗権力は教会の承認により正当な権力となると主張するアラヌスのような教会法学者は、選帝侯により選出された者は聖俗両剣を有する教皇から物質的な世俗の剣を授与されることによって皇帝として帝権を正当に行使できるようになり、教皇による聖別はこのような授与の象徴的表現であると主張する（Stickler, 'Alanus Anglicus,' op. cit., pp. 361-362）。その後、聖別の意義に関する論争はインノケンティウス三世の前述の教令《Venerabilem》によって決着がつけられることになる。インノケンティウスによれば、選帝侯はゲルマン人の王を選出するが、王は皇帝の候補者にすぎず、候補者が皇帝として適任であるか否かを教皇が判断し、承認することにより王は皇帝に任命される。これは教皇庁と皇帝の間の特別な関係によるものであり、皇帝以外の王たちに対する聖別にはこのような意味はなく、王になった者は教皇による聖別とは無関係に王権を正当に行使できる。

次に、破門されたり異端者となった世俗君主は正当に支配権を行使できるか。教会法学者はこの問題を、離教者たる皇帝ユリアヌス治世下のキリスト教徒の兵士に対し、兵士としての法的義務を遂行すべきであると述べたアンブロシウスの書簡——グラティアヌス教令集 C. 11. q. 3. c. 94——の註釈の中でも論じているが、より重要なグラティアヌスのテキストはフランク人のメロヴィング朝最後の王キルデリクス三世の教皇ザカリアスによる廃位に言及した C. 15. q. 6. c. 3 *Alius* である。この箇所には教皇グレゴリウス七世が皇帝ハインリヒ四世に対し自分がとった行動を正当化している書簡の断片が含まれており、ここでグレゴリウスは、ザカリアスはキルデリクスを廃位し、フランク人をキルデリクスへの忠誠の誓約から解いたのでフランク人は偽誓の罪を犯すことなくキルデリクスの後継者に忠誠を誓約できたと述べている。グラティアヌスは、教皇は主君への忠誠の誓約から封臣を解くことができるという主張の論拠としてこのテキストを引用しているが、ここから世俗君主を廃位したり世俗権力を正当化する権限が教皇にあるといった結論を導き出すことはなかった。グラティアヌス教令集を註釈した初期の教会法学者の一人ルフィヌスは、破門された世俗君主への忠誠の誓約の効力を問題にし、私人としての資格における君主への誓約と、公的職務の担い手たる君主への誓約を区別し、君主が破門されたとき、前者の誓約は拘束力を失うが後者の誓約は破門により直ちに拘束力を失うわけではなく、君主が法的に職務を解かれるまでは拘束力を有している、と論じている。その他の教令註釈者も、破門された君主の支配権の正当性に関してはルフィヌスと同様の見解をとり、例えばフグッキオも、破門は世俗君主からその支配権の正当性を奪うわけではなく、君主が皇帝である場合は、選帝侯が皇帝を廃位する際の理由の一つになるにすぎないと主張した（*Die Summa Decretorum des Magister Rufinus*, ed. H. Singer, Paderborn, 1902, S. 350; R. W. Carlyle, A. J. Carlyle, *A History of Medieval Political Theory in the West*, vol. II, 1962, p. 205, n. 5）。

さて、十三世紀に入り非キリスト教世界との接触が始まると、キリスト教徒に対する非キリスト教徒の世俗的支配権の正当性が議論されるようになる。この点重要なのが、十字軍参加者に対し免罪を認める教皇の権利を主張し、特に十字軍参加の誓約をしたが誓約を実行しなかった（できなかった）者について述べたインノケンティウス三世の教令《Quid super his》(X. III. 34. c. 8) に対するインノケンティウス四世の註釈である（J. A. Cantini, 'De autonomia judicis saecularis et de Romani Pontificis plenitudine in temporalibus secundum Innocentium IV', *Salesianum*, vol. 23, 1961, pp. 407-480, 特に p. 413）。この註釈の中でインノケンティウス四世はサラセン人によって領有された土地を十字軍が占領することの正当性を論じ、聖地に関しては、教皇は聖地に対し裁治権を有していたローマ皇帝の相続人として聖地の正当な（de iure）支配者であるから、十字軍がイスラーム教徒によって領有されている聖地を占領することは正当であると主張する。ローマ人は正戦によってパレスチナを征服し正当な支配権を獲得したが、イスラーム教徒はローマ人から不正に聖地を奪ったので、教皇によって召集された十字軍は聖地を正当に奪いかえすことができる。そして、コンスタンティヌス帝の贈与により教皇が要求できるのは西方のローマ帝国のみであるという主張を見越してインノケンティウスは、神聖ローマ帝国皇帝はエルサレム王の資格において聖地に対する権限を要求することができ、教皇は十字軍により皇帝の聖地奪回を正当に援助することができると主張する。

しかし、非キリスト教徒は正当な世俗支配権を――キリスト教徒に対する世俗支配権でさえ――有するか、というより一般的な論点に関しては、インノケンティウス四世は非キリスト教徒が正当な世俗支配権を行使できることを明白に認めていた。理性を有する被造物は、キリスト教徒であるか否かに関係なく、財に対する正当な所有権を有し、自分たちの支配者を選ぶ権利を有しており、教皇は非キリスト教徒の支配者からその職務を取り上げる権限をもたない。もっともインノケンティウス四世によれば、異教徒の世俗支配権がキリスト教徒の被支配者に害を与えるような仕方で濫用されないことを保証する権限が教皇にはある。また、かつてキリスト教徒により領有されていたが今では異教徒が領有する土地に関しては、教皇は異教徒の支配者がキリスト教徒を迫害しないかぎり、異教徒からその土地を取り上げることはできないと主張する。

更にインノケンティウスは、被支配者がキリスト教に改宗し、支配者は異教徒であり続けているとき、支配者は依然として正当な支配権を有しているか、という問題に答える際に、次の議論を検討している。もし、聖地がかつてキリスト教徒に属していたことを理由にキリスト教徒が聖地を要求できるならば、なぜ、異教徒はイタリアがかつて異教徒により支配されていたことを根拠としてイタリアの領有を主張できないのか。キリスト教徒が聖地におけるキリスト教徒の皇帝の権利を相続したと主張できるのと同様に、異教徒は最後の異教徒の皇帝の相続人であることを主張できるだろう。……これに対してインノケンティウスは、二つの事例の間に根本的な相違が存在することを指摘する。イタリアにおいては、支配者と臣民の両者がキリスト教に改宗しキリスト教徒の皇帝は異教の皇帝の真の相続人であるのに対し、聖地においては、キリスト教徒は征服され武力で拘束されたにすぎず、異教徒は臣民に対して事実上（de facto）権力を有しているだけで正当な権威を有していない。十字軍は聖地において正当な統治を復活させるために遂行されるのである。

要するに、異教徒は正当な支配権を——キリスト教徒に対してさえ——有しており、ただ、異教徒の支配がキリスト教徒の臣民の信仰にとって脅威となる場合にのみ教皇は支配者を廃位させることができる、というのがインノケンティウス四世の基本的な見解であった。そして、教皇による異教の支配者の廃位は、異教徒の支配権それ自体の正当性を否定するものではなく、単に異教徒の支配権の事実上の行使の在り方にかかわるものであり、しかもインノケンティウスは異教徒の支配者に賠償を払って廃位させるのが好ましく、武力は最後の手段であると述べている。インノケンティウスによって書かれたとされてきた書簡〈Eger cui lenia〉については註（6）参照。

これに対してインノケンティウス四世の弟子であったホスティエンシスは、前述のインノケンティウス三世の教令《Quod super his》への註釈において、インノケンティウス四世以前のカノン法学者の——アラヌスに代表される——通説に従い、教皇の〈dominium〉の優越性を認めない異教の支配者は拒否されるべきこと——しかし、改宗は強制されるべきでないことから、教皇の優越性を承認するかぎり、異教の支配者は許容されうること——を主張する。また、ホスティエンシスによれば、キリスト教徒に対する異教徒の支配は不正であり、ただ、異教徒の支配を許容しないとキリスト教徒が迫害されるような場合にのみ許容されうる——これに対しインノケンティウス四世は異教徒の支配はそれがキリスト教徒に対する直接的な脅威にならないかぎり許容されうる、と述べていた——。インノケンティウス四世とホスティエンシスについては、J. Muldoon, *Popes, Lawyers, and Infidels* (Liverpool. 1979) pp. 29-48. pp. 15-18; Id. ed. *The Expansion of Europe:The First Phase* (Philadelphia. 1977) pp. 191-193.

（6）　この主張は、インノケンティウス四世によって書かれたか否かが論争の対象となってきた書簡《Eger cui lenia》（ed. E. Winkelmann. *Acta Imperii Inedita*. II. Innsbruck. 1885. SS. 696-98）で提示されている。C. Dolcini, '《Eger cui lenia》（1245/46）: Innocenzo IV. Tolomeo da Lucca. Guglielmo d'Ockham'（Id. *Crisi di poteri e politologia in crisi*, op. cit., pp. 119-146）参照。フリードリヒ二世を攻撃するこの書簡の基本的主張を次のように要約することができる。ペテロとその後継者たるローマ教皇はあらゆる信徒の首長、神の代理として神から十全権力を与えられた。ローマ教皇の十全権力を免れようとする者は神の権威を認めない者である。教会の外に正しい世俗的権力は存在せず、ローマ教皇は霊的事項と世俗的事項を裁定する二つの鍵を有している。コンスタンティヌス大帝がキリストの信仰を通じてカトリック教会の信徒になったとき、彼は以前に教会の外で行使していた不正な権力を教会に委譲し、その後でキリストの代理、ペテロの後継者から正規の権力を改めて受けとった。ローマ教皇は霊的権力と世俗的権力の両剣を有するが、世俗的権力を教皇が自ら直接的に行使することを神は禁止し、教皇は世俗の剣を皇帝に授与した。教会の中に潜在する世俗的権力は皇帝がこれを教会から受け取ることで顕在化する。教皇は皇帝戴冠に際して鞘に収められた剣を皇帝に与え、皇帝が鞘から剣を抜き、振り回すことで、皇帝が世俗的権力を行使する権限を受け取ったことが示される。この鞘が教皇の十全権力であり、フリードリヒ二世も教会の平和を守るためにローマ教皇から世俗的権力の行使を委任されたのである。……この書簡は、教会の外に正当な世俗的支配権が存在することを主張していたインノケンティウス四世の基本的見解と矛盾することから、インノケンティウス四世の作ではない可能性もあるが、書簡がフリードリヒ二世に敵対するインノケンティウスの活動の脈絡で書かれたことは明らかである（C. Dolcini, op. cit., p. 146)。J. A. Cantini, op. cit., p. 413 はこの書簡がインノケンティウスの作であることを否定している。しかし書簡の総体的な趣旨は、フリードリヒ二世のように破門された世俗君主は正当な支配権を失うということであり、非キリスト教徒による支配が不正であることが明言されているわけではないので、《Quod super his》への註釈とこの書簡は矛盾していないと考えることも可能である。

オッカムは『暴政論』第三巻第一章以前に、既に〈Dialogus〉III. II. i. c. 18 においても、ローマ帝国は人間に由来するのか、それとも神に由来するのか、という弟子の質問に対し、教師に次のように答えさせている。

「一つの見解は帝国は人間ではなく神によって建てられたというものであり、第二の見解は、帝国は先ずもって神により建てられたが、人間すなわちローマ人民によって建てられたというものである。第三の見解は、真の帝国は教皇に由来するというものであり、この見解を主張する人々は次のように論ずる。コンスタンティヌス大帝は、カトリック教会の信仰に改宗した後、彼がそれ以前におそらく単に行使すると申し立てていただけの不正規な（inordinatam）権力を謙虚にも教皇へと譲り渡し、再びこの権力をキリストの代理、ペテロの後継者から、神によって承認された正規な帝国の権力として受け取り、これ以降は悪を行う者たちを罰し、善人を称讃するために正しく行使することとなった。かくしてコンスタンティヌス帝は以前は単に黙許された権力を行使するだけだったのが、このとき以降は承認された権威を行使することになったわけである。それ故、（第三の見解を主張する）これらの人々は、コンスタンティヌス帝がローマ帝国を福者ペテロの後継者から受け取る以前は真の帝権を有してはおらず、人間たちから奪い取られた権力、承認された権力でも正規の権力でもなく単に神によって黙許されただけの権力を有していたにすぎない、と述べている」（*Dialogus*, III. II. i. c. 18, p. 885)。

そして「教師」のこの答に対し「弟子」は次のように述べている。「私にはこの最後の見解が全世界で最高の聖職者の見解であったことが明らかなので、この見解に対する賛否両論を挙げ、これらに対して返答しながら、この見解をもっと注意深く検討しつつあなたと議論したいと思います」。ここで弟子が念頭に置いているローマ教皇とは誰のことだろうか。この点、オッカムの『教皇権に関する八設問集』にはインノケンティウス四世について言及する幾つかの箇所が存在する。先ず設問第一の第二章（q. i. c. 2, H. S. Offler, ed., *Opera Politica*, II, pp. 17–18）では、教皇は神により「あらゆる人民と王国の上に置かれた」のであるから世俗的事項においても神法と自然法に反しないあらゆることを例外なく行う十全権力（plenitudo potestatis）を有するという見解が述べられた後で、以下のように言われている。

「インノケンティウス四世は彼の或る教令の中でこのようなことを明言しているように思われ、そこで彼は次のように述べている。『恩寵により原初のペテロの座に定められたキリストの永遠なる教権は、旧法において世俗的事項を取り扱っていた古い司祭の教権より小さいどころか、はるかに大きな権力であると考えねばならない。ところが、旧法の時代に教権を行使していた者に対して神は〈見よ、私はあなたが抜きとり、植えるように万民と万国の上にあなたを立てた……〉と述べているのである』更に、いかなる例外もなしに世俗的事項を裁決する権力をもつ者は世俗的事項に関し十全権力を有する。しかし教皇はいかなる例外もなしに世俗的事項を裁決する権力を有している。事実、使徒パウロは『コリント人への第一の手紙』第六章で、いかなる区別も設けることなく、そして聖職者、特に教皇を除外することなく、『我々は天使をさえ裁くものであることを知らないのか、それならこの世のことはいうまでもない』と述べている。上記のインノケンティウスもパウロのこの言葉に依拠しているように思われ、インノケンティウスは上で引用された同じ箇所で次のように述べている。『もし人民の教師（使徒パウロ）が〈我々は天使をさえ裁くものであることを知らないのか、それならこの世のことは言うまでもない〉と述べて、この十全権力が限定されるべきでないことを示したのであれば、より大きなものが服従している権力には、より小さなものも服従していると考えられるように、彼は自分に与えられた天使に対する権力が世俗的事項にまで及ぶことを示してはいないだろうか』と」（ibid. pp. 18–19）。

そしてオッカムは、キリストの代理たる教皇はキリストから世俗的事項に対する権力をも含む完全な裁治権を授与されたのであるから、皇帝その他世俗的権力の保持者は世俗的裁治権を教皇の承認によって保持している、という見解に言及し、「この点につきインノケンティウス四世は上記の箇所で、皇帝は教皇から帝冠を受け取るとき、鞘に収まった剣を受け取り、それから剣を抜いて振り回しながら自分があらゆる権力を教皇から受け取ったことを示す、と述べている」と指摘している。次に設問第二の第一章（q. ii. c. 1, pp. 69–70）には教皇は聖俗二つの剣を有しているのであるから帝権は教皇から由来するという見解について次のように言われている。

「これはインノケンティウス四世の見解だと思われる。インノケンティウスは或る教令の中で次のように主張している。『二つの統治の剣のいずれもが信義ある教会の内部にしまわれていると考えられる。それ故誰であろうと教会の内にいない者はどちらの剣も持つことはない。二つの剣は共にペテロの権限に属していたと思われる。というのも、物質的な剣に関して主はペテロに〈捨てなさい〉とは言わず、〈あなたの剣を鞘に戻しなさい〉――すなわち、あなた自身は剣を用いてはならない――と述べたからである。このとき、〈あなたの〉という形容詞は明らかに剣がペテロのものであって他の者のものでないことを示している。このような物質的な剣の力は教会の中に内在しているが、それは当の力を受け取った皇帝によって行使されるのである』。更に帝権は、その者に対して皇帝が父に対する息子であるような、教師に対する弟子、金に対する鉛、太陽に対する月であるような者から由来する。しかしこのような比較は、教皇に対する皇帝の関係について言えることである。……それ故帝権は教皇から由来する。同様に帝権は、皇帝がそれに対して頭を低くすべき者から由来する。……それ故帝権は教皇から由来する。更に帝権は、帝権が空位のとき皇帝ないしその他の人間による決定でなく自己に固有の権威によって帝国を支配すべき者から由来するが、帝権が空位のときに帝国を統治するのは教皇であるから帝権は教皇から由来する」。

そして同じく『八設問集』設問第三第十三章には「それ故、この第二の見解によれば、正確に言うといかなる皇帝や王も、あるいは他のいかなる者も自分が所有している財産を教皇に与えるといったことはありえず、むしろ教皇の許可によって自分が所有する財産を教皇に返還できるだけである。ちょうど——インノケンティウス四世によると——コンスタンティヌス帝が『教会の外でそれ以前に不正に行使していた不正規な権力を恭しく教会に返還した』ように」（q. iii. c. 13. p. 121）と述べられており、また設問第五第四章には「一つには次のように答えられる。すなわち、塗油されていなかった異教の王たちは真の王ではなかった。というのも、インノケンティウス四世が言うように、教会の外には真の支配権も、承認された正規の権力も存在せず、単に黙許されただけの権力しか存在しないからである」（q. v. c. 4. p. 157）という一節がみられる。コンスタンティヌス帝の贈与に関するオッカムの見解については、C. F. Bertelloni, "'Constitutum Constantini' y 'Romgedanke'. La donación constantiniana en el pensamiento de tres defensores del derecho imperial de Roma: Dante, Marsilio de Padua y Guillermo de Ockham'（*Patristica e mediaevalia*, vol. 3, 1982, pp. 21-46（ダンテ）; vol. 4-5, 1983-84, pp. 67-99（マルシリウス）; vol. 6, 1985, pp. 57-79（オッカム）; id., 'Ein Fehltritt in Ockhams Empirismus? Über eine Stelle des Breviloquiums'（*Franciscan Studies*, vol. 46, 1986, pp. 227-242）。

（7）『暴政論』第三巻第一章でオッカムは、私的所有権ないし支配権（ius proprietatis seu dominii）は原罪以前の無垢な状態において存在した神法上の制度であり、それ故教会の外には真の所有権も支配権も存在しないと主張するヨハネス二十二世の教令《Quia vir reprobus》を引用している（R. Scholz, op. cit., SS. 108-109; H. S. Offler, op. cit., pp. 162-163）。ヨハネス二十二世によれば、「王たちの法」が存在する以前から私的所有権が存在したことは聖書に記されており、財の分割すなわち私的所有権は人定法によって生じたとするチェゼーナのミカエルの見解は異端である。アダムはエバが生まれる以前から世俗的財を所有しており、共有（commune dominium）は複数の人間を前提にすることから、アダムの所有は共有ではなく私有であった。人定法によって生じたのは私的所有権それ自体ではなく、グラティアヌス教令集（Dist. 8, c. *Quo iure*）のアウグスティヌスの言葉にあるように、訴訟の権利（ius agendi in iudicio）である。またアダムは〈dominus〉であり、獣や鳥に対する支配権（dominatus）も有していた。そして原罪の後、人間は大洪水以前も以後も、「王たちの法」が存在する前から私的所有権を有していた。

このような教皇の主張に対しオッカムは同巻第十五章において次のように反論する（R. Scholz, op. cit., SS. 138-140; H. S. Offler, pp. 190-192）。神が人間に自分たちの間で財を分割し私有する力を与える以前は排他的な私的所有権は存在しなかった。「王たちの法」が存在する以前から人間が財を保持していたことが事実であっても、私的所有権が人定法ではなく神法によって生じたことの立証にはならない。またエバが生まれる以前にアダムが唯一人財を保持していても、アダムが排他的な私的所有権を有していたことにはならない。修道院の修道士が一人を残してすべて死亡し、残った一人が修道院の全財産を保持していても、これは排他的な私的所有を意味せず、当の修道士はやがて修道院に新たに入る他の修道士と共有することになる財産を保持するにすぎない。これと同様に、無垢の状態においてアダムがエバの生まれる前に単独で有していたのは私的所有権ではなく、アダムは財産を自分のためだけでなく、やがて生まれる妻と子孫のためにも保持していたのであり、それ故妻や子孫に対して当の財産の所有を拒否することはできなかった。エバが生まれたときにエバはアダムからの贈与や売買によって財を所有したのではなく、神の原初的な贈与によってーーアダムと未来の妻や子孫のために財を与えた原初的な贈与によってーー所有したのである。共有は複数の人間を前提にするというヨハネス二十二世の主張は正しいが、共有は或る一時点において複数の人間が存在することではなく、修道院の修道士の例が示すように、現在、過去、未来において複数の人間が存在することを前提にする。またアダムが獣と鳥の支配者だったこともアダムが世俗的財に対し私的所有権を有していたことの根拠となりえない。獣と鳥に対するアダムの支配権は財の所有権ではなく、——馬を手綱で御する者が馬に対して支配権をもつように——自分の好きなようにものを物理的に取り扱うことのできる力を意味し、人間は原罪によってこの力を失ったが、獣と鳥に対する共有は保持し続けた。また、教皇はグラティアヌス教令集（Dist. 8, c. *Quo iure*）のアウグスティヌスの言葉を誤って解釈しており、アウグスティヌスは人定法によって訴訟の権利だけでなく私的所有権自体が形成されたことを述べている。A. Hamman, op. cit. pp. 115-119参照。

（8）M. Wilks, *The Problem of Sovereignty in the Later Middle Ages* (Cambridge, 1964) pp. 174-183; Id., 'The Idea of the church as 《Unus homo perfectus》 and its bearing on the medieval theory of sovereignty' (*Miscellanea historiae ecclesiasticae* 1, 1961, pp. 32-49). しかし、十四世紀の教皇至上主義の以上のようなウィルクスの解釈に対して、W. D. McCready, 'Papal *plenitudo potestatis* and the source of temporal authority in late medieval papal hierocratic theory' (*Speculum*, vol. 48, 1973, pp. 654-674) は、アウグスティヌス・トリウムフス、エギディウス・ロマヌス、そしてヴィテルボのヤコブスなどに代表される教皇至上主義の見解がそれほどラディカルでないことを主張する。マクレディによれば、あらゆる世俗的政治権力と所有権は教皇の権力から発し、教皇の黙許によって保持されているという教皇至上主義者の見解は、ウィルクスのように教皇が皇帝や王を好きなように任命し廃位できることを含意するような趣旨で理解されてはならない。しかしマクレディはW・ケルメルの解釈、すなわち、教皇至上主義者は教皇が世俗君主の支配権を創造するとは考えておらず、君主の権力の実体は人民と人定法に由来し、教皇は——世俗君主がキリスト教社会において権力を正しく行使できるように——権力の行使を君主に認めるにすぎないと考えていた、という解釈をも否定する。W. Kölmel, 'Einheit und Zweiheit der Gewalt im corpus mysticum: Zur Souveränitätslehre des Augustinus Triumphus' (*Historisches Jahrbuch*, Bd. 58, 1963, SS. 103-147) S. 122; Id., *Regimen christianum* (Berlin, 1970) SS. 408-409参照。マクレディによれば、五世紀のゲラシウス一世の時代には二つの並存する制度であった教会と国家が、その後九世紀になるとキリスト教社会の中の二つの権力として理解され、——ゲルマン的王権の人格的観念の故に、個人としての王が教会のメンバーとなることで王権自体も教会の中に吸収されていったことと相俟って——超自然的な教会（ecclesia）の中に自然的な国家が吸収されたことにより、教皇の十全権力（pleniudo potestatis）という観念が生まれた。この観念においては、世俗権力はその起源においても、その行使においても霊的権力に完全に服従する。しかし更に十一世紀のグレゴリウス七世の時代になると、司教の任命は聖職者によって行われるべきであるという叙任権闘争におけるローマ教会の主張により、教会は教皇を頂点とする聖職位階制度とみなされるようになり、これに呼応して世俗君主の権力は教会の中に存在しながらも霊的領域から分離し、純粋に自然的なものと理解されるに至った。世俗権力には人間の自然的幸福という固有の価値と目的があると考えられたのである。しかしこのような見解に立っても、世俗権力が実現しようとする価値は人間の窮極的な価値ではなく天上の幸福のための手段であり、自然的価値が霊的価値から完全に自立してはいないように世俗権力も教皇の霊的権力に服従しなければならないと考えられた。この点重要なのがアリストテレス主義が十四世紀の教皇至上主義者に及ぼした影響である。アリストテレスによれば、国家は社会を形成しようとする人間の自然的傾向の産物であり、国家の起源はこのような人間の自然的本能にある。そしてアリストテレスの見解を受け入れた教皇至上主義者は世俗権力の起源を二つの異質な要因によって説明することになる。すなわち一方で世俗権力は人間の社会的本性から生まれた純粋に自然的なものとして説明され、この説明からは世俗権力の自立性が帰結する。他方、世俗権力——特にその強制的抑圧的側面——は人間の罪深さに対する神の罰の結果であると同時に人間救済の手段として説明され、この説明からは、罪深い世俗権力が霊的権力に服従し、霊的権力によって贖われる必要性が強調される。要するに教皇至上主義者は世俗権力が人間の社会的本性から自然的に生み出されたことを認める一方で、キリスト教会内部に存在する権力として教皇の霊的権力に服すことを主張するわけである。従ってマクレディによれば、教皇至上主義者は非キリスト教徒の支配者が人定法により——選挙ないし相続により——人民から正当な支配権を与えられていることを——それ故、教会の外に正当な世俗的支配権の存在することを——認める一方で、キリスト教会の世俗君主は、人民及び人定法からと同時に、聖職者によって適用される神法からも支配権を受け取っていることを主張する。あらゆる世俗君主は人民に由来する自然的な権力を保持しているが、キリスト教の君主は、信仰を捨象した自然的人間社会を支配する権力を人民と人定法によって保持すると同時に、教会の中でキリスト教徒たちを支配する権力を教皇から授与される。従ってマクレディによれば、教皇至上主義者にとって教皇はあらゆる世俗権力の排他的源であるというウィルクスの解釈は正しくない。しかし他方でケルメルの解釈、すなわち教皇至上主義者は世俗権力が創造されるプロセスにおいて教皇に構成的な役割を認めていないという解釈も正しくない。むしろ教皇は世俗君主の権力を承認し、君主がキリスト教会の内部で正しく権力を行使できるように祝福を与えることによって、君主にキリスト教支配者としての〈virtus〉を与えているのであり、教皇による承認と祝福は、人民による選挙や相続手続きと同様に、世俗権力を生み出す本質的要因である。人民の選挙や相続により世俗権力の〈esse〉が生み出されるのに対し、教皇による承認は世俗権力の〈virtus〉を生み出し、人民が開始したプロセスを完成させる。従って世俗権力は人民により生み出され、教皇は世俗権力の行使を承認するにすぎないというケルメルの解釈は正しくない。教皇の承認は世俗権力それ自体を生み出すために必要な要因だからである。人民によって生み出された世俗権力の無形態な質料に形相を与えるのが教皇の承認である。

しかしW. D. McCready, 'The problem of the empire in Augustinus Triumphus and late medieval papal hierocratic theory'（*Traditio*, vol. 30, 1974, pp. 325-349）は、アウグスティヌス・トリウムフスが皇帝に関しては上記の見解とは異なった見解をとり、皇帝は教皇のみによって選出されると考えていたことを指摘する。従ってマクレディはケルメルのアウグスティヌス解釈、すなわち帝権は世俗的領域において人定法により教権から独立して存在し、皇帝は選帝侯から帝権の〈esse〉を受け取り、教皇は皇帝に対しキリスト教会の中で正しく行動する能力である〈virtus〉を授与するにすぎないという解釈を批判する。マクレディによればアウグスティヌスは皇帝に関しては他の世俗君主の権力の起源に関する彼の見解と矛盾する見解を抱いていた。帝権は教皇から直接的に由来し、皇帝は教皇によって、あるいは教皇が委任した選帝侯によって創造されるというのがアウグスティヌスの見解であった。アウグスティヌスはなぜ皇帝を特別扱いしたのだろうか。この点につきウィルクスは次のように説明する。アウグスティヌスは諸王国の事実上の独立を認めながらも〈de jure〉には皇帝が普遍的裁治権をもつことを主張し、教皇は皇帝を仲介者として諸王に世俗的支配権を間接的に委任すると考えた。しかしマクレディは、このような間接主義はアウグスティヌスの著作のどこにも述べられておらず、皇帝が普遍的な世俗的支配権を〈de jure〉にもつとアウグスティヌスが考えていたことも明らかではない。そしてアウグスティヌスによれば皇帝には王国内部の問題に介入する権利はないのであるから、皇帝仲介説はこのことと矛盾するように思われる。従って皇帝が特別扱いされている理由は、他の世俗君主とは異なり皇帝が教会の特別な保護者であることに求められるべきである。

更にマクレディによれば、アウグスティヌス・トリウムフスにおける皇帝の特別な地位はコンスタンティヌス帝の贈与と密接に関係している。アウグスティヌスは、コンスタンティヌスが教皇シルウェステルに贈与したのは皇帝権ではなく、帝国の事実上の統治権であったと主張する。というのも普遍的皇帝権は贈与以前からもともと教皇に属しており、コンスタンティヌスは自分が教皇の承認なくして不正に事実上行使した統治権を教皇に返却したにすぎないからである。

要するにマクレディによれば、アウグスティヌスはコンスタンティヌスの贈与を次のように理解していた。（一）贈与以前から普遍的皇帝権は教皇に属していた——従って、コンスタンティヌスの支配権はそれ自体で正当であったがキリスト教社会において正当な仕方で行使されていなかったのでコンスタンティヌスは教皇によりその行使を正式に承認してもらった、というケルメルのアウグスティヌス解釈は正しくない——。（二）コンスタンティヌスは普遍的皇帝権が教皇に属することを承認し、しかも自分が不正に行使してきた事実上の統治権をローマ人民の同意のもと神に——そして教皇に——返却した。（三）しかし世俗的支配権を行使することは教皇にとって相応しくないので——教皇が世俗権力を自ら直接的に行使することは神が定めた秩序に反するので——教皇シルウェステルは統治権の行使をコンスタンティヌスに戻した。（四）それ故、皇帝は教皇の〈minister〉として帝国を直接的に統治し、帝国が空位のときにのみ直接的な統治権は教皇のもとに戻ってくる。

従ってアウグスティヌスによれば教皇には現実に帝国を統治する権限がなくても皇帝を廃位させ新たに皇帝を任命することは可能である。コンスタンティヌスの時代には皇帝はローマ人民——あるいは元老院ないし軍——によって選挙され、その後カール大帝に至って相続による帝位継承となり、更にオットー三世の死後、オットーの親戚だった教皇グレゴリウス五世がドイツ選帝侯制度を定め、これ以後皇帝はドイツの選帝侯によって選挙されるようになった。従って選帝侯制度は教皇が創造したものであり、選帝侯が反目しあい皇帝を選挙できないときは教皇が皇帝を選ぶことになる。しかし通常の事態においては選帝侯が選挙した皇帝候補者を教皇が審査、承認、聖別そして戴冠する。それ故、皇帝は選帝侯から皇帝の〈esse〉を、教皇から皇帝の〈virtus〉を受け取ると言ってよいが、〈esse〉と〈virtus〉は共に皇帝の構成要素であるから——ケルメルの解釈とは異なり——教皇が皇帝を創造することに変わりはない。しかも教皇は選帝侯に皇帝選挙を委任しているのであるから——教皇は好きなときに選帝侯から選挙権を取り上げたり選挙権を別の者に移したりすることができるわけではないが——皇帝を選ぶ権利、そして皇帝を選ぶ方法を決定する権利は基本的には教皇にあり、皇帝職を世襲制にすることも——それがキリスト教会にとって利益になると教皇が判断すれば——教皇にとって可能である。

しかし、教皇はコンスタンティヌスから与えられた領域に対して直接的に統治権を行使できるのであれば、コンスタンティヌスが贈与したのは西欧の全域であるから教皇は皇帝だけでなく王を創造する排他的な――すなわち王権に服する人民を排した排他的な――権限を有しているのではないだろうか。この点、アウグスティヌス・トリウムフスは、教皇の権限が及ぶのは皇帝に対してだけであることを説明するために、イタリア以外の領域は王たちが帝国から――そして教会から――時効取得したこと、教皇はキリスト教会の平和のためにこの時効取得を認め、王の主権を認めたと主張する。従ってアウグスティヌスの見解を次のように要約することができる。皇帝以外の世俗君主は権力を人民と教皇の両者から受け取り、人民と教皇は共に世俗君主を創造するために必要な構成的要因である。これに対して皇帝に関してはコンスタンティヌスの贈与を根拠として教皇だけに任命権があり、皇帝は教皇のみによって創造される。しかし教皇が現実に統治権を有するのは――王たちによって時効取得されていない――イタリアだけであり、教皇はイタリアに対する統治を、選帝侯によって選出された皇帝に委任する。そして教皇は、もしそれがキリスト教会にとって有益と考えられるならば、選帝侯以外の者に皇帝選出権を与えたり、自分自身で皇帝を任命したり、皇帝職を世襲制にすることもできる。

　さて、教会の外に〈dominium〉は存在しないという主張は「教会」をどのように定義するかによって反教皇主義の論拠ともなりえた。ウィクリフの有名な「恩寵による所有」論が十四世紀の教皇至上主義者の教会論に由来することについては、M. Wilks, 'Predestination, property, and power: Wyclif's theory of dominion and grace'（Id., *Wyclif: Political Ideas and Practice*, Oxford, 2000, pp. 16-32）。ウィクリフによれば世俗的支配権や財の所有権、そして秘跡を施す聖職者の権限などすべての〈dominium〉は神の恩寵に依存する神授の権利であり、恩寵の状態にあり救済へと預定された者のみが〈dominium〉を正当に保持できる。そして〈dominium〉は「預定された信徒の総体」（universitas fidelium praedestinatorum）に属しており、罪の状態にあり断罪へと預定された者たちが〈dominium〉を保持するとき、それは〈dominium〉の簒奪である。ウィクリフはこのような論法で世俗化したカエサル的教皇を批判するのであるが、預定された者と断罪された者を現世において識別できないことから、ウィクリフの議論は実践的に無益であるばかりか、アナーキーに至ると批判されてきた。この点に対してM・ウィルクスは、ウィクリフ自身、預定された者と断罪された者の識別が現世において不可能なことを言うまでもなく認めていたこと、そして個人と個人が担う職務を区別することでアナーキーを回避していたことを指摘する。例えば罪の状態にある司祭が施した秘跡であっても、当の司祭が帯びる職務を通じて神の力は、秘跡を施された者へと有効に作用しうる。また、〈dominium〉を有する者が断罪されているとき、その者は個人としては〈dominium〉を有していなくても、その者が担う職務は〈dominium〉を正当に有しており、従って断罪されている教皇や世俗の暴君は個人として〈dominium〉を喪失していても、これらの個人が職務を通して為した行為は有効である。ウィクリフの「恩寵による所有」論については、E. Boreczky, *John Wyclif's Discourse on Dominion in Community*（Leiden, 2008）が最も詳しい。また S. Lahey, *Philosophy and Politics in the Thought of John Wyclif*（Cambridge, 2003）pp. 108-146 参照。

（9）*Breviloquium*, iii, cc. 2-3（R. Scholz, SS. 110-118, H. S. Offler, pp. 164-171）.

（10）Id., c. 5（R. Scholz, SS. 122-124, H. S. Offler, pp. 175-176）.

（11）Id., c. 6（R. Scholz, SS. 124-125, H. S. Offler, pp. 177-178）.

（12）以上の点に関しては W. Stürner, *Peccatum und Potestas. Der Sündenfall und die Entstehung der herrscherlichen Gewalt im mittelalter-*

lichen Staatsdenken (Sigmaringen, 1987)。

(13) 例えばトマス・アクィナスのようなアリストテレス主義者によれば世俗権力は原罪以後の人間の邪悪さに対処すべく生まれたものではなく、社会を形成しようとする人間の自然的な性向から生じ、従って原罪以前の無垢の状態においても存在しえた。「或る者が統治される他の人々自身の善のために、あるいは共通善のために当の人々を統治するときは、その者は他の人々を自由な存在者として支配しているのである。そして人間の人間に対するこのような支配は、二つの理由によって無垢の状態においても存在していた。第一に人間は自然的に社会的動物だからである。……確かに多数の人間の社会生活は共通善を志す誰か或る者が統治しないかぎり存在しえない。……第二に或る人間は他の人々よりも優れた知と正義を有しており、この人間が他の人々の利益のために優れた知と正義を実行しなければ、それは不当なことだからである……」(*Summa Theologiae*.1a. q. 96. art. 4)。この点については F. Daguet, *Du politique chez Thomas d'Aquin* (Paris, 2015) pp. 99-116 参照。これに対してオッカムは世俗権力の形成を原罪から生じた人間の邪悪性によって説明し、邪悪な人間から成る社会の悲惨さを克服するために人間は神から与えられた「支配者を設立する力」——すなわち、神から与えられた正しい理性を用いて支配者を合意によって設立する力——を行使して世俗権力を形成する、と主張する。世俗権力が原罪を前提とするかぎり、原罪以前の無垢な状態において——トマスが述べているような——世俗権力が存在するはずはない。オッカムによれば世俗権力が設立される理由は原罪に汚れた邪悪な人間の悪行を罰し、社会の平和を実現することにあり、世俗権力が目指す共通善とは人間本性の完成といった形而上学的な善ではなく、要するに平和に他ならない。人間たちは、原罪に汚れた人間の支配欲や私利私欲から生ずる争いの現状を見て、平和を実現するために支配権の設立に合意する。従ってオッカムによれば支配権は神が人間に与えた正しい理性の行使によるという意味で神を遠因とし、直接的には人間たちの合意から生まれるという意味で人間の合意を近因とすると言えるだろう。支配権はトマスのような人間本性に刻印された社会形成への自然的性向といったものから——いわば必然的に——生み出されるのではなく、人間の合意の産物なのである。

ちなみに、上に引用した箇所でトマスは知と正義において卓越した人間が他の人々を統治すべきだと述べているが、世俗権力が目指す共通善が社会の平和と安寧であり、世俗権力の主要な任務が犯罪者に対する刑罰であれば、支配者に卓越した知と正義を要求する必要はないだろう。この点につきオッカムは自然的ないし神的な正しさ(iustum naturale et divinum)の観点からすれば有徳な人間が支配者になるべきであるが、人間社会にとって支配者が緊急に必要である以上、支配者はどのような倫理的資質をもつべきかという問題よりも何らかの支配者が存在すること(実定的正義)の方が重要であると述べて、支配者の有徳性が二次的な問題であることを指摘している。*Dialogus*, III. I. II. c. 17, p. 802 参照。

(14) OND. c. 14, OP. II, p. 435.『九十日の書』ではオッカムは、世俗的財産を私有する力が人間の堕落した本性と「理性の命令」に由来することを主張していたが、『暴政論』では財産を私有する力が神から原罪後の人間に授与されたと主張する。

(15) 本章冒頭で引用した *Breviloquium* 以外に *Dialogus*, III. I. ii. c. 15, p. 800 (Kilcullen, p. 188); *Dialogus*, III. II. i. c. 4, p. 875.

(16) *Breviloquium*, iv. c. 6 (Scholz, S. 151, Offler, p. 203); *Dialogus*, III. II. i. c. 18, p. 885; ibid., c. 26-27, p. 899.

(17) 世俗支配権の任務とその限界については *Dialogus*, III. I. ii. c. 6, pp. 794-795 (Kilcullen, pp. 176-177); *Dialogus*, III. II. ii. c. 24, p. 921, c. 25,

pp. 921–922, c. 27, p. 923. 個人の権利と自由の保護については *Breviloquium*, ii, c. 5（Scholz, SS. 59–60, Offler, p. 117）; iv, c. 6（Scholz, S. 151, Offler, p. 203）; ibid. c. 13（Scholz, S. 166, Offler, p. 218）; vi, c. 2（Scholz, S. 198, Offler, p. 251）.

(18) OQ. ii, c. 8, p. 83. オッカムにおける抵抗権を論じたものとして F. W. Kys, *Die Lehre über das Widerstandsrecht in den politischen Werken des Meisters Wilhelm von Ockham*（1967, Köln）SS. 107–154.

(19) W. Stürner, *Peccatum und Potestas*, op. cit., SS. 181–182.

(20) *Breviloquium*, iii, c. 15（Scholz, S. 138, Offler, p. 191）.

(21) 「それ故、〈dominium〉は、それが唯一人の人間に事実上属している（convenit）から〈proprium〉と呼ばれるのではなく、それが一人の人間に次のような仕方で私有されている（appropriatur）から〈proprium〉と呼ばれる。すなわち、当の人間の贈与、売買、遺贈その他、それによってものの〈dominium〉が他の人間に譲渡されるような契約なしには、あるいは少くとも当の人間の何らかの行為や死によることなくしては他の人間に属す（competere）ことがありえないような仕方で私有されているからである」（OND. c. 27, OP. II, p. 487）。

(22) *Breviloquium*, iii, c. 15（Scholz, SS. 138–139, Offler, pp. 191–192）.

(23) OND. c. 27, OP. II, p. 489.

(24) OND. c. 14, OP. II, p. 439. 既に述べたように、『暴政論』では、「私有する力」が神から人間に与えられたことが明言されているが、『九十日の書』では、「私有する力」ないし「自分のものにする力」が原罪後の人間の堕落した本性と人間の理性的判断に由来することが述べられ、神から授与されたとは述べられていない。『九十日の書』はヨハネス二十二世に対しミカエル派の主張を代弁することを目的としており、「私有する力」が神から与えられたと主張することは、私的所有権が神から与えられたことを主張するヨハネス二十二世を結果的に支持することを危惧して、オッカムは慎重にそのような主張を回避したとも考えられる。しかし、理性は神から人間に与えられたのであるから、「私有する力」が理性的判断に由来することは、それが神によって与えられたことを含意するだろう。いずれにしても、ミカエル派の擁護ではなく、自分自身の見解を提示した『暴政論』では、「私有する力」が神から与えられたことが明言されている。

(25) この点に関しては P. Costa, *Iurisdictio*, op. cit., 参照。

(26) *Breviloquium*, iv, c. 10 以外にこの主張は *Dialogus*, III, II, i, c. 25 にもみられる。「異端者がいかなる私有物をも所有していないのは神法の定めではなく人定法による。それ故、異端者が人定法によって世俗的財の所有権を剥奪される以前は、彼らは真の所有権を有していた」（p. 896）。

(27) 世俗的裁治権と財に対する私的所有権のこのような類似性をオッカム自身が明言しているわけではない。このアナロジーを指摘するものとして、J. Miethke,'Wilhelm von Ockham und die Institutionen des späten Mittelalters'（E. P. Bos, H. A. Krop, ed. *Ockham and Ockhamists*, Nijmegen, 1987, pp. 127–144）p. 140。

(28) OQ. ii, c. 8, p. 83.

(29) *Dialogus*, III, II, ii, c. 28, p. 924.

(30) OQ. viii, c. 6, pp. 200–201.

(31) *Dialogus*, III, II, iii, c. 4, p. 930.

(32) *Dialogus*, III, II, ii, c. 20, p. 918.

(33) OQ. v, c. 3, p. 156.

(34) H. S. Offler, 'The origin of Ockham's Octo Quaestiones'（*The English Historical Review*, vol. 82, 1967, pp.3 23–332）pp. 329–330 によれば、ここでオッカムはバイエルンのルートヴィヒではなく、モラヴィアのカールのボヘミア王戴冠を念頭においていた。

（35）教皇派の主張、すなわち世襲的王権でさえ聖職者による塗油と戴冠がないかぎり不完全なのであるから、選挙による皇帝権はなおさらのこと聖職者の塗油と戴冠を必要とする、という主張に対してオッカムは次のように反論する。世襲王制における塗油と戴冠の法的効果は、この種の政体に服する政治共同体において歴史と伝統に基づいて行われている慣行をみることによって確認される。もし、各々の国において明確な伝統が存在しなければ、支配者が世俗的権力を獲得する手続きは「共通善」によって規律されるべきである（OQ. v. c. 6, pp. 158–159）。いずれにしても世襲王制を定める際に人民は王権が授与される手続を決めることができ、或る人民は前任者の死によって直ちに王権が継承されることを定め、別の人民は聖職者による塗油と戴冠を要求するだろう。あらゆる現存の君主政体は人的制度であるから、世襲の権利によって相続する君主は必ず塗油と戴冠によって世俗権力を受け取るというわけではない。王位継承の手続は、各々の国に適合した共通善を追求する人民の意志によって決定される。従って、仮に王位承継が聖職者による塗油と戴冠を伴うとしても、これによって王権が強化されることはなく、いかなる意味においても世襲君主は戴冠を行う聖職者に服従してはいない（OQ. vi. c. 2, pp. 166–167）。同様に、選帝侯による選挙は、ドイツ人民の王に、世襲の権利によって王位を継承した王と同じ権限を与える。選帝侯は、かつてローマ帝国に服していたあらゆる人民の権限を具現し代表する者たちであり、それ故選帝侯による選挙は、選挙されたローマ人民の王（そして神聖ローマ帝国皇帝）に、現存する帝国の全範域に対する至高の権力を授与し、教皇による承認と戴冠を必要としない（OQ. viii. c. 4, pp. 192–193）。そしてローマ人民の王（すなわち皇帝）の廃位も、「通常は」（regulariter）ローマ人民の、それ故、その代表者たる選帝侯の権限に属する（ibid. c. 6, p. 199）。そして選帝侯やその他の世俗的権力を有する者たちが、犯罪を犯した不正な皇帝に対抗して行動しないときにのみ、緊急の必要性（urgens necessitas）ないし「明白な利益」（evidens utilitas）を根拠として教皇が皇帝を廃位できることになる（ibid., c. 6, p. 200）。

（36）OQ. v. c. 6, p. 159.

（37）オッカムは『八設問集』の設問第六で世襲的王は戴冠を行った者に何らかの意味で服従しているかという問題を論じる際に、王権が戴冠の儀式において「上から」降下するという考え方に言及することさえしていない。

（38）OQ. vii. c. 2, p. 169.

（39）Ibid., c. 7, p. 177.

（40）Ibid., c. 4, p. 173.

（41）オッカムは自由に誓約する者は誓約の相手方との関係で或る意味で自らを低い地位に置くことを認めたうえで、この種の誓約は後継者を拘束しないと主張し、更に次のように付言する。「皇帝は自己の裁治権をローマ人民から授与されたが、ローマ人民の定めにより皇帝は教皇に誓約を行うことができた。しかし、この点に関して教皇は聖ペテロの代理を務めているのでもキリストの代理でもなく、ローマ人民の受任者（commissarius）であった。」それ故皇帝の誓約はペテロの後継者、キリストの代理としての教皇の霊的人格（persona spritualis）に対してではなく、ローマ人民の代表者に対して行われたのである」（*Dialogus*, I. iv. c. 9, p. 515）。

（42）OQ. ii. c. 12, p. 91.

（43）*Dialogus*, III. II. i. c. 21, pp. 889–890.

（44）これは実際はペトルス・ダミアヌスのテキストであり、グラティアヌスによってニコラウス二世に帰せられたものである。B. Tierney, *The Crisis of Church and State, 1050-1300* (Englewood Cliffs, N.J.

1964) p.117.

(45) 既にオッカムは『九十日の書』(OND. c. 93. OP. II, p. 688) において、ニコラウス二世の教令を字義どおりに解釈すると、キリストが勝利する教会の裁治権をペテロに与えたという不合理な結論になることから、教令を別の意味で再解釈する必要があることを指摘し、天上の帝国を戦う教会内部の善人 (boni)、地上の帝国を悪人 (mali) として解釈している。しかし、これら「善人」と「悪人」に対する教皇の権利については具体的な説明をしていない。またニコラウス二世の教令は『八設問集』(OQ. ii. c. 7, p. 80) でも言及されており、ここでも、あらゆる王国が教皇により封土として授与されたとする見解が、教皇に封建的忠誠を誓約していない世俗君主にとって有害であることが主張され、教皇が天上の帝国と地上の帝国を封土として保有するという見解は異端であり、ニコラウス二世の教令を字義的に理解すべきでないことが主張されている。カノン法学における議論についてはB. Tierney, *The Crisis*, op. cit., pp. 119-121.

(46) *Breviloquium*, vi, c. 1 (Scholz, S. 194; Offler, p. 247).

(47) Ibid. (Scholz, S. 195; Offler, pp. 247-248).

(48) *Dialogus*, III, II.i, c. 19, p. 888.

(49) *Breviloquium*, vi, c. 1 (Scholz, SS. 196-197; Offler, pp. 249-250).

(50) OQ. i, c. 14, p. 57.

(51) OND. c. 93. OP. II, p. 688.

(52) OQ. ii, c. 9, p. 85.

(53) Ibid.

(54) OND. c. 93, p. 688.

(55) *Dialogus*, I, vi, c. 9, p. 515.

(56) *Dialogus*, III, II, i, c. 20, p. 889.

(57) OQ. ii, c. 9, p. 84.

(58) OQ. iv, c. 6, p. 138.

(59) OQ. ii, c. 10, p. 87.

(60) *Dialogus*, III, II, i, c. 18, p. 886.

(61) OQ. ii, c. 9, pp. 85-86.

(62) OQ. i, c. 12, p. 52.

(63) *Breviloquium*, iv, c. 1 (Scholz, S. 141; Offler, p. 194).

(64) 本章註(3)参照。

(65) OQ. iv, c. 3, p. 126.

(66) Ibid., pp. 127-128.

(67) Ibid., pp. 128-129.

(68) Ibid., c. 4, p. 130.

(69) Ibid., c. 4, p. 131.

(70) Ibid., pp. 131-132.

(71) Ibid., pp. 131-134.

(72) Ibid., c. 5, pp. 134-135.

(73) これに対して教皇ヨハネス二十二世によれば、マリアが受胎したときからキリストは父なる神によって普遍的な世俗支配権を授与されていた。OND. c. 93. OP. II, p. 672.

(74) これに対し、例えばインノケンティウス四世によれば、コンスタンティヌス帝以前のローマ皇帝の権力は単に神により事実上黙許されていた (permissum) にすぎず、コンスタンティヌス帝の改宗以降、積極的に承認された (concessum) 権力になった。*Dialogus*, III, II, i, c. 18, p. 885.

(75) Dante Alighieri, *Monarchia* (a cura di P. Shaw, Firenze, 2009) II, ii, p. 368.

(76) Ibid., I, xvi, pp. 363-364.

(77) これに対してバイエルンのルートヴィヒの勅令《Licet iuris》では

帝権が「当初より神のみから直接に由来する」こと、「神は現世の皇帝と王を通じて人類に法を授けた」（本書第二章147頁参照）ことが述べられているが、これはオッカムとルートヴィヒの見解の相違を示している。またルートヴィヒの指令《Fidem catholicam》にはオッカムの『反教皇ベネディクトゥス論』の影響がみられることが指摘されており（H.-J. Becker, 'Das Mandat "Fidem catholicam,"' op. cit., S. 474）、またこの指令がオッカムのその後の著作にみられる見解に影響を与えている（ibid., SS. 490–491）と言われているが、帝権は神から由来するという表現の意味に関し、両者のあいだに基本的な相違のあることに注意しなければならない。

（78）*Breviloquium*, iv. c. 6（Scholz, S. 151; Offler, p. 203）.

（79）Ibid., c. 8（Scholz, SS. 153–154, 157–158; Offler, p. 206, pp. 210–211）.

（80）Ibid., c. 10（Scholz, S. 162; Offler, p. 215）.

（81）*Breviloquium*, v. c. 9（Scholz, S. 187, SS. 189–190; Offler, p. 240, pp. 242–243）.

（82）OQ. iii. c. 12, pp. 118–119. また OND. c. 93, OP. II, pp. 676–679.

（83）*Breviloquium*, iii. c. 4（Scholz, SS. 119–120; Offler, p. 173）.

（84）Ibid., c. 5（Scholz, S. 124; Offler, pp. 176–177）.

（85）*Dialogus*, III, II, i. c. 11, pp. 879–880.

（86）OQ.　iii. c. 12, p. 119. また異教徒の間でも純粋に道徳的な徳が存在しうること、そして、正しい理性に従って道徳的に生きる異教徒が偶像崇拝者でありえないことについては *Dialogus*, I, vi. c. 77, pp. 590–591。

（87）*Summa Theologiae*, 2a2ae, q. 10, art. 10, resp.

（88）Ibid., q. 12, art. 2, ad 1.

（89）*Breviloquium*, iii. c. 12（Scholz, S. 132; Offler, p. 185）.

（90）Ibid.（Scholz,SS.132–133; Offler,pp.185–186）. 本章373–374頁参照。そのうえオッカムは異教徒に正当な支配権を認めるだけでなく、ローマ人の支配権を賛美し、ローマ教皇もローマ人を見習うべきであるとさえ述べている。本書第三章256頁参照。

（91）『対話篇』第一部を著した一三二四年当時、オッカムがマルシリウスの『平和の擁護者』を未だ入手していなくても、その思想をよく知っていたことについては、G. de Lagarde, 'Marsile de Padoue et Guillaume d'Ockham'（*Revue des Sciences Religieuses*, vol. 17, 1937, pp. 168–185, 428–454）p. 178; L. Baudry, *Guillaume d'Occam*, op. cit., p. 163.

（92）教会の位階秩序にいかなる強制権力も認めないマルシリウスに対してオッカムが実際にどのような批判的見解を抱いていたかは、『対話篇』第一部第六巻のここで問題になっている数章に関するかぎり明言することはできない。この点、M・ダミアータは「私はフランシスコ会士であるチェゼーナのミカエル師とその追従者たちが、教皇が強制的裁治権を有していないとか皇帝に服従しているとか断言し、あるいはそう考えていたことを聞いたことがない」（*Dialogus*, I, vi. c. 9, p. 515）という「教師」の言葉を根拠にして、オッカムが明らかにマルシリウスの見解を拒否していたと指摘している（M.Damiata, *Guglielmo d'Ockham: povertà e potere*, II, op. cit., p. 68）。そして「弟子」がマルシリウスの見解を異端的と述べていることも確かである（ibid., c. 2, p. 508）。しかしこの場合、弟子は教皇によって実際に断罪された見解に反対する立場に立ってそう述べているにすぎず、むしろオッカムがこの立場を支持すべく説得的でない論拠を弟子に言わせていることのほうが重要だろう。弟子はキリストが神殿から商人を追い出したことを挙げているにすぎないからである（ibid., c. 3, p. 509）。事実、オッカムはキリストが強制的権力を有していたという（ヨハネス二十二世に帰せられた）テーゼを拒否しており、それ故、『対話篇』第一部が書かれた当時オッカムはむしろマルシリウスの見解を好意的に受け取めていたとも考えられる。オッカムはその後『対話篇』第三部が書かれたとき（一三三九年から一三四〇年）に至ってマルシリウスの見解を明白に否定することになる。そして更にオッカムは一三四一年から一三四二年にかけて書かれた『八設問集』において、キリストは使徒たちの間に位階秩序と首位権を設置したことから、必ずしもあらゆる権力を使徒に禁止したわけでないこと（OQ. i, c. 4, p. 25）、キリストは使徒に軽い身体刑によって悪人を矯正する権限を認めていたこと（ibid., p. 26）を主張した。ただし、マルシリウスの見解は『八設問集』においても明白に叙述されている。「従って、もし人類の総体が最善なる方法で統治されるべきならば、あらゆる人間からなる集団による選挙、あるいはその最も偉大にして最も健全なる部分による選挙を通して唯一の至高の裁判官を設置すべきである。この唯一の君主は教皇であってはならず、至上の聖職を任務として負わない別の者でなければならず、教皇とそれ以外のすべての人々は、至高の君主の職務に属するあらゆる事項においてこの君主に服従しなければならない。というのも、キリストの定めにより教皇は、通常の状態であろうと例外的な状態であろうと、世俗的事項であろうと霊的事項であろうと、いかなる強制的裁治権や権力をも行使することはないからである」（OQ. iii, c. 3, p. 101）。

（93）*Dialogus*, I. iv. c. 4, p. 511.

（94）*Defensor Pacis*, II. c. 4, § 12, ed. R. Scholz, S. 173.

（95）『平和の擁護者』が完成する数カ月前、一三二三年一〇月に教皇ヨハネス二十二世はバイエルンのルートヴィヒに対し、ルートヴィヒの王権及び皇帝権の正当性を否定することを目的とした最初の告訴（processus）を開始した。その後十年にわたり教皇は告訴を繰り返し、反皇帝派の諸勢力への訴えかけ、マルシリウスを含む皇帝派の理論家の断罪を通じて、自己の意思を貫徹しようとした。それ故、オッカムの『対話篇』第一巻が執筆されていた当時、ルートヴィヒの皇帝権の正当性は極めて現実味を帯びた問題となり、特にコルヴァーラのピエトロをニコラウス五世として対立教皇に擁立したルートヴィヒの企てが失敗したことで、ルートヴィヒを廃位しようとする教皇ヨハネスの主張にとり有利な状況が生じていた。

（96）*Dialogus*, I. vi. c. 4, p. 511. 後の著作〈Breviloquium〉第三巻第三章にも『ローマ人への手紙』（13・1）に言及した議論がみられる（Scholz, S. 116; Offler, p. 169）。しかし『対話篇』第一部における「教師」の議論は、ピラトの権力誤用は権力の真の「簒奪」であるという主張のみを論駁の対象にしている。これに対して、一三二七年一〇月の教皇ヨハネス二十二世の教令《Licet iuxta doctrinam》によって異端として断罪されているパドヴァのマルシリウスの六つのテーゼのうち第三のテーゼ（「皇帝には教皇を即位させ廃位させ罰する権限がある」）は、教皇によると、ピラトをキリストの正規の合法的な裁判官とみなす見解に依拠していた。教皇は教令で次のように述べている。「彼らはピラトがキリストを合法的に（de iure）十字架にかけたと考えているか、単に事実上（de facto）十字架にかけたにすぎないと考えているかのどちらかである。もし『合法的に』と言うならば、これは真理に反している。……しかし彼らがピラトは無実のキリストを単に事実上、不法に処罰したと考えているならば、皇帝は単に事実上、教皇を不正に殺す（interficere）ことがありうるということしか結論できない」（O. Rainaldus, *Annales ecclesiastici ab anno 1198*, V. Lucae, 1750, 350b）。しかし『対話篇』第一部のオッカムは、教皇は皇帝を裁判することができるという教皇側の主張を自覚的な論駁の対象としてはいない。

他方で教皇派のエギディウス・ロマヌスは〈De ecclesiastica potestate〉（Scholz, op. cit. S. 81; Dyson, op. cit., p. 152）において「神に由来しない権力は存在しなくても、教会のもとで、そして教会によってそれに相応しいものとならないかぎり、どのような権力も権力たるに相応しいものではない」ことを証明する章（pars 2. c. 9）において、パウロの『ローマ人への手紙』（13・1）と『ヨハネ福音書』（19・11－15）の関係について論じている。エギディウスは、マルシリウスやオッカムと同様にアウグスティヌスの見解――すなわちピラトは神に由来する諸権力の定められた位階秩序の中に組み入れられているという見解――を典拠にしながら、ピラトを正当化するどころか、ピラトもイスラエルの民も、彼らに委任された権力を悪用していること、権力の悪用は悪（malum）であり、神の命令によって（iussione）ではなく、単に神の黙許によって（permissione）行動することがすなわち権力の簒奪であると主張する。エギディウス・ロマヌスは、神から与えられる権力それ自体と、権力の悪用を区別し、神の「命令」による正しい権力行使と神の「黙許」による悪しき権力行使を区別した後、当該の章を次のように総括している。「……上で為された区別――すなわち権力と権力の行使は別のものであり、或る権力は命令され或る権力は黙許されていること――に従って我々は既述のすべての矛盾を解決することができる。というのも、もし我々が善いものである（bonum quid est）権力それ自体について（de ipsa potestate secundum se）語るならば、使徒パウロが述べていること、すなわち神に由来しない権力は存在しないということは真である。しかし我々が権力の行使について（de ipso potestatis usu）語るならば『ホセア書』（8・4）で言われていること、すなわち『彼らは支配したが、私によって支配しなかった』ということは真である。というのも支配する（regnare）ことは権力を行使することだからである。それ故、神から自分に与えられた権力を正しく行使しない人々は神によって支配しているのではない。あるいは、悪人も正しい権力を有していると言うこともできる。なぜならば彼らは権力を不正に行使しているとはいえ、神がそれを彼らに正しく（iuste）黙許しないかぎりいかなる権力も有していないからである。そして、なぜ神は、悪人たちが権力を悪用するのを知っているのに悪人たちが権力をもつことを黙許するのか、と問われれば、我々は、『ヨブ記』三十四章（34・30）に『人民の罪の故に偽善者を支配させる』とあるように、これはしばしば人民の罪の故に生じると答えるだろう。更に『ホセア書』十三章（13・11）には『私は怒りをもってあなたに王を与えた』と書かれている。あるいは我々は次のように言えるだろう。たとえ人民に何の罪もなくても、神は、邪悪な者が四肢や能力が富その他この類いの善いもの――これらは善人も悪人も共通に持ちうるものである――を持つことを許すように、邪悪な者が権力をもつことを黙許すると。それ故、もし我々が善いものである権力自体を考えるならば、あらゆる権力は神に由来するが、悪しきものである権力の悪用を考えるならば、悪人は神によって支配しているのではない。別言すれば、アウグスティヌスが言うように、あらゆる権力は命令によろうが黙許によろうが神に由来することに変わりはない。そしてグレゴリウス一世が述べたように、邪悪な者は支配への貪欲さから権力を簒奪するが、権力を簒奪する者たちが邪悪な者と言われるのは、彼らが神の命令ではなく黙許によってこれを行うからである」（Scholz, SS. 85-86; Dyson, p. 160）。

　そしてエギディウスによれば神により命令された世俗権力とは教会に服する権力である。『対話篇』でオッカムがエギディウスを意識的に批判しているか明らかでないが、オッカムはエギディウスとは異なり、権力の悪用と簒奪を峻別し、倫理的な判断と制度的な評価の同一視を回避した。ピラトは神から受け取った権力を悪用したが、このことによりピラトの権力行使が不正なものになるわけではない。

(97) *Dialogus*, I. vi. c. 22, p. 528.

(98) このグラティアヌス教令集のテキストの意義と、註釈者たちによる様々な解釈については J. Muldoon, 'Extra Ecclesiam non est Imperium' (*Studia Gratiana*, vol. 9, 1966, pp. 551–580) p. 567.

(99) *Dialogus*, I. vi. c. 67, p. 578.

(100) Ibid. c. 68, p. 581.

(101) Ibid. ここでもユリアヌスの事例が引用され、グラティアヌス教令集の1節（Causa 11, q. 3, c. 98 *Imperatores*）が援用されている。

(102) *Dialogus*, I. vi. c. 97, pp. 619–620; ibid. c. 100, pp. 631–632.

(103) Ibid. c. 100, p. 634.

(104) Ibid.,c.97,p.620. また次のようにも述べられている。「アウグスティヌスも同様のことを述べている。すなわちC.11,q.3,c.98 に読むことができるように、聖職者であった――そしてそのうちの何人かは司教でさえあった――ドナトゥス派の信者たちに対しアウグスティヌスは次のように書いている。『ネブカデネザル自身、火の燃える炉に落とされた三人の者が助かった奇跡の後、これに感動して心を改め、真理のために、そして誤りに敵対するべく次のような命令を発した。すなわち、（シャデラク、メシャク、アベデネゴの）神を罵る者があるならば、その身は切り裂かれ、その家は滅ぼされなければならない、と。それ故、汝らも、キリスト教の皇帝が汝らに同様のことを命ずることを望んではいないのか。汝らが新たに洗礼を施す者たちによってキリストが窒息させられることを皇帝が知ったならば』。このアウグスティヌスの言葉によって理解されることは、信仰なき王ネブカデネザルが真なる神を冒瀆した者に対して命令を出したように、キリスト教の皇帝もキリストを窒息させる異端の聖職者や司教を罰することができるということである。しかし、ネブカデネザルは、司祭たちによってそのような命令を出すように要請されたわけでないにもかかわらず、そのような命令を出すことができた。かくして皇帝たちも異端の聖職者を罰することができるのであり、教皇が異端者となった場合も、聖職者たちが教皇を罰しようとせず、あるいは罰することができないときは、俗人によって抑止されうるのである」。そして『対話篇』第一部第六巻第九十九章（pp. 622–627）では、公教会の信仰が世の終わりまで存続することをキリストが約束したのであるから、あらゆる聖職者と共に教皇が異端者となり霊的な権限を失ったときは、異端者を叱責する権限は俗人に移ること、世俗の君主や俗人は自分の祖国を擁護する以上に正統な信仰を擁護するよう義務づけられているのであるから、聖職者の無力、悪意、怠慢、無知などによって異端教皇が罰せられず、正しい信仰が危機に瀕しているときは世俗の君主や俗人は聖職者によって要請されなくても異端教皇に抵抗すべきこと、そして公教会の正しい信仰を擁護する責任のある俗人には正しい信仰に敵対する異端教皇に抵抗する責任もあることなどが主張されている。

(105) *Dialogus*, III. II. i. c. 8, p. 878.

(106) *Dialogus*, I. v. c. 34, p. 505.

(107) *Breviloquium*, iv. c. 10 (Scholz, SS. 160–161; Offler, pp. 212–213).

(108) Ibid. (Scholz, SS. 161–162; Offler, pp. 214–215).

(109) OQ. ii. c. 9, p. 85. 本章397–398頁参照。

(110) *Breviloquium*, iv. c. 5–6 (Scholz, SS. 150–151; Offler, pp. 202–203). 本章411–412頁参照。

(111) *Dialogus*, III. II. i. c. 27, p. 899.

(112) 『暴政論』が著された時期を考えれば、この著作が一三四六年のモラヴィアのカールの皇帝選出へと至る策謀に直接言及していると考えることはできない。しかしオッカムは、同第六巻第二章で、選帝侯たることを根拠に直ちに皇帝を正したり廃位する権限を、選帝侯たちが有することを否定しており、従って選帝侯が皇帝の権威に異議を唱える事実上の可能性を念頭に置いていたと思われる。もし選帝侯がこの種の権限を有しているとすれば、それは「皇帝ないし人民の権威によって」彼らに与えられたこと以外に理由は考えられない。第二章でオッカムは、教皇が教皇権を根拠として皇帝を廃位しえないことを主張した後、皇帝が廃位される事例を（一）何らかの世俗的欠陥ないし犯罪を理由とする（propter defectum vel crimen aliquod seculare）場合と（二）異端の罪やキリストに対する冒瀆（crimen heresis et blasphemia in Christum）などキリスト教上の大罪の場合に区別し、（一）の場合に事態を調査し、皇帝の廃位を判決し執行する権限は「ローマ人民に」（ad Romanos）、すなわち、――ローマ元老院の地位を継承したと思われる選帝侯たちにこの種の権限が委譲されたならば――ローマ帝国を統治し規律する権限をもった選帝侯に属することを主張する。しかしオッカムによれば、選帝侯が不当にも皇帝を正すことを怠り、然るべく廃位しないときは、この権限はローマ人民へと移る。帝国は人民に由来し、人民は立法権や帝国の統治に属するその他の権限を皇帝に委譲し、また人民は（ないし人民の権威によって、そして人民の名において或る人間は）皇帝を選挙し、正し、廃位する権限を選帝侯に与えた――もし、選帝侯が現にこの権限を有しており、この権限が誰か或る皇帝によって選帝侯に与えられていなかったならば――。というのもオッカムによれば、或る見解――おそらくオッカム自身の見解――に従うと、ローマ人民は自らの権力を皇帝に委譲したとき、後継者の選定権をも皇帝に付与し、この選定権は後継者によって受け継がれていくからである。それ故、すべての皇帝は、前任の皇帝による選定によって、あるいは前任の皇帝の選定ないし黙認によって後継者選定の権限を与えられた人々による選挙によって、帝位承継者となる。皇帝が自分の息子を後継者として選定することはあっても、継承が相続によって為されたことはなかった。選帝侯に皇帝選挙の権限があるのは、皇帝がこの権限を選帝侯に付与したからであり、しかもこの権限は取消不可能な仕方で付与されたわけではない。皇帝は常に自分自身で後継者を選定することができ、あるいは、選帝侯による選挙以外の選挙方法を定めることができる（OQ. iv. c. 7, p. 143; iv. c. 9, p. 148; viii. c. 4, pp. 193-194）。選帝侯が皇帝からの授与以外の仕方で後継者の選挙権を主張したとすれば、それは選帝侯による権力の簒奪を意味する（*Breviloquium*, vi. c. 2, Scholz, S. 199; Offler, p. 251）。

(113)「神及び自然によって自由な存在として生まれ、人定法上は他のいかなる人間にも服従しないすべての人間は自分たちに対し支配者を自発的に置くことができる」（*Breviloquium*, iv. c. 10, Scholz, S. 161; Offler, p. 214）。しかし「人間がそれによって本性的に自由であり奴隷でないところの自然的自由は、物質的な剣の権力によって万人から取り上げられてはならない」（*An Princeps*, op. cit., c. 6, p. 248）。従ってオッカムによれば自然的に自由な人間は合意によって世俗権力を設立し、世俗権力に服するようになるが、人間は、合意によって設けられた世俗権力でさえ侵害することのできない自然的自由を有している。この自然的自由は、ちょうど福音的自由が教皇の霊的権力を拘束するように世俗権力を拘束する。世俗権力は共通善の促進のために創造されたが、世俗権力が本来そこから生まれた人間の自然的自由を侵害することなく共通善を促進しなければならない。

　しかし、オッカムが強調する人民の自然的自由や合意は抽象的な原理にとどまり、――福音的自由と教皇権に関する議論とは異なり――世俗権力に対して自然的自由や合意が有する意義や効力は不明確なままである。せいぜい言いうることは、合意は世俗権力を正当化する様々な根拠のうちの一つということだろう。

(114) *Dialogus*, I. vi. c. 12-13, pp. 517-518; c. 84-86, pp. 602-605.

(115) *Dialogus*, III. II. i. c. 4, p. 875.

(116) *Dialogus*, III, I, ii, c. 18, p. 803（Kilcullen, p. 197）.

(117) この点、例えばトマス・アクィナスは人民による支配者の選択を、最善なる国制の重要な要素とみなしていた。「次のように言うべきである。或る〈civitas〉や〈gens〉の支配者の統治が善く秩序づけられていることに関しては、二つのことが注目されねばならない。一つは、支配者以外のすべての部分が支配に参加していることである。……事実、このような国制が最善の国制であり、それは王制と貴族制と民主制すなわち人民の権力が――支配者を人民が選挙することができ、支配者の選挙権が人民に属しているかぎりにおいて人民の権力が――正しく混合している国制である」（*Summa Theologiae*, 1a2ae, q. 105, art. 1, resp.）。

(118) オッカムにおいては確かに人民の根源的な同意が支配権の正当性の重要な根拠とされているが、これを理由にオッカムをパドヴァのマルシリウスと同じような人民主権論者とみなすことはできない。オッカムは、人民の同意が政治権力に対する個々の人間の同意であることをどこにも述べていない。

(119) *Dialogus*, III, II, i, c. 1, p. 869.

(120) Ibid.

(121) Ibid., pp. 869-870.

(122) Ibid., p. 870.

(123) Ibid.

(124) Ibid.

(125) Ibid., p. 871.

(126) Ibid.

(127) Ibid.

(128) Ibid.

(129) Ibid.

(130) Ibid.

(131) Ibid., p. 872.

(132) M. S. Kempshall, *The Commonn Good in Late Medieval Political Thought*（Oxford, 1999）pp. 359-361. これに対して、例えばトマス・アクィナスにおいては、共通善は〈bonum〉と〈utilitas〉の二つの様態において理解され、前者は有徳な生活から生まれる幸福（目的因）を、後者は前者を実現するための手段、すなわち社会成員間の和合と社会の平和（形相因）を意味する。そして宇宙に存在する万物が位階秩序を形成し、それぞれの仕方で神たる最高善に参与し、最高善を模倣するように、人間社会の共通善も宇宙全体の共通善の中に組み入れられ、最高善に参与し、最高善を模倣する。そして位階秩序の上位にある存在者が下位の存在者を最高善へと動かすように、個人の善の上位にある社会の共通善も諸個人を最高善へと動かし、有徳な生活と幸福を実現する。しかし、ケンプシャルによれば、トマスはこのような形而上学的世界観を徹底させ、個人の善を社会の共通善に吸収させるようなことはしなかった。神へと達する善の位階秩序の中で、個人は社会の共通善――すなわち個人の善より完全で、神により近い社会の共通善――を媒介にしなければ個人にとっての最高善――すなわち永遠の至福――を手に入れることができないのだろうか。この問いに対してトマスは、宇宙の位階秩序において宇宙全体はその諸部分より――それ故、社会全体は個々の人間より――最高善にいっそう類似しているが、理性的存在者たる個人は神に類似しているだけでなく神の似姿（imago）であり、従って宇宙全体が最高の程度において神と類似しているのは、宇宙の中で最も価値ある部分である理性的存在者の故であると答える。このような論法でアクィナスは、個人の善を社会全体の共通善に全面的に従属させることを回避し、個人が位階秩序の上位にある社会全体を媒介とせず最高善たる神と結びつく可能性を認めた。M. S. Kempshall, op. cit., pp. 76-129.

(133) オッカムは第一の論拠を挙げる際に『ペテロの第一の手紙』（2・14）とパウロの『ローマ人への手紙』（13・3－4）を引用しているが(p. 871)、この二つのテキストにみられる「善を行う者を賞するために」と「善事をするがよい。そうすれば、彼からほめられるであろう」という言葉は無視されている。

(134) OQ. iii. c. 1, p. 95.

(135) Ibid., pp. 95-99.

(136) OQ. iii. c. 2, pp. 99-101.

(137) Ibid., c. 3, pp. 101-103.

(138) Ibid., c. 4, pp. 103-106.

(139) Ibid., c. 5, pp. 106-108.

(140) Ibid., c. 6, pp. 108-109.

(141) Ibid., c. 8, pp. 109-110.

(142) Ibid., c. 9-10, pp. 110-112.

(143) Ibid., c. 12, pp. 113-114.

(144) Ibid., p. 116.

(145) Ibid., p. 119.

(146) Ibid., c. 13, pp. 120-122.

(147) *Monarchia*, a cura di P. Shaw（Firenze, 2009）I. iv. p. 342.

(148) Ibid., III. xvi. pp. 434-435.

(149) *Dialogus*, III. II. i. c. 1, p. 870.

(150) Ibid., pp. 870-871.

(151) A. Gewirth, *Marsilius of Padua, The Defender of Peace*, vol. I, *Marsilius of Padua and Medieval Political Philosophy*（New York, 1951）pp. 219-223.

(152) *Monarchia*, op. cit., I. xii. pp. 355-356.

(153) OQ. iii. c. 6, pp. 108-109.

(154) *Dialogus*, III. I. ii. c. 6, pp. 794-795（Kilcullen, p. 177）.

(155) 教皇至上主義によれば、キリストの道具（instrumentum Christi）である教皇はキリストが欲する以外の仕方で行動できないことから、キリストとその代理は同一視される。これに対してトマス主義によれば、道具が教皇のように理性的存在者の場合は、道具は道具の使用者たる主たる行為者とは独立に自分自身で行為する力を有することから、キリストと教皇を同一視することはできない。M. Wilks, *The Problem of Sovereignty*, op. cit., pp. 495-496.

(156) E. H. Kantorowicz, *The King's Two Bodies*（Princeton, 1957）pp. 264-265.

(157) しかし、マルシリウスにおいて人民（ないしその有力な部分）は国制上、窮極的な立法権の保持者であるが、裁判権のみを行使する政府がそれに従って作動する法が人民によって制定されるかぎり、政府の具体的統治形態に重要性が認められることはなかった。A. Gewirth, op. cit., pp. 172-174 は次のように説明する。アリストテレスにおいては国制と法律により国家において実現される価値を決定するのは政府とされたことから国制の問題は政府の統治の問題であり、各々の統治形態はそれによって実現される価値により区別され、この意味で重要性を帯びていたのに対し、キケロ及び中世の政治思想においては統治は自然法によって拘束され、自然法が国家統治の形態とは関係なく国家により実現されるべき価値を決定し、国家の統治は単に自然法の適用とみなされたことから、統治の形態に重要性が認められることはなく、統治形態の問題は単に有用性（expedientia）の問題と考えられた。そして更に、自然法を否定したマルシリウスにおいては自然法に代わり人民の意志が統治により実現されるべき価値の源泉とされ、統治は人民により制定される法律を単に適用、執行するにすぎないことから、同じく統治の形態それ自体に重要性が認められることはなかった。

(158) *Monarchia*, op. cit., I, ix, pp. 348-349.

(159) Ibid., I, xiv, pp. 359-361.

(160) トマスも次のように述べている。「法律は人間の状態の変化の故に正当に変更されうる。人間の状態が様々であるに応じて、人間にとって何が有益であるかも様々だからである。アウグスティヌスが『自由意志論』で例を示しているように、『もし人民が大いに中庸を得て熱心に、そして誠実に共通の利益を配慮する人間であるならば、国家を統治する官吏の選出をこのような人民に認めるような法律が正当に定められる。他方、もし同じ人民が次第に悪しき人間となり、賄賂によって選挙権を行使することになれば、支配権は少数の善き人間に帰属することになる』」（*Summa Theologiae*, 1a2ae, q. 97, art. 1, resp.）。

(161) *Dialogus*, III, II, i, c. 5, p. 874.

(162) Ibid.

(163) Ibid.「しかし、しばしば非常に多くの人々が一人の人間の支配に耐えられず、多数の人間の——共同で統治するか、それぞれが異なった領域を統治する多数の人間の——支配を進んで受け入れようとするだろう。従ってこのようなときは、一人の人間ではなく多数の人間によって共通の利益がより良く配慮されうるだろう」。

(164) Ibid., c. 6, p. 875.

(165) Ibid.「もう一つ別の事例は、我々が暴君に関する様々な史書の中に読むことができるように、全世界の支配者が暴君の残虐さでもって、共和制を愛する善き人々（bonos viros reipublicae amatores）に対し暴力をもって残酷に振る舞い、支配者の専制政治を支持し支援する悪しき人々を昇進させたような場合であり、例えばローマ皇帝の中で最も残虐だったネロがそうである。ネロは自分の妻たち、多数の姻戚や血族を殺害し、多くの悪行を行ったことから他の王国を反逆へと駆り立て、遂に元老院によって敵として断罪され、自分の手を自分自身へと向け（自刃し）、自分自身の刑吏となった。同じように、皇帝ドミティアヌスが善き人々にとってどれ程有害であったかも十分に明らかである。もし彼が帝国を単独で掌握するようなことがなければ、善き市民たちや貴族の中の最善の者たちをあのように殺害することはなかっただろう」。

(166) オッカムは特定の統治形態を支持したり否定したりする典拠として旧約聖書を引用している。特に君主制を支持する論拠として聖書の先例が引用されているのは、上記の第九の論拠においてである。またこれに呼応する反君主制の聖書上の典拠は *Dialogus*, III, II, i, c. 2, p. 872 にみられる。「或ることと反対のことが神によって命じられていれば、その或ることが世界にとって有益であることはない。というのも、神の命令に反するすべてのことは有害で悪であり、有益なものとみなされるべきではないからである。しかし上位者をもたない様々な王たちに服従するように王国を分割することは、神の命令による。というのも『列王紀』第三（列王紀上）の第十二章・十三章に明らかな如く、神はイスラエルの子らが、どちらも他方に服従することのない、そして上位の王をもたない二人の王をもつことを望んだからである。それ故、一人の世俗の支配者が万人に対し支配権をもつことは有益と判断されてはならない」。

(167) *Dialogus*, III, I, i, c. 17, p. 786 (Kilcullen, p. 157).

(168) オッカムは「君主は援助を受けるために、すなわち戦争の援助のために、教皇の意に反しても教会財産を受け取ることができるか（An princeps pro suo succursu, scilicet guerrae, possit recipere bona ecclesiarum etiam invito papa）」（OP. I, pp. 228-267）と題するエドワード三世のために書かれた論考（本書翻訳（三））で、「イングランド王に服従する高位聖職者や司祭は神法によって世俗の財を——特に過剰な財を――所有しているのではなく、王自身から発する人定法によってそれを所有している」(c. 7, p. 253)ことを根拠に、戦争のために王が教会財産を教皇の意に反しても徴収することを正当化した。オッカムによれば、「神は新しい法に仕える者たちにいかなる特別の所有物も与えることはなく、ただ、世俗の人々が彼らに必需品を供給することだけを命じた」(ibid.)のであり、「イングランド王やその他王の臣民が世俗的財を教会に授与する際に抱いていた意志や意図は、世俗的財が敬虔なる事項のために、特にイングランド王の支配権に服するすべての人々の共通善を結果として増大させるようなことのために利用されることにあった」(c. 8, p. 255)。そして敬虔なる事項の中で祖国の防衛と王権の擁護は貧民の救済にも増して重要な事項であり、聖職者は祖国の防衛のために教会財産によって王を援助する義務を負っている。

(169)　既に述べたように、このような意図は世界帝国を正当化する上記の第二の論拠において示唆されている。

(170)　*Dialogus*, III, II, iii, c. 6 においてオッカムはローマ人民に教皇を選出する神法上の権利があることを主張する。本書翻訳（一）参照。その理由は、神法はすべての自然法を包含し、ローマ人民には自分たちの霊的な指導者を選出する自然法上の権利があるからである。皇帝に教皇選出の権利が認められる場合があるが、この権利は自分たちの霊的指導者を選出するローマ人民の神法及び自然法上の権利に基礎を置いており、従って皇帝にこの権利があることは、当の権利がローマ人民によって他者に授与されていないことに依存する。

(171)　これに対し、パリのヨハネスのように教皇の裁治権を単に教会の委任によるものとみなす見解に立てば、教皇が異端者であるような事例でなくても教皇を廃位することは可能である。B. Tierney, *Foundations of the Conciliar Theory*, op. cit., p. 175.

(172)　「異端の問題は信仰の問題と同様に二種類ある。すなわち、時として或る問題が異端の問題と呼ばれるのは、既に異端として明白に断罪されていることから異端であることが明らかであるようなことが問題になるときである。この種の異端問題ないし信仰上の問題は最も重要な問題の中に数えられることはなく、異端的罪悪に対する司教や異端審問官の管轄に属する問題である。従ってこの種の争訟は特定の事例において俗人の管轄に属することもありうる。すなわち、異端教皇を聖職者たちが罰しようとせず、罰することができないとき、異端教皇を罰する権限が俗人に属することがありうる。異端ないし信仰に関するもう一つ別の問題は、或ることが未だ明白に断罪されておらず、それと反対のことが公教会の真理として明白に承認されてもいないことから異端か否かが不明確な場合である。この種の異端問題ないし信仰問題は最も重要な問題の中に数えられるべきであり、この種の問題に関する決定ないし確定が学識のない俗人の管轄に属すことはありえず、それはただ普遍教会及び一般公会議あるいはローマ教皇の管轄にのみ属している。この種の問題が俗人の採決へと引き渡されることは決してない。……しかし聖職者たちの不信仰の故に教会の裁決が為されないならば、そのような時はこの種の問題を討究すべきではない」(*Dialogus*, I, vi, c. 100, pp. 633-634)。

(173)　*Dialogus*, I, vi, c. 100, p. 634. 本章424頁参照。

(174)　*De imperatorum et pontificum potestate*, c. 12, p.304. 本書翻訳（二）524頁参照。また、*Dialogus*, III, II, iii, c. 4, p. 930 では世俗の皇帝たるかぎりでの皇帝には教皇を選出する権利はないが、カトリック教徒でローマ人たるかぎりでの皇帝は教皇選出権をもつことが述べられている。ただし『八設問集』設問第三第十二章では、共通善が危険に瀕しているときは、宗教上の紛争に介入する権限が異教の皇帝に認められている。OQ. iii, c. 12, p. 119.

翻訳（一）「対話篇」三つの自然法

（皇帝権と教皇権に関する対話篇　第三部第二論考第三巻第六章[1]）

（弟子）ローマ人民は神法によっても人定法によってもローマ教皇を選出する権利を有してはいない、という私が受け入れた主張に対してはどのように答えられるか述べて下さい[2]。

（教師）これに対しては、神法をあらゆる自然法を含む広義の意味で理解するならば、ローマ人民は神法によってローマ教皇を選出する権利を有している、と答えられる。

（弟子）この答は私には不可解に思われます。従って私としては、この意見が正しいと仮定したうえで、先生の答を説明していただきたいと思います。先ず第一に、この意見によるとどうして「神法をあらゆる自然法を含む広義の意味で理解する」と言われるのか説明して下さい。そして第二に、どうしてあらゆる自然法が神法と呼ばれうるのか説明して下さい。

（教師）第一の点は、自然法の三つの様態の故にそう言われたのである。一つの様態において、いかなる場合も誤ることのない自然理性に合致しているものが自然法と言われる。例えば「汝、姦淫するなかれ」「嘘をつくなかれ」といった類いのものがそうである。

別の意味において、慣習も人定的立法もなしにただ自然的衡平のみを用いる人々によって遵守されるものが自然法と呼ばれる。これが自然（法）と言われる理由は、これと反対のことが、原初において確立された自然状態に反しているからである。そしてもし人々が自然理性ないし神法に従って生きたならば、これと反対のことは遵守されるべきでも実行されるべきでもないからである。

第一の様態ではなくこの第二の様態においては、自然法によりすべてのものは共有である。というのも、原初において確立された自然状態において、すべてのものが共有だったからである。そして、もしすべての人々が原罪の後に理性に従って生きていれば、すべてのものは共有であったはずであり、いかなるものも私有されなかったことだろう。というのも私有（proprietas）は邪悪さの故に導入されたからである（xii, q. i, c. *Dilectissimis*[3]）。イシドルスが、『語源論』の第6巻で[4]、そしてグラティアヌス教令集（di.i.c. *Ius naturale*[5]）にあるように、自然法に従って「万物の共有と万人の自由」が存在していたと述べるとき、それはこのような（第二の様態の）意味で述べられている。というのも、万物の共有と万人の自由は、第一の様態の自然法によるものではないからである。もしそうだとすれば、第一の様態の自然法は不変で不易で特免不可能なのであるから（di. v. § *Nunc autem*(6) 及び di. vi. § *His itaque respondetur*(7)）、いかなる人間も或るものを正当に私有することはできず、いかなる人間も何らかの万民法や市民法によって奴隷になることはありえないだろう。しかし、福者グレゴリウスが証言しているように、或る人々が万民法によって正当に奴隷にされたことは明らかである。xii. q. ii. c. *Cum Redemptor*(8) にあるように、グレゴリウスは次のように述べている。「自然が最初から自由な人間として創造し、万民法が隷従の束縛のもとに置いた人々が、奴隷解放者の善行により、生まれたときの本性において再び自由にされるならば、それは好ましいことである」。この言葉から、すべての人間が自然法上自由であること、しかし或る人々は万民法によって奴隷になったことが理解され、このことから、自然法という言葉を一つの意味で理解したとき、それは不変的なものではなく、むしろこれと反対のことを制定し、これと反対のことが正当に為されるようにすることが許されている、ということが帰結する。

　第三の意味で自然法と言われるのは、それと反対のことが関係者たちの合意によって取り決められていないかぎり、万民法やその他の法から、あるいは神ないし人間のある種の行為から明証的な推論によって導出される法のことである。これは、「前提条件付きの」（ex suppositione）自然法と呼ばれうるものであり、既に引用された箇所でイシドルスが「自然法とは、寄託された財産の返還や借金の返済、暴力を力で退けることである」と述べているとおりである。これは第一の様態の自然法ではない。またそれは第二の様態の自然法でもない。なぜならば、それは自然状態において定められていたものではなく、また、いかなる慣習も人定法もなしに理性に従って生きながら、ただ自然的衡平のみで満足していた人々の間でも存在していなかったからである。これらの人々の間では、いかなる物も寄託されたり貸し与えられることはなく、或る人が他の人に暴力をふるうこともなかった。それ故、この自然法は仮定による自然法である。その理由は、財産や貨幣が万民法ないし何らかの人定法によって私有化されたと仮定すると、寄託された物や借りた貨幣は、反対のことが関係者や関係者たちによって何らかの理由で定められないかぎり、返還されるべきことが明証的な推論によって結論されるからである。同じように、或る人が実際に他人に対し暴力を不正に加えたこと――これは自然法に合致したことではなく、それに反したことである――を仮定すると、このような暴力を力で退けてよいことが自明な推論によって結論される。

　自然法のこれら三つの様態の故に彼らは神法をあらゆる自然法を含む広義の意味で理解することによって、ローマ人民が神法によって教皇を選出する権利をもつことを主張する。というのも、もし神法が唯だ第一の様態の意味での自然法のみを含むものとして理解されるならば、[9] (di.v. § i; di. vi. § *Hiis itaque respondetur,* di. viii. § *Dignitate vero;*[10] di. ix. § i[11] その他数多くの箇所で自然法はこの意味で理解されている)ローマ人民は神法のみによってローマ教皇を選出する権限を有しているとは言えないからである。

（弟子）　自然法のこのような区別を私は他のところで耳にしたことがないので、この区別に対して反論したいと思います。これは、そのような見解に従って反論がどのように解決されるかを見ることで、その区別に何がしかの真理が含まれているか否かを私が理解するためです。

ところで、この区別は既に引用された「自然法」の章におけるイシドルスの言葉に極めて明白に反しているように思われますが。というのも、一方でイシドルスは「自然法は、何らかの定めではなく自然の本能によって至る所で保持されているが故に万民に共通のものである」と述べていますが、これは上述の区別の二番目のものとは適合不可能です。というのもそれと反対のことが万民法に従って許可されうるようなものごとは、万民法に従ってそれと反対のことが遵守されているところでは保持されていないのであるから万民に共通なものではなく、自然の本能によって至るところで保持されるものでもないからです。他方でまたイシドルスは同じ箇所で「しかし、このこと、あるいはこのことに類似したことは決して不正ではなく、自然で衡平なものと考えられている」と述べているからです。これは上記の区別の第二のものにも第三のものにもあてはまることはありえません。というのも第二の様態において自然法と言われるものは、それと反対のことが万民法に合致していることもありうるが故に、そして万民法に反することは不正と考えるべきであるから、不正でありうるからです。更に第三の様態における自然法と言われるものは、これと反対のことが第二の様態による自然法に合致していることから不正でありえます。というのも、文字どおりに理解された第二の様態の自然法によれば、万物は共有であり、かくしてこの法によればいかなる金銭も貸与されえず、いかなる物も寄託されえないのであるから、いかなる金銭も貸与されてはならないとか、いかなる物も寄託されてはならない、といったことが第二の様態の自然法に合致しているからです。上記の区別に反対するように私を動機づけたのは以上のような議論です。しかし、この議論についてあなたはどう答えるか、話して下さい。

（教師）　これらの議論に対しては二つの仕方で答えられる。一つの仕方においては、（イシドルスの）上述の「自然法」の章にみられる幾つかの言葉は、第一の様態の自然法についてのみ述べられたものと理解されなければならない。このように理解すれば、それらの言葉は上に述べられたことに反するいかなることも結論していないように思われる。

別の仕方においては、次のように言うことができる。すなわち、あなたがあなたの反論の中で引用している言葉はあらゆる自然法について言われているが、これらの言葉は正しく理解されねばならない。それ故イシドルスが「自然法は万民に共通のものである」と述べるとき、彼が言おうとしているのは、第一の様態における自然法は、万民が特免不可能な仕方で当の自然法に義務づけられており、それ故決して誤ることのない「自然の本能」によって――この場合、自然とは自然の理性を意味する――「保持されている」という意味で万民に共通である、ということである。他方、第二の様態の意味で言われる自然法は、理にかなった理由で反対のことを定めていないかぎりにおいて万民がそれに義務づけられている、という意味で万民に共通であり、それ故この種の自然法は、これと反対のことが人間の定めによって制定されるまでは「自然の本能によって」すなわち自然理性の本能によって存在する。というのも理性は、人間たちの合意によって私有化されるまではすべてのものが共有であることを命ずるからである。しかし第三の様態における自然法は前提条件付きですべての諸国民に共通である。すなわち、すべての諸国民が何か或ることを制定するか実践しており、このことから自明的推論によってこの第三の様態の意味での自然法が導き出されるならば、それ故この自然法がそこから推論される或ることを前提条件としてそれが「自然の本能によって」――「保持されている」ならば、それはすべての諸国民に共通と言えるのである。同様に、あなたが二番目に引用した言葉、すなわち「しかし、このこと、あるいはこのことに類似したことは云々」という言葉についても、それらは上記の区別の第二の部分について言われたものとして理解されうる。というのも、この種の自然法は、これと反対のことが理にかなった理由によって何らかの人定法によって制定されていないかぎり「決して不正ではなく、自然で衡平なものとみなされる」からである。また第三の様態の意味で言われる自然法も、或る意味では「決して不正ではなく」常に「自然で衡平なものとみなされる」。というのも、この自然法が明証的な推論によってそこから帰結するところのものを前提とすれば、それと反対のことが関係者や関係者たちによって制定されないかぎり、当の自然法は「決して不正ではなく」常に「自然で衡平なものとみなされる」からである。

（弟子）　しかし以上のことは不適切に述べられていると思われます。なぜならば、以上のことに従うと、イシドルスの上記の言葉の中で一度だけ述べられている同じ語が多義的に理解されているからです。

（教師）　このことはべつに不適切とは思われない。というのも、標準注釈（di. lxiii, c. *Nosse*）[12]は「ここで一度だけ述べられている語が、di. xxviii, *'Presbyterum'*[13]にあるように、多義的に用いられていることに注意しなさい」と記しているからである。

（弟子）　あなたは上述の意見に従って、ローマ人民が――あらゆる自然法を含むものとして神法を広義に理解したとき――教皇を選ぶ権利を神法によって有していると言われたのはなぜかを説明されました。ここで、同じ意見に従い、あらゆる自然法は、神法と呼ばれうると言われているのはなぜか説明して下さい。

（教師）　そのように言われている理由の一つは、自然の創造者である神から発するすべての法を神法と呼ぶことができるが、あらゆる自然法は自然の創造者である神から発し、それ故（あらゆる自然法を神法と呼ぶことができるからである）。もう一つの理由は、「神法は聖書の中に含まれている」（di. viii, *Quo iure*）[14]のであるから、聖書の中に明瞭に、あるいは黙示的に含まれているすべての法を神法と呼ぶことができるわけであるが、聖書の中にはある種の一般的規則が存在し、これらの規則だけから、あるいはこれらの規則と他の規則を前提にして第一、第二そして第三の意味でのすべての自然法が――たとえ聖書の中にこれらが明瞭には見出されなくても――推論されうるが故に、あらゆる自然法は明瞭にあるいは暗黙に聖書の中に含まれていると言えるからである。

（弟子）　あなたは上述の意見に従って二つのことを述べられましたが、これらは私には不可解に思われました。ここで同じ意見に従って、いかにしてローマ人民が教皇を選ぶ権利を神法によって有しているのか説明してください。

（教師）　これに対しては、ローマ人民は第三の様態における自然法によって教皇を選ぶ権利を有していると述べられる。

　というのも、誰か或る者が高位聖職者や君主あるいは指導者として或る人々の上に置かれるべきことを前提にしたとき、明白な根拠によって次のように結論されるからである。すなわち、関係者あるいは関係者たちによってそれと反対のことが定められていないかぎり、当の者がその上に置かれるべき人々が自分たちの上に置かれるべき者を選出する権利を有しており、それ故いかなる者も人々の意に反して人々に（上位者として）与えられるべきではない、ということである。このことは数多くの根拠と事例によって証明されると思われるが、少数のものを挙げておこう。

　この点に関する一つの事例は、人間たちの総体（すなわちローマ帝国）に対しては、当の人間たちの選挙と合意によらないかぎり、いかなる者も上に置かれるべきではないということである。

　更に、万人に触れる事項は万人によって取り扱われなければならないが、[15]万人の上に誰か或る者が置かれることは万人に触れる事項であるから、万人によって取り扱われなければならない。

　更に、自分たちで法を制定することが重要であるような人々には、——もし彼らがそれを望むならば——首長を選ぶ権限が属している。しかし、どのような人民や国も、「市民法」と呼ばれる自分たちに固有の法を制定することができる（*di. i. Ius civile*）[16]。それ故人民や国は自分たちで首長を選ぶことができる。かくして、誰か或る者がその上に置かれるべき人々には、上に置かれるべき者を選ぶ権限が常に属していることになる。関係者ないし関係者たちによってこれと反対のことが定められないかぎり。このように言われる理由は、少なくとも多くの場合にこれらの人々は自分たちの権利を手離し、他の者ないし他の者たちに自分たちの権利を譲渡することができるからである。このような方法で、たとえ人民は上述の第三ないし第二の様態での自然法により法律を制定する権利を有していたとしても、彼らはこの権限を皇帝に譲渡したのであり、従って、皇帝を選挙する権利を或る者ないし或る者たちに譲渡することも彼らの権限に属していたのである。同様に、もし或る者がその上に置かれるところの人々がこの種の事項において何らかの上位者に服しているならば、この上位者は、当の人々には選挙権がないことを決定できる。たとえ彼らが第三の様態での自然法によって——すなわち彼ら自身ないし上位者によって反対のことが決定されたのでないかぎり——選挙権を有しているとしても。かくして、上で取り上げられた言明は自明なものとみなされるべきであると彼らには思われるだろう。

　しかし教皇は或る意味において格別にローマ人民の上に置かれるべき者である。というのも、ローマ人民には他の司教がいないからである。それ故、彼らは第三の様態の自然法、すなわち前提条件付きの自然法によって——つまり司教がいなければならないという条件のもとで——当の司教を選挙する権利を有している。もっとも、これと反対のことがローマ人民自身によって、あるいは当該事項において権限をもつローマ人民の上位にある誰か他の者によって既に制定ないし決定されていれば話は別であるが。というのも、ローマ人民は自ら自分たちの権利を放棄するか、教皇を選挙する権利を他の者に譲渡できるからであり、また教皇の選挙人を任命する権利を他の者に譲渡することもできたからである。またローマ人民の上位者で、この種の事項に対し権限をもっていた者が選挙権をローマ人民以外の人々に与えることもありえた。しかしこの上位者とはキリストのことであり、教皇ではなかった。それ故、教皇ではなくキリストが、教皇を選挙する権利をローマ人民から取り上げることができたのである。しかしキリストはローマ人民から彼らの司教を選挙する権利を取り上げなかった。というのも、キリストがすべてのキリスト教徒の上に福者ペテロを置き、ペテロが自分の欲する場所を司教座に選び、その場所において或る意味で全キリスト教徒に固有の司教となるようにペテロに権力を授与したとき、キリストは、世俗の権力であれ教会の権力であれ、その上に何らかの権力が置かれるべきすべての人々に帰属する権利を取り上げなかったからである――世俗の権力ないし教会の権力がその上に置かれるべき人々自身によって、あるいはこれらの人々の上位者によって、これと反対のことが決定されていないかぎり――。それ故、福者ペテロがローマを司教座に選んだことから、ローマ人民は福者ペテロの後継者を――すなわち霊的事項において彼らの上に置かれるべき者を――選挙する権利をもつことが帰結する。かくしてローマ人民は神法によって――あらゆる自然法を含む広義の意味で理解された神法によって――教皇を選挙する権利を有しているのである。

（弟子）　この見解によると、ローマ人民は万民法によって自分たちの司教を選挙する権利を有している、と言ったほうが良いように思われます。なぜならば、それらの上に誰か或る者が支配者として置かれるべきすべての人々が――これらの人々が自分たちの権利を放棄したり、上位者が彼らに対しそれと反対のことを命令することがないかぎり――自分たちの上に置かれるべき者を選挙する権利を有することは万民法によるからです。

（教師）　万民法に属する多くのことが――自然法を第三の意味で理解した場合に――自然法に属しているとはいえ、この見解に従えば、ローマ人民は万民法によるというよりは神法ないし第三の様態の意味での自然法によって、自分たちの司教を選挙する権利を有していると述べる方がより適切である。というのも、公教会の司教を有することは万民法には属してはおらず、これは神法に属するからである。また、支配者として人々の上に置かれるべき者は、この者がその上に置かれるべき人々によって選挙されることは万民法に属しているが、それにもかかわらずこのことは神法にも属している。というのも、このことは聖書以外で述べられていることと共に、聖書の中にみられることからも結論できるからである。かくして、ローマ人民が自分たちの司教を選挙する権利をもつことがそこから帰結する二つの前提は、それぞれ異なった仕方ではあるが神法に属している。そして二つの前提の一つだけが万民法に属しているのである。それ故、むしろ次のように述べるほうがより適切である。すなわち、ローマ人民は万民法によると言うよりは神法ないし第三の様態の意味での自然法によって、自分たちの司教を選挙する権利を有しているということである。

しかし、このような見解をとる人々は、言葉について争うことには関心がないので、自分たちにとっては次のことだけで十分であると述べている。すなわちローマ人民は司教をもたなければならないこと、そして、人々の上に置かれるべき支配者は、当の人々により選挙されるべきこと、——人々が自分たちの権利を放棄したり、上位者によって反対のことが定められたりしないかぎり——このことだけでローマ人民には自分たちの司教を選挙する権利があることを基礎づけるのに十分である、ということである。しかし正しく言うとローマ人民は選挙権を神法によって有しているのか、あるいは第三の様態の意味での自然法によるのか、それとも万民法によって有しているのか、それとも神法と同時に万民法によると言うべきか、といったことは大して重要なことではない。しかし一部の人々にとっては、ローマ人民が神法と同時に万民法によって選挙権を有しているというのが正しい言い方だと思われている。それ故、あなたがローマ人民は選挙権を神法によって有しているのか、それとも人定法によってか、と問うとき、これらの人々は神法のみでも人定法のみでもなく同時にこれら二つの法によってローマ人民は選挙権を有していると述べ、この場合、彼らは人定法を単に市民法とカノン法だけでなく万民法をも含む広義の意味で理解している。

註

（1）翻訳は、H.S.オフラーによって修正されたテキストによる。H.S. Offler, 'The three modes of natural law in Ockham: A revision of the text'（*Franciscan Studies*, vol. 37, 1977）pp. 207-218. pp. 212-218（text). Goldast 版は pp. 932-935。Trechsel 版は pp. CCLXIII-CCLXIV.

（2）ローマ教皇を選挙するローマ人民の権利は教皇から授与されたものではない。もし教皇選挙権が教皇に由来するとすれば、教皇は教皇選挙権を有する者（たち）から選挙権を取り上げることができるだろう。しかし教皇が実際にその者（たち）から選挙権を取り上げ、その後で選挙権を誰にも授与することなく死去したとき、教会には教皇を選挙する者（たち）がいなくなり、教会は信徒の救済にとって必要な指導者を欠くことになるだろう。従って教会には後継の教皇を選出する権利をもつ誰かしらが教皇とは別に常に存在していなければならない。このような権利を有するのはローマ人民であり、ローマ人民は教皇選挙権を教皇から授与されたのではなく、カトリック教徒であることを根拠にしてそのような権利を有しているのである。

「教師」のこのような説明に対して「弟子」は、同じことはローマ人民についても言えると反論する。すなわち、ローマ人民が他の者に教皇選挙権を授与することなくローマ人のすべてが異端になるか非カトリック教徒になった場合も、教会には教皇を選挙できる者がいなくなるのであるから、教皇の場合と同じ論法でローマ人民も教皇選挙権を有していないことになる。そして教師が述べるようにローマ人民に教皇選挙権があるとした場合、ローマ人民の選挙権はどのような法に基づいているのか。聖書には神がローマ人民に選挙権を与えたとは記されていないのであるからそれは神法には基づいていない。また人定法は市民法かカノン法のいずれかであるが、市民法は皇帝や王の法であるから教皇選挙権の根拠ではありえず、従って選挙権は人定法たるカノン法、すなわち教皇の法に基づいており、従ってローマ人民の教皇選挙権は教皇に由来すると考えられる。

　このような「弟子」の反論に対し「教師」は、ローマ教皇はローマ人民の司教であるだけでなく全カトリック教徒の司教であることから、ローマ人民が選挙権を放棄したり、怠慢の故に教皇を選挙せず、また異端の故に選挙権を失うときは、ローマ人民以外のカトリック教徒に選挙権が移ると主張する。しかし、この主張に対し「弟子」は、ローマ教皇は全カトリック教徒の司教であるのに、なぜローマ人民に先ずもって教皇選挙権が認められ、ローマ人民が何らかの理由で教皇選挙権をもたない場合でないと他のカトリック教徒に選挙権が認められないのか、と質問する。この質問に対し教師は、正しい理性に従えば、支配者の選挙は容易に集まることのできる人々によって行われるべきこと、そしてローマ教皇はローマ人民に固有の司教であり、ローマ人民がローマ教皇以外に自分たちの司教を有していないことを理由に、先ずもって教皇選挙権がローマ人民にあること、そしてローマ人民が何らかの理由で選挙権を失った場合にのみ選挙権は他のカトリック教徒に移ることを主張する。以上が第五章の議論の概略であり、この後、「教師」と「弟子」の対話は第六章へと続く。

（3）C. 12, q. 1, c. 2（A. Friedberg, *Corpus iuris canonici*, I, *Decretum Magistri Gratiani*, Leibzig, 1879）col. 676.

（4）正しくは第五巻。

（5）Dist. 1. c. 7, col. 2（Isidorus, *Etymol.*, v, 4）.

（6）Dist. 5, *ante* c. 1, col. 7.

（7）Dist. 6, *post* c. 3, col. 11.

（8）C. 12, q. 2, c. 68, col. 709.

（9）Dist. 5, *ante* c. 1, col. 7.

（10）Dist. 8, *post* c. 1, col. 13.

（11）Dist. 9, *ante* c. 1, col. 16.

（12）*Glossa ordinaria ad* Dist. 63, c. 12 *s. v.* 'clero et populo'.

（13）Dist. 28, c. 16, coll. 105–106.

（14）Dist. 8, c. 1, coll. 12–13.

（15）〈quod omnes tangit,ab omnibus tractari debet〉.

（16）cf. Dist. 1, c. 8, col. 2

翻訳（二）　皇帝権と教皇権*

序　文

修道士オッカムのウィリアムは、この小論考をこれから読もうとするすべてのキリスト教徒に向けて、どのような身分の人にとっても相応しいやり方で、そしてすべての恩顧や憎悪や恐怖を排除し、人々を分け隔てすることなく信仰と道徳の真理を大胆に擁護し、真理のために誠実に競いあうべく（本論考を書くつもりである）。

真理を語るキリストの言葉が証言しているように、「真理を行う人は、神によってそのことが行なわれていることをあらわすために、光の方に来る(1)」のであるから。そして「悪を行う人は、光を憎み、その行いをあらわされることを恐れて光の方に来ない(2)」のであるから、判断を回避することで私が悪を行っていることを態度によって人々に知らせたり、私が心の奥底では正義を信じていないことを示したりすることのないように、私は有能なる審判人の面前での厳格なる審問と裁決の光の下へと歩み出て、個人であれ集団であれ私に対して反論したいと欲している人々に答えることを切望する。

なぜならば私は聖フランチェスコの戒律に服した後に自分が行ったり書いたり述べたりしたことのすべてについてこれらを包み隠さず釈明したいと思うからである。そうすれば、私が「光の子(3)」の中に数えられるべきでない理由となるようなことを私に対して立証できるか否かをすべての信徒が知ることだろう。しかし、私に対するあからさまな敵対者や公然の敵でもないかぎり――その人の面前では私の身の安全も危うく、その人が裁判官であっても私が極めて正当な何らかの理由によって忌避でき、忌避すべきであるような敵でもないかぎり――裁判官の職にある者で私の言うことに耳を傾けようとする人などいないだろう。それ故、不当かつ不正に中傷を受けた私の無実を、法廷の外で私に許されるかぎりにおいて弁護しながら、私は偽りなく私に帰せられうる事柄を公衆に知らせたいと思う。そうすれば、これを望む正統な信仰を抱くすべての人々は、この事柄が神のものであるか否かを自分自身で考察できるだろう。しかし、もし誰か不誠実で嘘つきで真理を欠いた敵が虚言で武装して私を攻撃し、何らかの重大な過誤を理由に――この過誤が何かを私は明言することができない。私にはこのようなことの自覚がないからである――悪意に充ちて私を非難することがあっても、そのような過誤は真実性のない作り話であり、全くの曲解であると私は考え、それ故これを無意味なものとみなすことにする。それにもかかわらず私はこのことに関して自分が誉れ高い人々とそれほど異なっていないことを誇りにしてよいだろう――もっとも私は自分がこれらの人々と肩を並べることなどできないことを自覚しているが――。というのも、ヨセフ[4]、ナボテ[5]、スザンナ[6]、司祭長オニアス[7]、教皇ダマスス[8]、教皇レオ[9]、アタナシオス[10]、ヒエロニュムス[11]、男の名ペラギウスを名のった処女[12]、そしてその他数多くの卓越した人々の例にみられるように、極悪非道な或る男や女たちは偽りの中傷以外の方法ではこれらの人々を破滅に追いやれないことに絶望し、これらの人々が邪悪な自分たちの考えに賛成しないことを理由に、恐ろしい罪を彼らになすりつけようと試みたからである。

それ故私はそれと承知で自分を迫害にさらし、これを逃れようとする意図などもたずに（もっとも私は迫害をもっと容易に耐え忍べるように、もし必要とあらば、あるいは或る場合にそれが有益だと私に思われるときは、正義のために迫害を耐え忍んだすべての弟子に「この町で彼らがあなたがたを迫害したときは別の町に逃げなさい[13]」と述べたキリストの許可をおそらく利用するだろう）、自分がアヴィニョンの教会に服従することを止め、フランシスコ修道会士の多数派の団体から脱退したこと[14]、そしてこの理由が他ならぬ次の点にあったこと、すなわち前述のアヴィニョンの教会が明白な誤りと異端説を保持し、頑固にもこれらの説を是認し擁護しており、社会的地位が高いか低いか、俗人か聖職者かを問わず信徒たちの権利と自由に対し、全キリスト教会を危険に陥れるような仕方で極めて重大で途方もない危害や不正を加えることを止めなかった――フランシスコ修道会士の多数派は少くとも行動のうえでこれらすべてのことに同意し、これらを支持し信奉した――点にあったこと、これらすべてが真に私に帰せられうることを公に告白する。更に、上記の誤りの多くが文書化され、教令として世界の各地へと伝達されたことで、これらの誤りが固く信じるべきもの、固守すべきものとしてあらゆるキリスト教徒の耳に叩き込まれたのである。私は最後にこれらの誤りを列挙するつもりである。

先ず最初に私は、神の言葉が私の口の中で縛られることのないように[15]、アヴィニョンの教会がそれを用いて特にローマ帝国を、そしてまた他の王国や、より一般的に信徒の全体を抑圧しようと企てている不正を確証するために必要な幾つかの事柄を簡単に考察するだろう。それ故私は簡潔さのために、自分の言わんとすることをしばしば一つの論拠ないし権威だけを援用することによって――しかし場合によってはおそらく多くの論拠や権威によって――伝達しようと努めるだろう。もっとも、或る点で私が無知の故に真理の道から逸れたならば、真理の道へと連れ戻されることを私が望まない、というようなことはありえない。それ故私は、以下で述べられることを読んだ人は誰でも、もし私が或る点で誤りを犯していると考えるならば、私が受け入れざるをえない論拠ないし権威によってこのことを文書にして私に示すのが適切だと思っていただくことを要請し切願する次第である。そして私がこれにそれなりの理由をもって返答できないならば、私は自分が誤っていたことを告白するだろう。私は多数者の意見ではなく真理によって論駁されることを少しも恥と思わないし、むしろ私にとって極めて有益であると考えるからである。しかしそれにもかかわらず、すべての人々は次のことを明らかとみなすべきである。すなわち、信仰と知識に関する事柄においては、この世のすべての人間が主張していることよりも、一つの明証的な論拠あるいは正しく理解された聖書の権威のほうが私を強く動かすということである。私は明証的な論拠や正しく理解された聖書の権威のために自分の考えをすべて虜にし(16)、これらの論拠や権威に従わなければならない。このような理由により、私は多数者の意見に逆らうべきではない、という多数者の主張は明白な異端のにおいがすると私には思われる。というのも多数者が誤っていることのほうが普通だからであり、聖書にはしばしば唯一人の人間が他のすべての人間の誤りを退けている例が語られているからである(17)。

最後に、短い本論考で略述されていることが他の著作で、特に私がかなり以前に書き始めた『対話篇』(18)の中で、より念入りに議論されていることは、これらの著作を手にした人には明らかだろう。

第一章

世俗的事項においても霊的事項においても聖ペテロは、神法ないし自然法によって禁止されていないすべてのことを行えるような十全権力をキリストから受け取らなかったこと。

もし王や君侯や教会の聖職者が、そして他のすべてのキリスト教徒が次のことについて無知でないならば、すなわちキリスト教世界が絶え間のない困苦と圧迫に悩まされ、耐えられない不正な難儀に苦しめられている理由は、何人かのローマ教皇、あるいはローマ教皇として振る舞う者たちが昔からの地境を踏み越えて非道にも他人のものにまで手を伸ばしたからであり、そして危険に充ちた我らの時代においてアヴィニョンの教会がキリスト教徒に対し、他のどのようなものにも増して残忍に暴れ狂っているからである、ということについて無知でないならば、彼らのうちの多くは同じアヴィニョンの教会を好意的に支持するようなことはないだろうし、これから起こるかもしれない事態に慎重に対処したいと思い、ひとたび着手された悪行が優位に立つことのないように気を配るだろう。

それ故、アヴィニョンの教会がいかにして昔からの地境を踏み越えているかを私に可能なかぎりすべての人々に明らかにしたいと考え、私は何よりも先ず、昔からの地境とは何か、キリストが福者ペテロを使徒たちおよびすべての信徒の長にしたときキリストはどのようなことを定めたのかを明らかにしようと思う。というのも、このことが明瞭にされて初めて他の諸問題も明らかになると私は思うからである。

それ故最初に理解しておくべきことは、キリストは福者ペテロを全信徒の長及び支配者に定めたとき、霊的事項と世俗的事項の両者においてペテロに次のような十全権力を、すなわち神法と自然法に違反しないあらゆることを通常の状況において合法的に行うことができるような権力を与えたわけではなく、むしろキリストは踏み越えてはならない一定の限界をペテロの権力に課したことである。

キリストが世俗的事項においてこのような十全権力をペテロに与えなかったことは権威と理性によって証明される。というのも使徒パウロは『テモテへの第二の手紙』第二章において「神のために兵卒を務める人は、現世の事柄に煩わされず、自分たちを募ったかしらをよろこばせようとする」[19]と述べているからである。そして福者ペテロは神のすぐれた兵卒の中で最も小さい者などではなく、最大限に神をよろこばせようと努めたのであるから、彼が現世の事柄に煩わされたはずはない。それ故、もし彼がキリストから世俗的事項におけるこのような十全権力を受け取ったとしたならば、それは無駄なことであっただろう。

更に、世俗的事項における十全権力には異教徒の王の権力や支配権も含まれている。しかしキリストはペテロと他の使徒に異教徒の王に対する権力や支配権の行使を禁止した。このことは『ルカ福音書』第二十二章[20]、『マルコ福音書』第十章[21]、『マタイ福音書』第二十章[22]によって明らかであり、そこではキリストが次のような言葉を述べたことが記されている。「あなたたちも知るとおり、異邦人の君主はその民を支配し、偉い人たちはその民に対し権力をふるっている。あなたたちの間ではそうであってはならない。むしろあなたたちの中で偉くなりたいと思う者は誰でも、あなたたちのしもべとならねばならない」。それ故、なおさらのことキリストは使徒に対し、上述のような世俗的事項における十全権力の行使を禁止したのである。

更に、しもべという言葉を最も厳密な意味で理解したとき、世俗のいかなる主君も自分のしもべに対して、神法と自然法に違反しないすべてのことを強制できる権力よりも大きな権力を法により有することはない。それ故、仮にキリストが世俗的事項に関し、すべての信徒に対する十全権力をペテロに与えたとすれば、キリストはすべての信徒をペテロのしもべにしたことになるだろう。しかしこれは、後に明らかになるように、福音法の自由に明白に反している。

しかし、キリストは世俗的事項におけるこのような十全権力を聖ペテロに与えなかったように、霊的事項においてもこの種の十全権力を彼に授与しなかった。というのも、後に明白になるように、福音の法はモーセの法よりも弱い隷従の法だからである。聖ペテロは『使徒行伝』第十五章に書かれているようにモーセの法を、彼も彼の先祖も背負いきれなかった軛と述べている[23]。しかし、もし聖ペテロが霊的事項において前述の十全権力をキリストから受けていたとすれば、ペテロは、礼拝に関して、そして徹夜や断食の行、その他の霊的事項に関して、旧法が課する負担より多くの、そしてより重い負担を信徒に課する権力を受けたことになるだろう。それ故福音の法はモーセの法よりも大きな隷従の法となるだろう。

従って、聖ペテロは霊的事項においてでさえ、このような十全権力をキリストから受け取っていないのであるから、キリストが聖ペテロを全信徒の上に置いたとき、ペテロが越えてはならない一定の限界を課したことは明らかである。

第二章

教皇の支配権は通常の状況においては世俗的事項と教会の世俗的職務には及ばないこと。

聖ペテロが世俗的事項においても霊的事項においても、神法と自然法によって禁止されていないあらゆることを行えるような十全権力を有していなかったこと（このことは以下で述べられることから、より明らかとなるだろう）を理解したうえで、聖ペテロが越えてはならない限界、キリストによって彼に与えられた権力をその範囲内で行使するのが正当であるような限界がどのようなものかを考察しなければならない。そして、これを知ることは、教皇の支配権が何に及び何に及ばないかを知ることに他ならないのであるから、教皇の支配権に関する以下の論点を考察するのが適切であると私は考えた。

先ず第一に、キリストによって設立された教皇の支配権が通常の状況においては世俗的事項や世俗的職務には決して及ばないことをしっかりと理解すべきだと私は考える。このことは既に引用された使徒パウロの『テモテへの第二の手紙』第二章の言葉によるだけでなく、聖ペテロによっても明らかに証明されている。というのも、xi, q. i, c. *Te quidem*[24]に記されているように、ペテロは教皇聖クレメンスに対して次のように語っているからである。「確かにあなたは俗世のあらゆる関心事を捨て去るように最大の努力をしなければならない。あなたは保証人となってはならず、訴訟の法律顧問として行動してはいけない。そして、何らかの職務を遂行する際に俗事によって惑わされるようなことがあってはならない。というのも、キリストは今日あなたを俗事の裁判官や訴訟代理人に任命することを欲さないからである」。聖ベルナルドゥスも、教皇権について彼が教皇エウゲニウスに次のように書いたときこのことに言及している。「あなたの権力は罪に関するものであって、所有に関するものではない。もし本当にそれが後者ではなく前者のためのものであれば、あなたは、所有者ではなく確かに罪人を閉め出すために天の王国の鍵を受け取ったのである[25]」。

それ故、教皇が緊急事態でないときに世俗的事項に介入したならば、もしこの点について彼が皇帝やその他の人から権限を受け取っていない場合、教皇は「他人の収穫物に自分の鎌を入れている[26]」と見なされる。それ故この点について教皇が行ったことは法的な効力をもたない。というのも、裁判官によって為されたことでも、それが彼の職務に属していないならば法的効力をもたないからである。（Extra, *de regulis iuris, Ea, quae*, libro sexto）[27]

第三章

教皇の支配権は通常の状況においては、神が命ずる以上の勤めにまで及ばないこと。

教皇の支配権が世俗的事項には決して及ばないように、それは神が命ずる以上の勤めにまで及ぶこともない。これは既述のことによって証明される。というのも、もし教皇の支配権が通常の状況において、神が命ずる以上の勤めにまで及ぶならば、福音の法はモーセの法よりも大きな隷従の法となるからである。なぜならば教皇は、断食や徹夜の行、童貞や性的禁欲、その他神が命ずる以上の勤めに関して、旧法においてユダヤ人たちが拘束されていたよりも多くて重い負担によってキリスト教徒を抑圧できることになるだろう。しかしこれは使徒の教説に明白に違反している。というのも聖ヤコブはその手紙の第一章においてそれが「完全なる自由の」法であることを述べており、[28] 使徒パウロも『ガラテア人への手紙』の第五章で次のように述べながら同じことに言及しているからである。「兄弟たちよ、あなたたちは自由のために召されたのである。ただ、その自由を肉の機会に用いてはならない。」[29] すなわち、同じ箇所で使徒パウロが証言しているように、[30]「肉の業」である罪を犯す自由を有していると思ってはならない、ということである。

このことの故に聖アウグスティヌスは、グラティアヌス教令集 di. xii. c. *Omnia* に挿入されているようにヤヌアリウスの質問に答えて、次のように述べながら福音的信仰の自由に反して旧法の負担よりも多くの負担をこの信仰に課そうと企てる人々を叱責している。「というのも、これらの実践（すなわち、幾つかの教会で遵守されている実践）がどうして信仰に反するかを明らかにすることができなくても、この種の実践は慈悲深き神が最小限にして最も明確な宗教的儀式を伴う自由な信仰たるべきことを欲した我々の信仰に隷従的な負担を課するものであり、しかも、解放の時を知らなかったにしても法の儀式のみに服し、人間の傲慢さには服していなかったユダヤ人たちのほうが我々よりもまだ耐えうる状態にあったと言えるほどの負担を課するものである」[31]。

それ故教皇の支配権は、神が命ずる以上の勤めにまで及ぶことはない。このことは聖アンブロシウスの言葉から明白に知られる。xxxii. q. i. c. *Integritas* にあるように、アンブロシウスは純潔性に関して、「これは説得されることがあっても命じられることはない。それは命令ではなく誓約に属する事柄である」[32] と述べている。それ故同様の理由によって、神が命ずる以上の他の勤めも、説得されることはありえても命令されることはありえない。従って教皇権はこの種の事柄には決して及ばないことになる。

第四章

教皇の支配権は通常の状況においては他人の権利や自由には及ばないこと。

上述したことから、教皇の支配権は通常の状況においては決して他人の権利や自由に及ばないことが理解される。教皇は権利や自由を取り上げたり侵害するような仕方で支配権を他人に及ぼすことはできず、特に皇帝、王、君侯その他俗人の権利や自由にまで支配権を及ぼすことはできない。というのも、この種の権利や自由はその大部分が世俗的なものの中に数えられ、先に示された如く教皇の支配権は通常の状況においては世俗的なものへと及ばないからである。

それ故、聖アンブロシウスは『テトスへの手紙』の註解の中で「キリスト教はいかなる人間からも権利を奪うことはない[33]」と述べている。従って教皇は何人からもその権利を奪うことはできず、特に人々が教皇からではなく神ないし自然から、あるいは他の人間から付与された権利を奪うことはできない。そして同じ理由により、教皇は何人からも神と自然がその人に与えた自由を奪うことはできない。

更に教皇の支配権の創設者たるキリストは、父なる神がそれを行うようにと彼に与えた任務を完遂する際に何人からも権利と所有物を奪うことはなかった。このことは聖アウグスティヌスが証言しており、アウグスティヌスは『ヨハネ福音書註解』で、キリストになり代わって語りながら次のように述べている。「聞け、ユダヤの民、異教の民よ。聞け、割礼を受けた者、受けていない者よ。聞け、この世のすべての王国よ。私はこの世における汝らの支配権を阻止することはない」——なぜならば『私の王国はこの世のものではない[34]』からである。——「キリストの生誕を知らされて恐れおののき」——すなわち、生まれたキリストがやって来て、自分の王国を奪うのではないかと恐れて——「すべての幼な子を殺したヘロデ大王のように全くもって無益な恐怖を抱いてはならない[35]」。

そして教皇聖レオは救世主の顕現に関する説教の中で次のように述べ、同じことに言及している。「ヘロデはユダヤ人たちの君主が生まれたことを聞き、自分の地位を奪うのではないかと疑い、大いに恐れた」。これはすなわちヘロデが王国を奪われるのではないかと恐れた、ということである。更に少し後のところでレオは次のように述べている。「ああ、愚かな嫉妬の盲目な不信心よ。汝は己れの狂乱により神の計画を乱そうと思っているのだ。世界の支配者——すなわちその神性においては世界を支配する者——は永遠の王国を授けるのであって、この世の王国を求める者ではない[36]」——すなわちその人性においてはこの世の王国を求める者ではない、ということである——。そしてクリュソストモスは「キリストは世界からその先見と支配を奪うことはなかった[37]」と述べている。また教会もキリストについて「敵、不信心なるヘロデよ。……」と歌っている[38]。

これらの箇所やその他多くの箇所から、キリストは世界からその所有物や権利を奪うために来たのではないことが明白に立証される。それ故キリストよりも劣り、権力において決して同等ではない彼の代理者も他人からその所有物や権利を奪う権力を有してはおらず、かくして教皇の支配権は決して他人の所有物や権利や自由に及ぶことはない。

第五章

『マタイ福音書』第十六章にあるキリストの聖ペテロへの言葉「あなたが地上で繋ぐことは……」[39]は、一般的な表現で述べられているにしても、例外を伴うものとして理解されなければならないこと。

上で述べられたことから次のことは十分に明らかである。すなわち、『マタイ福音書』第十六章にあるキリストの聖ペテロへの言葉「あなたが地上で繋ぐことは……」は一般的な表現で述べられているにしても、いかなる例外も認めないという意味で一般的に理解されるべきではなく、例外を伴うものとして理解されなければならない。このことは何ら驚くべきことではない。「というのも一般的な言葉はしばしば限定されるからである」と標準註釈(Extra, *de appellationibus* super c. *Sua nobis*)[40]では記されており、私の他の著作で引用されている聖書の数多くの事例からしてもそうである。

しかし上で述べられたことから、どのようなものが教皇の権力から排除されるべきかは明らかである。というのも通常の状況においては世俗的事項は教皇の権力から排除されるべきであり、これには少くとも大抵の場合、他の人々の権利や自由が含まれている。更に、神が命ずる以上の勤めも排除されるべきである。教皇はこれらの勤めをキリスト教徒に勧告することはできても、これらの勤めへと自主的に自らを義務づけたわけではないいかなるキリスト教徒に対しても――本人に罪がなく、合理的で明白な理由もないとき、すなわち緊急事態や、これに匹敵する利益が生ずる事態が存在しないときに――厳格な規則によって当の勤めを命令することはできない。たとえ教皇がこの種の命令を下しても、他の人には教皇に服す義務はない。このような勤めを命令することは教皇の権力に属さないからである。それ故、この種の事項において教皇に服従することを拒否する者に対し教皇が何らかの訴訟を提起したり判決を下したとしても、このような訴訟や判決はこの種の事例において裁判官でない者により提起され、下されたものとして法的に無効である。

上で述べたこと以外に、価値のないこと、無益なこと、どちらでもよい事柄が教皇の権力から排除されている。というのも、この種の事柄においては誰も教皇に服従するように拘束されてはいないからである。ただし、おそらくは教皇に対して示されるべき畏敬の念から、下位の者がどちらでもよい、そして負担とならない事柄において教皇に服従すべきことはあるだろう。これは、下位の身分の者たちは上位の身分の者たちにいかなる意味でも服従していないとは言え、多くの場合、前者は後者に反抗すべきでないのと同様である。というのも、自分に対して「この藁を取り除け」とか「この棒を取れ」、あるいは自分にとって悪くも負担にもならないその他同様のことを言う司教や大司教に反抗するのはフランシスコ会士にとって相応しいことではないからである。

しかし更に、教皇権に属している事項を規定し、修正し、制定し、執行するときに過度に重い負担のかかる方法を用いることも、教皇の支配権から常に除外されるべきである。これはすなわち、キリスト教徒が教皇に服すべく拘束されている事項であっても、これが負担のかからない仕方で遂行されうる、あるいは遂行されるべきものであるならば、教皇がそれをあまりにも困難なものにしたり、他の方法でしかるべき限界を踏み越えることがないようにするためである。というのも、臣民が自分の世俗的支配者に忠誠を尽くすべく義務づけられているように、世俗的支配者も臣民に対し同じ忠誠の義務を負うならば[41]（xxii. q. ultima. c. *De forma* 及び di. xcv. c. *Esto*）[42]、なおさらのこと教皇は信徒に対し、信徒が教皇に対して負う忠誠の義務と同じ義務に服しているからである。しかし、臣民が自分の支配者に対して示すべく義務づけられているることの一つは、臣民は支配者（ないし教皇）が容易に為しえた善行を支配者(ないし教皇)にとって困難なものにしてはならない、ということである（xxii. q. ultima. c. *De forma*）[43]。それ故同様に教皇も、自分の臣民によって容易に為されるべきことを臣民にとって困難なもの、あるいは負担がかかるか煩わしいものにしてはならない。従って、教皇は自らの権力に属する事項において限界を越える権力をキリストから授けられてはいないことになる。更にこのことは福音法の自由によっても明白に証明される。というのも、もし教皇がキリストから与えられた権力によって、たとえそれが教皇の権限に属する事柄であっても、容易なことを彼に服する人々にとって困難なものにすることができるのであれば、教皇はこのような方法を用いて、旧法の遵守を義務づけられていたときよりも大きな重荷を人々に課することができるだろう。かくして教皇はキリスト教徒たちを、旧法への隷従よりも大きな隷従により圧迫できることになるが、私はこのような見解は異端だと考える。

第六章

教皇の首長権は教皇の利益や栄誉のためではなく信徒の利益や福利のために設置されたのであり、それ故、この首長権は正しくは支配的ではなく奉仕的な権限と呼ばれるべきこと。

以上のことから教皇の首長権は、彼に服する人々の利益と福利のために設置されたのであり、首長の栄誉や栄光、利益や世俗的

くは支配的ではなく奉仕的な権力と呼ばれるべきことが帰結する。福利のために設置されたわけではないこと、それ故首長権は正し

というのも、自分に服従する人々を注意深く配慮しなければならないこの首長権は、人々から財産や権利や自由を正当に奪うことはできず、雇われ人や俸給で仕えている人が自分たちが仕える者から必要費を要求できるように、この首長権もそれに服する人々から必要費を要求できるとしてもこのことに変わりはなく、この権力は首長の栄誉や福利のためではなく服従する人々の利益と福利のために設置されたと理解されるからである。それ故この権力は正しくは支配的ではなく奉仕的な権力と呼ばれるべきである。従って、キリストが聖ペテロを介して「私の羊を飼いなさい」と述べ伝えた教皇は信徒を注意深く配慮する義務を負い、我々が既に述べた理由によって、教皇に服従する人々から、本人に何の過ちもなく合理的で明白な理由もないのに彼らの権利や自由や財産を奪い取る力がない――もっとも教皇は自分の必要費を彼らから要求することはできるが――ことが合意されているのであるから、我々に残されている結論は次のこと、すなわち教皇の首長権は教皇自身の利益や栄誉のためではなく、彼に服従する人々の利益のために設置されたのであり、それ故支配的ではなく奉仕的と呼ぶに相応しい権力だということである。後で述べられるように、この点で教皇権は、現実に設置されたどのような世俗的首長権にも増して、最も高貴な形態の王的首長権と同一視されうるだろう。この種の王権はおそらくこれまで神によっても人間によっても人々の上に置かれたことがなく、威厳において他のあらゆる首長権を凌駕しているのである。

第七章

前章で述べられたことがもう少し正確に証明される。

すぐ前で書かれたことからキリスト教会全体にとって無数の利益が結果として生じる。このことに関して無知であったが故に、皇帝や王や君主、教会およびキリスト教徒たちの高位聖職者は教皇が何ら罰せられることなくあらゆる人間の権利と自由を侵害し犠牲にして数々のものを不正に横領することを許してしまったのである。そしてこのことの故に神の礼拝は不正な破門と許されざる聖務禁止によって軽んじられるに至った。これらの破門や聖務禁止は、神法上無効である。なぜならばこれらは教皇が裁判官たりえない事例において頻繁に宣言され執行されたからであり、そこでは公教会の信徒が断罪され異端者が祝福されているからである。またそこでは無実の人々が汚名を着せられ不信心な人々が称讃されており、それに相応しい人々が教会の顕職や聖職禄や聖務から追放され、相応しくない人々が昇進しているからである。そして教会の低い地位にある人々は耐えがたい重荷でやつれはて、否むしろ、神と人間によって彼らに与えられた教会の自由とは反対に奴隷状態に陥っている。また、法にかなった誓約に違反する

ことは大目にみられ、臣下は主君に対する忠誠の誓いから解放され、主君に対して尽くすべき恭順の義務から解放される。人間社会と信頼の絆は断たれ、当の主君自身が打ち倒され、人民も破滅する。不和の種が蒔かれ、キリスト教世界は内戦によって滅ぼされる。災いと殺戮が荒れ狂い、都市や村は放火され、家々は崩壊し、住民や農民はその地を見捨てる。彼らは信仰なき人々によって攻撃され、信仰ある人々は日に日に少なくなり、万人が様々な危険にさらされることになる。もし教皇座に座る者が或る一人の君主に対して全信徒を強力に統治することを妨害しないならば、上で述べたすべての事態や、これらよりもっと悪い事態は起こらなくなるだろう。それ故私は前章で述べられたことを他の論点よりも少しばかり長く――とはいっても主題がそれを要求することから、簡潔になることに変わりはないが――、権威と論拠によって擁護しようと思う。

実際のところ、キリストの言葉から次のことが明白に結論される。教皇の首長権は、教皇権に服する人々の幸福のためにキリストによって設置されたのであり、教皇個人の栄誉や利益のためではない。それ故教皇の首長権は支配的ないし専制的なものではなく奉仕的なものと呼ばれるべきであり、従って、それがキリストの定めによるかぎり、魂の救済に必要な事柄、そして他者の権利と自由を損なうことなく信徒を指導し指揮するために必要な事柄にのみ及ぶのである。上で触れられたように、キリストはペテロや他の使徒を介して、ルカ第二十二章に記されている如く、聖ペテロの後継者に対して次のように語っている。「異邦人の王たちはその人民を支配し、人民に対し権力をもつ者たちは恩人と呼ばれている。しかし、あなたたちはそうであってはならない。むしろあなたたちの中でいちばん偉い人は年下の人のようになり、支配する人は給仕する人のようにならねばならない。食卓につく人と給仕する人と、どちらが偉いだろうか。食卓につく人ではないか。ところで、私はあなたたちの間で給仕する人のようである」(44)。そしてキリストは『マタイ福音書』第二十章と『マルコ福音書』第十章でも同じ言葉を述べている(45)。

これらの言葉によってキリストは――或る人々が聖書のテキストを誤って理解して主張するように――あらゆる首長権や優越的地位を使徒たちに禁じたわけではなかった。なぜならばキリストは自分自身を使徒たちの模範として示し、彼は使徒の真の上位者であり、人間たるかぎりにおいても使徒に対して真に優越した者だったからであり、また、マタイとマルコが語っている言葉から理解されるように、使徒の中でより上位にあり優越した者がいたこと、そして或る者が彼らの間で正当に首位を占めえたことをキリスト自身が明らかに示しているからである。キリストが使徒に対して禁じたのは、ギリシア人から借用された言葉で「デスポティクス」と呼ばれ、アリストテレスの『政治学』(46)に述べられているように奴隷に対する権力を意味するような、支配的な首長権であった。キリストはこのような首長権を使徒に与えなかった。彼が与えたのは自由人に対する権限、支配的首長権よりもはるかに高貴であり、より大きな威厳を伴った奉仕的首長権である。奉仕的に統べる者は、支配的に統べる者が自らに隷従する人々に命令を下す場合に比べ、自らに服する人々に命令を下せる事柄がより少いことから、奉仕的首長権についてはその権力の及ぶ範囲が支配的首長権ほどではないとしても、前者が後者より高貴であり、より大きな威厳を伴うことに変わりはない。人間に対する首長権は動物に対する首長権よりもはるかに高貴である――というのもアリストテレスが『政治学』で述べているように[47]、首長権というものは、それに服する者が高貴であればあるほど高貴な権力だからである――が、主人は奴隷や女奴隷に対するよりも動物に対していっそう大きな権力を有しており、動物を正当に屠殺することさえできるからである。

それ故キリストは「異邦人の王たちはその人民を支配し」と述べたのであり、これはすなわち異邦人の王は人民を完全に自由な存在としてではなく奴隷として支配するということである。というのも、純粋に王権的な首長権で、しかも奴隷ではなく自由人に対して行使されるようなものが異邦人の間で置かれたことはなく、むしろ彼らの間に存在したものには常に支配的ないし専制的な首長権が混合していた。これは神によって定められた王権的な首長権でさえ多少とも支配的な首長権を含んでいるのと同様である。というのも、『列王紀上』の第八章に明らかなように[48]、イスラエルの子らは神に対して王を請い求めたものの、悪しき意図でもってそのような王を請い求めたことから、多くの事柄において王の奴隷となったからである。イスラエルの子らがそのような君主を要求したことを神は喜ばなかったのである。

しかしキリストは使徒たちに「あなたたちはそうであってはならない」と述べることによってこの種の首長権を禁止した。この言葉の意味は次のようなことである。――あなたたちはあなたたちに服す人々を異教徒の王たちのように奴隷の如く支配してはならない。なぜならばあなたたちは人々を奴隷ではなく自由人として取り扱わなければならないからである。すなわち、あなたたちはあなたたちの世俗的な利益や栄誉のために彼らに対し首長権を行使するようなことがあってはならず、それは彼ら自身の利益のためでなければならない。それ故あなたたちは、真に彼らに奉仕し彼らのために務めを果たすことによって、すなわちあなたたちに服す人々の利益を確保することによって、彼らの真なる下僕にして奉仕人と呼ばれうるのであり、あなたたちの首長権は支配的ではなく奉仕的な権限と呼ばれるべきなのである。

このことの故に聖ペテロは、もっと多くの聖職者が信徒の上に配置された後、自分の後継者を含むすべての聖職者に次のように書いて知らせた。「あなたにゆだねられている神の羊の群を牧しなさい。しいられてするのではなく、神に従って自ら進んでなし、恥ずべき利得のためではなく、本心から、それをしなさい。またゆだねられたものたちの上に権力をふるうことをしないで[49]……」。それ故、もし彼らが自分たちに委ねられたものに支配権を行使すべきでないならば、なおさらのこと彼らは人々に対して支配権を行使すべきでない。

このような理解に基づいて聖ベルナルドゥスは、教皇エウゲニウスに教皇職と教皇権がどのようなものかを教示する際に上記のキリストの言葉に言及し、当のエウゲニウスに対して『教皇エウゲニウスへの忠言』第二巻で次のように述べている。[50]「あらゆる教会を注意深く配慮すべき急迫した必要性が存在するところでは、無為の入り込む余地はない。実に、聖なる使徒ペテロはあなたにそのような配慮以外に何を伝えたというのだろうか。『私が持っているものをあなたに与える』[51]と彼は述べているが、それはどのようなものなのか。一つのことを私は知っている。それは金でも銀でもない。というのも彼自ら『金や銀は私のものではない』[52]と述べているからである。もし仮にそれらを偶然手にすることになったならば、あなたの欲求を満たすためではなく、時の必要性のためにそれらを使いなさい。そうすれば、あなたはあたかもそれらを使っていないかのようにそれらを使うことになるだろう。魂の善に関する限り、それら自体は善きものでも悪しきものでもない。それらを役に立つ仕方で使うのが善、それらの濫用が悪なのであり、それらを持ちたいと思うことは更なる悪、それらに対する利欲は更に一層恥ずべき悪なのである。何か別の理由によってあなたがそれらを自分の物として要求したとしても、それが使徒の権利によることはありえない。というのも使徒ペテロは自分が持っていないものをあなたに与えることはできなかったからである。彼が与えたのは彼が持っていたもの、すなわち私が既に述べたように、教会に対する配慮なのである。支配権はどうだろうか。ペテロ自ら述べている言葉を聴きなさい。『ゆだねられた者たちの上に権力をふるうことをしないで、むしろ群の模範となるべきである』[53]と彼は述べているのである。この言葉は単に謙遜から出たものであり真意ではないなどと思わないように、福音書にある主の声を聴きなさい。『異邦人の王たちはその人民を支配し、人民に対して権力をもつ者たちは恩人と呼ばれている』と言われた後で『しかし、あなたたちはそうであってはならない』と述べられているのである。支配することが使徒たちに禁止されていることは明らかである。それ故、あなたは支配者として大胆にも使徒職を自分のものにするか、使徒たる者として大胆にも支配権を自分のものにするか、どちらを行うのか。どちらも禁じられているのは明らかである。もしあなたが二つとも同時に持つことを望むなら、二つとも失うだろう。要するにあなたは、『彼らは支配していたが、それは私によってではない。彼らは君主だった。しかし私は彼らを知らなかった』[54]と神が嘆いている人々の数には自分は入らない、などと思ってはならない。更に、もしあなたが神なしで支配することを望むならば、あなたは栄光を得ることはあっても神のそばに居ることはない。しかし我々が支配の禁止を受け入れるならば次の命令に耳を傾けよう。『あなたたちの中でいちばん偉い人は年下の人のようになり、支配する人は給仕する人のようにならねばならない』と述べられている。それ故使徒の模範は、支配が禁止され、奉仕が命じられているということになる」。

すなわち、奴隷に対して行使されるような支配的首長権は禁止され、自由人に対して行使される奉仕的首長権が命じられている、ということである。それ故当のベルナルドゥスは、彼が奉仕と呼ぶ奉仕的首長権について直ちに次のように付言している。「これは（すなわち奉仕は）立法者たる神自身の範によって推奨されており、この立法者は『私はあなたたちの間で給仕する人のようである』とすぐさま付け加えているのである」。

そのうえ更に聖ベルナルドゥスは『教皇エウゲニウスへの忠言』第三巻で[55]、使徒的首長権が支配的なものでないことを以下のように述べることによって、当の首長権が上記のようなものであることを明白に主張している。「『彼らの首長権は強くなりすぎている』[56]。『彼らは全地の君主となった』[57]。あなたは彼らの遺産を相続した。それ故あなたは彼らの相続人であり、世界は相続財産である。しかしこの相続分があなたと彼らにどのような意味で与えられたかは、冷静に考察すべき問題である。というのもあなたは世界を絶対的な意味ではなく一定の限定のもとに相続したと私は考えるからであり、あなたには世界の所有が与えられたのではなく、世界の管理が任せられたのだと思われるからである」。そしてこのことがどのようにして可能かについて、ベルナルドゥスは更に続けて例を挙げながら次のように説明している。「農場は管理人の管理に服し、小児はたとえ主人であっても家令に服してはいないだろうか。もっとも、管理人は農場の所有者ではなく、家令は自分の主人の主人ではない。それ故あなたも、援助し、監督し、奉仕し、配慮するような仕方で指揮をとらねばならない。他人に役立つように指揮しなさい。『主人が自分の下男たちの上に立てた』[58]忠実で賢い下僕のように指揮をとりなさい。何のためか。それは『時に応じて彼らに食糧を与えるため』であり、換言すれば、命令ではなく管理するためである」――要するにあなたは不必要なことを命令すべきではない、ということである――「このように行いなさい。あなたも一人の人間であるかぎり、他の人間を支配しようと望んではならない。これはあなたがすべての不正に支配されないようにするためである」。これらの言葉から明白に知られることは、教皇は信徒たちの利益のために、自由な人間である彼らの首長となるのであり、それ故教皇職に就くことは教皇本人のためではなく教会を配慮するためである。

以上のような理由により、キリストは聖ペテロを自分の羊たちの上に置いたとき「私の羊の毛を刈り取り、その羊毛であなたのために衣服を作りなさい」とは彼に言わなかったし、「私の羊の乳をしぼり、その乳汁を飲み、あるいは食べなさい」とか、「私の羊を殺してその肉を食べなさい」とか言わなかった。むしろキリストは「私の羊を飼いなさい」[59]と言ったのであり、これはすなわち「私の名誉のために、そして羊の利益のために羊の番をし、羊を統治、監視し、羊のために役立ちなさい」という意味である。

確かに、教皇は聖ペテロを通じて、信徒の破壊ではなく教導のためにのみキリストから権力を受け取ったのである。これは『コリント人への第二の手紙』第十章と最終章[60]で聖パウロが述べているとおりであり、パウロは、自分自身のためのみならず他の使徒たちのためにも、破滅ではなく教導のために権力が神によって自分に与えられたと語っている。それ故聖アウグスティヌスは viii. q. i. c. *Qui episcopatum* にあるように[61]「司教職を望むものは善行を望む」と述べている。「彼（すなわち使徒パウロ）は司教職とは何かを説明しようと欲した。というのもそれは名誉の名ではなく行為の名だからである。episcopatus という語はギリシア語に由来し、指揮する者が（指揮される者たちを）監督する（superintendit）、すなわち配慮し保護するという事実から来ている。というのも、scopos は配慮し注意することを意味するからである。従って、もし我々がそれを望むならば、我々はラテン語で司教たちのことを『監督者』（superintendentes）と呼ぶこともできるのであり、それ故、人のために役立つことではなく人を支配したいと思う者は、自分のことを司教であるとは理解していないことになる」。

それ故クリュソストモスは『マタイ福音書』（20・25）「異邦人の君主は……」という箇所について次のように述べている。「この世の君主たちは、自己の下位にある人々を自分自身の利益と栄光のために支配し、隷属へと服さしめ、彼らから略奪を行い、死ぬまで利用するべく存在している。しかし教会の君主たちは、自己の下位にある人々に奉仕し、自分たちがキリストから受け取ったことをすべて人々のために遂行し、自分の利益を無視して人々の利益を配慮するべく存在している[62]」。

それ故オリゲネスも聖書の同じ言葉について次のように述べている。「『あなたたちも知るとおり、異邦人の君主はその民を支配する』。これはすなわち、自分に服する人々を単に統べることだけでは満足せず、暴力的に彼らを支配しようとするという意味である。しかし私のものであるあなたたちの間ではこうならないだろう。というのも、世俗的なものはすべて必要性のために置かれているのに対し、霊的なものは意志に基礎を置くからである。それ故霊的な君主である者——すなわち聖職者——も同様であり、彼らの首長権は恐れではなく愛に基礎を置かねばならない[63]」。つまり、聖職者たちは自分に服する人々の利益を配慮することにより彼らに愛されることを志さねばならず、彼らの権利や自由や財産を取り上げることで彼らに恐れられようとしてはならない。もっとも、聖職者自身が自己の必要性を満たすために人々の財産を欲しており、その結果、このような仕方で人々の財産を受け取ることが必要性のためであるときは別である。これに対して、当の人々に霊的な意味で奉仕することは意志から発することなのである。

それ故グラティアヌスも、viii. q. i. § *Hiis omnibus* にあるように[64]、「いかなる者も自分で自分の職務の後継者を探してはならず、むしろ、人民の利益に相応しく仕える者、自分の儲けではなく人民の利益を求める者、（自分のために）富を集めることなく、キリストのために種子を蘇生させようと欲する者を、人民の選挙を通して探さなければならない、と聖なるカノンに定められている。

これを行うことを軽視する者は教会によって正当に排斥される」と述べている。この見解は、viii.q.i.c.*Olim*,c.*In scripturis*,c.*Clemens* や c.*Sunt in ecclesia*[65]その他非常に多くの箇所に明らかなように、聖なる教父の多数のカノンから結論される。

第八章

教皇の首長権は、神と自然が理性にかなった定めによって他の人々に与えた財産と権利と自由を――教皇自身の欠乏を満たすために財を必要とする場合を除いて――常に尊重しながら、魂の救済を配慮するために必要な、そして信徒の指導と指揮に必要な――人間たる支配者にとって可能な――すべての事柄に及んでいること。

さて、教皇の首長権がどれほどのことにまで及んでいるかをみることが未だ残されている。この点については、可死的な君主や支配者にとって可能なすべてのこと、そして魂の永遠の救済を得るために、信徒の指導と統治のために必要なすべてのことが教皇の首長権に属している、と言うべきだと私には思われる。しかし、その範囲は度を過して広いものであってはならず、教皇は、自分に服する人々から自分に必要なものを要求できるとき以外は、他の人々の財産、権利、自由を尊重しなければならない。しかし上記のことのすべてが既述のような意味で教皇の首長権に属していないならば、キリストは自分の教会のために十分な配慮をしなかったということになり、教会は必要なものを欠くことになるだろう。というのも、教会にとっては上述の意味で自己にとって必要なすべてのことが上位者によって供給されうることが肝要だからである。もしそうでないと、教会は十分な権威を有する一人の統治者に服することはないだろうし、むしろこのような教会には「統治者がいないところでは人民は滅亡する」[66]というソロモンの言葉があてはまるだろう。そしてまた『ヨハネ福音書』第十章にある「一つの群れ、一人の牧者となるだろう」[67]という言葉も証明されないだろう。

第九章

教皇が通常はそれに対して権力を有していない他の人々の権利や自由とは何か。

しかし或る人は、教皇の首長権を通常は免れている他の人々の権利や自由とは何かと問うだろう。これに対しては次のように答えられる。この権利と自由には、キリスト受肉の以前および以後において異教徒たちが正当に、そして正しく享受していたあらゆる権利と自由が含まれていると。そしてこれらの権利と自由は信徒からその意に反して取り去られるべきではない。というのも、信徒たちは、キリストの受肉以前であろうと以後であろうと、彼らが完全なる自由の法、すなわち福音の法に服している事実だけからしても、非信徒より劣悪な状態に置かれてはならないし、置かれるべきではなかったからである。このことは既に引用されたアンブロシウス、アウグスティヌス、レオその他同じ趣旨の他の権威の言によって明白に証言されている。

　ここから次のことが結論される。すなわち、権利と自由、特に俗人の権利と自由には、世俗的な事柄の処理と世俗的職務に必要なすべてのことが属している。というのもこの種の権利や自由は異教徒たちが処理するものごとに属していたし、今でもなおこのものごとに関して認められているからである。更にこのことは聖ペテロも証言している。すなわちxi.q.i.c.*Sicut enim*[68]でペテロは次のように言っているからである。「クレメンスよ、神の言葉の研究をないがしろにし、世俗の事柄に従事することがあなたにとり不信心の罪であるのと同じように、俗人の各々の者にとっても、もしこの者たちが共同生活に属する事柄においても相互に忠誠をもって活動しなければ、それは罪である。これらの者はすべて、あなたが立ち入るべきではない事柄からあなたを安全に守るために共同で活動しなければならない」。それ故同じ使徒は、一つ前の章にあるように次のように述べている[69]。「あなたにとって相応しくないと我々が述べたこれらの活動は（すなわち世俗的職務との関係で行なわれる活動は）暇のある俗人がお互いに行うようにさせなさい。そして、あなたがこれらの勤めから――それによってすべての人々に救済が与えられるこれらの勤めから――目をそらしてしまうようなことを誰もしてはならない」。これらの言葉から理解されるのは、世俗的事項の管理は俗人に属すること、少くとも管理者として相応しく忠実な人々がいるときはそうである、ということである。

　しかし他の俗人たち、そして修道士や俗間の聖職者たちの権利や自由に属する事柄について一般的に説明すれば、この種の事柄には、善き規則にも新約聖書で教示されていることにも反しないと理解されるすべてのことが含まれる。それ故、いかなるキリスト教徒も咎なくして、また理にかなった明白な理由なくして教皇によりこの種の権利や自由を強制的に制限されることはない――もっとも、或るキリスト教徒が誓約や約束その他何らかの方法で自発的にこの種の権利や自由の自制へと自らを義務づけたとき、あるいは当人が服従すべき他の自分の上位者によって拘束されているときは別であるが――。聖書で推奨されている福音法の自由とはこのことを意味している。

第十章

　使徒の首長権が及ぶのは、特にどのような事項か。

しかし更に或る人は、使徒の首長権が及ぶのは特にどのような事項であるかと問うだろう。

私はこの人に次のように答える。聖なるカノンが証言しているように、一般的にすべての司教と同様に教皇には、聖書の朗読、祈禱、神の言葉の説教、礼拝その他、永遠の生を得るためにキリスト教徒にとり必要で、キリスト教徒に特有で異教徒のもとには存在しないあらゆる事項を配慮することが属している。しかし特に重要なことは、教皇はこの種の事柄をあらゆる場所で単独で行うことなどできないのであるから、有益で慎重な方法で、しかも決して度を越すことなく、どのようにすればこれらの事柄が自分の下位者たちによって効果的に処理されうるか配慮しなければならない。教皇が行わなければならない「あらゆる教会を注意深く配慮する」[70]こととはまさにこのことである。これらの事柄は通常は教皇自身の権限に属しており、これらすべては霊的事項とみなされる。しかしながら世俗的事項に関しても、緊急事態や、緊急事態と同一視できるような利益が問題となる場合は、これらを配慮する権限を有する他のすべての者たちが不在のとき、教皇はこれらの事項に介入することができ、介入しなければならず、他の者たちの非難すべき危険な怠慢を補うことができ、補わなければならない。これこそ「十全権力」の意味するところであり、この権力の故に教皇は他の人々に優越し、輝き出るのであり、この権力によって通常あるいは時に応じて、信徒の統治に必要であると認識されるすべてのことを行うことができるのである。

しかし、彼が福音の法を隷従の法にしてしまうことのないように、たとえそれが霊的事項であっても、不必要なものごとを――それが不必要であり続ける場合には――命令することはできない。たとえそれらのうちの或るものを彼が人々に説き勧めることはできても。

第十一章

識者たち、すなわち神や人間について学識のある人が、上記のことの妨げになるようなすべてのことに容易に答えられるように、幾つかの一般的な規則が定められる。

教皇が上で述べられたこと以上の権力を有していること、あるいはこれとは別の十全権力――すなわち、霊的事項においても世俗的事項においてもあらゆることを行う十全権力――を有していることを或る人々がそれを通して証明しようと試みるすべての論拠に対しては、他の著作の中で特別に逐一返答されている。それ故、この要約においては、上述されたことに反対するすべての主張に識者がそれをもって返答することができるような注目すべき幾つかの一般的論拠を挿入するだけで十分だろう。

このような一般的論拠の第一は、上で述べたことに従って『マタイ福音書』第十六章にある「あなたが地上で繫ぐことはすべて……」という福者ペテロに対するキリストの言葉が例外もありうる仕方で理解されるべきであるように、すべての事柄において教皇に従わなければならないと述べられているカノンも例外がありうる仕方で解釈されなければならない、ということである。というのも、もしそうでないと、教皇の権力は神の権力と同等になってしまうからであり、法にかなった正当な仕方で皇帝から、あらゆる王や君主から、そして万人から帝国や王国や君主国を、そして一般的に彼らのあらゆる所有物を取り上げ、これらを自分の物として受け取って保持し、あるいはそれが誰であろうと他の人々に、低い身分の人にさえ、引き渡すことができてしまうからである。これは福音の法の完全なる自由を無効にし、否定することである。

第二の論拠は、教皇が制定した法律のうち、或る法律は、たとえそれが当の法律を適用する人々の習慣によって是認されていなくても信徒を義務づけ、教皇がそれを明確に認知し寛恕しないかぎり、いかなる慣習によっても無効にされることがないのに対し、或る法律は、当の法律を適用する人々の習慣によって是認されないかぎり決して人々を義務づけることはない（di. iv. § *Leges instituuntur*）[71] ということである。それ故、使徒のあらゆる定めが拘束力をもつことを主張するカノンやその他の権威は、たとえこの定めがそれを適用する者たちにより是認されていなくても義務的であるような定めについて言われているものと理解されなければならない。すなわち他の人々の権利や自由を尊重しつつ信徒を統治するために必要な事項について為された定めがそうである。それ故これらのカノンや権威は使徒の他の定め、すなわちそれを適用する者たちの習慣によって是認されたものでないかぎり義務を課することのない定めについて言われたものでないと理解すべきである。

第三に、皇帝や王あるいは他の信徒たちが、神法を根拠に教皇が要求することのできない数多くの世俗的財を――すなわち過剰にある世俗的財を――強制されてではなく寛大さによって教皇に与えたように、彼らは、神法によっては教皇に何の権限もない多くの事項における裁治権と権力を強制されてではなく自発的に教皇に与えたのである。それ故教皇の権力について語る数多くの権威は、教皇が神法ではなく人定法によって有する権力について語っているものと理解されなければならない。教皇はこの種の権力を信徒たちから与えられたかぎりにおいて有しているのである。そして或る時にこの権力がどれほどのものかについて疑問が生じ、解釈が必要となった場合、この種の解釈を行う権限は教皇には属しておらず、それはこのような権力を教皇に与えた者やこの者の相続人に属している。さもなければ、それが臣下であろうと高位聖職者であろうと真摯な情熱をもった賢者――もしこのような人物が見出されるならば――の英知と助言に従って、より好ましく、より冷静で理にかない、より真実らしい解釈が採用されねばならない。

第十二章

教皇はどのような意味で全信徒の至高の頭にして審判者なのか。

真理を熱心に追求する者は上に述べたことを論拠にして数々の反論に答えることができるが、私は特に一つの反論に答えておくべきだと考えた。それは次のような反論である。すなわち、信徒の共同体は、起こりうるあらゆる問題や事項に関して一人の至高なる頭にして審判者に服従しなければならない。というのも、もしそうでないと、それは多くの頭を持つか頭が全く欠けてしまい、そのいずれも異常とみなされるべきことから、決して最善の仕方で秩序づけられることはないだろうからである。ところが、あらゆる点に関して全信徒の頭なる者は教皇以外にはありえない。なぜならば、皇帝の権限には霊的事項が全く属していないことから、その者は皇帝ではありえないからである。それ故、信徒の共同体はあらゆる事項に関して教皇に服従している。

これに対して私は次のように答える。すなわち、大司教区において大司教が、総大司教区において総大司教が控訴やその他法によって認められた手段によって自分自身に告訴が為されないかぎり、臣民たちの訴訟を審理することができず（ix. q. iii. c. *Conquestus*）[72]、それ故あらゆる事項に関して、そして通常かつ正規の意味で、自分の総大司教区や大司教区で生活する人々の裁判官ではないにしても、霊的事項における第一の頭にして至高の裁判官であるのと同様に、たとえあらゆる事項に関してすべての信徒が直接的には教皇に服従してはおらず、教皇は数多くの事例において信徒たちの裁判官でないとしても、法廷で確定される必要のあるすべての問題において神法上、通常ないし例外的に裁判官でありえるが故に、キリストのもとに教皇が全信徒の頭にして至高の裁判官であることが認められなければならない。皇帝についてこのように言うことはできない。なぜならば皇帝であるかぎりの皇帝は、数多くの真の皇帝がキリスト教の信徒ではなかったのであるから、例外的にでさえ霊的事項に介入すべきではないからである。もっとも、もし皇帝が信徒であれば、信徒たるかぎりにおいて、彼は数多くの霊的な問題に関し数多くの事例において、特に信仰に関する問題について介入するよう義務づけられている。信仰に関する問題は「全くもってあらゆるキリスト教徒に関わる」（di.xcvi, c. *Ubinam*, 及び c. *Nos ad fidem*）[73]からである。

第十三章

使徒的な首長権の卓越性は三つの点に存すること。

上に述べたことから、使徒的な首長権の卓越性が何に存するか結論すべきである。というのも、これは三つの点に存するからである。第一にそれは次の点に、すなわちそれは世俗的事項より価値ある霊的事項に関するものであるという点に存する。（di. xcvi. c. *Duo*）[74]。第二にそれは次の点に、すなわちそれは奴隷ではなく自由な人々に関するものである、という点に存する。というのも、たとえ或る人々が人定法によって教皇ないしローマ教会の奴隷であることはありえても、神法上はいかなる人間も教皇の奴隷ではないからである。これは di. viii. c. *Quo*[75] にある聖アウグスティヌスの『ヨハネ福音書註解』の権威によって理解されるとおりである。第三にそれは次の点に存する。すなわち、正規には、そして通常は教皇の権力に一定の限界が引かれており、通常はこの限界を越えることは許されないにもかかわらず、教皇は神法上、信徒の統治や支配に必要なすべてのことを通常は、あるいは例外的に行うことができるからである。そしてこの限界が何であるかは上に述べられたことから明らかである。もっとも、教皇が通常は行うことを決して許されてはいないことを行ってもよい事例がどのようなものであるかは明らかでない。

おそらくこの種の事例に関して一般的な規則を与えることは確かに不可能だろう。しかし、これらの事例に関しては、偏頗なくして最も真摯に正義を熱愛する最も賢明なる人々――それが貧者であろうと富者であろうと、下位者であろうと上位者であろうと、もしこのような人々がいるならば――の思慮と助言に従い、最大の熟慮をもって事を進めなければならない。しかし、このような人々が十分に見当たらないならば、教皇が無知によって――事実、しばしば教皇は無知の故に苦労するのであるが――危険なことに昔からある限界を踏み越え、神法それ自体によって無効であるような判断を下すことがないように、我々もこの点について判断するのを差し控えるべきである。

第十四章

「牧者の判決は、それが正しいときも不正であるときも尊重されなければならない」という教皇グレゴリウス一世の権威は、どのような場合に無効とされるか。

実際のところかなり多くの人々が、そして自分に学識があると思っている人々でさえ、xi. q. iii. c. i[76] にある「牧者の判決は、それが正しいときも不正であるときも尊重されなければならない」というグレゴリウスの言葉を援用しながら、教皇の判決はいかなる場合も法によって無効とされえないと主張していることから、次のことが示されなければならない。すなわち、グレゴリウスの言葉は通常は真であるにしても、たとえそれが牧者と思われているだけで実は牧者ではない人間の判決だけでなく真の牧者の判決について言われているときも、多くの場合法によって無効とされるということである。

というのは、たとえそれが真の牧者の判決であっても当の判決が法やカノンに違反して下されたならば、グレゴリウスの言葉は無効になるからである。Extra. *de sententia et re iudicata*, c. i.[77] このことから次のように結論すべきである。すなわち、キリストの真の代理者の判断であっても、もしそれが神法や自然法に違反して下されたならば尊重されるべきでない。なぜならば、これらいずれの法も法律やカノンより卓越し、より価値があり、特免されにくく、その適用が免除されにくいからである。下位の聖職者はカノンに違反することができないが、それ以上にキリストの代理者は神法や自然法に違反することができない。

更に、判決が容認できない誤りを含む場合も、グレゴリウスの言葉は無効である（Extra, *de sententia excommunicationis*, c. *Per tuas*）[78]。

更にまた、判決に服する者が免除されている場合に判決が下されたときもグレゴリウスの言葉は無効であり[79]、（Extra,*de excessibus praelatorum*, c. *Cum ad quorundam*）、従って、どのような者であろうと判決を下される者が裁判権に服してはいない問題に関して、そしてそのような事例において当の判決を下されるときも同様である。というのも、同一の事例において或る者が最初は裁判官ではなく、その後裁判官となることもありうるからである。例えば大司教は自分に服する属司教の訴訟において控訴以前は裁判官ではないが、控訴以後は裁判官であるのと同様である（ix, q. iii, c. *Conquestus*）[80]。

その上、上述のグレゴリウスの言葉は次のようなときも無効である。すなわち、或る法律問題に関して判決に服する者が、実はその問題については自分に判決を下す彼の司牧者より上位にあるときに、当の問題に関する訴訟でそのような司牧者が彼に判決を下した場合である。例えば教皇によって訴訟を委任された者は、委任された訴訟に関しては自分の司教より上位にあるように（Extra, *de excessibus praelatorum*, c. *Dilectus* in glossa[81]そしてExtra, *de officio iudicis delegati*, c. *Sane*）[82]。

更にグレゴリウスの言葉は、控訴が適法に提起された後に判決が下されたときも無効である（Extra, *de sententia excommunicationis*, c. *Per tuas*）[83]。

以上のような仕方で、そしておそらく他の何らかの仕方でグレゴリウスの上述の言葉は、判決が真の牧者によって下されたときでも無効である。また、真の牧者と思われていても真の牧者ではない者によって判決が下されたときにグレゴリウスの言葉が無効であることは疑いを入れない。

第十五章

不正と暴政の汚れを帯びるアヴィニョンの教会は、教皇権について議論することを躊躇わない者たちを、彼らが正しい意図のもとでそうするときでも、敵対視し迫害すること。

以上のことをみたうえで、どのようにしてアヴィニョンの教会がキリストの全信徒に甚大で異常な害を加えながらキリスト教徒全体を暴政によって支配しようと努めているかが示されねばならない。アヴィニョンの教会はこのような支配を何の心配もなく、より自由に――暴政の汚れなしとは言えないやり方で――遂行するために、教会の権力について議論することを恐れない人々を

――たとえこれらの人々が正しい意図のもとに議論するときでも――迫害している。その結果、大学やその他の学校では、教授や教師の誰一人として、教皇権に関する問題を――どのような仕方であろうと――議論し解決することを敢えて提案ないし受け入れようとしないほどである。しかし教皇権について議論することは――教皇権を排除したり弱めようとする意図や、教皇権に関して保持されるべきことを疑問視する意図ではなく、教皇権を弱めたり、あるいは必要以上にそれを拡大することで教皇権に関して誤った見解を抱く人々を論駁し、教皇権について一般的に知られていないものごとを公に知らしめる意図をもって議論することは――教皇に服するすべての人々にとってと同時に教皇にとって喜ばしく、是認されうるはずである。というのも、教皇がどのような権力をどれほど有しているか、またどのような権利によってそれを有しているかを知ることは、双方にとって必要なことだからである。

すなわち、このことが教皇に服する人々にとって必要なのは、教皇グレゴリウス一世が「臣民は必要以上に服従しないように忠告されねばならない」と述べているように（ii. q. vii. c. *Admonendi*）[84]、人々が必要以上に教皇に服することのないようにするためであり、このことが教皇にとって必要なのは、同じくグレゴリウスが述べているように「教皇の先祖が立てた古い地境が踏み越えられることのないように」するためである。それ故、教皇が自分の権力について議論する者たちに恐怖心を植えつけるならば、彼は自己自身の権力の正しい限界に満足しようとはせずに、むしろ自分に服従する者たちを専制的に支配しようとしている、と正当にも疑われることになる。というのも、「判決を逃れる」臣民は「正義に疑いを抱いているように見える」（xi. q. i. c. *Christianis*, Extra, *de praesumptionibus*, c. *Nullus*, iii. q. ix. c. *Decrevimus*,di. lxxiv. c. *Honoratus*）[85]のと同様に、臣民たちが議論や主張、反論と応答、研究その他の方法で、上位者には自分たちに対しどのような権力が与えられているかについて知ろうと試みると憤ったり当惑したりする上位者は、正当な権力の限界内を歩もうとしていない、と疑いをかけられて然るべきである。

それ故アヴィニョンの教会は学者やその他の人々が教皇権について敢えて議論したり、真に権威ある書物や理性によって明らかになったことを公にしないように恐怖を植えつけることによって彼らを害しているのである。xvii. q. iv. c. *Nemini* 及び § *Committunt* において[85]、「教皇権について議論することは許されない」と主張されていても、これは上記のことに対する反論とはならない。なぜならば、悪しき意図をもって皇帝権について議論することは許されず（*C. de crimine sacrilegii*, l. *Disputare*）、また公教会の信仰について議論することが許されない（*C. de summa Trinitate et fide catholica*, l. *Nemo*）[86]ように、教皇権を弱める意図で、あるいは教皇権に関して保持されるべきことを疑問視する意図で教皇権につき議論することは許されないが、これらすべてのことにつき善き意図をもって、あるいは然るべき思慮と熟慮をもって議論することは信徒の共同体にとって有益で必要なことの中に数えられなければならない。また公教会の信徒は前述のような仕方で、福音法の自由に反して隷従状態に陥るようなことがあってもならない。

第十六章

教皇の行動がそれ自体において悪であるならば、正しい信仰をもつ者が教皇の行動について裁決し、然るべき場所と時においてそれを非難することは正当であり必要であること。

しかし、学識ある者たちが教皇はどのような権力を有するべきかについて分別をもって、そして善き意図をもって探究することが正当であるばかりか、もし教皇の行為が善き魂によっては為されえないようなものであれば、彼らが教皇の行為について裁決することは、すなわち当の行為は悪であり非難されるべきであると判断し、このことを所と時に応じて主張し他の人々に通告することは有益で必要なことである。というのも明白なことについて裁決することはどのような人にも許されているからである（Extra. *de regulis iuris, Estote*）[88]。

それ故、教皇の行為が善き魂をもって為されうるようなものであれば、その行為を教皇に対し好意的に、善き行為として推定すべきであるとしても、当の行為が――例えば売淫であるとか善人に対する抑圧、他人の財産や権利を侵害したり横領すること、真理を拒否し異端を唱えること、無実の人間を中傷すること、平和の攪乱、害のない敵への一方的攻撃、不公平、昇格するに値しない者を昇格させ、昇格に値する者を昇格させないこと、聖職売買、傲慢、貪欲、不和の種をまくこと、人々を分裂させること、虚言、暴力的支配、殺人といった行為のような――善き魂をもっては為されえないようなときは、この種の行為について判断を下すことが各々の人間に許され、むしろ各人は教皇のこの種の行為を罰せられるべきものとみなすべきである。これはグレゴリウス一世が『ヨブ記倫理的解釈』で「聖なる人間は、善きことを邪悪と考えないように、邪悪なことを善きものと判断することを拒否する」[89]と述べているとおりであり、この言葉は di. xlvi. c. *Sunt nonnulli* にもみられる。

それ故教皇は他の人々と同様に、『マタイ福音書』第七章にあるように[90]「彼の実によって知られるべきである」ことから、もし彼の行為がその本性からして邪悪なときは、教皇のことを聖なる者とか正しい者とかいう人は、イザヤ書第五章に[91]「わざわいなるかな、彼らは悪を呼んで善と言い、善を呼んで悪と言う」[92]と書かれているように永遠の断罪に値し、更に「神に憎まれる」者である。というのも、xi. q. iii. c. *Si quis* にあるように[93]、聖ヒエロニュムスによれば「もし誰かが正を不正と呼び、誰かが不正を正と呼ぶならば、『この二人の者は共に主に憎まれる』。そして同じく、聖なる者を聖でないと主張する者、逆に聖でない者を聖なる者と主張する者、この二人の者は共に神に憎まれる」からである。それ故、聖なる教皇を聖でない教皇と述べ、正しい教皇を不正な教皇と述べる者が神に憎まれるように、聖でない教皇を――すなわちその行いが善き魂によっては為されえないような教皇を――聖なる教皇と呼び、このような不正な教皇を正しい教皇と呼ぶ者も神に憎まれるのである。

第十七章

アヴィニョンの教会はローマ帝国に対して他の王国に対するより強い権限を自らに要求することによって、特にローマ帝国に害を加えていること。

従って、善意によっては決して為されえず、それによって他の人々に害が加えられることが認められるアヴィニョンの教会の行動とは何であるかをみなければならない。

事実、先ず第一に知るべきことは、アヴィニョンの教会がローマ帝国に対して他の王国に対するより強い世俗的権限を自らに要求することによって、特にローマ帝国に害を加えていることである。というのも、アヴィニョンの教会は神法によっても人定法によってもローマ帝国に対しこのような権限を有してはいないからである。神法によって有していない理由は、聖書の中にはローマ帝国に対するこのような権限がまったく述べられていないからである。人定法によって有していない理由は、皇帝以外にはこのような人定法を制定できる者は存在しないが、皇帝は自分の後継者に損害を与えるような仕方で、帝国に対するこのような権限を教皇に譲渡することができないからである。皇帝は帝国に属するある種のものを他者に譲渡することはできても、帝国自体を他の人間に服従させ、自分の後継者が自分よりも少ない権限をもつようになる事態を引き起こすことはできない。「同等な者が同等な者に対して支配権をもつようなことはできない」からであり、真の相続人は「被相続人と同じ権利を享受すべきである」（Extra.*de regulis iuris*,*Si quis*,libro vi）[94] からである。

第十八章

アヴィニョンの教会はイタリアにおいて、都市、城塞、村その他帝国の領土を世俗的事項に関しても自己の支配下に暴政的に服さしめることにより、帝国に害を加えていること。

以上のことから結論されることは、アヴィニョンの教会が特にイタリアにおいて、都市、城塞その他の帝国の財産を自己の支配下に暴政的に服さしめることにより、ローマ帝国に甚大なる害を加えていることである。というのも教会はイタリア以外のところで世俗権力による暴政を行うことができないからである。

確かに、上で示されたように教皇は世俗的事項に介入すべきでないならば、なおさらのこと他人の世俗的財産を、当の他人の同意なくして奪い取ったり私有したりすべきではない。xii. q. ii. c. *Sicut ecclesia*(95)に明白に示唆されているように、いかなる教会も「他人の財産を侵害してはならない」からである。

第十九章

アヴィニョンの教会が、帝権は教皇に由来すると主張することによってローマ帝国を害していること。

更に、既に述べたことによって、アヴィニョンの教会が帝権は教皇に由来すると主張することによってローマ帝国を害していることは明らかである。

というのも既に示されたように、教皇は、教皇に由来しないフランス王国や他の王国に対するよりも大きな権限をローマ帝国に対して有してはいないので――王国が教皇に由来しないことはよく知られた明白な事実であり、フランス王国については教皇が特にこのことを指摘している。Extra, *Qui filii sint legitimi*. c. *Per venerabilem*(96)――ローマ帝国が教皇に由来しないことが明白に結論される。

更にその上、ローマ帝国は教皇職が存在する前から存在していた。それ故ローマ帝国はその起源において教皇に由来するものではなく、従って教皇職が設立された後も教皇に由来することはない。

このことから次のことが帰結する。すなわち、もし教皇が帝国統治の権限をもつ者の意に反してローマ帝国に関する何らかの事項に――教皇が特にローマ市の司教であることを理由に、（皇帝がキリスト教徒であるならば）教皇にとって必要なことを皇帝に特に要請するような場合はおそらく別にして――介入するならば、そして他の王国に関して介入するときと異なった仕方で、また帝国が空位であろうとなかろうと皇帝自身によって定められたものとは異なった仕方で教皇が介入するならば、教皇は「他人の収穫物に自分の鎌を入れている」(97)ことでローマ帝国を害している、ということである。というのも、教皇は神法によっても人定法によってもローマ帝国に対してこのような権力を得てはいないからである。

また何らかの慣習を――たとえそれが真のローマ教会の慣習であろうと――援用することも、当の慣習が理にかなっていないかぎり、そして長期間にわたる慣行によって効力を獲得し、正当な仕方で導き入れられた――このことを立証するのは多くの場合不可能であり、多くの場合困難である――のでないかぎり、有効なことではない。確かにアヴィニョンの教会が帝権に対抗して自らのために援用する慣習の多くは、次の二つの主な立証方法によって――この二つの方法が多くの事例にあてはまるかぎり――容易に無効なものとして排斥することができる。すなわち、それらの慣習が理にかなっていないこと、あるいはそれらの慣習が長期間にわたる慣行によって正当に効力を獲得したとは決して言えないことを立証することである。

慣習は、それが神法ないし善い慣行に反しているとき、それが危険であるとき、不品行であるとき、共通善を害するとき――あるいは権利や自由を取り上げられることのない或る人間を害するときでさえ――理にかなっていないことが示されうる。また、世俗法や教会法から明らかなように、慣習法が長期間の慣行によって正当に効力を獲得したのでないことは多くの方法で立証されうる。

第二十章

アヴィニョンの教会は、王ないし皇帝として選挙された者は教皇により認可され承認される以前に王の名や称号を自分のものにすべきではなく、帝国の統治に関わるべきでもないと主張することによって帝国を害していること。

更にアヴィニョンの教会は、王ないしローマ皇帝に選ばれた者を認可あるいは承認する権限が自分に属しており、それ故、この者はこのような認可や承認の以前に王の名と称号を自分のものにすべきではなく、王国や帝国の統治にかかわるべきではないと主張することによってローマ帝国を害している。

というのも、既に示されたように、教皇は他の王国や他の王に対して有する権限より大きな権限を帝国や皇帝個人に対して有しているわけではないからである。しかし、これら他の王国や王は――少くともその大部分は――、教皇により認可され承認される以前は王の名や称号を自分のものにする権利がなく、自分の王国の統治にかかわる権利がないような仕方で教皇に服従することは決してない。それ故、ローマ人の王ないし皇帝として選出された者もそのような仕方で教皇に服従することはないのである。というのも、このような皇帝の特別な服従は、聖書を理解する者ならば誰にでも明らかなように神法上のものではないし、帝国が存在する以前から存在していた万民法上のものでもなく、明らかにローマ法上のものでもないからである。またそれはカノン法によるものでもない。なぜならば、教皇は皇帝以外の諸王をこのような仕方で自分に服従させる権限をもたないように、このような仕方で皇帝を自分に服従させる権限をもってはいないからである。

この種の服従は慣習に由来するわけでもない。というのも、慣習は理にかなっていないかぎり、そして長期間の慣行を通して時効により効力を得ていないかぎり法律としての力を有していないからであり（Extra, *de consuetudine*, c. ultimo）[98]、特にその人の意に反して取り上げられるべきではない権利や自由を害すると考えられるような慣習は法律としての力を有していないからである。そして皇帝の服従を要求するこの種の慣習が理にかなっていることはなく、時効によって法律としての力をもつこともありえない。これが理にかなっていないことは明白である。その理由の一つは、この種の慣習は皇帝の威厳を損なうからである。かつて皇帝に選出された者たちはこのようにローマ教皇に服することはなかったが、皇帝に選出されてもローマ教皇に服するような者は以前の皇帝たちが享受していた権利を必ずしもすべて享受することができないが故に、以前の皇帝たちの後継者でないことになるからである。もう一つ別の理由は、この種の慣習は共通善を損なうからである。というのも、教皇はしばしば帝国に敵対することがあり、このような教皇の邪意により、あるいは教皇座の空位により――かつて教皇座の空位が六年間続いたことがあり、これより長い期間続くこともありえることから――、帝国に服する人々の間で危険な戦争やその他多数の害悪が生ずることもあり、これらの戦争や害悪は皇帝が不在だと鎮圧されず、強力な統治者がいて初めて停止するからである。それ故教皇からの許可ないし承認を待っていては共通善は失われるだろう。以上のことから次のことが結論される。すなわち、理にかなっていないいかなる慣習も時効によって正当に法律としての力を得ることはありえないのであるから、上記のような慣習も時効によって正当に法律としての力を得ることはない。

　更にこの結論は次のことによって立証される。すなわち、他者を害する仕方で或る人や人々によって慣習が導入されたとき、――特に、慣習によって害を被る他者が、当の慣習を導入したとみなされる人や人々より下位にない場合は――、慣習が他者を害さないと言えるのは、当の他者が慣習によって自分が害を被ることを十分に認識し、それを意図していた場合にかぎられる、ということである。というのも標準註釈（di. viii, super c. *Frustra*）[99]が言うように、「慣習が権利を侵害してもよいと言えるためには」――そして同じ理由で、この種の事柄に関して他人に服従していない者を侵害してもよいと言えるためには――「それが古くから存在し、承認されていることが必要である」。ここで「承認されている」ということの意味は、慣習によって害を被らざるをえない者自身によって承認されている、ということである。そして、ローマ人民の王に選出された者が非常にしばしば、教皇の許可と承認があるまでは上記の統治を行わず、このようにして実際に許可と承認を受けていたとしても、彼らはこの種の許可ないし承認が自分たちの後継者を害することなど意図しえなかった。「というのも、同位者は同位者に対して命令権をもたないからである」（Extra, *de electione*）[100]。そしてもしこのようなことが起こったならば、彼らの相続人は、帝国の起源となった者たちの真の相続人とは言えなくなるだろう。これらの相続人が「カエサル」や「アウグストゥス」という名称を使用すべき理由は、これらの相続人が帝国の起源となった者たちの真の相続人だからである。

　更に、皇帝は「法律から解放されている」。このことは特に帝国の実定法について真である。それ故、皇帝は同じように慣習によって拘束されることもない。慣習は皇帝の権威によらずして法律としての効力をもたないからである。ところが上述の慣習は、仮にそれが存在していても、皇帝の権威によらずして法律としての効力をもつことはない。というのも、それは皇帝が知ることなくして、あるいは皇帝の意志に反して法律として採用されることはないからである。それ故、後継者の皇帝たちは慣習によって拘束されることはない。このようにして、上述の慣習は皇帝の意に反しており、単に長期間存在しているという理由だけで法律の効力を持つことはない。

更に、使用取得の制度がローマ人の法律によって導入されたように（di. i. c. *Ius Quiritum*[101]）、時効もまたローマ人の法律によって導入された。しかし皇帝はこの種の法律によって拘束されてはいない。それ故、上述のような慣習が皇帝の意に反して時効により法律としての効力をもつことはありえない。

加えて――たとえ慣習が法になることが可能だとしても――他者に大きな害を与える慣習、特に卓越せる皇帝位のような、かくも偉大な顕職に害を与える慣習が法になることは、次の条件が充たされていないかぎりありえない。すなわち、他者を害する慣習が法になるためには、当の慣習が法になっているか否かをめぐる訴訟において慣習が法であるとの判決が下される必要がある。これは Extra. *de verborum significatione, c. Abbate* への註釈[102]が証言しているとおりである。註釈は「慣習が効力をもつためには、反対の当事者によって慣習の効力が否定されたとき、訴訟を通じてその効力を認める判決が下されていなければならない」と述べており、Extra. de *consuetudine* の最終章への註釈[103]や、di. viii. c. *Frustra* への註釈[104]も同じことを述べている。ところが次のような慣習、すなわち、ローマ人民の王、ないし皇帝に選出された者は、教皇によって許可ないし承認される以前は、上述の行動を差し控えなければならない、といった慣習が訴訟において判決により確認されたことはなかった。それ故、慣習がこのように選出された者を害することはない。

更に、承認を必要としない何らかの顕職へと選出された者は、このような顕職に関してはこの者の上位者でない人により許可され承認されることがなくても当の顕職の名を自分のものにすることができる。事実、このことの故に教皇も、決して他の人によって許可されたり承認されることがなくても、選出されたこと自体により直ちに職務に従事することができるのである。しかしローマ人の王に選出された者はいかなる確認も必要としておらず、皇帝という顕職に関して教皇の下位にあるわけでもない。それ故、この者は選出されたこと自体により直ちに、王の名と称号を自分のものにすることができ、帝国の統治に自ら従事することができる。

第二十一章

アヴィニョンの教会は帝国の所有物や財産を暴政により不正に占有していること。

既に述べたことから次のことは明らかである。帝国の財産と権利を飽くことなく欲しがり、帝国の財産と権利の極めて強欲な略奪者であるこれらアヴィニョンの族は、これら帝国の財産や権利を皇帝から贈与されたり譲渡されることなくして自分のものにし、実に、それらの或るものは敵意に充ちた襲撃によって手に入れることで、不当に、暴政により、不正に保持しているのである。アヴィニョンの教会が真なるローマ教会だとしてもこのことに変わりはない。

というのも、もし（実際にそうであるように）ローマ教会が自己の財産を武器や世俗的な権力によってではなく法廷において要求すべきである（xvi. q. v. c. *Consuetudo*）[105]ならば、なおさらのこと帝国の財産や、何であれそれ以外の財産を武器によって略奪すべきではない。確かに、教会がこの種の財産を帝国の反徒や帝国に服していない者たちからの贈物として受け取ることは倫理に反している（xvii. q. ultima. c. *Quicumque*）[106]。

第二十二章

アヴィニョンの教会は、帝権に服する者たちの間に不和の種をまき、皇帝に対抗して他の人間が王に選出されることを目論むことによって帝国に害を与えていること。

更に、支配欲に身をまかせ、貪欲と強欲の激烈さによって完全に盲目となったこれらの者たちはローマ帝国を自分たちに服従させようと切望するあまり、帝国の君主や人民相互の不和や叛逆や戦争を助長し、それどころか不正にもこの種の不和や叛逆や戦争を増大させたり、新たに生み出すことをはばからず、キリスト教世界全体に危険が生ずるほどである——というのも「分かれ争う国はみな亡びる」[107]と「真理」自ら述べているからである——。その結果、これらの者たちは欺瞞を弄して一方の党派をその邪悪な欲望へとかり立て、このことによって他方の党派を完全に打ち倒し滅ぼして、結局はすべての人々を隷従の状態へと置くことになるのである。そして昨今、これらの者たちは極悪非道にもかくも公然とこれを成就しようと試みたことから、この行状をどんな言い訳によっても隠すことができないほどである。というのも、法的に無効な偽りの手続きによって彼らは皇帝に対抗して別の者を王に選出できたことを公に言いふらしているからである[108]。

第二十三章

アヴィニョンの教会は、自らが引き起こした選挙に関して、いかなる言い訳も述べることができないこと。

また彼らはいかなる仕方においても、自分たちは信仰と教会の栄誉を守るためにこのことを行ったのであると述べて言い訳することはできない。というのも、皇帝と彼らの間で生じた問題が正しく検討されれば、彼らが皇帝の責めに帰しているこれらの事柄において過ちを犯し、自らの過ちを頑固に擁護していることが判明するのは皇帝ではなく――後で示されるように他の多くの事柄においてと同様に――彼らのほうだからである。たとえ皇帝が過ちを犯しているとしても、皇帝が自らの過ちを頑固に擁護することなど立証されるはずがない。というのも皇帝は、自分が過ちを犯していることを正当な仕方で説得されたならば、常に自らを正す用意があるからである。

そして仮に彼らが皇帝の責めに帰しているすべての事柄において皇帝が有罪と判断されるべきこと、そして彼らが教会の真の牧者であることを認めたとしても、彼らはこれほどまでに危険な愚行に及ぶべきではなかった。というのもこのような愚行からは、彼ら自身をも含めて全キリスト教会を脅かす甚大な危険が生ずるからであり、特に皇帝は意に反して戦いや抗争に強制的に巻き込まれたにすぎないことが知られているからである。皇帝にこの戦いや抗争を強いたのは彼らであり――おそらくこのことにより彼ら自身が最終的に破滅することになるだろう――、彼らは、他の場合には正しいこと許されることでも、不和や対立や危険がそこに生ずるが故にしばしば放棄されねばならないことに注意を払わなかった。これはアウグスティヌスが証言しているとおりである。アウグスティヌスはボネファキウスに対し次のように述べている(109)（di. 1. c. *Ut constitueretur*）。「不和から生ずる重大な分裂の故に、あれやこれやの人間に危険がふりかかるのではなく、人民全体が破滅に瀕しているような場合は、厳格さも少しばかり緩和されねばならない」(110)。それ故アウグスティヌスは、xxiii. q. iv. c. *Non potest* にあるように、このような愚かな訴訟や判決や勧告について次のように述べている。「分離の」――すなわち破門や断罪の――「勧告は虚しく、有害で、神を冒瀆するものである。というのも、それらは罪深く傲慢であり、活気ある悪人を正すことはなく、むしろ無力な善人を不安に陥れる」。もしアウグスティヌスが「罪の害毒の感染が多くの人々を冒した」ときに分離の判決や勧告についてこのように語るのであれば、多くの人々が真理と正義を抱き、これらに従っているときに、分離の判決や勧告について何が言われ、何が起こるだろうか。誠に、『ガラテア人への手紙』第五章(111)の使徒パウロの望みに従って、多くの人々をかくも「混乱させる」者は「切り離される」べきであり、世俗の権力によって打ち砕かれるべきである。またこれらの人々は、自分たちがそのようなことを行ったのは教会の財産と自由を守るためであったと主張しても弁明にはならない。というのも、皇帝が教会の財産を攻撃したことを仮に認めても、彼らはかくも危険な仕方でそのような措置によって皇帝を苦難に陥れるべきではなく、むしろこのような場合彼らは『マタイ福音書』第五章(112)にあるキリストの教え、すなわち「法廷であなたと争おうとし、あなたの下着をとろうとする者には上着もやりなさい」という教えや、『ルカ福音書』第六章(113)にあるキリストの教え、すなわち「あなたから上着を奪う者には下着も拒んではならない。あなたのものを奪う者からそれを取り戻してはならない」という教えに従うべきだからである。また彼らは教会の自由を口実としてこのようなことを敢えて行うべきでもなかった。というのも教会の自由というものは、教会の世俗的栄誉と同様に最も価値の低いものに数えられるからである。それ故、このような状況においては、世俗的財産が信徒たちの平静や平和より優先されないように放棄されるべきであったのと同様に、教会の自由も放棄されるべきであったし、既に述べられた章 *Non potest* にみられるアウグスティヌスの助言と教えに従うべきであった。この章でアウグスティヌスは次のように述べている。「堕落した者に多くの仲間がいないような場合でないかぎり、数多くの人々による矯正が効を奏することはありえない」。それ故「同じ病気が既に多くの人々を冒しているようなときは、善人には悲嘆と嘆息以外の何ものも残されてはいない(114)」。従って、アヴィニョンの教会は罪なき皇帝に対し不正な行動へと及んだが故に、彼らには言い訳の余地がないと見なされるべきである。たとえ、このような場合、相手が罪ある者であれば、彼らにはそのような行動に及ぶべき義務があったとしても。

第二十四章

アヴィニョンの教会は教会財産に関してキリスト教徒に様々な害を与えた。というのもアヴィニョンの教会は、これらの財産を教会に贈与した人々が指定した仕方とは異なる仕方でそれらの財産につき命令し、それらの財産を使用しているからである。

しかしアヴィニョンの教会によって害を被っているのはローマ皇帝だけではない。キリスト教徒たちも教会財産に関してアヴィニョンの教会から様々な仕方で害を受けている。というのも教会は、財産を教会に贈与した人々が指定した仕方とは異なる仕方でそれらの財産につき命令し、それらの財産を使用しているからである。その証拠として次の二つのことを知るべきである。

第一に、ある種の世俗的財産が神法により聖職者に与えられるべきことは確かである。すなわち彼らの困窮を軽減するために必要な財産である。しかしこれ以外の財産については神法によって彼らに与えられるべきだとは定められていない。すなわち聖職者にとって必要な財以上の過剰な財であり、皇帝や王やその他の信徒はこの種の財を必要性の故ではなく、純粋に敬虔な心と信仰心に充ちた寄付によって、貧者を扶養するため、教会を建て慈善施設に役立てるため、その他敬虔なる事由のために教会に贈与したのである。

第二に、理性に合致した法によれば、自分の財産を譲渡しようとする者で、その財産を譲渡するように義務づけられてはおらず、純粋なる施しによりそれを譲渡ないし贈与するような者は誰でも、自分が欲する規則や条件、制限や規約を定めることができ、それが理性や法に違背しないかぎり、この種の規則や条件、制限や規約は財産を受け取った者によって遵守されねばならない。

これら二つのことから次のことが帰結する。すなわち、俗間の聖職者であれ修道会士であれ聖職にある者たちの教会財産について、教会に当の財産を贈与した人々が指定した仕方とは異なる仕方で――すなわちそれを聖職にある者たちから取り上げたり、自分のものとして受け取ったり他人に授与したりすることで――命令したり使用しているアヴィニョンの教会は聖職者たち自身に害を加えている、ということである。それ故教皇、あるいは教皇として振る舞う者が聖職者たちの余剰財産の十分の一ないしその他何らかの特定部分を或る聖職者や俗人に与えたり、それどころか自分自身のために受け取るようなことがあれば、そのような財産を聖職者たちに贈与した者がこのような権限を教皇に認めていたのでないかぎり、教皇は聖職者たちに明白な害を及ぼしていることになる。従って、教会に財産を寄付した君主が付した規定の中に、彼らが教会に与えた財産に対して教皇がこの種の権限をもつことを認める趣旨のものが存在しないのであるから、教皇が教会財産に対して上記のような仕方で介入することは全くもって不可能なことになる。それ故、もし皇帝や王や君主が敬虔なる理由により、自分や自分の前任者がかつて教会に贈与していた教会の余剰財産を利用する（利用したいと欲する）ときは、――教皇が特定の地域において長期にわたり黙認されてきた慣習により上記のような権限を取得していたような場合はおそらく別として――このような財産からの援助を教皇に願い出るようなことをすべきではなく、むしろ敬虔なる理由によってそれが緊急に必要な場合には自らの権威により教会に援助を要求できるのである。

第二十五章

アヴィニョンの教会は、余剰財産をローマ教会に譲渡した皇帝その他の君主や信徒たちに対し、これら余剰財産が当の教会に譲渡される以前に彼らが徴収していた税や貢納の徴収権を拒絶することにより害を加えていること。

またアヴィニョンの教会は、ローマ教会に譲与された財産に関して、皇帝やその他の信徒に害を与えている。というのも、アヴィニョンの教会は、これらの財産がローマ教会に譲与される以前に当の皇帝や信徒のために支払われていた税や貢納の徴収権を彼らに拒絶しているからである。

確かに真のローマ教会でさえ、皇帝やその他の信徒から、ローマ教会に譲与された財産に関するこの種の権利を奪うことはできない。というのも教会法と世俗法が証言しているように、「財産はそれに付着した義務と共に移転する」からである。それ故、財産や土地は、それらがローマ教会に譲与される以前に税や貢納がそれらに課せられていたのであれば、――譲与者がこれらの財産や土地を、譲与された者が税や貢納を支払わなくてもよいという条件で譲与したことが立証されえないかぎり――譲与された今もそれらに課せられなければならない。

更に、もし皇帝や信徒たちがローマ教会の財産に関しこの種の税や貢納の徴収権を奪われるとするならば、それは法によって奪われるか人間によって奪われるかのどちらかである。もし法によるならば、それは神法によるか人定法によるかのいずれかである。神法ではありえない。というのも、神法は聖書の中に定められているが（di. viii. c. *Quo iure*）[115]、聖書にはこのことについていかなる定めも存在しないからである。人定法でもありえない。というのも人定法は皇帝たちの法の中に定められているからであり、それ故皇帝がこの種の税の免除をローマ教会の財産に認めなかったならば、当の財産には税が免除されていないからである。

皇帝も他の人々も人間によってこの種の権利を奪われることはなかったし、それが教皇によって奪われることもなかった。通常、教皇権が世俗的事項に及ぶことは決してなく、上で示されたように教皇には他の人間の権利や自由を取り上げる権利はないからである。このようなことは福音の法の自由に反している。福音の法によれば、すべての人々は——本人が自発的に権利や自由を放棄すべきであったり、何らかの過ちの故に、あるいは理にかなった明白な理由によってそれらを奪われるべきであるような場合を除いて——自分の権利と自由を享受しなければならないからである。また明白なことに、教皇以外の人間によって彼らからこのような権利が奪われることもなかった。

第二十六章

アヴィニョンの教会がそれによって信徒たちを害し、様々な仕方で信徒たちを欺き、キリスト教界全体を混乱させている多くのことを立証なしで述べてみよう。

簡潔にするために、私はいかにしてアヴィニョンの教会がすべての人々を自分たちの卑しい奴隷であるかのように「手荒く、厳しく治める」[116]ことを欲しながら人々に害を加え、信徒たちを様々な仕方で欺き、キリスト教界全体を混乱させているかを立証することは——特にこれらのことは私の他の著作で詳しく立証されているので——ここでは省略することにする。すなわちアヴィニョンの教会は自分たちが有してはいない権力を不法に横領し、聖職者であろうと俗人であろうと信徒たちから権利や自由を奪い取り、彼らの「肩に重い荷物をくくり」[117]、ローマ教会の財産や他の財産を様々な仕方で浪費し、キリスト教徒の間に戦争や分裂や不和を引き起こし、ひとたび引き起こされた戦争や分裂や不和を更に助長している。またアヴィニョンの教会は自分たちの国の人々を偏重して他の国の人々を蔑視し、人々を正しく為された誓約から解き放ち、君主や他の者たちの臣下を忠誠や然るべき服従から解き、神に対して為された誓約から人々を解き放ち、好きなようにこの誓約に変更を加えている。またアヴィニョンの教会は司教座のある教会や他の教会から教会法上の選挙権を奪い取り、これらの教会の財産を好きなように処分し、不当な訴訟や不正な判決によって実直な人間に「わなを設け」[118]、多くの修道士に彼らの会則が定めていることよりも厳しい義務を課したり義務の軽減を認め、あるいは彼らが俗間に戻ることを承諾し、彼らに対して不当な法令を制定している。またアヴィニョンの教会は公教会の教義と、キリスト教の信仰に違背しない教えを蔑視し、様々なやり方で学識の進歩を妨害し、自分たちより学識があり識見のある人々を強制的に自分たちに服従させ、これらの人々の知性を理性と聖書に反したことの虜にしている。またアヴィニョンの教会は自分たちが行ったことや書いたことの釈明を拒否し、また、それが誰であろうと自分たちの不正や過ちに敢えて抗言した者や自分たちの意志に反して権利や正義を追求したり擁護しようと試みる者、あるいは自己の無実を宣言しようと試みる者がいれば、欺瞞的にも偽りの告発でもってこれらの者を中傷し、これらの者に邪悪な異端者の汚名を着せてきた。そして自分たちがこれらの者の身体を拘束しているならば、これらの者を殺したり、死ぬまで投獄したのである。

アヴィニョンの教会がキリスト教徒の民を害し、混乱させ、堕落させ、福音法の自由に反して隷従状態へと陥れようと企てたこれ以外の数々の不正や逸脱について語ることができるが、これらのことは私の『対話篇』で説明され、討論形式で議論されている。上で述べられた不正を正すことができるならば、これ以外の不正も容易に正すことができると私は考える。しかし私が信ずるところでは、神法上、教皇はその権力をもってどの程度のことまで行うことができるかということが聖職者と俗人によって異論の余地のない仕方で同意されていないかぎり、上で述べた不正が正されることは決してないし、使徒座を占める者と他のキリスト教徒の間に真の平和が確保されることも決してないだろう。というのも信徒の多くがこのことについて無知であるかぎり、そして教皇が支配欲や世俗的財の所有欲、あるいは無知の故に自分に課された限界を踏み越えようと企て、一方で他の人々が自分たちの財産や権利や自由を——困苦の状態にある従僕な人間にとってさえしばしば明白にわかる理由をもって、あるいは彼らに知られた理由なしに——守ろうと努めるかぎり、両者の間で頑固な戦いが終止することはないだろう。

しかしながら私は、——簡潔ながら既に述べられ立証されたように——、教皇には信徒たちの救済と統治と教導にとって必要なことを行える以外にいかなる権力も神法によって与えられていないと考えている。教皇はこれらのことを、神と自然、そして理にかなった人的規定が他の人々に与えている財産や権利や自由を尊重しながら行わなければならない。もっとも教皇は自分が「霊のものをまいた」[119]他の人々から、自分の需要を満たすために必要なものを、節度ある仕方ではあるが要求することはできる。それ故教皇は、それを欲さない人々に対して彼らの義務を超えたことを神法によって命令することはできないし、神法によって他の人々の権利や自由を乱すこともできない。従って使徒的な首長であることは支配的ではなく奉仕的な首長であることであり、使徒的な首長はその威厳と高貴さの故に、あらゆる世俗的な首長に勝っているのである。しかし教皇がそれによって光り輝いている他のすべての権力は教皇が人定法に基づいて受け取ったものである。従って、おそらく教皇座ではないにしても個人としての教皇は多くの場合、忘恩と濫用の故にそのような権力を正当に剝奪されてしかるべきである。

しかしいずれにしても私は次のように考えている。すなわち教皇はどのような権力をどのくらい、そしてどのような法に基づいて行使できるのかを公に知らしめることを熱烈に望まない者はキリスト教を熱愛しておらず、少くとも「深い知識によって」[120]キリスト教を熱愛してはいないということである。以上の理由により、危険な時代に生きた学識あるすべての者は、上記のことの考察に従事しなければならなかった。上記のことの無知から昔よりキリスト教徒の間に無数の害悪が生まれたからである。そうでないと彼らの口の中で「神の言葉は鎖につながれている」[121]ことになり、彼らは「吠えることのできないおしの犬」[122]になるだろう。

第二十七章

アヴィニョンの教会が固持し、頑固に是認し擁護する異端と誤謬が提示される。

実際にアヴィニョンの教会は、それが正当であれ不当であれ敢えて自分に反抗するすべての者に異端の極印を押そうとするので、むしろアヴィニョンの教会自身が異端者に数えられるべきであり、最も愚かで信じられない――あるいはほとんど信じることもできないような――誤謬を、そして夢想よりもっと空想的な誤謬を考え出し擁護する者とみなされるべきことを知りたいと欲する人が無知のままでいることのないように、私はアヴィニョン教会の誤謬の幾つかを本論考の中に挿入することが適切であると考えた。それ故、アヴィニョンの教会自身の教説が、当の教会が断罪しようと欲する者たちの教説と比肩しうるようなものか明白に知ることができるだろう。更に私は、私がアヴィニョン教会の教説の「言葉を曲げていると」[123]、論争を競い合う相手に言われることのないように、上述の誤謬を教令によって――確固として信じられ固持されるように教令によって――それが世界に広められたのと同じ言葉で言い表すだろう。

従って、ここで列挙されるべき彼らの誤謬の第一のものは、教令《Ad conditorem》[124]で述べられているもの、すなわち、清貧の誓約の――そして同様の理由で他のあらゆる誓約の――有益性、完全性そして卓越性を拒否し排斥する誤謬である。もし「配慮が」――すなわち世俗的財産を獲得し、保持し、管理しようとする配慮が――「清貧の誓約によって為されるこの種の財の放棄後もなくなることなく存続するのであれば、そのような放棄は当の人間の完全性に何も付け加えることはない」と教令は述べている。これらの言葉から明白に帰結することは、世俗的財産に対する同じ――しばしばより大きな――配慮が正当に存続するのであれば清貧の誓約は完全性に何も寄与するところがないということである。かくして、托鉢修道会や他の修道会の上位者、そしてこれ以外の修道士は、誓願の後も修練期間にあったときに――それどころか、場合によっては俗間にあったときに――保持していた配慮と同じくらいの、あるいは時としてそれ以上の配慮を世俗的財産に対して、しばしば正当かつ功徳を得る仕方で保持できるのであるから、誓願に際して為された清貧の誓約はこれらの人々の完全性に何も寄与しないことになる。それ故、ここには誤謬が存在している。すなわち、誓約を伴う善き行いは誓約を伴わない同じ行いよりもいっそう善いということはない、と主張されているからである。

　上述の教書ないし教令で教義にされている第二の誤謬は次のような主張である。所有者がそこから生ずる利益の享受を自らの意志によって望まないことから（所有者にとっては）何の世俗的利益ももたらさない世俗的財産の所有に関しては、そのような所有が或る人に欠如しているからといって、もしその人が所有者の意志によって当の財を使用しているのであれば、当の人がより清貧になるわけではない、という主張である。この誤謬は次のような言葉で表現されている[125]。「また上述の教令も[126]（すなわち *Extra.de verborum significatione.c.Exiit.libro* sexto にある教令で定められているいかなることも）、次のような見解に関して、ここで語られている修道会士たちの役に立つことはない。すなわち、彼らにはこの種の所有が欠如しているので、――自分たちには欠如していると彼らが言う――所有を伴って同じ財を保持するよりも一層自分たちは清貧であると述べることができる、という見解である」。そしてもう少し後で次のように言われている。「事実上現在における利益（すなわち世俗的利益）も、そして将来に向けて期待される利益も剝奪されたこの種の財所有の欠如は、――当該の修道会士たちが財を共有する他の托鉢修道会士たちよりも高いレヴェルで実践していると主張する世俗的清貧に関して――この種の財を全く所有しない者をより清貧にすることはない」。この誤謬は容易に否認されうる。すなわち、高い価格で売られうる財の所有の欠如は、この財を所有していない者を、当の財をその者が所有している場合より清貧にするからである。しかし、事実上あらゆる世俗的利益を剝奪された世俗的財産の所有はしばしば高い価格で売られることがありえるし、実際に時々そのように売られている。というのも、自分より強い人間によって不正に抑圧されている者が自分の財産を強者によって取り上げられ、強者がこの財を保持していることから自分の手で当の財を取り戻すことができず、財がもたらすあらゆる世俗的利益を奪われているとき、抑圧されている者は時として自分の権利を強者に売却することがあるからである。それ故、この財の所有の欠如は、所有権なくして当の財を保持する者を、この者がこの財を所有しているときに比べてより清貧にしていることになる。そして今問題になっている誤謬が特に対象としているのは、このような財の所有が問題となる場合である。というのも、フランシスコ会士が使用した、あるいはもっと昔に使用した、あるいは現在でも使用している数多くの財の所有権を有していた何人かのローマ教皇は、これらの財からいかなる世俗的利益も受け取らなかった――なぜならば教皇たちはこのようなことを欲さなかったからである――とはいえ、もし仮に彼らが所有する財を売却しようと望んだならば、それを高い価格で買う多くの買主を見出したはずだからである。そして教皇たち自身も、もし彼らがそれを望めば、当該の同じ財から世俗的利益を享受することが法的に可能である。なぜならばこれらの財は彼らが法律上のみならず事実上も使用していた他の財と同様に、彼ら自身の財だからである。そして仮にフランシスコ会士たちがこの点に関して教皇たちに抵抗したとすれば、会士たちは不正に行動したことになり、非難に値したことだろう。それ故、会士たちはこのような所有権を欠いていることから、所有権を有すると仮定したときより清貧であることは明白である。

第三の誤謬は、使用によって消費し尽くされる財（消費財）に関しては事実上の使用を私有や所有から分離することができないという主張である。この誤謬は教令《Ad conditorem canonum》――これは教令（constitutio）というよりはごまかし（destitutio）であるが――の中で主張されており、次のような言葉で述べられている。「この種の財について」――すなわち使用によって消費し尽くされる財について――「法的ないし事実上の使用は私有や所有から分離して成立しうると述べることは法に違背し理性に反している。」この誤謬は異端であるだけでなく愚かで不合理である。これが異端である理由は、聖書によればアダムは所有権や私有権を有していなかった禁断の木の実を食べたからであり、多くの盗賊や盗人や略奪者が所有権や私有権を有していなかった他人の消費財を使用したからである。そしてそれが愚かである理由は、我々がこの目で見るように、多くの人々が、或る場合には正当に、或る場合には不正に他人のものを飲み食いし、他人の衣服を使用しているからである。このことから上記の誤謬が不合理であることも明らかである。というのも、それは他人の財産を盗み、それを返さずに保持する機会を与えるからである。すなわちこの誤謬によれば、他人の衣服やその他の財産を盗んで使用した盗賊は、その財産の返還を要求されたとき、返還の要求は無益である――というのも、盗賊が財を使用したことによって財は盗賊のものとなり、それ故原告は財を自分のものとして返還を要求できないからである――と言って原告の訴えを退けることができてしまうからである。

またこの誤謬は、誰か或る者が上記の言葉は一見してそう見えるように理解されるべきではなく別の意味で理解されなければならない、と述べたところで許されうるものではない。その理由は第一に、上述の教令《Ad conditorem canonum》の論理の筋道から極めて明白なように、もし言葉が一見してそう見えるように理解されないとするとまったく無関係な意味のないものとなり、その言葉を述べる者の議論にとって何の役にも立たなくなるからである。そして第二の理由は、教令《Quia vir reprobus》[127]において明らかなように、第一の意味で理解された上述の言葉が否認された後でも、その言葉を最初に述べた著者が返答としていかなる別の意味をも示さず、むしろ書かれたとおりの言葉を擁護しているからである。

以上の議論から明らかなように、この後で列挙されるすべての誤りは、言葉どおりの意味で理解されなければならないことが帰結する。そしてこれらの誤りの多くが馬鹿げており、理性的判断をそなえた人がそれらに同意し、それらを真理であるとみなすことが信じ難いほど不可思議であり、それ故それらを言葉どおりの意味で理解すると信じられないような誤りとみなさざるをえないことから、それらを述べる人は言葉どおりの意味とは異なった意味でそれらを理解しているに違いないと思われるにしても、上記のことの妨げにはならない。というのも、文献や歴史、そして経験から次のことがよく知られているからである。すなわち、キリスト教徒や、その叡智によって普通の人間を凌ぐと考えられていた多くの人々、そして極めて叡智に富むとみなされていた人々でさえ、非常に愚かな誤りを考え出し、それらを可能なかぎり強力に主張し、最後の最後まで擁護しようとしたことである。かくして、世界の賢者たちの間で他のすべての者を凌いでいたと思われるローマ人やギリシア人やカルデア人は、他の人々と同じように神々について非常に愚かなことを信じていたのである。そのうえ、極めて叡智に富むとみなされていた彼らの哲学者の何人かは、殆ど考えられないような見解を信じていた。例えば、万物は一つであるとか、矛盾したことが同時に真であるとか、何も動かされることはなく、動かされえないといった見解、その他多くの見解であり、このような見解には理性の微塵もみられない。そして、我々の時代の多くの博士が、あらゆる理性に反した、それどころか感覚に反したどれほど愚かな見解を捏造しているか、彼らの書物や論文を手にしているすべての人々に見てもらい判断してもらいたい。例えば、すべて正しい人間は神であり、確かにこのような人間が星々を創造したこと、人間が不正であることを止めて正しい人間になると神になり、神になるこの正しい人間がいないと神は何を為すべきか分からないといったことほど愚かな言明がありうるだろうか。しかし或る神学教師[128]が、無知な人々――十分に理性を用いることができず、信じられることと信じられないことを判断する能力に極めて乏しい無知な人々――にとってさえ殆ど信じられないようなこの種のことや他の類似した多くのことを書いており教えていたのである。

それ故上記の理由から、アヴィニョンの教会が是認し擁護する多くのことが本当に教会の見解であるとは思えないようなものであっても、それらを最初に述べた者は言葉自体が意味することとは別のことを念頭に置いてそれらを述べたのである、と考えてはならない。というのも、それらの言葉を別の意味で理解すると、当の言葉を述べた者の意図にそぐわないものとなるからであり、また、その者が述べたことが言葉どおりに理解されると自分の見解が否認されることを知った後でも、その者はこの否認に答えるべく言葉に別の意味を与えることを欲さなかったからである。そして攻撃され、公に論難されてもこの者が自らの主張をより明確に述べようとしなかったことからしても、彼に不利な解釈が為されることは当然であり、特に、上記の主張の言葉づかいに曖昧なところはないので、彼に有利な解釈をする余地はないのである。

　空想的というよりは異端的な第四の誤謬は次の主張、すなわち、単なる事実上の使用は、使用により消費し尽くされるものについては存在しえず享受されることもなく、使用によって消費し尽くされるものを使用することは不可能であるという主張である。この誤った主張は上述の教令で述べられており、その根拠は次のように説明されている。「厳密に言うと、ものを使用するということは、ものの実体を損なうことなく当のものから生じうる果実ないし何らかの利益の全体あるいは一部を享受することであるから、その実体を損なうことなくしてはいかなる利益も自分に生じないようなものについては誰もそれを使用することができないということになるが、周知のように、使用によって消費し尽くされてしまう財はまさにこのようなものである」。しかしこの誤りは空想的で馬鹿げており非常識である。というのも、我々は使用によって消費し尽くされる財を我々が実際に使用していること、そして我々が食物や飲物その他、使用により消費し尽くされるものを絶えず使用していることをこの目で見ているからである。しかしまたこの誤りは異端的とみなされなければならない。なぜならば、この種のものの使用が可能であることが聖書に述べられているからである。すなわち『列王紀下』第十三章[129]ではアブサロムの妹タマルについて「タマルはくるぶしまで達する着物を着ていた。昔、王の姫たちの処女である者はこのような着物を使用していたからである」と語られており、『テモテへの第一の手紙』[130]第五章で使徒パウロは「胃のために少量のぶどう酒を用いなさい」と記し、更に『民数記』第十八章[131]には『その肉はあなたの使用に帰する』とあり、『士師記』第十九章[132]では「またわたしと、（わたしの）はしためが使用するパンとぶどう酒もある」と言われている。

　殆ど信じられないような第五の誤謬は、使用によって消費し尽くされるものに対しては事実上の使用はありえず、このような行為は事物の本性上、存在しえないという主張である。この誤りは上記の教令《Ad conditorem》において、次のような言葉で述べられている。「更に、単なる使用、すなわち使用権を伴わず、あらゆる私有権や所有権から分離した単なる使用は、使用により消費し尽くされるものに対しては存在しえない。このことは次のようにして立証される。すなわち、もしこのような使用を享受できるとすれば、それは使用の行為以前か、行為の際中か、行為が完了した後であるかのいずれかである。しかしこのようなことがありえないことは明らかである。というのも、存在しないものは享受されえないからである。しかし、行為それ自体は、履行される以前も、履行される際中でさえ、そして完了した後も、事物の本性の中に実在していないことは明らかであり、ここから行為は享受されえないことが帰結する。なぜならば、行為する以前に或る人が行為を履行する能力を有するとしても、まさにこのことによって、行為自体は事物の本性の中に——可能態としてでないかぎり——実在してはいないからである。更に行為が履行されている際中も、それは依然として事物の本性の中に実在してはいない。というのも「実在する」という言葉は完了したものを意味しており、履行されている際中の行為にあてはまらないからである。すなわち、履行中の行為のうち過ぎ去ったものは最中実在しておらず、履行中の行為のうち現時点で、あるいは瞬間的に為されている行為は、いずれにしても感覚によるというよりは知性によって把握されるにすぎない。そして更に、行為が完了した後、履行された行為から何か別のものが産出されていればこのものは享受されうるが、行為自体は既に過ぎ去っており、享受されることはない」。これは教皇の教令の言葉である。この中には上述の誤謬が含まれているだけでなく、この言葉からは、事物の本性の中にはいかなる運動も時間も、そしていかなる連続的活動も存在しないことが明白に帰結する。すなわち、単なる使用——すなわち使用権から区別される単なる使用——も含めてあらゆる連続的なものについて主張されている論拠からは、事物の本性の中には上記の類のいかなるものも存在しないことが帰結するのである。しかし事物の本性の中にはいかなる連続的なものも存在しないと述べることは異端である。というのも聖書によればこの種のものが事物の本性の中に生じ、存在しているからである。すなわち『列王紀上』第一章[133]には「ダビデ王は年がすすんで老い」とあり、『伝道の書』第一章[134]には「日の下で人が労するすべての労苦は、その身になんの益があるか」と書かれ、第三章[135]には「すべてのことには季節があり」と書かれており、更に『ガラテヤ人への手紙』[136]で使徒パウロは「だから、機会のあるごとに、……善を行おうではないか」と述べているのである。これらの箇所と他の多くの箇所から連続的なものが事物の本性の中に見出され、存在していることは明らかである。それ故、上で述べられた教令の言葉は明白な異端のにおいがする。

第六の誤謬は次の主張である。すなわち、キリストと使徒たちは私有権や所有権によっていかなる世俗的財産をも持つことはなかったと述べることは異端とみなされるべきである、という主張である。この誤謬は——むしろごまかし（destitutio）と言ったほうがよい——教令（constitutio）《Cum inter nonnullos》[137]の中で次のような言葉で述べられている。「かなり多くの学者たちの間でしばしば次のことに関し疑問が提示されている。すなわち、我々の贖い主イエス・キリストとその使徒たちは個人としても、共有としてもいかなるものも所有していなかったと頑固に主張することは異端とみなされるべきか、という問題である。この問題に対しては様々な人々が相互に対立する異なった見解を抱いている。それ故、余はこの論争に終止符を打つことを欲し、このような頑固な主張が、多くの箇所でキリストと使徒たちが幾つかのものを所有したと述べている聖書と明白に矛盾し、正統なる信仰箇条がどんな場合でもそれによって立証される当の聖書が上述の問題に関して嘘いつわりの酵母を含んでいることを公然と想定し、従って聖書に対する信仰を全面的に無効にすることによって公教会の信仰から正しさの基礎を奪い取り、力の及ぶかぎり公教会の信仰を疑わしく不確実なものにしようとしているのである。続いて余はこの教令によって我らが修道会士の見解が誤りで異端とみなされるべきことを永久に宣言する」。アヴィニョンの教会は上述の誤謬を含んでいる以上の言葉を固持し是認し擁護している。この言葉の中には、キリストが個人としても共有としてもすべての財を放棄した、あるいは所有していなかったと主張することは異端とみなされるべきことが明示的には表明されてはおらず、それ故[138]この言葉を Extra, *de verborum significatione, c. Exiit,* libro sexto にあるニコラウス三世の決定と調和させることは可能である。というのも「キリストとその使徒は使用に関しては或る財を所有していたのであるから、或る意味では個人として、あるいは共有として財を所有していた」ということと、「キリストとその使徒は個人として、そして共有としてもあらゆる世俗的財の私有権と所有権を放棄した」ということは両立するからである。しかし上記の一連の議論全体と、この議論を最初に提示した作者が抱いていた意図――そしてこの作者が、彼の書いた他の文書や、彼が述べた言葉の中で明示していた意図――は上述のニコラウス三世の決定とは全くもって両立しがたいものである。これは既に言及された私の『対話篇』やその他の著作で詳しく立証されているとおりである。というのも、作者が述べている学者たちの間の論争は、他のところで明白に立証されているように、ただ次の論点に関するものにすぎないからである。すなわち、キリストとその使徒は何らかの財産を、個人としてあるいは共有として、私有権ないし所有権によって所有していたのか、それとも彼らはあらゆる世俗的財産を個人として所有することを放棄したのか、という論点である。それ故上記の一連の議論で言われている「所有する」は私有権そして所有権によって所有することを意味しており、そうでなければ学者たちの論争に決着がつくことはない。なぜならば、学者たちの誰も、キリストと使徒が個人としても共有としても財を全く所有していなかったなどと主張したことはないからである。むしろ学者たちが公けに、そして明白に主張したのは、キリストと使徒が事実上の使用のために数多くのものを個人として、そして共有として所有していたということである。

第七の誤謬は次のような主張である。すなわち、キリストとその使徒は、彼らが事実上の使用として所有していた――すなわち彼らが使用した、ないし以前に使用していた――あらゆる世俗的財産に対し使用する権利ないし消費する権利、あるいは売却したり贈与する権利、そしてそれらの財でもって他の財を取得する権利を有していたのであり、そうでなければ彼らによるそれらの財の使用や管理は不正であった、という主張である。この誤謬は上記の教令[139]の中で次のような言葉で述べられている。「更に、我らが贖い主とその使徒が、彼らが所有していたと聖書が述べているこれらのものに対し、これらを使用したり消費したりする権利をもたず、これらを売却したり贈与する権利、そしてこれらのものでもって他のものを取得する権利ももっていなかったと頑固に主張することに対しては、聖書は彼らがそのような権利をもっていたことを証言しており、あるいはそのような権利を行使しえたことを明白に想定していると答えられる。というのも、上記のような主張は、彼らの使用や管理が不正であったという想定を明白に含んでおり、神にして人間たる我らが贖い主の使用や管理や行為についてこのように考えることは瀆神であり、聖書に反し、公教会の教説に敵対することである。それ故余は、同じ修道会士たちの見解であるこの頑固な主張が誤謬であり異端と判断されるに値することを宣言する」。以上の言葉からここで問題になっている誤謬において「所有する」という言葉が単に事実上の使用のみを享受することとして理解されていないことは明白である。

しかしこの問題はしばしば言及された『対話篇』の第二部第二論考第二巻で広範に議論されているので、ここでは私の反論を《Exiit qui seminat》で始まるニコラウス三世の教令[140]――これは Extra, *de verborum significatione*, c. *Exiit*, libro sexto に置かれている――のみを基礎として提示することが適切であると考えた。この教令は次のように述べている。「完徳とは、徹底した清貧において貧者キリストにつき従うことを自発的に誓約することであるが、この完徳にとっては、すべての財の所有を放棄し、許し与えられた財を必要なかぎりで使用することで満足するのが適切である。また、使用するすべての私有財産と、あらゆるものの所有権を放棄したことが明らかであっても、このことによりあらゆるものを単に使用することとさえ放棄したとみなされることはない。この使用は、こう言ってよければ、法の名を有してはおらず、単に事実の名を有するにすぎない。この使用は単なる事実上の使用であるから、使用者にはいかなる法的使用権も与えられてはいない」。以上の言葉においては二つのことが明白に擁護されている。第一に、上述の言葉はフランシスコ修道会士たちの宣言を問題にしたものであるが、このフランシスコ修道会士たちは、彼らに与えられた財の使用に対しいかなる権利をも有していないこと、第二に、このことに関して彼らは貧者キリストを模倣していることである。このことから、苦を受ける可死的人間たるかぎりでのキリストは、彼が使用していた財に対して単なる事実上の使用を有し、いかなる権利も有していなかったこと、従って使用する権利や消費する権利も、贈与したり売却する権利も、そして使用を享受していた財でもって他の財を取得する権利も有していなかったことが推論される。かくしてキリストが財を使用していたとき、自分自身の権利によってではなく、他人――すなわちその財の所有者――の許可によってそれらを使用していたのであり、何らかの財を贈与したときも、それらの財を人間たるかぎりでの自分自身の権限ではなく、他人の権限により贈与したのである。キリストが何らかの財を売却したことや、自分が使用する財でもって他の財を取得したり購入したりしたことは聖書のどこにも見当たらない。

以上のことから次の二つのことのどちらかが結論される。一つは、ニコラウス三世は誤りを犯し、異端者であり、従ってそのときから教皇職を剝奪されたということである。しかしもしそうであれば、ヨハネス二十二世はニコラウス三世の誤りによって汚されていた人々によって選挙されたのであるから、決して真の教皇でなかったことが推論される。もう一つは、ヨハネス二十二世自身が誤りを犯し、異端者であり、従ってそのときから教皇職を剝奪されたということである。この選言命題が様々な前提からいかにして帰結するかについては、『対話篇』第一部第四巻において討論形式で議論されていることから容易にみてとることができる。そして同じくそこで議論されていることから、次のどちらかであることが容易に結論される。すなわち、聖フランチェスコと、ヨハネス二十二世の時代に至るまでの全フランシスコ修道会士が誤りを犯していたか異端の悪に染まっていたと疑われるべきか、あるいは、現在、アヴィニョンの教会の教説を信奉し、行動においてもこの教説を支持しているすべてのフランシスコ修道会士の方が誤っており、異端の悪に染まっているかのどちらかだということである。

空想的で狂気じみている第八の誤謬は次のような主張、すなわち、フランシスコ修道会は、そして同じ理由で全キリスト教会も個々の教会も、そしてどのような団体や共同体も、そして更にすべての民衆や人間集団も何らかの現実的な行為を保持し実行することはできない、という主張である。

第九の誤謬は次のような主張、すなわちフランシスコ修道会は、そして同じ理由によって、全体としての教会も個々の教会も、そしてどのような民衆や人民も、想像上の表象された人格であるという主張である。

第十の誤謬は、想像上の表象された人格は使用権を有しうるが、事実上の使用は不可能であるという主張である。

以上三つの空想的な誤りは、どのような夢想よりも不合理であり、論駁というよりは嘲笑に値するものであるが、《Quia quorundam》(141)で始まる教令の中で次のような言葉で述べられている。「というのも、上述の宣言の中で、修道会が今問題となっている財の使用を享受していることが主張されているので、これは法的権利としての使用について言及したものと考えなければならない。確かに、事実上の行為は個々人に属しており、現実の人間を必要とし要求するが、修道会というものは現実の人間ではなく、むしろ表象された想像上のものとみなされなければならず、それ故、法的権利が修道会に属すことは認められても、事実上のものが真に修道会に属すようなことはありえない」。私がこの言葉を目下の議論の中に挿入すべきだと考えたのは、これを論駁する――ましてや入念に論駁する――ためではなく、たとえ当の言葉が聖書に反していなくても、この言葉を支持し是認する者たちの愚かさや厚かましさ、あるいは邪悪さがすべての人間に明らかとなるためであり、これほど空想的で愚かな誤りを固持し主張する法文が、理性を用いるすべての人間により軽蔑されるべきものであることが、理解力に乏しい人々にも明白となるためである。

しかしこれらの言葉は、滑稽であることは別にして、聖書に反している。なぜならば『サムエル記上』第十七章[142]に、ダビデが「またこの全会衆も、主は救を施すのに、つるぎとやりを用いられないことを知るであろう」と述べたことを我々は読み、また『列王紀上』第八章[143]に「全教会は立っていた……」とあり、更に『コリント人への第一の手紙』第十章[144]では「民は座して飲み食いをし……」と使徒パウロは述べている。これらの箇所やその他聖書の数多くの言葉から、教会、人民や民衆、そして同じ理由で修道会、すなわち小さき兄弟たちの修道会も現実の行為を遂行できること、そして想像上の表象された人格ではなく——唯一つの人格ではないが——真の諸人格であることは明らかである。それ故使徒パウロも『ローマ人への手紙』第十二章[145]で「わたしたちも数は多いが、キリストにあって一つのからだである」と述べており、この「からだ」は神の家、神の教会のことである。そしてこのことから福音者キュプリアヌスは、グラティアヌス教令集（xxiv. q. i）[146]にあるように「思うに私が次のように述べることは理由のないことではない。すなわち他の者たちは神の家の中にいるということ、彼ら自身が、岩の上に建てられると言われている神の家そのものであるかの如く、神の家の中にいるということである」と語っている。この岩の上に建てられるのは想像上の表象された人格などではなく、真なる諸人格である教会であり、キリストがペテロに「私はこの岩の上にわたしの教会を建てよう」[147]と述べた教会なのである。

第十一の誤謬は、世俗的財を私有権ないし所有権によって共有することは清貧を損なうものではないという見解である。この第十一の誤りは上述の教令《Quia quorundam》[148]で次のような言葉でもって述べられている。「また次のこと、すなわち（何らかの財を）私有権によって共有することは、グレゴリウス（九世）の言明に従うと、上述の至高なる清貧を傷つけるものではない。グレゴリウスは彼の或る教令（Extra, *de excessibus praelatorum* [c. *Nimis prava*]）[149]の中で明白に次のように述べている。説教修道士や小さき兄弟たちは至高[150]の清貧を実践する貧者としてキリストに仕えているが、これらの説教者が何らかの財を共有し、しかも私有権としてそれらを共有していること、（そして更に）このことが彼らの戒律や身分に違反するものではないことは確かなことである、と。更に余の前任者アレクサンデル（四世）も、説教修道士や小さき兄弟たち（の修道会）に反対して公にされた小文書を非難した際に上記のように考えていたと思われる。その際にアレクサンデルは上述の会士たちについて語りながら、次のことを付言した[151]。『同じ会士たちはその上、神のためにすべてのものを放棄し、生活に必要な極くわずかなもののために托鉢しながら、福音的完成を喜んで受け入れ、彼自身貧者であったキリストを模倣しているのであるから、彼らが救済されるべき者たちの状態にさえあること、そして、福音的完成そのものの形態を帯びた戒律の遵守の故に、永遠なる報酬を受ける際に卓越した栄誉に値することは明白である』。ここでアレクサンデルは明瞭に、説教者たる修道会士たちが貧者キリストを模倣し、福音的完成を受け入れ、完成された者たちの状態にあること、そして彼らの戒律の遵守が福音的完成の形態を帯びていること、しかしそれにもかかわらず彼らが戒律に従いながらも何らかの財産を共有できること、しかも私有権として共有できることさえ確かであると言明しているのである。会士たちは余の前任者インノケンティウス五世が、厳格なる清貧とは神のために自分自身のものを極く僅かしか持たないことであり、より厳格な清貧とは、いかなるものも自分自身のものとして持つことはないが共有として持つこと、そして最も厳格な清貧とは、この世においていかなるものも自分自身のものとしても共有としても持たないことであると述べた、と反論するかもしれないが、このように反論しても無駄である。確かに余は、この言葉はインノケンティウス五世が教皇としてではなく、修道士ペトルス・デ・タレンタシアとして、彼の或る聖書註解で述べたものであり、従って彼の言葉よりも上述の教皇たちの言葉の方を優先すべきであると主張する」。そしてもう少し後で次のように述べられている。「更に、この種の教令の攻撃者たちは次のことを公に主張したと言われている。すなわち、教皇たちは既述の小文書と、当の修道会士たちについて言われている清貧と生活は福音的、使徒的なものではないと述べた教師たちの言説を断罪し、教皇座からの書簡を通じて、誰か或る者が上述のこと、あるいは上述のことに含まれる何か或ることを頑固に支持し、何らかの仕方で擁護しようと敢えて試みるようなことを厳しく禁止したということ、そしてこの禁止に違反したことを敢えて行おうとする者はローマ教会に頑固に抵抗する反徒にして異端者とみなされることを定めたということである。以上のことに対し余は次のように断言する。そのような主張は誤りである、と。なぜならば、上記の見解の中には、当の見解に反対して行動する者は異端者とみなされるべきであるといったことは含まれていないからである。この点に関して上記の見解に含まれているのは次のことである。『確かに余はそれにもかかわらず、ここにおられる方々の権威において、上述のこと、あるいは上述のことに含まれる何か或ることを誰であろうと頑固に主張し、何らかの仕方で敢えて擁護するようなことを厳しく禁止する。もし誰かそのようなことを敢えて行おうとする者がいれば、その者はすべての信徒により、ローマ教会に頑固に抵抗する反徒とみなされるべきである[152]』ということである。しかし、既に述べられた一連の断罪において明らかなように、そのような者が異端者とみなされるべきであるとは付言されていなかった」。以上の誤りは、上述の教令《Quia quorundam》で主張されている——叙述を簡潔なものにするためにここでは挿入されなかった——他の多くの誤りと同様に、しばしば言及された『対話篇』第二部の第三論考で詳しく議論されている。そこでは数多くの主張が、論証的と私が考える仕方で援用され、上記の教皇の言葉を、既に述べたような異端のにおいのする見解として論駁している。従ってここではこれらの議論を概略的なものにとどめておこうと私は考えた。

それ故、何らかの世俗的財産を（集団的な）私有権として共有することが清貧を低下させることは次のように立証される。第一に、このような仕方で所有される財産はしばしば高い価格で――すなわち、それが貴重なものであれば――売却されることが可能であり、もしそれらが個人の私有権として所有されていれば、もっと高い価格で売却されるといったことはありえないからである。なぜならば、農場、その他の不動産や地所、書籍や黄金の衣服、その他売買の対象となりうる何らかのものを買う者は、それを修道士や律修司祭の僧院や、ドミニコ修道会士の共同体、その他財産を共有している者の共同体から買うよりも、商人や、当の財産を個人として私有する者から買う方が、より高い価格で買い取ることになる、といったことはないからである。第二に、財産を何らかの仕方で個人として所有することが富を持つことであり、清貧を低下させるのと同様に、財産を何らかの仕方で共有として所有することも富を持つことであり、清貧を低下させるからである。というのも、もしそうでないと、ドミニコ修道会士やその他の托鉢修道会士は、個人としてはどのような財産も所有しておらず、ただ財産を共有しているすべての一般修道士や律修司祭よりいかなる意味においてもより清貧であるとは言えなくなるだろう。従って、それがどれほど僅かであろうと何らかの財を共有することは、福音的清貧を低下させるのである。

このことは既に述べられた言葉から明らかに確証される。すなわち、これらの言葉の中には、フランシスコ修道会士の清貧がドミニコ修道会士の清貧と同じように福音的清貧であることが含意されている。しかしドミニコ修道会士の清貧とフランシスコ修道会士の清貧が同一でないことは周知の事実であることから両者は異なっているということであり、従って一方は他方より厳格だということである。しかしドミニコ修道会士の清貧がフランシスコ修道会士の清貧より厳格だということはない。なぜならば、財を個人として所有しないことは、個人としても共有としても財を所有しないことの中に含まれているように、ドミニコ修道会士の清貧はフランシスコ修道会士の清貧の中に含まれているからである。すなわち、共有として所有することが個人として所有しないことを含まないならば、それは清貧に適合したものとは言えない。最も富裕な者が何らかの財産を共有で所有することもありうるからである。それ故、フランシスコ修道会士の清貧はドミニコ修道会士の清貧より厳格である。そして既述の言葉に従えば両者ともに福音的清貧である。従って財産を共有で所有することは清貧を低下させるだけでなく、福音的清貧の完全性をも低下させることになる。というのも福音的清貧――すなわち福音書で勧説されている清貧――には段階があるからである。すなわち第一は、人定法が規定する私有権によっていかなる財産をも個人として所有しないことであり、第二は、このような仕方でいかなる財産をも個人として所有することなく、また、この種の権利によって不動産や地所を個人としても共有としても所有しないことである。そして第三は、個人としてであれ共有としてであれ、いかなる財産をもこのような法的権利によって所有することがないことである。一般の修道士や律修司祭は第一段階において福音的清貧を模倣しており、ドミニコ修道会士は第二段階において、フランシスコ修道会士は第三段階において福音的清貧を模倣している。

上で述べられたすべての誤謬と、言及された三つの教令で断言的に書かれている他の多くの誤謬は、見たところ第四の教令《Quia vir reprobus》においても説明や解説が付されることなく——どれほど些細なものであっても少なくともそれらの言い訳にはなりそうな説明さえなくして——繰り返され断言されており、更にそこにはこれ以外の多くの誤りが付け加えられている。

それ故ここで誤謬の中に第十二のものが含められなければならない。すなわち、（『使徒行伝』第二章と第四章に言われている(153)）信者たちが信者を扶養するために売却した家や土地やその他すべての不動産は、それらが売却される以前は信者たちの共同体全体の所有物となっており、共同体はこれらの財産を、かつて当の財産の個人の所有者が有していたのと同じ私有権ないし所有権によって有していた、という主張である。この誤謬は上述の教令の中で次のような言葉で述べられている。「彼ら——すなわち信者たち——にとり、彼らが所有していたすべてのものは彼らの間で共有されていた。そしてこのような財産の共有が所有権および私有権による共有として理解されるべきことは、次のことから明らかである。すなわち、かつては——つまりユダヤ人たちが改宗する以前には——個人の私有として所有されていたものが、彼らが信じる者となった後は彼らの間で共有される財産となったということである。しかし、彼らが改宗以前に所有していた財産については、所有権として個々人がそれらを私有していたことはすべての人が認めるところである。そうでなければ、彼らはそれらの財を共有にすることはできなかっただろう。それ故、それらの財産が彼らの間で共有とされたのは、当の財産に対する集団的な所有権ないし私有権としてであったことが帰結する。そして上述の『使徒行伝』第四章の文言は、この文言を曲解しないかぎり、明白に使用により消費し尽くされるものについて述べたものである。というのも、そこでは『誰一人その持ち物を自分のものだと主張する者がなく、いっさいの物を共有にしていた』と述べられた少し後で、『彼らの中に乏しい者は、一人もいなかった』と引き続き述べられ、このことの理由を示す意図でもって『地所や家屋を持っているすべての人たちは、それを売り、売った物の代金をもってきて、使徒たちの足もとに置いた』からである等々と付言されているからである。ところで、当の文言では、信じる者たちの間ではすべてのものが共有であったと最初に述べられ、その後で地所と家屋が売却されたと付言されているので、これらすべてのものは売却される以前に共有となっていたことは明白である。なぜならば、もしそうでないと、彼らはかつてそれらのものを個人として所有していた人々の所有権をそのまま存続させていたことになり、従って売却後もこのような人々は所有権者であり続けたことになるが、聖書が『誰一人その持ち物を自分のものだと主張する者がなく』と述べるとき、これと反対のことを述べているからである」。

しかしこの誤りは聖書のテキストによって反駁される。なぜならば『使徒行伝』第五章[154]には次のように述べられているからである。「ところが、アナニヤという人とその妻サッピラとはともに資産を売ったが、共謀して、その代金をごまかし、一部だけを持ってきて、使徒たちの足もとに置いた。そこで、ペテロが言った、『アナニヤよ、どうしてあなたは、自分の心をサタンに奪われて、聖霊を欺き、地所の代金をごまかしたのか。売らずに残しておけば、あなたのものであり、売ってしまっても、あなたの自由になったはずではないか』」。この言葉から、アナニヤが彼の地所を当の地所を共有するとされる共同体の名においてではなく自分の名において売却したこと、そして売却後もその代金が――彼がそれを神に奉献する以前は――彼のものであったことは明らかである。彼は地所を売却した後に代金の一部を使徒たちの足もとに置き、それが当の地所を売却した全代金であると嘘をついたのである。アナニヤは代金を使徒のところに持って来る前に、この全代金を神に奉献していた。[155]このことは聖グレゴリウスが証言しているとおりである。xvii. q. i に書かれているように聖グレゴリウスは「アナニヤは神に金銭を奉献したが――グレゴリウスは地所を神に奉献あるいは捧げたとは述べていない――悪魔の説得に負け、代金の一部を密かに引き抜いた。しかし彼がどのような死でもって罰せられたか、あなたはよくご存じである。従って彼は、自分が神に捧げた金銭を横領したのであるから、死の危険に見舞われてもそれは当然のことだった。……」。以上のことから明らかなのは、アナニヤの地所が信ずる者たちの共同体には属していなかったということである。そして同様に、『使徒行伝』第四章で言われているヨセフが売却した土地も共同体のものではなかったし、その他の土地や家屋についても同様である。土地やその他の不動産自体ではなく、それらの代金が共同体に引き渡されたのである。それ故信者たちは、先ず最初に自分自身の名において家屋と土地を売却してからその代金を信者たちの扶養のために自発的に神に捧げたわけであり、従って、彼らがそのようにした後は、信者の誰も自分が占有し、管理し、保管していたものについて、それが自分のものだとは言わずに、それらすべてが彼らに共有されていたのである。

第十三の誤謬は、使徒たちは聖霊が彼らに降臨した後、或る時期、ユダヤに土地を所有しており、もし彼らがそれを望めば、それを自分たちのものとして保有することができた、という主張である。この誤りは次の言葉で述べられている。「使徒たちがユダヤにある土地と家屋を保有せず、むしろそれらを売却し、その代金を共有したのは何故かと問われれば、教皇メルキアデスは次のように言って返答する。[156]『使徒たちは教会が異教徒の間に存在するであろうことを』――すなわち教会が異教徒のもとへと出で行くであろうことを――『予測していたのであり、それ故、ユダヤにある土地を獲得しなかった』と。そして次のように言われるならば、すなわちメルキアデスは信者たちが土地を獲得しなかったと述べているのであるから、信者たちが土地を売却する以前もそれらを共有していなかったことをメルキアデスは前提としているように思われる、と言われるならば、次のように余は主張する。すなわち、メルキアデスは、使徒たちはユダヤの土地を自ら保有する意図でもってそれらを獲得しなかったのだからそれらを獲得しなかったと言っているだけであり、従って、メルキアデスには、使徒が言葉の正確な意味において土地を獲得したとは思えなかった。というのも獲得した後で直ちに放棄しなければならないような仕方で財を獲得する人は、財を獲得したとは適切に言えないからである。上述のことから、使徒たちは、もし彼らがそれを望めば、ユダヤにある彼らの土地を正当に保有できたことは明らかである。また彼らは土地を保有しないよう誓約によって強いられたわけではなく、むしろ土地を自分たち自身の自由な意志により保有しなかったのである。というのも、彼らは自分たちがユダヤには滞在せず、異教徒のところへと赴くと予想したからである」。

しかしこの誤謬は、使徒たちが福音的清貧を遵守していたこと、しかも今の時代の修道会士――完全性への愛により、土地を共有において持つことさえ拒む修道会士――に劣らず完全に福音的清貧を遵守していた事実によって反駁されるだけでなく、すぐ前に挙げた誤謬を否認するために述べられたことによっても明白に反駁される。というのも、もし使徒たちが――彼らに聖霊が降臨した後に――ユダヤにある土地を所有していたならば、彼らは信じる者たちの――『使徒行伝』第四章で言及されている信じる者たちの――寄付によるか、別の何らかの権原を通じて――すなわち相続権とか購買とかその他の方法を通じて――それらの土地を有していたことになる。後者を主張することはできない。というのも使徒たちはキリスト受難以前にすべてのものを放棄し、それでもって土地を取得することができたようないかなるものも所有していなかったからである。そして前者も主張することはできない。なぜならば、上で立証されたように、信者たちは自分たちの土地を信者の共同体にも、集団としての使徒にも、また特定の使徒にも与えたわけではなく、むしろ土地を売却し、その代金を信者たちの扶養のために引き渡したからである。そして教皇メルキアデスの教令も、これを正しく解釈すれば、論拠にはならない。なぜならば、メルキアデスは上で引用されたように、『教会が異教徒の間に存在するであろう』等々と述べていることから、使徒たちがユダヤに土地を所有していたとは言わず、むしろこれと反対のことを明白に述べたからである。このメルキアデスの言葉から、土地ではなく土地売却の代金のみがその時教会に贈与されたこと、かくして聖霊が降臨した後の使徒たちにはユダヤにおけるいかなる土地も与えられなかったことは明白である。しかしいずれにしても、メルキアデスの教令に関して今しがた語られたこと、そしてこれに関連したその他既述の多くのことがどのようにして拒絶されるべきであるかは、上述の（ヨハネス二十二世の）教令《Quia vir reprobus》に対する私の特別の論考すなわち『対話篇』第二部第四論考、そして他の幾つかの小論考での私の議論を知る人であれば、明白にこれを理解するだろう。

第十四の誤謬は次のような主張、すなわち、聖ペテロと他の使徒たちは、聖霊が彼らに降臨した後、『使徒行伝』第四章で言及されている共有物の分割により彼らに割り当てられた金銭その他の世俗的財に対し個人として私有権ないし所有権を有する私有権者であったという主張である。

第十五の誤謬は、信者たちに分配されたものは、分配以前は使徒たちが所有権によって私有していたという主張である。

第十六の誤謬は、どのような人間集団ないし人間集合においても、すべての人々が貧窮しているときは、これらの人々の誰もが自分に割り当てられた財の個人的な私有者にして所有者になる、という主張である。

これら第十四、十五、十六の三つの誤った主張は相互に矛盾しており、同じ文書で提示された他の主張とも矛盾しているが、特に次のような言葉で主張されている。「更におそらく次のように言うことができると思われる。すなわち、『使徒行伝』第二章と第四章で述べられているように、使用によって消費し尽くされる財の分配が使徒たちと他の信者の間でなされた後は、すべての人は各自に割り当てられた部分の私有権者であり所有権者であると言いうる、ということである。そして『使徒行伝』第四章の上述のテキストは、『彼らの中に乏しい者は、一人もいなかった』とそれが述べるとき、このことを明白に前提としているように思われ、なぜそうであったかに関して当のテキストは『地所や家屋を持っていたすべての人たちは、それを売り、売った物の代金をもってきて、使徒たちの足もとに置いた。そしてそれぞれの必要に応じて、だれにでも分け与えられた』と付言してその理由を述べている。それ故、テキストが『彼らの中に乏しい者は、ひとりもいなかった』と述べ、その理由として『そしてそれぞれの必要に応じて、だれにでも分け与えられた』と述べるとき、明らかにそれは分配の分け前として各人に与えられたものはすべて各人の所有物であったことを前提にしている。というのも分配するということは、或るものの異なる諸部分を異なる人々に分け与えることだからである。それ故分け前が、それを分け与える権限を有する者たち――すなわち使徒たち――によって、生命の維持に必要なものを受け取ることのできる人々へと分け与えられたとき、各々の人は自分に割り当てられた部分の所有権者となったと考えられる。このように考えないと、すなわち、各人に割り当てられた部分が分配以前より分配以後の方がより多くなったのでないかぎり、彼らの中に乏しい者はいなかったと言われていることも真ではなくなるように思われる。更に、日常の衣服が使用により消費し尽くされる財の中に数えられることは周知のことである。しかし既に引用された『使徒行伝』第四章で言及されている財産の共有化の後に、天使がペテロに『帯をしめ、くつをはきなさい』と述べ、同じくペテロに『上着を身にまといなさい』と述べたことが書かれている[157]。ここで明らかに天使は、ペテロに割り当てられたくつと上着が所有権によってペテロに属していることを前提としている。それ故、生命の糧として彼に割り当てられた金銭、パン、ぶどう酒その他使用によって消費し尽くされる財は同じような仕方で彼に属していたと思われる」。

以上のような誤りは、すべての世俗的財に対する個人的な私有権の放棄を誓約するあらゆる修道者——すなわち、律修司祭、修道士、その他の托鉢修道会士——によって特に攻撃され、忌避されるべきである。なぜならば、彼らはすべて、この種の事柄において使徒たちの生活を、そして『使徒行伝』第四章で言及されている原初の信者たちの生活を模倣していると主張しており、このことは彼らの戒律の中にも含まれているからである。そしてこのことは聖アウグスティヌス、聖バシリウス、聖ベネディクトゥスの戒律においても明らかであり、xii.q.i.c.[*Quia*] および c. *Videntes*[158] のテキストとその註釈においても明白に主張されているとおりである。しかし、もし使徒たちと他の信者が彼らに割り当てられた部分の私有権者で所有権者であったならば、上述の修道士たちはこれら使徒たちや信者を模倣してはいないことになるだろう。というのも、使徒たちや信者は修道士たちが送っているような共同生活を送ってはいなかったことになるからである。それ故修道会士たちは、使用のために様々な財が彼らに割り当てられたとはいえ、これらの財の個人的な私有権者や所有権者ではなかった——というのも、様々な小室や他のものが彼らに割り当てられたとき、各人は自分に割り当てられた小室や他のものの私有権者にはならないからである——。使徒たちや他の信者に関しても同様である。なぜならば彼らのうちの誰も、各人に割り当てられた部分の個人的な私有権者そして所有権者ではなかったからである。『使徒行伝』のテキストから明らかなように、彼らのうちの誰も、使用するため、生命を維持するため以外の目的で、例えば贈与、売却、その他の仕方でそれを譲渡するために諸部分を割り当てられたわけではなかった。それ故、分配の後、それぞれに割り当てられた部分に対して各人が有し、分配以前には有していなかった「より多くのもの」は私有権や所有権の対象ではなく、単に割り当てられた当の部分を使用する正当な力にすぎなかった。これはちょうど、小室やその他のものが使用のために修道士に割り当てられたときと同様である。すなわち、この修道士は当のものに関して以前に比べ或る意味で「より多くのもの」を有しているが、当のものに対して私有権や所有権を有してはおらず、当のものを修道士に与えた人がそれを欲するかぎりにおいてのみ、当のものを使用する許可や正当な力を当のものに対し有しているにすぎず、それ故、その使用は法的権利による使用ではないが許可なき不正な使用でもない。修道士は以前はこのような使用の許可や使用する正当な力を有していなかった。というのも、そのものが彼に割り当てられる以前は、それを使用してはいけなかったからである。

第十七の誤謬は、「私有物なしで生活するという誓約」が「人間の生命が必然的に必要とするものまでに及ぶ」ことはない、という主張である。この誤りは前述の教令《Quia vir reprobus》の中で同じ言葉でもって主張されている。この主張は、教会と聖なる教会法、そして聖なる教父の伝統によって是認されてきた修道会の戒律に明白に反しており、私有物なしで生きることを誓約する修道士たちの一般的な見解と戒律遵守にも明白に反していることから、これを論駁することは無駄なことに思われる。それ故、目下のところは聖アウグスティヌスの戒律から取られたわずかの言葉で十分だろう。そこでは、戒律の定めによると戒律遵守の誓約をした者は食糧や衣服に属するものに対する私有権をもつべきでないことが主張されているのであるが、食糧や衣服といったものは人間の生命維持のためにどうしても不可欠なものなのである。それ故、当の戒律では次のように言われている。[159]「あなたたちにとって魂は一つ、心は一つでなければならない。あなたたちは或るものを私有物であると述べてはならない。あなたたちにとりすべてのものは共有でなければならず、食糧や衣服はあなたたちの長により、あなたたち各人に分配されるべきである。しかしあなたたち全員に平等に分配されるのではない。あなたたちすべてに平等の権利があるわけではないからである。むしろ、各人の必要に応じて各人に分配されるべきである。事実、『使徒行伝』には『いっさいの物を共有にしていた』と記されている。[160]等々」そして同じ戒律には次のように書かれている。「あなたたちの衣服を一箇所に置き、一人ないし二人の、あるいは衣蛾の害にあわないようにそれらの衣服を広げて振るために必要な人数の保管者に託しなさい。そして、あなたがたが一人の賄係から食事をあてがわれるように、一人の衣服係から衣服をあてがわれるようにしなさい。もしそのようにできるならば、季節にあった衣服があなたがたに提供されるとき、各人が前に預けたものをまた受け取るのか、それとも各人は以前に他者に属していた別のものを受け取るのかは、あなたがた次第ではないことになる」。以上の言葉から、聖アウグスティヌスの戒律に従って私有物なしで生活するという誓約は、人間の生命維持にとって最も不可欠な食糧や衣服にまで及ぶこと、それ故、家や住居にまで及ぶこと――家や住居も人間の生命維持に必要だからである――が明白に結論される。

第十八の誤謬は次のような主張、すなわち、この世を旅する人間たるかぎりでのキリスト、苦しみを受け、可死的な人間たるかぎりでのキリストは、僅かで取るに足らないささいなもののみならず、現世の世俗的王国と、一般的に現世のあらゆるものに対し、個人として支配権と私有権を有していた、という主張である。

第十九の誤謬は、『わたしの心はうるわしい言葉を投げかけた』[161]で始まる詩篇の全体は世俗的王国について言われたものとして理解されるべきであり、キリストと共にその花嫁である教会に関して言われたものとして理解されるべきである、という主張である。それ故キリストは世俗的なものにおける王、その花嫁たる教会は女王であり、両者は同じ世俗の王国において世俗的な支配権を行使し、この王国においては、苦しみを受け可死的な人間たるかぎりでのキリストが世俗的現世的に支配した。実にアヴィニョンの教会は、世俗のすべての王国を自分自身に服従させ、福音の法の自由に違背して、それらをすべて強制的に奴隷状態に置くためにこのような誤りを狡猾に主張しているのである。

第二十の誤謬は、「キリストは十字架にかけられた者たるかぎりで世俗の万物の所有者であった」という主張である。

第二十一の誤謬は、「神たるかぎりでの主イエスは、父なる神が彼を生んだこと自体により、永遠に王国と普遍的所有権を有していた」という主張である。

第二十二の誤謬は、「それにもかかわらずキリストはある種の世俗的財産の所有権を受胎の時点からではなく、その後に引き続いて別の様々な仕方で、すなわち信徒たちの寄付や購買により取得することで有していた」という主張である。

第二十三の誤謬は、「キリストは王国と世俗的財産に対する普遍的所有権を放棄することができなかった。というのも、もしそれを放棄したならば、それは父の定めに違反したことになるからである」という主張である。

第二十四の誤謬は、キリストを貧困で貧窮した者にしているのは所有権の欠如ではなく、むしろキリストがその所有者であった財からの果実と収益の欠如であったという主張である。

第二十五の誤謬は、財から生ずる利益のいかなる獲得からも永続的に分離された虚有権は、当の財の所有者を富める者にすることはない、という主張である。

第二十六の誤謬は、世俗的財産に対して所有権を有していても、当の財産がもたらす利益のいかなる獲得からも永続的に分離されているならば、そのような所有権は無益であるとみなされなければならない、という主張である。

以上九つの誤謬は、しばしば言及された教令《Quia vir reprobus》の中で次のような言葉で主張されている。「第二に、キリストは何らかの世俗的財産を所有していたか否か、そしてそれはどのような所有であったかが問題とされる。しかしキリストが世俗的財産を所有していたことは、旧約と新約の二つの聖書が多くの箇所でこのことを証言している。というのも数多くの預言者が、キリストがイスラエルの民の王になることを、それ故王国を所有することを預言したからである。事実、イザヤは第三十三章[162]において、見よ『主はわれわれのさばき主』等々と述べ、キリストのことをそのように預言した」。そして更に後の方で「『わたしの心はうるわしい言葉を投げかけた』等々で始まる詩篇の全体は当の王とその花嫁すなわち教会のことを語っているのである」と教令は述べ、更に後の方では次のように述べている。「というのもピラトがキリストにユダヤ人たちの王かどうか質問したとき、キリストはピラトに『わたしの王国はこの世からのものではない』と答えたからである。キリストは『この世のものではない』とは言わず、『この世からのものではない[163]』と述べたのであり、これは『わたしはわたしの王国をこの世から、あるいはこの世によって有しているのではない』と言っているかのようである。すなわちキリストはそのような仕方で王国を有しているのではなく、『ルカ福音書』第一章で天使がキリストの母に『主なる神は彼に父ダビデの王座をお与えになるだろう』と述べているように、神から王国を与えられたということである」。そして更に後の方で教令は「キリストは十字架にかけられた者たるかぎりで王にして支配者となり、そして人間たるかぎりで十字架にかけられたのであるから、神は人間たるかぎりでのキリストに王国と支配権を与えたことが帰結する」と述べ、更にその後で次のように述べている。「イエスは神たるかぎりで前述の王国と普遍的支配権を、父なる神が彼を生み出したという事実によって永遠の過去から有していたのであり、また人間たるかぎりでは時間の中で、すなわち（マリアの）受胎のときから、神の定めによりそれらを有していた。更に、それにもかかわらずキリストはある種の世俗的財産に対して所有権を（マリアの）受胎のときからではなく、その後に引き続いて様々な仕方で――例えば信者の寄付や入手した財産の購買によって――有していた。これらの財産がどのようなものかみてみよう。このことに関しては、使徒たちとその弟子たちより適切な証言を与えてくれる者はいない。それ故、この点について彼ら自身が、特にキリストが奇跡を行い説教を始めたとき以来、どのようなことを述べているかみてみよう。確かに彼らは、キリストが僅かではあるが何らかの財産を所有していたと語っている。それ故キリストは衣服を所有していた」。更に教令は「従って洗者聖ヨハネは、キリストが履物を所有していたことを前提にしていると思われる」と述べ、更に「同様にヨハネはキリストが小箱を所有していたことを想定している」と語り、そしてまた「そのうえ、キリストがしばしばぶどう酒を所有していたことも明らかである。なぜならば、キリストは少くとも彼が聖餐式の秘跡をとり行った小室の中にぶどう酒を所有していたからである」と述べており、更にその後で次のように述べている。「以上すべてのことから、キリストが上述の王国と支配権を放棄しなかったことは明白であり、むしろキリストはそれらを放棄することができず、もし放棄したならば父なる神の命令に反して行動したことになったと思われる」。そして更に教令は次のように述べている。「キリストを貧困で貧窮した者にしていたのは所有権の欠如ではなく、むしろ彼がそれらの所有権者であった財の果実や、財からの収益を享受しなかったことなのである。すなわち、財産から生ずる収益の享受から全面的に切り離された虚有権が虚有権者を裕福にすることはない。そのような虚有権は利益のないものとみなされるべきであり、従ってこの類いの所有権をもつ者は正当に困窮者そして貧困者とみなすことができる。このことは明白に理解可能である。というのも、もしフランス王がフランス王国を放棄することなく自分の王国から遠ざかり、少し時間が経ってから人に知られず王国に戻り、王として振る舞うことも王国から生まれるいかなる利益も享受せず、王宮の中にいる一人の乞食として生活に必要なものを他人の厚意によって受け取っているならば、このような人は王であり支配者ではあっても、確かに乞食同様の貧困者として正当にみなされうるだろう。それ故、使徒パウロの『ガラテア人への手紙』第四章(165)は、相続人は子供である間は下僕と異ならないが、それでも全財産の所有権者であると述べているのである。このように「王の王、主の主」であるキリストは、王国と世俗的財産から生ずる果実の享受という観点からすれば、極く僅かなことは除いて、王ないし主として振る舞うことはなかった。この故にキリストは自発的な貧者と正当に呼ばれうるのである。すなわち、彼に所有権と王国が欠如していたからではなく、所有権と王国から生まれる果実ないし収益を享受しなかったことから、そのように呼ばれるのである」。

以上の言葉は既述の九つの誤謬を含んでいる。これらの言葉の幾つかが相互にどのようにして矛盾しているか、各々の言葉がどのようにして論駁されるかは同じ教令《Quia vir reprobus》に関する長大な著作(166)の中に、そして更に『対話篇』第二部の第四論考の中にみることができる。しかし目下のところは簡潔を期すために、私はただ次の点に関してこれらを論駁することにする。すなわち、キリストは世俗的事項において支配者にして王であり、個人として世俗の万物に対し普遍的所有権を有していた、と主張されている点である。この主張は本論考の第四章で既に述べられたことからだけでなく、他の多くのことからして誤りであることが明らかである。ここで私はこれら多くのことから幾つかのものを取り出すだろう。

例えばキリスト自ら『マタイ福音書』第八章(167)において「きつねには穴があり、空の鳥には巣がある。しかし人の子には枕するところがない」と述べている。この言葉から、キリストがそのとき住居を持っていなかったことが明らかである。（それ故キリストは）事実上の使用の対象として（住居を持っていなかったか）、あるいは所有権と私有権の対象として住居を持っていなかったかのいずれかである。しかし前者ではありえない。というのもキリストは住居で一夜を過ごし、これはすなわち、事実上の使用として住居を持っていたということだからである。事実、キリストは毎日毎日、すべての家の外で食し、飲み、眠っていたわけではない。それ故、キリストは自分がそこで「枕する」自分自身の住居を、所有権や私有権の対象としては所有していなかったと理解しなければならない。

更にキリストは、神によっても人間によっても、世俗的事項における裁判官や相続財産の分割者となったわけではなかった。なぜならば、『ルカ福音書』第十二章(168)にあるように、或る人がキリストに「先生、わたしの兄弟に、遺産を分けてくれるようにおっしゃってください」と述べたとき、キリストは「人よ、だれがわたしをあなたがたの裁判人または分配人に立てたのか」と答え、それは「誰も（立てなかった）」と述べたのも同然だからである。従ってキリストは世俗的事項において王ではなかった。世俗の王には世俗的事項に関して裁判を行い、遺産に対し権利を要求する人々の間で遺産を分割する権限が属しているからである。

更にキリストは『ヨハネ福音書』第六章[169]に明らかな如く、自分に提供された世俗の王権を拒絶した。そして『ヨハネ福音書』第十八章[170]でキリスト自身、「わたしの王国はこの世のものではない」と述べている。これは「自分が王であることは認めるが、自分が世俗の王であることは認めない」という趣旨であり、キリストはこれに付け加えて「もしわたしの王国がこの世のものであれば、わたしに従っている者たちは、わたしをユダヤ人に渡さないように戦ったであろう。しかし事実、わたしの国はこの世のものではない」と述べている。これはすなわち、「わたしはカエサルの意に反して世俗の王国を有することはないが、霊的な王国は有している」という意味である。そして、不信仰者であったがこのことを理解していたピラトは、後で、キリストが死刑に処せられるべき理由を見出せないと公言した。しかし、キリストはカエサルによって定められた王ではなかったのであるから、もしキリストがピラトの面前で自分が世俗の王であると述べていたならば、ピラトはこのように公言しなかっただろう。

それ故、キリストは世俗的事項における王ではなかった。キリストは世俗的な、あるいは現世的な仕方で統治したのではなく、単に霊的な仕方で霊的事項において統治したのであり、支配者あるいは主人としてではなく下僕として統治したのである。これはキリストが「私（人の子）が来たのも、仕えられるためではなく、仕えるためである」[171]と証言しているとおりである。また、苦を受け、死すべき人間たるかぎりでのキリストの王国が、ユダヤやこれに類似の何らかの大きな領域を含む世俗的王国であることもなかった。むしろキリストの王国は霊的な王国であり、この王国に属していたのはキリストを信じる人々だけであった。『ヨハネ福音書』への註解でアウグスティヌスは「キリストを信じる人々がキリストの王国である」[172]と述べ、「キリストの王国は、キリストを信じる人々でなければ何であろうか」[173]ともう一度述べている。そしてこれと和合して聖グレゴリウスは「しばしば聖なる説教の中で現在の教会が天の王国と言われている」[174]と述べている。従って、キリストは万人の王であり普遍的な支配者であると述べるすべての権威は、神性におけるキリストについて、あるいは受難後の人性におけるキリストについて、あるいは霊的王国について言われたものとして理解されなければならない。このような意味であれば、すべての聖職者や司祭、特に高位聖職者、そして托鉢修道士でさえ、正しく導くことから（a regendo）王（reges）と言えるのであり（xii. q. i. c. *Duo sunt*）[175]、これはちょうど新法の聖職が第一の使徒によれば「王の司祭職」と言われるのと同様である[176]。しかし新法の聖職者は世俗の王とは言われない。それ故、キリストの代理は自分が王国とあらゆる世俗的な財産に対する普遍的所有権をもっていると考えてはならない。代理たる者は、この者が代理する本人より上位にはないからである。

第二十七の誤謬は、我らが主イエス・キリストは受難の前も後も、そして聖霊が注がれる前も後も、使徒たちに対し他のすべての弟子——すなわちキリスト教徒の男女——とは異なった生活の規範を指示することはなかった、という主張である。この誤謬は、何回となく引用された教令《Quia vir reprobus》の中で次の言葉で主張されている。「聖クレメンスは、その一部分が xii. q. i. c. *Dilectissimis* で引用されている或る書簡の中で、『共同の生活がすべての人々にとって、特に使徒たちとその弟子たちの生活を模倣することを欲する人々にとって必要である』と語って、使徒たちと弟子たちの生活が同一であったことを明白に想定している」。そして教令は、これより前のところで次のように述べている。「しかし、弟子のうち或る者たちが多くの財産を所有していたことが知られている。『ヨハネ福音書』第十九章(178)には、アリマタヤのヨセフにつき、彼がイエスの弟子であったことが書かれているが、『マタイ福音書』第二十七章(179)では彼が裕福な人間であり、イエスの弟子であったと述べられている。同様に、らい病人シモンがイエスの弟子の一人であったことは周知の事実であるが、『マタイ福音書』第二十六章(180)にあるように、イエスはベタニアでシモンの家に居たのである。またイエスの弟子だったラザロとマルタとマリアは数多くの財産を所有していた。それ故『ヨハネ福音書』第十一章(181)には彼らについて、ベタニアの村がマリアとマルタのものであったことが記されており、そしてベタニアで彼らが『イエスのために』盛大な『夕食を用意し、マルタは給仕をしていた。イエスと一緒に食卓についていた者のうちに、ラザロも加わっていた。そのとき、マリアは高価で純粋なナルドの香油一斤を持ってきて、イエスの足にぬり』、イエスの足を『自分の髪の毛でふいた』と記されている。そして『使徒行伝』第九章(182)にあるようにペテロが死人から蘇生させた、ドルカス（かもしか）と訳されるタビタについても、彼女が弟子であり、『数々のよい働きや施しをしていた』ことが書かれており、そして『やもめたちがみんなペテロのそばに寄ってきて、ドルカスが生前つくった下着や上着の数々を、泣きながら彼に見せるのであった(183)』と書かれている。このことから明らかなのは、タビタは弟子でありながらも世俗的財産を所有しており、これらの財から上述の施しを行ったということである。また我々は、（我らが主イエスが）弟子と使徒に対しそれぞれ別の生活規範を与えたことをどこにも見出すことができない」。以上から明らかなのは、教令の作者によるとキリストは、そのすべてが弟子として理解されているキリスト教徒の男女に対して与えた生活規範とは異なる生活規範を使徒に対し与えたことは一度もなかった、ということである。

しかしこの誤りは聖書と理性に反している。というのも『マタイ福音書』第十章(184)にあるようにキリストは使徒たちに金や銀や金銭を所持することを禁止したが、すべてのキリスト教徒に対しそのように命令したわけではないからである。

更に、使徒の状態は使徒に従う修道士や司祭や助祭の状態より不完全なものではなかった。しかし修道士や司祭や助祭は、他のキリスト教徒が自分自身をそれへと義務づけることを欲さないかぎり拘束されないような特別な生活規則に拘束されている。すなわち修道士たちは特別な清貧を守るように義務づけられており、周知の如く結婚戒律違反が司祭や助祭には禁止されている。それ故使徒には、他の多くのキリスト教徒が遵守を義務づけられていないような特別の生活規則が課せられていたのである。

説明を簡略なものにするために、四つの教令――先ず《Ad conditorem》に始まり、第二に《Cum inter nonnullos》、第三に《Quia quorundam》そして第四に《Quia vir reprobus》――の中で主張されているアヴィニョンの教会の誤りについては以上で十分だとしよう。そして前述した（二十七の）誤謬以外に、これらの教令には他に十八ほどの誤謬が含まれている。事実、これまでわたしは、公教会のキリスト教徒の著作であろうが、異端者や異教徒の著作であろうが、誤った主張の中にこれほど僅かの真理しか混ざっていない著作を読んだことがなかった。というのも、これらすべての言葉の中には、そこで引用されている他の人々の言葉を除けば、正しい言葉が一つもないと言ってよいほどだからである。無学な人や質朴な農夫でさえ、これらの言葉の多くがどれほど根も葉もない言葉か明白に認識することができる。経験上私は、極めて優れた記憶の持ち主でさえこのような見解を抱くこともあることは十分に承知しているが、理性的判断に恵まれた者が、たとえ私見であるにせよそのような見解の多くを固持することはありえないと思うし、馬のことを石だと信じる人がいないように、そのような見解に少しでも疑念を抱かないような人はいないと思う。ルキフェルのような傲慢さから、否、ルキフェル以上の、そして反キリスト的な傲慢さから発するアヴィニョンの教会――この教会はルキフェルのように「いと高き者のようになろう[185]」と欲するのではなく、「神と呼ばれるすべてのものに反抗して立ち上がる[186]」――の第二十八の誤謬は、次の主張すなわち、信仰に触れる何らかの事柄について何らかの問題が教皇庁に持ち込まれたならば、このときからいかなる者も、どちらか一方の見解を正しい見解として確定したり選択したり是認したりしてはならないという主張である。この誤りは、遵守すべきものとしてフランシスコ修道会に与えられたアヴィニョンの教会の教令[187]の中で述べられている。この教令の言葉は以下のとおりである。「更に余は次のことを厳しく命ずる。それについて相互に対立する様々な見解のある信仰上の事柄について何かの問題ないし疑問が審問されるべく教皇庁に持ち込まれたならば、このときから何人といえども敢えてどちらか一方の見解を真なるものとして確定したり、選択したり、是認したりしてはならず、当の事柄に関する教皇庁の裁決ないし宣言を待たなければならない」。この言葉から明白に判断できるのは、この教令の制定者が自分のことをものや人間の支配者であると思っているだけでなく、キリスト教徒の全信仰が自分の裁決と宣言に依存すべきことを主張しているのであるから、自分がキリスト教徒の信仰の支配者だと思っていることであり、かくして僅かな言葉でもって、キリスト教的生の全体に確実で確固としたものが何もなくなるようにキリスト教的生が破壊されてしまうことである。確かに、それに関し問題や疑問が生じることのありえないような信仰箇条は存在しないし、それに関して生じた対立し敵対する意見が審問のために教皇庁へと持ち込まれることのありえないような信仰箇条は存在しない。従って、それがどのような信仰箇条であろうと、何らかの信仰箇条に関してこの種の問題や疑問が上述の審問に付されたならば、この時点からいかなるフランシスコ会士もどちらか一方の意見を正しい意見として確定したり、決定したり、是認したりしてはならないと主張することは、公教会の全信仰からその内容を取り去ってしまうことに他ならない。どのような異端者もこの誤りをあからさまに敢えて主張したことはなかった。しかしアヴィニョンの教会は数多くの行為と活動によって自らがそのような誤りを保持していることを証明しているのである。

しかしおそらく或る人は、上述の教令は信仰箇条や、確実で疑問視されえない事柄に関するものとして理解されるべきではないと主張するだろう。このような人に対しては二つの仕方で容易に反駁することができる。

第一に次のように反駁できる。すなわち、この種の事柄に関して法律が実際に制定されており、これらの法律はこの種の事柄を対象としたものと理解されなければならない。ところで上述の教令の起草者がアヴィニョンに居住していた頃、信仰上確実な事柄に関する諸問題が教皇庁に持ち込まれた。例えば、世界は永遠の過去から存在していたか、正しい人は誰でも神か、正しい人間は誰でも星を創造したのか、神はこのような人間が存在することなくして為すべきことを知っているか。聖餐の秘跡においてパンの実体がキリストの体へと変化するように、正しい人間は誰でも神になるのか。被造物は純粋なる無か。天にいる福者は神より劣る存在か等々、いかなる老女も、いかなる農民も疑うことのないような他の多くの問題である。それ故、上述の教令もこの種の問題に関して制定されたものと理解されなければならない。

第二に、上記の主張をする者は次のように反駁されうる。というのも上述の教令は、全く疑問のない問題について制定されたものとさえ理解されるべきだからである。すなわち、教皇による確定については、その正しさが推定されるべきだとしても、神の啓示や聖書や明証的な理性であってもそれに優先されるべきではないと考えられるほどその正しさが推定されるわけではない。それ故、或る人が信仰に触れるどのような問題に関してであれ、啓示や聖書や明証的理性によって確信を抱いているときはいつでも、当の問題についてどれ程多くの疑問や疑念が教皇庁に持ち込まれていようと、自分の知識を固持し、上述の方法のいずれかによって知るに至ったことを確固として維持しなければならない。それ故、人は教皇座の決定を待つべきではなく、むしろ上述の方法のいずれかによって自分にとって確実となったことに反する裁決を教皇座が行うならば、然るべき場所と時においてその裁決を拒絶すべきであり、異端者や異端の邪悪さの保護者の中に数えられないように、言葉と行いによってそれに同意するようなことがあってはならない。

第二十八章

アヴィニョンの教会、そして教皇として振る舞う者は、それをもってキリスト教会を混乱させ攻撃しようと企み腐心した不正と誤謬の故に、公教会の信徒によって正当に裁かれなければならないこと。

上述の教会がいかにしてすべての信徒に害を加え、どのような誤謬と異端を頑なに承認し擁護しているかが簡単な叙述により明らかにされたので、これらの誤謬と異端の故に教会が信徒により正当に告発され、裁かれ、断罪されるべきことが示されねばならない。

ところで dist. xl[188] に明白に定められているように、教会（教皇）を、異端の故に告発することは可能であり、従って――告発は裁判官の面前で為されなければならないのであるから――教会を裁くことは可能である。このことはまた理性にとっても明らかである。というのも、公教会のすべての信徒より劣る者はあらゆる顕職を剝奪されるからである。しかし、教皇が有罪判決を受けたならば、教皇は公教会のすべての信徒より劣る者である。これは xxiv.q.i の冒頭にある〈haeresim〉という言葉に対する標準註釈[189]が証言しているとおりである。「教皇が有罪判決を受ける事例は、教皇が教皇を拘束できる事例である。『同等者は同等者を解放したり拘束したりすることはできない』という規則もこのことのさまたげにはならない。なぜならば、教皇が異端者ならば、異端者であることによって彼は公教会のすべての信者より劣る者であり、法は判決なくしても（異端の）事実を非難するからである」。それ故、異端者になった教皇ないし教皇として振舞う者はあらゆる顕職を剝奪されることになる。

このことは次のような理由によって簡単に示すことができる。信徒の集団の成員でない者、あるいは成員たるに値しない者が信徒の首長であることはない。しかし教皇ないし教皇として振舞う者で異端者になった者は信徒の集団の成員ではなく、成員たるに値しない者である。それ故この者は信徒の首長ではなく、従って真の教皇ではない。従ってこの者はどのような人によっても告発され裁かれうる[190]。……

註

＊De imperatorum et pontificum potestate, ed. H.S. Offler, *Opera Politica* IV. Oxford. 1997. pp. 279-355.

序文

（1）『ヨハネ福音書』（3・21）。
（2）同（3・20）。
（3）同（12・36）。
（4）『創世記』（39・11―12）。
（5）『列王紀上』（21・2―13）。
（6）『スザンナ物語』（聖書外典）（13・2―62）。
（7）『マカバイ記第二』（4・33―38）。

（8）ローマ教皇ダマスス一世（在位三六六年―三八四年）。

（9）ローマ教皇レオ三世（在位七九五年―八一六年）。

（10）アレクサンドリア主教（在位三二八年―三七三年。）

（11）ラテン教父、聖人。

（12）Jacobus a Voragine, *Legenda aurea*, ed. T. Graesse（Dresden, 1846）pp. 676-677.

（13）『マタイ福音書』（10・23）。

（14）フランシスコ会の多数派はヨハネス二十二世によるチェゼーナのミカエルの解任を受け入れ、ゲラルドゥス・オドニスを会長に選んでいた。

（15）『テモテへの第二の手紙』（2・9）。

（16）『コリント人への第二の手紙』（10・5）。

（17）『トビト記』（1・5―6）。

第一章

（18）*Dialogus de imperatorum et pontificum potestate.*

（19）『テモテへの第二の手紙』（2・4）。

（20）『ルカ福音書』（22・25―26）。

（21）『マルコ福音書』（10・42―43）。

（22）『マタイ福音書』（20・25―26）

（23）『使徒行伝』（15・10）「しかるに諸君はなぜ、今われわれの先祖もわれわれ自身も、負いきれなかったくびきをあの弟子たちの首にかけて、神を試みるのか」。

第二章

（24）C. 11, q. 1, c. 29, Friedberg I.col. 634.

（25）*De Consideratione* i. 6. *Sancti Bernardi Opera*, ed. J. Leclercq et al.（Roma, 1957–1977）iii. p. 402.

（26）Ibid.

（27）*Sext.* V, 12 *ad fin.*, reg. 26（A. Friedberg, *Corpus iuris canonici*, II, *Decretalium Collectiones*, Leibzig, 1879）col. 1122.

第三章

（28）『ヤコブの手紙』（1・25）。

（29）『ガラテア人への手紙』（5・13）。

（30）同（5・19）。

（31）Dist. 12, c. 12, col. 30.

（32）C. 32, q. 1, c. 13, col. 1119.

第四章

（33）出典不明。

（34）『ヨハネ福音書』（18・36）。

（35）Augustinus *in Ioannis Evangelium* tr. cxv, n. 2, Corpus Christianorum（CC）（Turnholt, 1954 sgg.）36, 644.

（36）Leo papa I, *Tr.* xxxi. 2, CC138, 162.

（37）Ioannes Chrysostomus, *in Ioannem*. hom. lxxxiii. 4, Migne, *Patrologica* graeca (PG), 59, 453.

（38）*Hymnus ad Vesperas in Epiph. Domini*（=Sedulius,*Hymnus* ii,Corpus Scriptorum Ecclesiasticorum Latinorum（Vindobona,1866 sgg.）10,164-5).「敵、不信心なるヘロデよ。なぜキリストの到来を恐れるのか。キリストは天の王国を与えるのであり、この世の王国を取り去ることはない」。

第五章

（39）『マタイによる福音書』（16・19）「あなたが地上で繋ぐことはすべて、天でも繋がれ、あなたが地上で解くことは天でも解かれるであろう」。

（40）*Glossa ordinaria ad* II, 28, 65 *s. v.* 'tertio appellare'.

（41）*cf. Glossa ordinaria ad* C. 22, q. 5, c. 18, *s. v.* 'vicem'.

（42）Dist. 95.c. 7. col. 334.
（43）C. 22. q. 5. c. 18. col. 887.

第七章

（44）『ルカ福音書』（22・25―27）。
（45）『マタイ福音書』（20・25）、『マルコ福音書』（10・42）。
（46）『政治学』第一巻第七章（1255 b 18）。
（47）同第五章（1254 a 25―28）。
（48）『列王紀上』（8・5―22）。
（49）『ペテロの第一の手紙』（5・2―3）。
（50）*De Consideratione*, ii. 6. op. cit., iii, pp. 417-418.
（51）『使徒行伝』（3・6）。
（52）同。
（53）『ペテロの第一の手紙』（5・3）。
（54）『ホセア書』（8・4）。
（55）*De Consideratione*, iii. 1. op. cit., iii, pp. 431-432.
（56）『詩篇』（39・17）。
（57）同（45・16）。
（58）『マタイ福音書』（24・45）。
（59）『ヨハネ福音書』（21・17）。
（60）『コリント人への第二の手紙』（10・8、13・10）。
（61）C. 8. q. 1. c. 11. coll. 593-594（＝*de Civitate Dei* xix. 19, CC48, 686-687）.
（62）Pseudo Chrysostomus, *Diatriba ad opus imperfectum in Mattheum*, homil. xxxv (PG. 56, 830).
（63）Origenes, *Commentaria in Matthaeum*（*vetus interpretatio*）xvi. 8 (PG. 13. 1389-1390).
（64）C. 8. q. 1. post c. 7. col. 591.
（65）C. 8. q. 1. c. 8. col. 592; C. 8. q. 1. c. 9. col. 592; C. 8. q. 1. cc. 13. 19. coll. 594. 596.

第八章

（66）『箴言』（11・14）。
（67）『ヨハネ福音書』（10・16）。

第九章

（68）C. 11. q. 1. c. 30. coll. 634-635.
（69）c. 29. col. 634.

第十章

（70）第七章にあるベルナルドゥスの言葉。

第十一章

（71）Dist. 4. post c. 3. col. 6.

第十二章

（72）C. 9. q. 3. c. 8. col. 608.

第十三章

（73）Dist. 96. c. 4. col. 338; Dist. 96. c. 2. col. 338.
（74）Dist. 96. c. 10. col. 340.
（75）Dist. 8. c. 1. coll. 12-13.

第十四章

（76）C. 11. q. 3. c. 1. col. 642.
（77）*Decretal. Gregor. IX*. II. 27. 1. Friedberg II. col. 393.
（78）V. 39. 40. col. 906.
（79）V. 31. 7. col. 837.
（80）C. 9. q. 3. c. 8. col. 608.
（81）*Glossa ordinaria ad* V. 31. 13 *s. v.* 'revelare'.
（82）I. 29. 11. col. 161.
（83）V. 39. 40. col. 906.

第十五章

(84) C. 2, q. 7, c. 57, col. 502.
(85) C. 11, q. 1, c. 12, col. 630; II, 23, 4, col. 354; C. 3, q. 9, c. 10, col. 531; Dist. 74, c. 8, col. 264.
(86) C. 17, q. 4, c. 30, col. 823; C. 17, q. 4, post c. 29, coll. 822-823.
(87) *Cod. Iust.* 9. 29. 2; *Cod. Iust.* 1. 1. 4.

第十六章

(88) V, 41, reg. 2, col. 927.
(89) Dist. 46, c. 2, col. 168.
(90) 『マタイ福音書』（7・20）。
(91) 『イザヤ書』（5・20）。
(92) 『箴言』（17・15）。

第十七章

(93) C. 11, q. 3, c. 57, col. 659.

第十八章

(94) *Sext.* V, 12 *ad fin.*, reg. 46. col. 1123.

第十九章

(95) C. 12, q. 2, c. 49, col. 703.
(96) IV, 17, 13, col. 715.
(97) Bernardus, De Consideratione, i. 6. 第二章註（25）参照。

第二十章

(98) I, 4, 11, col. 41.
(99) *Glossa ordinaria ad* Dist. 8, c. 7, *s. v.* 'consuetudinem.'
(100) I, 6, 20, col. 62.
(101) Dist. 1, c. 12, col. 3.
(102) *Glossa ordinaria ad* V, 40, 25 *s. v.* 'contradicto iudicio'.
(103) *Glossa ordinaria ad* I, 4, 11 *s. v.* 'legitime sit praescripta'.
(104) *Glossa ordinaria ad* Dist. 8 c. 7, *s. v.* 'consuetudinem'.

第二十一章

(105) C. 16, q. 5, c. 1, col. 797.
(106) C. 17, q. 4, c. 43, col. 827.

第二十二章

(107) 『マタイ福音書』（12・23）。
(108) マインツ、ケルン、トリーア大司教、ボヘミア王ヨハネス、ザクセン＝ヴィッテンベルク公ルードルフは七月一一日、レンスでモラヴィアのカールをローマ人民の王に選出した。本書第二章169頁参照。

第二十三章

(109) Dist. 50, c. 25, col. 187.
(110) C. 23, q. 4, c. 32, col. 914.
(111) 『ガラテア人への手紙』（5・12）。
(112) 『マタイ福音書』（5・40）。
(113) 『ルカ福音書』（6・29－30）。
(114) C. 23, q. 4, c. 32, col. 914.

第二十五章

(115) Dist. 8, c. 1, col. 13

第二十六章

(116) 『エゼキエル書』（34・4）。
(117) 『マタイ福音書』（23・4）。
(118) 『詩篇』（118・110）、『集会の書』（27・29）。
(119) 『コリント人への第一の手紙』（9・11）。
(120) 『ローマ人への手紙』（10・2）。
(121) 『テモテへの第二の手紙』（2・9）
(122) 『イザヤ書』（56・10）。

第二十七章

（123）『申命記』（16・19）。
（124）*Ad conditorem canonum*（1322, 12, 8）*Extrav. Ioann. XXII*, 14, 3 (Friedberg II) col. 1225.
（125）*Extrav. Ioann. XXII*, 14, 3, col. 1226.
（126）*Sext.* V, 12, 3, col. 1109.
（127）Ioannes XXII, *Quia vir reprobus*（1329, 11, 16）.
（128）マイスター・エックハルト。
（129）『列王紀下』（13・18）。
（130）『テモテへの手紙』（5・23）。
（131）『民数記』（18・18）。
（132）『士師記』（19・19）。
（133）『列王紀上』（1・1）。
（134）『伝道の書』（1・3）。
（135）同（3・1）。
（136）『ガラテア人への手紙』（6・10）。
（137）Ioannes XXII, *Cum inter nonnullos*（1323, 11, 12）*Extrav. Ioann. XXII*, 14, 4, coll. 1229-1230.
（138）Nicolaus II, *Exiit qui seminat*（1279, 8, 15）, *Sext.* V, 12, 3, col. 1112.
（139）*Cum inter nonnullos*, col. 1230.
（140）註（16）参照。
（141）*Extrav. Ioann. XXII*, 14, 5, col. 1232.
（142）『サムエル記上』（17―47）。
（143）『列王紀上』（8・14）。
（144）『コリント人への第一の手紙』（10・7）。
（145）『ローマ人への手紙』（12・5）。
（146）C. 24, q. 1, c. 20, col. 973.
（147）『マタイ福音書』（16・18）。
（148）*Extrav. Ioann. XXII*, 14, 5, coll. 1233-1234.
（149）V, 31, 17, col. 842.
（150）グレゴリウスが用いている言葉は「至高の」（altissima）ではなく「最も厳格な」（arctissima）である。
（151）Alexander IV, *Non sine multa*（1256, 10, 19）.
（152）Alexander IV, *Romanus pontifex*（1256, 10, 5）.
（153）『使徒行伝』（2・44―46、4・32―36）。
（154）同（5・1―4）。
（155）C. 17, q. 1, c. 3, coll. 812-813.
（156）C. 12, q. 1, c. 15, col. 682.
（157）『使徒行伝』（12・8）。
（158）C. 12, q. 1, c. 8, coll. 678-679; c. 16, coll. 682-683.
（159）*Regula sancti Augustini* 1 (5), ed. D. de Bruyne, 'La première règle de Saint Benoît', *Revue Bénédictine* 42（1930）, pp. 316-342, p. 320.
（160）Ibid., 8 (12).
（161）『詩篇』（44・579―580）。
（162）『イザヤ書』（33・22）。
（163）『ヨハネ福音書』（18・36）。
（164）『ルカ福音書』（1・32）。
（165）『ガラテア人への手紙』（4・1）。
（166）*Opus Nonaginta Dierum*.
（167）『マタイ福音書』（8・20）。
（168）『ルカ福音書』（12・13―14）。
（169）『ヨハネ福音書』（6・15）。
（170）同（18・36）。
（171）『マタイ福音書』（20・28）。
（172）*Catena aurea in* Ioann. 6. 2.

(173) *in Ioann. Evang.* tr. cxv. n. 2, CC36, 644.

(174) *in Evang.* hom. i, 12, Migne, *Patrologia* latina (PL), 76, 1118.

(175) C. 12, q. 1, c. 7, col. 678.

(176) 『ペテロの第一の手紙』(2・9)。

(177) C. 12, q. 1, c. 2, col. 676.

(178) 『ヨハネ福音書』(19・38)。

(179) 『マタイ福音書』(27・57)。

(180) 同(26・6)。

(181) 『ヨハネ福音書』(11・1)。

(182) 『使徒行伝』(9・36)。

(183) 同(9・39)。

(184) 『マタイ福音書』(10・9)。

(185) 『イザヤ書』(14・14)。

(186) 『テサロニケ人への第二の手紙』(2・4)。

(187) Benedictus XII, *Redemptor noster* (1336, 11, 28).

第二十八章

(188) Dist. 40, c. 6, col. 146.

(189) *Glossa ordinaria ad* C. 24, q. 1, c. 1 *s. v.* 'in haeresim'.

(190) 論考はここで中断している。

翻訳（三）　君主は援助を受けるために、すなわち戦争の援助のために、教皇の意に反しても教会財産を受け取ることができるか*

序　文[1]

真理を省略して述べると探究すべき問題は切り取られ、特に極めて不正確な仕方で論じられてしまうものである。そのような省略された真理の言説は時として曖昧で効力のない議論によって支えられ、時として詭弁的な反論に対して無防備であるように思われる。それ故このような真理の言説はしばしば誤謬の外観を呈することになり、かくして真理に反抗する人々を——そして特に、感情に支配されているか、誤った教説や誤謬に慣れてしまった人々を——制止することができず、しばしば浅薄な考察しかできない人々によって嘲笑に値するものと判断され、時として素朴な精神の持主に対して誤りに陥る機会を与えてしまう。そして省略された言説は、それと気づかれることなく実は問題を解決しているのに、表面的には問題を更に難しくしているように思われてしまう。しかしながら、長たらしい著作を嫌う現代の人々は簡潔性を喜ぶので、私は議論を省略しながら次のことを明らかにしようと思う。栄光ある高貴なる君主にして支配者、神の恩寵によってイングランドの王たるエドゥアルドゥス（エドワード）は、敵意をもって彼に襲いかかり、彼の権利を不正に横領しようとする敵との戦いにおいて、俗人によって支援されるだけでなく、彼の支配権に服する領域の俗間の高位聖職者や修道会士その他の聖職者によって教会財産からの支援を正当かつ合法的に、否むしろ当然のこととして受けるべきこと、彼の意図が純粋なものであれば、いかなる人定法も、そしていかなる判決、訴訟、禁止、命令も——たとえこれらがローマ教皇によって発せられたものであっても——そのさまたげにはならないこと、そして、王が自ら正義を追求したという理由で彼に対して何らかの判決が実際に下されたとしても、この判決は——たとえそれが教皇自身の判決であっても——無効であり、恐れる必要はないし遵守すべきでもないこと、そして、ローマ皇帝と、ローマ皇帝に服従し彼を支持する者たちに対し、イングランド王は援助を呼び求めることができること、皇帝の正義に従い、真の信仰を擁護する敬虔なる人々は、自分たちに対して下された判決に少しも拘束されてはいないこと、以上である。

しかしもし私が真理に反することを述べたならば、それに関心のある人や人々からの訂正を受け容れる用意が私にはあり、そのことに私自身が気づき、あるいは他の人を通じて気がついたならば、然るべき時と場所において、自分が述べたことをためらわずに取り消すつもりである。

第一章

寛大なる君主、誰にも負けたことがなく、神の恩寵によってこれからも決して敗れることのないイングランド王エドゥアルドゥス、高貴な家系に光り輝き、その名声はあまねく知れわたり、優美な身体と卓越した力をもち、徳に溢れ、礼儀正しく、誠実で、恐れることなく困難に立ち向かう王エドゥアルドゥス、このエドゥアルドゥスが正しい戦争を行っていることを、為された事柄につき真実を十分に知った人々は決して疑うことがないと私は考える。それ故私は、これを確実なこととして前提にし、これに異議を唱えたり、このことを疑問視したりするつもりはない。むしろ私は、王に服する高位聖職者と聖職者は王の正戦に際して、自分自身の財産だけでなく教会財産によって王に援助をさしのべるように義務づけられていること、そして、真にローマ教皇たる者でさえ十全権力によってそのような援助を彼らに禁止することはできず、事実上禁止したとしても、その禁止は法的にみて直ちに無効であり、いかなる効力ももたないことを、明白な論拠によって立証するつもりである。

しかし私は先ずもって教皇の十全権力に関する誤った理解を排除しておくべきだと考える。その理由は、このことによって上記の主張やその他数多くの主張の正しさがより明白になり、私に突きつけられる反論に対してより明瞭に答える方法が見出されるからである。それ故或る人々の次の見解を考えてみよう。すなわち教皇はキリストから、世俗的事項においても霊的事項においても神法と自然法に反していないとわかるすべてのことを為しえ、神法と自然法に反していないすべてのことが彼の権力に服しているような十全権力を受け取り、その結果として、教皇が十全権力をもって為しえないのは、不変で特免不可能な神法ないし自然法によってあらゆる人間に直接的に禁じられていること、何らかの規則や禁止令、約束や誓約や宣誓、あるいは人間の契約や義務を前提としないでそれ自体で不正であり、決して正しいとは——あるいは不正でも正しくもないとは——考えられないことに限定されるという見解である。かくして、彼らのうちの或る人々の見解によれば、教皇はこのようなそれ自体で不正でも正しくもないことを命じたり禁止したり阻止することで罪を犯すことはありえても、このようなことに関して教皇が為したすべてのことは、たとえそれが為されるべきことでないとしても有効である。カノン法の規定が示しているように、為されるべきことではなくても、ひとたび為されたら有効であるような多くのことが存在するからである。

しかしこのような見解を主張する人々は主としてキリストの言葉を自らの論拠としている。『マタイ福音書』の第十六章に記されているように、キリストは聖ペテロ、および聖ペテロを介してそのすべての後継者に対し、「私はあなたに天の王国の鍵を与えよう。あなたが地上で繋ぐことはすべて天でも繋がれ、あなたが地上で解くことはすべて天でも解かれるだろう(2)」と述べていた。上記の人々はこれらの言葉から、キリストが聖ペテロと、聖ペテロを介してその後継者である教皇に、すべてのことを為しうるような十全権力を、いかなる例外もない仕方で約束したと結論している。というのもグラティアヌス教令集（di. xix, *Si Romanorum*[3]; i.q.i.*Sunt nonnulli*[4]; xiv, q. iii, *Putant*[5]）にあるように一般的な言葉はすべてのことを含んでいるはずだからである。そして彼らの言によれば、教皇の十全権力のこのような理解はインノケンティウス三世によって明瞭に表現されている。インノケンティウス三世はExtra, *de maioritate et obedientia*, c. *Solitae*[5]にあるように、「主なる神はペテロに、そしてペテロを介してその後継者に対して『あなたが地上で繋ぐことはすべて天においても繋がれ……等々』と述べたが、『あなたが……繋ぐことはすべて』と述べる者はいかなることも除外してはいない」と述べている。ここで理解されるように、これらの言葉によって明白に主張されているのは、キリストがペテロとその後継者の権力からいかなるものも除外しなかったこと、それ故我々もこの権力から何も除外してはならないということである。グラティアヌス教令集（xxxi, q. i, c. *Quod si dormierit*[7]; ii, q. v, *Consuluisti*[8]; di, lv, *Si evangelica*[9]）にあるように、法規定がいかなる例外も設けておらず、限定や制限をしていないときは我々もそれに例外を設けたり、限定したり制限すべきではないが、キリストが例外を設けておらず、限定や制限をしていないときは、ますますもって我々は例外を設けたり、限定や制限をすべきでないことになる。ところでキリストは聖ペテロとその後継者に他の人々に対する権力を約束するに際して、いかなる例外も設けず、限定や制限をしなかったのであり、むしろ「……繋ぐことはすべて……」と、区別のない一般的な言い方をしたのであった。それ故我々にとってもここに何らかの例外を設けることは許されず、従って教皇はキリストから、既に述べられたような仕方であらゆることを為しうる十全権力を受け取っていることになる。

第二章

確かに、或る一つの理解のもとでは、真の教皇が何らかのかたちで十全権力を有していることは認められねばならない。例えば、Extra, *de auctoritate et usu pallii*, c. *Nisi*[10]にあるように、肩衣（パリウム）が大司教に引き渡されるときに「大司教の十全的職権が当人に付与される」場合がそうである——もっとも、このことは教皇の権威を害するような誤った仕方で理解されることもありうるが——。しかしながら、教皇は世俗的事項においても霊的事項においても完全な権力や、上記の主張者が教皇に帰しているような十全権力を有してはいないのであり、むしろかなりの数の人々がこの見解を異端と見なし、キリスト教会全体にとって極めて危険なものと考えているのである。

それ故、教皇が世俗的事項と霊的事項においてこのような十全権力を有していないことは、数多くの方法で立証されうる。確かに、キリストが設けたキリスト教の法は自由の法であり、従ってキリストの定めにより、旧法に比べて人々の隷従の度合がより強いことはなく、旧法ほど人々の隷従を強いるものでもない。このことは聖書を典拠として明白に結論することができる。例えば聖ヤコブは教会法の一部たる彼の手紙第一章二十五で「しかし、完全な自由の律法を一心に見つめてたゆまない人とは……[11]」と述べながらキリストの法を完全な自由の律法と呼んでいる。そして使徒パウロは『ガラテヤ人への手紙』で「私が連れていたテトスでさえ、ギリシア人であったのに、割礼を強いられなかった。それは、我々がキリスト・イエスによってもっている自由をねらって我々を奴隷にするために忍び込んできた偽の兄弟がいたからである。我々は、福音の真理があなたがたのもとに常にとどまっているように、瞬時も彼らの強要に屈服しなかった[12]」と述べている。そしてパウロは手紙の第五章では「あなたがたの扇動者どもは、自ら去勢してしまうがよかろう。兄弟たちよ、あなたがたが召されたのは、実に、自由を得るためである。ただ、その自由を、肉の働く機会にしてはならない[13]」と述べ、そして第四章では「われわれは奴隷女の子ではなく、自由民の女の子らなのである。この自由を得させるために、キリストはわたしたちを解放して下さったのである[14]」と述べている。そして更に『コリント人への第二の手紙』第三章では「主の霊のある所には自由がある[15]」と述べられている。また『使徒行伝』第十五章にあるようにペテロは「それなのになぜ、いまあなたたちは、私たちの先祖も私たち自身も背負いきれなかった軛を弟子たちの首にかけて、神を試みるのですか[16]」と述べており、更に聖ヤコブは同じ箇所で、聖ペテロのこの言葉の後で次のように述べている。「そこで私の意見では、異邦人の中から神に帰依している人たちに、わずらいをかけてはいけない。ただ、偶像に供えて汚れた物と、不品行と、絞め殺したものと、血とを避けるようにと彼らに書き送ることにしたい[17]」。そしてヤコブのこの見解が、ペテロの見解と同様に、全使徒と一般会議ないしは当時召集された普遍教会において聖霊によって是認されていることは、同じ箇所で後に続く言葉から明らかである。「さて、使徒たちと長老たちは全教会と協議した末、自分たちの中から或る人々を選んで、パウロとバルナバといっしょにアンテオケに送ることに決めた。それは、兄弟たちの中で重立った人物で、バルサバと言われるユダとシラスとであった。そして彼らに（次のような内容の）手紙が託された」。そこには「あなたがたの兄弟である使徒、長老たちから……あいさつを送る[18]」と書かれた後で「聖霊と我々とは、肝要なこと以外には、どんな荷も、あなたがたに負わせないことに決めました。すなわち、偶像に備えた肉と、血と、絞め殺したものと、不品行とを避けることであります。それを避けていればそれでよろしい。正しく行動しなさい[19]」と書かれていた。以上の、そしてこれ以外の数多くの証言から、キリスト教徒は福音の法とキリストの定めによって多くの隷従状態から解放されたこと、そしてユダヤ人が旧法のもとで苦しめられていたほどの隷従によって抑圧されてはいないことが理解される。グラティアヌス教令集（di. xii. c. *Omnia*）[20]にあるように、アウグスティヌスはこのことをヤヌアリウスの質問に対する答えの中に明白に挿入している。戒律自体は不正なものでなくとも、戒律によってキリスト教徒たちを甚だしく圧迫する人々を叱責しながらアウグスティヌスは次のように述べている。「このことがどうして信仰に反しているかは明らかでないとしても、彼らは、神の慈悲が秘跡の儀式を極めて少数で明瞭なものにして自由であることを欲した信仰を隷従的な負担でもって押しつけ、その結果、ユダヤ人たちの状態の方がより耐えうるものとなっているほどである。ユダヤ人たちは解放の時を未だ知らなかったとしても、法によって定められた儀式にのみ服し、人間の自惚れに服すことはなかったからである」。これらの言葉から、神の慈悲は信者の負担に関して――たとえこの負担がそれ自体では不正なものでなくとも――旧法のもとに存在していたものと比べキリストの信仰の方がより自由であることを欲していたことが理解される。それ故福音の法は、それがキリスト教徒を罪への隷従状態から解放するだけでなく、キリスト教徒が福音の法によって旧法の隷従状態よりも重い隷従状態に苦しめられることも、旧法の隷従状態と同程度の隷従状態に苦しめられることもないことから、自由の法と言われるのである。

これは次のことによって明らかに立証される。すなわち、『使徒行伝』第十五章で語られている異教徒から改宗したキリスト教徒は、使徒と長老の手紙を受け取ったとき、同じ箇所に述べられているように、「その勧めの言葉を喜んだ」[21]からである。しかし、たとえ彼らがモーセの法への隷従から解放されても、もっと大きな、あるいは同程度の隷従によって打ちひしがれたのであれば、彼らが同程度あるいはもっと大きな不安をもって嘆き悲しむのも不当なことではなかっただろう。特に神への隷従から引き離され、他の同程度ないしより大きな隷従――ことに人間への隷従――へと投げ込まれた者には、慰めではなく悲痛と苦悩の種が与えられるのである。

それ故キリスト教徒は世俗的事項に関しても霊的事項に関しても福音の法によって、旧法におけるほどの隷従へと拘束されることはない。もっとも、もしキリスト教徒が自発的にそれを望むのであれば、旧法より大きな隷従に服することは可能であるし、また多くの人々は人定法によってより大きな隷従に服しており、その結果、キリストの法によって与えられた自由に関する数多くの権威ある典拠は消極的な意味で理解されるべきだと思われるほどである。しかし、もし教皇がキリストの定めによって聖と俗の二つの事項においてこのような十全権力をもつとすれば、福音の法は自由の法だと述べる聖書の文言は積極的な意味でも消極的な意味でも理解されえないだろう。なぜならば教皇に十全権力を認めるような法は極めて恐ろしい隷従の法であり、世俗的事項においても霊的事項においても旧法と比べて比較にならないほど大きな隷従の法となるだろうからである。確かに、「奴隷」という言葉が法学や、それがどのような人民であろうと人々の日常の言い方で受け入れられているところに従い最も厳格な意味において理解すれば、すべてのキリスト教徒の王や君侯、高位聖職者や司祭、そしてあらゆる世俗の人々は福音の法によって奴隷ということになるだろう。実際のところどのような世俗の支配者（主人）も、神法と自然法に反していなければあらゆることを自分の奴隷に命令しうる以上の支配権や権力を当の奴隷に対し有しているわけではない。皇帝や王、あるいは他のどのような世俗的支配者の権力も、特免不可能な神法と自然法に違反したことを、自分たちに服従する者（奴隷）に対して命令できるほど拡張されてはいない。

それ故、もし仮に教皇が上記のような十全権力を有しているとすれば、教皇は王や君侯、そして他のすべての聖職者や俗人たちを、彼らに何の罪もないにもかかわらず、そして何の理由もなしに顕職からはずし、彼らからあらゆる財産や権利を取り上げ、更には、王たちを田舎の農民や下層の人々の権力に服せしめたり、王たちを畑地の耕作者にしたり、どのようなものであれ下劣な労働や職に就かせることもできるだろう。しかし、このようなことは著しく不合理であり、聖書から理解されるような福音法の自由に明白に違背している。それ故教皇がこのような十全権力をもつことは誤りというだけでなく異端であり、すべての人間にとって有害で危険である。

また誰も次のように言うことはできない。すなわち、もし教皇が王や他のキリスト教徒に対してこのような権力を行使し始めたならば、恐ろしくて極めて危険な不和、反立、戦争や抗争が生ずるおそれは十分にあるものの、教皇は事実としてこの種の権力を行使していないのであるから、上記の意見は危険ではない、と。しかし、「教皇はこの種のことを試みていない」と主張されたならば、私としてはこのように主張することはできないと言いたい。というのも、このような問題においては、事実として生じていることだけでなく、権利として生じうることにも注意が払われなければならないからである。それ故、教皇がこのようなことを試みないことだけでなく、教皇が権利としてこのようなことを試みることができないことが好ましい。というのも、もし教皇が欲望や野心、恐怖心や憎悪や愛欲にかられ、あるいは悪意や純朴さや無知によってこの種の権力を敢えて行使したならば恐ろしい危険が生ずるからである。それ故上述の意見は有害で危険であり、異端とみなされるべきである。

更に、教皇が世俗的事項と霊的事項においてこの種の十全権力を受け取っていないことは別の仕方でも立証されうる。確かに、もし教皇がこの種の十全権力を有しているとすれば、あらゆる土地、王国や地方、全世界の領域で同じ権力を有することになるだろう。というのも、教皇が或る土地では他の土地におけるより大きな権力を有しているとすれば、教皇は神法にも自然法にも反しないすべてのことをあらゆる土地で行うことができる、とは言えなくなるからである。ところが、インノケンティウス三世が証言しているように、教皇は或る土地では他の土地におけるより大きな権力を有している。すなわちインノケンティウス三世は、Extra,de *haereticis*, c. *Vergentis*[22] にあるように、次のように述べて教皇の世俗的裁判権に服する土地を他の土地から明確に区別しているのである。「確かに余は、余の世俗的裁判権に服する土地において異端者の財産が没収されることを決定し、それ以外の土地においては同じことが世俗の諸権力や君侯により為されることを命ずる」。それ故教皇は必ずしもあらゆる土地において上述のような十全権力を有しているわけではない。

更にまた、聖ペテロをすべての信徒の上に立つ頭として定めたキリストは、聖ペテロと彼の後継者の——特に世俗的な——利益や有益性や名誉を主として保証しようと意図したのではなく、キリストが自らの血によって得た自らの教会の利益を主として保証しようと意図したのである。それ故キリストは聖ペテロとその後継者のために、全教会を危険に陥れるような権力と権威を聖ペテロに与えたわけではなかった。使徒聖パウロは『コリント人への第二の手紙』の最終章でこのことを十分に明らかに書き入れているように思われる。彼は自分自身と使徒たちのために、そして確かにすべての聖職者のために次のように述べている。すなわち、「我々は真理に逆らっては何の力ももっていないが、真理に従えば力を持っている(23)」と述べた後で、「私が離れていて、以上のようなことを書き送ったのは、あなたたちに逢うとき、（あなたたちを）倒すためではなく立てるために主が私に下さった権力を、厳しく用いたくないからである(24)」と付加しているのである。この言葉から使徒は自分たちと後継者のために、信徒を危険に陥れるのではなく信徒の利益になるように主なる神から権力を受け取ったことが理解される。従って、教皇職によって配慮されるべきなのは主として教会の利益であって、教皇職に就いた人間の名誉や有益性や利益ではない。このことは理性によっても証明されうる。なぜならば、カノン法であれ世俗法であれ正しい法律が制定されるときの目的と、君主や聖職者が、これらに服従する人々の上に置かれるときの目的は同一だからであり、これは理性や権威ある典拠によって十分に証明することが可能である。しかし、グラティアヌス教令集（di. iv. c. *Erit autem lex*）にあるように、法律は「私的な利益ではなく共通の利益のために(25)」制定されねばならず、他の人々を支配する者、特に教皇は、自分の私的な利益や名誉のために神から権力を受け取ったのではない。しかし、世俗的事項と霊的事項におけるこのような十全権力が聖ペテロとその後継者のためにキリストから聖ペテロへと譲渡されたとすれば、教会の利益ではなく、聖ペテロとその後継者の世俗的な利益ないし名誉が主として配慮されていたことになるだろう。というのも、この種の権力は全教会にとって容易に危険なものとなり、全教会に損害を与えるものとなりうるからである。それ故教皇は世俗的事項と霊的事項においてこの種の十全権力を有してはいないことになる。

更に、世俗的な職務にかかわるべきではなく、この種の職務から遠ざかるべきだと考えられる者は、特に世俗的事項においてはこの種の十全権力を恒常的にもつことはない。共通の利益のために行使されるべき権力を、熱心にそして断固として当の権力を行使するはずのない者に与えても無益だろう。しかし使徒たちの後継者である司教――これら司教のあいだで教皇は第一位を占めている――は、使徒と聖なる教父により、世俗的な問題に手を染めることを禁止され、あるいは、少くとも手を染めないように勧告され、むしろその種の問題から可能なかぎり離れるように勧告されている。それ故聖パウロは司教テモテへの手紙の中で「神のために戦う者はこの世のことにかかわってはならない」[26]と述べている。更に、グラティアヌス教令集（di.1xxxviii.*Episcopus*）[27]にある使徒たちのカノンでは、「司教、司祭、副祭は決して世俗的な責務を引き受けてはならない。もし引き受けたならば免職されるべきである」と述べられている。更にまた、このことは数多くの聖なるカノンでも述べられており[28]、例えばグラティアヌス教令集の xxi. q. iii. c.i; di. 1xxxviii. c.*Episcopus nullam*; xvi. q. i. c. *Sunt nonnulli*[29] そして Extra, *Ne clerici vel monachi se immisceant saecularibus negotiis*[30] の全体[31]、そしてまたグラティアヌス教令集の xxi. q. iii. c. *Placuit*, c. *Cyprianus*, c. *Mollitiis*, c. *Hii, qui*, c. *Sacerdotum*[32] その他非常に多くの箇所にみることができる。それ故教皇は上述のような十全権力を、特に世俗的事項においては、恒常的に有していないことになる。

同様に、世俗的問題について裁決を下したり、世俗裁判権に関する事柄を行使することは、教皇ではなく王の権力に恒常的に属している。それ故教皇は上記のような十全権力を、特に世俗的事項において有してはいないことになる。この前提命題は多数の聖なるカノンと、これらに対する註釈によって明らかであり、例えばグラティアヌス教令集の di.xcvi.c.*Duo sunt*,c.*Cum ad verum*, c. *Si imperator*[33] 及び Extra, *de iudiciis*, *Novit*[34] そしてグラティアヌス教令集 di. x. c. *Quoniam*[35] 更に Extra, *Qui filii sint legitimi*, c. *Causam*[36] またグラティアヌス教令集 xxiii, q. v, c. *Sunt quaedam*[37] 及び Extra, *Qui filii sint legitimi*, *Per venerabilem*[38]、同じく Extra, *de foro competenti*, c. *Ex transmissa*, c. *Ex tenore*[39] そして Extra, *de maioritate et obedientia*, *Solitae*[40] その他数多くの箇所において明らかである。

更にその上、キリスト教の皇帝、王、君侯その他多数の俗人や聖職者は、教皇から授与されることなしに、真の世俗裁判権と世俗的財に対する真の所有権を有している。それ故教皇は世俗的事項において上記のような十全権力を有していないことになる。この推論の前提は次の理由によって立証される。すなわち、異教徒の皇帝やその他の不信仰者たちは、キリストの受肉以前も以後も、信者たる皇帝たちが現在有しているものより真なる世俗裁判権や、世俗的財に対するより真なる所有権を有していたわけではない。しかし、聖書の一連の箇所や教父の証言によって、キリストの受肉以前および以後において多くの不信仰者が真の世俗裁判権と、世俗的財に対する真の所有権を有していたこと、そして、不信仰者たちがしばしばこのような裁判権と所有権を誤用したことがあるにしても、彼らはこれらを教皇や他のキリスト教の司祭から受け取ったわけではないことが理解される。真の権力や裁判権や所有権の誤用は真の権限を無効にするものではない。これはグラティアヌス教令集（xiv. q. v. c. *Neque*）[41]にあるようにアウグスティヌスが明白に主張しているとおりである。それ故、キリスト教の信徒は真の世俗裁判権と世俗的財に対する真の所有権を有しうるのであり、しかもこれが教皇によって与えられるわけではないのである。

更に、数多くの不信仰者が真の世俗裁判権と世俗的財に対する真の所有権を有していたことは聖書の中に明白にみることができ、それ故これと反対の意見が異端とみなされるべきことは、新約と旧約の聖書の権威によって明白に示され証明されうる。例えばこのことは、『創世記』第二十三・三十一・三十九・四十一章、『申命記』第二章、『列王紀上』第九・十九章、『歴代志下』最終章、『エズラ記』第一章、『イザヤ書』第四十五章、『トビト記』第二章、『ダニエル書』第二・五章、『マタイ福音書』第二・十七章、『ルカ福音書』第一・二・三章、『ヨハネ福音書』第十九章、『ローマ人への手紙』第十三章、『コリント人への第一の手紙』第七章、『テモテへの第一の手紙』第六章、『使徒行伝』第十六・二十二・二十四・二十五章、そして『ペテロの第一の手紙』第二章に記されている[42]。

更にまた教皇は個々の世俗的財に対して普遍的な所有権や私有権を有しておらず、またすべての世俗的財を好きなように処分する権利も有してはいない。それ故教皇は世俗の事柄に対して上記のような十全権力を有していないことになる。前提は次のように立証される。一つには、もし教皇がこのような所有権や権利を有しているならば、どのような世俗的財に対するどのような権利であろうと、教皇によって譲渡されないかぎり他の誰も財に対して権利を有してはおらず、教皇は譲渡を好きなときに撤回できることになるが、これは神法にも人定法にも等しく違反しているからである。そしてもう一つの理由は、可死的で苦しみを受けることがありうるキリスト——教皇はこのような人間たるかぎりでのキリストの代理人である——はあらゆるものに対してこのような個人的な所有権や何らかの権利をもつことを拒んだからである。このことは、聖書や教父の数多くのテキストを典拠として沢山の人々が多くの長大な著作の中で示そうと試みているとおりである。それ故なおさらのこと、キリストの代理人である教皇は、あらゆる世俗的財に対する一般的な所有権や権利をいささかも有してはいないことになる。

第三章

教皇が世俗的事項と霊的事項においてこの種の十全権力を有していないことを立証するために数多くの論拠の中から少数のものが引用され、これらの論拠を聖書と教父の権威によって十分に擁護することができた。これからは同じことをより強い主張によって示すことが残されている。

それ故福者ペテロは第一の手紙の第五章において「ゆだねられた者たちの上に権力をふるうことをしないように」[43]と述べており、同じことは教皇クレメンスの教令（xi. q. i. c. *Te quidem*）[44]にも次のように述べられている。「あなたは非のうちどころのない生活を送るべきであり、現世へのあらゆる関心を捨て去るように最大の努力をしなければならない。また保証人になってはならないし、訴訟の弁護人になってもいけない。そして何らかの職務において世俗的問題で心を悩ますようなことがあってはならない。またキリストはあなたを世俗的な事柄の審判者や訴訟代理人に任ずることを今日においても望んではいない」。

同じようにアンブロシウスは『ルカ福音書』への註解において次のように述べている(45)。「キリストはカエサルの似姿を有してはいない。キリストは神の似姿だからである。ペテロはカエサルの似姿を有していない。というのもペテロは『私たちはすべてを棄ててあなたに従いました(46)』と述べたからである。またヤコブやヨハネの中にもカエサルの似姿は見い出されない。両者は雷の子だからである。カエサルの似姿が見い出されるのは海の中である。そこには水の上で頭を打ち砕かれた龍がおり、最も大きな龍は頭を砕かれ、食糧としてエチオピアの民に与えられた。それではキリストがカエサルの似姿を帯びていなかったとしても、どうして彼は貢ぎを納めたのだろうか。彼は自分のものを貢ぎとして納めたのではなく、この世のものをこの世に返したのである。もしあなたがカエサルに隷属することを望まないならば、この世のものを望んではならない。もしあなたが富を持つならば、あなたはカエサルに隷属していることになる。あなたが地上の王に対し何も負わないことを望むならば、あなたのものをすべて放棄し、キリストに従いなさい」。

同様にヒエロニュムスもネポティアヌスに「司教たちは自分が聖職者であって支配者でないことを知るべきである(47)」と述べている。

同様にグレゴリウスも『ヨブ記倫理的解釈(48)』の中で「あなたたちがこの世のことのために争いを起こすなら(49)」という使徒パウロの言葉について論じながら次のように述べている。「より外面的な事柄について知識を得た人々が現世の事項を検討すべきであるが、霊的な事項について能力のある人々は現世の問題にかかわるべきでない。これは、下位の善について配慮するよう強いられることはなく、上位の善に仕えることができるようにするためである」。

そして使徒パウロの同じ言葉に対する標準註釈(50)は次のように述べている。「『軽んじられている人々を裁判官に選べ』と言われているが、軽んじられている人々とは、賢くはあるがより値打ちのない人々のことである。というのも常に歩き回っていた使徒たちにはこの種のことを行うための時間がなかったからである。それ故パウロは福音を説くためにあちらこちらと移動していた者ではなく、同じ場所にとどまる信徒、信心深い賢者がこの種の世俗的問題の審判者になることを望んだのである」。

同様に福者ヨハネス・クリュソストモスは、『聖職者の威厳について』と題する対話篇の第二巻第三章で次のように述べている(51)。「法廷の裁判官たる者は悪人たちを屈服させたとき、彼らに対する至高の権力を露わに示し、これまでの悪しき習慣から離れるように彼らを強制する。しかし教会の中では、より大きな善へと向かう人々は、強制されてではなく同意によってそうするようでなければならない。というのも我々には、判決の権威によって犯罪を犯さないように人々を制するような権力が法律によって与えられてはいないからである」。

そして第六巻でクリュソストモスは[52]「我々が考えるべきは軍隊の指揮でも地上の支配でもなく、天使の徳を要求するような務めである」と述べている。

また同じくクリュソストモスは『マタイ福音書』第二十章にみられる「異邦人の君主は……[53]」という言葉について、「それ故この世の君主たちは自分の下位にある人々を、自分の利益と栄光のために支配し、隷従状態に服さしめ、その財産を略奪し、死ぬまで利用するべく存在している。しかし教会において上に立つ者たちは、自分の利益を顧みず、下位にある人々の利益を配慮することによって人々に奉仕し、自分たちがキリストから受け取ったすべてのものを人々に渡すために存在している[54]」と述べている。

同様にオリゲネスも『マタイ福音書』の同じ言葉に関して次のように述べている。「異邦人の君主たちは人々を支配しているこ とを知るべきである。すなわち、自分に服する人々を単に統べるだけでは満足せずに、暴力的に彼らを支配しようと努めるのである。しかし私に従うあなたたちの間では、そうであってはならない。というのも、物質的なものはすべて必要性に基づくのに対して霊的なものは意志に基づくように、霊的な統治者たる人々、すなわち聖職者は、自分たちの統治を恐怖にではなく愛に基づかせなければならないからである[55]」。

同様にベルナルドゥスも『教皇エウゲニウスへの忠言』第一巻で「それ故あなたの権力は罪に関するものであって所有に関するものではない。もし本当にそれが後者ではなく前者のためのものであれば、あなたは、所有者ではなく確かに罪人を閉め出すために天の王国の鍵を受け取ったのである[56]」と述べている。

そして第二巻でベルナルドゥスは次のように述べている[57]。「聖なる使徒ペテロはあなたにそのような（教会の）配慮以外に何を伝えたというのだろうか。『私が持っているものをあなたに与える[58]』と彼は述べているが、それはどのようなものなのか。一つのことを私は知っている。それは金でも銀でもない。というのも彼自ら『金や銀は私のものではない[59]』と述べているからである。……何か別の理由によってあなたがそれらを自分のものとして要求したとしても、それが使徒の権利によることはありえない。というのも使徒ペテロは自分が持っていないものをあなたに与えることはできなかったからである。彼が与えたのは彼が持っていたもの、すなわち私が既に述べたように、教会に対する配慮である。支配権はどうだろうか。ペテロ自ら述べている言葉を聴きなさい。『ゆだねられた者たちの上に権力をふるうことをしないで、むしろ群の模範となるべきである[60]』と彼は述べているのである。この言葉はただ謙遜から出たものであり真意ではないなどと思わないように、福音書にある主の声を聴きなさい。『異邦人の王たちはその人民を支配し、人民に対して権力をもつ者たちは恩人と呼ばれている[61]』と言われた後で『しかし、あなたたちはそうであってはならない[62]』と述べられているのである。支配することが使徒たちに禁止されていることは明らかである。それ故、あなたは支配者として大胆にも使徒職を自分のものにするか、使徒たる者として大胆にも支配権を自分のものにするか、どちらを行うのか。どちらも禁じられているのは明らかである。もしあなたが二つとも同時に持つことを望むならば、二つとも失うだろう。要するにあなたは、『彼らは支配していたが、それは私によってではない。彼らは君主だった。しかし私は彼らを知らなかった[63]』と神が嘆いている人々の数には自分は入らない、などと思ってはならない。……しかし我々が支配の禁止を受け入れるならば、次の命令に耳を傾けよう。『あなたたちの中でいちばん偉い人は、年下の人のようになり、支配する人は給仕する人のようにならねばならない[64]』と述べられている。それ故使徒の規範は、支配が禁止され、奉仕が命じられている、ということになる」。

そして第三巻では次のように言われている[65]。「もしあなたが自分の使徒的権力を至高の権力と、それ故神によって設けられた唯一の権力と考えるならば誤りを犯している。もしこのようにあなたが思うならば、あなたは『神から出ない権力はない[66]』と述べる者に対立していることになる。そしてこの言葉に続いて『権力に背く人は神の定めに背く[67]』とある。これは主としてあなたのために役立つ言葉であるが、あなたのためだけというわけではない。要するに同じパウロは『すべての魂は上位の諸権力に〈sub-limioribus potestatibus〉服すべきである[68]』と述べているのであり、この権力があたかも一人の人間に存するかのように〈sub-limiori〉ではなく、多数の人間に存するものとして〈sublimiori-bus〉と述べているのである」。

同様に同じ『教皇エウゲニウスへの忠言』の中で[69]ベルナルドゥスは、「私が考えるに、私と反対の主張をする者たちは、使徒のうちの誰が、いつ、どこで裁判官として人々を裁いたか示すことはできないだろう」と述べており、少し後で「要するに私は使徒たちが裁かれたことを聖書の中に読むが、裁判官として人を裁いたことを読んだことはない。このようなことが起こるかもしれないが、これまで起こったことはなかった」と述べている。

また同じくベルナルドゥスが教皇エウゲニウスに宛てた書簡には次のように書かれている[70]。「使徒たちが金を捕えるためではなく魂を捕えるために網を広げていた昔の時代のような神の教会を私に見せてくれるのは誰か。『あなたの金はあなたと共に破滅せよ[71]』というあの有徳の言葉をあなたの言葉として私に聴かせてくれるのは誰か」。

また『教皇エウゲニウスへの忠言』では次のように述べられている[72]。「あなたは自分自身に『私は神の家の中で卑しい身分に置かれた』と言いきかせなさい。このように貧しく卑しい地位にある者が『私は人々と王国の上に揚げられた』などとどうして言えようか」。そしてもっと後では次のように述べられている。「確かに預言者は、彼が同じように上に揚げられたとき『あなたが抜き、壊し、滅ぼし、倒し、あるいは建て、植えるように[73]』という主の言葉を聴いた。この言葉のどこが高慢を意味するだろうか。むしろ霊的な労働は田舎人の汗の比喩によって表現される。それ故、我々が置かれている状態をより良く理解するためには、我々は自分たちに支配権が与えられたのではなく奉仕の義務が課せられていると思わなければならない」。そしてもっと後のほうでは「預言者の仕事を行うためにあなたに必要なのは笏ではなく鋤であることを理解しなさい」と言われている。

また同じ論考では次のようにも述べられている[74]。「あなたは預言者が『あらゆる土地は彼の所有となるだろう[75]』と語った者ではない。これはキリストのことであり、キリストは世界創造により自分に与えられた権利によって、そして贖い主の行いの当然の報酬として、また父からの贈与として自らに所有を請求しているのである。『わたしに求めよ、わたしはもろもろの人民をあなたに与えるだろう[76]』という言葉は他の誰に向けられているというのだろうか。所有と支配はキリストに譲りなさい。あなたはただそれを管理するだけでよい。あなたの責任は次のこと、すなわちそれ以上に手を延ばさないということだけである。……あなたも、援助し、監督し、奉仕し、配慮するような仕方で指揮をとらねばならない。他人に役立つように指揮しなさい。『主人が自分の下男たちの上に立てた[77]』忠実で賢い下僕のように指揮をとりなさい。何のためか。それは『時に応じて彼らに食糧を与えるため[78]』である。このように行いなさい。換言すれば命令ではなく管理するためである。このように行いなさい。あなたも一人の人間であるかぎり、他の人間を支配しようと望んではならない。これはあなたがすべての不正に支配されないようにするためである。……それ故、もしあなたが知者と無学者にとって支配者ではなく義務を負う者であることを理解するならば、彼らを最大の注意を払って配慮しなければならない……」。

第四章

上に述べたこと、そしてその他数多くのことから、教皇は先述の主張者が教皇に帰しているような十全権力を有していないことが明白に推論されるだけでなく、教皇の権力についてキリスト教徒が無知であっては好ましくないような、それ以外の数多くの注目に値することが帰結する。というのも更にこれらのことによって我々が立証しようと意図している主要な主張、すなわち教皇は先述のような十全権力をもたないという主張が明証的な論拠によって立証されるからである。

確かにこれらのテキストから、教皇は個人として普遍的な支配権や所有権を持たないこと、あるいはあらゆる世俗的財を有することなどないことが明らかとなる。というのも上記の最後の権威――すなわち福者ベルナルドゥスの権威――によって、普遍的な支配権やあらゆる世俗的財を有するのは教皇ではなくキリストであることが明白に述べられているからである。これは神性における キリストについて真であると同時に、復活と栄光の後の人性におけるキリストについて真である。しかし教皇に関するかぎりこのことはいかなる真理も含んでいない。なぜならばキリストはペテロにあらゆる財に対する一般的な所有権を与えはしなかったからであり、むしろペテロはキリストのためにすべてを放棄したのである。更にこのことは既に前章の第十二と第十五の権威によっても明白に結論することができる。

第二に、上述のことから教皇はキリストの定めと指令によってすべての財に対する普遍的所有権を与えられたわけではないと同時に、他の人々の支配者でもないことが理解される。このことは例えば前章の第一の、すなわち福者ペテロの権威や、第四の福者ヒエロニュムスの権威、更に同じベルナルドゥスの第十六と十七の権威によって単に示唆されているだけでなく、明白な言葉で主張されている。それ故教皇は、他の人々より卓越している地位や職務上の特権の故に支配者（dominus）と呼ばれえても、彼が人間や人間たちの財産に対する何らかの世俗的支配権をキリストから受け取ったという理由で支配者と呼ばれるようなことがあってはならない。同じように、しばしば裕福な人々や権力者たちは聖職者や清貧なる修道士を、これらの人々の聖性や敬神ないし地位における特権の故に「支配者」と呼んでいるが、これらの人々が自分たちに対していかなる世俗的支配権も有していないことに疑いを抱いてはいない。

上述のことから帰結する第三の注意すべき点は、神によって設立されたのは教皇の権力だけではなく、それ以外の数多くの権力もそうだということである。すなわち世俗の多くの権力が神によって設立されており、これは十三番目に引用された福者ベルナルドゥスの権威によって明言されているとおりである。教会の多くの権力は教皇の権威を媒介にして神によって定められたとはいえ、世俗権力、すなわち皇帝権や王権やその他の君主権は教皇の権威ではなく人民の権威を通じて神により定められたのであり、教皇ではなく神から授与されたのである。それ故王権は、共通善のために自分たちの上に王を置く力を神から受け取った人民を媒介として神から由来するのであり、教皇から由来するのではない。

注意しておくべき第四のことは、教皇は福者ペテロによってキリストから世俗的事項を恒常的に処理したり、現世的な職務に恒常的に介入し、あるいはこの種のものごとを裁いたりするような権力を受け取ってはいないことである。これは二番目の福者ペテロの権威、五番目の福者グレゴリウスの権威、そして六番目の『コリント人への第一の手紙』註解の権威、八番目のヨハネス・クリュソストモスの権威、福者ベルナルドゥスの十一番目の権威、更に同じくベルナルドゥスの十四番目の権威から明白に読み取れる。

事実、キリストは自分の信者たちが永遠の生命を得るように、霊的事項における信者の指導者たちが霊的事項のみを配慮するように定めたのである。現世の世俗的な職務が世俗の人々によって正しくとり行われているかぎり、キリストは信者の指導者たちに――世俗的な財のうち、自分の生計と霊的職務遂行のために必要なものを世俗の人々に要求する権限と権利を除いて――世俗的事項に対する権力を恒常的に付与するようなことはしなかった。もっともキリストは信者の指導者が他の仕方で世俗的財を得る権限を、そして世俗的財を正当に所有したり、更には世俗的財について裁決を下す権限を明確な規則でもって禁止してはいない。なおまたキリストは、俗人たちの過度の邪悪さや、その他これに類似した理由により、世俗的事項を取り扱ったりこの種の事項に介入する権限を信者の指導者がもつことを望んだ。これは、この種の権限の欠如が原因で信者の群が牧者をもたず、自分たちに適切な統治者を置くこともできないで、信者の共同体が、あるいは教会の聖職者の共同体でさえ、耐えられない危険や霊的あるいは身体的な破壊に晒されることがないようにするためである。

第五に注意すべきことは、教皇はキリストが有していたような権力を有していないことである。これは上で最後に引用されたベルナルドゥスの権威によって理解することができる。これは驚くべきことではない。事実、教皇はペテロの後継者ではあってもキリストの代理にすぎず、或る人の代理を務める者が平等な権力を有することはないのであるから、教皇はキリストが有していたものと同等の権力を有していないことが帰結する。それ故仮に、苦を受け可死的な人間たるかぎりでのキリストが個人としてあらゆる世俗的財に対する普遍的な私有権や所有権を有しており、万人に対して完全なる世俗権力を有していたとしても上述の結論は正しいだろう。キリストがそのような権利や権力を有していたとしても、キリストの代理たる教皇がこの種の権力や支配権を保持していると推論することはできない。

第六に注目すべきはキリストにより定められた教皇権は、通常はキリスト教徒にとって有益で必要な事柄にのみ及び、信徒に対してであれ非信徒に対してであれ極めて大きな損害や不利益になるものには及ばないことである。それ故、教皇の地位に就いた個人ではなく、統治されるべき教会にとっての利益、栄光、有用さ、そして名誉が正当にも配慮されていると思われる。このことは第九の権威、すなわちヨハネス・クリュソストモスの権威と、第十の権威、すなわちオリゲネスの権威、そして第十六の権威である福者ベルナルドゥスの権威によって明白に知ることができる。

第七に注意すべきは、キリストから教皇に与えられた天の王国の鍵の権力は罪や犯罪に及ぶが所有には及ばないことである。これは福者ベルナルドゥスの第十一の権威によって明白に主張されているとおりである。というのも、この権威を論拠とすれば、鍵は所有には及ばないとされているからであり、同じ論拠によって当の鍵は俗人の世俗財産にかかわるものではないからである。

第八に注目すべきは、キリストから教皇に与えられた天の王国の鍵の権力は罪や犯罪に及ぶものの、それは通常は強制的な権力ではないことである。これは第七と第八のクリュソストモスの権威、および第十のオリゲネスの権威によって主張されているとおりである。確かに聖ペテロはキリストから天の王国の鍵をもらうことで、例外なくすべての罪に対する一般的な権力を受け取った。しかし福者ペテロは、世俗の裁判官が正当かつ十分な仕方で罰しようとする単に現世的な罪や犯罪に対する権力で、訴訟において強制的に行使されるような権力を受け取ることはなかった。これは、福者ペテロに与えられた権力によって、世俗の裁判官の権力が全面的に飲み込まれてしまうようなことがないようにするためである。このようなことは、『ローマ人への手紙』第十三章で世俗的権力について語る使徒パウロの「しかし、もしあなたが悪を行うなら、恐れよ。彼は理由もなく剣を帯びているのではない(79)」という言葉に反しており、また同じく福者ペテロの「あなたたちは神のためにあらゆる人間に従え、支配者としての王に、そして悪人を罰するために王から送られた者としての上長にも服従せよ(80)」という言葉にも反している。それ故福者ペテロに与えられた鍵の権力は、たとえペテロが悔悛の法廷においてすべての罪と犯罪を赦す権力を受け取ったにしても、訴訟の法廷における通常は強制的であるような権力ではなかった。というのもペテロがキリストから与えられたのは次のような権力だからである。すなわち、罪人や犯罪者たちを、たとえ彼らが世俗の裁判官によって十分に、そして正しく罰せられたとしても、賢い戒めと有益な勧告によって――公の戒めや勧告によってさえ――悔悛の然るべき効果へと――誰がこれに反対し、これを禁止しようと、それが有益であるときはいつでも――誘導していく権力である。確かにペテロは純粋に霊的な罪に対しては強制的な権力を有していた。更に福者ペテロと彼の後継者たちは、世俗的な罪に対して例外的にこのような強制的権力を有していたし、有している。しかしどのような場合に彼らがこの種の権力をもつべきかに関しては、ここで説明することは差し控えたい。

既に述べた注目すべきどの主張をとっても、少くともこれらの主張を他の公教会の主張と合わせて理解すれば、当の主張から必然的な論証によって次のことが結論されうるだろう。すなわち、教皇は、先述の主張者たちが俗人のみならず聖職者にとっても害になるような仕方で教皇に帰属させている十全権力など有していないということである。しかし私は簡潔さを期すために、このことを先述の注目すべき主張から推論することは省略する。

第五章

以上のことが理解された後に、教皇がこの種の十全権力をもつことを示す議論に答える必要がある。それ故第一に次の議論に答えなければならない。すなわち、キリストが「あなたに……鍵を与える……」と述べたとき、一般的な表現はすべてを含むはずであるから、キリストはペテロとその後継者にこのような十全権力を約束したと理解される、という議論に対しては次のように答えられる。すなわち、キリストの言葉は一般的な仕方で述べられていても、いかなる例外も認められないほど極めて一般的な仕方で理解されるべきではない。もしこのように理解されれば、異端的な背理が明白に帰結するだろう。第一の背理は、例外なしにあらゆることができる権力以上の権力をキリストは有していなかったし、有することもありえなかったのであるから、キリストは福者ペテロとその後継者に自分の権力と同等の権力を約束した、というものである。第二の背理は、教皇は十全権力によって神法と自然法に違反することができ、特に神がこれらの法に違反できるような――例えば神がアブラハムに対して、罪のない自分の息子を殺すように命じた場合のように――事柄においてそうである、というものである。神がアブラハムに対し息子を殺すように命じたことは、聖なる掟に違反したことではない。というのも、罪のない人間を殺してならないことが神法と自然法に属していても、神は生と死の支配者だからである。従って教皇は十全権力によって信徒たちに、罪のない人間を殺すように命令することができ、キリスト教徒たちは教皇に服従すべきことになる。……しかしこれは明白な異端のように思われる。

第三の背理は、既に上で推論されたように教皇は十全権力によって、何の理由もなく諸王から彼らの王国を奪い、これを自分に服従するどんな農夫にも与えることができ、このようなことをしても何の罪にもならない、というものである。

第四の背理は、教皇は十全権力によって、夫と妻の結婚が成就した後でも、夫の意に反して当の夫を妻から引き離すことができ、夫はこの点に関して教皇に服従しなければならず、この際、何の正当事由も必要ではなく、このようなことを行っても教皇は何の罪にもならない、というものである。

もしキリストが述べ伝えた言葉がいかなる限定もない絶対的な仕方で理解されるべきであるならば、その他数多くの愚かで危険な異端的背理が帰結するだろう。それ故この言葉は一般名辞で述べられてはいても、あらゆる点で妥当するような極端に一般的な意味で理解されるべきではなく、限定的な仕方で理解されなければならない。というのも、しばしば一般的な言葉でも一般的な意味で理解されてはならないときがあるからであり、このことは Extra, *de iureiurando*, Ad [*nostram noveris*] *audientiam*[81] および i. q. i, *Iudices* にあるとおりであり[82]、また確かに Extra, *de appellationibus*, *Sua nobis* に対する標準註釈が[83]「一般的な言葉はしばしば制限される」と書き記しているとおりである。更にこの種の数多くの例が聖書の中に存在するが、私は権力と服従について語っている僅かな例だけを引用することにする。

かくして福者ペテロは第一の手紙の第二章で、「あなたがたは、すべて人の立てた制度に、神の故に従いなさい」[84]と述べ、その後で、「下僕たちよ、大いなる畏怖の念をもって主人に服従しなさい」[85]と述べている。更に聖パウロは『ローマ人への手紙』の第十三章で「すべての人は上位の権力に服従せよ」[86]と述べ、『コロサイ人への手紙』の第三章では「子供たちよ、すべてにおいて両親に従え」[87]と述べており、また『エペソ人への手紙』の第六章では「下僕たちよ、すべての畏怖と恐れをもって地上の主人に従え」[88]と述べている。そして同じく聖パウロは『コロサイ人への手紙』の第三章でも「下僕たちよ、すべてにおいてこの世の主人に服従せよ[89]」と述べ、『テモテへの第一の手紙』の第六章で「奴隷の軛の下にいる人は誰であれ、自分の主人をすべての尊敬に値するものと思わなければならない[90]」と述べており、更に『エペソ人への手紙』の第五章では「教会がキリストに従うように、妻たちはすべてにおいて自分の夫に従え[91]」と述べている。これらすべての言葉は確かに一般的な仕方で述べられている。しかしそれにもかかわらずそれらは極めて一般的な仕方で述べられているわけではなく、むしろ例外が存在するような意味で理解されなければならない。そうでなければ、使徒たちの教説から、愚かしく、危険で不合理な異端説が推論されてしまうだろう。かくして既述のキリストの約束も、それが一般的な言葉で述べられているとは言え、適当な解釈のもと、例外を含む意味で正しく理解されなければならない。これらの例外が何かは聖書の他の箇所から、そして明白な理性によって知ることができる。

それ故、「あなたが地上で繋ぐことはすべて……」という先述の一般的な言葉からは、公教会のあらゆる見解に従い、神法と自然法に反することは除外されなければならない。更にまた、福音の法が制定される以前であろうと以後であろうと、自然法や万民法あるいは市民法によって皇帝、王、諸侯それ以外の世俗人に――そして聖職者にも――認められた自由や権利に著しく大きな害や損失を与えることも除外されるべきである。確かに通常の状況においては教皇の権力がこれらのことに及ぶことは決してない。というのも、正当な事由なくして、そして何の過ちも犯していないのに他者の権利を乱すべきではないからである（Extra, de iudiciis *Novit*)[92]。しかし例外的に、すなわち極めて大きな利益が問題になっている場合、あるいは最も危険な緊急事態やこれに類似の場合には、教皇の権力がこれらのことに及びうるのが理にかなったことだろう。なぜならば無知や怠惰、無力や臆病、どのようなものであろうと何らかの欲望の故に、そして誰の悪意であろうと何らかの悪意の故に信徒の共同体が極度の危険に晒されることのないように、当の共同体にとって必要なすべてのことがキリストによって配慮されているからである。事実、キリストはあらゆる人間が教皇に隷従するようなことを欲さず、教皇が自分の利益のためではなく共通の利益のために他の人々を指導することを欲したのである。それ故教皇は、自分の意の向くままに他人から自由や権利や所有物を奪う権力をキリストから受け取ることはなかった。またキリストはローマ教皇に、世俗的ないし霊的な領域で信徒たちを危険な状態に陥らせてしまうような何らかの権力を与えることもなかった。むしろキリストは信徒たちの役に立つようにと教皇を全信徒の上に置いたのであり、他の人々の権利を――福音の法が告知される以前から彼らが自ら有していた、あるいは彼らの親や前任者から受け取っていた権利、そして更に福音の法が告知された後に、かつて先人たちがそれを通じて権利を獲得することができたのと同じ法と正しい手続によって彼らが手に入れた権利を――気の向くままに混乱させるようないかなる権力も彼に与えなかった。

それ故教皇に与えられた天の王国の鍵と、拘束し解放する権力は、先ずもって主として悔悛の法廷における罪へと及ぶものである。罪が犯されることにより、あたかもかんぬきによるかの如く天の王国が閉じられるが、愛の力によってそれは当の信徒たちに開かれる。これは聖アウグスティヌスが証言しているとおりである。聖アウグスティヌスは「神殿の奉献」についての説教の中で次のように述べている(93)。「生命の扉があたかも鍵やかんぬきによるかの如く悪しき行いによって我々に対し閉ざされるように、疑いもなくこの扉は善き行いによって開けられる」と。それ故救世主は『ヨハネ福音書』第二十章で、拘束し解放する権力を説明し明示しながら、全使徒に対して「聖霊を受けなさい。あなたたちが罪をゆるす人には、その罪がゆるされ、あなたたちが罪をゆるさない人はゆるされないであろう(94)」と述べ、明らかに罪に言及しているのである。従って拘束し解放する権力は悔悛の法廷における罪にかかわる。これは、犯罪人を罰する世俗の裁判官の全権力が教皇の権力によって吹き消されないためである。

しかし、『マタイ福音書』第十六章にあるように、キリストが「あなたはペテロである。私はこの岩の上に云々……」と述べたとき、キリストが福者ペテロにおいて約束した教皇権は、通常は、悔悛の法廷における罪だけなく、Extra. *de constitutionibus*, c. *Cum omnes*(95) への標準註釈にみられる言葉づかいと区別に従えば、義務を越えた善行を除き、為される必要のあるあらゆる霊的事項へと及んでおり、更にキリスト教徒の首長が権限をもてば有益であるような事項にまで及んでいる。それにもかかわらず教皇権は例外的に訴訟の法廷における罪や世俗的事項へと及ぶことがある。すなわち極めて重要でさし迫った利益が問題になっている場合や極度の緊急事態において、他の者が——すなわちこの種の権限が先ずもって属しており、この種の事項に対して有益な仕方で権限を行使しようと欲し行使できるような他の者が——存在しないときである。どうしても為される必要のある霊的事項に対するこの通常の権力——キリスト教徒の首長がもつことが有益な権力——と、訴訟の、あるいは公けの法廷における世俗的事項に対する臨時的な権力はキリストのかの言葉によって福者ペテロに約束されたものであるが、かの言葉とは、「あなたが地上で繋ぐことはすべて、云々……」ではなく、「あなたはペテロである。私はこの岩の上に、私の教会をたてよう」であった。

それ故、グラティアヌス教令集（di. xxii, c. *Sacrosancta*(96); di. xxi. *Quamvis*(97); xxiv. q. i. c. *Rogamus* そして c. *Loquitur*(98)）にあるように、明らかに聖なる教父たちが示唆しているところでは、「あなたはペテロである。私はこの岩の上に、私の教会を建てよう」という例のキリストの言葉によって福者ペテロに、教会全体に対する首位権が与えられ、あるいは約束されたのである。従って「あなたが地上で繋ぐことはすべて……」という言葉によって福者ペテロに、悔悛の法廷における罪に対する権力のみが、あるいはこの種の権力と共に副次的に、霊的事項に対する通常の権力と同様に訴訟の法廷における罪に対する、そして更に世俗的事項に対する臨時的な権力――これら二つの権力については既に上で述べられた――のみが約束されたのである。しかし、既に否認された見解がペテロに帰しているような、霊的事項と世俗的事項におけるかの十全権力が彼に約束されたことは決してなかった。というのも、キリストにより正規の意味で与えられたのは共通善に役立つ権力だけであり、霊的事項を配慮し世俗の問題からは通常身を離しておくべき教皇よりは世俗人によって処理され取り扱われるほうが有益な世俗的事項に関しては、他の者たちの権利はそのまま手つかずに残されたのである。

しかし上で申し立てられたインノケンティウス三世の権威に対しては、インノケンティウスが理解していたのは次のことであると答えられる。すなわちキリストは教皇の通常ないし臨時の権力から、共通の利益のために教皇がそれに対して当の権力をもつことが必然的に役に立つようないかなる事項をも除外することはなかった、ということである。しかしインノケンティウス三世は、キリストがペテロとその後継者たちの通常の権力から、公教会の真理に確実に違反していることだけでなく、公教会の真理に反していると彼らが確信するいかなることも除外しなかった、とは理解してはいない。なぜならば、Extra, *Qui filii sint legitimi*, [Per venerabilem](99) にあるように、インノケンティウスは次の言葉で述べているからである。「余は世俗的事項に関しても余が十全権力を有する教皇領に対してだけでなく、確かに既に検討された幾つかの理由によって、これ以外の領域に対しても臨時的に世俗裁治権を行使する」。これらの言葉から次のことが結論される。すなわち、インノケンティウス三世によれば、教皇はキリストから、すべての領域における世俗的裁治権を通常は授かっていない。その理由は、教皇はキリストから世俗的事項における十全権力を授かってはおらず――というのも、教皇は教皇領をキリストから直接的にではなく、皇帝の寛大さによって有しているからである――、またインノケンティウス三世によれば、キリストは教皇権から全く何も除外されないようなことを欲さなかったからであり、そして更に、教皇権に関するキリストのあらゆる言葉は、どれほど区別を設けない仕方で、あるいは一般的な仕方で述べられていようと、正しい説明により、そして例外を認めるような仕方で適切に理解されるべきだからである。

しかし、次のことが主張されるとき、すなわち、カノンが何の例外も設けていない場合に我々は何の例外も設けるべきでないとすれば、主イエス・キリストが「あなたが地上で繋ぐことはすべて……」と述べたときに何の例外も設けていない場合には、はるかにより強い理由によって我々は何の例外も設けるべきでない、ということが主張されるとき、これに対しては次のように答えられる。すなわち、カノンが或る箇所で例外を設けていないが、他の箇所では例外を設けているとき、あるいは聖書の権威ないしは逆らいがたい理性によって、例外を設けるべきことが証明されるとき、我々は例外を設けなければならない。これと同様に、主イエス・キリストが或るところで言葉によって明示的に例外を設けてはいないが、他のところで明示的に例外を設けているとき、あるいは彼の態度や言葉あるいは聖書の他の箇所から彼が何か或ることを例外にしようと欲していたことが明らかな場合は、我々は例外を設けなければならない。事実、『マルコ福音書』第十章にあるように、イエス・キリストは男女の結合について語りながら言葉によって明示的にいかなる例外も設けることなく「神がお合せになったものを、人間が離すことはゆるされない[100]」と述べた。しかしイエスは他の箇所では例外を設けている。すなわち『マタイ福音書』第五章でイエスが「売淫が原因の場合は別だが、それ以外の場合に妻を出す人は、妻に姦通の機会を与えることになる[101]」と述べたとき、例外を設けているわけであり、それ故我々としても例外を設けなければならない。これについては更に多くの他の例を挙げることができるが、簡潔さを期するためにこれらの例は黙過することにしたい。従って、たとえキリストが言葉によって明示的に何の例外を設けることなく、「あなたが地上で繋ぐことはすべて……」と述べたとしても、聖書の他の箇所と必然的な理性によって次のことが結論される。すなわち、既に述べたことによって明白なように、キリストはペテロとその後継者たちの通常の権力から多くのことを除外しようと欲した、ということである。

第六章

更に、かなり多くの人々が、この種の十全権力を教皇がもつことをそれによって立証しようと努めている他の幾つかの主張に対し簡単に答えておくのが有益である。

確かに、両剣を、すなわち物質的な剣と霊的な剣をもつ者はこの種の十全権力をもっているように思われる。しかし、福者ベルナルドゥスが証言しているように、教皇はこの種の二つの剣、すなわち物質的と霊的の権力を有している。ベルナルドゥスは、教皇エウゲニウスに対して書かれた論考の第四巻で物質的な剣につき語りながら次のように述べている[102]。「もしあなたにそれが、すなわち物質的な剣が少しも属していないならば、主は、『主よ、御覧下さい、ここに剣が二ふりあります[103]』と述べる使徒たちに対して『もうそれでよい』とは答えず、『多すぎる』と答えたはずだろう。従って二つのもの、すなわち霊的な剣と物質的な剣が教会に属しているのである」。それ故教皇は霊的事項だけでなく世俗的事項においてもそのような十全権力を有している。

これに対しては次のように答えられる。二つの剣は或る意味で教皇に属してはいるが、このような十全権力が――特に世俗的事項において――教皇にあるわけではない。というのも物質的な剣は次の二つの意味で教皇権に属しているからである。一つの意味においては、物質的な剣を所有し、その剣の行使が法的に属している世俗権力が、無知や怠惰あるいは他の理由によって、それを行うことが可能でありそれを行うことが義務であるときに剣を抜くことをしないならば、教皇の教示や奨励によって――確かに、必要とあらば命令によって――当の世俗権力は剣を抜き、自分自身あるいは別の者によって正当に正義を行使するように義務づけられる。福者ベルナルドゥスが上記の箇所で次のように述べるとき、彼は明らかにこのことを示唆しているように思われる。「それ故それ（すなわち物質的な剣）はあなたのものであり、おそらくあなた自身の手によってでなくとも、あなたの合図によって抜かれなければならない」。そしてこの後でベルナルドゥスは、「従って両者、すなわち霊的な剣と物質的な剣は教会に属している。しかし、確かに後者は教会のために行使され、前者は教会によって行使されるべきである。前者は聖職者の手によって行使され、後者は戦士の手によって行使されるが、後者は聖職者の指図と皇帝の命令に従って行使されるのが賢明である」と述べている。(104)確かに、教皇の世俗的裁治権に服していない領域の兵士たちは、当の兵士が服している皇帝や王、ないし他の世俗権力がそれを命令しないかぎり、教皇の合図で、すなわち教皇の教示や勧告や指図によって規則的に剣を抜くようなことをすべきではない。しかし世俗権力がそれを命令すれば教皇の合図で剣を抜くべきだという意味でならば、物質的な剣は或る意味で教皇の通常の権力に属していることになるが、逆にこのことから次のことが明白に推論される。すなわち、まさにこのような仕方で物質的な剣が教会に認められるということは、しばしば口にされる意見によって教皇がもつと主張されているような十全権力を教皇は有していないということを意味している。

別の意味においても物質的な剣は教皇の例外的な権力に属している。すなわち、極めて大きな利益が問題になっているときや極度の緊急事態において、この剣を持つ皇帝やその他の者が教皇の勧告や命令を受けても剣を抜くことができず、あるいは剣を抜くことを欲さないならば、教皇は物質的な剣の行使を他の者に、すなわちその剣を正しく、男らしく、そして力強く抜くことを会得し、欲し、それができる者に委ね、任せることができるようでなければならない。かくして次のことは明らかである。すなわち、たとえ或る意味で物質的な剣が教皇に属すとはいえ、教皇は、特に世俗的事項においてこのような十全権力を有してはいないということである。

キリストはこのことをより明白に示すために、「あなたの剣を鞘におさめなさい」(105)と述べてペテロに命令しているが、これはおよそ次のような意味だろう。「たとえ物質的な剣があなたのものでも、それは所有によってではなく、勧告する権威によって、そして必要とあれば適当なときにその剣の行使を指図する権威によってそうなのである。しかし、あなたはその剣を自分自身で抜くことのないように、そして剣の所有や使用、剣の行使への命令がそれに属している世俗権力が正しく剣を行使する用意のあるときに、世俗権力に害と不正を加えるような仕方であなたが当の剣を任意の他の者に抜かせてしまうようなことのないように、あなたは剣を鞘におさめたままで保持するだろう。それ故あなたは、私の権威のみによってこの種の剣を自分自身で使用すべきでないことを理解するだろう」。このことから更に福者ベルナルドゥスは教皇エウゲニウスに対して書きながら、「あなたは鞘におさめるよう一度命令された剣を、なぜもう一度使用しようと欲するのか[106]」と述べている。ここから明瞭に結論されるのは、教皇は世俗的事項においてこの種の十全権力を有していないということであり、その理由は、もしそうだとすると教皇は単に合図によってだけではなく、自分自身の手で当の剣を抜くことが神法上可能となり、教皇は単に鞘に戻された剣を持つだけでなく、どの世俗権力がもっているよりも大きな十全権力を――自分自身で剣を抜く大きな十全権力を――もつことになるだろうし、剣の行使を皇帝に委任できるだけでなく剣をすべての人間から取り上げ、自分自身だけでそれを保持し続けることも法的に可能となるからである。

更に、いかなる者も教皇の許可なくしては物質的な剣を使用できないことを認めたとしても、このことから教皇がこのような十全権力を持つことは推論されえない。その理由は、自然的自由――すなわち、人間がそれによって本性的に自由であり奴隷でないところの自然的自由――は、物質的な剣の権力によって万人から取り上げられてはならず、卓越した地位に置かれた者に物質的な剣の権力が与えられたのは権力に服従する人々の利益のため、すなわち「善人たちを賞し[107]」保護するため、「そして悪人を罰する」ためであるが故に、この権力が善人たちの自由や利益を取り上げるようなことへと及ぶことは決してないからである。従っていかなる皇帝も、教皇が存在する以前であろうと以後であろうと、世俗的事項においてそのような十全権力を有することは決してなかった。というのも、すべての人間はキリストの奴隷である――たとえ自分がキリストの奴隷であることを多くの人々が少しも認めていなくても――にしても、すべての人間は或る単なる人間に対して奴隷の地位に置かれることは決してないからである。

更に、教皇がこのような十全権力を有していることは他の仕方でも提示されている。というのも、ペテロに与えられたキリストの教権は、旧約聖書における教権より小さな権能ではなく、むしろそれよりはるかに大きな権能だからである。しかし旧法においては、教権を行使する者に対し、神によって次のように言われている。「見よ、私はあなたを万民の上と万国の上に立て、あなたに、あるいは抜き、あるいはこわし、あるいは滅ぼし、あるいは倒し、あるいは建て、あるいは植えさせる[108]」。それ故教皇は恩寵の法のもとではこのような十全権力を有していることになる。

しかしこの主張は多くの点で欠陥を含んでいる。第一に、新法の教権より旧法の教権のほうが、神の定めのみによって、はるかに多くの世俗的事項が任されていたからである。それ故、新法の教権は旧法の教権に比べて、通常は世俗的事項においてより大きな権力を有しているわけではなく、むしろ霊的事項においてより大きな権力を有しているのである。たとえ例外的に世俗的事項においても新法の教権が旧法の教権に劣らず大きな権力をもつことはあっても。第二に、福者ベルナルドゥスが証言しているように、エレミヤに対して語られた例の言葉によって司祭長には支配権ではなく奉職と農夫の務めがあてがわれたからであり、これは同じベルナルドゥスが「必要なのは笏ではなく鋤である[109]」と述べているとおりである。確かにエレミヤが預言者として諸国民と諸王国の上に置かれたのは諸国民と諸王国を世俗的事項において支配するためではなく、また、どの人間の世俗的な財産や権利であろうとそれらを自分の自由意志によって取り上げ、自分の好きな者にそれらを与えることができるようにするためではなかった。むしろ彼が諸国民や諸王国の上に置かれたのは、説教と奨励の鋤によって悪と罪を抜き取り、破壊し、滅ぼし、粉砕するためであり、徳を植えつけ、築き上げるためだった。第三の理由は、あの言葉は聖職者に対して言われたものではあっても、少なくとも教権を行使する者に対して言われたものではないということにある。というのも、エレミヤは聖職者ではあっても、彼が至高の聖職者であったとか司祭長であったとかいう箇所を読んだ記憶が私にはないからである。従って、当の言葉から教皇がこのような十全権力を有していることは帰結しないだろう。第四に、あの言葉は聖職者としてのエレミヤにではなく、彼に特別な任務が命じられていたかぎりにおいて、預言者としてのエレミヤに対して言われたからである。以上のことにより、あの言葉から教皇が特に世俗的事項において、この種の十全権力を有していると結論できないことは明らかである。もっとも、教皇が霊的事項において通常大きな権力を有し、例外的に世俗的事項においても権力を有していることは否定できないが。

上で述べられた見解——教皇に絶対的な十全権力を認める見解——を支えるために、ここでもう一つ別の主張が引用される。というのも、『コリント人への第一の手紙』第六章における使徒パウロの、「天使をさえ裁くものであることを知らないのか。それならこの世のことは言うまでもない[110]」という言葉に従って、より小さなものは、より大きなものがそれに服している者に服すべきであるからである。この箇所で使徒パウロは、より大きなものである天使が我々の審判に服していることから、この世のことが我々によって審判されるべきことを立証している。しかし教皇は霊的事項において十全権力を有しているのであるから、なおさらのこと、より小さな事項たる世俗的事項においてこの種の十全権力を有している。

これに対しては、より小さいものは必ずしも常に、より大きなものがそれに服している人間に服すべきであるとは限らない、と答えられる。なぜならば、職務が混同されないように、大きなもののごとは大きな者たちに、小さなものごとは小さな者たちに委ねられるのが有益だからである。しかし、いかなる点でも他者に従属しておらず、他者によって支配されていない全共同体ないし全人間集団に大きな事柄が服しているとき、当の共同体や人間集団の統治にとって必要な小さな事柄も——この小さな事柄に関して当の共同体や人間集団が他者に全く服していないならば——それに服すべきである。使徒パウロが言及していたのはこのようなことであった。彼は教皇についてこのように語ったのではなく、信徒の集団ないし共同体全体について語ったのであり、もし信徒が天使を審判できるならば、なおさらのこと自分たちにとって必要な世俗的事項を――そして、彼らがそれに関して異教の君主には服従していない世俗的事項を――審判できることを望んだのである。というのも、事実、使徒パウロの時代において信徒たちは皇帝やその他の異教の君主の奴隷ではなく、数多くの世俗的事項に関しても自然的自由を行使することができたからである。それ故、世俗的事項――信徒たちの間でそれに関して訴訟が生じうる世俗的事項――に触れる多くの事柄について彼らは異教徒の裁判官に訴えるように義務づけられてはおらず、「神の御名と教えとが冒瀆される」[三]ことなく、皇帝や他の異教徒たちの世俗的権利をいささかも侵害しないで、協調や裁決によってこのような不和を終らせることができた。従って、霊的事項において信徒たちを指導する者が通常このような権力を有していなくても、以上の点に関して信徒達は世俗的事項を裁判する権力を有していたのである。それ故、教皇は通常何らかの十全権力を有しているとしても――しかし先述の見解が教皇に帰しているような十全権力を有していない――、より小さな事柄である世俗的事項においてそのような権力を通常有しているわけではない。なぜならば、すでに触れられたように、大きな事柄を委ねられた者が小さな事柄には少しも従事せず、小さな事柄について通常このような権力を有していないことがしばしば有益だからである。しかし、大きな事柄――すなわち霊的事項――が教皇において信徒の共同体に服しているのに対し、小さな事柄である必須な世俗的事項は、より下位の成員において――すなわち世俗人において――同じ信徒の共同体に服している。これは信徒の共同体に必須なものが欠如しないようにするためである。とはいえ、信徒の共同体が世俗的事項においてこのような十全権力を有しているわけではない。というのも、多くの信徒は何らかの単なる人間の権力に対して隷属的な状態に置かれているとは決してみなされえないからであり、彼らは自然的自由を享受し、自然的自由によって卓越した存在者だからである。それ故、教皇が世俗的事項においてこのような十全権力を有しているとは到底言うことができない。霊的事項においても教皇の権力は神の権力ないしキリストの権力と同等と言えないかぎり、――教皇は単にキリストの代理者にすぎず、それ故教皇の権力はキリストの権力より劣るからである――教皇は霊的事項に関してさえそのような権力を有してはいないからである。

しかしおそらく或る人は次のように言うかもしれない。教皇は地上においてキリストの総代理としての務めを担っており、それ故、一つの例外もなくあらゆる事項が彼に許し与えられていると考えられる、と。これに対しては容易に次のように答えられるだろう。すなわち、例外のないことが特別に表明されていないかぎり、しばしば総代理においても多くの事項が例外として除外されていると考えられる、と。それ故、教皇は自分自身の利益や栄誉のために総代理を務めているのではなく、また他者の正当な世俗的権利を著しく制限したり、不安にさせたり混乱させせたりするためでもない。教皇は他者の権利を大いに侵害するようなことなくすべての信徒の共通善のためにそのような職務を遂行しているのである。従って、かつてキリストが教皇の私的利益より優先させ、今でも優先させている共通の利益や、他者の諸自由や権利を著しく侵害するようなすべての権力は、教皇が行使する総代理からは除外されていると理解される。というのも、聖書の全体をより注意深く通読する者にとっては、この種の権力がその中で特に叙述されていないことは明らかだからである。それ故教皇の代理職は一般的な総代理であり、信徒の共同体の全体にとって有用にして必要かつ有益なる職務である。それは一般的な総代理であるから、必然的に為されるべき事柄に関してキリスト教徒の首長がもつことが有益であるような、必要な全権力が教皇に与えられている。――もっとも、教皇は臣民の世俗的権利と自由を尊重しながらそのような権力を行使しなければならないのであるが――。しかし教皇の代理職が有用にして必要かつ有益であるからこそ、神および自然が信徒たちに与えた世俗的権利や自由に著しく害をもたらすようなあらゆる権力――そして霊的事項に関しても世俗的事項に関しても、聖書の中で特別に、そして明白に言及されていないような権力――は、たとえ必ずしもこの種の権力のすべてが禁止されているとみなされるべきでないとしても、教皇の権限からは除外されていると理解される。その結果、教皇は神と自然によって与えられた信徒の自由を総代理職を通じて制限したり取り上げるような権力をもってはならず、このような権力のうちの或るものが代理職の中で特別に言及されていないかぎり、そして、真正の聖書に基づいた正しい理性が、利益や必要性が問題になる場合に当の自由を制限すべきだと判断するときは別として、このような権力を行使してはならない。もし教皇がこれに反した行動をとったならば――自由を侵害される者の怠慢や過ちの故に、あるいはこれ以外の理由によって教皇の行為が効力を得る場合は別にして――彼が行ったことは法的に無効である。それ故教皇は、力によって苛酷に命令を下せるような仕方で総代理職が自分に与えられてはいないことを知らなければならないし、自分には支配権ではなく奉職が与えられていることを知らなければならない。そして自分が信徒の上に置かれたのは自分自身のためではなく他の人々の一般的利益のためであることを知らなければならない。というのも、主として配慮されるべきは教皇自身のことではなく、他の人々のことだからである。また教皇は他の人々の権利を築くために主イエス・キリストから権力を受け取ったのであり、他の人々の権利を取り去ったり、混乱させせたり、縮小させるためではないことを知るべきである。

しかし或る人は次のように問うかもしれない。誓約や宣誓、契約や約束や委任においては多くのことが暗黙に了解されているが、何一つとして特に明示されていないのと同様に、どのような場合に教皇が権力をもつべきかが特に個別的に明示されていないならば、そして、もし総代理職が単に教皇に課せられているだけであり、そこには多くのことが除外されていると理解されても、特にそのことが少しも明示されていなければ、教皇がどのような場合に権力をもつべきでどのような場合にもつべきでないかを説明し決定するのは誰に属するのか、と。これに対しては次のように答えられる。すなわち、この種の問題において第一の不可謬なる規準は聖書と正しい理性であり、従って、教皇が権力をもつのはどのような場合かを真理の主張によって説明し決定することは、この種の問題に関して聖書を適切に正しく理解し、不可謬なる理性に依拠する者に属する、と。しかし公会議が、そしてまた教皇がこの種の問題に関して真理を理解したならば、これと反対のことを他人に教えないようにあらゆる信徒を義務づける力をもった真正の定義によってこの種の真理に関して説明し決定することは公会議や教皇の権限に属する。しかし教皇がこの種の問題において敢えて真理に反する決定を下そうとするならば、決して教皇を信じてはいけない。むしろ、聖書と必然的な理性の判断によって教皇が誤っていることを知っている人々は、教皇の誤りに同意して自分も断罪されることのないように、適切な場所で適切な時に、そして他の然るべき事情を斟酌しながら教皇を非難するように義務づけられている。「というのも、反対されていない誤りは是認されている」(di. lxxxiii. c. *Error*)[112]からである。

更にここで、教皇が世俗的事項と霊的事項においてこのような十全権力を有することを立証するために他の主張が提示される。というのも『創世記』の第一章で「神は二つの大きな光を造った」[113]と述べられており、（二つの光は二つの権力）すなわち世俗的な権力と教会の権力を意味すると理解される。すなわち大きな光すなわち太陽は教会の権力を意味し、小さな光すなわち月は世俗的な権力を意味すると考えるべきである。それ故、太陽が月よりも——すなわち太陽から光を受けとる月よりも——崇高で価値があるのと同様に、世俗的権力は教会の権力よりも下位にあり、後者から力を受け取る。従って、最も十全的に教皇の中にみられる教会の権力は、世俗的権力に対して十全権力を有していることになる。

これに対しては次のように答えられる。すなわち、この主張によって明らかになるのは、当の主張が言わんとしていることより、むしろそれとは反対のことである、と。というのも、たとえ太陽が月に対して何らかの影響を及ぼすとしても、月はその実体、運動その他多くの点に関して太陽には依存していないからである。従って、霊的事項に関係している教皇権は、霊的事項が世俗的事項より崇高で価値があるように、世俗権力より崇高で価値があるとはいえ、そしてある種の霊的事項に関しては、世俗の至高の地位に置かれた者たちに対してさえ教皇が権力を有しているとはいえ、このような者たちに対して教皇が上記の如き十全権力をもつことはない。もっとも、聖なる教父たちが主張するように、教皇がある種の完全なる権力をもつことは、良き理性によって認められうることである。というのも、必然的に取り扱われる必要のあるあらゆる霊的事項、そして信徒たちの首長がそれに対して権力をもつことが有益であるようなすべての霊的事項に関しては、教皇は通常十全権力を有してからである。更に教皇は例外的に他の霊的事項において——すなわち通常は義務以上の善行とされ、通常は信徒たちが自分の欲することを正当に行いうるものごとにおいて——と同様に世俗的事項においても何がしかの十全権力を有している。例えば、何らかの世俗的な行為が為される必要のあるときに、この行為が権限として属している者が当の行為をふさわしい仕方で行おうとしない場合に、教皇はこの種の行為を取り扱う権限を有しており、もしこの取り扱いが正しくて有益ならば、他の人々はそれに服従するように義務づけられる。しかしそれが不正であり有益でないならば、他の人々はそれに抵抗するように義務づけられている。

第七章

教皇は多くの人々が彼に与えているような十全権力をもたないことが示されたが、更に次のことが立証されねばならない。第一に、教皇の制定法がどのようなものであろうと、そして教皇の禁止や命令、判決や訴訟がどのようなものであろうと、これらを無視してイングランド王に服従する高位聖職者や司祭は王の正戦においてて教会財産さえ用いて王を援助するべく義務づけられていること、第二に、教皇はどのような制定法によっても、そしてどのような禁止、命令、判決あるいは訴訟によっても、彼らに対してそのような援助を禁止することはできないということである。

しかし何よりも先ず、後に述べられるべきことを明白なものにするために、注目すべき幾つかのことを前もって指摘しておく必要がある。このうち第一のことは、イングランド王に服従する高位聖職者や司祭は神法によって世俗の財を——特に過剰な財を——所有しているのではなく、王自身から発する人定法によってそれを所有しているということである。これはアウグスティヌスが明白に証言している。アウグスティヌスは、『ヨハネ福音書註解』第一部の説教第六の終わりのほう[114]で教会の土地やその他の財産について語りながら——グラティアヌス教令集（di. viii. c. *Quo iure*）[115]にあるように——次のように述べている。「あなたはどの法によって教会の所有地を擁護するのか。神法か人定法か。彼らは次のように答えるだろう。『我々は聖書の中に神法を有し、王の法律の中に人定法を有する』と。それでは、各人は各人が所有するものをどちらの法によって所有しているのか。それは人定法によってではないだろうか。というのも、神法によれば『地とそれに満ちるものは、主のものである』[116]からである。神は一つの泥土から貧しき者と富める者を創り、一つの大地が富める者と貧しき者を支える。それ故人定法により『これは私の土地であり、これは私の家、これは私の奴隷である』と言われている。しかし人定法とは皇帝の法である。なぜか。その理由は、神がこの世の皇帝や王を通して人定法それ自体を人類に分け与えたからである。しかし、私と皇帝はどのような関係にあるのだろうか。あなたは皇帝の法に従って土地を所有しているのである。ひとたび皇帝の法が無効になれば、誰が敢えて『この土地は私のものである』とか『この奴隷は私のものである』とか『この家は私のものである』と主張するだろうか。更に、これらの土地が人々によって保持されるようにしているのが諸王の法であれば、あなたたちは我々が、あなたたちが喜ぶように法を沈黙させることを欲するだろうか。同様に皇帝が次のことを明白に命じている法律がもう一度読み返されるべきである。すなわち皇帝は、公教会の共同体の外に居ながらキリスト教徒の名を騙り、平和なときに平和の創始者を尊敬しようとしない者たちに、教会の名においていかなるものも敢えて所有しないように命じている。そこであなたは『我々と皇帝はどのような関係にあるのか』と言う。しかし既に私が述べたように、ここでは人定法が問題になっているのである。使徒ペテロは王に仕えることを欲し、王を敬うことを欲した。そして彼は『王を尊べ』[117]と述べた。『私と王の間にはいかなる関係があるのか』などと言ってはならない。それでは、あなたと所有の間にはいかなる関係があるのだろうか。所有物は諸王の法を通して所有されているのである。あなたは『私と王の間にいかなる関係があるのか』と述べた。それならあなたの所有物はあなたのものであるなどと言ってはならない。というのも、所有物がそれを通して所有されている人定法自体をあなたは放棄したからである」。このアウグスティヌスの言葉によって明らかに示されていることは、イングランドの聖職者の所有物はイングランド王の支配権によって、人定法すなわち王の法を通じて所有されていることである。このことは聖書によっても明白に立証されうる。すなわち、神は新しい法に仕える者たちにいかなる特別の所有物も与えることなく、ただ、世俗の人々が彼らに必需品を供給することだけを命じたからである。それ故、聖職者が保持するすべての所有物は——特に過剰な所有物は——諸王と、諸王に服する人々によって彼らに与えられたものであり、従って彼らは自分たちが保持するものを諸王の法により所有しているのである。

第二に注意すべきは、誰でも自分のものを譲渡したり施与したり贈与したりする者は、自分が欲する法を——その法が上位の法によって禁止されていることを命じていないかぎり——課することができるということである。これはローマ法とカノン法の両者によって明白に定められている。（Extra, *de conditionibus in matrimonio appositis*, c. *Verum*）[118] このことから明らかに推論されることは、イングランド王とその臣民は教会に所有物やその他何であれ世俗的財を、特に過剰な財産を与える際に、それらがどのような仕方で管理されるべきであり、聖職者はそれらをどのように利用すべく義務づけられるかを定めることができる、ということである。聖職者は自分の魂が救済されるためにも、王や臣民の定めや意思や意図を順守するように義務づけられている。世俗的事項において諸王の上位にあるとはみなされえないどのような者の禁止や命令や法規が存在しようと、このことに変わりはない。

第三に注意すべきは、世俗的財、特に過剰な財は、数多くの教会法規で明白に述べられているように、敬虔な事柄のために用いられるために王や諸侯その他の世俗人により教会に与えられたということである。

第四に注目すべきは、証書やその他合法的な文書によって世俗的な財、特に過剰な財がどのような敬虔な事柄のために教会に与えられたかが明白に、そして特定化された仕方で示されていないときは、より寛大でより慈悲深く、そしてより理にかなったより真実らしい解釈が重んじられるべきである。その理由の一つは、神の礼拝に属する事柄においては「恵み深い解釈が為されるべきである」（Extra, *de privilegiis*, c. *In his*）[119] ように、敬虔なる信心に属することにおいても、誰も欺くことがないように、より恵み深く、より理にかなった解釈がなされなければならず（ff. *de regulis iuris*, *Quotiens*）[120]、同じく不明瞭な点についても、より大きな利益が生まれるように——特に共通善が促進されるように——そして誰も不正によって害を被ることがないように解釈がなされるべきだからである。第二の理由は、「疑わしい事例においてはより寛大な判断を優先すべきである」（ff. *de regulis iuris*, l. *Semper*）[121] ように、不明確な事例においてもより寛大な判断が示され、より理にかなった判断が優先されるべきだからである。そして第三の理由は、「君主による特権授与」は——特に他の君主の権利の侵害にならない特権授与は——最も広義に解釈されるべき（Extra. *de simonia*, c. ultimo）[122] だからであり、第四の理由は、曖昧な言葉に関しては、その言葉を述べた者にとってより利益になる解釈がとられるべきである（ff. *de iudiciis*, *Si quis intentione*）[123] ように、一般的で不明確な言葉で述べられたことについても、より寛大でより有益な解釈がとられなければならない。それ故、この種のすべてのことにおいて、より理にかない、より真実らしい解釈が採用されるべきである。

第八章

以上のことが十分に理解されたからには、イングランド王に服する高位聖職者や司祭が、王の行う正戦において、教会の財産でさえ用いて王を援助するよう義務づけられていることを立証しなければならない。確かに、イングランド王とイングランド王に服する他の人々によって教会に贈与された財産、特に過剰な財産については、贈与者の意志や意図が尊重されなければならない。というのも、自分の財産を贈与する者は誰でも、自分が欲するどのような約定や条項をも贈与に付加することができ、受贈者ないし財産を受け取る者は、上で第二に注意すべきこととして述べたことに従って、どのような約定や条項をも守るように義務づけられているからである。しかし、イングランド王やその他王の臣民が世俗的財を教会に授与する際に抱いていた意志や意図は、世俗的財が敬虔なる事項のために、特にイングランド王の支配権に服するすべての人々の共通善を結果として増大させるようなことのために利用されることにあった。このことは、これらの財に関して教会が受け取り保有している特権付与の文書に明らかに示されているとおりである。それ故、当の財産がそのために教会に与えられた敬虔なる事項がこれらの文書の中で特定化されておらず、ただ単に一般的な仕方で表現されているならば、上で第四に注意すべきこととして述べられたことに従って、文書は可能なかぎり広義の意味で解釈され、より寛大でより慈悲深く、より理にかなったより真実らしい仕方で解釈されなければならない。しかし敬虔なる事項の中で祖国の防衛と領土の法（権利）の擁護は決して重要でない事項とみなされてはならない。従って、この種の特権授与の文書は、それらが祖国の防衛や国の領土の法（権利）の擁護にまで拡張されるように解釈されねばならない。それ故高位聖職者や司祭は、イングランド王国の万人の利益になるとみなされる祖国の防衛と国の領土の法（権利）の擁護のために王を援助する義務を負っている。高位聖職者や司祭には教会財産の管理が任せられたのであり、彼らに所有権が譲渡されたわけではないからである。

更に、世俗人に譲渡された財だけでなく教会人に譲渡された財も――特に過剰な財は――「負担付きで譲渡される」[124]――このようなことに対し権限のある者によって明白にこの負担が除去されなかったのであれば――。しかし教会に与えられた財には、それが与えられる前に、祖国を防衛し国の領土の法（権利）を守るためにこれらの財でもって王を援助しなければならないという負担が既に付加されており、イングランド王によって教会に与えられた財はこのような負担を決して免れてはいない。それ故聖職者たちは、祖国を防衛し国の領土の法（権利）を守るために、これらの財によって王を援助するように義務づけられているのである。

教会の財産についてはイングランド王から一般的な免責特権を授与されており、従って聖職者は教会財産によって王を援助する義務を負ってはいない、と主張しても無駄である。というのも、不可侵の法である教会法とローマ法によれば、約束が一般的な言葉で為されたとしても、すべての不正なこと、そして約束者が特に明白に言及しなかったことは約束から除外されるように、一般的な免責特権の授与においても、すべての不正なこと、そして授与者が特に授与しなかったものは免責事項から除外されているとみなされるべきだからである。そして、このように災い多き緊急事態において王を援助しないことは不正であり、王はこのような特別な免責特権を教会人に与えはしなかった。それ故、一般的な免責特権の授与においてこのような免責は排除されているとみなされねばならない。要するにこの主張は次のような推論によって立証される。すなわち、上で証明されたように、敬虔なる理由でなされた贈与や譲与は、それが一般的な言葉で書かれているとき、解釈はより恵み深く、より理にかなった仕方でなされねばならないのと同様に、免責特権の授与に関しても、より恵み深く、より理にかなった解釈が採用されるべきである。しかし、聖職者が緊急事態にある王を援助することは理にかない、恵み深い行為である。それ故、いま問題となっている一般的な言葉で書かれた授与もこのような仕方で解釈されねばならない。

同様に、教会法の規定が述べているように、緊急事態においてはあらゆる特権は停止する。事実、『マタイ福音書』第十二章のキリストの言葉から理解されるように、[125]緊急事態においては人定法のみならず神法も停止し、緊急事態がこれらの法においては例外扱いされているならば（Extra, *de regulis iuris*, c. *Quod non est licitum*; *de consecratione* di. v, *Discipulos*）[126]、なおさらのこと人間が認めた特権は緊急事態において停止し、そのような特権に関して緊急事態は例外扱いされねばならない。それ故、王が現在（あるいはこの後）緊急事態の危機に陥っている（あるいは陥るであろう）ときは、王によって教会人に授与された免除の特権は停止するのである。[127]

このような場合に聖職者が教会財産によって王を援助すべきことは、更に別の仕方で立証される。すなわち、教会人は自分自身あるいは少くとも自分の使用人に関して義務を免除されていないのと同じ程度に教会財産に関しても義務を免除されてはいない。ところが、緊急時に少くとも聖職者の使用人は王国防衛の義務を免れるべきではない。Extra, *de immunitate ecclesiarum*, c. *Pervenit*にあるように、[128]福者グレゴリウス一世によれば、危機が迫っているときは、すべての人が監視することで都市がよりよく守られるように、いかなる教会人も何らかの口実をもうけて都市の見張や夜番を免れるようなことがあってはならない。それ故聖職者は教会財産さえ用いて王を援助するよう義務づけられている。

更に、数多くの聖なるカノンから明瞭にみてとれるように、聖職者には、自分と自分の財産の防衛に対する俸給を教会財産から兵士たちに支払うことが許されている。それ故なおさらのこと聖職者は王国と王国の権利を防衛するために世俗的事項における自分たちの主君に防衛の援助を提供しなければならない。王国と王国の権利が防衛されることによって彼ら自身、そして教会の財産も守られるからである。

このことは次のような根拠で確証される。すなわち、「万人に触れることは万人によって是認されなければならない」（Extra, *de temporibus ordinationum* c. *Si archiepiscopus*）[129]ように、万人に触れる（影響を及ぼす）ことは万人によって配慮されなければならないが、王国と王権への攻撃は、聖職者であろうと俗人であろうと王国のあらゆる臣民に影響を及ぼすのであるから、王国の防衛と王権を防衛するために万人が救援の手をさしのべなければならない、ということである。

更に、教会財産は敬虔なる事柄のために教会に譲渡されたものであり、貧者に食物を与えることより祖国を守ることのほうがより敬虔なことだからである。というのも、キケロが『修辞学』[130]において述べていることによれば、敬虔によって「祖国に対し善意なる公務と勤勉なる礼拝がささげられる」からであり、従って敬虔は直接に祖国にまで及ぶからである。あるいはまた、アリストテレスの『ニコマコス倫理学』第一巻にあるように、[131]共有の財は一人の個人の財より善く、より神的だからである。このことから、祖国全体の財は、祖国に居る貧者たちの財より善く、より神的であることが推論される。そしてこのことから、祖国にいる貧者より祖国全体を援助することの方がより敬虔であることが結論される。しかし聖職者が教会財産によって貧者たちを助けるべきことは確かなのであるから、なおさらのこと聖職者は、世俗の人々の力では不十分なとき、祖国と国の領土の法（権利）を擁護するために王を援助する義務を負うのである。

同様に聖職者は、王個人のためというよりは、祖国と祖国で生活するすべての人々に対して彼らが示す配慮の故に、王を援助すべく義務づけられている。しかし、たとえ王が自分自身のために聖職者の援助を必要とする場合でも、聖職者は、助けを必要とする他のあらゆる人々に対するのと同じような援助ではなく、助けを必要とする他の人々とは違った特別な援助を行うよう義務づけられている。その理由の一つは、王個人に結びつけられた、王国を保護すべき責任――この責任は当の聖職者自身にも及ぶのであるが――の故であり、もう一つは、彼の前任者たる王たちが教会財産を教会に施したその寛大さの故である。これは、個々の教会が、その必要性が生じたときは、助けを必要とする他の人々とは違った、より特別な仕方で自分たちの守護者を援助するよう義務づけられているのと同様である。(132)（Extra, *de iure patronatus, Nobis* および xvi. q. vii. *Quicunque*(133)従って、王が祖国の防衛と国の領土の法（権利）のために聖職者の支援を必要とする場合には、なおさらのこと聖職者は教会財産によって時宜を得た援助を提供しなければならない。

第九章

聖職者は、正戦を行う王に、たとえそれが教会財産であっても自分たちの財産によって援助を提供するよう義務づけられていることが立証された。ここで次のことが証明されねばならない。すなわち、聖職者は教皇のどのような法令が存在しようと、そして禁止や命令であろうと、判決や訴訟であろうと、たとえそれが真の教皇から発するものであっても上記の援助を義務づけられている、ということである。

このことを明らかにするためには次のことが理解されねばならない。教皇は、王やそれ以外の信徒によって教会に譲渡された世俗的財産、特にあり余るほどの世俗的財産に対する権限を――もし贈与者が贈与された財産に対する何らかの権限を教皇に認めたとして――神法によってではなく、ただ人定法によって通常は有するにすぎないということ、それ故、イングランド王や、イングランド王より上位にある者（たち）が教会に譲渡した教会財産に対して教皇は、彼らが教皇に与えた権限のみを有し、それ以上の権限は有していないということである。

このことは多くの仕方で証明されうる。というのも既に第七章で示されたように、聖職者は世俗的財産、特にあり余るほどの世俗的財産を神法によってではなく単に人定法によって所有しているにすぎないからである。人定法とは皇帝や王の法である。それ故、通常の場合、教皇は王の法によらないかぎり、イングランド教会に与えられた世俗的財産に対し権限を有してはおらず、従って教皇は王が自分に与えたかぎりでの権限のみを有し、それ以上の権限を有してはいないのである。

更に、既に示されたことから明らかなように教皇は通常の場合、キリストの定めのみに依るかぎり、自分の生命維持のために必要な財産と、自分の職務を遂行するために必要な財産を俗人に要求する権限や権利を別にすれば、世俗的財産に対しいかなる権限も有してはいない。もし教皇が生命維持と職務遂行のために必要な権限以外に何らかの権限を有しているならば、教皇はこの権限を人間たちからもらっているのである。しかし、イングランド王たちからイングランド教会に与えられた世俗的財産は教皇の生活維持ないし職務遂行へと指定されたものではない。それ故、もしこの種の世俗的財産に対して教皇が通常の状況において何らかの権限を有しているとすれば、教皇はこの権限をキリストの定めのみによって有しているのではなく、人間たちからもらっているのであり、これはイングランド王たち以外ではありえない。それ故教皇は、この種の世俗的財産に対してはイングランド王たちが教皇に与えた程度の権限のみを有しているのであり、それ以上の権限を有しているわけではない。

更に上述のことから明らかなように、誰でも自分の財産を贈与ないし譲渡するに際しては、自分の欲する契約と法を定めることができ、従って受け取り手あるいはその他の何らかの者が当の財産に対しどの程度の権限を有するべきかを定めることができる。しかしイングランド教会に引き渡された財産は、それ以前は教皇ではなくイングランド王たちのものであった。それ故、イングランド王たちが当の財産をイングランド教会に与えたとき、財産がどのような仕方で利用されるべきか、聖職者や教皇がこれらの財産に対しどの程度の権限を保持することになるかを定めることができたのであり、いかなる者も当の財産に対し、イングランド王がその者に与えた権限でないかぎりいかなる権限も有してはいなかった。従って、もしイングランド王が黙示的にも明示的にも当の財産に関し何らかの権限を与えたのでなければ、教皇は通常の状況においてはいかなる権限も有していないことになる。私が「黙示的にも明示的にも」と述べた理由は、もしイングランド王が――あるいはイングランド王が法的にこの種の場合において抵抗することのできない他の者たちが――同意することで、教皇がローマ教会以外の教会に与えられる（そして与えられるべき）財産に対して一定の権限を有することが初めに定められたと言えるならば、すなわち、イングランド王がイングランド教会に世俗的財産を与えたとき、この種の世俗的財産に対して教皇がいかなる権限ももたないことを明示的に定めなかったことから、教皇が当の財産に対して一定の権限を有することが初めに定められたと言えるならば、王たちは或る意味で教皇には当の財産に対して権限が――すなわち他の教会に与えられた財に対して教皇が有すると認められる権限が――あることを黙示的に定めたことになるからである。しかし王たちは次のことを定めることができた。すなわち王たちがイングランドの教会に与えた財に対して教皇は同じ王国の世俗的財に対する以上の権限をもたない――もしイングランドの教会がこのような合意のもとで当の財を受け取ることができ、受け取ることを欲しているならば――ということである。これに対してイングランドの教会がこのような合意のもとで当の財産を受け取ることができないか受け取ることを欲していないにもかかわらず王たちが正当な合意のもとに当の財産を教会に譲り渡したならば、このような世俗的財について教皇が何らかの権限を――この権限は王たちが教皇に与えた権限以上のものでなくても――有していることが認められなければならない。その結果教皇は、イングランド王が自分の支配権に服する教会に与えたこのような世俗的財に対する権限をただ王たちの法のみによって有しているのであり、この権限は王たちの特権授与によって教皇に与えられた権限以上のものではないことになる。

このことが示されたからには次のことが立証されねばならない。すなわち、教皇のどのような法令が存在していようと、教皇のどのような禁止や命令、どのような判決や訴訟が存在していようと、聖職者は正当な戦争をしている王を教会財産によって――特に過剰な財産によって――援助することを義務づけられる、ということである。というのも、既に示されたように、教皇はイングランドの教会に与えられた世俗的財産に対し、人定法によらないかぎり、そしてイングランド王が教皇に与えた権限でないかぎり、いかなる権限も有してはいないからである。しかしイングランド王たちが教皇に次のような権限を与えたことはなかった。すなわち、何らかの法令、禁止や命令、判決や訴訟により、王に服する聖職者に対し、王が正戦を行うときに王に援助を提供することを禁ずるような権限である。というのも、もしイングランド王が特殊な特権や一般的な特権の授与によってこのような権限を教皇に与えていたならば、このことは何らかの一般的ないし特別な特権付与（もちろん教皇ではなく王による特権付与）の中にはっきりと、そして個別的で明瞭な仕方で含まれているか、あるいは単に黙示的に、そして一般的な言葉づかいのもとに述べられているはずだからである。

前者はありえないことである。というのも第一に、何らかの特権授与の中でこのような権限が特別に言及されている例を見出すことはできないからであり、第二に、何らかの特権授与の中でこのような権限が特別に言及されているならば、この種の特権授与は明白な不正を含むことから特権授与とみなされるべきでないからである。祖国と国の権利を防衛する全負担を、他人に援助されてその義務を果たせる者から、他人の援助がないことからその義務を果たせないと考えられる者に移すことは不正にして悪しきこと、自然法と同様に神法にも反することである。それ故、俗人は聖職者と一緒にならば王国と王国の権利を防衛することが可能であり、聖職者と一緒でないと防衛が不可能なのであるから、次のことが帰結する。すなわち、このような事例において、何らかの人間の権限によって教皇に与えられたこの種の特権授与は不正とみなされなければならず、従って真の特権授与ではないと判断されるべきである。というのも、グラティアヌス教令集（di.iii. c. *Privilegia*）[134] にあるように、特権（privilegium）とは一種の私的な法律であり、同じくグラティアヌス教令集（di. i. c. *Ius autem*）[135] にあるように、法（ius）は正しい（iustum）ものでないかぎり真の法でないのと同様に、法律（lex）も正しくないかぎり真の法律ではないからである。それ故、特別なものであれ一般的なものであれ、真に特権授与と判断されるべきいかなる特権授与の中にも、イングランド王たちによって教会に譲渡された世俗財産に対する上記のような権限を当のイングランド王たちが教皇に与えたことが個別的かつ明瞭に含まれていることはない。

次に、上述の後者もありえないことである。すなわち、イングランド王たちが一般的ないし特別の特権付与によって黙示的に、そして一般的な言葉づかいによって上記のような権限を教皇に与えた、といったこともありえない。なぜならば、この種の特権付与において用いられている一般的な言葉は拡大解釈されるべきではなく、むしろ制限的に解釈されるべきであり、それ故一般的な言葉づかいによって上記のような権限が教皇に与えられたと理解されるべきではないからである。というのも、第七章で既に述べられた注意すべき第四のことから明らかなように、このような問題において解釈はより理にかなった、そしてより恵み深い仕方で為されるべきだからである。しかし王たちが自分の前任者によって寛大にも教会に与えられた財産を緊急に必要としているとき、このような財産による援助を拒絶されるより、援助を受けるほうがいっそう理にかなっており、いっそう恵み深いことである。それ故、王たちの前任者の一般的な言葉は、このような援助を阻止する権限が教皇に全く認められないように制限的に解釈されるべきである。

更に、既に第八章で言及されたように、一般的な言葉で為された譲与においては、不正なことや譲与者が特別に承認したわけでないことは、除外することが特に明瞭に述べられていなくても除外されていると理解される。しかし、援助を大いに必要としている王を援助しないように聖職者を阻止することは不正なことである。というのも、これは極悪非道で恐るべきことであり、明白な忘恩を含んでいるからである。更に、現在栄光に充ちて王国を統治している王の先任の王たちも、このことを教皇に特別に承認したことはなかった。というのも、これと反対の証拠が存在しないのであるから、先任の王たちは不正なこと、王国の共通の利益にとって危険で有害なことを教皇に対し承認したことはなかったと推測すべきだからである。従って、イングランドの王たちは一般的な言葉によって、上記のような権限を教皇に与えたことはなかった。

更に、嫌悪すべき特権授与、そして他の人々の権限や権利を減少させるような特権授与は拡大解釈されるべきではなく、Extra. *de decimis*, c. *Dilecti* [136] にあるように制限的に解釈されるべきであり、このことが特に真と言えるのは、このような制限的解釈にもかかわらず特権授与によって何か或るものが譲与され、拡大解釈すると特権授与が共通善を損なうような場合である。しかし、イングランド王たちがイングランドの教会に与えた世俗的財産——特に過剰な財産——に対する権限に関し、イングランド王が教皇に特権を授与したとすれば、この授与は他人の権利を減少させるが故に嫌悪すべき授与である。この授与により王の権利が減少し、更にまた当の王の支配権に服する聖職者たちの権利も減少する。なぜならば、この種の特権授与によって聖職者たちは、特権授与がなければ教皇に服さない多くの事項に関して教皇に服従させられることになるからである。もし王たちが上記のような権限を教皇に与えなければ、聖職者はこのような財産をより自由に管理できるだろう。このとき聖職者は教皇の許可なくして、それどころか教皇の命令に反して、今ではできない多くのことができるだろう。それ故、教皇に与えられるこのような特権は拡大解釈されるべきではなく、制限的に解釈されるべきである。

ところで、これがどのようにして制限的に解釈されるべきかは既に述べたことから明白に言いうる。すなわち、このような特権授与の故に教皇が王国の共通善を、そして王に服する人々の共通善を、法令であろうと、禁止や命令、訴訟や判決であろうと、この種のものによって阻害できることのないように制限的に解釈されるべきだ、ということである。

第十章

確かに、上で述べたことが真であることがより明白になるように、私は当のことに関して提起されうる幾つかの反論に対し答えられるべきことを提示しておくのがよいと考えた。

確かに、司祭や高位聖職者は教皇の許可なくして教会財産により王を援助すべきではないと思われ、このことは Extra. *de immunitate ecclesiarum, c. Adversus*[137] に規定されているとおりである。ここから推論されるのは、もし教皇が王を援助してはならないと命じたならば、なおさらのことすべての司祭や高位聖職者は教皇に服従し、援助を提供すべきでないということである。

また、教皇はいかなる権限や特権もイングランド王から受け取ったことはなかった。それ故イングランド王から教皇に与えられる権限や特権について前章で述べられたことはすべて意味もなく無益に本論考に挿入されたことになる。

更に、教皇の特権は当の教皇のみが解釈することができ、解釈すべきである。それ故、教会やその他誰かしらに与えられた財産に関し何らかの特権がイングランド王により教皇に授与されたならば、他の者ではなく教皇自身が当の特権を解釈するよう要求されるべきだろう。従って教皇による解釈が維持されるべきである。それ故、もし教皇が、聖職者は教皇の許可なくして教会財産により俗人を援助してはならない、と定めたのであれば、イングランドの聖職者は教皇の命令や禁止に違反して、教会財産でもって王を援助してはならないことが帰結する。

更にまた、Extra, *de simonia*, c. ultimo[138] にあるように、「君主が与えた特権」は広義に「解釈されるべきである」。それ故、イングランド王が教会に与えた財産に対する権限を、当のイングランド王が一般的な言葉づかいでもってローマ教皇に特権として授与したとすれば、この特権授与は広義に解釈されるべきであり、それ故当の特権授与により次のようなことを聖職者に禁止する権限がローマ教皇から取り上げられることはなく、むしろ与えられたものとして解釈されるべきである。すなわち、特権授与の中で特別に、そして明白に言及されていないどのような場合にも、聖職者が自分たちの財産によって王を援助することを阻止できる権限である。それ故、この種の特権授与の中で戦争に際して聖職者が自分たちの王を援助すべきことが明白に述べられていないならば、教皇はこのような場合に聖職者が王を援助することを阻止できるのである。

これに加えて、xii. q. ii. c. *Gloria*.[139] にあるように教会財産は貧者の財産であるから、戦争で消費されるべきではない。[140]

同じく xii. q. ii. c. *Quattuor* にあるように、教会財産はただ四つの部分のみから構成されており、この中には戦争において消費されるいかなる世俗的財産も言及されておらず、それ故戦争のために教会財産を消費すべきではない。

更に、「司牧者の判決は、それが不正であろうと正しかろうと畏怖されるべきである」[141]。それ故、聖堂参事会員や教皇によって、教会財産でもって王を援助したすべての人々に判決が下されたとき、当の判決は効力をもつ。従って人々が教皇の判決に違反して王を援助すべきでなければ、同じように人々は教皇の明示的な命令に違反してそのような援助をするべきではない。

第十一章

以上の反論に対しては容易に返答することができる。第一の反論に対しては次のように答えられる。すなわち、聖職者が教皇の許可なくして、そしてあらかじめローマ教皇の意見を聞くことなくして教会財産によって王を援助すべきでないのは、教皇が聖職者に対して他人の欠乏を軽減するために援助を提供することを禁止する権限を得ている事例に限られる、ということである。しかし、教皇が聖職者に対して他人の欠乏を軽減することを禁止する権限を有していない事例においては、聖職者はローマ教皇の許可なくして、それどころかローマ教皇の命令に反してさえ、教会財産によって王や他の人々を援助することができる。確かに次のことは明らかである。もし王が何かの事情で極度の苦境に陥っており、聖職者たちが、たとえ無償であっても教会財産によって王を援助しないかぎり王の命を救うことができないならば、聖職者たちがローマ教皇に伺いを立てて教皇の返答をもらう前に王が死去してしまうことがないように、彼らは教皇に意見を求める前に王を援助しなければならない。また王が囚われの身となり、救出のために俗人の財産では十分でないとき、もし王を捕えている者が王の身代金がすぐさま自分に支払われなければ王を直ちに殺そうと欲しているならば、聖職者は王の救出のために教皇の意見を聞く以前に教会財産を差し出すよう義務づけられている。そしてまたイングランド王が財産を教会に与えるときに、当の財産があり余っていればその財産でもって捕虜が救出されるべきことを定め、あるいはその財産でもって橋が建設されたり、その他何であれ共通の利益が生み出され共通の需要が充たされるべきことを定めたならば、聖職者たちはこのような事項に関してローマ教皇の許可を受けることなくして、王の施しによって自分たちに与えられた財産を差し出すよう義務づけられ、この場合、ローマ教皇に伺いを立てることを義務づけられることはない。というのも、財産の贈与において贈与者によって課された契約や法律は、例外なしに遵守されねばならないからである。

それ故、教皇にはこのような緊急事態に際して王を援助しないように聖職者に命令する権限をもっていないのであるから、この場合に聖職者がローマ教皇に伺いを立てるように義務づけられることはない。そしてもし彼らが教皇に伺いを立て、教皇が彼らに対して王に援助を提供しないよう命令したとしても、彼らは教皇に服従すべきではない。というのもこのような禁止命令は不当だからであり、また教皇の権力はこのようなことには及ばないからである。しかし、教皇が聖職者に対し、他人の欠乏や公共の欠乏を軽減させないように命令する権限をもっているような事例においては、聖職者はあらかじめローマ教皇に伺いを立てることなく、共通の利益のために、あるいは公共の緊急事態を緩和させるために援助を提供するようなことをすべきではない。更に、教皇がどのような場合にこの種の権限を通常有しているかは人定法によって知られうるが、人定法とは王の法であり、あるいは第二の反論への返答において明らかになるように、王の明示的ないし黙示的な同意なしには決して制定されることのない法である。

第二の反論に対しては次のように言うことができる。すなわちイングランド王が、あるいは他の信者に関係なく王国の住民の一人一人が単独で、自分たちが教会に与えた過剰な世俗的財産に対するいかなる権限や裁治権も教皇に与えなかったならば、通常教皇はこれらの財産に対していかなる権限をももつことはない。確かに、イングランド王が、あるいは他の信者たちと一緒になって王国の住民が、公会議や他の集会によって、あるいはどのようなものであれ何らかの方法によってこの種の権限を教皇に黙示的ないし明示的に与えたならば、または教皇がイングランドの王や住民によって抗議されることなくこのような権限を理にかない長きにわたる慣習によって獲得したならば、教皇にはこのような権限があるだろう。しかしこのようなことがないかぎり、教皇はこの権限をもつことはない。このことの故に次のことが既に述べられた。すなわち、イングランド王によって教会に与えられた過剰な財に対し教皇が通常有するすべての権利は王の権利であり、あるいは王の明示的ないし黙示的な同意なくしてこの権利が定められることはなかったということである。というのも、第一に王はこのような権利を自分自身で単独に、あるいは他の領域に置かれた他の支配者と共同で明示的に定めた——この場合、他の支配者は公会議や他の集会においてイングランド王と一緒になって、自分たちが教会に与えた、そしておそらく将来与えることになる財産に対し教皇がこのような権利をもつことを欲した――からであり、あるいは第二に、公会議や他の集会において他の支配者や支配者たちが制定したことに――すなわち教会財産に対して教皇がこのような権限をもつように定めたことに――王が明示的ないし黙示的に同意したからであり、あるいは第三に、教皇がイングランド王によって抗議されることなく、このような財に対する権限を、理にかなった長きにわたる慣習によって正当に獲得したからである。それ故このような理由で既に次のことが述べられた。すなわち、イングランド王によって教会に与えられた余剰財産に対し通常教皇が有するすべての権限は王の権限であること、あるいは王の明示的ないし黙示的同意なくして決して定められることはなかったということである。

従って第二の反論が、教皇はイングランド王からいかなる権限や特権も受け取ったことはなかったと主張するとき、それは誤ったことを想定しているのである。というのも教皇は、イングランド王が教会に与えた教会の余剰財産に対して通常自分が有しているすべての権限を、上に挙げた様態のどれか一つを通じてイングランド王から受けとっているからである。確かに、イングランド王が教会に与えたこの種の財産に対する権限を教皇に譲与することが何らかの公会議において決定されたならば、この決定は或る意味でイングランド王の明示的ないし黙示的な同意による王から教皇への特権授与とみなすことができる。それ故、公会議や、その他どのような会議であれ何らかの会議が、教皇はイングランド王によって教会に与えられた財に対し権限を有すると決定したとき、この決定がすべて一般的な言葉で述べられていれば、それは個々のイングランド王が単独で自分の印を押すことで、あるいは他の方法で――当の王が教会に譲渡した余剰財産の保有に関し――教皇に与えた特権と同様に制限的に解釈されなければならない。それ故、イングランド王が教皇に与えた権限や諸特権に関して前章の中に挿入されたことは無益に述べられたわけではなかった。というのもそこで述べられたことによって、教皇は皇帝や王や君主その他誰であれ信徒によって教会に与えられた財に対し権限を有する、という趣旨のいかなる決定や命令もどのようにして制限的に解釈されるべきかが知られるからである。すなわちこれらの決定や命令は、祖国愛を決して排除しないように、いかなる忘恩や不正をも含まないように解釈されるべきだということである。

第三の反論に対しては簡潔に次のように答えられる。すなわち教皇は自分が正当に、そして正しい方法で他者に与えた特権のみを解釈することができ、そしてこれは特権授与者たる教皇の意図がわからないという理由のみによって解釈が必要になるときにかぎられる。これに対し他の人々が当の教皇に与えた特権に関しては、特権授与者の意図がわからないことから解釈が必要になるとき、教皇ではなく当の特権授与者が解釈すべきであり、解釈することができる。しかし、もしこの種の特権の解釈が、神法ないし人定法によって教皇が有する権限の無知によって必要になるならば、このような解釈は人定法と神法をより正しく才知に富んだ仕方で、より精確に、より深く理解する人々に属する。——たとえ神法と人定法に関するこれらの人々の記憶がより不確なものであっても——。特にこれらの人々には——確かに、法的な裁定というわけではないが、真なる教説に従った単なる宣言によって——次のことを判断する資格がある。すなわち、教皇は信徒たちによって教会に与えられた財産に対し、——不合理であったり、不明確にしか定められていない慣習法ではなく——合理的で明確に定められた慣習法によりどれ程の権限を獲得しえるのか、すなわち教会にこの種の財産を与えた信徒たちが異議を唱えて当の財産を取り戻そうとすることなく、それを自覚的に教会に対し是認しているときに、教会に与えられたこの種の財産に対してどのような権限を行使する習わしであったかに関する判断である。神法と人定法をそれ程深く理解できない他の人々は、たとえ彼らがこれらの法に関して正しい事実を認識していても、そして神法や人定法、あるいは人定的な慣習についての彼らの記憶がどれほど優れていようと、これらの人々は前者の人々に従うよう義務づけられている。

第四の反論に対しては次のように述べられる。君主が授与する特権や利益は、それが君主自身の特殊な権利に関わるかぎり広義に解釈されなければならない。もっとも、この場合でも不正が含まれるようなことがあってはならないし、君主がいかなる意味でも特別に授与したとは言えないものはそこから除外されねばならない。他方、それが他の人々の一般的な権利にかかわるかぎり、極めて限定的に解釈されねばならない。特権授与について言えることは、或る者が君主の明示的ないし黙示的な授与により、あるいは合理的で明確に定められた慣習法によって獲得する権限についても同様にあてはまる。すなわちそれが他の人々の権利にかかわり、特にこれらの人々に多大の損害が生じる場合には極めて限定的に解釈されねばならない。従って、たとえ教皇がイングランド王によって教会に与えられた財産に対する権限を、当の王たちの明示的ないし黙示的な授与によるか合理的で明確に定められた慣習法により保持しているとしても、この権限の保持は次のように解釈されなければならない。すなわち、この権限を教皇が正当に行使しなかった場合、すなわち教皇に対して為された譲与や委託の中でこの種の権限を行使できることが明示されておらず、その行使が共通の利益や王の臣民たる聖職者の権利に多大な害を生み出すような特別なときは、教皇はいかなる権限ももつべきではないということである。それ故、王がかくも重大な緊急事態にあるときに、多大の害を生み出すことなくして、むしろ、共通の利益にとり、そして王の臣民たる聖職者にとり危険な状態を生み出すことなくして王への援助を聖職者に禁止することができないときは、教皇はこのような援助を禁止することはできないし、もし禁止すればその禁止は無効である。そして聖職者は教皇に公然と抵抗すべきであり、このことに関しては絶対に教皇に服従してはならない。もし敢えて服従するようなことがあれば、それは大罪を犯したことになる。

第五の反論に対しては次のように答えられる。すなわち、イングランド教会の財産はただ貧者のための財産というだけでなく、貧者と同時に富める者の財産、そして同じ王国の他のすべての人々が緊急事態に置かれ、あるいは差し迫った苦境にあるとき、当の教会財産による以外にはこれらの人々を助けることができないならば、これらの人々を含む全共同体の財産でもある、ということである。それ故聖なる教父たちの主張に従えば、捕虜になった人々――これらの人々が貧者である場合のみならず富める者である場合も――を解放する他の方法が全く存在しないときは、教会の容器や祭壇用具でさえ売却することができ、売却すべきである。それ故教会財産は貧者のために使うべきであるのみならず、場合によっては公共の利益、例えば祖国の防衛や国の領土の法（権利）のためにも使うことができ、使うべきである。教皇は教会財産が貧者に与えられることを禁止できない――というのもこのようなことはこれらの財産を教会に与えた人々に意図に背き、また慈愛と兄弟愛に反するからである――のと同様に、同じ財産が祖国の防衛や国の領土の法（権利）のために使われることを禁止することもできない――というのもこのようなことはこれらの財産を教会に与えた人々の意図や願望に背き、またこのようなことは、共通善への情熱と愛に反し、俗人のみならず聖職者の安全と彼らに属する財産の保全への情熱と愛に背いているからである――。

第六の反論に対しては次のように答えられる。昔は幾つかの教会において教会財産は四つの部分にのみ区別されるべきであるという既述の規則が妥当していた。しかしながら、場合によっては教会財産は別のことのために使われてきた。というのも教父たちの真なる証言によると教会財産は捕虜を救出し取り戻すために使われてきたからである。従って、たとえ教会財産は通常は王に与えられるべきではないが、祖国を防衛し、祖国で生きるあらゆる俗人と聖職者を守り、そして彼らの財産や王国と王の権利を守るために緊急に必要な場合には、王がそれを使えるように、王に供されるべきである。王が正義のみにより動機づけられていれば、王はこの教会財産を正戦において正しい仕方で、むしろ神の意にかなった善行によって使用することができるのである。

最後の第七の反論に対しては次のように答えられる。（人々によって単に司牧者とみなされているにすぎない者ではなく）真の司牧者が下した裁決は、法律上も事実上も無効にされることはなく、裁決されたことが既判事項にならないといったこともありえず、畏怖されなければならない。しかし偽の司牧者の裁決は、この者が人々によりどれほど司牧者とみなされていようと、そして多数のキリスト教徒がこの者を司牧者とみなしている場合でさえ、畏怖する必要はない。他方、真の司牧者の裁決でも、それが法律上および事実上無効であり――たとえその裁決が上訴によって未決になっていなくても――既判事項になりえないのであれば、その裁決を畏怖する必要は全くない。更に、真の司牧者による裁決であっても、法に対する耐えがたい誤りを含む裁決や、真の司牧者でさえそれに対して権限を有していない事項に関して下された裁決も同様である。そして更に、真の教皇の裁決であっても、上述のような場合にイングランドの聖職者が王を援助したという理由で当の聖職者に対して下された教皇の裁決も同様に畏怖する必要はない。というのも、その裁決は耐えがたい誤りを含んでおり、しかも真の教皇でさえ権限を全く有していない事項に関して下されたものだからである。このことは既に述べたことから明白に結論できるし、また後述することからより明白になるだろう。

第十二章

しかし更に、上述の事項に関し真の教皇が下したそのような裁決は決してイングランドの聖職者を拘束しないばかりか、王が王の権利を追求したという理由で当の王に対して真の教皇の裁決が下されたとしても、その裁決はいかなる効力ももたず、いかなる意味においても王を拘束することはなく、また王に従う人々を拘束することもない。たとえ、おそらく誤った罪の意識の故に一部の人々が教皇の裁決に従うことはあっても。既に触れられたように、そしてここでより十分に示されるように、真の司牧者の裁決であっても、教皇が権限をもたない事項に関し法に違反して下された裁決は明白な不正ないし耐えがたい誤りを含むことから、たとえ上訴によって未決になっていなくても無効であり、いかなる拘束力ももたない。このことは様々な聖なるカノンやカノンに対する註釈から明白に結論される。これらの中から少数のものを引用してみよう。Extra, *de sententia et re indicata*, c. i には「法律やカノンに違反して下されたすべての判決は、たとえ上訴によって未決になっていなくても、法的な効力をもちえない[142]」とあり、これに対する標準註釈は次のように述べている[143]。「法律に違反して、すなわち制定法に違反して下され、この違反がその中に明瞭に示されているような判決は法的に無効であり、上訴されていなくても無効とされる。ここで述べられていることは、同じ教令の引き続く箇所、すなわち '*Cum inter*'[144] の終りの部分や '*Inter ceteras*'[145] でも、そしてグラティアヌス教令集の ii. q.vi. '*Diffinitiva*'[146] にもみられる」。すなわちこの教令の *Inter ceteras* には「不正な判決が下されたときは、それを無効にしなければならないし、それが明白な不正を含んでいるならば、それを守るべきではない」と述べられており、ここにある「不正な」という言葉に対する標準註釈は「すなわち、それは成文法、つまり同じ教令 Extra, *de sententia et re indicata*, c. i にあるように法律ないしカノンに違反しており、当の判決の中に誤りが含まれているからである。この点については ii. q. vi. § '*Diffinitiva*' を参照のこと[147]」と述べており、参照するように言われているこの箇所の「同じく、もし判決が成文法に反して」から始まる一節では「もし判決が成文法に反して下されたならば、ちょうど死者が十四歳未満であるのに法に従った遺言を行ったと判決されたときのように、その判決はいかなる効力も有さず、この判決に反対して控訴の手段を用いる必要もない[148]」と書かれている。そしてこの一節に対する標準註釈は「裁判官の誤りが判決を容赦するようなことがあってはならない[149]」と述べている。

これらのことから、そしてこれ以外の多くのことから次のことが結論される。すなわち真なる司牧者の判決であっても、当の真なる司牧者が権限を有していない事項において法に違反して下された判決は明白な不正あるいは耐えられない誤りを含むものとして法的に無効であり、いかなる効力も有していないということである。しかし、イングランド王が王の権利を追求したという理由で、あるいはイングランドの聖職者から正当な援助を要求したという理由でローマ教皇からイングランド王に対し判決が出されたとき、たとえローマ教皇が真の教皇であってもこの判決は法に反しており、たとえ真のローマ教皇であっても教皇が王に対して権限を有していない事項においては明白な不正と耐えがたい誤りを含んでいることは、ものごとを良く理解できる人々にとって上述のことから明らかだろう。それ故このような判決は王をも、他のいかなる者をも拘束することはなく法的にみて直ちに無効であり、全くもっていかなる効力も有していない。

第十三章

確かに、上記の論拠がより明白になるように、これに対するいくつかの反論に答えておこう。上記の論拠は様々な点で欠陥があるように思われる。というのも、成文法に違反して下された判決はその事実のみによって直ちに無効であり既判事項にはなりえないとはいえ、訴訟当事者の権利に違反して下された判決は、たとえそれが権利に違反していても上訴によって未決にされないかぎり既判事項とされるからである。確かに ii. q. vi. *Diffinitiva* には上で引用された言葉の後に次のように記されている。「ちょうどかつて十四歳未満であった者が十四歳を越えたことで法に従って遺言を行ったと判決されるように、訴訟当事者の権利に違反して判決が言い渡されたときは、上訴による救済を求めなければならない[150]」。しかし、判決がイングランド王に反対して教皇から発せられたならば、この場合このような判決は唯だ王が権利として主張することに反しているにすぎず、それ故法的に無効というわけではないだろう。また既に述べたことから、成文法や法令に反していない「真の司牧者の判決は畏怖されるべきである」。そしてこのことは Extra, *de sententia et re iudicata*, c. *Cum inter* でも明白に指摘されており、ここには「しかしながら、判決が法令の法に明白に違反して下されたのでなければ、たとえそれが訴訟当事者の一方が権利として主張することに反して下されたとしても、まさに当の訴訟当事者自身に関して法が判決によって創造されたことに注意を向ける者たちは……[151]」と記されている。そしてこの点、「法令の」という言葉に対する標準註釈は「(法令に反して下された) 判決は既判事項にはならず、上訴する必要もない[152]」と述べている。以上のことから、成文法ないし法令に違反した判決だけが法的に無効であることが理解される。しかし、このような判決が王ないしは王を支持する者たちに反対して教皇により宣言されても……ないだろう。[153]……

註

＊An princeps pro suo succursu, scilicet guerrae, possit recipere bona ecclesiarum, etiam invito papa. ed. H.S. Offler. *Opera Politica* I, Manchester. 1974, pp. 228-267.

序文

（1）本論考が書かれた歴史的背景については本書第二章149–150頁参照。

第一章

（2）『マタイ福音書』（16・19）。
（3）Dist. 19, c. 1, col. 60.
（4）C. 1, q. 1, c. 114, col. 402.
（5）C. 14, q. 3, c. 2, col. 735.
（6）I, 33, 6, col. 198.
（7）C. 31, q. 1, c. 13, col. 1112.
（8）C. 2, q. 5, c. 20, col. 462.
（9）Dist. 55, c. 13, col. 219.

第二章

（10）I, 8, 3, col. 101.
（11）『ヤコブの手紙』（1・25）。
（12）『ガラテヤ人への手紙』（2・3—5）。
（13）同（5・12—13）。
（14）同（4・31）。
（15）『コリント人への第二の手紙』（3・17）。
（16）『使徒行伝』（15・10）。
（17）同（15・19—20）。
（18）同（15・22—23）。
（19）同（15・28—29）。
（20）Dist. 12, c. 12, col. 30.
（21）『使徒行伝』（15・31）。
（22）V, 7, 10, col. 783.
（23）『コリント人への第二の手紙』（13・8）。
（24）同（13・10）。
（25）Dist. 4, c. 2, col. 5.
（26）『テモテへの第二の手紙』（2・4）。
（27）Dist. 88, c. 3, col. 307.
（28）C. 21, q. 3, c. 1, col. 855.
（29）Dist. 88, c. 6, col. 307.
（30）C. 16, q. 1, c. 25, col. 767.
（31）III, 50, coll. 657-660.
（32）C. 21, q. 3, cc. 3-7, coll. 856-857.
（33）Dist. 96, c. 10, 6, 11, coll. 340, 339, 341.
（34）II, 1, 13, col. 243.
（35）Dist. 10, c. 8, col. 21.
（36）IV, 17, 7, col. 712.
（37）C. 23, q. 5, c. 39, col. 941.
（38）IV, 17, 13, col. 715.
（39）II, 2, 6, col. 249, 11, col. 251.
（40）I, 33, 6, col. 196.
（41）C. 14, q. 5, c. 9, col. 740.
（42）『創世記』（23・17—20）（31・32、31・37—38）（39・5）（41・35）、『申命記』（2・4—6、2・9、2・18—19）、『列王紀上』（9・11）（19—15）、『歴代志下』（36・22—23）、『エズラ記』（1・1—2）、

『イザヤ書』（45・1）、『トビト記』（2・20－21）、『ダニエル書』（2・37－38）（5・18）、『マタイ福音書』（2・1）（17・24－25）、『ルカ福音書』（1・5）（2・1）（3・12－14）、『ヨハネ福音書』（19・11）、『ローマ人への手紙』（13・1）、『コリント人への第一の手紙』（7・20－21）、『テモテへの第一の手紙』（6・1－2）、『使徒行伝』（16・37）（22・25－28）（24・10）（25・10－11）、ペテロの第一の手紙』（2・13－14）。

第三章

（43）『ペテロの第一の手紙』（5・3）。
（44）C. 11, q. 1, c. 29, col. 634.
（45）*Expositio, Evangelii secundum Lucam*, ix (PL, 15, 1802).
（46）『マタイ福音書』（19・27）。
（47）*Ep.* lii（*Ad Nepotianum*）. 7 (PL, 22, 533).
（48）*Moralia in librum Iob*, xix, 25 (PL, 76, 125).
（49）『コリント人への第一の手』（6・4）。
（50）*Glossa ordinaria ad* 1 Cor. 6, 4, *s. v.* 'Saecularia igitur iudicia', 'contemptibiles'.
（51）*De sacerdotio*, ii, 3 (PG, 48, 634).
（52）Ibid., vi, 1 (PG, 48, 678–679).
（53）『マタイ福音書』（20・25）。
（54）Pseudo Chrysostomus, *Diatriba ad opus imperfectum in Mattheum*, homil. xxxv (PG, 56, 830).
（55）*Commentarium in Mattheum*, xvi, 8 (PG, 13, 1390–1391).
（56）*De Consideratione*, i, 6. *Sancti Bernardi Opera*, op. cit., iii, p. 402.
（57）Ibid., ii, 6. op. cit., iii, pp. 417–418.
（58）『使徒行伝』（3・6）。
（59）同。
（60）『ペテロの第一の手紙』（5・3）。
（61）『ルカ福音書』（22・25）。
（62）同（22・26）。
（63）『ホセア書』（8・4）。
（64）『ルカ福音書』（22・26）。
（65）*De Consideratione*, iii, 4. op. cit., iii, p. 444.
（66）『ローマ人への手紙』（13・1）。
（67）同（13・2）。
（68）同（13・1）。
（69）*De Consideratione*, i, 6. op. cit., iii, pp. 401–402.
（70）*Epistola* ccxxxviii（*Ad Eugenium papam*）. 6 (PL, 182, 430).
（71）『使徒行伝』（8・20）。
（72）*De Consideratione*, ii, 5–6. op. cit., iii, pp. 416–417.
（73）『エレミヤ書』（1・10）。
（74）*De Consideratione*, iii, 1. op. cit., iii, pp. 431–432.
（75）『詩篇』（2・8）。
（76）同。
（77）『マタイ福音書』（24・45）。
（78）同。また『詩篇』（103・27）。

第四章

（79）『ローマ人への手紙』（13・4）。
（80）『ペテロの第一の手紙』（2・13－14）。

第五章

（81）II, 24, 21, col. 367.
（82）C. 1, q. 1, c. 23, col. 367.
（83）*Glossa ordinaria ad* II, 28, 65, *s. v.* 'tertio appellare'.
（84）『ペテロの第一の手紙』（2・13）。

（85）同（2・18）。
（86）『ローマ人への手紙』（13・1）。
（87）『コロサイ人への手紙』（3・20）。
（88）『エペソ人への手紙』（6・5）。
（89）『コロサイ人への手紙』（3・22）。
（90）『テモテへの第一の手紙』（6・1）。
（91）『エペソ人への手紙』（5・24）。
（92）II. 1, 13, col. 243.
（93）*Sermo* ccxxix（PL, 39, 2166）.
（94）『ヨハネ福音書』（20・22―23）。
（95）*Glossa ordinaria ad*. I, 2, 6, *s. v.* 'constitutum'.
（96）Dist. 22, c. 2, col. 73.
（97）Dist. 21, c. 3, col. 70.
（98）C. 24, q. 1, c. 15, c. 18, coll. 970-971.
（99）IV, 17, 13, col. 716.
（100）『マルコ福音書』（10・9）。
（101）『マタイ福音書』（5・32）。

第六章

（102）*De Consideratione*, iv, 3. op. cit., iii, p. 454.
（103）『ルカ福音書』（22・38）。
（104）*De Considerationе*, iv, 3. op. cit., iii, p. 454.
（105）『マタイ福音書』（26・52）、『ヨハネ福音書』（18・11）。
（106）*De Consideratione*, iv, 3. op. cit., iii, p. 454.
（107）『ペテロの第一の手紙』（2・14）。
（108）『エレミヤ書』（1・10）。
（109）*De Consideratione*, ii, 6. op. cit., iii, p. 417.
（110）『コリント人への第一の手紙』（6・3）。
（111）『テモテへの第一の手紙』（6・1）。
（112）Dist. 83, c. 3, col. 293.
（113）『創世記』（1・16）。

第七章

（114）*Tractatus in Johannis Evangelium*, vi, 25（PL, 35, 1436-1437）.
（115）Dist. 8, c. 1, coll. 12-13.
（116）『詩篇』（23・1）。
（117）『ペテロの第一の手紙』（2・17）。
（118）IV, 5, 4, col. 683.
（119）V, 33, 30, col. 868.
（120）*Digesta*, 50, 17, 200.
（121）*Digesta*, 50, 17, 56.
（122）引用の誤り。正しくはV, 40（*De verborum significatione*）, 16（col. 916）。誤って引用されているのはExtra, 50, 3, 46。後出第十章註（2）も同様。
（123）*Digesta*, 5, 1, 66.

第八章

（124）III, 30（*De decimiis, primitiis et oblationibus*）, 33, col. 568.
（125）『マタイ福音書』（12・3―6、9―12）。
（126）V, 41, 4, col. 927:〈Quod non est licitum lege, necessitas facit licitum〉.
（127）de consecr. Dist. 5, c. 26, col. 1419:〈Discipulos, cum per segetes transeundo evellerent spicas, et ederent, ipsius Christi vox innocentes vocat, quia coacti fame hoc fecerunt〉.
（128）III, 49, 2, col. 654.
（129）I, 11, 6, col. 119.
（130）*De inventione rhetorica*, ii, 53.

(131)　『ニコマコス倫理学第一巻第二章（1094b 8–11）。
(132)　III, 38, 25 , col. 617.
(133)　C. 16, q. 7, c. 30, col.808.

第九章

(134)　Dist. 3, c. 3, col. 5: ⟨Privilegia sunt leges privatorum, quasi privatae leges. Nam privilegium inde dictum est,quod in privato feratur⟩.
(135)　Dist. 1, c. 2, col. 1: ⟨Ius generale nomen est; lex autem iuris est species. Ius autem est dictum, quia iustum est. Omne autem ius legibus et moribus constat⟩.
(136)　III, 30, 8, col. 558.

第十章

(137)　III, 49, 7, col. 656.
(138)　V, 40 (*De verborum significatione*), 16, col. 916.　第七章註（122）参照。
(139)　C. 12, q. 2, c. 71, col. 710.
(140)　Ibid., c. 27, col. 696.
(141)　*XL homiliarum in Evangelia*, ii, homil. xxvi (PL, 76, 1201).　また、C. 11, q. 3, c. 1, col. 642.

第十二章

(142)　II, 27, 1, col. 393.
(143)　*Glossa ordinaria ad* II, 27, 1, *s. v.* 'contra leges'.
(144)　II, 27, 13, col. 399.
(145)　II, 27, 9, col. 395.
(146)　C. 2, q. 6, post c. 41, coll. 481–482.
(147)　*Glossa ordinaria ad* II, 27, 9, *s. v.* 'manifestam'.
(148)　C. 2, q. 6, post c. 41, col. 482.
(149)　*Glossa ordinaria ad loc. cit., s. v.* 'contra ius'.

第十三章

(150)　C. 2, q. 6, post c. 41, col. 482.
(151)　II, 27, 13, col. 399.
(152)　*Glossa ordinaria ad loc. cit., s. v.* 'contra ius constitutionis'.
(153)　論考はここで中断している。

第二部　哲学・神学思想

第五章　直観的認識と抽象的認識

第一節　把持と明証的同意

オッカムの認識論は、世界内の事物が感覚に及ぼす自然的因果性から出発し、知性による事物の実在判断の真理性でもって終わる構造を有している。そしてこの認識論の要となる観念が二重の非複合的な（単純な）認識（duplex notitia incomplexa）、すなわち直観と抽象による二重の単純な（すなわち個物ないし命題を構成する語の）認識である。しかしオッカムは人間の認識それ自体を固有の対象とした議論の中ではなく、神学上の議論の脈絡の中でこれら二つの観念について論じている。〈Quodlibeta〉を別にすれば、オッカムはこれら二つの認識論上の観念を『命題集第一巻註解』（Ordinatio）の序章と、『命題集第二巻註解』（Reportatio）の設問十二から十四において論じており、前者では現世の人間の知性（intellectus viatoris）にとって神学上の真理は明証的かという問題が論じられ、後者では天使の認識の様態と起源の問題が論じられている。オッカムにとり認識論は神学上の問題を解決するための哲学的な手段でしかなかった。それ故上記二つの認識の区別を中核とするオッカムの認識論は、神学的な議論から抽出されねばならない。

オッカムによれば人間は肉体と感覚的魂と理性的魂という実在的に区別される三つの実体的形相を有している。動物は感覚的魂のみをもち、天使は理性的な魂のみをもつのに対して人間は二種類の魂をもち、これら二種類の魂に応じた認識作用を有する。感覚的魂は肉体において延長をもった仕方で——すなわち、感覚的魂の或る部分は肉体の或る部分に、感覚的魂の別の部分は肉体の別の部分にあるような仕方で——のみ存在するのに対して、理性的魂は肉体から分離して存在することが可能であり、現世での人間の理性的魂のように肉体において存在するときも、それは肉体の中で延長をもつ仕方で存在しているわけではない。

理性的魂には認識のみならず意欲の作用があり、意欲する作用としての理性的魂が意志（voluntas）、認識する作用としての理性的魂が知性（intellectus）である。魂の（特に理性的魂の）あらゆる作用は、魂に内在する個的で具体的な存在者すなわち絶対的なもの（res absoluta）である諸性質と同一視され[7]、これら諸性質は、一般に魂の作用が（意志の作用であれ、認識の作用であれ）そうであるように、相対的に短期間しか存在しない。また魂の諸作用である性質の他に理性的魂には、諸作用より長い期間存続し、魂によって自覚されることのない別の性質が存在している。これが〈habitus〉であり、〈habitus〉はひとたび或る作用によって因果的に引き起こされた後、魂の中に存続し、当の〈habitus〉を最初に引き起こした作用に類似した作用を因果的に引き起こす機会を待っている。魂はこの〈habitus〉のおかげでそれが過去に有した思考を再現することができる[8]。

知性の認識作用には基本的に異なった二種類のものがある。一つは或る対象を把持する作用であり、この対象は個物であることも、一般的概念であることもあり、更には、諸個物の複合体や諸概念の複合体、あるいは諸個物と諸概念の複合体――すなわちメンタルな命題――や推論であることもある。もう一つは、それによって知性がメンタルな命題（心の中にある思念された命題）を単に把持するだけでなく、それに同意する認識作用であり、これは複合体すなわち命題のみを対象とする。前者の作用は把持作用（actus apprehensivus）と言われ、後者は同意ないし判断の作用（actus iudicativus）と言われる[9]。

主語＝述語形式の要素的なメンタルな命題は、その主語および述語――これらは命題の〈terminus〉と言われる[10]――として一般的な概念を有するか個物を有するかのいずれかであり、一般的概念であればそれは当の概念が適用されるものを指示するために使用され、個物であればそれは自己自身を指示するために――自己自身の名として――使用される。このようにオッカムは当初、メンタルな命題の〈terminus〉を精神作用の志向的対象と同一視していた――〈fictum〉論――が、その後、〈terminus〉を精神作用の対象ではなく、対象がそれによって把持される精神作用そのものと同一視するようになる――〈actus〉論――。しかし、直観的認識と抽象的認識に関するオッカムの最初の主要な説明（命題集第一巻註解の prol. q. 1 にみられる説明）の基礎にあるのは〈terminus〉を精神作用の志向的対象とみなす見解であり、後に〈terminus〉を精神作用それ自体と見なすようになった後も上記二つの認識に関する説明をこれに応じて修正することはなかった。従って以下の叙述はオッカムの初期の見解を前提としている。

命題は、知性が特定の個物や一般概念を、あるいは個物と一般概念の両者を一つないし複数の〈syncategoremata〉（共義語）と結び合わせて把持することで形成される。〈syncategoremata〉は知性が意図するところに従って、複数の〈terminus〉を一つの言明を形成するような仕方で相互に結び合わせたり、命題を肯定文や否定文に、全称命題や特称命題や単称命題に、あるいは現在形や過去形や未来形などにする。すなわち、メンタルな命題を把持する作用とは、命題を形成するようにその諸構成要素を一緒に合わせて把持する作用である[11]。

把持の作用はそのすべてが同じ種類の認識作用というわけではなく、その対象のタイプが異なるに応じて把持作用の種類も異なり、個物を把持する作用、一般概念を把持する作用、メンタルな命題を把持する作用はそれぞれ異なった種類の把持作用である。そして直観的認識（notitia intuitiva ないし cognitio intuitiva）と抽象的認識（notitia abstractiva ないし cognitio abstractiva）――或る一つの意味における抽象的認識――の作用は同じタイプの対象を把持する作用である。というのもこれら二つの認識作用は共に或る個物を把持する作用だからである。しかし、同じタイプの対象をもつこれら二つの認識作用は、同じ種類の認識作用ではない[12]。

しかし他方で、「抽象的認識」は諸個物の把持について言われるだけでなく、一般概念を把持する作用という意味で用いられることもある。また、広義に理解された抽象的認識は、直観的認識以外のすべての認識作用を意味し、これにはメンタルな命題を把持する作用の他に判断の作用自体も含まれる[13]。しかしここでは、直観的認識と抽象的認識は、種類を異にするが共に個物を把持する作用という意味で理解することにする。

我々が五感の一つないし幾つかを通して質料的対象を把持する作用は直観的認識作用であり[14]、同じ質料的対象が最早現前しないときに当の対象を思念する作用が抽象的認識作用である。この場合、直観的認識と抽象的認識によって同一の対象が把持されていることに変わりはない。これら二つの把持のうち直観的把持は、対象自体がその原因であり、対象が感覚（例えば視覚）に作用を及ぼし、更にこのことを通じて知性に作用を及ぼすことにより因果的に引き起こされる[15]。これに対して抽象的把持は対象自体を原因とするのではない。というのも、対象は現前しないことから感覚や知性に作用を及ぼすことはないからである。抽象的認識は後述のように対象を思念する〈habitus〉を原因として引き起こされ、〈habitus〉は、対象が感覚を通じて直観的に把持されたときに、これを原因として引き起こされる[16]。

しかしオッカムは、二つの認識作用が同じ仕方で引き起こされないことを、両者が同じ種類の認識作用でないことの理由とはみなしていない。後述のようにオッカムは、両者が同じ仕方で――神の介入によって直接的に――引き起こされうることを認めている。両者が同じ種類の認識作用でないのは、両者によって引き起こされる結果が同一でないからである。直観的認識作用はその性格上、抽象的認識作用が引き起こすことができないある種の認識作用を引き起こすことができる。直観的認識作用のみが引き起こすことのできる認識作用とは、明証的な同意という極めて特殊な作用である。この特殊な作用が何であるかを理解するには、明証的同意についてのオッカムの理論を理解しなければならない。

直観的認識と抽象的認識をオッカムが論ずる際の基本的な問題関心は、神学的真理の明証性にあった。それ故先ず明証性の観念がどのようなものかに注目する必要がある。[17]明証性はメンタルな命題への同意が帯びる性格であり、明証的に同意される命題の認識が帯びる性格である。同意の作用が明証的であるためには三つの条件が充たされなければならない。（1）同意されるメンタルな命題は真でなければならない。[18]（2）把持作用を――そして、場合によっては他のメンタルな命題への明証的な同意作用を――所与の前提とすると、知性は当の命題に同意する以外の選択肢をもたない。[19]（3）他のどのような知性も、もしそれが同一の認識作用を有しているならば、当のメンタルな命題に同意する以外に選択肢をもたないだろう。[20]これら三つの条件はそれぞれ独立したものではなく、いずれも他の二つの条件が充たされることによって充たされる。知性の同意が意志による同意を理由にして為されるならば――例えば、信者が信仰箇条に同意するときのように――、第二の条件は充たされない。[21]また、或る知性が論証に納得し、当の論証が立証しようとしていることに同意すること以外に選択肢がない一方で、別のより勝れた知性がその論証に納得せず、不同意か懐疑的であるならば、第三の条件は充たされていない。[22]

明証的同意は二つの主要なカテゴリーに区別される。一つは、（1）明証的に妥当する推論の帰結に対して為され、その推論の前提への明証的同意作用によって因果的に引き起こされる同意である。もう一つは、（2）同意されている命題に含まれた語の把持によって引き起こされる同意――直ちに明証的な同意――である。[23]更に（2）の同意のうち、或る同意は、一般的概念のみを語とするメンタルな命題への同意であり、他の同意は、語の少くとも一つが個物であるようなメンタルな命題への同意である。そして語の少くとも一つが個物であるようなメンタルな命題への直ちに明証的な同意のうち、或るものは、必然的に真である命題への同意であり、他のものは現在時制で偶然的に真であるような命題への同意である。[24]従って（1）の同意を別にして（2）の直ちに明証的な同意について言えば、オッカムにとり真なる命題の認識が明証的（evidens）であるのは、命題（であるcomplexa）を構成する語（incomplexa）――更にincomplexaは、単語（単純概念、そしてこれによって意味されているもの）であるsimplex（白さ）と、複数のsimplexから構成されるcomposita（ソクラテスとその白さ）に区別される――の知的認識が、当の命題に対し知性が与える同意の――間接的であれ直接的であれ――十分な原因になっている――あるいは十分な原因になりうる――ことを意味する。[25] それ故、オッカムが明確に区別した次の三種類の認識作用のあいだの関係も、因果性（これと相関的に前提条件）の観念によって説明されている。すなわち（一）語（あるいは語により意味されている個物）の把持は[26]（二）命題形成の原因であり、命題形成は更に（三）当の命題を対象としてもつ判断作用の原因である。[27] しかし明証的な認識のこのような定義は不十分である。明証性が存在しうるために必要な語の知的把持のタイプを確定するためには、上のことに加えて、考慮される命題がどのような性格のものか、すなわち偶然的命題か必然的（分析的）命題かを知らなければならない。確かに、抽象的な単純認識は、必然的な命題に対する明証的同意を因果的に引き起こすには十分でありえても、偶然的な命題に対する明証的な同意を因果的に引き起こすことはできない。偶然的命題の場合は、別のタイプの単純な知的認識が必要であり、このような知的認識が直観的認識である。[28] かくして、知性の判断が現在時制の偶然的命題へと向けられるとき、判断が明証的なのは、当の命題を構成する語（あるいは、これらの語が指示する個物）を知性が直観的に把持する場合に限られる。認識論的に言うとこのことは、直観的認識がその対象である現前する個物によって魂の中に自然的に引き起こされる、という事実によって説明される。[29] オッカムが神学においては明証性は希れなことである、と結論しているのもこのことによる。事実、現世における人間の知性は神について直観的認識を有してはいない。現世の人間にとって神は直接的な視覚の対象ではなく、被造物のいかなる直観も創造主の直観を因果的に引き起こすことはできない。そして殆どの神学的命題は神を主語とする偶然的な命題――例えば「神は受肉した」――であるが、神学的命題は明証性を欠くが故に信仰がこれを補い、従って神学は科学的な知の領域から除外される。もっとも、このような結論だけで済ませることは、オッカムが抽象的認識という観念を用いて強調したことを見失うことだろう。オッカムによれば、現世の人間は神学の幾つかの必然的真理に関して明証性を享受できる。すなわち、述語として一義的な絶対的概念を持つ必然的な命題――例えば「神は知性である」や「神は存在者である」――を現世の人間は明証的に認識することができる。[30]

第二節　感覚による直観的認識と知性による直観的認識

ここで一つの問題に触れておかなければならない。直観的認識に関しては、知性が質料的なものに関する偶然的命題を明証的に判断するためには、当の質料的なものを感覚によって直観するだけで十分ではないか、という反論がありうるだろう。知性が感覚的事実に関する偶然的な事柄について判断するとき、どうして知性は直接的に感覚的直観だけを用いて判断することができないのだろうか。この点オッカムは、感覚によって直観的に把持されるものと、知性によって直観的に把持されるものが、同じ側面において（sub eadem ratione）捉えられた正確に同じものであること、感覚による直観が把持する対象と知性による直観が把持する対象との間にはいかなる相違も存在しないことを主張している[31]。それでは、認識は直観を固有の作用とする感覚と、抽象を固有の作用とする知性の協働によって全面的に説明されうるのではないだろうか。この疑問に対してオッカムは、三つの返答を用意している[32]。

第一の議論は次のようなものである。複合的な認識作用（すなわち命題の認識）は、同じ認識主体の単純な把持作用（すなわち、命題を構成する語、あるいは語が指示する対象の把持）を因果的に前提しているが、知性のみがこのような複合的なものを生み出す（すなわち、命題を形成し、命題について判断する）ことができるのに対し、感覚にはこのようなことはできない。それ故、偶然的な事柄における知性の明証的判断は、直観的把持の単純な知的作用を必要とする。オッカムは、感覚的魂のいかなる認識作用も、判断という知的作用の（部分的であろうが全面的であろうが）直接的ないし近接的な原因ではありえないと結論した。しかしだからといって感覚に属する直観的認識が不必要だということにはならない。というのも、現世の人間にとって感覚の直観的認識は、感覚的な実在者を知性が直観するために因果的に不可欠だからである[33]。以上のことは、感覚的直観が知性の判断の部分的で媒介的な遠因であることを意味している。感覚的認識だけでは知的判断を因果的に引き起こすためには不十分である。更に、知性の作用にとって感覚が不可欠なのは現世の人間の知性がそのような状態にあるからであり、従って感覚が不可欠であることは単に偶然的な事柄にすぎない。

第二の議論は、知性の能力が感覚の能力より優れていることを論拠にしている。すなわち、知性は感覚より優れているので、感覚にとって可能なことはすべて知性にとって可能である。それ故、感覚的個物の直観的認識が感覚の能力にとって可能ならば、それは知性にとっても可能でなければならない。しかし、この議論は普遍者に対する個物の優位性、あるいは実在するのは個物のみであるという存在論に依拠している。例えば個物に共通な普遍的本性の客観的実在を認め、個物に対する普遍的なものの優位を主張する概念実在論の見解であれば、上記の議論を受け入れる必要はないと考えるだろう。というのも、この見解によれば、個物の直観的把持は知性が自らにも要求すべきであるような、積極的意味をもった能力とは考えられないからである。それどころかこの見解は、個物の直観的把持は知性からその完全性を奪うものであり、知性の完全性はまさに抽象的な普遍概念を通して諸個物の本質を知的に認識することに存する、と考えるかもしれない。しかしオッカムは個体性をあらゆる存在者にとって唯一可能な様態と考えたことから、普遍性は個物を意味ないし指示する語の意味論的な属性にすぎず、種や類それ自体が客観的に実在するという見解は誤りであり、実在するのは数において一なる個物のみであると主張した(34)。

第三の議論は次のように主張する。知性自体が個物を直観的把持作用によって直接的に認識できることを否定することは、肉体から分離した人間の魂や天使の知性にはこの種の認識が不可能なことを主張することであるが、(神の知性は言うまでもなく)肉体から分離した人間の魂や天使の知性は感覚的個物を直観的に認識することができる。従って知性自体が個物を直観的に認識することは明らかである。

第三節　直観的認識と抽象的認識の本質的差異

さて、直観的認識作用がその性格上、因果的に引き起こせるのに対し、抽象的認識作用がその性格上、因果的に引き起こすことのできない認識作用がどのようなものかが明らかとなる。すなわちそれは、現在時制で偶然的に真なる命題――そしてこの命題を構成する語のうち少なくとも一つは個物を指示する――への直ちに明証的な同意である。従って直観的認識と抽象的認識を次のように定義することができるだろう。

定義（I）直観的認識作用と抽象的認識作用は、或る個物を把持する作用であるが、前者はその性格上、把持された個物に関する現在時制の偶然的真理への明証的同意を因果的に引き起こすことができるのに対し、抽象的認識作用にはその性格上、このような因果的な力がないということである(35)。

もしこの定義が正しければ、この定義が直観的認識作用に認める能力は、直観的認識のあらゆる可能な事例に属していなければならない。上で述べられた直観的認識は、把持された事物により因果的に引き起こされる同意、すなわち自然的に引き起こされる直観的認識であった。しかし、神学上の原理として、いかなるものも神の協働なくしては結果を引き起こすことはできないのに対し、神は被造物が引き起こすことのできるどのような結果でも単独で引き起こすことができるという原理が存在する(36)。そして、認識作用は知性の中に存在する性質であるから、次のような直観的認識作用も存在しうることになるだろう。すなわち、もしそれが自然的に引き起こされたとすれば、それはその対象である事物によって因果的に引き起こされていたであろうが、実際にはそれを知性の中に生み出す神の単独行為によって因果的に引き起こされるような直観的認識である。しかしどのような直観的認識であれ、それが神のみによって因果的に引き起こされるのであれば、認識作用の対象である事物は、当の作用を因果的に引き起こすことにおいて何の役割も演じていないことになる。それ故、直観的認識作用が存在するために当の事物は現前している必要はなく、実在している必要さえない。ここから帰結するのは、その対象が非実在物であるような直観的認識が存在しうる、ということである。しかしこの種の認識作用は神によって、すなわちその認識作用を或る知性の中に生み出す神の行為のみによって超自然的に引き起こされなければならない[37]。

ここで問題になるのは、実在しないものの直観的認識作用は、現在時制の偶然的なメンタルな命題——そして把持された対象を命題の自己指示的な語として含むメンタルな命題——への明証的同意を因果的に引き起こすことができるか、という問題であり、もしできるとするならば、そのメンタルな命題はどのようなものかという問題である。オッカムは前者の問題について然りと答え、後者の問題に対しては、このとき同意される命題は、当の対象は実在しないと述べる命題になるだろうと答えている[38]。

さて、このように異常な事態において生ずる直観的認識作用が、上記の定義（Ⅰ）によって直観的認識に帰せられた能力を有しているならば、可能なあらゆる直観的認識作用がそのような能力を有していることになる。もしそうならば定義（Ⅰ）は、可能なあらゆる事例の直観的認識作用を抽象的認識作用から有効に区別していると言えるだろう。従ってこの定義は直観的認識と抽象的認識の正しい定義と言える。そこで、これら二つの認識の次の定義も正しいと言えるだろう。

> 定義（Ⅱ）直観的認識と抽象的認識は或る個物を把持する作用である。しかし個物が偶然的に実在する事物である場合、直観的認識作用はその性格上、もしその事物が実在するならば当の事物は実在すると知性が明証的に判断し、もしその事物が実在しないならば当の事物は実在しないと知性が明証的に判断することを引き起こすことができるのに対し、抽象的認識には性格上、このような能力が欠けている[39]。

オッカムの見解によれば、直観的認識作用は、その可能なあらゆる事例において上記二つの定義が示すような仕方で抽象的認識作用とは異なっている。そしてこれは二つの種類の認識作用が自然的に引き起こされる場合には、二つは更にそれらが引き起こされる仕方においても異なっている。しかし、二つの種類の認識作用が超自然的に引き起こされる場合は、それらが引き起こされる仕方においては相違はない——両者とも正確に同じ仕方で、つまりそれらを生み出す神のみの働きによって引き起こされる——。もし二つの認識作用が同一のものを対象としているならば、両者は上記の二つの定義（Ⅰ）（Ⅱ）によって示されているような仕方においてのみ相違していることになる。

オッカムによれば直観的認識とは、知性がそれによって現在時制の実在的命題（或るものが現に実在することを述べる命題）が真であると明証的に判断できるような単純な把持作用（すなわち命題ではなく、命題を構成する語、あるいは語が意味ないし指示するものを把持する作用）であり、これに対応して抽象的認識とは、知性がそれによっては現在時制の実在的命題が真であることを明証的に判断できないような単純な把持作用であった。より一般的に言って、直観的認識と抽象的認識の上記のような特徴づけは、明証的判断の対象でありうる現在時制のあらゆる偶然的命題にあてはまる。[40]「このものは実在する」といった命題が真であることを知性が明証的に認識する場合があることは疑いえない事実であり、また、同じ実在的命題を前にして、当の命題が真か否かを知性が明証的に認識できないような他の状況が存在することも経験的に知られた事実である。それ故、この命題を構成する語、あるいはこの語によって意味ないし指示されている実在者は、知性の二つの異なったタイプの単純な認識によって把持されているはずである。直観的認識は、知性が明証的に真なる実在判断を下すことを可能にするが、抽象的認識は、知性にこのような判断を下すことを許さない。要するにオッカムは、実在判断に関して明証性が可能であったり不可能であったりすることの認識論的な根拠を見出す必要性から、知性には相互に還元不可能な二つのタイプの単純な把持作用が存在すると考えるに至った。従って直観と抽象のオッカムによる区別は、知覚から概念化へと至る認識のメカニズムの実証的な観察から生まれたものではなく、命題の複合的認識が窮極的な構成要素として何を必要としているかを特定化する、認識作用のいわば超越論的な分析から生まれたものと理解することができるだろう。オッカムの認識論は認識作用の形而上学的考察ではなく、メンタルな状態の内省的省察でも、認識プロセスの経験的説明でもなく、判断作用（actus iudicativus）が可能であるための諸条件を明確にする試みであった。

第四節　非実在者の直観的認識

従って、実在しないものの直観的認識に関するオッカムのテーゼも、以上のような脈絡において理解されなければならない。[41]かつて、このテーゼが懐疑主義を含意するか否かがオッカム研究者のあいだで論争の対象となったことがあった。しかし神の絶対力の脈絡で提示されたこのテーゼの真の趣旨は、直観的認識と抽象的認識をそれ自体において差異化するために、これら二つの認識に特有な性格を浮き彫りにすることにあったと理解すべきだろう(42)。オッカムはこのテーゼをドゥンス・スコトゥスの認識論への批判の中で作動させている(43)。スコトゥスによれば、直観的認識は、第一に、実在し現実に現前するものとして対象を認識し（これに対し抽象的認識は実在し現前するものとして対象を認識するのではなく、対象の実在と現前を捨象した認識、あるいは実際に実在ないし現前しない対象の認識である）、第二に、実在し現前するもの自体によって直接的に引き起こされる（これに対し抽象的認識は実在し現前する対象によって直接的に引き起こされるのではなく、表象の様態のもとでものを伝達する類似性（similitudo）ないし〈species〉によって間接的に引き起こされる）。しかしオッカムは神の絶対力を援用することにより、スコトゥスの区別が実際には偶然的で相対的な要素に依拠していることを示し、二つの認識作用に対し純粋に必然的で絶対的な性格づけを与えている。オッカムによれば、〈potentia ordinata Dei〉による物事の通常のなりゆきにおいては、知性の直観的認識のあらゆる作用は、当の認識作用の対象である実際に現在する個物によって因果的に引き起こされる(44)。しかし神は第二原因を媒介にして自分が行うすべてのことを、自分自身で直接的に行うことができる(45)。そして、もし二つの絶対的なものが場所と主体に関して区別されているならば、神は一方のものなくして他方のものを実在させることができる。ところが、認識されるものは、当のものが生み出す直観の第二原因であり（神は実在するすべてのものの第一原因である）、直観は場所に関しても主体に関しても認識されるものから分離した人間精神の性質である。それ故神は自分自身で直接的に、実在していないものの直観を人間知性の中に生じさせることができる(46)。神が自由な決定によって打ち立てた事物の現実の秩序のもとでは——すなわち創造主たる神によって自由に定められた自然の法則に従えば——このような現象は起こらないし、起こりえないだろう。これに対して、神の力が別の秩序を定めていれば、このようなことの生起も不可能なことではない。このようなことは矛盾を含まず、神は矛盾律のみに拘束されるからである。

要するに、実在しないものの直観は、自然的事物の通常のなりゆきにおいて生ずる出来事ではないが(47)、論理的に可能である。オッカムはこの可能性の中に含意されているあらゆる帰結を引き出している。スコトゥスに対してオッカムは、直観的に把持されたもの——このものは直観的認識の対象としての側面と、原因としての側面との双方において考察されている——が現実に実在していることは、知性によるこのものの直観の偶然的な条件にすぎないことを主張する。直観は、直観されたものが現実に実在しているか否かとは独立に必然的に直観なのである。これは直観が実在しないものへと向けられるような別の可能世界を観念することが論理的に可能なことを意味している。オッカムにとり、直観の本質的定義には、直観されたものが現実に存在することは含まれていない。直観をそれ自体として捉えたとき、直観は当の直観によって把持されているものが直観に及ぼす因果性に依存しておらず、現実在におけるこのものの客観的な位置にも依存していない。要するにオッカムの見解においては、直観は絶対的なもの（res absoluta）であり、直観されたものの現実的存在とのあらゆる必然的結合から解き放たれている(48)。このようにして、偶然的で相対的なものを排除することでオッカムは、直観的認識の（そしてこれと相関的に抽象的認識の）本質それ自体を定義するような必然的で絶対的な属性――判断作用との関係で直観が有する効力――を特定するに至った。すなわち既に説明されたように、直観的認識とは、この認識によって知性が、ものが実在していれば当のものは実在すると明証的に判断することができ、あるいは、ものが実在していなければ当のものは実在しないと明証的に判断できるような認識を意味する。そして抽象的認識とは、この認識を基礎として知性が、ものが実在することもものが実在しないことも明証的に判断できないような認識を意味する。従って、もし神が人間知性の中に、実在しないものの直観を引き起こしたならば、知性は「このものは存在しない」という命題を形成することができ、この直観的認識によって直ちに命題に同意するだろう。別言すれば、明証性を生起させることが直観的認識の本質に属しており、明証性とは知性にとって命題の真理が帯びる明白な特徴であることから、直観的認識は、ものをそれが現実にあるがままに述べる言明と必然的に関係づけられていることになる。オッカムが極めて整合的に次のように結論するのもこのことによる。すなわち、実在しないものは知性をして、当のものが実在しないことの明証的判断を正しく言明するよう導いていく、ということである。直観は、まさに直観がそのようなものであることを理由として知性を誤りへと陥らせることはない(49)。

このように神の絶対力から推論を出発させることによってオッカムは認識の本質的な構造、直観と明証性との必然的連関を明示し、スコトゥスに対して、直観と抽象は認識対象の差異によっては区別されえない――両者共に非実在者を対象としうる――こと、そして両者の原因の差異によっても区別されえない――両者共に神により直接的に引き起こされうる――ことを主張し、両者はただその本質的性格によって、両者のそれぞれがそれ自体としてどのような認識か――すなわち両者には明証的な判断を因果的に引き起こす本質的な力があるか否か――ということによってのみ区別されることを主張した。そしてオッカムによれば、ものの実在と非実在に関して正しい判断を生み出すのにそれ自体で（quantum est ex se）十分であること、このことだけでそのような認識は直観的認識であり、そのような力がない認識が抽象的認識なのである。(50)

第五節　habitus と species intelligibilis

しかし、直観的認識について考察すべき別の論点が存在する。ひとたび直観が知性の中に引き起こされ、知性が命題を形成するために当の直観を用い、命題に対して判断を下すとき、直観は不可避的かつ自然的に明証的判断の形成へと至る。それでは、或るものの直観的認識が知性の中に引き起こされるとき、当のものが知性に対して及ぼす自然的な因果性はどのようなものなのだろうか。

或るものが知性に作用を及ぼして直観的認識を引き起こすことに関しては次の点を顧慮する必要がある。もし知性が天使の知性のように質料から分離していれば、知性の前に現在するものは知性の中に直接的に認識を引き起こすのに対し、現世の人間のように知性の認識が感覚を媒介にして間接的に引き起こされるときは、動力因である認識対象と質料因ないし受動的原因である知性以外に、認識対象の距離と、人間の理性的魂の意志の作用が直観的認識の形成に因果的に関係してくる。(51) 距離について言えば、感覚的直観に媒介された知性の直観的認識は、感覚が対象を知覚できる距離内にあることを前提とし、また対象の遠近により明確さや強さや完全性の度合いを異にすることは明白である（これに対しオッカムは肉体から分離した魂の知的認識作用にも、適切な距離があるか否かについて明言していない）。そして同じ直観的認識でも明確さや強さや完全性の度合いが異なれば、そこから生み出される判断も異なってくる。例えば対象が遠くから次第に近づくにつれて、同一の知性の直観的認識は「それは存在者である」「それは物体である」「それは色である」「それは白である」といった判断を生み出すだろうし、対象が多くの色を帯びているときは、直観的認識は対象が近づくにつれて多くの色をよりよく識別し、それに応じた判断を生み出すだろう。(52) 次に、オッカムは認識作用の明確さや強さや完全性が、直観される対象に向けられる注意によって変化することを指摘する。この場合、オッカムによれば、認識作用としての知性は、仮に知性が能動的であることを認めても、(53) 自由な作用者ではなく自然的な作用者であり、他の諸事情が同一であれば常に同一の仕方で作用するので、知性が知性の作用の強さの原因であることはありえない。この原因は意志の作用である。それ故、ひとたび直観的認識が知性の中に引き起こされたならば、認識主体は直観された対象に注意を集中させることによって直観を持続させ強化させ完全なものにすることを意志できる。要するに意志作用が認識作用の部分的原因として対象に付加され、知性の中に――意志作用なしに対象のみによって引き起こされる直観的認識に比べて――度合いにおいてより強く、より完全な直観的認識を引き起こす。[54]

それでは抽象的認識とは何だろうか。既に指摘されたように、それは認識対象であるものの実在と非実在を捨象した認識である。[55]抽象的認識とは或るものを、それが実在するか否かに関係なく認識することである。それ故、オッカムの言う抽象的認識は、或るものの個体性や個的特性を捨象して当のものを一般的普遍的な相のもとにみる認識を意味せず、個物をその個体性において認識することも抽象的認識でありうる。そしてオッカムは抽象的認識を実在者でも非実在者でもないものの認識として解釈してはならないことに注意を喚起する。[56]ものは実在するか実在しないかのいずれかであるから、このような認識は不可能である。要するにオッカムの言う抽象的認識は、認識対象であるものが実在するか否かを明証的に認識することを知性に許さないような認識である。オッカムは抽象的認識のこのような理解をスコトゥスから借用したが、更にこれはアヴィケンナの「本質」理解――すなわち実在と非実在を捨象した本質の理解――を抽象的認識へと適用したものとも言われ、オッカム自身は、抽象的認識のこの理解をアリストテレスの権威によって正当化している。[57]

抽象的認識という観念によってオッカムが示そうとしたのは、知性は個物が不在のときも実在しないときも当の個物を表象できること、[58]知性は個物によって直接的に引き起こされたのではない認識作用において、当の個物を内面的に把持することができる、[59]ということである。このことを説明するためにオッカムは、知性が自らの中に抽象的認識作用の動力因を有することを想定しなければならなかった。この動力因が既に述べた〈habitus〉である。〈habitus〉は知性がそれを望むかぎりにおいて或るものを抽象的に表象することへと知性を向かわせるような性向を意味する。[60]そして〈habitus〉は、それが生み出そうとする作用と同じ性質の作用によって常に引き起こされるので、オッカムは、〈habitus〉が最初の直観的認識と同時に生ずる最初の抽象的認識によって知性の中に引き起こされると考えた。[61]そして〈habitus〉によって生み出される抽象的認識（第二の抽象的認識）は、この認識によって或るものが実在していたこと、あるいは実在しなかったことを知性が明証的に判断できるが故に、「不完全な直観的認識」と呼ばれている。[62]確かにオッカムによれば、実在と非実在、そしてこれに伴う時制的契機を含むのは直観的認識のみであるが、〈habitus〉によって引き起こされる抽象的認識の明証的判断は現在ではなく過去の実在へと向けられることから、不完全な直観と呼ばれている。

しかしオッカムは抽象的認識の以上のような意味とは別に、少くとも二つの意味を認めている。先ず抽象的認識は、多くの個物から抽象された普遍的なものの認識を意味する。しかしこのように定義された抽象的認識は、要するに多くの個物に共通の概念と同義だろう。(63) 知性には個物を直観的に認識した後で、この個物について種的な概念を形成する能力があり、(64) 抽象的認識とは——概念を認識作用の志向的対象である〈fictum〉と考えるオッカムの初期の見解によれば——概念を形成し把持するメンタルな作用を意味し、——概念を認識作用それ自体と考える後期の見解によれば——概念そのものを意味する。

次に抽象的認識は、質料——個体化された質料——を捨象した認識を意味する。オッカムはこの意味における抽象的認識をトマス・アクィナスに見出し、批判している。(65) オッカムのトマス理解によれば、知性は非質料的な能力であるから同じく非質料的な、それ故普遍的な対象しか認識できず、ものの個体化原理である指定された（designata）質料は可知性の障害になる。それ故、知性は可能理性たるかぎりでの自らに固有の第一の対象を与えるために、能動理性としてファンタスマータから個的質料性を取り去り、ファンタスマータに潜在的に含まれる「可知的形質」（species intelligibilis）を抽出する。(66) オッカムはこの理論を主として二つの理由により拒否している。第一に、オッカムは質料を自らに固有の可知性を帯びた積極的な存在者として観念したことから、質料的実在者の知的な把持——直観的把持であろうと抽象的把持であろうと——はこの種の実在者から質料を捨象することを必要とするとは考えなかった。第二にオッカムは、可知的形質という観念は無益であり、経験に反し、ものを直接的に把持する知性の可能性を危うくすると考えた。オッカムが可知的形質に代えて提示したのが〈habitus〉である。(67) もっともオッカムは或る意味においては、質料からの抽象について語ることにも一理あると考えている。すなわち、質料から分離・抽象されるのは認識の対象であるものではなく、上位の認識能力である知性とその作用である。(68) 事実、オッカムにとり知性のあらゆる作用は非質料的実体たる理性的魂——感覚的魂と異なり、肉体のいかなる器官も用いることなく作用する理性的魂——の中に存在する非質料的性質であり、まさにこの意味で知性とその作用は共に質料から分離・抽象されていると言える。(69)

第六節　個物の抽象的認識

しかしオッカムの抽象的認識については幾つかの不明確な点を指摘できるだろう。先ず、あらゆる時制における実在と非実在を捨象した個物の抽象的認識は本当に存在するだろうか。『命題集第一巻』への註解の〈Prologus〉においてオッカムは、抽象的認識が実在と非実在を捨象した認識であることを無条件に肯定しているように思われる。しかし他方、〈Quodlibeta〉

でオッカムは、抽象が現在に*における*実在（existentia actualis）の抽象であることを指摘している[70]。そして既に述べたように、或るものがかつて実在したことを知性がそれによって明証的に知ることができるが、そのものが現在実在していることをそれによっては判断できないような認識を性格づけるために、オッカムが「抽象的」で「不完全に直観的」という用語を用いている事実によって、オッカムの言う抽象が現在における実在の抽象であることがわかるだろう。この問題をオッカムは『命題集第二巻』への註解の或る一節で論じている[71]。ここでオッカムは、知性が「絶対的に抽象的」な認識とオッカムが呼ぶ――というのもこの認識は現在形でのいかなる判断ももたらさないからである――と同時に「不完全に直観的」な認識とも呼ぶ――というのもこの認識はそれにもかかわらず過去の実在に関する判断を可能にするからである――認識を媒介にして、過去形の実在に関する命題に同意することができることを再確認した後で、あらゆる時制における実在（ないし非実在）に対して絶対的に中立的な認識――すなわち、知性が把持された対象の現在における実在も過去における実在もそれによっては判断することのできない認識――が存在することを主張している。そしてオッカムによれば、この純粋に抽象的な認識は異なる三つの事例において存在する。先ず第一に神は、或る知性に対し、この知性が一度も直観したことのない個物の抽象的認識を与えることがあるだろう。この場合、この個物に対してはいかなる実在的判断も下されえない。第二に知性は、それによって当の知性が個物を（知性がこの個物をかつて見たことがあるか否かに関係なく）一つの概念において――当の個物とそれ以外の多くの個物に共通な一つの概念において――把持するような抽象的認識をもつことができる。この場合も知性は個物が存在することを判断できず、存在したことも判断できないし、存在しないことも存在しなかったことも判断できない。例えば、人間一般（人間という種概念）を把持する作用によって知性は、過去、現在、未来の、そして単に可能なあらゆる個人を無差別に等しく意味するが、いかなる個人をも認識することはなく、従っていかなる個人も実在的判断の対象になりえない。そして第三に、直観的認識に随伴して生ずる抽象的認識、すなわち最初の第一の抽象的認識も純粋に抽象的な認識であり、知性に対し或るものが存在すると判断することも、存在したと判断することも許さず、或るものが存在しないと判断することも、存在しなかったと判断することも許さないような認識である[72]。

それによっては知性がいかなる実在判断もできないような純粋に抽象的な認識のこれら三つの事例のうち、上記の問い――すなわち個物についてこの種の認識がありうるかという問い――に答えているのはどれだろうか。先ず第二の事例は個物ではなく一般的なものの普遍的なものの認識であるから、問いに対する答えにはならない。そして直観的認識と同時に生ずる第一の抽象的認識に関する第三の事例も同様である。というのも第一の抽象的認識は〈habitus〉が――すなわち不完全な直観的認識である第二の抽象的認識の生成へと知性を向かわせる〈habitus〉が――どこから生ずるかを説明するための単なる仮説上の抽象的認識であり、ものの実際の認識に対していかなる役割も演じてはいないからである。オッカムはアリストテレスの次のような原則、すなわち〈habitus〉は当の〈habitus〉が生み出そうとする認識作用と類似した認識作用によって生み出されるという原則に忠実に、このように仮説を提示したにすぎない(73)。しかもオッカムは、この種の抽象的認識の仮説は経験に反すると考え(74)、第二の抽象的認識（不完全な直観的認識）を生み出そうとする〈habitus〉はむしろ完全な直観的認識によって直接的に引き起こされるという一層単純なモデルの方を採用すべきであるとさえ指摘している(75)。

従って上記の問いに対する答えとして残されているのは第一の事例である。オッカムは、直観的認識を論じたときと同様に「神の絶対力」の観念を用いて抽象的認識の本質的性格を説明する。個物の抽象的認識を必然的かつ絶対的な意味において理解したとき、それは次のように定義される。すなわち、或る個物が存在する（存在しない）ことも、存在した（存在しなかった）ことも知性がそれによっては明証的に知ることのできない認識、これが抽象的認識である。しかし、より正確に言えば、神がひとたび打ち立てた法則に自ら従い、〈potentia ordinata〉のみを行使する世界――ものごとが自然のなりゆきどおりに生起する世界――においては、個物を個物として把持する抽象的認識は、過去の実在者に関する命題が真であることを知性が明証的に判断することを可能にする、ということになるだろう。というのも神の〈potentia ordinata〉を前提とすれば、あらゆる抽象的認識は因果的に直観的認識を前提しており(76)、後者は常に時間の知覚を含意するからである(77)。従って、オッカムはこの点に関して明言していないが、上記の問いに対し、自然的には（神の介入がなければ）あらゆる時制において実在を捨象した個物の抽象的認識（個物を一般概念においてではなく個物として把持する認識）は存在しないと答えるだろう。自然的に生ずる抽象的認識は現在形における実在を捨象しても、常に過去形の実在判断の明証性を引き起こせることから、過去形の実在を捨象することはないからである。要するに、個物を個物として把持する抽象的認識は、それが神の介入なくして自然的に生ずるかぎり、常に不完全な直観的認識である(78)。

さて、オッカムの抽象的認識に関して問題となる第二の論点は、抽象と個体性の関係に関わるものである。果たして抽象的認識は個物たるかぎりでの個物に固有の認識でありうるだろうか。別言すれば、あらゆる抽象的認識は普遍的認識ではないだろうか。オッカムが『命題集第一巻』への註解の〈Prologus〉において、抽象化された普遍的なものを対象とするという意味での抽象的認識と、実在と非実在を捨象した抽象的認識の区別を初めて提示したとき、オッカムは後者の認識について、この認識が、ものに偶然的に内属するか述語づけられる他の諸条件を捨象する認識でもあることを付言している[79]。しかし、もし知性が或るものを、そのものが実在するか否かを捨象するだけではなく、「偶然的にそのものに内属する他の諸条件」をも捨象するならば、この抽象化の操作から結果する認識は、一定程度の一般性を帯びた概念であるように思われる。それどころか、この抽象化の操作が当のものからあらゆる外的特徴を取り去れば、知性が手にするのは当のものの種的本質概念、すなわち当初に把持されたものの本質を示し、このものと種的に類似した他のすべてのものに等しくあてはまる一般的な概念ということになるだろう。この解釈が正しければ、実在と非実在の捨象は或る個物を個物として認識させるのではなく、数多くの個物に共通した認識になるだろう。

　ところがオッカムは、幾つかの箇所で抽象的認識が個物としての個物を対象にしうることを明白に認めている[80]。そして他方、単純な（simplex）抽象的認識はそれ自体で一般的ないし普遍的認識であるとオッカムが主張していることも確かである[81]。オッカムはこの主張を因果性に基礎づけている。すなわち、直観的認識は或る個物に固有の（propria）——当の個物のみを対象とする——単純な認識であり、その理由はこの認識がまさにこの個物によって直接的に因果的に引き起こされた（あるいは引き起こされる傾向がある）からであり、他の個物（それがこの個物にどれほど類似していようと）によって引き起こされたわけではないからである。これと反対に、或る個物の単純な抽象的認識は複数の個物に共通な認識であり、当の個物と種的に類似した他の個物以上に当の個物に類似した認識というわけではなく、種的に類似した複数の個物を等しい仕方で表象する。その理由は、単純な抽象的認識は対象であるものによって直接因果的に引き起こされる（引き起こされる傾向がある）のではなく、直接的には直観的認識あるいは〈habitus〉によって引き起こされるからである。直観的認識が個物たるかぎりでの或る個物のみに固有の認識であることは、直観的認識がその対象によって直接引き起こされる認識上の結果であることにより説明される。以上のことからオッカムは、単純であると同時に或る一つの個物に固有であるような——この個物のみにあてはまるような——抽象的認識が存在しうることを否定していることがわかるだろう。それ故、オッカムが個物たるかぎりでの或る個物のみを対象とする抽象的認識について語るとき、オッカムの念頭にあるのは、単純な抽象的認識ではなく合成された（composita）抽象的認識だと理解しなければならない。このオッカム理解は〈Quodlibeta〉第一設問十三にみられる一節とも符合している。[82] しかし合成された認識とは何だろうか。合成された認識は言うまでもなく複合的な（complexa）認識とは異なる。既に述べたように、複合的な認識が真理値をもつ命題を対象とする認識を意味するのに対し、合成された認識は複数の単純概念を結合させる、命題以前的な認識作用を意味する。そして単純概念は普遍的な抽象的認識であることから、結局のところ、合成された概念は（或る個物に固有の）個的な抽象的認識ということになり、要するに個的な抽象的認識は複数の普遍概念の交差から生じる個体認識ということになるだろう。数多くの普遍概念を結合させることによって知性は、個物たるかぎりでの或る個物に固有の――この個物のみにあてはまる――抽象的認識を、あるいは当の個物の個的概念を手に入れる。オッカムによれば、合成された認識は記憶の原理であり、人は合成された認識によってかつて見た或る個物を想い出したり、或る個物を見たことを想い出す。

しかしこの合成された認識は既述の不完全な直観的認識――それによって知性が、或るものが存在したこと、あるいは存在しなかったことを明証的に知る認識――とどのような関係にあるのだろうか。オッカムは不完全な直観的認識は合成された認識であるとは述べていないし、不完全な直観的認識が過去の実在に関する命題――「このものは存在した（存在しなかった）」――以外の偶然的真理の判断を可能にするとも述べてはいない。完全な、あるいは不完全な直観的認識作用は（例えば一つの実体と、この実体の諸性質のように）同時に複数のものを把持する作用であるから、或る個物のみに固有な認識を説明するためには直観的認識の観念だけで十分だと思われる。オッカムが、直観的に把持された個物に固有の（先ず最初に生ずる）第一の抽象的認識として「合成された認識」を想定した理由は、おそらく第二の抽象的認識（すなわち不完全な直観的認識）を生み出す〈habitus〉の適切な原因を特定化する必要があったからだろう。

第七節　habitus の原因

オッカムの抽象的認識に関する第三の不明確な論点は「第一の抽象的認識」の原因は何か、そして不完全な直観的認識を生み出す傾向のある〈habitus〉の原因は何かということである。前者の論点に関してオッカムは、第一の抽象的認識はものと直観的認識と知性という三つの直接的な部分的原因によって因果的に引き起こされると述べる一方で、[83] 第一の抽象的認識はものによって直接的に引き起こされる（引き起こされる傾向がある）のではなく、直観的認識と知性だけで第一の抽象的認識を生起させるのに十分である、と前と矛盾したことを述べている。[84]

しかしオッカム自身、この矛盾を自覚していた[85]。もしここでオッカムが言及しているのが、〈habitus〉の生成を――不完全な直観的認識を生み出す〈habitus〉の生成を――説明するために想定された第一の抽象的認識であるならば、オッカムの見解が整合的と言えるためには、前者のテーゼ――第一の抽象的認識は直観的認識と知性と共にものによって直接的に引き起こされるというテーゼ――を採用すべきである。というのも、生み出された認識が或る個物に固有の――或る個物のみを対象とした――認識である唯一の理由は、その認識が当の個物によって因果的に引き起こされることだからである。〈habitus〉が生み出す不完全な直観的認識は――個物を個物として認識する――個物に固有の認識であるから、この認識を現実化させうる〈habitus〉も同じように個物に固有の認識に由来すると考えるべきであり、そして〈habitus〉がそこから由来するこの認識が抽象的認識であるならば、既に述べた理由により、これは単純な認識ではなく合成された認識でなければならない。反対に、もしそこで問題にされている抽象的認識が単純な抽象的認識――すなわち「人間」概念のような種概念――だとするならば、整合的であると言えるためにはオッカムは後者のテーゼ――すなわち、対象たる個物はこの認識の直接的原因ではない――を採用しなければならない。というのも、この認識は一般的な認識であって、個物を個物として捉える個物に固有な認識ではないからである。この場合、対象たるものは直観的認識を生み出し、抽象的認識は直観的認識に依存するのであるから、対象たるものは種概念として理解された「第一の抽象的認識」の間接的原因である、と言うのが正しいだろう。

さて、不完全な直観的認識を生み出す〈habitus〉の原因に関する第二の論点について言えば、既に指摘したようにオッカムは〈habitus〉の形成に対し二つの異なる説明を与えている。〈habitus〉は、当の〈habitus〉が現実化する傾向のある作用と同じ種類の（eiusdem rationis ないし speciei）作用によって引き起こされるというアリストテレスの原則を認めたうえで、オッカムが直面する問題は次のようなものになるだろう。一方で、完全な直観的認識は現在形の明証的な実在判断を可能にする類いの認識であるのに対し、不完全な直観的認識はそのような判断を可能にしない類いの認識であるから、不完全な直観的判断が、完全な直観的認識によって生み出された〈habitus〉に依存することはありえないだろう。しかし他方で、不完全な直観的判断が、（完全な直観的判断に付随して生ずる第一の抽象的認識のような）純粋に抽象的な認識によって生み出された〈habitus〉に依存することもありえない。なぜならば、不完全な直観的認識は過去形の明証的な実在判断を可能にするのに対し、純粋に抽象的な認識は過去形であれ現在形であれいかなる実在判断も可能にしないからである。要するに不完全な直観的認識は、完全な直観的認識と純粋に抽象的な認識との中間に位置することから、これら二つの認識の各々と部分的には類似しているが、完全に類似しているとは言えない。そして不完全な直観的認識は完全な直観的認識とは種類を異にし、また純粋に抽象的な認識とも種類を異にすることから、〈habitus〉を媒介としてどちらの認識からも生ずることはないだろう。オッカムは不完全な直観的認識を生み出す〈habitus〉がどちらの認識から生ずるかを検討しているが、この問題に関して明確な答を提示していない。しかしこの点に関しては、不完全な直観的認識を生み出す〈habitus〉は完全な直観的認識によって直接的に生み出される、という見解が正しいように思われる(86)。というのも、上記の二つの可能性のどちらも、〈habitus〉生成に関するアリストテレスの条件を十分に充たすことはないが、「直観的認識に付随して生ずる抽象的認識」というようなものを否定する方が「オッカムの剃刀」の原則に親和しており、経験にも合致しているからである。しかしオッカムは自分が明言していることに違背することなくしては、この解決を採用することができない。というのもオッカムは、直観的認識がいかなる〈habitus〉をも生み出さないことを明言しているからである(87)。しかしオッカムが述べていることからは、オッカムが何を〈habitus〉の原因と考えているかは結局のところ不明確である。

オッカムにおける抽象的認識の観念に関して明らかに言えることは、この認識が（個物を個物として把持する）個物の認識ではなく、普遍の認識だということである。確かに、「完全な直観的認識に付随して生じる第一の抽象的認識」という仮説を放棄すれば、そして（個物を個物として把持する）個物の抽象的認識が不完全な直観的認識であるならば、そして単純な抽象的認識がそれ自体では一般的認識であるならば、そして最後に、直観的な認識のみを措定することによって過去形の実在判断の生成を説明できるのであれば、オッカムの言う抽象的認識の特徴は、それが普遍の認識だということになる。

オッカムによれば、あらゆる非複合的認識（notitia incomplexa）は、精神の外に存在する個物が認識能力へと作用を及ぼすことにより直接ないし間接的に引き起こされる結果である。非複合的な認識の形成過程において動力因として作用するのは客観的に存在するものであり、認識主体の認識能力はいかなる能動的な役割も演じない。そして非複合的認識は、認識主体の側からのいかなる意図的介入も必要としないプロセスを通じて生成する(88)。またあらゆる非複合的認識は対象の〈similitudo〉ないし表象であり、それが直観的認識であるときは唯一の個物を表象し、それが単純な（simplex）抽象的認識であるときは客観的に類似している複数のものを表象する。そして、非複合的認識作用が実在する対象を表象するのは、当の認識作用が実在する対象によって自然的に引き起こされるからであり、あるいは、非複合的認識作用によって表象されるものが、実在する対象の自然的因果性によって——すなわち、精神の外に客観的に実在する対象が当の認識作用に及ぼす自然的因果性によって——客観的に確定されているからである。オッカムが認識のメカニズムの中へと介入してくる（感覚的ないし可知的な）形質（species）の存在を否定したことは、オッカムが認識というものを対象と類似した表象によって観念することの妨げにはならなかった。オッカムの認識モデルは、（直観的ないし抽象的な）非複合的認識作用、認識主体、そして実在する対象という三つの要素からなっている。認識作用は認識主体に内属する性質（qualitas）であり、認識主体とは数において区別される「絶対的なもの」（res absoluta）である。そして認識作用は実在する対象の〈similitudo〉——実在する対象に類似の表象——であり、実在する対象から数において区別される。かくして非複合的認識作用は、認識能力と客観的なものを表象という様態によって結びつける仲介的な存在者と言えるだろう。

それ故次のように結論することができる。オッカムによれば認識のプロセスは原因と結果の関係で結合した次のような段階からなっている。先ず（一）人間精神の外にあり感覚によって捉えられるものがあり、これが（二）感覚による直観的認識を引き起こし、更にこの感覚による直観的認識が（三）知性による直観的認識を引き起こす。そして知性による直観的認識は（四）〈habitus〉および単純な抽象的認識（種概念）を引き起こし、更に〈habitus〉と単純な抽象的認識はそれぞれ（五）不完全な直観的認識と〈habitus〉を引き起こし、単純な抽象的認識によって引き起こされた後者の〈habitus〉は（六）種概念の再活性化を引き起こす。

註

（1）〈Quodlibeta septem〉（*Opera Theologica* IX, J. C. Wey ed., St. Bonaventure, N. Y., 1980. 英訳は Quodlibetal Questions, vol. 1, transl. A. J. Freddoso, F. E. Kelley, vol. 2, transl. A. J. Freddoso, New Haven & London, 1991）で議論されている認識論上の諸問題は、『命題集第一巻註解』（Ordinatio, prologus, quaestio 1）で提示されたオッカムの諸見解に対する同時代の哲学者たちの反論に応えたものと考えることができる。例えば知性の第一の認識対象は個物であるという見解、直観的認識と抽象的認識の区別、人間知性は精神の外に存在する感覚的事物と知性の作用自体を直接的に認識できるという見解、実在しないものの直観的認識の可能性に関する見解などである。Quodlibeta, i, quaestiones 13-15, pp. 72-86（A. J. Freddoso, F. E. Kelley, pp. 63-73）; v, quaestiones 5-6, pp. 495-500（A. J. Freddoso, pp. 413-420）; vi, quaestio 6, pp. 604-607（A. J. Freddoso, pp. 506-508）参照。

（2）Scriptum in librum primum Sententiarum（Ordinatio）prologus, quaestio 1（*Opera Theologica* I, G. Gál / S. Brown ed., St. Bonaventure, N. Y., 1967）pp. 3-75. Quaestiones in librum secundum Sententiarum（Reportatio II）, quaestiones 12-14（*Opera Theologica* V, G. Gál / R. Wood ed., St. Bonaventure, N. Y., 1981）pp. 251-337. 認識論を論じた

これ以外のテキストとしては，Ordinatio, d. 3, q.6（*Opera Theologica* II, S. Brown / G. Gál ed., St. Bonaventure, N. Y., 1970）pp. 483-521（個物の直観的認識は，認識発生の最初の段階という意味で知性の第一次的な認識か）Quaestiones in librum quartum Sententiarum（Reportatio IV）, quaestio 14（*Opera Theologica* VII, R. Wood / G. Gál/R. Green ed., St. Bonaventure, N. Y., 1984）p. 278-317（肉体から分離した魂は，それが肉体と結合していたときに認識した事実について潜在的な記憶と現実的記憶の双方を有しているか） Quaestiones variae, quaestio 5（*Opera Theologica* VIII, G. I. Etzkorn/F. E. Kelley/J. C. Wey ed., St. Bonaventure, N. Y., 1984）pp. 155-191（天使あるいは人間の知性は，知性の作用を引き起こすことに関して能動的か）Quaestiones in libros physicorum Aristotelis. quaestiones 1-7（*Opera Philosophica* VI, S. Brown ed., St. Bonaventure, N. Y., 1984）pp. 397-412（概念の問題に関して）。

（3）　オッカムにおける直観的認識と抽象的認識については，E. Hochstetter, *Studien zur Metaphysik und Erkenntnislehre Wilhelms von Ockham*,（Berlin/Leibzig, 1927）SS. 27-138; S. J. Day, *Intuitive Cognition. A Key to the Significance of the Later Scholastics*（St. Bonaventure, N. Y., 1947）pp. 140-203; G. Leff, *William of Ockham. The Metamorphosis of Scholastic Discourse*（Manchester, 1975）pp. 2-77; A. Goddu, *The Physics of William of Ockham*（Leiden, 1984）pp. 23-51; M. M. Adams, *William Ockham*（Notre Dame, Indiana, 1987）, vol. I, pp. 495-550, pp. 588-601; K. H. Tachau, *Vision and Certitude in the Age of Ockham. Optics, Epistemology, and the Foundations of Semantics*, 1250-1345（Leiden, 1988）pp. 113-153; P. Alféri, *Guillaume d'Ockham, Le singulier*（Paris, 1989）pp. 152-262; P. Schultess, *Sein, Signifikation und Erkenntnis bei Wilhelm von Ockham*（Berlin, 1992）SS. 171-273; C. Michon, *Nominalisme, La théorie de la signification d' Occam*（Paris, 1994）pp. 53-142; M. Damiata, *I Problemi di G. d'Ockham I, La Conoscenza*（Firenze, 1996）pp. 11-34, pp. 48-71; R. Pasnau, *Theories of Cognition in the Later Middle Ages*（Cambridge, 1997）passim; C. Panaccio, *Ockham on Concepts*（Aldershot, 2004）pp. 5-43. 主要論文としては，P. Boehner, 'The notitia intuitiva of non-existents according to William of Ockham'（*Traditio*, vol. 1, 1943, pp. 223-275, id., *Collected Articles on Ockham*, St. Bonaventure, N. Y., 1958, pp. 268-300）; T. K. Scott, 'Ockham on evidence, necessity, and intuition'（*Journal of the History of Philosophy*, vol. 7, 1969, pp. 27-49）; M. M. Adams, 'Intuitive cognition, certainty, and scepticism in William Ockham'（*Traditio*, vol. 26, 1970, pp. 389-398）; J. F. Boler, 'Ockham on intuitive cognition'（*Journal of the History of Philosophy*, vol. 11, 1973, pp. 95-106）; P. Streveler, 'Ockham and his critics on intuitive cognition'（*Franciscan Studies*, vol. 35, 1975, pp. 223-236）; J. F. Boler, 'Ockham on evident cognition'（*Franciscan Studies*, vol. 36, 1976, pp. 85-98）; A. Ghisalberti, 'L' intuizione in Ockham'（*Rivista di filosofia neo-scolastica*, vol. 70, 1978, pp. 207-226）; J. F. Boler, 'Intuitive and abstractive cognition'（N. Kretzmann, A. Kenny, J. Pinborg, ed., *The Cambridge History of Later Medieval Philosophy*, Cambridge, 1982, pp. 460-478）; E. Stump, 'The mechanisms of cognition: Ockham on mediating species'（P. V. Spade, ed., *The Cambridge Companion to Ockham*, Cambridge, 1999, pp. 168-203）, E. Karger, 'Ockham's misunderstood theory of intuitive and abstractive cognition'（id., pp. 204-226）.

（4）　身体は感覚器官を有し，これらの器官の或るものは外的で（Quaestiones in librum tertium Sententiarum（Reportatio III）, quaestio 3,

Opera Theologica VI, F. E. Kelley／G. I. Etzkorn ed. St. Bonaventure, N. Y., 1982, p. 105）身体の表面に位置し、或るものは内的で（id., p. 114）身体の内部に位置づけられる。感覚的魂は、その部分が特定の感覚器官の中に延長をもった仕方で存在するかぎりにおいて「感覚」（sensus）と呼ばれる。従って、感覚的魂の一部が、外的感覚器官の各々の中に延長をもった仕方で存在しているかぎりにおいて、それは五つの外的感覚（sensus exterior）に区別される（id., q. 4, pp. 136-137）。そして感覚的魂が内的感覚器官の中に延長をもった仕方で存在しているかぎりにおいて、それは内感（sensus interior）ないし想像（imaginatio）と言われる。外的ないし内的感覚による対象の認識ないし把持のすべての作用は、感覚的魂のそれぞれの部分による認識ないし把持作用である。

　外的及び内的感覚による把持作用は、質料的なものがそれによって把持されるところの作用である。外的感覚の作用は、それによってものが知覚される（見られ、聴かれ、感じられ、匂いを嗅がれ、味わわれる）作用であるのに対し、内的感覚の作用はそれによってものが想像される作用である。外的感覚の作用は、それが自然的に因果的に引き起こされるならば、それは把持されたものによって——把持されたものが外的感覚に作用することを通して感覚的魂に作用することによって——因果的に引き起こされねばならない（id., q. 3, p. 111）。これに対して内的感覚の作用は把持された対象によって因果的に引き起こされるものではない。というのも対象は、それが不在のときに想像されうるからである。オッカムによれば、内的感覚の作用が自然的に因果的に引き起こされるならば、それは後述の〈habitus〉によって因果的に引き起こされ、〈habitus〉自体は、その対象が最初に外的感覚によって把持されたときに、感覚的魂の中に因果的に引き起こされたものである（id., p. 115, p. 117）。

（5）感覚的魂と理性的魂については *Quodlibeta*, ii, q. 10, pp. 157-162（Freddoso, Kelley, pp. 132-136）.

（6）*Reportatio* II, q. 20, p. 435.

（7）*Quodlibeta*, i, q. 18, pp. 94-97（Freddoso, Kelley, pp. 80-83）.

（8）*Reportatio* IV, q. 14, p. 297. 認識作用の〈habitus〉の詳細は、O. Fuchs, *The Psychology of Habit according to William Ockham*（St. Bonaventure, N.Y., 1952）pp. 18-48.

（9）オッカムによれば、感覚的魂は個物の把持以外にはいかなる認識作用も行うことができず、それ故、判断作用を行うことができない。知性のみが判断することができる。それ故、ものを把持するいかなる感覚的作用も、感覚的魂の中に当のものについての判断作用を因果的に引き起こすことはできない。しかし、感覚的魂が人間の魂であり、それ故理性的魂と結合していれば、ものを把持する感覚的作用は、人間の理性的魂の中に当のものに関する判断作用を因果的に引き起こすことができる。もっとも、感覚的な把持作用はただ間接的にのみこのことができるにすぎない。というのも判断は、対象を語として含むメンタルな命題への同意作用でなければならず、それ故、判断する前に理性的魂が最初に当の命題を形成する必要があり、このような理性的魂による命題の形成は、命題を構成する語を理性的魂が把持するときにのみ可能だからである。ここから帰結するのは、感覚的な把持作用が理性的魂ないし知性の中にその対象に関する判断作用を因果的に引き起こすには、これに先立って当の感覚的把持作用が先ず最初に、同じ対象の知的な把持を理性的魂の中に因果的に引き起こさなければならない、ということである。感覚的把持作用は、同じ対象の知的把持を理性的魂の中に引き起こすことによってのみ、その対象に関する判断作用を理性的魂の中に因果的に引き起こす、ということである。しかし、ひとたび知的な把持作用が知性の中に現在するようになれば、感覚的把持作用ではなく、知的把持作用が判断作用を引き起こすことになる。それ故次のように言えるだろう。先ず感覚的把持が知性の中に同じ対象の知的把持を因果的に引き起こし、次に知的な把持作用が当の対象に関する判断作用を因果的に引き起こす、ということである。それ故、感覚的把持作用は、その対象に関する判断作用を結果として引き起こすことができるが、それは常に当の結果から少し距離を置いた間接的な原因としてであり、直接的ないし近接的原因としてではない（*Ordinatio*, prol., q. 1, p. 22）。

　オッカムは現世における人間の知性は質料的なものをただ外的感覚を通じてのみ把持しうることを認めている（*Reportatio* II, q. 12-13, p. 285）。人間が二つの魂をもつことを前提にすれば、このような把持は人間が同一のものに関して二つの直観的把持——一つは質料的なものによって因果的に惹き起こされる感覚的魂による把持、もう一つは、質料的なものと、このものの感覚的把持の両者によって因果的に引き起こされる理性的魂による把持——をもつときにのみ生じる（*Reportatio* III, q. 2, pp. 64-65）。しかし、これら二つの認識作用のあいだには内省上の相違は存在しない。というのも人間は同一のものを二回把持することを自覚していないからである。

（10）　オッカムにおける〈terminus〉という言葉の意味については、O. Leffler, *Wilhelm von Ockham: Die sprachphilosophischen Grundlagen seines Denkens* (Werl/Westfalen, 1995) SS. 33-40.

（11）　*Reportatio* II, q. 12-13, pp. 279-281.

（12）　*Ordinatio*, prol., q. 1, p. 15.

（13）　*Reportatio* II, q. 12-13, p. 257.

（14）　しかしオッカムは感覚の対象とはならない可知的なもの（intelligibilia）についても直観的認識と抽象的認識を認めている。「更に次のことも明らかである。すなわち現世における我々の知性は感覚的なもの（sensibilia）を認識するだけでなく、（質料から）分離した実体が感覚の対象とならないのと同様に、いかなる仕方でも感覚の対象にはならない何らかの可知的なものをも、個的対象として直観的に認識する。この種の可知的なものとしては知性の作用、意志の作用、これらに伴って生ずる喜びや悲しみその他この類いのものがあり、人間はこれらのものが自分の中に内在していることを経験できるが、これらは感覚的なものでも、何らかの感覚の対象となるものでもない。事実、この種のものが個的対象として我々により直観的に認識されることは、『私は知的に認識する』（という命題）が私にとって明証的に（evidenter）知られるが故に明らかである。それ故、これ（この命題）は原初的（な命題）であり、語ないしはものの単純な認識から直接的に理解されるか、あるいは、先行する何らかの認識によって知られるかのいずれかである。もし前者であれば、これ（当の命題）は偶然的（な命題）であることから、語ないし語により意味されている（importata）ものは直観的に見られていなければならない。なぜならば、もしそれがただ抽象的にのみ認識されるのであれば、抽象的認識はどのような場合でも『ここ』と『今』を捨象しているので、明確な時間的様相に関係した偶然的真理がこの種の認識により知られることはないからである。それ故、（偶然的真理が）明証的に認識されるためには直観的認識が必要である。しかし、「私」を直観的に認識すること（notitia intuitiva mei）だけでは不十分なことは明らかであるから、『知性の作用』を直観的に認識すること（notitia intuitiva intellectionis）が必要とされる。次に、（上記の命題は先行する何らかの認識によって知られる、という）第二（の考え方）は是認することができない。なぜならば、『私は知的に認識する』（という命題）がそこから必然的に帰結するようないかなる偶然的命題も存在しないからである。あるいは少くとも、意志の自由の故に、『私はソクラテスを愛する』

（という命題）がそこから必然的に帰結するようないかなる偶然的命題も存在しない。というのも、もし『私はソクラテスを愛する』が或る命題から帰結するとすれば、それはまさしく、『私は善の様相のもとに（sub ratione boni）ソクラテスを知的に認識する』あるいは『私はソクラテスが私により愛されるべきことを知っている』（といった命題）から帰結するだろう。しかし、意志は知性によって命じられたこととは反対のことを自由に欲することができるのであるから、『私はソクラテスを愛する』（という命題）がこの種のいかなる命題からも必然的に帰結することはない。かくして『私はソクラテスを愛する』（という命題）は偶然的なものの中で端的に原初的（な命題）であり、従って、これに先行する他の（命題）によって明証的に認識されることはありえない。

更に、既に言及されたように、経験によって得られる認識は直観的認識なくしては存在しえない。ところで、これら（可知的なもの）についての認識は経験によって得られる。というのも我々は我々自身の中にあるこのような（可知的な）ものを、感覚的なすべてのものと同じように経験するからであり、誰も自分が暑いことや（何かを）見ていることを疑わないように、自分が愛しているか否かを疑うことはないからである。それ故、等々。……

従って、人は有体的なものについて（de rebus corporalibus）二つの認識を、すなわちそれによって或る偶然的真理が知られうる認識と、それによっては同じ偶然的真理が知られえない認識の二つの認識を有しうるが、精神的なものについて（de rebus spiritualibus）も同じことが言える。かくしてこれら二つの認識の両者は知的な認識ということになるだろう。

更に、すべての偶然的真理の中で、知性によってより確実かつ明証的に認識される真理（真なる命題）は、まさしく個的対象として直観的に認識される語ないし（語によって）意味されるものを有している。なぜならば、偶然的真理の認識は個的な直観的認識を必然的に前提としているからである。ところで、すべての偶然的真理の中で、これら純粋に可知的なものに関する偶然的真理は、我々によってより確実かつ明証的に認識される。このことは経験によって明らかであり、また福者アウグスティヌスが『三位一体論』第十五巻第十二章で述べていることからも明らかである。ここでアウグスティヌスは、感覚的なものを疑うことは可能でも、『私は自分が生きていることを知っている』『私は自分が幸福であることを欲していることを知っている』『私は自分が誤りを犯すことを欲していないことを知っている』といったことが疑いえないことを詳しく論じている。そしてその後でアウグスティヌスは次のように述べている。『認識されるものには二つの種類がある。一つは魂が肉体の感覚を通して知覚するものであり、もう一つは魂がそれ自体によって知覚するものである。これら多くの哲学者たち――すなわちアカデメイアの哲学者たち――は肉体の感覚があてにならないことを論議したが、私が上で述べた『私は自分が生きていることを知っている』のように、真なるものに関して魂がそれ自体によって有する極めて確固とした知覚を決して疑問視することはできなかった。』

この権威により、知性はそれに先立って感覚により知覚されたものを知的に認識する場合と、感覚により先立って知覚されていない他のものを知的に認識する場合があることは明らかである。また同様に明らかなことは、これら可知的なものについての偶然的真理が最高の明証性において認識されること、従って――人が自分自身の信念についてもつように――この種の認識をもつ人はそれを疑うことができないことである。それ故、すべての偶然的真理の中で、純粋に可知的なものについての偶然的真理がより明証的であり、従ってこれらの真理は、それを通してそれらの真理が認識されるような他の認識を前提にしていない。更にこのことから、純粋に可知的なものの直観的認識がこの種の真理の明証的認識のために必要であることが帰結する。」（*Ordinatio*, prol. q. 1, pp. 39-41, pp. 43-44）オッカムにおける〈intelligibilia〉の内省的認識については、S. J. Day, op. cit., p. 153, p. 166, G. Leff, op. cit., pp. 25-28, M. M. Adams, *William Ockham*, op. cit., pp. 509-515, P. Alféri, op. cit., pp. 166-167.

しかし、オッカムが主張するように、或る感覚的対象を知性が直観的に認識するためには、感覚と知性、そして現前する対象のみで十分だとすれば、同じように、我々が自分自身のメンタルな作用（感覚的対象の直観的認識）を知性によって直観的に認識するときも、知性と、知性によって認識されるメンタルな作用（直観的認識）の現在のみで十分だろう。そして直観的認識の直観的認識を直観的に認識するときも、知性と、その対象である直観的認識の直観的認識のみで十分である。かくして知性による感覚的対象の直観的認識は、同時に知性による直観的認識の直観的認識を引き起こし、知性による直観的認識の直観的認識の直観的認識を引き起こし……それ故無限個の直観的認識を引き起こすことになる。

オッカムはウォルター・チャトンによって提起されたこの問題について、現実には無限個の直観的認識が生じていないことを指摘する。オッカムによれば知性と、知性による第一の直観的認識は、この直観的認識の直観的認識（第二の直観的認識）を生み出すのに十分であるが、知性と第二の直観的認識が、この第二の直観的認識の直観的認識（第三の直観的認識）を生み出すのに十分でないことは経験上明らかである。しかしオッカムは、第三の直観的認識を生み出すためには、知性と第二の直観的認識に加えてどのような原因が必要であるか明言していない。（*Ordinatio*, prol. q. 1, p. 66）これに対してオッカムは *Quaestiones variae*, q. 5 (pp. 177-178) では、感覚的対象の（第一の）直観的認識だけでは、この直観的認識の（第二の）直観的認識を生み出すのに十分ではなく、このためには、（第一の）直観的認識に加えて、この直観的認識に注意を向ける意志の作用が必要であること――意志には、意志自身の作用や知性の作用を反省する力があるからである――を指摘している。この見解に立てば、無限個の直観的認識が生じないことは、意志による反省作用の不存在によって説明されるだろう。……他方でこの問題に関してウォルター・チャトンは次のように主張する。人間の魂が魂の外にあるものを経験するときは、そのものを対象として経験し、従って直観的認識を必要とするのに対し、魂が自己自身の作用を経験する場合は、自己自身の作用を対象として経験するのではなく、従って直観的認識を必要としない。魂が自己自身の作用を経験することは対象的認識ではなく、当の作用が魂により魂の中に受容されることを意味するにすぎない。すなわち、外的対象の直観的認識が魂により内省的に経験されるとき、魂は自己の直観的認識を（対象として）直観的に認識しているのではなく――もしそうだとすると無限個の直観的認識が生ずる――自己の中に受容しているにすぎない。このように考えることができれば、無限個の直観的認識の想定は回避できるだろう。以上の点についてはM. M. Adams, op. cit., pp. 511-514.

(15)　質料的対象の認識の第一段階は、対象が感覚に動力因として作用し、感覚の中に当の対象の直観的認識を引き起こすことである（*Reportatio* II, q. 12-13, p. 276）。次に感覚の中の直観的認識が知性の中に直観的認識を引き起こす（*Reportatio* III, q. 2, p. 65）。それ故、感覚の直観的認識と知性の直観的認識の対象は同一である――すなわち、動力因として感覚に作用を及ぼした個物である――。従って例えばトマス・アクィナスとは異なり、オッカムは知性が最初に認識するのは普遍的なものであるとは考えていない。

(16) *Ordinatio*, prol. q. 1, p. 61.〈habitus〉は直観的認識の対象とはなりえない。現世における人間は精神に内在する必ずしもすべての〈intelligibilia〉を直観的に認識できるわけではなく、愛する精神作用や信じる精神作用を直観的に認識できても、〈habitus〉としての愛や信念は直観的に認識されえない。*Ordinatio*, prol. q. 1, p. 69. S. J. Day, op. cit., p. 171.

(17) 明証的認識については、T. K. Scott, 'Ockham on evidence', op. cit.; J. F. Boler, 'Ockham on evident cognition', op. cit.; A. Goddu, *The Physics*, op. cit., pp. 29-30; E. Perini-Santos, *La théorie ockhamienne de la connaissance évidente*（Paris, 2006）pp. 57-127.

(18) *Ordinatio*, prol. q. 1, p. 5.

(19) Id., q. 7, p. 192.

(20) Id., q. 1, p. 6.

(21) *Quaestiones variae*, q. 5, op. cit., pp. 187-188.

(22) *Quodlibeta*, iv, q. 6, pp. 324-327（Freddoso, Kelley, pp. 267-271）.

(23) *Quaestiones variae*, q. 5, op. cit., p. 188.

(24) いま、客観的世界に実在する一羽のスワンを過去において見た人が、その後当のスワンのことを想いながら、そのスワンを指示する主語と概念「鳥」を述語としてそのスワンについて、それは鳥でありうるというメンタルな命題を形成するとしよう。この命題は、その意味内容において、「もしそれが実在するならば、それは鳥である」という命題と等値であり、この命題は必然的に真なる命題である。オッカムによれば、人はこの命題を形成するや否や、この命題を構成する語——すなわちスワンと「鳥」——を単に把持する作用のみによって人はそれに同意するようになる。このためには、それ以外のいかなるメンタルな作用も必要とされない、更に、人はそのスワンを再び目にしていようと——この場合はスワンの把持は直観的である——、単に想起していようと——この場合はスワンの把持は抽象的である——、人（の知性）は当の命題に同意することになる。そしてこのことは、どのような知性にもあてはまることである。

次に、或る人がスワンを主語とするが、「白い羽をもっている」という複合的概念を述語とするメンタルな命題「スワンは白い羽をもっている」を形成するとしよう。そしてこの命題が現在の時点で真だとする。このときその人が今スワンを見ており、スワンを直観的に把持するならば、命題を形成するや否やその人は命題に同意するようになるだろう。この場合、命題を構成する語を単に把持する作用のみで、——特にスワンを直観的に把持する作用のみで——十分であり、これ以上のメンタルな作用は必要ない。そして他のどのような人の知性についても同じことがあてはまるだろう。しかし、その人がスワンを目前に見ることなく、それを抽象的に把持する場合、命題の語を把持する作用——特にスワンを抽象的に把持する作用——だけではその人が当の命題に同意するためには不十分である。そして考慮すべき他のことが不在であれば、その人は命題が現時点で真か偽かについて疑いをもつだろう。Cf. *Ordinatio*, prol. q. 1, p. 6.

(25) 「第二の論点、すなわちどのような認識が明証的であるかという点については、私は次のように主張する。すなわち、明証的認識とは、（命題を構成する）語の単純な認識によって直接的ないし間接的に十分に（因果的に）引き起こされうる、なんらかの真なる命題の認識のことである。それ故、何らかの語——これが当の命題を構成する語であろうと、他の一つの命題や当の命題と異なる諸命題を構成する語であろうと——の単純な認識が、このような認識をもつどのような知性の中にも、間接的ないし直接的に命題の認識を十分に（因果的に）引き起こす、あるいは引き起こしうるとき、この命題は明証的に認識されている。ここから、明証的認識は知識、洞察ないし英知以上の何かであることが帰結する。なぜならば、偶然的命題は明証的に認識されうるが、この認識は知識でも洞察でも、アリストテレス『ニコマコス倫理学』第六巻で提示する様々な「状態」(habitus)の一つでもないからである。

もし次のように言われるならば、すなわち『偶然的真理の明証的認識は語の単純な認識によって十分に(因果的に)引き起こされることはない。というのも、引き起こされるとすると、語が認識されると直ちに偶然的真理も認識されることになるが、アリストテレスの『分析論後書』第一巻によればそのようなものはすべて自明的に認識される(per se notum)原理であるのに対し、いかなる偶然的真理も自明的に認識されないからである、それ故、云々』と言われるならば、次のように答えるべきである。自明的に認識される命題は、当の命題を構成する語の——抽象的であろうが直観的であろうが——どのような認識からも明証的に認識される命題であるが、偶然的命題に関してはこのようなことは不可能である。語のある種の認識は、後で明らかになるように、偶然的真理の明証的認識を因果的に引き起こすに十分であるが——すなわち直観的認識の場合——、語の他の種類の認識は十分でない——すなわち抽象的認識の場合——。それ故、もし誰か或る人がソクラテスと、ソクラテスの中に実在する白さを直観的に見るならば、その人はソクラテスが白いことを明証的に認識することができる。しかしその人がソクラテスと、ソクラテスの中に実在する白さを抽象的な仕方でのみ——誰か或る人がソクラテスと白さが不在のときにそれらを想像できるように——認識するだけであれば、その人はソクラテスが白いことを明証的には認識しておらず、それ故この場合、自明的に認識される命題は存在していないことになる。」(*Ordinatio*, prol. q. 1, p. 5-7.)

(26) 既に指摘したように、この問題に関する、そしてメンタルな言語に関するオッカムの最終的な見解——語や概念は認識作用の志向的対象(ficta)ではなく認識作用それ自体である、という見解——に従えば、語の単純な認識は、(一つないし複数の)個物がそれによって認識される命題以前的な知性の作用として理解され、あるいは同じことであるが、個物によって知性の中に直接的ないし間接的に因果的に引き起こされる命題以前的な認識作用として理解される。知性が把持する語は、言語の論理分析がそれへと分解される窮極的な構成要素であると同時に、知性自体がそれによって直接的に一つないし複数の個物の記号となるような単純な認識作用でもある。概念を知性の作用の——ficta と呼ばれる——対象(esse obiectum)とみなす見解から知性の作用それ自体——actus——と見なす見解へとオッカムの見解が変わっていったことについては、Ph. Boehner, 'The relative date of Ockham's Commentary on the Sentences' (id., *Collected Articles*, op. cit., pp. 96-110, 特に pp. 99-107), M. M. Adams, *William Ockham*, op. cit., pp. 75-107, P. Alféri, *Guillaume d'Ockham*, op. cit., p. 215-262, P. Schultess, *Sein, Signifikation*, op. cit., SS. 257-273, C. Michon, *Nominalisme*, op. cit., pp. 44-50, pp. 147-150, M. Damiata, *I Problemi*, op. cit., pp. 74-79.

(27) 「それ故第一の区別は次のような区別である。知性の作用の中には二つの作用があり、その一つは把持の(apprehensivus)作用であり、これは知的能力の作用の対象となりうるすべてのものに向けられる。このものは複合的なもの(命題)でも単純なもの(語)でもありうる。というのも我々は単純なものだけでなく命題や立証、不可能な推論や必然的な推論をも、そして一般的に知的能力によって思念されるすべてのものを把持するからである。もう一つの作用は判断の(iudicativus)作用と言いうるものであり、これによって知性は対象を把持するだけでなく、それに同意したり同意しなかったりする。そしてこの作用はただ命題に対してのみありうる。というのも我々が知性によって同意するのは、それが真であると我々が考えるものに対する以外にはありえず、我々が同意を拒否するのは、それが偽であると我々が考えるものに対する以外にはありえないからである。かくして命題に対しては二つの作用が、すなわち把持の作用と判断の作用がありうることは明らかである。

このことは次のように立証される。或る人は一つの命題を把持できるが、命題に対し同意することも同意を拒否することもしないことが可能である。例えばこのことは、知性がそれに対し同意することも同意を拒否することもしないような中立的な命題の場合に明らかである。なぜならば、もしそうでないと命題は同意に対して中立的でなくなるからである。同様に、ラテン語を知らない俗人（laicus）はラテン語の多くの命題を聞くことができるが、それに同意することも同意を拒否することもない。そして確かなことは、知性が或る命題には同意し、他の命題には同意を拒否することができる、ということである。

第二の区別は以下のとおりである。命題に対して二種類の作用（actus）があるように、これと対応して命題に対して二種類の「状態」（habitus）が存在する。すなわち、把持作用へと向かう「状態」と、判断作用へと向かう別の「状態」である。

先ず第一の結論は、命題に対する判断作用は、同じ命題に対する把持作用を前提にするということである。……

このことから第二の結論、すなわち判断作用は把持作用を前提とし、命題に対する把持作用は語の単純な認識を前提にしているが故に、すべての判断作用は、同じ認識能力において、（命題を構成する）語の単純な認識を前提とすることが帰結する。……

第三の結論は、（魂の）感覚的部分のいかなる作用も知性の判断作用の――部分的であれ全体的であれ――直接的な原因ではないということである。この結論を説得的な議論によって支持することができる。すなわち、或る一つの判断作用を生み出すためには、直接的で近接的な原理として知性の中に存在しているものだけで十分であるのと同じ理由で、すべての判断作用にとっても同様にそのようなものだけで十分である。ところで、或る一つの判断作用を――すなわち結論を――生み出すためには、知性の中に存在しているものだけで十分である。というのも、もし諸前提を認識する作用が知性の中に存在すれば、他のすべてのものを捨象して結論が直ちに認識されるからである。それ故、すべての判断作用にとって、知性の中に直接的原因として存在しているものだけで（当の判断作用を引き起こすのに）十分なのである。更に、（魂の）知的部分の中に存在する諸原因だけで十分たりうるのであるから、これ以外の原因を措定するいかなる理由も存在しない。」（*Ordinatio*, prol. q. 1, pp. 16-17, pp. 21-22）また id., pp. 57-60, pp. 69-70, *Quaestiones variae*, q. 5, pp. 171-174, *Quodlibeta*, v, q. 6, pp. 500-503（Freddoso, pp. 417-420）.

オッカムは同意（assensus）――偽なる命題に関しては不同意（dissensus）――と判断（iudicium）を同義に用いており、知性が命題に対して与える明証的判断について語るときも、明証的同意（assensus evidens）――ないし明証的に同意する（assentire evidenter）――と明証的認識（cognitio evidens または notitia evidens）――ないし明証的に認識する（cognoscere evidenter または scire evidenter）――を同義に用いている。

(28)　経験に由来する必然的命題の明証的認識も同様に、最終的には単純な直観的認識に基礎を置いている。かくして「この種類のあらゆるハーブは、この種の熱病を治す」という経験的な全称命題に対する同意を生み出すためには二つの原因が必要である。すなわち、一つは、この全称命題に対応する偶然的単称命題――「このハーブはソクラテスの熱病を治す」――の明証的な認識であり、更に、この偶然的命題の明証性は、この命題を構成する語の直観的認識によって因果的に引き起こされる。もう一つは自明的(per se nota)な命題――「同じ性質をもったすべての個物は、同じ仕方で反応する同じ性質をもった受動者の中に同じ性質の結果を因果的に引き起こす」――の明証的認識である。「それ故私は次のように主張する。知性が同意する命題は、(1)自明的で必然的であるか、(2)偶然的であるか、(3)そのどちらでもない。(1)の場合であれば、同意は知性のいかなる作用もなしに、語の単純な認識と、命題の把持的認識と、部分的原因としての神によって十分に因果的に引き起こされる。というのも、これらのものが措定されれば、知性の中にそのような命題に対する同意が必然的に結果するからである。(2)の場合であれば、その命題は第一の偶然的命題(prima contingens)であるか、第一の偶然的命題から明証的に帰結する第二の偶然的命題かである。前者であれば、同意は語の単純な直観的認識と命題の把持から、神以外のいかなるものも前提とせずに――神は、他の箇所で詳しく説明されたことから明らかなように、あらゆる作用の中で協働しているからである――引き起こされ、後者であれば、第二の偶然的命題に対する同意は、(この命題を構成する)語の単純な認識と、命題の把持と、第一の偶然的命題への同意――というのも、第二の同意を引き起こすためには、第一の偶然的命題への同意が必然的に必要だからである――によって引き起こされる。

もし、命題が自明的必然的でも偶然的でもない――あるいは疑わしい――ならば、その命題に先行するより明証的な命題があって、この命題を媒介にして当の疑わしい命題が必然的に、あるいは蓋然的に、あるいは詭弁的に推論されうるか、あるいはそのような先行する命題が存在しないかのどちらかである。前者であれば、自明的必然的でも偶然的でもない命題に同意するためには、この命題が上記の方法でそこから推論されうる先行する命題の認識が必要である。このとき、①この先行する命題に対する同意――あるいは、もしこの先行する命題が三段論法におけるように複数存在するならば複数の先行する命題に対する同意――と、②自明的必然的でも偶然的でもない命題(を構成する)語の単純な認識と、③この命題の把持、という三つのものが、当の命題への同意を引き起こすに十分な原因となる。このことは、必然的ないし蓋然的な前提命題の認識と、この認識から生ずる結論との関係において明らかなとおりである。それ故、前提命題に対する明証的で確実な同意は、上記のこれ以外の認識を伴って、前提命題から生ずる結論に対する必然的で明証的な同意を因果的に引き起こす。前提命題に対する――この命題と、これと反対の命題に対する疑いを伴った――蓋然的同意に関しては、この同意によって結論に対する類似の同意が引き起こされ、同じような仕方で、前提命題に対する不同意からは、結論に対する不同意が引き起こされる。

以上のことから、或る人がしばしば或るときは偽なる命題に同意して真なる命題に対し同意を拒否する一方で、或るときはこれと逆のことをするのはどうしてかが明らかとなる。その理由は次のことに存する。すなわち、その人が或る命題に同意するとき、その人は当の命題がそこから推論される一つないしは複数の他の前提命題だけを根拠に当の命題に同意しており、このときしばしばその人は偽なる前提命題が真であるかのように(当の偽なる命題に)同意するからである。この場合、この前提命題に対し同意を拒否することを因果的に引き起こすために必然的に必要な原因が欠如しているわけであり、このとき、偽なる前提命題に対する同意が他の認識を伴って、偽なる結論に対する同意を十分に(因果的に)引き起こしているのである。しかし、しばしば次のことも起こりうる。すなわち人が同意している前提命題が真である一方で、そこから帰結するように思われているが形式的にはそこから帰結しない結論が偽であるような場合である。このような場合、人が結論に同意しているのは結論がそのような前提命題から帰結するとその人が思い込んでおり、論理的誤謬を犯しているからである。この場合、結論に対する同意は、前提命題の認識と、このような結論がそこから生ずる――実際にはそのような結論は生じないのであるが――ことに同意してそのように思っていることから因果的に引き起こされる。また人が真なる命題に同意しない場合も、同じように言うべきである。すなわち、この場合不同意は、その人が当の命題がそこから推論される真なる命題に対し同意を拒否することによって生ずる――この同意の拒否は、この真なる命題に対する同意を因果的に引き起こすために必然的に必要な部分的原因が欠如していることによって因果的に引き起こされる――か、その他様々な仕方で生ずる。人が真なる命題に同意し、偽なる命題に同意を拒否する場合は、媒介する前提命題に対する同意と不同意がそのような同意と不同意を因果的に引き起こしており、このような同意と不同意によって、その人はそのような命題が媒介する前提命題から帰結すると思っている――そのような命題は確かに媒介する前提命題から帰結するのであるが――のである。」(*Quaestiones variae*, q. 5, pp. 171–174)

(29) *Ordinatio*, prol. q. 1, p. 38, p. 61, p. 72; *Ordinatio*, d. 3, q. 8, p. 540; *Reportatio* II, q. 12–13, p. 258–259, p. 264 , p.276; *Quaest. variae*, q. 5, p. 175; *Quodlibeta*, i, q. 13, p. 73, p. 76 (Freddoso, Kelley, p.65, p. 66); *Quodlibeta*, iv, q. 17, p. 382 (Freddoso, Kelley, p. 315); *Quodlibeta*, vi, q. 6, p. 606 (Freddoso, p. 507); *Quaest. Physic.*, q. 7, p. 411.

(30) *Ordinatio*, prol. q. 1, pp. 48–51.

(31) *Ordinatio*, prol. q. 1, pp. 64–65; *Ordinatio*, d. 3, q. 6, pp. 494–495.

(32) *Ordinatio*, prol., q. 1, p. 22, pp. 24–28; *Quodlibeta*, i, q. 15, pp. 83–86 (Freddoso, Kelley, pp. 72–74).

(33) *Ordinatio*, prol. q. 1, p. 27,pp.67–68; *Ordinatio*, d. 3, q. 6, pp. 511–512; *Reportatio* II, q. 12–13, p. 285; *Reportatio* IV,q. 14, p. 316; *Quodlibeta*, i, q. 15, p. 86 (Freddoso, Kelley, p. 74).

(34) たとえば *Summa logicae*, I, c. 15–17, *Opera philosophica* I, P. Boehner/G. Gál/S. Brown ed., St. Bonaventure, N. Y., 1974) pp. 50–62 本書第七章参照。

(35) オッカムは感覚的認識にも直観的と抽象的の区別を認めている。知性の直観的認識作用と抽象的認識作用の定義を、感覚による直観的認識作用と抽象的認識作用にも適用できるように拡張することが可能である。すなわち、人間がものを感覚的に認識する作用は、もしそれが性格上、当のものに関する現在時制の偶然的なメンタルな命題への明証的な同意作用の間接的な原因になっているならば直観的感覚作用であり、もしそれが性格上、そのような能力を欠くならば抽象的感覚作用である。この定義によれば、外的感覚のあらゆる作用は直観的であるのに対し(*Reportatio* III, q. 3, p. 110)、内的感覚の作用は想像作用であるから典型的に抽象的な作用である。オッカムは、内的感覚作用がある種の直観的認識作用をも含む可能性について考察し、このような可能性を否定している。オッカムによれば外的感覚の直観的認識作用以外に感覚の直観的認識作用を措定する理由は存在しない。それ故内的感覚作用はそのすべてが抽象的でなければならない(id., pp. 124–125)。

(36) *Ordinatio*, prol., q. 1, p. 35.

(37) Ibid.

(38) しかしオッカムが後者の答えをする理由は明白にアプリオーリな理由でしかありえない。というのもオッカムも、そして他の誰もこのような認識作用を経験したことがないからである。

（39）*Ordinatio*, prol., q. 1, pp. 31-32.

（40）*Reportatio* II, q. 12-13, pp. 256-257「この問題に関して先ず私は幾つかの区別を提示する。一つの区別は、或る認識は直観的認識、別の認識は抽象的認識、という区別である。直観的認識とは、それを媒介にして、ものが実在しているときはものが実在することが認識され、ものが実在しないときはものが実在しないことが認識されるような認識である。私が（二つの）語（extrema）を直観的な仕方で完全に把持するとき、直ちに私は命題（complexum）を――すなわち、これらの語は結合しているとか結合していないとかいう命題を――形成することができ、それに同意したり同意しないことが可能である。例えば、私が一つの体と一つの白さを直観的に見れば、直ちに私の知性は「一つの体が存在する」あるいは「白い体が存在する」、あるいは「その体は白い」という命題を形成することができ、これらの命題が形成されると知性は直ちにそれに同意する。このことは私の知性が語について有する直観的認識による。ちょうど、或る原理――例えば『あらゆる全体は（その部分）より大きい』――を構成する語が把持され、把持する知性によって命題が形成されると、語の把持により直ちに知性はそれに同意する。

しかし次のことを知るべきである。すなわち、何らかの単純なものについて感覚による直観的認識と知性による直観的認識が存在するとき、知性は、直観的に認識されたそれら単純なものから既述のような仕方で命題を形成し、このような命題に同意することができても、命題の形成も、命題に同意する作用も直観的認識ではない。なぜならば、どちらの認識も複合的なもの（命題全体）の認識であるのに対し、直観的認識は単純なもの（命題の構成要素である語）の認識だからである。単純なものの認識であろうと複合的なものの認識であろうと、あらゆる認識は二種類の認識、すなわち抽象的認識と直観的認識のどちらかであるならば、上記の認識――すなわち、命題の形成と、命題に同意する作用――は抽象的認識と言えるだろう。従ってあらゆる複合体（命題）の認識は、それがものを現前にしての認識――すなわち語の直観的認識が存在するときの認識――であろうと、ものが不在で直観的認識が存在しないときの認識であろうと、抽象的認識と言えるだろう。

さて、以上のように考えれば、直観的認識は――感覚による直観的認識と知性による直観的認識は――上記のような仕方で得られる抽象的認識の部分的な原因であることが認められる。この理由は、あらゆる結果はその本質的諸原因に十分に（sufficienter）依存しており、これらの原因が措定されれば結果も措定されえ、それらが措定されなければ、――（神の介入がなく）ものごとの自然的なりゆきを前提とすれば――結果も措定されえず、しばしば言われてきたように結果は他のいかなるものにも依存していないからである。」また *Ordinatio*, prol., q. 1, pp. 6-7, pp. 22-23, pp. 31-32, p. 50, p. 70; *Reportatio* II, q. 12-13, pp. 286-287; *Reportatio* II, q. 14, pp. 317-319, pp. 334-335; *Quodlibeta*, i, q. 14, p. 79（Freedoso, Kelley, pp. 68-69）; *Quodlibeta*, i, q. 15, p. 83（Freddoso, Kelley, p. 72）; *Quodlibeta*, v, q. 5, p. 496（Freddoso, p. 414）参照。

（41）実在しないものの直観的認識については *Ordinatio*, prol., q. 1, p. 31, pp. 36-39, pp. 70-71; *Reportatio* II, q. 12-13, pp. 259-261; *Quodlibeta*, v, q. 5, p. 496, p. 498（Freddoso, p. 414, pp. 415-416）; *Quodlibeta*, vi, q. 6, pp. 604-607（Freddoso, pp. 506-508）.

（42）神の絶対力（potentia absoluta）と、自らが制定した規範に服する神の力（potentia ordinata）の区別については *Quodlibeta*, vi, q. 1, pp. 585-586（Freddoso, pp. 491-492）.

（43）*Ordinatio*, prol., q. 1, p. 33-38（Contra opinionem Scoti）スコトゥス

における直観的認識と抽象的認識については、S. Day, *Intuitive Cognition*, op. cit., p. 48-139; S. D. Dumont, 'Theology as a Science and Duns Scotus's Distinction between Intuitive and Abstractive Cognition'（*Speculum*, vol. 64, 1989, pp. 579-599）; R. Pasnau, 'Cognition'（T. Williams, ed., *The Cambridge Companion to Duns Scotus*, Cambridge, 2003, pp. 285-311）pp. 296-300.

（44）正確に言えば、世界に対して神が及ぼす通常の一般的な因果的作用を前提にすれば、認識対象であるものと知性の双方が、知性のあらゆる直観的認識作用の協働的な部分的原因であり、ものは動力因ないし能動的原因として、知性は質料因ないし受動的原因として知性の直観的認識作用を引き起こす。神が介入しない物事の通常のなりゆきにおいては、対象が実在しないときに当の対象の直観的認識が因果的に引き起こされたり保持されることはありえない。太陽を見た後で暗闇に入るときに生ずる太陽の残像は、現前しないものが因果的に引き起こしている太陽の視覚（visio solis）ではなく、一種の実在する性質——すなわち目に刻印された光（lux impressa oculo）——によって因果的に引き起こされたものである。従って、目に刻印された光という実在する性質が、当の性質の直観的認識を因果的に引き起こしているのである。*Quodlibeta*, vi, q. 16, p. 606（Freddoso, p. 507）.

（45）オッカムは、神がものごとの直接的な原因であることを「神学者たちの周知の命題」と呼び、この原則をカトリック教会の〈Credo〉——Credo in Deum Patrem omnipotentem——に基礎づけている。*Quodlibeta*, vi, q. 6, p. 604（Freddoso, p. 506）.

（46）オッカムは実在しないものの直観の可能性を知性による直観に関してのみならず、感覚による直観に関しても認めている。そして更にオッカムは、神の絶対力によって次のことが可能であると考えている。（一）神は或るものを無化した後で、あるいは或るものが破壊された後で、当のものが当初に人間知性の中に引き起こしていた直観を知性の中にそのまま存続させることができる。（二）神は実在するが不在の或るものの直観を知性の中に引き起こすことができる。またオッカムは、直観の対象であったものが依然として現前しているにもかかわらず当の直観が消滅することが自然的にもありうる、と考えている。この場合、知性はこのものに関する真なる命題に明証的に同意することはないだろう。

（47）神の介入がないかぎり非実在者の直観的認識はありえない。それ故「神は存在しないが神の直観的認識は存在する」は矛盾である。*Ordinatio*, prol., q. 1, p. 71.

（48）オッカムによれば、直観されるものが現実に実在する必要はなく、更に一度も実在したことがなくてもよいが、少くともそれは実在可能なものでなければならない。「実在しないものの直観的認識」の射程範囲は、実在可能な個的実在者の全体をカヴァーしている。換言すれば、実在することが論理的に不可能なものの直観的認識はありえないということである。*Quodlibeta*, vi, q. 6, p. 607（Freddoso, pp. 507-508）.

（49）「かくして、いかなる仕方においても直観的認識が知性を誤らせることはない」（*Reportatio* II, q. 12-13, p. 287）。もっとも、直観の自然的効果が外的障害や（幻覚の場合のように）例外的事態によって短絡することはありうる。更にオッカムによれば、神は実在しないものが実在すると知性がそれによって明証的に判断するような直観を引き起こすことはできない——このようなことは、明証性の定義上、不可能である——にしても、実在しないものが実在する（あるいは不在のものが現在する）と知性がそれによって信じるような信念の作用を引き起こすことはできる。それ故神は知性に誤った判断をさせることはできるが、この場合の判断は明証的ではなく信念でしかない。またオッカムは、複合的な把持作用へと向けられた複合的判断作用である信念の作用——私は命題Pを信じる——は抽象的認識であって直観的認識ではないと述べている。しかしオッカムは、この信念の判断がどのような単純な把持作用（このような場合に単純な把持作用が存在しているならば）に基づいているか明言していない。*Quodlibeta*, v. q. 5, pp. 498-499（Freddoso, pp. 415-417）参照。

しかしここでE・カーガーの注目すべき論文（E. Kargar, op. cit., p. 211-216, p. 218-220）を少し詳細に紹介しておく必要がある。カーガーはオッカムの直観的認識は不可謬であるというP・ベーナー（Ph. Boehner, op. cit.）に始まる解釈を否定し、以下のように論じている。

オッカムの直観的認識に関するかつての解釈によれば、オッカムは実在していないものの直観的認識——実在しないものを実在すると知性に判断させるような、非実在者に関する知性の直観的認識——を認めていた。しかし、ベーナーはこの解釈を否定し、直観的認識に関する新たな理解を提示したが、その中でベーナーは直観的認識と抽象的認識に関して、オッカムも含めて誰も主張したことのないような理論をオッカムに帰したのである。その後、この誤解はオッカムの研究者たちに気づかれることなく長い間正しいオッカム解釈として通用してきた。オッカムの認識論全体がこのような誤解を前提として議論されてきたのである。オッカムは〈Quodlibeta, v. q. 5〉において直観的認識に関する自分の見解へと向けられた二つの反論について答えているが、この二つの反論のうち一つはウォルター・チャトンの反論である（ibid., p. 496, Freddoso, p. 414）。チャトンは、実在しない対象の直観的認識、すなわち神によって超自然的に引き起こされた直観的認識は、当の認識をもつ知性が認識対象は実在しないと正しく判断することを引き起こすだろう、というオッカムの見解を批判している。チャトンによれば、もしオッカムの見解が正しければ、非実在者が実在しているという判断は矛盾を含まないから、神には非実在者が実在していると我々がそれによって判断するような認識を引き起こすことが可能なはずであるにもかかわらず、神は我々人間の中に、（非実在者が実在していると我々がそれによって判断する）そのような認識を——チャトンの言葉では、非実在者が実在しているように我々に見えさせる認識を——因果的に引き起こすことができないという帰結が生じてしまうだろう。というのも、認識は直観的か抽象的かのいずれかであるが、もしそれが直観的であれば、——オッカムの見解によれば——それは対象たる事物は実在しないという知性の判断を引き起こし、それ故対象は実在すると知性が判断することを直観的認識が引き起こすことはないし、それが抽象的認識であれば、この場合も——抽象的認識は対象の実在・非実在を捨象した認識であるから——当の抽象的認識が対象は実在するという知性の判断を引き起こすことはないからである。しかしチャトン自身は、神が実在しない対象の直観的認識を我々人間の中に因果的に引き起こすことによって、実在しない当の対象は実在するという誤った信念を我々がもつことを因果的に引き起こすことができると考えていた。というのもチャトンの見解では、そのような直観的認識は、対象は実在すると知性が判断することを自然的に引き起こし、この効果は、対象が実在していようといまいとあらゆる直観的認識の効果だからである。

チャトンに対する答えの中でオッカムは、神が我々人間の中に、それによって我々が実在しないものが実在すると判断するような認識を因果的に引き起こしうることを認め、このような可能性が自分の見解によって排除されるわけでないことを主張する（ibid., p. 498, A. J. Freddoso, p. 416）。というのもオッカムによれば神は、それによって我々が実在しないものを実在すると判断する認識作用——と正当に記述できる——ような判断作用それ自体を我々の中に直接因果的に引き起こすことによって上記の結果を生み出すことができるからである。

このような認識作用を生じさせるためには神が単独で働く必要があるが、これは神にとって可能である。というのも判断作用はオッカムによると知性の中にある性質であり、性質であろうと実体であろうと神はどのようなものでも単独で創造できるように、知性の中の性質も単独で生み出すことができるからである。しかしこれは判断作用であるから直観的認識ではない。それは――直観的認識ではないすべての認識は広義の抽象的認識作用であることから――抽象的認識である。以上のような根拠によってオッカムは、自分の見解によれば神は確かに我々の中に次のような認識を、すなわちこれによって我々が実在しないものを実在すると判断する（ないし信じる）ような認識を生み出すことができるが、この認識は抽象的認識であり直観的認識ではない――チャトンの見解が仮に正しければそれは直観的認識であろうが――と答えている。

しかしオッカムはチャトンが主張していた可能性、すなわち、神は我々の中に実在しないものの認識を引き起こし、更にこの認識が我々が当のものは実在すると誤って判断することを因果的に引き起こすという可能性を暗黙裡に否定している。オッカムがこの代わりに主張している可能性は、神が我々の中に、実在しないものが実在すると我々がそれによって判断する当の作用を直接に引き起こすことであり、この作用は判断の原因ではなく判断それ自体なのである。

次のことを理解する必要がある。神がこのような仕方で――すなわち我々の中に当の判断それ自体を引き起こすことによって、実在しないものを実在すると我々が判断することを引き起こすような仕方で――我々を欺くとき、当のものについて我々が有する認識は、判断を引き起こすことに際して何の役割も演じておらず、この判断の唯一の原因は神自身である、ということである。従って、当のものについて知性が有している認識が直観的認識であることも十分にありうるだろう――直観的認識である必要はないが――。というのもオッカムの見解では、神はどのようなものに対しても、そのものと端的に協働せずに、そのものの自然的な因果的力の発揮を阻止することができるからである。従って神が最初に我々の中に、実在しないものの直観的認識を引き起こし、その次にこの直観的認識がその自然的力を――すなわちそのものは実在しないと我々が判断することを引き起こす自然的力を――発揮することを阻止することが可能であり、そして最後に我々の中に、それによって我々がそのものは実在すると判断する誤った判断作用を引き起こすことも可能である。このような場合、神は（一）我々の中に直観的認識を引き起こすことによって、そして（二）直観的認識がその自然的結果を因果的に引き起こすことを阻止することによって、そして（三）そのものが実在していると誤って判断する作用を因果的に引き起こすことによって、三回、奇跡的に介入したことになるだろう。このような三つの奇跡の結合はありえることである。これより単純なケース、すなわち三つではなく二つの奇跡だけを含む点でより単純な事例がオッカムによって想定されている（*Ordinatio*. prol. q. 1, p. 70）。ここでオッカムは、神が或るものXによって自然的に引き起こされた特定の直観的認識に対し、その自然的力の発揮を――すなわち知性がXは実在すると判断することを因果的に引き起こすその自然的力の発揮を――先ず阻止したうえで、次に知性の中に、Xは実在しないという誤った信念を引き起こすような事例である。神は実在しないXが実在すると知性が判断することを引き起こしたり、実在するXが実在しないと知性が判断することを引き起こしたりすることがありうる、というオッカムの主張は以上のようなものであり、『命題集註解』と〈Quodlibeta. v. q. 5〉で述べられている見解はこのようなものであった。

〈Quodlibeta. v. q. 5〉のテキストをベーナーは次のように解釈して

いる。すなわち、オッカムはチャトンの議論の前提を是認しており、神は実在しないものXの認識を我々の中に因果的に引き起こし、——更にこの認識がXは実在するという誤った判断を引き起こすことで——実在しないXは実在すると我々が判断することを引き起こすことができると考えていた。そしてベーナーによれば、チャトンに対するオッカムの返答は、この認識が直観的認識であることを否定し、これに代えてそれが抽象的認識——チャトンが誤ってその可能性を排除してしまったと思われる抽象的認識——であることを主張している。

　オッカムの返答のこのような誤解のうえに立ってベーナーと彼の解釈に従ったオッカム研究者たちは、オッカムの言う直観的認識は不可謬な認識であり、これに対して抽象的認識は人を欺きうると考えた。というのも、〈Quodlibeta〉のテキストからは、神は矛盾律に拘束されるので、人間の知性の中に或るものの直観的認識を生み出すことによって、当のものに関する誤った判断を——特に、当のものが現時点で有していない偶然的属性（これには当のものが実在していないならば「実在する」という属性も含まれる）を当のものに帰属させるような判断を——因果的に引き起こすことができないことが帰結するからである。神はこのような誤った判断を人間の知性の中に引き起こすには、抽象的認識を用いなければならない。要するに直観的認識が誤った判断を因果的に引き起こすことは矛盾を含むのに対し、抽象的認識が誤った判断を因果的に引き起こすことは矛盾を含まないのである。事実神は、人間知性が把持されたものが現に有していないような偶然的属性（これには、当のものが実在していないときに「実在する」という属性も含まれる）を有していると判断することを引き起こすために抽象的認識に依拠することができるので、抽象的認識はその性格上、このような誤った判断を引き起こしうることを認めねばならず、抽象的認識は人を欺きうる認識ということになるだろう。かくして多くの研究者は直観的認識と抽象的認識を次のように区別している。すなわち直観的認識作用と抽象的認識作用は個物を把持する作用であるが、直観的認識作用が誤った判断を——特に、把持されたものにそれが現時点で有していない偶然的属性を帰属させる判断を——引き起こすことは矛盾であるのに対し、抽象的認識はその性格上、そのような誤った判断を引き起こすことがありうる、と。

　しかし〈Quodlibeta〉のテキストにはこのような理論は含まれていない。このテキストが意味しているのは、直観的認識の正しい定義はチャトンが与えている定義ではなく次のような定義——すなわち偶然的に実在する事物について直観的認識は、その事物が実在するならばそれは実在すると知性が明証的に判断し、その事物が実在しないならばそれは実在しないと知性が明証的に判断することを因果的に引き起こすような認識であるという定義——であるということであり、テキストは個物の抽象的認識には何も言及していない。テキストは、抽象的認識が人を欺きうる認識であるというテーゼも、直観的認識が不可謬の認識であるというテーゼも述べていない。むしろ、このテーゼはオッカムが明言していることと両立しないのである。

　先ず抽象的認識についてみてみよう。オッカムに次のテーゼを認めるか否か尋ねたとする。すなわち、「抽象的認識は、その性格上、知性が把持されたものに、現時点でそれが有していない偶然的属性を帰属させることを引き起こすことがありうる。」というテーゼである。オッカムはこのテーゼを拒否するだろう。というのもオッカムは個物の抽象的認識を、把持されたものの実在と非実在を捨象し、個物が現時点で有しているかもしれない他のあらゆる偶然的属性を捨象した認識として特徴づけているからである。確かに、認識対象から一定範囲の属性を排除する認識が、知性に対して次のことを引き起こすことは——すなわち知性がその対象に、真であれ偽であれ、当の一定範囲に含まれる或る属性を帰属させることを引き起こすことは——奇妙だろう。

更にオッカムは次の一般的原理を認めている。すなわち、知性を誤謬へと導くようないかなるものも知性の中に措定されてはならない」という原則である（*Reportatio* II, q. 12-13, p. 281）。別言すれば、人を欺くような性格をもついかなる認識も——すなわちまさにその性格上知性が誤った判断をすることを引き起こすようないかなる認識も——認めてはならない。オッカムはこの原則を直観的認識へと適用し、或るものの直観的認識がその性格上、知性が——そのものが実在しようとしまいと——そのものは実在すると判断することを引き起こすようなことを排除している。というのもこのようなことは、当のものが実在しないときは常に誤った判断へと必然的に至るからである（ibid., pp. 286-287）。しかし、オッカムはこの原則を抽象的認識にも適用したはずである。すなわち、抽象的認識がその性格上、知性が誤った判断をすることを引き起こすことができる、といったことはこの原則により排除されるのである。

更に、明証性に関するオッカムの理論からは、抽象的認識は直観的認識と同様に、その性格上、明証的な判断を引き起こすことができることが帰結する。抽象的認識を直観的認識から区別しているのは、前者が、把持された対象に関する現在時制の偶然的真理への同意ではなく把持された対象に関する必然的真理への明証的同意を因果的に引き起こすことができることであり、これに対し直観的認識は、把持された対象に関するこれら両方の真理への明証的同意を因果的に引き起こすことができることである。しかしこれら二つのタイプの認識作用が共にその性格上、偽ではなく真なる判断を因果的に引き起こせることに変わりはない。

もっとも、或る認識作用がその性格上、誤った判断を因果的に引き起こすことがありえないからといって、このことが事実上絶対的にありえないということにはならない。というのも、或る特定の事例において、認識作用が或る知性の中に誤った判断を因果的に引き起こすように当の認識作用を決定づけるような状況が存在し、この状況が存在しなければ認識作用が知性の中に誤った判断を引き起こすことがなかった、と言えるようなこともあるからである。このような観点のもとで理解されうるのが、オッカムの幻覚理論である。この理論は、直観的認識が不可謬などころか誤った判断を因果的に引き起こしうること、そしてしばしば引き起こしていることを認めている。

オッカムは命題集註解（*Ordinatio*, d. 27, q. 3, pp. 238-251）において幻覚について論じている。ここでのオッカムの主要な目的は思考の対象に関するペトルス・アウレオーリの理論を論駁することであった。アウレオーリによれば、幻覚とは外的感覚が単なる志向的な存在しかもたない対象を現実に現在する実在者として把持することである。これに対してオッカムによれば、人間の幻覚は実在するものに対し、そのものが現時点で有していないある種の偶然的な属性を帰属させる誤った判断であり、当のものの感覚的把持によって知性の中に間接的に因果的に引き起こされる判断である。例えば、真直ぐな棒が水の中に半分沈められると曲っているように見える幻覚は、アウレオーリが考えているように純粋に志向的な棒の屈曲が棒の中に現実に現前しているものとして把持されることではなく、オッカムによれば、視覚による棒の把持によって因果的に引き起こされる「棒は曲っている」という誤った判断である（ibid., p. 247）。この点に関して、直観的認識ではなく抽象的認識が誤った判断を因果的に引き起こしうる、という理論をオッカムに帰している研究者は、幻覚において誤った判断を因果的に引き起こす感覚的把持は抽象的なものでなければないと考えている（T. K. Scott, op. cit., p. 45 n. 65）。しかしこれは感覚的把持についてのオッカムの理論と両立不可能である。というのも今問題になっている感覚的把持が外的感覚による把持であることをアウレオーリもオッカムも認めているからである（ibid., p. 230, p. 243）。そして、オッカムの理論によれば外的感覚による把持はそのすべてが直観的把持であり、（C. Michon, op. cit., pp. 89–90, pp. 103–104 が想定しているような）外的感覚による抽象的把持という観念はオッカムにはない。

それ故オッカムは直観的認識が誤った判断を因果的に引き起こすような事例の存在を認めていたことになる。しかし、いかなる直観的認識も、特殊な状況によらずしてそのような結果を生み出すことはない。例えば、棒の一部が一つの媒体を通して見られ、別の部分が他の媒体を通して見られることで、視覚による棒の把持が、「棒は曲っている」という知性の判断を引き起こすような特殊な場合である。それ故オッカムの理論によれば、直観的認識を原因とする誤った判断の因果的生成は常に、認識がその中で作用する特殊な状況の存在に因果的に依存している、と言うことができるだろう。

認識作用がその中で生ずる特殊な状況の故に、把持された対象に関する誤った判断を知性の中に因果的に引き起こす直観的認識は、それにもかかわらず、その性格上、同一の対象に関する真なる明証的な判断を因果的に引き起こすことができる。従って、或る事例においては、直観的認識が或る真なる明証的な判断と或る誤った判断の双方を因果的に引き起こすことがあるだろう。オッカムが挙げている例としては、鏡の中で対象が見られる場合である（*Reportatio* III, q. 2, p. 97）。このような視覚の作用によって――この作用は直観的な認識作用である――、視覚対象の現前する或る偶然的属性（例えば、それが実在する事実、それが赤い事実など）が明証的に認識されうる。しかし他の属性――例えば対象の位置――はそのような視覚作用によって認識されることはありえない。オッカムによるとその理由は、この場合視覚対象が通常の直線的な視覚ではなく反射的な視覚によって見られていることに存する（ibid., p. 95）。その結果、視覚対象は、それが実在しない場所に――鏡の後ろに――実在しているように現れ（ibid., p. 78）、それが実在しない場所に実在していると判断される。かくして視覚がその中で作用する特殊な状況――すなわち対象が直線的な視覚ではなく反射的な視覚で見られているという状況――が、対象にそれが実際に有する位置を帰属させる判断を当の視覚が因果的に引き起こすことを阻止するのである。しかしこの場合、状況がそのような結果をもたらすのは、知性が対象の実際の位置とは異なった位置を当の対象に与えることを視覚が因果的に引き起こすように当の状況が決定づけるからである。

しかし、必ずしもすべての知性が、鏡の中の対象を見ることによって、「対象は鏡の後ろにある」と判断するように因果的に決定づけられるわけではない。鏡のことを理解し、鏡の中で事物がどのように見られるかを理解する知性であれば、そのような判断はしないだろう。そのような知性は、対象が鏡の後ろではなく鏡の前にあると判断すべき説得的な理由の存在を主張するだろう。

幻覚に関するオッカムの議論は、彼の理論においては直観的認識が誤った判断を因果的に引き起こすことが不可能ではないことを示している。ただ、誤った判断は常に、直観的認識がその中で作用する特殊な状況の故に生ずるのである。

以上の議論から明らかなことは、オッカムは抽象的認識をその性格上、誤った判断を因果的に引き起こすものとはみなしておらず、また、直観的認識がその性格上、誤った判断を因果的に引き起こすことはありえないと考えてもいなかった。ベーナーは二種類の認識に関する誤った理解のうえに立って、直観的認識と抽象的認識に関するオッカムの理論の趣旨は、「自然的ないし超自然的な懐疑論の侵入をまぬがれた」絶対的に確実な知識の基礎を提供することにあると考えた。そしてその後、殆どすべてのオッカム研究者がベーナーの解釈をオッカムの理論の正しい解釈とみなしていたのである。

しかしこれがオッカムの理論の正しい解釈でなければ、オッカムの真の理論の趣旨を新たに考察する必要がある。この趣旨の一つは、直観と明証性のあいだには特権的な結合関係は存在しないということである。オッカムの真の理論によれば、直観的認識も抽象的認識も共に直ちに明証的な判断を因果的に引き起こしうる。両者の相違は、直観的認識の方がより大きな力を有していることである。というのも直観的認識は、抽象的認識が引き起こすことのできない類の明証的判断を引き起こすことができるからである。しかし直観的認識は抽象的認識よりも一層明証的な判断を引き起こせるというわけではない。

いま神が知性Aにa・b・cという三つの個物の抽象的認識を提供し、Aが直観的認識をもつことを阻止したとしよう。更に神は知性Bに同じa・b・cの直観的認識を提供し、Bがこれらの個物に関するいかなる抽象的認識ももてないようにしたとする。オッカムの理論によれば、知性Aはa・b・cについて何らかの必然的真理を認識するだろうが、a・b・cのどれについても偶然的真理を認識することはないだろう。これに対して知性Bはa・b・cに関する何らかの必然的真理と、a・b・cに関する現在時制の何らかの偶然的真理の両方を認識するだろう。a・b・cに関して知性Aがもつ真理の知識は、知性Bがもつ知識よりも限定されている。しかしそれは明証性や確実性の度合いがより低いということではない。神によってa・b・cの直観的認識と抽象的認識の両方を提供された知性Cを想定すれば、知性Cのみが、AとBが認識する真理の或るものをAとBより明証的に認識する。というのも、Cはa・b・cに関しAとBが認識するのと同じ必然的真理を、直観的認識と抽象的認識という種類を異にする二つの認識作用によって認識するからである。オッカムは、「真理は、それがただ一つの手段によって認識されるときより複数の手段によって認識されるときの方が一層明証的に認識される」ことを認めていた（*Quodlibeta*, v. q. 4, p. 494. Freddoso, p. 412）。

カーガーの以上の議論の重要なポイントを確認しておこう。①〈*Quodlibeta*, v. q. 5〉でオッカムが抽象的認識と呼んでいるものは、実在しないものが実在するという判断それ自体を意味し、（ベーナーが考えているように）判断に先行し、誤った判断を因果的に引き起こすような認識作用を意味してはいない。神は「実在しないものが実在する」という誤った判断を直接に人間の知的魂の中に引き起こすのである。②オッカムが、実在しないものの直観的認識は「そのものは実在しない」という正しい判断を因果的に引き起こす、と考えていたことは確かである。③神は人間の知的魂の中に実在しないものの直観的認識を引き起こし、この直観的認識の自然的効力――そのものは実在しないという判断を引き起こす力――を取り去って、そのものは実在するという判断を引き起こすことができる。

カーガーは直観的認識を可謬と考えているが、神の介入や、直観的認識がその中で作用する特殊な状況がなければ直観的認識は不可謬である――すなわち、正しい判断を因果的に引き起こす――と考えているように思われる。もしそうであれば、ベーナーとカーガーの見解の相違はそれほど大きなものではないとも言えるだろう。ベーナーは直観的認識は絶対的に不可謬であると主張するのに対し、カーガーは直観的認識が神の介入によってその自然的力を発揮できない場合があること、特殊な状況の故に直観的認識が誤った判断を引き起こすことがあることを主張しているのである。

（50）　*Ordinatio*, prol. q. 1, p. 70.

（51）　距離については *Reportatio* II, q. 12–13, pp. 258–259; *Reportatio* IV,

q. 14, p. 286; *Quodlibeta*, i, q. 13, pp. 76–77（Freddoso, Kelley, pp. 66–67）. 理性的魂の意志が直観的認識の対象に向ける注意については *Quaest. variae*, q. 5, pp. 180–184.

（52）単一のものが直観的認識の複数の対象を含むことがある。例えば単一の実体が複数の感覚可能な付帯性を含むことがあり、このような場合、実在的に結合した複数の対象が単一の同じ直観的認識作用によって把持されるか、直観的認識の同時に生ずる複数の作用によって把持されるかのいずれかである。

（53）オッカムによれば、知性が能動的であることを明証的に立証することは不可能である。スコトゥスやその他の人々が能動性を知性の認識作用の説明にとって不可欠と考えたのに対し、オッカムは知性の能動性なくして（sine activitate intellectus）あらゆる知性の認識作用を説明できると考えた。*Quaest. variae*, q. 5, pp. 161–191. しかしオッカムはアウグスティヌスなどの教父や、アリストテレスやアヴェロエスの権威により、知性の能動性のテーゼが真であることを認めている。というのも、これらの権威のテキストは、知性にある種の能動性を帰することによってのみ理解可能だからである。しかしオッカムによれば知性の能動性のテーゼは単に蓋然的な論証によって支持されるにすぎない（ibid., p. 191）。

（54）「より強く、より完全な」が何を意味するかオッカムは明言していない。おそらく、把持された対象が（一）より明瞭になり、（二）偶然的真理がより明証的に認識されること、そして（三）直観がカヴァーする対象の範囲がより拡大するという意味でより完全になるということだろう。（一）に関しては、オッカムによると知的直観はそれ自体としてみれば完全で明瞭であるが、現世の（pro isto statu）人間の知的直観は「非常に不完全で不明瞭」（valde imperfecta et obscura）であり、それ故或るものの直観的把持を基礎としてわずかな偶然的真理しか（あるいはいかなる偶然的真理も）認識されないことが起こりうる（*Ordinatio*, prol., q. 1, p. 31, 33, p. 68）。従って、意志による注意の集中によって直観的認識がより明瞭になり、より多くの偶然的真理を明証的に認識するようになることをオッカムは認めたと思われる。また（二）に関しては、オッカムは偶然的真理の直観的認識に明証性の度合を認めている。すなわち、知性や意志の作用、そして感情など人間の内面状態――可知的対象（intelligibilia）――に関する偶然的真理は外的世界の感覚的対象（sensibilia）に関する偶然的真理よりも高い明証性において認識されることから、前者の真理の認識に疑いをさしはさむ余地はない（*Ordinatio*, prol., q. 1, pp. 43–44）。オッカムはこの理由について明言していないが、後者の真理は下位の認識能力である感覚を媒介にして知性により認識されるのに対し、前者の真理は感覚より上位の認識能力である知性のみにより直接的に認識されるからだろう。またオッカムは、知性による認識が超自然的に引き起こされる場合を論ずる際に、命題を構成する語の直観的把持は、同一の語の抽象的把持より完全な明証的認識を引き起こすことを指摘し（*Ordinatio*, prol., q. 1, p. 74）、また、同一の真理であっても、抽象的把持のみによるよりは抽象的把持と直観的把持の両者によるほうがより明証的に認識されることを指摘している（*Quodlibeta*, v, q. 4, pp. 493–494, Freddoso, pp. 411–412）。（三）に関しては次のように言えるだろう。同じ感覚的能力をもった二人の人間が同一の対象を同一の場所から見るとき、この対象の直観を基礎として一方の人間の知性が明証的に認識する（この対象に関する）偶然的真理の数が他方の人間のそれと異なることがあり、この相違は各人の意志が当の対象に向ける注意の相違によってのみ説明がつく。これに対して判断の次元においては、いかなる人間も明証的命題に対し、意志によって同意を拒否することはできない（*Ordinatio*, prol., q. 7, p. 192）。もっとも、命題が明証的ではなく、明証的命題から推論されることもなければ、理性的魂がそれに同意するには意志の作用、ないしは権威の承認が介在しなければならない。

(55) *Ordinatio*, prol., q. 1, p. 31, p. 32; *Reportatio* II, q. 14, p. 335; *Quodlibeta*, i, q. 14, p.79 (Freddoso, Kelley, p. 69).

(56) *Reportatio* II, q. 14., p. 335.

(57) *Ordinatio*, prol., q. 1, p. 23.

(58) *Ordinatio*, prol., q. 1, pp. 6-7, p. 23, p. 32, p. 42; *Reportatio* II, q. 12-13, p. 266; *Reportatio* II, q. 14, pp. 316-317.

(59) これに対して直観的認識は、自然的には（すなわち神の介入がなければ）現前する対象によって知性の中に直接的に引き起こされる。

(60) 〈habitus〉は知性と共に、抽象的認識の部分的原因である。*Ordinatio*, prol., q. 1, p. 61; *Reportatio* II, q. 12-13, pp. 261-263, pp. 269-272, p. 277, p. 278, p. 294, p. 302; *Reportatio* II, q. 14, pp. 316-317, p. 328. しかしオッカムは知性の把持作用と判断作用のそれぞれに〈habitus〉を認めている。「第二の区別は次の区別である。命題に関して二つの作用が存在するように、これに対応して命題に関して二つの〈habitus〉が、すなわち、把持作用へと向かう〈habitus〉と判断作用へと向かう〈habitus〉が存在する」（*Ordinatio*, prol., q. 1, p. 17）。

(61) *Reportatio* II, q. 12-13, pp. 261-265, p. 277; *Reportatio* II, q. 14, p. 317, pp. 328-329; *Reportatio* IV, q. 14, p. 290. オッカムは、直観的認識と同時に生ずる最初の抽象的認識を部分的に直観的認識によって引き起こされるものと考えている。従って最初の抽象的認識は、これを引き起こす直観的認識の直後に生じ、直観的認識が存続するかぎり存続すると考えてよいだろう。*Reportatio* II, q. 12-13, pp. 261-263, pp. 264-265, p. 277, p. 302; *Reportatio* II, q. 14, p. 316, p. 328, p. 329, pp. 333-334; *Quodlibeta*, iv, q. 17, p. 382 (Freddoso, Kelley, p. 315).

(62) *Reportatio* II, q. 12-13, pp. 261-263, pp. 266-267, p. 277; *Reportatio* II, q. 14, p. 318, p. 336.

(63) *Ordinatio*, prol., q. 1, p. 30, p. 65; *Ordinatio*, d. 3, q. 6, p. 518; *Reportatio* II, q. 12-13, p. 307; *Reportatio* II, q. 14, p. 317; *Quaest. variae*, q. 5, p. 175; *Summa logicae* III, 2, c. 29, p. 557.

(64) オッカムによれば種概念を生み出すには一つの個物で十分である。これに対し、類概念を生み出すには、異なった種に属する少くとも二つの個物が必要である。そして種概念の生成は直ちに「存在者」の概念（conceptus entis）をもたらす。*Quodlibeta*, i, q. 13, pp. 77-78 (Freddoso, Kelley, pp. 67-68). *Summa logiae* III, 2, c. 29, p. 557; *Quaest. Physic.*, q. 7, pp. 411-412.

(65) オッカムによるトマスの認識論の批判は、*Ordinatio*, d. 3, q. 6, pp. 483-521; *Reportatio* II, q. 12-13, pp. 251-310に見出される。

(66) アクィナスの感覚的認識と知性的認識については、E. Stump, 'Aquinas on the mechanisms of cognition: sense and phantasia' (S. Ebbesen, R. L. Friedman, eds., *Medieval Analyses in Language and Cognition*, Copenhagen, 1999, pp. 377-395); id., 'Aquinas's account of the mechanisms of intellective cognition' (*Revue internationale de philosophie*, 52, 1998, pp. 287-307); id., 'The Mechanisms of Cognition', op. cit., pp. 168-178参照。トマスによれば、人間精神の外に存在する質料を伴った客体の認識は、先ず感覚器官が客体の〈species sensibilis〉を受容することから始まる。〈species sensibilis〉は質料と形相の複合体である対象の（質料を除去した）付帯的形相であり、感覚はこの形相を受け取るが、〈species sensibilis〉は感覚される対象ではなく、それによって感覚者が客体を感覚する手段であり、従って感覚者の意識に現前することもない。そしてアクィナスによれば感覚は身体器官の能力であり、〈species sensibilis〉ないし形相は感覚器官の質料によ

って受容され、これにより感覚器官の質料に変化が生ずるが、感覚器官自体が対象の形相を帯びるようになるわけではない——赤いものや石を見る目が赤くなったり石のようになったりするわけではない——。形相が質料によって自然的ないし質料的に受容されれば、当の質料は実際に当の形相を帯びるようになるのに対し、感覚能力による〈species sensibilis〉の受容は自然的ないし質料的ではなく非質料的な、あるいは〈intentionalis〉ないし〈spiritualis〉な受容である——感覚の対象である赤いものや石の形相は当の対象の中では〈esse naturae〉を有するが、感覚の中では〈esse intentionale〉ないし〈esse spirituale〉を有している——。そして同様のことは、感覚される対象と感覚器官の間に介在する媒体——たとえば空気——による〈species sensibilis〉の受容についてもあてはまる。トマスによれば、例えば視覚は視覚対象の〈species sensibilis〉が空気を媒体として目により受容されることで生ずるが、空気もまた〈species sensibilis〉を〈intentionalis〉ないし〈spiritualis〉な様態において受容する。この場合、〈species sensibilis〉を受容する空気の質料に変化が生じても、その受容の様態が非質料的であることに変わりはない。

要するに、〈species sensibilis〉は媒体と感覚器官によって非質料的な仕方で受容される形相（質料を伴わない形相）であるが——しかし、この受容により媒体と感覚器官に質料的変化が生じている——、この〈species sensibilis〉は後述の〈species intelligibilis〉と同様に感覚される対象の〈similitudo〉とも言われる。〈similitudo〉は形相の共有を意味し、形相の共有に様々な形態があることに対応して、様々な〈similitudo〉がありうる。例えば熱せられるものが熱するものから熱を自然的に受容するとき、熱を共有することが〈similitudo〉であり、感覚者が感覚対象と形相を共有すると言われるとき、〈similitudo〉は感覚者の表象である。しかし〈similitudo〉は画像のように対象と類似している必要はない。そして注意すべきは、〈species sensibilis〉と同様に〈similitudo〉が感覚の対象ではなく——感覚の対象は精神の外に存在するものであり、感覚者は対象を直接的に感覚する——感覚がそれを通じて生ずる手段にすぎないことである。

次に、〈species〉が感覚器官に受容されただけでは、感覚的認識は生まれない。このためには〈phantasia〉と呼ばれる能力が〈species〉を受け取り、これを〈phantasma〉へと変えなければならない。〈phantasia〉は〈species〉を〈phantasma〉として感覚者の意識に現前させる。従って〈phantasia〉とは感覚器官によって受容された感覚的データを感覚者にとってアクセス可能なものにする認識能力である。そして〈phantasia〉が対象の感覚と〈species〉の受容を伴わず、自らの中に保存されている〈species〉を〈phantasma〉へと変えることが想像である。

さて、感覚と〈phantasia〉が共に作動しても知的認識は生まれない。例えば視覚と〈phantasia〉だけでは、対象の付帯性を「見る」ことは生じても、対象が何であるかの認識——対象を「〜として見る」こと——は生じない。対象を「〜として見る」ことは理性の働きによる。アクィナスによれば、理性の最初の働きは〈species intelligibilis〉——人間精神の外に存在するものの非質料的な形相であり〈similitudo〉である〈species intelligibilis〉——でもって開始する。この〈species〉は、〈species sensibilis〉が感覚の対象でないように、知的認識の対象ではなく——もっとも、〈species〉は理性の反省的認識の対象にはなりうる——、知的認識がそれに従ってなされる手段である。そして〈species sensibilis〉と同様に〈species intelligibilis〉は、形相が認識対象に自然的に内在する様態に従ってではなく、認識者の様態に従い、非質料的な——〈intentionalis〉ないし〈spiritualis〉な——仕方で理性により受容されるが、感覚器官による〈species sensibilis〉の受容が感覚器官の質料の変化を生じさせたのとは異なり、理性による〈species intelligibilis〉の受容は、理性が完全に非質料的であることから、いかなる身体器官の質料的変化も生み出さない。更に理性は受動的であると同時に能動的である。感覚的認識においては、対象が媒体に作用を及ぼし、感覚に〈species〉を刻印した後、これを原因として〈phantasma〉が生ずるというようにすべてが感覚主体にとって受動的に進行するのに対し、〈phantasma〉が生み出された後は認識主体の能動的作用が開始する。先ず「能動理性」（intellectus agens）が〈phantasia〉の中にある〈phantasma〉から〈species intelligibilis〉を抽出し、これを受動的な理性である「可能理性」（intellectus possibilis）の中に置く。

各々の感覚器官が固有の対象をもつように、理性に固有の対象が「本質」（quidditas）——〈phantasma〉から抽出される「本質」——である。理性は〈phantasma〉の中の付帯的形相を除去し、対象の実体的形相——当の対象を特定の種や類に属するものにしている「本質」——に焦点を合わせ、ここから〈species intelligibilis〉を取り出す。もっとも能動理性は〈phantasma〉から〈species intelligibilis〉を抽出することによって、対象の——〈phantasma〉がその〈similitudo〉であるところの対象の——個的な質料的性格を除去するが、質料とのあらゆる関係を〈phantasma〉から除去するとは限らない。例えば、「人間」という種が理性によって特定の人間から抽出されるとき、当の特定の人間の肉体は除去されても肉体一般は除去されえないからである。

能動理性は抽出を終えた後、〈species intelligibilis〉を可能理性に引き渡し、可能理性がこれを保存することになる。知的認識のこの段階は、感覚的認識において〈species sensibilis〉が感覚器官に受容された段階——未だ〈phantasma〉が形成されていない段階——に対応する。従ってこの段階では未だ知的認識は完成しておらず、そのためには理性が、知的認識の対象ではない〈species intelligibilis〉を概念へと変え、意識に現前させる必要がある。感覚的認識における〈phantasma〉に対応するのが、知的認識における概念——これは〈intentio intellecta〉〈conceptus〉などと呼ばれる——であり、理性は概念を形成し、この概念を、対象によって引き起こされた〈phantasma〉と結びつけることにより対象を知的に認識する。

以上のようなトマスの感覚的認識および知的認識の説明に関しては次の問題点を指摘することができる。先ず、（一）〈phantasma〉から能動理性が生み出す概念が、感覚対象に適合する概念であることを保証するものは何か。そして（二）〈species sensibilis〉は対象の付帯的形相であり実体的形相を含んでおらず、〈species sensibilis〉から生ずる〈phantasma〉も同様であるが、そうだとすると、理性が〈phantasma〉に対して作用することにより実体的形相を手に入れることはいかにして可能か。更に（三）トマスによれば、知的認識は認識対象の一般的本質を感覚された対象の付帯的形相の〈phantasma〉と結びつけることによって成立するが、同じ〈phantasma〉が記憶や想像の中に保存されているとすれば、知覚と想起ないし想像を区別するものは何か。すなわち、既に保存されている〈phantasma〉を呼び起こし、これを概念と結びつけるのが想起や想像であるが、実際の知覚も対象から受容した〈species〉を〈phantasma〉へと変え、この〈phantasma〉を概念に結びつけることだとすれば、知覚はこの点では想起や想像と異ならないことになり、そうなれば我々が想起ないし想像と知覚を明らかに識別し、知覚の場合には対象の実在を確信している事実と齟齬をきたすことになるだろう。Id. The mechanisms of cognition. op. cit. pp. 175-178.

さて、スタンプによればオッカムが批判する〈species〉論は以上のようなトマスの〈species〉論とは異なっている（Id. pp. 178-181）。先ずオッカムが理解するところの〈species〉論によれば、理性が〈phantasma〉から普遍的本質を受け取るのは、〈phantasma〉の中に普遍的本質が含まれているからである。更にオッカムは〈species〉論を、知的認識のためには〈species intelligibilis〉が理性に刻印される必要があると想定する見解として説明したり（*Reportatio* II. q. 13. pp. 253-254）、〈species intelligibilis〉あるいは〈phantasma〉は理性が特定のものを認識するように決定すると主張する見解として説明している（*Ordinatio*, d. 3. q. 6. p. 493）。〈species〉をこのように理解すれば、トマスの見解について上で指摘された問題点の（一）と（二）は解消されるだろう。すなわち〈phantasma〉の中に普遍的本質が既に含まれているのであるから（二）の問題は生じないし、〈phantasma〉の中の〈species intelligibilis〉が理性に刻印されて知的認識作用が引き起こされるのであるから（一）の問題も生じない。オッカムが理解する〈species〉論によれば、認識過程は客体から感覚及び〈phantasma〉へ、そして更に理性へと一方方向に因果的に進行し、理性が客体の認識の動力因とみなされることはない。これに対してトマスにおいては、客体の知的認識を因果的に引き起こすのは理性である。

しかしオッカムが理解する〈species〉論には別の問題があり、オッカムは次のような理由でこの理論を批判する。先ず、オッカムは理性の殆どすべての作用は理性によって明証的に認識されると考えたことから、〈species〉の受容もすべて自覚的な認識作用ということになるだろう。しかしいかなる人間も〈species〉を内省によって認識することはないので、オッカムによれば〈species〉なるものは存在しない（*Reportatio* II. q. 13. p. 268）。またオッカムが理解する〈species〉論は〈species sensibilis〉を感覚の対象、〈species intelligibilis〉を理性の認識対象とみなすことから、理性は普遍的本質を認識した後で個物を認識することになるが、人間の知覚がこのように作用しないことは明白である（*Ordinatio*, d.3, q.6, p.490, p.491）。更に〈species〉の受容が——オッカムの考えるように——自覚的な作用であり、〈species〉自体がこの作用において認識される対象であるならば、〈species〉が客体を正しく表現していることを保証するものは何か。或るもの（ヘラクレスの像）が他のもの（実物のヘラクレス）を正しく表現しているか否かを判断するためには、これとは独立に当の他のもの（実物のヘラクレス）が認識されていなければならない。しかし——オッカムが理解する——〈spesies〉論によれば、〈species〉なしの認識作用は存在しえず、〈species〉は客体を知的に認識するあらゆる作用に先立って存在する——認識者は〈species〉を通じてでないと客体へと認識的にアクセスできない——と考えられていることから（*Reportatio* II. q. 13. p. 274）、〈species〉が認識対象を正しく表現していることを保証するものはなく、従って認識者は〈species〉によって客体の正確な認識へと至る、と想定できるいかなる根拠も存在しない。

しかしオッカムが批判する〈species〉論は、更に次の点でも上述のトマスの〈species〉論とは異なっている。トマスによれば認識者が受容する〈species〉は認識される対象の形相と同じ形相であり、ただ認識される対象に形相が受容される自然的な様態と、認識者に形相が受容される非質料的——〈intentionalis〉ないし〈spiritualis〉——な様態が異なるにすぎない。しかしオッカムはトマスの言う〈species〉の非質料的な様態の受容を理解していないように思われ、もし〈species〉が認識対象の形相と同じ性格のものであれば、例えば赤いものの〈species〉を受容する認識者の魂は赤くなり、〈species〉が認識対象の形相と異なった性格のものであれば、認識者が

〈species〉を認識しても対象を認識していることにはならない、と考えている（*Reportatio* III, q. 3, pp. 115-116. E. Stump, 'The mechanisms of cognition', op. cit., p. 180）。またトマスの〈species〉は――オッカムの理解とは異なり――認識の対象ではなく、対象がそれによって認識される手段であり、〈species〉の受容も――オッカムが考えるように自覚的にではなく――無意識に生ずる。

　従ってトマスの〈species〉論に対しては上記（一）と（二）の問題点を指摘できるが、〈species〉論に対するオッカムの批判は――これがトマスとは異なる〈species〉論に対して向けられている以上――言うまでもなくトマスに対する批判にはなっていない。これに対し上記（一）と（二）の問題はオッカムが理解する〈species〉論には生じないが、この理論は上述のようにオッカムが提示する別の批判にさらされることになる。しかし上記（三）の問題点は二つの〈species〉論に共通している。すなわち、トマスの〈species〉論もオッカムが理解する〈species〉論も、実際の知覚と想起（ないし想像）の相違を適切に説明することができないだろう（E. Stump, 'The mechanisms of cognition', op. cit., p. 181）。〈species〉論のこの欠陥を埋めるために導入されたのが直観的認識と抽象的認識の区別である（Id., p.183）。直観的認識はその性格上、対象が実在しないかぎり引き起こされえない認識であり、現前する対象の知覚であるのに対し、抽象的認識は対象の実在と非実在を抽象した認識であり、想起ないし想像はこのような抽象的認識である。二つのタイプの認識の区別は、知覚を直観的認識という特別な認識に結びつけることで、知覚とそれ以外の認識（想起や想像）の明白な相違を――〈species〉論が説明できなかった相違を――適切に説明してくれることになる（Id., p. 188）。

（67）「species によって救われうるものはすべて habitus によって救われうる。それ故、habitus は必要であるが species は不要である」（*Reportatio* II, q. 13, pp. 271-272）。外界の対象と認識主体の間に〈species〉を介在させる理由は、或るものが他のものに作用を及ぼすためには、これら二つのものは接触していなければならないという考え方にある。認識対象から発する〈species〉が媒体を通して認識主体に作用を及ぼすと考えることで、因果的連鎖は確保される。しかしオッカム（そしてオリーヴィ）は、認識プロセスにおいて――媒体においても、認識主体内部においても――〈species〉が介在する必要性を否定し、距離を隔てた二つのもののうち一方が他方に直接的に作用を及ぼすことを認めた。対象が認識主体から適切な（すなわち遠すぎない）距離に存在すれば、対象は媒介物を必要とせずに、直接的に認識主体に作用を及ぼすことができる。従って、直観的認識の動力因は〈species〉ではなく、認識対象それ自体である。確かに、対象から発し、媒体を通じて認識主体に届く〈species〉――すなわち〈species in medio〉――を否定することは、認識主体内部の〈species sensibilis〉や〈species intelligibilis〉を否定することを論理的に含意せず、前者を否定して後者を肯定することは可能である。オッカムは、前者が経験によって否定されうるのに対し、後者を経験的な根拠によって否定することができないことを認めている。しかしオッカムは、後者の存在を措定するよりも否定する方が蓋然性の度合いがより高いと考えた。そして、幻覚の存在を根拠にこの種の内面的な〈species〉の存在を主張し、幻覚において知覚されているのは客観的な対象ではなく〈species〉であると主張する見解に対しては、感覚が外的対象から受けとる印象は（例えば残像）「性質」であり〈species〉ではなく、この種の印象が正常な認識において因果的な役割を果たすことを否定した。そしてオッカムによれば、このような印象自体が知覚の対象となることはあっても、通常の知覚において知覚されているのはこの種の印象ではなく、あくまでも外的な対象それ自体である。同じことは錯覚についてもあてはまり、錯覚（水の中の棒が屈折しているように見えたり、動くボートから見る岸辺の対象が動いているように見えたりすること）を説明するために、感覚の志向的対象たるある種の非実在的な存在者を想定する必要はない。以上の点についてはR. Pasnau, *Theories of Cognition*, op. cit., pp. 161-167, pp. 185-189. また Id., 'Id quo cognoscimus'（S. Knuuttila et al. eds., *Theories of Perception in Medieval and Early Modern Philosophy*, Dortrecht, 2008, pp. 131-149参照。ペトルス・アウレオーリの〈esse intentionale〉に対するオッカムの批判についてはK. Tachau, *Vision and Certitude*, op. cit., pp. 135-148; P. Alféri, *Guillaume d'Ockham*, op. cit., pp. 216-226. また J. R. Weinberg, *Ockham, Descartes, and Hume*（Madison, Wisconsin, 1977）pp. 36-47.

（68）*Ordinatio*, prol., q. 1, pp. 64-65; *Reportatio* II, q. 12-13, pp. 285-286, pp. 306-307.

（69）更にオッカムにおいて抽象という観念には別の意味がある。すなわち抽象は現実には結合している複数のものを分離して思念することを意味し、知性は実在的には結合して存在するものを思考のうえで分離することができる。*Ordinatio*, prol., q. 1, p.65; *Ordinatio*, d. 3, q. 6, pp. 489-490. しかし、このことに限られず知性にはどのような種類の抽象化の作用も可能である。例えば知性が個物を――例えば或る対象の感覚的な性質を――抽象的に思念するとき、知性は当の性質を他の感覚的付帯性から――当の性質が直観的に認識されたときは実在的にそれと結合していた他の付帯性から――分離して思考の上で分離する。また、知性が或る種概念を自らの中に形成するとき、知性は、当の種概念によって表象されるものに実在的に属していた偶然的諸条件からそのものの〈quidditas〉を思考のうえで分離する。

（70）*Quodlibeta*, i, q. 14, p. 79（Freddoso, Kelley, p. 69）.

（71）*Reportatio* II, q. 12-13, pp. 266-267.

（72）「最初の抽象的認識」が実在に対し全面的に中立的なことは *Reportatio* II, q. 14, pp. 334-335 でも強調されている。

（73）*Reportatio* II, q. 12-13, pp. 261-265.

（74）確かに経験的にみれば、全く同じ個物が直観的認識によって把持されると同時に一般概念によって把持される（この一羽のカラスを見ると同時に、鳥という一般概念のもとにこのカラスを思念する）と考える方が、全く同じ個物が直観的認識によって把持されると同時に、当の個物の抽象的認識によって把持されると考えるよりも自然である。私が或るものを実際に見ているとき、そのものは未だ目の前に存在しているのだから、私がそのものを直観的に認識すると同時にそれを抽象的に思念するようなことはなく、私が個物を抽象的に思念するのは、当の個物が不在ないし最早実在しないことから、そのとき私がそれを見ていないからである、という言い方のほうが経験に合致しているだろう。

（75）*Reportatio* II, q. 12-13, pp. 265-266. 既述のようにオッカムの言う完全な直観的認識とは、それによって知性が現在形において偶然的真理を明証的に認識できる単純な（すなわち個物の）認識を意味する。オッカムはこれに続く設問（q. 14, pp. 333-336）において、〈habitus〉が生成するためには――すなわち第二の抽象的認識である不完全な直観的認識を生み出す〈habitus〉が生成するためには――、直観的認識に随伴して抽象的認識が存在しなければならないというテーゼに立ち戻り、再度このテーゼを疑問視した後で（ibid., pp. 336-337）、疑問形で議論を閉じている。「しかしこの〈habitus〉は何によって生成するのか。答えを捜しなさい」。

（76）*Ordinatio*, prol., q. 1, p. 61, p. 72; *Reportatio* II, q. 12-13, pp. 269-271.

p. 277; *Quodlibeta*, i, q. 13, p. 73（Freddoso, Kelley, p. 65）.

（77）*Ordinatio*, prol., q. 1, p. 64.

（78）これに対しては、知性はキメイラのように実在せず実在したこともない個物を自然的に想像することがある、という反論がありうるだろう。しかし、この反論に対しては、或るものをその実在と非実在を捨象して把持することと、実際に実在していないもの、あるいは実在しえないものを把持することは異なると答えられるし、更に、キメイラのように実在しないものは、確かにその全体が直観的に認識されることはなくても、そのものを構成する各部分は窮極的には実在するもの（ないし実在するものの一部分）の直観的把持へと遡ることができる、と答えられるだろう。

（79）*Ordinatio*, prol., q.1, p.31.「別の仕方で抽象的認識は次のような意味で理解される。すなわち、この認識は実在と非実在を捨象し、そしてものに偶然的に内属したり述語づけられる他の諸条件を捨象する、ということである」。

（80）*Ordinatio*, prol., q. 1, pp. 6-7, p. 23, p. 32, p. 42; *Reportatio* II, q. 14, p. 316.

（81）*Quodlibeta*, i, q. 13, p. 73, p. 74（生成の順序において第一の単純な抽象的認識は、個物に固有の認識ではなく時として、否、常に一般的な認識である）, p. 76（Freddoso, Kelley, p. 65, pp. 66-67）; *Quodlibeta*, v, q. 7, p. 506（Freddoso, pp. 422-423）.

（82）*Quodlibeta*, i, q. 13, p.77（Freddoso, Kelley, p.67）「私が或るものを見るとき、私はこのもののみに固有な抽象的認識をもつが、この認識は単純な認識ではなく、複数の単純な認識から合成された（composita ex simplicibus）ものだろう」。

（83）*Reportatio* II, q. 12-13, p. 277, pp. 316-317, p. 328; *Quodlibeta*, i, q. 13, p. 78（Freddoso, Kelley, p. 68）; *Quaest. Physic.*, q. 7, p. 411.

（84）*Reportatio* II, q. 14, pp. 333-334; *Quodlibeta*, i, q. 13, p. 74（Freddoso, Kelley, p. 65）.

（85）*Reportatio* II, q. 14, p. 333「直観的認識と同時に生ずるこの第一の抽象的認識に関しては、この認識が……対象によって因果的に引き起こされるわけでないことに注意すべきである。もっとも、これと反対のことが述べられたのであるが」。オッカムが言及しているのは、直観的認識に付随して生ずる個物自体の抽象的認識、すなわち第一の（最初の）抽象的認識であるが、ここで指摘されている矛盾は種概念である「単純な第一の抽象的認識」にもあてはまる。概念が生成する順序において最も特殊な種概念は類概念に先行する第一の（最初の）概念である。

（86）*Reportatio* II, q. 12-13, p. 266 にある最初の〈respondeo〉はこのような意味で理解できる。

（87）*Reportatio* II, q. 12-13, p. 264, p. 293. 事実、経験は次のことを教えている。知性は或るものを初めて見たときよりも、そのものを何回も見た後のほうが一層そのものを見る傾向が強まる、というわけではない。

（88）それ故、同一の条件のもとで同一の対象の前に置かれたすべての認識主体は同じ内容の非複合的認識を形成するだろう。もちろん或る個物を直観的に認識するためには、知性はその個物へと注意を向けなければならず、この注意は意志の作用によるだろう。しかし、非複合的認識がひとたび対象によって生み出された後は、認識主体の意志には、この非複合的認識が何であるか、何を表象しているか、何を認識効果として生み出すか、といったことを決定する力はない。この観点からすると、認識能力は常に同じ仕方で機能するように自然的に決定づけられており、認識主体の意志がこの自然的機能に修正を加えることはありえない。

第六章　関係論

宇宙の秩序と統一性は何らかの関係（respectus）といったものではない。すなわち、あたかも宇宙の中で秩序づけられた様々な体（corpora）を相互に結びつける何らかの帯であるかのような、そしてこのような関係なくしてはこれらの体が秩序づけられることも宇宙が真に一つであることもなくなるような何らかの関係といったものではない。(1)

第一節　関係の定義

一三二三年に元オックスフォード大学総長ジョン・ラッタレルが教皇庁に向けて告発したオッカムの理論の中に、「関係」の客観的実在を否定する見解が含まれていた。(2)ラッタレルが告発に際して引用している関係についてのオッカムの見解は「被造物の間にみられる同等性、類似性その他の関係は、それぞれ別個の絶対的なもの（res absoluta）を意味する名辞であり、名辞ないし概念はそれぞれ別個のものであっても、絶対的なもの以外には、ものの側に（a parte rei）想定しうるいかなるものも存在しない(3)」という見解として要約されており、ラッタレルはこの見解から「神に対する被造物の依存性は存在せず、或るものが他のものと異なることもない(4)」という誤った帰結が生ずると述べている。それ故ラッタレルによれば「これは危険な見解である。というのもこの見解は被造物の世界からあらゆる関係を取り去ってしまうからであり、もの相互の依存性や結合そして秩序は関係なくしては存在しえないが故に、この見解はこれら依存性や結合や秩序のすべてを被造物の世界から取り去ってしまうからである(5)」。しかしオッカムの関係論に対するラッタレルの批判は根本的に誤解によるものだった。先ず、オッカムはある種の関係（実在的関係）の実在性を認めており、ただ、関係それ自体がその基体ないし関係項（関係づけられたもの）とは独立に実在することを否定したにすぎない。ラッタレルの批判は三位一体の教義や神と被造物の関係をめぐる神学的問題へと向けられていたが、(6)実際のところオッカムは個々の実体と、個々の実体が帯びる個々の性質のみを客観的に実在するもの〈絶対的なもの〈res absoluta〉——神の絶対力は、これら〈絶対的なもの〉の一つを消滅させ、他を実在させることができる――）と考え、性質以外の付帯性のカテゴリーに客観的実在性を認めない一方で、三位一体論や受肉論の脈絡においては教会の権威に従い、例外的に神の「父性」や「子性」、受肉における神の第二のペルソナと人間本性の合一のような関係の客観的実在性を認めていた。従ってこの点でもラッタレルの批判はオッカムの見解の誤解に基づいたものであった。

中世においては特に十三世紀末以降、関係をめぐる議論が活発に行われるようになり、特に三位一体や神の創造行為に関する理論の中で「関係的なもの」や「関係」といった観念の存在論的身分が議論されていた。この議論の中では、一方では関係の客観的実在を認める実在論から、他方では関係を単なる理性上の存在、あるいは規約的な意味をもつ単なる名辞、ないし知性の作用の産物と見なす極端な唯名論まで様々な見解が相互に対立していた。オッカムが擁護したのは穏健な唯名論とでも呼びうる立場である。(7) 関係の存在論的身分に関する問いは「関係はその基体とは別個の何らかのものか」という問いとして――例えば白いものAが白いものBに類似しているとき、Aの白さがBの白さに類似しているという関係は、この類似性の関係の基体であるAの白さとは別個に存在する何らかのものだろうかという問いとして――表現され、父と子の関係、同等性、主人と奴隷の関係、意味するもの（記号）と意味されるもの、原因と結果など様々な関係について同じような問いかけがなされた。本章で詳述されるように、この問いに対してオッカムは次のように答えている。関係は人間精神の外に（extra animam）存在するものではなく、一次的には心の言語に属する語すなわち概念、そして二次的に音声としての語ないし書かれた語であるが、関係概念は当の概念が意味する複数のものによって自然的に因果的に引き起こされるが故に、関係は単なる知性の作用の産物というわけでもない。例えば、白いAと白いBの類似性とは、Aを意味すると共にBをも共に意味（共意）する、あるいはAとBをひとまとめにして（coniunctim）意味する知性の作用（すなわち概念）であり名辞であるが、AとBが人間知性とは独立に客観的に類似していることも確かである、と。

オッカムは、信仰上のあらゆる権威とすべての哲学者たちの権威を排除して自然理性だけに従うと、関係は「ものの側に」(a parte rei) 存在する何かではなく、このことは被造物にも神にも当てはまると主張する。

「それ故私は次のように主張する。厳格に理性のみに従おうとし、聖書の権威を受け入れない人ならば、神においては本性の単一性と共に三つの位格（ペルソナ）(tres personae cum unitate naturae) が存在することはありえないと主張するだろう。これと同じように、厳格にこの世における我々にとって可能な理性のみを拠り所にしようと欲する者は、多くの人々が思っているように関係はものの中にある何かではない、と同じように正しく主張することができるだろう(8)」。

他方でオッカムは信仰上の啓示された真理が問題になる場合には、「関係」が〈prima intentio〉の名辞を指示する〈secunda intentio〉の名辞ではなく、人間精神の外に存在する諸関係を意味する〈prima intentio〉の名辞ないし概念であることを認めている(9)。

「しかし神学上の真理によれば、関係は〈prima intentio〉の名辞である。というのもそれは関係的名辞を意味するだけでなく、魂の外にある真の関係を、例えば神の中の関係を意味するからである。それ故確かにそれは〈prima intentio〉の名辞である(10)」。

しかし、神にあてはまることは必ずしも被造物にあてはまるとはかぎらない。「神の中には父性が存在し、それは形相的にみて神の本質ではない。そして父性が関係であることは明らかである。それ故(11)……」という主張に対しオッカムは、「神の中に措定されるべきだからといって、被造物の中にも措定されるべきことにはならない。我々は、我々が神の中に措定するすべてのものを被造物の中に措定するようなことがあってはならない(12)」と答えている。

さて、オッカムは『アリストテレス範疇論註解』でアリストテレスによる「関係」の二つの定義を取り上げているが、その第一の定義は次のようなものである。

「しかし関係的（ad aliquid）と言われるのは、それ自らまさにあるところのものが『他のものの』と言われるような、あるいはこれ以外のどのような仕方であれ他のものとの関係において（ad aliud）存在すると言われるようなすべてのもののことである」（Ad aliquid vero talia dicuntur quaecumque hoc ipsum quod sunt aliorum dicuntur, vel quomodolibet aliter ad aliud, ……）(13)。

そしてオッカムはアリストテレスの説明を提示した後に、「関係」のこの定義は何について述語づけされている（competit）のか、そして関係のカテゴリーは他のカテゴリーからどのようにして区別され、このカテゴリーにどのようなものが含まれるかが考察されるべきである、と述べている(14)。先ず、関係（ad aliquid）によって意味されているものが示されなければならない。この点、オッカムにとり実体と性質以外のカテゴリーに属するすべての語――それ故関係を意味する語も含む――が名辞的定義のみをもつことを想起する必要がある。

「実体と性質のカテゴリー以外のカテゴリーに含まれるすべてのものは、アリストテレスの原理によれば名辞的定義（definitio exprimens quid nominis）のみを有している。それ故、量や関係やその他のカテゴリー、そしてこれらのカテゴリーにそれ自体において含まれるものは、名辞的定義しかもたない」[15]。

そしてオッカムはアリストテレスの関係の定義について次のように指摘する。

「ここでのアリストテレスの意図は、白さや熱が人間精神の外にあるように人間精神の外に、そして第一実体の中に実在するようなもの（res）を定義することではなく、ものを意味する名辞やその他の記号――人間精神の外に実在するものやこれ以外のものの記号――を定義することを意図しているのである」[16]。

すなわちオッカムによれば、アリストテレスの関係の定義は、付帯性として第一実体に内在し、人間精神の外に実在するものについての定義（definitio exprimens quid rei）ではなく[17]、名辞についての定義（すなわち人間精神の外に実在するものや人間理性の中にのみ存在するものを意味する名辞についての定義）である[18]。それ故「関係」（ad aliquid）は名辞である。そして「名辞」（nomina）とは、意味をもつ任意に定められた人為的な音声（voces significativae ad placitum）や書かれた記号を意味すると同時に自然的な名辞、すなわち、精神の中に精神の性質（qualitas）として実在する精神作用としての概念（conceptus）、心の中に存在するメンタルな名辞（nomina mentalia）である概念をも意味する[19]。

『範疇論註解』においてオッカムは上記の定義の中の〈aliorum dicuntur〉という表現の意味は、関係的なものが他の名辞を属格とし、この名辞について言われること、そして〈quomodolibet aliter ad aliud〉という表現の意味は、関係的なものが他の名辞を属格以外の格とし、この名辞につき言われることである、と指摘する[20]。そしてオッカムによれば、他のものに関してこれを属格として、あるいは属格以外の格として言われるものは名辞以外にはありえず、それ故あらゆる関係は名辞である[21]。父たる或る人間の中に主体的に（subjective）存在するいかなるものも、他のものを前提としてのみそれが存在しているわけではなく、他のものと関係なくそれ自体において存在するかしないかのいずれかである。これに対して（父は或る人間の父であると言われるように）関係的なものは他のものの、他のものより、その他他のものとの関係においてあると言われるのであるから、それは絶対的なものではなく名辞にすぎない。それ故アリストテレスの定義〈hoc ipsum quod sunt aliorum dicuntur, vel quomodolibet aliter ad aliud〉にみられる〈sunt〉は人間精神の外ではなく中にあるという意味であり、人間精神の中にある「関係的なもの」は特定の仕方で或るものを意味する名辞である(22)。

それ故オッカムによれば、関係はあらゆる「絶対的なもの」（res absoluta）から区別されるものではなく、名辞でしかない。関係は「何か他のものとの関係においてでないかぎり、あるいは少なくとも、属格であれ与格や奪格であれ、何らかの格における何らかの名辞をつけ加えたり、あらかじめ了解したりしていないかぎり、或るものの述語にはなりえない(23)」。「人間は誰か或る人間に類似していないかぎり類似していることがありえないように、人間は誰か或る人間の父でないかぎり父でありえない。他のことについても同様である。同様に、或るものは何か或るものと同じでないかぎり同じでありえない(24)」。

『論理学大全』第一巻第五十一章でオッカムは次のように述べている。

「アリストテレスの見解によれば、当の語が厳密な意味で ad aliquid ないし関係的と言われるのは、それ自らまさにあるところのものが『他のものの』と言われるときである。換言すれば関係的な語とは次のような語である。すなわち、その語が或るものを意味するときにそれ以外のものを意味し（dant intelligere）、その結果、この種の語を或るものに述語づけする命題が真であると認識されうるのは、意味されているそれ以外のものが確定的に知られているときにかぎられる、ということである。かくして頭や翼や手を見ることだけで、たとえ人はそれが何に、あるいは誰に属しているのか知らなくても、それが何であるか知ることができる(25)」。

また『命題集註解』では次のように説明されている。

「アリストテレスによれば、これらの語は、それ自らまさにあるところのものが『他のもの』と言われるような〈ad aliquid〉である。すなわち、これらの語は、何かを意味するべく定められたとき、それとは別のものを意味する（dat intelligere）ような語であることからそう言われる。従って、このような名辞が或るものに述語づけされているいかなる命題も、それが指示している別のものが確定的に知られないかぎり知られえない(26)」。

要するに関係語は先ず第一次的に——そして直格で（in recto）——意味するもの以外のものを第二次的に——ないし斜格で（in obliquo）——意味する。従って第二次的に意味されているものを明確に認識しないかぎり、或る名辞に関係的名辞が述語づけされているいかなる命題も認識されえない(27)。

さて、オッカムは『範疇論註解』第十二章において、関係のカテゴリーがいかにして他のカテゴリーから区別されるのかという問題と、関係のカテゴリーを構成するものは何かという問題を議論している(28)。『範疇論註解』におけるオッカムの見解をみる前に、『命題集註解』『論理学大全』、〈*Quodlibeta*〉にみられるオッカムの議論に簡単に触れておこう。先ず、『命題集註解』d. 30. q. 3.では次のように述べられている。

「他方で私は次のように主張する。すなわちカテゴリーは精神の外に存在するものではなく、精神の外に存在するものを意味する（importantes）語である。様々なものに、そして同一のものにさえ、これらのものを様々に意味する様々な語が対応しうるのであるから、ものを意味する語の間の区別と同じくらい多くの区別が、語によって意味されるものの間に存在すると考えるべきでない。それ故、カテゴリーが多くのものに区別されるからといって、これに対応して同じくらい多くの区別されたものが実在すると考えるべきではない。それ故、この見解はカテゴリーの区別を否定するのではなく、カテゴリーの区別と同じくらい多くの区別がものの間に存在することを否定するのである(29)」。

異なる様々なカテゴリーが相互に区別されるのは、これらが諸実体ないし諸性質であるものを様々な仕方で意味するからである。各々のものは複数のカテゴリーの語によって意味されうるのであるから、カテゴリーの区別に対応してものの側に同じくらい多くの区別が存在するわけではない。

また『論理学大全』第一巻第五十一章でオッカムは、十個のカテゴリーの区別がいかにして支持されうるかという問いに答え、アリストテレスの説に従うと、十個のカテゴリーがあるのは、同じものを異なった仕方で意味する（important）語に十個のタイプのものがあるからであると述べている(30)。カテゴリーと同じ数のもののタイプが精神の外に存在するわけではなく、精神外のいかなるものも、ただ一つのカテゴリーの語のみによって（これ以外のすべてのカテゴリーの語を排して）意味されるようなことはない。そして *Quodlibeta* 第五設問二十二「十個のカテゴリーは存在するか」では次のように述べられている。

「実体に関して提起される『それは誰のか（cuius）』や

これに類似の問い――というのも、この場合、我々には一般的な疑問詞が欠けているからである――がそれによって答えられるところの語（incomplexa）は、関係の類に含まれる。例えば、ソクラテスは誰の父か、あるいは何に類似しているかが問われれば、『息子の』あるいは『他の類似したものに』と答えられる[31]」。

オッカムは『範疇論註解』において関係のカテゴリーが他のカテゴリーから区別されるのは、関係語が必然的に何か他の名辞との関係で言われるのに対し、他のカテゴリーの名辞にはこのようなことがないからであると述べている[32]。要するにオッカムによれば、関係のカテゴリーを構成するのは関係的名辞であり、関係的名辞は意味作用の様態によって――すなわち、必然的に相関的なものの現在を必要とするような様態によって――他のカテゴリーから区別される。確かに、神の絶対力の介入がないかぎり、「白」（albedo）のような付帯性はその主体として何らかの実体を必然的に必要とし、常に「何か或るものの白」であり、この点に関するかぎり関係語と変わりはない。また抽象語である「白」と異なり具体語である「白い」（album）は或るものを（白が内在する実体）を一次的に意味し、そのものに内在する白を二次的に意味する共意語であり、「白を帯びるもの」というように名辞的に定義され、従って、名辞的に定義される共意語である点では関係語と同じである。しかし「白い」のような性質を表わす具体語は関係語から次のことによって区別される。すなわち、或る語に「白い」という共意語が述語づけられるすべての命題に対しては、具体語「白い」に対応する抽象語「白」のみを斜格で付加することができる――或るものは「白によって」白い――のに対し、具体語である関係語が述語づけられている命題に対しては、当の具体語に対応する抽象語とは異なる語を常に付加できる――ソクラテスは或る息子の父である――ということである。

さて、アリストテレスは『範疇論』第七章の後半で、関係的なものの第一の定義が十分だとすると、ある種の第二実体（種としての頭や手など）も関係的なものに属する――頭（手）は或るものの頭（手）と言われる――ように思われることから、これらを関係的なものから除外するために第二の定義を提示している。そしてオッカムは『範疇論註解』でアリストテレスの第二の定義を「関係的なものとは、それ自らまさにあるところのものが或るものとの関係においてあるようなものである」（relativa sunt illa quae hoc ipsum quod sunt, ad aliquid sunt）として提示している[33]。第二の定義が第一の定義と異なる重要な点は〈dicuntur〉が〈sunt〉へと変わっていることである。オッカムは *Quodlibeta* 第六設問二十二において、アリストテレスによる関係の第一の定義の修正を次のように説明している。

「もしあなたが、アリストテレスは章の終わりの方で関係的なものについてのこの定義の非を認めていると主張するならば、これに対しては次のように反論できる。アリストテレスはこの定義がある種の関係的なものには当てはまらないと言っているのではなく、むしろ当該箇所で、この定義が本質的に〈secundum esse〉関係的なものだけでなく、単に叙述において〈secundum dici〉のみ関係的であるにすぎないものにも該当してしまうこと、そしてこの定義が本質的に関係的なものと互換可能ではなく、それ以上のものを包含してしまうことを述べているのである。それ故アリストテレスはその箇所で、本質的に関係的なものと互換的に適合するような別の定義を提示している[34]」。

すなわち、第一の定義は厳密な意味における関係と単なる叙述上の関係の双方にあてはまるが、第二の定義は前者にのみあてはまる。オッカムは〈secundum esse〉と〈sicundum dici〉というアリストテレスが用いていない表現を用いて、アリストテレスが何故定義を修正したかを説明している。〈secundum dici〉の関係的名辞とは、或る語に他の名辞との関係において——他の名辞を属格ないしその他の斜格として——述語づけられうるが、必然的に他の名辞との関係において述語づけられるとはかぎらない名辞である。アリストテレスが第二実体として挙げている「頭」「手」「翼」など実体の一部分を意味する名辞がこれにあたり、オッカムは「白」もこの種の名辞に含ませている[35]。これらは第一の定義に該当していても厳密な意味での関係語ではない。「頭」など実体の部分を意味する語や「白」のように性質を意味する語は「或るものの頭」「或るものの白」のように他の名辞との関係において——そして他の名辞を属格として——或る語に述語づけられうるが、「頭」は「或るもの」から切り離されて単独の実体となっても「頭」であり続け、「白」という付帯性は——神の絶対力の介入があれば——実体から切り離されて単独で存立することが可能である。従って「頭」や「白」といった名辞は、必然的に他の名辞との関係において或る語に述語づけられる厳密な意味での関係語ではなく「絶対語」であり、それ故、これらの名辞が或る語に他の名辞との関係において述語づけられうるとしても、それはこれらの名辞の意味作用の様態の故ではない。これに対して厳密な意味での関係的名辞は、命題の中でそれが或る語に述語づけられるとき、当の関係的名辞が指示するものが知られているだけでなく、それと相関する他の（斜格の）関係的名辞が指示するものも知られているような名辞である。これと異なり、「頭」や「白」のような絶対語については、それが何に関係して言われているかを知る必要なくして、それが何を意味するかを確定的に知ることが可能であり、頭は「何か或るものの頭である」、白は「何か或るものの白である」は真であっても、それは「頭」や「白」という名辞の意味作用の様態に依るものではない。そして「白い」や「頭のある」といった具体語は絶対語ではなく、それが指示する実体を一次的に意味し、二次的に（「白い」の場合は）実体が帯びる白を、（「頭のある」の場合は）実体の一部分である頭を意味（共意）する点で厳密な意味での関係語と同様に共意語であるが、両者によって共意されているのは具体語に対応する抽象語（「頭」や「白」）であるのに対し、具体的関係語の場合は、命題の中で具体的関係語がそれとの関係で或る語に述語づけられるところの名辞が、当の具体的関係語に対応した抽象語であるようなことはない。

オッカムによれば、人間理性は神の啓示によって助けられないかぎり、「関係」を関係づけられているもの（すなわち関係の基体）から実在的に区別される客観的な実在者とみなすことはない。オッカムの存在論において人間の認識作用とは独立に客観的に実在するのは個々の実体と、個々の実体が帯びる個々の性質のみであり、——すなわち個的実体と個的性質のみが〈res absoluta〉であり——、アリストテレスの九つの付帯性（偶有性）のカテゴリーのうち、性質以外のカテゴリーは（それ故関係も）それ自体で客観的な実在性を有していない。この点でオッカムは例えば、ドゥンス・スコトゥスの関係実在論を否定する。しかし他方でオッカムは、神学上の幾つかの問題——特に三位一体論——に関しては聖書と教会の権威に従って関係的なものの実在を認めるべきことを主張する。

『論理学大全』第一巻第四十九章でオッカムはスコトゥスに代表される、関係それ自体の客観的実在を主張する見解について語りながら、「多くの神学者はこの見解をとっており、私も或るときこれがアリストテレスの見解であると信じたことがある。しかし今ではこれと反対の見解がアリストテレスの諸原理から帰結するように私には思われる」(36)と述べている。この一節はオッカムが『論理学大全』を書く以前に関係についてスコトゥスと同じ見解をとっていたことを暗示しているとも解釈されうるが、著作だけから判断するかぎり、オッカムは常にスコトゥスの関係実在論を批判している(37)。それ故、オッカムの関係論をみる前に、スコトゥスの関係論を概説しておく必要がある(38)。

第二節　スコトゥスの関係論

スコトゥスは『命題集註解』（*Ordinatio* II, d.1, q.5）において「神に対する被造物の関係は（当の関係の）基体と同一か」（utrum relatio creaturae ad Deum sit eadem fundamento）否かを論ずる過程で、より一般的に関係はその基体と同一か否かを論じている(39)。スコトゥスの議論をみる前に、先ず次のことを確認しておこう。関係には様々な種類のものがあるが、関係の存在論的身分の観点からすると、カテゴリカル（範疇的）な実在的関係、超越的関係、理性上の関係に大別される(40)。カテゴリカルな実在的関係は、関係づけられている複数のもの（関係項である基体）がアリストテレスのいう十個のカテゴリーのうち特定のカテゴリーに属している場合であり、例えばプラトンが白く、ソクラテスも白いとき、プラトンとソクラテスは性質のカテゴリーに属する白さの点で類似していることから、プラトンとソクラテスの類似性はカテゴリカルな実在的関係であり、また、或るものの重さは別の或るものの重さの二倍であると言われるとき、二倍という関係は量のカテゴリーに属する重さにおける関係であるからカテゴリカルな実在的関係である。同様に、種における同一性、因果関係、認識する者と認識可能なものとの関係も、カテゴリカルな実在的関係である。後述のようにスコトゥスによると、この種の実在的関係は実在的に異なった複数の実在する関係項（extrema realia）を前提とし、人間精神の作用とは独立して客観的に存在するその基体から実在的に区別される付帯的形相として、人間の精神作用とは独立に客観的に存在する(41)。次に超越的関係は、関係づけられているものがアリストテレスの十個のカテゴリーのうちの特定のカテゴリーには属さずカテゴリーを超越している場合の関係であり、その典型的な例は神に対する被造物の依存関係である。神に対する被造物の依存関係においては、当の被造物がどのカテゴリーに属していようと、被造物は神に対して依存関係にあるからである。このような依存関係は、人間の精神作用とは独立に存在しているという意味で実在的関係であることは言うまでもない。もっともスコトゥスは被造物が神と実在的に関係することは認めても、神の全き単純性と必然性を根拠にして、神が被造物に対して実在的に関係することを否定している。というのも、神が被造物と一定の関係にあることは、神の中に被造物に対する関係性が存在することを含意するが故に神の全き単純性に違背し、また、被造物に対する神の関係性は、その関係項（terminus）たる被造物の存在を必然的に前提することから、神の全き必然性――神の中のいかなるものも神以外のものを必然的に必要とすることはない、という意味での神の必然性――に違背するからである(42)。また後述のようにスコトゥスは、神に対する被造物の依存関係という超越的関係に関しては、カテゴリカルな実在的関係とは異なり、基体と関係を実在的には同一であるが形相的に区別される存在者とみなし、両者の区別を実在的区別（distinctio realis）ではなく形相的区別（distinctio formalis）と考えている。そして最後に理性上の関係は、実在的関係のように人間の精神作用とは独立に客観的に存在するのではなく、精神作用によってはじめて存在するようになる関係であり、例えば命題における主語と述語の関係がそうである。

スコトゥスは関係について論じた他の殆どすべてのスコラ哲学者と同様に、実在的関係を、関係づけられたものたち（extrema）のそれぞれに内在する付帯性（accidentia）として理解する。単一の単純な付帯性が、実在的に区別される複数の実体に同時に内在することはありえない。例えばプラトンが白くソクラテスが白いとき、白さにおける両者の類似関係は、両者を一つの主体（subiectum）とし、この主体の中に（in duobus ut in uno subiecto）存在するのではなく、プラトンの中にソクラテスとの類似性が存在し、ソクラテスの中にプラトンとの類似性が存在すると考えられている。関係は、関係づけられている二つ（あるいは複数）の基体の各々において、それぞれ他の基体へと向かって（in uno et ad aliud）存在しているのであり[43]、関係は二つの（あるいは複数の）関係項の間（intervallum）にまたがって存在するというミドルトンのリチャードのような見解は中世スコラ哲学の関係論においては例外的な見解であった[44]。XとYが一定の関係にあるとき、Xという一つのものの中にYへの関係R_xが存在し、Yという一つのものの中にXへの関係R_yが存在するのであり、R_xはYへと向かい、R_yはXへと向かって存在する。

スコトゥスの関係論の特徴はその強い実在論にある。スコトゥスにとりカテゴリカルな実在的関係は、実体のようにそれ自体で（per se）存在するものではないが、その基体から実在的に区別される「関係的なもの」（res relativa）であり、性質や量のような「絶対的なもの」（res absoluta）としての付帯性――スコトゥスはオッカムとは異なり量という付帯性が res absoluta であることを認めている――ではなくても、付帯性であることに変りはない。例えばXがYに類似しているとき、Yに対するXの類似性はXという基体とは実在的に区別され、「関係的なもの」たる付帯性としてXに内在しており、Xに対するYの類似性も同様である。

カテゴリカルな実在的関係に関しては関係と基体が実在的に区別されることをスコトゥスは次のように論証する。

> 「いかなるものも、もしそれが或るものが存在しなくても矛盾なく実在しえるならば、それは当の或るものと実在的に同一ではない。しかし、関係の基体が当の関係なくして矛盾なく存在しうるような多くの関係が存在する。それ故、基体とは実在的に同一でない多くの関係が存在する[45]」。

この推論の小前提が真であることは、類似性や同等性といった関係（aequiparantia の関係）においては、関係の基体が関係なくして存在しうることから明白である。

> 「というのも、この白いものが存在し、あの白いものが

存在しなければ、この白いものは類似性なくして存在し、もし別の白いものが存在するようになれば、（最初の）この白いものには類似性が存在することになるからである。それ故、（最初の）この白いものは類似性なしで存在したり、類似性を帯びて存在したりすることが可能である。同様のことは多くの〈disquiparantia〉の関係についてもあてはまる。というのも、このものが人間であり、他のいかなる人間も彼の権力に服していないような人間であれば、このものは支配（関係）なしで存在するが、奴隷たちがあてがわれることにより、当の人間が主人になることは可能だからである」[46]。

上記の推論の大前提は矛盾律によって立証される。「同一の存在者」（idem ens）が実在すると同時に実在しないことは矛盾律に反しており、実在する存在者と実在しない存在者が異なっていること（diversitas）が矛盾律から直ちに帰結する。二つの存在者について相互に矛盾することが言われるならば、この二つの存在者は同一でない。それ故、存在すること（esse）と存在しないこと（non-esse）という矛盾することがそれぞれ二つの存在者について言われるならば、これら二つの存在者は同一でないことになる。もしこの大前提が否定されれば、存在者の間の区別を立証する手段がなくなるだろう[47]。

従って基体が実在し、関係が実在しないことがありうるならば、基体と関係は同一の存在者ではなく異なった（区別された）存在者であることが帰結する。このようにスコトゥスは基体と関係が分離可能であることを根拠に両者の実在的区別（差異）を主張する。ただし言うまでもなくスコトゥスの言う分離可能性は、実在的関係（すなわち類似性のような関係的付帯性）の基体（例えば白のような絶対的付帯性）は当の実在的関係なくして存在しえるということであり、これと非対称的に実在的関係は基体なしには存在しえず、基体を必然的に前提としており、それ故関係が基体なくして存在するということは矛盾である。スコトゥスによると、実体は性質や量のような絶対的付帯性なくして存在可能である一方で、——聖餐の実体変化（transsubstantiatio）において明らかなように——絶対的付帯性は実体なくして存在可能である。これに対し、実体ないし絶対的付帯性と関係的付帯性の間にはこのような対称性は存在しない。後述のようにこのことは、関係が無限後退してしまうことを理由に基体と関係の実在的区別を否定する見解に対しスコトゥスが提示する反論で重要な意味をもつことになる。

また、基体と関係を実在的に（realiter）区別された存在者と考えるスコトゥスの存在論が、関係をもの（res）として捉えていることに注意しなければならない。例えば実体と性質と量のみを〈res〉とみなし、——あるいはオッカムのように実体と性質のみを〈res〉とみなし――これらのものの間にのみ実在的（realis）な区別を認める存在論が、〈res〉である基体と〈res〉でない関係の間に実在的区別を認めないのに対し、スコトゥスの存在論は関係を、実体や性質や量のような絶対的なもの（res absoluta）ではないが関係的なもの（res relativa）とみなしている。

さて、スコトゥスは、基体と関係の実在的区別を否定し、両者を実在的に同一とする見解から次のような〈inconvenientia〉が生ずることを主張する。第一にキリストの受肉に関して、もし基体と関係が同一ならば、人間本性たる基体と、「言葉」（Verbum）――すなわち神の第二の位格たる子――と人間本性との結合（unio）たる関係は、実在的に同一ということになり、従って、たとえ「言葉」が人間本性を一度も引き受けたことがなかったとしても人間本性は今と同じく昔から「言葉」と結合していたことになるだろう。また、仮に「言葉」が人間本性を放棄する（そして人間本性はそのまま存続する）ようなことがあっても、今と同じくこの時も人間本性の全実在（tota realitas）は保持されるのであるから、人間本性は今と同じく「言葉」と実在的に結合し続けるだろう。しかしこのようなことは「言葉」が人間本性を引き受けること（assumptio）、すなわち受肉を無意味なものにする。というのも、結合関係がキリストの人間本性と実在的に同一だとすれば、人間本性が存在し結合関係が存在しないことは矛盾し、人間本性が「言葉」との結合関係なしで存在することは論理的に不可能になるからである(48)。

同じく実体変化に関して言えば、パンの付帯性は、聖変化の前はパンの実体（質料と実体的形相）に内属し、聖変化の後はパンの実体がキリストの体の実体へと変化することから、パンの実体に内属することはないが、――いま、パンの付帯性のうち量が量以外の付帯性を支えるという見解をとったとして――内属（inhaerentia）の関係がその基体である量の付帯性と実在的に同一であれば、量は――そして量を介して他の付帯性は――聖変化の後もパンの実体に内属することになり、これは実体変化と矛盾するだろう(49)。

更に、関係と基体の実在的同一性を主張する見解は、あらゆる複合体（compositum）の否定へと至る。いまａとｂが複合体abを形成しているとき、この見解によると、ａとｂの結合（unio）は二つの絶対的なものに他ならず、それ故ａとｂが分離しているときも、複合体abが有している全実在は存続し、ａとｂは分離していながら結合し続けることになる。しかしａとｂが分離しているとき、それは真の複合体ではなく単なる集積（aggregatio）にすぎないのであるから、この見解からは、複合体は複合体でないという矛盾した結論が生じる。それ故、この見解は正しくなく、複合体abはａとｂ以上の何らかの実在者を含んでおり、aとbの結合関係は、その基体であるaないしbとは別個の実在者である、と考えなければならない(50)。

更にスコトゥスは近接した二つのもののうち一方が作用を及ぼし、他方が作用を及ぼされる例をとって次のように論ずる。

「同様に、(もし関係がその基体に他ならないとすれば)作用を及ぼすもの(agens)と作用を及ぼされるもの(patiens)が存在したところではどこでも、作用を及ぼすものは常に作用を及ぼし、作用を及ぼされるものは常に作用を及ぼされたことが帰結する。なぜならば両者が近接しているときは、両者は作用を及ぼし及ぼされるが、この近接(approximatio)は関係だからである。もし関係が基体に他ならないとすれば、この近接は、例えば火と木のように、作用を及ぼすものと作用を及ぼされるもの以外の何ものでもないだろう。それ故両者が存在したところではどこでも常に両者は作用を及ぼし及ぼされたことになる。しかしこれは偽である。それ故このことから、或るものが以前は作用を及ぼさなかったのが今や作用を及ぼすようになるためには、当のものに新たに何ものかが付け加わらなければならない、ということになる。火と木の場合、作用が生ずるためには近接以外の何ものも必要ではない。従って、近接は木および火とは別のものであることが帰結する(51)」。

要するにスコトゥスによれば、火が木に近接するときにのみ木は燃えるが、関係が基体に他ならないならば、近さという関係は火ないし木そのものに他ならないことになり、従って火と木が近接しようとしまいと同じもの(すなわち火と木のみ)が常に存在することになるだろう。しかし火が存在しても木が燃えなかった状態から、火が木を燃やす状態へと変化することは、火と木とは別の実在者(すなわち近接関係)の存在を含意する。それ故近さという関係が存在しないと火が木を燃やすことは不可能であるが、もし関係(近さ)がその基体(火と木)に他ならず、火と木が近接していようといまいと存在するのが火と木だけであれば、火と木が近くないと火は木を燃やせない一方で、近くても燃やせないということになり、これは第二原因の否定を意味するだろう。この帰結を回避するには近さという関係がその基体とは実在的に区別されて存在すると考えなければならない(52)。

複合体と第二原因に関する上記二つのスコトゥスの議論において前提とされている原則は、或る状態がそれとは矛盾する状態へと移行するとき、実在するものの中に何らかの変化が生じていなければならないという原則である。

「変化なくしては相互に矛盾した或るものから或るもの

> への移行はありえない。というのも、いかなるものにも変化が存在しないならば、相互に矛盾する二つのもののうち他方のものではなく一方のものが現時点で真である理由は存在しないし、一方のものではなく他方のものが偽である理由も存在しないだろう。かくして二つのものは両者ともに偽であるか、両者とも同時に真であることになる」[53]。

上述の複合体に関して言えば「aとbは複合体である」から「aとbは複合体ではない」への移行は、そして第二原因に関しては「火は木を燃やさない」から「火は木を燃やす」への移行は、実在するものにおける変化によって説明されるべきであり、このためには関係をその基体から実在的に区別される存在者として理解しなければならない、というのがスコトゥスの主張である[54]。

さて、スコトゥスが主張するように被造物を基体とする実在的関係がその基体から実在的に区別されるとしても、超越的関係、特に神に対する被造物の依存関係についても同じことが言えるだろうか。既に述べたようにスコトゥスは『命題集註解』（*Ordinatio* II, d.1, q.5）で、神に対する被造物の関係は（当の関係の）基体（すなわち被造物）と同一か、という問題を議論している。この問題に対するスコトゥスの返答は、カテゴリカルな実在的関係が基体から実在的に区別されるのに対し、神に対する被造物の依存関係は、実在的にはその基体（被造物）と同一であるが、形相的（formaliter）には基体から区別されるというものである。先ず被造物と「神に対する被造物の依存関係」が実在的には同一であることをスコトゥスは次のように説明する。

> 「或るものが（別の）或るものに真に内在すると言われ、この（別の）或るものが（前者の）或るものなしには矛盾なくして存在しえないとき、（前者の）或るものは（後者の別の）或るものと実在的に同一で（あるからで）ある。しかし神への（依存）関係は石に真に内在し、石は神への（依存）関係なしには矛盾なくして存在しえない。それ故、この関係は石と実在的に同一である」[55]。

要するに或るものbがaに真に内在し、aはbなしで存在しえないならば、bはaと実在的に同一である。そして神への依存関係は石に真に内在し、石はこの関係なくしては存在しえない。それ故、関係は石と実在的に同一である。スコトゥスはこの推論の大前提を次のように証明する。

aがbなしで存在しえないならば、bはaに対し自然的に（naturaliter）先行している（prius）か、自然的に同時である（simul）か、aとbは実在的に同一である（idem）かのいずれかである。しかしｂがａに真に内在しているということは、ｂがａに自然的に後行している（posterius）ということであり、それ故ｂがａに自然的に先行していないこと、そしてまたｂがａに自然的に同時でもないことを含意する。従ってｂはａと実在的に同一でなければならない。ここでスコトゥスは時間的な先行性、後行性、同時性とは異なる自然的な（あるいは論理的な）先行性、後行性、同時性の観念を用いている。識別可能な二つの要素のうち、一方の要素Ｂの概念ないし存在が他方の要素Ａの概念ないし存在を含意し、Ａの概念ないし存在がＢの概念ないし存在を含意しないとき、――ＡとＢの間に時間的な前後関係が存在しなくても――ＡはＢに自然的に先行すると言われ、ＡがＢを含意しＢがＡを含意するときは、ＡとＢは自然的に同時であると言われる。例えば神が或る被造物を創造可能なものとして認識し、この被造物の創造を決定するとき、神の認識と決定が時間的な先行と後行の関係になくても、決定は認識を含意するのに対し認識は決定を含意しないので、認識は決定に自然的に先行すると言われる。これと同様に、基体（石）に内在する関係（神への依存関係）は基体に後行し、それ故言うまでもなく基体に先行することも、基体と同時的であることもない。しかしここで次のことに注意すべきである。スコトゥスが関係ｂは基体ａに自然的に後行すると考える理由は、ｂの存在がａに依存し、ａの存在がｂに依存しないからではない。というのも被造物たるａは神への依存関係ｂなしには存在しえないからである。ａとｂは実在的にはそれぞれ他方なしには存在しえず、両者は実在的には同時的であり、ｂはａから分離不可能なａの付帯性である。しかしこのことは関係ｂが基体ａに自然的に後行することの妨げにはならない。

要するに被造物ａは神への依存関係ｂなしには存在しえないのであるから、ｂがａに自然的に先行することはありえず、ｂはａに自然的に後行するか、自然的にａと同時であるか、ａとｂが実在的に同一であるかのいずれかである。しかし他方でｂはａに真に内在しているのであるから、ｂはａに自然的に後行しており、ｂがａに先行したりａと同時的であったりすることはありえない。それ故ａとｂは実在的に同一でなければならない。「ｂがａに内在しており、ａがｂなしに存在しえないならば、ａとｂは実在的に同一である」という原則は、後で述べるように、関係の客観的実在性を認めることは無限後退を引き起こす、という（その後オッカムが行うことになる）批判を予想してスコトゥスが自説を擁護する際に重要な意味をもつことになる。

スコトゥスの存在論においては、実在する単一のものの中には複数の形相的存在者（formalitates）が存在し――例えば個物を構成する共通本性と固体化原理は、形相的に区別されるこの種の formalitates である――、実在的には同一であるが形相的に区別されるこれらの存在者の間には、各々の本質的意味に基礎を置く先行と後行の自然的で論理的な関係が存在する。（被造物の）神への依存関係と、基体たる被造物は実在的に同一であるが形相的に区別され、基体は依存関係に自然的論理的に先行する。もっともこのような先行と後行の関係が基体と超越的関係との間に限られないことは言うまでもない。ソクラテスとソクラテスが帯びる白さのように実体と付帯性（たる性質）、主体と主体が帯びる属性も自然的な先行と後行の関係にあり、また、ソクラテス（あるいはソクラテスの白さ）たる基体と、この基体が帯びるプラトン（あるいはプラトンの白さ）との類似性のような、基体と基体が帯びる実在的関係――スコトゥスは両者を実在的に区別されたものと考える――についても同様である。基体の概念（本質的意味）は関係の概念（本質的意味）を論理的に含意せず、逆に関係の概念は基体の概念を論理的に含意することから両者は論理的な先行と後行の関係にあり、このことは、基体から（スコトゥスによれば）実在的に区別される（カテゴリカルな）実在的関係にも、基体から形相的にのみ区別される超越的関係にも同様にあてはまる。

　さて、スコトゥスによれば被造物と、被造物が帯びる神への依存関係は実在的にではなく形相的に区別されるが、形相的区別（差異）についてはM・M・アダムズが次のような明解な定義を提示している。

　xとyが形相的に「同一でない」あるいは「異なる（区別される）」のは次の（a）（b）（c）の条件が充たされている場合にかぎられる。すなわち（a）xとyが実在的に単一のもの（res）であるか、実在的に単一のものの中に存在しており、（b）xとyが定義可能であればxの定義はyを含まず、yの定義はxを含んでおらず、（c）xとyが定義不可能なときは、仮に両者が定義可能だとすればxの定義はyを含まず、yの定義はxを含んでいない。(56)

スコトゥスによれば、或るものを形相的に含んでいるということは、そのものの本質的な〈ratio〉においてそのものを含んでいるということであり、二つのものが形相的に同一である（区別されない）ことは、一方の〈ratio〉が他方の〈ratio〉を含み、それ故一方の定義が他方の定義を含むことを意味する。これに対し、一方のものの〈ratio〉ないし定義が他方のものの〈ratio〉ないし定義を含んでいなければ、両者は形相的に異なっている。例えば単一にして単純な神が「善性」（bonitas）と「叡智」という二つの属性を帯びるとき、善性と叡智は実在的には同一であるが――両者が異なれば神は単純でないことになる――、その本質的な〈ratio〉を異にする――「善性」の定義は「叡智」の定義を含まず、「叡智」の定義も「善性」を含んでいない――ことから、神は単純でありながら形相的に区別された二つの属性を含むことになる。そして形相的に区別されるこれら二つの属性は人間の精神作用によって生ずるのではなく、人間の精神作用に先立って客観的に――ものの側に（ex parte rei）――存在する。(57)

それ故「被造物」（a）と「被造物の神への依存関係」（b）は、（a）は（b）なしでは存在しえず、そして（b）は（a）より自然的に後行することから実在的には同一である一方で、「絶対的なもの」（res absoluta）の〈ratio〉は「関係」の〈ratio〉を含まず、後者も前者を含まないことから、（a）と（b）は形相的に区別されていることになる。

「それ故、関係の基体は形相的に（formaliter）或る存在者（aliqua entitas）であり、この存在者は形相的には当の関係を含んではいない。というのも、もし仮にそれが関係を形相的に含んでいるならば、関係は形相的に「他のものへの」（ad aliud）存在ではなく、「自己自身への」（ad se）存在ということになるからである。すなわち、当の関係の基体は形相的に「自己自身への」存在であるが、仮定により関係は形相的にこの基体と同一とされるからである(58)」。

絶対的なものの〈ratio〉は、それが〈ad se〉に存在していることであり、これに対し関係の形相的な〈ratio〉は〈ad aliud〉の状態（habitudo）にあることであるが、〈ad se〉に存在しているものは、〈ad aliud〉に存在しているものと形相的に同一ではありえない(59)。従って「絶対的なもの」である被造物（実体である石）は、「被造物の神への依存関係」とは形相的に区別される（異なっている）。「関係の〈ratio〉それ自体は形相的には絶対的なものの〈ratio〉を含んでおらず、逆に絶対的なものの〈ratio〉それ自体は関係の〈ratio〉を含んでいないからである(60)。」このようにしてスコトゥスは、「被造物」と「被造物の神への依存関係」は実在的に同一であることから被造物はこの依存関係なくしては存在しえないことを維持する一方で、両者の形相的差異を認めることで被造物を本質的に関係的なものにしてしまうことを回避できた。一つの被造物である一つの石は単一のものであるが、この単一の石は、絶対的な特性（実体であること）と関係的な特性（神への依存関係であること）という相容れない特性の担い手である二つの異なった〈formalitates〉を帯びている。このような形相的差異をスコトゥスは神の本質と三つのペルソナ（ヒュポスタシス）の間にも認めている。神の本質と各々のペルソナは実在的には同一であるが、形相的に区別されることを措定することによって、同じ一つの神に相容れない三つの特性（父、子、聖霊という特性）を述語づけることが可能になる。各々のペルソナは形相が限定されており、他のものへと伝達不可能〈incommunicabilis〉である――何らかの意味で他のものの一部分として、あるいは他のものに支えられて存在するようなことがありえない――のに対し、神の本質は形相が無限定であり――父、子、聖霊の三つのペルソナはそれぞれ神の本質であるという意味で――伝達可能〈communicabilis〉である。

それでは、被造物と神への依存関係が実在的に同一であるということの意味は何であろうか。スコトゥスはこれを次のように説明している。

「被造物において、或るものが同一性によって〈per identitatem〉他の或るものを含むか、多くのものを統一的に〈unitive〉含んでいるとき、このことは、含まれているものの完全性の故に〈ex perfectione〉ではなく、含んでいるものの完全性の故にそうなのである。例えば〈或る人々によれば〉理性的魂が植物的魂と実体的形相を含んでいるならば、このことは、実体的形相の完全性の故にではなく〈というのも実体的形相は他のすべてのものを含んではいないからである〉、理性的魂の完全性の故にそうなのである。同様に、存在〈ens〉は〈真、善、一のような〉存在のどのような〈passiones〉をも含んでいるが、この包含は含まれているものの完全性の故にではなく、含んでいるものの完全性の故である。これは神において関係がその基体と同一であることが、〈あたかも関係が同一性によって本質を含むかのように〉関係の完全性の故にではなく、本質の形相的な無限性――この無限性の故に当の本質は自らの中に同一性によって関係を含んでいる――の故にそうであるのと同様である[61]」。

スコトゥスがここで挙げている「存在」と、「真」〈veritas〉、「善」〈bonitas〉、「一」〈unitas〉といった「存在の」〈passiones〉――いわゆる〈transcendentalia〉――の例が明らかに示しているように、被造物と神への依存関係が実在的に同一であることの意味は次のように理解されうるだろう。

いま、Xがaを同一性によって〈per identitatem〉含んでいるとき――すなわちXがaと実在的に同一であるとき――、Xとaが形相的に〈formaliter〉区別されているということは、Xの本質的定義の中にaが含まれていない一方で、aがXと必然的に結合し、Xから分離不可能なことを意味する。それ故aはXに固有のもの〈proprium〉、すなわちXに必然的に内属する付帯性として理解することができる。そしてスコトゥスは、Xが同一性によってaを含むとき、その理由はXの完全性〈perfectio〉にあると考えた。スコトゥスが指摘するように、例えば「存在」はその完全性の故に「真」「善」「一」を〈passiones〉として含み、これらと実在的に同一であるが形相的に異なっている。というのも「真」、「善」、「一」は「存在」の固有性（propria）であり、存在と必然的に結合しているが、「存在」の本質的定義には含まれていないからである。同様に、被造物が神への依存関係と実在的に同一であるということは、「絶対的なもの」である被造物は、その完全性の故に「神への依存関係」を同一性によって含んでおり、依存関係は――被造物は必然的に神に依存していることから――「固有性」のように被造物から分離不可能な付帯性として当の被造物と結合している。このようにしてスコトゥスは被造物と神への依存関係を実在的に同一とみなしながら、両者を完全に――スコトゥスの用語では〈praecise〉に――同一とみなすことを回避し、依存関係を被造物の必然的付帯性として理解した。そして被造物である「基体は（同一性によってそれが含む）依存関係であるだけでなく、仮に関係がそれに付加されたとしても、あるいはいかなる関係も有していなくても同じように絶対的でもある(62)」。すなわち、被造物は同一性によって神への依存関係を含んでいるのであるから、依存関係は絶対的なものである被造物にどのような完全性も付け加えることがない。

「かくして私は次のように主張する。石の本質は自らの完全性によって、神への（依存）関係であるわずかな完全性を（modicam perfectionem）含んでいる。すなわち、たとえその関係を有していなくても同様に完全であるような仕方で当の関係を含んでいるのである。それ故、石は第一に「自己自身に対して」（ad se）と言われるが、自らの完全性の故に関係を含んでいる(63)」。

このようにスコトゥスは、被造物が神への依存関係と実在的に同一であっても依存関係を被造物から形相的に区別されたものと考え、被造物自体の絶対的な性格を強調した。要するに、被造物は神に必然的に依存しているから依存関係を被造物から分離することは不可能であるが、だからといって被造物が本質的に関係的なもの（res relativa）になるわけではなく、被造物は絶対的なもの（res absoluta）なのである。

次にスコトゥスは、実在的関係は人間の精神作用に依存し客観的実在性をもたないという主張に対して四種類の反論を提示する(64)。第一に、アリストテレスの『形而上学』第十二巻によれば、軍隊の統一性が軍隊の諸部分相互の秩序と、指揮官に対する諸部分の秩序とに存するように、宇宙の統一性（unitas universi）は宇宙の諸部分相互の秩序と、第一動者に対する（ad primum）諸部分の秩序とに存する。従って、関係が知性の作用の外にあるもの（res）であることを否定する人々に対しては、これらの人々は「宇宙の実体をばらばらなものにしている

（inconnexam faciunt）」と答えられるだろう。スコトゥスの第二の反論は既に述べた論点、すなわち複合体の諸構成要素は客観的に実在する結合関係によって当の複合体を構成している、という論点に関するものである。

> 「諸部分が分離してしまえば複合体は存続することを止めるように、いかなる複合体も、それを構成する諸部分の結合なしに（sine unione）存在することはない。しかし実在するいかなるものも単に理性（ratio）にすぎないもの（そしてまさに我々の知性の作用によって引き起こされた理性上の存在者にすぎないもの）に依存することはなく、あるいは少なくとも人為的なものではない実在者はそうである。それ故『全体』（totum）が存在するためには必然的に関係を必要とし、この関係が理性上の存在者（ens rationis）以外のなにものでもなければ、『全体』は自然的な実在者ではなくなるだろう[65]」。

スコトゥスの第三の論証も既述の論点、すなわち近接（approximatio）関係が客観的に実在しないかぎり第二原因は実在するものを因果的に引き起こすことはできないという論点に関するものである。

> 「実在する存在者を因果的に引き起こすこと（causatio entis realis）は、原因として理性上の存在者を必要とすることはない。そして第二原因は〈proportio〉と〈approximatio〉なくして結果を因果的に引き起こすことはできない。それ故、もしこの〈approximatio〉が理性上の存在者にすぎないのであれば、この〈approximatio〉のもとにあっても原因が何らかの実在者を因果的に引き起こすことはできないだろう。この〈approximatio〉なくして（第二原因）は結果を因果的に引き起こすことができず、（関係である）この〈approximatio〉は、あなたの見解によると実在するもの（res）ではないのであるから、第二原因は、結果を因果的に引き起こす力に対し（ad posse causare）何の寄与もしないことになるだろう[66]」。

第四の論証は数学的命題の客観的な妥当性を論拠にしている。もしあらゆる関係が人間精神に依存するならば数学的知識は単に主観的なものになるが、数学は実在するものの間に人間精神から独立した実在的な関係（passio relativa）が存在することを証明している。例えば三角形は、二つの直角と同等の三つの角を（tres angulos aequales duobus rectis）有するが、この同等性（aequalitas）は人間精神の作用に依存することなく実在する関係的な〈passio〉である[67]。

さて、以上のスコトゥスの議論にみられるように、関係が人間精神とは独立に客観的に実在する付帯性（偶有性）であることは（オッカムも含めて）中世スコラ哲学の通説的な見解であり、むしろスコラ哲学者にとって中心的な問題は、客観的に実在する関係はどのようなタイプの存在者か、関係はどのような様態のもとに存在するかということだった。宇宙には客観的な秩序が存在しており、二つの白い壁は白さの点で客観的に類似し、父親と息子の間には客観的に父子関係が存在している。これらの秩序、類似性、父子関係は人間精神によって産み出されるわけではない。しかし、関係という付帯性は関係づけられているものとは別個に存在する関係的な「もの」（res）なのだろうか。スコトゥスがこれを肯定するのに対し、オッカムは――三位一体論や受肉論など神学的脈絡は別にして――これを否定し、関係は関係づけられているものと同一であることを主張する。

スコトゥスは関係と、関係づけられているものを同一視して両者が実在的に区別されることを否定する見解を批判するが、このような見解をとるのがヘントのヘンリクスであり、スコトゥスの批判は特にヘンリクスに向けられていた[68]。

第一にスコトゥスはヘンリクスの次の見解、「類似している白」と「白それ自体」は共に単純であり複合的ではなく、それ故類似性の実在的関係は基体（である白）にいかなるもの（res）も付け加えないという見解に言及し[69]、第二にヘンリクスが自分の見解の論拠として、関係（ad aliquid）には変化（motus や mutatio）が存在しないというアリストテレス『自然学』第五巻第九章の一節を援用していることを述べている[70]。そしてスコトゥスが言及するヘンリクスの第三の議論は次のようなものである。もし関係が基体とは別のもの（res）であり、それ故類似性が、実体に白さが内在することとは独立に自らに固有の仕方で実体に内在するのであれば、実体に基礎を置く関係は自らに固有の付帯的性格（accidentalitas）の故に付帯的（accidentalis）ということになるが、シンプリキウスによるとアリストテレスに従えば実体に基礎を置く関係は自らに固有の付帯的性格を有してはおらず、関係が直接的に（immediate）基礎を置くのは実体ではなく量や性質であり、それ故、関係は基体とは別のものであるという見解はアリストテレスの見解と齟齬をきたすが故に〈inconveniens〉である[71]。スコトゥスが言及するヘンリクスの第四の議論は、関係が基体とは別のもの（alia res）だとすると、「別のものであること」（alietas）――これも一種の関係である――もその基体（すなわち関係）とは別のものだということになり、かくして関係における無限後退（processus in infinitum in relationibus）が生ずるというものであり[72]、更に第五の議論は（dominium が paternitas から区別されるのは〈esse ad〉ではなく基体によるように）関係は基体によることなくしてその〈species〉において区別されてはいないが、もし関係が基体とは別のものだとすれば、その〈species〉においてそれ自体で形相的に（ex se formaliter）区別されていることになってしまう、というものである。[73]

ヘンリクスの議論のうち特に重要なのが第一（及び第二）と第四の議論であり、これに対するスコトゥスの返答をみてみよう。

前者の議論、すなわち基体が変化しないにもかかわらず実在的関係が生じたり消滅したりすることがあるから、関係は基体に内在する（そして基体から区別される）ものではないという議論、別言すれば、他のものへと関係づけられた基体は基体それ自体より複合的（compositius）であることはないという議論については三つの見解を区別することができる。いまａ（ソクラテス）とｂ（プラトン）が共に白く、ａはｂに白さの点で類似している（あるいはａの白さはｂの白さに類似している）とする。このときａが黒くなれば類似性はａの変化によって消滅することはいうまでもない。しかしａは白いままでｂが黒くなったとき、ａには何ら変化が生じていないにもかかわらず、（ｂのａに対する類似性は言うまでもなく）ａのｂに対する類似性は消滅する。ヘンリクスはこの事態を根拠にして、類似性は基体ａ（ないしａが帯びる白さという基体）とは別個の――そしてａに内在する――ものではないと主張するが、これは例えばトマス・アクィナスの見解でもあった。[74] 白かったプラトンが黒くなりソクラテスが相変わらず白ければ、ソクラテスにはいかなる変化も生じていないと考えられるからである。しかしこの見解とは異なる二つの見解を想定できるだろう。一つはスコトゥスの見解であり、ｂである基体（ないしｂの中にある基体）が変化しただけでもａは変化し、関係の消滅や付加により基体自体に変化が生ずると主張する。白かったｂが黒くなれば、相変わらず白いａにおいてｂとの類似性の関係が消滅することでａに変化が生じているのである。このことは、黒かったａがｂと同じように白くなりｂとの類似性がａに生じたときにもあてはまり、この場合、ａはｂとの類似性を獲得することで変化したと考えられる。実在的関係は一つの形相（forma）であり、新しい形相が或るものに付加されれば、あるいは或るものの形相が消滅すれば、そのものは変化するのであり、そのもの自体に関しては変化がなくても、それと関係づけられた他のもの（関係項）に関してそのものは関係の付加あるいは消滅により変化している。スコトゥスは次のように述べている。

「私はシンプリキウスが『範疇論註解』の中で答えているように、関係に関しては変化が存在すると主張する。というのも、新しい形相が或るものに生ずるとき、形相によってそのものが変化することなくして当の形相がそのものに生ずるとは考えられないからである。それ故、新しい関係の形相がそこに生ずるものは、それ自体に関してではないが他のものに関して（ad aliud）変化しているのである。そして形相が存在者（ens）であり、（形相がそこに生ずるものを）より完全なものにする（perfecit）ように、或るものは形相によって変化しなければならない。従って関係がそこに生ずるものは、他のものに対する存在において（in essendo ad aliud）存在するようになり、かくして（関係が生じた）今と（関係が生ずる）以前とでは他のものに対して異なった仕方で存在している。そのものは関係によって変化するのである(75)」。

スコトゥスによれば、付帯性のカテゴリーである量や性質が絶対的なもの（res absoluta）であるのに対して、関係は絶対的なものではなく関係的なもの（res relativa）である。しかし実在的関係は関係づけられているものから独立して客観的に存在する「もの」であることに変わりはない。関係は関係づけられているもの（関係の基体）に内在する付帯性だからである。この点、或るものに内在するのは絶対的付帯性のみであり、関係は基体に内在しないが、それでも当のものは関係を得たり失ったりすることで付帯的に変化するという見解もありうるだろう(76)。いま、白いａと白いｂが白さ（という絶対的付帯性）の点で類似しているとき、スコトゥスの見解によれば、ａにはｂとの類似性（という関係的付帯性）Saが内在し、ｂにはａとの類似性（という関係的付帯性）Sbが内在しており、このときａだけが黒くなればａの絶対的付帯性のみが変化しｂの絶対的付帯性は変化しないが、SaとSbが共に消滅することからａとｂの双方に変化が生ずる。しかしこの場合、類似性はａとｂに内在していないがａとｂの付帯性であることに変わりはなく、ａが黒くなることでａとｂは自らに内在しない類似性を失うことから共に付帯的に変化する、と考えることも可能である。類似性は基体ａとｂに内在しないが、いわばａとｂにまたがって存立する非内在的付帯性と考えられるのである。

次に、ヘントのヘンリクスの第四の批判、実在的関係がその基体から実在的に区別されるならば無限後退が発生するという批判に対してスコトゥスは次のように答える。

「第四に次のように論じられている。もし（実在的関係が）基体とは別の（alia）ものならば、関係における無限後退が存在することになるだろう。というのも、この関係（R）が基体とは別のものならば、同じ理由によって（ある種の関係である）その別性（alietas）（R_{I}）も基体（R）とは別のものということになり、更にこの別性（R_{II}）も基体（R_{I}）とは別のものであるから無限にそういうことになるが、これは不都合な（inconveniens）ことである[77]。……」

「無限後退を指摘するこの第四の議論に対して私はその推論は妥当しないと主張する。というのも関係はそれ自体において基体と関係づけられている（refertur）からである。その理由は、関係が基体なくして、あるいは自分自身なくして存在することは、矛盾なしにはありえないことにある。もし関係（R）が存在し、これと同時に基体が存在するならば、両者は、当の関係（R）と基体の間にある関係（R_I）の関係項（extrema）である。それ故関係（R）は、当の関係（R）と基体の間の関係（R_I）なくしては存在しえず――基体との関係（R_I）を伴わない関係（R）は矛盾である――、そして関係（R）がその基体なしで存在することは矛盾なしにはありえないのであるから、当の関係（R）がそれによって基体と関係づけられている関係（R_I）は、当の関係（R）と同一ということになる」[78]。

ここでスコトゥスが圧縮して述べていることをもう少し具体的に説明してみよう。もし（スコトゥスが主張するように）実在的関係と基体が実在的に区別されているならば無限後退が生ずることは次のように説明されうる。いま、あるものaが別のものbと白い点で類似しているとき、aないしaの白さ（基体F）は、bないしbの白さに対して類似性の関係（R）を帯び、Rはaと実在的に区別されている一方でaに内属している。しかしRとaが実在的に異なっていれば（あるいはRがaに内属していれば）Rとaの間には「異なっている」という関係（あるいは「内属している」という関係）R_Iが存在していることになり、RはR_Iの基体となる。しかし今度はR_IとRの間にも「異なっている」関係（あるいは「内属している」関係）R_{II}（R_Iを基体とするR_{II}）が存在していることになり、かくして更にR_{II}とR_Iの間には（R_{II}を基体とする）関係R_{III}が存在し、関係は無限後退していく。しかしこれは不合理である[79]。

スコトゥスは無限後退を止めるために、RはR_IによってではなくR自体においてaと関係づけられており、RとR_Iは実在的に同一であることを次のように論証する[80]。先ず、実在的関係Rの存在は、二つの実在的に区別される関係項が存在することに依存しており、関係項の一つである基体aは実在的関係Rが存在するための必要条件の一つであることから、Rがその基体aなしに存在することは論理的に不可能であり、それ故Rがaなくして存在することは矛盾している。絶対的付帯性（性質や量など）が実体なくして存在しうることは聖餐式の実体変化において明らかであるが、関係的付帯性は実体である基体なしに存在することはできない。すなわち、絶対的付帯性の場合は、付帯性は実体から実在的に区別されるだけでなく、付帯性が帯びる「実体への内属性」という関係も当の付帯性から実在的に区別されている。ソクラテス（実体）に内属する白さ（絶対的付帯性である性質）は、ソクラテスから実在的に区別されるだけでなく、白さがソクラテスに対して帯びる内属性という関係（白さを基体にした関係）からも実在的に区別され、そこには実体（ソクラテス）、絶対的付帯性（ソクラテスの白さ）、そして絶対的付帯性が実体に対して帯びる内属関係（白さがソクラテスに内属しているという関係）、の三者が実在的に区別された仕方で存在している。以上のことすべては、絶対的付帯性が実体から分離して存在できることに起因する。絶対的付帯性は実体に内属することなくして存在しえるのであるから、事実上、実体に内属していても、その内属関係は付帯性から実在的に区別されるのである。これに対して、関係という付帯性（白いソクラテスが白いプラトンに対して帯びる類似性）の場合は、絶対的付帯性の場合と同様に基体（ソクラテス）は関係（プラトンとの類似性）なくして存在可能であり、従って基体と関係は実在的に区別されるが、絶対的付帯性とは異なり関係的付帯性は基体なくして（基体から分離して）存在しえない。ソクラテスとその白さに関しては、白さとソクラテスは実在的に区別されていると同時に、白さは（通常はソクラテスから分離して存在しえないが、実体変化のように神の介入によって）ソクラテスから分離して存在可能であることから、白さがソクラテスに対して帯びる内属関係は、この関係の基体であるソクラテスの白さとは実在的に異なっている。これに対し、ソクラテスの白さと、この白さが帯びるプラトンの白さとの類似性に関しては、白さと類似性は実在的に区別されているが類似性は白さから分離して存在しえないことから、類似性が白さに内属している関係は類似性と実在的に同一であり、類似性の関係とは別個に存在する関係ではない。類似性はこれと実在的に異なる（区別される）内属関係を通じて白さに内属しているのではなく、それ自体で白さに内属しているのである。従って内属関係の無限後退は生じない[81]。

要するに実体に内属する絶対的付帯性は実体から分離して存在可能であることから、絶対的付帯性が実体に内属している関係は絶対的付帯性とは実在的に異なっている。これに対し実体に内属する関係的付帯性は実体なしでは存在しえず、従って関係的付帯性が実体に対して帯びる内属関係は関係的付帯性とは実在的に異なる別の関係ではなく、関係的付帯性と実在的に同一である。このようなスコトゥスの論法の基礎にあるのが既に言及した次の原則すなわち「xがyに内属し、しかもyがxなしに存在することが矛盾するような仕方で（xがyに）内属しているとき、xとyは実在的に同一である」という原則である。基体Fに或る関係的付帯性R（例えば類似性）が内属しているとき、Rが帯びる（あるいはRの中にある）内属関係R_1はスコトゥスによればRと実在的に同一である。というのもR_{I}はRに属し、そしてRがR_{I}なしに存在することは矛盾を含むが故に、上記の原則によりRはR_{I}と実在的に同一だからである。従って関係の無限後退を理由にした反論――すなわち関係Rが基体Fと実在的に区別されているのであれば、RがFに内属している関係R_{I}もRから実在的に区別され、更にR_{I}がRに内属している関係R_{II}もR_{I}から区別され、これは無限後退していくという反論――に対しスコトゥスは関係をRでストップさせることにより反論を無効にすることができると考えた。このことは内属関係に限られず、上記の「異なっているという関係」（別性）についても妥当する。すなわち（一）或る関係的付帯性Rが基体Fなくして存在することは矛盾である。（二）FとRが存在すれば、Rは「Fと異なっているという関係」（Fに対する別性の関係）R_{I}を帯びる（R_{I}はRに属している）。（三）RがR_{I}なしに存在することは矛盾している。それ故、R_{I}はRに属し、RはR_{I}なしで存在しえないのであるから（上記の原則により）R_{I}はRと実在的に同一である。

更にスコトゥスはヘントのヘンリクスの見解について論ずる際に、関係が基体とは別のものでありえないことを主張する別の議論を提示し、これに反論している。この議論によれば、「類似した白（album simile）は単なる白（album tantum）よりいっそう複合的（compositius）であるわけではなく、従って類似性の関係は基体に別のものを付加することはないから、関係は（基体とは）別のものではない」と主張する。[82] これに対してスコトゥスは次のように反論する。

「確かに（類似した白は）より一層複合的ということはない、と主張し続けることはできるだろう。というのも、複合体は「一つにまとめることができるものたちの統合」（componibilium unio）であるのに対し、関係は本来、他のものと統合されるようなものではなく、他のものに対してある（est ad aliud）ことであり、従ってそれは複合体を構成しないと言うことができるからである。しかし、――私は次のように主張する――たとえそのように言うことができても、それは論点先取の論法である（ratio petat conclusionem）、と。というのも、関係は基体と複合体を構成しないと述べることは、要するに関係は（基体とは）別のものではないと述べることに他ならないからである。[83]
……」

そしてスコトゥスは、ヘントのヘンリクスも基体と関係が複合体を構成することを認めなければならないことを指摘する。

「『類似した白は単なる白より一層複合的ということはな

い』という議論に対しては（次のように答えられる）。この議論は、複合（compositio）は同時に並存すること（simul-positio）であると述べ、言葉の効力を利用して容易に提示することができるが、言葉を気にすることなく、次のように適切に述べるべきである。すなわち『類似した白』は単なる白より一層複合的である。なぜならば、『類似した白』は自らの中に、実在的に区別される現実態と可能態を有しているからである、と。このことは当の議論を支持しているヘンリクスも認めなければならない。というのもヘンリクス自身、複合なくしては〈intentio〉の差異が存在しえないこと、被造物においては〈intentio〉の差異によって関係が基体と異なることを認めているからである」[84]。

ヘントのヘンリクスは、基体と関係が実在的に区別されるという（スコトゥスの）見解を否定し、両者は実在的に同一であり、ただ〈intentio〉を異にするにすぎないと主張した。ヘンリクスによれば区別（ないし差異）（distinctio）は、実在的区別、〈intentio〉における区別、そして理性上の区別に区分され、基体と関係の区別は〈intentio〉における区別の一例である。ヘンリクスによれば、aとbが実在的には同一であるが、aの概念がbの概念を含意せずbの概念がaの概念を含意しないとき、――aの概念とbの概念が同一ではなく、aとbの一方が他方の部分ではなく、一方が他方から必然的に推論されえないとき――aとbは〈intentio〉において区別される[85]。例えば、「人間であること」は本質存在（esse essentiae）において神の理性の中に永遠に存在するのに対し――神が自分自身を、他のものによって模倣されうるものとして認識するとき、この模倣可能性の関係が神のイデアである。イデアは神の理性によって永遠に産み出される「理性上の関係」であり、この関係の関係項が被造物の本質である――、この本質存在が神の創造行為により人間プラトンとして実在するようになれば、それは実在者としての現実存在（esse existentiae）を帯びることになるが、プラトンが「人間」として帯びる〈esse essentiae〉と、実在者として帯びる〈esse existentiae〉はヘンリクスによると実在的区別ではなく〈intentio〉における区別である。プラトンの〈esse essentiae〉（プラトンが何であるか）と〈esse existentiae〉（プラトンがどのように存在しているか）は実在的には同一であるが、一方が他方を論理的に含意することはないので、両者の区別は〈intentio〉における区別である。

ヘンリクスによれば、すべてのカテゴリーにおいて〈essentia〉と〈existentia〉を区別することができる[86]。これは、或るカテゴリーに含まれる存在者の本質と、当のカテゴリーに含まれる存在者に特有の存在様態の区別であり、ヘンリクスは前者を〈res praedicamenti〉、後者を〈ratio praedicamenti〉と呼んでいる。或るカテゴリーの〈res〉を問うことは、当のカテゴリーに含まれる存在者の〈essentia〉を問うことであり、或るカテゴリーの〈ratio〉を問うことは、当のカテゴリーに属する存在者に固有の存在様態（proprius modus essendi）がどのようなものかを問うことである。例えば実体のカテゴリーの〈ratio〉はそれ自体において存立する（subsistere）ことであり、付帯性のカテゴリーの〈ratio〉は、それ自体において存立するものに内属することによって（subsistenti inhaerendo）存立することである。「人間」（実体のカテゴリー）という〈essentia〉は、もしそれが実在することになれば「それ自体において存立する」という〈ratio〉ないし〈modus〉において実在することになり、「白さ」（性質のカテゴリー）という〈essentia〉は、もしそれが実在者の中に実在することになれば、それは「他のものに内属する」という〈ratio〉ないし〈modus〉の下で存在することになる。更に付帯性のカテゴリーは、「他のものに内属する」という〈ratio〉に二種類のものがあるのに応じて二種類に区別される。一つは「他のものにそれ自体で絶対的に（secundum se et abusolute）内属する」という〈ratio〉であり、ヘンリクスによれば量と性質のカテゴリーがこれに相当し、もう一つは「他のものとの関係において（in respectu ad aliud）内属する」という〈ratio〉であり、関係を含む（量と性質以外の）七つの付帯性のカテゴリーがこれに相当する。性質と量は、（神の介入がないかぎり）それが内属する主体から分離して実在しえないが、実在する絶対的なものであることに変わりはない。量の〈ratio〉は、或るものをその諸部分に従って測定すること（secundum partes rem mensurare）であり、性質の〈ratio〉は主体に形相を与える（subjectum informare）ことである。宇宙において神を模倣できるもの、従って神のイデアの関係項となりうる――すなわち、神が自分自身を模倣されうるものとして認識できる――のは、実体と性質と量の三つのカテゴリーだけであり、本質存在（esse essentiae）ないし現実存在（esse existentiae）において存在する被造物は実体、性質そして量だけである。実体、性質そして量はそれぞれ固有のもの（res）を有する絶対的カテゴリーであるのに対し、性質と量以外の七つの付帯性のカテゴリーはそれぞれに固有の〈ratio〉を有しているが、自らに固有の〈res〉をもたず、〈res〉を実体、性質ないし量から受け取る。

　さて、「白さ」というもの（res）は、既に述べたように絶対的付帯性として他のものに内在すると同時に、他のものへと向かって、あるいは他のものとの関係において（ad aliud）存在している。それ故ヘンリクスによると、実在的関係（例えば或る白さが他の白さに類似していること）とその基体（或る白さ）は実在的に同一であり、〈res〉としては同一である。すなわち、実在的関係の基体は絶対的に存在すると同時に関係的に——ad aliud に——存在することができる。ソクラテスに内在する白さという性質は、ソクラテスの中に実在する〈res〉であるが、プラトンも白くなれば、ソクラテスは「類似性」によってプラトンに関係づけられる。しかし「類似性」は、プラトンが白くなったことでソクラテスに付加される〈res〉ではない。ソクラテスの白さは、絶対的付帯性としてソクラテスに内在する〈ratio〉ないし〈modus〉を帯びていたのが、白いプラトンの登場によって「他のものとの関係で存在する」という〈ratio〉ないし〈modus〉をも有することになり、それ故（ソクラテスの）白さという一つのもの（res）が二つの〈ratio〉ないし〈modus〉を帯びることになる。[87]

更にヘンリクスによれば、この類似性の関係は他のすべてのカテゴリーがそうであるように、〈ratio〉——他のものとの関係（ad aliud）で存在するという〈ratio〉——と〈res〉によって構成される実在的付帯性である。しかし関係は——性質と量以外の他の六つの付帯性のカテゴリーと同様に——自らに固有の〈res〉を有してはおらず、その基体である他の付帯性のカテゴリー（性質ないし量）の〈res〉を自らへと「引き寄せる」（contrahit）ことで、〈res〉たる性格すなわち〈realitas〉をもつことになる。それ故関係は〈res〉としては基体と同一であるが、その存在様態は、基体である〈res absoluta〉の存在様態とは異なっている。プラトンの白さと類似しているソクラテスの白さは二つの存在様態において——すなわち、ソクラテスという実体に「それ自体で絶対的に内属する」という存在様態と、プラトンの白さ「へと向かって存在する」という存在様態において——存在する一つの〈res〉である。

さて、ヘンリクスは基体と関係の区別を〈distinctio intentionalis〉——あるいは〈intentio〉における区別——と呼び、既に述べたように、この区別は次のように定義される。「aとbが実在的には同一であるが、aの概念とbの概念が同一でなく、aとbの一方が他方の部分ではなく、一方が他方から必然的に推論されえないとき、aとbは〈intentio〉において区別される。[88]」しかし、この点に関しては、「白さ」のような性質の概念は「類似性」の概念を包含しないが、「類似性」の概念はその基体である「白さ」の概念を包含するのではないかという反論がありうるだろう。この反論に対してヘンリクスは次のように答える。すなわち、類似性の概念が或る意味で白さという性質の概念を含むことは確かであるが、類似性の概念は、数において異なる主体に内在し類似関係の基体となるかぎりでの性質の概念を含むだけであり、それ自体として——すなわち、数において異なる主体に内在するという存在様態とは関係なく、それ自体として——考えられた性質の概念を含んでいるわけではない、と。従ってヘンリクスにとり、類似性という実在的関係と、その基体である白さという性質は〈intentio〉によって区別されることになる。

以上のことから明らかなようにヘンリクスは、実在的関係とその基体は実在的には同一であるが、実在的関係は基体である〈res〉が帯びる〈modus〉として、〈intentio〉によって基体から区別されると考えていた。実在的関係は〈res〉ではなく〈modus〉である。これに対してスコトゥスは実在的関係を実体と性質と量と同様に〈res〉として理解する一方で、後三者が絶対的なもの（res absoluta）であるのに対し前者は関係的なもの（res relativa）であると主張する。しかしスコトゥスによれば〈res〉（ないし〈ens〉）は多義的であり三つの異なる意味に区別されうる[89]。第一に広義にはそれは無でないすべてのものを意味し、更にこれは最広義には人間精神の中にのみ存在するものであれ人間精神の外に存在するものであれ矛盾を含まないすべてのものを意味するか、より限定的に、人間精神の外に存在しうるすべてのものを意味するかのいずれかである。第二に狭義にはそれは絶対的なもの――実体、性質そして量――を意味し、これら絶対的なものの間に存在する状態（habitudo）――性質と量以外の付帯性のカテゴリーに属する〈circumstantia〉や〈modus〉――は〈res〉から除外される[90]。更に第三の最も限定された意味において〈res〉は実体のみを意味する。そしてスコトゥスは実在的関係を上記の第一の限定的な意味での〈res〉、すなわち精神の外に客観的に存在するものとして捉える。しかしここで注意すべきは、〈modus〉という言葉に関してスコトゥスがこれをヘンリクスとは異なる仕方で理解していることである。ヘンリクスが〈modus〉と〈res〉を対立的に――〈modus〉は〈res〉ではありえない――理解したのに対し、スコトゥスは〈modus〉を単により不完全（imperfectior）な〈res〉として理解した。従って性質という絶対的な〈res〉は同じく絶対的な〈res〉である実体に依存している――性質が存在するためには当の性質を帯びる実体が存在しなければならない――ことから、性質は実体より不完全であり、この意味で実体の〈modus〉と言いうるのである[91]。そして関係が性質を基体にしているとき、関係は性質より不完全であることから性質の〈modus〉である。しかし、実体に対して〈modus〉である性質が〈res〉――性質の場合は絶対的な〈res〉――であることに変わりがないように、性質に対して〈modus〉である関係も〈res〉である――人間精神の外に客観的に存在する関係的な〈res〉である――ことに変わりがない。要するにスコトゥスにおいて〈res〉は人間精神の外に客観的に実在するものを意味し、〈modus〉は、それがその〈modus〉であるところのものより弱い実在性を有する――より不完全な――ものを意味し、それ故同じものが〈res〉と言われたり

〈modus〉と言われたりする——例えばソクラテスが帯びる白さは実体たるソクラテスの〈modus〉である一方で、プラトンの白さに対してソクラテスの白さが帯びる類似性は、ソクラテスの白さの〈modus〉である——。これに対してヘンリクスは〈res〉と〈modus〉を依存性とか相対的完全性によってではなく存在様態の相違によって峻別し、実体と性質と量のみが〈res〉であり、関係も含めたこれ以外のカテゴリーを〈modus〉と考えた。そしてスコトゥスとヘンリクスの見解の相違は、実在的区別（差異）に関する両者の理解の相違にも表れている。スコトゥスにとって実在的区別は既に述べたように分離可能性を意味し、分離可能なものは実在的に区別されるが故に、分離可能である関係とその基体も実在的に区別され、両者共に〈res〉とみなされるのに対し、ヘンリクスにとっては実在的区別とは絶対的なもの（res absoluta）の間の区別でしかありえず、関係は〈res〉ではなく〈modus〉であるから、関係とその基体である絶対的なものの区別は実在的区別ではなく〈intentio〉における区別である。

第三節　オッカムのスコトゥス批判

　スコトゥスの関係実在論に対するオッカムの批判は、関係の無限後退を停止させるためにスコトゥスが提示した理論に向けられている。ここでもう一度、既に述べたスコトゥスの議論を確認しておこう。いま関係ＲがＲの基体Ｆが帯びる実在的関係であると想定したとき、

（1）Ｒが基体Ｆなしで実在することは矛盾なくしては不可能である。

（2）ＲとＦが実在するならば、Ｒの中には「Ｆに対して他者である」という他者関係R_Iが内在している。

（3）それ故（1）と（2）からＲがR_Iなしで実在することは矛盾なくしては不可能である。

（4）それ故ＲとR_Iは実在的に同一である。

この場合、（3）から（4）への推論は次の（5）を媒介にしている。

（5）もしｂが真にａに内在しており、ａがｂなしでは存在しえないならば、ｂはａと実在的に同一である。

要するに（2）他者関係R_Iは真にＲに内在しており、（3）ＲはR_Iなしでは実在しえないならば、（5）によってR_IはＲと実在的に同一ということになる。スコトゥスは、ＲはＲから実在的に区別される他のものを通じてではなく、Ｒと実在的に同一であるR_Iを通じてＦと関係づけられている、と主張することによって無限後退を断ち切った。そして既にみたように（5）をスコトゥスは次のように論証している。

（6）①もしａがｂなしでは存在しえないならば、ｂは自然に

おいてａに先行するか、ｂは自然においてａと同時的であるか、ｂとａは実在的に同一であるかのいずれかである。

②しかし、ｂが真にａに内在しているならば、ｂが自然においてａに先行することやａと同時的であることはありえない。

③それ故、ｂがａに真に内在しており、ａはｂなしで存在しえないならば、ｂはａと実在的に同一である。

オッカムは、無限後退を回避するスコトゥスの論証を――特に実在的関係Ｒは、Ｒがその基体に対して帯びる関係R_I（Ｒは基体に対して他者であるという関係R_I）と実在的に区別されない（ＲとR_Iは実在的に同一である）という論証を――否定する。オッカムは次のように論証する。[92] いま、〈res absoluta〉（オッカムにおいては実体ないし性質、スコトゥスにおいては実体、性質、ないし量）であるａとｂが類似しているとしよう。

（7）①異なる関係項は異なる関係を含意する。

②ａが帯びる類似性の関係R_aの関係項はａとは別のものｂである。

③R_aが帯びる他者関係R_Iの関係項はＲの基体ａである。

④ｂとａは異なる。

⑤それ故、R_aの関係項とR_Iの関係項は異なる。

⑥それ故、R_aとR_Iは実在的に区別される関係である。

⑦そしてR_aとR_Iが実在的に区別されていれば、無限後退は避けられない。

（7）①に関しては、確かにスコトゥスもこれと類似の命題「同じ関係項間でないかぎり同じ関係ではありえない」――「関係が同じ関係であるためには関係項が同じでなければならない」――ことを認めていた。[93] しかしスコトゥスは、関係項が異なっていることは関係が実在的に異なっていることを含意する、というオッカムの見解を否定しただろう。スコトゥスによれば、二つの関係の関係項が異なっているからといって、これら二つの関係が実在的に異なっていることにならない。すなわち、実在的に異なる関係項をもつ関係であっても実在的には同じ関係でありながら、ただそれらが形相的に異なった関係であることも可能だからである。[94] 従って、R_aとR_Iは実在的には同一であってもあらゆる意味において同一というわけではなく形相的に異なっており、それぞれ別個の関係項を――R_aはｂを、R_Iはａを――有しており、有しうる。しかし、そもそもスコトゥスの形相的区別を認めないオッカムにとっては、形相的区別に依拠したこのような返答は説得力をもたないだろう。

オッカムは、実在的に同一のものの内部に複数の形相性（formalitates）が「ものの側に」（a parte rei）存在し、これらの形相の間に自然的な先行・後行の関係が存在するというスコトゥスの基本的な見解を拒絶する。[95] 上記のスコトゥスの推論に関して言えば、オッカムは（5）が矛盾を含むと考え、或るものbが他のものaに真に内在しているとき、いかなるものも自己と同一のものに真に内在することはないのであるから、aとbは実在的に区別されていると主張する(96)。「bは真にaに内在する」が真であるならば、「bは実在的にaと同一である」は真でありえない。オッカムのこの主張は、言うまでもなくオッカムがスコトゥスの形相的区別（差異）を否定していることから帰結する。

またスコトゥスは、aとbが実在的には同一であっても、aとbの間には先行と後行の客観的な形相的秩序が存在することを主張している。しかしオッカムの存在論を前提とすれば、被造物において「ものの側」に諸形相や、諸形相間の先行・後行の順序といったものは存在せず、aとbが実在的に同一でありながら、自然においてaが先行しbが後行するといったことはありえない。従ってスコトゥスの存在論が妥当しなければ、（6）も妥当せず、従って（6）に依拠した（5）も妥当しない。かくして関係の無限後退を避けることは不可能となる。

更にオッカムは、スコトゥスが（6）を主張するならば、実在的関係はその基体から実在的に区別されるというスコトゥス自身の見解を否定しなければならないことを指摘する。先ずオッカムは（5）を次のように再構成することから始める(97)。

（8）もしcとdがそれぞれaとbに真に内在し、aとbはそれぞれcとdなくして存在することが論理的に不可能であるならば、cはaと実在的に同一であり、dはbと実在的に同一である。

それ故、二つの白いものaとbが存在し、aにはbとの類似関係R_aが、bにはaとの類似関係R_bが内在するならば、次の推論が妥当するだろう。

（9）①R_aとR_bはそれぞれaとbに真に内在する類似関係である。

②aとbがそれぞれR_aとR_bなくして存在することは論理的に不可能である。

③それ故、R_aは実在的にaと同一であり、R_bは実在的にbと同一である。

従ってスコトゥスが主張する（5）は、実在的関係がその基体と実在的に同一であることを論理的に含意し、（5）を主張すると同時に、関係とその基体の実在的区別を主張することは矛盾していることになる。

スコトゥスは言うまでもなく（9）①に同意している。そして（9）②は類似性の関係は内在的に発生する関係であるというスコトゥスの見解を表現したものであり、実在する二つの白いものaとbを所与の前提とすれば、それぞれaとbに内在する類似性の実在的関係R_aとR_bが存在しないことは論理的に不可能であることを述べている。

オッカムは（8）を二つの方法で論証する。第一に、（8）の根拠は（5）の根拠と同一であり、オッカムによればこの根拠は、実在的区別は分離可能性を含意するという規準にある。すなわち、「（他の）或るものから（ab aliquo）実在的に区別される或るもの（aliquid）が当の（他の）或るものなくして（sine illo）存在しうる理由は、或るものどもから（ab aliquibus）実在的に区別される他のものども（alia）が、当の或るものどもなしに（sine illis）存在しうる理由より強力である、といったことはない[98]」という規準である。（5）に従うと、もしｂが真にａに内在し、ａがｂなくして存在しえないのであればｂはａと実在的に同一であるが、逆にもしｂはａから実在的に区別されていると主張されたならば、ｂとａは分離可能となり、これは（5）の前件の第二の連言肢（ａがｂなしで存在しえない）と矛盾する。これと同様に（8）についても、もしｃとｄがそれぞれａとｂから実在的に区別されているならば、ｃとａ、ｄとｂは分離可能となり、（8）の前件の第二の連言肢（ａとｂはそれぞれｃとｄなくして存在することが論理的に不可能である）と矛盾することになる。

オッカムのこの指摘に対しておそらくスコトゥスは、（5）を主張する根拠は分離可能性の規準ではない、と正当にも答えるだろう。スコトゥスが（5）を主張する根拠は、自然における先行と後行という観念を用いた（6）である。オッカムは（9）において自然における先行と後行という観念には言及しないで、前提（9）②と、実在的区別の規準としての分離可能性のみを利用しているのであるから、スコトゥスとオッカムの見解の相違は明白である。更に、スコトゥスとしては（9）②の二義性を指摘することもできるだろう。すなわち、スコトゥスは可能性と共可能性を区別し、「R_aなくしてａが存在する」と同時に「R_bなくしてｂが存在する」ことに共可能性はないが、R_aなくしてａが存在することは論理的に可能であり、R_bなくしてｂが存在することも論理的に可能である、と主張するだろう。それ故R_aはａから実在的に区別され、R_bはｂから実在的に区別されていると言いうるのである。

第二に、オッカムによれば、自然的な先行と後行についてのスコトゥスの論証（6）が（5）を支持するために有効であれば、次の論証（10）も（8）を支持する有効な論証だろう。

（10）①もしａとｂがそれぞれR_aとR_bなくしては存在することが不可能ならば、（i）R_aとR_bはそれぞれａとｂに自然において先行するか、（ii）R_aとR_bはそれぞれａとｂと自然において同時的であるか、（iii）R_aとR_bはそれぞれａとｂと実在的に同一であるかのいずれかである。

②しかしR_aとR_bはそれぞれａとｂに自然において先行していないし、ａとｂと同時的でもない。（その理由は、R_aとR_bはそれぞれａとｂに真に内在しているからであ

る）

③aとbはR_aとR_bなくして存在することが不可能である。

④それ故、R_aとR_bはそれぞれaとbと実在的に同一である。

オッカムのこの論法に対してスコトゥスは③を疑うことができるだろう。すなわち、「R_aなくしてaが存在し、R_bなくしてbが存在する」ことは不可能であっても、「R_aなくしてaが存在する」ことは依然として論理的に可能であり――例えばa以外に白いものが存在しないとき――、「R_bなくしてbが存在する」ことも同様である。

またスコトゥスは *Quaestiones quodlibetales* の設問（三）において次のように述べている[99]。例えばxがyに内属しており、しかもyがxなしに存在することが矛盾であるような仕方でxがyに属しているときは、xは実在的にyと同一であり、逆に、yがxなしに存在することに矛盾がなければ、xが存在する必要はない。従って、（10）においてbが存在することは必然的でないことから、aがR_aなしで存在することは論理的に不可能というわけではなく、逆にaが存在することは必然的でないことから、bがR_bなしで存在することも論理的に不可能ではない。

従ってスコトゥスは、オッカムが（8）を支持する正当な理由を提示していないことを主張するだろう。もし（5）に含まれる存在者の数を二倍にしたいと思うならば、明らかにこれは何の問題もなく可能である。すなわち、もしcが真にaに内在し、dがbに真に内在するならば、そしてaがcなしに存在することが論理的に不可能であり、bがdなしに存在することが論理的に不可能ならば、cは実在的にaと同一であり、dは実在的にbと同一である。確かにこれは、二つの被造物aとb、そしてa及びbとそれぞれ実在的には同一だが形相的に区別された「神への依存」関係c及びdについてあてはまることである。

さて、（9）におけるオッカムのスコトゥスへの反論が成功しているか否かを別にしても、スコトゥスの分離可能性の議論に対してオッカムは更に次のような別の反論（11）を用意している。

（11）①神はどのような絶対的なものをも、このものと実在的に区別され、これより自然において後行するいかなるものもなしに創造することができる。

②神は二つの白いものを、類似性の関係なしに創造することができる。

③しかし二つの白いものは、それでも依然として相互に類似しているだろう。

④それ故、類似性は精神の外にその基体から実在的に区別されて存在するものではない[100]。

（11）においてオッカムはハークリのヘンリに従い[101]、分離可能性の議論が一つのものに関して有効であれば、それは二つのものに関しても有効であることを主張し、更にハークリのように「自然における先行と後行」の観念に依拠するにとどまらず、前提（11）①の中に、「実在的に区別され」という語句を付加している[102]。これは（11）②を支持するのが実在的区別と分離可能性であることを考えれば至当なことだろう。確かに、関係がその基体から実在的に区別され、それ故分離可能であれば、（11）②を否定することはできない。この点、スコトゥスの言う分離可能性の規準は、「Raからのaの分離」と「Rbからのbの分離」の共可能性（compossibilitas）を含意しないと答えられるかもしれない。しかし、なぜ含意しないのだろうか。スコトゥスは、オッカムの議論（7）と（9）に対しては、bの存在を前提としてaがRaから実在的に区別されることを主張できた。しかし、もしそうであれば、そして実在的区別が分離可能性を含意するならば、bの存在を前提としてaはRaから分離可能であり、Raなくして存在できることになる。それ故、スコトゥスの分離可能性の規準は、類似性のような実在的関係は基体に内在的に発生するという見解と調和しないように思われる。

　オッカムは論証（11）を提示した際にハークリのヘンリがスコトゥスの見解を擁護できる一つの論法として示唆したものに言及している。すなわち、二つの白いものは類似しているが、これは類似性という実在的関係によって類似しているのではない。二つの白いものが存在し、両者が類似しないことは論理的に不可能であるが、両者が類似関係という「関係的なもの」なしで実在することは論理的に可能である、という論法である。しかしハークリと同様にオッカムはこの返答を次のように拒否している。

> 「もし類似性が（絶対的なものとは）別のものであるならば、類似性と類似したものは、白さと白いもののような関係にあるだろう。従って、或るものが白さ——白いものとは別のものである白さ——なくして白いことが不可能であるように、或るものが類似性——類似したものとは別のものである類似性——なくして類似している、といったことは不可能である[103]」。

すなわち、主体とは実在的に異なるものとして「白さ」を措定するのは、主体が白いことを説明するためであるように、基体から実在的に区別される「類似関係」を措定するのは、基体である主体が類似していることを説明するためである。もし、二つのものがこの種の付加的な「関係的なもの」なしで類似することが可能であるならば、そもそもこのような「関係的なもの」（類似関係）を何故措定する必要があるのだろうか。

「同じように、もし類似性のような別のものなしに或るものどもが類似しうるのであれば、類似性が（類似したものとは）別のものであることは無益に（frustra）想定されていることになるだろう。ちょうど、（白い）主体が、（主体とは）別のこのようなもの（白さ）なくして白くありうるのであれば、白さは（白い）主体とは別のものであることが無益に想定されているように[104]」。

要するに、オッカムの議論（7）と（9）は、スコトゥスの関係論がスコトゥスの哲学の他の部分と内在的に不整合であるとか両立不可能であることを立証しているわけではない。しかし、スコトゥスが関係の無限後退をストップさせるために提示する論証は、「ものの側に」（a parte rei）形相的区別が存在することを主張するスコトゥスの存在論に依存し、また自然における先行と後行という理論に依存している。オッカムはこれら二つの理論を否定した。そしてオッカムの論証（11）はスコトゥスの理論に含まれる難点、特に関係の内在的発生と分離可能性の規準が齟齬をきたしていることを指摘している。

さて、オッカムはスコトゥスの既述の分離可能性による論証に応答することで、スコトゥス批判から自分自身の理論の提示へと移っていく[105]。オッカムは、分離可能性による論証の大前提――もしaがbと同一であれば、aが存在しbが存在しないことは矛盾である――に同意する。もしaが存在してbが存在しなければ、aとbが実在的に同一でないことが帰結する。そしてこの論証の小前提が述べるように、基体がそれなしで矛盾なく存在しうるような関係が存在することも真である。しかしオッカムによれば、その理由は実在的関係が精神の中の概念（intentiones ないし conceptus）であるからに他ならず、従って、実在的関係が精神の外に存在するものと実在的に同一でないことは明白である。かくして、大前提と小前提から、多くの実在的関係はその基体から実在的に区別された、精神の外に存在するものである、と結論することはできない。もっとも、実在的関係は精神の中の概念であるというオッカムの言明は、スコトゥスの分離可能性による論証への応答の一部を構成しているにすぎず、オッカムの関係論がこの言明に尽きるわけではない。しかしオッカムのこの言明は、関係についてのオッカムとスコトゥスの見解の相違を明瞭に示している。自然理性に従うかぎり、関係のカテゴリーの中には、絶対的なもの（res absoluta）から実在的に区別され、絶対的なものに内在するようないかなる「関係的なもの」（res relativa）も存在しない、というのがオッカムの見解である。関係語は、関係項から区別される精神外のいかなるもの（res）をも直接的に意味することはない。関係語は、関係づけられた二つのもの（関係項）を意味し――あるいは一つの関係項を直接的に意味すると同時にもう一つのものを共意的（connotative）に意味し——、更にこれと共に、関係づけられた二つのものが一定の仕方で存在することを意味する共意語である。[106]

更にオッカムは、関係の実在性を認めないことは複合体や近接関係や因果関係を否定することである、というスコトゥスの議論に対しては次のように返答する。「複合体」は質料と形相のような二つの絶対的なもののみを意味するのではなく、両者を意味すると共に有体的ないかなるものも両者の間に介在しない（nihil corporale est medium inter ista）ことをも意味（共意）し、空間的な近接関係も、二つの絶対的なものを意味するだけでなく、両者の間に障害物が存在しない（nihil impediens sit medium inter illa）ことを意味（共意）している。[107] そして「原因」や「能動的産出」は絶対的なものである原因と共に、その結果をも意味（共意）しており、逆に「結果」や「受動的産出」も、先ず第一に絶対的なものである結果を意味し、第二次的にその原因を共意する。[108] 同様に「類似性」に関しても、先ずそれは介在するいかなる関係もなくして二つの白いものを直接的に意味するか、一方の白いものを第一次的に意味し、もう一つの白いものを共意的に意味する。[109]

更にスコトゥスの分離可能性による論証は、「何らかのものが生成ないし消滅することなくして或るものがそれと矛盾したものへと移行することはない」という原則に依拠しているが、この原則に代えてオッカムは次の原則を提示する。「矛盾したことが同一のものについて連続的に真であることは、場所の移動や時間の経過、あるいは何らかのものの生成ないし消滅によることなくしては（nisi propter motum localem alicuius, vel propter transitionem temporis, vel propter productionem vel destructionem alicuius）不可能である。[110]」例えばオッカムは分離可能性による論証を考察する際に次のように述べている。

「今は類似していないこの白いものは、このものに或るものが付加されることによって類似するようになるのではなく、別のものが白くなることによってのみ類似するようになる。というのも、以前は類似していなかった或るものが今や類似するためには、以前は白くなかった或るものが今や白いことが必要だからである[111]」。

これは次のことを根拠にしている。すなわち、aがbと実在的に関係づけられたり、関係づけられなくなったりするのは、aである（あるいはaの中にある）基体に何らかの変化が生じるか、（aに何らかの変化が生じ、そして）bである（あるいはbの中にある）基体に何らかの変化が生じることによる。aがbと類似したものになるためには、何らかの関係的なものがaに内在するようになることは必要でなく、むしろ、以前には白くなかった或るものが白くなること、すなわちbである（あるいはbの中にある）基体に変化が生じることだけが必要なのである。オッカムはこれを関係語の共意性によって次のように説明している。

「或る名辞が或るものを一次的に意味し、もう一つ別のものを共意しているときは、一次的に意味されているものの中に実在するいかなるものも破壊されず、ただ共意されているものが破壊されただけで、当の名辞は一次的に意味されているものを指示しなくなるだろう（non denotabit）。というのも、その名辞は一次的に意味されているものを、それが共意されているものと共存するかぎりにおいてのみ意味しているにすぎないからである。それ故、共意されているものが破壊されれば、当の指示（denominatio）は一次的に意味されているものにはあてはまらない。そして、共意されているものが措定され、その結果、このものが、当の名辞ないし概念によって一次的に意味されているものと共存するようになれば、直ちに、一次的に意味されているものが実在的ないかなるものも獲得することなくして、当の名辞ないし概念は両者を指示（donominat）することになり、それ故この場合には、ただ共意されているものが変化したことだけで、相互に矛盾するものの一方から他方のものへの変化が生ずるのである」[112]。

要するに、例えば或るものaが白く、別のものbが白くないときは「a（の色）はb（の色）に類似していない」という命題が真である。しかし、その後bが白くなったときは、aには実在的に何の変化も生じていないにもかかわらず、「a（の色）はb（の色）に類似していない」は偽となり、この命題と矛盾した命題「a（の色）はb（の色）に類似している」が真となる。命題の真理値の変化は、aとbから実在的に区別される何かあるもの（類似関係）の生成や消滅の故ではなく、先ず一つのものが或る仕方で存在し、その後そのものが別の仕方で存在するからにすぎない。「類似したもの」という関係語は、先ず一次的にaを意味し、共意的に白いものbを意味する。そしてbがその後白くなくなれば、aの中に実在するいかなるものも変化することなく、bが白いかぎりにおいてaにあてはまる「類似したもの」という語は最早aにあてはまらなくなり、「aはbに類似している」はこれと矛盾する命題「aはbに類似していない」へと移行していく。またオッカムは、作用するものと作用されるものとの関係については次のように述べている。

「他のものに近接するものが当の他のものに作用を及ぼすことができ、近接していないものが当の他のものに作用を及ぼすことができない理由は、近接するものが、それが近接していないときには有していない何らかの真なるものを（aliquam veram rem）自らの中に形相として（formaliter）有しているからではない。むしろその理由は、それが近接しているときは、作用を妨げるものが介在しないが、近接していないときは、作用を妨げる何らかのものが介在しているからである。というのも、大量の空気（aër magnae quantitatis）でさえ、それが間に介在するならばしばしば作用を妨げることがありうるからである[113]」。

それ故スコトゥスとオッカムの見解の相違は次のように要約できるだろう。スコトゥスによれば、ａとｂとの関係Ｒが実在的でカテゴリカルな関係であるとき、ａＲｂという形式の命題は次の三つの条件を充足するならば（そして充足するときにのみ）真である。すなわち（1）ａとｂは人間精神の外に存在し実在的に区別されるものである。（2）ａの中に、ｂに対するａの関係Ｒの実在的な基体が存在する。（3）人間精神の外に存在する関係的なものＲがａに内在し、Ｒはその基体ａから実在的に区別される。これに対してオッカムはａＲｂという形式の命題の真理条件をスコトゥスとは全く異なった仕方で理解している。先ずオッカムは、後述するように、ａとｂは実在的に区別されるべきであると考えてはいない。オッカムにとり数における同一性（数において同一であること）も実在的関係だからである。従って、オッカムによればａＲｂは、ａとｂが関係Ｒによって共意されているような仕方で存在するならば（そしてそのときにのみ）真である。ａとｂという二つの絶対的なもの以外にいかなるものも精神の外に措定する必要はない。

しかし注意すべきことは、オッカムはスコトゥスの強い関係実在論を拒否する一方で、ａＲｂというタイプの命題の真理値が当の命題を思念する何らかの精神作用に依存するとは考えていないことである。精神作用なくしては「ソクラテス」が主語や述語とされえないのと異なり、ソクラテスが白いことが或る人間の精神作用によって引き起こされることはなく、同様に、ソクラテスがプラトンに類似していることも何らかの精神作用によって生ずるわけではない[114]。

「それ故ソクラテスは――知性の外に実在するものであろうが知性の中に存在するものであろうが他のすべてのものを除外して――絶対的なものだけを理由にしてプラトンと類似している。そして知性の外の実在者の中には絶対的なもの以外のものは存在しない。しかし、知性の外の実在者には数多くの絶対的なものが存在するが故に、知性はこれらのものを様々な仕方で表現する（exprimere）ことができる。すなわち一つの仕方では、知性は単にソクラテスは白いと表現し、このとき知性は絶対的な概念のみを有する。そして別の仕方では、知性はプラトンは白いと表現し、更に第三の仕方では、ソクラテスとプラトンは共に白いと表現する。そして知性はこの第三の表現を関係的な概念（conceptus ないし intentio）を用いて、『ソクラテスは白さの点でプラトンに類似している』と述べることができる。というのも、『ソクラテスとプラトンは共に白い』と『ソクラテスは白さの点でプラトンに類似している』という二つの命題によって全く同一のことが意味されているからである[115]」。

それ故オッカムは、実在的関係が精神作用に依存することを否定する点でスコトゥスと見解を同じくする。スコトゥスが主張したように、実在的関係が精神作用に依存することになれば宇宙の実在的統一性も、実在的な複合体も、空間的な近接関係も説明できなくなり、また数学的な知識は根本的に主観的なものになるだろう。オッカムもスコトゥスに同意し、「それ故、次のことを端的に認めるべきである。宇宙が一つであること、全体が部分の複合体であること、近接する原因が結果を引き起こすこと、三角形が三つの角をもつこと等々は知性が生み出すことではない。これはソクラテスが白いことや火が熱く水が冷たいことを知性が生じさせるわけでないのと同様である[116]」と述べている。

しかしaとbが実在的に関係しているということはどういうことか――aRbという形式の命題の真理条件は何か――を問うことと、実在的関係の存在論的な身分は何か――「Rという関係は存在する」という形式の命題の真理条件は何か――を問うことは言うまでもなく異なっている。関係性の存在論的身分に関してスコトゥスは「分離可能性」を論拠として[117]、「Rという関係が存在する」という命題は、精神の外に実在しその基体から実在的に区別される「関係的なもの」（res relativa）が実在するとき（そして実在するときにのみ）真である（従ってRに置き換えられる語は実在者を名指す）と考え、またこれと対照的に例えばペトルス・アウレオーリは、同じく「分離可能性」を論拠として[118]、当の命題はある種の概念（理性上の存在者）が存在するとき（そしてそのときにのみ）真である（Rに置き換えられる語は理性上の存在者を名指す）と考えた[119]。オッカムはこれら二つの存在論を共に否定する。オッカムは、アウレオーリのように関係の実在性を否定することはなく、スコトゥスのように類似性のような実在的関係が白いものの中に存在するとも考えなかった。オッカムによれば「この白いものは、類似性がこの白いものの中に実在していなくても実在的に類似している[120]」のである。

しかしオッカムによれば、「関係とは何か」「関係が存在するという命題の真理条件は何か」については二つの理解が可能である。先ず「関係」や、具体語であれ抽象語であれ特殊な関係語は〈prima intentio〉の語として、[121]記号以外の精神の外に存在するものを〈suppositio personalis〉[122]によって指示すると理解することができる。この理解によれば「性質は関係である」「ソクラテスは関係である」「白さは関係である」「ソクラテスは類似性である」「ソクラテスは父性である」は許容可能である。また「類似したもの」「同等なもの」のような具体的関係語は一つの絶対的なものに真に述語づけ可能であるのに対し、抽象語の「類似性」や「同等性」は、一緒にされた多くの絶対的なもののみを意味すると考えることができる。それ故「ソクラテスは類似したものである」は真であるのに対し「ソクラテスは類似性である」は偽であり、「ソクラテスとプラトンは類似性である」は真である。しかしオッカムは「関係」(relatio)——そして〈ad aliquid〉や〈relativus〉——という語がアリストテレスに従えば〈intentio secunda〉の語として理解されることを指摘する。すなわち、これらの語は命題の中で関係的概念のみを意味的に(significative)指示(supponere)[123]し、精神の外に客観的に存在するものを指示するのではない。「父は一つの関係である」「息子は関係的なものである」「類似性は一つの関係である」といった命題が真であるのは、命題の中で主語が〈suppositio simplex〉によって関係的概念を指示し、述語が〈suppositio personalis〉によって当の関係的概念を指示するときである。[124]そして更にオッカムはアリストテレスに従って、関係が実在的な範疇ないし「最も一般的な類」(genus generalissimum)であるのは、「関係」が「記号ではない、精神の外にあるものを意味するからではなく、(関係の)様々な種概念(species)が精神の外にあるそのようなものを意味し、これらのものを指示するからである」[125]と述べる一方で、これら関係的種概念(類似性や父性など)の存在論的身分については次のように説明している。

「私は次のように主張する。白さには、その完全な同一性に関するかぎり、類似性も非類似性も含まれてはいない。というのも、白さは類似性でも非類似性でもないからである。しかし私は、類似性は多くのものを一緒にして(plura coniunctim)意味する関係的概念であること、あるいは類似性は一緒にされたかたちでの多くの絶対的なもの(plura absoluta coniunctim)であることを主張する。人民が数多くの人間であり、いかなる人間も人民ではないように、類似性も数多くの白いものであり、いかなる白いものも類似性ではない[126]」。

従ってオッカムによれば、関係的種概念である類似性は或る意味では関係概念であり、別の意味では、この関係的概念によって共意的に意味され、精神の外にある、一緒にされたかたちでの絶対的なもののことである。すなわち、実在的関係は、関係的概念として理解されることも、この概念によって意味されるもの（res）として理解されることも可能である。しかしいずれの理解においても、精神の外に存在するのは個々の絶対的な個物のみである。それ故aRbという形式の命題は、Rと置換される何らかの関係の概念が共意するような仕方で二つの絶対的なものaとbが存在しているとき（そしてこのときにのみ）真であると言えるだろう。そして関係が概念であれば、「関係Rが存在する」という命題は、関係項aとbが、関係Rと置換される概念によって共意されるような仕方で存在し、当該の関係概念が存在するときに（そしてこのときにのみ）真である。また関係を、関係概念によって共意され精神の外に存在するものとして理解すれば、「関係Rが存在する」という形式の命題は、関係Rと置換される概念が共意するような仕方で関係項aとbが存在するとき（そしてそのときにのみ）真である。オッカムにとり関係を概念として理解するか、二つの絶対的なものが一定の仕方で存在することとして理解するかはそれほど重要なことではない。重要なことは、例えば類似性の関係について言えば、二つの白いものaとbが類似していること、そしてこのことがどのような精神作用にも依存していないことである。いかなる精神作用も存在していないとき、「類似性という実在的関係が存在する」という命題が真か偽かは、関係を概念として理解するか、それとも精神の外に存在する絶対的なものが一定の仕方で存在することとして理解するかに依存し、もし前者であれば当の命題は精神作用が存在しないことから偽であり、後者であれば命題は真である。しかし関係に関するオッカムの存在論は後者の理解に立ったものと想定できるだろう。

さて、オッカムは実在的関係を、「関係概念によって共意的に意味され、精神の外にある、一緒にされたかたちでの絶対的なもの」として理解したうえで、抽象語と具体語の区別を利用しながら関係に関する自分の見解を展開している。先ず「類似性」「父性」「同等性」といった抽象的な関係語に関してオッカムは、「二つの白いものは類似性である」という命題を真とみなしている。というのも、類似性という述語を〈suppositio personalis〉として――すなわち客観的に実在する個物を指示するものとして――理解するならば、この述語「類似性」は主語――すなわち二つの白いもの――と同一のものを指示するからである[127]。また、「類似したもの」「父」「同等のもの」といった具体的な関係語についてオッカムは、この種の具体語が二つの関係項についてだけでなく唯一つの関係項についてのみ言われうることを主張する。

「第二の問題は『類似性』『同等性』『父性』『子性』といった特殊な関係や、この種の抽象的な関係的名辞が、絶対的なものや、この種のものの絶対的概念に述語づけされうるか否かという問題、すなわち『白さは類似性である』や、『ソクラテスは父性である』といった命題は、これを字義どおりに（de virtute sermonis）理解したとき、『白さは類似している』や『ソクラテスは父である』といった命題が、これらを字義どおりに理解したときに容認されるような意味で、容認されるべきかという問題である。……もし我々が字義どおりの意味について語っているならば、或るものを意味する語は、この語が意味的に（significative）用いられているときは当のものについて真に述語づけられることが容認され、このときは『類似性』『同等性』等々は絶対的なものを意味し、〈prima intentio〉の語であるから、これら絶対的なものに真に述語づけられて然るべきである。……次のように主張できる。すなわち、この種の関係の具体的名辞は一つの絶対的なものを指示し、例えば『ソクラテスは類似している』とか『ソクラテスは同等である』と述べることによって当の絶対的なものに真に述語づけられうるとしても、これらの関係の抽象的名辞は、『市民』『軍隊』『群衆』あるいは『社会』のような集合的名辞のように、一緒にされた複数の絶対的なもののみを指示するということである。……そしてこの見解によれば……『ソクラテスは類似している』とか『ソクラテスは同等である』は容認されるべきだとしても、『ソクラテスは類似性である』とか『ソクラテスは同等性である』は否定され、他方、『ソクラテスとプラトンは同等性である』とか『二つの白いものは類似性である』は容認される、それ故、これらすべての事例において、関係に関するこの種の抽象的な名辞は集合的名辞であると言わなければならないだろう[128]」。

またオッカムは次のように述べている。

「私は次のように主張する。関係的名辞（nomina relativa）は『関係』（ad aliud）を、それが精神の外にあるもの自体を指示しうるものとして理解しないかぎり当の関係（ad aliud）を正しく意味することはないと。そしてこの場合、関係的名辞が関係を意味すると述べたり主張されたりすることは、当の関係的名辞が様々なものを――そのうちの一つが他のものと類似していたり同等であるような様々なものを――意味すると述べたり主張されたりすることと同一である。…このとき、この種の名辞は実体と性質以外のものを意味することはなく、実体ないし性質自体を意味するのであるが、それ自体として捉えられた何か一つのものについて当の名辞が適用されうるような個別的な仕方ではなく、むしろ同時に捉えられた数多くのものについて当の名辞が適用され、各々のものそれ自体には適用されないようないわば結合的な仕方で――すなわち、『二つの類似したものは類似性である』は或る意味で是認されうるが、『類似した一つのものは類似性である』は偽である、と既に述べられたような仕方で――実体や性質を意味するのである。このことは『多くの個人は人民である』は是認されるが、『或る個人は人民である』は偽であるのと同様である[129]」。

さて、オッカムによれば、実体と性質のカテゴリーに関するかぎり抽象語と具体語が同一のものを意味することはなく、それ故同一のものに真に述語づけられることもないのに対し、実体と性質以外のカテゴリー（量や関係など）に関しては、抽象語と具体語は同一のものを意味する。例えば性質の具体語「正しいもの」（justus）は特定の人間（ソクラテス）を意味するのに対し、抽象語「正しさ」（justitia）は、ソクラテスに内在し、実体たるソクラテスから実在的に区別される性質を意味するので「正しいものは正しさである」は偽である。しかし、実体と性質以外のカテゴリーに客観的実在性を認めず、実体と性質以外のカテゴリーが実体と性質に還元されることを主張するオッカムにとり、実体と性質以外のカテゴリーに属する具体語と抽象語は同一のものを意味する。例えば「或る白さは類似しているものである」が真であるように「或る白さは類似性である」も真であり、「ソクラテスは父である」が真であるように「ソクラテスは父性である」も真である。というのも、この種の命題においては主語と述語は同一のものを指示しているからである[130]。これら抽象的な関係語や具体的な関係語をどのように理解しようと、これらの語を意味的に（significative）理解するかぎり、これらが指示するのは精神の外に存在する絶対的なもの（個々の実体と、個々の実体が帯びる個々の性質）のみである。しかし、関係語が関係概念を指示するものと理解されたとき――すなわち、それが具体語であろうと抽象語であろうと関係語が命題の中で〈suppositio simplex〉によって、精神の中に存在する関係概念を指示するものとして理解されたとき――これらの語に「関係」を真に述語づけることができる。それ故この場合、「類似性」が〈suppositio simplex〉によって概念を指示するかぎり、「類似性は関係である」という命題は真である[131]。

第四節　動力因と因果関係

被造物の世界において、原因である「絶対的なもの」に、結果である「絶対的なもの」に対して原因であるという関係が生じ、結果である「絶対的なもの」に、原因である「絶対的なもの」に対して結果であるという関係が生ずるとき、これら二つの関係は、それぞれ原因たる絶対的なものと結果たる絶対的なものから実在的に区別される実在的な「もの」である、という主張に対してオッカムは三つの反論を提示している[132]。先ず、オッカムはスコトゥスの自然における前（prior）と後（posterior）という観念に依拠して、関係が原因と結果から実在的に区別された「もの」でないことを論証する。もっともオッカム自身は自然における前後という観念を認めないので[133]、この論証は、スコトゥスにみられる二つの観念、すなわち自然的前後という観念と、実在的関係は基体とは別個に存在する「関係的なもの」であるという観念が齟齬をきたしている、という趣旨の論証である。スコトゥスによれば、時間において各瞬間（instans）の前後関係が存在し、或るものの属性を異なる瞬間へと関係づけることができるように、自然における各瞬間の前後関係というものが存在し、述語づけをこれら自然における各瞬間へと相対化することができる。それでは、或るものAが別のものBの原因であること（R_a）、そしてBがAの結果であること（R_b）が、スコトゥスが主張するように、それぞれAとBから実在的に区別される実在的な「関係的なもの」だとすれば、AがBを産出する関係（R_a）はBに対し、自然において先行するか同時であるか後行するかのいずれかであるが、R_aはその基体たるAと他方の関係項Bに本質的に依存しているので、R_aが関係項Bに対し自然において先行することも同時的であることもない。しかしもしR_aがBに対し自然において後行するならば、結果たるBは、AがBを産出する（自然における）瞬間に先行する（自然における）瞬間において既に存在していることになるが、――Bがひとたび存在していれば何ものも新たに産出されないことは明白なので――これは不合理である。すなわち、自然において先行する瞬間をn_1、後行する瞬間をn_2としたとき――AとBはn_1において存在し、AとBに対して自然において後行するR_aとR_bはn_2において存在する――、AとBがともにn_1において存在することと、Bがn_2において初めて存在するようになることは言うまでもなく矛盾している。しかしBはBが存在する最初の瞬間n_1に産出されて存在しているのであるから、もしBが――Bから実在的に区別され、自然においてBに対して後行する――R_aとR_bによって初めて産出されるのであれば、BはBにR_bが内属するn_2において初めて存在することになり、それ故Bはn_1において存在すると同時にn_2において初めて存在するという矛盾したことが帰結するだろう。従ってR_aがBに対して後行することもありえない。それ故、R_a（R_b）はA（B）と実在的に区別されるものではない[134]。

次にオッカムは、結果に対する原因の関係と、原因に対する結果の関係がそれぞれ原因と結果から実在的に区別される「もの」だとすると、同時に実在するものが現実に無限個存在するという不合理な帰結が生ずることを主張する。いま太陽が一つの木片を熱したとしよう。このとき一つの木片は無限個の諸部分へと分割可能であるから、太陽が一つの木片全体を熱すると、無限個の各部分に対応して「木を熱する」という無限個の関係が太陽において生じ、このことは、因果関係が原因と結果から実在的に区別されるものだとすると、無限個の実在者が同時に現実態において存在していることを意味する。しかしそれ自体において一つのものを形成してはいない実在者が同時に無限個現実態において存在することはありえないので[135]、関係がその基体とは実在的に区別されて存立するという見解が誤っていることになる[136]。

この主張に対しては、木片の諸部分はただ可能態として存在するにすぎず、現実態として存在するのは一つの木片のみであり、従って太陽が一つの木片を熱するときも、太陽には可能態として無限個の諸部分を含んだ一つの関係が現実態として存在するにすぎず、太陽の中に無限個の実在者が同時に現実態として存在することにはならない、と反論されるかもしれない。これに対してオッカムは、諸部分が現実には相互に分割されていなくても、その各々がそれ自体で関係の内属主体として見なされるべきことを主張する。いま大きな火の炎の一部分が近接する木片を熱し、他の部分は木片から離れているので木片を熱しないとしよう。これは一つの連続体の一部分が「熱する」という能動的な作用を引き起こす源となっていることを意味する。しかし、或るものが能動的な作用を引き起こすために必要とされる現実性（actualitas）と、当のものが様々な関係の関係項となるために必要とされる現実性を比べたとき、後者の方がより多くの現実性を必要とする、といったことはないだろう。従って、炎の例が示すように連続体の一部分のみが能動的作用の源となりうるのであれば、一部分のみが関係の関係項となりうることは明らかであり、従って木片の一部分のみに「太陽に熱せられる」という関係が内属し、木片の他の部分にはこのような関係が内属しないことは論理的に可能である。しかし連続体の異なった様々な部分に両立不可能な形相が同時に内在することがありうるならば、各々の部分はそれ自体で形相がそれへと内属する主体でなければならない。それ故「原因であること」及び「結果であること」という関係が、基体であり関係項である「絶対的なもの」から実在的に区別される「もの」であるならば、原因たるものが連続体に作用を及ぼすときには無限個の実在者が同時に現実態において存在する、という不合理な帰結が確かに生ずるだろう。[137]

更にオッカムは神の絶対力を論拠として次のように議論する。いま神が第二原因aを用いて結果bを因果的に引き起こしているとしよう。言うまでもなくaには「bに対して原因である（bの動力因である）」という――aを基体とする――関係が内在し、bには「aに対して結果である」という――bを基体とする――関係が内在している。しかし神には矛盾を含まないすべてのことを引き起こす力があるので、神は第二原因aを用いず直接にbを引き起こすことができるし、もし関係がその基体から実在的に区別される「もの」であるならば、神はいかなる第二原因も用いずに直接に因果関係（或るものの動力因であるという関係）自体を引き起こすことができる。しかし関係は論理的に基体を前提とするので――スコトゥスの用語では、関係は自然において基体に後行するので――神が因果関係を創造するとき、何らかの基体xの中に「動力因であるという関係」（R）を創造しなければならない。ところが、神の力によりxの中に「動力因であるという関係」（R）が形相として生じたならば、白さという性質を帯びるものが白いと言われるように、Rを帯びるxは動力因すなわち第二原因となり――xはRのみの動力因である――、従って神は第二原因を用いずに関係（R）を生み出すことができないという帰結が生ずるだろう。この帰結は、神は第二原因を用いず直接に関係を引き起こすという当初の前提と矛盾している。それ故因果関係は、基体から実在的に区別され、それ自体で引き起こされる「もの」ではないことになる。[138]

第五節　量的関係

オッカムは、二倍（dupleitas）、半分（dimidietas）、同等（aequalitas）のような量に関する内在的関係が関係項である絶対的なものから実在的に区別される「関係的なもの」ではないことを次の二点を指摘することによって立証する。すなわち、関係的なものを措定することが矛盾を含んでいること、そして、無限個の存在者が同時に実在するという不合理な帰結へと導くことである。[139]

いまAがBの二倍だとしよう。そしてAがBの二倍であるという関係（二倍性）がAとは実在的に区別される関係的な「もの」だとする。「もの」は分割不可能か分割可能かのどちらかである。もし分割不可能であれば、ちょうど分割不可能な理性的魂の全体が肉体の全体に（tota in toto corpore）、そして理性的魂の全体が肉体のあらゆる部分に（tota in qualibet parte）存在するのと同様に、二倍性というもの（付帯性）の全体が二倍であるもの（付帯性の主体A）の全体及び、そのあらゆる部分に（tota in toto duplo et in qualibet eius parte）存在することになる――「全体が全体に、そして全体があらゆる部分に」は一般的に、分割不可能な付帯性が主体に内在するときの存在様態である――。このとき、Aの或る部分（A′）に二倍性の全体が存在しているのであるから「A′は二倍である」。というのも、或るものに白さという形相が内在しているとき、「白さ」の派生語である「白い」を当のものに述語づける（denominare）ことができるように、A′に二倍性（dupleita）の派生語である「二倍である」（duplus）を述語づけることが可能だからである。しかしそうだとすると、A′はBの二倍より小さいと同時にBの二倍である、という矛盾が生ずるだろう。従って二倍性を分割不可能なものと考えることはできない。それでは「二倍性」は分割可能だろうか。分割可能だとした場合、それは二倍性と同じ種類の（eiusdem rationis）部分へと分割されるか、二倍性とは異なった種類の（alterius rationis）部分へと分割されるかのどちらかである。前者だとすれば、部分A′は全体Aと同じようにBの二倍ということとなり、それ故上記の矛盾がここでも生ずる。それでは二倍性は二倍性とは異なった種類の部分へと分割されるのだろうか。この点に関してオッカムは次のように述べている。

「異なった種類の諸部分がそれ自体で一つの何か或るもの（aliquid per se unum）を形成しているときは常に質料と形相のような状態にあり、場所と主体を異にすることは決してない[140]」。

「もし諸部分が類似しておらず異なった種類のものならば、それらは種において（specie）区別され、従って、もしそれらが単一のものを形成しているならば、その一部分は可能態、他の部分は現実態にあり、あるいは一部分は質料、他の部分は形相ということになるだろう。しかし、可能態と現実態が単一のものを形成しているとき、これらが位置的に離れていることはない[141]」。

オッカムによれば可能態にある質料と現実態にある実体的形相が結合してそれ自体において単一のもの（実体）を形成するとき、このものに内在する質料と実体的形相は全く同じ場所にあり、完全に同一の主体を存立させている。これと同様に、或る複合体を構成する諸部分が当の複合体と種類を異にするものである場合、これらの部分の或るものは他のものに対し可能態に対する現実態の関係、あるいは質料に対する形相の関係と同様の関係にある。従って、二倍性とは種類を異にする諸部分が結合して二倍性を形成しているとすれば、これら諸部分は同一の主体に（それ故同じ場所に）位置づけられることになるだろう。二倍性の諸部分は同一の場所に在り、延長のあるかたちで存在することはない。単一の二倍性を形成するこれらすべての部分が二倍であるものAの各部分に存在し、それ故Aの各部分は（Bの）二倍ということになる。従ってここでも上記の矛盾が生ずる。

「異なった種類の諸部分がそれ自体で一つの何か或るものを形成しているときは常に質料と形相のような関係にあり、場所と主体を異にすることは決してない」という命題に対しては、「必ずしも人間のすべての部分が人間というわけではなく、質料と形相が共に存在しているところでさえそうである」という反論がありうるだろう。例えば人間には手や足や腕があり、これらのいずれもそれ自体では人間ではない。更に手の付帯性は足の付帯性が存在する質料の部分とは異なった（質料の）部分にあり、手の中の質料は足の中の質料とは異なった場所に存在する。あるいは上記の反論は、人間は、「質料」「体の実体的形相」「感覚的魂の実体的形相」「理性的魂の実体的形相」の複合体であるというオッカムの見解のことを言っているのかもしれない。[142]そして体の実体的形相と感覚的魂の実体的形相は質料の中で延長をもった仕方で存在し、その全体が全体の中に、そしてその部分が部分の中にあるような仕方で存在するのに対し、理性的魂の実体的形相は延長をもたず、その全体が全体の中に、そしてその全体が部分の中にあるような仕方で存在することから、これらの部分は場所と主体を異にしていると考えられるだろう。この反論に対してオッカムは次のように主張する。

「様々な実体的形相を有するそのようなものについてどのようなことが言えようと、一つの実体的形相と一つの質料のみが存在し、付帯性がすべての部分において類似しているようなところでは、何らかの部分と全体は同じ種類のものでなければならない[143]」。

ここでオッカムが指摘しているのは、「異なった種類の諸部分がそれ自体で一つの何か或るものを形成しているときは常に質料と形相のような関係にあり、場所と主体を異にすることは決してない」という命題は、人間とは異なり、全体の中に一つの実体的形相と一つの質料のみが存在し、付帯性がすべての部分において類似している場合についてのみ真であるということだろう。そして二倍性とその諸部分がこの場合に相当すれば、諸部分が同一の場所に存在し、各部分が二倍である――それ故A′はBの二倍より小さいと同時にBの二倍である」という矛盾が生ずる――ことが立証されたといえるだろう。しかしオッカムも認めているように、もし二倍性の諸部分が単に、全体とは異なった種類の諸部分であるのみならず、全体と異なっていると同時に相互に異なった種類の諸部分であると主張されれば、二倍性とその諸部分は上記の場合には相当しないことになり、

「部分は二倍より小さいと同時に二倍である」という矛盾が帰結することを論拠に、二倍性が（そして一般的に量に関する内在的関係が）絶対的なものである関係項から実在的に区別される「関係的なもの」であることを否定するオッカムの論証はこのかぎりで失敗に終わるだろう。しかし更にオッカムは、二倍性が二倍性とは種類を異にする諸部分へと分割可能であり、しかも相互に異なった諸部分に分割可能だと想定すると、――中世スコラ哲学で一般的に否定されていた――無限個の実在者の同時的存在という不合理な帰結が生ずる、という別の論法に依拠して、二倍性が二倍のものから実在的に区別されて存在するという見解を批判する。

「例えば、執拗に次のように主張されるかもしれない。すなわち或る量的なものは他のものに対して二倍であり、この二倍性は全体の中以外には存在しない。なぜならば、このものはその或る部分に存在する半分性を含むからである。そしてその四分の一の部分は他のもの――当の全体がそれに対して二倍であるところの他のもの――に対して半分であり、中間の部分は他のものと同等である、等々。というのも各々の部分は、当の全体がそれに対して二倍であるところのものに対して何らかの関係を有しているからである。しかし一つの部分は半分性の関係、他の部分は同等性の関係を有しており、これ以外の部分についても同様である」。

それ故、Aの二倍性はAの全体においてのみ存在し、半分性や同等性など、二倍性とは種類を異にする部分に分割されるので、或る部分がBの二倍であると同時にBの二倍より小さいといった矛盾は生じない。しかしオッカムは次のように続ける。

「このことから、この二倍のものの中には種類を異にする無限のものが存在することになる、と私は主張する。というのも、いかなる部分も同じ他のものに対し、他の部分が有する割合（proportio）と同じ割合を有してはいないからである」[144]。

Bに対して二倍であるAは無限に分割可能であるから、Aの無限個の諸部分はそれぞれBに対して一定の割合の量的関係を有することになり、関係が関係項から実在的に区別される「もの」であれば、Aにはこのような種類を異にする無限個の小さいもの（res parvae）[145]が実在していることになる。関係項であるAの無限個の諸部分が相互に一方が他方の部分となっているのに対し、Aの諸部分がBに対して有する関係は相互に一方が他方の部分にはなっておらず[146]、それ故「関係的なもの」の実在を認めれば、相互に区別された無限個の実在者が同時に存在することを認めなければならないことになるだろう。

第六節　理性上の関係

さて、実在的関係が精神作用に依存することなく客観的に存在する関係であるのに対して、理性上の関係（relatio rationis）は精神作用によってのみ生じる関係である。通常、理性上の関係は次のように理解されている。すなわち、或るものに関して理性上の関係が存在するのは、知性の作用が介在してはじめて当のものが、「関係」ないし具体的関係語によって指示される類のものとなるときであり、このときにかぎられる(147)。例えば、発話される言葉や書かれた言葉は、当の言葉に意味を付与する精神作用なくしては意味をもたない。〈homo〉という発話された（あるいは書かれた）言葉が記号〈signum〉という関係語によって指示される類の語となるためには、当の語に一定の意味をもたせる精神作用による決定が必要である。また貨幣の価値も、それが意思による――そしてこれに先行する知性の作用による――決定に依存することから理性上の関係である。貨幣が「価値」という関係語によって指示される類いのものとなるには人間知性による制定という作用が必要である。同様に「白い」という語――メンタルな語であれ、発声され、あるいは書かれた語であれ――が「述語」という関係語によって指示される類いのものとなるには知性の作用が必要である。というのも、書かれた言葉あるいは話された言葉である「白い」が述語となるためには知性の作用が必要であり、そして、メンタルな語である「白い」は知性の作用なくしては存在しえないのであるから――あるいは（fictum 論を放棄した後のオッカムの見解によれば）知性の作用そのものがメンタルな語であるから――、当然のことながら知性の作用なくしては「述語」という関係語によって指示される類いのものではない。すなわち、メンタルな語に関しては、それが「述語」という関係語によって指示されるためにはもう一つ別の知性の作用が必要とされる、ということである。

このような理性的関係をスコトゥスも含めて或る人々は、客体的ないし可知的な非実在的様態において存立し、絶対的なものから区別され絶対的なものに内在する理性上の「関係的なもの」として理解した。知性は実在的には関係づけられていない「もの」（res）を相互に関係づけ、このような関係が基体である一方のものの中と、もう一つの関係項である他方のものの中に存在すると理解することによって、実在的には関係づけられていないこれらの「もの」の間に理性上の関係を引き起こす(148)。そして実在的関係が実在するものの中に基礎づけられているように、理性上の関係は認識されたものの中に基礎づけられており、実在的関係におけると同様、理性上の関係とその関係項は分離可能性を根拠として区別される。例えば「人間は動物である」という命題について言えば、主語である人間は、そこに含まれている絶対的なものに関するかぎり、そのすべてが認識可能であり、述語である動物も同様である。しかし人間が動物の主語であり、動物が人間の述語であるという関係は、絶対的なものの認識だけでは生まれてこない。従って人間が主語で動物が述語であるためには、これらのものの認識以上のものが必要であり、これは絶対的なものではないから関係的なものであり、そしてこれは実在的関係ではないから理性上の関係である(149)。

この見解に対してオッカムは、理性上の関係が関係項から区別され、関係項に内在する関係的な存在者として理解されるかぎり、そのような理性上の関係は実在しないと答える。

> 「もし我々がこのような理性上の関係を想定すべきであるならば、これは特に「類」「種」「主語」そして「述語」といった概念（intentiones）の故である。しかし私は、いかなる理性上の関係もなくしてこれらのどれをも理解することができる。というのも、私はいかなる理性上の関係なくして、絶対的なものとして客体的に存在する類や種の概念を理解することができるからである。同じことは主語と述語についてもあてはまる」(150)。

またオッカムは人間と動物が主語と述語の関係を帯びることなくして思念されうること、両者が主語と述語として関係づけられるためには何か別のものが必要であることを認めている。しかし、オッカムによればこの何か別のものは「関係的なもの」ではなく、連辞の絶対的概念である(151)。〈est〉という動詞により示されている或る種の絶対的概念が人間と動物の概念と一緒にされ、これらが単一の認識作用によるか複数の別個の認識作用により思念されることで必然的に「人間」は主語に「動物」は述語となり、両者の間にいかなる「関係的なもの」も介在することはない(152)。そして、もし連辞の概念が、人間と動物という二つの絶対的概念から区別され、これらに付加される単にもう一つ別の絶対的概念だとするならば、命題の中で人間と動物を結び合わせる機能を果たすことができないだろうという反論に対しては、オッカムは次のように答えている。

> 「私は次のように答える。連辞（copula）の概念は、一つの理性上の存在者が別の理性上の存在者や、実在者から区別されているように、〈extrema〉（主語と述語となる語）の概念から区別される一般的な概念である。もし私が〈extrema〉の概念を有しておらず〈copula〉の概念しか有していないならば、私は主語の概念も述語の概念も有す

ることはないと主張する。しかし、もし私が単一の認識作用によろうと三つの認識作用――一つの作用は主語である語を対象とし、他の一つは〈copula〉を、そして第三の作用は述語である語を対象とする三つの認識作用――によろうと、〈copula〉の概念だけでなく〈extrema〉の概念をも有しているならば、私は、いかなる理性上の関係もなくして必然的に主語と述語を有することになるだろう[153]」。

一つの白いものしか存在しなければ、「この白いものはあの白いものに類似している」という命題を真にするために不十分であるが、二つの白いものが存在すれば、これら二つのものから区別された実在的な「関係的なもの」なくして命題を真にするように、〈copula〉の概念の客体的存在――認識作用の客体として存在すること――も、〈extrema〉の一つないし両者の客体的存在も、「人間は主語である」ないし「動物は述語である」を真なる命題にするために十分でないが、これら三つのすべてが客体的に存在すれば、これら三つから区別されるいかなる理性上の「関係的なもの」なくして上記の命題を真にするために十分なものとなる[154]。

そして実在的関係が既述のように二つの仕方で理解されるように、理性上の関係も何らかのもの（あるいは複数のもの）を意味する発話された音声（書かれた文字）や概念として理解されるか、あるいは当の音声や書かれた文字や概念によって意味されるものとして理解される[155]。前者であれば、「価値」「記号」「主語」や「述語」といった関係的名辞ないし関係概念が理性上の関係であり、後者であれば、理性上の関係はこのような関係的名辞や関係的概念によって意味されているものと同一である。後者の場合、例えば「記号」という関係語によって意味されているのは、絶対的なものと意志及び知性の作用である。ちょうど、〈homo〉という発声された（あるいは書かれた）言葉が人間たちを意味するということに含意されているのが、絶対的なものである〈homo〉という音声ないし書かれた言葉、絶対的なものである人間たち、そしてこの言葉を人間たちを意味するものとして使用することを欲する現在あるいは過去の意志の作用であるように[156]。そしてこの場合には、「価値」や「記号」といった語が存在していることは理性上の関係にとって必要条件ではない。理性上の関係とは、意味されているものごと、すなわち、知性や意志の作用を含む絶対的なもののことである。「記号」という語が必要となるのは、発声された（書かれた）〈homo〉が記号であることを表すためにすぎない[157]。

更にオッカムは、理性上の関係を広義の第一の意味と狭義の第二の意味に区別している。先ず第一に、或るものを言い表す或る名辞が理性によって関係的なもの（relativum secundum rationem）と言われるのは、現実態ないし可能態における理性の作用なくしては（sine actu rationis）当のものがそのような名辞により言い表される類いのものとなりえないときである[158]。例えば「認識されているもの」（intellectum）、「可知的なもの」（intelligibile）、「主語」や「述語」が理性上の関係と言われるのは、現実的であれ可能的であれ何らかの知性の作用がないかぎり、いかなるものも、認識されるものや可知的なもの、主語や述語ではありえず、それ故「認識されるもの」「可知的なもの」「主語」「述語」といった名辞によって意味される類いのものではありえないからである。理性上の関係をこの意味で理解すれば、被造物を永遠に認識する神の関係も、神の本質たる単一の認識（una cognitio）を関係項の一つとする理性上の関係ということになる[159]。第二に、理性上の関係をより限定的な仕方で理解することもできる。すなわち、知性ないし意志の作用が同時に存在しないかぎり或るものがそのような名辞により言い表される類いのものにはならず、そして知性ないし意志の作用が同時に存在しなくても関係づけられている二つのものは存続可能であるが、知性や意志の作用が存在しないと両者共にそのような名辞により言い表される類いのものとならないならば、そのような名辞は理性上の関係であり、あるいは理性上の関係を意味する[160]。換言すれば、二つのものaとbが知性や意志の作用と共に存続すれば関係的名辞により言い表される類いのものとなり、aとbが知性や意志の作用なくして存在すれば関係的名辞により言い表される類いのものとならないとき、当の関係的名辞は理性上の関係であり、あるいは理性上の関係を意味する。この意味において「価値」「記号」「支配」「隷従」は理性上の関係であり、過去ないし現在において現実に遂行された（される）知性の作用なくしてはいかなるものも関係的名辞によって言い表される類いのものたりえない。

> 「というのも、音声が記号となり、コインが金銭や貨幣となるのは、ただ先行する知性の作用によって我々が音声やコインをそのような仕方で使用することを欲するからに他ならない。そして我々の中にこのような意志作用が存在すれば——あるいはかつてこのような意志作用が存在し、これと反対の意志作用が存在しなかったならば——このことによって直ちに、これ以外の何も付加されることなくして音声は記号となり、コインは金銭となる[161]」。

また人間のあいだに存在する支配（dominium）と隷従（servitus）の関係も過去の知性及び意志の作用によって制定され取決められた（そして未だ廃止されていない）財産法に依存することから、限定された意味での理性上の関係である[162]。

そしてオッカムによれば、知性のいかなる作用もなくして或るものが関係ないし具体的な関係語によって指示され、知性の作用がこのことに何ら寄与しないような類いのものであるとき、それは実在的関係と言われる[163]。実在的関係に関しては、関係語によって或るものに帰せられる関係的性格は知性の作用には依存しない。それ故、例えば神と被造物の間には実在的関係が存在する。

「これは神に何らかのものが付加されるということではない。これはちょうど、白いソクラテスが、新たに白いものとして存在するようになったプラトンと類似するようになることで、白いソクラテスに想像しうるいかなるものも付加されることがないのと同様である。しかし「類似性」が実在的関係と言われる理由は、一つの白いものが事物の本性上（ex natura rei）他の白いものと類似しているからであり、ちょうど、ソクラテスが白かったりプラトンが白くあるために知性が作用する必要がないのと同様に、一方が他方と類似するために知性が作用する必要がないからである。それ故、ここで問題になっている点に関しても、神が創造者であることに対し被造物の知性は何の寄与もしていない[164]」。

この一節から明らかなように、オッカムは被造物に対する神の関係を理性上の関係として理解する伝統的見解を否定している。

「被造物の知性が存在しても存在しなくても現実に神は石を創造することができる。それ故、この関係は或る意味で実在的関係と言いうるが、それはこの関係がある種の「もの」だからではなく、一方が創造し、他方が創造されるために知性の働きを必要としない真なる「もの」（vera res）をそれが意味している（importat）からである。これは類似性が実在的関係と言われるのは、当の関係が他のものとは異なった何らかの一つのものだからではなく、一方が他方に類似し、他方が一方に類似していることに対し知性が何の寄与もしないような真なる「もの」を当の関係が意味しているのと同様である[165]」。

要するに被造物の知性が存在せず、それ故理性上の関係がなくても神は石を創造できる。創造者たる神は創造される石と実在的な関係にあるのである。

次にここで確認しておくべきことは、理性上の関係と同じく実在的関係には、精神の外に実在するものの間の関係だけでなく、人間精神の中に存在するメンタルなものの間の関係も含まれていることである[166]。後者のタイプの実在的関係の例としては、二つの知性作用のあいだの関係や、知識の二つの〈habitus〉の関係のように精神の中の二つの性質ないし二つの絶対的なもののあいだの類似関係が挙げられる。それ故言うまでもなく、知性が作用する必要がないということの意味は、関係項の一方ないし双方を存在させるために必要な知性の作用とは別の知性の作用について言及するものとして理解されなければならない。

また上記のように実在的関係を、関係語によって或るものに帰せられる関係的性格が知性の作用には依存しないような関係として理解すれば、数における同一性も類似性や同等性と同じく実在的関係である。「というのもソクラテスは実在的に自分自身と同一であり、このことを引き起こすために知性は何も行わないからである[167]。」従ってオッカムは、数における同一性を理性上の関係として理解する伝統的見解を否定し、また、二つの関係項が実在的に区別されることを実在的関係の必要条件とみなす通説も否定した。それ故実在的関係についてのオッカムの見解によると、例えば知性の作用なくして質料は真に形相に対し可能態にあるのであるから、質料は自らがそれに対して可能態にあるところの形相と実在的に関係づけられており、従って、或るものが非実在者（non-ens）と実在的に関係づけられるということになるだろう[168]。しかしオッカムによると、これは「実在的関係」という言葉の問題にすぎない。すなわち、実在的関係が存在するためには関係項が共に実在しなければならず、それ故、非実在者たる形相に対し可能態として存在する質料の形相に対する関係は実在的関係でないと主張することはできるが[169]、実在的関係を次のように定式化することも可能である。すなわち、或るものに関して実在的関係が存在するのは、そのものが現実態にあろうと可能態にあろうと、知性のいかなる作用もなくして「関係」あるいは関係の具体語によって指示される類のものであるときである、と。

> 「というのも、一頭のロバがロバを生み出すことに知性が寄与することがないように、質料が形相に対して可能態にあることに知性が寄与することもないからである[170]」。

要するに実在的関係に関しては、或るものに帰せられる関係的性格は、そのものが現実態にあろうと可能態にあろうと人間精神の作用に依存しないということである。

第七節　三位一体　受肉　実体変化

オッカムによれば、自然理性のみに従うかぎり、関係的なものはその基体と実在的に区別されて存在するという主張よりも、この主張を否定することの方が理にかなっている。しかし、三位一体論において、オッカムは実在的関係が基体から区別される実在者であることを認めている[171]。オッカムはアウグスティヌスに従って、「父が父であるのは、父がそれによって神であるところのものによるのではない」（Pater non est eo Pater quo Deus）[172]と述べている。子と聖霊についても同様である。また、神の三つのペルソナ（位格）はそれぞれ他のペルソナに対する関係によってペルソナとして構成される。父は父性（paternitas）という関係により、子は子性（filiatio）、聖霊は受動的吹発（spiratio passiva）によって構成される。これら三つの実在的関係は相互に実在的に区別されると同時に、神の本質とは——形相的に区別されるが——実在的に同一である。それ故、神においては相互に実在的に区別される三つの関係的なもの、父性と子性と吹発が存在する[173]。更にオッカムは次のように述べている。

> 「幾つかの特殊な関係に関しては（de aliquibus respectibus specialibus）特別な難問が存在する。もしこのような何らかの関係（respectus）が措定されるべきであるならば、それは次のようなものである。すなわち人間本性と神の本性の結合（unio）、質料が形相と、そして形相が質料と結合していること、付帯性がその主体と結合していること、連続体の各部分が他の部分と結合していること。そしてこれらすべてについては、次のようなただ一つの理由が存在する。相互に矛盾したこと（contradictoria）が同一のものについて連続的に（successive）真であることは、或るものの場所の移動による（propter motum localem）か、時間の経過による（propter transitionem temporis）か、あるいは或るものの産出や破壊による（propter productionem vel destructionem）ことなくしては不可能であるということである」[174]。

ここでオッカムが受肉と実体変化を念頭に置いていることは明らかであり、スコトゥスもこれら二つの教説を論拠として自らの強い関係実在論を擁護していた。オッカムは「相互に矛盾したことが同一のものについて連続的に真であることは、或るものの場所の移動によるか、時間の経過によるか、あるいは或るものの産出や破壊によることなくしては不可能である」という原則に依拠しながら、キリストの受肉に関して次のように議論している[175]。

（I）いかなる場所の移動もなくして人間本性が先ず神の言葉と結合しておらず（結合しており）、その後結合する（結合しなくなる）ことは可能である。しかし、単なる時間の経過だけではこの変化を生じさせるために十分でないので、何らかの新しいものの産出や破壊がそこに存在しなければならない。しかし、どのような絶対的なものも産出されたり破壊されたりしていないことは明らかであるから、何らかの関係的なものの産出ないし破壊が存在しなければならない。

また実体変化説と関連して、質料と形相の関係、主体と付帯性の関係につきオッカムは次のように議論している(176)。

（Ⅱ）神は、同じ質料（主体）に単に現在する（praesens simpliciter）形相（ないし付帯性）でなかったが、最初は当の質料（主体）に内在する形相（付帯性）が、その後いかなる場所の移動もなくして当の質料（主体）に内在するようになること（あるいはその逆）を引き起こすことができる。しかし、時間の経過はこの変化を説明できないので、何か新しいものが生じていなければならない。そしてこの新しいものは絶対的なものではないので、これは絶対的なもの以外の何か（すなわち関係）でなければならない。

ここでオッカムが「単に現在する」と述べていることの意味は、聖変化の後もパンとぶどう酒の付帯性が聖変化以前と同じ場所に存在し、いかなる場所の移動も生じていないということを含意する。

従って、受肉に関しては、キリストの人性の中に神の言葉との結合（unio）という実在的関係が人性とは実在的に区別された仕方で存在することになり、実体変化に関しては、実体変化が生ずるたびにパンとぶどう酒の付帯性（性質）の主体（パンとぶどう酒の実体）に対する実在的内属関係は存在を停止し、それ故この実在的関係は、性質という付帯性（すなわち絶対的なもの）から実在的に区別された関係的なものということになる。同様に、質料と実体的形相の結合についても実在的関係を措定しなければならない。

しかしオッカムは、この種の「関係的なもの」を措定する必要性を認めない二つの考え方を指摘している(177)。一つは、「絶対的なもの」以外にいかなるものも存在しないという前提に立った考え方である。

「しかしここで、この種の関係をすべて否定する何か別の考え方があるか否かを問題にすることができる。神の中の関係についての第一の難問に関して私は、この考え方によれば次のように答えられると主張する――この答が真か偽か、この考え方が誤っているか否かは別にして――。すなわち、創造ないしこの種の何ものかが事物の本性上、あらゆる絶対的なものから何らかの仕方で実在的に区別されたものでないのと同様、神の中にはあらゆる絶対的なものから何らかの仕方で区別されるこのような関係は存在しないということである。しかし、神が現実に創造者であることが認められるように、神が現実に父であり、神が現実に子であることを認めることができるだろう。しかしこの考え方によると、神の中に実在的に区別される三つの絶対的なものが存在すると考えなければならないだろう。そしてこれら三つのものは形相的には神の本質ではなく、これらものうち一つは現実に父であり子ではなく、これら絶対的なもののうち他のものは現実に子であり父ではないが、創造者が創造する神以外に神の側に存在する何か或るものを意味しないのと同様に、父が絶対的なものとは別の、ものの側に存在する何か或るものを意味するようなことはない。……人間本性と神の言葉との結合に関する第二の難問については、或る人々はおそらく次のように主張するだろう。すなわち、他の人々に従うと『神は人間である』と言われうるのは一つの関係（respectus）が人間本性の形相となることのみによるように、神が真に人間であると言いうるのは、或る絶対的な形相——そのような関係よりはるかに完全であり、人間本性の形相となる、神の本質により適合した絶対的な形相——によるのであり、これは人間本性が神の言葉ないし神と結合していると述べることに他ならない、と。しかし他の二つの難問（質料と形相の結合と、主体と付帯性の結合）に関しては、誰か或る者が次のように述べないかぎり、この難問に答えることはおそらくいっそう難しいだろう。すなわち、神は形相を質料の形相にさせる（形相を質料に内在させる）ことなくして形相を質料と密接に（intime）現在させることができず、また、神は付帯性を主体の形相にさせる（付帯性を主体に内在させる）ことなくして付帯性を主体と全く同じ場所に現在させることができない、と述べないかぎり」[178]。

要するにこの考え方は、受肉に関する上記（Ⅰ）の「どのような絶対的なものも産出されたり破壊されたりしていないことは明らかである」を否定することで（Ⅰ）の結論「何らかの関係的なものの産出ないし破壊が存在しなければならない」を回避する。そしてこの考え方は形相と質料、主体と付帯性に関する上記（Ⅱ）に対しても有効なはずであり、（Ⅱ）の「この新しいものは絶対的なものではない」を否定し、（Ⅱ）の結論「（この新しいものは）絶対的なもの以外の何か（すなわち関係）でなければならない」を回避することができるだろう。ところがオッカムは、質料に対する形相の内在と、主体に対する付帯性の内在に関しては、内在を絶対的なものとみなす考え方の適用を躊躇している。オッカムが「関係的なもの」ではなく「絶対的なもの」を措定する考え方を（Ⅱ）に適用することを何故躊躇するのか理解困難であるが、いずれにしてもオッカムはこの考え方を基本的に採用していない[179]。オッカムは上記の神学上の諸問題（三位一体論、受肉論、実体変化説）に関しては教会の伝統に従って、関係項から実在的に区別された「関係的なもの」を認めた。

第二の考え方はアリストテレスが上記（Ⅱ）の「神は、同じ質料（ないし主体）に単に現在する形相（ないし付帯性）が、最初は当の質料（主体）に内在する形相（付帯性）でなかったが、その後いかなる場所の移動もなくして当の質料（主体）に内在するようになること（あるいはその逆）を引き起こす」のは論理的可能性をおそらく否定すること、そしてこのことが理性によっても証明されえないことを主張する[180]。アリストテレスは、質料と形相、主体（実体）と付帯性が全く同一の場所に存在し、しかも一方が他方に内在しないようなことを否定するだろう。質料に対する形相の、主体に対する付帯性の内属関係とは、先ずもって当の形相ないし付帯性を意味し、次に質料ないし主体を共意し、更に形相ないし付帯性がそれぞれ質料ないし主体と全く同一の場所に存在する（両者の間に空間的な隔たりが存在しない）ことを共意する。或る形相（付帯性）と或る質料（主体）が共存しており、最初は前者が後者に内在していたのがその後内在しなくなったならば、この変化は、最初は両者が完全に同一の場所に存在していたがその後完全に同一の場所には存在しなくなったことのみにより説明されなければならず、両者が同一の場所に存在しなくなった事実は、一方ないし両者が場所を移動したことにより説明される。それ故オッカムは「しかし、場所を隔てることなくしては或る付帯性がその主体から分離することも、或る形相がその質料から分離することも可能でないならば、私はいかなる関係も措定しないだろう。というのも、あなたが関係によって救うすべてのものを私は場所の移動によって救うからである」と述べている[181]。完全に同一の場所に存在する形相（付帯性）と質料（主体）に関して、神が前者を後者に内在させたり内在させなかったりすることができないならば、「相互に矛盾したことが同一のものについて連続的に真であることは、或るものの場所の移動によるか、時間の経過によるか、あるいは或るものの産出や破壊によることなくしては不可能である」という原則が、絶対的なものから実在的に区別された関係的なものの存在を要請することはない。形相（付帯性）が最初は質料（主体）に内在し、その後内在しなくなる理由は、形相と質料（付帯性と主体）以外のいかなるものの存在も想定することなく、単に場所の移動のみによって説明できるからである。しかし、完全に同一の場所に存在する形相（付帯性）と質料（主体）に関して、神は前者を後者に内在させたり内在させなかったりすることができない、という見解は実体変化に関する教会の権威に反することから、オッカムはこの見解を採用してはいない。

しかし次の点を問題にすることができるだろう。オッカムは実体変化におけるキリストの体の実体とパンの付帯性につき、神はパンの付帯性をキリストの体の実体に内在させることなくして後者の実体と同じ場所に存在させることができると考えている。しかし、もしそうならば、神はどのような実体の付帯性についても、付帯性を実体と同じ場所に存在させながら当の実体に内在させたり内在させなかったりすることが可能なはずである。また神が、キリストの手の質料とキリストの足の実体的形相を全く同じ場所に存在させながら、後者の形相が前者の質料に内在しないようにすることができるのであれば、同様に神は或る質料に内在するどのような実体的形相に関しても、実体的形相を質料と全く同じ場所に存在させながら当の質料に内在させたり内在させなかったりすることができるだろう。しかし、もしこのようなことが論理的に可能ならば、付帯性が実体に内在し、形相が質料に内在するすべての場合において「内在」は付帯性と実体から実在的に区別され、形相と質料から実在的に区別されて存在する「関係的なもの」ということになるだろう(182)。

しかしオッカムはこのような帰結を導き出すことなく次のように述べている。

「これらすべての関係（respectus）なくして我々がすべてを救う（salvare）ことができないことは明らかである。しかし我々は関係（relatio）の類として措定されるどのような関係なくしても、そしてそのような（類として措定される）どのような能動と受動、「いつ」「どこ」「位置」「状態」なくしてもすべてを救うことができる。しかし我々は神における父性や結合関係（respectus unionis）なくしては、すべてを救うことはできない(183)」。

ここでオッカムが、〈respectus〉と〈relatio〉（アリストテレスの十のカテゴリーの一つである関係）を意図的に区別しているか定かではないが、その趣旨は次のようなことと想定される。すなわち神における三つの位格である関係は無限なる神の本質と実在的に同一であるからアリストテレスのカテゴリーには属していない。またキリストの人性に内在し、キリストの人性を神の言葉と結合させている関係について言えば、この結合関係はキリストの人性という被造物に内在してはいてもその関係項は神であることから、確かにこの関係もカテゴリーとしての関係の類に属するものとは言えない。それ故、類には属さないこの種の関係を実在者として認めなければならない。しかし一般に、形相が質料に、そして付帯性が実体に内在するとされる関係は被造物間に認められる類としての関係であるから、これを関係項から実在的に区別された実在者として措定する必要はない。この種の関係自体の実在性を措定しなくても、我々はこれを二つの関係項と、二つの関係項が空間によって隔たっておらず同一の場所に存在していることで説明することができるからである。

他方でオッカムは、形相と質料、付帯性と実体のあいだに認められる内在関係の実在性を、実体変化の脈絡で、被造物であるキリストの体に関しては認めている。しかしキリストの体の諸部分間の実在的関係は被造物間の関係であるから類としての関係ではないだろうか。これが類としての関係であれば、被造物間の内在関係（形相と質料、付帯性と実体の内在関係）一般には実在性を認めず、これをキリストの体に限定する理由は何だろうか。もしオッカムの言うように「我々は関係の類として措定されるどのような関係なくしてもすべてを救うことができる」ならば、キリストの体に関して認められる関係は類としての関係ではないことになり、同様に被造物において付帯性が実体に、形相が質料に内在している関係もアリストテレスのカテゴリーに含まれる類としての関係ではなく、特殊な関係ということになるだろう。[184]

第八節　共意語の意味論と関係

共意語は主たる一次的意味作用と同時に二次的な意味作用を有する点で、内的に位階化された意味論的構造を帯びており、この二重性が存在論の単純化——個的実体と、個的実体に内在する個的性質のみを客観的に実在するもの（すなわち res absoluta）とみなすこと——を可能にする。しかし、個的実体と個的性質のみを実在者とみなす存在論は、意味論のレヴェルにおいても絶対語だけを心の中のメンタルな言語（すなわち概念）として措定し、共意語をメンタルな言語から除去するような見解を必然的に含意するだろうか。この点、一部のオッカム研究者[185]は、実体と性質以外のカテゴリーに属する存在者を存在論から除去することが可能なのは、——関係をも含む——この種のカテゴリーのすべての共意語が名辞的定義によって実体と性質のカテゴリーの絶対語へと還元可能な場合にかぎられると考えている。この見解によれば、メンタルな言語の中には単純な共意語は存在せず、メンタルな単純概念はすべて絶対概念である。従ってメンタルな言語の中に単純な共意語が存在しなければ、共意語であるメンタルな関係語も存在しえず、関係概念は絶対概念へと——すなわち実体と性質のカテゴリーに属する概念へと——還元されることになる。しかし関係概念を非関係的な単純概念のみから構成することが可能だろうか。

さて、共意語の意味論的二重性は、実体と性質しか認めない簡素な存在論を損なうことなく我々が用いる豊かな言語を説明してくれる。例えば付帯性を帯びず完全に単純な存在者である神に、「善い」「叡智的」「創造主」など同義でない諸概念を適用することができるのは、これらの概念がすべて一次的には単純なる神を意味すると同時にそれぞれ異なるものを共意する共意概念（connotativa）ないし名詞派生的概念（denominativa）だからである。同じように関係語を、或る個体（実体ないし性質）を一次的に意味し、別の或る個体を二次的に意味する語として理解することで、関係を存在論の中に取り入れることが回避された。例えば関係語である「父」は、「これが父である」が真であるような個物を一次的に意味し、父をもつ個物（すなわち子）を二次的に意味（共意）する語として理解されることで、父たる個物と子たる個物以外に父子関係といった関係を実在者として存在論の中に取り入れることが回避された。しかし、このような共意語は人為的な言語にのみ属し、メンタルな言語――メンタルな言語の深層構造――には属していないのだろうか。

単純な共意語がメンタルな心の言語の中に存在することを否定する上記の見解は次のように主張する。絶対語はそれによって意味されるすべてのものを同じ仕方で画一的に意味し、絶対語の定義は、それによって意味されるものの本質的特徴を記述する定義（quid rei definitio）であり、言葉の意味の説明ではないのに対し、共意語は一次的および二次的な意味をもつことから、内的に位階化されたその構造は複合的表現すなわち名辞的定義を用いて明白にされる。共意語は常に名辞的定義をもつのであるから、あらゆる共意語には単純な語から成る完全に展開された名辞的定義が存在し、この定義は定義された共意語と厳密に同義であり、しかもこの定義の中にある〈categoremata〉は絶対語のみである。完全には展開されていない名辞的定義の中に共意語が含まれていれば、この共意語を更に名辞的定義によって置き換え、最終的には絶対語と〈syncategoremata〉のみからなる名辞的定義に到達する。そしてメンタルな言語には同義語は存在しないことから、あらゆる共意語はこれと同義の（完全に展開された）名辞的定義によって表現されることになる。それ故メンタルな言語の中に共意語が存在していても、これは名辞的定義によって絶対語と〈syncategoremata〉しか含まない表現へと還元可能であるから、メンタルな言語の中に単純な共意語が存在することはない。以上の見解の基本的な趣旨は、メンタルな言語の中に単純な共意語が存在することを肯定することは、オッカムのノミナリズムのように個物たる実体と性質のみを実在者とみなす存在論と不整合であるということである。

以上の見解に対し、オッカムがメンタルな言語の中に単純な共意語が――単純な共意概念が――存在することを認めていたこと、そしてこのようなメンタルな単純共意語の存在はオッカムのノミナリズムといささかも矛盾しないことを説得力ある仕方で論証したのがクロード・パナッチョである[186]。パナッチョの議論はオッカムの関係論を理解するためにも非常に重要と思われるので、以下、パナッチョの論証を詳しく紹介しておきたい。

先ずパナッチョはオッカムがメンタルな共意語すなわち共意概念を明瞭に認めている一節を挙げ[187]、「父」や「白い」といった共意概念が単純な概念であり、しかもこれらの概念がその名辞的定義と同義ではないこと、そして特に関係語のような共意語は、それと相関する関係語を用いずには定義不可能なことから、関係語が絶対語と〈syncategoremata〉のみからなる定義へと還元されえないことを主張する。パナッチョによれば、（一）その各々の部分が独自の意味をもつ複合的概念とは異なり単純な概念はそのいかなる部分もそれ自体では記号でないような記号であり、この意味における単純な共意概念が存在し、オッカムも明言するように(188)、共意概念が内的に位階化された意味論的構造を帯びることは、当の概念の単純性を損なうものではない。また（二）オッカムは、定義される語（概念）と定義を必ずしも同義とは考えていなかった(189)。定義は定義される語より長い表現であり、より明示的な内容を有している(190)。それ故、共意語とその定義が同義でないかぎり、メンタルな言語の中に同義語が存在しないことを理由に共意語とその名辞的定義がメンタルな言語の中で異なるものとして存在することはありえない、と主張することは誤りである。そして、（三）特に「父」や「二倍」のような関係的な共意語の名辞的定義は、当の関係語と相関的な関係語――「子」や「半分」――を定義から――定義をどれほど十分に展開しても――除去することは不可能であるから、これを〈syncategoremata〉と絶対語の〈categoremata〉のみからなる定義へと還元することは不可能である。「父」の完全な名辞的定義は「子をもつ男性の動物」であるが、この中には「子」という関係語が含まれ、「子」という関係語に依拠することなくしては「父」を定義することはできない。従ってオッカムは、あらゆる共意語は絶対語（およびsyncategoremata）のみを用いて定義されうるという見解を否定した。二つの概念が相関しているならば、両概念が同時に得られ、相互に定義し合う――「父」は「子」によって定義され、「子」は「父」によって定義されるというように循環がみられる――ことに何ら問題とすべき点は存在しない(191)。

上記（二）の共意語とその定義が同義でないという論点に関しては、オッカムが共意語と名辞的定義は同じものを意味すると述べていることは確かである(192)。しかし二つの語が同義であるためには両者が同じ個物を意味するだけでは不十分であり――「父」と「子」は同じ個物を意味しているが同義ではない――、一方の語が一定の仕方で（一次的か二次的か、否定的か肯定的か）意味しているものがすべて他方の語によっても同じ仕方で意味されていなければならない(193)――「父」が一次的な仕方で意味するものを「子」は二次的な仕方で意味するにすぎず、「子」が一次的な仕方で意味するものを「父」は二次的な仕方で意味するにすぎないから、たとえ両者が同じものを意味していても意味する仕方が異なるかぎり両者は同義ではない――。共意語とその名辞的定義がこの意味で同義でないことは、「父」とその名辞的定義「子をもつ男性の動物」を比較すれば明白である。「父」の名辞的定義に含まれる「子」という斜格の共意語は両親を――従って父たちを――共意する（二次的な仕方で意味する）のに対し、「父」は父たちを共意しない――むしろ父たちを一次的な仕方で意味する――のであるから、定義は「父」が共意しないものを共意し、それ故両者は同義ではない。また、「父」の名辞的定義「子をもつ男性の動物」に含まれる直格の「動物」はあらゆる動物を一次的な仕方で意味するが、「父」はあらゆる動物を一次的な仕方で意味してはおらず――各々の動物について「父である」とは言えないからである――、この理由からしても「父」とその定義は同義ではない。要するにこの場合、被定義項によって共意されていない何か或るものが定義の一部分によって共意されており、そして被定義項によって一次的な仕方で意味されていない何か或るものが定義の一部分によって一次的な仕方で意味されているのである。この場合、共意語は全体としての名辞的定義と同義か否かが問題になっているのであるから、或るものが全体としての定義によって意味されている仕方ではなく定義の部分によって意味されている仕方を考慮することは正しくない、という反論がありうるだろう。名辞的定義のような複合的表現は、その構成要素である複数の〈categoremata〉によって意味されていることの全体を意味すると考えられるからである(194)。しかしオッカムはこのような原則を明示しておらず、複合体としての定義の意味が、その諸構成部分の意味からどのように構成されるかについて何も述べていない。そして仮に全体としての定義の意味が諸構成部分の意味から構成されうるとしても、このような構成は意味されているものの全体的リストに関わるものであって、これら意味されているものの各々が意味されている仕方に関わるものでないから、全体としての定義が意味する仕方について何も示してくれない。もし定義全体が意味する仕方が、その構成部分の意味する仕方と異なるとすれば、部分が意味する仕方から全体が意味する仕方を導出するルールは何であろうか。この点についてオッカムが何も述べていない以上、我々にとって最善の態度は、定義の内部で作用している「意味する仕方」のみを考慮するだけにして、全体として理解された定義にこれとは異なった「意味する仕方」を帰そうと試みないことだろう(195)。

これに対して名辞的定義の内部で生じていることから、定義されている共意語が意味する仕方を特定する幾つかのルールがオッカムによって示唆されている(196)。そのうち二つを挙げれば、

（1）共意語Tが対象Oを否定的な仕方で意味するのは、Oが、Tの名辞的定義の中の否定のスコープ内にある語T′の一次的意味対象の一つであるときにかぎられる。

（2）共意語Tが対象Oを（斜格で）二次的な仕方で意味するのは、Oが、Tの名辞的定義の中の斜格の語T′の一次的な意味対象である場合にかぎられる。

（1）に関しては、例えば「盲目の」という共意語が視覚を否定的な仕方で意味するのは、視覚が「盲目の」の名辞的定義「視覚をもたない動物」の中の否定のスコープ内にある「視覚」の一次的意味対象の一つだからであり、（2）に関しては、「父」という共意語が子を斜格で二次的な仕方で意味するのは、子が「父」の名辞的定義「子をもつ男性の動物」の中の斜格の「子」の一次的意味対象の一つだからである。このように、共意語の意味を名辞的定義から特定する幾つかのルールを構成することは可能であろうが、これらのルールすべてを前提としても、定義と被定義項の完全な同義性がこれによって保証されることはない。既述のように、「父」の名辞的定義「子をもつ男性の動物」の中の「動物」はすべての動物を意味するが、「父」はすべての動物を意味しないように、被定義項がどのような仕方によっても意味しないものが定義の一部によって意味されることがある。

さて、共意語とその名辞的定義が同義でないとすると、定義が或る共意語の正しい定義と言えるための規準は何か。名辞的定義の機能が共意語を絶対語（および syncategoremata）へと還元することでないとすると、その機能は何だろうか。名辞的定義は名辞について何を述べているのだろうか。そしてオッカムのノミナリズムにおいて名辞的定義の果たす役割は何だろうか。名辞的定義の機能についてみる前に、名辞的定義に関するオッカムの四つの特徴的テーゼを確認しておこう[197]。

（1）或る名辞的定義は不可避的に共意語を含んでいる。例えば「父」と「子」、「二倍」と「半分」は相関的な関係語であり、一方の共意語の定義は不可避的に他方の共意語を含んでいる。

（2）名辞的定義は定義される共意語と同義であるとはかぎらない。オッカムは単純な共意概念と名辞的定義がメンタルな言語の中に共存する可能性を認めていることから、もし両者が同義だとすると、メンタルな言語に同義語が存在しないことと矛盾することになる。

（3）各々の共意語はただ一つの名辞的定義しかもたない[198]。共意語とその定義は同義とはかぎらないが、共意語の正しい定義は一つしか存在しない。同義語をもたないメンタルな言語の中に同義の複数の定義が存在することはありえない[199]。

（4）共意語の名辞的定義はその一部分が通常は直格の語、そして少くとも他の一つの部分が斜格の語からなる複合的な語句であり、直格の語は共意語の〈subiecta〉、斜格の語は共意語によって共意（二次的に意味）されているもの（connotata）の名（nomina）である[200]。直格と斜格の区別は共意語の――或るものを一次的に意味し、或るものを二次的に意味する――意味論的二重性を示すために用いられるが、これとは異なり名辞的定義の記述においては直格と斜格は文法的特徴を示し、直格の語は補語としての文法上の役割を果たし、斜格の語は補語としての役割を果たさない語である。要するにオッカムによれば名辞的定義は、当の定義において文法的に補語の役割を演じない一つの〈categorema〉と、補語の役割を演ずる少くとも一つの〈categorema〉（そして syncategoremata）からなる、文法的に構造化された語句（oratio）だということである。そしてオッカムにより直格の語は共意語の〈subiecta〉、斜格の語は共意語の〈connotata〉の名とされているが、これは次のことを意味している。例えば共意語「父」の名辞的定義「子をもつ男性の動物」の中の「動物」は、補語ではない直格の〈categorema〉であり、「父」の〈subiectum〉として「父」が述語づけられうる個物が含まれる領域を――共意語「父」が直格で意味するものがその中に見出される領域を――画定し、「父」が一次的に意味する対象が属する――おそらく最小の――集合を示している。それ故、共意語の名辞的定義の中の文法的に直格の語は、被定義項たる共意語が直格で意味する（すなわち一次的に意味する）ものがその中に見い出される領域を画定する、ということである。これに対して「もつ」という動詞（これは syncategorema として理解される）の補語で斜格の〈categorema〉である「子」は共意語「父」によって共意されるもの（すべての子）に正確に適用される語であり、文法的に斜格の語「子」の外延は、共意語「父」が斜格で意味するものと正確に合致する。これを一般化すれば、共意語の名辞的定義の中にある斜格の語は、共意語が斜格で意味するものを正確にその外延としてもつ、ということである。

以上四つのテーゼに（5）あらゆる共意語は名辞的定義を有する、（6）絶対語は名辞的定義をもたない、という二つのテーゼを付加することで、名辞的定義についてのオッカムの理論を再構成するための前提が提示されたことになる。

オッカムが名辞的定義の意義ないし機能をどのように理解していたかをみるためには、「名辞的定義は、或る一つの語によって含意されている（importatur）ものを明示する複合的な語句である」[201]という説明を考察しなければならない。これは共意語の名辞的定義が共意語によって意味されているものを開示することを述べている。共意語の完全な意味は、或るものを一定の仕方で意味し、或るものを別の仕方で意味することに存するが、名辞的定義がこのような意味を開示するために行うべきことは、定義される語が一次的に意味するものと二次的に意味するものの両者を特定化する一方で、定義される語によって両者が意味されている仕方を――直格においてか斜格においてか、肯定的か否定的かなど――各々について明示することである。オッカムは、名辞的定義は一つの語が〈importare〉(含意)するものを明示すると述べているが、〈importare〉は、或る表現の存在論的含意を示すためにオッカムが用いる動詞であり、或る語は、どのような仕方であれ当の語が意味する世界のすべての対象を〈importare〉すると言われる[202]。それ故名辞的定義の主要な意義は、定義される語の通常の使用と結びついた存在論的コミットメントを明瞭に示すことに存し、オッカムのノミナリズムにおいては、共意語によって――一次的であれ二次的であれ、あるいは肯定的であれ否定的であれ――指示されているものが個的実体と個体性質であることを明示することに存する。従って名辞的定義の役割は共意語を除去することではなく、共意語を除去することが不可能であっても共意語が存在論的に無害なこと――個的実体と、個的実体に内在する個的性質のみを実在者として認めるノミナリズムと両立可能であること――を示すことにある。オッカムのノミナリズムの存在論の中にはメンタルな概念装置の中に単純な共意概念が存在することをさまたげるものはなく、名辞的定義は、単純な共意概念が存在論の好ましからざる複雑化を要求しないことを示すのである。

オッカムは共意語の名辞的定義が充足すべき条件として次のものを挙げている[203]。

(C1)名辞的定義はその中に、文法上従属的な地位にない一つの語(テーゼ4の直格の語)を含まなければならない。そしてこの語はそれが一次的に意味するもの(この語の外延)の中に、共意語が一次的に意味するすべてのもの(共意語の外延)を含まなければならない。例えば、共意語「父」の定義「子をもつ男性の動物」の中の直格の〈categorema〉である「動物」が一次的に意味するもの(あらゆる動物)は「父」が一次的に意味するすべてのものを含み、共意語「白い」の定義「白さをもつ体」の中の「体」が一次的に意味するもの(すべての体)は、「白い」が一次的に意味するもの(すべての白い体)を含んでいる。要するに名辞的定義の中に登場する直格の語――これは絶対語でなければならない――は、定義される共意語によって一次的に意味されるものがその中に見出される範囲を画定する。

(C2)共意語によって共意されているものの各々のグループについて、定義の中に文法上従属的地位にあるただ一つの斜格の〈categorema〉が存在しなければならず、この語が一次的に意味するものは、被定義項たる共意語によって共意（二次的に意味）されているものである。「白い」はそれによって共意されるものの単一のグループ、すなわちすべての白さを有しており、「白い」の定義「一つの白さをもつ体」の中にただ一つの補語として生ずる「白さ」が一次的に意味するものは、定義される語「白い」によって共意されている個物、すなわち諸々の白さである。同じく、「父」の定義「子をもつ男性の動物」の中の「子」（これも共意語である）の一次的意味対象は、「父」の二次的意味対象（「父」によって共意されているもの）である個物たち、すなわち子たちである。要するに、名辞的定義の中の文法上従属的な名辞は、定義される共意語が特定の仕方で共意する個物を一次的な仕方で意味する。

（C3）名辞的定義は、それに含まれる直格の〈categorema〉を、同じくそれに含まれる補語と結びつけなければならず、この結果、定義される共意語の二次的意味対象が共意されている仕方を明示し、直格の語の一次的意味対象が共意語の一次的意味対象でもあるためには斜格の語の一次的意味対象と実在的にどのように関係づけられていなければならないかを明示しなければならない。これは文法的構造と、適切な〈syncategoremata〉（これには「である」や「もつ」といった連辞も含まれる）の使用によって保障される。例えば「白い」の定義「一つの白さをもつ体」の中の「もつ」は直格の語「体」と補語の「白さ」をつなげる〈syncategorema〉たる連辞であり、この連辞に対し要求されることは、個々の体が「白い」という語の一次的意味対象の中に含まれるべきならば、それらは諸々の白さとどのような関係になければならないかを明示するために当の連辞が論理的に適切な性格を有していなければならない、ということである。

要するに共意語の正しい名辞的定義は、共意語により共意されているものを斜格の語によって画定し、これら共意されているものが共意されている仕方を明示しなければならないと同時に、直格の語が一次的に意味するものの中から共意語が一次的に意味するものを取り出すための方法を、〈syncategoremata〉と文法的構造を通して提示しなければならない。それ故、テーゼ（4）が述べるように、共意語の名辞的定義が通常、一つの直格の語と、文法上従属的地位にある少くとも一つの〈categorema〉を含んでいなければならない理由は明らかである。すなわち、（C2）により共意語の定義中の斜格の語は共意語の二次的意味対象を特定化し、（C1）により、定義中の直格の語は共意語の一次的意味対象がその中に見出されるものの集合を画定する、ということである。そして二つの語は相俟って、共意語が意味をもつために世界に存在すべきものは何かを示すことになる。それ故、テーゼ（3）が述べるように、特定の共意語の正しい名辞的定義が唯一つしかないことも明らかである。共意語の名辞的定義の中にあるすべての語は（C1）（C2）（C3）によりそれぞれ精確な働きをしており、直格の語は、共意語がそれに述語づけられうるものの最小の集合に対応しており、斜格の語の外延は、共意語によって共意（二次的に意味）されているものと正確に合致しなければならない。従って、共意語の使用と結びついた存在論的コミットメントを上記のような仕方で明示すること、これが名辞的定義の機能であるからには、少くともメンタルな言語に関しては、この定義を操作する余地は殆どない。確かに、（C1）と（C2）が示すように、名辞的定義の正しさにとって問題となるのは、定義中の直格及び斜格の〈categoremata〉の一次的意味対象（すなわち外延）――そして〈syncategoremata〉――であるから、定義中にある斜格の特定の〈categorema〉を、これと外延を同じくするが同義でない語で置き換えても正しい名辞的定義が得られる――従って正しい定義は唯一つではない――という反論がありうるだろう。しかし、名辞的定義があらゆる可能な世界を貫通して妥当すべきだとすれば、定義の正しさが単に事実上外延を同じくしていることのみによって保障されるはずはなく、またオッカムの存在論的アトミズムを前提とすれば、二つの非同義的な単純概念が――絶対概念であれ共意概念であれ――必然的に外延を同じくするようなことはありえない[204]。

次にテーゼ（2）に関しては、（C1）（C2）（C3）を充足する名辞的定義が定義される共意語と同義でない理由は二つある。一つは、定義に含まれる直格の語が一次的に意味するものには、定義される共意語が一次的に意味するものより多くのものが含まれているからであり、もう一つは、定義に含まれる斜格の語が絶対語であるとはかぎらず、二次的な意味対象をもった共意語のときがあるからである。正しい定義が充足すべきは、定義中の斜格の語が一次的に意味するものが、被定義項（定義される共意語）によって二次的に意味されるものと正確に一致していることであって、斜格の語がまたそれ自体で二次的意味対象をもっているかいないか、この二次的意味対象が何であるかは定義の正しさとは無関係である。従って、正しい定義の中の或る部分が、被定義項たる共意語によっては共意されていないものを共意することがあり、このときは共意語が意味するものより多くのものを定義が意味することになる。それ故、共意語とその正しい名辞的定義は常に同義であるとはかぎらない[205]。

最後に、テーゼ（1）が述べるように、名辞的定義からあらゆる共意語を完全に除去することが不可能である理由も容易に理解することができる。（C2）で言われているように、名辞的定義の中の補語である斜格の語の役割は、定義される共意語が二次的に意味するものを正確に画定することである。しかしあらゆる共意語の二次的意味対象は、絶対語の意味対象である「絶対的なもの」でなければならない、と考えるべき理由は存在しない。むしろ多くの場合、正しい名辞的定義の中の斜格の語に期待される役割――すなわち定義される共意語が二次的に意味するものを正確に画定すること――を果たすことができるのは共意語だけである。例えば、関係的な共意語「より小さい」が二次的に意味するものは、「他の或るものが当のものたちより小さいようなすべてのもの（個物）」であるが、これに対応する絶対的なものは存在せず、これらの個物を性格に意味するような絶対概念は存在しない。「より小さい」の完全な名辞的定義が（C2）を充足すべきであるならば、定義は、定義される語「より小さい」の相関語である「より大きい」をその補語として用いなければならず、「より大きい」も共意語なのである。そして最後にテーゼ（5）（6）も条件（C1）（C2）（C3）から明らかである。あらゆる共意語は或るものを直格で意味し、或るものを斜格で意味することから、条件（C1）（C2）（C3）に合致した名辞的定義を有するのに対し、共意されるものをもたない絶対語は、条件（C2）（C3）に合致するような定義を受けつけないからである。かくして、テーゼ（1）―（6）は一つのまとまった総体として、名辞的定義の主要な機能、すなわち、定義される共意語の存在論的含意を開示する機能を説明することになる。[206]

さて、名辞的定義の機能が上記のことにあるならば、共意語は名辞的定義の省略語といったものではなく――省略語であれば両者は同義ということになるが、両者は同義とはかぎらない――、また名辞的定義を、人がこれに対応する概念を身につけるために知らなければならないものとして理解することも正しくない。例えば人は「類似している」や「より小さい」といった単純な共意概念を、その名辞的定義が何であるか述べることができなくても身につけることができる。しかし、名辞的定義の機能が共意語の存在論的含意を明確にすることであれば、人は共意語の名辞的定義を誤ることがあり、例えば共意語の「白い」を単一の普遍的なものである白さを指示する語として理解する概念実在論者がそうである。概念実在論者に「白い」という概念が欠けているのではなく、「白い」の存在論的含意を明示する名辞的定義が誤っているのである。[207]

さて、（C3）で言われているように、共意語の名辞的定義は、共意語の一次的意味対象がどのようにしてその二次的意味対象と実在的に結びついているかを示さねばならないが、このことは実在する諸々の個物が世界の中で、人間精神から独立した仕方で客観的に関連づけられていること、そして人間精神がこの事実的連関を認識しうることを含意する。この事実的連関は人間の知性の創造的産物といったものではない。ソクラテスが白く、プラトンが白いことが人間の知性によって引き起こされるものでないように、両者が類似していることも人間の知性によって引き起こされるわけではない。人間の知性は個物と個物が一定の仕方で関連づけられていることを――当の二つの個物を直観的に認識することで――直観的に認識して単純な共意概念を形成し、この共意概念の名辞的定義においてその一次的意味対象と二次的意味対象を――定義中の〈syncategoremata〉によって――正確に結びつける。そして、個物と個物が人間知性の作用とは独立に事実的に関連していることを認めることは、個的実体と個的性質のみを「絶対的なもの」として認めるノミナリズムに違背しない。人間知性の作用とは独立に事物が客観的に関連していること――世界が秩序づけられていること――を認めることは、事物の客観的連関それ自体が――世界の中に秩序が――個的実体と個的性質とは別個に実在することを認めることではないからである。個物が一定の仕方で秩序づけられていることは、オッカムが共意概念に結びつけている存在論的コミットメントにいかなるものも付加することはない[208]。

名辞的定義の機能は、いかにして共意語がより基礎的な概念上の単位からメンタルに構成されるかを示すものではなく、共意語の存在論的含意を解明することにある。この機能を理解することは、共意語がメンタルな言語としてどのように形成されるかを理解することではない。それでは、共意語はどのように形成され、人間の世界認識に対してどのような寄与をするのだろうか。これを理解するために、先ず単純な共意語の意味論的な複合性をどのように理解すべきか考えてみよう。メンタルな共意語すなわち共意概念は、すべての単純概念がそうであるように、個々人の精神の中に存在する、相互に実在的に区別された個的性質、すなわち個物である。そして既に述べたように、概念が単純であることは、それが意味論的に複合的でないということではなく、命題や語句と異なり、その各々が独立した意味をもつような部分から構成されてはいないことである。この意味で「類似している」や「父」は単純な概念――そして人為的な語としても単純な語――である。しかし他方でオッカムは、共意概念の形成が少くとも一つの絶対概念、すなわち実体ないし性質の概念の形成を前提にすると考えていた。例えばオッカムは、神と被造物の両者に一義的に適用可能な何らかの〈quidditativus〉な概念――ものがどのように（quale）あるかではなく、ものが何である（quid）かを示す概念――が存在しなければならないことを立証する過程で、名詞派生的（denominativus）な概念をもつことが少なくとも一つの〈quidditativus〉な概念をもつことを前提にすることを主張しているが、〈denominativus〉な概念――「勇気のある」「白い」「創造的な」「正しい」のようにこれらと対応する「勇気」「白さ」「創造」「正義」のような抽象語から派生する具体語――はすべて共意語であり、〈quidditativus〉な概念はすべて絶対語であるから、要するにオッカムはある種の共意概念を持つことは、ある種の絶対概念を持つことを前提にすると主張していることになる。[209] そして共意概念に対する絶対概念の認識論的先行性の根拠は、人間精神はいかにして単純な共意概念を形成するかという問題と関連している。この問題に関しては、概念を〈fictum〉として理解する初期のオッカムは、——〈syncategoremata〉や否定的概念と共に——共意概念を、外的な人為的言語の内面化の結果として人間精神の中に形成されるものとして説明した。[210] 人間精神は人為的な言葉の単純な表象を知性の中に生み出し、知性の中に生じたこれらメンタルな諸単位に、これらメンタルな単位によって表象される言葉の文法的意味論的特徴を規約的に付与して、メンタルな言語の中で当の諸単位をこの規約に従って使用する。従ってこの見解によれば、いかなる単純共意概念も、外的事物の直観的認識を直接的な基礎として自然的に人間精神により生み出されることはない。もっとも、この見解は共意概念を、規約によって特定の仕方で使用される人為的な言葉のある種の内面的表象とみなしてはいても、共意概念とメンタルな名辞的定義を同一視しているわけではなく、従って共意語をその名辞的定義と同義とみなすわけでもない。そして共意概念の形成に関するこのような見解と、ある種の名辞的定義から関係語を除去することは不可能であるという見解が両立可能か否かは定かでないが、もしここで言われている「共意語」という言葉が関係語を含まない狭義の意味で用いられており、ここでその形成が説明されている共意概念に関係概念が含まれないのであれば、上記二つの見解は両立可能だろう。人為的な共意語の内面化の結果として単純な共意概念が形成されると主張されるとき、人為的な共意語がもともとそれを基礎として人為的言語の中に導入された名辞的定義が、場合によっては絶対語のみならず関係語をも含んでいたと考えることが可能だからである。

しかしオッカムの概念論が〈fictum〉論から〈actus〉論へと移行するに伴い単純共意概念の形成に関する説明も変化し、共意概念の形成は絶対概念の形成と密接に関連したものとみなされるようになる。オッカムによると、人間が絶対概念（例えば馬）を手に入れるプロセスは、先ず（一）感覚によって質料的対象である一頭の馬を直観的に認識し、次に（二）これと同時に同じ一頭の馬が直ちに知性により直観的に認識され、対象についての偶然的真理——「この馬は存在する」——が明証的に認識される。そして（三）一頭の馬の直観的認識を通じて「馬」という種概念が形成され、更に馬以外の他の動物の直観的認識を通じて「動物」という類概念が形成される。[211] そしてこのような絶対概念が形成される因果的プロセスは、単純共意概念の形成に関しても——多くの場合——あてはまるが、絶対概念との相違は、共意概念が複数の個物の同時的な知覚により形成されることである。例えば類似性という単純共意概念は、二つの白さが同時に知覚されることにより、白さという絶対的な種概念が知性の中に引き起こされ、次にこの種概念を媒介にして類似性という単純な共意概念――一つの白さを一次的に意味し、もう一つの白さを二次的に意味する共意概念――が知性の中に自然的に引き起こされるが、この共意概念は当の二つの白さ、あるいは二つの白さの認識によって直ちに引き起こされ、（少くとも自然的な順序において）その後に命題「二つの白さは類似している」が形成される。(212) そして二つの個物である二つの白さが同時に知覚されることで直ちに生ずる類似性という共意概念は――一頭の馬の直観的認識から生ずる「馬」という概念が一般的であるように――一般的な概念であり、同じように相互に類似する一対のあらゆる個物を指示することになる。また「類似性」――これはこの概念のいかなる部分も概念でないという意味で単純な概念である――は、関連づけられた一対の個物のうち一つを一次的に意味し、他の一つを二次的に意味（共意）することから、この単純な共意概念の形成は少くとも一つの絶対概念の形成を前提としている。人間精神は「白い」という単純な共意語を、ソクラテスとその白さという二つの区別された対象を把持することで獲得し、「類似している」という単純な共意語を、ソクラテスとその白さ、プラトンとその白さを区別された対象として把持することで獲得する。そして把持された少くとも二つの対象の各々が絶対概念の形成へと至る自然的なプロセスを引き起こす。二つの白さが知覚されるとき、各々の白さだけで「白さ」という絶対概念を生み出すのに十分であり、また二つの白さの同時的な知覚は絶対概念を引き起こすと共に、少くとも一つの共意概念――例えば「類似している」――を引き起こす。同様に、黒い犬と黒い馬を同時に知覚すれば、「犬」「馬」「黒さ」という絶対概念と、「黒い」と「類似している」という共意概念が形成されるだろう。それ故既に指摘したように、単純共意概念の形成は、当の共意概念が真なる肯定命題の中でそれに述語づけられるような絶対的ないし〈quidditativus〉な概念の形成を常に前提としている。しかし言うまでもなく、単純共意概念が絶対概念を前提としているからといって、前提とされている絶対概念は単純な共意概念の一部分ではなく、共意概念の名辞的定義の中に、前提とされている絶対概念が登場するときでさえ、このことに変わりはない。例えば白い犬を見ることで、「白さ」及び「犬」という絶対概念と「白い」という共意概念が形成され、後者は前者を前提とするが、「白さ」（そして「犬」）は「白い」の一部分ではなく、「白い」の名辞的定義――「白さをもつ体」――の中に「白さ」が登場しても、「白さ」という絶対概念は「白い」という共意概念の一部分ではない。「白い」の名辞的定義の中に「白さ」

が（斜格）で登場することは、単に実在する白さが「白い」の二次的意味対象であることを示すにすぎず、二次的な意味対象をもつことで「白い」が複合的な概念になるわけではない[213]。

以上のことを要約すれば、共意概念は複数の個物を同時に把握することにより直ちに、そして自然的に形成され、個物の各々が少くとも一つの絶対概念を引き起こすことから、共意概念形成のプロセスは絶対概念を前提としており、そして共意概念が――そのいかなる部分も独立に意味をもつ概念ではないという意味で――単純であることは、当の共意概念が一次的及び二次的な意味対象をもつことを妨げない、ということである。共意概念は、特定の仕方で関連づけられた複数の個物が先ず同時に知覚されることで自然的に得られる一般的表象であり、この一般的表象は、同じように関連づけられたすべての個物集合へと投影されていく。人間の知性は絶対概念によって諸個物が「何であるか」をカテゴライズするだけでなく、共意概念によって世界の中で諸個物が「どのように関連しているか」を認識し、記述することができる。世界の中で諸個物がどのように関連づけられているかを示す共意概念を、諸個物がそれぞれ何であるかを示すだけの絶対概念と〈syncategoremata〉のみから構成することは不可能である。

従って共意概念は――少くともある種の共意概念は――名辞的定義によって概念や語の中に導入されたのではなく、特定の仕方で関連づけられた個物集合の直接的な把握を通じて形成され、この個物集合をサンプルとして、同じように関連づけられた他の個物集合へと適用されていく。名辞的定義の役割は、ひとたび形成された共意概念が正確にどのような個物集合に適用されるべきかを明瞭にすることにある。それ故、各々の共意概念は原則的に、その一次的意味対象である一定の個物集合を特定することが可能であり（上記の条件C1）、その二次的意味対象を正確に画定することができ（条件C2）、更に〈syncategoremata〉によって一次的意味対象と二次的意味対象がどのように結合しているかを明示できる（条件C3）ものでなければならない。しかし或る共意概念をもつすべての人間がその名辞的定義を正確に把握しているとはかぎらない。名辞的定義は人間精神の中で生じていることを明示するものではなく、その役割は或る共意概念が適用されるために世界がどのようなものであるべきかを明示することにある。それ故、共意概念を用いる人間が当の概念の正確な名辞的定義を与えることができないとすると、真の問題は、各々の事例において定義の妥当性がどのように評価されるかということになるだろう。定義が適正であるために充たすべき条件として四つのものが挙げられる[214]。（A）定義は既に述べられたように、少くとも一つの直格の語と、一つないし複数の文法的に従属した語を含まなければならない。（B）定義の役割が定義される語の存在論的含意を明示することにあるならば、定義の中の——直格であれ斜格であれ——すべての〈categoremata〉は、正しい存在論が存在者として認めるもの（オッカムの場合は個的実体と個的性質）へと明確に適用されなければならない。（C）定義が一次的意味対象と二次的意味対象のあいだに設定する結合は直接的経験によって直観的に認識可能でなければならない。これら三つの条件は、自然的に形成された共意概念に対し提案される名辞的定義の適正さが単に定義される語と定義をつき合わせたり、共意概念を有する人間がそれについて自発的に述べることと定義をつき合わせたりすることによっては立証されえず、意味論や存在論や認識論を前提にしていることを示している。

しかし（A）（B）（C）の条件は特定の事例において或る一つの定義の適正さを確立するためには不十分であり、（D）名辞的定義は、定義される概念を人々が実際に用いる仕方と一般的に合致していなければならない。そして概念は内面的であり直接観察することができないことから、通常、単純概念は特定の人間が話す言葉（語や語句）とリンクしていることが想定され、これらの言葉が具体的状況においてどのようなものに適用され、この言葉でどのような推論が為されているかを証拠として、定義される概念を人々がどのように用いているかが理解されなければならない。

さて、既に述べたように共意概念の形成プロセスは、特定の仕方で関連しあう二つの個物の直接的経験でもって開始するが、すべての共意概念がそうというわけではない。「父」のような共意（関係）概念は、その対象（例えば二人の男性）が可視的に実在していても直観のみによって得られることはなく、二つの個物の関連性（父子関係）が直接的な経験により確認されることはない。オッカムは個物集合の直接的把握以外に、共意概念を形成する方法として省略と定義を認めている[215]。人々は心の中に存在するメンタルな複合的概念を省略して人為的な単一の共意語でもって表現することが可能であり、この場合、共意語とメンタルな複合的概念は同義である。また人々は、共意語を導入するための手段として名辞的定義を用いることもできる。すなわち、既述の条件を充たす適正な名辞的定義の形式を備えた複合的表現を構成し、取決めによりこの複合的表現がその定義になるような語を作ることが可能であり、この場合、導入された語は、この語を導入するために用いられた複合的表現と必ずしも同義であるとは限らない。というのも、定義は新たに導入される語の一次的及び二次的意味対象が何であるかを示すが、定義を構成する或る部分が、定義される語によって一次的にも二次的にも意味されないものを一次的ないし二次的に意味することがあるからである。例えば「父」は直接的な直観によっては得られないが、我々は「子をもつ男性の動物」という適正なメンタルな名辞的定義を有していることから、「父」はこの定義を用いて言語の中に導入されたと推測することができる。もしそうならば、「父」はその定義の一つの構成要素である「動物」により意味されているすべての個物――すなわちすべての動物――を意味しないことから、「父」とその定義は同義でない。或る人為的な語が或る概念と同義であるのは、当の語が、概念によって意味されているものを意味するべく当の概念に付与され、しかも概念がそのものを意味する仕方と正確に同じ仕方で当のものを意味するべく（概念に）付与されるときにかぎられるからである。それ故、父は人為的言語の中で一定の意味をもち、メンタルな言語の中ではそれと非同義的な語句――すなわち名辞的定義――によって言い表されると言えるだろう。

　人為的な共意語の多くは省略によろうと名辞的定義によろうと、その意味を、より原初的なメンタルな単純概念の複合体から受け取る。しかしだからと言って、このような原初的概念が絶対概念に限られるわけではない。「父」という関係的共意語がその名辞的定義の中に必然的に「子」という関係語を含むように、絶対語のみを基礎として構成することのできない共意語が存在する。そして省略や名辞的定義を用いるのではなく、先に述べた経験を直接的な基礎として人間精神の中に自然に形成される単純概念の中にも、絶対概念に還元することのできない――例えば「より背の高い」のような――原初的な共意語（特に関係語）が存在している。しかし認識論の中に原初的な単純共意語が含まれていることでその存在論が複雑なものになるわけではない。共意語の名辞的定義は、その一次的意味対象も二次的意味対象も個物（個的実体と個的性質）であることを示すからである。[216]

註

(1) *Quodlibeta septem* (*Opera Theologica* IX, J. C. Wey ed., St. Bonaventure, N. Y. 1980) vii, q. 8, p. 729 (A. J. Freddoso, transl. *Quodlibetal Questions*, vol. 2, New Haven, 1991, p. 614).

(2) J. Lutterell, *Libellus contra doctrinam Guilelmi Occam* (F. Hoffmann hrsg., *Die Schriften des Oxforder Kanzlers Iohannes Lutterell: Texte zur Theologie des vierzehnten Jahrhunderts*, Leipzig, 1959, SS. 5-102.) ラッタレルのオッカム関係論批判のホフマンによる解説は SS. 184-204. また id., *Die erste Kritik des Ockhamismus durch den Oxforder Kanzler Johannes Lutterell* (Breslau, 1941) SS. 57-63（カテゴリー論における関係）、SS. 76-81（神と被造物の関係）参照。

(3) J. Lutterell, *Libellus*, op. cit., articulus L, S. 98.

(4) Id., S. 7.

(5) Id., S. 98.

(6) 三位一体論に関しては、id., articulus XI, S. 36（神の中には四つの関係は存在しないこと）、XXIV, S. 60（神の本質と関係は事物において形相的に区別されており、実在的に区別されているとさえ（オッカムが）主張していること）、XXVII, S. 69（あらゆる本質概念は神のペルソナの概念であることが認められること）、LII, S. 100（神における同等性と類似性は同一の〈magnitudo〉を有する神のペルソナを意味すること）。神の属性に関しては、articulus IX, S. 32（或るものが事物において一つであり理性において区別される、といったことは不可能であること）、XLIII, S. 93（同一の単純なものについて理性上異なる二つの概念は存在しないこと）。神と被造物の関係に関しては、articulus XXXVIII, S. 88（被造物に対する神の（理性上の）関係は存在しないこと）。

（7）　オッカムが関係について論じているテキストは以下のとおりである。*Scriptum in librum primum sententiarum*（*Ordinatio*）d. 30, qq. 1-5; d. 31, q. unica; d. 35, q. 4（*Opera Theologica* IV, G. I. Etzkorn, F. E. Kelley ed., St. Bonaventure, N. Y. 1979, pp. 281-407, pp. 463-479）; *Quaestiones in librum secundum sententiarum*（*Reportatio* II）qq. 1-2（*Opera Theologica* V, G. Gál, R. Wood ed., St. Bonaventure, N. Y. 1981, pp. 3-49）; *Summa logicae*, I, cc. 49-54（*Opera Philosophica* I, Ph. Boehner, G. Gál, S. F. Brown ed., St. Bonaventure, N. Y. 1974, pp. 153-179）; *Quodlibeta septem*, op. cit., vi, qq. 8-30; vii, qq. 1, 8, pp. 611-701, pp. 703-706, pp. 726-730（A. J. Freddoso, transl., op. cit., pp. 512-589, pp. 593-596, pp. 613-616）; *Expositio in librum praedicamentorum Aristotelis*, cc. 12-13（*Opera Philosophica* II, G. Gál ed., St. Bonaventure, N. Y. 1978, pp. 238-268）.

オッカムの関係論を論じたものとしては、M. M. Adams, *William Ockham*, 2vols.（Notre Dame, Ind., 1987）, vol. I, pp. 215-276; M. G. Henninger, *Relations: Medieval Theories, 1250-1325*（Oxford, 1989）pp. 119-149 が先ず挙げられる。これ以外に、B. Beretta, *Ad aliquid: la relation chez Guillaume d' Occam*（Fribourg, 1999）; G. Martin, *Wilhelm von Ockham: Untersuchungen zur Ontologie der Ordnungen*（Berlin, 1949）; J. R. Weinberg, *Abstration, Relation and Induction: Three Essays in the History of Thought*（Madison and Milwaukee, 1965）pp. 103-108; O. L. Larre, *La filosofía natural de Ockham como fenomenología del individuo*（Pamplona, 2000）pp. 279-300; C. König-Pralong, *Avènement de l' aristotélisme en terre chrétienne*（Paris, 2005）pp. 182-188.

論文としては、P. Doncœur, 'Le nominalisme de Guillaume Occam: la théorie de la relation'（*Revue néo-scolastique de philosophie*, t. 23, 1921, pp. 5-25）; G. Martin, 'Ist Ockhams Relationstheorie Nominalismus?'（*Franziskanische Studien*, Bd. 32, 1950, SS. 31-49）; H. Greive, 'Zur Relationslehre Wilhelms von Ockham'（*Franziskanische Studien*, Bd. 49, 1967, SS. 248-258）; J. Biard, 'L' unité du monde selon Guillaume d' Ockham'（*Vivarium*, vol. 22, 1984, pp. 63-83）; J. R. López Vázquez, 'La relación seqún Guillermo de Ockham'（*Pensamiento*, vol. 44, 1988, pp. 423-438）; C. Michon, 'Le nominalisme et les relations'（*Le Temps des savoirs*, n. 1, La Dénomination, 2000, pp. 121-151）; O. L. Larre, 'La teoría de la relación en Guillermo Ockham: su evolución sistemática'（*Estudios Franciscanos*, t. 91, 1990, pp. 191-211）; P. Schulthess, 'Relation I: History'（H. Burkhart, et al., hrsg., *Handbook of Metaphysics and Ontology*, München, 1991, pp. 776-779）.

（8）　*Ordinatio*, d. 30, q. 1, p. 307.

（9）　オッカムは「関係」（relatio, ad aliquid, relativum）が〈secunda impositio〉ないし〈secunda intentio〉の名辞であり〈prima intentio〉の名辞でないこと、すなわち「関係」によって意味されているものが語であることを指摘する。〈intentio〉は、〈conceptus animae〉とか〈passio animae〉あるいは〈similitudo rei〉などとも言われる心の中のメンタルな語であり、それが意味するところのものをメンタルな命題の中で指示する自然的な記号である。〈intentio〉は或るものを自然的に意味するが、〈prima intentio〉は記号ではないものを自然的に意味するのに対し、〈secunda intentio〉は〈prima intentio〉のような自然的記号を自然的に意味する。例えばメンタルな概念である〈genus〉は「動物」や「白」のような〈intentio〉ないし自然的記号を意味する〈secunda intentio〉の概念であり、「動物」や「白」は〈記号でない〉個々の動物や白を意味する〈prima intentio〉の概念である。そして狭義の〈prima intentio〉は――omnis, aliquis, nullus, est など――それ自体では意味をもたない〈syncategoremata〉（共義語ないし共陳述的な語）を含まず、広義の〈prima intentio〉はこれらをも含む。

人間の意志作用から独立した自然的記号である〈intentio〉が上記二種類のものに区別されるのに対し、人為的な記号（音声記号ないし書かれた記号である名辞）は〈prima impositio〉と〈secunda impositio〉に区別される。〈secunda impositio〉の名辞とは、人為的記号と、人為的記号を性格づけうるものを――これらが記号であるかぎりにおいて――意味するために付与された(imposita)名辞であり、名辞の名辞――人為的記号を意味する人為的記号――である。例えば発話された〈nomen〉はあらゆる nomen を――〈homo〉〈animal〉〈albedo〉などを――意味する。そして、狭義の〈secunda impositio〉は、人為的記号のみにあてはまる属性――すなわち、それに対応する例をメンタルな言語の中にもたない属性――を言い表す名辞（例えば〈figura〉や〈coniugatio〉）にのみあてはまり、これに対し広義の〈secunda impositio〉の名辞は、記号として人為的に定められたかぎりでの人為的記号を意味するすべての名辞であり、この中には自然的記号である〈intentio〉にも適用可能な――それに対応する例をメンタルな言語の中にもつ――名辞（例えば名辞の名辞である〈nomen〉や〈verbum〉）も含まれる。そして〈prima impositio〉の名辞とは、広義及び狭義の〈secunda impositio〉以外のすべての名辞であるが、この名辞に〈syncategoremata〉を含ませれば広義の、含ませなければ狭義の〈prima impositio〉の名辞である。

更にオッカムは狭義の〈prima impositio〉の名辞を、〈prima intentio〉の名辞と〈secunda intentio〉の名辞に区別する。〈secunda intentio〉の名辞とは、自然的記号である〈intentio〉のみを意味するために付与された名辞、あるいは〈intentio〉のみならず人為的に定められた記号をも意味するために、そして更に人為的記号を性格づけるものをも意味するために付与された名辞であり、〈genus〉〈species〉〈universale〉〈praedicabile〉などがこれに該当する。従って広義の〈secunda intentio〉の名辞は、それが同時に人為的な記号を――これが記号であるかぎりにおいて――意味するか否かを問わず、自然的記号である〈intentio〉を意味する名辞であり、このように広義にとった場合、〈secunda intentio〉の名辞で〈prima impositio〉の名辞であるものが広義の〈secunda impositio〉の名辞であることも可能である。これに対して狭義の〈secunda intentio〉の名辞は自然的記号である〈intentio〉のみを意味し、この場合、いかなる〈secunda intentio〉の名辞も〈secunda impositio〉の名辞ではありえない。更に〈prima intentio〉の名辞は、広義及び狭義の〈secunda intentio〉の名辞以外のすべての名辞であり、この種の名辞は記号ではない――そして記号を性格づけるものでもない――ものや対象を意味する。そして〈unum〉〈verum〉〈bonum〉のような超越概念（これらはものと同時に記号をも意味する）も〈prima intentio〉の名辞である。*Summa logicae*, I, cc. 11-12; Ph. Boehner, *Collected Articles on Ockham* (St. Bonaventure, N. Y. 1958) pp. 224-229 参照。

以上の説明を前提にすると、〈relatio〉は〈secunda impositio〉の名辞ないし〈secunda intentio〉の名辞であると主張されるとき、それは次のことを意味している。すなわち、〈secunda impositio〉の名辞ないし〈secunda intentio〉の名辞は、それらが規約的な語だけでなく心の中の〈intentio〉をも意味するという点で広義の〈secunda impositio〉の名辞であると同時に、それらが心の中の〈intentio〉だけでなく規約的な記号をも意味するという点で〈prima impositio〉にして広義の〈secunda intentio〉の名辞ということになり、それ故〈relatio〉という概念、そして〈relatio〉という人為的名辞は、メンタルな言語と人為的な言語に属する語を意味しているということである。従って〈relatio〉は例えば概念〈similis〉を意味すると同時に人為的名辞〈similis〉をも意味する。他方、〈relatio〉は〈similis〉に述語づけられ、〈relatio〉を述語とし〈similis〉——その他の種的関係語——を主語とする命題の中で〈similis〉は、類似したものではなく概念〈similis〉を指示し、従って〈suppositio personalis〉ではなく〈suppositio simplex〉において用いられている。しかし「関係」が〈secunda impositio〉ないし〈secunda intentio〉の名辞であるか否かに関しては、オッカムの説明に動揺がみられる。先ず *Summa logicae*. I. c. 40 と *Quodlibeta*. v. q. 21 では、最上位の類概念たるすべての範疇が〈prima intentio〉であることが述べられており、従って「関係」の範疇も〈prima intentio〉であることが主張されている。更に、「関係」の範疇に関する議論について言えば、先ず、『命題集註解』(d. 30. q. 30. p. 355) では、アリストテレス『範疇論』第四章冒頭の解釈として〈ad aliquid〉を〈secunda intentio〉の名辞とする解釈と共に、これを〈prima intentio〉の名辞とする解釈の可能性も認められている。例えば抽象的な関係語である〈similitudo〉は個々の実体と性質のみを意味対象とするが、それは諸実体や諸性質を「ひとまとめにして」(coniunctim)——或る実体ないし性質が他の実体ないし性質と類似していること——を意味し、これらの実体ないし性質の一つだけを指示する語に述語づけられることはない。これに対して具体的な関係語である〈simile〉はその意味対象を「分割して」(divisim)——相互に類似している複数のものを別々に——意味し、それ故、これらのものの一つを意味する語に述語づけられ、命題の中でこのものを指示することができる。かくしてオッカムによれば、「二つの似ているものは類似性である」(duo similis sunt similitudo) は真であるのに対して、「似ている一つのものは類似性である」(unum simile est similitudo) は偽である。この点で、〈similitudo〉のような抽象的関係語は〈populus〉のような語に似ていると言えるだろう。というのも、言うまでもなく「数多くの人間は人民である」(multi homines sunt populus) は真であるのに対し、「或る人間は人民である」(aliquis homo est populus) は偽だからである。『命題集註解』のこの箇所でオッカムが〈similitudo〉について述べていることは、より上位の語である〈relatio〉の意味対象についてもあてはまるだろう。

しかし、たとえ〈ad aliquid〉が〈prima intentio〉の名辞であることを認めても、このことは実体と性質以外に何か関係的なものが客観的に実在することを意味しない。そして『命題集註解』の上記の箇所に続く箇所では、オッカムは「関係」が〈secunda intentio〉の名辞であることを黙示的に認めている。『命題集註解』の後に書かれた『範疇論註解』十二章では、オッカムは〈aliquid esse in praedicamento〉の諸解釈を区別する際に、「関係」が〈prima intentio〉の名辞であることを暗黙に認めているが、このすぐ後で、アリストテレスのテキストにおいては「関係」が指示する対象が名辞であることを指摘している。更に『論理学大全』の「関係」に関する諸章においては、明白に「関係」は〈secunda intentio〉の名辞とされており、この際に、同書第一巻四十章にみられるこれと反する前記の主張、すなわちすべての範疇は〈prima intentio〉の名辞であるという主張には全く言及していない。しかしその後に書かれた *Quodlibeta* においては、「関係」に関するオッカムの見解に明瞭な変化がみられる。*Quodlibeta*, v. q. 21でオッカムがすべての範疇を〈prima intentio〉の概念ないし名辞とみなしていることは既に触れたが、同vi. q. 11では『範疇論註解』と同様に〈esse in praedicamento〉の理解に関して〈relatio〉が〈prima intentio〉の名辞であることを黙示的に認めている。これに対して同vi. q. 13においては、「関係」が〈prima intentio〉の名辞であるとする想定と、〈secunda intentio〉の名辞であるとする想定のそれぞれにおいて結論が提示されており、オッカムはどちらの想定を採用すべきか明言することなく、「関係」が〈prima intentio〉であるとの想定の下では、人間精神の外に存在する同一のものが「絶対的」であると同時に関係でありうること、すなわち、同一のものが絶対語によってと同時に関係語によって意味されうることを指摘している。しかし、オッカムが「関係」を〈prima intentio〉の概念ないし名辞とみなしても、絶対語によって意味されるもの（すなわち実体と性質）以外のものが人間精神の外に客観的に存在することを主張しているわけではない。更にオッカムは*Quodlibeta*, vi. q. 17では、アリストテレスが関係を「絶対的なもの」から実在的に区別されるものと考えていたかという問いに関し、「一つの類が他の類によって否定されている否定命題は直ちに真なる(immediata)命題である」というアリストテレスの権威に依拠してこれを肯定する見解、すなわち関係が絶対的なもの（実体や性質）から区別されるものではないとすると「関係は実体（ないし性質）ではない」は直ちに真なる命題ではないことになるが、これはアリストテレスの権威に反するので、関係は絶対的なものから実在的に区別されていると主張する見解に対し、オッカムは、関係に関する二つの想定のどちらが正しいか明言せず、関係が〈prima intentio〉だとすると「いかなる性質も関係（ないし類似性）ではない」は（アリストテレスの権威に反して）直ちに真なる命題ではない――というのも、「性質」と「関係」は同じものを指示し、同じものを意味しうるからである――が、関係が〈secunda intentio〉であれば、「いかなる実体も関係ではない」は直ちに真なる命題である――というのも、関係はメンタルな概念であり、人間精神の外に存在するものではないからである――と述べている。しかし、「関係」が〈prima intentio〉の概念か〈secunda intentio〉の概念かという論点に関しては、*Quodlibeta*, vi. q. 22以後は、オッカムは常に「関係」を〈secunda intentio〉の概念とみなしている。同vi. q. 22（p. 667）でオッカムは「アリストテレスの見解によると、最も一般的な類である関係は〈prima intentio〉の概念か〈secunda intentio〉の概念であろうか」という問いに対し、〈secunda intentio〉の概念であると答え、最も一般的な類はすべて〈prima intentio〉であると自分が述べていた同v. q. 21に言及して、自分の見解が変わったことを指摘している。それ故、〈relatio〉を〈prima intentio〉の名辞とする見解はオッカムにおいては例外的にしか表明されておらず、しかもオッカムにより関係が〈prima intentio〉の概念とみなされるとしても、それが実体と性質とは別のものを意味するとは考えられていない。

（10）*Quodlibeta*, vi. q. 27, p. 689（A. J. Freddoso, transl., p. 579）.
（11）*Ordinatio*, d. 30, q. 4, p. 366.
（12）Id., q. 5, p. 374.
（13）L. Minio-Paluello, ed. *Aristoteles Latinus* I, 1-5: Categoriae（Paris, 1961）p. 58; *Expositio in librum praedicamentorum*, c. 12, p. 238. また*Summa logicae*, I, c. 49, p. 156.
（14）*Expositio*, c. 12, p. 239.
（15）*Summa logicae*, III-3, c. 26, pp. 689–690.
（16）*Expositio*, c. 12, pp. 239–240.
（17）Id., p. 239.

（18）ただしオッカムは *Summa logicae*, I, c. 49 p. 154 において、かつてアリストテレスに、関係を人間精神の外に存在するものとみなす見解を帰していたことを述べ、これが自分自身の見解でもあったことを暗に示唆しているが、このテキストにもかかわらず、オッカムが関係の実在性を認めたことはなかったと思われる。

（19）*Expositio*, c. 12, p. 239.

（20）Id., p. 240.

（21）*Summa logicae*, I, c. 49, p. 156; *Quodlibeta*, vi, q. 22, p. 667（A. J. Freddoso, transl., p. 563）.

（22）*Expositio*, c. 12, p. 240.

（23）Id., p. 242.

（24）Ibid.

（25）*Summa logicae*, I, c. 51, p. 165.

（26）*Ordinatio*, d. 30, q. 3, p. 352.

（27）*Summa logicae*, I, c. 10, p. 37.

（28）*Expositio*, c. 12, pp. 242–243.

（29）*Ordinatio*, d. 30, q. 3, p. 362.

（30）*Summa logicae*, I, c. 51, p. 167.

（31）*Quodlibeta*, v, q. 22, p. 568（A. J. Freddoso, transl., p. 474）.

（32）*Expositio*, c. 12, p. 242.

（33）Id., c. 13, p. 265.

（34）*Quodlibeta*, vi, q. 22, p. 668（A. J. Freddoso, transl., p. 563）.

（35）*Ordinatio*, d. 30, q. 3, pp. 352–353.

（36）註（18）参照。

（37）L. Baudry, 'A propos de la théorie occamiste de la relation'（*Archives d' histoire doctrinale et littéraire du moyen âge*, année, 1934, pp. 199–203）. ボドリによれば、『論理学大全』のこの一節は、若いオッカムがかつてスコトゥス的な関係実在論がアリストテレスの見解であると信じていたことを示すものではなく、単に、オッカムに対する反論や、反論者の援用するテキストが或る時、オッカムが長きにわたり形成してきた信念――関係は客観的に実在せず、これがアリストテレスの見解でもあったという信念――を揺り動かすことがあったことを意味しているにすぎない。ボドリはこの「或る時」を、オッカムがアヴィニョンに異端審問で召喚された時ではなく――異端審問の対象となったオッカムの見解の中にオッカムの関係論は含まれていなかった――、〈*Quodlibeta*〉を書いた時のことであると推量している。

（38）スコトゥスの関係論については、M. G. Henninger, *Relations*, op. cit., pp. 68–97 参照。その他に、O. Holzer, 'Zur Beziehungslehre des Doctor Subtilis Johannes Duns Scotus'（*Franziskanische Studien*, Bd. 33, 1951, SS. 22–49）; J. P. Beckmann, *Die Relationen der Identität und Gleichheit nach Johannes Duns Scotus: Untersuchungen zur Ontologie der Beziehungen*（Bonn, 1967）. スコトゥスとオッカムの関係論の比較は M. Damiata, *Il contenzioso fra Duns Scoto e Ockham*（Firenze, 1993）pp. 37–44.

（39）*Ordinatio* II, d. 1, q. 5（ed., Vaticana, vol. vii, pp. 94–146）; *Lectura* II, d. 1, q. 5（ed., Vaticana, vol. xviii, pp. 53–93）.

（40）関係はまた内在的（intrinseca）と外在的（extrinseca）に区別される。前者は、二つの白いものと類似性のように、関係づけられているものが存在し関係が存在しないことが論理的に不可能な関係を意味し、後者は、質料と形相の結合関係のように、関係づけられているものが存在して関係が存在しないことが論理的に可能な関係を意味する。

（41）*Quaestiones quodlibetales*（*Opera Omnia*, mit einem Vorwort von Tullio Gregory, Hildesheim, 1968–1969, tomus xii）q. 6, n. 33, pp. 166–167（F. Alluntis, A. B. Wolter, transl., *God and Creatures. The*

Quodlibetal Questions, Princeton, 1975, pp. 156–157).

（42）*Ordinatio* I, d. 30, q. 2（ed. Vaticana, vol. vi, p. 192）; *Lectura* I, d. 30, q. 2（ed. Vaticana, vol. xvii, pp. 414–415）.

（43）*Quaestiones super libros Metaphysicorum Aristotelis*（*Opera Omnia*, mit einem Vorwort von Tullio Gregory, op. cit. tomus iv）v, q. 11, n. 6, p. 635（G. J. Etzkorn, A. B. Wolter, transl., *Questions on the Metaphysics of Aristotle*, St. Bonaventure, N. Y. 1997, vol. I, p. 531）.

（44）ミドルトンのリチャードの関係論の特徴は、関係を、関係づけられたものから実在的に区別されるものとして捉える一方で、通説のように関係を関係づけられたものの各々に内在する付帯性とみなすのではなく、関係づけられたものには内在しない——関係づけられたものの間にいわばまたがって存在する——付帯性とみなしていることにある。白いaと白いbが白さの点で類似しているとき、通説によればa（の白さ）にb（の白さ）との類似性が内在すると同時に、b（の白さ）にa（の白さ）との類似性が内在し、a（の白さ）が帯びるb（の白さ）との類似性と、b（の白さ）が帯びるa（の白さ）との類似性は、二つの基体の各々に内在する別個の付帯性であるのに対し、ミドルトンのリチャードは類似性をa（の白さ）とb（の白さ）の間にあり、両者のいずれにも内在することのない一つの付帯性として捉える。ミドルトンのリチャードの関係論の詳細はM. G. Henninger, op. cit., pp. 59–67.

（45）*Ordinatio* II, d. 1, q. 5, pp. 101–102; *Lectura* II, d. 1, q. 5, p. 61.

（46）*Ordinatio* II, d. 1, q. 5, p. 104.

（47）Id., p. 102; *Lectura* II, d. 1, q. 5, p. 61.

（48）*Ordinatio* II, d. 1, q. 5, pp. 104–105; *Lectura* II, d. 1, q. 5, pp. 62–63.

（49）*Ordinatio*, ibid., p. 105; *Lectura*, ibid., p. 63.

（50）*Ordinatio*, ibid.; *Lectura*, ibid. しかし、複合体abが「aとb」以上の実在を含んでいるということから、——スコトゥスが主張するように——aとbの「結合」が「aとb」から実在的に区別される関係的なものである、という結論は必然的には出てこない。複合体abは「aとb」以外の何ものでもない、という見解をスコトゥスと同様に否定しても、例えば後述のヘントのヘンリクスのようにresとmodusを区別し、複合体abにはaとbという二つのres以外の（aとbから実在的に区別される）resは含まれていないが、そこには二つの〈modus〉が——すなわちaがbと結合しているという〈modus〉と、bがaと結合しているという〈modus〉が——存在すると考えることができる。後述のようにヘンリクスは実在的関係とその基体を、〈realiter〉には同一であるが〈intentionaliter〉に区別されると考えた。

（51）*Lectura*, ibid., pp. 63–64. また *Ordinatio*, ibid., pp. 105–106.

（52）註（50）で指摘したようにこの点についても例えばヘントのヘンリクスならば、「関係がその基体と実在的に同一であれば火と木の近接関係は火と木（という絶対的なもの）以外の何ものでもない」という主張に反対し、近接関係は実在的には火と木と同一であっても〈intentionaliter〉には火と木とは別のもの——すなわち〈modus〉——である、と主張するだろう。

（53）*Ordinatio* I, d. 30, q. 2, pp. 186–187; *Lectura* I, d. 30, q. 2, p. 412.

（54）この点に関してもヘントのヘンリクスであれば、複合体に関しても第二原因に関しても、変化は関係の基体が存在する様態（modus）において生じるのであり、命題の真理値の変化を説明するために基体以外のもの（res）の実在を措定する必要はない、と主張するだろう。関係を含む命題の真理値を説明するためにスコトゥスが基体と区別された実在する関係を措定するのに対し、ヘンリクスは基体の様態で十分であると考える。

（55）*Ordinatio* II, d. 1, q. 5, p. 129. また *Lectura* II, d. 1, q. 5, pp. 81–82.

(56) M. M. Adams, *William Ockham*, op. cit., vol. I, pp. 24-25; id., 'Ockham on identity and distinction' (*Franciscan Studies*, vol. 36, 1976) p. 35. また M. Grajewski, *The Formal Distinction of Duns Scotus* (Washington, D.C. 1944); A. B. Wolter, 'The formal distinction' (J. K. Ryan, B. M. Bonansea, eds., *John Duns Scotus, 1265-1965*, pp. 45-60); P. King, 'Scotus on metaphysics' (T. Williams, ed., *The Cambridge Companion to Duns Scotus*, Cambridge, 2002, pp. 15-68) pp. 22-25.

(57) *Ordinatio* I, d. 8, p. 1, q. 4 (ed. Vaticana, vol. iv, pp. 261-262).

(58) *Ordinatio* II, d. 1, q. 5, pp. 121-122.

(59) Id., p. 122, textus interpolatus.

(60) Id., p. 135; *Lectura* II, d. 1, q. 5, pp. 86-87.

(61) Id., pp. 135-136.

(62) Id., p. 136.

(63) *Lectura* II, d. 1, q. 5, p. 88.

(64) *Ordinatio* II, d. 1, q. 5, pp. 112-113; *Lectura* II, d. 1, q. 5, pp. 67-69.

(65) Ibid., p. 112.

(66) Ibid.

(67) Ibid., pp. 112-113; *Lectura*, ibid., p. 69.

(68) スコトゥスによるヘンリクスの見解の叙述は、*Ordinatio*, ibid., pp. 96-101; *Lectura*, ibid., pp. 54-60. スコトゥスによる反論は、*Ordinatio*, ibid., pp. 116-121; *Lectura*, ibid., pp. 71-75. ヘンリクスの関係論については M. G. Henninger, op. cit., pp. 40-58.

(69) *Ordinatio*, ibid., p. 97.

(70) Id., p.98.

(71) Id., pp. 99-100.

(72) Id., p. 100.

(73) Id., pp. 100-101.

(74) トマスによれば、二つの白いものの類似性のように、人間精神の外にある主体に基礎を置く実在的関係は二つの必要条件、すなわち付帯的存在たる〈esse-in relationis〉と、関係のカテゴリーの〈ratio〉たる〈esse-ad relationis〉から構成されている。しかし関係の〈esse-in relationis〉は、関係の基体（白さ）の付帯的存在と同一である。これに対して「他のものへと向かっていること」を意味する〈esse-ad〉は基体に内属しているわけではなく、従って、黒かったbが白くなり、白いaがbと類似するようになってもaは変化していない。白いaは常に白く、〈terminus a quo〉から離れて変化しているわけではなく、ただ白くなったbの白さ――すなわち〈terminus ad quem〉――へと接近しただけだからである。類似性や同等性といった関係の基体は性質や量にあり、この基体の付帯的存在は関係の付帯的存在と同一である。そして関係のもう一つの必要条件である〈esse-ad〉は、関係の〈esse-in〉から実在的に区別された〈res relativa〉ではない。〈esse-ad〉は実体でも付帯性でもなく、〈esse-in〉の付帯的性格を欠くからである。要するにトマスによれば、実在的関係の〈esse-in relationis〉――これは基体の付帯的存在である〈esse-in quantitatis〉や〈esse-in qualitatis〉と同一である――だけでは関係は生じないが、関係が生ずるために基体の付帯性以外のもの――〈res relativa〉――を措定する必要はなく、関係づけられたもの（白いaと、白くなったb）が一定の仕方で存在するだけでよい。それ故トマスは、〈res relativa〉を措定するスコトゥスの見解も、関係を人間精神の作用によって生ずる理性上の存在者とみなす後述のアウレオーリの見解も拒否する。

しかし、実在的関係とその基体は実在的に区別されるだろうか。この点、トマスによれば、実在的区別の規準には二つのものがある。(1) xとyが実在的に区別されるのは、xがyなくして存在することが論理的に可能なときである。⑴を基準とした場合、付帯性である白さ——主体に内在する絶対的付帯性の〈esse-in qualitatis〉——と、可能な関係の基体となりうる付帯性である白さ——〈esse-in relationis〉——は実在的に区別されない。すなわち規準⑴によると「白いa」は「他の白いものと類似するようになりうるa」と実在的に区別されえないからである。これに対して基体と、〈esse-ad〉を帯びた実在的関係は、規準⑴によると実在的に区別される。「白いa」が「bに類似しているa」でないことがありうるからである。⑵xの〈ratio〉がyの〈ratio〉に含まれていなければ、xとyは実在的に区別され、xの〈ratio〉がyの〈ratio〉から必然的に帰結するのでなければ、xとyは実在的に区別される。規準⑵によれば、白さという性質の付帯的形相の〈esse-in qualitatis〉は可能な関係の基体となりうる白さの〈esse-in relationis〉を論理的に含意することから、両者は実在的に区別されないが、基体である白さと、〈esse-ad〉を帯びた実在的関係——「aの白さ」と、「bに類似したaの白さ」——の間には実在的区別が存在する。従って規準⑴と⑵により、実在的関係とその基体は実在的に区別されていることになる。トマス・アクィナスの関係論については M. G. Henninger, op. cit., pp. 13-39.

(75) *Lectura* II, d. 1, q. 5, p. 71.

(76) 例えばミドルトンのリチャードの見解。註（44）参照。

(77) *Ordinatio* II, d. 1, q. 5, p. 100.

(78) Id., p. 119.

(79) 無限個のもの(res)が同時に現実に存在することは——（一つの連続体の）無限に数多くの部分が結合して、それ自体において一つの当の連続体を形成するように、同時に実在する無限個のものが結合してそれ自体において一つのものを形成するような場合でないかぎり——不可能である、というテーゼは十三世紀および十四世紀初期のアリストテレス主義の通説であった。しかしこのテーゼが受け入れられた理由は不明確である。M. M. Adams, *William Ockham*, op. cit., vol. I, pp. 162-167 参照。

(80) *Ordinatio* II, d. 1, q. 5, p. 119.

(81) スコトゥスは類似性が「基体に生じている」(accidit fundamento)ことを〈accidentalitas〉と表現し——従って〈accidentalitas〉は基体に関係が内属していること、すなわち基体に対する関係の内属関係として理解することができる——、次のように述べている。「しかし類似性の〈accidentalitas〉について、あなたがそれは類似性とは別なものかどうか問うならば、私は別なものではないと答える。というのも、類似性は基体に対するその〈accidentalitas〉に他ならず、それ自体で類似関係のもう一つ別の関係項に対して（ad oppositum）あるように、それ自体で基体に生じている（内属している）からである。事実、次のことが常に妥当する。すなわち、或るものが別のものに内属して（convenit）おり、しかも後者が前者なしで存在することが完全に矛盾であるような仕方で（前者が後者に）内属しているときは、前者は後者と実在的に同一である。……ところで、類似性が存在すると同時にそれが基体に関係づけられていないこと、そして関係項にさえ関係づけられていないことは矛盾している。それ故、基体に対する関係の〈accidentalitas〉は当の関係と同一であり、同様に、もう一つ別の関係項との類似性ないし関係(habitudo)とも同一であることになる。それ故後退は停止する。なぜならば、類似性の〈accidentalitas〉は類似性とは別のものではないからである。しかし類似性は白さとは別のものである。というのも白さは絶対的なもの（res absoluta）であり、絶対的付帯性は矛盾なくして主体なしに存在しうることから、白さの（基体に対する）関係ないし〈accidentalitas〉は白さとは別のものとして措定されうるからである。」*Questiones quod-*

libetales, q. 3, n. 15–n. 16, pp. 81–82（F. Alluntis, A. B. Wolter, transl., *God and Creatures*. op. cit., pp. 73–74）. M. G. Henninger, op. cit., p. 90はこの英訳の一部を正当にも訂正している。またヘニンガーは、付帯性が実体に内属するという言い方は適切であるが、内属関係が別の関係に内属するという言い方は奇妙であり、「xがyに内属し、しかもyがxなしに存在することが矛盾するような仕方で（xがyに）内属しているとき、xとyは実在的に同一である」という原則を、「内属関係」と「関係」に適用する――すなわちxを「内属関係」に、yを「関係」に置き換える――ことはできないという指摘に対し、「内属する」（convenit）を「本性上（natura）後行する」という意味で理解すれば上記の原則を「内属関係」と「関係」に適用することができると正当にも主張する。例えば「類似性」と類似性が或る実体ないし絶対的付帯性に内属していることは同時的に生起しているが、「類似性」という形相的観念は「類似性が或るものに内属している」という形相的観念を論理的に含意しないのに対し、後者は前者を論理的に含意するが故に、本性上、後者は前者に後行する。（M. G. Henninger, op. cit., pp. 91–92）

（82）　スコトゥスはヘントのヘンリクスの関係論を論ずる際にこの見解に言及しているが、これはエギディウス・ロマヌスの見解であった。*Ordinatio* II, d. 1, q. 5, p. 97, F; *Lectura* II, d. 1, q. 5, p. 72, F.

（83）　*Lectura*, ibid., pp. 72–73.

（84）　*Ordinatio*, ibid., p. 116.

（85）　M. G. Henninger, op. cit., p. 47.

（86）　Id., p. 48.

（87）　Id., p. 52.

（88）　Id., p. 54.

（89）　*Quaestiones quodlibetales*, q. 3, n. 3, p. 67（F. Alluntis, A. B. Wolter, transl., *God and Creatures*. op. cit., pp. 61–62）.

（90）　*Quaestiones quodlibetales*, ibid.（*God and Creatures*, op. cit., p. 62）.「ボエティウスは、ものとその〈modus〉を区別するとき、『もの』を第二の意味において、すなわち一般的な意味で理解している。『さて私は諸カテゴリー間の差異を明確にしただろうか。事実、或るカテゴリーはものをそのようなものとして示すが、他のカテゴリーはものの一種の〈circumstantia〉を指示する。前者は、或るものが或るものであることを示すような仕方で述語づけされるのに対し、後者はそれが何か或るものであることについては何も言わず、そのものにとって外的なものを帰属させる。』従ってボエティウスは、或るものを、それを取り巻く〈circumstantiae〉から区別しようとするのである。それ故ボエティウスにとっては、実体と性質と量という三つのカテゴリーのみがものを指示し、これ以外のカテゴリーはものの〈circumstantiae〉である。この第二の、あるいは一般的に理解された『もの』は、或るものが他のものと関係づけられる仕方を表現する〈circumstantia〉ないし〈modus〉とは対照的に、絶対的な或るものを意味している」。

（91）　*Ordinatio*, II, d. 1, q. 5, p. 114.

（92）　*Ordinatio*, d. 30, q. 1, p. 293.

（93）　*Ordinatio* I, d. 30, q. 1–2（ed. Vaticana, vol. vi, p. 176）.

（94）　仮想されるスコトゥスのこのような返答についてオッカムは *Ordinatio*, d. 30, q. 1, pp. 293–294 で言及している。

（95）　スコトゥスの形相的区別に対するオッカムの批判は *Ordinatio*, d. 2, q. 6（*Opera Theologica* II, S. F. Brown, G. Gál ed., St. Bonaventure, N. Y. 1970, pp. 150–224）. 英訳は、P. V. Spade, transl., *Five Texts in the Medieval Problem of Universals*（Indianapolis, 1994）pp. 153–190; M. M. Tweedale, transl., *Scotus vs. Ockham – a Medieval Dispute over*

Universals（Lewiston, N. Y. 1999）vol. 1, pp. 320–391.

（96）*Ordinatio*, d. 30, q. 1, p. 297.

（97）Ibid., pp. 298–299. また *Quodlibeta*, vi, q. 9, pp. 619–620（A. J. Freddoso, transl., pp. 519–520）.

（98）*Ordinatio*, d. 30, q. 1, p. 299.

（99）*Quaestiones quodlibetales*, q. 3, n. 15, p. 82（F. Alluntis, A. B. Wolter, transl., *God and Creatures*, op. cit., pp. 73–74）.

（100）「……神はいかなる後行的なもの（を生み出すこと）なくしてあらゆる絶対的なものを生み出すことができる。それ故同じ理由で神はいかなる後行的なもの（を生み出すこと）なくして、従っていかなることのような関係（を生み出すこと）なくして二つの白い絶対的なものを生み出すことができるだろう。しかし、それでもこれら二つのものは類似しているだろう。それ故類似性は（絶対的なものとは）別なものではないことになる。

もし、それらは依然として類似しており、ただ類似性によって類似しているのではない、と主張されるならば、次のように反論できる。すなわち、もし類似性が（絶対的なものとは）別のものであるならば、類似性と類似したものは白さと白いもののような関係にあるだろう。従って、或るものが白さ――白いものとは別のものである白さ――なくして白いことが不可能であるように、或るものが類似性――類似したものとは別のものである類似性――なくして類似している、といったことは不可能である。

同じように、もし類似性のような別のものなしに或るものどもが類似しうるのであれば、類似性が（類似したものとは）別のものであることは無益に（frustra）想定されていることになるだろう。ちょうど、（白い）主体が、（主体とは）別のこのようなもの（白さ）なくして白くありうるのであれば、白さは（白い）主体とは別のものであることが無益に想定されているように。」（*Ordinatio*, d. 30, q. 1, pp. 291–292）また *Quodlibeta*, vi, q. 8, p. 614（A. J. Freddoso, transl., pp. 514–515）参照。神の絶対力と、実在的区別の分離可能性の規準を用いた他の類似の議論は、*Ordinatio*, d. 30, q. 4, pp. 367–368; *Reportatio* II, q. 2, pp. 35–37; *Quodlibeta*, iv, q. 11, pp. 349–352（A. J. Freddoso, F. E. Kelley, transl., pp. 289–292）にもみられる。

関係は基体を前提にするから基体は関係に先行し、関係は基体に後行する。そして関係がその基体から実在的に区別された「もの」だとすると、神は後行する関係なくして先行する基体のみを存在させることができ、それ故類似性という関係なくして二つの白いものを存在させることができることになるが、二つの白いものが類似しないで存在することは論理的に不可能である。従って類似性は基体（たる絶対的なもの、例えば白いもの）に後行し、基体から実在的に区別される「もの」である、と考えることは誤りである。

オッカムはこの論法を類似性のような内在的関係だけでなく、因果関係にも及ぼしている（*Ordinatio*, d. 30, q. 4, pp. 367–368）。ｘがｙの原因であっても、ｘとｙが存在しながらｘがｙを因果的に引き起こさないことも論理的に可能であるから――すなわち、ｘとｙが存在することは、ｘとｙの間に因果関係が存在するために十分ではないから――類似関係のような内在的関係と異なり因果関係は偶然的である。しかしオッカムによると、例えば、ソクラテスがプラトンを生み、ソクラテスはプラトンの父、プラトンはソクラテスの息子だとしたとき、父性と子性がそれぞれソクラテスとプラトンという「絶対的なもの」から実在的に区別された「もの」だとすると、次のような奇妙な帰結が生ずる。いま神がソクラテスとプラトンを存続させ、ソクラテスの父性とプラトンの子性という「もの」を消滅させたとする。このとき、「ソクラテスはプラトンを生み、ソクラテスとプラトンは存在している。それ故ソクラテスはプラトンの父である」という推論（X）は妥当しないことになるだろう。しかしこの推論が妥当しないというのは奇妙である。他方でこの推論は妥当し、ソクラテスとプラトン以外のもの（すなわち父性や子性）の創造や消滅とかかわりなくソクラテスはプラトンの父であり続けると主張されるならば、父性と子性は基体から実在的に区別される「もの」ではないことになるだろう。

もっとも、オッカムのこの議論は、父性と子性が消滅した後でも関係項たるソクラテスとプラトンが依然として父と子の関係において存続できることを示すにすぎず、父性と子性は父たるソクラテスと子たるプラトンから実在的に区別される「もの」でないことを示すわけではない、と反論されるかもしれない。すなわち、或るときソクラテスとプラトンは父性と子性の故に父と子であり、別のときには父性と子性なくして父と子である、と考えることも可能だからである。

しかしオッカムは、父性や子性や類似性が関係項である絶対的なものから実在的に区別された「もの」だとすれば、これらは関係項に対し、「白いもの」に対する「白さ」と同じ関係にあり、従って或るものが白さなくして白いことが不可能であるように、父性や子性や類似性なくして或るものが父や子や「類似したもの」であることは不可能だと主張する。

オッカムのこの主張は次の考え方を前提にしている。すなわち、どれか或る一つの父子関係（ソクラテスとプラトンの父子関係、あるいは或る時点での両者の父子関係）において父性や子性が関係項（父と子であるソクラテスとプラトン）から実在的に区別される「もの」ならば、あらゆる時点でのソクラテスとプラトンの父子関係、そして更にあらゆる父と子の間の父子関係が関係項から実在的に区別される「もの」でなければならず、より一般的に（父子関係や類似性も含めて）あらゆるタイプの関係において、関係を関係項から実在的に区別されたものと考えなければならない、という考え方である。それ故上記の推論（X）は妥当しない。しかし妥当しないのは奇妙であるから、関係が関係項である基体から実在的に区別されるという見解自体が誤っていることになる、というのがオッカムの趣旨である。

しかしオッカムは或る一つの関係において関係がその基体から実在的に区別されるならば、すべての関係においてそうでなければならないという自分の考え方を立証してはいない。ただオッカムはいわゆる「オッカムの剃刀」に依拠して、類似性なくして或る二つのものが類似しうるのであれば、一般的に類似性を措定することは無益であると述べている。オッカムの議論は、スコトゥスの見解のように同じ種類の、そして異なった種類の実在的関係の中に、基体から実在的に区別され基体に内在する関係と、基体からただ形相的にのみ区別される関係の区別を認める見解に対しては有効でない。もっともオッカムは形相的区別を認めないことから、基体から実在的に区別される実在的関係と、基体から形相的に区別される実在的関係との区別を認めないが。以上の点に関しては、M. M. Adams, *William Ockham*, op. cit., vol. I, pp. 226-227.

更にオッカムは類似関係という実在的関係が基体から実在的に区別されて存在するという見解に対し次のような別の反論を提示している。

「あらゆる様態の関係的なもの、そしてあらゆる関係的カテゴリーに関して、ある種の関係項は相互に極度にかけ離れて存在することがある。それ故、何らかのもの（res）が一方の関係項の中に生み出され、他の関係項には積極的な（positiva）いかなるもの（res）も生み出されないことがありうる。もし関係が（絶対的なものとは）別のもの（res）であるならば、何らかの関係が一方の関係項に現れ、他方の関係項にはいかなる関係も生み出されないことがありうる。

これは次のように確証される。あらゆる被造物は特定の距離の内部で作用を及ぼす。従って、このような二つの関係項がこの特定の距離以上に離れて存在しているとしよう。この状態を前提として、或る被造物たる行為者が一方の関係項に（作用を及ぼしうるほど）適切な距離に近づき、他方の関係項からは比較にならないほど遠いところに存在することがあるだろう。それ故この行為者は一方の関係項には（作用を及ぼして）結果を生み出せるのに対し、他方の関係項にはいかなるものも引き起こさないことがあるだろう。例えば、一つは白く、もう一つは黒い二つの物体が存在し、これら二つの物体は神の力によって非常に遠く隔たったところに置かれていることから、一方の物体のそばにいるどのような被造物の行為者も、他方の物体の中に――関係的なものであれ、これ以外のものであれ――何らかの結果を引き起こせるほど十分に近い距離にはないとする。この状態を前提として、白さを生み出せる或る能動的な行為者が神の力によって黒い物体に適切な近さまで接近し、その結果、当の行為者はそれから比較にならないほど遠くにある白い物体には何も引き起こすことなく、黒い物体に白さを引き起こすだろう。このとき二つの物体は白くなり、従って類似するだろう。しかし他方の物体には新たにいかなるものも引き起こされてはいない。それ故、その類似性は（絶対的なものとは）別のものではないことになる……。」（*Ordinatio*, d. 30, q. 1, pp. 290–291）また *Quodlibeta*, vi, q. 8, pp. 614–615（A. J. Freddoso, transl., pp. 514–515）.

ここでオッカムが言おうとしているのは、もし⑴類似性の関係が、類似した二つのものとは実在的に区別された「もの」（res）ならば、そしてこれら二つのもののうち他方のものに対する一方のものの類似性と、一方のものに対する他方のものの類似性が実在的に区別される「もの」ならば、そして更に⑵被造物である行為者が或るものに作用を及ぼし、その中に新たな結果を生み出すためにはそのものに近接していなければならないならば、行為者は近くにある黒い物体を白くすることでこの物体を遠いところにある白い物体に類似したものにする（黒かったが白くなった物体に、遠いところにある白い物体との類似性を生み出す）ことはできても、行為者が作用を及ぼすことのできない遠いところにある白い物体の中に、もう一方の（黒かったが白くなった）物体との類似性を引き起こせないことになるが、類似性のような内在的関係においては一方が他方と類似し、他方が一方と類似しないことは論理的に不可能であるから、黒から白に変わった物体がもともと白い物体と類似する一方で後者が前者と類似しないようなことはありえず、それ故類似性を関係項から実在的に区別される「もの」と考えることは誤りだということである。要するに、仮に⑴と⑵が真であれば、行為者は「類似性」という「もの」を遠隔の場所に生み出せないことになるが、これは類似性が内在的な相関関係であることに反するが故に⑴は偽であるというのがオッカムの主張である。

そしてオッカムはこの主張に対する反論――被造物たる行為者は遠隔の場所に絶対的なものを生み出せなくても関係的なものは生み出すことができ、従って黒から白に変化したものがもともと白いものに対して有する類似性だけでなく、もともと白いものが黒から白に変化したものに対して帯びる類似性も生み出すことができるのであるから、類似性という内在的関係の論理的相関性に違反してはいないという反論――を予想し、これに対し次のように述べている。

「あなたは一定の距離以内で及ぼされる作用に関する想定は、絶対的なものに関しては真であっても関係に関しては真でないと反論するかもしれない。これに対して（私は）、もしそうだとすると次の帰結が生ずる（と答える）。すなわち、もし神が千の世界を創造し、或る行為者がこれらの世界の一つで白さを生み出したならば、行為者は千の世界の各々の中に類似性を生み出すことになるだろう。というのも、各々の世界の中に何らかの白い個物が存在している可能性があるからである。」*Quodlibeta*, vi, q. 8, p. 614 (A. J. Freddoso, transl., p. 515). オッカムのこの返答は、被造物たる行為者が遠隔の場所に、それが関係的なものであってもこれほど多くのものを生み出すことを認めるのは不合理であるという趣旨だろう。しかし言うまでもなく、このことは論理的に不可能なわけではない。

(101)　ハークリのヘンリによれば、スコトゥスのように基体と関係の分離可能性を認めると、二つの白いものaとbが共存するとき、神は絶対力により、aとbの白さはそのままにして「aの白さとbの白さの類似性の関係」を取り去ることが可能であり、二つの白いものが類似性の関係なくして共存することになるがこのようなことは不合理であるから、基体と関係は分離不可能である。この批判に対しては、aの白さが類似関係から分離可能であること（あるいはbの白さが類似関係から分離可能であること）は、「aの白さが類似関係から分離可能であると同時にbの白さが類似関係から分離可能であること」（共可能性）を論理的に含意しないと答えることができるだろう。スコトゥスも、能動と受動のような外在的関係とは異なり類似関係は二つの関係項を前提として必然的内在的に発生することを認めている。しかしハークリは、この返答がスコトゥスの自然的な先行と後行の理論と両立するか疑問視している。白さが類似性なくして存在しうるのは白さが自然的に類似性に先行するからである。先行する「絶対的なもの」たる白さは存在するために自然的に後行するいかなるものにも依存していない。他の白いものbが存在しても、aの白さがaにおける類似性に先行することをbが取り去ることはない。それ故、bにおいて（aの白さとは別の）白さが措定されても、aの白さはaにおける類似性なくして存在しうることになる。従ってスコトゥスの自然的な先行と後行の理論によると、白いaと白いbが同時に存在しながらaの白さは自然的に後行する「bの白さとの類似性の関係」なしに存在しうることになるだろう。これは不合理であり、類似性の関係は内在的に発生する関係であるというスコトゥス自身の見解とも合致しないだろう。

しかしこの批判は、自然的な先行と後行が分離可能性を含意するという前提に立っているが、スコトゥスの自然的な先行と後行は分離可能性を含意しておらず、例えば被造物（石）と、石の神への依存関係について言えば、両者は実在的には同一であるが形相的に異なっており、前者は後者に自然的に先行する――「石」自体の概念は神への依存関係を含意しないのに対し、「石の神への依存関係」は「石」の概念を含意するからである――が、石は神への依存関係なくしては存在しえないので両者は分離不可能である。従って、自然的な先行と後行が分離可能性を含意しない以上、ハークリの批判は有効ではない。

更にハークリは、関係実在論を擁護する一つの可能な考え方として、「二つの白いものは神の〈potentia ordinata〉を前提とすれば実在的な類似関係によって類似しているが、神は〈potentia absoluta〉により二つの白いものから実在的に区別された類似関係を取り去ることが可能であり、従って二つの白いものは類似関係なくして、しかも相互に類似していることが可能である。」という見解に言及し、類似関係は内在的関係であり、神は〈potentia absoluta〉をもってしても二つの白いものを類似していないものにすることはできないと主張し、この見解を拒否している。

また、関係を基体から実在的に区別されたものと考える見解に対しハークリはオッカムと同様に無限後退を根拠とした批判を展開しているが、「bがaに真に内在し、aがbなくしては存在不可能であれば、aとbは実在的に同一である」という論法に依拠したスコトゥスの主張について検討していない。

さて、ハークリのヘンリ自身の関係論について言えば、初期のハークリがスコトゥス的な関係実在論を採用していたのに対し、後期のハークリはオッカムに近い関係論を採用している。後期のハークリによれば、bの白さに対するaの白さの類似関係のようなカテゴリカルな実在的関係は、スコトゥスが主張するような基体に内在する「関係的なもの」ではなく、aの白さがbの白さに対して一定の状態（habitudo）にあることを意味し、この「状態」は基体であるaの白さに内在するものではない。ハークリにとり、九つの付帯性のカテゴリーのうち基体に内在するもの（res）と言えるのは性質と量のみであり、性質と量はそれが内在する主体に〈denominatio intrinseca〉によって述語づけられるのに対し、これ以外の七つの付帯性のカテゴリー（関係も含む）は主体に〈denominatio extrinseca〉により述語づけられる。しかし、ハークリによれば、関係は基体に内在しない「状態」であるが、（例えば後述のペトルス・アウレオーリが主張したように）人間精神の作用により生成するのではなく、人間精神の外に客観的に存在している。類似関係はaの白さの中に（in）内在しない（initas をもたない）が、bの白さへと（ad）向かう（aditas を帯びる）状態として客観的に生じている。これは「見る者」と「見られる者」との関係についても同様である。スコラ哲学の通説によれば、「見る者」は「見られる者」に対し実在的に関係しているが、「見られる者」には見られることにより何の変化も生じていないのであるから、「見られる者」は「見る者」に対し単に理性上関係づけられているにすぎない。しかしこれに対してハークリによれば、例えば「ソクラテスは牛に見られている」という命題が真とされるのは、「牛に見られている」という述語が、ソクラテスに内在する付帯的形相（たるもの）を示すからではなく、かといって、牛に見られていることを思念する人間精神の作用によるわけでもない。ソクラテスが牛に見られていることは人間精神の作用とは関係なく事実だからである。それ故ハークリは、「見る者」に対する「見られる者」の関係を、人間精神の作用に依存しないと同時に、「見られる者」の中に内在するわけではないが「見られる者」に生ずる「状態」（habitudo）と考えた。関係は基体に内在しないが、基体に客観的に生じている〈res aditatis〉である。

「見る者」の「見られる者」に対する関係は実在的関係であるのに対し、「見られる者」の「見る者」に対する関係は理性上の関係である、という伝統的な考え方は、被造物と神との関係にも適用された。すなわち、神に対する被造物の関係は実在的関係であるのに対し、被造物に対する神の関係は理性上の関係にすぎない、という考え方である。実在的関係が基体に内在する関係的なものであれば、神の中に被造物に対する実在的関係を措定することは、神が単純でなく可変的であることを含意する。従って被造物に対する神の関係は、「見る者」に対する「見られる者」の関係のように理性上の関係——基体にいかなるものも内在しない理性上の関係——でなければならないと考えられた。これに対し、実在的関係を基体に内在するものと考えないハークリにとって、被造物に対する神の関係を実在的関係とみなすことが神の単純性と不可変性を損なうことはない。被造物に対する神の関係は人間精神とは独立して存在しているから理性上の関係ではなく、——神に対する被造物の関係と同じく——実在的関係であり、この実在的関係は神の中にいかなるものも措定されることなくして、〈habitudo〉として神に生じているのである。ハークリのヘンリの関係論については、M. G. Henninger, *Relations*, op. cit., pp. 98-118.

(102)　オッカムは *Ordinatio*, d. 30, q. 4, p.368 と *Reportatio* II, q. 2, p. 35 で「実在的に区別され」（realiter distincta）という語句を付加している。

(103)　*Ordinatio*, d. 30, q. 1, p.292.

(104)　Ibid.

(105)　*Ordinatio*, d. 30, q. 1, pp. 310-312.

(106)　「一つの白さと他の白さとの類似性（similitudo）は、前者の白さを意味し、後者の他の白さを共意する（connotat）。そして両者が同時に実在しているかぎり、それらはいかなる関係もなくして類似している（similia）と言われ、そのように述語づけられる（denominantur）。その理由は、『類似性』という名辞ないし概念は、全体的な意味対象として共存するこれら二つの白さを意味し、一つの白いものが他の白いものと共存しなければ当の一つの白いものを意味することはない。それ故、一つの白さが破壊されれば、前者の白さは類似していると言われないが、このことは、共意されている第二の白さが破壊されたことのみによるのである。」（*Reportatio* II. q. 2. p. 39）しかし、ここでオッカムが用いる〈denominantur〉を単に「述語づけられる」と訳すのは不正確である。オッカムにおいて〈denominativum〉は広義、狭義、最狭義三つの意味で使われている。広義には、〈denominativum〉は、抽象語に対応するすべての具体語について言われ、抽象語が主体に――具体語がそれについて言われている主体に――形相として内在する実在者を意味するか意味しないかを問わない。この広義の意味においては、すべての共意語が〈denominativum〉である。次に狭義には〈denominativum〉は、それに対応する抽象語とは語尾のみを異にする具体語で、当の抽象語が主体に――具体語がそれについて言われている主体に――形相として内在し当の主体とは全面的に異なる実在者を意味するような具体語について言われる（forma から派生した formata が materia について言われる場合）。そして最狭義には〈denominativum〉は、それに対応する抽象語が主体に――具体語がそれについて言われている主体に――形相として内在する付帯性を意味し、抽象語とは語尾を異にするにすぎない具体語について言われる（fortitudo から派生した fortis, justitia から派生した justus など）。この区別に従えば、白さは類似している（similia）と言われるときの〈similia〉という〈denominativum〉は、それに対応する抽象語（similitudo）が（オッカムによれば）白さに内在する形相ではないことから、広義の意味で用いられていることになる。

　オッカムはまた次のようにも述べている。「……それ故私は、関係が基体と実在的に同一であるとは考えない。むしろ私は、関係は基体ではなく単に精神の中で数多くの絶対的なものを意味する〈intentio〉ないし〈conceptus〉であると主張するか、あるいは、人民が数多くの個人であり、いかなる個人も人民ではないように、関係は数多くの絶対的なものであると主張する。」（*Ordinatio*, d. 30, q. 1, p. 314）.

「白さは類似性なくして存在し続けることができるが、二つの白いものが類似性なくして存在することは不可能である。というのも『類似性』は、『数』という名辞と同様に、二つの単一のものを一緒にして指示しているからである。それ故、一つの白さはそれ自体で類似性ではないが、二つの白さは、『類似性』がそれによって意味されるものを指示するかぎり、類似性である。同じようにソクラテスは二つのものではないが、『二つ』がそれによって意味されるものを指示するかぎり、ソクラテスとプラトンは二つのものである。

　別言すれば、類似性は、たとえこれが二つの白いものについて肯定的に述語づけできなくても、二つの白いものを一緒にして意味する一定の概念である、と答えることができる。そしてこの概念は一つの白さと同一ではない。

　あなたは次のように反論するかもしれない。すなわち、類似性はこの白いものの中にあるが、もう一つ別の白いものは、この白いものの中に存在してはいない。それ故、『類似性』は、この白いものと、あの白いものとは別の何か或るものを示している、と。

　私は次のように答える。正確に言うと、一つの類似性がこの白いものの中にあることを認めるべきではない。というのも、いかなる概念もこの一片の白い木の中には存在しないからである。それ故この論証は、創造行為が神と被造物の両者から区別されたものであることをも同じく十分に立証するだろう。なぜならば、この白いものが類似性なくして存在しうるのであれば、同様に神はいかなるものも創造せずに存在しえることになるからである。そして、この白いものは類似しているけれども類似していないこともありうるのと同様に、現実に神は創造者であるが創造者でないこともありうる。そして、創造行為が神の中に実在しているわけではない（なぜならば、もし実在しているとすると、神は世界創造の前には有していなかった何か或るものを今や自分の中に持っていることになるからである）のと同様に、正確に言うと、類似性が白いものの中に実在しているわけではない。そして、神の中に創造行為が実在するわけではないにしても、神は現実に創造的であり創造者であることを人が認めているように、私は、類似性がこの白いものの中に実在するわけではないにしても、この白いものが現実に類似していることを認める。」*Quodlibeta*, vi. q. 8, p. 617（A. J. Freddoso, transl. pp. 517-518）. この箇所でオッカムは、「類似性」は二つの絶対的なもの――例えば白いソクラテスと白いプラトンのような一対の〈res absoluta〉たる二つの実体、あるいはソクラテスの白さとプラトンの白さのような一対の〈res absoluta〉たる二つの性質――を意味するという見解と、「類似性」は概念であるという見解の二つを並列的に挙げている。前者の見解では類似性は、精神の外に存在するものを指示する〈prima intentio〉の名辞であるのに対し、後者の見解では類似性は精神の中の概念を指示する〈secunda intentio〉の名辞ということになるだろう。

(107) *Ordinatio*, d. 30, q. 1, pp. 312-313.

(108) *Reportatio* II, q. 1, pp. 25-26.「原因と結果、産出するものと産出されるものは、いかなる理性上の関係もなくして真に存在しうる。というのも、原因や能動的産出（productio actio）は原因の絶対的な性格を意味し、結果を共意する（connotant）からである。逆に結果と受動的産出についても（productione passiva）同様である。というのも、それらはいかなる理性上の関係もなくして先ずもって結果を意味し、原因を共意するからである。」

(109) Ibid., p. 16.

(110) *Ordinatio*, d. 30, q. 4, p. 369.

(111) Ibid., q. 1, p. 311.

(112) *Reportatio* II, q. 2, pp. 38-39.

(113) *Ordinatio*, d. 30, q. 1, p. 313.「かくして、原因が近接するとき、それは（近接する）以前に有していなかったいかなる積極的な（positivum）ものも有することはなく、ただ単に否定を（negationem）有するにすぎない。すなわち、近接した原因と、これによって作用を及ぼされるものの間には、近接していない原因と、これによって作用を及ぼされるものの間に存在していたほど多くの妨害物（medium）は存在しないということである」（*Reportatio* II, q. 2, p. 36）。「同じ絶対的なものたちが存続し、両者の間に場所の移動が存在するところでは、このような関係を措定する必要はなく、否定によって（per negationes）すべてのものは救われうる。例を挙げれば、火は水に近接しないかぎり水に作用を及ぼすことができず、近接すれば作用を及ぼすことができる。この近接は（ものとして）実在する関係ではない。むしろ、『作用を及ぼすことができる』と『作用を及ぼすことができない』というこれら矛盾する（二つの）ことは、場所の移動の故に火について連続的に真とされるのである。この場所の移動によって、以前は（火の中に）存在していなかった否定（negatio）が火に加えられる（adquiritur）。すなわち、火が近接するときは、近接しないときに存在していたほど多くの妨害物（media）が火と水の間に存在していないということである。それ故、場所の移動によって数多くの妨害物の否定が火に加えられ、この否定の故に火は今や作用を及ぼすことができ、以前はそれができなかったということになる」（*Reportatio* II. q. 1. p.24）。ここでオッカムが述べている「否定」が火に内在する何らかの存在者を意味しないことは言うまでもない。

(114) *Ordinatio*. d. 30. q. 1. p. 316.

(115) Ibid.

(116) Ibid. pp. 316-317.

(117) 「命題Pが真である」から「命題Pが真である」への移行は、実在する或るものの生成ないし消滅による以外にはありえない。

(118) 「命題Pが真である」から「命題Pが真である」への移行は、何らかの存在者の生成ないし消滅による以外にはありえない。

(119) アウレオーリによれば関係は事物の中に客観的に実在するものではなく、精神の作用によって存在する。関係は基体と関係項（terminus）という二つの異なるものと接する（attingit）が、単一のものである関係が実在的に区別された複数のものに内在することは不可能であり、従って関係は精神の作用によって存在すると考えなければならない。それ故、関係を二つの側面において、すなわち付帯性として基体の中に存在する（esse in）と同時に関係項へと向かって存在する（esse-ad）ものとして理解する見解は否定される。一つのものが別のものへと運ばれていくこと（rem unam ad alteram ferri）が関係であるが、このようなことは人間精神の作用によってのみ生ずる。また関係は二つのものの間にまたがって存在するもの（intervallum inter duo）であるが、二つのものの間にまたがって存在するものは精神作用により生み出されるのであり、事物の本性の中に（in rerum natura）客観的に存在するものではない。もし関係が一つの主体に内在する付帯性であるならば、二つの主体を結びつけることはできないだろう。また関係を、関係づけられているものに内在することなく、人間精神の外に存在する付帯性として理解することもできない。客観的に存在するもの自体が二つのものを結びつけることはないのであるから、二つのものを結びつけることは人間精神の作用によると考えなければならない。それ故、関係は人間精神によって生み出され、人間精神の客体として――〈esse obiectivum〉として――存在する。しかしアウレオーリは、実在的関係――例えば白いaと白いbの間の類似関係――に関するかぎり、関係が実在者の中に潜在的に存在することを認め、人間理性がこれを〈esse obiectivum〉へと現実化すると考えている。これに対し、理性上の関係は実在者の中に潜在的に存在してはいない。アウレオーリの関係論の詳細は、M. G. Henninger, *Relations*, op. cit. pp. 150-173.

(120) *Ordinatio*. d. 30. q. 1. p. 312.

(121) 〈intentio〉は魂の中にあって、自然的に或るものを意味する記号（signum）、メンタルな命題の一部分として、それが指示しうる何か或るものを自然的に意味する記号であり、〈prima intentio〉は、それ自体は〈intentio〉ではないものを――このものと共に〈intentio〉をも意味することはあっても――意味するメンタルな記号である。註（9）参照。

(122) 〈suppositio personalis〉とは、語が――精神の外に存在するものであれ、発声された、あるいは書かれた語であれ、概念であれ――当の語が意味するものを命題の中で指示することである。「あらゆる人間は動物である」の「人間」はそれが意味するもの――個々の人間――を指示し、「あらゆる種は普遍的なものである」の「種」もそれが意味するものを指示するから〈suppositio personalis〉である。これに対し〈suppositio simplex〉は、「人間は種である」のように「人間」が一般概念を指示すること、〈suppositio materialis〉は「人間は名詞である」のように「人間」が発声された、あるいは書かれた言葉を指示することである。オッカムの〈suppositio〉論の詳細は、M. M. Adams. *William Ockham*, op. cit., vol. I, pp. 327-377.

(123) 〈significative〉に〈supponere〉するということは、語が〈suppositio personalis〉において理解されていること、すなわち命題の中で語が当の語とは区別されたもの——それを意味するために当の語がそれに付与されたところのもの——を言い表し、当の語が当のものに、——あるいは、当のものを指し示す指示代名詞に——肯定的に述語づけられうることである。

(124) *Quodlibeta*, vi, q. 22, p. 669 (A. J. Freddoso, transl., p.564). オッカムは ibid., pp. 667-669 (A. J. Freddoso, transl., pp. 562-564) において、最も一般的な類として理解された「関係」がアリストテレスにおいて〈prima intentio〉と〈secunda intentio〉のいずれの概念とされているかを論じ、「関係」は記号ではないものを指示しうる〈prima intentio〉の概念であるとする見解を「理にかなった」(rationabilis)ものとみなしながら、アリストテレスがこの見解を否定し、「関係」を〈secunda intentio〉の概念とみなしていたことを指摘した後で次のように述べている。「それ故私は次のように主張する。アリストテレスの見解に従えば、次の諸命題はすべて否定されるべきである。『ソクラテスは関係である』『白さは関係である』『人間は関係的なものである』『白さは関係的なものである』。しかし次の諸命題は認められるべきである。『父は関係である』『息子は関係的なものである』『類似性は関係である』。そしてこのことが言えるのは、主語が〈suppositio simplex〉によって指示し(supponunt simpliciter)、述語が〈suppositio personalis〉によって指示する(supponunt personaliter)かぎりでのことである。というのも類である関係がこれらの概念に述語づけられるのは、関係がこれらの概念を意味し(significat)、これらの概念を指示する(supponit)からである。」(p. 669) ここでオッカムが指摘しているのは次のようなことである。すなわち上で引用されている命題中の「父」「息子」「類似性」といった主語は、精神の外に存在する個々の父や息子や類似性を指示するのではなく——もし指示すれば、それは〈suppositio personalis〉となる——、精神の中に存在する「父」「息子」「類似性」といった概念を指示するのであるから、これは〈suppositio simplex〉であるのに対し、上記の命題中の「関係」や「関係的なもの」といった述語は、精神の中に存在する「父」「息子」「類似性」といった概念を意味し、指示するのであるから、これは〈suppositio personalis〉である。言うまでもなく〈suppositio personalis〉は、語が精神の外に客観的に存在するものを指示する場合に限られない。「関係的なもの」という語が精神の中に存在する「父」「息子」「類似性」といった概念を指示する場合も〈suppositio personalis〉である。

(125) Ibid., p. 669 (A. J. Freddoso, transl., p. 564).

(126) Ibid., q. 15, pp. 638-639 (A. J. Freddoso, transl., pp. 538-539). 「それ故私は、関係が実在的に基体と同一であるとは考えない。むしろ私は、関係は基体ではなく、多くの絶対的なものを意味する精神の中の〈intentio〉ないし〈conceptus〉にすぎないか、あるいは、人民が数多くの人間であり、いかなる人間も人民ではないように、関係は数多くの絶対的なものである、と主張する。」(*Ordinatio*, d. 30, q. 1, p. 314).

(127) *Quodlibeta*, vi, q. 23, p. 672 (A. J. Freddoso, transl., p. 567); ibid., q. 25, p. 679 (A. J. Freddoso, transl., p. 572); *Ordinatio*, d. 30, q. 1, p. 315.

(128) *Quodlibeta*, vi, q. 25, pp. 680-681 (A. J. Freddoso, transl., pp. 572-574). もっともオッカムは、このような説明が同等や類似のような関係については妥当しても、父性や創造行為にはあてはまらないことを指摘する。「神と被造物は創造行為である」とか「父と息子は父性である」は正しい言い方ではないからである（ibid., p.682. A. J. Freddoso, transl., p. 574）。

(129) *Ordinatio*, d. 30, q. 3, p. 355.

(130) *Quodlibeta*, vi, q. 25, p. 682（A. J. Freddoso, transl., p.574）.

(131) Ibid., q. 23, p. 672（A. J. Freddoso, transl., p.567）.

(132) オッカムの因果関係論については、M. M. Adams, 'Was Ockham a Humean about efficient causality?'（*Franciscan Studies*, vol. 39, 1979, pp. 5-48）; id., *William Ockham* op. cit., vol. II, pp. 741-798. オッカムにとり因果関係は実在的関係であり、言うまでもなくそれは理性上の関係とは異なり人間精神によって生み出されるものではない。xが原因でyが結果であるとき、因果関係はxとyを結び合わせ、xとyから実在的に区別されるような「もの」ではないが、xがyの原因でありyがxの結果であることは、両者を結び合わせるいかなる精神作用にも依らずして客観的な事実である。そしてオッカムは、xとyが両者から実在的に区別される「もの」によって関係づけられていなくても、xとyが必然的に関係づけられうることを認めている。すなわち、神と被造物は実在的に区別される二つのものであるが、神が存在しなければいかなる被造物も存在しえない。創造と被創造の関係はそれぞれ神と被造物から実在的に区別され、両者に内在するような「もの」ではないが、それにもかかわらず両者が存在するときは、被造物は神に必然的に依存し、何らかの知性の作用によって神に依存するようになるわけではない。それ故、神と被造物の必然的な結びつきはオッカムによれば実在的関係である。

　xがyの原因であり、yがxの結果であることは、「yの原因である」という関係がxとは実在的に区別された仕方でxに内在していることを含意せず、「xの結果である」という関係がyとは実在的に区別された仕方でyに内在していることを含意しない。しかしオッカムはxとyの間に因果関係が存在していることを、xとyの連続的生起が反復されていることと同一視しなかった。火が木に近接すると木が燃焼することを我々が繰り返し経験しても、火が木の燃焼の原因であるとはかぎらない。火が木に近接するたびに、これを機会として神が木の燃焼を引き起こしている可能性があるからである。オッカムによれば、「xが生起すればyが生起し、xが生起しなければyが生起しない」ことは、xはyの動力因であると我々が判断するための規準（criterion）であり、xがyの動力因であることの意味（meaning）ではない（id., 'Was Ockham a Humean.' op. cit., p. 23; id., *William Ockham*, op. cit., vol. II, pp. 750-751）。xがyの動力因であることの意味は、xが生起した後、xに固有の力によって（virtute propria）、事物の本性上（ex natura rei）yが引き続いて生起することにある。これに対して、有徳な行いが原因で救済の報酬が結果として生ずるとき、報酬を与えるのは神であり、有徳な行いは神が報酬を与える機会にすぎないことから真の動力因ではなく、単に〈sine qua non〉の原因にすぎない。要するに、xとyの相関関係がxの本性ないしxに固有の力によって存在するときxはyの動力因であり、xとyの相関関係がxとy以外の何者かがそれを意志することで存在するとき、xはyの単なる〈sine qua non〉の原因にすぎない（id., 'Was Ockham a Humean.' op. cit., p. 29; id., *William Ockham*, op. cit., vol. II, pp. 752-753）。ただし、xが生起するならばyが生起し、xが生起しなければyが生起しない反復的な事実があり、そして或るx_1に或るy_1を生み出す固有の力があることは、x_1がy_1の動力因であることと同義ではない。というのも神がx_1と協働することなく単独でy_1を生み出すことがあるからである。

　それ故オッカムはヒュームのように、「xとyの間に因果関係が存在すること」を、「xが生起すればyが生起し、xが生起しなければyは生起しないという事実が反復されて観察されること」へと還元することはなかった。しかし因果関係の存在を認識する規準が「xが生起すればyが生起し、xが生起しなければyは生起しない」ということにあれば、神の介入によって因果関係の認識は不確実なものになるだろう。上述のように、xが生起するたびに神がこれを機会として自らyを生起させている――あるいはzにyを生起させる力を与えている――可能性や、xにはyを生起させる力があり、通常はxが生起すればxの力によりyが生起していても、一時的に神が介入し、xの力を阻止して神自らyを生起させる――あるいはzにyを生起させる力を与える――可能性が存在するかぎり、xとyの因果関係の認識は不確実になるからである。もっともM・M・アダムズによれば、このことは因果関係に関しオッカムが懐疑主義者であったことを意味しない（id., 'Was Ockham a Humean', op. cit., pp. 29–43; id., *William Ockham*, op. cit., vol. II, pp. 784–795）。

(133) 本章683–684、700–701頁参照。

(134) *Ordinatio*, d. 30, q. 1, pp. 300–301; M. M. Adams, *William Ockham*, op. cit., vol. I, pp. 237–238.

(135) 一つの木片のように、それ自体において一つのものは無限個の諸部分へと分割可能であり、一つの木片には、その部分として無限個のものが現実態において実在する。しかし、無限個のものがそれ自体において一つのものを形成することなく現実態において同時に実在することはありえない。本章註（79）参照。

(136) *Quodlibeta*, vi, q. 12, p. 631（A. J. Freddoso, transl., p. 531）.

(137) Ibid. また *Reportatio* II, q. 2, p. 34. しかしM・M・アダムズ（*William Ockham*, op. cit., vol. I, p. 236）が指摘するように、この論法でいくと、一つの連続体に白さが内属するときも、連続体がそれへと分割される無限個の諸部分が自らに固有の白さを帯びることになり、同時に無限個の白さが現実態として存在するという不合理な帰結になるだろう。オッカムによれば、白さのような性質は実体から実在的に区別された「もの」（絶対的なもの）であるから、オッカムもこのような帰結を回避することはできない。

(138) *Quodlibeta*, vi, q. 12, p. 632（A. J. Freddoso, transl., p. 532）.

(139) *Ordinatio*, d. 30, q. 1, pp. 303–305; *Quodlibeta*, vi, q. 9–10, pp. 618–624（A. J. Freddoso, transl., pp. 518–524）; M. M. Adams, *William Ockham*, op. cit., vol. I, pp. 241–247.

(140) *Ordinatio*, ibid., p. 304.

(141) *Quodlibeta*, vi, q. 10, p. 622（A. J. Freddoso, transl., p. 522）.

(142) M. M. Adams, op. cit., vol. I, p. 244.

(143) *Ordinatio*, ibid., p. 304. M. M. Adams, ibid.

(144) *Ordinatio*, ibid., pp. 304–305; *Quodlibeta*, ibid., pp. 622–632（A. J. Freddoso, transl., pp. 522–523）; M. M. Adams, op. cit., p. 245.

(145) *Quodlibeta*, ibid., p. 622（A. J. Freddoso, transl., p. 522）.

(146) A. J. Freddoso, transl., p. 523, n. 58 参照。

(147) *Ordinatio*, d. 30, q. 5, pp. 385–386; *Quodlibeta*, vi, q. 30, p. 699（A. J. Freddoso, transl., p. 587）.

(148) *Reportatio* II, q. 1, p. 10.

(149) Ibid., p. 12.

(150) Ibid., p. 7. このような見解は〈fictum〉論――オッカムが〈fictum〉論を採用しているかぎり――と両立不可能と思われるが、仮にオッカムが〈fictum〉論によって理性上の関係的なものの存在を認めたとしても、理性上の関係が関係項から区別され、関係項に内在することを主張する人々が、関係についての様々な命題の真理条件の中に、このような理性上の「関係的なもの」の存在を含ませているのに対し、オッカムはこのような「関係的なもの」が真理条件の中に含まれているとは考えないであろう。

(151) Ibid., p. 19.
(152) Ibid., pp. 17–18.
(153) Ibid., pp. 18–19.
(154) しかし、人間と動物と〈copula〉の三つの概念のすべてが客体的存在として人間精神の中に存在していても、「人間」が主語、「動物」が述語でないことは論理的に可能である。M. M. Adams, *William Ockham*, op. cit., vol. I, p. 262.「オークは木である」という命題、そして人間と動物の概念の三つが人間精神の中に客体的に存在しているとき、人間と動物と〈copula〉（である）の三つの概念は存在しているが、「人間は動物である」という命題が思念されていなければ、「人間」が主語となり「動物」が述語になることはない。また「或る一つの動物は人間である」という命題だけが思念されているとき、同じく〈copula〉（である）と動物と人間の三つの概念が人間精神の中に客体的に存在しているが、「人間」は主語ではなく「動物」は述語ではない。それ故オッカムのように、「人間」が主語、「動物」が述語となるためには客体的に存在する上記三つの概念以外にいかなるものも措定する必要がないと主張されれば、「動物」が主語で「人間」が述語の場合と、「人間」が主語で「動物」が述語の場合を区別できる三つの概念の存在様態上の相違を明らかにする必要がある。
(155) *Ordinatio*, d. 35, q. 4, p. 470, p. 477.
(156) Ibid., p. 471.
(157) Ibid.
(158) Ibid., p. 472.
(159) Ibid., p. 476.
(160) Ibid., pp. 472–473.
(161) Ibid., p. 472; また *Quodlibeta*, vi, q. 30, p. 699（A. J. Freddoso, transl., p. 588）.
(162) Ibid., p. 472. 従って理性上の関係は実在するもののあいだの関係でありうる。この点、H. Greive, 'Zur Relationslehre,' op. cit., S. 252 の説明は誤解を招きやすい。グライヴェによれば、実在的関係によって関係づけられているものは、知性の作用から独立した実在するものであるのに対し、理性上の関係が存在するのは、関係づけられているもののうち少くとも一つが知性の作用を前提としなければ、関係づけられている（当の関係概念によって指示されている）とは正当に言えないような場合である。従ってグライヴェは、実在するもの（aとb）の間に理性上の関係Rが存在することを認めており、ただ知性の作用によらなければ、aとbの少くとも一方が他方に対しRの関係にあると正当には言えないことを指摘しているのであり、理性上の関係によって関係づけられているもののうちなくとも一方は理性上の存在者でなければならない、と主張しているわけではない。従って M. M. Adams, *William Ockham*, op. cit., vol. I, pp. 262–266, n. 103 にあるグライヴェに対する批判は誤解に基づいている。しかしグライヴェは、実在的関係は実在するもののあいだの関係であるという言い方をしているが、正確には、実在的関係は知性の作用とは独立に、関係づけられているもの（これには理性上の存在者も含まれる）のあいだに存在する関係である、というべきである。
(163) *Ordinatio*, d. 30, q. 5, p. 386, p. 394; *Quodlibeta*, vi, q. 30, p. 700（A. J. Freddoso, transl., p. 588）.
(164) *Ordinatio*, ibid., p. 385.
(165) Ibid.
(166) *Quodlibeta*, vi, q. 25, p. 678（A. J. Freddoso, transl., pp. 571–572）.
(167) Ibid., q. 27, p. 685（A. J. Freddoso, transl., p. 577）.
(168) *Ordinatio*, d. 30, q. 5, p. 387; *Quodlibeta*, vi, q. 25, p. 679（A. J. Freddoso, transl., p. 572）.

(169)　また永遠に被造物を認識する神と、神によって永遠に認識されている被造物の関係も、永遠に実在する被造物は存在しないのであるから実在的関係ではない。関係項が実在することが実在的関係の条件だとすれば「実在的関係と理性上の関係の中間（に位置する関係）を措定するべきだろう。或る人々はこれを、おそらく適切な表現ではないが潜在力的（potentialis）ないし潜勢的(aptitudinalis)関係と呼んでいる。」（*Ordinatio*, d. 30, q. 5, p. 387）.

(170)　*Ordinatio*, ibid.: *Quodlibeta*, vi, q. 25, p. 680（A. J. Freddoso, transl. p. 573）.

(171)　オッカムの三位一体論については、H. G. Gelber, *Logic and the Trinity: A Clash of Values in Scholastic Thought, 1300-1335*（The University of Wisconsin, Ph. D. 1974）part 1, pp. 172-185, part 2, pp. 592-601; M. M. Adams, *William Ockham*, op. cit., vol. II, pp. 996-1007; R. L. Friedman, *Medieval Trinitarian Thought from Aquinas to Ockham*（Cambridge, 2010）pp. 124-132; P. Thom, *The Logic of the Trinity*（New York, 2011）pp. 161-180; J. T. Paasch, *Divine Production in Late Medieval Trinitarian Theology*（Oxford, 2012）pp. 79-105, pp. 165-186.

(172)　*Ordinatio*, d. 30, q. 4, p. 366.

(173)　オッカムは教会の正統的な教義に従いながら三位一体を次のように理解している。単一にして単純なる神の本質は数的に一つであるのに対し、神の三つの〈supposita〉ないしペルソナは相互に実在的に区別されており、神の本質は――他のどのような本質とも異なり――これら三つの〈supposita〉によって共有され、それらに共通であるが、このことによって数的に三つのものになることはない。そして三つの〈supposita〉はそれぞれ神の本質と父性（paternitas）、神の本質と子性（filiatio）、神の本質と受動的吹発（spiratio-passio）によって構成され（constitutum）、父性と子性と受動的吹発は「関係」である。しかし神の本質の単純性は次の（一）と（二）によって維持される。すなわち（一）神の本質はそれぞれ三つの〈supposita〉を構成する父性、子性、受動的吹発という三つの関係――これら三つの関係は相互に実在的に区別されているにもかかわらず――の各々と実在的に同一であり、（二）それぞれ三つの関係によって構成される三つのペルソナ（父と子と聖霊）――これら三つのペルソナは相互に実在的に区別されているにもかかわらず――の各々と実在的に同一である。この場合、能動的吹発（spiratio-actio）という関係に対応する第四のペルソナの措定は、能動的吹発が父性と子性という関係――これら二つの関係が相互に実在的に区別されているにもかかわらず――の各々と実在的に同一とされることによって回避されている（*Ordinatio*, d. 27, q. 1. *Opera Theologica* IV, p. 190）. 更に、父と子と聖霊という三つのペルソナはそれぞれ神の本質と父性、神の本質と子性、神の本質と受動的吹発によって構成されているが、神の本質と父性は実在的に同一であり、同様に神の本質と子性、神の本質と受動的吹発はそれぞれ実在的に同一であることから、神の本質と父性（そして神の本質と子性、神の本質と受動的吹発）は、例えば相互に実在的に区別される質料と実体的形相が結合してソクラテスを構成する場合よりも強い意味で「それ自体において一つであるもの」（per se unum）を構成している（*Ordinatio*, d. 26, q. 1. ibid., p. 164）. また、ソクラテスを構成する質料と実体的形相の各々は、これらによって構成される複合体から分離して存在しうるという意味で複合体に自然的に先行しているのに対し、各々のペルソナを構成する関係は、いかなる意味においても当のペルソナに先行しておらず、ペルソナから分離して存在することは不可能である。

　さて、オッカムは普遍概念と関係に関する自分の見解が三位一体の正統的な教義を適切に説明できないことを承知していた。神たる父、神たる子、神たる聖霊が――人間たるソクラテス、人間たるプラトン、人間たるアリストテレスがそうであるように――実在的に区別された三つの〈supposita〉ないしペルソナ――ペルソナは理性的実体を意味し、従ってソクラテス、プラトン、アリストテレスもペルソナである。これに対し、実体は他のものに依存することなくそれ自体で存立する存在者であることから、受肉した神の子により引き受けられた人性はペルソナではない――であるならば、オッカムのノミナリズムに従うと、父の神的本性、子の神的本性、聖霊の神的本性は相互に数的に区別された三つの神的本性であり、三者が極めて類似していることから「神的本性」という一般概念によって自然的に意味されるということになるだろう。これはちょうど、ソクラテスの個的人間本性、プラトンの個的人間本性そしてアリストテレスの個的人間本性という相互に実在的に区別されたものが極めて類似していることから「人間」という一般概念によって意味されるのと同様である。あるいはノミナリズムの別の考え方によれば、神の本質は単一にして単純であり、「父」と「子」と「聖霊」は神の本質に対し付与される三つの名ということになるだろう。

　しかし正統的な教義によれば、父と子と聖霊はそれぞれ神の本質と実在的に同一であり、従って父の「神の本質」と子の「神の本質」、そして聖霊の「神の本質」は数的に同一である。そして神の本質はそれ自体では単一であるが、三つのペルソナによって共有されることから、或るタイプの概念実在論者が主張するような普遍概念と類似したものになるだろう。すなわち、「人間」という普遍的なものが数的に一つであると同時に多数の個物によって共有され、しかもそれ自体は多数化されることがないように、神の本質も数的に一つであると同時に三つのペルソナにより共有され、しかもそれ自体は三つになることがなく、三つのペルソナを実在的に異なるものにしているのは実在的に異なる父性と子性と受動的吹発である。しかし、この種の概念実在論も三位一体の教義を適切に説明することはできない。というのもこの理論によれば、普遍的本性は一つのもの（res）であり、これを個体化するのは普遍的本性とは実在的に異なるもの（res）であることから、多くのものが普遍的本性を共有するとき各々の〈suppositum〉は複合体であるのに対し、正統な教義によれば神の本性と神のペルソナは複合体ではなく完全に単純であり実在的に同一だからである。また、別のタイプの概念実在論は、普遍的本性と個体化原理は実在的に区別されてはいないが、これより弱い仕方で――スコトゥスの場合には形相的に――区別されており、普遍的本性は多くの個物へと多数化されていると主張することから、この考え方を三位一体へと適用すれば、神の本質は三つのペルソナへと多数化されて三つの神の本質が存在することになり、神の本質の単一性の教義に違背するだろう。従って、オッカムのノミナリズムも概念実在論も三位一体の教義を適切に説明することができない。

　それ故オッカムは、神の本質が単一のもの(res)であり、三つのペルソナが実在的に区別される三つのもの(res)であることを認めた上で神の単純性を維持するためには、三つのペルソナの各々が数的に一つである神の本質と実在的に同一であると主張せざるをえないと考えた。そして、神の本質と実在的に区別されない三つのペルソナが相互に実在的に区別されることを説明するためには、三つのペルソナの各々が実在的には神の本質と同一であっても何らかの仕方で同一でないこと（aliquis modus non-identitatis）、すなわちペルソナの各々が神の本性から形相的に（formaliter）区別されることを認めなければならない。すなわち、「神の本質は父であるから神の本質と父は一つのもの(res)であるが、神の本質は子であり父は子でないから、神の本質と父は形相的に区別されていることになる。」（*Ordinatio*, d. 2, q. 1, p. 19）また「形相的区別が存在しえるのは、そしてこのような矛盾が真とされうるのは、実在的に区別される（複数の）ものが、それにもかかわらず実在的に一つであるような場合に限られ、これは神のペルソナに関してのみ可能である。なぜならば、三つのペルソナは実在的に区別されているが、それらは数的に一つである神の本質であるから一つのものだからである。」（*Ordinatio*, d. 2, q. 11, p. 374）オッカムはスコトゥスから「形相的区別」という語のみを借用し、実在的に区別される三つのペルソナがそれぞれ単一の神の本質と実在的に同一であるという神秘を説明しようとした。「神の本質は父であり、神の本質は子であるが、父は子でない」ことを説明するためにオッカムは、神の本質は父と子それぞれと実在的に同一であるが形相的に区別される（異なる）と考えたのである。

次に三位一体とオッカムの関係論について言えば、基本的にオッカムは三つのペルソナが関係的なものではなく絶対的なものによって構成されていると理解した方が理性に合致していると考えていた。オッカムは絶対的なものとは別個に関係的なものが存在すること、関係が関係づけられているもの（関係の基体）から独立に存在することを否定したが、このことを別にしても、ペルソナを関係により構成されたものと理解することに対しては次のような難点を指摘することができる。先ず、実在的関係は関係づけられたものの存在を前提にしていることから、関係づけられているものが関係により構成されるようなことはありえない（*Ordinatio*, d. 26, q. 1, pp. 147–148）。更にペルソナはペルソナの働きに先立って存在しなければならないが、父が子の産出（という関係）によって構成されるとすれば、父は子の産出に先立って存在していないことになるだろう（ibid., p. 149）。また、反対の関係については、一方の関係が複数のものによって共有可能（communicabilis）であれば、これと反対の他方の関係も同様に複数のものによって共有可能であり、一方の関係が共有不可能であれば、これと反対の他方の関係も共有不可能である。従って、もし受動的吹発が聖霊を構成し、他のものによって共有されえなければ、受動的吹発と反対の関係すなわち能動的吹発も複数のものによって共有されえないはずである。しかし正統な教義によれば聖霊は父と子の能動的吹発により生じ、従って能動的吹発は父と子により共有されている（ibid., p. 149）。そして、相互に実在的に区別される三つのペルソナは、個々の実体がそれ自体で存在する（自存する）ようにそれ自体で存在するが、実体が付帯性に自然的に先行し、関係その他の付帯性によって構成されることがないように、関係その他の付帯性がそれ自体で存続する存在者を構成することはありえない（ibid., pp. 150–151）。

以上の理由によりオッカムは、神の三つのペルソナを構成する実在的に区別された三つのものを、「関係的なもの」ではなく「絶対的なもの」として理解する方が容易であると考えた（ibid., p. 153）。従ってオッカムによれば、三つのペルソナを構成する各々の「絶対的なもの」は、数的に一つである神の本質と実在的に同一であるが、神の本質から形相的に区別されていることになる。父と子と聖霊はそれぞれ絶対的なものであり、このような三つの絶対的なペルソナが存在すること自体によって父は子を産出し、子は父によって産出され、聖霊は父と子により吹発されるのであり、神の中にはいかなる関係的なものも存在しない。これは、二つの白いものがそれらから実在的に区別されるような類似関係によらずして類似しているのと同様であり、また、創造と被創造という関係的なものによらずして創造者である神は実在的に石の原因であり、石は神に実在的に依存しているのと同様である（ibid., p. 152）。

ペルソナを絶対的なものとみなす見解に対しては、三つの絶対的なものが一つの絶対的なもの（神の本質）と実在的に同一であると考えるより、三つの実在的に区別される関係的なものが一つの絶対的なものと実在的に同一であると考える方が容易である、という反論がありうるだろう（ibid., p.146）。しかしこの反論に対してオッカムは、三つのものが一つのものであるといったことは、三つのものを絶対的なものとして理解しようと関係的なものとして理解しようと同じように不合理である（inconveniens）ことに変わりはないと考えている（ibid., p. 155）。また次のような反論がありうる。すなわち、同じ類に属する二つのものが結合してそれ自体で一つのものを形成するとき、一方のものは他方のものに対して常に可能態にあり、両者によって形成されるものは常に複合体である。それ故、ペルソナが絶対的なものによって構成されているとすれば、同じく絶対的なものである神の本質はペルソナに対し可能態にあり、両者は複合体を形成することになるだろう。これに対して絶対的なものと関係的なものは同じ類には属さないことから、ペルソナが関係的なものであれば、そのような不都合を回避できるという反論（ibid., p. 146, p. 155）である。これに対してオッカムは次のように答えている。この点に関しては類が同じか同じでないかは無関係であり、例えば類を異にする実体と付帯性が結合して複合体を形成するときも実体は付帯性に対して可能態にあり、それ故本質は関係的なものに対するより絶対的なものに対する方が可能態にある度合がより強くなるわけではない（ibid., pp. 155–156）。また、絶対的なものと、これとは実在的に異なる関係的なものが結合しても複合体が形成されることに変わりはなく、関係が絶対的なものと複合体を形成するより、絶対的なものが絶対的なものと複合体を形成するより強い理由が存在するわけでもない（ibid., p. 155）。更に、三つのペルソナの必然的な共存は、ペルソナが絶対的なものではなく関係的なものによって構成されていると考えることでよりよく説明できるという反論がありうるだろう。というのも関係が相関するものなしに存在することは、一つの絶対的なものが他の絶対的なものなしで存在することよりもありえないことだからである（ibid., p. 146）。この反論に対してオッカムは、二つの絶対的なものが最も単純な（simplicissima）単一なものを形成するようなときは、一つの絶対的なものが他の絶対的なものなしに存在することは、関係がそれと相関するものなしに存在することが不可能であるのと同じくらい不可能であると答えている（ibid., p. 156）。

　従ってオッカムは、三つのペルソナを構成する三つの実在的に区別されたものを、関係的なものではなく絶対的なものとして理解する方が自然理性にいっそう合致していると考えた。しかしオッカムは「聖人たちの権威」（ibid., p. 156）に従って、ペルソナが関係的なものにより構成されていることを認めたのである。

（174）*Ordinatio*, d. 30, q. 4, p. 369.

（175）Ibid. 正統な受肉論によれば、キリストには人性と神性の異なる本性が存在し、これら二つの本性は単一のペルソナないし〈suppositum〉において真に結合している。この単一のペルソナは神の第二のペルソナである子ないし「神の言葉」であり、このペルソナが特定の人性（人間）を「引き受ける」ことで神性と人性は真に結合する。従って神性と人性の結合関係（あるいは神の子のペルソナが人性を引き受けているという関係）は、神性と人性という関係項から実在的に区別された関係でなければならない。さもないと、神の子が人性を引き受けず、両者が単に併存する状態と、神の子が人性を引き受けている状態の区別がつかなくなるだろう。場所の移動なくして神の子のペルソナに人性が結合したり結合しなかったりすることが可能であるのは、結合関係というものが二つの関係項とは実在的に区別されて存在するからである。しかし、この結合関係の基体は神性ではなく人性である。

結合関係を受け取れるのは不完全な人間本性のみであり、純粋に単一な神性がこのような関係を付帯性として受け取ることはない。しかし、結合関係が人性に実在的に内在することだけで「人性は神の言葉と結合している」も、「神の言葉は人性と結合している」も真となる（*Reportatio* III, q. 1. *Opera Theologica* VI, F. Francis, G. I. Etzkorn ed., St. Bonaventure. N. Y. 1982, p. 9）。また、神の子が人性を引き受けたとき、引き受けられた人性はこれまでそれが有していたペルソナ〈suppositum ないし hypostasis〉を失い、その後、神の子によって引き受けられなくなれば、再びペルソナを有することになる。

さて、〈suppositum〉とは、㈠同一性を保ちながら他のものへと伝達されることが不可能(incommunicabile)で――従って三つのペルソナへと伝達可能な、あるいは三つのペルソナによって分有される神の本質は〈suppositum〉ではない――、㈡何か或るものの中に内在する自然的傾向を有することがなく――従って付帯性は〈suppositum〉ではない――、㈢いかなるものによっても支えられていない――従ってキリストの人性は〈suppositum〉ではない――、㈣完全な存在者である――従って部分は〈suppositum〉ではない――。そしてアリストテレスの第一実体はこのような〈suppositum〉であり、ソクラテスのような理性的〈suppositum〉がペルソナである。アリストテレスは第一実体は必然的に〈suppositum〉であると考えた。

正統的な受肉論によれば、キリストの人性は〈suppositum〉ではなく、従ってペルソナではない。（もしペルソナであれば、ネストリオス主義になるだろう。）しかし、ソクラテスが神の子によって引き受けられたとき、ソクラテスはペルソナではなくなるが、ソクラテスは依然として質料と実体的形相（オッカムにおいては、肉体と感覚的魂と理性的魂の実体的形相）と付帯的形相からなる存在者すなわち第一実体だろう。それ故、アリストテレスの見解とは異なり、第一実体は必然的にではなく、単に偶然的にのみ〈suppositum〉であるということになる。実体変化説において付帯性が実体に内在することなく存在するように。受肉論は、第一実体が〈suppositum〉を欠いて存在することを主張するからである。アリストテレスのように第一実体は必然的に〈suppositum〉であると考えれば、ネストリオス主義を回避することはできない。

オッカムにとり〈homo〉と〈humanitas〉は、通常の人間に関するかぎり同一のもの（すなわち個々の人間）を意味し、指示する。しかし人間キリストに関しては、〈homo〉は人性を支える神の子を指示すると同時に、人間本性を意味しその〈suppositum〉（たる神の子）を共意する。従って「神の子は人間である」における「人間」は共意的な、そして〈denominativus〉な述語として用いられており、人間本性を意味し、人間本性と実在的に区別される主体（神の子）を共意する。それ故オッカムが通常の人間に関して〈homo〉と〈humanitas〉の意味を同一視するからといって、キリスト論においてネストリオス主義の立場をとっていることにはならない。キリストにおいては〈homo〉は基体すなわちペルソナである神の子を指示し、〈humanitas〉はこの神の子たるペルソナによって引き受けられた人性を意味するからである。R. Cross, 'Nominalism and christology of William of Ockham' (*Recherches de théologie ancienne et médiévale*, t. 68, 1991, pp. 126-156) pp. 150-154.

(176)　*Ordinatio*, d. 30, q. 4, pp. 369-370. 実体変化において神はパンとぶどう酒の付帯性が、キリストの体に内在することなくキリストの体と同じ場所に存在することを引き起こし、またキリストの体のすべての部分が単一の点に存在すること、しかもキリストの足に存在する実体的形相の一部分が、キリストの手の質料に内在することなく、この手の質料と同じ場所に存在することを引き起こすことができる。

(177) M. M. Adams, *William Ockham*, op. cit., vol. I, pp. 270-274; M. G. Henninger, op. cit., pp. 142-144.

(178) *Ordinatio*, d. 30, q. 4, pp. 370-372.

(179) 三つのペルソナを絶対的なものとみなすことは神の単一性と単純性に反するだろう。「それ故、神の中にものの側に実在的に区別された何らかの絶対的なものが存在するか、実在的に区別された何らかの関係が存在しなければならない。しかし神の中に実在的に区別された複数のものを認めることはできない。従ってそこには実在的に区別された複数の関係が存在しなければならない。」とオッカムは述べている (ibid., p. 367)。

(180) Ibid., p. 370.

(181) *Reportatio* II, q. 2, p. 40.

(182) M. M. Adams, *William Ockham*, op. cit., vol. I, p. 275.

(183) *Ordinatio*, d. 30, q. 4, pp. 373-374. またオッカムは *Reportatio* II, q. 1, p. 13でも「形相的にはいかなる類にも属さないある種の外在的関係を(aliquos respectus extrinsecos)措定する必要がある」と述べる一方で、ibid., p.16では「その基体から区別される関係の類に属するいかなる関係も措定する必要はない」と述べている。また同じ趣旨で *Quodlibeta*, vi, q. 27, p.689（A. J. Freddoso, transl., p. 580）では『関係的なもの』が記号でないものを指示することはありえず、少なくともアリストテレスの見解によれば、それはただ記号のみを指示する。そして（神学上の）真理に従えば、少なくともそれは人間精神の外に存在するいかなる被造物をも指示することはない」と述べられている M. M. Adams, *William Ockham*, op. cit., vol. I, p. 276。

(184) M. M. Adams, ibid.

(185) P. V. Spade, 'Ockham's distinctions between absolute and connotative terms', *Vivarium*, vol. 13, 1975, pp. 55-76（id., *Lies, Language and Logic in the Late Middle Ages*, London, 1988, XI, pp. 55-76）; id., 'Synonymy and equivocation in Ockham's mental language', *Journal of the History of Philosophy*, vol. 18, 1980, pp. 9-22（id., *Lies, Language*, op. cit., XIII, pp. 9-22）. スペードと同じ見解をとるものとして、M. M. Adams, *William Ockham*, op. cit., vol. I, pp. 319-327; C. G. Normore, 'Ockham on mental language',（J. C. Smith, ed. *Historical Foundations of Cognitive Science*, Dordrecht, 1990, pp. 53-70）.

(186) C. Panaccio, 'Guillaume d'Ockham, les connotatifs et le langage mental', *Documenti e studi sulla tradizione filosofica medievale*, vol. 11, 2000, pp. 297-316; id., 'Connotative concepts and their definitions in Ockham's nominalism'（J. Biard, I. Rosier-Catach, eds. *La tradition médiévale des Catégories*, Leuven, 2003, pp. 141-155）; id., *Ockham on Concepts*, Aldershot, 2004, pp. 63-118. 基本的にパナッチョと同じ見解をとるものとして、M. Tweedale, 'Ockham's supposed elimination of connotative terms and his ontological parsimony', *Dialogue*, vol. 31, 1992, pp. 431-444; A. Goddu, 'Connotative concepts and mathematics in Ockham's natural philosophy', *Vivarium*, vol. 31, 1993, pp. 106-139; B. Beretta, *Ad aliquid*, op. cit., pp. 155-177（二つの異なる見解について有益な概観を与えている）。また R. Gaskin, 'Ockham's mental language, connotation, and the inherence regress',（D. Perler, ed. *Ancient and Medieval Theories of Intentionality*, Leiden, 2001, pp. 227-263）は初期のオッカムがメンタルな単純共意語（概念）を認めていたのに対し、後期のオッカムはこれを否定したと主張する。

(187) *Quodlibeta*, v, q. 25, p.583（A. J. Freddoso, transl., p. 486）。オッカムは、絶対概念、共意概念そして関係概念は実在的に区別されるかという問いに次のように答えている。「私は次のように答える。哲学者たちによれば、結論は（この問いに対し肯定的に答えられることは）明らかである。なぜならば、人間という概念は絶対的であり、白いという概念は共意的であり、父という概念は関係的だからである。そして（これら三種類の概念は）上位と下位という仕方以外で重なり合うことはない。すべての関係概念は共意概念であるが、その逆は真でないからである。」C. Panaccio, 'Guillaume d'Ockham,' op. cit., p. 303; id., *Ockham on Concepts*, op. cit., p. 66, p. 78, n. 12.

（188）*Ordinatio*, d. 3, q. 2, *Opera Theologica* II, p. 405.「神は我々（人間）により、神に固有の共意的で否定的な単純概念により認識されうる、と私は主張する。…この概念はあるいは一次的に、あるいは二次的に、すなわち直格ないし斜格で…異なったものを意味するにもかかわらず単純である。」また *Ordinatio*, d. 3, q. 3, ibid., p. 425.「同一のものについて多くの名詞派生的な単純概念が存在することが可能であり、これは共意されているものが多様であることによる、と私は主張する。」C. Panaccio, 'Guillaume d'Ockham,' op. cit., p. 304; id., *Ockham on Concepts*, op. cit., pp. 66-67, p. 78, n. 16, n. 18.

（189）*Quodlibeta*, v, q. 15, p. 541（A. J. Freddoso, transl., p. 453).「定義は定義されるものと同一ではない。というのも、定義はメンタルな、あるいは音声によるか書かれた長い語句であり、従って（人間精神の）外にあるものと実在的に同一ではなく、また定義される語とも実在的に同一ではないからである。」C. Panaccio, 'Guillaume d'Ockham,' op. cit., p. 303; id., *Ockham on Concepts*, op. cit., p. 66, p. 78, n. 13. また *Expositio super libros Elenchorum*, I, 20 (*Opera Philosophica* III, F. del Punta ed., St. Bonaventure, N. Y. 1979, p. 133)では、「名辞とその定義は完全に同一のものを意味し、一方を他方に置き換えることが可能であり、一方に正しく付加されうるすべてのものは他方にも正しく付加されうる」という原則が正しくないことが指摘されている。id., 'Guillaume d'Ockham,' op. cit., p. 310; id., *Ockham on Concepts*, op. cit., pp. 70-71, p. 81, n. 44. パナッチョはこれらの一節が実在的定義だけでなく名辞的定義にもあてはまることを主張する。

（190）*Summula philosophiae naturalis*, I, 3（*Opera Philosophica* VI, S. F. Brown ed., St. Bonaventure, N. Y. 1984, p.162).「定義は、定義される語が黙示的に意味するものを明示的に意味する、と一般に言われている。」C. Panaccio, 'Guillaume d'Ockham,' op. cit., p. 303; id., *Ockham on Concepts*, op. cit., p. 66, p. 76, n. 15.

（191）Id., 'Guillaume d'Ockham,' op. cit., pp. 306-307; id., *Ockham on Concepts*, op. cit., p. 69.

（192）*Summa logicae*, III-3, c. 22, p. 680.「しかし、定義と定義されるものは実在的に同一でないにもかかわらず、両者は実在的に同一のものを意味する。」C. Panaccio, 'Guillaume d'Ockham,' op. cit., p. 308; id., *Ockham on Concepts*, op. cit., p. 70, p. 80, n. 33.

（193）*Summa logicae*, I, c. 6, p. 19.「すべての仕方において完全に同一のものを意味し、それ故、一方が一定の仕方で意味するものを他方が同じ仕方で意味しないことのないような語が同義語と言われる。」C. Panaccio, 'Guillaume d'Ockham,' op. cit., pp. 308-309; id., *Ockham on Concepts*, op. cit., p. 70.

（194）Id., 'Guillaume d'Ockham,' op. cit., p. 312; id., *Ockham on Concepts*, op. cit., p. 72. P. V. Spade, 'Ockham's distinctions,' op. cit., p. 70 はこの原則を〈Additive Principle〉と呼んでいる。

（195）Id., 'Guillaume d'Ockham,' op. cit., p. 313; id., *Ockham on Concepts*, op. cit., p. 72.

（196）Ibid.

（197）Id., *Ockham on Concepts*, op. cit., pp. 86-87.

（198）*Quodlibeta*, v, q. 19, p. 555（A. J. Freddoso, transl., p. 464).「正しく言うと、名辞的定義を持つ一つの名辞には、その意味を表わすただ一

つの定義のみが存在し、従ってこのような名辞には、異なった諸部分を持ち、当の名辞が意味するものを表わすような様々な語句――そして一方の語句の一部分が他方の語句のどの部分によっても同じ仕方では含意されていないものを意味するような様々な語句――は存在しない。」

(199) 名辞的定義は常に複合的な語句であるから、人為的言語に関するかぎり、或る共意語の正しい名辞的定義の中にある一つの語を、これと厳密に同義の――すなわち同じものを同じ仕方で意味する――別の語で置き換えた定義も依然として正しい定義であり、この意味で複数の正しい名辞的定義が存在しうる。しかしメンタルな言語においては同義語は存在しないから、正しい定義は一つしか存在しない。これに対して、共意語とその定義を同義とみなし、共意語を絶対語と〈syncategoremata〉のみから成る定義に還元できると考える見解においては、共意語には複数の正しい定義が存在しうる。確かに、必ずしもすべての名辞的定義が「完全に展開された」定義であるとはかぎらず、定義の中に依然として別の共意語――更なる名辞的定義によって置き換えられるべき共意語――を含むことがあるだろう。しかし、この見解が複数の正しい名辞的定義を認める理由はこのことにあるのではない。オッカムも、人為的言語に関するかぎり、共意語の名辞的定義に――厳密にそれらが同義であれば――複数のものがありうることを認めているからである。むしろこの見解とオッカムの見解の相違は、同義語についての理解が異なっていることに由来する。オッカムによれば、二つの異なる名辞的定義AとBが同義であるのは、定義Aの中の或る部分aが或るものXを一定の仕方で意味しているとき、定義Bの中のaに対応する部分bもXをaと同じ仕方で意味するときにかぎられる。AとBが厳密に同義であれば、A（B）の中には、それと対応するB（A）の部分が同じ仕方では意味しないものを一定の仕方で意味するようないかなる部分も含まれてはいない。同義をこの意味で理解すれば、或る共意語を含む名辞的定義Aと、この共意語を名辞的定義で置き換えた名辞的定義Bは常に同義とはかぎらない。この場合、Bの或る部分が、Aのどの部分によってもそれと同じ仕方では意味されていないようなものを一定の仕方で意味することがあるからである。例えば、共意語Tの「十分に展開されていない」名辞的定義Aの中に「白い」という共意語が含まれていることから、この名辞的定義の中の「白い」を「白さを有する体」という名辞的定義で置き換えたとき、ここから生ずるTの名辞的定義Bには、Aのいかなる部分によっても意味されていないもの――すなわち、白くない体――を一定の仕方で意味するような部分――すなわち「体」――が含まれることから、AとBはオッカムの言う意味で同義ではない。これに対して、共意語を含む名辞的定義と、当の共意語をその名辞的定義で置き換えた名辞的定義を常に同義とみなす見解においては、或る共意語について複数の正しい名辞的定義がありうることになる。C. Panaccio, *Ockham on Concepts*, op. cit., p. 99, n. 32.

(200) *Summa logicae*, III-3, c. 26, p. 691.「共意語は直格をとる〈subiecta〉と、斜格をとる共意されたものの名あるいは動詞によって定義される。」C. Panaccio, *Ockham on Concepts*, op. cit., pp. 87–88, p. 98, n. 18. またここで言われている動詞――例えば「である」や「もつ」――は〈syncategoremata〉の一つである連辞（コプラ）として理解される。Id., p.89.

(201) *Summa logicae*, I, c. 26, p. 88. 'Definito autem exprimens quid nominis est oratio explicite declarans quid per unam dictionem importatur…'. C. Panaccio, *Ockham on Concepts*, op. cit., p. 99, n. 33.

(202) Id., p. 90, p. 100, n. 35.

(203) Id., 'Connotative concepts and their definitions in Ockham's nomi-

nalism' op. cit., pp. 150–152; id., *Ockham on Concepts*, op. cit., pp. 90–92.

(204) Id., *Ockham on Concepts*, op. cit., p. 92.

(205) Ibid.

(206) Id., pp. 92–93.

(207) Id., pp. 93–94.

(208) Id., pp. 95–96.

(209) *Ordinatio*, d. 2, q. 9, *Opera Theologica* II, pp. 315–316.「例えば私はこの概念、すなわち『創造的である』を有しており、これが〈denominativus〉であることを知っている。それ故、例えば「或る存在者は創造的である」と述べる場合のように、私がこの概念をそれに帰属させるような一つの概念があらかじめ保持されていなければならない。そしてこの概念がそれに帰属させられるその概念が〈denominativus〉でないことは明らかである。あるいは、もしその概念が〈denominativus〉ならば、事は無限に進行していくか、何らかの〈quidditativus〉な概念で落ち着くかのどちらかである。」C. Panaccio, *Ockham on Concepts*, op. cit., p. 105, p. 116, n. 5.

(210) *Ordinatio*, d. 2, q. 8, ibid., p. 282. C. Panaccio, *Ockham on Concepts*, op. cit., p. 106, p. 116, n. 6. C・G・ノアモアは、オッカムが概念を知性の志向的対象である〈ficta〉として理解していた時期に、二種類のメンタルな言語を認めていたことを指摘する。一つは人為的言語の意味がそれに依存するところの厳密な意味での自然的言語であり、客体とのコンタクトにより人間精神の中に因果的に形成される絶対語（概念）がこれに相当する。もう一つは、話される人為的言語のメンタルな表象を語として持つ——それ故話される人為的言語に後行する——メンタルな語であり、〈syncategoremata〉はすべてこの種のメンタルな語とみなされていた。C. G. Normore, 'Ockham on mental language', op. cit., pp. 59–61. そしてノアモアは、オッカムが概念を認識の志向的対象ではなく知性の作用——精神に内在する性質である〈actus〉ないし〈intellectio〉——と同一視するようになった後に〈syncategoremata〉の起源についてどのように考えていたかは不明確であると指摘したうえで、〈categoremata〉に対して精神が加えるある種の生得的な力に由来するという考え方を一つの可能な解釈として提示し、更に、例えば白さがソクラテスの中に内在することの直観的認識の中の「に内在する」が〈syncategorema〉的な要素であることから、〈syncategoremata〉は複合的対象の直観的認識に由来するという考え方をもう一つ別の可能な解釈として挙げている。しかし、ノアモアによれば後者の解釈の難点は次のことにある。すなわち、二つの偶然的対象が偶然的に一定の関係にあること、例えばソクラテスが白いことの明証的判断を直観的認識が基礎づけても、ソクラテスが白いことの直観的認識がありうるとオッカムが考えていたか定かでない、ということである。事実、オッカムは現世における人間が人間精神から独立して存在する自分自身以外の実体について直観的認識をもつことを否定していたように思われる。M. M. Adams, *William Ockham*, op. cit., vol. I, pp. 540–542. ノアモアはメンタルな単純共意語の存在を否定し、共意語を絶対語——絶対語はすべて対象の直観的認識に由来する——と〈syncategoremata〉に還元可能と考えていることから、〈ficta〉論のオッカムは共意語（共意語の中の〈syncategoremata〉）を人為的言語に起源を持つものと考え、〈actus〉ないし〈intellectio〉論のオッカムは共意語（共意語の中の〈syncategoremata〉）を——複合体の直観的認識に由来するという考え方が正しくなければ——生得的なものと考えていた、という解釈を提示している。

(211) *Summa logicae*, III-2, c. 29, p. 557.「しかしこの過程は次のようなものである。先ず或る特定の感覚によって人間が認識され、その次にこの同じ人間が知性により認識される。そしてこれが認識されることで、あらゆる人間の共通で一般的な認識が生じる。そしてこの認識が概念と呼ばれる。…この後で人間以外の一つの動物あるいは他の動物たちが（知性によって）把持されることで、あらゆる動物の一般的な認識が生ずる。」C. Panaccio, *Ockham on Concepts*, op. cit., p. 107, p. 117, n. 13.

(212) *Quodlibeta*, iv, q. 17, p. 386（A. J. Freddoso, F. E. Kelley, transl., pp. 317-318).「……というのも関係概念は、構成や分割に先立って、同時に措定された二つの関係項（関係づけられた二つのもの）によって引き起こされるからである。…それ故順序は次のようになる。二つの白さが見られたとき、先ず知性の中に白という種的概念が引き起こされる。第二に、この種的概念を媒介にして類似性という概念が自然的に引き起こされる。そして私は、このことが二つの白さ自体から、あるいは二つの白さの認識から直ちに生ずると主張する。この後に――少くとも自然の順序においてこの後に――はじめて命題が形成される。」C. Panaccio, *Ockham on Concepts*, op. cit., p. 107, p. 117, n. 15.

(213) Id., *Ockham on Concepts*, op. cit., pp. 108-109.

(214) Id., pp. 110-111.

(215) Id., pp. 114-115.

(216) A・ゴッドゥは、パナッチョの所説を支持して書かれた論考の中で、パナッチョとG・マルティン（G. Martin, *Wilhelm von Ockham*, 2 Auf. Köln, 1949）のオッカム解釈の親和性を指摘している。A. Goddu, 'Connotative concepts and mathematics in Ockham's natural philosophy', op. cit., pp. 118-123. しかしその議論は説得的ではないように思われる。パナッチョの中心的な主張は、単純共意概念がメンタルな言語の中に存在すること、個的実体と個的性質のみを「絶対的なもの」――客観的に実在する存在者――とみなす存在論が、単純共意概念の存在を認める考え方と矛盾しないということであったが、マルティンにこの種の議論はみられない。マルティンの基本的な主張は、オッカムが実体と性質以外のカテゴリーに属する概念を超越的概念とみなしていたこと、それ故オッカムの見解はノミナリズムではなく超越論であるということであった。しかし、オッカムの見解に関するマルティンの説明をみると、超越的概念という言葉を用いていることを別にすれば、一般的なオッカム理解と特に異なるところがないように思われる。例えば「関係」について言えば、マルティンはオッカムの関係論はノミナリズムではないと主張するが、「ノミナリズム」という言葉をマルティンのように理解すれば、一般的なオッカム理解と異なることがこれによって主張されているわけではない。すなわちマルティンは、「関係」は単なる概念でしかないと考える立場に「ノミナリズム」のレッテルを貼っているが、ペトルス・アウレオーリのような見解と異なり、オッカムは――マルティンも指摘するように――実在的関係が基体から実在的に区別されていなくても客観的世界に存在していること――例えば二人の人間の間に父子関係が人間精神とは独立に存在すること――、従って人間の理性や意志の作用を前提とする理性上の関係とは異なることを認めているのであるから、定義上、オッカムの立場はノミナリズムではないことになる。マルティンは別の論文（G. Martin, 'Ist Ockhams Relationstheorie Nominalismus ?', op. cit., SS. 31-49）においてP・ドンクール（P. Doncoeur, 'Le nominalisme de Guillaume Occam: la théorie de la relation', op. cit., pp. 5-25）を批判し、ドンクールの言う実在的関係が基体から実在的に区別される関係のみに限定され、基体から実在的に区別されない実在的関係をドンクールが認めないことを批判するが（G. Martin, S. 39）、実際にはドンクールは基体から区別されない実在的関係を認め（P. Doncoeur, p. 12）、これをまさにオッカムのノミナリズム的関係論と考えている。ドンクールにとってもオッカムの関係論は実在的関係が基体から実在的に区別されることを否定しても、関係が客観的に存在することを認める立場であった。従って、オッカムの関係論についてのマルティンとドンクールの理解は同一であり、ただそれに異なったレッテルを貼っているだけのように思われる。ドンクールは、実在的関係が基体から実在的に区別されないことを主張する立場をノミナリズムと呼び、マルティンはこれを超越論と呼んでいるのである。更にマルティンは、基体から実在的に区別される実在的関係を付帯的関係ないしカテゴリカルな関係と名づけ、ノミナリズムを、付帯的関係のみならず超越的関係をも否定し、関係を単なる概念や〈intentio〉と考える立場として定義する。しかし基体から実在的に区別される実在的関係だけをカテゴリカルないし付帯的な関係とみなすのは正しくないだろう。オッカムが主張する実在的関係、すなわち基体から実在的に区別されない実在的関係もカテゴリカルで付帯的な関係であり、オッカムもそのように理解していた。それでは何故マルティンは、基体から実在的に区別されない実在的関係を超越的関係と呼んだのだろうか。その理由の一つは、「一」に関するトマス・アクィナスの見解に関連しているように思われる。トマスは、「一」と言われるものに積極的な性格を付与する「一」——〈principium numeri〉と呼ばれ、当のものから実在的に区別される「一」——と、「存在者」と一致し、あるものに積極的性格を付与しない「一」を区別したが、マルティンは前者を付帯的な「一」、後者を超越的な「一」と名づけ（G. Martin, *Wilhelm von Ockham*, op. cit., SS. 9-12）、付帯的な「一」と超越的な「一」の区別を「関係」にまで及ぼし、基体から実在的に区別される——基体に新しい性格を付与する——関係を付帯的関係、基体から実在的に区別されない——基体に何も付加しない——関係を超越的関係と名づけている。しかし、言うまでもなく「一」は「存在者」、「真」、「善」と並んでトランスカテゴリカルな超越概念であるのに対し、「関係」はカテゴリーであり、従って「超越的」をトランスカテゴリカルな意味で理解すれば、「超越的関係」という観念自体が形容矛盾だろう。「一」を超越的と付帯的に区別するトマスに対し、オッカムはこの区別を否定し、「一」は「一」なるものから実在的に区別されるような付帯性ではなく、超越概念——そして共意概念——である（ibid., SS. 19-25）と主張したことをマルティンは関係論にも及ぼし、オッカムは基体から実在的に区別されない実在的関係である超越的関係のみを認めていたと主張しているように思われる。しかしこの場合、「一」の超越性と「関係」の超越性は明らかにその意味を異にしている。超越的「一」は、「一」なるものから実在的に区別されない点では、オッカムの基体から実在的に区別されない「関係」と同様であるが、「一」は「存在者」と一致するトランスカテゴリカルな超越概念であるのに対し、「関係」は付帯性のカテゴリーだからである。要するに超越概念とカテゴリーは相容れない関係にあり、ともにその一部として共意概念を含む点では類似していても——超越概念のうち「存在者」は絶対概念、「一」「真」「善」は存在者を一次的意味対象とし、それぞれ「他の存在者ではない存在者」「認識されている存在者」「意欲されている存在者」といった仕方で名辞的に定義される共意概念であり、カテゴリーのうち実体と性質は絶対概念、（オッカムにおいては）これ以外の八つの付帯性は実体ないし性質を一次的意味対象とする共意概念である——超越的カテゴリーなどというものはありえない。J・A・エルツェン（J. A. Aertsen, 'Ockham, ein Transzendentalphilosoph? Eine kritische Diskussion mit G. Martin', op. cit., pp. 3-13; id., *Medieval Philosophy as Transcendental Thought: from Philip the Chancellor (ca. 1225) to Francisco Suárez*, Leiden, 2012, pp. 520-522）が正当に指摘するように、オッカムは厳密な意味での超越概念を認めており、関係や量のカテゴリーを超越的なものではなく共意的なものと理解した。「存在者」以外の超越概念および「実体」と「性質」以外のカテゴリーは共に共意的概念であるが、マルティンのように「実体」と「性質」以外のカテゴリーを超越概念として理解することはできない。

スコトゥスに関して既に本文で触れたように、特定のカテゴリーを前提としたカテゴリカルな関係以外に、特定のカテゴリーを前提としない「超越的関係」が認められていたことは確かである。スコトゥスは、カテゴリカルないし付帯的な関係に関しては基体と関係の実在的区別を主張し、超越的関係に関しては基体と関係の形相的区別を主張した。これは付帯的な「一」が「一」なるものから実在的に区別され、超越的な「一」が「一」なるものから形相的に区別されるとスコトゥスが考えたことに対応している。しかしこの超越的関係は、マルティンがオッカムの言う実在的関係は超越的関係であると主張するような超越的関係とは明白に意味を異にしている。マルティンの見解では、オッカムにおいてはソクラテスの白さとプラトンの白さの類似関係——スコトゥスが実在的関係と考えた類似関係——も超越的関係だからである。

またマルティンは、超越的関係は同時に二つの（複数の）もののあいだに存在する関係であり、一つのものが帯びる関係ではないことから付帯的関係ではないと主張する。「疑いもなく関係は何らかの仕方で結合を生み出す。しかし関係が真の付帯性でなければならないとすると、いかにして関係は（複数のものを）結合できるか。付帯性は、当の付帯性がその中に存在する特定の基体に常に結びつけられていなければならない。しかし、確かに付帯性が（複数のものを）結合できるのは、付帯性がいわば一つの足を一つの基体の中に置き、他の足を他の基体の中に置いているときにかぎられる。ところがこのような考え方は付帯性のスコラ哲学的概念と相容れない」（G. Martin, *Wilhelm von Ockham*, op. cit. SS. 149-150）しかし、ミドルトンのリチャードを例外として殆どすべてのスコラ哲学者は、関係を一つのものが他のものに対して帯びる付帯性と考え、二つのものにまたがって存在し、二つのものを結びつける紐帯のようなものとして考えることはなかった。この点ではオッカムも例外ではなく、例えばソクラテスとプラトンの間の類似性という言い方は正確ではなく、プラトンに対しソクラテスが帯びる類似性と、ソクラテスに対しプラトンが帯びる類似性は区別されて考えられていた。というのも、諸部分からなる実体に付帯性が内在するとき、付帯性はその全体が実体の中にあり、その各部分が実体の各部分にあるような様態で実体に内在することから、或る単一の単純な付帯性が同時に二つの実在的に区別された実体——単なる集積によって一つであるにすぎない二つの実体——に内在することはありえず、二つの実在的に区別される実体の各々に、実在的に区別される二つの付帯性がそれぞれ内在しなければならないからである。マルティンはこのことを認めたうえで、超越的関係は同時に二つの実体のあいだに存在することから付帯的なものではないと主張するが、オッカムにはこのような考え方はみられない。

マルティンは「関係」に関するオッカムのテキストの意味を正確に理解しており、この点で訂正すべきところはないが、超越的関係という異質な観念を用いてオッカムの見解を解説しているところに問題がある。マルティンは性質以外の付帯性のカテゴリーに関するオッカムの見解をカントの超越論の先駆的形態として解釈しているわけであるが、その立証は成功していないように思われる。ゴッドゥがマルティンとパナッチョの注目すべき共通点とみなしているのは、おそらく共意概念が複数のもの（multae res）の直接的な把持から形成され、ものが「何である」かではなく、複数のものが相互に「どのような仕方で」存在しているかを意味する概念であることを強調している（ibid. SS. 221-243）ことだと思われる。しかし共意概念を絶対概念と〈syncategoremata〉に還元可能と考える立場も、共意概念を同様に理解するだろう。従って、マルティンとパナッチョのあいだに他のオッカム解釈にはみられない特に注目すべき共通点があるようには思われない。パナッチョの議論の中心的な趣旨は、単純共意概念が個的実体と個的性質のみを認める存在論と矛盾しないことの立証にあるのに対し、マルティンの議論の中心的な趣旨は、量や関係に関するオッカムの見解がカントの超越論の先駆であることの立証にあり、前者は成功しており、後者は不成功に終わっているように思われる。

第七章　個と普遍

第一節　概念実在論と実在的区別

一つの記号が数多くのものを意味しうるのはなぜであろうか。これは普遍概念の問題の起源となった様々な問いかけのうちの一つである。[1] 個物から分離し、個物が「参与」する抽象的存在者の客観的実在を認めるプラトン主義を否定した十三世紀のスコラ哲学者たちも、概念実在論者として、複数の個物に共通している普遍的なもの、すなわち本質（natura, essentia）について語り、これら個物の本質が一般語によって意味されていること、より厳密に言えば一般語（人間）は suppositio simplex によってこれら個物の本質を指示（supponere）し、そしてこの一般語に対応する抽象語（人間性）はこれらの本質を意味する（significare）ことを主張した。仮にこの主張をオッカムの用語で表現すれば、次のように言えるだろう。例えば共意語「白い」（album）が第一次的に一つの実体（例えば白いと言われている或る一人の人間）を意味し、第二次的に当の実体が帯びる性質である白さ（albitudo）を意味し（significare）、あるいは共意する（connotare）のと同様に、一般語（人間）は、それが指示する（supponere）諸々の個物（諸々の人間たち）を意味し、これらの諸個物に共通な（この共通性をどのように理解するかは別として）一般的ないし普遍的なものを共意する。そして具体的共意語（album）に対応する抽象語（albitudo）がただ白さという性質のみを意味し、そして指示するように、一般語（人間）に対応する抽象語（人間性）は、普遍的実在者を意味し指示する。……しかしオッカムは概念実在論者が共意語とみなす一般語（人間）は共意語ではなくて絶対語であると答えるだろう。普遍的なものの客観的実在を否定するオッカムにとり、具体的な一般語（人間）も、これに対応する抽象語（人間性）も共に個々の人間を意味し指示する絶対語だからである。

普遍概念の問題を明確に定式化し、中世へと伝達したポルフュリオスの「エイサゴーゲー」では、中世スコラ哲学において predicabilia と呼ばれることになる五種類の一般語（客位語、可述語）すなわち、類、種、種差、固有性、付帯性（偶有性）についてのアリストテレスの理論が提示されている。ポルフュリオスはこれら五つのpredicabiliaによって意味されているものは人間精神の外に客観的に実在するものか、人間精神の中に存在する概念か、感覚により把握される諸個物から分離したものか、諸個物の中に内在するものかという問題について判断を中止したが、ボエティウスに始まるポルフュリオスの註解者たちは、ポルフュリオスの判断中止に従うことがなかった。ここから概念実在論と唯名論の対立が生まれる(2)。

普遍概念については二つの問題ないし、問題の二つの源を区別することができるだろう。一つは、普遍概念を数多くのものに述語づけされうるものとするアリストテレスの定義に発する論理的問題である。述語づけは個と普遍の区別を可能にする鍵となる概念であり、個は唯一つのものにのみ述語づけされるのに対し、普遍は複数のものに述語づけされうる。『命題論』においてアリストテレスは述語となりうるものを「もの」と考えているように思われるが、オッカムは述語となるものを記号（signum）と考えた。記号のみが述語となりえ、記号のみが数多くのものに述語づけされうる。唯名論は述語となりうるものを記号のみに限定し、述語を付されるものと述語との関係を記号間の関係として捉える。これに対して概念実在論は「〜の述語となる」性格を普遍性と同一視し、述語となりうる一般的実体ないし一般的付帯性（偶有性）を個的実体ないし個的付帯性（偶有性）から区別して述語関係を存在論的な関係として捉え、一般的な記号には実在する普遍的なものが対応すると考える。

普遍概念の問題の第二の源は、あるものが多くのものに共通でありうるのはどうしてか——例えば、多くのものが白いと言われるだけでなく現実に白いこと、あるいは多くのものが犬と言われるだけでなく現実に犬であるのはどのようにして説明されるのか——という論点に関係している。「白い」とか「犬」という語でこれらのものが観念され意味されることを可能にしているものを当の多くのものが共通に有することを想定せずして、上記のことはどのようにして説明されるのだろうか。

さて、普遍者は個物から分離し自立的に存在すると主張するプラトン主義を別にすれば、あらゆる形態の概念実在論に共通のテーゼとして次の二つを挙げることができる。

［I］　もし複数のものが実際に一致している（例えばソクラテスとプラトンは共に人間である）ならば、それによってこれらのものが一致しているところの何か或るもの（人間性）が存在しなければならず、またそれによってこれらのものが相違しているところの何か或るもの（個体化の原理）が存在しなければならない。そうでなければ、これらのものは単一のものでしかないだろう(3)。

[Ⅱ]　それ故、これらのものがそれにおいて一致しているところのものは数において一つではなく、これらのものに共通な何か或るものである。[4]

概念実在論と総称される立場に共通する考え方は、何らかのものが複数のものに共通していること、個々の実体はこの共通のものによって何らかの仕方で構成されていること、そして各々の個的実体には、それを個的なものにする個体化の原理が存在することである。しかし普遍概念の問題に対してオッカムは三つの解答を区別したうえで、これら三つの解答をすべて批判する。[5] 第一の見解（概念実在論（a））は普遍者を複数の個的実体に共通したもの、個的実体に内在し、個体化原理とは実在的に区別されるものとして理解する（例えば人間性はソクラテスとプラトンに共通したものである）。[6] 第二の見解（概念実在論（b））はドゥンス・スコトゥスに代表される見解であり、個物と普遍者のあいだに形相的区別（distinctio formalis）を認め、両者のこの区別を実在的な区別でない――つまり、普遍者はものではない――と同時に記号の区別でもない――つまり、普遍者はものの側に（ex parte rei）ある――と考える。[7] 第三の見解（概念実在論（c））は普遍者と個物の区別を理性による区別として理解し、例えば人間性は理性のうえでのみ個物ソクラテスから区別されるにすぎないと考える。[8] オッカムは以上の三つの見解のうち、第一の見解が矛盾を含み不合理であること、第二の見解は第一の見解に帰着すること、第三の見解は第一の見解に帰着するかオッカム自身の見解に還元されるかのいずれかであることを論ずる。[9]

先ず第一の見解の概念実在論（a）は次のように主張する。普遍者とは、当の普遍者がそれらにとって共通で一義的であるところの諸個物、そして当の普遍者がそれらとは実在的に区別されるところの諸個物に内在し、それらにとって本質的な、魂の外に実在するものである。[10] それ故概念実在論（a）は、複数の個的実体に共通の別個のものとして普遍者を捉え、次の[Ⅲ][Ⅳ][Ⅴ][Ⅵ]を主張する。

[Ⅲ]　普遍者は精神の外に実在的に存在する。

[Ⅳ]　普遍者は、当の普遍者がそれらにとって共通であるところの諸個物の本質に属する。

[Ⅴ]　普遍者は、当の普遍者がそれらにとって共通であるところの諸個物から実在的に区別される。

[Ⅵ]　普遍者（例えば homo universalis）は、それ以外の普遍者（例えば animal universale や substantia universalis）とは実在的に区別される。[11]

これら四つのテーゼのうち[Ⅲ][Ⅳ][Ⅴ]は、[Ⅰ]と[Ⅱ]とともにに、概念実在論（a）には限られず他の二つの形態の概念実在論（b）（c）にもあてはまるのに対し、[Ⅵ]は（a）に固有のテーゼである。もっとも、「実在的に」という表現を[Ⅵ]の「実在的に」の意味で——すなわち一つのものとしてという意味で——理解すると、[Ⅲ][Ⅳ][Ⅴ]も（a）に固有のテーゼとなり、他の二つの形態の概念実在論（b）（c）は[Ⅲ][Ⅳ][Ⅴ]を認めないだろう。すなわち「実在的に」を、「あらゆる話者や思考する者とは独立に」という意味で理解すれば[Ⅰ][Ⅱ][Ⅲ][Ⅳ][Ⅴ]はすべての概念実在論に共通した考え方であるが、「実在的に」を「一つのものとして」という意味で理解すれば[Ⅵ]だけでなく[Ⅲ][Ⅳ][Ⅴ]を否定する概念実在論もありうることになり、（b）（c）がそのような概念実在論ということになるだろう。それ故[Ⅵ]のテーゼを含む概念実在論（a）は「実在的に区別される」を単に人間の思考から独立しているという意味だけではなく、「一つのものとして区別されている」という意味で理解しているところにその固有の特徴がある。オッカムは（a）に対して四種類の反論を提示している。

反論（1）　オッカムは先ず、共通の本性（natura communis）とか普遍者（universalium）という観念は、「個的な」と「普遍的な」という相互に矛盾した二つの述語を実際に共に内含するが故に不可能な観念である、という議論を提示する。「共通の本性」が一つのもの（res）であればそれは個的（singularis）であり、また他方で共通（communis）なるが故に「普遍的」（universalis）であるが、個的であると同時に普遍的であるといったことは思考不可能である。従ってオッカムが概念実在論（a）を論駁するために証明すべきは、普遍者がものであればそれは一つの個的なものであり、共通ではありえないということである。概念実在論（a）は普遍者をものとして理解しているが、ものは「存在」及び「一」と置換可能な超越概念（transcendentalia）の一つであることから、あらゆるものは「一」であり、概念実在論（a）も普遍者がこの意味において「一」であることを認めるだろう。それ故、オッカムとしては、（a）の主張者に対してこの「一」性が数的な意味での「一」であることを認めさせなければならない。というのも「数において一である」ことと「複数のものに共通している」——すなわち「被造物たる複数の個物の中に存在する」——ことは、神は別にしていかなる被造物たるものについても同時に妥当することはないからである。[12] 従って先ずオッカムは、概念実在論からは「普遍者は数において一である」というテーゼ[Ⅶ]が帰結することを証明する必要があり、そしてテーゼ[Ⅱ]とテーゼ[Ⅶ]が両立不可能である点が指摘されることになる。

テーゼ[Ⅶ]の立証をオッカムは二種類のやり方で提示する。第一に、次の三つの言明はすべて真だろう。

①同じ程度に単純な二つの実在的に区別されたものに関しては、一方が数的に一であることは、他方も数的に一であることを含意する。

②もし一方が他方に比べてより高度の多数性を含んでいるが数的に一であるならば、より単純な他方のものも当然に数的に一である。

③もしより複雑なものがより単純なものに対して一つの全体であるならば、全体的なものが数的に一つであることは、部分的なものが数的に一つであることを含意する。

いま二つのもの（res）があり、一つは個物（res singularis）でもう一つは普遍的なもの（res universalis）だとしよう。これら二つのものが実在的に区別されており、同じくらい単純である（上記①の場合）か、個物は普遍者より高度の多数性を含み、普遍者は個物より単純である（上記②の場合）か、あるいは普遍者が部分で個物が全体であるような関係にある（上記③の場合）ならば、個物が数において一であることは①②③により、普遍者も数において一であることを含意する。先ず、個物と普遍者が実在的に区別されていることは概念実在論者が主張するところである（テーゼ[V]）。そして普遍者が個物と同じくらい単純か、個物より単純であることに対しては、普遍者は個物より多くのものを含むという反論がありうるだろう。しかし普遍者に含まれるとされるこれらのものは普遍者ではない――もしこれらのものが普遍者であれば、含まれている普遍者の各々についてそれが個物より多くの普遍者を含むかを問い、この問いを繰り返していけば最終的に個物より多くの普遍者を含まない或る普遍者に到達するだろう――。そして普遍者に含まれるとされるこれらのものが個物であるならば、普遍者は、全体が部分から区別されるという意味においてのみ個物から区別されることになるが、これは、普遍者が部分で個物が全体であるという実在論者の当初の立場（テーゼ[Ⅱ]と[Ⅳ]）に違反している。また実在論者によれば、普遍者は、普遍者の下に含まれる個物が含まないものを含むことはない。人間にとって本質的なすべてのことはソクラテスにとっても本質的である。それ故、普遍者は少なくとも個物と同じくらい単純であり、個物と普遍者は全体と部分の関係にあるのであるから、①②③により、個物が数的に一であれば普遍者も数的に一であるという結論になる。[13]

次に、普遍者は数的に一つであるというテーゼ[Ⅶ]の第二の立証の展開は、数を形成する（faciens numerum）という観念を普遍者に適用することに依拠している。他のものと共に数を形成する――そしてこのことによって、「それらは数多くのものである」という言明が真であるような――すべてのものは、数において一であるか数において多数である。というのも、その各々が数において一である多数のものが存在しないかぎり、二つとか三つのものはありえないからである。しかし概念実在論（a）によれば、一つの個物と一つの普遍者は多くの（複数の）ものであり、それ故普遍者は数において一なるものであるか数において多数のものであるかのいずれかである。しかし普遍者は数において複数ではない。というのも、もしそうだとすると普遍者は複数の個物になってしまうからである。概念実在論（a）もそう考えているように、数において一なるすべてのものは個物であり、それ故数において複数のものは複数の個物である。しかし概念実在論（a）によれば普遍者はあらゆる個物から実在的に区別されているのであるから、いかなる普遍者も複数のものではありえず、従って数において一ということになる。個人たるソクラテスと、人間という普遍的なものは、ソクラテスとこの天使が二つに数えられるのと同様に二つとして数えられ、ソクラテスとこの天使がそれぞれ数において一であるように、ソクラテスと普遍的なものたる人間もそれぞれ数において一なのである。[14]

更に二つの普遍的なもの（例えば普遍的な人間と普遍的な天使）は、それら自体において——あるいはそれらに内在する何らかの特徴を通して——実在的に区別される二つのものである。そしてこれらは二つ以上ではありえない。従ってこれら各々のものはそれぞれ真に一つであり複数のものではなく、それ故これら各々は数において一である。以上の主張は次のように確証されうる。「数において一」（unum numero）という言葉の意味は何だろうか。この言葉が「一つであって複数でない」（unum et non plura）を意味すれば、上記の主張は立証されたことになる。というのも、あらゆる普遍者はそれぞれ一つであって複数でないからである。またこの言葉が「一つであって複数ではなく、また複数のものの中に存在するのでもない」（unum et non plura nec est in pluribus）を意味すれば、（アヴェロエスの）可能理性は、それが一つであり複数でなくても複数のものの中に存在するのであるから数において一ではなくなるし、神の本質も複数のペルソナの中に存在するのであるから数において一ではないということになり、これと同様に、或る一つの形相が神の力によって複数の複合体（質料と形相の複合体）の中に存在するならば、それは数において一ではないという結論になる。しかしこのような結論はすべて偽である。アヴェロエスの可能理性、神の本質、理性的魂などは複数のものの中に存在しているが、数において一だからである。さもなくば次のように言わなければならない。「数において一つであることは、一つの連続体（unum continuum）であって複数の連続体ではないものを意味する」と。しかしそうなると連続体ではない天使は数において一ではなくなるし、神の本質やどのような理性的魂や単純なものも数において一ではなくなるが、これは不合理である。[15]

従って以上から明らかなことは、今問題になっている概念実在論が主張するような普遍者が仮に存在するとすれば、それは一つの天使、一つの魂、あるいは何らかの非連続的なものと同じように、真に数において一つということである。

要するに、テーゼ[VI]によって、或る普遍者は他の普遍者と共に数を形成する。人間性と馬性は二つの種であり、諸々の普遍者について語る人々は誰でも普遍者が一つ一つ数えられること――要するに普遍者が数を形成すること――を認めている。これと同様に各々の普遍者は諸個物と数を形成しているだろう。二つのものは常に数を形成し、また仮定上、個物と普遍者は数を形成することから、普遍者は数において「一」であるか、数において多数（すなわちそれぞれ数において一である多数のもの）かである。それ故、個物と普遍者は（この人間とこの天使が対（binarius）を為すように）対を為す二つのものである。[16]従って、数による論証の結論は、数において一であるものが多くのものに共通であることは想定不可能なこと、そしてこのような観念が矛盾を含んでいるということである。特に、普遍者が個的な実体ならば、ソクラテスのような個的実体からこのような普遍者をどのようにして区別できるのだろうか。ソクラテスは普遍者である、と言えないのは何故か。ソクラテスを普遍者と言うことができなければ、同じくらい普遍者は単一の実体であるとは言えないのである。

「どのような普遍者も数的に一である個的実体ではない。もしそうだと想定するならば、実際にソクラテスが普遍者であることが帰結するだろう。というのも、他の個的実体ではなく或る一つの個的実体が普遍者であると考えるべき理由は存在しなくなるからである[17]」。

反論（2）　数による立証の過程でオッカムはこのような「一性」を普遍者や本質に帰属させることに対する二つの異論を想起している。

第一の異論は、普遍者は多くの個物を含むが、これらを自らに内在する諸部分として含むのではないから――もし含むとすれば、普遍者は部分である諸個物の集積でしかないだろう――数において一ではない、と主張する。しかしこの主張に対してオッカムは、或るものが多くのものを含むことは当のものが数において一であることを排除せず、例えば神や質料や原因は、相互に実在的に異なる多くのものを含むが数において一であることを主張する。[18]

第二の異論は、普遍者は多くのものに実在的に伝達可能（communicabilis）であり――すなわち、普遍者は多くのものに分有されることが可能であり――、多くのものの中に実在的に存在するが個物はそうでないので、普遍者は多くのものを自己内在的に（intrinsece）含んでいなくても、個物と異なり数において一ではない、と主張する。この主張に対してオッカムは、いかにして普遍者は多くのものに伝達可能で多くのものの中に存在するのかを問い、（i）普遍者は自ら多くのものと同一となり、自ら実在的に多数化されることによって伝達可能であるか、あるいは、（ii）自らは多数化されないが多くのものに伝達され多くのものの中に存在する一方で、常にこれらのものとは実在的に区別され続けるかのいずれかであることを指摘する。そして前者（i）に対してオッカムは、普遍者は個物と区別がなくなり、それ自体で個物となるか、あるいは個物と同じ数の多くの普遍者が存在することになり、従ってそのどれも普遍者ではなくなることを主張する。また後者（ii）に対してオッカムは、普遍者が多くのものに伝達可能であるか多くのものの中に実在しうることは、普遍者が数において一であることの妨げにはならないと主張する。例えば数において一である質料が継続的に数多くのもの（すなわち形相）のもとに実在すること、そしてこのような質料の実在の仕方は、同じ質料がそれ自体に何の変化も生じず同じ数多くのものの中に同時に存在するときと同程度に質料が数において一であることを示しており、また数多くの質料を同時に完成させる（perficeret）同一の形相も同じように数において一である。そしてアヴェロエスの見解によると「可能理性」は多くの人間の中に存在するが、各々の人間から実在的に区別され、多数の人間へと多数化されないが故に数において一である。これと同様に、個々の人間から実在的に区別されていると言われる共通人間（homo communis）は、多くの個人の中に存在していながら、それ自体は多数化されず、それが内在している個々の人間が多数化されるにすぎないのであれば、絶対的な意味で数において一ということになる。[19] これらすべての事例において伝達されるものは数において一である。それ故、普遍者から数において一つである性質を除去すべきいかなる理由も存在しない。[20]

この議論は、同じく個物と本質との関係の考察に基づいた別の議論によって強化される。しかしこの別の議論では関係は逆転し、普遍者（人間）は個物（ソクラテス）の一部分として観念されている。ところで、普遍者（人間）は①個物（ソクラテス）の本質に属しているか、②属していない（個物の外にある）かのいずれかである。②であれば、個物ソクラテスは普遍者たる共通人間にとって本質的なものではないことから（もし本質的なものならば、普遍的人間はソクラテスの消失とともに消失するだろう）、普遍者と個物は二つのもの――それらのうちどちらも他方の本質には属さない二つのもの――であり、これら二つのものはそれ自体で一である（per se unum）何か或るものを形成するか、絶対的に区別された二つのものを形成するかのいずれかである。もし前者であれば、ソクラテスは個物ではなく、それ自体において「一」なる何か或るものの一部分にすぎないということになる。そしてこのときソクラテスは――形相と共にそれ自体で一なる或るものを形成する資料が形相でないのと同様に――本質的に人間であるとは言えないことになるだろう。また後者であれば、すなわち個物と普遍者がそれ自体で一なるものを形成しておらず、また一方が他方の付帯性でないとすれば、両者はそれ自体で存立し、それ故普遍者は――たとえ多くの個物と共存していても――個物の外に存立するプラトンのイデアのようなものになるだろう。そして、このようにもし普遍的なものがソクラテスの本質に属しておらず、他の何か或るものとそれ自体で一なるものを形成していないならば、数多くの不合理がここから帰結するだろう[21]。

他方、普遍者が個物ソクラテスの本質に属するならば、個物ソクラテスは個的でも普遍的でもないことになるだろうし、個物は普遍的なものの質料で、普遍的なものは個物の形相（あるいはこの逆）ということになるだろう[22]。

反論（３）普遍者に対する第三のいわば存在論的な反論の構造は、実在的に区別されたものは分離可能な存在者であるという原理を利用する。そしてこの原理自体は神の全能の原理に基礎づけられている。神の全能の原理は、単なる論理的可能性（矛盾のないこと）を現実的可能性へと高めることを可能にしてくれる。この原理は、「もしａとｂが区別された二つのものならば、ａはｂが存在することなくして存在することが可能であり、その逆も真である」というものである。ところで概念実在論（ａ）は普遍者と個物の実在的な区別を主張する（テーゼV）。そして個物に対する普遍者の自然的先行性は、普遍者が少くとも神の全能によって分離して存在しうると主張することを可能にし、逆に個物は普遍者なくして存在しうることになる。別言すれば、ソクラテスは人間性とは独立に存在しうること、そして人間性はソクラテスとは独立して存在しうるということである。後者は前者に比べそれほど不合理に思われないだろう。ソクラテスが消滅しても、人間性は消滅せずプラトンやクセノフォンの中に存続する、と主張できるだろう。しかしオッカムは次の原則を援用する。すなわち、もし或るものが、一つの集合に含まれる各々の個物から分離して存在しうるならば、当のものは――少くとも神の力によって――全体として捉えられたこれらの全個物から分離して存在しうる、という原則である[23]。この原則は次のように表現できるだろう。「もし或るものａがｂなしに、あるいはｃなしに、あるいはｄなしに存在しうるならば、ａはｂもｃもｄも存在することなくして存在しうる」。つまり、この仮説によれば、人間性は各々の人間とは独立に存在しうるのであるから、それは全ての人間からも独立して存在できるはずである。そしてこの後者の命題は、前者の命題――

ソクラテスは人間性なくして存在しうる――と同じように不合理であり、想定不可能である。

更に普遍的なものと個物が実在的に区別されているという見解は、神学において一層受け入れがたい帰結をもたらす。すなわち個的実体の創造や無化の不可能性である[24]。同一の普遍者のもとに包摂されるすべての個物が同時に創造されたり無化されるようなことがないかぎり、これら個物のうちの一つが出現したり消失したりすることは創造でも無化でもない。というのも、これらの個物に本質的部分として含まれる共通の本性は他の個物の中に存在するからである。

「もし他の個物が既に実在しているならば、いかなる個物も創造されえないだろう。なぜならば、個物は無から自らの全存在を受け取ることはないからである。この個物の中の普遍者は、他の個物の中にあらかじめ実在しているからである。同じ理由で、神は他のすべての個物を消滅させることなしに、この個的実体だけを無化させることはできない。というのも、もし神が或る個物を消滅させるならば神はこの個物の本質に関わるすべてのものを消滅させることになり、その結果、神は当の個物の中にあり、そして他の個物の中にあるこの普遍者を消滅させるだろう。それ故他の個物は存立しえないだろう。なぜならば、それはこの普遍者――これらの個物自身の一部分として措定されたこの普遍者――なしに存立しえないからである[25]」。

かくして存在論的な論証は直観ないし信仰と矛盾したテーゼへと行きつくことになり、これは共通の本性が不可能なことを意味している。

反論（4）　最後のいわば論理的と言いうる論証は次のように展開する[26]。実体の類に属し、人間精神の外に存在するすべてのものは、相互に反対しあうものたちを受け入れることができる。これはアリストテレスが『カテゴリー論』第五章（4b. 17-18）で述べているように実体に固有の性格である。ソクラテスは座った後で起立することができ、身体の一つの箇所が白く、別の箇所が黒いことが可能である。それ故、もし何らかの普遍的実体が存在するとすれば、それは相互に反対しあうものたちを真に受け入れることができるだろう。しかし、いかなる普遍者も、相互に反対しあうものたちを受け入れることはない。従って、いかなる普遍者も、実体の類に属する実在的なものではない。もし普遍者が相反するものを受け入れることができるならば、個々の反対しあう個的なものたち（individua contraria）が最も特殊的な同じ種に属する様々な個物の中に存在しうるように、反対しあう普遍的なものたち（communia contraria）も同一の普遍者の中に同時に存在することになるが、このようなことは不可能だからである。

「推論は明らかである。というのも反対しあうこれらの個的なものたちは、（それぞれ）共通の普遍的なものが存在しないかぎり存在しえないからである。それ故、これら反対しあう普遍的なものたちは、それらを受け入れることのできる或る何らかのものの中に一次的に存在しなければならない。しかしそれらは何らかの個物ないし諸個物の中に一次的に存在することはない。それ故、それらは何らかの普遍的なもの、ないし普遍的なものたちの中に一次的に存在している。しかし、それらは複数の普遍的なものの中に存在する必要はない。なぜならば、個的な諸付帯性がその中に存在する諸個物は、最も特殊な同一の種に属することが可能だからである」(27)。

要するに普遍者たる本質は時間の経過の中で、そして空間の中で、そして諸個物の中で一つであり、本性の名を主語とする諸命題は時間や空間へと相対化することが不可能である。それ故相互に反対する述語を本性に帰属させることはできず、本性は相反する性質の基体にはなりえない。普遍者が相反するものを受け入れられるとすると神学上不合理な帰結、すなわちキリストに本質的に内在する何か或るものが〈damnatum〉であり、罪の〈miseria〉と罰の〈miseria〉の双方に関して〈miserum〉であるという不合理な帰結が生ずる。というのも、キリストと他の人間たちに共通な普遍的人間本性は至福一般と〈miseria〉一般——罪と罰の〈miseria〉一般——の形相を帯びているからである。もしキリストの本質の中にある普遍的人間本性が〈miseria〉の形相を帯びているならば、キリストの本質に属する何か或るものが至福の形相を帯びていることは確かであるから、キリストは〈miser〉と述語づけられるのと同じ程度に〈beatus〉と述語づけられることになり——というのも実在的に区別された二つのものが、相反する形相を帯びて或るものの中に存在するとき、この或るものの全体は、相反するものの一方よりも他方によって一層強い程度で述語づけられるといったことはないからである——、これは不合理である。キリストにおけるすべての本質は神の言葉と結合しているが、神の言葉と結合したいかなるものも〈damnatum〉ではないし〈miserum〉でもない。それ故、相反するもの——すなわち至福と〈miseria〉——を受け入れるようなこの種のいかなる普遍的本性もキリストの中には存在していない。要するに普遍者は相反する述語を受け入れることができないのに対し、実体は相反する述語を受け入れうるが故に、普遍的本性は実体ではないのである(28)。

さて、以上のすべての反論においてオッカムは、概念実在論者(a)のテーゼに「普遍者はもの(res)である」という見解を帰している。確かに概念実在論はこの見解をとっていると思われるが、そのテーゼは「もの」という言葉によって何を理解すべきかを語ってはいない。論争の要点は「もの」の理解に存し、オッカムは「もの」は個物(すなわち個的実体と個的性質)を——とりわけ個的実体を——意味すると考えている。その結果、オッカムの論証は、概念実在論(a)から取り出された前提と共に、概念実在論(a)が矛盾を含むという結論になるように当初から定められているように見える。これは例えば、第一の反論の数による論証の中で提示された言明から読みとれる。「数において一つ」という観念は、一つ一つ数えられるものが何であるかを前提にした観念ではない。数は概念やものとは独立に思念されており、それ故一義的である。個的な諸実体は、それぞれ別個に捉えられれば一つであり、全体として捉えられれば多数である。諸々の普遍者についても同様であり、これらは数を形成する。しかし普遍者は個的実体であると想定することなくして、いかにしてこれら普遍者が個的な諸実体と共に「数を形成する」ことが認められるのだろうか。個物と普遍者を一緒にして数えることを禁止するような概念的差異を導き入れることは不可能である。というのも別個の諸個物を数えるために共通に用いられる語である「もの」(res)は個物と普遍者を数えるときも共通に用いられるからである。オッカムは「数において一つ」というそれ自体では形式的な観念の適用を——存在論的に——個的実体に限定し、この観念をその適用対象に関して中立的でないものにすることで、数における一性を個的実体の一性と同一視した[29]。「あらゆる実体は数において一つであり個的である。というのもあらゆる実体は一つのものであって多数のものではないか、多数のものであるかのいずれかだからである[30]」。従って数において一なる普遍者は個的実体であるが、実体は普遍的であると同時に個的ではありえないので、数において一なる普遍者は、そして普遍的なものという観念は意味をなさない観念である、というのがオッカムの論旨である。これに反対するには、「一つであること」は、個的実体の一性として理解された「数において一つであること」とは異なると主張するか、「数において一つであること」を非存在論化し、より形式的なものにして、各普遍者が数において一つであることは、これが個的実体の意味で個的なものであることを含意しないと主張する必要がある。個的実体の「数における一性」とは異なる「数における一性」を観念することができるだろうか。概念実在論(a)は、このような観念が可能であると主張しなければならないだろう[31]。

次に全体と部分によるオッカムの第二の反論は、全体は実体、部分は実体の部分という前提で行われている。オッカムは概念実在論(a)の「普遍者は個物の部分である」という主張の中の

「部分」を個的実体のいわば物理的な部分として理解したうえで、普遍者は個物の（物理的な）部分ではないと主張しているように思われ、もしそうであれば概念実在論（a）もオッカムの論証を認めるだろう。普遍者が個物の物理的な部分でないことは自明だからである。従って概念実在論（a）は、「部分と全体」の非物理的であるが実在的な意味を明示する必要があるだろう。すなわち概念実在論（a）は、オッカムのように普遍者は単に個物の定義の一部分にすぎないという見解を採ることなく、また他方で物理的部分という観念をも排して、個物と普遍の関係を実在的に捉えられた全体と部分の関係として捉えなければならない。

オッカムの第三の反論に対しては次のように答えられるだろう。先ずオッカムの論証を認めたうえで[32]、オッカムが不合理だと考える結論は不合理でない、と答えることができる。すなわち普遍的本性がすべての個物から独立して存在すること（プラトン主義）、逆に個物が普遍的本性なくして存在することは論理的に可能であろう。もっとも、後者は例えばソクラテスが人間であることを止めて存在しうることを含意するので、変化でも消滅でもない特異な変身の可能性を否定すれば、個物が普遍的本性なくして存在することも否定されうるだろう。次に、実在的に区別されるものはそれぞれ分離して存在しうるというオッカムの原理を否定することができる。すなわち、この原理が妥当するのは個的実体のあいだだけであり、それ故普遍者を個的実体として観念しないかぎり、この原理を普遍者に適用することはできない、と答えることができるだろう。普遍者が個物と同じ存在論的次元にないことを認めれば、個物が普遍者なしに、あるいは普遍者が個物なしに存在しえるといった主張は、一種のカテゴリー・ミステイクだからである。そして普遍者と個物の区別は、二つの次元の区別として説明されうるだろう。更に創造と無化の議論に関しては、オッカムの結論を認め、個的実体には厳密な意味における創造や無化はありえず、単に生成と消滅しかないと答えるか、オッカムの論証を否定し、普遍者は個物の本質的部分であるが個的部分ではないので個物の創造と無化によって影響を被ることはなく、それは個物の創造や無化と両立可能であるような仕方で個物の本質的部分であると答えられるだろう[33]。

最後にオッカムの論理的な第四の反論に対しては、概念実在論（a）も普遍的な本性が個物と同じ意味で実体であることは否定しており、ただ本性が実在していること、本性が個物とは区別されることを主張するにすぎない、と答えることができる。実体に相反する述語を付することができるのに対し、普遍者や本性に相反する述語を付すことができないことから普遍者や本性は実体ではない、というオッカムの主張を概念実在論（a）も認めるだろう。そもそも概念実在論（a）は普遍者が個物と同じ意味で実体だとは考えないからである。また、個的実体も相反する述語を同一の空間で、そして同時に受け入れることはない。個的実体は別々の空間や時間へと相対化されることで、相反する述語を受け入れるのである。これと同様に、普遍者も、——別々の空間や時間へと相対化されれば相反する述語を受け取る、といったことは不可能でも——当の普遍者（本性）を個物へと相対化させることで相反する述語を受け入れられることになるだろう。本性Nは、或る個物Xを考えれば述語Pを付されるのに対し、個物Yを考えれば述語$\overline{P}$が付される。人間本性は座っているソクラテスにおいては座っており、立っているソクラテスにおいては立っている。要するに、普遍的本性に付帯的諸属性を帰属させることは、これら付帯的諸属性の真の基体たる個物へと常に相対化されている、ということである。もっともこの答えに関しては、「座っているソクラテスの（中の）人間本性は座っている」という表現の正確な意味は何か、という問題が残るだろう。この表現には、「ソクラテスは座っている」という表現以上の意味があるだろうか。ソクラテスの（中の）人間本性と個物ソクラテスを区別するものは何だろうか。

「ソクラテスの人間本性は座っている」という表現が文法に合致していないことを認め、普遍的本性が相反する述語を受け入れず、それ故実体でないことを認めても、それにもかかわらず普遍的本性は固有の存在様態を有する——しかも人間本性が座っているとか立っている、黒いとか白いとか言うことが意味をなさないような仕方で（座っているとか立っていること、黒いとか白いことは基体たる個物の付帯性である）固有の存在様態を有する——と答えられるかもしれない。この答はオッカムの論証が前提とする諸原理に反対する——例えば普遍的本性への〈suppositio〉を要求するような——答であり、もしこのような答が可能であれば、オッカムの論証が論点先取の誤りを犯している可能性が示唆されることになるだろう。

第二節　形相的区別と理性による区別

概念実在論（a）と異なり、別のタイプの概念実在論（b）（c）は、普遍者はもの（res）ではないが、或る種の実在性を帯びていると主張する。そして（b）（c）に関しては普遍者の性格自体よりも、個物と普遍者の区別の性格が主たる議論の対象となる。

ドゥンス・スコトゥスに代表される概念実在論（b）は個物と普遍的本性の区別が形相的区別（distinctio formalis）であることを主張する[34]。オッカムが提示するスコトゥスの見解によれば[35]、個物の中に普遍的なものを措定することはできないが、一般語は、諸個物ではなく諸個物に共通な何か或る実在的なものの記号であることから、実在する普遍者たる共通本性（natura communis）を何らかの仕方で意味している(36)。それ故個的実体に加えて存在者の中にこのような実在的な本性を――個的実体の一性（unitas）より弱い一性（minor unitas）を帯びた本性を――ものの側に（ex parte rei）措定すべきである(37)。個体性は実体に固有のものであることから本性の実在性は非個体的な実在性であるが、それでも個的な名によって名づけられうる実在性である。そしてスコトゥスによると本性は人間知性の中においてのみ普遍的であり(38)、それが真に「一」（数において一つ）となるのは、個体差（differentia individualis）と結合し特定の個的実体を構成したときである(39)。個体差と実体は数において一つであるのに対し、本性は個体差および実体と結合することによって、数において一つになり、そしてこれと同時に多数の実体と結合することで数において多数となる。換言すれば、本性それ自体は（共通であるが）不完全に普遍的であり、その「一」性も数における「一」性ではなく〈denominative〉に「一」である(40)。本性と個体差が形相的に区別されるということは、個物を構成するこの二つの要素がもの（res）ではなく、形相性（formalitates）ないし実在性（realitates）であることを意味している。この二つの形相性はそれ自体で存立することはないが、それにもかかわらず相互に区別され、また完全なる個的実体からも区別される。

「魂の外にあるものの中に本性は存在し、この本性は、それを特定の個物へと収縮させる（contrahens）個体差と実在的に同一であるが、この個体差から形相的に区別される。この本性はそれ自体では普遍的でも個的でもない。むしろそれはものの中では不完全に普遍的であり、それが人間知性の中で有する存在に従うと完全に普遍的である(41)」。

要するに概念実在論(b)は上記のテーゼ[Ⅰ]と[Ⅱ]を採用し、[Ⅰ]の個体化原理は個体化する差異――「これ性」（haec-ceitas）と呼ばれる、アリストテレスの十個のカテゴリーのいずれにも属さない形相――として考えられている。そして概念実在論(b)は上記のテーゼ[Ⅲ][Ⅳ][Ⅴ][Ⅵ][Ⅶ]を次のように変更する。

[Ⅷ]　本性は、個体化する差異と結合することによってのみ精神の外に実在的に存在する。

[Ⅸ]　本性はそれが精神の外に実在するときに個的であり、知性の中に存在するかぎりにおいてのみ普遍的である。

[Ⅹ]　実体が数において一つであるのに対し、本性はより弱い「一」性を有する。

[Ⅺ]　本性はそれ自体では数における「一」性を有しておらず、個体差と結合し個物の中にある場合にのみ数にお

ける「一」性を有する。本性は〈denominative〉によって一つであるにすぎない。

［Ⅻ］　本性と個体差は実在的に同一であり、形相的に区別される。

［Ⅷ］と［Ⅸ］は［Ⅲ］を修正し、［Ⅹ］と［Ⅺ］は［Ⅵ］と［Ⅶ］を修正したものであり、［Ⅻ］は［Ⅴ］に代わる基本的テーゼである。従って、［Ⅷ］-［Ⅻ］の五つのテーゼは概念実在論（a）に対してオッカムがやがて提示することになる批判に応えたものであり、既にスコトゥスはこの批判を予想していたと思われる。

　次に概念実在論（c）によれば、本性は少くとも潜在的ないし不完全に普遍的であるが、それにもかかわらず実在的には個物と同一であり、人間知性の思考（consideratio）によってのみ個物から区別されるにすぎない(42)。それ故同一のものが理性の区別に応じて個的になったり普遍的になったりするわけである。普遍者は個物の一部分ではなく個物それ自体であり――すなわち普遍者は個物と実在的に同一であり――、理性は普遍者を思考することで普遍者に一定の存在様態を与え、普遍者は個物から理性によって区別されることになる。それ故理性上の区別は常に「ものにおける」（in re）区別、「ものの側における」（ex parte rei）区別である。従って（c）が（a）（b）と同じく概念実在論であることに変わりはない。

「私が見てきたこれらすべての人々は、或る意味において普遍的な――少くとも可能態において、そして不完全に普遍的な――本性は個物の中に実在的に存在する、と主張する点で一致している。もっとも或る人々は、本性は実在的に個物から区別され、他の人々はただ形相的にのみ、そして更に別の人々は『事物の本性による』（ex natura rei）のではなく理性によって（secundum rationem）、あるいは理性の思考によって、個物から区別されると主張する(43)」。

それ故概念実在論（c）のテーゼを次のように表すことができる。

［ⅩⅢ］　普遍者は個物と実在的に同一であり、理性において個物から区別される。

概念実在論（c）は概念実在論（b）のテーゼ［Ⅸ］［Ⅹ］［Ⅺ］［Ⅻ］を修正したものと言えるだろう。

　そしてオッカムは（c）を更に二つのタイプに区別する。（c）-①は、同一の種に属する諸個物の種的形相は各々の個物に固有のもの――すなわち「この基体において指定されたものとしては」（ut signata in hoc supposito）個的で特殊なもの――であり、他方で理性がこの個的な種的形相にそれ自体に固有の

「一」性を付与することで、この種的形相を普遍者として語ることが可能になる。

「それ故、或る人々は次のように主張する。すなわち被造物の中には或る種の形相が存在し、この形相はその実在性と本性によると（secundum rem et naturam）それ自体ではいかなる『一』性をも有していない。むしろそれ自体において形相は本性上（naturaliter）分割されており、ただ理性の知的作用によって（secundum intellectum rationis）のみ『一』性を有するにすぎない。従ってこの種の形相は何らかの積極的な形相的特徴の付加なくして（absque alicuius formalis positivi adiectione）その最も根本的な『一』性におけるかぎり（in primitate illius unitatis）いかなる個物の中にも存立することはない。例えば類的形相が事物の本性上（in rerum natura）、種的形相によって分割されることなしには存立しないように。これに対して別の形相が存在する。この形相はその実在性と本性によりそれ自体で『一』にして個的であり他の形相から区別されていることから、いかなる形相的特徴の付加なしに基体の中に存立している。例えば最も特殊などのような種的形相もこの種の形相である。その『一』性は理性の作用によらずしては存在しえないが、このような形相は、それ自体として考えられたかぎりにおいては、その主体的諸部分に関して（quoad partes subiectivas）分割されてはいない、と私は考える。それ故この見解は次のように主張している。すなわち、類的形相はそれ自体において単一（una simplex）ではなく、それ自体において分割されているのに対し、種的形相はそれ自体において単一であり、そのようなものとして普遍的であるが、この基体において指定されたものとしては（ut signata in hoc supposito）個的である。かくしてこの見解は、類的形相も種的形相も同じ諸個物の中に存立するが、その存立の仕方は異なっていると主張する」[44]。

これに対して概念実在論（c）-②は「現実的存在」（esse in effectu）と「知性における存在」（esse in intellectu）を区別し、同一のもの（res）がそれに固有の「現実的存在」においては個的であり、その「知性における存在」においては普遍的であることを主張する。

「他の人々は、或るものはその現実的存在（esse suum in effectu）によると個物であり、この同じものは知性におけるその存在（esse suum in intellectu）によると普遍者であると主張する。かくして同じものは、一つの存在

（esse）ないし一つの思考（consideratio）によると普遍者であり、別の存在ないし別の思考によると個物となる[45]」。

そして更にハークリのヘンリの見解とされる第三の（c）-③はオッカムの見解により近い見解であり、アヴィケンナに依りながら、同一のものが或る一つの概念のもとでは普遍的であり、他の概念のもとでは個的であることを主張する。

「しかし、何人かの〈moderni〉は同一のものが一つの概念のもとでは普遍的であり、他の概念のもとでは個的である、と主張する。それ故彼らは次のように述べている。『上位（superioritas）とか下位（inferioritas）が或るものについてあてはまるのはただ知性との関係においてのみである。というのも、アヴィケンナの『形而上学』第五巻によると、同一のものは一つの知的作用ないし概念のもとでは個的であり、他の知的作用ないし概念のもとでは普遍的であるからである。この意味において私は、魂の外に措定されるあらゆるものはそのこと自体により個物であると主張する。この個物はその本性上、当の個物をはっきりしない仕方で（confuse）観念したり、はっきりとした仕方で（distincte）観念したりするように理性を動かすことができる。そして私は、理性が概念によってこのものとあのものを区別しないような場合に、当の概念を不明確な概念と名づける。このようにしてソクラテスは、ソクラテスを人間であると観念するように理性を動かし、この観念によって理性はソクラテスとプラトンを区別せず、ソクラテスをプラトンから明確に区別されたものとして認識することはない。ここで私は次のように主張する。すなわち、ソクラテスより上位にあるもの、例えば人間ないし動物は、ソクラテスというもの以外のものを意味することはないが、この場合ソクラテスというものははっきりしない仕方で観念されているのであり、ソクラテスというものは、当のソクラテスというものを観念するように理性を動かすが、はっきりしない仕方で観念するように理性を動かすのである。かくして私は、次のように主張する。「ソクラテスは人間である」は下位のものに上位のものを述語づけているが、これはソクラテスはソクラテスであるということに他ならず、ソクラテスははっきりしない仕方で観念されたものとして絶対的な意味で（absolute）人間であると。それ故、真の現実在において（in rei veritate）ソクラテスは人間であり動物であり物体である。従ってすべてのものは実在的に（realiter）「一」であり、上述の仕方で思考する理性の作用によらずしては上位も下位も存在しないのである[46]』」。

しかし（c）-①②③はすべて概念実在論であり、普遍者が人間の魂の外に実在することを認めており、普遍者が諸個物を示す単なる記号であるとは考えていない。すなわち、概念実在論（c）の理性上の区別のテーゼは、普遍者とその基体との区別が「ものの側での」区別であることを否定するが、本性ないし普遍者は「ものの側に」存在すると主張するテーゼとして理解されるだろう。

「しかし、これらすべての見解は次の点で一致している。すなわち普遍者は何らかの仕方でものの側にあり、従って普遍者は個物自体の中に実在的に存在しているということである(47)」。

第三節　形相的区別の批判

オッカムによるとスコトゥスの概念実在論（b）を批判する二つの方法が存在する(48)。一つの方法は、［XII］を否定し、形相的区別という観念が（神の三つのペルソナの区別は別として）被造物の世界においては妥当しないことを証明することであり、もう一つの方法は、［XII］を受け入れるとスコトゥスの他のテーゼが［XII］と矛盾することになり、それ故これらのテーゼの総体が受容不可能になることを立証することである。非実在的区別は不可能であるという批判は、概念実在論（c）に対しても同様に有効だろう。オッカムは「識別可能なものの区別」という原則を適用することによって、形相的区別が実在的区別に帰着することを証明しようと試みる。すなわち、もし本性（natura）と、本性を個体化する差異（differentia contrahens）が必ずしもすべての点で同一でなければ、一方にP、他方に$\overline{P}$という矛盾した述語を付けることが可能である。しかし、述語が矛盾しているということは、二つの主語の外延が実在的に区別されることを含意している。矛盾は、ものの間の区別を立証する最も強力な方法であるから、もし同一のものに矛盾した述語を同時に付すことができるとなると、そもそも被造物の世界におけるものの実在的区別を立証することが不可能になり、せいぜい形相的区別を立証できるだけである、ということになるだろう(49)。従ってPと$\overline{P}$が同一のものに述語づけられることはない。これはあらゆる矛盾について言えることである。相互に矛盾したことはすべて同じ程度に相反しており、これは「存在する」と「存在しない」という矛盾に限られない。aが存在し、bが存在しなければbはaでないことが帰結するのと同様に、aがpでありbがpでなければ、bはaでないことが帰結する(50)。それ故、あらゆる個体差がそれ自体で或る個物に固有であり、本性がそれ自体では或る個物に固有でないならば、本性は個体差でないことが、――そして実在的に本性は個体差でないことが――帰結する。

この議論に対しては、神の本性は子であり、父は子でないにもかかわらず神の本性である、ということを根拠に反論されるかもしれない。しかし、

「この返答は十分でない。というのも次のことがただ神にのみあてはまる（singulare in Deo）ように、すなわち三つのものが数において一つのものであり、それ故数において一つのものがこれら三つのものの各々であること、それにもかかわらずこれら三つのもののうちの一つが他の（二つの）ものでないことがただ神にのみあてはまるように、次の推論が妥当しないこともただ神にのみあてはまり、どのような知的理解をも超えたことだからである。すなわち、数において一つの本質は子である。父は子でない。それ故父は（その）本質ではない、という推論が妥当しないことである。それ故、聖書の権威がそうするように我々を強いる場合以外は、或るものにのみ特異なことは容認されるべきではない。従って被造物の場合には、上記の類いの推論は否定されるべきではない。というのも被造物のあいだではいかなるものも複数のものであると同時に、当の複数のものの各々であるようなことはないからであり、聖書のいかなる権威も我々にそのような推論を強いることはないからである[51]」。

さて、オッカムの主張を次のような推論の結論として構成できるだろう。先ず①「aがpであり、bがpでなければaとbは異なって（区別されて）いる」。そして、少なくとも神の絶対力によってあらゆるものは他のすべてのものから分離して実在しうるという別の原則の故に、②「もし或る一つのものが一つのものであるならば、神はこれ以外のすべてのものを世界に実在させることなく、このものだけを実在させることができる」ということになる。そして論理的に区別されうるものは、事実上も神の力によって分離して存在しうる。従って③「aとbが区別されるならば、神の絶対力によってa（b）はb（a）なくして実在しうる」。しかし、区別される二つのものが神の力によって分離して存在しうることについては概念実在論者もこれを否定しないだろう。そこで、③に矛盾の基準を付加すれば、④「aがpでありbがpでなければ、aとbはそれぞれbとaなくして実在しうる」という原則が得られるだろう。しかし、アリストテレスの見解を前提にすれば、分離して実在することは個的実体のみの特徴であるから、性質をもこの原則に含ませるために④を⑤「aがpでありbがpでなければ、aとbは二つの区別されたものである」へと言い換えることにする。この

原則⑤に対しては、次のように言われるかもしれない。もし「もの」という語が「区別された」に何も付加することなく、単に区別されている二つの項を表す言語上の手段にすぎないならば、原則⑤は——区別されるすべての項は「もの」と呼ばれる、という名辞的定義のように——同語反復にすぎないと。しかし、この原則⑤で言われている「もの」は「他のすべてのものから分離して実在しうる何か或るもの」という意味での「もの」である。もっともこの点、概念実在論者は、「実在する」は唯一の意味しか有しないわけではなく、「分離して実在する」と同義ではないと主張することができるだろう。概念実在論者は、本質とか普遍者（そして更に関係など）が実在することを主張するが、それは個的実体が実在することとは異なった意味で実在することを主張するのであり、それらが個的実体を伴うことなしに実在することを認めていない。「区別されている」ことは必然的に「分離して実在しうる」ことを含意するだろうか。オッカムはこれを肯定するのに対し、概念実在論者はこれを否定する。概念実在論者とオッカムの立場の基本的相違は、前者が区別を分離可能性と——あるいは、すべての実在者を分離可能な実在者と——同一視しないのに対し、後者が「区別」と「分離可能性」を——あらゆる実在者を分離可能な実在者と——同一視していることに存する。

オッカムのように「区別」（ないし「差異」）を分離可能性を含意するものとして捉えれば、スコトゥスの形相的区別も、理性による区別も是認できないことになるだろう。非実在的区別に基礎を置く概念実在論（b）（c）に対するオッカムの批判をよりよく理解するために、「区別」に関するオッカムの議論の主要な結論を確認しておこう。

同一性と差異（区別）は相関的な観念であり、一方が他方によって相互に定義される。また二つの観念は原初的で形式的な観念であり、これら二つの観念から同一性の原理、同一のものの識別不可能性の原理、そして識別可能なものの差異（区別）の原理が生ずる。しかしこれらの観念に内容を与えなければならない。このための最も一般的な観念が「もの」である。同一性とは或るものが自己自身と同一であることであり、区別は二つのものの間での区別である。従ってあらゆる区別が実在的（res の間での realis）な区別ということになる。しかしこの点に関しオッカムは二種類の区別を認めている。すなわち実在的区別と理性上の区別である。理性上の区別はオッカムが概念を未だ〈fictum〉——精神作用の客体として存在する理性上の存在者——と見なしていた時期に書かれた『命題集註解』で提示されていた。従ってオッカムは区別される二つの項の存在様態に応じて区別（差異）のタイプを区別する必要があった。「実在的」と「理性上の」という限定は、「区別されている（異なっている）」という関係自体を修正するものではなく、関係項の存在様態を明示しているのである。その後、『論理学大全』になると、オッカムは概念を精神の性質、すなわち精神の中に実在するものとして理解するようになり、こうなれば「実在的」と「理性上の」という上記の区別は、前者が「魂の外に存在する」を、後者は「魂の中に存在する」を意味することに帰着する。しかしこの点重要なことは、概念が――（精神の）客体としての存在様態にあろうと、精神の作用それ自体であろうと――「もの」として、あるいは記号として考えられていることである。理性上の区別は、概念ないし記号によって意味されているものの区別について何らかの見解をとることを留保したままで概念（記号）の区別について語ることを可能にする。すなわち記号により意味されているものではなく記号の「もの」性のみを念頭に置きながら、各々の概念や、音声としての記号、書かれた記号の区別について語ることができる。ヘスペルスとフォスフォルスは書かれたものとしては異なっており区別されるが、それらによって指示される実在的対象としては同一である。この場合、「書かれたものとしては」と「実在的対象としては」という副詞句によってこれら二つの固有名のスポジティオが決定される（すなわちオッカムの用語では前者はsuppositio materialis、後者はsuppositio personalis）。このことを示すために二つの固有名を括弧でくくり、「『ヘスペルス』と『フォスフォルス』は異なっている（区別される）」と述べる一方で、括弧をとって「ヘスペルスとフォスフォルスは同一である」と述べることができ、ここにおいても「区別」と「同一性」の一義性を認めることができる。しかし概念に関してはこのような方法をとることはできず、次のように言えるだろう。理性上の存在者として二つの概念は理性上の区別として区別されているが、この「区別」は実在的な一義的区別に他ならず、ただ理性上の存在者間の区別である、と。それ故、もし二つのものに関して、実在的にそれらが同一か区別されているかを問うことが可能であれば、これら二つのものの理性における区別について語ることは意味をなさない。二つのものが精神の外に存在する「もの」であるならば、それらの同一性や区別（差異）は実在的なもの以外ではありえず――この場合、理性上の同一性や区別について語ることは意味をなさない――、これに対し二つのものが精神の中に存在する「もの」――すなわち理性上の存在者――であるならば、それらの区別は必然的に理性上の区別ということになる。

同一性と区別（差異）は一義的な観念であっても、意味する概念と意味されるものの間の意味づけの関係を顧慮してオッカムは、区別（差異）に四種類のものがあることを認めている。すなわち（i）実在する二つの存在者（ens realis）の区別（distinctio realis）、（ii）二つの理性上の存在者のあいだの区別（distinctio rationis）、（iii）実在する存在者と理性上の存在者のあいだの区別（distinctio media）そして（iv）実在する存在者と理性上の存在者からなる集合体と実在する一つの存在者のあいだの区別、あるいはそのような集合体と理性上の存在者のあいだの区別、あるいはそのような一つの集合体とそのような他の集合体との区別である。

「それ故私は、事物の本性による形相的区別ないし形相的非同一性、理解することが極めて困難であり、信仰が強いることのないかぎり措定されえない区別ないし非同一性を除外すれば、次の（四つの）場合以外には、いかなるものも他のものから区別されることはないと主張する。すなわち（第一は）実在する存在者（ens reale）が（他の）実在する存在者から区別される場合であり、この種のすべての区別は実在的区別であり、当の存在者が知性に依存していないように知性に依存してはいない。あるいは（第二は）理性上の存在者（ens rationis）が（他の）理性上の存在者から区別される場合であり、この種のすべての区別は理性上の区別であり、理性上の存在者が実在する存在者でありえないように、実在的同一性を端的に排除する。あるいは（第三は）実在する存在者が理性上の存在者から区別される（あるいはその逆）場合であり、このような区別は厳密かつ正確に言うと実在的区別でも理性上の区別でもなく、いわば中間的な（quasi media）区別である。というのも、（この区別の）一方の項（extremum）は実在する存在者であり、もう一つは理性上の存在者だからである。しかし目下のところこれをどのように呼ぶべきか私にはどうでもよいことである。このようなことは話者の意志次第だからである。あるいは（第四は）実在する存在者と理性上の存在者の集合体が、実在する存在者や理性上の存在者から区別される場合、あるいは（他の）同様の集合体から区別される場合である。この区別も――前記の（第三の）区別と同様に――正確かつ厳密に言うと同じ理由で実在的区別でも理性上の区別でもない[52]」。

それ故、記号は「もの」であるから、記号のあいだのすべての区別は〈res〉のあいだの実在的区別である。しかし、一つの記号xと一つのものy（あるいは他の記号z）のあいだに実在的区別（差異）が存在するとしても、この記号xが意味するものとy（あるいは他の記号zが意味するもの）のあいだに区別（差異）が存在しないこともありうる。

　しかし以上のことは可能な区別ないし差異にどのようなタイプのものがあるかを述べているにすぎず、特定の場合に区別ないし差異が実際に存在するか否かを教えてくれるわけではない。このためには、二つの区別された記号がそれぞれ意味するもののあいだに区別を設けることを可能にする基準——何らかの原理に基礎を置く基準——が必要である。そしてこの基準が「述語の矛盾」であり、この基準を基礎づけるのが「識別可能なものの区別」の原理である。すなわち、主語として措定された二つの記号に矛盾した二つの述語を付すことができるならば、二つの記号はそれぞれ異なった外延を指示する、ということである。

「私は次のように論ずる。人が差異ないし非同一性を認めるところではどこでも（相互に）区別される（複数の）ものについて立証可能な矛盾したことを認めることができる。しかし、この矛盾が何について立証されようと、また矛盾したことが指示するものが何であろうと、（他から）区別されるものについてでないかぎり、あるいは（他から）区別される概念（rationes）ないし理性上の存在者（entia rationis）でないかぎり、あるいはものと概念の（他から区別される）複合体でないかぎり、矛盾したことを立証するのは不可能である。ところが、もし考えられているすべてのものが現実に実在するならば、それは区別される概念でも複合体でもなく、それ故区別されるものということになるだろう」[53]。

概念実在論（b）（c）は、上記のように定義された実在的区別——この区別は（記号でない二つのもののあいだの）厳密な意味での実在的区別と、オッカムの言う意味での（区別される項の少くとも一つが記号であるような）理性上の区別を含んでいる——とは別種の区別（と同一性）の観念へと訴えている。しかし既に理解されたように、上記のように定式化された矛盾の基準によれば、オッカムが定義する実在的区別とは別の種類の区別が入り込む余地はないだろう。矛盾に一つの形態しか存在しないように、区別（差異）にも一つの形態しか存在しないからである[54]。

さて、概念実在論（b）は次のテーゼを主張する。

[XIV]　個体差は個物に固有であり、共通本性は個物に固有でない。

そして「個物に固有である」をPとすれば、

[XV]　個体差はPであり、共通本性はPでない。

そしてここから（b）は個体差と共通本性の形相的な区別を、そして両者の実在的同一性を結論する。別言すれば同一性と区別（差異）は類であり、この類の下に種として実在的な同一性

（と区別ないし差異）及び形相的な同一性（と区別ないし差異）が含まれる。そして（b）は種である限定された関係から類である無限定の関係への推論を、下位概念から上位概念への推論の特殊事例として認めるに対し、逆方向の推論を拒否する。実在的区別とは異なるもう一つ別の種たる区別である形相的区別を有意味なものとして認めるならば、「区別されているが故にそれは実在的に区別されている」という考え方を認めるべきでなく、また「区別されているが故にそれは形相的に区別されている」という考え方や、なおさらのこと「形相的に区別されているが故にそれは実在的に区別されている」やその逆も認めてはならない。同一性に関しても同様である。種から類への推論、すなわち「形相的ないし実在的に区別されているが故にそれは区別されている」は妥当するが、類から種への推論は、別の条件を付加しないかぎり直ちには妥当しない。

　しかしオッカムが拒否したのは、まさに（b）のこのような見解だった。矛盾による論証は「実在的に」や「形相的に」といった副詞を取り去ることを可能にし、あるいは副詞にいかなる効力をも認めないことを可能にする。すなわち形相的に同一であることは実在的に同一であることであり、形相的に区別されていることは実在的に区別されていることである。従ってオッカムは次のように推論している。

> 「この個体差は個体差から形相的に区別されていない。この個体差は本性である。それ故本性は個体差から形相的に区別されていない。もし反対に個体差が本性でないことを認めるならば、人は求める結論を手に入れる。というのも人は次のように推論できるからである。個体差は本性でない。それ故個体差は実在的に本性ではない。事実（この推論の）後件の反対からは前件の反対が次のような推論により導出される。すなわち個体差は実在的に本性である。それ故個体差は本性である、という推論である[55]」。

　更に付言すべきことは、「実在的に」や「形相的に」という副詞の付加が〈suppositio〉の修正を——指示対象の拡張や制限を——伴わないことである。オッカムは副詞を、主語たる名詞を規定する形容詞として解釈している。すなわち形容詞「四角い」が「円」を規定し、「四角い円」が主語であり、この主語に或る述語が肯定的に付されるような命題——「四角い円は図形である」——において「円」の指示対象を無にするように、あるいは形容詞「白い」が「人間」を規定し、「人間」の指示対象を、白いと言われることが真であるような人間だけに制限するように、副詞は主語の指示対象を規定する形容詞のように機能する。もし「実在的に」が語の指示対象を無にしたり制限したりすることが——そして拡張することも——なければ、それはいかなるものも規定しないと言うべきである。それはただ主語が――〈simplex〉や〈materialis〉なスポジティオではなく――〈personalis〉なスポジティオをもつことを示すだけである。他方、理性による区別は、区別の二つの項（である二つの語）のうち少くとも一つが概念を指示する（supponere）ことを示すだろう。前記の引用箇所に続きオッカムは次のように述べている。

「この帰結は明白である。というのも、当の語の指示対象を無にすることも制限することもない規定と共に理解された或る規定可能な語から、我々は絶対的に理解された規定可能な語を正しく推論することができるからである。しかし、ここで「実在的に」（という言葉）は規定された語（の指示対象）を無にしたり制限したりするような規定ではない。従って我々は『個体差は実在的に本性である。それ故個体差は本性である』と推論することができる(56)」。

そして「形相的に」という副詞は表面的には連辞を修正するようにみえるが、そのような効力を有していない。オッカムは次のような三段論法を提示している。

「この本性は自分自身から形相的に区別されていない。この個体差はこの本性から形相的に区別されている。それ故この個体差はこの本性ではない(57)」。

従って非実在的な区別は理解不可能であると同時に表現不可能であることが帰結する。

第四節　理性による区別の批判

概念実在論（c）に対するオッカムの批判は、概念実在論（b）に対する批判と同様に、理性による区別を実在的区別へと帰着させるか、オッカム自身の立場へと帰着させるかのいずれかの方法をとる。（c）は既述のように三つのタイプの見解に区別されるが、三つの見解に共通しているのは、個物と普遍者が事物の側で実在的に区別されてはいないことを主張すると同時に、「普遍者が何らかの意味で事物の側に存在すること、それ故普遍者は諸個物の中に実在的に存在すること」を主張していることである(58)。（c）の特徴は、個物と普遍者の区別が実在的でない（理性の作用による）ことを主張しながら、普遍者が事物の側に存在することを認めている点であり、要するに概念実在論だということである。

「更に基体と本性の間には（inter suppositum et naturam）何らかの区別が存在する。さもないと『人間は人間性である』（homo est humanitas）は『人間は人間である』（homo est homo）と同じように真になってしまうだろう。しかし基体は事物の側にあり、本性も同様である。というのも、そうでないと事物においてはいかなる区別も存在しないことになるからである。それ故、普遍者は何らかの仕方で事物の側に存在する(59)」。

しかしオッカムによれば、概念実在論（c）の三つの見解は結局のところ同一のものに「普遍的」と「個的」という矛盾した属性を与える不合理な帰結へと至る。それ故、「普遍的」と「個的」という二つの属性の二つの主体は実在的に区別されていると考えなければならない。しかし、もし区別というものが常に絶対的であり、「もの」と「もの」のあいだの区別として理解されるならば、実在的区別のプラトン主義になってしまうだろう。しかし区別が「もの」と「理性上の存在者」の区別として理解されるならば、個物は実在的であるから、普遍者が理性上の存在者となる。「理性による区別」の理論をこの意味で理解すれば、それはオッカムの見解に帰着する。すなわち普遍者は記号であるという見解である。

「魂の外にあり、実体であるいかなるものも、おそらく意志の定めによる以外は普遍的であるとは思われない。その理由は第一に、反対のものは、それらが先ずもって属するところの区別されたものを要求するからである。しかし（普遍は何らかの仕方で個物の中、事物の側に存在すると述べる）これらすべての人々に従うと、普遍性と個体性は、このような（反対の）ものである。それ故、普遍性と個体性が第一次的かつ直接的に述語づけられるものは区別されている。それ故、それらのものは形相的に区別されているか——これは既に反証された——、あるいは一つのものと別のものとして区別されているか——これは最初の諸設問で反証された第一と第二の理論（概念実在論（a））に帰着する——、あるいは、一つの理性上のものともう一つ別の理性上のものとして区別されているか、一つの実在するものと一つの理性上のものとして区別されているかのいずれかである。しかし、第一次的かつ直接的に個的なものが理性上の存在者でないことは明らかである。それ故普遍者であることが第一次的かつ直接的に述語づけられるものが魂の中の存在者にすぎないこと、それ故事物の中に存在しないことは明らかである(60)」。

ここで重要な論点は、オッカムが論敵である（c）の支持者に対して主張する、「普遍的」と「個的」という述語の絶対的対立である。確かにこの対立は(c)の主張を無効にするのに十分強力と思われる。この対立は区別されたものへと我々の目を向けさせる。というのも「反対のものは、それらが先ずもって属するところの区別されたものを要求するからである。」反対の述語が区別された主語を要求することは誰でも認めるだろう。そして普遍的な語は多数のものに述語づけられ、個的な語はそうでないのであるから、普遍的と個的は確かに矛盾している。これに対しては、述語づけを行うのは知性の思考であると反論されるかもしれない。しかしこの反論に対しては、述語づけの可能性は知性の思考に先行し、従って普遍者は知性の思考とは独立に多数のものに述語づけ可能であることから個物から区別される、と答えることができる(61)。

さて、トマス・アクィナスに帰せられたテーゼは類の形相と種の形相、そして個的実体の形相を区別している。類は知性によってのみ「一」性を有するにすぎず、いかなる個物の中にも存立しない。そして類は種へと分割されており、実在するためには種の形相の付加を必要とする。これに対して種の形相は「一」であり分割されておらず、その実在に関してあらゆる形相から独立しているが普遍的であり、当の種に包摂される諸個物へと分割されている。そして更に個的実体の形相は個物たる基体の中に存立している。このテーゼに対しオッカムは次のように答える。類の形相と種の形相は名であり、実在世界にではなく記号の世界に属している。個物の個的形相のみが実在世界の存在論的構造の実在的構成物である、と。

(c)の第二の見解に対してオッカムは、知性の作用はものにとって外的であり、(性質の内属とは異なって)ものに影響を及ぼすことはなく、それ故ものを普遍的にすることはありえないと指摘する。

> 「共通の見解の第三の形態を主張する第二の論法に対しては、私は次のように論ずる。或るものがまさに或る外的なものの故に他の或るものに述語づけられる(denominat)とき、この述語づけられるものは、当の外的なものが適合する(convenire)ことが可能なすべてのものに、これに応じて同じように適合することが可能だろう。それ故、実在的には個的なものが知性の中に存在することによって普遍的となるのであれば——このようなことは知性の作用による以外は不可能である——、知性によって認識されうるすべてのものが同じような仕方で同様に普遍的でありうるだろう。それ故、ソクラテスは知性の中に存在することにより普遍的であり、プラトンと共通でありうることになり、同様に神の本質は、それが現実に実在するかぎりでは最も個的であるにもかかわらず、知性の中に存在するかぎりでは普遍的ということになるだろう。しかし、これ

らのことすべては不合理である」[62]。

或る種の属性——例えば認識されていること——が知性の思考（consideratio intellectus）に依存していることは確かであるが、普遍性と個体性はこのような属性ではない。個物が普遍的であるとか個的であるかは個物それ自体によって定まり、これが個物にとって外的な要因に依存することはない。もし知性の思考だけで普遍者を生み出すのに十分だとすれば、すべてのものが知性の思考によって普遍的なものになるだろう。思考や認識は事物の中に何ものも生み出すことはない。普遍者は既に事物の中に（形相的に区別されていようが実在的に区別されていようが）存在するか、そうでなければ人間精神の中に概念として存在するにすぎないかのいずれかである。

概念実在論（c）-③はハークリのヘンリの見解であり、これによると、同一のものが一つの概念のもとでは個体性の属性を有し、別の概念のもとでは普遍性の属性を有する。この見解は、魂の外に存在するすべての実体は個体であるから、個体性と普遍性を区別するのは知性の作用の明確性と不明確性であると主張する点でオッカムの見解に近いようにみえる。しかしハークリのヘンリは、普遍性と個体性という属性を知性の作用にではなく、この作用を因果的に引き起こす外的なものに帰属させている。すなわち、外的なものは、それが個的概念を引き起こすかぎりにおいて個的であり、それが普遍的概念を引き起こすかぎりにおいて普遍的である。

しかしこの見解は、魂の外に存在する実体は常に個的であるという主張と明白に矛盾している。ヘンリのような議論は、同一の概念のもとに観念された別個の諸個体の同一視へと至り、例えば共に不分別に観念されたプラトンとソクラテスの同一視へと至るだろう。ヘンリによれば、我々は「或る概念のもとで観念された一つのものは普遍的である」という命題から、「このものは普遍的である」という命題を推論すべきことになる。というのも「或る一つの概念のもとで観念された」という限定はスポジティオを修正しないからである。オッカムのこの議論は、次の論法に依拠している。すなわち、或る命題の主語が〈suppositio personalis〉において用いられており、この主語の〈suppositio〉（の指示対象）を縮小することも拡張することもない表現によって当の主語が規定されていないとき、この命題から、同じ主語がそのような表現により規定されている命題を推論することが可能であるという論法である。この論法はオッカムが形相的区別を批判するときに用いたものと同一である。要するにオッカムによれば、普遍的なのはものではなくものの記号、あるいは、ものを観念する作用自体であり、個物であるものが普遍性という属性の基体であることは不可能である[63]。

第五節　非実在的普遍者の批判

さて、オッカムは概念実在論(b)(c)の非実在的区別という観念を批判したが、(b)に対する第二の反論においては、形相的区別（テーゼⅫ）を仮に認めたうえで、(b)のテーゼ[Ⅷ][Ⅸ][Ⅹ][Ⅺ]――すなわちテーゼ[Ⅰ][Ⅱ]を受容可能なものにするためのテーゼ――を否定することで(b)を論駁している。そして概念実在論(c)も[Ⅷ][Ⅸ][Ⅹ][Ⅺ]を認めなければならないので、これら四つのテーゼの否定は概念実在論(c)の批判にもなるだろう。この批判においてオッカムが依拠している主要な原理は、形相的区別の批判におけると同様、矛盾律である。すなわち、或る一つの同じ被造物が二つの反対のものを含むことは不可能であり、同一の主語に矛盾した二つの述語が同時に付されることとは不可能である。それ故、反対し合う二つのものの一方が或るもの（被造物）に内属するならば、他方のものが当の或るものに内属することはありえない。「個的な」と「共通な」という二つの語はPと$\overline{P}$のように反対し合い、個的なものは共通なものではありえず、共通なものが個的であることもありえない。それ故、本性と個体差が実在的に区別されていることを認めるか、あるいは――本性と個体差の実在的同一性を固持するのであれば――矛盾する二つの述語の一方を否定しなければならず、それ故本性の共通性ないし普遍性を否定するか、個体差の個体性を否定するかいずれかを選択しなければならない。従って個物と同じくらい多くの普遍者が存在することになる。[64]

更に、既に述べた同一性と差異の内在的性格についての原理から出発しても同様の結論になる。もし二つの個物の本性が区別されるならば、それらは何か別の差異が付加されて区別されるのではなく、それ自体で区別される。[65] すなわちプラトンにおける人間性とソクラテスにおける人間性はそれぞれ数において一つであり、実在的に区別され、それ故共通本性ではない。

非実在的区別に対する以上のような第二の反論は、形相的区別を直接的に否定することなく、非実在的区別の立場（概念実在論(b)だけでなく(c)も含めた）が主張する別のテーゼを論駁するかたちをとっている。例えば上記の結論はテーゼ[Ⅷ]と[Ⅸ]の否定として理解できるだろう。しかし、この結論へと導いた原理、すなわち差異の内在的性格についての原理は(b)の支持者にとってさえ自明的な原理のはずである。オッカムはこれが(b)にとっても自明と考えられる理由を幾つか挙げているが、これらの理由のうち少くとも二つはスコトゥスからとられている。すなわち一つの理由は、或るものから「事物の側において」区別されるものは、当の或るものなしに直観的に見られる（intuitive videri）ことが可能である、ということであり、ソクラテスの人間性とプラトンの人間性は、個体化する差異なくして直観的認識の対象となりえ、それ故それぞれ数において一つであると同時に、それ自体で実在的に区別されている[66]。この場合、「これはそれではない」――これはプラトンの人間性を指示し、それはソクラテスの人間性を指示する――という真なる命題を形成することができる[67]。

更にスコトゥスは両立可能なもの、ないし両立不可能なものは、――例えば神の諸属性のように形相的にそうであるようなものでさえ――それらの形相的な〈ratio〉によって、そしてそれらの〈ratio〉に何ものも付加されることなくして両立可能ないし両立不可能であり、それ故区別されることを認めている[68]。しかし、これに対し概念実在論（b）の支持者は次のように答えるかもしれない。すなわち、我々が「この人間本性」とか「あの人間本性」、あるいはこれらの人間本性の区別について語れるのは、それらの人間本性が個体化する差異と結合しているからであり、それ故個体化する差異がものの形相的な〈ratio〉に属していなければならない、と。個体化する差異なしには人間本性が区別されることはない[69]。

この主張に対してオッカムは「名の付与」という意味論的な手段へと訴える。もし、本性と個体化する差異が「事物の側において」区別されているならば、我々はこれら各々に名を付与することができる。今我々がソクラテスの中で、ソクラテスの個体差から形相的に区別されているもの、すなわち個体差を伴わないソクラテスの本性にaという名を付与し、同じくプラトンに関してbという名を付与するとしよう。このとき、aとbは実在的に同一ではない。さもないと、何か或る同じものがソクラテスとプラトンの中に実在的に存在することになるが、このようなことを概念実在論（b）の支持者は否定するだろう。もしaとbが区別されていれば、――個体化する差異は最初から除去されているのであるから――両者は個体化する差異ではない何か或るものによって区別されていることになる。それ故ソクラテスの人間本性とプラトンの人間本性は実在的に区別されており、各々は数において一つである[70]。しかしながら、矛盾が明らかになるのは、まさに本性が一つのものとして――我々が個的実体に名を付与するようにそれに名を付与することのできる一つのものとして――観念されているからに他ならない。もし我々が「本性」という名は単一のものを名指しているのではなく、二つの個物に共通で、各々の個物の中に個体化された仕方でしか存在しないものを意味する――従って、人間本性は一つのものを意味するのではないから、ソクラテスの人間本性はプラトンの人間本性から区別されている――と考えることができれば、オッカムの議論は効力を失うだろう。

オッカムは自分のテーゼを支持するために、本性を諸個物へと多数化させることは、本性の属性（passio）の――特にその弱い「一」性（unitas minor）の――多数化を伴うという考え方を利用する。全体とその部分が数を同じくするように、主体の多数化（multiplicatio subiecti）は主体の属性の多数化（multiplicatio passionis）を含意するからである。もし人間本性がソクラテスとプラトンへと多数化されるならば、人間本性の属性である弱い一性も両者へと多数化されているだろう。しかし弱い「一」性は共通なものから分離不可能であることから、ソクラテスとプラトンにそれぞれ二つの共通本性が存在すれば、そこには二つの種が存在することになり、従ってソクラテスは一つの共通本性のもとに、プラトンは別の共通本性のもとに置かれることになる。これは個物と同じ数の共通本性が存在することを意味しており、不合理である。[71]

これに対して概念実在論(b)を支持する人々は、上述のテーゼ[IX]に依拠して、共通本性は知性の中に存在するかぎりにおいて普遍的であるにすぎないと反論するかもしれない。しかしオッカムは三つの理由でテーゼ[IX]を批判する。[72]第一に、「普遍的である」が直接的に述語づけられるのは、（1）魂の外に実在する真なるもの（vera res）であるか、（2）理性上の存在者（ens rationis）であるか、（3）魂の外に実在する存在者（ens realis）と理性上の存在者の複合体（aggregatum）であるかのいずれかである。概念実在論(b)を主張する人々は普遍者が魂の外に客観的に存在することを否定するから（1）を認めない。これらの人々によれば魂の外に実在するのは個物のみであるから、（1）だとすると個物が普遍的ということになり、個物と同じくらい多くの普遍者が存在することになるだろう。（2）ならば、魂の外に存在するいかなるものも普遍的ではなくなり、概念実在論(b)が主張するような普遍者は否定されオッカム自身の見解に帰着する。従って(b)は（2）を認めないだろう。そして（3）ならば、個物と同じくらい多くの普遍者が存在することになるだろう。というのも、部分の多数化は常に全体ないし複合体の多数化を伴うが故に、普遍的なものが実在するものと理性上の存在者の複合体であれば、魂の外に実在する各々のものは複合体たる全体の部分であり、従って各々のものと同じくらい多くの複合体が――すなわち普遍者なるものが――存在することになり、最も一般的な類でさえ個物と同じ数だけ存在することになるからである。これは不合理であるから普遍者は魂の外に存在するものと理性上の存在者の複合体であるという見解も概念実在論(b)は認めないだろう。要するに概念実在論(b)は普遍者を――より正確に言えば共通本性を――個物とみなすことを拒否し、またそれを理性上の存在者や、理性上の存在者と個物の複合体とみなすことも拒否するのであるから、もし（1）（2）（3）が「普遍的である」が述語づけられうる存在者のすべてであれば、(b)は共通本性をそもそも何らかの存在者として措定することができなくなる。

しかしテーゼ[Ⅸ]に対しオッカムが提示する以上の第一の理由による反論は、存在者として三つのタイプのもの――すなわち客観的に実在する個物、単なる理性上の存在者、そして複合体――しか存在しないことを前提とし、(b)が主張する共通本性の特殊な存在様態が当初から否定されていることから循環論法と言えるだろう。

オッカムがテーゼ[Ⅸ]を批判する第二の理由は、普遍的なものという観念それ自体に関するものである。普遍者（universale）が多くのものにおいて「一」つであり、多くのものに述語づけられるように、共通なもの（commune）も多くのものにおいて「一」つであり、多くのものに述語づけられる。しかし、概念実在論(b)によれば、このことだけで或るものを完全に普遍的なものにするために十分である。それ故、共通なものはすべて、或るものを（単に不完全にではなく）完全に普遍的なもの――従って完全に種や類であるもの――にするために必要とされるすべてのものを有している。そして(b)によると、共通であることは知性の外にある本性それ自体に属しているのであるから、完全に普遍的である（completive universale）ことも当の本性に属している。従って個物と同じくらい多くの共通本性が存在するという事実から、個物と同じくらい多くの最も一般的な類が事物の本性によって（ex natura rei）存在することが帰結する[73]。

第三にオッカムはテーゼ[Ⅸ]を次のように批判する。一つの個物の破壊は当の個物にとって本質的なすべてのものの破壊を意味するから、それは当の個物の本性の破壊を意味する。しかしソクラテスの死後、他の諸個人の中に人間本性が存在するのであれば、それは他の個人の人間本性がソクラテスの人間本性から実在的に区別されているからであり、従って個人と同じ数の人間本性が存在していることになるだろう[74]。ここでオッカムは概念実在論(a)に向けられた存在論的議論を繰り返しているわけであるが、その結論は個的実体の創造と無化の不可能性ではなく、本性は個々にそのつど創造され無化される必要があるということである。しかしこの議論は魂の外の共通本性は単に不完全にしか普遍的でないという反論には答えておらず、そして上述のテーゼ[Ⅷ]、すなわち共通本性は個体化する差異と結合することによってのみ個物の本質的要素として魂の外に実在し、この状態においては最早普遍的でないというテーゼにより効力をそがれるだろう[75]。これに対しオッカムは、「共通本性」のスポジティオの対象は何か、「共通本性」は何を指示するのかを問題にする[76]。それが理性上の存在者を指示することはない。というのも共通本性が魂の外にあること、共通性は魂の外にある本性について言えることが当初から措定されているからである。もし「共通本性」の指示対象が魂の外の実在者であるならば、これは個物であるか個物でないかのいずれかである。もし個物ならば本性は最早共通ではなくなる。しかし個物でないとするると、実在的に個物でない何か或るものが魂の外に存在することになるが、このことは、概念実在論(b)が――オッカムと同様に――魂の外に存在するあらゆる非個体的なものを否定していることと矛盾する。というのも(b)は本性が実在的に数において「一」つであり個的であると主張するからである。しかし概念実在論(b)は次の三つのことをいかにして同時に主張することができるのだろうか。①魂の外には非個体的なものは実在しない。②本性は魂の外において共通である。③本性は個的であり数において「一」つである。①と②は矛盾し、②と③が矛盾している。……以上がオッカムの批判の概略である。

オッカムは、二つの矛盾する述語によって意味されるもののあいだに区別（差異）が存在するならば、意味されるものは魂の外に実在するものか、理性上の存在者か両者の複合体のいずれかであり、これ以外のものはありえないと主張する。しかし、これは特定の存在論を初めから前提とした主張であり、概念実在論(b)の「共通本性」はこれら三つのどれでもないのであるから、オッカムの存在論からは当初より排除されている。共通本性を否定するためにこの種の存在論に依拠することは循環論法のそしりを免れないだろう。しかし、実在的区別のこれら三種類の形態はすべての人が認めるところである。もし二つの述語が矛盾していることが実在的区別を（オッカムが挙げる三つの実在的区別のうちどれか一つを）表していないとなると、或る区別が実在的な区別であることを知ることは不可能となり、最早二つのものを区別することはできなくなるだろう。要するに、①述語が矛盾していることは区別の規準である。②この規準は個的なもの（res）のあいだの区別を表している。③自然理性によって（神の啓示なくして）認識可能なこの区別が唯一のタイプの区別である。概念実在論(b)(c)はこの規準の有効性を認めている。それ故、(b)(c)がこれとは別のタイプの区別の可能性を主張するためには、①②③に依拠することはできず、自然理性にとって把握可能な別の区別の規準によって非実在的区別を立証しなければならない。そこで(b)(c)は次のような規準を採用する。すなわち、同一の主語に真に述語づけされる矛盾した二つの語（ないし概念）が存在し、それ故この主語によって意味されるものには異なる（区別された）二つのものが存在しなければならないということである。

この際、概念実在論は、矛盾する二つの述語は同一の主語に関係づけられているわけではないと主張するか、矛盾は存在しないと主張するかのいずれかだろう。反対する二つの述語は何に述語づけられているのだろうか。アヴィケンナに従って概念実在論者は共通本性、例えば人間本性は普遍的でも個的でもなく、この点に関して無差別（indiffrens）であると言うだろう。そしてソクラテスの人間本性はソクラテスの中では個的であり、知性の中では普遍的である。もし人間本性がソクラテスの中に存在したり、知性の中に存在したり、どこにも存在しないような「もの」であり、或る一つのものを名指しているのであれば矛盾は確かに存在する。ところが、概念実在論（b）（c）は本性と個体差のいずれをも「もの」とは考えていない。他方で、もし述語をより精確なものにして、「個物の中で個的な」と「知性の中で普遍的な」にすれば、二つの述語は矛盾していないことになる。

矛盾しているという批判に対して概念実在論を擁護するためには、本性を表すあらゆる語――例えば自然種を表す一般名詞――は名でないこと、又は名指すこととは別の仕方で意味すること、あるいは、この種の語にはオッカムが認める三種類のスポジティオとは別の種類のスポジティオが存在することを主張する必要がある。本性を表す語に「形相的に」（formaliter）という副詞や「知性上の存在においては」（secundum esse intellectum）といった限定句を付加することで、当の語の〈suppositio〉が〈simplex〉と〈materialis〉と〈personalis〉のいずれかであることが確定するわけではないし――これは〈simplex〉や〈materialis〉ではありえないだろう――、またそれが〈suppositio personalis〉であるとしても、上記の副詞や限定句が付加されることで〈suppositio personalis〉がどのように制限されるかも定かではない。オッカムが指摘するように、このような副詞や限定句を除去しても本性を表わす語のスポジティオが変化することはないだろう。しかし、形相的区別（差異）やその他普遍者の区別（差異）を主張するこれ以外のどのような区別（差異）の支持者も、普遍概念にこれら三つの〈suppositio〉のどれとも異なる特有なタイプの〈suppositio〉を認め、上記の副詞や限定句がこの種の〈suppositio〉を確定する、と主張することができるだろう。オッカムも、或る語が――アヴィケンナの言うような――概念でも個物でもなく、これら両者に対して絶対的に無差別な〈quidditas〉を指示するような類いの〈suppositio〉について言及している[77]――言うまでもなくオッカムはこれを認めていないが――。もしこの種のスポジティオを認めるならば、上記の副詞や限定句は問題となっているスポジティオのタイプを明確に示す機能をもち、確かに制限的な語句となるだろう。しかしオッカムの理解によれば、「XはPである」は「或るものは『X』と名づけられ、そして『P』と名づけられる」を意味するので、副詞は形容詞として解釈されることになる。要するにオッカムによれば存在するのは「もの」（res）と記号のみであり、人が語ることができるのも「もの」と記号だけである。

従って非実在的区別が有意味であるためにはオッカムとは異なる存在論が採用されなければならない。この点、名は「もの」（res）だけしか名指さないわけではなく、例えば形相性

（formalitas）をも名指すと考えることが可能であるということになれば、オッカムの三つのスポジティオのどれとも異なる別のタイプのスポジティオが用いられることになるだろう。あるいはこれと異なり、名は名指すこととは別の仕方で意味すると考えれば、「意味すること」という観念を修正する必要がある。前者の考え方においては、「XはPである」は「『X』は或るものを名指し、『P』はXの中にある形相性を名指す」を意味し、あらゆる述語づけは内属を表すことになるだろう。後者の考え方においては、「『X』は或るものを名指し、『P』は名指すこととは別の意味において当の或るものを意味する」と言うべきだろう。これら二つの考え方をオッカムは否定するが、これはオッカムが自己のスポジティオ論ないし意味論――そして述語づけについての理論――を当初から前提にしているから可能なことであり、この点でオッカムの論証は循環していると言えるだろう。要するにオッカムにとって個々の実体と個々の性質以外の「もの」を措定することは理解不可能であり、この種の「もの」を意味することも不可能であるのに対し、概念実在論（b）（c）にとっては、概念や一般名詞の共通性の根拠となるような普遍的な存在者を否定する存在論は、実在世界を理解することも「意味する」ことも不可能なものにしてしまうのである。

「意味すること」（significatio）は最早、個的記号と一つないし複数の存在者のあいだの関係とは言えないだろう。個体性（singularitas）と普遍性（universalitas）は本性自体の属性ではなく、本性の「存在様相」を相対化することによって当の本性に述語づけられるものと考えられる。従って「個的である」とか「普遍的である」といった述語は、付帯性の述語や本質の述語のような、「もの」について言われる第一位の述語ではなく、例えば或る一般語に「存在」が述語づけられるときの「存在」と同じように第二位の述語である。個体性と普遍性は「もの」については何も言わず、「もの」の存在様相について言われる。そして存在様相への相対化が主語のスポジティオを修正する――例えばスポジティオを拡張したり制限したりする――ことはない――これに対し例えば「部分」への相対化は主語のスポジティオを修正する――。しかし、本性の基体を指示することなく本性だけを指示する可能性が認められるならば、それはスポジティオの拡張や制限ではなくスポジティオのタイプの修正――すなわち本性を指示するというスポジティオ――になる。これに対してオッカムのように、スポジティオとはその関係項が常に個物であるような（すなわち一方が個々の概念で他方が個々のものであるような）関係であると主張されれば、概念実在論者は「意味すること」（significatio）をすべて〈sup-positio personalis〉に還元することを拒むだろう。そうなると様々な考え方が可能になる。例えば、述語づけを一定の存在様相へと相対化することを認めるが、これは最早スポジティオの問題ではないのであるから、このような相対化によってスポジティオのタイプの修正が生ずることはないと考えることができるし、あるいは、スポジティオの概念は保持しつつ、個物と個物の実在的区別とは異なる実在的区別を――オッカムが認めない類いの実在的区別を――存在論において認めることもできるだろう。

従って、普遍的なものが客観的に存在するとか、共通本性は実在的であるという概念実在論者の主張はオッカムの反論によっては論駁されていないように思われる。「意味すること」は「指し示すこと」であるというオッカムの考え方に立てば、指し示されえないような「意味されるもの」はありえない。意味されるすべてのものは指し示されうるものであり、それ故個的なものである。ところが、「意味すること」の観念で、指し示すことができるものの本性のみを意味することを認める――それ故「意味すること」と〈suppositio personalis〉を区別する――ような観念は、意味されるものを個物へと限定することはない。この観念においては、普遍者を説明するために用いられる語――「一」「数」「部分」「全体」「存在する」「～の主語であること、等々」――も、存在者を指し示す以前に存在様相を――「かくかくしかじかであること」を――意味する語となるだろう。

オッカムの意味論に従えば、我々が意味することができるのは個的存在者のみである。しかし、この意味論を受け入れることとは、世界には個物しか存在しないことを肯定することとは異なる。類や種が存在し、諸個物が同じ類や種に属していることはどのように説明できるのだろうか。概念実在論は或る諸個物が同じ類や種に属していることを共通本性に基礎づけている。これに対してオッカムはこの見解が矛盾を含み不合理であると批判する。オッカムの批判の要は区別（差異）の理論とノミナリズムの意味論との結合にあり、オッカムはこの二つの理論を結合させて概念実在論の不合理性を明るみに出そうと試みた。しかし上で述べたことから理解されるように、オッカムは自分が前提として既に受け入れていることを結論として提示しているにすぎず、オッカムの論法は循環していると反論することが可能だろう。従って、概念実在論とオッカムのノミナリズムの優劣を決するには、概念化の基礎の問題――すなわち或る諸個物が同じ類概念や種概念に包摂され、これ以外の諸個物が包摂されないのは何故かという問題――について、オッカムが概念実在論――普遍者の実在や共通本性に訴える概念実在論――とは異なるどのような答えを提示しているかをみなければならない。

第六節　ものの定義と本質

概念実在論は「人間」のような一般語が、数多くの人間に述語づけられ真なる命題を形成するという意味で個々の人間を意味すると同時に、これとは別の意味で――すなわち〈suppositio simplex〉において[78]――普遍的な存在者（共通本性）としての人間をも意味することを主張し、更に「人間性」のような抽象語は普遍的な存在者（共通本性）のみを意味することを主張した。オッカムはこのような普遍者の実在を不可能なものとして否定する。しかし言うまでもなくオッカムにとり、数多くのものを意味し、命題の中でそれらを指示する一般語が存在すること、また具体的一般語（人間）に対応した抽象語（人間性）が存在することは明白な言語上の事実であり、また、これらの語が人間精神の中にメンタルな概念として――初期のオッカムのように概念を〈fictum〉として理解しようと、後期のオッカムのようにこれを人間精神の作用〈actus〉そのものとして理解しようと――存在することも明白な事実である。しかし、オッカムはこれら一般的具体語や抽象語が存在することを、共通本性といった普遍的なものの実在を措定することなくどのように説明できるのだろうか。概念実在論者もオッカムも二人の人間が人間という種のもとに包摂されること、動物という類のもとに包摂されることを認めている。両者にとり、或る諸個物が同じ種や類に属することは認識主体から独立した客観的な事実であり、一般的な語や概念によって諸個物を意味する人間（の精神作用）が世界に実在しなくても、諸個物は種や類へと区別されている。しかし客観的に実在する普遍者や共通本性へと訴えることなくしてこの事実をどのように説明するべきだろうか。種や類のメンバーに共通の形而上学的な実在者を追い求めるべきでないとすれば、上記の事実を説明するのは諸個物が相互に帯びる何らかの類似性だろうか。世界が個々の実体と、個々の実体が帯びる個々の性質のみからなるとすれば、この世界が客観的に構造化されているという主張を、普遍者の実在論を採用することなしに、また類似性に依拠することなしにどのように説明できるのだろうか。

我々が日常用いる言葉の中には抽象的存在者を指示するような言葉があり、この言葉は個々のものではなく、ものの本性を指示しているように思われる。人間性はソクラテスではないし人間たちでもない。「人間」と「人間性」、「馬」（equus）と「馬性」（equinitas）という異なる言葉の存在は、これらの言葉が指示し、あるいは意味するものの区別――個々の人間や馬と、これらに共通の本性である人間性や馬性との区別――を示唆している。オッカムはアヴィケンナを引用して「馬性は単に馬性以外の何ものでもない。これはそれ自体においては一つでも多数でもなく、感覚可能なものの中にも魂の中にも存在していない」と述べている。[79]「馬」や「人間」のような具体的な一般名詞は複数の個物を個別的に（divisim）意味するのに対し、本性を表す抽象的な語——「馬性」や「人間性」——にはこの種の意味は認められない。オッカムが主張するように、「本性」（natura）あるいは「本質」（essentia）や「何性」（quidditas）——オッカムはこれらの表現に区別を設けていない——は意味のない語、あるいは諸個物のみを意味する語だろうか。この点、（概念実在論者が主張する）抽象語による本性や本質や何性への指示と、「本性」「本質」「何性」といった語の意味を区別しなければならない。

オッカムによれば〈essentia〉や〈quidditas〉といった語は、通常の一般語と同じように個物を意味する。[80]そして更にオッカムによれば〈essentia〉〈existentia〉〈res〉〈entitas〉〈esse〉といった語の意味は同一であり、すべて個物を意味する。「それ故、entitas と existentia は二つの res ではなく、〈res〉と〈esse〉という二つの用語（vocabula）は同じものを意味しており、ただ、一つは名詞によって、もう一つは動詞によって意味しているにすぎない、と言うべきである。それ故、一方の代わりに他方を適切に置くことはできないが、その理由は両者が同じ役割（officia）を果たしていないからである。[81]」我々は「もの」を「それが何であるか」——すなわちその本質——から単に用語の上でしか区別することができず、「もの」は「それがどういうものであるか」ということと同一である。また我々は、「もの」をその〈existentia〉から区別することができない。ものは存在することによってのみそのようなものでありうるからである。ものが存在しなければそれは何ものでもなく、それはそのようなものであるとさえ述べることもできず、当のものの名が主語であるあらゆる肯定命題は仮定上、偽である。オッカムは〈esse〉を常に世界におけるものの実在という意味で理解している。オッカムが主張するように、すべての述語づけが——少くとも真なる肯定命題においては——主語と述語が同じものを指示している（supponere）ことを述べているのであれば、連辞（copula）の機能は、二つの語によってそれぞれ名指されている諸個物が交わる領域の存在を指し示すことにある。すべての肯定的述語づけは（諸）個物の実在の肯定であり——「或る一つのXはPである」は「或る一つのXが存在する」を含意する——、個物に主語たる語（X）とは区別される一つの名ないし名辞的な表現（P）を帰属させる。この場合、PはXの本質か付帯性を表しており、もし付帯性であれば、命題が実体に性質が内属することを肯定するときがそうである。このとき、Pは（例えば「白い」のような）具体語の形容詞であるが、この具体語の形容詞は性質が実体に内属することを「共意」しており、それ故XとPを二つの名として理解することが可能である。要するにあらゆる肯定的述語づけは帰属的であると同時に実在的であり、これらは異なる二つの機能ではなく、同一の機能の二つの側面にすぎない――これに対して否定的述語づけに関しては、命題が真である理由が、述語が述語づけられえないこと、あるいは主語の指示対象が実在しないことに存するという意味で非帰属的で非実在的である――。

このように〈essentia〉と〈existentia〉は帰属的及び実在的という二つの側面から得られた二つの名詞であるが、語られているものを示す名詞として使用されるかぎりで両者は区別されず、共に端的に当のものを――それが何であるかを示さずに――指示し、従って〈essentia〉と〈existentia〉と〈res〉は同義である。〈existentia〉でない〈essentia〉はありえず、〈essentia〉でない〈existentia〉もありえない。オッカムによれば両者が区別されえないことは次のことから明らかである。もし両者が異なるとすれば、各々の語の指示対象は一つの実体であるか、他方の語の指示対象から区別される一つの付帯性〈絶対的な〈res〉たる性質〉のいずれかでなければならない。いま、〈essentia〉が実体である一つの「もの」であることを認めたうえで、〈existentia〉（ないし〈esse〉）とは何だろうか。それは性質や量のような付帯性ではないし――或る人間の実在〈esse existere hominis〉はその人間の性質や量ではない――、実体でもない。もし実体だとすれば、それは形相か質料かその結合体、あるいは抽象的実体（substantia abstracta）のいずれかということになるが、もし〈esse〉が〈entitas rei〉とは異なる別の〈res〉であるならば、形相、質料、その結合体、あるいは抽象的実体のどれも〈esse〉と言えないことは明らかである。[82]

また、〈essentia〉と〈existentia〉が相互に区別される〈res〉だとすれば、両者は何によって結びつけられているのだろうか。両者は偶有的に（per accidens）結びつけられてはおらず、またそれ自体で（per se）結合しているわけでもない。「もし両者がそれ自体で一つのものを形成しているならば、一方は現実態（actus）で他方は可能態（potentia）ということでなければならないだろう。従って一つは質料でもう一つは形相ということになるが、これは不合理である。[83]」そして、もし両者が区別されているとすれば、神は絶対力により一方なくして他方を存在させることが可能となるが、〈existentia〉なしの〈essentia〉、あるいは「存在する何か或るもの」ではない〈existentia〉は矛盾した観念である。もし天使というものが存在しないならば、天使と天使が区別されないように、天使とロバも区別されえないだろう。オッカムは〈Quodlibeta〉第二設問七「天使の〈essentia〉は天使の〈existentia〉と区別されるか」において、[84]区別を肯定する見解――本質は或るときは存在し、他のときには存在しないことから、天使の存在は天使の本質から分離可能であり、それ故両者は区別されるという見解——と、これを否定する見解——もし両者が区別されるならば、〈existentia〉は〈essentia〉の付帯性であることになるが、これは誤りであるという見解——を挙げた後、設問に対して次のように答えている。〈existentia〉は〈essentia〉の付帯性ではないし、〈essentia〉の質料や形相でも、質料と形相の複合体でもないことから、それは〈essentia〉の実体でもない。従って、天使の〈existentia〉と天使の〈essentia〉の間に差異はない。

更に、〈existentia〉は、神に対する被造物の依存関係であるという反論に対してオッカムはこの種の関係自体を措定する必要のないこと、もし〈existentia〉がこの種の関係であるならば、天使がこの関係に依存することは、結果が原因に依存し、付帯性が主体に依存し、形相が質料に依存するのと同様であることから、神が絶対力により原因なしに結果を、主体なしに付帯性を、そして質料なしに形相を生み出せるように、上記の関係なしに天使を生み出せることになるが、天使が神への依存関係なしに存在することは明らかに偽であるから、天使の〈existentia〉は被造物たる天使の神に対する依存関係ではありえないことを主張する。すなわち、「天使の〈existentia〉が神に対する天使の依存関係ならば、天使はこのような依存関係なしに存在しうる」は妥当な推論であるのに対し、この推論の後件は偽であるから前件も偽である。更に、もし〈existentia〉がこの種の関係であるならば、天使の〈existentia〉は天使の付帯性であり、従って天使の〈essentia〉はその本性上、天使の〈existentia〉に先行することになり、同様に、実体は付帯性に本性上先行することから、天使の実体は付帯性であるその〈existentia〉なしに存在しえることになるだろう。そして更に、神は本性上先行するすべてのものを後行するものなくして創造できるが故に、〈existentia〉なくして〈essentia〉を創造できることになってしまう。また、もし天使の〈essentia〉と〈existentia〉が区別されるならば、両者はそれ自体で一つ（unum per se）のものを形成するか、偶有的に一つ（unum per accidens）のものを形成するかのいずれかである。もし前者であれば、〈existentia〉と〈essentia〉のどちらか一方が質料で他方が形相ということになり、後者であれば、天使は偶有的に一つのものということになってしまう。従って〈existentia〉は〈essentia〉から区別されないことを認めるべきである。

オッカムは以上の自己の見解を提示した後、この見解に対する五つの反論を挙げ、それぞれの反論に答えている。（一）或る時点で或るものから区別されるものは常に当のものから区別されるが、天使の〈existentia〉は或る時点で——すなわち天使が存在しなかったときに——天使から区別されていた。この反論（一）に対してオッカムは次のように答える。天使の

〈existentia〉は決して天使の〈essentia〉から区別されたことはないが、或る時点で〈existentia〉は〈essentia〉ではなかったし、同様に天使の〈essentia〉は決して天使の〈essentia〉から区別されたことはなかったが、それでも或る時点で天使の〈essentia〉は〈essentia〉ではなかった。というのも、その時点で天使は無だったからである。

（二）存在と非存在に対して無差別なものはこれら両者から区別されているが、〈essentia〉は存在と非存在に対して無差別であるから〈existentia〉は〈essentia〉から区別される。この反論（二）に対しては、オッカムは次のように答える。〈essentia〉は存在と非存在に対して無差別であるが、同様に〈existentia〉も存在と非存在に対して無差別である。というのも〈essentia〉が〈existentia〉であることも〈existentia〉でないこともありえるのと同様に、〈existentia〉が〈essentia〉であることも〈essentia〉でないこともありえるからである。従って〈essentia〉と〈existentia〉は全く同一のものを意味（significare）し、共意（consignificare）している。更に〈esse〉は或る時は名詞であり、この場合それは〈essentia〉が意味するものと同一のものを意味し、〈esse〉が動詞であるときは、それは〈essentia〉が名詞の仕方で意味するものを動詞の仕方で意味する。しかし、名詞と動詞は異なる機能を有することから、命題の中で相互に置換可能ではない。例えば〈esse〉は〈homo est animal〉や〈homo potest esse animal〉のように二つの語のあいだに正しく置かれうるが、〈homo essentia animal〉が何も述べていないように〈essentia〉はそうではない。それ故〈essentia〉は、存在と非存在という矛盾した二つのものが継続的に真に述語づけられるという意味で、存在と非存在に対して無差別なのである。

（三）天使が存在していなかったとき、「essentia は essentia である」すなわち「天使は天使である」は真であったが、「天使は existentia である」あるいは「天使は存在した」は偽であったから〈essentia〉と〈existentia〉は異なる。この反論（三）に対してオッカムは次のように答える。天使が存在しなかったとき、「天使は天使である」あるいは「天使の〈essentia〉は〈essentia〉である」や「天使は実体である、存在者（ens）である」は、「天使は〈existentia〉である」が偽であったように偽であった。というのも、この種のすべての命題には「天使が何か或るものである」が含意されているからである。それ故、「天使は〈essentia〉ないし存在者である」が真であるときはいつでも「天使は〈existentia〉である」（あるいは「天使は存在する」）は真であろう。というのも〈existentia と〈essentia〉は全く同一のものを意味するからである。

（四）「天使の〈existentia〉は天使の〈essentia〉ではない。それ故、天使の〈existentia〉は天使の〈essentia〉から区別される」は妥当な推論である。そしてこの推論の前件は真であるから、後件も真である。この反論（四）に対してオッカムは次のように答えている。「天使の〈existentia〉は天使の〈essentia〉ではない。それ故、天使の〈existentia〉は天使の〈essentia〉から区別される」という推論は妥当しない。というのも、前件は否定命題であり、天使が存在することを含意していないのに対し、後件は天使が存在することを含意しているからである。

（五）天使が存在しなかったとき、天使の〈existentia〉は天使の〈essentia〉と同一であるか、異なっているかのいずれかであった。しかしそのとき天使は存在しなかったのであるから、両者は同一でなかった。それ故天使の〈existentia〉は天使の〈essentia〉とは異なっていた。この反論（五）に対してオッカムは次のように答える。天使の〈existentia〉は天使の〈essentia〉と同一でもないし異なってもいない。というのも「同一である」と「異なっている」は存在者の間について言える相違（differentiae entis）だからである。

そして最後にオッカムは自分の見解に対する次の反論を提示する。すなわち、天使が存在しなかったときでも、ロバが——天使が天使から区別される以上に、あるいは同一のものが自己自身から区別される以上に——天使から区別されることは依然として事実であるから、この種の相違は非存在者に（non-enti）属している。この反論に対してオッカムは次のように答える。天使が存在しなかったとき、事実としてロバは天使からよりいっそう区別されていたわけではない。むしろ、ロバと天使の各々が実際に存在するようになる将来の時点でよりいっそう区別されることがありえた、ということである。

それ故オッカムによれば、〈essentia〉と〈existentia〉は相互に分離することは不可能であり、たとえ「存在する」（esse）と「存在しない」（non esse）という矛盾した語が〈essentia〉にも〈existentia〉にも継続的に述語づけられうるとしても、両者が相互に分離不可能なことに変わりはない[85]。

〈essentia〉と〈existentia〉ないし〈esse〉の同一性を説くオッカムの主張の前提にあるのは、人間精神の外に客観的に妥当する区別や差異（distinctio）は「もの」（res）のあいだ間にのみ認められるという考え方、すなわち区別や差異は諸個的実体（ソクラテスとプラトン）の間か、単一の個的実体における質料と形相、そして実体と付帯性——オッカムはアリストテレスの九つの付帯性のうち性質のみを実体と並んで「絶対的なもの」（res absoluta）とみなすので「数において一つの」個的実体と個的性質——そして諸個的付帯性（性質）のあいだにのみ認められる、という考え方である。それ故オッカムは、もし或る個物の〈essentia〉と〈existentia〉が区別されるならば、両者の一方が質料で他方が形相であるか、〈existentia〉が付帯性であることになるが、これは不合理であり、従って両者が同一であることを認めなければならない、と考えている。オッカムにとり〈essentia〉と〈esse〉の区別は単に二つの記号の区別、名詞である〈essentia〉と動詞である〈esse〉の区別にすぎず、前者が名詞的に（nominaliter）に意味するものを、後者は動詞的に（verbaliter）に意味する。それ故名詞と動詞の区別は存在論的に意義のある区別ではない。「意味する」ことは〈suppositio personalis〉によって指示することであり、名詞のみが「指示する」。〈esse〉が「もの」を意味するとき、〈esse〉は名詞として――動詞の形式を保持するが、諸個物との関係の点では他のすべての名詞と同じ名詞として――使用されている。従ってメンタルな言語の中には、〈essentia〉と〈existentia〉という記号としては異なる名詞に対応する名詞は一つしか存在しない。同一のメンタルな名詞が人為的言語の中では〈essentia〉とか〈existentia〉――そして更に〈esse〉や〈entitas〉や〈res〉――と言われるのである。(86) 要するにオッカムによれば〈essentia〉も〈existentia〉も個々の〈res〉を意味し指示する名詞であり、抽象語（例えば「人間性」）が〈essentia〉を意味すると言いえても、この〈essentia〉は個物ないし諸個物（個々の人間）に他ならず、それが個物の本質であると言われるような、個物から独立した本質ではない。

さて、抽象語が存在することは言うまでもなく明白な事実である。そして概念実在論者は、我々がある種の抽象語をなしで済ますことができないことを主張する。もし抽象語が個物以外のものを意味しないとすれば、抽象語は諸個物の名によって置き換えられるだろう。しかし赤とか徳とか人間性について語ることをいかにして回避することができるのか。我々がしばしば抽象語を用いざるをえないとすれば、その理由は、これらの語が、個物のいかなる名も意味しえない実在者を意味するからではないだろうか。

オッカムによると抽象語とこれに対応する具体語は同じ意味をもつ場合と、意味を異にする場合がある。例えば、「白さ」（albitudo）という性質の抽象語に対応する具体語は「白い」（album）であるが、「白い」は或るもの（白いと言われるもの）を第一次的に意味し、これと共に、そのものが帯びる白さを意味する共意語であるのに対し、「白さ」は個々の白さ（ソクラテスの白さやプラトンの白さ）のみを意味する絶対語である。これに対して「人間」（homo）という具体語（実体の具体語）と、これに対応する抽象語「人間性」（humanitas）に関しては、オッカムによると両者は同じもの（個々の人間たち）を意味している。オッカムによれば実体を表す具体語を形態論的に抽象語へと変化させても、語の意味が変化するわけではない。語が具体語から抽象語へと変わることで、語によって意味されるものが具体的なものから抽象的なものへと変化することはない。もし変化するとすれば、あらゆる具体語は共意語となり、我々は具体語によって共意されたもの（一般的本性）を絶対的な仕方で意味するために抽象語を作り出すことが常に可能となるだろう。オッカムによれば、性質を表わす具体語「白い」は、白いと言われるものを第一次的に意味し、当のものが帯びる白さを第二次的に意味（共意）する共意語であり（従って「白い」は「白さを帯びるもの」として名辞的に定義される）、具体語「白い」を抽象語「白さ」へと変形させると、「白さ」は共意語ではなく絶対語として、個々の白さを意味することになる。しかし実体を表す具体語「人間」は直接的に個々の人間を意味する絶対語であり、具体語〈homo〉を抽象語〈humanitas〉へと変形させても語の意味は変化することなく、〈humanitas〉は絶対語として個々の人間を意味する。これに対して、概念実在論は実体を表わす具体語〈homo〉を——性質を表わす具体語（例えばalbum）と同じように——共意語として理解し、〈homo〉は第一次的に個々のもの（個々の人間）を意味し、第二次的に、これらのものに共通な人間本性（humanitas）を共意すると考えている——そして抽象語〈humanitas〉は、具体語〈homo〉が共意する人間本性を意味する絶対語と考えられている——。

　しかしオッカムによれば、実体の抽象語は実体の具体語が意味するもの以上の（以外の）ものを意味してはいない。二つの語は意味に関しては変わるところがなく、抽象語は簡潔さや修辞への配慮から生まれたものにすぎない[87]。実体の抽象語と実体の具体語は異なるものを意味するという見解は、語の相違は語によって意味されるものの相違を反映している、という誤った考え方に由来する[88]。

　しかし、抽象語が具体語の指示対象以外のものを意味しないとすると、言うまでもなく両者は同義語であるから同一の主語に述語づけ可能——そして一方を他方に述語づけることが可能——であり、また、いわゆる外延的文脈——命題中の一つの語を、この語と外延を同じくする別の語で置換しても命題の真理値が変化しないような文脈——において相互に置換可能なはずである。しかし両者は本当に同義語であろうか。

　「このような見解の人々はすべて、このような具体的名辞と抽象的名辞は、私が後述するような意味で同義ではない、と依然として主張することができるだろう。このとき彼らは、このような場合には抽象語に具体語を述語づけることは常に偽であると言うことができるだろう。しかし、上述の（第一の）見解を支持し、この見解から結果する語り方を固持しようとする人々は、この種のすべての場合に、抽象語に具体語を——あるいはこの逆——述語づけることができることを認めなければならない。それ故、第一の見解を有する人々は、『人間は人間性である』『動物は動物性である』といった命題を認めなければならず、従って『人間性は走る』『動物性は白い』などのような命題を認めなければならない[89]」。

しかし「人間性は走る」とか「動物性は白い」は奇妙である。ましてや、関係を関係の基体と同一視するオッカムの関係論によると、ソクラテスがプラトンに類似しているとき、類似性という関係はソクラテスが帯びる絶対的付帯性――〈res absoluta〉としての関係的なもの――ではなく、ソクラテス自体に他ならないことから、「ソクラテスが走る」は「類似性が走る」と同義になってしまう。そこでオッカムは「この見解から結果する語り方を固持する」ことを放棄し、抽象語と具体語の厳格な同義性に修正を加えようとする。同義語であっても相互に述語づけできないときがある――「人間は人間性でない」し「人間性は人間でない」――ことを説明するためにはメンタルな言語に注目する必要がある。もし抽象語が具体語と同義であるにもかかわらず相互的な述語づけを許容できないとすれば、その理由は、話される（書かれる）言語がメンタルな言語の特徴の或るものを欠いているからである。既述のように同義性を主張するオッカムによれば〈homo est humanitas〉は〈homo est homo〉と意味を同じくし、それ故真理条件も同じである。そして既述のようにこれら二つの命題の真理値は、二つの語――主語と述語――の指示対象が実在するか否かに依存している。いま、〈haec humanitas est homo〉のような単称命題について見てみると、指示対象が実在するための条件は、主語は人が同時に指し示すことのできる一つの「もの」を指示対象とする〈supponere〉ということである。オッカムは言うまでもなくこの種の命題を認めるが、これが拒否されうるとすれば、それは〈humanitas〉という抽象語が単一の名辞以上のものとして理解されるからである。すなわちメンタルな言語においては明白である表現の省略が存在し、この省略は書かれた上記の命題においては表面化していないわけである。

「事実、任意に作られた次のような抽象的名辞が存在し、存在しうる。すなわち何らかの〈syncategoremata〉（共義語）や副詞的限定句、あるいはこれ以外のものを暗黙に〈aequivalenter〉含むことから、その意味において具体語と同値であり、あるいは何らかの〈syncategoremata〉と共に、あるいはこれ以外の〈dictio〉ないし〈dictiones〉を伴った他の語と同値であるような抽象的名辞である[90]」。

それ故、〈homo〉と〈humanitas〉のような二つの語は、各々の語が付与される「もの」や「ものたち」が同一だという観点では相互に置換可能であると言うべきである。ソクラテスは〈homo〉によって意味されると同時に〈humanitas〉によって意味される。しかし抽象語は、その述語づけの可能性を――それ故それを語として含むあらゆる述語づけを――修正するような限定を含んでいる。この限定は構文論的なものであり、それは語によって意味されるものを修正することはないが、命題を正しく構成する仕方を修正する。メンタルな言語における抽象語は、具体語とこのような構文論的な限定――命題の真理値はこの限定に依存する――を合わせもったものへと分析されるだろう。

「事実、もし望めば話者は複数の語の代りに単一の語を用いることができる。かくして『すべての人間』(omnis homo)の代わりにaという表現を用いることができ、『単に人間』(tantum homo)の代わりにbという語を用いることができる、等々。或る種の抽象的名辞についてこのことが言えるならば、次のことがありうるだろう。具体語と抽象語は異なるものを指示するわけではなく、異なるものを意味するわけでもないが、それにもかかわらず一方を他方に述語づけることは偽であり、或るものが一方には述語づけ可能であるが他方には述語づけされえない、といったこともありうるだろう[91]」。

実体の名詞から作られる「何性の」(quidditativus)抽象語は具体語にこのような構文論上の性格を付加することによって定義される。すなわち、「人間性は人間たるかぎりでの人間である」(humanitas est homo in quantum homo)、あるいは「人間性は必然的に人間である」(humanitas est homo necessario)。抽象語は具体語とは別のものを意味するわけではないが、具体語と厳密に同義というわけでもない。というのも抽象語には、それに対応する具体語との相互的な述語づけを偽にしうるような〈syncategoremata〉が内含されているからである。従って、「人間性は走る」や「人間性は白い」といった単純な命題は偽であり、これに対応した具体語を主語とする命題は真となる。

「このような仕方で、人はそれを望めばいつでも次のように主張できる。すなわち、具体語と抽象語は異なったものを意味するわけではない。一方を他方に述語づけることが絶対的に偽であるときも、そして、或るものが一方には述語づけできないのに他方には述語づけできるようなときでも、両者は異なったものを意味するわけではない、と[92]」。

しかし、〈syncategoremata〉は存在論上の態度決定とは全く無関係であるという考え方には注意が必要だろう。というのも概念実在論者は、「人間性」と「人間たるかぎりでの人間」が同義であることを認めたうえで、次のように主張できるからである。すなわち（人間という）実体の具体語を反復（reduplicatio）する「～たるかぎりでの」（in quantum や qua など）という〈syncategoremata〉は、実体の具体語「人間」によって意味されているのは共通本性のみであると考えるように我々を強要する、と。概念実在論は、実体の一般的具体語はこの語を述語づけできる諸個物に共通な本性を意味する、と主張するからである。これに対して、オッカムによるとこの種の「反復的」命題は一種の分子命題――すなわちメンタルな言語の中にある複数の単純な命題を結合する、規約的言語（話されたり書かれたりする言語）の中の一つの命題――であり、この命題の真理条件は複数の原子命題の真理条件の連言によって与えられる。オッカムは反復的命題の真理条件として四つのものを挙げている。いま「人間であるかぎりのソクラテスは有色である」(Sortes in quantum homo est coloratus) を例にとれば、（一）主たる述語（有色である）は主たる主語（ソクラテス）に真に述語づけられなければならない――すなわち、二つの語は同一の対象を名指さなければならない――（「ソクラテスは有色である」）。（二）反復語（illud super quod cadit reduplicatio）（人間）もまた主語（ソクラテス）に述語づけられなければならない（「ソクラテスは人間である」）。（三）主たる述語（有色である）は反復語に全称的に（universaliter）述語づけられなければならない（「あらゆる人間は有色である」）。（四）前件の主語ないし述語が反復語であり、後件の述語が主たる述語である条件命題は真でなければならない（「もし或る人間が存在すれば、その人間は有色である」あるいは「aが人間ならばaは有色である[93]」）。更にオッカムは、「反復」（reduplicatio）が相伴関係による（gratia concomitantiae）だけでなく原因による（gratia causae）ときは、上記四つの条件に加えて次の第五の条件を挙げている。すなわち（五）反復語が述語によって意味されるものの原因を表しているか、述語は主たる主語に真に述語づけられる前に反復語に真に述語づけられなければならない（「三角形たるかぎりでの等辺のものは三つの角を有する」という命題において、述語（三つの角を有する）は、等辺のものについて真に述語づけられる前に「三角形」に真に述語づけられなければならない[94]）。

さて、抽象語である「人間性」は「人間たるかぎりでの人間」に翻訳可能であると考えた場合、「或る人間はPである」のように主たる主語を文法上の主語とする命題と、「人間たるかぎりでの或る人間はPである」のように主たる主語がこれと同じ語である反復語を伴う命題は、上記の諸条件によってどのように差異化されるのだろうか。上記五つの条件のうち（五）は、Pは「人間」に述語づけされる前に「人間」に述語されなければならないと言うだけであり、（一）は「或る人間はPである」と同じであり、（二）は「人間は人間である」というトートロジーを述べるにすぎない。これに対して（三）と（四）は次のような条件を提示する。すなわち、「人間たるかぎりでの或る人間はPである」は、すべての人間がPであり、もしaが人間ならばaはPであるときにのみ真である。このとき、「すべての人間はPである」は、「もしaが人間ならばaはPである」に対し、或る人間が存在することを付加するにすぎない。従って「人間たるかぎりでの或る人間はPである」という命題は、「もし或る人間が存在し、いかなる人間もPでありえない」ならば真である、ということになる。この場合、存在判断は命題の肯定的性格に起因するにすぎないので、重要なのは条件節が様相を表していることである——様相は「人間性」を「必然的に人間」（homo necessario）と定義すればより明白になる——。もしオッカムが「人間たるかぎりでの或る人間はPである」の真理条件は、すべての人間がPであることである、とのみ述べていたならば、真理条件は純粋に外延的になり、「人間性」（humanitas）は「すべての人間」（omnis homo）と同じことを意味しただろう。しかし条件節における様相の故に、「人間性」は「現実的および可能的なすべての人間」と同義になり、「人間性はPである」の真理条件は「現実的および可能的なすべての人間はPである」ということになる。それでは、現実的人間がすべてPであることは認識可能だとしても、可能的人間のすべてがPであること、そして可能的人間が存在することはいかにして認識できるのか。概念実在論者は、「人間性」が「現実的および可能的なすべての人間」と同値であることをおそらく認めたうえで、このことを、すべての現実的人間に共通な本性へと、そして現実的および可能的なすべての人間が人間であるために帯びなければならない共通本性へと訴えることによって説明するだろう。これに対してオッカムは真理条件を定式化するだけにとどめ、この定式化が真であることを説明していない。

抽象語がものの本質を意味することはオッカムも認めており、オッカムが否定するのは本質がものとは別に実在するという考え方である。オッカムにとり抽象語が本質を意味するということは、抽象語が具体語によって意味されるものを意味するということである。しかし、本質を意味する別の方法がある。すなわち、ものが何であるかを表す定義（definitio exprimens quid rei）である。概念実在論者は、定義はものの本質を意味するが、定義はこのものとは別のものの本質をも意味するので、このものの本質はこのものとは区別される、と主張する。しかしオッカムは定義によって意味されるものと、定義される語によって意味されるものを区別する必要のないこと、定義によって意味されるものは、定義される語が真に当てはまるものから区別される抽象的な実在者だけを意味する、と考えてはならないことを主張する。被定義項と定義項は同じものを意味し指示しており、ただ単に前者は単純な表現、後者は複合的な表現というように構文論的な相違があるにすぎない。一つのもの、あるいは複数のものに関して「それは何か」(quid est)という問いがあり、それに対しものの定義をもって答えられるとき、この答えによって意味されているもの、これがものの本質(quidditas rei)である。[95] 名辞が何を意味するかを表わす定義(definitio exprimens quid nominis)と異なり、ものの定義は定義される名辞の意味を定めるものではないので、人が定義を知らなくてもそれについて論議する(disputare)ことが可能である。これに対して名辞の定義は論議の前提となるものであり、これを知らない人は他者と論議することはできない。[96] ものの定義は、定義される名辞によって意味されるもの(ものたち)を対象としているので、必ずしもすべての語が「ものの定義」によって定義可能なわけではなく、語が「ものの定義」により定義されうるには、それがものを——すなわち当の語が真に当てはまるものを——対象としている必要がある。従って言うまでもなく〈syncategoremata〉(共義語)は「ものの定義」の対象にはなりえず、〈categoremata〉(自義語)の中でも「ものの定義」の対象となりうるのは、質料と形相からなる実体の絶対語のみである——これに対して共意語は「名辞の定義」によってのみ定義され、「ものの定義」の対象となりえない[97]——。定義される語が対象とするものが空虚でないかぎり、常にこの語に「ものの定義」を述語づけることができる。[98] それ故「ものの定義」は、名辞の意味を構成することはなくても、名辞の意味を示す機能を有している。要するに名辞を「ものの定義」によって定義することは、名辞が真に当てはまるものを対象とし、そのものが何であるかを述べることである。

さて、定義に固有のこのような意味作用は、単に個物を指示することとは異なっているように思われる。或るものが何であるかを意味することは、そのものを意味することとは異なるのではないだろうか。「人間」は個々の人間を意味するが、「理性的動物」という定義(形而上学的定義)は、個々の人間たちが何であるかをも——人間とは何であるかをも——意味している。定義される語とその定義は表現として異なるだけでなく意味論的にも異なることは明らかである。というのも前者が単純な語であるのに対し、後者は複合的な語、すなわち当の定義を構成する〈categoremata〉の各々が意味するものを意味する複合的な語だからである。「人間」は、「人間」が述語づけられうる個々の人間しか意味しないのに対し、「理性的動物」は第一次的に個々の人間を意味するが、更に各々の人間の理性的魂とその肉体をも意味する。そして「人間」のこれとは別の「ものの定義」(自然的定義)、すなわち「肉体と理性的魂から構成される実体」は、この定義が指示する個々の人間に加えて、それが意味するすべてのものを明示している[99]。

しかし以上のことは、二つの表現のうち一方が他方の定義であることではなく、二つの表現が区別されることを示している。「ものの定義」においては定義項と被定義項は同義とは言えない。厳密に言うと被定義項と同義とみなされうるのは「名辞の定義」のみであり、「名辞の定義」の場合、被定義項は唯一の定義項しか持たない。これに対して「ものの定義」の場合は、実体を表わす同一の語に複数の定義——形而上学的定義と自然的定義——を与えることが可能であり、各々の定義を構成する諸部分は確かに「もの」の同じ諸部分を意味するが、その意味する仕方は同じではなく、従って複数存在する「ものの定義」は外延を同じくするが同義ではない。しかし、或る語の記述が厳密な意味での定義と言えるためには外延の同一性だけでは不十分である。或る記述が記述される語と同一の外延をもつことは、当の記述が定義でなくともありうるだろう。オッカムは記述的な（広義の）定義と厳密な定義を区別している。

「ものの定義は二つの意味で理解される。広義の意味では、それは厳密な意味での定義と記述的定義を含んでいる。第二の意味においては、『定義』という名辞は厳密な意味で理解され、それはものの全本性を（totam naturam rei）表現し、ものにとって外在的ないかなるものも述べていないような簡略な表現（sermo compensiosus）を指し示している」[100]。

この場合、オッカムが主張するようにものが本性や本質と同一だとすると、「ものの本性」という言葉をどのように理解したらよいのだろうか。オッカムは付帯的な述語を含む記述を、その述語のすべてが本質的であるような定義に対置させている[101]。別言すれば、厳密な意味での定義は、「理性的動物」のように、類と本質的種差から構成され、定義されるものの本質的諸部分を意味するような定義である[102]。そしてオッカムは「本質的諸部分」を質料と形相として理解している。

「例を挙げれば『感覚的で理性的な魂をもつ実体』（substantia animat sensibilis rationalis）という定義は、個々のあらゆる人間の定義である。というのも、本質的諸部分すなわち質料と形相がこの定義の諸部分によって示され表されており、従って、この人間とかあの人間でないかぎり、理性的動物ないし魂をもつ感覚的で理性的な実体であるようないかなるものも存在しないのであるから、個々の人間以外のいかなるものの本質もこの定義によって示されてはいないからである[103]」。

従って質料と形相は（質料を伴う）実体に必然的に属し、それらなくしては実体が存在しえないような二つの構成部分である。ここにも「必然的に」という様相が——すでに反復語の分析が明らかにしたような、実体の抽象語の中に潜む様相が——登場する。これら二つの様相は明らかに相互に無関係ではないだろう。本質的諸部分はものの個的本質を形成し、本質的述語は、或るものが存在するときにそのものを意味しないことはありえず、当のものの必然的な述語だということである。ということは、オッカムが否定した本質観念を認めなければならず、同一の種に属する諸個物に関して、これら個物に共通の本性という観念を認めなければならない、ということなのだろうか。これに対してオッカムはこれを否定し、諸個物は同一の本質的諸部分を有しているのではなく、類似した本質的諸部分を有していると主張する。それでは「類似している」ということはどういうことだろうか。

第七節　本質と類似性

オッカムによれば、或る諸個物の集合が同じ種に属するのは、これらの個物に共通な普遍的本性が各々の個物に内属するからではなく、各々の個物の本質的諸部分が相互に類似しているからである。しかし類似性とは何であろうか。例えば個々の人間に述語づけられる「人間」という語が普遍的であるのは、単にこの語の意味が普遍的である——すなわちこの語が多数の人間に述語づけられる——からにすぎない。そして普遍的な語ないし記号それ自体は個物である。「それ故、どのような普遍者も一つの個物であり、従ってそれが多くのものの記号であることから意味（作用）によってのみ普遍的であると言うべきである。」ちょうど個物である太陽が多くのものの原因であることから普遍的原因と言われるように、個物である語や記号や概念は多くのものを意味することから普遍的と言われる[104]。そして或る普遍的な語の意味の全領域（当の語が意味する諸個物）が、他の普遍的な語の意味の領域内に含まれるならば、種と類の位階秩序の中で前者は後者の下位に置かれる。しかし、類（例えば動物）や種（人間）や種差（理性的）、固有性（笑うことのできる）そして付帯性（白い）といった〈praedicabilia〉（可述語）は、これらの語が述語づけられる諸個物から区別された何らかの普遍的存在者を意味せず、当の諸個物を意味する。また「類」「種」「種差」「固有性」「付帯性」は、（諸個物を意味する）メンタルな自然語である概念や規約的な人為語を意味する語ないし記号（名辞の名辞、あるいは〈secunda impositio〉の名辞）に他ならない。「動物」「人間」「理性的」「笑うことのできる」「白い」は人間精神の外に客観的に存在する個物に付与され、個物を意味する〈prima impositio〉の語（記号）であるのに対し、類や種、種差や固有性や付帯性は〈prima impositio〉の語に付与され、これらの語を意味する〈secunda impositio〉の語（記号）である。要するに、類その他五つの可述語によって意味されているのは、客観的に実在する普遍的存在者ではなく語にすぎない。

しかし他方でオッカムは、類や種を同じくすること、共通の類や種に包摂されることを単なる言葉の規約上の問題と考えていない[105]。むしろオッカムは類や種が実在することを主張しており、ただ類や種に対応する普遍的な存在者が個物とは別に実在することを否定するにすぎない。すなわち、厳密に言って類や種は人間が諸個物について形成する概念、諸個物を意味する概念にすぎなくても、諸個物が共通の類や種に含まれることは客観的な事実である。それ故オッカムは、規約的な語や記号が普遍的であるのはただ単に人間の取決めのみによるのであって、いかなる客観的な根拠ももたない、という見解を採用していない。

「第四の見解として次のような見解がありうる。すなわち、いかなるものも自らの本性によって普遍的であることはなく、ただ単に人間の取決めによって（ex institutione）普遍的であるにすぎない。言葉（vox）が普遍的であるのはこのような取決めによる。なぜならば、いかなるもの（res）も自らの本性によって他のものを指示（supponere）したり、他のものに真に述語づけられたりすることはなく、単なる言葉もそうだからである。（ものが他のものを指示したり、他のものに述語づけられたりするのは）ただ意志による取決めの結果にすぎない。それ故、言葉が取決めによって普遍的であり、他の複数のものに述語づけられるように、他の普遍的なものもすべて同様である。……しかしこの見解は真であるとは思われない。というのも、もしそうだとすると、いかなるものも自らの本性によって種や類でないことになるからであり……、また、もしそうだとすると、魂の中に存在するすべてのものと同様に、神や、魂の外に存在する実体も同じく普遍的でありうることになり、これは真であるとは思われないからである[106]」。

言葉が存在する以前に概念が存在し、諸個物から概念が形成されることは、種や類の語の普遍性が恣意的ではないという主張を可能にする。規約的なのは言葉の選択であって、意味されるものの確定ではない。それ故普遍性は単に規約的な意味に関する事柄であるとオッカムが主張しているように思われるテキストは、次のように理解されるべきである。すなわち、規約的な記号にとって意味の普遍性の直接的原因は取決めに存するが、この取決めは恣意的ではなく、語は概念に従属している、と。要するに規約的な記号が普遍的であるのは、当の規約的な記号がそのもとに置かれているメンタルな自然的記号が普遍的であるからである。しばしばオッカムは、二つの個物が共通の種に属することを、これら二つの個物から同じ種概念が形成されうる事実のみによって説明している。

「同様にソクラテスとプラトンは種において一つである。すなわち、ソクラテスとプラトンは一つの種のもとに包摂されており、あるいはまたソクラテスとプラトンは、両者に共通な一つの種がそこから抽出されうるようなものである[107]」。

普遍者が概念的な性格のものにすぎなければ、メンタルな記号である概念――そして規約的な記号である言葉（発話された言葉や書かれた言葉）――の普遍性は、概念化する者たちの知性へと相対化されるだろう。しかし、オッカムはこのように考えていない。オッカムは、人間精神による諸個物の概念化が客観的に妥当することを認めている。言葉は概念に従属し、概念は人為的ではなく自然的に諸個物を意味するからである[108]。概念の意味作用は自然的な性格をもつことから、複数の個物に共通の概念を、概念化を行う者の恣意的で主観的な産物とみなすことはできない。

語の意味が恣意的でないことは、意味が人間の意志作用から独立しているだけではなく、あらゆる知性から何らかの仕方で独立していることを含意する――たとえ種や類が、これらを観念する人間精神から独立して存在しないとしても――。恣意的でないのは、或る複数のものがただ一つの可述語によって意味されうるということである。どのようにしてこれは可能なのだろうか。オッカムは先ず次のように述べる。

「或る名辞が実在する数多くのものを意味するとき、この名辞あるいは概念は何において（in quo）そのような意味を有しているのかと問うべきではなく、それによって述語づけられているものは何か（quid denominatur）を問うべきである[109]」。

概念が「何か或るもの」において意味をもつという考え方を拒否すべきである。概念は数多くの個物を意味するが、「或る別のもの」において当の数多くの個物を意味するわけではない。「何において意味するのか」という問いから「何故に意味するのか」という問いを区別したうえで次のように答えられる。すなわち、概念が数多くの個物を意味できるのは、これら数多くの個物が類似している（あるいは一致している）からである、と。

「ソクラテスとプラトンが何か或る一つのものにおいて（in aliquo）あるいは何か或る複数のものにおいて（in aliquibus）一致しているといったことを認めるべきではない。むしろ両者は両者自身によって一致しているのであるから、或る複数のものによって（aliquibus）一致していることを認めるべきである。ソクラテスは「何か或るものにおいて」（in aliquo）ではなく「何か或るものによって」（aliquo）プラトンと一致している。というのもソクラテスは自分自身によってプラトンと一致しているからである[110]」。

「人間」は数多くの人間の概念である、と答えるだけで満足すべきではなく、人間たちは相互に一致している（conveniunt）――人間たちは種的に一致している――と付け加えなければならない。これは概念の外延を確定するものを表現するための存在論的な積極的返答であり、要するに概念は諸個物の間の類似性の記号である、ということである。規約的な、そしてまた自然的な記号の普遍性の基礎は諸個物の類似性にある。概念が自然的な記号であることは、種的および類的な名辞の客観的妥当性を窮極的に説明するものではない。概念の因果性を個物自体の中に基礎づけなければならず、種概念や類概念を因果的に引き起こすものは諸個物それ自体であると考えなければならない。

しかし、類似性は一つのものではなく、それ故実在しないのではないだろうか。この点、概念実在論は類似性を同一性によって分析する。もし二つのものが類似しているならば、それは第三のものが自己自身との同一性を保持しながら当の二つのものに共通だからである。それ故類似性の関係は、共通性ないし部分的同一性と結合した同一性から派生する。しかしオッカムは、二つの個物のあいだの類似性が、これら二つの個物に加えて別の第三のものの存在を要請するという見解を否定した。二つのものが類似していると述べることは、これら二つのものがそれにおいて一致する第三のものを措定することを含意しない[111]。二つの個物がそれらにとって外在的な何か或るものによってではなく、それら自体によって内在的に区別されているのと同様に、両者は両者自体によって類似している。二つの個物XとYが人間である点で類似しているとき、XとYは「人間」において類似していると考え、XとYから区別された普遍的人間を措定してはならない。XとYは両者自体によって類似していることから「人間」という言葉が共に述語づけられるのである。更に、XとYのあいだの類似性の関係を、XとYが帯びる絶対的付帯性と考え、類似性を関係的なもの（res relativa）のようにみなしてはならない。「類似性」は絶対語（res absoluta すなわち個的実体と個的性質を意味する語）ではなく共意語（res absoluta を第一次的に意味し、第二次的に――文脈によって様々な――別のものや別のことを意味する語）であり、第一次的には類似しているもの、すなわちXないしYを意味し、第二次的にXとYが類似している事実を意味（共意）する。XとYが類似していることは人間精神から独立した客観的事実であるが、だからといってXとYとは別個のもの（res）として類似性を措定する必要はない。要するにXとYが共に人間である点で類似しているからといって、XとYとは別個に人間それ自体や類似性それ自体を措定すべきではなく、XとYはそれら自体によって（人間として）類似しているのである。

「厳密に言うと類似性という語は、それがプラトンとの関係でソクラテスに適用されるとき、ソクラテスが白くプラトンも同じくらい白いこと、あるいは両者共に黒いこと、あるいは両者が同じ種類の一定の性質を有していること以上の何ものも意味していない。……それ故、ソクラテスとプラトンを、そして両者の白さを認識できる者は、これ以外のいかなるものも認識することなくして、ソクラテスはプラトンに類似していると直ちに述べるだろう(112)」。

オッカムにとり類似性は主観的で相対的なものではなく、客観的な事実である。類似したものとは別個に類似性それ自体が実在するわけではないにしても――オッカムによると三位一体論や受肉論のような神学的教説を別にすれば、どのような関係もそれ自体で実在することはない――、類似性の関係項たる類似したものは実在するのであるから類似性は実在的関係であり、それ故客観的に実在する。そして類似性の関係によって関係づけられたもの（relata）はそれ自体で類似している。更に注意すべき点は、オッカムは二つのものが類似しているからそれらは同一の種概念に包摂される、と考えているのではなく、二つのものが人間の知性の中に同一の種概念を因果的に引き起こすから二つのものは類似している、と考えていることである。

「従って順序は次のようになる。二つの白さが知覚された後、先ず白さという種的概念が知性の中に引き起こされ、第二に、この種的概念を媒介にして類似性の概念が自然的に引き起こされる。そしてこのことはこれらの白さそれ自体から、あるいは人がこれらの白さについて有する認識から直ちに引き起こされる、と私は主張する(113)」。

もし種概念が複数の個物の類似性から生ずるのであれば、ただ一つの個物から種概念が生ずることはないだろう。しかしオッカムは、類概念が異なる種に属する少くとも二つの個物を原因として必要とするのに対し[114]、種概念はただ一つの個物を原因として形成されうることを認めている。ただ一つの個物が或る種概念を人間知性の中に因果的に引き起こし、その後で、この個物に類似した別の個物が実在すればこの別の個物にも同じ種概念が適用されることになる。それ故種概念は類似性の概念に先行し、或る一つのものが他のものと類似していることが観念される前に、そのものの種概念は観念される。より一般的に言えば、数多くの対象を意味する普遍的な種概念は類似性の概念に先立って形成され、類似性は同一の概念が複数の個物を意味することを前提にしている、ということである。

さて、オッカムは〈praedicabilia〉（可述語）を〈in quid〉と〈non in quid〉に区別する。前者は「このものは何か」という問いに答える述語づけであり、このものが実在すればそれが必然的に属する（多数のものの）集合を示す。別言すれば、〈in quid〉に述語づけられる普遍的な語は、「このものは何か」という問いに対し、当のものにとって外的ないかなるものも含意せずに答え、そして当のものの一部分しか意味しないような仕方で答えることはない[115]。語が、語が述語づけられるものにとって外的ないかなるものも含意しないということは、当の語は当のものを名づけているが、当のものや他のものについて何も言っていないことを意味する。例えば「このものは雪である」は、このものを名づけているのに対し、「このものは白い」は、雪と名付けられているものについて或ることを教えており、雪とは別に白さという他のものを指し示している。「このものは雪である」は、このものをどういう名で呼ぶべきかを教えてくれるが、このものについていかなる情報も与えてはいない。〈in quid〉の述語づけは或るものを同じ名をもつ多数のものの集合の中に置き、——この集合に含まれるものはすべて同一の資格で当の集合に属しており、すべてが当の述語により同じ仕方で（eodem modo）意味されている[116]——当のものの全体（totum）を言い表している。

これに対し〈non in quid〉あるいは〈in quale〉の述語づけは「このものはどのようなものか」という問いに答えるものであり、〈quale〉は性質のカテゴリーだけでなく、性質以外のすべての付帯性のカテゴリーをも含んでいる。この種の述語は或るもの全体を言い表すと同時に、そのものの一部分（例えば「理性的」のような種差）や、そのものにとって外的なもの——この外的なものが当の或るものに必然的に属することから当のものが属する種の付帯性であるときは「固有性」（propria）と言われ、当の或るものに属さないことがあれば「付帯性」ないし「偶有性」（accidentia）と言われる——をも意味する（共意する）[117]。

オッカムは述語となりうるこれら五種類（類、種、種差、固有性、付帯性ないし偶有性）の語の論理学的意味論的分析をいかなる存在論的な含意もなくして展開しており[118]、この分析においてはただ、しかじかの普遍的な語を用いてしかじかの述語づけが行われているという意味で可述語は日常言語のカテゴリーとして理解され、可述語が適用される諸個物については、それらが排他的な仕方か共意的な仕方において語により名づけられていること以外に何も述べられてはいない。オッカムの分析は、我々が或る問いかけに対しどのような仕方で返答するかという、一般的な語の使用に関する語用論的な分析とも言いうるものである。その証拠として、例えば〈in quid〉の可述語すなわち類と種について狭義と広義の意味が区別されていることを指摘できるだろう[119]。すなわち指示代名詞によって或るもの（例えばソクラテス）を指しながら「これは何であるか」と問われたときに、この問いに適切に（convenienter）「人間」やその他の類的な語でもって答えるときが狭義の（厳密な意味における）〈in quid〉の述語づけであり、上記の問いに対して「それは色のついたもの」（coloratum）であるというように共意語で答えれば、これは広義の〈in quid〉の述語づけである。「色のついたもの」は確かに「白いもの」（album）の類であるが、指示代名詞で提示された「何であるか」の問いに対して答えてはいない。この問いで指示されているのは白さの主体である白いもの（ソクラテス）であり、このものの類ないし種（すなわちquid）は「色のあるもの」ではないし、白さの類（すなわち色）でもない。この例から理解されるように、〈quid〉の問いへの答えは付帯性と実体とを区別しておらず、従って問いは単に言語上の問いにすぎない[120]。しかし〈quid〉の問いに対する適切な返答というものが存在するならば、すなわち返答で用いられた語が〈quale〉の問いではなく〈quid〉の問いに適切に答えているならば、その理由は種や類の語が恣意的ではないからである。

上記二種類の述語づけの区別の基礎にあるのが二種類の類似性の区別である。厳密な意味での類似性（similitudo）は類似している二つの実体（similia）の間の偶有的ないし付帯的類似性であり、二つの実体は一つの共通の——しかし共意的な——概念のもとに包摂される。これに対して「何であるか」に関する類似性（いわば絶対的類似性）はオッカムが〈simillimus〉（最大限に類似した）という形容詞で表す類似性であり、最大限に類似した二つのもの（simillima）に共通な可述語は種的ないし類的な〈in quid〉の可述語である。この種の類似性の関係項は二つの個物、他のものを共意することなくそれ自体として理解された二つの個物、すなわち〈res absoluta〉である個的実体ないし個的性質である。従って二つの実体ないし二つの性質のあいだの「最大限の類似性」は、それらが共通の種や類に属すること（種と類は〈in quid〉の二つの可述語である）を意味する[121]。他方、〈in quale〉における類似性（付帯的ないし偶有的類似性）には「絶対的なもの」である性質の付帯性とこれ以外の非絶対的付帯性の区別に対応して二つの基礎がありうる。一つは二つの実体が（種的ないし類的に）最大限に類似した二つの性質を有している場合であり、これを二つの実体間の性質の類似性（二つの性質の主体である二つの実体間の類似性）と呼ぶことができる。もう一つは非実在的付帯性（性質のカテゴリー以外の付帯性）における二つの実体間の類似性であり、例えば二つの実体間の量の類似性がこれに相当し、この場合には性質以外の付帯性のカテゴリーに属する共意語の名辞的定義によってこの種のカテゴリーは排除されることになる[122]。

さて、オッカムによれば〈essentialia〉は本質的述語であり、それらが意味する対象はすべて或る個物の〈quid〉であることから、付帯性の述語である〈accidentalia〉から区別される。そして類と種は、各々を定義する〈essentialia〉の数が多いか少いかによって区別される。二つの個物が同じ種に属することは、両者のすべての〈essentialia〉が同一であることを意味し、同じ類に属することは〈essentialia〉が部分的に同一であることを意味する。別言すれば、各々の個物の〈essentialia〉が最大限に類似していればそれらは同一の種に含まれ、各々の個物の〈essentialia〉に部分的に類似していないところがあれば、それらは同じ類にのみ含まれることになる[123]。しかし、これは循環論ではないだろうか。〈in quid〉の述語と本質的述語〈essentialia〉は同一のものを指す名辞であり、一方を他方によって定義することはできない。種は本質的述語の共有により定義され、逆に本質的述語は、ものが同じものであることを止めずしては——すなわち同一の定義により定義されることを止めずしては、あるいは（定義は種の定義であるから）同一の種であることを止めずしては——それであることを止めることができないものによって定義されている。この循環を回避するには〈essentialia〉を本質の述語ではなく本質的諸部分（partes essentiales）として理解しなければならない。問題とすべきは共通の述語でも、共通の述語によって意味されているものでもない。オッカムが主張するように、類や種や種差はものの部分ではなく、ものを意味する概念（intentiones）にすぎないからである。これに対し「本質的諸部分」はそのものの真の構成要素であり、類似性という関係の関係項となりうるのは本質的諸部分である。

或るものの「本質的諸部分」とは何だろうか。個的実体に関していえば、本質的部分は質料と実体的形相（オッカムは個物が複数の実体的形相をもつことを認めるので諸実体的形相）である。個的性質に関しては、本質的部分は当の個的性質を構成するより要素的な性質である。例えば相互に「最大限に類似している」二つの性質——同じ度合の白さ——が結合して、これらの部分と同じ種類の、しかしより強い度合の性質——より強い白さ――を形成する。[124] 二つの個物（二つの個的実体ないし二つの個的性質）が共通の種や類に属することは、当の二つの個物の本質的部分が「最大限に類似している」ことを意味する。事実、本質的部分の類似性は常に「最大限の類似性」であり、度合というものはありえない。そしてこの類似性は「絶対的な」――あるいは「それは何であるか」における――類似性である。この点で、本質的部分のあいだの類似性は、完全な個物のあいだの最大限の類似性から区別される。個物間の類似性には程度の差――つまり同じ種に属するのか、同じ類に属するのか――がありえるからである。同一の類に属する二つの個物が同一の種に属さないことがあることは言うまでもない――例えば人間と犬、度合の異なる二つの白さがそうである――。同じ種を共有することは、本質的諸部分のすべてが最大限に類似していることであり、同じ類を共有することは、本質的諸部分の或る部分のみが最大限に類似していることである。性質について言えば、性質は付帯的形相であり、複数の形相のあいだに程度の差を導入するのは強さのみである。複数の個的性質が同じ種に属するのは、当の複数の性質が同じ度合ないし強さの性質であるが故に類似しているからである。これに対し複数の個的実体が同一の種に属するのは、各々の実体の本質的諸部分である質料と実体的形相が最大限に類似しているからであるが、オッカムによれば或るものの第一質料は他のものの第一質料と最大限に類似しており、数において、そして量において異なるにすぎないことから、結局のところ実体的形相の最大限の類似性が、複数の個的実体が同じ種に属することの根拠と考えられる。二つの個物の全実体的形相がそれぞれ最大限に類似しているならば、二つの個物は同一の（最も特殊な）種に属する。

このようにして種と類（複数の個物が共通の種と類に含まれること）は、本質的諸部分の最大限の類似性によって説明され、基礎づけられる。それ故種と類という観念は、個物の本質的諸部分と最大限の類似性という観念に還元可能である。従って重要なことは、個物が本質的諸部分を有していること、或る個物の本質的諸部分が他の個物のそれに類似しているか否かということ、そして或る個物がそれに類似しているような他の個物が存在するか否かということである。諸実体がそれらの種において類似していると主張することは、形而上学的な普遍者としての種に言及することではなく、二つの個物の本質的諸部分のすべてが最大限に類似しており、それ故両者の本質的諸部分が人間精神の中に同一の抽象的概念を因果的に引き起こす（あるいは想起させる）と主張することに他ならない。

ところで、オッカムの言う本質的諸部分とは要するに個物の本質であり本性のことだろう。もっとも言うまでもなくこれは、数多くの個物のあいだで分有される共通本性のような普遍者ではない。しかしながら、「或るものの本性が、当のものが或る種に属することの原因である」という考え方は概念実在論からそれほど隔たった考え方であるとは思われない。

要約すると次のように言うことができるだろう。各々の個物（個々の実体と、個々の実体が帯びる個々の性質）は本質的諸部分からなる一つの本質を有し、本性（natura）とか「何性」（quidditas）とも言われるこの本質は当の個物の付帯性（偶有性）から区別され、「ものの定義」（実在的定義）によってその諸部分のすべてが意味される。或るものの本質を示す述語は、当のものが存在するかぎりにおいて当のものにとって必然的に真である。共通の種に属することは、本質を示す述語を共有すること――これは各々の個物の本質が最大限に類似していることを意味する――により表現される。従って、諸個物の本性から、諸個物を意味する共通な語へと至るプロセスは次のようになるだろう。各々の個物の個的本質が最大限に類似している事実が存在し、この事実から諸個物が共通の種に――そして、最大限に類似している個的本質がもっと少なければ共通の類に――属することが決まる。そして、このような類似性の故に、（種に関しては）諸個物の一つから形成される抽象的概念が、（類に関しては）複数の個物から形成される抽象的概念が、すべての個物に共通のものとなり、この概念に付与される語は、これらの個物をすべて同一の仕方で意味することになる。以上のオッカムの議論の特徴は、我々の言語の中に抽象語が存在する事実、抽象語が数多くのものを意味し指示する事実を認め、しかもこの事実に客観的な基礎があることを認める一方で――オッカムは個物が本質（ただし当の個物の個的本質）を有することを認めており、例えば人間性一般について有意味に語れること、複数の個物が同一の種に属することを認めていた――この事実を概念実在論のように普遍者の客観的実在によって説明することを拒否していることである。

さて、既に指摘したように上記のオッカムの見解は、トマスやスコトゥスの見解とそれほど違わないようにも思える。世界は自然種によって客観的に統合された諸個的実体からなり、それ故人間精神は同一の種のメンバーに共通な、そして同一の類に含まれる異なった様々な種のメンバーに共通な普遍概念を形成することができる。そして付帯性の共通概念は諸々の付帯性が種や類を同じくすることに基礎づけられている。

概念実在論とオッカムの唯名論の相違は、諸個物が共通の種に属することに関して、両者が与えている説明の中に現れてくる。オッカムにとって諸個物が共通の種に属することは、諸個物の本質的諸部分が最大限に類似していることに他ならず、従ってこの本質的諸部分――実体について言えば、各々の実体の個的本質である本質的諸部分――という観念が第一次的な観念である。これに対して概念実在論は共通本性へと訴え、この共通本性は種を同じくする諸個物の単なる記号ではなく、諸個物が種を同じくすることの原因として考えられている。概念実在論はオッカムの言う「本質的諸部分」を認めたうえで、複数の個物が最大限に類似した本質的諸部分を有するならば、それは諸個物が同じ本性を共通に有していることを意味し、それ故この本性は共通なものであると主張する。しかしここで「もの」(res)という言葉が具体的な個物を指すか「本性」を指すかで意味を異にすることを認めなければならない。オッカムにとり「もの」は一義的(univocus)な言葉でしかありえず、或るものが他のものから区別されているか否かを判断する手段は一つしか存在しない。すなわち述語が矛盾しているか否かをみることである。しかしながら、オッカムが「普遍的なもの」(res universalis)を批判する際に用いた矛盾による論証がその循環論法の故に拒否されるならば、オッカムの説明が概念実在論者の説明と――すなわち、種を同じくすることの説明として諸個物とは別の種類の「もの」へと訴える概念実在論者の説明と――どの点で異なるのかを明らかにする必要がある。

先ず、普遍者はどのような性格のものかではなく、普遍者を措定する理由は何かという観点から二種類の概念実在論を区別できるだろう。一つは、実体を表すすべての一般名詞に対応して、この名詞によって意味されている普遍者を措定する見解である。この見解は、「人間」は数多くの実体に共通の名であるから人間性が存在する、と主張する。これに対してもう一つ別の概念実在論は、可述語の普遍性や共通性から直ちに可述語によって意味されている普遍者を措定するのではなく、人間性というものが存在するならば、このことによって「人間」という名詞が共通名詞である理由が示されたことになるが、人間性というものが存在することは共通名詞の存在とは別個の独立した理由によって示されねばならず、この別個の理由は個々の人間がすべて共通の種に属するとみなされていることに存する、と主張する。オッカムは前者の概念実在論を明白に批判するが、後者の概念実在論はどうだろうか。

オッカムは種や類が個物の本質的諸部分に基礎を置くことを認めており、個物の本質的属性と付帯的偶有的属性の区別というアリストテレス的な観念を――概念実在論が普遍者の客観的実在や「共通本性」に関する自分の見解の正しさを根拠づけるために援用する観念を――認めていた。もっともオッカムにおいては「本質的属性」と「付帯的属性」というよりは「本質的述語」と「付帯的述語」という表現の方が適切だろう。いずれにしてもこの観念によれば、或る個物は、同じ個物として存在することを止めることなくして付帯的述語によって意味されることを止めることがありうるのに対し、本質的述語は当の個物が存在するかぎり必然的に当の個物に真に述語づけられる。この意味でオッカムは本質主義者であった。しかしオッカムによれば本質は質料と実体的形相から構成される個的な本質である。

二つの個物が同じ種ないし類に属するということは、――既に述べたようにすべての個物の質料は常に最大限に類似していることから――当の二つの個物の個的な実体的形相が最大限に類似していることを意味する。そしてオッカムによれば或る個物の実体的形相が当の個物にとって本質的な（それ故、必然的な）述語を確定する。しかし、個物がその本性の故に有する属性と、付帯的に（偶有的に）有する属性との区別は、共通本性を認める概念実在論が主張する区別でもある。前者の属性は、個物が自己の本性を失わずしては――それ故同一の個物として実在することを止めることなくしては――それを有することを止めることのできない属性である。オッカムも個物の実体的形相と付帯的形相の区別に基礎を置く本質的属性（述語）と付帯的属性（述語）の区別を認め、ただ、この区別を説明するために共通本性のような存在者を措定することを拒否した。オッカムによれば「人間性」――概念実在論者が人間精神とは独立に客観的に存在すると主張する普遍者や共通本性――は、数多くの個々の人間が同じ本質的述語によって意味されている事実を単に意味するにすぎない。各々の個物に本質的な述語が付されることは明白な事実であり、むしろ説明すべきは数多くの個物が同じ本質的述語を付されるのは何故かということである。そしてオッカムによればその理由は諸個物が最大限に類似した本質的諸部分をもつ事実に存し、それ以上の理由は存在しない。「人間」という言葉は本質的な諸述語の総体を示す略語であり、種を表すこの具体語（homo）から作られる抽象語（humanitas）は上記の事実以外の何ものをも意味してはいない。既に言及されたように、反復語法（reduplicatio）は抽象語を除去し、（抽象語に対応する）具体語により意味された諸個物以外の存在者を意味することなくして上記の事実を説明するような表現に代えることを可能にする。

次にオッカムによる概念実在論批判を理解するうえで重要なのが、メンタルな概念を記号と同一視するオッカムの見解である。この同一視から二つのことが帰結する。第一に、概念は、概念がそれについての概念であるところのものから絶対的に区別される一つのものであること、第二に「XはYの概念である」というときのXとYの関係はXがYを（規約によってではなく）自然的に意味している関係であり、XがYの概念すなわち記号だということは、XがYを名指していることを意味する。

先ず第二の帰結について言えば、概念がその対象のメンタルな名であるというテーゼは、それ自体では概念実在論と唯名論の対立を、後者を支持するかたちで解消させることにはならない。しかしこのテーゼは、概念によって意味されるすべての対象はものであること、指示代名詞によって指示されうるもの、すなわち個々の実体ないし個々の性質であることを含意する。従って概念実在論に属する様々な立場の中ではプラトン主義のみが――普遍者を規約的な語によって名指され、概念によって観念されるものとみなすプラトン主義のみが――このテーゼを支持する。この点に関するかぎりプラトン主義の意味論はオッカムのそれと異なるところはない(125)――もちろん両者が存在論において異なることは言うまでもない――。これに対してプラトン主義以外の概念実在論は、実体のカテゴリーに属する一般語の主語としての指示機能と述語としての機能を明確に区別し、後者を前者に還元することはできないと主張する。もっともこのような主張が論理的に共通本性論を含意することはなく、唯名論と両立不可能というわけでもない。しかし名の意味（外延的意味）と述語の意味（内包的意味）の区別に立脚したこの種の意味論が共通本性論に親和した立場であることは明らかである。

オッカムにとり「意味する」ことは或るものを（現実に存在するものや過去や未来に存在するものを）指示することである。メンタルな作用であり自然的記号である概念は、眼差しが或るものへと向かうように対象へと向かい対象を意味する。語が或るものを意味することは、当のものを指示することである。これに対しては、この知性の眼差しには内容があり、知性の意味作用は単にメンタルに或るものへと向かうことのみならず、この内容を観念することであると反論できるだろう。確かに〈fictum〉論を放棄した後のオッカムは、認識作用と認識される対象のあいだに何らかの存在者が介在することを否定した。しかし、認識内容を必ずしも介在者と考える必要はない。この内容はものではなく、認識対象がそのようにあることである。或る個物について「白い」とか「人間である」と述べるとき、「白い」や「人間である」は個物の名ではなく個物がどのようなものかを述べている。従って或る知性の作用（すなわち概念）に規約的に特定の名が付与されるとき、この名は単に個物の記号であるのみならず、観念されている内容（白さや人間性）をも意味していると言えるだろう。目前に複数の馬がいるとき、指揮官に馬に乗るように命じられた兵士が「どの馬に乗るべきか」と質問したとき、指揮官が「白いのに」と答えたとき、「白い」は白い馬を指示している。これに対して或る人が「この馬は白い」と述べるとき、「白い」は馬が帯びる「白さ」を直接的に意味していると考えられる。従ってオッカムのように「白い」という具体語は、第一次的に「白い」と言われているものを指示し、第二次的に当のものが白さ（という個的性質）を帯びていることを共意する、と考える必要はないだろう。「白い」は「白さを帯びるもの」を意味するのではなく、「白さを帯びること」を意味しているのである。同様に「人間」は個々の人間の呼び名であると同時に「人間であること」という共通の性質（「人間」の定義によって表現されるもの）を意味する。

一般的に命題中の主語の意味論的機能は指示することにあり、述語の機能は意味することにある。「人間」という同じ語が「人間は動物である」というように主語になったり、「これは人間である」のように述語になったりするように、あるときは数多くのものを指示する機能を有し、あるときは「人間であること」を意味する機能を有する。しかし「人間」という具体語を「人間性」という抽象語に変えれば、指示ではなく意味する機能のみを有する語になる。そして「人間性」は指示機能を持たないのであるから「人間性」はものを意味するのではなく共通本性を意味する。……

オッカムはこのような抽象語の意味論を批判する。オッカムによれば人間性は共通本性ではなく個物たる個々の人間を指示するにすぎない。それでは、使用される語の中に「人間」（homo）という具体語と「人間性」（humanitas）という抽象語が存在すること、両者の差異は指示と意味の差異、「何について言われているのか」（de quo dicitur）と「それについて何が言われているのか」（quid de eo dicitur）の差異であることは、存在論的な差異を含意しているのだろうか。オッカムは存在論的な含意を否定し、すべての語や記号を個物（個々の実体と個々の性質、すなわち〈res absoluta〉）を指し示す語や記号に還元できると主張する。これに対し存在論的な含意を肯定すれば、実在するものの中に個物の次元と個物が「そのようなものであること」の次元が区別され、「人間性」のような抽象語は人間本性という存在者――ものではなく、ものから分離しては実在しえないが、それでもものである個物の実在性とは異なったある種の実在性を帯びた存在者――を意味することになる。しかし、指示することも名づけることもできない存在者について人は語ることができるだろうか。オッカムの唯名論は「否」と答え、概念実在論は「然り」と答える。

さて、概念を記号として捉えることから生ずる第一の帰結は、概念は当の概念がその概念であるところのもの（概念の対象）から絶対的に区別される一つのものだということである。もし概念が共通本性を意味するならば、それは区別された一つのもの、普遍的なものということになる。しかし概念が記号ではないとしたら、またその対象から区別されないとしたらどうだろうか。概念実在論者の共通本性とはどのような類いのものなのだろうか。多くの概念実在論者はアヴィケンナに従って普遍者の存在様態を「ものに先立って」（ante rem）、「ものの中に」（in re）、そして「ものの後に」（post rem）の三つの様態に区別している[126]。「ものの後に」存在する普遍者が概念であり、オッカムはおそらく「ものの後に」存在する普遍者は認めていたと言えるだろう。むしろオッカムにとり普遍者は「ものの後に」存在する概念――数多くのものを意味する概念――でしかありえない。一部の概念実在論者にとっても普遍者は精神の中にのみ存在するが、この見解が「ものの中の普遍者」という表現を認める立場と言いうる理由は、この見解が人間精神によって観念されているものと概念のあいだにある種の同一性を認めているからである。「ものの中の普遍者」(universale in re)とは、ものの中に存在する共通本性のように、ものについて述語づけられるものである。しかし、「ものの後の普遍者」(universale post rem)は、ものから抽象される何かである。もし「本性」と呼ばれるものが、精神の中とものの中において同一であり、ただその存在様態を異にするにすぎないのであれば、それ故、それ自体においては実在と非実在、個的と普遍的とに関して無差別であれば、本性は「ものにおいて」(in re)は個的であり、「ものの後において」(post rem)は普遍的と言えるだろう。共通本性は二つの存在様態を有しているわけである。もし本性が一つのもの——名によって意味されうる「もの」——ではなく、諸々の個的実体の中でしか——当の本性がその本性であるところの諸個的実体の中でしか——実在的なものにならないならば、あるいは諸々の精神の中でしか——本性がそこにおいてこれら諸個的実体の概念となる精神の中でしか——実在的なものにならないのであれば、我々は共通本性を普遍的なもの(res)とみなすことなしに——オッカムと同様、概念実在論者も共通本性が〈res〉であることは否定している——複数の個的実体に共通な本性について語ることができるだろう。しかしこのような見解は、複数の個的実体が同一の種を共有することの説明を提示してはいない。それはただ概念実在論の言葉づかいを認めているだけであり、オッカムの見解と比べて概念実在論が諸個物による種の共有についてより良い説明を与えている理由にはならない。このためには、概念は記号であるというオッカムの見解より概念実在論の抽象化の理論の方が優れていることが示されなければならない。

第八節　本質とイデア

さて、アヴィケンナに由来する「ものに先行する普遍者」(universale ante rem)は、中世の多くのキリスト教神学者により神のイデアと同一視されていた。プラトン的イデアは、アウグスティヌスにより神の理性の中に置かれ、神の思考を説明し、世界創造が理解可能なことを説明するために必要なものと考えられた。世界がイデアに従って創造されるとすれば、「ものの後に」くる普遍者や本性が諸個物に共通であることは、「ものに先立って」存在する共通本性たるイデアにおいて根拠づけられるだろう。被造物である人間の精神によって思念される共通本性は、世界創造に際して神により思念され、ものの中に実在する共通本性と同一のものとなる。神は個物を当の個物に固有のイデア——すなわち個物がそれに属するところの種

――に従って創造し、創造以前にイデアとして神の理性の中に存在する種をも創造した。

　これに対してオッカムの概念論は概念とものとの同一視を否定する。概念はものではなく、魂の性質であり、規約による人為的な記号と同じく多数の個物を意味するメンタルな作用である。それ故概念は「ものの後に」くると言えても、ものの概念と同一のものを「ものの中に」見出そうとしてはならない。概念は当の概念が意味するものと、類似性および因果性によって結びついている。オッカムの認識論は人間精神の存在論以外のいかなる存在論的基礎にも訴えることがない。このことから、第五章で論じられたように、人間精神と認識対象の間に介在するとされる可知的形質（species intelligibilis）のような存在者は排除され、〈esse intentionale〉のような人間の精神作用の志向的対象という特殊な存在様態も排除される。

　しかし神のイデアについて語ることは可能だろうか。神の精神の中に記号の存在を想定することは、付帯性や多数性を単純な存在である神の中に導き入れることなくして可能だろうか。オッカムは神の中に記号が存在することを否定する。このような複数の記号やイデアの存在は神の単純性と矛盾するからである。相互に区別されると同時に神自体からも区別される複数の〈rationes intelligendi〉（神の認識作用の根拠）の存在を神の中に認めることは、神の全き単純性を否定することである。『命題集註解』第一巻設問三十五でオッカムは神のイデアについての伝統的な存在論的想定、特にヘントのヘンリクスの見解を批判している。[127] ヘンリクスによれば神のイデアは、神の本質の模倣可能性の関係（respectus imitabilitatis）であり、それ自体で絶対的に存在するものではなく、神の理性の第一の認識対象として神の中に存在する。しかし、オッカムは、ヘンリクスが理解するようなイデアが神の本質それ自体ではありえないことを主張する。もしイデアが神の本質それ自体であれば一つのイデアしか存在しないことになるだろう。またイデアは模倣可能性の関係でもない。三つのペルソナを区別する関係が神の中に存在する唯一の実在的関係だからである。またイデアが理性上の存在者にすぎないという見解も正しくない。理性上の存在者が神という絶対的に実在する存在者と同一であることはありえず、従ってイデアが理性上の存在者であれば、それは神の本質から全面的に区別されたものになるが、これもありえないことである。

　オッカムは人間精神をモデルとして神のイデアを理解することを批判する。イデアは、神から区別されるが神の中に存在している認識根拠（ratio cognoscendi）といったものではない。オッカムの言う概念、すなわち記号としての概念を神に帰属させることもできない。被造物に関するかぎり、〈ratio cognoscendi〉という表現が意味するものは、認識を因果的に引き起こすもの（理性や認識される対象など）であるか、あるいは認識作用それ自体、あるいは認識を受け入れるもの、すなわち概念を抽象し記憶する理性、そして認識のために必須なもののいずれかである。しかし神は完全に不動であることから、外的原因の作用を受けることはない。神の認識は被造物のすべてに関して同一であり、神によって認識されるものと同数の認識作用により多数化されてはいない。神の理性は受容的ではなく、従って受容される認識の多数性によって影響を受けることはない。そして神は認識するためにいかなる実在者も必要とせず、なおさらのこと理性上の存在者を必要とすることもない——被造物でさえ、実在者を認識するために理性上の存在者を必要としない(128)——。

しかし上記のような〈rationes cognoscendi〉を措定する理由はどこにあるのだろうか。この問いに対しヘンリクスは、理由の一つとして様々な自然種の存在を説明する必要性を指摘する(129)。これに対してオッカムは、被造物である工芸家の理性が製作される多数のものについて別個の明確な認識を有し、模倣可能性の関係なしにそれらを産み出しうるのであるから、なおさらのこと同じことが神にもあてはまると主張する。しかしこの答えは、認識の分析においてはいかなる模倣可能性の関係も不要であるという議論を繰り返しているだけで、神の種的イデアに代えて、被造物たる諸個的実体が共通の種に含まれる別の根拠を提示しているわけではない。それではオッカム自身のイデア論はこのような根拠を提示しているだろうか。

オッカムは神のイデアという観念を否定してはいない。しかしオッカムはイデアを個物そのものとみなしている。イデアは認識根拠（ratio cognoscendi）ではなく、認識されるものである(130)。神が世界を認識するときの認識根拠がイデアだとすると、神の理性は神の本質に含まれることから認識根拠たるイデアも神の本質に含まれることになるが、神の本質は単純であるからイデアも単純でなければならない。ところがイデアは多数であることから、イデアは神の本質から非実在的な差異によって区別されると考えなければならないだろう。すなわち、〈ratio cognoscendi〉をイデアとして認めると、イデアを実在的には神の本質と同一であると同時に神の本質から非実在的に区別されたものと考えなければならない。オッカムはこのような意味でのイデアを否定した。しかし、神による世界創造が神の理性に導かれていること、従って神が世界創造に際してイデアを形成することも確かである。それ故オッカムはイデアを、神が個物を実在させるべく創造する際に当の個物に関して有する個的観念と考えた。神は或る個物を創造する際に当の個物の観念を形成し、この観念に従って当の個物を創造する。イデアとは個物が神の創造行為によって実在するようになる以前に可能態として神の理性の中に観念として存在する個物のことを意味する。

そして神は自己の本質を認識することによって、自分が創造することのできるすべての個物を認識するが故に、被造物たる個物は創造される以前に範例として神により認識され、範例に従った創造は理性的ということになる[131]。

ものを創造する前に創造されるべきものを想起し、想起されたものを範例としてものを創造するという点から見れば、工芸家の製作と神の創造行為は類似している。しかし両者の相違は、神が創造すべき個物を可能態において認識するとき、未だ可能態にある個物の認識が完全無欠であるのに対し、被造物たる工芸家にはこれがあてはまらないことに存する。工芸家は或る作品を製作するとき、既に知られた数多くのものから合成される複合的イデアを、製作される作品と非常に類似した複合的イデアを範例としてものを製作する。これに対し創造主たる神は創造されるべきもの自体を既に完全に認識しており、このものが範例すなわちイデアである。

それ故イデアという名辞は、第一に創造されうる被造物を意味し、第二に創造される被造物と神の認識――これは神の本質と同一である――を意味する共意語であり、イデアの「名の定義」（名辞的定義）は次のようになるだろう。

> 「イデアとは、或るものを思念しながら（aspiciens）当のものを現実存在へと創造することのできる能動的な知的原理によって（a principio effectivo intellectuali）認識される何か或るものである」[132]。

創造可能なものの各々について一つのイデアがあり、創造可能なものはすべて個物であるから、種のイデアといったものは存在しない[133]。種はものではなく魂の中の概念であるから、種のイデアが神の中に存在することはありえない。このことは、人間が種についての観念ではなく、種である観念――すなわち、共通の種に属する数多くの個物の記号――をもつにすぎないのと同様である。もっとも、或る意味で神は種を認識し、種についてのイデアを有しているとも言えるだろう。すなわち、個々の人間精神の中に存在する概念（すなわち精神作用）は個物たる種であり、神はこれら個物たる種としての概念のイデアをもつと言えるからである[134]。要するにオッカムによれば、個物のみが創造可能なのであるから、イデアはすべて個物である。それ故、神による種の認識が人間によって形成される概念を――そして特定の諸個物が共通の種に含まれることを――基礎づけることはなく、むしろ神による種の認識は人間精神の概念形成に後行するのである。

註

（1）　普遍論争の歴史については、A. de Libera. *La querelle des univer-*

saux: de Platon à la fin du moyen âge (Paris, 1996) 参照。また M. M. Adams, *William Ockham* (Notre Dame, Indiana, 1987) vol. I, pp. 3–12.

（2） A. de Libera, *La querelle*, op. cit., pp. 34–47, pp. 128–132.

（3） *Summa logicae*, I, c. 17（*Opera Philosophica*（Oph.）I, ed., Ph. Boehner, St. Bonaventure, N. Y. 1974, p. 59).

（4） Ibid.

（5） Scriptum in librum primum sententiarum（*Ordinatio*）, d. 2, q. 4–7（*Opera Theologica*（OT.）II, ed., S. F. Brown, G. Gál, St. Bonaventure, N. Y. 1970, pp. 99–266）. このテキストの英語の全訳は P. V. Spade, *Five Texts on the Mediaeval Problem of Universals* (Indianapolis, 1994) pp. 114–214. また q. 4–6 は M. M. Tweedale, *Scotus vs. Ockham — A Medieval Dispute over Universals* (Lewiston, 1999) vol. I, texts, pp. 289–391 でも英訳（ほぼ全訳）されている。

（6） *Ordinatio*, d. 2, q. 4–5, pp. 99–159; *Summa logicae*, I, c. 15, pp. 51–55.

（7） Ibid., q. 6, pp. 160–224; *Summa logicae*, I, c. 16–17, pp. 55–64.

（8） Ibid., q. 7, pp. 225–266.

（9） M. M. Adams, *William Ockham*, op. cit., vol. I, pp. 13–69; Id., 'Universals in the early fourteenth century' (N. Kretzmann, et al. ed., *The Cambridge History of Later Medieval Philosophy*, Cambridge, 1982) pp. 411–439; Id., 'Ockham on identity and distinction' (*Franciscan Studies*, vol. 36, 1976) pp. 3–74. また M. M. Tweedale, *Scotus vs. Ockham*, op. cit., vol. II, pp. 395–435, pp. 759–872（オッカムのテキストの詳細な解説）参照。

（10） *Ordinatio*, d. 2, q. 4, q. 5, pp. 99–159 ・概念実在論（a）は、普遍者は諸個物の中に多数化されることなく存在するという見解（q. 4, pp. 99–152）と、諸個物の中に多数化されて（multiplicata et variata）存在するという見解（q. 5, pp. 153–159）に区別されている。

（11） 「この問題については次のような一つの見解が存在する。すなわち、あらゆる一義的（univocum）な普遍者は魂の外に存在する何らかのもの（res）であり、それは各々の個物の中に実在的に（realiter）存在し、各々の個物の本質（essentia）に属している。それは各々の個物から、そして他のどの普遍者からも実在的に区別されており、かくして普遍的人間は魂の外に、各々の人間の中に実在する一つの真なるもの（una vera res）であり、各々の人間から、そして普遍的動物から、そして普遍的実体から区別され、このようにして、それより下位であろうとなかろうとすべての類と種から区別される」（*Ordinatio*, ibid., pp. 100–101; P. V. Spade, op. cit., p. 115; M. M. Tweedale, op. cit., p. 289）。

（12） *Ordinatio*, ibid., p. 108; P. V. Spade, p. 119; M. M. Tweedale, p. 290.

（13） Ibid., pp. 108–110（P. V. Spade, p. 119–120; M. M. Tweedale, pp. 290–292）「同じくらい単純で実在的に区別される二つのものが存在し、これらのいずれもが自らのうちに、もう一つのものより多くのものを（maiorem pluralitatem rerum）含んでいないときはいつでも、これら二つのものの各々はともに数において一であるか、共に数において一でないかのどちらかである。というのも、これらのものの一方は他方よりも数において一である理由が強い、といったことはないからである。あるいは、それらのどちらかが他方より多くのものを含んでいることからそれらが同じようには単純でないならば、もしより多くのものを含み、もう一つ別のものより単純でないものが数において一だとすれば、自らのうちにより少いものを含み他方より単純なものも数において一だろう。しかしあなたによれば、普遍的なものと個物は、実在的に区別される二つの同等に単純なものであるか、あるいは普遍的なものの方がより単純であり、普遍的なものが自らのうちに個物より多くのものを含むことはない。それ故個物が数において一ならば普遍的なものも数において一だろう。この推論の小前提の最初の部分（すなわち、普遍的なものと個物は実在的に区別される二つのものであること）は、ここで問題とされている見解が認めていることである。第二の部分（すなわち普遍的なものは個物より多くのものを含んではいないということ）に関しては、私はこれを次のように証明する。すなわち、もし普遍的なものが自らのうちにより多くのものを含んでいるならば、この場合、より多くのものとは普遍的なものか、個物かのいずれかである。しかし普遍的なものではない。というのも私は、そこに含まれている普遍的なもののうち一つを取り出し、これが個物より多くの普遍的なものを含むか含まないかを問う。もし、これが個物より多くの普遍的なものを含むならば、私はそこに含まれている普遍的なものの一つについて前と同じことを問う。そしてこの一連の問いの最終点は、或る普遍的なものは個物より多くの普遍的なものを含んではいない、ということになる。そうでなければ無限後退が生ずるだろう。もしこれが個物より多くの普遍的なものを含まないならば、個物より多くの普遍的なものを含まないこの普遍的なものは個物と同じように数において一ということになるだろう。従って同一の推論により、他のどのような普遍的なものも数において一ということになる。また普遍的なものが個物より多くの個物を含むこともありえない。というのも、もし含むとすると普遍的なものは、全体が部分から区別されるような仕方でしか個物から区別されないからである。これは彼ら（今問題になっている概念実在論者）にとっても不可能なことである。なぜならば彼らによれば個物の方がその本質上、当の普遍的なものを、そしてそれ以上の何かしらを含んでいるからである。従って彼らによれば個物が全体であり普遍者が部分である。同様に、仮に普遍的なものが個物より多くの個物を含むとしても、このことから、証明が意図されていること（すなわち、今問題になっている理論が要請する類いの普遍者は数において一であること）が（直接的に）帰結する。というのも、どの部分も数において一ならば全体も数において一となるからである。

（確証）彼らによれば、普遍的なものの中に含まれるすべてのものは、当の普遍的なもののもとにそれ自体で（per se）包摂されるすべてのものの中に含まれている。それ故、人間の中に本質的に含まれているすべてのものは、ソクラテスの中に本質的に含まれている。というのも、人間の本質に属するすべてのものがソクラテスの本質に属しているからである。それ故普遍的なものが個物より多くのもの（これらが個物であれ普遍者であれ）を含むことは決してない。従って普遍的なものは個物と同等に単純であり、それ故、個物が数において一であるならば、普遍的なものも数において一である。」

この引用箇所の［確証］の直前にある文章は〈Similiter, ex hoc sequitur propositum, quia si qualibet pars sit una numero, totum erit unum numero〉である。スペードは「このことから」（ex hoc）を、「普遍的なものが個物より多くの個物を含むことから」という意味で解釈しており、筆者もこの解釈に従った。しかし〈ex hoc〉は通常は「すぐ前に述べられたことから」という意味であり、スペードのように、かなり前の文章で述べられたことを意味すると解釈するのは不自然である。トウィーデイル（p. 292）は〈ex hoc〉をただ単に〈from this〉と訳している。しかし〈ex hoc〉を「すぐ前に述べられたことから」という意味で解釈すると、それは「概念実在論者によると、個物が全体で普遍者が部分であることから」という意味になり、〈ex hoc〉に引き続く文章——「……普遍者は数において一であること（原文はpropositum）が帰結する。というのもどの部分も数において一ならば全体も数において一となるからである」——とはつながらないように思われる。このことの故に——そして〈ex hoc〉の前に

〈Similiter〉という一語があることから——スペードは〈ex hoc〉を敢えて上記のように解釈したものと想定される。確かに〈ex hoc〉をスペードのように解釈すれば、〈ex hoc〉とこれに引き続く文章はつながるように思われるが、そうなるとオッカムの言う趣旨は、普遍者に含まれる諸個物のどれもが数において一であれば、当の普遍者も数において一である、ということだろうか。

(14) Ibid., pp. 112-113 (P. V. Spade, pp. 122-123; M. M. Tweedale, pp. 295-297).

(15) Ibid., p. 114 (P. V. Spade, p. 123; M. M. Tweedale, pp. 297-298).

(16) Ibid., pp. 113-114 (P. V. Spade, p. 123; M. M. Tweedale, p. 297).

(17) *Summa logicae*, I, c. 15, p. 51.

(18) *Ordinatio*, d. 2, q. 4, p. 110 (P. V. Spade, pp. 120-121; M. M. Tweedale, pp. 292-293).

(19) 「神の本質は、たとえ異なる（三つの）ペルソナ（supposita）と同一になり、これらのペルソナへと伝達されるにもかかわらず自らは多数化されず、当の本質がそれへと伝達されるペルソナのみが多数化されるにすぎないのであるから、神の本質は数において一である、従ってなおさらのこと、もしこの共通人間が数多くのものへと伝達され、これら各々とは当の共通人間が実在的に区別される数多くのものの中に存在するが、当の共通人間自体は多数化されず、これがその中にある個々の人間のみが多数化されているにすぎないのであれば、この共通人間は端的に数において一である。」(Ibid., p 112. Spade, p. 122. Tweedale, p. 295). 要するに、神の本質は相互に実在的に区別される三つのペルソナへと伝達され、これらペルソナと同一である。しかし、これら別個のペルソナと同一である神の本質でさえそれ自体は多数化されておらず、多数化されているのはペルソナのみであり、従って神の本質は数において一である。これに対して共通人間は数多くの人間へと伝達されても、神の本質が三つのペルソナと同一であるのとは異なり、個々の人間とは実在的に区別されている。従って数多くのものと同一である神の本質が数において一ならばなおさらのこと、数多くのものと実在的に区別される共通人間は数において一でありうる。

(20) Ibid., pp. 111-112 (P. V. Spade, pp. 121-122; M. M. Tweedale, pp. 294-295).

(21) Ibid., pp. 117-118 (P. V. Spade, pp. 125-126; M. M. Tweedale, pp. 301-302).「この普遍的ないし共通の人間は、ソクラテスの本質に属するか属さないかのどちらかである。もしソクラテスの本質に属さないとき、これらの人々（今問題になっている概念実在論）によると、ソクラテスが共通人間の本質に属さないことは確かである。というのも、そうだとすると、この共通人間はソクラテスなしには存続しないことになるが、彼らはこれを否定するからである。それ故、これら二つは、一方が他方の本質には属さない関係にある。このとき私は、これらはそれ自体で一である何ものかを形成しているのか、を問う。もし然りならば、ソクラテスは個物ではなく、それ自体で一である何ものかの部分ということになるだろう。同様にこのときソクラテスは、本質的にみて人間ではなくなるだろう。これは形相と共にそれ自体で一なるものを形成する質料が形相でないのと同様である。もしこれら二つがそれ自体において一なるものを形成せず、そして一方が他方の付帯性でないならば、各々はそれ自体で存立する（per se subsistens）ことになり、かくして普遍者はプラトンのイデアになるだろうし、たとえそれが多くの個物と共存しても、それはそれ自体において存立する一なるものということになるだろう。もしこの普遍的なものがソクラテスの本質に属さず、他の何か或るものと共にそれ自体で一なるものを形成することもないならば、健全な精神の持ち主が理解できないような他の多くの不合理が生ずる」。

(22) Ibid., p. 118（P. V. Spade, p. 126. M. M. Tweedale, p. 302）.「次のように主張されたとしよう。この普遍的なものは確かにソクラテスの本質に属しているが、それはソクラテスの全本質（tota essentia）ではない。というのも全本質だとすれば、それはソクラテスとは別のものではなくなるからである。それ故それはソクラテスの本質的な部分である、と。しかしここから多くの不合理が帰結する。第一に、そうだとするとソクラテスは普遍的なものではないと同時に個物でもないことになるだろう。というのも全体は、他の（個的な）部分によるよりも、或る一つの本質的部分によってよりよく述語づけられる（denominatur）といったことはないからである。ちょうど形相と質料の複合体が――たとえ形相がより主要な部分だとしても――質料というよりは形相であるとか、逆に形相というよりは質料であるとは言えないように。第二に、もしそうだとすると、個物は実際のところ普遍的なものの質料となり、普遍的なものは形相ということに――あるいはその逆に――なるだろう。その理由は次のとおりである。この付加された個物（res singularis addita）と普遍者は同じ種類の（eiusdem rationis）ものであるか異なった種類のものかのどちらかであるが、同じ種類のものではない。なぜならば、同じ種類のものだとすると一方が他方より普遍的であることにならないからである。もしこれらが異なった種類のものならば、そして異なる種類のものは何であれ、もしそれらがそれ自体で一なるものを形成しているときは形相と質料の関係にあるのであれば、普遍者と個物も質料と形相の関係にあるからである。もし、このことが真であるのは、これらのものの各々が個物のときにかぎられる、と主張されれば、この主張は正しくない。というのも私は同じように容易に、このようなものの各々が個物であるときは、一方が質料で他方が形相であるとはかぎらないと答えるからである」。

(23)「第二に私は次のように主張する。自己とは実在的に区別された他のものに先行するすべてのものは、この他のものなしに存在しうる。しかし、あなたによれば、この普遍的なものは個物に先行し、個物とは実在的に区別されている。それ故、それは個物なしに存在しうる。また私は別の仕方で次のように論ずる。他のものたちから実在的に区別される或るものが、それぞれ別々に理解されたこれら他のものなしに存在しうるならば、そしてこれが自然的にそうであるならば、そしてそのものがこれら他のもののうちの或るものに本質的に依存しているようなことがなければ、そのものは、まとめて理解された他のものすべてがなくても――この場合は神の力によって――存在することが可能である。しかし彼らによれば、どのような個的人間が存在しなくても、『人間』によって意味される普遍者は実在しうる。それ故神の力によって普遍者はあらゆる個物なくして実在しうる」（Ibid., p. 115. P. V. Spade, p. 124. M. M. Tweedale, p. 298）。

(24) M. M. Adams, *William Ockham*, op. cit., vol. I, pp. 34–35.

(25) *Summa logicae*, I, c. 15, p. 52.

(26) *Ordinatio*, d. 2, q. 4, pp. 119–122（P. V. Spade, pp. 127–128; M. M. Tweedale, pp. 303–306）. アダムズはこの論証を次のように構成している。概念実在論によれば、（一）普遍者は数において異なる個物の中に、自らは数において多数化されることなく同時に存在する（存在しうる）。（二）個的実体は、実体のカテゴリーに属する類や種であるもの（res）が当の個的実体の中に実在するときのみ実在する。（三）反対しあう個的なものは、反対しあう普遍的なもの（res）が実在しないかぎり実在しない。（四）個的付帯性は、普遍的実体の中に（当の個的付帯性に対応する）普遍的付帯性が内在することによってのみ個的実体の中に内在する。しかし（一）（二）（三）（四）の連言は不合理な帰結をもたらす。というのも、反対しあう一対の個的付帯性（この白とこの黒）が同一の種（人間）に属する二つの個的実体（ソクラテスと一人のエチオピア人）に同時に内在する――ソクラテスは白い、これと同時にエチオピア人は黒い――ことがあるが、(一)(二)(三)(四)によると、普遍的付帯性である白さ一般と黒さ一般が普遍的実体である普遍的人間の中に同時に内在することになり、これは矛盾しているからである。M. M. Adams, *William Ockham*, op. cit., vol. I, pp. 35-38.

(27) *Ordinatio*, d. 2, q. 4, pp. 119-120 (P. V. Spade, p. 127; M. M. Tweedale, pp. 303-304).

(28) Ibid. pp. 120-121 (Spade, p. 128; Tweedale, pp. 304-305).

(29) 個的実体だけでなく個的性質も「数において一つ」である。そしてオッカムによれば、普遍者とは概念であり、概念は個々の人間の精神の中に存在するメンタルな個的性質であるから、この意味ではオッカムにとっても普遍者は数において一つということになる。

(30) *Summa logicae*, I, c. 15, p. 51.

(31) 例えばウォルター・バーレイは、「数において一つ」(unum numero)に広義と狭義を区別し、「人間の本性」と「ロバの本性」は二つの本性であるからそれぞれ「数において一つ」(広義)であるのに対し、数において異なる諸個物の中に同時に存在するもの(「人間の本性」や「ロバの本性」)は「数において一つ」(狭義)ではありえないと主張する。すなわち類や種のように異なる諸個物の中に同時に存在するものは広義の意味においては「数において一つ」であるが、狭義の意味においては「数において一つ」ではない。M. M. Adams, 'Universals in the early fourteenth century,' op. cit., p. 426, n. 53.

(32) ただし、「もし或るものaがbなしに、あるいはcなしに、あるいはdなしに存在しうるならば、aはbもcもdも存在することなくして存在しうる」という原則を疑問視することができる。M. M. Adams, *William Ockham*, op. cit., vol. I, pp. 33.

(33) ウォルター・バーレイはこのように答えている。M. M. Adams, 'Universals in the early fourteenth century,' op. cit., pp. 426-427.

(34) スコトゥスの形相的区別についてはM. Grajewski, *The Formal Distinction of Duns Scotus: A Study in Metaphysics* (Washington, 1944) pp. 67-101; A. B. Wolter, 'The formal distinction' (J. K. Ryan, B. M. Bonansea, ed., *John Duns Scotus*, 1265-1965, New York, 1965, pp. 45-60); H. Gelber, *Logic and the Trinity: A Clash of Values in Scholastic Thought* 1300-1335 (Ph. D. University of Wisconsin, 1974) part 1, pp. 71-102, part 2, pp. 526-544; M. M. Adams, *William Ockham*, op. cit., vol. I, pp. 22-29.

(35) 「私が信ずるところではこの見解は、判断の精妙さの点で他の人々に勝る精妙博士見解なので、私としてはこの博士がいろいろな箇所でばらばらに提示しているこの見解の全体をここで明確に、そしていろいろな箇所で彼が述べている言葉を変えずにそのまま繰り返すことにしたい」(*Ordinatio*, d. 2, q. 6, p. 161)。

(36) 「多くの人々にとり普遍者は魂の外で、諸個物の中に実在する実体でないことは明白であるが、或る人々は普遍者がある種の仕方で諸個物の中に、魂の外に存在していると考え、普遍者は確かに諸個物と実在的に(realiter)は区別されないが形相的に(formaliter)諸個物の中から区別されると考えている。かくしてこれらの人々は、ソクラテスの中には、個体差によって(per unam differentiam individualem)ソクラテスへと収縮される(contrahitur)人間本性が存在し、個体差はこの人間本性から実在的にではなく形相的に区別されると主張する。従ってこれらは二つのもの(res)ではないが、形相的に一方は他方ではないことになる」(*Summa logicae*, I, c. 16, pp. 55-56)。

(37) 「この博士(スコトゥス)の見解によれば、数における一性以外に、数における一性より弱い実在的一性(unitas realis minor)が存在し、このような一性が或る意味で普遍的本性自体に属している」(*Ordina-*

tio, d. 2, q. 6, p. 161)。そしてオッカムはスコトゥスの次の説明を引用している。「同じ(idem)、類似している(simile)、そして同等の(aequale)は『一』(unum)に基礎づけられている。そして関係(relatio)は実在的な基体と、当の関係を基礎づける実在的な根拠を(rationem)有していないかぎり、実在的関係とは言えない。それ故、類似性の関係の基体において要求される『一』性は実在的『一』性であるが、数的な(numeralis)『一』性ではない。というのも、同一(unum et idem)のものが自分自身と類似していたり、同等であることはないからである」(ibid., p. 170)。

(38) 「しかし、もし第三の仕方で本性が普遍的存在(esse universale)と比べられるならば、スコトゥスは、本性はそれ自体では完全に普遍的でなく、むしろそれが知性の中に存在するかぎりにおいて完全に普遍的であると述べている。次に、個的であることではなく共通であることが本性それ自体に属している」(ibid., pp. 165-166)。従ってスコトゥスによれば、「共通である(communis)こと」は「普遍的(universalis)である」ことと同義ではなく、「精神の中に存在するかぎりにおいて普遍的なもの」と同義であり、思考されることで常に普遍的であるものが共通のものと呼ばれる。

(39) Ibid., pp. 161-163. 概念実在論(b)によれば、本性は実体の類に属し個物に内在する(in genere substantiae et intrinsecum individuo)何か或るものがそれに付加することによってのみ「このもの」(haec)となる。オッカムはこの点につきスコトゥス(Ordinatio, II, d. 3, q. 6, n. 15)を引用しており(p. 162, n. 4)この箇所でスコトゥスは〈entitas singularis〉と〈entitas naturae communis〉のあいだに形相的区別を設け、両者を二つの〈res〉ではなく、同一の〈res〉の二つの〈realitates〉として説明している。――アダムズ(Adams, op. cit., p. 22)はこの〈realitas〉ないし〈formalitas〉を〈property-bearers〉と呼び、必ずしも「もの」ではないが述語づけの主語の指示対象となりうるものとして説明している。しかし、〈realitas〉を〈res〉と考えることなくして、そしてそれを〈res〉として意味することなくして〈realitas〉を思念し意味することができるだろうか――。オッカムは更に続けて本性と個体差に関して生ずる帰結を列挙する(p. 163)。個体差は〈quidditativa〉ではなく、本性は個体差に自然的に先行する(prior naturaliter)。個体差それ自体は本性に属してはいない。というのも、本性は他の個体差とも結合しうるからである。そして個体差は、〈res〉と〈res〉が区別されるようには本性から区別されず、ただ形相的にのみ区別される。最後に、本性は別々の個体差と一緒になってそれぞれ別のもの(alia et alia)となる。

(40) 例えば魂は本質的部分であるから人間は「それ自体で」(per se)〈animatus〉であるが、魂は肉体の本質的部分ではなく、肉体は魂という形相を受け入れられるだけなので〈denominative〉に〈animatum〉である。そして「白い壁」は「白い」という語を含んでいるから「それ自体で」白いと言われるのに対し、「壁」は白さという形相を受け入れられるだけなので〈denominative〉に白いと言われる。同様に、「本性」はそれ自体で「一」ではなく、個体差と結びつくことによってそれ自体で「一」(数において「一」)となるので〈denominative〉に一であるにすぎない(*Ordinatio*, d. 2, q. 6, pp. 164-165)。

(41) *Ordinatio*, d. 2, q. 6, p. 161 (Spade, p. 153; Tweedale, p. 320).

(42) 「かくして、これらすべての見解は普遍者と個物が実在的には同一のもの(eadem res)であり、理性(の作用)による以外は異なるところがないと主張する。……これらすべての見解は次の点で一致している。すなわち普遍者は個物自体の中に実在的に存在しているということである」(*Ordinatio*, d. 2, q. 7, p. 229; Spade, p. 192)。『論理学大全』第十五章は、この見解を批判するために次のことを述べるにとどめている。「上記の権威やその他多くの権威により、次のことが結論される。すなわち、普遍者がどのような仕方で思考されようと、いかなる普遍者も実体ではない。それ故、知性の思考が或るものを実体にしたり実体にしなかったりすることはない。もっとも、語の意味が、語に（語そのものにではなく語が意味するものに）『実体』という名を人が述語づけできたりできなかったりさせることはあるが。もし『犬は動物である』という命題において『犬』という語が吠える動物を指示するならば、この命題は真である。しかし、その語が星座を指示するならば命題は偽である。しかし同じものが或る思考の仕方によれば実体であり、別の思考の仕方によれば実体でないといったことは不可能である」（*Summa logicae*, I, c. 15, pp. 53–54）。

(43) Ibid., pp. 225–226 (Spade, p. 190).

(44) Ibid., pp. 226–227 (Spade, pp. 190–191). ここでオッカムは類的形相と種的形相の相違を強調している。種的形相のみが諸基体の中にそれ自体で端的に実在する。しかしそれにもかかわらず、類的形相と種的形相はそれぞれの仕方で諸個物の中に実在し、理性が各々に付与する固有の「一」性を有している。この見解はトマス・アクィナスとその弟子のヘルウェウス・ナタリスの見解である（p. 226, n. 1）。

(45) Ibid., p. 227 (Spade, p. 191).

(46) Ibid., pp. 227–228 (Spade, pp. 191–192).

(47) Ibid., p. 229 (Spade, p. 192).

(48) *Ordinatio*, d. 2, q. 6, pp. 173–192 (Spade, pp. 156–169; Tweedale, pp. 327–352). M. M. Adams, *William Ockham*, op. cit., vol. I, pp. 789–823.

(49) Ibid., pp. 173–174 (Spade, p. 156; Tweedale, pp. 327–328).「もし本性と個体化する差異があらゆる点で同一というわけでなければ、或ることが一方に対しては真に肯定され、他方に対して否定されることが可能である。しかし被造物においては、同一のことが同一のものに真に肯定されると同時に真に否定されるようなことはありえない。それ故（本性と個体化する差異は）同じ一つのものではない。小前提は明白である。というのも、もしそうだとすると（同一のことが同一のものに真に肯定されると同時に真に否定されうるとすると）、矛盾はものの区別を立証する最も強力な方法であることから、被造物におけるものの区別を立証するすべての方法が失われてしまうからである。それ故、被造物のあいだで、完全に同一のことが同一のものに――あるいは同一のものを指示する同一の語に――真に否定されると同時に真に肯定されるようなことがあれば、被造物においていかなる実在的区別も証明することができない」。

(50) Ibid., p. 174 (Spade, pp. 156–157; Tweedale, p. 328).

(51) Ibid., p. 175 (Spade, p. 157; Tweedale, p. 329).

(52) *Ordinatio*, d. 2, q. 3, pp. 78–79.

(53) *Ordinatio*, d. 2, q. 1, p. 14.

(54) 実在的区別と形相的区別については、M. M. Adams, *William Ockham*, op. cit., vol. I, pp. 16–26; R. Guelluy, *Philosophie et théologie chez Guillaume d'Ockham* (Paris, 1947) pp. 322–334 参照。

(55) *Summa logicae*, I, c. 16, p. 58.

(56) Ibid.

(57) Ibid., p. 56.

(58) *Ordinatio*, d. 2, q. 7, p. 229 (Spade, p. 192).

(59) Ibid., p. 231 (Spade, p. 193).

(60) Ibid., p. 235 (Spade, p. 196).

(61) Ibid., pp. 236–237 (Spade, p. 197).

(62) Ibid., p. 241 (Spade, p. 199).

(63) ハークリのヘンリの見解はオッカムの見解に近く、両者の相違は言葉の相違にすぎないと考えられるかもしれない。もし「普遍的である」ことが「普遍的な観念の原因である」こととして定義されるならば、「或る場合にはものは普遍的であり、別の場合には普遍的でない」と述べることができる。このように解釈されれば、ヘンリの見解はオッカムが考えているような概念実在論ではないだろう。これに対してヘンリの見解を、普遍者は人間精神の中においてのみ実在的であるが事物の中に潜在し、それ故認識によるその現実化は精神の純粋なフィクションではない、といった主張として理解すれば、これは真に概念実在論であり、オッカムはこれを概念実在論(a)に還元させ批判するわけである。「それ故、もし或るものが普遍的であり、他のものが普遍的でなければ、(両者を)そのようにさせているのは知性ではない。知性はすべてのものを同じ仕方で観る(respicere)ことができるからである。むしろこのことは事物の本性によってそうなのであり、実在者の中の何らかの相違の故にそうなのである。その結果、実在者の中の或るものは他のものとは異なりそれ自体で普遍的なものと関係している。従って、普遍性の概念によって(ab intentione universitatis)述語づけられるものと、個体性の概念によって(ab intentione singularitatis)述語づけられるもののあいだには何らかの実在的な(in re)差異ないし非同一性が存在するのである。しかし、これと反対のことが先の諸設問で証明された。」(ibid., p. 251)それ故、概念実在論(a)(b)(c)は単に言葉づかいの上で異なるにすぎず、基本的には同じ論法で論駁可能であるとオッカムは考えているように思われる。

(64)「同様に、もし共通本性が個体差と実在的に同一であるならば、個体差と同じくらい多くの共通本性が実在することになり、それ故これらの本性のどれも共通なものでなくなり、すべての本性が、当の本性が実在的にそれと同一であるところの個体差に固有のものとなるだろう。」(*Summa logicae*, I, c. 16, pp. 56-57)「もし本性がこのように共通なものならば、個物と同じくらい多くの種や類が存在することが帰結するだろう。というのも、ソクラテスの本性は種であり、同じ理由でプラトンの本性もそうである。そうならば、私は次のように主張する。或るものが実在的に複数であり、それらの各々が種と呼ばれうるならば、複数の種が存在することになる。しかしここで問題になっている事例も同様である」(*Ordinatio*, d. 2, q. 6, p. 181. Spade, p. 161; Tweedale, p. 338)。

(65)「同様に、どのようなものも、それ自体において、あるいは自らに内在する何かあるものによってそれが区別されるところの他のすべてのものから区別される。しかしソクラテスの人間性とプラトンの人間性はそれぞれ別のものである。それ故両者はそれ自体において区別されるのであって、個体差が付加されることによって区別されるのではない」(*Summa logicae*, I, c. 16, p. 57)。

(66)「更に、そのものの形相的理解の中に含まれていない他のものから事物の側において区別されるどのようなものも、当の他のものなくして直観的に見られる(intuitive videri)ことが可能である。これはこの博士(スコトゥス)の見解である。更に(スコトゥスは)神の本質はペルソナなしに直観的に見られることが可能であるとも述べている。それ故、ソクラテスの中にある人間本性は個体化する差異なしに直観的に見られることが可能であり、同様に、プラトンの中にある人間本性はいかなる個体化する差異なくして直観的に見られることが可能である。従ってこれらの人間本性は場所と主体において区別されているのであるから、このような知性はいかなる個体化する差異なくして一方の本性を他方の本性から区別することができる。もし両者がまさにそれぞれを個体化する差異によって区別されるのであれば、このようなことは不可能だろう。それ故、二つの本性はそれ自体で数において区別されていることになる」(*Ordinatio*, d. 2, q. 6, p. 186. Spade, pp.

164-165; Tweedale, pp. 344-345)。

（67） Ibid., p. 187（Spade, p. 165; Tweedale, p. 345).

（68） Ibid.「この博士（スコトゥス）によれば、形相的にみて両立可能なもの（compossibilia）あるいは両立不可能なもの（repugnantia）は、そのものの形相的な〈ratio〉によって（suis rationibus formalibus）両立可能であり、あるいは両立不可能である。それ故、同じ理由によって、区別されるものや同一のものはすべてそれら自体の形相的な〈ratio〉によって区別され、あるいは同一である。それ故、もしこれらの——例えばソクラテスとプラトンの——人間本性が実在的に区別されているならば、それらは各々に固有の形相的な〈ratio〉によって実在的に区別されているのであって、何か或るものの付加によって区別されているのではない。従ってこれらのものの各々は、いかなるものも付加されることなしにそれ自体で他から実在的に区別されるのである。この想定が正しいことは明白である。というのもスコトゥスは次のように述べているからである。『次のことに注意すべきである。両立不可能なものがそれに固有の〈ratio〉によって両立不可能であるように、両立可能性は、両立可能なものに固有の〈ratio〉によるということである』」。

（69） Ibid.（Spade, p. 165; Tweedale, p. 346).「次のように言われるとしよう。すなわち、あなたが『これらの人間本性は実在的に区別されている』と述べるとき、あなたが『これらの人間本性』と述べるまさにこの事実によってあなたは個体化する差異を（この言葉に）含めているのである、と。というのも、これらの人間本性は、これら個体化する差異による以外に『これら』ではないからである。それ故、これらの人間本性は、これら人間本性の形相的な〈ratio〉によって区別されている。というのも、これらの差異は『これらの人間本性』の形相的な〈ratio〉に属しており、それ故これらの差異が取り除かれれば、ただ区別されない人間本性のみが残存することになるからである」。

（70） Ibid.（Spade, pp. 165-166; Tweedale, pp. 346-347).「反論。或る（二つの）ものが、どのような仕方であれ何らかの仕方で事物の側において区別されているときはいつでも、正確に一方のものだけを指示し、他方のものを指示しない語を当の一方のものに付与することができる。というのも、もしそうでないと、一方が他方から区別されることを示す真なるいかなる命題もありえないことになるからである。それ故私（オッカム）は、ソクラテスの中で個体差から形相的に区別されるが実在的には区別されていないものを正確に指示するａという語をこのものに付与する。というのも、あなた（スコトゥス）によればソクラテスの中には個体差から形相的に区別されるが実在的にはこの個体差と同一であり、それ故実在的には個的であるものが存在するからである。また私は、プラトンの中で個体差から形相的に区別されるが実在的にはこの個体差と同一であるものを正確に指示するｂという語をこのものに付与する。このとき私は次のことを問う。ａとｂは実在的に同一か、それとも同一でないかと。もし同一ならば、両者は異なっていないのだから実在的にはいかなる意味においても区別されておらず、従ってソクラテスとプラトンには、実在的に区別されない何ものかが存在することになるが、これらの人々はこのことを否定している。というのもこれらの人々は、実在的に区別されない同一のものがソクラテスとプラトンの中に存在することはない、と主張するからである。もしそれらが実在的に同一でなければ、それらは実在的に区別されており、従って各々に固有の形相的な〈ratio〉によって区別されていることになる。しかしこれらは、仮定上、個体差を含んではいない。かくしてここで立証したいことが立証されたことになる。すなわち、これらはそれ自体で区別されているということである。更に、あなたにとり『ａはプラトンの個体差と実在的に両立不可能である』は真である。それ故aは自己に固有の〈ratio〉によってプラトンの個体差と両立不可能であり、従って自己に固有の〈ratio〉によってプラトンの個体差から実在的に区別され、それ故それ自体でプラトンの個体差から実在的に区別されていることになる。そしてこれは種的ないし類的に区別されていないことから、数における区別以外の仕方で区別されてはおらず、それ故それはそれ自体で数において一つである」。

（71）Ibid., p. 181（Spade, p. 161; Tweedale, p. 338）.

（72）Ibid., pp. 182-183（Spade, pp. 161-162; Tweedale, pp. 338-339）.

（73）Ibid., p. 183（Spade, p. 162; Tweedale, p. 340）.

（74）Ibid.（Spade, pp. 162-163; Tweedale, pp. 340-341）.

（75）Ibid.（Spade, p. 163; Tweedale, p. 341）.

（76）Ibid., p. 184（Spade, p. 163; Tweedale, p. 341）.

（77）Ibid., p. 219（Spade, pp. 186-187; Tweedale, p. 386）.

（78）これと異なりオッカムの言う〈suppositio simplex〉は、「人間は種概念である」という命題の中の「人間」のように、語がそれに対応する概念――人間精神の中に存在する（あるいは人間の精神作用そのものである）概念――を指示する場合に言われる。

（79）*Summa logicae*, I, c. 8, p. 32.

（80）以下の議論に関連したものとして、E. A. Moody, *The Logic of William of Ockham*（New York, 1935）pp. 263-267; P. Alféri, *Guillaume d'Ockham, le singulier*（Paris, 1989）pp. 349-354; L. M. de Rijk, ed. E. P. Bos, *Through Language to Reality: Studies in Medieval Semantics and Metaphysics*（London, 1989）XIII（pp. 26-40, 特に pp. 34-37）, XIV（pp. 313-328, 特に pp. 318-326）; J. F. Wippel, 'Essence and existence'（N. Kretzmann et al. ed., *The Cambridge History of Later Medieval Philosophy*, Cambridge, 1982）pp. 385-410. オッカムについては pp. 401-402; A. Maurer, *The Philosophy of William of Ockham*（Toronto, 1999）pp. 59-62; J. E. Pelletier, *William Ockham on Metaphysics*（Leiden, 2013）pp. 102-104.

（81）*Summa logicae*, III-1, c. 27, p. 554.

（82）Ibid., p. 553.

（83）Ibid.

（84）*Quodlibeta*, ii, q. 7（OT. IX, pp. 141-145. transl., Freddoso, Kelley, vol. 1, pp. 119-122）.

（85）〈existentia〉と〈essentia〉を区別する見解は天使の存在論的様態に関する問題に端を発しているように思われる。例えばトマス・アクィナスによれば、すべての被造物の特徴は、純粋現実態たる神の単純性とは異なり、その複合的性格に存するが、質料と形相の複合体は質料なき天使にはあてはまらない――天使に何らかの質料を認める見解をとらないかぎり――ことから、――可能態たる質料と現実態たる形相の区別に類似した――実在する現実態と本質たる可能態の区別が質料と形相の区別に代わって複合体としての天使を特徴づけることになる。これに対してオッカムによれば、被造物の特徴は複合的性格にではなく単に神に依存していることにあるにすぎない。もっともオッカムのこの見解に対しては神への依存は被造物という語の単なる定義、ないし同語反復にすぎないことを指摘できるだろう。

（86）オッカムによれば動詞の意味論的機能は命名にあり、例えば「歩く」は歩くものを意味する。〈esse〉という動詞以外のすべての動詞は、当の動詞の現在分詞（名詞）と連辞へと分解可能であり、「ソクラテスは歩く」は「ソクラテスは歩くものである」へと分解され、「ソクラテス」と「歩くもの」は同一の個物を指示する。〈esse〉に関してオッカムはこれを名詞の〈esse〉と動詞の〈esse〉に区別するが、動詞の〈esse〉は単に連辞にすぎず、従って他のすべての〈syncategoremata〉と同様、何も意味することはない（*Reportatio* II, q. 1,

OT. V, p. 22)。

(87) *Summa logicae*, I, c. 6, p. 19.

(88)「かくして私の見解によれば多くの人々は誤りを犯しており、一つの語が他の語に述語づけられるたびに、当の他の語に生ずる一つのものを意味し、それがためにこの一つのものがそのように言われる一つの抽象語が存在することを望んでいる。これに加えて彼らは、意味をもった言葉と同じ数の異なったものが存在し、それ故、意味する言葉——これが言葉であろうと名詞や動詞であろうと、言明（dictiones）の他のいかなる部分であろうと——のあいだの区別と同じ区別がもののあいだに存在することを望んでいる。従って彼らは、結果が行為者に依って（ab）生じると言われるとき、この〈ab〉という語は、「白い」が白さを意味するように『依る性』（abeitas）を意味することを望んでいる。そして同じような仕方で『ソクラテスは昨日居た』と言われるとき、彼らは『昨日』という副詞によって別のものが意味されていると主張する。かくして彼らは次のように言わなければならない。『非』は『非性』を意味し、『ならば』は『ならば性』、『そして』は『そして性』を意味し、かくしてすべての連語、命題、副詞も同様だということになる」（*Ordinatio*, d. 31, q. un. OT. IV, p. 405–406）。

(89) *Summa logicae*, I, c. 6, p. 22. ラテン語には定冠詞や不定冠詞がないことから〈homo est humanitas〉を現代語訳するときに定冠詞（不定冠詞）をつけるか否かという微妙な問題がある。主語に定冠詞（不定冠詞）をつければ、述語にも同じように定冠詞（不定冠詞）をつけるのが正しいように思われる。J. Biard の仏語は〈l'homme est l'humanité〉であるが、M. J. Loux の英訳は〈A man is humanity〉となっている。日本語訳に関しては「人間は人間性である」「一人の人間は一つの人間性である」「或る人間は或る人間性である」などと訳すのが正しく、「或る人間は人間性である」「人間は或る人間性である」「一人の人間は人間性である」「人間は一つの人間性である」などは不適切と言うべきであろう。

(90) *Summa logicae*, I, c. 8, p. 30.

(91) Ibid.

(92) Ibid. p. 31.

(93) *Summa logicae*, II, c. 16, pp. 290–291. この点に関しては M. M. Adams, *William Ockham*, op. cit., vol. I, pp. 417–419 参照。

(94) *Summa logicae*, II, c. 16, p. 291.

(95) *Summa logicae*, III-2, c. 22, p. 680. 〈oratio〉に三種類のもの、すなわち概念それ自体、話されたもの、そして書かれたものがあるように、〈definitio〉にも、心の中の〈intentiones〉や諸概念から構成された、心の中に存在するもの、音声によって構成されたもの、そして書かれたものによって構成されたものがある。心の中にのみ存在する定義は自然的に（naturaliter）定義であり、ものの本質を（quidditatem rei）自然的に意味する。これ以外の定義は、規約によらなければものの本質を意味しないように、規約によらなければ定義ではない。

(96) *Summa logicae*, III-1, c. 28, p. 555.

(97) *Quodlibeta*, v, q. 19, pp. 554–555, transl. pp. 463–464. 更に「ものの定義」の対象となりうるのは、可能なもの（possibilia）のみであり、不可能なもの(impossibilia)は「名辞の定義」の対象にしかなりえない。

(98) *Summa logicae*, I, c. 26, p. 92; *Quodlibeta*, v, q. 19, p. 555, transl. Freddoso, vol. 2, p. 464.

(99) オッカムは「ものの定義」を形而上学的定義と自然的定義に区別する。前者は「人間」が類と種差によって「理性的動物」と定義されるような場合であり、後者は「人間」がその構成要素によって「肉体と理性的魂から構成される実体」と定義されるような場合である。これら二種類の定義は同一のものを意味するが、定義の諸部分を意味する仕方が異なっており、定義の諸部分は前者では常に直格で（in recto）表されるのに対し、後者では斜格で（in obliquo）表されうる。*Quodlibeta*, v. q. 15, p. 540, transl. p. 451; M. M. Adams, *William Ockham*, op. cit., vol. I, pp. 323-325.

（100）*Summa logicae*, I, c. 26, p. 88.

（101）Ibid. cc. 27-28, pp. 93-94.

（102）*Quodlibeta*, v. q. 19, p. 554, transl. p. 463.

（103）Ibid., q. 20, p. 557, transl. p. 466.

（104）*Summa logicae*, I, c. 14, pp. 50-51.

（105）M. M. Adams, *William Ockham*, op. cit., vol. I, pp. 115-121.

（106）*Ordinatio*, d. 2, q. 8, p. 271.

（107）*Summa logicae*, I, c. 39, p. 116. 更に続けて次のように述べられている。「もし、この場合ソクラテスとプラトンは実在的に一つではないと反論されるならば、『一つ』を、種において一つであるような（複数の）存在者について言われるようなものとして理解すれば両者は実在的に一つだと答えるべきである。というのも、ソクラテスとプラトンは実在的に、同一の種がそこから抽出されるようなものだからである。従って、数における『一』より弱い『一』が存在する（est aliqua unitas minor unitate numerali）ことを認めなければならない。しかし『一』を、個物ないし複数の個物から区別されて想像しうるいかなるものも一つではないという意味で理解すれば諸個物それ自体が実在的に一つなのである。」ここでオッカムは、数における「一」より弱い「一」というスコトゥスの表現を用いながら種の同一性について、それが数における「一」性ではないが実在的な「一」性であること、それが普遍者の同一性ではなく、集合的に理解された諸個物の同一性であることを述べている。

（108）M. M. Adams, *William Ockham*, op. cit., vol. I, pp. 109-121.

（109）*Reportatio* II, q. 1（OT. V, pp. 9-10）.

（110）*Ordinatio*, d. 2, q. 6, p. 211（Spade, p. 181; Tweedale, p. 376）.

（111）M. M. Adams, op. cit., p. 111. 類似性は二つのもののあいだの二項関係であり、二つのものと共通本性のあいだの三項関係ではない。

（112）*Ordinatio*, d. 30, q. 1（OT. IV, p. 310）.

（113）*Quodlibeta*, iv. q. 17, p. 386, transl., p. 318. C. Panaccio, *Les mots, les concepts et les choses*（Paris, 1992）p. 159 参照。

（114）「類概念がただ一つの個物から抽出されることは決してない。そして遠くから近づいてくるものに関する議論に関しては、私がそのものを動物だと判断するのは、私が既に動物という概念――これは類概念である――を有しているからである、と私は答える。そして私が記憶による認識へと（in notitiam ricordativam）導かれていくのもこの概念による。それ故、もし私が動物という類概念を既に有していることがないならば、私は見られているものは存在者であるとだけ判断するだろう」（*Quodlibeta*, i. q. 13, p. 77, transl. pp. 67-68）。

（115）「第四に知るべきは、或るものに〈in quid〉に述語づけられるということは、或るものに真に述語づけられ、述語づけられるものに外的に属するようないかなるものも含意（importare）しないこと、そして真に述語づけられるもののいかなる特定の部分をも意味しないことである」*Expositio in librum Porphyrii de praedicabilibus*, 1, § 5（OPh. II, p. 22）。また *Summa logicae*, I, c. 18, pp. 65-68. 〈in quid〉と〈in quale〉については、M. C. Menges, *The Concept of Univocity regarding the Predication of God and Creature according to William Ockham*（St. Bonaventure, N. Y. 1952）pp. 42-56; P. Schulthess, *Sein, Signifikation und Erkenntnis bei Wilhelm von Ockham*（Berlin, 1992）SS. 55-96参照。

(116)「或るものが或るものに述語づけられており、これらの語が、それらが意味するすべてのものを全く同じ仕方で意味しているときは、〈in quid〉に述語づけられていることを知るべきである」(*Summa logicae*, III-2, c. 18, p. 651)。

(117)「もしこのような可述語が〈in quid〉に述語づけられていないならば、それはものの一部分を言い表し、これ以外の部分を言い表すことはなく、また当のものにとって外的ないかなるものも言い表すことがない。種差がこのような語である。例えば『理性的』は、それが人間の種差ならば、人間の一部分を、すなわち質料ではなく形相を言い表している。あるいはこの語はものの部分ではない或るものを言い表したり示したりすることもあり、この場合、それは偶然的に述語づけられるか必然的に述語づけられるかのいずれかである。それが偶然的に述語づけられれば付帯性と言われ、それが必然的に述語づけられれば固有性と言われる」(*Summa logicae*, I, c. 18, p. 67)。

(118) *Expositio in librum Porphyrii*, op. cit., proem., § 2, pp. 10–11.

(119) *Summa logicae*, I, c. 18, p. 66.

(120)「それ故明らかなのは、『白いものとは何か』という問いに対し『色のついたもの』と適切に答えられることであり、それ故『色のついたもの』は、類を広義にとれば類と言うことができる。しかし、指示代名詞によって提示される『それは何か』との問いに対して『色のついたもの』という答えは適切ではないので、それはこの『類』という言葉を厳密にとれば類ではないことになる。種についても同様である」(ibid.)。

(121)「『人間』は、その本質的なもの (essentialia) に関して類似している――たとえその付帯性に関しては類似していなくても――人間たち以外には当てはまらない (non convenit)、すなわち述語づけられない」(*Expositio in librum Porphyrii*, op. cit., proem., § 2, p. 15)。〈similimus〉については、C. Panaccio, *Les mots, les concepts*, op. cit., pp. 260–267.

(122)「何であるか」における類似性と付帯性の類似性の相違は、前者が推移的である (Xが種的にYに類似し、Yが種的にZに類似していれば、Xは種的にZと類似している) のに対し、後者は対称的 (XがYに類似していれば、YはXに類似している) であっても、推移的でない (XがYに類似し、YがZに類似していても、XがZに類似しているとはかぎらない) ことである。C. Panaccio, op. cit., pp. 264–265.

(123) *Expositio in librum Porphyrii*, op. cit., proem., § 2, p. 15; *Summa logicae*, I, c. 18, p. 62.

(124) C. Panaccio, op. cit., p. 262.

(125) Ibid., pp. 166–190 にみられる〈nominisme〉の説明を参照。

(126) A. de Libera, *La querelle*, op. cit., pp. 182–185.

(127) オッカムのイデア論については本書第十章1047–1050頁参照。

(128) *Ordinatio*, d. 35, q. 5 (OT. IV, pp. 490–492).

(129) Ibid., p. 482.

(130) Ibid., p. 507.

(131) Ibid., p. 488.

(132) Ibid., p. 486.

(133) Ibid., p. 493.

(134) Ibid.

indubitanter est tenendum quod Deus certitudinaliter et evidenter scit omnia futura contigentia. Sed hoc evidenter declarare et modum quo scit omnia futura contigentia exprimere est impossibile omni intellectui pro stato isto. (Ockham, *Ordinatio*, d. 38, q. unica)

あらゆる命題が真か偽かのいずれかであれば人間は自由でありえず、未来においてものことが偶然的に生起することもありえないだろうか。アリストテレスは『命題論』第九章でこの問いに対して肯定的に答えているように思われ、人間の自由とものごとの偶然的な生起を保持するために、あらゆる命題は真か偽かのいずれかであるという論理学上の前提を拒否している。同様の議論はキケロの『運命について』第九章と第十章にもみられ、キケロ自身はその理論的根拠を提示することなく、永遠に真でありながら因果の連鎖に含まれておらず、運命の必然性から自由であるようなものごとの存在を認めていた。

この問題は中世においては神の予知（praescientia Dei）ないし予定（praedestinatio）と人間の自由の両立可能性をめぐる神学上の議論の中に登場してくる[1]。神が人間の選択や行為も含めてすべてのものごとを確定的に（determinate）予知し、神の予知が確実（certa）で不可謬（infallibilis）であれば、神が予知したものごとは必然的に生起し、従って神の全知と人間の自由は両立不可能ではないだろうか。「認識する」とか「知る」という言葉には、その対象である事態が客観的に生起していること（従ってこの事態に言及する命題が真であること）が分析的に含意されており、全知なる神が過去、現在、未来のすべての事態（それ故人間の選択や行為）を認識し予知しているならば、当の選択や行為は必然的に生起し、人間の自由はありえないことになるだろう[2]。しかし、予知は予知されたものごとの必然的生起を引き起こすような原因だろうか。認識されたこととは真でなければならないという言明は、「認識する」とか「真である」といった語の意味についての言明であり、ものごとSを認識することと、Sを記述する命題Pが真であることのあいだには言うまでもなくいかなる因果関係も存在しない。従って神の予知のみから人間の自由の不存在を推論することは誤りではないだろうか。

しかし、神の全知とものごとの偶然的な生起（そして人間の自由な行為）が両立可能だとすれば、これをどのような論拠で証明することができるのだろうか。例えば、これを人間の認識作用と神の認識作用の根本的な相違によって証明できるだろうか。認識される対象の性格は認識する主体の認識様態ないし能力によって異なってくる。感覚を通じて認識する人間はすべての対象を時間と空間の枠組の中で認識するのに対して、時間と空間の外で永遠に存在する神の精神は、人間精神の観点からは過去、現在、未来に属するとされるすべてのものごとを永遠なる現在において認識する。もしそうだとすれば、たとえあらゆるものごとを神が確定的に認識ないし予知し、神によって非時間的に認識されたものごとは必然的に生起するとしても、このことは時間の中で生起するものごとのうちの或るものが偶然的に生起し、人間の行為が自由に遂行されることの妨げにはならないと考えられないだろうか。神の予知と人間の自由の両立可能性をめぐる問題は特にボエティウスの『哲学の慰め』第五巻において詳細に論じられ、中世スコラ哲学に受け継がれていった。本章はこの問題に関するオッカムの見解を明らかにすることを目的とするが、オッカムの見解を論ずる前にトマス・アクィナスとドゥンス・スコトゥスの見解を検討し、オッカムの見解との差異を明らかにしたい。

第一節　トマス・アクィナス
――無時間的な永遠性――

トマス・アクィナス[3]は、神が未来の偶然事（futura contingentia）を予知しうることを否定する論拠として次のものを挙げている。第一に、認識されうるものは真なることに限られるが、アリストテレスは『命題論』第九章で、未来の偶然事に関する命題の真理値は確定していないと述べており、それ故神は未来の偶然事を認識しえない[4]。第二に、現実存在に関連づけられたものだけが真理と関係づけられるが、未来の偶然事は現実存在を有しておらず、それ故未来の偶然事についての命題は真でありえないし、未来の偶然事についての認識もありえない[5]。更に第三に、神によって認識されるものはすべて必然的に存在しなければならない。というのも、存在していると神が予知していることが実際に存在しないのであれば、神の予知は誤っていることになるが、これは不可能である。それ故神が或ることを存在すると認識しているならばそれは必然的に存在する。しかし未来の偶然事は必然的には存在しないが故に神は未来の偶然事を認識しえない[6]。また第四に、不可能なことが可能なことから論理的に帰結することはないが、もし神が未来の偶然事を予知するならば、神の認識が誤りうるという不可能なことが帰結するだろう。いま、神が未来の偶然事（例えばソクラテスは座る）を予知しているとしよう。このとき、ソクラテスは座らないことが可能か不可能かのいずれかであるが、もし不可能ならばソクラテスが座ることは必然的となり、これはソクラテスが座ることが未来の偶然事であることと矛盾する。それ故ソクラテスは座らないことが可能でなければならないが、[7]ソクラテスがこの能力を行使して実際に座らなかったとしよう。このとき神の予知は誤りであったことになるが、これは不可能である。従って、不可能なことが可能なことから論理的に帰結することはありえないので、神が未来の偶然事を認識することは不可能でなければならない。第五に、真なる条件文の前件が必然的に真ならば、後件もまた必然的に真である。ところで「もしSがこれから生起することを神が知っていたならば、Sは生起するだろう」は真である。というのも、知識は真理についてのみあてはまるので、もし神がSを予知していたならば、Sが生起することは真でなければならないからである。しかしこの条件文の前件は必然的である。その理由は、永遠なるものはすべて必然的であり、神は自分が知っていたことすべてを永遠の過去から知っていたからである。また、前件は過去の事態に関するものであるが、過去の事態は既に起こったことであり、過去について言われることはどんなことでも起こらなかったと言うことが不可能なことだからである。従って上記の真なる条件文の前件は必然的に真であるから後件も必然的に真であり、神によって知られることはすべて必然的だということになる。それ故神は未来の偶然事について認識をもちえない。[8]

神の予知と未来の偶然事の両立可能性をめぐる問題の伝統的な解決の一つは、「必然性」の二つの意味を区別することにあった。「もしSがこれから生起することを神が知っていたならば、Sは生起するだろう」という条件命題は全体として必然的である（necessitas consequentiae）が、このことは後件もまた必然的であること（necessitas consequentis）を含意しない。条件命題の全体が必然的であることは後件の偶然性を排除するわけではなく、従って未来の偶然性、それ故人間の自由は保持される。しかし、トマスが挙げている上記の第五の論拠は、この種の二つの必然性の区別が問題の解決になっていないことを示している。当該条件命題の前件は過去形であり、既に生起したことは今や変更不可能であることから、前件は必然的な命題であり、この前件から論理的に帰結する後件もそれ自体において必然的である、というのがトマスの挙げる第五の論拠であった。過去に生起したことが変更不可能であれば、上記の条件命題の前件「Sがこれから生起することを神が知っていた」は変更不可能な既定の事実であり、この前提から妥当な推論によって導出される結論「Sは生起するだろう」も必然的に真である。

またトマスは『命題集註解』の一節で、神の予知と偶然性は両立不可能であるという主張の根拠として次の点を指摘している。

「偶然的に生起することは二つの理由からして神の認識（cognitio）を逃れているように思われる。第一に原因（causa）と原因によって引き起こされるもの（causatum）との相互関係による。というのも、必然的で不変な原因から生ずる結果は必然的と思われるからである。従って神の知識（scientia）はものごとの原因であり、しかも不変であることから、それは偶然的なものごとの知識ではありえないと思われる。第二に、知識とその対象との関係による。というのも、知識とは確実な認識（certa cognitio）であるから、たとえ神の知識はものごとの原因であるという上述の点を別にしても、まさに神の知識は確実であるという理由によって、当の神の知識は、知識の対象における確実性（certitudo）と確定性（determinatio）を要請するのであるが、偶然的なものごとはこれを排除するからである。このことは、ものごとの原因ではない我々人間の知識や、諸悪に関する神の知識においても明白である(9)」。

この主張の第一の論点に対し、トマスは神の知識がものごとの原因であることを認め、『神学大全』の一節で次のように答えている。

「神の知識はものごとの原因であると言うべきである。というのも神の知識とあらゆる被造物との関係は、職人の知識と工芸品の関係のようなものだからである。しかし職人は彼の知性によって仕事をするのであるから職人の知識は彼の作品の原因である。それ故、熱さが熱することの原理であるように知性の中の形相（forma intellectus）が創作の原理でなければならない。しかし注意すべきことは、自然的な形相（forma naturalis）は、それが存在を付与するものの中に内在する形相にすぎないかぎり行為の原理を示しているとは言えない、ということである。自然的な形相は、結果を生み出す傾向を有するが故に行為の原理を示しうるのである。同じように可知的な形相（forma intelligibilis）も、結果を生み出す傾向がそれに伴わないかぎり、単に知性の中に存在するだけでは行為の原理を示すことはない。この傾向は意志によって与えられる。可知的な形相は相反する事態に対して中立的であるから（というのも、同じ知識の中に、相反する事態がその対象として含まれることがあるからである）、意欲（appetitus）によってどちらか一方の事態へと決定されないかぎり、単なる可知的な形相が確定した結果を生み出すことはない。これは『形而上学』に言われているとおりである。今や明らかなことは、神の存在は神の知性の働きと同一であるから、神はその知性によってものごとを生み出す。それ故神の知識は、この知識に意志が結びつくことによってものごとの原因となると考えなければならない。従って、神の知識は、それがものごとの原因であることから通常、是認の知識（scientia approbationis）と呼ばれるのである[10]」。

更にトマスは神の知識がものごとの原因であることに加えて、それが不変であることも認めるが、神の知識がそれ自体で被造物の生成の十分条件であることを否定し、神が認識するすべてのことが必然的に生起するわけではないことを主張する。神の知識がものごとの原因であり、しかも不変であるならば、神によって認識されたものごとは神の不変な認識によって必然的に生み出され、従って偶然的に生起する被造物は存在しえないことにならないだろうか。トマスはこの推論を次のような論法によって拒否している。

「数多くの原因が相互に秩序づけられているとき、最終的な結果は、その必然性と偶然性に関して第一原因ではなく近接原因（causa proxima）に従う。というのも第一原因の力（virtus）が第二原因によって受け入れられるとき、それは第二原因に相応しい様態で受け入れられるからである。最終的な結果は、第一原因の力が第二原因に受け入れられることによらないかぎり、第一原因から生じることはありえない。このことは木が花を咲かせることにおいて明らかである。開花の遠因（causa remota）は太陽の働きであるが、その近接原因は植物の成長力（virtus generativa）である。しかし開花は、たとえ太陽の働きが不変であっても、成長力が阻止されることによって妨害されることがありうる[11]」。

部分的原因である太陽の作用と、二次的な部分的原因である花を咲かせる木の成長力が結合して花は咲く。しかし、たとえ太陽の働きが不変であっても木の成長力が阻止されることがある。太陽はその本性上、恒常的かつ不変的に同じ活動を行い、太陽の働きを十分条件とする結果を何ものにも妨害されることなく因果的に引き起こす。しかし、太陽の働きは木の開花の十分条件ではなく、近接原因たる木の成長力が何ものかに阻止されることにより、たとえ太陽の恒常的な働きは存在していても花が咲かないことがある。従って、木の開花のような結果は近接原因の作用が阻止されるか否かに依存し、それ故偶然的な出来事ということになるだろう。更にトマスは次のように述べている。

「同じように神の知識はすべてのものの不変な原因（invariabilis causa）である。しかし結果は第二原因の作用を通じて神の知識により生み出される。それ故、神の知識は太陽の運動やこの類いのもののような必然的な結果を必然的な第二原因を媒介にして生み出すが、偶然的な結果は偶然的な第二原因を媒介にして生み出されるのである[12]」。

それ故、トマスによれば神の知識は必然的な原因ではあるが、それのみでは第二原因の活動にとって十分ではなく、神の知識の必然性は第二原因にも、神の知識と第二原因の協働によって生み出される結果にも、そのまま伝えられることはない。

次に上記の主張の第二の論点、すなわち知識の対象は現実に存在する確定したものごとでなければならず、ものごとの偶然性が不確定性を意味するかぎり、被造物に関する神の永遠で完全なる知識は被造物の世界における偶然性を排除するという論点については、トマスはものごとが存在論的に永遠に確定していることを認める一方で、偶然性を存在論的不確定性と同一視することを拒否し、或るものごとの偶然性をもっぱら当のものごとの近接原因の潜在的な力との関係において捉える。先ずトマスは「存在すること」（esse）の三つの様態の区別を指摘することから議論を始める。

「次のように言うべきだと私は答える。認識されるすべてのものは何らかの様態において存在していなければならず、少くとも認識する者自身の中において存在していなければならない。それ故『いかなる意味においても存在者と言えないものについては何も言明することができない』とアヴィケンナは述べている。……しかし事物の存在は三つの意味で理解されうる。すなわち、その原因によって生み出された固有の本性において（in propria sua natura ex suis principiis educta）存在するか、何らかの原因の潜在的力の中において（in potentia alicujus causae）存在するか、何らかの認識する者の知覚の中で（in apprehensione alicujus cognoscentis）存在するかのいずれかである[13]」。

トマスによれば人間が事物について確定的な知識をもてるのは二つの場合に限られる。一つは事物がそれに固有の本性において確定的に存在しているときであり、人間は既に現実に生起したものごとについて、この意味において確実な知識をもつことができる。もう一つは、常に同じ働きをして何ものにも妨害されることのない原因から事物が必然的に生起する場合であり、例えば科学者が太陽の軌道や日蝕についてこのような意味で確実な知識をもつことができる。

「しかし、そこから多くの場合に結果が生ずるが、数は少なくても場合によってはそこから結果が生じないような原因が存在する。それ故、この種の原因においては未来の結果の絶対的な確実性（certitudo absoluta）はありえないが、当の原因が一方の結果に比べて他方の結果へとより多く確定されているかぎりにおいて、ある程度の確実性が存在している。それ故、このような原因によって未来についての推測的な知識が得られるのである。この知識は、原因が或る一つの結果へとより多く確定されている程度において相対的に確実なものと言える。例えば未来の健康や死についての医者の認識や、未来の風や雨についての天文学者の判断がそうである。しかし或る原因は相反する二つの出来事のそれぞれと同じ関係にあり、この種の原因において は、未来の結果はいかなる確実性や確定性をも有することはなく、それ故、その原因から二つの出来事のいずれもが生じうるような偶然事は、いかなる仕方においても認識されることはありえない。

しかし偶然事が既に事物の本性において実現されているときは、その偶然事はそれ自体において確定された存在（esse determinatum）を有しており、それ故、それらが現実態において存在しているときは確実に（certiudinaliter）認識され、このことは例えばソクラテスが走るのを見る者において明らかである。というのもソクラテスが走っているときにソクラテスが走ることは必然的だからであり、その者は確実な認識をもつことができる[14]」。

偶然に生起する事態が未だ実現（確定）していないとき（すなわち認識主体の面前に現在していないとき）時間の中に置かれた認識主体たる人間は事態を憶測的な仕方以外では認識することができない。しかしトマスによれば偶然性は世界の存在論的な不確定性にではなく近接原因の因果性に基づいているにすぎないことから、人間と異なり神は現実に時間の中で生起するすべてのものごとについて確実な知識を有している。

「それ故神は、どの時点であろうとその本性において存在するすべてのものごとを永遠の過去から（ab aeterno）知っていたのであり、それらの事物の本性を知覚に捉えることにより、そして神自身の認識の中においてだけでなく、また何らかの原因の潜在的力の中においてだけでなく、その本性の存在において（in esse naturae）それらが存在することを見ることによって、それらの事物を永遠の過去から知っているのである。これは次の理由からして明白である。すなわち、或るものが実在しているならば、神はそのものが固有の本性において有している存在を認識することは確かだからである。しかし、もし神が永遠の過去から、当のものが神の認識の中で、あるいは原因の潜在的な力の中で有する存在しか認識していないとすれば、神の認識は時間の連続的経過を通して達成されていくということになるだろう。ところが神はこれらのものを直視（visio）による知識によって知っていると言われるのである(15)」。

そしてトマスは、神がどの時点であろうと世界に実在する（未来の偶然事も含む）あらゆるものごとを直視によって確実に認識していることを、神が無時間的な意味で永遠であることによって説明する。トマスによれば、神の永遠性は神があらゆる時点で存在していることではなく、時間の外にあること、無時間的であることを意味する。

「それ故私は次のように主張する。神の知性は永遠の過去から各々の偶然事を単にその原因の中に存在するものとしてだけでなく、その確定した存在において（in esse suo determinato）あるものとして見ている（intuetur）のである。……ボエティウスは『哲学の慰め』の最後の箇所でこれがどのように生ずるかを明確に説明している。なぜならば、既に述べられたように、あらゆる認識は認識者の様態に応じて（secundum modum cognoscentis）存在するからである。それ故神は永遠であるから神の認識は永遠性の様態をもたなければならず、この様態は連続なしに（sine successione）すべてが同時にある（esse totum simul）ということである。かくして、時間は連続的であるが、神の永遠性は同一にして不可分な今存在するものとしてあらゆる時間に現在している。同様に、あらゆる時間的なものごとは相互に連続してはいるものの、神の認識はこれらのものごとを自らにとって現在するものとして見ている。神の認識との関係では、これらのいかなるものごとも未来のものごとではなく、これらのものごとの一つは他のものごととの関係で未来のものごとである、ということである(16)」。

そしてトマスは時間の外にある永遠なる神が時間内のあらゆる瞬間に対して同時的に現在する様態を、円の中心と円周上の点によって比喩的に説明している(17)。円周上のいかなる点も他の点と同一の場所を占めることなく円周の連続性を構成しているように、時間内のいかなる時点も他の時点と同一であることなく時間の連続性を構成している。しかし円の中心が円周上のあらゆる点と等距離にあって現在するように、神の永遠性も時間内のあらゆる点に対して等しく現在している。そしてトマスは次のように結論する。

「それ故神は永遠で非連続的な一瞥（intuitus）によって時間内のあらゆるものごとを見ているのであるから、神は様々な時点で存在するすべての偶然事を単に神の認識の中でのみ存在を有するものとして見ているのではない。というのも神は永遠の過去から自分がものごとを認識していること、ものごとが神の認識の中で存在していることを知っているだけではないからである。むしろ神は永遠の過去から一瞥によって個々の時間を見ており、見るだろうし、これこれしかじかのものごとがこの時点では存在し、この時点では存在しないことを見ており、見るだろう。しかし神はこのものごとを、先行する時間との関係で未来として見たり、未来との関係で過去として見るのではなく、当のものごとが現在する時間を見て、そしてその時間にものごとが現在することを見るのである。我々人間の知性においてこのようなことは起こりえない。人間の知性の作用は様々な時間に応じて連続的なものだからである。かくして神が偶然事（contingentia ad utrumlibet）について確定的な知識をもつことを妨げるものが何もないことは明らかである」[18]。

それ故トマスによれば神は無時間的であると同時に、神にとっては、時間の中に地位づけられるすべてのものごとがその確定された存在において無時間的な所与として存在している。すべてのものごとが無時間的に現前している神の目から見ると、前、同時、後といった時間的な前後関係は、無時間的な所与である事物のあいだに存在する前後関係であり、過去、現在、未来の事物のあいだに存在論的な身分の点で相違があるわけではない。神は各々の事物をその確定的な存在において無時間的に見ているが故に、これらの事物と、時間の流れにおけるそれらの位置につき確実な知識を有している。しかしこのことは無時間的な神によって確定的に認識されているものの一部が偶然事（例えば人間の自由な行為）であることの妨げとはならない。或るものごとが偶然事であるということは、そのものごとに先行する原因の中に、当のものごとを生み出す可能性と生み出さない可能性があったことを意味するにすぎないからである。神がすべてのものごとを無時間的に認識していることと、これらのものごとの一部が偶然事であることは両立可能である。

トマスによれば、人間にとって未だ実在しない未来は神にとっては現実であり、神はこれを永遠に認識している。時間には、過去、現在、未来へと直線的に流れる人間にとっての時間と、神と共に永遠で、過去、現在、未来へと流れる連続性のみられない「永遠の今」としての時間が存在する。人間の時間の中で或るものごとが人間にとって現在するとき、それはものごとが現在において実在していることを意味し、今実在しているものだけが人間にとって現在する。これに対して神にとっては、過去、現在、未来の三つの次元はすべて現在し、それ故現実的なものである。神にとっての現在は、人間的時間の流れの中に位置するものではなく、人間にとっての現在とは合致しない。むしろ神にとっての現在は人間の時間の流れのうえにあり、この流れのすべての部分が神にとって現在する。

さて、トマスは過去に生起したものごとが確定した変更不可能な事実であり、絶対的に必然的なものごとであることを認めており、それ故過去における神の認識の不可変性を根拠とした決定論を論駁不可能と感じていた。未来のものごとについての神の予知と、当のものごとの偶然性を両立不可能と考える立場を神学的決定論と呼ぶならば、この限りでトマスは神学的決定論者だったと言えるだろう。トマスは、神が未来のすべてのものごとを予知していたことを認めたうえで、なおかつ未来の或るものごとの偶然性（それ故人間の行為の自由）を主張することはできないと考えていた。神の完全なる予知と人間の自由のディレンマを解決するためには、この種の決定論を無効にしうるような理論を提示しなければならなかった。

そこでトマスは「もしSがこれから生起することを神が知っていたならば、Sは生起するだろう」という命題が、これを言葉どおりに理解すると無意味な命題になることを主張することで、神の予知と人間の自由の問題を解決しようと試みる。未来の偶然事についての神の予知をトマスがどのように理解していたかをもう少し詳しく見るために、先ず、実在しないものごとに関する神の認識をトマスがどのように理解していたか検討してみよう。

トマスによれば、神は自己を認識することにより、自己の力によって創造可能なすべてのものごと――実在するものと実在しないものを含むすべてのものごと――を認識する。神の自己認識は完全な認識であり、神は実在する、そして実在しうるすべての被造物の第一原因であることから、第一原因たる自己自身を認識することによって自己の創造行為から結果しうる万物を認識する[19]。そして神の力は無限であるから、神が自己認識を媒介して認識するものごとには既に実在するものだけでなく、未だ実在しないものごとも含まれている。しかし実在しないものごとは、端的に実在しないものごと、純粋に可能的な存在にとどまるものごとと、過去に実在したが最早実在しないものごと、あるいは未来に実在するが未だ実在していないものごとに区別され、前者が単なる可能的な存在であるのに対し、後者はある意味で実在に参与している存在と言えるだろう。神の認識もこれら二種類の非実在者に応じて異なっている。

「しかし現実に存在しないものごとのあいだにみられる差異に注目しなければならない。或るものごとは、今は現実に存在していなくても、過去に存在していたか、未来に存在するかのいずれかである。これらのものごとのすべてを神は直視の知識（scientia visionis）によって知ると言われる。その理由は、神の存在（esse）と同一である神の認識行為（intelligere Dei）は、永遠性によって測られ、連続性なくして存在することによって時間の全体を把握することから、神の現在は時間の全体へと向けられ、従って、どの時点であろうとあらゆる時間において存在する万物へと——ちょうど自己の前に現在する対象へ向けられているように——向けられている。これに対して別のものごとは神によって、あるいは被造物によって創られうるが、現に創られておらず、未来に創られることも過去に創られたこともないものごとである。これらのものごとに関しては、神は直視の知識ではなく単純知性の知識（scientia simplicis intelligentiae）を有すると言われる[20]」。

ここで直視の知識とは、神が自らの無時間的な永遠性において自己の前に置かれた事物の時間的な流れを「見る」ことである。トマスによれば現実世界（人間にとって過去、現在、未来に存在する世界のものごと）についての神の認識はこのように「直視の知識」の形態をとる[21]。トマスにとり、現実化したものごと、あるいは必然的なものごとのみが認識可能であるから、未だ可能態にしかないものごとを認識することは不可能である。それ故神は人間にとっては未来に生ずる偶然事を永遠性の相のもとに現在するものごととして直視するのである。

これに対し「単純知性の知識」は神が現実化しうるあらゆる可能世界についての知識であり、神は自己の本質と力を認識することで、可能な万物を認識する。トマスによれば神は被造物を三つの様態のもとに認識する[22]。すなわち第一は、自己の力の中に在り、自己によって創造されうるものとして、第二は時間の経過の中で第二原因から生じるものとして、第三はそれ自体で現実に存在するものとして認識する。過去、現在、未来のいずれにも存在せず、純粋の可能性でしかないものは、第一の様態のもとに神によって認識され、この認識が「単純知性の知識」と呼ばれる[23]。

さて、トマスによれば神と神の認識対象は完全に時間の外に存在する。神にとってこの世に生起する万物は永遠に現実態のもとにあり、過去、現在、未来の時間的区分は存在しない。それ故上記の条件命題「もしSがこれから生起することを神が知っていたならば、Sは生起するだろう」の前件と後件は、それぞれ過去と未来において真とされる命題ではなく、実は神の永遠なる現在において永遠に真なる命題なのである。そして前件と後件は共に必然的に真であるが、それは神の永遠なる現在において必然的に真なのであり、後件が人間にとって未来の偶然事であることがこれによって排除されることはない。既述の如く、トマスは神の永遠性における「現在」を円の中心にたとえ、時の経過を円周にたとえながら、円周のあらゆる部分が円の中心にとって現在しているように、時間のあらゆる部分も永遠性の「現在」にとって現在していることを主張するのである。

後にみるようにドゥンス・スコトゥスはトマスの見解を批判し、円の中心と円周の比喩が不適切であると主張する。中心から見て円周は常に現在するのに対して時間は絶えず流れゆくものであり、時間の全体が中心にとって同時に現在することはありえない。中心にとって現在するのは「今」という時点のみであり、この点は絶えず過去へと消え去っていく。スコトゥスによればトマスの見解は時間を流れることのない静止した状態として捉える点で端的に誤っている。

しかしトマスによる円周と時間の比喩が不適切であることを別にしても、過ぎ去ったすべてのものごとは変更不可能である、という主張は本当に正しいだろうか。トマスは過去の変更不可能性を根拠にして、前記の条件命題の前件は必然的に真であると考えている。未来に生起するものごとと異なり、過去のものごとは或る種の必然性を帯びている。既に生起したものごとは取り返しのできないものごとであり、この意味で（覆水盆にかえらず的な）必然性を帯びている。この必然性は論理的必然性とは異質の必然性だろうか。それとも「過去は変更不可能である」は矛盾律から導出される論理的に必然的な命題だろうか。もしそうであれば、矛盾律には拘束される神にとっても過去のものごとを起こらなかったことにするのは不可能だろう。それでは過去を変更する力をもつことが論理的に不可能であるのに対して、未来に対し力を及ぼすことは可能だろうか。中世の神学者は過去のものごととは異なり、未来に生起するものごとの一部が偶然的であることを確信していた。しかし、過去について言える必然性が論理的必然性だとすれば、未来も同じ意味において必然的ではないだろうか。過去のものごとが変更不可能だとすれば、未来のものごとも変更不可能である。過去のものごとがまさにそのようなものとして生起したように、未来のものごともまさにそのようなものとして生起するのであり、この点では過去も未来も変更不可能ではないだろうか。しかし重要なことは、上記のことから過去（や未来）のものごとが必然的に生じた（生じる）ことは帰結しない、ということである。この意味において過去も未来も共に偶然的たりうるのである。

トマスは未来の偶然事を神が認識していることを否定するのは誤りであると同時に、人間行為の決定論も誤りであること、神が予知する人間行為が自由な行為であり、これについて報酬や刑罰を有意味に語りうることを認めていた。しかし神の予知と未来の偶然事はいかにして両立可能か。トマスは既に述べたような神の無時間的な直視の知識によってこの難問を解決しようと試みる。

トマスによれば偶然事は二つの意味で理解することができる(24)。第一に事実が既に現実化しており確定しているとき、当の事実は確実で不可謬な知識の対象たりうる一方で偶然的事実でありうるだろう。或る人間の行為Sを私が直視しているとき、私の直視は完全に確定したものごとの直視であるが、この確実な直視によってSが必然的なものごととなるわけではない。「ソクラテスが座るのを或る人が見ている事実によって、原因と結果の秩序（ordo causae ad effectum）に関する（ソクラテスが座ることの）偶然性が失われるわけではない。その人の目は、ソクラテスが座っているあいだ、ソクラテスが座っていることを極めて確実に、そして誤ることなく見ている。というのも個々のものごとは、それ自体において存在するものとして既に確定しているからである(25)」。偶然的なものごとでもそれが現実化した後は、言うまでもなく最早それを阻止することはできず、現に存在する偶然事について誤りのない判断を下すことができる。第二に、我々は偶然事をその近接原因において考えることができ、この場合は二つの相反するもののどちらが生ずるかは未確定であるが故に偶然事は確定的な認識の対象とはなりえず、その認識は単に憶測的なものにすぎない。

それでは神は未来の偶然事についてどうして確実で不可謬な知識を持ちうるのだろうか。既述のように、トマスによれば神は無時間的な永遠性において過去、現在、未来のあらゆるものごとを直視しており、神は自分にとって現在するこれらのものごとについて確実で不可謬な直視の知識を有している。そして神に直視されることで、これらのものごとが偶然的でなくなるわけではない。

> 「偶然事はそれが未来のものごとであるかぎりにおいてのみ知識の確実性と反立し、それが現在のものごとであるかぎり、このような反立は存在しない。というのも、偶然事が未来のとき、それは存在しないこともありうる（potest non esse）からである。従って当のものごとが存在するだろうと推測する者の知識が誤っていることもありうる。すなわち、もし彼が未来のものごととして推測することが生起しないならば、それは誤っていることになるだろう。しかし偶然事が現在のものごとであるかぎり、現在のその時点でそれが存在しないことはありえない。それは未来において存在しないことがありうるが、このことは偶然事が現在のものごとであるかぎり、当の偶然事に影響を

及ぼすことはない。それが影響を及ぼすのは、それが未来のものごとであるかぎりでのことである。それ故、人が走るのを或る者が見ているとき、人が走っているとの判断は偶然的であっても、その感覚の確実性からいかなるものも減じられることはない。それ故、現在存在するかぎりでの偶然事に関するあらゆる知識は確実でありうる。しかし、永遠の過去からの神の理性の一瞥（intuitus）は時間の経過の中で生起するものごとの各々へと——そしてこれら各々のものごとが現在するものとして——向けられている。……それ故、永遠の過去から神が偶然事について不可謬な知識をもつことを阻むものはないことになる[26]」。

偶然事はそれが現在において存在するとき、存在しないことはありえず、存在せざるをえない。偶然事は因果的には偶然的なものごとであるが、それが存在するときは存在しないことがありえないという意味で時間的に必然的であり、確実な知識の対象たりうる。

「偶然事は事物の本性において存在するものと指定されるかぎりで神の認識と関係づけられる。しかし偶然事はそれが存在するに至った時点から、それが存在するときに存在しないことはありえない。というのも、アリストテレスの『命題論』で言われているように、存在することは、それが存在するとき必然的に存在する（quod est, necesse est esse quando est）からである。しかしだからといって、それが端的な意味で必然的であることにはならないし、また神の知識が誤っていることにもならない。これはちょうどソクラテスが座るのを私が見ているあいだは、たとえ（ソクラテスが座ることが）偶然的であっても、私の視覚に誤りがないのと同様である[27]」。

偶然事はそれが現在するときは確実な認識の対象たりうることを主張した後に、トマスはすべてのものごとが神の永遠性において現在し、不可謬な仕方で認識されうることを論ずる。トマスによれば永遠性と時間の流れの総体は不可分な点と連続体の関係にあり、この不可分な点は時間の連続体の外に位置づけられる。既に触れたように、神と時間の連続体の関係は円の中心と円周の関係のようなものである。円周上のどの点もそれ自体は不可分であるが、他のどの点とも同時的には存在していない。しかし円の中心は円周上のすべての点と直接的に関係づけられている。神の永遠性は円の中心であり、時間の流れである円周上のすべての時点は同時的ではないが、永遠性は円の中心のように、円周である時間のすべての時点と同時的に存在する。この意味で、時間の内部で生起するすべてのものごとは神にとっては現在している。

「それ故、時間のどの部分であろうと、その部分において存在するすべてのことは、永遠に対して現在するものとして、永遠と共に存在している。しかし、それは時間の他の部分に対しては過去ないし未来である。しかし或るものは、それが永遠なるもの全体に対して共存するときにのみ永遠なるものに対して現在的に（praesentialiter）共存しうる。というのも、永遠なるものは連続的に継続するわけではないからである。それ故神の知性は、その永遠性の全体において、時間の流れの全体を通じて生起するすべてのものを、自己にとり現在するものとして見ている。しかし、時間の或る部分において生起するものは必ずしも常に存在していたわけではない。それ故神は、時間の経過に従うと未だ存在してはいないものを認識しているということになる[28]」。

それ故神はものごとを連続的に過去、現在、未来として経験するのではなく、時間の流れの全体が神の目前に広がっている。しかし神はすべてのものごとを相互に同時的なものとして見るのではなく、すべてのものごとのあいだの前後関係を同時に見ている[29]。神にはその永遠性において未来の偶然事をも含むすべてのものごとが現在し、直視の知識によって神に知られている。

「それ故、神の知識の直視（visio divinae scientiae）は永遠性によって測られ、この永遠性は、そこにおいてすべてが同時的であるが、時間のどの部分にも不在であることのない永遠性であることから、神は時間の中で生起するすべてのことを未来ではなく現在のこととして見ている、という帰結になる。というのも、神によって見られているものは、確かに当のものが時間的にその後に続くことになる他のものにとっては未来のことであるが、時間の中にはなくその外にある神の直視にとっては、そのものは未来ではなく現在のことである。それ故我々は未来のことを、それが我々の直視にとっては未来のことであるから未来のこととして見る。というのも我々の直視は時間によって測られるからである。しかし時間の外にある神の直視にとって未来というものは存在しない[30]」。

人間にとって過去、現在、未来に存在するものごとは神にとっては現在し、神はこれらのものごとすべてを直視する。従って厳密に言えば神は何も予知することはない。人間Xが時点tにおいてはじめてSを行うとき、神は「XはSを行う」という命題がtにおいて真であること、t以前の時点では偽であったことを無時間的な永遠性のもとに知っている。無時間的な神の認識については、神は今この時点で或ることを知っているとは言えないが、神が無時間的に万事を知っていることは今この時点で真であると言うことができるだろう。しかし、現在のものごとについての我々の知が当のものごとに必然性を課すことがないように、神の無時間的な知ものごとに必然性を課すことはない。

さて、神が未来の偶然事を予知しうることを否定する論拠として既に挙げられたものに対し、トマスはどのように答えているだろうか。先ず、未来の偶然事についての命題の真理値は不確定であるとの反論に対してトマスは、「偶然事はそれが未来のことであるかぎり確定していないにしても、それが自然の領域において生起するや否や確定的に真となる。神の認識の直視(intuitus divinae cognitionis)は、このような仕方で当の偶然事に向けられているのである」[31]と答える。この「確定的に真となる」とは何を意味しているのだろうか。人間にとって未来の偶然事が確定的に真となるのは、それが現実に生起した後のことであり、それ故時間的に必然的なものとなってからのことである。しかし、神にとっては偶然事はそれが現実に生起していなくても確定的に真であるとトマスは考えているのであるから、言うまでもなく上記の「確定的に真となる」は時間的に必然的であるという意味ではなく、「確実に認識可能である」という意味で理解すべきだろう。人間にとって偶然事が確実に真として認識されるのは、それが現実に生起し時間的に必然的なものになった後のことであるが、神は偶然事をそれが現実に生起する以前から確実に知っている。しかし注意すべきは、トマスにとり未来の偶然事について述べる命題を人間は確実に真であると認識できなくても、当の命題は真でありうるということである。トマスによれば、真理の対応説は命題が真理値をもつために命題の記述対象たる事態が実在することを要求するわけではない。

「知性と事物のこのような合致ないし対応において、これら二つの各々が現実に存在する必要はない。我々の知性は、今は存在していなくても未来に存在するであろうものと合致しうるのである。もしそうでないと、『反キリストが生まれるだろう』と言うことは真ではなくなるだろう。それ故命題は、そこで述べられているものが存在しないときでも、知性の中にだけ存在する真理の故に真と言われうる」[32]。

従って未来の偶然事に関する命題は、対応する事実が存在していないから真理値を欠く、と主張することはできない。ものごとが未だ存在しないことから、ものごとの中に真理はなくても、未来の偶然事について命題を形成する知性の中に真理がありうる。そして未来の偶然事について述べる命題が、当の偶然事が現実に生起する以前から真であるからといって、これが決定論を含意するわけではない。もっともこの種の命題を確実に真であると認識することは、少くとも人間にとっては不可能である。因果的に必然的に生起する未来のものごとが確実に真であると認識されうるのに対して、未来の偶然事はその近接原因の不確定性の故に、真か偽かのいずれかではあっても、確実に知られることはない。

それ故第一の反論に対するトマスの答は次のようなものになるだろう。未来の偶然事について述べる命題は真か偽か確実に知られることはない。もし神が時間内存在であれば、命題の真理値を確実に知ることはない。しかし無時間的な永遠性において存在する神にとって未来の偶然事は現在し、命題が真か偽か確実に認識可能である。そして神によって確実に真と認識されることは、未来の偶然事からその偶然性を奪うことはない。

次に、偶然事はそれが未来のものごとであるかぎり現実態において存在しておらず、存在しないものは真理たりえないことから認識の対象たりえない、という第二の反論に対してトマスは次のように答えるだろう。すなわち、未来（そして過去）のものごとは今の時点で存在してはいなくても、無時間的な永遠性における神の目から見れば存在しており、それ故神は当のものごとを存在するものとして認識する、と。そして既述のように、トマスは或る出来事についての命題が真であるためには、命題に対応する当の出来事が現実に存在しなければならないと考えてはいなかった。未だ存在していない未来の出来事（そして既に存在しない過去の出来事）に関しては、当の出来事に関する真理は、命題に対応する出来事自体の中にではなく知性の中に存在する。[33] 未来の偶然事について述べる命題が真理値をもつためには、命題が述べる出来事がやがて現実に存在するようになることだけで十分である。

神によって知られることは必然的に存在しなければならないから未来の偶然事は神によって認識されえない、という第三の反論に対しては、トマスは命題によって言及されている事物の必然性（necessitas de re）と、命題について言われる必然性（necessitas de dicto）を区別することで——この区別は分割的意味における（in sensu diviso）必然性と複合的意味における（in sensu composito）必然性とにそれぞれ相応する——答えている。[34]「神によって知られていることは必然的に存在しなければならない」という命題を、事物の必然性の意味で（分割的意味で）理解すれば、それは偽である。この場合、「神によって認識されていること」を任意の主語で、例えば「ソクラテスが座ること」で置き換えれば「ソクラテスが座ることは必然的に存在しなければならない」となるが、これは偽である。これに対して上記の命題を命題の必然性の意味で（複合的な意味で）

理解すれば、「神によって知られていることが存在するのは必然的である」ということになり、これは真である。要するに、この場合は様相演算子が命題の全体を支配しており、「神によって知られていることは存在する」は必然的に真なる命題だということを正当にも述べているのである。このように理解されれば、神によって知られていることが偶然事でありうるし、決定論が含意されているわけでもない。それ故、もし神が或ることが存在することを知っているならば、それは必然的に存在する、という帰結にはならない。

第四の反論に対してはトマスは帰結の推論の必然性（necessitas consequentiae）と帰結されることの必然性（necessitas consequentis）の区別でもって答える。[35]「もしソクラテスが座ることを神が予知するならば、ソクラテスは座るだろう」は必然的に真であるが、だからといって「ソクラテスは座るだろう」が必然的であることにはならない。ソクラテスは座ることも座らないことも可能であるが、「もし神がソクラテスが座ることを予知しているならばソクラテスは座る」は必然的に真である。トマスによれば、神はソクラテスがtの時点で座ることを無時間的な永遠性のもとに見ており、ソクラテスが座っているのを神が見ていれば、ソクラテスは必然的に座っているのであるが、これは de dicto には真であっても de re に真なわけではなく、ソクラテスが座ることが偶然事ではなく必然事であることを含意しない。神の視点から見れば、ソクラテスが座ることは現実化され、阻止不可能にして不可変であり、この意味でソクラテスが座らないことは不可能である。というのも、ソクラテスは座っているのであるから、同時に座らないことは不可能だということである。ソクラテスが任意のあらゆる時点において行うことが神の永遠性にとって現前しており、神はtにおいてソクラテスが自由に座ることを単に永遠性において見ているにすぎず、これは時間の中で神が未来の一時点tにおいてソクラテスが座ることをあらかじめ知っているという意味ではない。それ故神の予知と未来の偶然事は両立可能である。

更に、未来の偶然事についての神の予知が過去のものごとであるという点に依拠した第五の反論に対しては、トマスは次のように答える。[36]或る見解によれば、「神はこの未来の偶然事を知っていた」は偶然的な未来のものごとへの暗黙の言及を含むことから必然的に真なわけではない。神の認識作用は過去のことでも、認識対象が可能態にあれば、この認識作用が知識か否かは偶然的なことである。例えば「ソクラテスが座るだろうことは神は予知していた」は、ソクラテスの行為が依然として未決定であるかぎり偶然的命題であり、もしソクラテスが座らなければ、結局のところ神はソクラテスが座ることを予知していなかったことがわかるだろう。これは後述のオッカムの見解でもあるが、この見解に対するトマスの反論の基本的な前提は、もし神が時間内存在であり、このような神がソクラテスが座ること（S）を予知したならばSは必然的に生起すると考えねばならないという主張である。[37] トマスによれば神がSを予知していたことは時間の中で確定した不可変な事実、すなわち時間的に必然的な事実であり、この事実を述べた命題が未来への言及を含むことは、この事実の必然性の妨げにはならない。神が未来のものごとを予知していれば、神は不可謬なるが故に、時間的に必然的な神の予知からS自体の必然性が帰結する。それ故上記の見解は、神によって予知された未来のものごとの偶然性を基礎づけることはない。

トマスは、神の知識は必然的であっても神によって知られたものごとSが偶然的であれば「神はSを予知する」という命題は偶然的である、という立場をも批判する。この立場によれば、神は自らが予知することを必然的に予知するが、神によって予知されることは偶然的でありうるが故に、「神はSを予知する」という命題も偶然的でありうる。しかしトマスによれば、「神は未来のものごとSを予知した」という命題の真理値は、Sが必然的か偶然的であるかによって左右されることはない。予知されているものごとSが必然的か偶然的であるかは、命題の真理値と様相にとって無関係である。すなわち、過去形の命題（神はSを予知した）は時間的に必然的であり、ものごとSの偶然性は命題の様相と無関係である。[38]

更に或る見解によれば、「神がSを予知すればSは生起するだろう」という命題の前件は必然的であるが、後件が同様に必然的なのは、それが前件を近接原因として、これによって因果的に決定されている場合に限られる。というのも前件が遠因であれば、結果の必然性は近接原因によって阻止されうるからである。しかしこの見解に対して正当にもトマスは「必然的な後件が必然的な前件から帰結するのは、原因と結果という性格によるのではなく、後件と前件との関係（ordo）による」[39] のであり、ここでは因果的必然性ではなく論理的必然性が問題になっていることを主張する。どのような真なる条件命題も、もしその前件が必然的ならば後件も必然的である。[40] そして「もしSが生起することを神が予知したならばSは生起するだろう」は必然的に真であり、この命題の前件は必然的であるから後件も必然的である。しかしこの場合、条件命題の必然性は論理的必然性であるのに対して前件の必然性は既に述べたように時間的な必然性である。従ってトマスの主張は、性格を異にする二つの必然性（命題全体の論理的必然性と、前件の時間的必然性）から後件の必然性が帰結するということになるが、この帰結はどのような意味で必然的なのだろうか。Sは未だ生起していないのであるから時間的必然性でないことは明らかである。それでは後件の必然性は単なる論理的必然性だろうか。とすれば前件の時間的必然性はどのような役割を果たしているのだろうか。

この点、トマスは明確に答えてはいない[41]。

トマスは「神はSが生起することを予知している」という命題が未確定な未来への言及を含むことから偶然的であることを主張して上記の第五の反論を論駁する立場を批判した後、第五の反論に対する自分自身の論駁を提示する。トマスによると「Sが生起することを神が予知するならばSは生起するだろう」の前件は予知という精神的行為に言及しているが、後件も同じように、精神的行為とは独立に実在する対象に言及しているのではなく、予知という精神的行為に言及しているものとして理解されるべきである。この意味で、正確には「Sは生起するだろう」は未来ではなく神に現前するものごとであり、それ故、上記の命題は「もし神がSを知っているならば、それは存在する」という趣旨で理解すべきである。第五の反論に対するトマスの返答は、神にとって予知はありえないのであるから、「神はSが生起することを予知する」という前件は偽である、ということになるだろう。しかし実際にはトマスは神の予知を明確には否定せずに、これを神の無時間的永遠性によって説明した。もっとも「神はSが生起することを予知する」を「神はSの生起を知っている」という意味で理解したとしても、後者は相変わらず時間的に必然的である。過去と同様に現在も変更不可能であり時間的に必然的だからである。それ故、生起する結果について述べる後件「Sは生起するだろう」も必然的となるだろう。トマスはこのことを認めていた。トマスによれば、我々人間が神は未来のものごとSを知っている（知っていた）と言うとき、知識とものごとのあいだに時間的なずれが存在することが想定されているが、神の知識にとってはこのようなずれは存在せず、未来は存在しない。従って、神に知られていることが存在しないといったこともありえない。というのも、「既に存在しているものが、当の時点との関係で存在しないことはありえないからである[42]」。従って、「神がものごとSを知っていればSは存在する」の前件が時間的に必然的であるのと同様に、「Sは存在する」も時間的に必然的となる。しかしトマスは現在において存在するものごとの時間的な必然性を、当のものごとの偶然性と両立不可能とは考えていなかった。「Sは存在する」は現時点で既に決定し変更不可能であることから時間的に必然的であるが、このことはSが偶然事であることの妨げにはならないからである。

トマスにとって決定論の脅威は未来のものごとに関する命題が既にあらかじめ真であることからではなく、この命題を神が予知している（予知した）ことから生じる。というのも神の予知は過去のものごと、既に決着した変更不可能なものごとであるが故に時間的に必然的だからである。もし神が未来の偶然事を予知したとすれば、神の知識は不可謬であるから決定論が帰結するだろう。しかし未来の多くのものごとは（生起するか否か）不確定であるが故に、この種の未来のものごとは不可謬な仕方で予知されえない。それ故時間内的な神は未来の偶然事を予知できないだろう。しかし神は無時間的な存在者であり、時間の流れの全体を超越している。時間の中で連続的に生ずるすべてのものごとは神の面前に現在し、神は直視の知識によって時間の流れの全体を無時間的に把握する。それ故神は、人間にとっては未来のものごとを無時間的に知っているが、神にとって無時間的に現前して神に知られているものは——現実に存在するものが当の時点で存在しないことはありえないという意味で——必然的であるにしても、この必然性は決定論を含意しない。というのも神の知識は各々のものごとに先行せず、これらと同時的であり、近接原因に対する各々のものごとの偶然性を消し去ることなく当のものごとの生起を見ているからである。

既にみたように、神の予知と未来の偶然事の両立可能性を説くトマスの論拠の中核は時間論にあった。過去、現在、未来に存在するすべてのものごとは神に現前し、神は自らの永遠性において時間の流れの全体を直視する。トマスはこの事態を円の中心と円周の比喩を用いて説明した。トマスによれば、このように時間の流れの全体が神にとって現在していなければ、神は未来の偶然事について知識をもちえない。神は自分が知る未来のものごとについての命題が真であることを、現在において存在する事実からの推論によって知るのではないからである。もし神が時間内存在であれば、神は現在において存在する原因から未来の偶然事を不可謬的に推測することはできない。神は時間の外にある存在者であり、人間にとっては過去、現在、未来のものごとも、それぞれ流れる時間の中の一時点に存在するものとして、無時間的な神の目から見れば存在論的にみて同等に実在している[43]。しかし神は未来の偶然事も含めてすべてのものごとを直接的に認識すると考えてはならない。純粋現実態としての神の直接的な認識対象はあくまでも神自身であり、神は自己自身を認識することによって自己の力と、この力が生み出せる結果を認識する。神は万物の第一原因たる自己自身を認識することによって、被造物をその本質においてのみならず、その個体性において間接的に認識する[44]。

さて、神の眼差しの前で未来の偶然事の偶然性を保持しようとするトマスの試みにとって脅威となるのは、他ならぬトマス自身の主張、すなわち神の認識はその対象の原因であり、対象が神の認識の原因ではないという主張である。

「人間の理性による知識はある程度まで事物によって引き起こされる。それ故、知りうるもの（scibilia）が人間の知識の尺度ということになる。というのも理性によってそのようなものだと判断されたことが真であるのは、そのものが実際にそのようであるからであり、この逆ではないからである。しかし神の理性はその知識によってものごとの原因なのであり、それ故その知識がものごとの尺度でなければならない。……それ故、事物が人間の理性に対してあるように、神の理性は事物に対してあるのである」[45]。

人間の判断ないし命題はそれが実在する事物に一致するが故に真とされ、真なる判断や命題が実在する事物の原因ではないのに対して、時間的なものは永遠なるものを引き起こせないことから、時間の中に存在する被造界のものごとが永遠なる神の認識を因果的に引き起こすことはありえない。

「知識が知識の対象となるものごとの原因であるか、知識の対象であるものごとが知識の原因であるか、あるいは両者が一つの原因によって引き起こされるかのいずれかである。しかし、神によって知られることが神の知識の原因であると言うことはできない。というのも、ものごとは時間的なものであって、神の知識は永遠であり、時間的なものは永遠なるどのようなものの原因にもなりえないからである。同様に、両者は一つの原因によって引き起こされるとも言えない。というのも、神が有するものすべては神自身であることを見れば、神の中に引き起こされるようなものが存在することはありえないからである。従って神の知識がものごとの原因であるということしか残されていないことになる」[46]。

トマスによれば神の予知は、その予知の対象が存在することの原因である。しかしそうだとすると、神の予知が真であることを保証するものは何であろうか。トマスは真理とは認識する理性と認識対象の合致に存すること、理性の中に形成された命題は現実との対応によって真とされることを認めただろう[47]。しかし変化のない単純な純粋現実態たる神の理性は命題を新たな形成することはない。神は自己の本質を認識することによって万物の本質を知り、万物の本質を知ることによって、万物につき真なるものとして言明されうるすべての可能な命題を知っている。しかし神の知識がものごとの原因ならば、神によって知られる可能なすべてのものごとが現実化することにならないだろうか。これに対してトマスは特定の可能なものごとを現実化することに神の意志が同意したときにのみ神の知識は現存するものごとの原因となると述べ、これを是認の知識（scientia approbationis）と呼んでいる[48]。従ってものごとの原因は単純なる神の知性ではなく、意志が付随した「是認の知識」ということになるだろう。とすれば神は自己が現実化しようと望む知的形相を基礎としてものごとを創造することになるが、これは現実世界についての神の知識が現に実在するものに依存しているということではないだろうか。神は自らの知性が認識する可能なすべての事態の中から意志によって特定の事態を選び、これを創造した後にこの事態を認識することになるが、これは現実世界についての神の認識が当の事態の実在に依存していることを意味する。しかしまた、現実世界のものごとの存在が神の意志によって決定されるのであれば、人間の意志の働きもその存在が第一原因たる神の意志によって決定されていることになり、これは決定論に帰着しないだろうか。この点トマスは、「我々にとって神が我々の意志の原因（causa voluntatis）であるだけでなく意志作用の原因（causa volendi）でもあること……意志のあらゆる働きは神の意志たる第一の意志を原因として引き起こされること(49)」を認めていたと同時に、神が人間の意志の選択を知っており、これを決定することは当の選択の偶然性を排除しないと考えていた。

「それ故、ものごとの原因である神の知識と、この原因によって引き起こされるものごと自体のあいだには二つの媒介物（duplex medium）が存在している。一つは神の側からの、すなわち神の意志であり、もう一つは何らかの結果であるかぎりでのものごと自体の側から、すなわち第二原因である。ものごとはこの第二原因を媒介として神の知識から生じる。……従って神によって知られたものごとは、神の意志によって条件づけられ第二原因によって条件づけられた神の知識から生ずる。これらのものごとは、必ずしもあらゆる点において神の知識に従うわけではない(50)」。

未来の偶然事としての人間の自由な行為を救うために先ず第一に言えることは、神が意欲するものはすべて必然的に存在することになるが、この必然性は「仮定による必然性」（necessitas suppositionis(51)）（すなわち或るものごとが神によって意欲されるとすれば、必然的にそれは存在するだろうということ）であり、神はそのものごとと反対のことも意欲しえたのであるから、そのものごとがそれ自体で必然的ということではない。しかしこの答えは目下の論点との関係では的はずれだろう。今問題になっているのは、神にとっては或るものごとSを意欲する必然性は存在しないが、ひとたびSを意欲したら、それが生起することは因果的に決定されているということである。「ソクラテスがtの時点で座る」（p）ことを神が永遠の過去から(52)意志しているならば、すなわちpが真であることを神が意志しているならば、ソクラテスがtに座ることは神の「是認の知識」によって因果的に決定されており、それ故必然的な出来事と考えねばならないだろう。

更に、神は或るものごとが偶然的に生起することを意志するのであるから、当のものごとは偶然的に生起しなければならないというトマスの主張も[53]、因果的必然性が関係している場合は妥当しないだろう[54]。人間の可能な意志の働きのうちどれが現実化されるべきかを神は永遠に決定しており、これを知りながら当の意志の働きを因果的に引き起こすのであるから、人間の意志の働きは神に対して偶然的ではありえない。トマスによれば、ものごとの生起は神との関係では因果的に決定されており、それは近接原因に対して偶然的であるにすぎない。しかし、第二原因の作用も神の「是認の知識」によって因果的に決定されているのであるから、ものごとの生起は第二原因によって阻止されるが故に神の知識は当のものごとを必然的に生み出すことはない、というトマスの主張は妥当しないと言うべきだろう。トマスは、神の知識は神によって知られる万物の原因であると主張することによって、被造物の世界を、神によって自由に（それ故偶然的に）選択されてはいるが（人間からみれば）因果的に決定された世界とみなしており、従ってトマス自身の意に反して神学的決定論に陥っているのではないだろうか。

第二節　ドゥンス・スコトゥス

——神の意志決定と予知の確定性——

スコトゥスは未来の偶然事と神の予知の関係をイデアの観念によって説明する立場を拒否した後[55]、トマスに代表される見解を次のように解説する。

「未来の偶然事についての神の確実な認識を次のような仕方で提示する別の見解が存在する。（この見解を支持する）人々は、万物がその現実的存在において永遠に神にとって現在すると主張する。というのも、時間及び時間の中で流れるものごとが、ちょうど棒が川の中央に固定されたときに棒が川の全体にとって現在するような仕方で永遠に現在する、といった想像をすべきではない、と彼らは主張するからである。つまり棒は川の諸部分に現在するが故に川の全体に連続的に現在するからである。しかし永遠は時間の全体と、そして時間の中で流れる万物と同時的に存在し、このことから時間の全体と時間の中で連続的に存在するものごとは永遠に対して現在する（praesens aeternitate）のである。例えば永遠が円の中心で、流れる時間の全体が円周だとしよう。このとき円周は永続的に動き、その部分が他の部分に引き続くにしても、中心との関係では同じ状態にとどまっている。彼らはまた別の例として、家の屋根の上に立つ人の例を挙げている。

この見解を支持するために彼らは次のように主張する。もし永遠ないし神が、流れる時間の全体と同時的に存在していないならば、神は無限大（immensus）でないことになるだろう。これはちょうど、神が空間のあらゆる部分に同時的に遍在しないならば、無限大でないのと同様である。それ故、神は時間の全体と同時に存在している。かくして時間の中で連続的に存在するものは、これらの現実的存在において神と永遠にとって同時的に現在しているのである。

更に永遠は時間全体と同時に存在し、今存在する時間における『今』（'nunc temporis）を超越している。しかし、これは永遠が他の時間における『今』と同時に存在しているからに他ならない。（そうでないと永遠は超越していないことになるだろう）この理由により、永遠は他の『今』と同時に存在し、そしてあらゆる『今』と同時に存在していることになる[56]」。

スコトゥスはトマスの見解を以上のように要約した後で、この見解に対する批判へと向かう。

「もし未来のあらゆるものごとがその現実的存在において神に対し現在するならば、神が新たに何らかのものごとを生み出すことは不可能だろう。というのも、その現実的存在において神に対し現在するものとして対置されているものごとは、生み出されたものとして神に対置されているのであり、生み出されるべきものとして対置されているのではないからである（というのも、後者の場合であれば、それは神にとって現在するものとして対置されることはないからである）。それ故、もし未来の偶然事がその現実的存在において神に対置されているならば、神は同一のものを二回生み出すことなくして未来の偶然事を生み出すことはないだろう[57]」。

スコトゥスによれば、神の永遠性に対してものごとが現在しうるのは、これらのものごとが完全な意味で現実的なものごとであるときに限られ、そして時間的に現在のものごとのみが完全な意味で現実的なものごとだとすれば、万物は現在の時点で完全な意味で現実的なときにのみ神の永遠性に対して現在すると言われうる。しかし、或る時点で現実化しているものごとが後の時点で初めて現実的に生み出されることは論理的に不可能であるから、もし神の永遠性に対して万物が現在していれば、いかなるものも未来において現実に生み出されることはありえない（神はいかなるものも新たに生み出すことはありえない）という不合理な結論が導き出され、また、或る現実的なものごとは未来に初めて現実化されるとすれば、そのものごとは二回現実化されるという不合理な結論が導き出されてしまう。従ってスコトゥスによれば、未来の偶然事は神の永遠性にとって現在するというトマスの見解は自己矛盾しているが故に、神の全知と未来の偶然事（人間の自由な行為）を両立化させるための正しい見解とは言えない。

更にスコトゥスはトマスが援用する円の中心と円周の比喩についても、時間内に存在する万物が神の永遠性にとって同時に現在することを示すための適切な比喩ではなく、むしろトマスの意図に反する事態を示していることを主張する。

「円の中心と円周に関する別の例については次のように反対のことが結論されると言うべきである。というのも直線が引かれ、その一端が中心となり、別の一端が――数学者の想像に従って――回転し、かくしてそれが静止したものを背後に残すことなく、ただ流動する円周だけを引き起こすならば、この円周の全体が一つの時点で同時に存在することはありえないのであるから、中心が円周全体と同時に存在することはない。時間についても同様である。時間のいかなるものも、或る瞬間以外には存在しない。それ故時間は連続的に流れるにしても、それが全体として永遠に対して同時に存在することはない。従って時間は静止した円周ではなく流動する円周であり、時間における今でないかぎり、永遠に対して現在することはない。……また他方で次のように主張されたとき、すなわち『時間の全体が同時に存在するならば、永遠性の単一の今（unum nunc aeternitatis）は全時間を包含することになる。それ故、時間の全体が同時に存在することはないという事実によって永遠の無限性が縮小することがないのであるから、永遠性は全時間を包含していることになる』と主張されたとき、この推論は妥当しないと言うべきである。というのも、仮に今存在する宇宙とは別の宇宙が存在したならば、神は現実の宇宙とは別の後者の宇宙においても遍在しており、『それ故神は、存在しないこの別の宇宙にも今存在していることになる』という推論は妥当しないからである。従って、神が時間の全体と共に存在してはいない理由のすべては、実在的な関係が欠如していること、他方の関係項――すなわち未来の時間――の存在が欠如していることに存する」[58]。

この一節でスコトゥスが要するに言おうとしているのは、時間の全体が或る同一の時点において同時的に存在することは論理的に不可能である、ということである。未だ存在していない時間や、未だ存在していない宇宙が仮に存在することになれば、神はこれらの時間や宇宙においても現実に存在するという命題は真であっても、このことから神の永遠なる今が（人間にとって）流れる時間のすべてを包含しているという結論が導出されるわけではない。神の永遠の今と時間の全体とを二つの関係項としたとき、未来の時間という他方の関係項が現実に存在しないのであるから、神の永遠の今が時間の全体と同時的に存在することは論理的に不可能である。

スコトゥスによれば神の永遠性に対して現在しうるものは現実に存在するものに限られ、現実に存在するものは現在の時点で存在するものに限られるが故に、時間の中で存在する被造物のうち神の永遠性に対して現在しうるものは、現在の時点で存在するものに限られる[59]。それ故、未来に偶然的に生起するものごとを神が確実に認識していることを、当の未来のものごとが神的永遠性にとって現在しているという偽なる命題を根拠にして説明することはできない。

しかし、これはトマスに対する有効な反論にはならないだろう。というのも、人間にとって時間の中で生起する過去、現在、未来のすべてのものごとは神にとっては確定された存在形態において無時間的に存在するというのがトマスの主張だからである。従って、神の永遠性はすべての時間に対して現在し、あらゆる被造物は確定された存在形態において神に対し現在しているとトマスが主張するとき、トマスは神と被造物が時間の中で相互に現在していると主張しているのではなく、神の永遠性を無時間性として、時間の流れの外にあるものとして理解しているのである。トマスはスコトゥスと同様に、すべての時間が一つの時点で同時に存在することは言うまでもなく論理的に不可能であると考えたはずである。しかし神が無時間的であるという意味で永遠なる存在者であるならば、永遠なる神が過去、現在、未来のあらゆる時間に対して現在するというトマスの見解には、スコトゥスが指摘するような矛盾はみられない。確定された存在形態におけるものごとに対して神の永遠性が現在しうるのは、これらのものごとが完全に現実化しているときに限られることをトマスもスコトゥスと同様に認めている。両者の見解の対立は、完全に現実化しているものとは何かという点に関する解釈の相違に由来する。スコトゥスによれば、時間の中で生起するものの中で現在の時点において存在するものだけが完全に現実化し、永遠は現存するものごととのみ共存するのに対して、トマスは、時間の中で生起するものはすべて神の無時間的な永遠性にとって確定した存在形態において現実化していると考え、これら現実化したものについて神の確実な認識が可能であることを主張しているのである。

更にスコトゥスは、ものごとのうちの或るもの（例えば人間の行為）が偶然に生起することを近接的な第二原因によって説明するトマスの論法を批判する。トマスによれば神はすべてのものごとについて不変で確定的な知識を有しているが、だからといってすべてのものごとが必然的に生起することにはならない。世界に生ずる或るものごとが偶然的に生ずることは明らかであり、トマスはこれらのものごとについての神の確定的認識を保持する一方で、偶然性を近接原因と関係づけて説明する。

これに対してスコトゥスは次のように反論する。

「もし第一原因がそれに近接する原因を必然的に引き起こし動かすならば、そして第一原因が後者の原因に対して必然的な関係を有しているならば、この第二原因は、それが動かし引き起こすものを必然的に動かすことになる。というのも第二原因は第一原因によって動かされないかぎり、動かすことはないからである。それ故、第二原因が第一原因によって必然的に動かされ、引き起こされるのであれば、それは他のものを必然的に動かし、そして生み出されるべき結果へと至るまでそのような仕方でずっと続けられることになる。かくして諸原因の全秩序はものごとを動かすことにおいて必然的なものとなるだろうし、その結果、これらの原因はいかなる結果も偶然的には生み出しえないことになるだろう。従って、もしものごとの中に偶然性があるとすれば、第一原因は第二原因を偶然的に動かすか、あるいは結果を偶然的に動かし、それ故偶然性が第一原因の作用から生ずるようでなければならない。かくして、もし万物が第一原因との関係で必然的なものだとすれば、いかなるものも偶然的に生ずることはないだろう[60]」。

スコトゥスによれば、第一原因たる神が必然的に第二原因を生み出し、第二原因は第一原因によって動かされないかぎりいかなる結果をも引き起こさないのであれば、第一原因の必然的作用は下位の諸結果にまで波及し、第二原因に引き続くすべてのものごとは必然的に引き起こされることになる。そうだとすれば、第一原因が第二原因を必然的に引き起こすことを認めたうえで或るものごとの偶然的な生起をその近接原因によって説明するトマスの見解は論駁されたと言えるだろう。偶然的に生ずるものごとが世界に存在することを認めるかぎり[61]、神たる第一原因自身が直接的に結果を偶然的に生み出すことをも認めなければならない、というのがスコトゥスの結論である。

更にスコトゥスは「神の中で、神がそれによって存在者を偶然的に動かすところのものは何か」を問い[62]、それが神の理性ではなく意志であることを主張する。「神の理性は、神の意志作用に先行して自らが認識するすべてのことを必然的かつ自然的に認識する[63]」が故に、理性においては相互に矛盾する二つの事態に向けての偶然性（contingentia ad opposita）は存在しない。神の理性の認識対象は必然的であると同時に神の理性がこの対象を認識することも必然的である。神の理性は相互に矛盾する事態をも含めてすべての事態を中立的に認識するだけであれば、この認識は実践的知識（scientia practica）ではありえず[64]、理性によって認識された可能な事態のうち特定のものを現実に創造するのは神の意志である。従って世界に存在する偶然性の根拠は神の理性ではなく意志に求められるべきである(65)。

偶然性が神の自由な意志に由来することを指摘した後、自由意志と偶然性の関係をより明確にするためにスコトゥスは偶然性の二つの意味を区別する。

「偶然性及び可能性の一つの形態は、意志が連続的に異なった対象へと向かう場合である。この可能性及び偶然性は意志の可変性から帰結する。そして可能性のこの意味によって、例えば「白いものは黒くありうる」(album potest esse nigrum)のように、反対で対立した名辞から構成される可能性の命題が識別される。そして、分割的意味で(in sensu divisionis)理解したときこの命題は真である。つまり、「aの時点で白いものはbの時点で黒くありうる」(album in a potest esse nigrum in b)のように、名辞がそれぞれ異なる時点で可能性をもつものと理解されるかぎりで、命題は真である。それ故、この可能性は連続性から由来する。このような意味で「彼を愛する意志は彼を憎みうる」(voluntas amans illum, potest odire illum)もまた分割的意味において真である(66)」。

ここで言われている意味での偶然性は意志の可変性(mutabilitas)に由来する偶然性であり、この偶然性においては、反対の二つの名辞から構成される可能性の命題は、一つの名辞が一つの時点と関係づけられ、他の名辞が後の他の時点と関係づけられた場合にのみ(つまり、命題を二つの命題の連言として分割的意味で理解した場合にのみ)真である。

しかし意志の可変性に基づくこの種の偶然性は単一で不可変の神の意志にはあてはまらない。神の意志は自由であるから反対する二つの対象を生み出しうるが、時間の経過の中で変化することはありえない。それ故神がaの時点でSを意志し、bの時点で$\overline{S}$を意志することはないが、単一かつ不変の意志をもってaの時点でのSとbの時点での$\overline{S}$を同時に意志しうる。神の自由な意志に対応する偶然性及び可能性は、神の意志の論理的な力(potentia logica)ないし論理的可能性(possibilitas logica)に基づく(67)。

「しかしこの論理的可能性は、それによって意志が連続的に作用するような可能性ではなく、意志が同一の時点で作用する可能性である。というのも意志が一つの意志作用を有しているまさに同一の瞬間において、それと反対の意志作用を有しうるからである。例えば意志が一つの瞬間にだけ存在すると仮定したとき、この瞬間に意志が或ることを意欲したならば、このとき意志は連続的に意欲し、そして意欲しないというようなことはありえないが、それがaを意欲する当の時点においてaを意欲しないことが可能である。というのも、まさに当の瞬間において意欲することは意志自体の本質には属していないし、意志の自然的属性（passio naturalis）でもないからである。従ってそれは意志から偶然に（per accidens）生じていることになる。しかし、或る偶然的付帯性（accidens per accidens）と反対の付帯性が何らかの瞬間において意志主体と矛盾することはなく、それ故この瞬間にaを意欲しないこともありうるのである(68)」。

意志と意志作用（およびその対象）のあいだに本質的関係が存在せず、両者の関係が偶然的であれば、或る時点で或る対象を意欲する意志は、同一の時点で当の対象を意欲しないことが可能である。そして意志のこのような論理的可能性に対応しているのが意志の現実的な力（potentia realis）である。

「そしてこの論理的可能性に対応するのが現実的な力である。というのも、あらゆる原因は結果に先行すると理解されうるからである。かくして意志は、意志作用を行う当の瞬間においてその意志作用に自然において（natura）先行し、意志作用に対して自由な状態にある。それ故意志が意志作用を行う当の瞬間において、当の意志は意志作用を行うことに対して偶然的な関係にあり、意志作用を行わないことに対して偶然的な状態（habitudo）にある。この理由は、意志が自ら欲することに対し先ずはじめに（prius）偶然的な状態にあったからではない。というのも、その時点では意志は原因でなかったからである。むしろその理由は、意志が或る意志作用を生み出す原因となっている今この時点において、当の意志はその作用に対して偶然的な状態にあり、かくして「aの時点において意欲しつつ、aの時点において意欲しないことが可能である」（volens in a. potest nolle in a）点に存する。しかし、この命題は複合（compositio）と分割（divisio）に分けて理解されねばならない。それは複合的な意味においては偽である。つまり述語が可能性の演算子（nota possibilitatis）と共に「aにおいて意欲する意志」全体に帰せられると理解した場合に、それは偽である。しかし分割的な意味においては、その命題は真である。その理由は、反対のことがそれぞれ異なった時点で理解されるからではない（これが意味をもつのは行為が継続しているときである）。上記の命題が分割的な意味で真であるのは、そこには二つの命題が存在しているからである。この命題は黙示的に二つの命題を含んでいる。すなわち、一つの命題において意志に関し一つの意志作用が言明され、もう一つ別の命題において絶対的な意味で理解された意志に関し反対の意志作用が可能性の演算子を伴って言明されている。このときの意味は、「意志はａの時点において意欲している。そして意志はａの時点において意欲しないことが可能である」ということであり、この命題は真である。なぜならばａの時点において意欲する意志は意志作用を自由に行っているからであり、この意志作用は意志の属性（passio）ではないからである(69)」。

スコトゥスによれば意志は同じ瞬間にSを意欲することも意欲しないことも（Sを意欲することも$\bar{S}$を意欲することも）可能であり、これが意志の現実的な力である。意志のこの力は具体的な意志作用の原因であるが、意志と意志作用のあいだの因果関係は、意志が意志作用に時間においてではなく自然において（あるいは構造的に）先行するという意味で理解されねばならない(70)。そして、意志はSと$\bar{S}$を同時に意欲しうるという命題は、「Sを意欲している意志が同時に$\bar{S}$をも意欲する」という論理的に矛盾したことが可能だという意味ではない。このことをスコトゥスは命題の複合的意味と分割的意味を区別しながら説明している(71)。

或る瞬間においてSを意欲する人間の意志はSを意欲しないことも可能であり、具体的な意志作用（volitio）に自然において先行する意志（voluntas）は、当の意志作用を行わないことも可能である。そして人間の意志に関しては、意志は或る瞬間において意志作用に自然的に先行するだけでなく、時間の継起の中で先行している。意志作用から生じる結果の偶然性はこのような意志の他行為可能性に基礎づけられる。同じことは神の意志についても言えるだろう。しかし神の意志は永遠に単一かつ不変であるから、内的に作用するかぎりでの意志（voluntas in quantum operativa ad intra）が、産出的（productiva）であるかぎりの意志に時間的に先行することはなく、「単一の意志作用によって石が存在することを永遠において意欲し、また、石が存在しないことを永遠において意欲できるか石が存在することを意欲しないことができる。それ故内的に作用し結果に先行するかぎりでの神の意志は対象を産出することも産出しないことも可能である」。人間の意志が或る瞬間にSを意欲することも意欲しないこともできるように、神の意志は永遠の同一の瞬間において（in eodem instanti aeternitatis）Sを意欲し産出することもしないことも可能であり、「永遠の瞬間において石の存在を意欲する神の意志は同じ瞬間において石の存在を意欲しないことが可能である」という命題は分割的な意味で理解されれば真である(72)。そして世界に存在するものごとの偶然性は神の意志のこのような可能性を根拠にしている。神によって産出されたものごとは産出されないこともありえたという意味で偶然的なのである。

次にスコトゥスは以上の見解に対する三つの反論を挙げ、これら各々の反論を拒否している。第一の反論は、「存在するすべてのことは、それが存在するとき、必然的に存在する」（omne quod est, quando est, necesse est esse）というアリストテレスの『命題論』第九章の言葉に依拠したものであるが(73)、この反論に対しスコトゥスは次のように答えている。

「第一の反論に関しては、我々は「存在するすべてのものは、それが存在するとき、必然的に存在する」という命題につき、複合的な意味と分割的な意味を区別しなければならない。これは『もし或る人間が走るならば、動物が走ることは必然的である』（animal currere, si homo currit, est necessarium）という命題についてと同様である。複合的な意味でとれば、この命題は定言的な真なる命題であり、推論の必然性（necessitas consequentiae）を示し、その意味は『或る人間が走れば動物が走る、は必然的である』ということである。この場合、『或る人間が走れば動物が走る』が必然的なのである。これに対して分割的な意味では、『もし或る人間が走れば、動物が走ることは必然的である』ということになり、この場合、命題は仮言的な偽なる命題であり、その意味は、もし或る人間が走れば、動物が走ることは必然的だということであり、これは帰結することの必然性（necessitas consequentis）を示している。今問題になっている命題についても同様である。この命題は複合的な意味では真であり、共在の必然性（necessitas concomitantiae）を示しており、その意味は、存在するすべてのものは、それが存在するとき、存在するのは必然的である（omne quod est quando est, necesse est esse）ということであり、「すべてのものは、それが存在するとき存在する」が必然的であること（esse necessarium 'omne esse quando est'）を示している。しかし、分割的な意味でとれば命題は偽であり、「存在するすべてのものは、それが存在するとき、それが存在することは必然的である」（omne quod est, quando est, necesse est esse）というように共在するものの必然性（necessitas concomitantis）を示し、その意味は、「存在するすべてのものは、それが存在するとき必然的に存在している」ということであり、これは偽である。なぜならば偶然事はそれが存在するとき必然的に存在してはいないからである。しかし、今問題になっている命題では、aの時点で何か或るものを意欲する意志は、絶対的な意味で、aの時点でそのものを意欲しないことが可能だということであり、ここでは何らかの共在の必然性が意味されているわけではないので、反論は正鵠を射ていない[74]」。

更にスコトゥスは第二の反論を次のように説明する[75]。いま、「あなたはローマにいる」という偶然的命題pがaの時点で偽であるとしよう。このとき、「あなたはローマにいる」という当の命題pは同じaの時点で真でありうると主張されたならば、それは「あなたはローマにいる」という命題を同じaの時点で真なる命題にすることができるということである。このことが起こりうるのは、運動（motus）か変化（mutatio）によるしかないが、一つの瞬間に運動や変化は存在しえず、従ってpが偽であると同時にpが真でありうる、といったことは不可能である。或る時点でpが偽であり、或る時点でpが真でありうるとき、前者と後者の時点は同一の時点ではありえない。同じように「意志はpを意欲する」と「意志はpを意欲しないことが可能である」が同一の時点で共に真であるようなことはありえない。

この第二の反論に対するスコトゥスの返答は極めて単純であり、反論が前提としている「命題pが或る時点で真であり、或る時点で偽でありうるならば、これら二つの時点は同一でありえない」という規則（regula）を端的に否定し、「あなたがローマにいることがaの時点で偽だとしても、それはaにおいて真でありうる。これは、意志がaにおいて或ることを意欲しても、aにおいてそれを意欲しないことができるのと同様である」と主張する。

第三の反論は次のように主張する。

「更に、aの時点において或ることを意欲する意志が、aにおいてそれを意欲しないことが可能ならば、このとき、そのような力は意欲する行為と同時にか、それより先に存在しているかのどちらかである。しかし、行為と同時にではありえない。というのも、そうだとすると同一の時点で反対のことが存在することになるからである。それ故、それは行為に先行する能力である。ところが、これは偽である。なぜならば、いかなる力もaの時点でその行為に先行することはありえないからである。先行するとすると、分割可能となり、不可分の瞬間でなくなってしまうが、これとは反対のことが前提とされているからである[76]」。

現実にpを意欲することと、pを意欲しない力（potentia）とが同一の瞬間に存在しえないことを論拠にしたこの反論に対してスコトゥスは次のように答える。

「力（可能性）は行為に対し時間的に先行しているわけではなく、行為と同時に存在するわけでもない。それは行為に対し自然において先行しているのである。というのも原因は、それが自由かつ偶然的に結果を引き起こすとき、その結果に自然において先行しているからである。そして原因が結果を引き起こすその瞬間において、それは結果を偶然的に引き起こす。なぜならば、もし原因が当の瞬間において偶然的に引き起こさないとすれば、それはそもそも偶然的に引き起こすことはないからである。というのも、このとき原因は他の瞬間において偶然的に引き起こすこともないからである(77)」。

第三の反論に対するスコトゥスの返答は、意志それ自体と意志の現実的な働きを時間的な継起において捉えることを拒否し、前者が後者に対し自然的ないし構造的に先行することを主張する。スコトゥスによれば、偶然的行為は、当の行為と反対の行為が同一の瞬間において可能なことを前提としている。言うまでもなく、これは反対の二つの行為が同一の瞬間において共に存立可能であることではなく、或る偶然的な意志作用が生じたとき、当の同一の瞬間においてそれと反対の作用が可能であることを意味する。

さて、ものごとの中に偶然性が存在することが認められたとき、それでは神は偶然的なものごとについてどのようにして確定的（determinata）で確実（certa）な、そして不可変（immutabilis）で不可謬（infallibilis）な知識（scientia）をもつことができるのだろうか。未来の偶然事についての神の知識（ないし認識）の確定性、確実性、不可変性、不可謬性は未来のものごとの偶然性と論理的に両立可能だろうか。この点につきスコトゥスは先ず次のように議論を開始する。

「私は次のように主張する。神の理性は或る命題（complexio）を真ないし偽として理解することなく、（ちょうど『星の数は偶数である』と私が理解するときのように）真でも偽でもないものとして（ut neutrum）自らの意志に提示する。私が例えば『私は座る』のような或る命題を私の意志によって真なる命題にすることができると想定したとき、最初は当の命題は私によって真でも偽でもないもの、単に想定可能（speculabile）なものとして理解されていたのが、それが現実化され、意志によって実際に（矛盾する二つのものごとの）一方へと決定されたときには、それは真なるものとして理解されることになり、単にそれ以前は真でも偽でもないものとして意志に提示されていたにすぎない。

同様に、ここで問題とされている点に関しても、神の理性は第一次的には実践的なものではなく、或ることを為されるべきものとして第一次的に理解するのではない。理性はそのことを真でも偽でもない中立的なものとして意志に提示する。しかし意志は（矛盾する二つのものごとの）一方を現実化したり現実化しないことによって自ら決定を下し、それからそれが真なることを理性が理解する。

しかしこれは二つの仕方で理解されうる。一つは、何らかの命題が為されるべきものとしてではなく中立的なものとして絶対的な意味で神の意志に示されたとき、神の意志は一方の命題を選択し、この一方の命題は、神がそれが存在するようになることを欲した時点で存在するだろう。しかし理性は、一方へと意志が決定したこと、そして神の意志が妨害されえないことを見て、ここから未来のものごとが存在するであろう当の時点において存在することを確実に認識する。しかし、このような認識の仕方においては何か推論的（discursus）なものが存在しているように思われる。あたかも神の理性は、意志の決定を見ることによって、偶然的なものごとの存在様態を更なる反省によって見るかのようである。

それ故、次のような別の言い方も可能であり、この方がおそらくよりよい言い方だろう。すなわち、意志が一方へと決定を下したとき、それは「為されうる」（factibilis）そして「創出されうる」（producibilis）という存在様態をもつことになる。このとき理性は意志の決定を見ることによって当の一方の命題を見るのではなく、神の本質が理性にとって当の命題を表象する直接的な根拠となっている。私は、先ず最初に神の本質は命題の諸名辞を神の理性に示し、（我々人間の理性の中で生じているように）これに基づいて命題それ自体を示すと言っているのではない。もしそうだとすると神の理性は価値を低められるだろう。むしろ本巻の冒頭で述べられたように、神の理性が、神の理性にとって諸名辞を理解する直接的な根拠である如く、命題についても同様である。例えば、仮に私が見つづける行為をとっていると想定したとき、私は今は白いものを見ているが、この白いものが取り去られると——見る行為は変わることなく——他のものを例えば黒いものとして見るだろう。同じような仕方で神の理性も、神の意志によって生み出された或る命題の真理（この真理を直接的に神の理性に示すのは神の本質である）を見る。この命題は、神の意志によって決定された後にはじめて為されるべきことという様態のもとで神の本質の中に現れるのである。他方の命題についても同様である[78]」。

要するにスコトゥスによれば、二つの命題pと$\bar{p}$のどちらか一方が神の意志決定によって真とされることで、その命題は「為されうる」ものあるいは「創出されうる」ものという存在様態をもつことになる。しかし神の知識は意志決定を自然的ないし構造的に前提としてはいるものの、時間的に前提としているわけではなく、従って当の意志決定により引き起こされるわけでもない。神が偶然的な事態であろうが必然的な事態であろうが何らかの事態を認識するとき、この認識の直接的な根拠は神の本質自体にある。換言すれば神によって意欲されるすべての事態は、神の一つの永遠なる意志決定によって意欲されているのであり、この意志作用によって決定されたすべての命題を直接的に認識していることが神の本質に属している。それ故、或る一つの命題が真理値を受け取ることは神の意志によって決まるものの、神が真なるすべての命題を認識している事実は神の本質を根拠としているのである[79]。

しかしここで注意すべきは、スコトゥスによれば神の意志がすべての命題の真理値を決定する（determinare）にしても、これは神の意志が偶然的なものごとを含むすべてのものごとを因果的に引き起こすことを意味しないということである。決定されるということは、単に神によって認識される、あるいは認識可能な命題の真理値が確定していることを意味するにすぎず、認識された事態に内在する因果的構造が当の認識によって影響を受けることはない。例えば人間の罪深い行為は偶然的なものごとであり、それを因果的に引き起こすのは神の意志ではなく（神は罪深い行為を決して欲することはない）人間の意志である。神は永遠の過去から当の罪深い行為の生起を意志によって決定し、この意志を自然的ないし構造的に前提として神の理性は当の行為を永遠の過去から認識しているとしても、行為の生起の神による決定は行為命題の真理値の決定を意味するだけであり、その因果的な決定は人間の意志の働きによるのである。神の意志が因果的な意味においても行為を決定すると言えるのは、神自身の行為が問題になるときに限られるだろう[80]。

神の認識の確定性、確実性と被造界の偶然性を調和させるスコトゥスの試みに対しては幾つかの批判が可能である。先ず、両者の両立不可能性を説く見解の論拠としてスコトゥス自身次のようなものを挙げている[81]。「神はSを知っている（scit）。それ故Sは必然的に存在するだろう（necessario erit）」は妥当な推論である。そして神の知は絶対的に必然的（simpliciter necessarium）なるが故に、神の知が偶然事を対象としている事実によってこの必然性から逸れることはありえない。Sが偶然事であるか必然事であるかに関係なく「神はSを知っている」は必然的なるが故に、Sが必然的に生起することが帰結する。

この見解で言われている神の予知の必然性はいわゆる時間的必然性（ひとたび生起したことは取りかえしがつかないという意味での必然性）ではなく、神の知が神の本質的属性として帯びる必然性を意味している（スコトゥスはそのように理解している」)。この見解に対してスコトゥスは「神はSを知っている」が必然的でないことを強調する。神の知はそれ自体としては必然的であるにしても「神は必然的にSを知る」は誤りである。神の知は様々な対象へと向かいうるものであり、神は必然的に知るが、このものごとを必然的に知るわけではない。

　両立不可能性を説く第二の見解は次のようなかたちをとる。存在するであろうと神が知るすべてのものごとは必然的に存在するだろう(大前提)、そして神はSを知っている(小前提)のであるから、必然的にSは存在するだろう(結論)。大前提は必然的に真であり、そして、神がSを知っていることは永遠に真であるから小前提は絶対的な断定文である。それ故Sは必然的に存在することになる。スコトゥスはこの見解の小前提「神はSを知っている」を時間的な必然性の意味で理解し、この見解を、論理的に必然的な大前提と時間的に必然的な小前提からSの必然性が帰結する、という見解として捉えている。このように理解された見解に対してスコトゥスは、論理的に必然的な大前提と、時間的に必然的な小前提という混合的な前提からは結論の必然性が帰結しないことを主張する。「混合的な推論は、小前提があらゆる時間において真であるのみならず、必然的に真であるという点で絶対的な断定文でないかぎり妥当な推論ではない(82)」。一種類の前提をもつ推論は、小前提がすべての時点で真であるだけでなく、それが必然的に真であるという意味で絶対的断定文でないかぎり、結論の必然性を導出することはない。すなわち「神は命題pを知っている」という事実から我々が推論しうることは、単にpに対応するものごとSが存在するだろうということだけであり、$\bar{S}$は存在しえないことを推論することはできない。$\bar{S}$は生じうるのであり、もし$\bar{S}$が生ずるならばpでなく$\bar{p}$が真となるだろうし、神はpではなく$\bar{p}$を知るだろう。神がpを知り、常に知っていたし、知るであろうことが所与の前提であれば、我々はSが現実に存在するだろうことを知る。しかしだからといって$\bar{S}$の生起が不可能だということにはならない。それ故大・小前提ともに論理的に必然的であるときにのみ結論も必然的であり、上記の推論の小前提は時間的に必然的であるにすぎず、従って結論が必然的であることにはならない。以上がスコトゥスの反論である。

　更にスコトゥスは両立不可能性を説く見解の第三の論拠として次のものを挙げている。すなわち偶然的なものは本質的に可変的であり、従って神の認識と意志の不変性は神の認識と選択の偶然性と矛盾する、という論拠である。真(偽)なる命題pが偽(真)でありうるとき——すなわち命題pが偶然的に真(偽)であるとき——当の命題pは何らかの変化によって偽(真)となりうると考えなければならない。従って、「神はtにおいてSを意志(それゆえ認識)する」が偶然的に真であることは、これを偽にするような何らかの変化が生じうることを含意し、しかも「神はｔにおいてＳを意志する」の真理値が神以外の存在者の変化によって変化することがありえないならば、神は可変的であるという結論になるだろう。逆に、もし神が不変であれば、「神はｔにおいてＳを意志する」が真であるときは、それは偶然的にではなく必然的に真であることになる。

この批判に対してスコトゥスは、偶然的に真なる命題は何らかの変化を通じてのみ偽となりうる、という見解を否定する。「神はｔにおいてＳを意志する」が偶然的に真であるとき、「神はｔにおいてＳを意志しない」が真でありうることの意味は、或る時点で真であった命題がその後の時点で偽になりうるということではない。「神はｔにおいてＳを意志しない」が真である可能性は時間的継起の中での可能性ではなく、神がｔにＳを意志するとき、神がｔにＳを意志しない可能性がこの意志作用に自然的に先行している（naturaliter prior）ことを意味している。Ｓを意志することの偶然性は、Ｓと$\overline{S}$のいずれも意志しえたことの自然的先行性（prioritas naturae）を意味する。神は無時間的かつ不変的であることから、先ずＳを意志し、その後で$\overline{S}$を意志することはできないが、神がＳを意志した後に$\overline{S}$を意志しえないことは神が$\overline{S}$を意志しえないことを含意しない。神の意志は意志作用に先行する自然的瞬間（instantia naturae）において、ｔにＳを意志する現実的な力を有すると同時にｔにＳを意志しない現実的な力をも有している。しかし意志作用に後行する自然的瞬間においてはｔにＳを意志することが確定する。それ故スコトゥスによれば、神は不変的かつ確定的に永遠の過去から「ｔにおけるＳ」を意志しているが、神のこの不変の意志作用には自然的な先行関係にある複数の自然的瞬間が存在し、自然的に先行する一つの自然的瞬間において神はＳと$\overline{S}$のどちらも意志する力（スコトゥスが明白でない力〈potentia non manifesta〉と呼ぶ力）があるのに対し、自然的に後行する別の自然的瞬間においては「ｔにおけるＳ」を意志する力（明白な力〈potentia manifesta〉）が現実化する[84]。

後でみるように、オッカムは真なる命題が偽でありうるとき、それは何らかの変化によってのみ偽になりうるという見解を否定する点ではスコトゥスと同じ意見であるが、未来の偶然事を神が確実に認識していることについてスコトゥスが与える説明を拒否している。先ず、時間的な継起を伴わずして神にはＳと$\overline{S}$を意志する力があるという見解を根拠づけるためにスコトゥスは、同一の時点ｔにおいて複数の自然的瞬間が存在することを主張するが、オッカムは自然的瞬間というスコトゥスの観念自体を否定し、それ故Ｓと$\overline{S}$を意志する神の「明白でない力」と、現実にＳを意志する神の明白な意志作用をそれぞれ別個の自然的瞬間に割り当てる[85]スコトゥスの解決方法を拒否する。しかし自然的瞬間という観念が否定されれば、時間的継起を伴わずしてＳと$\overline{S}$を意志しうる力、という観念は矛盾した観念となるだろう。オッカムは次のように述べている。

「いかなる力によっても現実化されえない力、無限の力によってさえ現実化されえない力は措定されるべきではない。しかし、この明白でない力はいかなる力によっても現実化されることはない。というのも、もしそれが現実化されるならば、意志はaの時点で或ることを意欲すると同時に、aの時点で当のことを意欲しないことになり、それ故同一の時点において矛盾したことが明白に真であることになるからである(86)」。

オッカムによれば、反対のものごと（SとS̄）に対するいかなる時間的継起をも伴わない力（potentia ad opposita absque omni successione）は結局のところ矛盾したことへと向かうか力であり、従って、矛盾したことは現実化されえないのであるから、スコトゥスの言う「明白でない力」は力ではない。

しかしオッカムのこの批判は正鵠を射ているだろうか。オッカムの批判は結局のところ時間的瞬間とは区別された自然的瞬間というスコトゥスの観念を拒否することに基づいている(87)。スコトゥスは、反対の述語ないし性質をそれぞれ異なる時点において主語ないし主体に割り当てることで表面的な矛盾を解消できるように、同一の時点tで反対の述語ないし性質をそれぞれ異なった自然的瞬間（n_1とn_2）に割り当てることで矛盾を解消できると考えていた。すなわち、〈「tにおけるS」を意志する力と「tにおけるS」を意志しない力の両者をtにおいて有すること〉と、〈「tにおけるS」をtにおいて意志すること〉を、それぞれn_1とn_2に割り当てるのである。この場合、或る意志が「tにおけるS」をtにおいて意欲していても、当の意志は「tにおけるS」を意志しない力をtにおいて現実化することが可能である。というのも、tにおける一つの自然的瞬間n_1にとって時間的な意味で過去（および現在）に現実化した（している）いかなるものごとも、そしてtにおけるn_1にとって自然的な意味で先行的（および同時的）に現実化した（している）いかなるものごとも、当の意志が「tにおけるS」を、tにおける別の後行的な自然的瞬間n_2で意欲するかしないかを確定することはないからである。「tにおけるS」を意欲する意志の力が〈t・n_2〉に現実化しているからには、〈t・n_2〉に当の意志が「tにおけるS」を意欲しない力を現実化することは不可能であるとしても、〈t・n_1〉においては、「tにおけるS」を意欲しない力が〈t・n_2〉に現実化するか否かは依然として不確定である。スコトゥスの自然的瞬間という観念に依拠したこのような説明が正しければ、オッカムの上記の批判、すなわちSと同時にS̄に対する時間的継起を伴わない力は矛盾しており力ではないという批判に退けられるだろう。

しかし更にオッカムは未来の偶然事（人間の自由な行為）を神が確実に認識していることに対してスコトゥスが与えている論拠を批判する。人間の自由と道徳的責任を保持しながら、神が人間の自由な行為について確実な知識をもつことを肯定できるだろうか。人間が道徳的に責任を負うのは、人間の行為が何事によっても（そして何者によっても）完全には決定されていないという意味で自由に行為するときに限られる。事実スコトゥスも、永遠の生へと予定された者が断罪されうるか否かという論点に関連して次のような問いを投げかけている。

「過去に起きたすべてのことは絶対的に（simpliciter）必然的である。というのもアリストテレスの『倫理学』第六巻によれば、『神にできないことが唯一つある。既に為されたことを為されていないものにすることである』。しかし、予定されたこの人間の予定は過去のこととなった。というのも神は永遠の過去からこの人間を予定していたからである。それ故、その予定は絶対的に必然的である。従って神はその人間を予定しないことができない。この帰結として、彼は断罪されえないことになる」[88]。

神がSを意志したとき、神はSをも意志しえたという意味で神のSへの意志は偶然的であるとしても、ひとたび神がSを意志した事実は過去に生起したものごととして必然的な事実となり、神の意志を十分条件として生起するすべてのものごとも必然的なものとなる。神が或る人間を至福へと予定することをひとたび意志したならば、この意志は必然的な事実となり、予定された人間が断罪されることはありえない。スコトゥスによれば、神は被造世界に関するどのような命題であれ、当の命題を永遠の過去から真として意志しないかぎり、被造世界のすべてのものごとについて永遠の過去から確実な知識をもつことができないのであるから、このことの帰結として、被造世界のすべてのものごとは神の意志に従って必然的に生起することになるだろう。

この反論に対してスコトゥスはトマス・アクィナスが既に援用した観念、すなわち神の非時間性に訴えている。

「しかし、常に我々は神の意志行為を過去に生起したものとして振り返るが故に、意志によっていわば既に措定された行為に対する自由を当の意志の中に認知することが殆どないのである。しかしこの想像は誤っている。というのも、この意志行為が存在する永遠の『今』（'nunc' aeternitatis）は、常に現存しているからである。従って神の意志は、あるいはその対象に対する神の意志作用は――実際には不可能であるが――あたかも神が今この時点で意志しはじめているかのように理解されねばならない。かくして神は、あたかも神の意志が何ごとにも決定されていないかのように、永遠の『今』において自ら欲することを自由に欲することができるのである(89)」。

しかしスコトゥスによるこの応答は有効な反論となっていないだろう。というのも、或るものごとSが既に過去に生起していることから必然的とされるのは、Sが存在論的に確定しているからである。従って、神の意志作用が時間の中で過去において確定していると理解できなくても、スコトゥスが主張するように神の意志が時間の外で永遠に確定していれば、それは存在論的に確定していることに他ならず、結局は未来の偶然事の偶然性（人間の行為の自由）と神の知識の確定性を調和させるスコトゥスの試みは破綻するだろう。それ故、スコトゥスの理論の正否は既に触れた「自然的瞬間」が妥当な観念と言えるか、そしてこの観念に依拠しながら神の無時間的で不変な意志に、反対のものごと（Sと$\bar{S}$）に対する「明白でない力」を帰属させることができるかという論点に依拠することになる(90)。

オッカムは、神の認識の確実性とものごとの偶然性（人間行為の自由と道徳的責任）を両立させようとするスコトゥスの見解に対して、更に次のような批判を加えている。未来において偶然的に生起するすべてのものごとについて、矛盾する二つの命題pと$\bar{p}$のどちらが真でどちらが偽であるかを神が確実に認識していることは疑いえない。そして、神はpが真であることを確実に知っていても、「神はpが真であることを知っている」という命題は必然的ではなく偶然的な命題である。これらのことを確認したうえでオッカムは次のように述べている。

「しかしながら、どのようにして神がこのことを知るのか理解するのは困難である。というのも一方の命題が他方の命題に比べてより一層真理へと決定されているわけではないからである。

精妙博士（スコトゥス）は次のように述べている。神の理性は、それが神の意志の決定に或る意味で先行しているかぎりにおいて、（矛盾した二つの）命題を自らにとって真でも偽でもないものとして（ut neutra）把握し、その後で神の意志が或る瞬間において一方の命題が真であることを決定し、他方が同一の瞬間において偽であることを決定する。しかし、ひとたび神の意志による決定がなされた後は、神の理性は自己の不変的な意志の決定を見る（videt）。理性は一方の命題が、すなわち自己の意志が真であることを意欲した一方の命題が確実に真であることを明白に見るのである(91)。

しかし私は（スコトゥス）のこの見解には反対である。

というのもこの見解は、被造物の意志に端的に依存した未来のものごとに関する神の知識の確実性（certitudo）を保証するとは思われないからである。私は次のことを問う。すなわち、被造物の意志の決定は神の意志の決定に必然的に従うのだろうか、それとも従わないのだろうか。もし従うとすれば、被造物の意志は、ちょうど火のように必然的に作用することとなり、善行や悪行もなくなってしまう。もし従わないとすれば、矛盾した二つの命題の一方を確定的に（determinate）知るためには、被造物の意志の決定が必要とされる。というのも、被造物の意志は被造物でない意志（創造主の意志）の決定に逆らうことができるのであるから、後者の意志では不十分だからである。それ故、被造物の意志の決定が永遠の過去から存在するものでない以上、神は（これから被造物の意志が決定することになる）未来のものごとについて確定的な知識を有していなかったことになる[92]」。

事実、スコトゥスは次のように述べていた。

「この人間が自由意志を正しく使うであろうことを神自らが意欲し予定した場合にのみ、神はその人間が自由意志を正しく使用することを予知できる。……というのも、未来の偶然事に関する確実な予知は神の意志の決定に由来するからである[93]」。

スコトゥスがここで述べているように、神の決定ないし選択が被造物たる人間の決定ないし選択の十分条件であれば、人間の行為は火の動きと同様に必然的なものとなり[94]、道徳的な責任を人間に帰属させることはできない。しかし逆に十分条件でなければ神は人間の行為についてどのようにして確実な知識をもちうるのだろうか。神が人間の行為について確実な知識をもちうるのは、神が人間の行為を決定したときに限られる。しかし、神が人間の行為を決定したならば、そこに人間の道徳的責任は存在するのだろうか。道徳的責任は自己決定を前提にしているからである。オッカムは次のように述べている。

「ここで先ず注意すべきは、哲学者（アリストテレス）は或るものがそれ自体によって動くことを絶対的に否定しようとしているわけではない。少くとも動くことを突然の変化を含む広い意味で理解すればそうである。というのも我々の自由意志は自らの中に意志作用を引き起こすことで自分自身を変化させているからである。哲学者が『倫理学』第三巻で述べているように、いかなる外的行為（actus exterior）も、それが我々の力の中にあること以外の理由で称讃や非難に値することはないのであるから、愛や憎悪のいかなる行為もそれが我々の力の中にあること以外の理由で称讃や非難に値することはない。しかし誰か他の人を愛する行為は、或るときは称讃に値し、或るときは非難に値することは明らかである。それ故、このような行為は我々の力の中にあることになる。しかし、もし行為が別の或るものによって自然的にそして当の或るものが十分な原因であるような仕方で引き起こされるならば、それは我々の力の中にはないことになるだろう。それ故、上記のような行為は何らかの意味で実際に意志から生じたということになる。かくして意志はこのような行為を自ら引き起こし、従って自らを動かす――ここでは動かすという言葉は広義に理解されている――のである(95)」。

もし人間の選択行為が神の意志によって永遠に、そして必然的に決定されているならば、行為は道徳的責任を生ぜしめるような意味で自己決定的なものではなくなるだろう。スコトゥスの論法によれば、或る人間の悪しき行為が永遠の過去から神によって確定的に認識されていれば、それは神が当の行為の生起を意志したことになり、それ故人間の行為は自己決定的ではなく、道徳的責任も存在しないだろう。この結論を回避するには、神が未来の偶然事Ｓを意欲しない一方で、Ｓについて確実な認識を持ちうることを論証する必要があるが、スコトゥスはこの種の論証を提示していない。

要約すると、スコトゥスによれば未来の偶然事についての神の知識の根拠は、当の偶然事を創造する自己の意志を知っていることに存する。神は、可能なものごとを時間の経過の中で現実化しようと意志することによって、あらゆる偶然的命題の真理条件を提示する。神は自己の意志決定を知っているので、未来の偶然事についてのどの命題が真で、どの命題が偽であるかを知っている。そして、神は自己の本質を媒介として自己の意志決定を知っているのであるから神の知識は確実で不可謬である。起こるであろうと神が意志し認識したものと異なるものごとが起こることは可能ではあるが、神が欺かれることはありえない。神が不可謬な仕方で未来の偶然事Ｓを予知することと、Ｓに反する偶然事が生起しうることを共に主張することに矛盾は存在しない。神の知識は不変であるが、神の意志が可能なものごとの中から自由に選択するのであるから神の知識は偶然的であり、従って神が知っている当のことを知ることは論理的な必然性を含意しない。また神の予知は意志の決定に基礎を置くことから確定的であるが、神が真であると知っている未来の偶然事についての命題は、時間的必然性という意味で確定的に真というわけではない。偶然事Ｓが現実化する以前に関しては、これに対応する命題ｐは真であるにもかかわらず、論理的にも時間的にも必然的ではなく偽でありうる。Sが現実化した後にはじめてpが偽であることは不可能になる。それ故pが真であることを神が知っていても、pが真であることは論理的に可能なだけでなく、Sの現実化以前は時間的にも可能である。それ故未来の偶然事についての命題は二重の偶然性を帯びているが、この偶然性は神の知識の確実性と両立不可能ではない。

しかし、スコトゥスの見解はトマスの見解と比べて決定論をよりよく回避しえているだろうか。スコトゥスによればあらゆる偶然事の偶然性の根拠は神の意志による自由な選択に存するが、神は人間の意志によるどの選択が現実化するかについても選択を行うわけであり、この選択は人間の意志が何を選択するかによって影響を受けることはない。それ故神から見て確かに人間の行為は他行為可能性を帯び神にとって偶然的であることは確かであるとしても、人間から見れば行為は神の意志によって決定されており、他行為可能性は存在しないだろう。それ故スコトゥスの見解は決定論を回避しえていないことにならないだろうか[96]。例えばスコトゥスの次の一節が人間の自由といかにして両立可能かを理解するのは困難だろう。

「創造された（人間の）意志は神の意志の定め（ordinatio）を阻止することはできない、と私は主張する。というのも「阻止する」（impedire）ということは、神の意志の計画が所与のものとなり、神とは別の者の意志によりこれと反対のことが生ずるのでないかぎり、ありえないことだからである。しかし、これは不可能である。というのも、創造された意志が断罪に値しうるように、これに伴って（concomitanter）、神がその者を栄光へと（ad gloriam）予定しないことも帰結しうるからである。従って、或るものごとに関する神の認識（intellectio）は、そのものごとと反対のものごとと両立しえないが故に誤ることがありえない、と……この前の distinctio で言われているのである。かくして神の意志が阻止されることはありえない。というのも、神の定めは、神が定めたことと反対のものごと（の生起）とは両立しえないからである[97]」。

第三節　ウィリアム・オッカム
——不可知論——

アクィナスとスコトゥスがそれぞれ異なった仕方ではあるが神を無時間的な存在者と考えていたのに対し[98]、オッカムは時間的な述語を神に帰属させることが可能だと考えていた[99]。それ故オッカムは、被造物についての神の永遠なる知識が真の意味では予知でないと主張することで問題を解決しようとは試みなかった。更にアクィナスが、神はものごとをその既定的な実在において永遠に見るが故にものごとを永遠に認識していると主張するのに対して、オッカムによれば知識の一次的な対象は厳密に言うと、真であることが確定した命題である。そしてオッカムもアリストテレスの『命題論』第九章にみられる決定論的な議論の中に神の予知にとって特別な問題の存在することを認めていた[100]。オッカムは中世の標準的なアリストテレス解釈に従ってアリストテレスに次の見解を帰している[101]。

〔I〕ものごとSがt^*の時点において生起することがt#の時点において確定しているのは、Sがt^*において生起しない（なかった、ないだろう）可能性がt#におけるものごとの中に存在しない場合にかぎられる。

この見解によると、過去ないし現在において実在するものごとは既定的であるのに対し、未来の偶然事は未だ定まっていないものごとである。例えばペテロがt^*にキリストを拒むこと（S）がt#にとって未来のものごとであり、t#におけるものごとの中には、ペテロがt^*にキリストを拒む（S）可能性と、ペトロがt^*にキリストを拒まない（$\bar{S}$）可能性がともに依然として存在しているという意味で偶然事だと想定しよう。このような場合、Sに対応する命題pがt^*において真であるか否かがt#において未定であると同時に、$\bar{S}$に対応する命題$\bar{p}$がt^*に真であるか否かも未定である。t^*にペテロが実際にキリストを拒むことによって事実は既定のものごととなり、これ以後も既定のものごとである。しかしアリストテレスによると、命題は実在するものごとに合致する（しない）かぎりにおいて真（偽）であり、過去と現在のすべての出来事は既定のものごとであるから、過去と現在の出来事に関する命題のみが確定した真理値をもちうる。そして、過去ないし現在のものごとから必然的に生起する未来のものごとも同様である。しかし未来の偶然事に関する命題についてこのことは当てはまらない。要するに、「t^*においてSが生起する（生起した、生起するだろう）」ことがt#において確定的に真であるのは、t#において実在するものごとの中に、t^*においてSが生起しない（生起しなかった、生起しないだろう）可能性が全く存在しない場合にかぎられるということであり、「t^*においてSが生起する（生起した、生起するだろう）」が確定的に偽であるのは、t#におけるものごとの中に、t^*においてSが生起する（生起した、生起するだろう）可能性が全く存在しない場合にかぎられるということである。オッカムはアリストテレスのこの見解を次のように説明している。

「言明（orationes）は、当の言明によって意味されている

（denotantur）ものごとが存在する有様に応じて真である。しかし、未来の偶然事についての命題により意味されるものごと――それ故、このものごとは生起することも生起しないこともありうる――は、存在しないように決定されてはいないと同時に存在するように決定されてもいない。それ故、このものごとを意味する命題は真でも偽でもない。しかし哲学者（アリストテレス）は次のように付言している。すなわち、（矛盾する二つの命題の）一方が真で他方が偽であることは必然的だとしても――つまり選言命題（disiunctiva）は真だとしても――どちらの部分も確定的に真でも、確定的に偽でもないと。それ故アリストテレスが言わんとしていることのすべては、未来の偶然事についての命題に関しては、ものごと自体がこれから存在するようにも存在しないようにも決定されていないのであるから、どちらの部分も確定的に真でも確定的に偽でもないということである[102]」。

未来の偶然事に関する命題pと$\bar{p}$は、未来においてやがてどちらか一方が真として確定するのであるから、pと$\bar{p}$の選言は常に真である。しかしpと$\bar{p}$が未来のものごとについての命題であるかぎり両者共に不確定であり、事態のなりゆきとしてpが真となる可能性も$\bar{p}$が真となる可能性も存在するのであるから、両者は真でも偽でもない。従って、もしあらゆる命題が永遠の過去から確定した真理値を有しているのであれば未来の偶然事はありえず、存在するようになるものごとは、過去に現実化した既定のものごとを原因として永遠の過去から必然的に生起することが決まっているものごとであり、他方、偶然的に存在するようなものごと、あるいはかつて偶然的に存在するに至った（すなわち、それが存在するに至った以前は、それが存在するようにも存在しないようにも決定されていなかったという意味で偶然的な）ものごとが存在するのであれば、必ずしもすべての命題が永遠の過去から確定的な真理値を有していたわけではないことになる。

さて、中世の神学者たちの標準的なアリストテレス解釈によれば、アリストテレスは人間の行為の自由を保持するために未来の偶然事を主張した。オッカムもアリストテレスの『命題論』への註解において、矛盾する二つの命題のどちらか一方が真であり他方が偽であることが必然的であれば、すべてのものごとは必然的に生起することが帰結するという見解をアリストテレスに帰し、次のように述べている。

「というのもこの場合、いかなるものも（それと反対のことも生じうるような仕方で）偶然的に（ad utrumlibet）生起することはなく、むしろすべてのものごとは必然的に生起することになるからである。ここから更に次のことが帰結する。すなわち、或るものごとが決定されているという事実から、当のものごとは我々が配慮しようとしまいと当初から決定されているように生起することが帰結し、それ故我々には配慮したり努力したりする必要性がないということである[103]」。

中世におけるアリストテレス解釈によれば、人間の自由な行為は未来の偶然事であるというのがアリストテレスの見解であり、オッカム自身も「ここで哲学者（アリストテレス）が語っているいかなることも、自由に行為する或る人間の力のうちにあるもの、ないしこの種の行為者に依存するものでないかぎり偶然的に生起することはない。それ故純粋に自然的なものごと——すなわち生命あるもののうちでは単に感覚的な魂（anima sensitiva）、そして生命をもたないもの——においては、これらが何らかの意味で自由な行為者に依存していないかぎり偶然性は存在せず、偶然（casus）も運（fortuna）も存在しない。しかし哲学者がここで語っている他のすべてのものごとにおいては不可避性（inevitabilitas）と必然性が存在する[104]」と述べ、人間の自由な行為のみが未来の偶然事であることを指摘している。それ故中世のアリストテレス解釈によれば、未来の偶然事が問題となるときは排中律は妥当性を失い、従って神が世界のものごとすべての経過を永遠の過去から確実かつ確定的に予知していることはなく、人間の自由な行為と神の予知は両立不可能である。

これに対してオッカムは上記〔I〕の見解に代えて次の見解〔II〕を提示する。

〔II〕ものごとSがt^*の時点において生起することがt#の時点において確定しているのは、Sがt^*において生起しない（なかった、ないだろう）可能性が何らかの時点におけるものごとの中に存在しない場合にかぎられる。

この見解によるとt#からみて未来のものごとSは、たとえt#からみて過去に（あるいはt#の時点で）現実に存在した（する）ものごとがSを必然的に引き起こさないとしても、或る何らかの時点で存在するものが未来におけるSの生起を決定するならば確定していることになる。例えばペテロがキリストを拒むことが何らかの時点で現実化するのであれば、それは任意のあらゆる時点において確定されていることになる。オッカムはものごとが「確定されている」ということの意味を、（中世の標準的な解釈による）アリストテレスとは異なった仕方で理解しているわけである。従ってオッカムは、命題は確定したものごとに合致するか否かに応じて確定的に真か偽かであるというアリストテレスの基本テーゼは維持しつつ、「確定している」という言葉をアリストテレスとは異なった意味で理解して次の見解を提示する。

〔Ⅱ′〕命題「Sはt^*において生起する（した、するだろう）」が$t^\#$において確定的に真であるのは、何らかの時点において、Sがt^*において生起しない（しなかった、しないだろう）いかなる可能性もものごとの中に存在しない（しなかった、しないだろう）場合にかぎられる。

また、逆に、

〔Ⅱ″〕命題「Sはt^*において生起する（した、するだろう）」が$t^\#$において確定的に偽であるのは、何らかの時点において、Sがt^*において生起する（した、するだろう）いかなる可能性もものごとの中に存在しない（しなかった、しないだろう）場合にかぎられる。

見解〔Ⅰ〕によれば未来の偶然事に関する命題は真でも偽でもないのに対し、オッカムの見解〔Ⅱ〕によれば排中律は保持され、未来の偶然事に関する矛盾した二つの命題pと$\bar{p}$のどちらかが確定的に真となる。そしてpと$\bar{p}$のどちらかが確定的に真であれば、それは認識可能な命題であり、すべてのものごとに関する神の予知は保持される。

更にオッカムによれば、見解〔Ⅱ〕は人間の行為の自由を保証する。見解〔Ⅰ〕が正しいとすると、或る時点t_1を現在としたときに、t_1において真なる（偽なる）すべての命題は、これに対応して、t_1より後の時点t_2からみて過去に関する必然的な（不可能な）命題を有していることになる。命題がt_1において確定的に真（偽）であることは、t_1からみて過去およびt_1に存在する事実によって決まり、そしてt_1以後の任意の時点t_2からみて過去に存在する事実によって決まる。それ故、もし「pは真である」が現時点t_1で真（偽）ならば、その後の任意の時点t_2において「pは真であった」は必然的（不可能）な命題となるだろう。これに対して見解〔Ⅱ〕によれば、命題pがtの時点において確定的に真（偽）であるためには、その真偽が何らかの時点で現実に存在するものによって決まればよい。「ペテロはtにおいてキリストを拒むだろう」（p）が永遠の過去から確定的に真であるとしても、t以前のあらゆる時点においてペテロがキリストを拒まない可能性が存在している。この場合、t以前に現実化しているどのような事実も、$\bar{p}$が真である可能性を排除しないのであるから、命題pはそれが偽でありうる（そして昔からずっと偽であったこともありうる）ような仕方で真なのである。それ故、命題pが過去において確定的に真であったことは、一般に過去のものごとが（取り返しのつかない既定のものごととして）必然的（後述の、偶然的に必然的）であることとは意味を異にしている。

「（前提3）或る命題は言葉づかいに関してと同時にその対象たるものごとに関しても現在についての命題である。この種の命題においては、すべての現在時制の命題は（これに対応して）過去についての必然的な命題を有することがあらゆる場合に真である。例えば「ソクラテスは座っている」「ソクラテスは歩いている」「ソクラテスは正しい」などがそうである。しかし或る命題はその言葉づかいに関してのみ現在についての命題であり、（その意味からすると）むしろ未来についての命題である。というのもこの命題が真であることは、未来についての命題が真であることに依存しているからである。この種の命題においては、現在についてのあらゆる真なる命題は（これに対応して）過去についての必然的な命題を有しているという規則（regula）はあてはまらない[105]」。

どのような時制の命題であろうと、それが対象とするものごとに関し当の命題が未来についての命題として再説を要するならば、それは未来についての命題である。例えば「神はペテロがキリストを拒むであろうことを永遠の過去から予知していた」という命題がそうである。

「未来の偶然事について神が必然的な知識を有することを認めるべきではない。むしろ神は未来の偶然事について偶然的な知識を有しているのである。というのも、この未来の偶然事が偶然的に存在するようになるのと同様に、神はそれが偶然的に存在するようになることを知っているからであり、その理由は、神がそのことを知っていても、それが存在するようになることを神が知らないこともありうるからである[106]」。

そして未来の偶然事についての神の過去における認識が過去の必然事には含まれていないのであれば、神は未来の偶然事について確定した知識をもちえないというアリストテレスの議論は成り立たないことになる。

神の全知と人間の自由（未来の偶然事）の両立可能性をめぐる問題に対するオッカムの解決は、過去のものごとは変更不可能であるという原則の分析を中核にしている。オッカムはトマスと異なり神の認識が過去時制や現在時制で言明されうることを認めるが、未来のものごとについての神の認識を過去時制で表現した言明は従属節に未来の要素を含んでおり、端的なる過去についての言明ではなく実際にはその意味において未来についての言明であり、従って端的なる過去についての真なる言明が帯びる必然性を欠いた偶然的な言明である、と主張する。「未来においてSが生起することを神は認識していた」はオッカムにとり必然的な真理ではない。これはSが生起することを神が認識しなかったこともありうる、という意味で偶然的な真理である。ペテロが救済されることを神が知っていたとしても、ペテロの救済が神の恩寵と同時に人間ペテロの自由な意志に依存しているかぎり、ペテロが救済されることを神が知っていなかったことが論理的な可能性として認められなければならない。それ故表面的には過去時制の言明であっても偶然的な真理について述べた言明が存在し、この種の言明には神の予知についての言明が含まれている。

　このようなオッカムの立場は神の全知を弱めることになるだろうか。というのもこの立場によると、未来のものごとについての神の予知が真の認識になるためには当のものごとの生起を待たねばならず、従って未来の偶然事についての神の認識は根拠のない単なる推測にすぎないように思われるからである。いま私がこれから行う自由な選択以外には行為Sを明日私が行うことを引き起こす原因が存在しないとしよう。このとき「私は二日後にSを行うだろう」が昨日真であった事実を引き起こせるのも私がこれから行う選択のみである。そして昨日という過去についてのこの事実は、「明日私はSを行なうだろう」という未来に関する事実と同じく偶然的な事実である。

　しかしオッカムが主張するように神の予知にもこの種の偶然性を帰することが可能だろうか。「私は二日後にSを行うだろう」ことが昨日真であったこと、そして偶然的に真であったことは受け入れられるにしても、「神は私がSを二日後に行うであろうことを昨日知っていた」も同様に偶然的に真だと言えるだろうか。未来の偶然事（私が自ら自由な選択によってSを行うこと）について予知（推測ではなく）などありうるだろうか。私は明日自由な選択でSを行うことによって、他の人間Xが私の行動に関して昨日行った推測（私は二日後にSを行うだろう）が正しい推測であったことを引き起こすことが可能であり、また第三者Yの今日なされる推測（Xの推測は正しかった）を遡及的に真にすることが可能である。Xの推測は正しかったというYの推測は過去時制で表現されていても、私がSを実行する以前は正しかったことが判明することも正しくなかったことが判明することも可能であり、もし正しかったことが判明したならば、それが正しい推測であることは完全に偶然的である。しかし未来の偶然事（そして未来への言及を含む過去の偶然事）が正しく、あるいは間違って推測されることはあっても、認識され予知されることが（たとえそれが神の認識や予知であっても）ありうるだろうか。未来の偶然事の推測ではなく認識ないし予知が有意味に語られうるためには、それをまさに認識ないし予知たらしめている確定した事実が存立していなければならないが、未だ確定しておらず、未来において偶然的に生起するものごとについて認識や予知は論理的に不可能ではないだろうか。

この疑問は、認識や予知が真に認識ないし予知とされる根拠は当の認識や予知がなされる時点で現存していなければならない、という想定に立っている。この想定によれば、或るものごとについての命題が確定的に真であり、それ故真として認識されるためには、そのものごとが生起する時点からみて過去の事実、あるいはその時点で現存する事実によって当のものごとの存在が既定のことでなければならない。しかしオッカムは真理についてのこのような対応説的な見解を修正し、或るものごとについての命題が確定的に真であり、それ故真として認識されるためには、当のものごとが或る何らかの時点で――この時点が現在、過去、未来のどれに属するかに関係なく――現存する事実によって既定のことになっていることのみを要求する。

しかし過去に生じた事実の変更不可能性の原則に修正を加えるオッカムの見解にはもう一つ別の疑問点を指摘することができる。いま、「神はt_1において、人間Xがt_2において自由に行為Sを遂行するだろうと予知した」という言明を考えてみよう。既に述べたようにオッカムによるとこれは端的に過去について言及した言明ではない。従属節が未来の要素によって主節を侵蝕しているからである。従ってこの言明の全体は過去のものごとに固有の必然性（後述の、偶然的な必然性）を帯びてはいない。更にオッカムの見解によれば、t_2におけるXの行為Sは主節の真理値に変化をもたらすことが可能である。Xがt_2でSを行うことを神がt_1で予知しているとき、Xの自由を確保するためにはXはt_2でSを行わないことも可能でなければならない。しかしXが結局のところSを行わない決断をしたとき、Xは神の認識（「Xはt_2でSを行うだろう」という認識）を偽にしたことになる。これは是認しうるだろうか。

ここで信念と認識（ないし予知）の関係が人間と神とで根本的に異なることに注意すべきだろう。いま人間Yがt_2で行為Sを行うことを人間Xがt_1で予知していると想定しよう。これはYがt_2でSを行うことをXがt_1で信じており、偶然的な事実としてXのこの信念が真であることを意味している。従ってYがt_2でSを行うことをXがt_1で知っているという前提に立てば、我々は（一）t_1でのXの信念は真であるからYはt_2でSを行うだろうと推論することができ、そして（二）Yは、Xがt_1で抱いていた信念を当のXが抱いていなかったことを引き起こすような行為をt_2で行う力を有していないと推論することができる。しかしそれにもかかわらず、Yは次の力を有しているだろう。すなわちYは、t_1でXがYのt_2での行為Sを認識（予知）していなかったことを引き起こすような行為をt_2で行う力を有している。これは単に次のことを意味するにすぎない。t_1でのXの信念は実際には真であるが、Yはt_1でのXの信念が偽であったことを引き起こすような行為をt_2で行う力を有しており、ただXの信念が実際に真であった（予知であった）ことからYは現実にはこの力を行使しないということである。

しかしt_2でのYの行為を神が予知している場合は、Yにこのような力を認めることができないだろう。t_2でYが行為Sを行うことを神がt_1で知っていると想定しよう。これは上記の人間Xの予知の場合と同様、t_2でYがSを行うことを神が信じており、神の信念が真であると想定することであるが、「神はpを信ずる」は「pは真である」を論理的に含意するが故に、Yがt_2でSを行うことを神がt_1で知っている（従って信じている）という前提に立てば、我々は（一）Yはt_2でSを行うだろうと推論でき、また（二）Yは、神がt_1で抱いていた信念を当の神が抱いていなかったことを引き起こすような行為をt_2で行う力を有していないと推論することができる。しかし更に我々は（三）Yは、t_1での神の信念が偽であったことを引き起こすような行為をt_2で行う力を有していないと推論できるだろう。（三）は信念と真理が単に事実上結合しているにすぎない人間Xの予知の場合には我々が推論できないことである。真であることが信念と分析的に結合している神の信念に関しては、この信念を偽にするような行為を行う力を誰ももつことができない[107]。t_1で人間XがものごとSのt_2における生起を知っていると言われるとき、これをXの知識と呼ぶことの正当化根拠は実際にはt_2になるまで存在しておらず、それ故我々としては、Xが真に知識と言えるものを有していたと述べるために必要な根拠はt_2以前には存在しないのであるから、Xはt_1ではSがt_2で生起することの単に真なる信念を有するにすぎないと言うべきである。それ故この場合、t_2でのSの生起は、t_1での真なる信念が知識であったことを引き起こすと言えるだろう。これに対して神の信念の場合は、t_2でSが生起するだろうという神のt_1での真なる信念がt_1において（そしてt_1以前のあらゆる時点で）真に知識であることを我々が主張するために、t_2でのSの生起を待つ必要はない。神の信念を真に知識と言いうるものとするために必要などのような根拠も神にとっては存在しない。もしこの種の根拠が存在するとすれば、神の知識は神の外に存在するものに依存することになり、これは神の全知と全能を限定することになるだろう。

もし以上の議論が正しいとすれば、神の予知と未来の偶然事（人間行為の自由）を両立可能なものにするためには、神の認識は永遠の現在に関する認識であるというトマス的な見解を採用せざるをえないと思われる。もっともトマスの見解を厳密に表現すれば、世界のものごとが時間の経過の中でのみ生起しうるかぎり、神の永遠の認識対象はものごとではなく、神の本質と同一の広がりをもつ永遠の真理となるだろう。トマスによれば神の認識は自己認識であり、神は自分自身の外に在るいかなるものも認識することはない。しかしながらトマスの解決が前提としている神の世界認識に関するこの種の想定は、我々にとり少くとも理解困難だと言えるだろう。

さて、「神はYがt_2で行為Sを自由に行うことをt_1で認識している」という命題を考えてみよう。オッカムによればこの命題の従属節の未来性及び偶然性は当の命題全体を侵蝕し、主節も（その形式は未来時制でなくても）その意味において未来の偶然事に言及したものとなる。それ故オッカムにとっては人間の予知と神の予知のあいだには既に指摘された意味での相違は存在しないように思われる。t_2でのYの行為Sに関するt_1での神の認識の根拠は、t_2でのYの行為Sの偶然的な生起であり、従ってもし仮にYがt_2でSを行わない決定を下したとすれば、Yは神がt_2でのYの行為Sを実際には予知していなかったことを引き起こしうることになるだろう。もっとも事実としては、Yは神が予知したことが真であることを変えたわけではなく、Yがt_2で行為Sを自由に行うことを神が知っていたことは依然として真である。しかし、もしt_2でYが行為Sを行わないとしたならば、「Yはt_2でSを行うだろう」という神の予知を偽とする力がYにあるのだろうか。この点オッカムは次のように答えるだろう。いま、Yがt_2でSを行うことが真であり、またYがt_2でSを行うことを神がt_1で知っていると想定しよう。そしてYはt_2で自由にSを行い、それ故Yはt_2でSを行わないことも可能であったとする。このときオッカムの見解によれば、仮にYがSを行わなかったならば、神はYがt_2でSを行うことを知ることはなかっただろう。この場合Yは、神がYはt_2でSを行うだろうと実際には信じていなかったことを引き起こすにしても、神の信念を偽にするわけではない。神の信念はYの行為によって真から偽へと変化したわけではなく、神が実際にはどのような信念を有していたかがYの行為によって確認されるだけのことである。

もっとも我々の立場から見れば、神がt_1において実際にどのような信念を有していたかを知るためには、Yの行為の生起を待たなければならないが、言うまでもなく神の目から見たとき、Yの行為が生起する以前には神の信念には何の根拠も存在しなかったということにはならない。神にとってこの根拠は未来の、あるいは可能なものごととして存在しているのであり、我々はこのものごとの正確な性質を知らなくても神はこれを認識している。人間の認識と神の認識の本質的な相違はこの点に存する。

オッカムは『論考』の設問（二）において、未来の偶然事に関して神が相互に矛盾する一対の命題の一方につき確定的で確実な、そして不可謬にして不変で必然的な知識を有するか否かを問い、その第一節で、アリストテレスの『命題論』第九章に依拠して未来の偶然事に関し神が確定的な知識をもつことを否定する幾つかの伝統的な見解を挙げている。すなわち、未来の偶然事は確定的な真理値をもたず、それ故神によって知られることはない。もし未来のものごとについての命題が確定的な真理値を有していれば、当のものごとは偶然事でありえず、神によって確定的に知られたものはすべて必然的に生起するだろう。それ故この種のものごとについて熟慮したり努力したりするのは無意味である。また確定的に真でないものごとは確定的な認識をもって神に知られることはありえない。しかし未来の偶然事は確定的に真ではないから、神はこれらにつき確定的な認識を持ちえない(108)。

オッカムはこれに対して、「神は未来の偶然事に関して、相互に矛盾する命題のどちらの部分が真でどちらの部分が偽であるかを確定的に知っているので、偶然事に関して確定的な認識（notitia determinata）を有する(109)」ことを強調し、キリスト教の信仰に従いアリストテレスの見解を拒絶し、未来の偶然事についての命題が当の偶然事の生起以前から真理値をもつことを肯定している。また『論理学大全』では次のように述べられている。

「というのもアリストテレスは、未来に関するこの種の偶然的命題が真でも偽でもないことを主張するからである。かくしてアリストテレスの考え方に従えば、この種の命題に関しては相互に矛盾した命題の一方が他方よりも一層真であるようなことはない。それ故彼に従えば、それがどのような知性であろうと何らかの知性によって、この種の矛盾した命題の一方が他方より一層知られているようなこともない。というのも、より一層真である（magis verum）ことのないものは、より一層知られうる（magis scibile）こともないからである。このことを理由にアリストテレスは或る未来の偶然事が神によって知られるとは主張しなかったことだろう。というのも彼の見解では未来の偶然事についてのいかなる命題も真ではなく、真でないかぎりいかなるものごとも知られることはないからである。

しかし信仰の真理は未来の偶然事が神によって知られていること、それ故矛盾する命題の一方が神によって知られ、他方が知られていないことを主張する。例えば神は永遠の過去からこのことを、すなわち福者たる処女マリアが救済されるであろうことを知っていたし、決してこのことを、すなわち福者たる処女マリアが断罪されるだろうことを知ってはいなかった。それ故矛盾した命題の一方は知られ、他方は知られておらず、かくして一方は、つまり知られている方は真であり、他方は神によって知られていないのであるから真ではない」[110]。

オッカムによれば未来の偶然事についての命題は確定的に真か偽であり、神は確定的に真なるすべての命題を知っている。しかし未来の偶然事についての命題が確定的な真理値を持つのは何故だろうか。

現在時制の命題が真か偽かは、命題の主語及び述語となる名辞が、この名辞によって意味される諸実在者を命題の中で指示（supponere）しているか否か、どのような仕方で指示しているかによって定まる[111]。例えば「或るＡはＢである」は、名辞Ａと名辞Ｂの両者が命題の中で共に指示する何ものかが存在する場合にのみ真であり、「いかなるＡもＢではない」は、ＡとＢの両者が共に指示するいかなるものも存在しないときにのみ真である。しかし、過去及び未来のものごとが現在のものごとと存在論的に同等であるという見解をオッカムは拒否することから、過去時制と未来時制の命題の中の名辞は指示すべき実在者を欠いており、それ故この種の命題は真理値をもたないという結論になるだろう。この点につきオッカムは、現在時制の命題が真であることを、過去時制及び未来時制の命題の真理条件にとって決定的なものとすることで、この結論を回避した。すなわち、過去時制ないし未来時制の命題の真理条件を、何らかの現在時制の命題が過去ないし未来において真であることとして定式化するのである。未来時制の或る命題ｐが現在において真であることは、ｐが指示する対象と同一の対象についての何らかの現在時制の命題ｑが未来において真であることに依存する。要するに未来時制の命題ｐが真であるためには、次のような現在時制の命題ｑが存在しなければならない。すなわち、ｐの主語が指示するものと同一の対象を指示する指示代名詞を主語とし、これにｐの述語が付される現在時制の命題がやがて未来の一時点で真となるということである。例えば「或る少年は老人になるだろう」が真であるのは、「或る少年は老人である」が未来において真となるからではなく、「(現在少年である者を指示する) これは老人である」がやがて未来において真となるからである[112]。

オッカムは未来時制の命題の真理値を確定的なものと見なしているが、これはオッカムにとり未来のものごとが確定しているからである。未来の偶然事についての命題は確定的に真（あるいは偽）であるが、その理由は、この命題に対応するものごとが確定的に現存するであろう（あるいは現存しないであろう）からである。しかし、未来のものごとが確定しているとはどういう意味だろうか。オッカムによれば未来のものごとは因果的に決定されていなくても、そして必然的でなくても確定的でありうる。既述したように確定性の観念は、問題になっているものごとが過去、現在、未来のいずれにおいて生起するかということとは無関係であり、ものごとは何らかの時点で現実に生起するのであれば確定的である。従って未来の偶然事Sについての命題pは、Sが現実に生起するか否かに応じて確定的に真ないし偽であり、この種の命題を知っている神の知識も確定的である。

しかしオッカムによれば未来時制の命題は確定的に真ないし偽であっても偶然的でありうる。命題の確定性は時間と無関係であるのに対して、偶然性はものごとがいつ現実化する（positum est in esse）かによって定まる(113)。ものごとSが未来の一時点t_2で現実化するとき、「Sはt_2において生起する」という命題pは現時点t_1において確定的であるが、t_1において未だ現実化していないのであるから偶然的である。t_2においてSが現実化したとき、最早Sが生起するか否かは偶然的なことではなく命題pは必然的なものとなる。これはひとたび生起したものごとに変更を加えることが不可能であるからに他ならない。t_2以前は、たとえSがやがてt_2に生起するとしてもSが生起しないこと（$\bar{S}$）も可能であり(114)、t_2以後にはじめて$\bar{S}$は不可能となる。それ故、「Sはt_2において生起する」という命題pは真であっても、t_2以前は偽であることが可能であり、t_2以後にはじめて必然的に真となる。そしてオッカムによれば、確定的に真なる命題が偽でありうると言われるとき、それは命題が真から偽へと変化しうることを意味しない(115)。それは、pは実際には真であるがt_2以前は常に偽であったことが可能なことを意味している。t_2以後にpが必然的に真となる点に関してオッカムはこの種の必然性（ひとたび生起したことは取り返しがつかず変更不可能だという意味での必然性）を偶然的な必然性（necessitas per accidens）と呼んでいるが(116)、これは既に指摘した時間的必然性と同一の観念である。この必然性が論理的必然性と異なることは明らかであるが、それは因果的必然性とも異なっている。というのも因果的に決定されている未来のものごとは因果的に必然的であっても、それが現実に生起する以前は自由な行為者によって阻止されることもありえたという意味で時間的に偶然たりうるからである。オッカムにとり未来時制の命題は、たとえ確定的に真か偽であっても、それが因果的に必然的か偶然的かに関係なくすべて「偶然的に必然的」なものではない(117)。

更にオッカムによれば時間的な偶然的な（偶然的に必然的ではない）命題は未来時制の命題に限られない。既に述べたように、表現上は過去時制ないし現在時制の命題でも、それが言及するものごとが実際には未来のものごと（あるいは未来の何らかのものごとが現実化することによって現実化するものごと）についての命題であれば、それは偶然的に必然的な命題ではなく、時間的に偶然的な命題、真ではあっても偽であることが（そして常に偽であったことが）可能な命題である(118)。例えば「ペテロは救済へと予定されている」という命題は、最後の審判の日に神がペテロに永遠の至福を与えることを意味し、救済へと予定されていることはペテロが帯びる客観的属性とか付帯的形相といったものではないことから[119]、それは単に「ペテロは救済されるだろう」という未来時制の命題と同値であり、現在時制であっても、偶然的に必然的な命題ではない[120]。また例えば「ヨハネはペテロが救済されることを正しく信じている」という命題や、更には「神はペテロが救済されることを予知している」という命題も同様である。それ故、オッカムによれば未来の偶然事についての神の予知（あるいは神の予知についての命題）は確定的に真であると同時に、それは偽でありうるという意味で偶然的である[121]。

前に述べたようにオッカムはアリストテレスの立場を、未来の偶然事についての命題が確定的に真ないし偽であることを否定するものとして理解していた[122]。「この種の命題に関しては真理は確定していない。というのもアリストテレスによれば、（矛盾する命題の）一方が他方より一層真であるいかなる理由も提示することはできないからである。従って両方共に真であるか、どちらも真でないかのいずれかである。しかし両方共に真であることは不可能である。それ故どちらも真ではなく、どちらも知られえない[123]」。未来の偶然事についての命題p及びpに関して、一方が他方より一層真である理由を提示できないのは、人間の意志の働きが自然的な原因によって決定されていないからである[124]。オッカムによれば現在の時点においては未来における意志の自由な働きが未確定であるから、この種の意志の働きについての命題は真でも偽でもないというのがアリストテレスの見解であった。これに対してオッカムは、この種の意志の働きが因果的に未確定であっても、この働きについての命題は、当の働きがやがては或る時点で現実化するのであるから真か偽か確定していると主張する。それ故未来の偶然事についての命題は確定した真理値をもたず、神によって予知されることもないという見解に対してオッカムは神がこの種の命題の真理値を確実かつ確定的に知っていることを主張する。しかし未来の偶然事についての相互に矛盾する命題pとpに関し、神がpでなくpを予知していることは偶然的である。たとえpがあらゆる時間を通して永遠に真であっても、これはpが必然的に真であること（それ故神によって必然的に予知されること）を含意しない。そしてこの場合、「必然的」という言葉は論理的な必然性ではなく偶然的な必然性を意味する。オッカムはここで、神が現に予知しているものとは異なる命題を真なる命題として予知したことは論理的に可能であると主張しているのではなく、当のものごとが現実化する時点以前は、それに対応する真なる命題が偽でありうること、それ故当の時点以前は、神は自分が予知したものと異なる命題を予知することもありえたと主張しているのである。或る未来の偶然事についての命題が真であるとき、それが後に偽なる命題へと実際に変化することはないが、命題に対応するものごとが現実化する以前は偽でありえたという意味で、その命題の真理値は不変であるが、それは必然的な命題ではない。

さて、神が知ることは現実化した真なるものごとに基礎を置くから、神の知識は神が知る命題と同様に偶然的である。それ故未来の偶然事についての任意の命題pに関し、「神はpを知っている」は、神は真なる命題のみを知り、真なるすべての命題を知るが故に、pが真であるときにのみ真である。しかしpは、pに対応するものごとが現実化するまでは真でないことも可能なのであるから、「神はpを知る」もまた時間的に偶然的である。「例えば、『神はこの人間が救済されるであろうことを知っている』という命題は真であるが、この人間が救済されるであろうことを神が知らなかったことも可能である。それ故この命題は不可変であるが、それにもかかわらず必然的ではなく偶然的である」(125)とオッカムは述べている。

しかし、神はpを知らなかったことも可能であるとはどのような意味だろうか。この点、或る解釈によれば、神がpを信じる（あるいは判断する）ことは時間的に必然的な（偶然的に必然的な）既定のものごとであるのに対し、神がpを知ることは、pが現実化するまでは時間的に偶然的である。(126) pに対応するものごとSが現実化する以前は神の信念は誤っているかもしれず、それ故実際には知識でないかもしれない。しかしSが現実化した時点からpが偽であることは不可能であり、それ故その時点に至ってはじめて神が誤っていることは不可能となる。この解釈によると、神が永遠の過去からpを信じてきたことは過去に生じているものごとであるから偶然的に必然的であるが、神がpを正しく信じている（知っている）ことは、pに対応するものごとSが現実化する時点以前は時間的に偶然的である。

しかし、「信じる」ことと「知る」ことを区別するこの解釈が指摘するようにオッカム自身が「神がpを信じていること」を既定の事実、偶然的に必然的な事実と考えているか実際のところ不明確であり、むしろオッカムはこの種の区別を設けていないと考える方がテキストの自然な解釈と思われる。というのも「神がpを信じている」か否かは未来におけるSの現実化、ないしpが真であることに依存しており、「pは真である」ないし「Sは現実化する」という事実がなかったならば神はpを信じることはなかった、とも言いうるからである。そうであれば、「神はpを信じていた」は単に表現上過去時制であるにすぎず、実際には未来のものごとに言及した時間的に偶然的な命題である、と考えるべきだろう。それ故正しい考え方は、Sが現実化する時点以前に神の信念が知識でないこともありうるということではなく、Sが現実化する時点以前は、神が$\bar{p}$ではなくpを認識していることは時間的に偶然的だということである。

神が誤りを犯すことは論理的に不可能だとオッカムは考えていた[127]。もしそうならば、神が誤りを犯すことが時間的に可能であるとオッカムが考えていたことはなおさらありえない。しかし神がｐでなく$\bar{p}$を知っていることは論理的に可能であり、更にＳが現実化する以前は神がｐではなく$\bar{p}$を知ることは時間的に可能である。Ｓが現実化したときになってはじめて神がｐを知ることは必然的となる。というのもｐはそのときから時間的に必然的、偶然的に必然的となるからである。

次に神の信念と同様に神の意志も偶然的である。神が過去において未来の偶然事Ｓを意志したことは、上記の解釈に従うと神が過去においてＳの生起（ないしＳに対応する命題ｐ）を信じたことと同様に偶然的に必然的なことと思われるかもしれない。しかしオッカムによればＳが現実化する時点以前は神がＳを意志することは偶然的である。「Ｓを意志する神はＳを意志しないことも可能である」という命題は複合的な意味で（すなわち神はＳを意志すると同時にＳを意志しないことが可能であるという意味で）理解すれば偽であるが、分割的な意味で（すなわち神はＳを意志しているが、Ｓを意志しないことも可能であるという意味で）理解すれば真である。分割的な意味でこの命題が真であるのは、Ｓが現実化する時点以前は神はＳを意志しないことが可能だからである。

神の知識についても同様である。「神は矛盾する命題のどちらが真でどちらが偽であるかを確定的に知っているので、未来の偶然事について確定的な知識を有している。」しかしだからといって神が未来の偶然事を必然的に知っていることにはならない。未来の偶然事が偶然的に生起するように、神もそれが生起することを偶然的に知っているのである[129]。神の意志と同様に神の知識も――知識自体は現実化しているとはいえ――未来の偶然事が現実化する時点ｔ以前は実際とは異なった別様の知識であることが可能であり偶然的であるが、ｔ以後は別様ではありえない。神の知識や意志が確定的であることはｔにおけるものごとの現実化に依存しているが、ｔ以前は神の知識や意志は確定しているものの別様でありえた（それ故偶然的であった）のに対し、ｔ以後は別様ではありえなくなる。要するに「神は予知した」あるいは「神は意志した」はオッカムが言うところの偶然的な必然性を帯びた出来事ではなく、ｔに至ってはじめてそのような出来事になる、ということである。

さてオッカムによれば、未来の偶然事に関する相互に矛盾する命題ｐと$\bar{p}$については、一方が他方より一層真へと確定されているわけではないのであるから、神が未来の偶然事に関する知識をどのようにして有するかについて理解することは不可能である。この場合、「より一層真へと確定されているわけではない」ということの意味は、ｐと$\bar{p}$は共に因果的に不確定だということである。というのもオッカムはｐか$\bar{p}$のいずれかが当のものごとが現実に生起する以前から確定的に真であることを主張しているからである。しかし偶然事が因果的に不確定であれば、偶然事を予知する方法はないだろう。神は因果的に不確定な未来のものごとをどのような方法で予知するのだろうか。

この点に関して先ずオッカムはスコトゥスの解答を批判する。スコトゥスによればpが真であることを神の意志が決定し、神の知性がpをそのようなものとして予知する。オッカムはこれに対して幾つかの反論を挙げている[131]。

先ずオッカムによると「神は永遠の過去からSを意志した」という命題は、Sが現実に生起する時点t以前は真でも偽でもありうるが故に時間的に偶然的な命題であり、この種の命題は未来の偶然事についての確実で不可謬な知識の基礎とはなりえない。スコトゥスも認めているように、t以前は神の意志決定は時間的に偶然的だからである。しかしこの批判はスコトゥス批判として的はずれだろう。オッカムの立場では神の意志決定は人間の意志による未来の選択に依存しているから時間的に偶然的であり、たとえSを意志することが確定していても、t以前はSを意志することが可能であり、これまで常にSを意志してきたことも可能である。そしてスコトゥスが言うように神の認識作用が神の意志の決定に従うとすれば、神のSの認識も同じように時間的に偶然的であり、t以前は常に別様でありえたことになる。しかし、神の意志作用は時間的に偶然的であるというオッカム自身の立場と、神の理性は神の意志を把握すると いうスコトゥスの見解を接合したこの論法は、神の知識が偶然的であることを言っているにすぎず、この点に関してはオッカムも同意見である。神の知識の偶然性がどのような意味で神の知識の確実性や不可謬性と両立不可能なのであろうか。

オッカムにおいては人間の意志による選択が為される時点に至るまで神の意志作用と知識が時間的な偶然性を帯びるのに対して、スコトゥスにおいては人間の意志決定は神の意志決定の後に続くと考えられている。しかし、人間の意志は、もしそれが神の意志決定に偶然的に従うのであれば、神の決定に逆らうことが可能であり、実際に逆らえば神の意志は叶えられず、神の意志に基づく神の知識は誤っていたことになり、それは確実で不可謬ではなくなるだろう。そしてこのスコトゥスの見解においては、神の意志は先ず人間の選択を認識してから決定を下すわけではないので時間的に偶然的ではなく（つまり偶然的に必然的であり）、それ故神の意志について、それが確定されていないこともありうるとか、確定されていなかったこともありうるとか言うことはできないだろう。

それ故スコトゥスの見解に立てば、人間の意志決定に関する神の認識の確実性を否定するか、人間の自由意思を否定し人間の行為が神の意志によって決定されていることを認めるかのいずれかとなるだろう。人間の選択が神の決定に必然的に従うのであれば、人間の自由な行為はありえず、反対に人間の選択が神の決定に必然的に従うのでなければ、神の認識は或る時点における人間の意志決定に依存し、当の時点以前は確定でも確定的でもないからである。

更にオッカムは、自然的瞬間という観念を用いて神の知性と意志の関係を理解するスコトゥスの見解を批判する(132)。オッカムによれば、神の内にはいかなる前後関係も存在せず、或る自然的瞬間における神の知性は未来の偶然事について確実な知識をもたないのに対し、別の自然的瞬間においては確実な知識をもつといったことはありえない。というのも、このようなことは神の知性がそれ自体において不完全であり、他のものによって完全なものになることを意味し、これは神の知性の完全性に反するからである。しかしオッカムのこの批判はスコトゥスの自然的瞬間という観念が時間的な前後関係を含意するものではなく、単に論理的な前後関係にすぎないことを理解していないかのようである。スコトゥスならば、神の知性が認識することは意志の決定に依存しているものの、神の知性は意志の決定を把握することで完全なものになるとは考えないだろう。

さて、未来の偶然事が偶然的に生起するにもかかわらず神の知識はいかにして確実で不可謬でありうるかという論点について、オッカムはこれに答えることは不可能だと考えていた。因果的に決定されている未来の自然的なものごとも、自由な行為者によって阻止されうるのであるから同様である。しかし他方でオッカムは未来の偶然事についての命題は、ものごとの偶然性にもかかわらず確定的に真であることを主張している。当の命題に対応する未来のものごとは、未来の或る時点で（生起しないことが可能だとしても）現実に生起するのであるから確定しており、全知の神はこのものごとについて確定的な知識を有する。当のものごとが偶然的だということは、それとは別のものごとが生起しうることであり、それ故当のものごとについての神の知識は必然的ではなく偶然的であるが、この知識は真なる命題についての知識でしかありえず、真なる命題には現実世界の生起するものごとが必然的に対応しているのであるから、神の知識は不可謬にして確実である。仮に他のものごとが生起するならば他の命題が真となり、この命題が神によって確実かつ不可謬に知られることだろう。それ故オッカムは全知の神が未来の偶然事について確実で不可謬な知識を有することは認めるのであるが、神がどのようにしてこのような知識を有するようになるのか、どのようにして未来の偶然事に関する真なる命題を真なる命題として知りえるのか理解不可能だと主張しているわけである。この点に関するスコトゥスの解決、すなわち神の意志が真でも偽でもない一対の矛盾する命題の一方を或る自然的瞬間において決定し、この決定を別の自然的瞬間において知性が把握することで、確実で不可謬な知識をもつという解決はオッカムを満足させるものではなかった。

「神が確実に、そして明証的にあらゆる未来の偶然事を知っていることは疑いないものとして認められなければならない。しかし、これを明確に説明すること、そして神があらゆる未来の偶然事を知る方法を説明することは、現世のどの知性にとっても不可能である」[133]。

しかしオッカムは彼なりにこの点に関する説明を敢えて企てている。オッカムによれば神の本質は自己自身及び他のすべてのものごとについての単一の直観的認識（cognitio intuitiva）である。この直観的認識は完全にして明瞭なるが故に、過去、現在、未来の万物についての明証的認識でもある。オッカムの言う直観的認識とは、或る事物が現存することの直接的にして明証的な認識を意味する[134]。神の本質はそれ自体において、あらゆる時点でどのようなものごとが現存するかを確実に認識している。人間が或る事物Xの直観的認識を基礎として、「Xは存在する」及び「Xは存在しない」という二つの命題のどちらが真であるかを認識するように、神もまた万物についての完全な直観的認識を基礎として、（人間のように）目前に現存する事物だけでなく、未来に生ずる万物（に関する命題の）すべてを確実に認識している。「これはイデアや認識根拠（rationes cognoscendi）によって未来の偶然事が神に現前しているからではなく、神の本質それ自体ないし神の認識によって（per ipsammet divinam essentiam vel divinam cognitionem）、すなわちそれによって何が偽で何が真か、何が偽で何が真であったか、何が偽で何が真であるだろうかが知られる知識（notitia）によって神に現前しているからである[135]。」オッカムによれば、トマスのように無時間的な神の永遠性の前に未来の偶然事が現前する、あるいはスコトゥスのように神の意志の決定を神の知性が把握するといった論法によっては、神がいかにして未来の偶然事を予知するかを説明することはできない。むしろ、神がすべての真なる命題を知っていることは神の本質的属性であり、神は本質的に全知であるという説明で満足しなければならない[136]。

さて、未来の偶然事についての命題は確定した真理値をもたないが故に神によって予知されえないという反論に対して、オッカムはこの命題が偶然的に確定的な真理値をもつことを主張するのであるが、或る箇所でオッカムは当の命題が確定的に真であるのは、神がそれを真なるものとして（偶然的に）意志するからであるという見解を前提にして議論しているように思われる[137]。しかし、神は命題が真であることを意志するが故に当の命題は確定的に真であるというオッカムの主張は、オッカム自身の見解を誤解を招きやすい不適切な仕方で表現したものであり、スコトゥスの見解を支持したものとして理解されてはならない。未来の偶然事についての相互に矛盾した一対の命題の一方を神が真なるものとして意志するが故に当の命題は真であるというオッカムの言明を、神の意志が原因で命題が真となるという趣旨で理解することは、これまで述べてきたオッカムの見解と矛盾する。むしろオッカムの立場に立てば神の意志は未来の偶然事の原因ではなく、神は或る偶然事の生起を予知するが故に当の偶然事を意志すると言うべきだろう。それ故、意志するが故に命題は真であると言われるときの「故に」は原因ではなく一種の証拠として、すなわち「命題は真である。というのもその証拠として神がそれを意志しているからである。それが真でなければ神はそれを真として意志しえないだろう」という意味で理解すべきだろう。

しかしこの点に関して或るオッカム解釈は、命題が真なることを神が意志するが故に当の命題は真であるという言い方にみられる「故に」を原因として理解しながら、神が悦んで事をなすときの意志（voluntas beneplaciti）を前提意志（voluntas antecedens）と帰結意志（voluntas consequens）に区別することで、オッカムにおける神の意志作用と未来の偶然事の両立可能性を説明している(138)。この説明によれば、前提意志とは或るものごとを創造しようとする神の意志であり、神はこの意志によってものごとの生起に必要な諸条件を提供する。例えば万人を救済しようとする神の意志がそうである。これに対して神の帰結意志は人間の自由な行為を考慮した意志、人間の自由な決定に一致したものごとの生起を欲する意志を意味する。万人を救済しようとする神の前提意志が人間の自由な行為により違背されうるのに対して、人間の自由な行為を考慮に入れた神の帰結意志は違背されることがない。神はこの帰結意志によって自らが意志することを現実として措定する。例えば神の前提意志が人間Xを救済しようとしてもXが自由に罪を犯すであろうことから神の帰結意志はXが救済されないことを意志する(139)。

この解釈によれば、神が意志するが故に命題は真であると言われるときの神の意志は帰結意志として理解されねばならない。もしこれが前提意志ならば決定論が帰結するだろう。しかしこれを帰結意志として理解すれば神の意志の偶然性は保持される。神は万人の救済を意志する（前提意志）が、人間Xは自由意志によって罪を犯すが故に神はXが救済されないことを意志する（帰結意志）。それ故Xは確実に断罪されるが神はこれを偶然的に意志する。というのもXは死ぬ前にいつでも改悛することが（実際には改悛しないのであるが）可能だからである。従ってXが救済されないことを神が帰結意志によって意志するとき、Xが救済されることはないが救済されうるのであり、神はXの救済を意志していないが意志しうるのである(140)。

しかし、神が帰結意志によって未来の偶然事についての命題pが真であることを意志するが故にpは真である、と言われるときの「故に」を原因ないし理由の「故に」として捉えることはオッカムの基本的見解にそぐわないように思われる。たとえ神の意志を帰結意志として解釈しても、オッカムにおいては神が命題pを真として意志するが故に命題pが真になるわけではない。既述のように、神はpが真であることを予知するが故にpが真であることを意志すると考えるべきだろう。

次に、未来の偶然事についての命題pの真理値が確定しており、偶然事が神によって確定的に知られていれば決定論が帰結するという反論に対してオッカムは、神は命題pを偶然的に知っているのであり、それ故神がpを知らないことも（そして知らなかったことも）可能であると答える。そしてオッカムはアリストテレスの『命題論』第九章で提示されている決定論を二つの異なる議論からなるものとして捉え、これら二つを共に論駁可能と考えて自分の答えを擁護する。[141] すなわち（一）命題があらかじめ真であることに基づく議論と（二）未来の偶然事についての過去時制の言明が偶然的に必然的（時間的に必然的）であることに基づく議論である。

先ず（一）の議論に対してオッカムは命題pが真であることを神が知っていても「神はpが真であろうことを知っている」という命題は必然的な命題ではないと答える。この場合「必然的」は明らかにオッカムが言うところの偶然的な必然性を意味する。

> 「確かに、『神は矛盾する命題の一方が真であろうことを知っている』という命題が真だとしても、それが決して真でなかったことも可能であるかぎりにおいて、それは偶然的である。そしてこの場合、それが決して真でなかったことも可能なのであるから、いかなる連続も伴わずして、それと反対のことが生起する可能性が存在している[142]」。

要するに、未来の偶然事Sについての命題pは、Sが現実世界で生起するが故に真であり、現実世界におけるSの生起がpの真理条件である。しかし現実世界でものごとは連続的に生起するが故に、Sが現実化する以前はSではなく$\bar{S}$が現実化することが依然として可能である。Sが現実化してはじめて$\bar{S}$の現実化は不可能となる。これに対応して、Sが現実化する以前は$\bar{p}$は（真でないが）真でありえたことになる。これは真であるpが真であることを停止しうること、あるいはpと$\bar{p}$が同時に真でありうることを意味するのではなく、pが真であっても$\bar{p}$が真であることが常に可能であったことを意味する[143]。しかし、Sが現実化する時点t以前は$\bar{p}$が真であることも可能であるのに対し、t以後はこの可能性は排除される。それ故pが真であることによって未来の偶然事はいかなる必然性も帯びることはない。そして神が命題pを知っていることも命題pが偶然的であるのと同様に偶然的である。ｔ以前は神は（たとえｐを知っていても）$\overline{p}$を知っていることが可能であり、Ｓが生起するｔ以後にはじめて神が$\overline{p}$を知ることは最早不可能になる。

　次に、神の予知はそれ自体過去の一事実であるから偶然的に必然的であり、もし「神はｐを予知した」が真であれば「神が$\overline{p}$を予知する」が真であることは時間的に不可能となり、従ってｐは最早偽でありえないが故にｐは必然的に真である、という反論に対してオッカムは「神はｐを予知した」は偶然的に必然的な（時間的に必然的な）命題ではないと答える[144]。表面的には現在時制の命題が未来時制の命題と同値ないし、未来時制の命題の真理値に依存する場合は、この現在時制の命題を過去時制にした命題は偶然的に必然的な命題ではない。「神はｐを予知する」が真であることはｐが真であることに依存するが故に、「神はｐを予知した」は必然的ではない。すなわちｐが真であることは、ｐに対応するものごとＳが何らかの時点ｔで現実世界に生起することに依存している。ｔ以前はＳと$\overline{S}$のいずれも生起することが可能である。それ故ｔ以前はｐにも$\overline{p}$にも真である可能性が存在する。神は真なる命題だけを知っているので神の知識は真に存在するものごとによって既定のものとなる。それ故神がｐを予知することはｐが真であることに依存しており、ｐが真であることはＳがｔに現実化することに依存している。それ故ｔ以前のあらゆる時点において（過去であろうと現在であろうと）神がｐを知っていることは時間的に偶然的であり、神がｐを知らないことも同じく可能である。もしＳが何らかの時点で生起するならば神は常にｐを知っていたし、もし$\overline{S}$が何らかの時点で生起するならば神は常に$\overline{p}$を知っていた。しかしｔ以前はＳが生起するか否かは偶然的なことである。同様に神がｐと$\overline{p}$のどちらを常に知っていたかもｔ以前は偶然的なことである。

　オッカムは以上の論拠をもってアリストテレスが示す決定論的な議論を退けている。要するに、未来の偶然事Ｓに関する命題ｐは真か偽かのいずれかであるが、ｐに対応するものごとＳの現実化以前は真であることも偽であることも可能であり、Ｓについての神の予知も、その内容はやがて現実化するＳの生起によってはじめて既定のものとなるのであるから時間的に偶然的である。そして、もし$\overline{S}$が現実化するのであれば、$\overline{p}$が真となるだろうし、神の予知も$\overline{S}$の予知になるだろう。それ故Ｓが現実化する以前は神の予知が別様である（あった）ことも可能であり、予知は決定論を含意しない。ただオッカムは神が未来の偶然事をどのようにして確実に、そして不可謬に知りうるのかを説明することは不可能だと考えていた。オッカムによれば神がどのようにして未来の偶然事を予知しうるのか理解不可能でも、神の予知が確実で不可謬なことは教会の権威によって受け入れなければならない。

さて、オッカムは『論考』の設問（二）の第二節で神の知識の確実性と不可謬性に関する論点を取り上げ、先ず神の予知の確実性及び不可謬性と未来の偶然事（人間の自由な行為）の両立可能性を否定する二つの反論を提示する。

「神は私が明日座るであろうことを認識していた（novit）。そして私は明日座らないだろう。それ故神は欺かれる。この推論は明確である。というのも神は実際にはそうでないことをそうであると信じているのであるから欺かれることになる。同様に、神は私が明日座るであろうことを認識していた。そして私が明日座らないことは可能である。それ故神が欺かれることは可能である。従って神は欺かれうる……。

私が明日座るであろうことを神が認識したならば、そして私が明日座らないことが可能であるならば——そして私が明日座らないことが事実であるとしたとき——神が欺かれることが帰結する[145]」。

先ず最初の反論に対してオッカムは前半の推論自体の妥当性は認めるが、二つの断定的な（de inesse）前提が同時に真たりうることを否定する。というのも、もし神が或るものごと（ないしこれに対応する命題）を認識しているならば、認識されるのは真なることのみであることから、当の命題が真であることが帰結するからである。

「しかしこれら（二つの前提）は同時に真でありえない。というのも、もし私が明日座ることを神が認識したならば、『私は明日座るだろう』が真であることが帰結するからである。その理由は、いかなることも真でないかぎり知られないことにある[146]」。

しかし後半の推論も妥当しない。なぜならばこの推論が妥当するのは「神は私が明日座るであろうことを認識していた」が任意のあらゆる時点において断定的な（de inesse simpliciter）命題、それ故時間的に必然的に真なる命題であり、私が座るか否かとは無関係に真である場合にかぎられるからである[147]。ここでオッカムの言わんとすることは、実際に現実化することが神の認識を既定のものにするのであるから、上記の第一の前提命題は、現実化するものごとと無関係に端的に真ではありえないということである。もし反対のことが現実化すれば、神の認識は別様だったことだろう。神は私が明日座るだろうことを必然的ではなく偶然的に知っているのであり、それ故私が明日座らないことが可能であるとしても、これら二つの前提から神が欺かれうるという帰結は生じない。神が欺かれうるという帰結が生ずるためには、「神は私が明日座るであろうことを認識していた」という命題は、任意のあらゆる時点において断定的な命題でなければならないが、この命題は偽である（あった）ことの可能な偶然的な命題であるから反論は失敗に終る[148]。

第二の反論に対してオッカムは、「私が明日座るであろうことを神が認識した」と「私が明日座らないことが可能である」の二つの命題は整合的であるが、前者の命題が「私が明日座らないことが事実である」という前提と両立不可能なこと、そして両立不可能なこれら二つの前提から「神は欺かれる」（すなわち神は誤っている）という不可能な結論が生ずると主張する。それ故「私が明日座るであろうことを神が認識した」が措定されたからには、「私が明日座らないことが事実である」という前提を措定することはできない。

「今や私は次のように主張する。『私が明日座らないことが可能である』という可能性の様相を伴う（de possibili）命題で述べられていることが事実として措定されたとき、このことからいかなる不可能なことも帰結しない。しかし、可能性の様相を伴う命題で述べられていることが事実となったときの『私は明日座らない』という命題と、『私が明日座るであろうことを神が認識した』からは『神は誤っている』という不可能な命題が帰結する。このような帰結が生じるのは、二つの前提が両立不可能（incompossibiles）だからである。例えば、『ソクラテスは座っている』と『ソクラテスは立つことができる』は同時に真である。しかし『ソクラテスは座っている』と『ソクラテスは立っている』は同時に存立することはなく、相互に不整合である。それ故、これら二つの命題から『座ることは立つことである』が帰結する。しかし『ソクラテスは座っている』と『ソクラテスは立つことができる』からは、このような帰結が生じることはない。この問題の原因のすべては、単一形（uniformis）の推論の二つの前提が両立不可能であるのに対し、混合推論（mixtio）にはこのような両立不可能が存在しない点に存する[149]」。

「私が明日座ることを神が認識した」と「私は明日座らない」――二つの命題は共に様相を伴わないから、これらを前提とする推論は「単一形の」推論と言われる――からは「神が誤っている」という不可能な命題が帰結するのに対し、「私が明日座ることを神は認識した」と「私が明日座らないことが可能である」――二つの命題のうち後者のみが様相を帯びているので、これらを前提とする推論は混合推論と言われる――からは不可能な命題は帰結しない。

要するにここでもオッカムは、予知されたものごとSが生起するt以前に神の予知が偽であることが——すなわち知識でないことが——判明する可能性があることから予知は偶然的である、と主張しているのではない。オッカムにとり神が誤りを犯すことはありえない。オッカムの主張の趣旨は、神の認識は未来に生起するものごとSに基づくが故に、実際に生起するSとは異なったSの生起が可能であれば、神の認識も実際と異なることが可能であり、従って偶然的であるということである。オッカムにとり、神の知識が確実で不可謬であることと、神の予知の偶然性は両立可能なのである。ただオッカムにとって説明不可能なのは神がどのような方法によって未来の偶然事について確実で不可謬な知識を有するのかということであった[150]。

更にオッカムは、未来の偶然事について神が必然的な知識を有するか否かという問題を検討している[151]。先ず神は自らが知ることを必然的に知ると主張する五つの議論がオッカムによって提示される。第一の議論は、「不変性に属する必然性（necessitas immutabilitatis）以外の必然性が神の中に措定されることはない。それ故神の中に不変的に存在するものはすべて神の中に必然的に存在する[152]」というものである。第二の議論は、「可能的なものはすべて可変的である。それ故不変的なものはすべて必然的である。しかし神の知識は不変である。それ故神の知識は必然的である[153]」と主張する。第三の議論は「神は不変的であるから神の中に存在しうるものはすべて必然的に神である。しかしaを知ることは神の中に存在しうる。それ故神は必然的にaを知る[154]」と主張する。更に第四の議論は「神の中にはあらゆる絶対的完全性が必然的に存在する。しかしaを知ることはこの種の完全性である。それ故（aを知ることは神の中に必然的に存在する。）小前提は次のようにして立証される。すなわち神がaを知らないならば神は完全でないことになるだろう。というのも神は何らかの絶対的完全性の欠如の結果として以外に不完全たりえないからである。それ故神は必然的にaを知る[155]」と主張する。そして第五の議論は、「存在するであろうことを神が知っているすべてのものごとは必然的に存在するだろう。そしてaは、それが存在するであろうことを神が知っているものごとである。それ故aは必然的に存在するだろう。大前提は必然性の様相を伴う（de necessario）命題である[156]。というのも述語は主語に必然的に内属しているからである。小前提は永遠に真であるからあらゆる時点において断定的な命題である。それ故必然性の様相を伴う結論が生ずる[157]」と主張する。

これら五つの議論に答えるべくオッカムは神の知識が必然的と言われる場合の二つの異なった意味を区別する。先ず、未来の偶然事がそれを通じて知られる媒体として神の知識を捉えることができ、この意味での神の知識は必然的である。「というのも神の本質それ自体が、必然的及び偶然的なあらゆるものごと、名辞や命題によって表わされるあらゆるものごとの必然的にして不変的な単一の認識だからである」[158]。神はあらゆる真なる命題についての知識を永遠かつ本質的に有しており、この意味で神の知識を必然的と呼ぶのであれば、それは「確実な」とほぼ同義と言えるだろう。次に神の知識をその内容の観点からみれば、それは神によって知られる真なる全命題の集合ということになり、オッカムはこの意味での知識が偶然的であることを主張する。神により知られている真なる命題とは別の命題が真なる命題として神に知られることが可能である。「というのも、この未来の偶然事が偶然的に存在するようになるのと同様に、神はそれが偶然的に存在するようになることを知っているからであり、その理由は、神がそのことを知っていても、それが存在するようになることを神が知らないこともありうる（potest non scire）からである」[159]。それ故オッカムは神が別の命題を知ることが単に論理的に可能だと主張しているのではなく、それが時間的に可能だということ、別言すれば神の予知が「偶然的に必然的な」ものごとではない、ということである。未来の偶然事が実際に生起する時点以前は、偶然事に対応する真なる命題は偽でありうるし、従ってこの命題についての神の知識も偶然的であり、実際に神が有する知識とは別様でありうるということである。

さて、上記の第一の議論に対してオッカムは、神の中に不変性以外の意味での必然性が存在しないことを認めるが、不変性が必然性（偶然的な必然性の意味での必然性）を論理的に含意することを否定する。未来の偶然事についての命題pは、もしそれが真であれば、その後に偽になることはありえないという意味において不変だからである。p自体は真から偽へと変化することがありえないとしても、それにもかかわらずpは偶然的であり、それ故それは偽でありうるし、神によって知られないこともありうる。ただし、言うまでもなくここでのオッカムの趣旨は、pに対応するものごとが現実化する時点に至るまでpは不変的だということである。この時点に至ると未来時制の真なる命題はこれ以後偽となるからである。t_3で生起する未来のものごとに関して、t_3以前の二つの時点t_1とt_2においてpがt_1では真で、pがt_2において真というようなことはありえない。しかしt_3以前において未来時制の命題は、それが真であっても真でなかったことが可能である。同様に、未来の偶然事についての神の知識は永遠の過去から不変であるが、この偶然事が現実に生起する以前は実際に神が有する知識とは別様でありうる。それ故、この世に生起するものごとについての神の知識が必然的であるのは、これから存在するものごとによって確定されることのない過去及び現在のものごとの知識に限られる。

従って上記の第二の議論に対しても不変性は必然性を含意しないと答えられるだろう。第三の議論に対しては、オッカムは神の中に本質的に（formaliter）存在しうるもののみが神の中に必然的に存在することを主張する。[160]「ものごとaを知る」は神について述語づけられることも述語づけられないこともありうる。「主」という名が被造物が存在するときにのみ神に述語づけられると同様に、「aを知る」も神に偶然的に述語付づけられるにすぎない。

更に第四の議論に対しては次のように答えられる。[161]「aを知る」ことは神に偶然的に述語づけされるにすぎないが故に、神がaを知らないことはaが偽ならば神の不完全性を含意しない。aが真で神がaを知らないならば神は不完全であるが、第四の議論が主張しているように神の不完全性が「神はaを知らない」ということのみから帰結することはない。最後に第五の議論に対しては次のように答えられる。[162]「存在するであろうことを神が知っているすべてのものごとは必然的に存在するだろう」という大前提は分割的な意味においては偽であり、複合的な意味においては――すなわち、「存在するであろうことを神が知っているすべてのものごとは存在するだろう」は必然的であるという意味においては――真である、と。しかしそうであるならば、小前提である「aは、それが存在するであろうことを神が知っているものごとである」は時間的に断定的な（de inesse ut nunc）命題であり、時間的に必然的な命題ではない故に、議論が主張するような必然性の様相を伴う結論は生じない。オッカムにとり「神はaを知っている（いた）」は、未来に侵蝕されているが故に、aが現実に生起する以前は時間的に偶然的な命題だからである。

オッカムは未来の偶然事についての命題が真であり、神によって認識されることを認めるが、同時にその命題が真でありながらも偽でありうること、そして真でなかったこともありうることを認め、また神によって認識されながらも認識されないこともありうること、そして決して認識されていなかったこともありうることを認める。しかし、これは未来の偶然事についての命題の真理値が可変的であること、それ故当の命題についての神の知識が変化しうることを意味するのだろうか。この論点につきオッカムは『論考』の設問（五）で、彼の提示する真理条件がこのような帰結に至らないことを論証している。[163]設問（五）におけるオッカムの論証の形式を次のように示すことができるだろう。

いま未来の一時点t_3に生ずる偶然事についての命題（ペテロは救済へと予定されている）をpとし、t_1をt_2より以前の時点、t_2をt_3より以前の時点としよう。そして、

（1）pはt_1において確定的に真であり、pはt_2に真から偽へと変化する、と想定する。

（2）（それ故）$\bar{p}$（ペテロは断罪されている）はt_2におい

て真である。

（3）未来に関する或る偶然的命題が未来の当の時点より以前の一時点で真であり、別の一時点で真でない、というようなことには理由がない。

（4）（それ故）未来に関する偶然的命題が未来の当の時点より以前の或る一時点で真ならば、当の時点より以前のすべての時点において真である。

（5）（それ故）（2）と（4）によって$\bar{p}$はt_1において真である。

（6）（それ故）（1）と（5）によってpと$\bar{p}$はt_1において共に真である。

（7）（それ故）（1）と（6）により、pはt_2において真から偽へと変化することはない。

オッカムは（3）をアリストテレスの『範疇論』五章にみられる考え方、すなわち命題はものごとの側での変化の結果として以外に真から偽へと変化することはないという考え方に依拠させている。しかしt_3より以前に変化がありうるのは、t_1からみて過去ないし現在に実在するものが$\bar{p}$が真となる可能性を排除し、その後、t_2からみて過去ないし現在に実在するものごとが$\bar{p}$が真となる可能性を現実化させ、pが真である可能性を排除するようになる場合に限られる。しかし仮定上、pはt_1及びt_2からみて未来の時点t_3に関する偶然的命題であり、それ故t_3より以前にはpが真となる可能性と$\bar{p}$が真となる可能性のどちらかを排除するような何ものも存在しない。そして当然のことながら、先ず最初に何ものかが一方の可能性を排除し、その後別の何ものかが他方の可能性を排除するといったこともない。オッカムはこの帰結を未来の偶然事についての神の知識に適用し、次のように主張している。

「しかしながら、もしあなたがaを未来についての偶然的命題として理解するならば、（「aを知っておらず、そしてaを知りうる者は誰でもaを知るようになりうる」という）命題は真でない。なぜならば、この命題が真であるためには、二つの命題――すなわち「神はaを知らない」と「神はaを知っている」――が継続的に真でなければならないが、これらが継続的に真であることはありえないからである。というのも、それが真でないかぎり、いかなることも神によって知られることがないように、真なるすべてのことは神によって知られているからであり、それ故、もしaが真ならば、それは常に真であったし、従って常に神によって知られていたからである。そして更に、「神はaを知っていない」は決して真ではなかった。この帰結として、「神はaを知るようになりうる」という結論が生ずることはない。というのも、先ず最初に「神はａを知らない」が真であり、その後に「神はａを知っている」が真であるようなことがないかぎり、上記の結論が生ずることは決してないからである」(164)。

それ故未来の偶然事Ｓについての命題は、Ｓが生起する以前は、偽でありうるような仕方で偶然的に真であるとしても、それが真であることはＳの生起以前から確定しており、Ｓの生起以前にその真理値が変化したり、神の知識が変化するようなことはない。

かくして、オッカムによれば、神は未来の偶然事Ｓについての知識を永遠の過去から不変的に有しており、Ｓの生起を今の時点で知っており常に知っていた。あらゆる時点において神は「Ｓはｔにおいて生起する」が時間に関係なく常に真であることを知っており、この知識は変わることがない。それにもかかわらず、この知識は必然的でない。というのも、ｔ以前にこの知識が実際に神が有する知識と異なることが時間的に可能だからである。この可能性は神の知識の可変性を含意せず、むしろ過去におけるこれまでの神の知識の全歴史が実際とは異なりうる可能性を意味している。その理由は、神の知識はＳの生起によって既定のものとなり、Ｓが生起する以前はＳが現実化しないことも可能だからである。それ故神の知識も実際とは異なることが可能である。しかしＳがひとたび現実化すれば、それと反対のこと$\bar{S}$が生起することは最早不可能となり、従って神の知識が実際とは異なりうる可能性も最早存在しない。

オッカムは、未来の偶然事についての神の知識が確定的で確実、不可謬にして不変的でありながら偶然的であることを主張した。この神の知識は決定論を含意しない。というのも未来の偶然事が生起する以前は、それが存在することも存在しないことも共に可能であり、神の知識がその存在を決定するようなことはないからである。従って未来の偶然事が現実化するまでは、神の予知は確定していても偶然的であり、神がそれを予知しない可能性も存在している。しかし神がどのようにして未来の偶然事について確定的な知識を有しうるのかは現世の人間にとって不可知である、というのがオッカムの結論であった。

註

（1）　この議論の概観については C. G. Normore, 'Divine omniscience, omnipotence and future contingents: An overview'（T. Rudavsky ed. *Divine Omniscience and Omnipotence in Medieval Philosophy*, Dordrecht 1985）pp. 3-22. P. Streveler, 'The Problem of future contingents: A medieval discussion'（*The New Scholasticism*, vol. 47. 1973）pp. 238-246. C. G. Normore, 'Future contingents'（N. Kretzmann, A. Kenny, J. Pinborg eds. *The Cambridge History of Later Medieval Philosophy*, Cambridge 1982）pp. 358-381. また、様相命題の〈statistical〉な解釈（すなわち、不定時制命題はそれが発話されるとき、い

つでも真ならば必然的、しばしば真ならば可能的、常に偽ならば不可能な命題である、という見解）をめぐる中世哲学における議論については、S. Knuuttila, 'Time and modality in scholasticism'（S. Knuuttila ed. *Reforging the Great Chain of Being*, Dordrecht 1981）pp. 163-257参照。

（2）　中世の神学者の殆どは、神が被造界のすべてのものごとについて永遠で不変で確定した知識、すべての真理についての確実な認識を有すること、神の知識が不可謬であることを認めていた。それ故神が「命題ｐは真である」と判断するならば、必然的にｐは真であることになる。また以上のことに加えて、認識する主体と認識される客体のあいだには因果関係が存在すること、そして神が何ものかによって因果的に影響を被ることが論理的にありえないことを前提にすれば、神は永遠の過去から（ab aeterno）人間の行為を含む世界のあらゆるものごとを因果的に引き起こすことが帰結するだろう。そうだとすれば、人間の行為の自由はありえず、行為に対する道徳的責任も人間にはないことになるだろう。中世の神学者が認めているように、人間は両立不可能な複数の選択肢の一つを自由に決定することができ、道徳的責任の根拠もこのことに存するとすれば、神が因果的に引き起こすことのない、それ故神によって永遠に予知されてはいない或る種のものごとが存在することを認めなければならない。また、ものごとSが偶然に生起するということは、世界に存在する事態の中にSを生み出す可能性と$\bar{S}$を生み出す可能性が潜在すること、世界に存在する事態がSと$\bar{S}$のいずれに対しても因果的にみて十分な条件となっていないことを意味し、Sと$\bar{S}$のいずれをも因果的に引き起こす可能性（potentia ad utrumlibet）が存在することを意味している。偶然性は存在論的不確定性を意味する。世界の事態の中にSと$\bar{S}$のいずれをも生み出す可能性があるとき、Sか$\bar{S}$のどちらかがひとたび現実化すれば、言うまでもなく現実化したものごとは或る意味で必然的に存在していることになるが、未だ現実化していないかぎり、Sと$\bar{S}$のどちらも確定したものごとではない。しかし単なる信念や推測ではなく確定的に予知され認識されうるものごとは確定したものごとに限られる。そして神が人間の行為Sを予知していることは、神が予知する時点でSが確定していること、それ故人間はSを自由に行いえないことを意味するだろう。

（3）　トマスの見解についてはH. J. M. J. Goris, *Free Creatures of an Eternal God, Thomas Aquinas on God's Infallible Foreknowledge and Irresistible Will*（Nijmegen, 1996）; J. P. Wippel, 'Divine knowledge, divine power and human freedom in Thomas Aquinas and Henry of Ghent'（T. Rudavsky ed. op. cit.）pp. 213-241; W. L. Craig, *The Problem of Divine Foreknowledge and Future Contingents from Aristoteles to Suarez*（Leiden, 1988）pp. 99-126; S. Knuuttila, op. cit., pp. 208-217.）トマスからの引用はDe veritateについてはLe Questioni Disputate, vol. primo, la verita. questioni 1-9, testo latino dell' edizione Leonina e traduzione italiana/S. Tommaso d'Aquino（Bologna, Ed. Studio Domenicano, 1992）により、Summa theologiæについてはSumma theologiæ, Latin text and English translation, introductions, notes, appendices, and glossaries vol. 4（Cambridge, Blackfriars, 1964）による。それ以外の著作はS. Thoma Aquinatis Opera Omnia ut sunt in indice thomistico additis 61 scriptis ex aliis medi aevi auctoribus, curante Roberto Busa（Stuttgart, 1980）7 vols による。

（4）　*De veritate* 2. 12. obiectiones 1（p. 300）.

（5）　Ibid. 2. 12. obiectiones 8（p. 302）.

（6）　Ibid. 2. 12. obiectiones 4（pp. 300-302）; *Summa theologiae* Ia. 14. 13. ad 3（p. 50）.

（7） *De veritate* 2. 12. obiectiones 2（p. 300）.

（8） Ibid. 2. 12. obiectiones 7（p. 302）; *Summa theologiae* Ia. 14. 13. ad 2（p. 48）. 後者の神学大全の一節では次のように述べられている。「更に条件命題において、もし前件が絶対的に必然的（necessarium absolute）であれば、後件も絶対的に必然的である。というのも前件と後件は前提と帰結の関係にあるからである。しかし『分析論後書』で証明されているように、必然的な前提からは必然的な帰結のみが導き出されうる。ところで次の命題は真なる条件命題である。「もしこれが生起するであろうことを神が知っていたならば、これは生起するだろう」（Si Deus scivit hoc futurum esse, hoc erit）というのも知識（scientia）はただ真なることについてのみあてはまるからである。そしてこの命題の前件は絶対的に必然的である。その理由は第一にこの前件は永遠（に真）だからであり、またそれは既に起こったこととして（ut praeteritum）表現されているからである。それ故後件も絶対的に必然的である。従って神によって知られることはすべて必然的であり、かくして神は偶然的なものごとについては知識を有していないことになる」（p. 46）。

（9） In 1 Sent. d. 38, q. 1, a.5（vol. 1, p. 102）.

（10） *Summa theologiae* Ia. 14. 8（p. 30）.

（11） In 1 Sent. 38, 1, 5（vol. 1, p. 102）.

（12） Ibid.（p. 102）.

（13） Ibid. 38, 1, 4（p. 102）.

（14） Ibid. 38, 1, 5（p. 102）.

（15） Ibid. 38, 1, 4（p. 102）また *Summa theologiae* Ia. 14, 9（p. 32）; *Summa contra* gentiles 1. c.66（vol. 2, pp. 16–17）参照。

（16） Ibid. 38, 1, 5（p. 102）また *Summa theologiae* Ia. 14, 13（pp. 46–48）参照。

（17） *Summa contra gentiles* 1. 66. 8（vol. 2, p. 17）.

（18） In 1 Sent. 38, 1, 5(p. 102).

（19） *Summa theologiae* Ia. 14, 5（p. 18）; *De veritate* 2. 3–5（pp. 200–252）; *Summa contra gentiles* 1. 49（vol. 2, p. 13）.

（20） *Summa theologiae* Ia. 14, 9(p. 32).

（21） 直視の知識は要するに現実世界についての神の知識であるが、トマスにおいて何故これが神の無時間的永遠性と関連づけられているのか必ずしも明らかではない。時間内的な神が過去、現在、未来のあらゆるものごとを知っている、と考えることも可能だろう。後述のようにオッカムはこのように考えていた。トマスが神の無時間的永遠性を持ち出しているのは、アリストテレス的な真理対応説、すなわち命題はその記述対象たる事実が現実に生起しないかぎり（あるいは必然的に生起しないかぎり）真理値をもちえないという見解を理由にしているのだろうか。真理対応説をとるかぎり、時間内的な神が未来に偶然的に生起する未存在のものごとを認識することは不可能だからである。いずれにしても、トマスは未来形の命題は神の精神において永遠に真理値をもつと考えていたのであるが、「永遠に」を無時間性ではなく「永遠の過去から」という時間的に無際限な継続の意味で理解することも可能であり、「直視の知識」が無時間性と関係づけられねばならない根拠は不明である。あるいは、神は未来形の命題を無時間的に認識するのでないかぎり、この種の命題を真として認識できない、というのがトマスの趣旨だろうか。というのも、神が時間内存在だとすると、未来に関する神の知識は因果関係に基礎を置く推論的なものにならざるをえないのに対して、神が無時間的に永遠であれば、未来を或る意味で現実に存在するものとして認識するからである。例えばトマスは次のように述べている。「或ることが未来であるかぎりにおいて、それはそれ自体においては未だ存在していないが、或る意味ではその原因の中に存在しており、これは三つの仕方でそうである。それは原因から必然的に生ずる仕方でその原因の中に存在することがあるだろう。この場合、それはその原因の中に確定的に存在を有しており、それ故それについてはそれがやがて存在するであろうと確定的に言いうる。更にそれは別の意味においてその原因の中に存在する。つまり、原因の中にそれを結果として生み出す傾向（inclinatio）がみられるが、それが阻止されることがあるときである。この場合、それはその原因の中で確定されているが、可変的にそうなのであり、それ故それについてはやがてそれは存在するだろうが、完全には確実でないと真に言いうるのである。第三に、或ることはその原因の中に純粋に可能的に存在する。これは、原因から或ることが別のことよりも生ずる可能性がより大であるとは確定しておらず、それ故両者のいずれについてもそれがこれから存在するであろうと確定的にはどのような意味でも言いえず、ただそれがやがて存在するか存在しないかのどちらかであるとしか言いえない場合である」（*In libros perihermeneias* 1. 13. 11, vol. 4. p. 337）。従ってトマスによれば、未来の偶然事についての命題は完全な確実性をもって主張されえず、もし神が時間的な存在であれば神も未来を知ることはできない。「未来のものごとは未だ存在していないのであるからそれ自体で知られることはないが、その原因において知られうる。すなわち、もしそれらが原因において全面的に確定されており、その結果、必然的に生起するのであれば確実性をもって知られうる。しかし、大抵のものごとがそうであるように、もしそれらが阻止されえないような仕方で確定されていないのであれば推測によって知られうる。そしてそれらが原因において完全に可能性としてのみ存在するのであれば、すなわち、二つのうちどちらになるかが不確定であるものごとの場合のように、一方より他方になる可能性が大きいような仕方で確定されてはいないものごとの場合には、いかなる仕方でも知られることはない。この理由は、アリストテレスが『形而上学』第九巻で立証しているように、ものごとはそれが可能態においてあるかぎり認識不可能であり、現実態にあるかぎりにおいてのみ認識されうるからである」（*In libros perihermeneias* 1. 14. 19, vol. 4. p. 338）。そしてトマスによれば必然的なものごとは、たとえそれが未来に起こることでも認識されうるが、未来の偶然事はそれが生起する以前に阻止されうることから、未来のものごととして認識されることはありえない。神の認識には誤りの可能性がないのであるから、神が未来の偶然事を未来に生ずるものごととして知ることは不可能である。それ故、もし神が未来の偶然事を認識できるとすれば、神はそれを何らかの意味で現実のものごと、あるいは実在するものごととして認識しなければならない。そこでトマスは、人間にとっては未来のものごとも神の永遠性においては神の面前に現在しており、現在するものとして神により認識される、と主張したのである。もっとも、*Summa contra gentiles* 1. 15（vol. 2. p. 4）にみられる〈quod semper fuit, habet virtutem semper essendi. Est igitur aeternus〉という一節では、永遠性を時間における不変的な永続性として捉える見解が示唆されている。

（22）*Summa contra gentiles* 1. 66. 8（vol. 2. p. 17）.

（23）単純知性の知識と直視の知識の区別に類似しているのが神の思弁的（speculativa）な知識と実践的（practica）な知識の区別である。*Summa theologiae* 1a. 14. 16（p. 58）参照。思弁的な知識は、神に創造する意志はないが、創造可能なものとして神の力の中に存在するものについての神の知識であり、実践的な知識は神の意志によって創造される、あるいは創造されたもの、過去、現在、未来において存在する被造物についての知識である。この実践的知識は神の無時間的永遠性を前提にする必要はない。しかし、永遠性を前提としない神の未来についての実践的知識は決定論を含意するように思われる。すなわち未来のものごとを神がそれ以前から認識していることをトマスは決定論的と考えていた。それ故、未来の偶然事の神の予知を論ずるときには、トマスは実践的知識については触れず、神の直視的知識を持ち出してきたものと思われる。

（24）*Summa theologiae* 1a. 14. 13（p. 46）.

（25）*In libros perihermeneias* 1. 14. 21（vol. 4, p. 338）.

（26）*Summa contra gentiles* 1. 67. 2（vol. 2, p. 17）.

（27）*De veritate* 2. 12. responsio ad obiecta 2（p. 310）.

（28）*Summa contra gentiles* 1. 66. 8（vol. 2, p. 17）.

（29）アクィナスは神の知識を、高台から下の路を通る旅人の行列の全体を一瞥で眺める者にもなぞらえている。（*De veritate* 2. 12. responsio pp. 306-308; *Summa theologiae* 1a 14. 13. ad 3, p. 50; *In libros perihermeneias* 1. 14. 19, vol. 4, p. 338）路に居て旅人の通過を見る人は、旅人を順番に継続的に見るのに対して、塔に居る人は旅人の全体を単一の瞬間において見る。各々の旅人はそれぞれ時間の中の一つの出来事に相当し、塔に居る者が神である。「しかしいわば神は、完全に同時的（tota simul）である永遠性の頂点に位置づけられており、全面的に時間の秩序の外に存在し、神にとっては時間の経過の全体が単純な一瞥のもとに置かれている」（*In libros perihermeneisa* 1. 14. 20, p. 338）。

（30）*De veritate* 2. 12. responsio（p. 308）.

（31）Ibid. 2. 12. responsio ad obiecta 1（pp. 308-310）.

（32）Ibid. 1. 5. responsio（p. 112）.

（33）Ibid. 1. 5. responsio ad obiecta 6（p. 116）.

（34）Ibid. 2. 12. responsio ad obiecta 4（p. 310）; *Summa theologiae* 1a. 14. 13. ad 3（p. 50）.

（35）*Summa contra* gentiles 1. 67. 10（vol. 2, p. 17）.

（36）*De veritate* 2. 12. responsio ad obiecta 7（pp. 312-314）. *Summa theologiae* 1a 14. 13. ad 2(p. 48).

（37）しかし、この見解に対するトマスの反論には論旨の定かでないところがある。例えば或る箇所で（*De veritate* 2. 12. responsio ad obiecta 7, p. 312）次のように説明されている。「しかしこの見解は無効である。というのも『これは未来のものごとである』とか『未来のものごとであった』と言われるとき、そのものごとの原因とその生起との関係性（ordo）が指示されているからである。しかし、或る結果へと関係づけられている原因が阻止されることから、当の原因から結果が生じないことはありうるとしても、或る時点で当の原因が当の結果へと関係づけられていたことは阻止されえない。従って、未来のことが未来に生起しないことはありえても、それが未来のものごとではなかった、というようなことはありえない」。しかし、結果が実際には生起しなくても、原因は結果へと関係づけられていたという事実は、結果の偶然性を単に述べているだけであり、今問題になっている見解がこの事実によって論駁されることはありえない。トマスの説明を有意味なものとして理解すれば、それは次のような趣旨であると思われる。すなわち、神によって予知されているものごとは、その後阻止されうることから、未来に生起するものごとではなくなる可能性がある。しかし神が当のものごとを予知したとき、それは未来のものごとであったわけであり、それ故「神はSを予知した」という命題は時間的に必然的である。当の命題が未来に言及していることは、その時間的必然性の妨げにはならない。というのも、未来への言及を含んでいたものが未来への言及を含んでいたことは必然的であり、たとえ未来のものごとが生起しないことがあってもこのことに変わりはない、ということである。

（38）*De veritate* 2. 12. responsio ad obiecta 7(p. 312)

(39) Ibid. 2. 12. responsio ad obiecta 7 (p. 314)

(40) すなわち「pならばq」が真であり、pが必然的であればqも必然的である、ということである。この推論は「pならばq」がstrict implicationでないかぎり妥当な推論ではない。しかしトマスは「もしSが生起することを神が予知したならば、Sは生起するだろう」を必然的に真なる命題と考えていることは明らかである。

(41) *Summa theologiæ* Ia. 14. 13. ad 2 (p. 50) ではトマスは後件は前件と同じ必然性を帯びると述べ、*De veritate* 2. 12. responsio ad obiecta 7では、後件はそれが前件から帰結する仕方において絶対的に必然的であると述べている。

(42) *Summa contra gentiles* 1. 67. 9 (vol. 2. p. 17).

(43) *Summa contra* gentiles 1. 67. 9 (vol. 2. p. 17). 「偶然事は、その原因が当の偶然事が生ずることも生じないこともありうるような仕方でその原因の中に存在している。これに対して必然事はその原因から生じないことがありえない。しかし両者が存在するあり方をそれ自体として見れば、真理がそこに基礎を置く存在に関して両者に相違があるわけではない。というのも、たとえ偶然事は未来において存在しないことはありえても、偶然事をそれ自体において見れば、それは存在すると同時に存在しないといったことはありえず、ただ存在するしかありえないからである。……偶然事が存在しないことがありうるか否かという問いが提起されうるような意味で、このものごとは非存在として神に認識されている、と述べることはできない。むしろそれは既にその実在において直視されたものとして（ut iam in sua existentia visum）神により認識されていると言えるだろう。そうであれば、上述の問いを提起する余地はない。というのも既に存在しているものは、その時点において非存在ではありえないからである」。要するに、近接原因から分離させて考察すれば、偶然事も必然事もその存在において異なることはなく、両者共に、存在すると同時に存在しないといったことはありえず、ただ存在するしかありえない。「我々にとっては未だ存在していないものごとについて、神は当のものごとがそれらの原因において有する存在（esse quod habent in suis causis）のみならず、神の永遠性がその不可分性においてあらゆる時間に現前しているかぎりにおいて、それらがそれ自体において有する存在（illud quod habent in seipsis）をも見ているのである」（*Summa contra gentiles* 1. 66. 11. p. 17）。

要するにトマスによれば、未来の偶然事は近接原因から必然的に生ずることなく、我々にとっては不確定な未来のものごとであるにもかかわらず、神にとってはそれ自体で存在しており、そのようなものとして神に知られている。「しかし神はすべての偶然事を、それらの原因において存在するものとしてのみならず、それらの各々がそれ自体で現実態にある（est actu in seipso）ものとして認識している。そして偶然事は連続的に現実態になるとはいえ、神は我々のように偶然事をその実在において連続的に認識するのではなく、すべてを同時に認識する。というのも神の認識は、神の存在と同様に永遠性によって測られるからである。すべてが同時に存在する永遠性は全時間を囲んでいる。……それ故時間の中で存在するすべてのものは神にとっては永遠に現在し、それは或る人々が言うように、ものごとの本質（rationes）が神にとって現在するという理由だけでなく、神の直視はものごとが自己の眼前に存在するものとして永遠に万物へと向けられているという理由にもよるのである」（*Summa theologiae* Ia. 14. 13. pp. 46-48）。というのも「神は（未来の偶然事を）それが存在する以前から現実態において存在するものとして（prout sunt actu in suo esse）直視しているのであり、我々が或る未来のものごとを認識できるときのように、単に未来において存在するようになるものとして、そして単にその原因の中に潜在するものとして見ているわけではないからである。偶然事は、その原因の中に潜在する未来の存在たるかぎりでは、それにつき確実な認識が可能であるような仕方で一方へと確定されているわけではないとしても、現実態において存在するものとしては、既に一方へと確定されており、それにつき確実な認識をもつことは可能である。……というのも神の永遠性は時間の経過全体と現前的に（praesentialiter）接触し、時間を超越しているからである。それ故我々としては、神はその永遠性において時間の流れを認識していると考えてよいだろう。これはあたかも高台の頂上に立つ人が通行人の通過の全体を同時に一瞥するのと同様である」（*Compendium theologiae* 1. 133. vol. 3. p. 614）。

しかし以上のことは神が被造物の世界に対して直接的な知識を有しているという意味に理解されてはならない。トマスによれば神は自己自身以外のものについて直接的な認識をもちえない。（例えば *Summa theologiae* 1a. 14. 1-5, pp. 4-20; De veritate 2. 1-5, pp. 172-252 参照）神の認識作用は不変で単純な純粋現実態として神自身以外のいかなるものによっても現実化されえない。もし認識対象が神の認識作用を引き起こすことになれば、神の理性は人間の理性と同じように可能態にあることになるだろう。それ故神の認識作用の直接的な対象は神の本質であり、神は自己の本質を知的形相として自己自身を認識する。人間理性に関して言えば、能動理性が感覚的印象から普遍的形相を抽出し、この普遍的形相を可能理性が受け入れて認識が形成され、理性は可能態にある知者、対象は可能態にある知られるものとして存在するが、変化のありえない自己充足的で単純かつ純粋な現実態たる神には、このような区別は存在せず、神においては理性、認識対象、認識手段（知的形相）、認識作用は同一である。

（44）永遠性における神にとって万物が現在していることは、神の理性に内在するイデアが神に現在しているという意味に理解されてはならない。神は自己自身を直接的に認識することを媒介にして被造物を間接的に認識するが、神の間接的認識の対象は個々の個物ないし出来事であって、個物の模範となるイデアではない。

（45）*Summa contra gentiles* 1. 61. 7（vol. 2, p. 15）.

（46）*De veritate* 2. 14. responsio（p. 330）　またトマスはオリゲネスに答えて次のようにも述べている。「神は或るものごとを、それがこれから存在するようになるが故に予知する、という彼の言明は論理的な推論における原因の意味で理解すべきであり、存在を生み出す原因の意味で理解されてはならない。というのも、もし或るものごとがこれから存在するようになるならば、神はそれらを予知することが論理的に帰結するが、これから存在するようになるものごとが神の知識の原因ではないからである」（*Summa theologiae* 1a 14. 8. ad 1, p. 30）。トマスによれば「或るものごとSが生起するだろう」（p）と「神はSを予知している」（q）は相互に論理的に含意しあうが、更にqはpの存在論的原因でもある。もっとも、神の永遠の知識がどうして時間的なものによって因果的に引き起こされえないのかは必ずしも明らかではない。というのも時間的なものすべては神の永遠性において神に現前しているからである。

（47）*Summa theologiae* 1a 16. 2（p. 80）.

（48）本章867頁参照。

（49）*Summa contra gentiles* 3. 89. 5-6（vol. 2, p. 89）.

（50）*De veritate* 2. 14. responsio（p. 332）

（51）*Summa contra gentiles* 1. 85. 5-6（vol. 2, p. 21）. 推論の必然性を意志の観点から表したものが仮定の必然性である。

（52）トマスにおける〈ab aeterno〉という言葉を「永遠の過去から」と訳してきたが、厳密に言うとトマスの永遠性は無時間的であるから、正確な訳とは言えない。しかし「永遠に」では〈ab〉のニュアンスが出ないので「永遠の過去から」と訳すことにした。つまり人間にとっては永遠の過去からという意味である。

(53) *Summa contra gentiles* 1. 85. 2-4 (vol. 2, p. 21)。またトマスは、神が第一原因として人間の自由な行為を引き起こすこと、神が自由な行為の原因であることは行為からその自由な性格を奪うことがないことを主張する (*Summa theologiae* 1a. 83. 1, vol. 11, p. 238)。

(54) 私が罪を犯すとき、神の創造行為はこのことの十分条件であるか、単なる必要条件であるかのいずれかである。十分条件であれば神はそれを予知しうるが、罪を犯す私の選択がどうして自由なのか不明である。必要条件であれば私の自由は保たれるが、必要条件のみの認識がなぜ予知になるのか不明である。トマスは前者の立場を採用して神の創造行為が私の行為の十分条件であることを主張すると同時に、私が罪を犯さないことができること(すなわち他行為可能性)は、私が自由に罪を犯すことの必要条件ではないと考え、たとえ神が私が罪を犯さざるをえないようにしても、私の罪が私の自由な選択たりうることを主張する。善き天使は罪を犯すことができないとしても自由意志を有している (*Summa theologiae* 1a 62. 8, vol. 9, p. 240)。しかし、神の働きによって他行為可能性が消失したとき、それは因果的な必然性を意味しないだろうか。

(55) 神の理性の中に存在する万物の完全な模範たるイデアの故に神の予知が確実であることを主張する新プラトン主義的アウグスティヌス的立場(例えばボナヴェントゥーラ)をスコトゥスは次の四つの論拠によって拒否している。(一) 神の理性の中のイデアの認識はせいぜいものごとの本質的性質に関する知識のみを与えるだけであり、偶然的な命題の知識を与えることはない。イデアの認識は、主語の認識が述語の認識を含意する分析的命題の認識を与えるにすぎない。例えば「ペテロは永遠の至福を得るだろう」という命題の認識にとって「ペテロ」と「永遠の至福」のイデアを認識するだけでは不十分である。もし十分であるとすれば、この命題自体が神によって直接的に認識される第一原理ということになるだろう。また(二)神は無時間的で単純な存在者であることから、神の中においては時間的で因果的な関係は妥当せず、イデアは神の意志に自然的に(そして論理的に)先行する。事物の本質であるイデアは神の意志によって神の精神の中に存在するのではない。神はイデアをそれ自体においてか命題の形式において認識するが、個々のイデアの認識は偶然的命題についての知識を与えることはなく、命題の形式で認識されたイデアは必然的な命題しか提示しえない。(三) 未来の偶然事と純粋に可能なものごとは共に現存しないが、唯一の相違は神の意志に由来する。しかし、イデアは神の意志に自然的に先行しているので、未来のものごとのイデアは純粋に可能なものごとのイデアと異ならない。とすれば、現実世界についての神の予知は排除されてしまうだろう。(四) 未来のものごとのイデアは、それがいつ現存するようになるか決定できない。従って神が当のものごとが「今」実在するようになるのはいつかを知ることは不可能である。(三)と(四)からスコトゥスがトマスと異なる時間論を採用していることがわかるだろう。

(56) *Lectura in librum primum Sententiarum* 1. d. 39. q. 5. n. 23-26 (Opera Omnia XVII, 1966) pp. 486-487. また *Ordinatio* 1, d. 38, pars 2 et d. 39, q. 1-5, n. 8-9 (Opera Omnia VI, 1963, Appendix A) pp. 407-410 参照。スコトゥスからの引用は Opera Omnia (Civitas Vaticana, Typis Polyglottis Vaticanis) による。スコトゥスの見解については W. L. Craig, op. cit., pp. 127-145; S. Knuuttila, op. cit., pp. 217-234; G. Seel, 'Der antike modallogische Determinismus und Ockhams Kritik an Duns Scotus' (C. Wenin éd., *L'homme et son univers au moyen*

âge, vol. II, Louvain-la-neuve 1986) pp. 510-520; W. Pannenberg, *Die Prädestinationslehre des Duns Skotus*（Göttingen, 1954）SS. 120-139; A. B. Wolter, *The Philosophical Theology of John Duns Scotus*（Ithaca, 1990）pp. 285-333; M. Sylwanowicz, *Contingent Causality and the Foundations of Duns Scotus' Metaphysics*（Leiden, 1996）pp. 93-210 参照。

（57）*Lectura* 1, d. 39, q. 5, n. 28（p. 487）また *Ordinatio* 1, d. 38, pars 2 et d. 39, q. 1-5, n. 9（p. 410）.

（58）*Lectura* 1, d. 39, q. 5, n. 85, 87（pp. 507-508）また *Ordinatio* 1, d. 38, pars 2 et d. 39, q. 1-5, n. 35（pp. 441-443）.

（59）「私は無限大がすべての場所に現在することを認めるが、現実的及び可能的なすべての場所に現在することは認めない。……同じように永遠性はその無限性の故に、現存しないどのような時間にも現在するといったことはないだろう」（*Ordinatio* 1, d. 38, p. 2 et d. 39, q. 1-5, n. 34, p. 441）神にとっての「今」が無限であることは神が永続的で不可変なことを意味する。時間の「今」が移ろいゆく今であるのに対し、永遠性の「今」は永続する今である。しかし永遠性はあらゆる時間と共存するわけではない。時間における任意の今が現存するものとして与えられれば、神の永遠性はこれと共存するということである。

（60）*Lectura* 1, d. 39, q. 5, n. 35（p. 489）また *Ordinatio* 1, d. 38, p. 2 et d. 39, q. 1-5, n. 12（pp. 412-413）では「それ故原因の全秩序は、第一原因とそれに近接する原因の関係が必然的ならば最後の結果に至るまで必然的に結果を生み出すだろう」と述べられている。スコトゥスによれば、第一原因（神）とその結果との関係は、第二原因（近接原因）とその結果の関係に自然において（natura）先行する。第二原因は第一原因の単なる道具にすぎない。もし第一原因が結果に対して必然的な関係にあるならば、この先行する自然的瞬間（instantia naturae）において第一原因はその結果に対して必然的存在を付与する。この必然性を近接原因は第二の自然的瞬間において無効にすることはできない。

（61）しかし、スコトゥスは世界に偶然的なものごとが存在することは立証不可能であり、それ自体で自明なこととして認めなければならないと主張する。*Lectura* 1, d. 39, q. 5, n. 39（pp. 490-491）; *Ordinatio* 1, d. 38, p. 2 et d. 39, q. 1-5（pp. 414-415）参照。スコトゥスはアリストテレスのカテゴリーを含めてあらゆる区別を超越し、神をも含むすべての存在者に共通した属性（いわゆる transcendentalia）の例として、ens, unum, verum, bonum 以外に、選言的属性（passio disiuncta）を挙げている。例えば「有限か無限」「必然的か偶然的」という選言は、可能なすべての存在者は選言肢たる属性のどちらか一方を必ず帯びるという意味で超越的である。そしてスコトゥスは、二つの選言的属性のうち弱い属性を帯びる存在者が実在すれば強い属性を帯びる存在者が実在することを立証できるのに対して、強い属性を帯びる存在者の実在によって弱い属性を帯びる存在者の実在を立証することはできないと主張する。それ故「必然的か偶然的」という選言的属性は神をも含むすべての存在者に述語づけ可能であるが、偶然的な存在者が実在すれば必然的な存在者の実在を立証できるのに対し、必然的な存在者（神）が実在することは、偶然的な存在者の実在を含意しない。従って必然的な存在者たる神が実在するとしても、これによって偶然的な存在者の実在を立証することはできない。この点については *Lectura* 1, d. 2, p. 1, q. 1, n. 1-7, q. 2, n. 39-95, n. 117-119（vol. XVI, 1960）pp. 111-113, pp. 124-146, p. 151; *Ordinatio* 1, d. 2, p. 1, q. 1, n. 1-9, q. 2, n. 39-156（vol. II, 1950）pp. 125-128, pp. 148-221 参照。また選言的属性については A. B. Wolter, *The Transcendentals and their Function in the Metaphysics of Duns Scotus*（St. Bonaventure, N. Y. 1946）pp. 128-

161: id., *The Philosophical Theology*, op. cit., pp. 4-5 参照。それ故スコトゥスによれば存在者の中に偶然性が存在することを自明なこととして認めなければならない。「これを否定する者は知覚を欠き、刑罰を必要とする。それ故アヴィケンナは彼の『形而上学』の中で、知覚にとって明白なことを否定する者は火の中に投げ込まれるべきである、というのも、このような者にとっては焼かれることも焼かれないことも同じだからである、と教えている」(*Lectura* 1, d. 39, q. 5, n. 40, p. 491)。

(62) *Lectura* 1, d. 39, q. 5, n. 42 (p. 492).

(63) Ibid., n. 43 (p. 492)「意志作用に先行して」(ante actum voluntatis) という表現は後述のように、時間的な意味で解釈されてはならない。神の理性は時間において (tempore) ではなく自然において (natura) 意志に先行する。後述のように時間的先行性と自然的先行性の区別は、相反する二つのものに向けての意志の潜在能力と、相反する二つのもののうち一つを現実に選択する意思作用との関係についても重要な意味をもつ。また前註 (60) も参照。

(64) 意志に自然的に先行する理性のこのような認識はトマスが「単純知性の認識」と呼んだものに相当する。

(65) *Ordinatio* 1, d. 38, p. 2 et d. 39, q. 1-5, n. 14 (p. 416).

(66) *Lectura* 1, d. 39, q. 5, n. 48 (p. 494) また *Ordinatio* 1, d. 38, p. 2 et d. 39, q 1-5, n. 16 (p. 418).

(67) *Lectura* 1, d. 39, q. 5, n. 49 (p. 494).

(68) Ibid., n. 50 (p. 495).

(69) Ibid., n. 51 (pp. 495-496).

(70) *Ordinatio* 1, d. 38, p. 2 et d. 39, q. 1-5, n. 15-16 (pp. 417-418).

(71) また *Lectura* 1, d. 39 q. 5, n. 52 (p. 496) では次のように説明されている。「それ故、意志が一つの瞬間においてのみ存在すると想定されるならば、意志が自由に意欲し、それ故『意志は自由に意欲する』が真である理由は、意志が意欲しないことができるからに他ならない。それ故『時点aにおいて意欲する意志は、時点aにおいて意欲しないことが可能である』は分割的な意味において真である。従って我々は『白い人間は必然的に動物である』(homo qui est albus, necessario est animal) に関してと同様の区別をしなければならない。この命題は複合的な意味においては偽である。というのも、このとき動物が『白い人間』の全体に必然的に属する (necessario inesse) ことが意味されているからである。これに対して分割的な意味においてとれば、この命題は真であり、二つの命題からなっている。そしてその意味は『或る人間は白い』、そしてこの人間は人間として『必然的に動物である』ということである。」ここでスコトゥスが指摘するように「白い人間は必然的に動物である」が複合的な意味で理解したときに偽であるか疑しいが、スコトゥスの趣旨は、「人間」は「動物」を含意するのに対して「白いこと」は「動物」を含意しないことから、主語の全体は「動物である」を含意しない、ということだろうか。

(72) Ibid., n. 54 (p. 497).

(73) Ibid., n. 55 (p. 498).

(74) Ibid., n. 58 (p. 499).

(75) Ibid., n. 56 (p. 498).

(76) Ibid., n. 57 (pp. 498-499).

(77) Ibid., n. 60 (pp. 499-500).

(78) Ibid., n. 62-64 (pp. 500-501).

(79) 要するに、未来の偶然事についての神の知識の確定性、確実性、不可謬性は偶然事を現実化する神の意志、偶然事についての命題の真理値がそれに依存するところの神の意志を知ることに基礎を置いている。神の意志は、矛盾する一対のものごとの一方を選択するように決定されてはいないことから、選択された当のものごとは偶然的である。それ故神の予知の確定性、確実性、不可謬性は未来のものごとの偶然性を排除しない。

(80) スコトゥスは過去および現在に関する命題の真理が、未来の偶然事に関する命題の真理と異質なことを認めている。「現在と過去に関する命題においては（矛盾する一対の命題の）一方が措定されているような仕方で真理は確定している。そして、措定されたものとして理解されるかぎり、それが措定されるか措定されないかはどのような原因の力の中にも存在しない。……しかし未来に関するかぎりこのような確定は存在していない」（*Ordinatio* 1. d. 38. p. 2 et d. 39. q. 1-5. n. 26. p. 432）。現在と過去のものごとが因果的に確定し時間的に必然的な既定のものごとであるのに対し、未来の偶然事は神によって予知され、それが真であることが確定していても因果的には未決定である。人間XがSを行うことを神が予知していても、XにはSと矛盾すること（$\bar{S}$）を行うことが（実際には行わなくても）可能である。Xは$\bar{S}$を為しえるのであるから「XはSを行う」は実際には真であっても偽でありうる。しかし、これは神が欺かれうることを意味しない。「神はXがSを行うことを認識している。そしてXはSを行わないことが可能である。それ故神は欺かれうる」は妥当な推論ではない。「XはSを行わないことが可能である」は、XがSと$\bar{S}$に対して同時的な力（連言的ではなく選言的な力）を有していることを意味し、神の予知に反する$\bar{S}$をXが現実に行なうことは含意しない。Xが或る時点tでSを行うことを神が知っていれば、XはtでSを行うことが帰結する。しかし、この場合「Xはtで$\bar{S}$を行うことが可能である」は依然として真である。そして言うまでもなくXが$\bar{S}$を行うことが可能なことはXがSと$\bar{S}$を同時に行う力をもつことではなく、Sと$\bar{S}$のどちらかを行う力をもつことを意味し、このことは神が欺かれることを含意しない。XがSと$\bar{S}$のどちらを行うにせよ、神はこれを知っているのである。要するに「Xはtで$\bar{S}$を行うことが可能である」ことと「神は欺かれえない」ことの二つの前提から「神はXがtでSを行うことを知っていない」は論理的に帰結せず、ただ「XはtでSを行う」という神の予知は必然的でない、という帰結が生ずるだけである。

(81) 以下の叙述は *Ordinatio* 1. d. 38. p. 2 et d. 39. q. 1-5. n. 6（pp. 404-405）の要約である。

(82) Ibid., n. 33（p. 440）.

(83) *Ordinatio* 1. d. 38. p. 2 et d. 39. q. 1-5. n. 19（p. 423）.

(84) Ibid., n. 15-16（pp. 417-418）.

(85) より正確には「（tにおけるS）を意志する力と（tにおけるS）を意志しない力の両者をtにおいてもつこと」と「（tにおけるS）をtにおいて意志すること」をそれぞれ別個の自然的瞬間に割り当てることである。

(86) Ockham, *Ordinatio*, d. 38. q. unica（*Opera Theologica* vol. IV, ed., G. I. Etzkorn, F. E. Kelley, St. Bonaventure, N. Y. 1979）p. 578.

(87) Ibid., p. 581.

(88) *Ordinatio* 1. d. 40. q. unica, n. 1（p. 309）.

(89) Ibid., n. 8（p. 312）.

(90) スコトゥスが説明するように、神が偶然的真理を認識することの中には三つの契機が存在している。「そして神の本質に関するかぎり、このことは次のように自然的に（naturaliter）生じる。神は、神の意志作用に先行するかのようにあらゆる必然的な原理を理解する（intelligit）。というのも、これらの原理が真なることはこの作用には依存しておらず、仮に神が意志する者でなくても（このようなことは不可能であるが）神の理性によって認識される（cognita）だろうからである。それ故神の本質は第一の瞬間においてこれらの原理を認識する根拠（ratio cognoscendi）である。というのも、この瞬間においてこれらの原理は真だからである。このことは、これらの真理が（また、これらの真理を構成する名辞が）神の理性を動かし、その結果神の理性がそれらを把握する、ということではない。（というのも、もしそうならば、神の理性は神の本質以外のものから作用を受けるが故に価値を低められることになるからである）むしろ神の本質が個々の名辞を認識する根拠であるように、このような命題を認識する根拠なのである。しかしそうなるとこれらは偶然的な真理ではない。というのもこの場合、命題がそれによって確定的な真理を持つことになるいかなるものも存在していないからである。しかし、神の意志による決定が為されれば、偶然的な真理は第二の（自然的）瞬間において既に真である。そして神の理性は既に第二の瞬間において真である——そして、もしそれらが第一の瞬間において存在していれば第一の瞬間において認識されていたはずの——これら偶然的な真理を、第一の瞬間において理解したときと同じ根拠によって理解するだろう」（*Ordinatio* 1. d. 38. p. 2 et d. 39. q. 1-5. n. 23. pp. 428-429）。要するにスコトゥスによれば、第一の自然的瞬間において神の理性は神の本質を媒介として、実現化されうるあらゆる個物の本質とあらゆる必然的真理、そして相互に矛盾する一対の命題からなる可能なすべての命題を把握する。そして第二の自然的瞬間において神の意志は矛盾した対命題の一方を現実化すべく自由に選択し、これによって命題は確定した真理値をもつようになる。更に第三の自然的瞬間において神の理性は、第二の瞬間における神の意志の自由な決定の故にあらゆる真なる命題を知る。この三つの論理的な段階は、トマスの「単純知性の知識」「是認の知識」「直視」の三つに類似している。

（91）原文は〈esse veram〉であるが、これは明らかに〈esse falsam〉である。

（92）Ockham, *Tractatus de praedestinatione et de praescientia Dei respectu futuris contingentibus*（*Opera Philosophica* vol. II, ed. Ph. Boehner, St. Bonaventure. N. Y. 1978）pp. 516-517.

（93）*Ordinatio* 1. d. 41. q. unica. n. 36（pp. 330-331）.

（94）人間の意志作用が神によって決定されていれば、それは火と同じように必然的な運動となる、というオッカムの見解は誤っているかもしれない。人間の意志作用が神によって決定されているからといって、人間の意志作用が火と同様に必然的なものとなるとは限らないからである。しかし、人間の意志はそれが他者によって決定されていないかぎりにおいてのみ自由であるとすれば、たとえ人間の意志作用が火の必然的作用とは質的に異なっていても、神によって決定されているかぎり自由でないことになる。

（95）Ockham, *Expositio in libros physicorum* VII. 1. 1（*Opera Philosophica* vol. V, ed. R. Wood, R. Green et alt., St. Bonaventure. N. Y. 1985）pp. 598-599.

（96）W. Pannenberg, op. cit., SS. 24-27, SS. 131-132 では、この問題が次のように解決されている。スコトゥスは人間の自由を考慮に入れ、偶然事が生起するとは限らないことへと訴えているのであり、神が可能事態から一つを選択する自由へと訴えているのではない。予知された偶然事は起こらないことがありうるのであるから、神がそれを予知していないことも可能である。スコトゥスは予定が人間自身の決定に依存することを主張している。スコトゥスによれば、未来の偶然事はそれが生起する以前に、神によっても人間によっても因果的に確定されていないのであるから、生ずることも生じないこともありうる。それにもかかわらず不確定な偶然事について神が確定的な知識をもちうるのは、第一の自然的瞬間において可能なすべてのものごとについて確実で確定的な知識を有する神は第二の自然的瞬間において或る未来の偶然事を意志し、これを前提として認識するが、この神の意志は人間の意志の作用と結合して生ずる。神の意志は、その決定に際して人間の意志を顧慮し、人間の意志を決定することはない。

しかしパンネンベルクの解釈は正しくないと思われる。スコトゥスの主張においては、神は第一の自然的瞬間において認識された可能なものごとの中から自らの意志によって選択し、あらゆる偶然的命題の真理値を決定するのであり、この命題には人間の意志の決定についての命題も含まれる。パンネンベルクは、神が人間の意志をもって決定すると考えているようであるが、これは神の不変性に反し、予知を排除してしまう。それ故神の意志と人間の意志の協働によって非決定論を維持しようとするパンネンベルクの解釈は正しくないと思われる。

（97） *Ordinatio* I, d. 40, q. unica, n. 10（pp. 312-313）.

（98） オッカムからの引用は Tractatus de praedestinatione et de praescientia Dei respectu futurum contingentibus, op. cit.,（以下 Tractatus 及び『論考』と略）; Expositio in librum Perihermenias Aristotelis（*Opera Philosophica* vol.II, ed. A. R. Gambatese, S. F. Brown, St. Bonaventure, N. Y. 1978）pp. 345-504.（以下 Expositio と略）; Summa logicae（*Opera Philosophica* vol.I, ed. Ph. Boehner et alt., St. Bonaventure, N. Y. 1974）（『論理学大全』と訳）Scriptum in librum primum sententiarum（Ordinatio）, distinctiones 19-48（*Opera Theologica* vol.IV, ed. G. I. Etzkorn et alt., St. Bonaventure, N. Y. 1979）（以下 Ordinatio と略）。

予定と未来の偶然事に関するオッカムの見解を扱った研究としては、W. L. Craig, op. cit., pp. 146-168; M. M. Adams, *The Problem of God's Foreknowledge and Free Will in Boethius and William Ockham*（Ph. D. dissertation, Cornell University, 1967）; M. M. Adams, *William Ockham*, vol.II（Notre Dame, 1987）pp. 1115-1150, pp. 1299-1347; H. J. Schuurman, *Ockham and the Problem of God's Foreknowledge*（Ph. D. dissertation, University of Notre Dame, 1979）; D. Holden, *Ockham and the Divine Foreknowledge Problem*（Ph. D. dissertation, University of California, 1987）; A. de Muralt, *L'enjeu de la philosophie médiévale*（Leiden, 1991）pp. 273-330; A. Maurer, *The Philosophy of William of Ockham*（Toronto, 1999）pp. 228-238; Ph. Boehner, 'Ockham's Tractatus de praedestinatione et de praescientia Dei et de futuris contingentibus and its main problems'（id., *Collected Articles on Ockham*, St. Bonaventure, NY, 1958, pp. 420-441）. また、神の予定と恩寵、人間の自由意志をめぐる別の論点については、P. Vignaux: *Justification et prédestination au XIVe siècle*（Paris, 1934）pp. 97-140. また、後述のようにオッカムはある種の過去の事実を「偶然的な必然性」を帯びない事実として理解するが（註116）、この理解を予言との関連で論じたものとして C. Normore, 'Ockham on prophecy'（*International Journal for Philosophy of Religion*, vol. 13, 1982）pp. 179-189.

オッカムの Tractatus は英語と独語と仏語に訳されている。M. M. Adams, N. Kretzmann（transl.）, *Predestination, God's Foreknowledge, and Future Contingents*（Indianapolis, 1983）. この訳書の序文（以下 introduction と略）ではオッカムの見解が要約されている。D. Perler, *Prädestination, Zeit und Kontingenz*（Amsterdam, 1988）. この独訳には長大な解説（SS. 63-315）が付されているが、神の予知と未来の偶然事をオッカムがどのような論法で両立可能なものにしたか、という肝心の論点が奇妙にも殆ど触れられていない。C. Michon（trad.）, *Traité sur la prédestination*（Paris, 2007）, pp. 7-67 に解説あり。

（99） 神の予知は人間の自由意志と両立不可能であるという主張を論駁するために神学者が提示する議論は、神と時間の関係をどのように捉えるかという点に部分的に依存している。トマスは神の不変で永遠な性格を無時間性として理解した。神の本質は無時間的という意味で永遠なので、万物に関する神の知識も無時間的である。しかしオッカムは神を不変的存在者と考える一方で時間内存在として捉えている。『命題集註解』（*Ordinatio*, dist. 8, q. 7, *Opera Theologica* vol. III, ed. G. I. Etzkorn, St. Bonaventure, N. Y. 1977, pp. 259-260）でオッカムは可変性を（一）存在した（しなかった）ものが存在しない（する）ようになること、（二）質料が新たな実体的形相をもつようになること、（三）或るものが付帯的形相をもつようになる（失う）ことの三つの意味に区別し、神がいずれの意味においても可変的でないことを指摘している。また『論考』（*Tractatus*, q. I, Sexta suppositio, p. 518）においても神の本質と同一である神の認識作用が不変的であることを主張している。しかし、中世のプラトン主義が変化しうるもののみを時間的な存在者と考え、不変的なものと永遠なるものの外延を同一視し、永遠性を無時間性として理解したのに対し、オッカムはアリストテレスに従い、不変的で永遠なるものが広義の時間内存在たりうることを主張する。

アリストテレスは『自然学』第四巻十・十一・十二章と第八巻一・六章で時間が運動と不可分であること、生成消滅に服し持続が限定されている（つまり持続が二つの異なった「今」で限定されている）ものだけが厳密な意味で時間内存在であること、永遠に存在し不可変なものは時間内存在でないことを主張する一方で、不変的なものを時間の流れの中に位置づけることが可能であることを主張している。不変であることはあらゆる時点で存在することを意味し、無時間的であることを意味するわけではない。オッカムはアリストテレスに依りながら、運動なしには時間が存在しないこと、運動を離れて時間を把握できないことを認め、時間が実体の運動とは別に実在する絶対的なもの（res absoluta）でないことを主張する。時間が計測するのは、この世の事物の運動、持続そして静止であるが、運動し持続し静止するものとは別に時間を絶対的なものとして措定する必要はない。

更にオッカムは、アリストテレスと同様に、厳密な意味で時間の内で存在するものは、その持続が二つの異なった「今」によって限定されているもの、生成と消滅に服するものであると考えている。常に存在する永続的存在者（perpetua）、すなわち神や知的実体（substantia intelligibilis）――キリスト教における天使――の〈aeternitas〉や〈aevum〉は、それぞれ神や知的実体と別個の存在者ではないことから、両者が〈aeternitas〉や〈aevum〉によって測定されることもない。しかしオッカムによれば、「時間の内に存在すること」（esse in tempore）と「時間が存在するときに存在すること」（esse quando tempus est）は異なっており、神や天使のような永続的存在者は厳密な意味では時間の内にはなく、従って時間により測定されえないが、時間が存在するときに存在しており、あらゆる時間において存在していると考えられる。*Summula philosophiae naturalis*, Lib. IV, cap. 14, *Opera Philosophica* vol. VI, ed. S. F. Brown, St. Bonaventure, N. Y. 1984, p. 386.

しかしオッカムは、アリストテレスの見解の忠実な解説ではなく、神学上の論点に関する自己の見解を提示した『命題集註解』においては神と天使を区別し、神以外のすべての存在者は天使も含めて神の意志により創造され保持され、生成と消滅が可能な存在者なるが故に時間によって測定されることを主張している（*Quaestiones in librum secundum sententiarum*（*Reportatio*）, *Opera Theologica* vol. V, ed. G. Gál, R. Wood, St Bonaventure, N. Y. 1981, pp. 232-252）。オッカムによれば、生成と消滅がありうる天使は、時間が現実的ないし可能的に存在しないかぎり存在しえないのに対し、神は時間が存在しなくても存在しうる。また時間は神が時間と共存しないかぎり存在しえないが、天使が時間と共存しなくても時間は存在しうる。アリストテレスが時間の内にあることを、二つの異なった「今」によって限界づけられ、それ故必然的に現実の時間と共存していることとして説明するのに対して、オッカムはそれを現実的ないし可能的な時間と必然的に共存していることとして理解する。この規準によれば、天使は時間の内で存在し、時間によって測定されるのに対し、神は時間の内に存在しない。神は不変であり、いかなる連続性も現実的ないし可能的に神の内には存在しないことから、ある種の連続体（すなわち時間）が現実的ないし可能的に神と共存するのは単に偶然的なことにすぎない。また、もし時間が現実的ないし可能的に存在するならば、時間は必然的に神と共存するが、天使と必然的に共存するわけではない。天使が何らかの時点で時間と共存するのは単なる偶然にすぎない。別言すれば、時間が存在するならば、神は必然的に過去、現在そして未来のあらゆる時点と共存しており、神の存在をあらゆる時点に結びつけることができるのに対し、すべての被造物と同様に天使は、仮にそれが事実上、消滅することのない存在者だとしても消滅可能な存在者であるが故に、あらゆる時点と必然的に共存するわけではない。要するに、神は時間が存在しなくても存在し、時間が存在するならば必然的にあらゆる時点と共存するのに対し、天使の存在は現実的ないし可能的な時間を前提とし、時間と必然的に共存する（必然的に時間の内にある）。時間を可能的にも現実的にも前提しない神は、時間の内に存在しているわけではないが、ひとたび時間が神によって創造されれば時間のあらゆる時点と共存するという意味で、神は無時間的な存在ではなく、時間と関係づけられた存在、そしてこの意味において時間内的な存在とも言いうるだろう。

　オッカムの時間論については、S. Moser, *Grundbegriff der Naturphilosophie bei Ockham* (Innsbruck, 1932) SS. 140-170; H. Shapiro. *Motion, Time and Place according to William Ockham* (St. Bonaventure, N. Y. 1957) pp. 91-112; A. Goddu, *The Physics of William of Ockham* (Leiden, 1984) pp. 137-158; M. M. Adams, *William Ockham*, op. cit., vol. II, pp. 852-899; M. Damiata, *I Problemi di G. d'Ockham*, vol. III, *La Natura* (Firenze 1998) pp. 265-286; A. Ghisalberti, 'The categories of temporality in William Ockham and John Buridan' (P. Porro, ed. *The Medieval Concept of Time*, Leiden, 2001, pp. 255-286) pp. 261-275 参照。

　さて、重要な問題は、神の存在や認識作用が一つの時点と関係づけられ、「神は昨日（今日、明日）存在する」とか「神は昨日（今日、明日）認識する」ことがカテゴリー・ミステイクではなく有意味に語られうるならば、昨日神が存在したことや認識し判断したことは「偶然的な必然性」（necessitas per accidens）を帯びた過去の既定の事実であり（註116参照）、過去における神の存在や行為についての過去時制の命題も「偶然的に必然的な」命題となるだろう。しかし、このことに加えて神の不可謬性を前提にすると、神の不可謬な予知を人間の自由意志と両立させることは極めて困難になる。トマスと異なり神を時間内存在と考えるオッカムにとり、神の不可謬性を信仰上の所与の前提としたうえで、神の予知と人間の自由（未来の偶然事）を両立可能なものとするためには、過去における神の認識作用を（そして神の存在でさえ）偶然的に必然的なものごととみなさないことが必要であった。この点、M. M. Adams, 'Is the existence of God a "hard" fact?' (*Philosophical Review*, vol. 76, 1967, pp. 492-503) は神の存在や認識作用が既定の堅い事実（hard fact）ではなく未来への言及を含む柔い事実（soft fact）であることを論拠にして、神の予知と人間の自由な行為の両立不可能性を説く立場を批判している。或る立場によれば

（註107参照）、未来のt_2において人間Xが行為Sを行うことを神がt_1で予知しているとき、神が全知で不可謬であるかぎり、Xはt_2においてSを行わない力を有していない。過去における神の存在や神の信念、予知は既定の堅い事実であり、Xはt_2でSを行わない力を行使することで、神の信念や予知が誤りであったこと、神が当の信念や予知を有していなかったこと、更には神は存在しなかったことを引き起こすことはできない。これに対してアダムズは、神が本質的に永続的（everlasting）な存在者であるかぎり、神がそこで存在するような或る時点が存在すれば、神はあらゆる時点で存在することになり、それ故「神は或る時点で存在する」は「神はあらゆる時点で存在する」を論理的に含意し、後者は未来への言及を含むことから柔い事実であり、従って前者も柔い事実である。同様に神が本質的に全知であれば、或る存在者Xが未来について信念を抱くとき、Xが神であるためにはこの信念が真であることが必要条件であり、それ故未来に一定のものごとが生起することが、未来についての信念を抱くXが神であったことの必要条件である。かくしてXは神であるという言明は堅い事実についての言明ではない。

　過去における神の存在、予知、信念についての命題が未来への言及を含むかぎり、それらは柔い事実であり、神の全知と不可謬性を前提としても、これら柔い事実が人間から「神が存在しなかったことを引き起こす力」「神が予知や信念を抱いていなかったことを引き起こす力」「神の予知や信念が誤っていたことを引き起こす力」を奪うことはない。

(100) *Expositio*, Lib. 1, cap. 6, pp. 414-424.

(101) この定式化はM. M. Adams, *William Ockham*, op. cit., pp. 1138-1141による。ただし時点の表記については、誤解を避けるためにアダムズの表記を変えてある。

(102) *Expositio*, Lib. 1, cap. 6, p. 421.

(103) Ibid., p. 418.

(104) Ibid., p. 422.

(105) *Tractatus*, q. I, Tertia suppositio p. 515. 同一の趣旨の説明は『命題集註解』にもみられる。「次のように主張されたとしよう。或る時点で真なる現在についての命題は（これに対応して）過去についての必然的な何らかの命題を有している、と。例えば、『ソクラテスは座っている』が或る時点で真ならば、『ソクラテスは座っていた』はその後常に必然的であろう。それ故、もし『aは真である』が今の時点で真ならば――aはここで問題になっているような偶然的な命題であるとする――、『aは真であった』は常に真で必然的である。（この主張に対しては）次のように言うべきである。現在についてのこの種の或る命題が、未来についての命題と同値か、未来についての命題が真であることに依存しているならば、現在についての真なる命題に過去についての必然的な命題が必ず対応するというわけではない。今議論されている問題に関してこのことが当てはまる」（*Ordinatio*, dist. 38 q. unica, p. 588）。

(106) *Tractatus*, q. II, art. 4, p. 530.

(107) N. Pike, 'Divine omniscience and voluntary action' (*Philosophical Review*, vol. 74, 1965) pp. 27-46. パイクの基本的な主張は、神が本質的に全知の存在者であるならば、「神はpを知っている」は「神はpを信じている」こと、そして「pが真である」ことを論理的に含意する、という点にある。それ故神がジョンズはt_2においてXを行うとt_1に信じたならば、t_2においてXを行わないことはジョンズの力の中になく、ジョンズはXを必然的に行う。ジョンズにはt_2にXを行わないことによって、神が誤った信念を抱いていたこと、神が当の信念を抱いていなかったこと、ジョンズがt_2にXを行うことをt_1に信じていた者が神ではなかったこと、神がt_1に存在しなかったことを引き起こす力がない。従って神の全知は未来の偶然事と両立不可能である。

(108) *Tractatus*, q. II, art. 1, p. 520-p. 521.

(109) Ibid.

(110) *Summa Logicae, pars* III-3, cap. 32, p. 710.

(111) A. J. Freddoso, 'Ockham's theory of truth conditions'（A. J. Freddoso, H. Schuurman, transl. *Ockham's Theory of Propositions*, part II of the Summa Logicae, Notre Dame, 1980 pp. 1-76).

(112) オッカムによれば、未来時制の命題（Xは未来の一時点tにおいてSを行うだろう）が今の時点で真であるのは、これに対応する現在時制の命題（XはSを行なう）がtにおいて真であるからであり、この逆ではない。すなわち、現在時制の命題（XはSを行う）がtにおいて真であるのは、これに対応する未来時制の命題（XはtにおいてSを行うだろう）が今の時点で真だからではない。未来時制の命題の真理値は、これに対応する現在時制の命題が未来において真か偽かに依存している。このように、現在時制の命題を中心に据えている点が、未来時制（そして過去時制）の命題の真理値についてのオッカムの説明の際立った特徴である。A. J. Freddoso, 'Ockham's Theory of Truth Conditions,' op. cit., pp. 28-39 参照。

三位一体論などの脈絡を別にすれば、オッカムにとり実在するのは個々の実体と、実体が帯びる個々の性質のみであり、これ以外のカテゴリーは客観的な実在性をもたない。それでは、過去や未来のものごとに言及する命題が真であると言われるとき、言及されている過去や未来のものごとの存在論的な身分は何であろうか。「カエサルはローマ人であった」とか「反キリストが到来するだろう」といった命題が真であると言われるとき、「カエサル」や「反キリスト」といった語の suppositio personalis（語が、当の語によって意味されるもの〈significata〉を supponere するとき、その suppositio は personalis と言われる）の対象は、既に存在していないもの、これから存在するが未だ存在していないものである。この種の非存在者は現実には存在しないものの、何らかの意味で存在するもの（小さなものごと〈parva res〉）と言えるだろうか。オッカムはこの種のものを存在者として措定することを回避するために、実在しないものに言及する過去（未来）時制の命題が真か偽かではなく、現在時制の命題が過去（未来）において真か偽かを問題にする。すなわち、現存しないものについての過去（未来）時制の命題p_1に代えて、p_1の主語により supponere されたものを指示する代名詞を主語とした現在時制の命題p_2が過去（未来）において真か偽かを問題にするのである（*Summa logicae*, pars I, cap. 72, p. 216 また pars II, cap. 10, p. 276）。C. Michon, op. cit., pp. 299-332 参照。

(113) *Summa logicae*, pars III-3, cap. 32, p. 714.

(114) 「それ自体において確定的に真でないものは確定的な知識をもって神に知られることはない。しかし未来の偶然事はそのようなものである。それ故（神が矛盾する未来の偶然事の一方について確定的な認識をもつことはない）」という主張に対してオッカムは「小前提が偽であることは明らかである。しかしながら（未来の偶然事は確定的に真であるとはいえ）それは偶然的に真である。というのもそれは偽でありうるし、真でなかったこともありえた（potest esse falsa, et potuit numquam fuisse vera）からである」と述べている。*Tractatus*, q. II, art. 1, p. 521. ここで、〈potest〉と〈potuit〉という直説法をオッカムが用いていることは、未来の偶然事についての命題の真理値は命題が述べられる時点で現実化しているものごとによって既定のものとなってはいない、とオッカムが考えていることを意味している。同様にオッカムは「神は矛盾する命題の一方を確定的に知っていても、それにもかかわらず神は偶然的に知っているのであり、神が知っていないこともありうる（potest non scire）し、決して知らなかったこともありえた（potuit numquam scivisse）」と述べており、これも未来の偶然事についての神の確定的な知識が、未来において現実化するものごとによってはじめて既定のものとなる、とオッカムが考えていたことを示している。もし未来の偶然事についての神の確定的な知識が、神がそれを知る現時点で現実化しているものごとによって既定のものとなっているならば、オッカムが直説法を用いることはないだろう。

（115）*Tractatus*. q. I. pp. 511-512.

（116）*Ordinatio*, prol. q. 6（Opera Theologica vol. I, ed., G. Gál, S. F. Brown, St. Bonaventure, N. Y. 1967）p. 178.（この観念は本章910－911・913・948頁で既に言及されている）〈necessitas per accidens〉は既に生起した過去のものごとが帯びる必然性であるが、この種のものごとについての命題の特徴は、命題が必然的であることが当の命題の偶然的性格であることに存する。それ故論理的に偶然的な命題のみが「偶然的に必然的」でありうる。そして、この種の命題の必然性は特定の時点tと関係づけられた時間的な必然性であり、論理的に偶然的な命題はtにおいて三つの種類の命題に、すなわち偶然的に必然的な命題、偶然的に不可能な命題、偶然的に必然的でも不可能でもない命題に区別される。そして、命題pがtにおいて偶然的に必然的であるならば、pが偽である（偽であるだろう）ことをt（t以後）に引き起こす力を誰ももちえない。

更に、命題pがtにおいて偶然的に必然的であり、命題qが論理的に偶然的であるとき、pがqを論理的に含意するならば、qはtにおいて偶然的に必然的である。それ故qが偽である（偽であるだろう）ことをt（t以後）に引き起こす力を誰ももちえない。これが論理的決定論及び神学的決定論の形式的構造である。偶然的な必然性の精緻な分析については、A. J. Freddoso, 'Accidental necessity and logical determinism'（*The Journal of Philosophy*, vol. 80, 1983, pp. 257-278）. Id., 'Accidental necessity and power over the past'（*Pacific Philosophical Quarterly*, vol. 63, 1982, pp. 54-68）; A. Plantinga, 'On Ockham's way out'（*Faith and Philosophy*, vol. 3, 1986, pp. 235-269）参照。

フレッドソは論理的決定論をおよそ次のように説明している。

（P1）「人間Xはt_2においてSを行うだろう」という命題は、t_2よりはるか以前の今t_1において真である。

（P2）しかし、命題pがt_1において真ならば、pは真であったという命題は、t_1以後のあらゆる時点において偶然的に必然的である。

（P3）それ故、「『Xはt_2においてSを行うだろう』は真であった」という命題は、t_2以前の未来のあらゆる時点において、偶然的に必然的な命題となるだろう。

（P4）しかし、「『Xはt_2においてSを行うだろう』は真であった」という命題は、「t_2が現時点となったならばXはSを行う」を論理的に含意する。

（P5）それ故、「t_2が現時点となったならばXはSを行う」が偽である（偽であるだろう）ことを引き起こす力をt_2（あるいはt_2以前）に（Xを含めて）誰ももつことはない。すなわち、「t_2が現時点となったならばXはSを行わない」が真である（真であるだろう）ことを引き起こす力をt_2（あるいはt_2以前）に誰ももつことはない。

（P1）を端的に否定するのがアリストテレスであり、（P3）を根拠にした（P1）から（P5）への推論を否定するのがオッカムである。またプランティンガは、偶然的な必然性についてのオッカムの見解を、行為者の力という観念を用いて再構成している。いま、行為者が身体の一部を直接的に動かすことを基礎行為（basic action）とするならば、命題pがtにおいて偶然的に必然的であるのは、次の条件（1）と（2）が充たされた場合であり、そしてこのような場合にかぎられる。

（1）pはtにおいて真である。

（2）pがtにおいて真であると同時に、次の（a）（b）（c）があてはまるような行為者X_1…X_nと行為S_1…S_nが存在することは不可能である。

（a）S_iはX_iにとって基礎行為である。

（b）X_iはtないしt以後にS_iを遂行する力を有している。

（c）もし各々のX_iがtないしt以後にS_iを遂行したならば、pは偽であったであろう。

(117) *Ordinatio*, d. 38, p. 584; *Expositio*, Lib. 1, cap. 6, p. 422.

(118) *Ordinatio*, d. 38, pp. 587-588; *Expositio*, 1, 6, p. 422; *Tractatus*, q. 1, p. 509.

(119) 予定（ないし断罪）は、予定（断罪）された人間に内在する実在的関係（relatio realis）であるという見解をオッカムは批判する。オッカムによれば、もしそれが実在的関係ならば、当の人間が救済（断罪）されることは「偶然的に必然的」なものとなる。

「そしてこれが未来についての命題及び、未来についての命題と同値な命題の真理と、過去及び現在についての命題で未来についての命題と同値でない命題の真理とのあいだの相違である。というのも、もし（後者のタイプの）或る命題が現在について真ならば、これ以後必然的に、当の命題は真であったと述べることは常に真となるからである。例えばもし『ソクラテスは座っている』が今真ならば、「『ソクラテスは座っている』は真であった」はその後は常に必然的なものとなり、それ故「『ソクラテスは座っている』は真であった」という命題全体がその後の何らかの時点で偽となることは不可能である。過去についての命題に関しても同様である。というのも、もし『ソクラテスは白かった』が今真ならば、「『ソクラテスは白かった』は真であった」はこれ以後常に必然的となるからである。

しかし未来についての命題に関してはそうでない。というのも『ヨハネスは救済されるだろう』が今真であっても、それにもかかわらず「『ヨハネスは救済されるだろう』は真であった」はその後偶然的であろうからである。

そしてこのことによって、予定ないし断罪やこの種のいかなるものごとも、予定されたり断罪されている被造物に内在する――或る人々が主張するような――実在的関係ではありえないことは明白となる。というのも、もしこの種のものが存在するならば、予定されている者は断罪されえなかったことが帰結するだろうからである。もし予定がこの種のものであるならば、「この者の中にこの種のものが内属するが故に彼は予定されている」は、「ソクラテスの中に白さが内属するが故に彼は白い」が真であるのと全く同じように真だろう。従って「『この者は予定されている』は真であった」はその後必然的となるだろう。この推論が妥当するならば、『この者は救済されるだろう』は今の時点で必然的である。というのも次の推論が妥当するからである。すなわち「『この者は予定されている』は真であった」は必然的である。それ故この者は救済されるだろう。この場合、前件は必然的である。それ故後件は必然的である。そしてこのことから、『この者は救済されるだろう』は今の時点で必然的であることが帰結する」（*Summa logicae* pars III-3, cap. 32, pp. 712-713）。

この箇所でのオッカムの主張は、或る人に白が内在しているように、予定されていることが当の人間に内在する形相ないし実在的関係であるならば、時点tにおいて真なる命題「この者は予定されている」はt以後「この者は予定されていた」という必然的な命題となり、それ故この者は必然的に救済されることとなり、キリスト教の信仰が前提にしている人間の自由意志と抵触するが故に、予定は実在的関係ではない、ということである。この場合、t以後「この者は予定されていた」は必然的な命題となると言われるとき、オッカムはこの「必然的な」を「偶然的に必然的な」(necessarium per accidens)という意味で理解しているのは明らかである。オッカムによれば、「ヨハネスは予定されている」ないし「ヨハネスは救済されるだろう」がtの時点で確定的に真であっても、t以後、「ヨハネスは予定されていた」ないし「『ヨハネスは救済されるだろう』は真であった」という命題は偶然的に必然的なものとなることはなく、(ヨハネスの自由な行為たる)未来のものごとによって決着がつく偶然的な命題である。これらの命題と、「ソクラテスは座っている」といった命題の相違は、tにおいて後者が真であれば、t以後「ソクラテスは座っていた」は偶然的に必然的となるのに対し、前者の命題はtにおいて真でありながら、t以後も、それに対応する過去時制の命題が偶然的であり続ける点に存する。

更にオッカムはアリストテレスの『命題論』第九章への註解の中で次のように述べている。「アリストテレスは第二の論証を提示している。すなわち、もし仮にこのものが今白く、そして未来についての諸命題において真理が確定しているならば『このものは白いであろう』はそれ以前において真であったことになり、確かに『このものは白いであろう』は常に真であったことになる。しかし、もしこのものが白いであろうと常に言えたならば、それが白でないだろうことはありえなかったことになり、従ってそれが白くならないことはありえなかった。

そしてそれ故、それが白くならないことは不可能であったことになり、従ってそれが白くなることは必然的であった。他の命題についても同様である。従ってすべてのものごとは必然的に生起することになり、いかなるものごとも偶然に(a casu)、あるいはどちらも生じうるような仕方で(ad utrumlibet)生じることはない。そしてこの論証は、過去についての真なる単称命題は必然的であるという命題に基礎を置いている。それ故、もし『このものは白い』が今の時点で真ならば、『『このものは白いだろう』は真であった』は必然的である。この帰結として、このものが白くなることは必然的であり、これと別のことは生起しえない。」(*Expositio*, 1. 6. pp. 415-416)

ここでオッカムが提示しているアリストテレスの議論を次のように敷衍できるだろう。

(1)　未来についてのあらゆる命題は確定的に真であるか確定的に偽であるかのどちらかである。

(2)　「このものは白い」は今の時点で確定的に真である(と想定しよう)。

(3)　(それ故)「このものは白いだろう」はそれ以前において確定的に真であり、確かに常に真であった。

(4)　(しかし)過去についての単称命題は必然的である。

(5)　(それ故)「『このものは白いだろう』は常に確定的に真であった」は必然的である。

(6)　もし「このものは白いだろう」が常に確定的に真であったならば、このものは白いだろう。

(7)　妥当な推論の前件が必然的であるならば後件も必然的である。

(8)　(それ故)「このものは白いだろう」は必然的である。

(9)　命題はそれが意味するものごとが必然的ならば、そしてこのときにのみ必然的である。

(10)　(それ故)このものが白いだろうことは必然的であり、このものが白くないだろうことは生起しえない。

（11）（それ故）このものが偶然的に白くなることはないだろう。

この推論の（4）は、「或る時点で真なる現在についてのあらゆる命題は、（これに対応して）過去についての必然的な命題を有している」（*Tractatus* q.I, p.509）ことを述べており、また、「もし或る命題が現在について真ならば、これ以後必然的に、当の命題は真であったと述べることは常に真となる」（*Summa logicae*, III-3, 32, p.713）ことを述べている。それ故「必然的」は「偶然的に必然的」を意味する。また（10）は、このものが白いだろうことは過去において現実化したものごとによって既定のものになったという意味で必然的なことを述べている。

オッカムによれば、命題pの真偽が確定していることを、アリストテレスのように時間関係的な観念として、すなわち、pの真偽がt以前及びtにおいて現実化しているものごとにより既定のものになっていることとして理解し、このように真偽が確定しているときにのみpは認識されうると理解したとき、「神はtにおいてpを確定的に認識している」という事実自体もt以前及びtにおいて既定されたものごと、すなわち偶然的に必然的なものごととなるだろう。ここから自由意志との両立不可能性が帰結する。

（1）いま、神がtからみて未来のものごとS（についての命題p）をtにおいて確定的に知っているとしよう。

（2）或る時点で真なるすべての命題は、これに対応して、偶然的に必然的な過去についての命題を有している。

（3）（それ故）t以後は「神はp（S）を確定的に知っていた」はt以前及びtにおいて現実化したものごとによって既定のものとなっているという意味で、偶然的に必然的である。

（4）「神はp（S）を確定的に知っていた」は、pが真であること（Sが生起すること）を論理的に含意する。

（5）妥当な推論の前件が必然的ならば後件も必然的である。

（6）（それ故）pが真であること（Sが生起すること）は偶然的に必然的である。

（7）過去において現実化したものごとによって既定のものとなったものごとについて配慮するのは無益である。

（8）Sについて配慮するのは無益である。

（9）神は永遠の過去から被造世界で生起するであろうすべてのものごとについて確定的な知識を有していた。

（10）（9）ならば、（1）から（8）は被造世界で生起する（した、するであろう）すべてのものごとにあてはまる。

（11）それ故、人間の自由意志は存在しえず、ものごとについて配慮することは無益である。

以上が『論考』設問（二）第一節の議論の骨子である。

（120）命題pの真理値が時点tで確定していることが、pに対応するものごとSの生起がt以前に現実化した諸事実によって決定済みのものごとであること、すなわちSが偶然的に必然的なものごとであることを含意するならば、神によって真であると確定的に予知されている人間の行為は自由でありえない。それ故人間の行為が自由でありうることを所与の前提とすれば、（一）pの真理値が「確定している」ことを上記のように理解しながらも、未来における人間の行為に言及する命題（すなわち未来の偶然事に関する命題）の真理値は確定していないと主張するか、（二）「確定している」ことを上記とは異なる仕方で理解するかのいずれかとなり、オッカムは（一）をアリストテレスに帰して批判し、（二）を採用する。「ペテロは救済へと予定されている」という命題について、この命題が確定的に真であることは、命題に対応する事実が偶然的に必然的な事実であることを含意する、という見解をオッカムは次のように説明している。

「或る時点で真なるすべての命題は（これに対応して）過去についての必然的な命題を有している。例えば、もし『ソクラテスは座っている』が現時点で真であるならば、『ソクラテスは座っていた』は、これ以後常に必然的な命題となるだろう。しかし、『ペテロは救済へと予定されている』が現時点で真だと想定しよう。この場合、『ペテロは救済へと予定されていた』は、これ以後は常に必然的な命題となるだろう。それでは私はペテロが断罪されうるか否かを問うこととする。もし断罪されうるとするならば、実際に彼が断罪されていると想定しよう。このとき『ペテロは断罪されている』は現時点に関して真である。それ故『ペテロは断罪されていた』はこれ以後、常に過去についての必然的な命題となるだろう。かくして『ペテロは救済へと予定されていた』と、『ペテロは断罪されていた』は同時に真なる命題となるだろう」（*Tractatus*, q. I, p. 509）。

ここで「ソクラテスは座っている」と「ペテロは救済へと予定されている」が引用されていることは、この箇所で言われている「必然的」が「偶然的に必然的」を意味していることを明らかに示しており、ここでは「ペテロは救済へと予定されている」が偶然的に必然的であることと、ペテロの救済がペテロの自由な行為に依存することとが両立不可能であることが指摘されている。ペテロが救済へと予定されていることと断罪されていることは同時に真でありえない。それ故ペテロが現時点で予定されていれば、その後断罪されることはありえない。従ってペテロは現時点で必然的に予定されており、神は必然的にペテロを救済する。しかしペテロが必然的に予定されていれば、それはペテロの自由な選択に依存しないことになるが、これは人間の自由意志を認めるキリスト教の信仰に反し、不合理である。それ故「ペテロは救済へと予定されている」は現時点で真でありえない。

この見解によれば、「ペテロは救済へと予定されている」（p）が、オッカムの主張するようにこの世の終末以前から確定的に真であり、神によって確定的に真として認識されているならば、pは「ソクラテスは座っている」と同様に偶然的に必然的なものとなり、ペテロの救済はその後のペテロの自由な行為に依存しないことになる。それ故、pは確定的に真であり、神によって確定的に認識されているというオッカムの見解は誤りとなる。

既に生起した（している）過去の（現在の）ものごと、そしてこれらのものごとから因果的に生起し阻止不可能な未来のものごとは最早人間の自由な行為の対象とはなりえない。オッカムは「神が既に生起したことを生起しなかったものにすることができないことは哲学者と神学者によって共に認められている」と述べている（*Ordinatio*, d. 38, pp. 578–579）。

（121）*Tractatus*, q. I, Secunda suppositio, p. 514.

（122）*Expositio*, I, 6, pp. 414–415.

（123）*Tractatus*, q. I, Quinta suppositio, p. 516.

（124）*Ordinatio*, d. 38, p. 580. また Ph. Boehner, op. cit., p. 426 参照。

（125）*Tractatus*, q. I, p. 511.

（126）M. M. Adams, N. Kretzmann, op. cit., introduction, pp. 20–21; M. M. Adams, *The Problem of God's Foreknowledge*, op. cit., pp. 192–193, pp. 205–209 では、オッカムが〈notitia〉と〈scientia〉を区別し、前者を真理値に対して中立的な意味で用いていることを論拠にして神の「信念」と「知識」が区別されているが、オッカムがこのような趣旨で二つの言葉を明確に区別しているか疑わしい。注（148）参照。

（127）*Tractatus*, q. II, art. 2, pp. 522–523.

（128）*Ordinatio*, d. 38, q. unica, p. 586.

（129）Ibid., p. 587.

（130）*Tractatus*, q. I, Sexta suppositio, p. 516; *Ordinatio*, d.38, q. unica, p.

584.

（131）*Tractatus*, q. I, Sexta suppositio, pp. 516–518.

（132）*Ordinatio*, d. 38, q. unica, p. 583.

（133）*Ordinatio*, d. 38, pp. 583-584.『論考』では次のように言われている。「前提（6）神が未来のあらゆる偶然事を確実に知っていることは疑問の余地のないものとして認められなければならない。すなわち、神は矛盾する命題のどちらが真でどちらが偽であるかを確実に知っているということである。しかし『神は矛盾する命題のいずれか一方が真であることを知っている』といった類いのすべての命題は、既に述べられたように偶然的であり必然的な命題ではない。しかしながら、どのようにして神がこのことを知るのか理解するのは困難である。というのも一方の命題が他方の命題に比べてより一層真理へと決定されているわけではないからである」（*Tractatus*, q. I, p. 516）。

（134）オッカムの直観的認識については本書第五章参照。

（135）*Ordinatio*, d. 38, p. 585.

（136）『論考』では、オッカムは神が未来の偶然事を認識する方法を明確に言い表すことは不可能であると述べ、聖人たちの述べることに従って神が未来の偶然事を確定的に知っていることを認めなければならないと指摘したうえで、次の見解を示唆的に提示している。「しかし次のような方法を神に帰することが可能である。すなわち（人間の）知性が幾つかの名辞の同一の認識によって（ex eadem notitia aliquorum incomplexorum）、「aは存在する」及び「aは存在しない」といった矛盾する偶然的命題を明証的に（evidenter）認識（cognoscere）できるように、同じ仕方で次のことが認められるだろう。すなわち神の本質は一つの直観的認識（notitia intuitiva）であり、この認識は非常に完全（perfecta）で明瞭（clara）であることから、過去と未来のすべてのものごとの明証的な認識であり、それ故神の本質は（これらのものごとに関する）矛盾する命題のどちらが真でどちらが偽であるかを知っている（scit）のである」（*Tractatus* q. I, Sexta suppositio, p. 518）。

　オッカムによれば人間の知識に関するかぎり、個物Xの直観的認識によって人間は、当の個物Xが現実に存在するときには「Xは存在する」という明証的な知識をもち、Xが現実に存在しないときは「Xは存在しない」という明証的な知識をもつ。可能なすべての個々の被造物は神の認識の対象であるから、神の認識作用はすべての被造物の直観的認識であり、この直観的認識によって神はそれらの被造物が実在するときは「それらが存在する」という明証的な知識をもち、それらが存在しないときは「それらは存在しない」という明証的な知識をもつ。しかし神と人間の直観的認識は重要な点で根本的に異なっている。人間の直観的認識がそれだけで明証的な知識を因果的に引き起こすのは、今そこに現存する事物のみについてあてはまる。人間が個物Xについて直観的認識を有していることを所与の前提としたとき、「Xは存在する」あるいは「Xは存在しない」という判断のどちらが引き起こされるかは、Xが現に存在し、直観的認識と共に作用して当の人間の中に前者の判断を因果的に引き起こすか否かに依存している。被造物は永遠の過去から存在するわけではないので、人間の認識と神の認識の類比はせいぜいのところ、神は被造物が存在しないことを永遠の過去からどのようにして知っているかを説明してくれるだけだろう。しかし神が自己以外のものの作用によって変容を被ることがないこと（impassibilitas）をオッカムが認めているかぎり、上記の類比を用いてこのことさえ説明することができない。この点オッカムは被造物についての神の認識を、人間が未来のものごとについてもつ不完全な直観的認識と比較すべきなのかもしれない。しかしオッカムがこの種の認識を基礎として人間が未来の偶然事をどのようにして知りうるかについていかなる説明も提示していない以上、神がどのようにして未来の偶然事を確実に知るのかについても何ら説明されていないことになる。神が未来の偶然事を確実に認識するのはいかにしてかという問題に対してどのような解答が提示されうるかはオッカムにとって全くもって不可知であった。

それ故、未来の偶然事についての神の予知が確定的で確実である理由を、神の直観的認識で説明することは、信仰上の真理を認識論上の観念で単に言い直したにすぎず、説明になっていないと言うべきだろう。

(137) *Tractatus*, q.I, p.510. 神の意志がペテロを救済へと予定したとき、オッカムが主張するようにこの予定が偶然的であり、ペテロが断罪されることも可能であるならば、ペテロの断罪はペテロの意志作用の結果であるから、神の意志作用は人間の意志作用により妨害されたことになり、これは神の全能に反し不合理であるという反論に対してオッカムは、「神の意志がペテロを予定したこと」と「ペテロが自分自身の意志作用の結果として断罪されること」が同時に真でありえないこと、もし「ペテロが自分自身の意志の悪しき作用によって断罪されている」が真ならば、「ペテロは救済へと予定されている」は決して真でありえなかったことを主張する。そして、神の意志がペテロを救済へと予定したとき、ペテロが神の意志決定に必然的に従うわけでなければ神の意志は妨害されうることになり、もしペテロが神の意志決定に必然的に従うのであれば、(オッカムの主張とは異なり)神によって救済へと予定された人間は断罪されえないことになる、という反論に対してオッカムは、人間の意志は神の意志に必然的にではなく自由に且つ偶然的に従うこと、しかし、「神はペテロを救済へと予定した」は「ペテロは断罪されている」と両立不可能なるが故に、人間が神の意志に自由に従うことから、神の意志が妨害されることが論理的に帰結するわけでないことを主張する。

(138) M. M. Adams, N. Kretzmann, introduction, pp. 17-20. この二つの意志の区別は、神の意志は被造物の力によって阻止されうるかを論じた *Ordinatio*, d. 46, q. 1 (*Opera Theologica* vol. IV, op. cit.) pp. 671-676 で用いられている。

(139) 従って神の前提意志については、この意志作用は偶然的に必然的な既定のものごとであり、それ故人間の自由な行為によって妨害されうる。従って前提意志に関しては、「神はpを意志する」は「pは真である」を含意しない。これに対して神の帰結意志の作用は偶然的に必然的ではなく、人間の自由な行為によって妨害されることはない。帰結意志に関しては「神はpを意志する」は「pは真である」を含意する。

(140) Xが救済されるか否かがt_2でのXの自由な行為によって決まる未来の偶然事であるならば、Xを救済しようとする神のt_1での帰結意志も、t_1からみて過去及び現在に現実化したものごとによっては既定されておらず、t_2になってはじめて既定のものになる。しかし神の前提意志は永遠の過去から既定のものごと、偶然的な必然性を帯びるものごとであり、この意志により神は人間に自然的属性や救済のための前提条件、規律と助言を与えるが、人間はこの意志に違反し、断罪に値する行動をとれる。従って、予定が神の中に過去において内在したものによって必然的に生起することはなく、神の意志決定が予定を必然的に引き起こすことはない。

(141) *Tractatus*, q.II art. 1, pp. 520-521; *Expositio*, Lib. 1, cap. 6, pp. 414-416.

(142) *Ordinatio*, d. 38, p. 586.

(143) *Tractatus*, q.I, p. 512.

(144) *Ordinatio*, d. 38, pp. 587-588, *Tractatus*, q.I, p. 515.

（145）*Tractatus*, q. II, art. 2, pp. 521–522.

（146）Ibid., p. 522.

（147）様相を伴わない〈de inesse〉な命題が〈de inesse simpliciter〉であることは、命題の述語が主語に或る時点では付けられ、別の時点では付けられない、ということがありえないことを意味する。この種の命題はあらゆる時点において画一的に構成されることから、述語は常に真に付されるか、決して真に付されないかのいずれかである。これに対置されるのは時間的に断定的な〈de inesse ut nunc〉命題であり、この種の命題においては、或る時点で述語が主語に真に付され、別の時点では真に付されない。簡単な説明として L. Baudry, *Lexique philosophique de Guillaume d'Ockham*（Paris, 1958）p. 218 参照。

（148）M. M. Adams, N. Kretzmann, op. cit., p. 57, n. 72 は、反論者が〈novit〉ではなく〈scivit〉という動詞を用いているならばオッカムの返答は正しいが、反論者が〈Deus novit me sessurum cras〉と述べているかぎり、この命題は真に過去時制の命題であるから「偶然的に必然的な」命題であり、反論者の推論は正しいと主張する。この解釈によれば、もし反論者が〈Deus scivit me sessurum cras〉と述べているならば、これは表面的にのみ過去時制で実際には未来について言及した命題であり、それ故時間的に偶然的な命題である。しかしオッカムが〈novit〉と〈scivit〉を、このように明確に区別しているか極めて疑わしい。例えばオッカムは〈quia sequitur 'si Deus novit me' etc., igitur haec est vera 'ego sedebo cras', quia nihil scitur nisi verum.〉（*Tractatus*, q. II, art. 2, p. 522）と述べている。

（149）*Tractatus*, q. II, art. 2, pp. 523–524.

（150）神の予知は完全であり、未来のすべてのものごとに及ぶ。しかし人間の自由意志によって生起する偶然事が存在すれば神の予知は完全でないことになり、逆に予知が完全であれば自由意志は存在しないことにならないだろうか。しかもキリスト教は神の知識の完全性だけでなく不可謬性を唱えている。不可謬性は次のことを含意するだろう。

（1）「ものごとSがt_2において生起すること（p）は真である」と神がt_1に判断したことは、pが真であることを含意する。

それ故オッカムが神の全知を人間の自由意志と両立させたいのであれば、神が未来の偶然事について確定的な予知をもつことだけでなく、それが確実で不可謬であるのはどうしてかを説明しなければならない。

オッカムによれば、神は直観的認識により万物を認め、これらのものごとの存在について、矛盾する命題pと¬pのいずれが真であるかを判断する。そしてこの直観的認識は神の本質と同一とされている。しかしここで注意すべきは、神の認識作用自体が一つのものごとであり、偶然的な必然性を帯びていると考えるべきことである（A. J. Freddoso, 'Accidental necessity and logical determinism,' op. cit., p. 268）。オッカムにとり、神の本質は、あらゆる時点とともに（それ故過去において）存在する時間内存在だからである。

（2）（それ故）神が「pは真である」とt_1に判断したことは、t_1及びt_1以前の過去において現実化していたものごとによって既定のものとなった、偶然的に必然的なものごとである。

しかし他方で、「Sがt_2において生起する」という未来の偶然事についての命題pは、t_2からみて過去に現実化したものごとによって既定のものとはなっていない。

（3）（すなわち）pはt_2以前は偽でありえて偶然的であり、t_1からみて未来に属するt_2に至ってはじめて既定のものとなる。

しかし（1）と（3）から、

（4）pが偽であることが依然として可能な時点t_1で、「pは真である」という神の判断は偶然的に必然的である。

（5）（それ故）「Pは真である」というt_1における神の判断には誤

りの可能性がある。

（6）神の知識は常に真なる命題についての知識である。

（5）と（6）から、

（7）「pは真である」というt_1における神の判断がt_1における神の知識と言えるか不確定な時点が存在する。

しかし（7）は、神の不可謬性を意味する（1）と矛盾するので、

（2）と（3）が同時に妥当することはありえない。

（8）（それ故）Pが真であることが未来の一時点t_2で既定のものとなるまで、「pは真であると神はt_1で判断した」という命題は偶然的に必然的ではありえず、この神の判断も偶然的に必然的なものごとではない。

従ってオッカムにとっての難問は、（2）と（3）をオッカムが同時に支持することから生じる、と考えることもできるだろう。オッカムは、「神はpが真であると判断する」を偶然的に必然的なものごと、「pは真である」を偶然的な命題と考えるが、神の不可謬性を前提とすると両者は両立不可能であり、それ故神の判断が偶然的に必然的であることと人間の自由意志も両立不可能となるだろう。

（9）（すなわち）（1）と（2）からpは必然的に真なる命題、Sは必然的に生起するものごとであることが帰結し、自由意志は存在しえず、（3）は偽である。

さて、オッカムは、神が永遠の過去から万物について確定的な知識を有していること、人間には自由意志があること、しかし神の確定的な知識は偶然的であるから人間の自由意志とは矛盾しないことを主張し、この主張のために確定的知識についてのアリストテレス的定義を修正した。他方でオッカムは、未来の偶然事を神が確定的かつ確実に認識する方法を理解するのが困難であることを指摘し、スコトゥスの解決を批判する。（『論考』における批判は903－904頁参照）『命題集註解』ではスコトゥスの見解が次のように批判されている（*Ordinatio*. d. 38. pp. 581-583）。

自然的に引き起こされる結果に関してはスコトゥスのように神の意志決定によってこれらの結果についての神の知識の確定性を説明できても、人間の意志作用についての神の知識の確定性を説明できるだろうか。人間の意志作用が神の意志決定に必然的に従うのであれば人間の意志の自由はありえず、称讃や非難に値する行為もありえない。反対に人間の意志作用が神の意志決定に必然的に従うのでなければ、神の意志決定だけでは神の確定的な知識を保証しえない。

神は人間の意志作用に関して永遠の過去から（1）すべての人間が一定の自然的属性（例えば理性）をもつこと、（2）人間に行動の指針ないし規則を与えること、（3）人間が自然的属性と指針を用いて救済に値する行動をとれることを決定していても（*Ordinatio*. d. 46. q. 1. p. 674）、人間が一定の仕方で行動することを決定しておらず、神が確定的かつ確実に認識するのは、神の意志によって直接に引き起こされるものごとと自然的原因から因果的に生ずるものごとに限られ、人間の意志作用が自然の必然性によって生ずるように神が意志決定した場合にのみ神は人間の行為を確定的に予知できるが、これは人間の自由意志と抵触し、神がこのような決定を行うことはない。

オッカムは未来の偶然事についての神の確定的な認識を神の意志決定により説明するスコトゥスの見解を以上のように批判し、神が偶然事についていかにして確定的な知識をもつかを理解することは不可能であると指摘した後で、これを万物についての神の直接的認識によっていわば試論的に説明しようと試みている（註136参照）。

さて、オッカムが（2）を否定して（8）を支持していたとすればどうだろうか。すなわち神が「pは真である」とt_1に判断したことは、t_1及びt_1以前の過去において現実化していたものごとによって既定の

ものとなってはおらず、それ故神の判断は偶然的な必然性を帯びてはいない、という主張である。

オッカムは神の認識（cognitio）や知識（scientia）については、「神が予知した」とか「神は知っていた」を偶然的に必然的なものごととは考えず、未来の一時点で現実化するものごとによってはじめて既定のものとなること、この時点以前は「神が予知していなかった」とか「神は知っていなかった」ことが可能であることから神の予知や認識は偶然的なものごとであると考えていた。それ故オッカムは、神の予知の確定性と未来の偶然事（人間の自由な行為）を両立可能なものと考え、両者を両立可能なものにするためにアリストテレスの定義を修正したわけである。

しかし、「神はｐが真であることを知っていた」と同じように「神はｐが真であると判断した」も偶然的な必然性を帯びてはいない、と本当に言えるだろうか。もし（8）が正しければ、（1）を前提としても（3）は妥当し、人間の自由な行為は存立を保証される。しかし判断することは一つの精神作用であり、それ故「ｐが真であると判断する」ことは、ｐが現実に真であることが判明する時点に至ってはじめて既定のものごとになる、と考えるのは奇妙である。時間内存在である神が或る時点t_1で、「Ｓはt_2で生起する」と判断すれば、この判断はt_1で既に決定済みの事実であり、t_2に至るまでは神が「Ｓはt_2で生起する」と判断するかどうか未決定である、と考えるのは不合理である。

更に、神が未来の偶然事について確実で不可謬な知識をもつことは論理的に不可能ではないだろうか。神が不可謬であることは、神が誤った判断を下すことが論理的に不可能なことを意味する。しかし、未来の一時点ｔにおいてペテロがキリストを拒むであろう、と神が永遠の過去から判断していないかぎり、ｔにおいてペテロがキリストを拒むことを神が永遠の過去から知っていることはありえない。そして神の判断が人間の判断と類似しているならば、ペテロはｔにおいてキリストを拒むと神が判断することは、神の認識作用が一定の仕方で――「ペテロはｔにおいてキリストを拒まないだろう」という命題ではなく――「ペテロはｔにおいてキリストを拒むだろう」という命題へと既定的に向けられていることを含意する。

もしそうであるならば、そして神が時間内存在者であるかぎり、「ペテロはｔにおいてキリストを拒むだろうと神は永遠の過去から判断していた」という命題は、常に過去に関する時間的に必然的な命題、偶然的に必然的な命題であったことになる。しかし「ペテロはｔにおいてキリストを拒むだろう」という命題がｔ以前のあらゆる時点において未来に関する偶然的な命題であったならば、ｔ以前にこの命題が真であったこと、そしてｔ以前に神の判断が正しかったことは、未来においてはじめて現実化するものごとによってこれから決着するはずのものとなる。それ故ｔ以前のどの時点においても、ペテロはｔにおいてキリストを拒むという神の永遠の過去からの判断が誤りであったことが判明する可能性が依然として存在している。しかし誤りであったことが判明したときには、未来の偶然事に関する神の判断は不可謬ではないこととなり、神の不可謬性という前提と矛盾するだろう。

これに対してオッカムは次のように答えるかもしれない。神の判断はすべて不可謬であるから、神が「命題ｐは真である」と判断するならばｐは真であり、また同様に、ｐが真であることを神が知っているならば、ｐは真である。しかし、ｐが未来の偶然事についての命題ならば、「神はｐが真であると判断する」あるいは「神はｐが真であることを知っている」という命題自体もまた未来の偶然事についての命題である。

しかしこのような解答は、神の判断作用に人間のそれとは異質な性格を付与するだろう。或る時点で相反する二つのものごとSと$\bar{S}$への可能性が共に存在しているとき、その後$\bar{S}$が現実化すればSの可能性は消失する。上記の解答は神の判断作用に関してこのことを否定することになる。しかもこの解答は、神の判断作用をそれ自体として考えた場合、当の判断作用に含まれるいかなるものも、当の判断がSと$\bar{S}$のどちらへと定位しているかについて何も決定しない、という奇妙な結論に至るだろう。

　神の予知と人間の自由の関係をめぐる問題は次の（一）と（二）が両立可能か否かという問題であった。

（一）神は被造物の世界に生ずるすべてのものごとについて永遠で不可変、確定的で確実、不可謬な知識を有している。

（二）人間が自分の行為に対して道徳的責任を負うのは、行為が自由なときであり、行為が他の何ものかによって完全に決定されているときは、当の行為は自由でありえない。

　（一）と（二）の両立可能性は、或る時点で相反する二つのものごとSと$\bar{S}$（ここでは、神が判断すること（S）と判断しないこと（$\bar{S}$））への可能性が共に存在しているとき、その後$\bar{S}$が実現すればSの可能性は消失する、という前提を否定することで維持されるだろうか。中世においてこの前提を否定した神学者の動機は、神の力の不変性を保持しようとすることにあった。神が何を意志（認識、判断）しようと、神はそれを決して意志（認識、判断）しなかったことが依然として（永遠に）可能であるような仕方で意志（認識、判断）するのである。過去の或る一時点で神が或るものごとSの生起を意志したとしても、神にとっては、今も（そして永遠に）Sを創造しなかったことが可能であり、世界のものごとの中にもSが生起しなかった可能性が依然として存在している。

　スコトゥスの解答と同様に、上記の前提の否定は世界のものごとに関する命題——過去、現在、未来におけるものごとに関する命題——の偶然性を保持する。しかし、既にオッカムがスコトゥスを批判したように、ものごとの偶然性を神の力に位置付けるだけでは上記の（一）と（二）の両立可能性を基礎づけるためには不十分だろう。というのも（二）は人間の自由な選択が自己決定的な力、すなわちSと$\bar{S}$のいずれかを実現する力が行為者としての人間の中にあることを主張するからである。

(151) *Tractatus*, q. II. art. 4. pp. 529–532.
(152) Ibid., p. 529.
(153) Ibid., p. 531.
(154) Ibid.
(155) Ibid.
(156) 〈propositio de necessario〉は〈propositio necessaria〉と異なる。もし或る命題が存在するときに（すなわち或る人間がこの命題を観念したり言明したときに）それが真であり、偽でありえないならば〈propositio necessaria〉であるのに対し、〈propositio de necessario〉は必然性の様相を伴う命題であり、これは真でも偽でもありえ、不可能でも必然的でもありうる。L. Baudry, op. cit., p. 219.
(157) Ibid., p. 532.
(158) Ibid., p. 530.
(159) Ibid. 911頁参照。
(160) Ibid., p. 531.
(161) Ibid.
(162) Ibid., p. 532.
(163) Ibid., q. V, pp. 537–539.
(164) Ibid., q. II. art. 3. p. 528.

第九章　聖餐論

第一節　ラッタレルの批判

一三二四年、オッカムは教皇ヨハネス二十二世によりアヴィニョンの教皇庁へ召喚され、その後四年間アヴィニョンのフランシスコ派修道院に滞在しながら異端審問に服すことになるが、この異端審問の直接的な原因となったのがオックスフォード大学前総長ジョン・ラッタレルによる告発であった[1]。ラッタレルは一三二三年にアヴィニョンへ赴き、オッカムの神学説に異端の疑いがあることを教皇に報告し、更にオッカムの『命題集註解』から五十六個の命題を抜萃して各々の命題に対する反論〈Libellus contra doctrinam Guilelmi Occam〉を書きあげた[2]。この論考が誤謬説として挙げている五十六個の命題の中には、実体変化〈transsubstantiatio〉に関する次の六個の命題が含まれている[3]。（命題十二）連続的（continua）な量も個別的（discreta）な量も共に実体それ自体に他ならないこと。（命題二十一）実体変化の後もパンの実体は存続するという見解を教会は拒絶するが、教会が支持する見解よりもこの見解のほうが不都合な帰結を回避できること。（命題二十二）希薄化（rarefactio）、希薄（raritas）、凝縮（densitas）は実体以外の存在者を絶対的に（absolute）意味する語ではないこと。（命題三十三）聖餐に現在するキリストの体は場所を移動して、以前には実在していなかったところに実在するようになること。（命題三十四）パンの実体は聖餐において真に無化される（adnichilatur）こと。（命題五十一）有体的な性質は量に他ならないこと。そして以上六つの命題からは更に次のような誤謬が帰結することをラッタレルは指摘する。すなわち命題十二からは、我々が聖餐において肉眼で見ているものがキリストの体であること、命題二十一からは、聖餐について教会が主張することは誤りであること、命題二十二からは、パンの実体変化は存在しないこと、あるいは我々が肉眼で見ているものがキリストの体であること、命題三十三からは、実体変化に際してキリストの体は以前に存在していた場所を離れること、命題三十四からは、パンの実体変化は存在せず単にパンの無化（adnichilatio）が生ずること、命題五十一からは、存在するのは実体と性質だけであることがそれぞれ帰結する。これらの帰結の中で、量は実体に他ならないという命題十二から聖餐において肉眼で見えるものがキリストの体であるという帰結が生ずる点についてラッタレルは次のように説明している。「この命題は多くの意味で非常に危険である。第一に、パンからキリストの体への実体変化にとってこれは危険である。というのもパンの量がキリストの体の量へと変化することなくしてはパンの実体はキリストの体の実体へと変化しないことになるからである。そしてこのことから次のことが帰結するだろう。つまり、いかなる量も分離したまま存続することはなく、以前はパンの量であったものが今やキリストの体の量となり、それ故実体変化の後に見られるものがキリストの体だということになるだろう[4]」。すなわち、量が実体に他ならないとすれば、パンからキリストの体への実体変化はパンの量がキリストの体の量へと変化することであり、従って現に肉眼で見られているホスティアの形や色がそのままキリストの体ということになってしまう、とラッタレルは主張する。また、命題二十二からパンの実体変化が存在しないこと、あるいは肉眼で見られているものがキリストの体であることが帰結するという点についてラッタレルは「パンの実体変化の後、以前と同一の希薄性と凝縮が感覚によって見られるのであるから、希薄性と凝縮が実体だとすれば、パンの実体は依然として存続しているか、同一の希薄性と凝縮がキリストの体だということになってしまう」と説明している[5]。

ラッタレルがオッカムの著作から取り出した上記六個の命題は以下で考察されるように確かにオッカム自身が主張する命題であるが、これらの命題が誤謬であることを立証するためにラッタレルが各命題から導き出している帰結は、量のカテゴリー(praedicamentum)に関するオッカムの見解の曲解に基づいている。以下本章ではオッカムの実体変化説及びその中核にある量のカテゴリー論を考察し、上記のラッタレルの批判がどのような誤解に基づいているかを明らかにしたい。

ミサにおいて司祭が「これは私の体である」(hoc est corpus meum)と発話することによりパンとぶどう酒がキリストの体と血に変化するという教義は、一二一五年インノケンティウス三世が召集した第四ラテラノ公会議において実体変化(trans-substantiatio)説として結実した。この説によれば、司祭の発話によりパンとぶどう酒の実体(substantia)はそれぞれキリストの体と血の実体へと変化し、パンとぶどう酒の付帯性ないし偶有性(accidentia)は実体に帰属することなく存続するものとされ、天上のキリストと同一のキリストがパンとぶどう酒の全体及びそのあらゆる部分に現在するものとされる。第四ラテラノ公会議で実体変化説が正統な教義として確定したことにより、聖変化後もパンとぶどう酒の実体がキリストの体と血の実体と共に共存するという実体共存（cosubstantiatio）説や、パンとぶどう酒の実体はキリストの体と血の実体へと直接的に変化するのではなく、パンとぶどう酒の実体が無化されると同時にキリストの体と血の実体がパンとぶどう酒の付帯性のもとに実在するようになるという無化（adnichilatio）説は誤謬として拒否された。しかし実体変化説が正統とされる以前は聖変化をめぐって極端なキリスト実在説から象徴主義的な見解に至るまで様々なニュアンスの教説が唱えられていた。聖餐に関して当時議論されていたのは、聖餐におけるキリストの体と現実のキリスト（人間としてマリアより生まれ受難し昇天し父の右に座すキリスト）の体との関係は何か、同時に数多くの場所で行われる聖餐式において同じ一つのキリストの体が多数の聖餐に現在することをどのように説明すべきか、聖変化後のパンとぶどう酒にはどのような変化が生ずるのか、聖餐におけるキリストは司祭の手により裂かれ信徒の歯によって噛み砕かれるのか、パンとぶどう酒という徴憑（signum）とこれらの徴憑によって意味されるもの（res）との関係は何かといった問題である。これらの問題をめぐる聖餐論の歴史的展開において重要な分枝点となったのが九世紀におけるパスカシウス・ラドベルトゥス（Paschasius Radbertus）とラトラムヌス（Ratramnus）の論争、そして十一世紀におけるベレンガリウス（Berengarius）とランフランクス（Lanfrancus）の論争である。(6)

ラドベルトゥスは、聖変化によってパンとぶどう酒はその外観（形、色、におい、味）のみを残して無化され、これに代わり全能の神の力によってキリスト（かつてこの世に存在し今は天に居るキリスト）の自然的身体が聖餐のもとに実在するようになると考えた。聖餐におけるキリストと歴史上のキリストを同一視するラドベルトゥスに対してラトラムヌスは、聖餐におけるキリストの実在は認めながらも徴憑と徴憑が意味するものとの区別を強調し、聖餐のキリストを歴史上のキリストと同一視することを拒否した。ラトラムヌスの教説は当時の教会により公式に断罪されることはなかったが、教会は聖餐の象徴的意味を強調しすぎる彼の見解を拒絶し、ラドベルトゥスの説を正統なものとして支持したのである。しかしラトラムヌスの象徴主義的な聖餐論を十一世紀になって再び唱えたのがベレンガリウスであった。ベレンガリウスは聖餐におけるキリストの体と血の実在を肯定したが、不可視のキリストを可視的な徴憑と同一視する極端なキリスト実在論を警戒し、パンとぶどう酒の実体がキリストの体と血の実体へと変化するという見解を拒絶した。ベレンガリウスによればパンとぶどう酒の性質は実体から分離不可能であるが故に、パンとぶどう酒に生ずる変化とキリストの現在とは別個の出来事として理解されるべきであり、パンとぶどう酒の実体がその外観を変えずにキリストの体と血の実体へと直接的に変化することは自然の原則に反し、パンとぶどう酒が感覚によって確認されるかぎりそこにキリストの体と血が実在することはありえない。また、パンとぶどう酒がキリストの体と血に変化することは、パンとぶどう酒が昇天すること、あるいはキリストが天上で父の右に座ることを止めパルーシア以前に来臨することを意味し、さもなくばキリストの体と血が天上と地上で二重化されることを意味するが、前者は信仰に反し後者は理性に反する。また、パンがキリストの体に変化するのであれば、キリストの体が司祭の手と信者の歯によって損傷を被ることになり、これも神学上認められえない。それ故聖変化は実体的な変化ではなく、パンとぶどう酒が単に自然的な存在からキリストの体と血の徴憑へと変化することにすぎない。以上のベレンガリウスの主張には、実体なくして付帯性はそれ自体で存立しうるか、また付帯性を伴わない実体が新たに形成されうるかという後世の聖餐論の中心的な論点への言及がみられる。しかし、聖餐におけるキリストの実在を認めながらもパンとぶどう酒がキリストの体と血へと実体的に変化することを否定したベレンガリウスの見解は、聖餐を単にキリストの体と血の象徴にすぎないものと見なす異端として一〇七九年第六ローマ公会議において断罪され、ベレンガリウス自身も自説の撤回を余儀なくされることになる。ベレンガリウスの聖餐論を批判し、パン（とぶどう酒）の実体は神の力によってその外観を変えずにキリストの体（と血）に変化するという教会の正統的見解を擁護したのがランフランクスであった。ベレンガリウスがパン（とぶどう酒）とキリストの体（と血）との本質的結合を認めながらもキリストは天上に居り、単なる徴憑にすぎないパンとぶどう酒からは独立していると主張したのに対し、ランフランクスは徴憑たるパンとぶどう酒がキリストの体と血に直接的に変化すること、従ってパンとぶどう酒は徴憑であると同時に徴憑によって意味されるものそれ自体であることを主張した。ランフランクスの聖餐論はその後正統説として更に洗練され、第四ラテラノ公会議の「実体変化」説へと受け継がれていく。しかし実体変化を前提としても聖餐におけるキリストの存在様態や聖変化後のパンとぶどう酒の存在様態については幾つかの異なった理論構成が可能であり、これらの理論構成のあいだの相違は基本的には量のカテゴリーの存在論的身分に関する見解の相違から生じている。オッカムの存在論において客観的に実在する存在者は数的に（numero）異なる個々の実体（すなわち個的な質料と、同じく個的な実体的形相の結合体）と、これら個々の実体が帯びる付帯性としての性質だけであり、アリストテレスの十個のカテゴリーの中で実体と性質のカテゴリーに属する概念（ないし語）のみが絶対的（absoluta）な概念（ないし語）として客観的な存在者を指示するのに対し、量も含めたこれ以外のカテゴリーは後述のように共意的（connotativa）な概念（ないし語）であり、実体と性質とは別個の独立した存在者を指示するものではない。それでは量に関するオッカムの見解は彼の聖餐論の中でどのような表現を与えられているのだろうか。(7)

第二節　実体変化

オッカムはローマ教会の正統的な教説に従って、聖変化後のパンとぶどう酒に人間であり神である真のキリストが現実に存在していることを疑わなかった。

「パンの実体変化（transsubstantiatio）が生じたとき、目に見えるパンの形質（species）のもとに現実に存在しているのは、人間本性の二つの部分のうちの一つたるキリストの体だけではない。完全な神であり真の人間であるキリストの全き存在がホスティア全体に、そして同時にそのあらゆる部分に真にそして現実に（vere et realiter）存在している」(8)。

しかし、聖餐におけるキリストの現在は三位一体やキリストの受肉の教説と同様、聖書における神の啓示によって人間に知らされるものであり、自然理性によって聖餐におけるキリストの現在を証明することは不可能である。

「この世を旅する人間が永遠の至福を得るために必要な真理の或るものは神学上の真理である。また自然的に認知ないし認識される真理の或るものは、それらが救済のために必要であることから神学上の真理であり、例えば神は存在する、神は叡智を有する、神は善であるといったことがそうである。しかしある種の神学上の真理は超自然的に認識される。例えば神は三位一体であるとか受肉したとかいう類いの真理がそうである……」(9)。

「キリストの体がパンの形質のもとに現実に存在していることは自然理性によって証明されえない。それ故信仰によってこの真理の認識に到達する必要があり、我々はこれについて疑いをさしはさむべきではない。というのも、この真理が神の独り子たるキリストによって使徒に啓示されたことは明らかだからである」(10)。

それではキリストはどのような仕方で聖餐に現在するようになるのだろうか。実体変化とはパン（とぶどう酒）の実体がキリストの体（と血）の実体へと変化することであるが、キリストの現在を何故に実体変化として理解しなければならないのだろうか。また、聖餐におけるキリストの現在は天上のキリストの場所的移動を伴うのだろうか、更に実体変化説を採用した場合、パン（とぶどう酒）の実体がキリストの体（と血）の実体へと変化するとしても、キリストの魂や神性やその他の付帯性はどのような仕方で聖餐に存在するようになるのだろうか。先ずオッカムの『命題集註解』第四巻設問（八）「パンの実体はキリストの体へと実体変化するか」[11]において実体変化を「端的に存在することを止める実体に代わって別の実体が続いて生じ、先行する実体に固有の付帯性のもとに後者の実体が存在することと」と定義し、「或る実体をそれ自体において破壊し、その付帯性を保持しておくこと、そしてこの付帯性が別の実体に形相として内属することなく別の実体を当の付帯性と直接的に共存させることは神の力に反したことでない」と述べて、実体変化が神の絶対的な力（potentia absoluta Dei）によって可能なことを指摘したうえで、更に聖餐におけるキリストの現在が幾つかの異なった意味で解釈されうることを主張する。

「祭壇にはキリストの体が真に現在するが、これは多くの仕方で理解可能だと私は考える。一つの理解の仕方によれば、そこにはパンの実体が存続しており、第一の（パンの）実体は自らの付帯性を保持し続けるが第二の（キリストの実体の）実体はこの付帯性を保持することなく、ただ単にこの付帯性と共存するような仕方でパンの実体と共存するものとされる[12]」。

この見解によれば、キリストの体がパンに現在するようになってもパンの実体は消失することなく依然としてその付帯性と共に存続し、キリストの体はパンの付帯性によって何ら影響を受けることなく、パンの付帯性がパンの実体のみに帰属する仕方で二つの実体は単に共存することになる。正統的な実体変化（transsubstantiatio）説に対してこの見解は既述のように実体共存（cosubstantiatio）説と呼ばれるが、前者の説が実体から遊離した付帯性という奇妙な――そして非アリストテレス的な――存在様態を想定するのに対して、後者の説はこの難点を回避している。更にオッカムは聖餐におけるキリストの現在を理解するこれ以外の方法を次のように説明する。

「別の理解の仕方によれば、パンの実体は最初の場所から直ちに別の場所へと去るがパンの付帯性は残り、キリストの体はこの付帯性と共存する。更に第三の理解の仕方によればパンの実体は質料へと還元され、このとき質料はそれ自体で存在している（per se stans）と考えることも、別の形相を受け取ると考えることも可能であり、またそれは同じ場所に存在すると考えることも別の場所に存在すると考えることもできる。前者の場合にはキリストの体は質料とパンの付帯性と共に共存することになる。第四の理解の仕方によればパンの実体は無（nihil）に帰する」[13]。

第四の見解がオッカムの理解するところの実体変化説であるが、オッカムはこれら四つの見解をすべて是認しながらも理論的には第一の実体共存説を最も理にかなったものと考えていた。

「第一の理解の仕方が可能なことは明らかである。なぜならば、これはキリストの体の実体とパンの実体の端的なる共存によって生じうるからであり、量が量と、実体が量と共存することより実体が他の実体と共存することのほうがもっとありえないことだ、とは言えないにもかかわらず、量が同じ場所で他の量と存在しうることは同じ場所に二つの体が存在することから明らかであり、同様に（聖餐において）キリストの体（が存在していること）から明らかなように実体が他の量と同じ場所に存在しうるのであるから、実体が実体と共存することも可能なのである」[14]。

ここでオッカムは「量が同じ場所で他の量と存在しうることは同じ場所に二つの体が存在することから明らかであり……」と述べているが、おそらく処女マリアからキリストが生まれたことや、復活の後にキリストが閉じられた戸を通過したことなどが念頭に置かれているのだろう。いずれにしても二つの量が同時に同じ場所に存在することや、パンの付帯性の量と共にキリストの体の実体が共存することが明らかであれば、パンの実体とキリストの体の実体が共存すると考えることに何の不都合も存在しない、とオッカムは考えるのである。しかも、既に指摘したようにこの見解を採用すれば、付帯性が実体から分離してそれ自体で存在するというような不都合さを回避できる。

「第一の理解の仕方は支持されうるだろう。というのもこれは理性にも聖書の権威にも反してはいないからである。そしてこれは他のあらゆる理解の仕方よりも理にかなっており（rationabilior）、より容易に受け容れやすい。というのも他の理解の仕方よりもこの仕方のほうがそこから生ずる不都合な点が少ないからである。これは明白である。なぜならば、聖餐式から生ずると理解されるあらゆる不都合さの中で最も大きなものは、付帯性が主体なしに存在する（accidens sit sine subiecto）ということであるが、第一の理解の仕方を採用すればこのようなことを想定する必要はないからである」[15]。

実体変化説は聖変化によりパンの実体は消え去り、一定の延長をもったパンの付帯性とキリストの体の実体が（すなわち一定の量と実体が）共存すると考える。しかしオッカムによれば二つの実体の共存は量と実体の共存より不可思議なことではなく、むしろ主体なき付帯性という不可思議な存在様態を想定する実体変化説よりも実体共存説のほうが理にかなっている。ただし、実体共存説にはもう一つの別の形態があり、オッカムは単なる共存（すなわちパンの実体とキリストの体の実体が相互に作用しあうことなくただ単に同じ場所に存在すること）以外に合一（unio）ないし「引き受けること」（assumptio）による共存の可能性にも言及し、これを否定しなかった。

「しかし、そこにおいてキリストの体が合一と『引き受けること』によって存在しうるかは不確かである。次のように言えるだろう。すなわち、或る人々が言うように或る被造物が他の被造物を支えることが可能ならば、私としてはこれには矛盾は含まれていないと考えるので、上記のことが自然理性によって否認されることはなく、この場合、キリストの体は合一によってパンの実体を引き受ける（ass-umere）ことになり、支えるほうの本性（natura）は基体（suppositum）であり、もう一つ別の本性は基体によって支えられることになるだろう[16]」。

次にオッカムが挙げている第二の見解によれば、キリストの現在と同時にパンはその形質を残したまま他の場所へと移動するものとされるが、これもオッカムは神の絶対的な力により十分に可能なものと考えた[17]。同様に第三の見解が主張するように、キリストの現在によってパンの実体が第一質料へと還元されるか新たな形相を受け取って新しい実体となることも、そしてこのとき第一質料ないし新しい実体が以前のパンの付帯性とキリストの体の実体と共に同じ場所にとどまることもとどまらないことも神の力にとって可能である。オッカムによれば実体を構成する質料と形相は共に res positiva であることから分離可能であり、矛盾を含まないあらゆることを行う絶対的な力が神にある以上、神はパンの実体の形相だけを破壊して無化し、質料をそれ自体において存続させておくことが可能である[18]。同じく第四の実体変化説に関しても、パンの実体の無化及びパンの付帯性とキリストの体の実体の共存をオッカムは神の絶対的な力により可能なものとして説明している。要するに、キリストの現在によってパンの実体と付帯性にどのような変化が生ずるかは、矛盾律以外のものに拘束されない神の意志によって決定されるのであり、論理的な可能性の観点からみれば上記の四つの見解はすべて同等に許容可能である。しかし既述の如くオッカムは理論的にみて実体共存説が最も勝れていると考えていた。ラッタレルが挙げている命題二十一は確かにオッカム自身の主張である。それにもかかわらずオッカムが実体変化説を採用したのは、聖変化の後にパンの実体は存続しないことが教会によって決定されたからに他ならない[19]。

ラッタレルがオッカムを批判したのは、ローマ教会が公式に実体共存説を拒否しているにもかかわらずオッカムはこの説を最も正しいものと考え、それ故教会の決定は誤りであったと考えている、とラッタレルが判断したからである。しかしオッカムは教会の見解である実体変化説を誤謬と考えていたわけではなく、付帯性が実体から遊離することを想定する実体変化説より実体共存説のほうが哲学的にみれば確かに理にかなっているが、神の絶対的な力をもってすればいずれの説も可能であり、しかも教会が公式に実体変化説を採用するならば自分としてもこの説を正しいものとして採用したいと考えたのである。もっともラッタレルはオッカムのこのような返答にも満足しなかったことだろう。ラッタレルは実体共存説は端的に誤りであり、聖変化はパンの実体がキリストの体の実体へと変化することでしかありえないと考えていたからである。事実、この見解はトマス・アクィナスの権威により支持されており、ラッタレルはトマスの見解に従っていた。他方、オッカムは実体変化説を支持する神学者のあいだでも支持する理由に相違があることを次のように説明している。

「しかし、この第二の見解（実体変化説）に賛成する点では一致している公教会の信徒たちも、それを理解する仕方に関しては意見が異なっている。というのも福者トマス（Scriptum super Sententiis, IV, d. 12, q. 1, a. 1）のように或る人々は、パンの実体が、聖餐式においてパンの形質のもとに存続するキリストの体と共に存続することは矛盾を含むと理解しているからである。しかし或る人々はスコトゥス（Opus Oxoniense IV, d. 11, q. 3）のように、現実にはパンの実体はキリストの体と共に存続していなくても神の力によってパンの実体がキリストの体と共に存続することもありうる、と理解することに矛盾は含まれていないと考えている。それ故後者の人々は、キリストの体は当のキリストの体に生ずる変化を通じて聖餐に存在していることを認めるのである。そして、この第二の見解は他のいかなる見解をも損なうことなく私にはより正しく思われ、神学に合致していると思われる。というのも、この見解は明らかに矛盾を含むこと以外には神の力に対し何も否定することがなく、むしろ神の全能を高めるからである[20]」。

それではトマス・アクィナスはなぜ実体共存説が矛盾を含むと主張したのだろうか。トマスは、キリストの体が神性と結合していても他の体（corpus）一般と同様に自然学上の限定に服することに変わりはないと考え、或る体が以前には存在しなかったところに存在するようになる様態として場所の移動

（mutatio loci）と、別の体が当該の体へと変化（conversio）することしか認めなかった[21]。場所の移動とは一定の時間を通じて体が様々な場所を継続的に通過することであるが、聖餐におけるキリストの現在をこのような場所の移動として理解することはできない。聖餐においてキリストが現在しても天上のキリストは父の右に存在し続けるからであり、また聖餐におけるキリストの現在が多数の場所で同時に生起することも場所の移動と両立しない。それ故、天上のキリストには何の変化も生ずるべきでないとすれば、キリストの現在はパンの変化それ自体によって生ずると考える他はないだろう。従って、パン（ぶどう酒）の実体が直接的にキリストの体（血）の実体へと変化すると考えないかぎり聖餐におけるキリストの現在を説明することは不可能であり、パン（ぶどう酒）の実体が聖変化後も存続すると考えるとキリストの場所的移動を想定せざるをえず、実体共存説は天上におけるキリストの存続と理論的に矛盾するとトマスは考えたのである。トマスにとり実体変化は聖餐にキリストが現在する論理的な可能な唯一の方法であった。これに対してスコトゥスやオッカムにとっては後述のようにキリストの体が天上にとどまりながら多数の聖餐のもとに同時に現在することは矛盾を含まず、神の絶対的な力によって実現可能とされたのである。

それ故、スコトゥスやオッカムはパンの実体の消失を認めても、これをキリストの現在にとって必要な条件と考えず、パンの実体の消失とキリストの体の現在を異なる二つの出来事とみなすのに対し、トマスはパンの実体の消失とキリストの体の現在との関係を内在的なものとして捉え、両者を分離不可能な一つの出来事とみなす。パンの無化という考え方を拒否しながらトマスは次のように主張している。

「しかし無化もまたありえない。パンの実体がキリストの体へと変化すること以外には、キリストの真の体がこの聖餐に存在しはじめるいかなる方法も存在しないからである。しかし、パンの無化を想定したり、基礎にある質料への分解を想定すると、このような変化はありえないことになってしまう[22]」。

このようなトマスの見解に対しオッカムは次のように主張する。

「第一に、キリストの体はまさに変化の効力によって（ex vi conversionis）そこに存在しているわけではないように思われる。というのも神は他のあらゆるものから分離して保持できるどのようなものも、当の他のものなしに創造できるからである。それ故、神はパンの実体なしでこれらの

（パンの）形質のもとにキリストの体を保持できるのと同様に、そこに以前からパンの実体が全く存在しなくても当の形質のもとにキリストの体を創造できるのである[23]」。

オッカムにとってキリストの体はパンの実体変化の故に存在しているわけではなく、端的に神がパンの形質のもとにキリストの体を創造するから存在するのである。従って神はもともとパンの実体が存在しなかったところにパンの（実体を伴わない）付帯性だけを創造し、そこにキリストの体を存在させることもできる。以上のように、パンの実体の消失とキリストの体の現在を二つの独立した出来事として捉えるオッカムは、実体変化をパンの実体が無（nihil）に帰することとして説明するのであるが、トマス的な実体変化説（パンは無化されるのではなくキリストの体へと変化するという説）を支持するラッタレルがオッカムの命題三十四を批判したのもこのことによる。しかしラッタレルが命題三十四から、オッカムはパンの実体変化を認めていないという帰結を導き出しているのは正当でない。むしろオッカムはパンの実体が無化され、これに代わってキリストの体の実体が存在するようになることを実体変化と考えているのである。オッカムにとってはパンの無化（adnichilatio）によって実体変化（transsubstantiatio）が生ずるのである。

実体変化においてはパンの実体（すなわち質料と実体的形相）が無化され、パンが存在していたところにキリストの体が存在するようになる[24]。従ってこの変化は、或るものが実体的ないし付帯的形相の付加や除去を通じて変化していくこととは異なり、質料も無化される点で神秘的な変化である。またオッカムによれば実体変化に際してキリストの体も場所的に移動するという意味で変化する。

「従ってキリストの体は、ここに存在していなかった状態からここに存在する状態へと移行するのであるから、これを理由としてここには真の変化（mutatio）が存在することになり、キリストの体が真に変化することが帰結する。それ故私はキリストの体は場所的に（localiter）変化すると主張する。というのもキリストの体は、以前にそれが存在しなかったこの場所に、パンの実体でなく自らの実体において直接的に存在しているのであるから、キリストの体は直接的に変化するのである[25]」。

さらにオッカムは〈Quodlibeta〉第六設問三で「キリストの体は聖餐式においてパンの形質のもとに祭壇に存在しはじめるとき真に場所的に変化するのか」について論じ、場所的に変化すること（mutari localiter）に狭義と広義の二つの意味を区別したうえで、キリストが狭義の意味で（すなわち、或る場所を去って他の場所へと移動するという意味で）場所的に変化するという見解は異端であるが、広義の意味で（すなわち、以前に存在しなかった場所に存在するようになるという意味で）キリストは場所的に変化すると考えられうることを主張している。キリストが天上にとどまりながらホスティアに現在する（esse hic）とき、キリストの体はこれまでホスティアの付帯性が占めてきた場所（ubi）と新たな関係を獲得するのであるからキリストは場所的に変化したと考えられるのである[26]。

「（キリストの体が真に場所的に変化することを）私は次のように立証する。第一に、質料が自ら変化することなくして新しい形相を受け取ることができないように、体もまた当の体の変化なしには以前に存在しなかった場所に存在することはありえない。しかし、キリストの体がホスティアのもとに存在するとき、それは以前に存在しなかった場所に存在している。それ故、キリストの体は場所的に変化したことになる。ただし、それは以前の場所を失うことによるのではなく、以前には有していなかった場所を獲得することによるのである」。

さて、パン（ぶどう酒）の実体がキリストの体（血）の実体へと変化することが transsubstantiatio だとすれば、パン（ぶどう酒）のもとに存在するとされるキリストの魂や神性や付帯的属性はどのように説明したらよいのだろうか。聖変化後のパンとぶどう酒には天上に居るキリストと同一のキリストが現在するというのが教会の伝統的な教説であった。それではパンとぶどう酒の実体はそれぞれキリストの体と血の実体へと変化するだけでなく、キリストの魂や神性や付帯的属性にも変化するのだろうか。これが実体変化の〈terminus〉の問題である。この問題をトマス・アクィナスは次のような仕方で解決した。すなわち、実体変化とはパンとぶどう酒の実体がまさにキリストの体と血の実体（そしてこの実体だけに）変化することであり、キリストの体と血が聖餐式の効力によって（ex vi sacramenti）現在するのに対してキリストの付帯性や魂や神性は実体変化の〈terminus〉ではなく単に自然的な随伴によって（ex naturale concomitantia）聖体に現在しているにすぎない[28]。

「しかし、キリストに属するものがこの聖体に存在するようになる方法は二つある。一つは聖餐式の効力によるものであり、他は自然的な随伴による。聖餐式の効力によって聖体の形質のもとに存在するのは、他の秘跡におけると同様にこの秘跡において効果を生む形式的言葉によって——すなわち『これは私の体である』『これは私の血である』と発話されるときに——意味されていることに従い、先に存在するパンとぶどう酒の実体が直接的にそれへと変化するところのものである。これに対して自然的な随伴によってこの秘跡に存在するようになるのは、上述の変化の効果として生ずるものに現実に結合しているところのものである。というのも、二つのものが現実に結合しているならば、どこであろうと一方のものが現実に存在するところには必ず他方のものも存在しなければならないからである。現実に結合しているものは単に我々の精神の作用によって分離されるにすぎない」[29]。

第三節で説明されるように教会の正統的な教説によれば、天上のキリストは一定の大きさや重さ（すなわち量）をもって存在するのに対して、聖餐のパンに現在するキリストはパンの全体にキリストの体の全体が、そしてパンのあらゆる部分にキリストの体の全体が存在するような様態で存在する。しかし他方で、聖餐におけるキリストは天上のキリストと同じく完全無欠なキリストであることが正統的な信仰の要請だとすれば、延長を伴う天上のキリストと延長のない聖餐のキリストとの存在様態の違いはどのように説明すべきか。量のカテゴリーの存在論的身分に関するトマスの見解はこの問題の解決を一層困難なものにしていた。トマスは量（quantitas）を実体（substantia）と性質（qualitas）から独立した存在者とみなし、天上のキリストの付帯性（accidentia）の中にキリストの延長ないし大きさや重さといった量を含ませて考えていたからである。このようにトマスにとって量が実体や性質とは別個の独立した付帯性だとすれば、量を伴う天上のキリストと同じく完全無欠な聖餐でのキリストに量が欠けていることはありえない。しかし現実には聖餐でのキリストの体はホスティアの全体と同時にその点的なあらゆる部分に延長（すなわち量）をもたない様態で存在しているのである。それ故、実体と性質から区別される量の客観的実在を主張するトマスは、ホスティアにおけるキリストの非量的な存在様態と完全無欠性を調和させるために、聖餐式の式語自体の効果として生ずるパン（ぶどう酒）のキリストの体（血）への実体変化――ここにおいてキリストの体（血）は量を伴わない実体としてのみ存在する――と、この変化に随伴して生ずるキリストの魂、神性、その他量を含む天上のキリストに内属するあらゆる付帯性の現在とを区別したわけである。トマスによれば、聖餐式における司祭の発話行為の直接的な効果はパン（ぶどう酒）の実体がキリストの体（血）の実体へと変化することだけであり、体と血の実体を除く天上のキリストの構成部分（神性、魂、量を含めたあらゆる付帯性）は体と血の実体に随伴して聖体に存在する。そしてまた、パンの実体はキリストの体の実体のみに、そしてぶどう酒の実体はキリストの血の実体のみに変化するのであるから、パンの形質のもとには血は単に自然的な随伴によって、そしてぶどう酒の形質のもとには体は単に自然的な随伴によって存在することになるだろう。

しかしトマスの以上の解決はそれ自体としては首尾一貫しているものの、トマスの別の見解とは両立しないと思われる[30]。すなわち、肉体の形相は魂である（anima est forma corporis）という見解である。キリストの体の実体的形相が魂だとすれば、魂が単に自然的に随伴するにすぎないホスティア上のキリストの体には実体的形相がないこととなり、実体的形相がなければそもそもキリストの体は存在不可能ということにならないだろうか。トマスはこの難点を自覚しており、次のように述べている。

「魂は体の形相であり、完全な存在に必要な全秩序――すなわち、単なる存在（esse）、体としての存在（esse corporeum）そして魂ある存在（esse animatum）等々――を体に付与するものである。それ故パンの形相は、それがキリストの体に体としての存在を与えるかぎりでキリストの体の形相へと変化するのであり、上記のような魂がキリストの体に魂ある存在を付与するような仕方でキリストの体の形相へと変化するわけではない[31]」。

しかし、この説明の中ではキリストの「体の形相」という表現が二義的に用いられており、肉体の実体的形相は魂であるというトマスの基本的見解と、魂のないキリストのホスティア上の体に形相を認めることは依然として両立不可能に思われるのである。次に、トマスは自然的な随伴という方法でキリストの体の量を再び導入するわけであるが、これは聖餐におけるキリストの量的現在を肯定することではないだろうか。この疑問に答えてトマスは、聖餐式の効力によって現在しているのは実体だけであるから、キリストの存在の他のすべての形相は「実体の様態において」存在するにすぎないと主張している。

「聖餐式の効力によって祭壇に存在するのはキリストの体の実体であり、キリストの体の大きさをもった量（quantitas dimensiva）は自然的な随伴によっていわば付帯的に（per accidens）そこに存在している。それ故、キリストの体の量は自らに固有な様態において――すなわち、聖体の全体にキリストの全体が、そして聖体の諸部分にキリストの諸部分が（totum in toto et singulae partes in singulis partibus）存在するような仕方――ではなく実体の様態において（per modum substantiae）、すなわち全体が全体に、そして全体があらゆる部分に（tota in toto et tota in qualibet parte）存在することをその本質的特徴とするような仕方で聖体に存在している[32]」。

聖体におけるキリストの存在様態についてのトマスの見解は第三節でもう一度触れることにして、次に実体変化の〈terminus〉に関するオッカムの見解を見てみよう。

「或るものがそれ自体において産出の terminus であるような例を挙げることができる。例えば建築に関しては家が terminus であるが、家の白さは付帯的に（per accidens）terminus であるにすぎない。従ってこの場合はキリストの体がそれ自体でこの変化の terminus formalis であるが、理性的な魂はある種の随伴によって付帯的に terminus なのである。しかしこの区別は正しく理解されることも誤って理解されることもある。もし理性的な魂はそれが実体変化のまさに付帯的な terminus であるような仕方で何らかの自然的な随伴によってそこに存在しているにすぎず、厳密な意味での実体変化によって存在しているのではないと理解されるならば、それは誤った考え方である。第一に、別々の terminus が存在するところではそれぞれ別々の実体変化が存在するわけであるが、キリストの魂とキリストの体は別々の terminus だからである。……第二に、一つの terminus が他の terminus から分離されうるところでは、これらはそれぞれ別々の terminus だからである。かくしてキリストの魂と体についても同様であり、これはキリストが三日間死んで（墓の中に居た）ときに明らかなとおりである。すなわち、もし司祭がこのときに聖餐式を執り行えばパンをキリストの体（だけ）に変化させていたことだろう。このときに別々の termini と別々の実体変化があったのだから今でも同様である。

もし、変化の効力によって（ex vi conversionis）生ずるのはキリストの体への変化だけであり、魂がこの体と結合していないかぎり魂への変化はありえず、魂が体と結合していないときは体への変化があるだけで魂への変化は存在しないと主張されれば次のように反論できる。三日間を除くその前後においてはキリストの体と同じようにキリストの魂もパンの実体に代わって生ずるのであるから、変化の効力によってパンは体と同時に魂へと実体的に変化するのである、と。……

上記の区別は別の仕方で正しく理解することができる。変化を引き起こす者ないし実体変化を生み出す者によって第一次的に意図されているものが実体変化の第一次的な terminus である。……そして同じ行為者によって第二次的に意図されているものが付帯的な terminus と言われる。というのも、行為者は他のものと一緒でなくては当のものを実体変化させることができない――特に両者が合体しているときはそうである——からであり、あるいは、他のものと一緒でなくては当のものの実体変化を行為者が欲しないからである。このような意味でキリストの体——これは質料及び、理性的魂に先行する形相（この形相がどのようなものであろうと）から構成されており、……人間の中に多数の形相を措定すればこうなるだろう——がこの実体変化の第一の terminus である。というのも、この変化を引き起こす中心的な行為者たる神は第一次的にはパンをキリストの体へと変えることを意図しているからであり、それ故キリストが墓に居た三日間のように魂が分離しているときは、パンからキリストの体への変化だけが生じることになるだろう。理性的魂は付帯的な terminus である。なぜならば理性的魂が体と合体しているかぎりにおいて神は第二次的にはパンを魂へと変えようと意図しているからである。例を挙げてみよう。家を建築する者は第一次的には自らを雨や他の有害なものから護ることを意図している。そしてこれが当の建築の terminus それ自体と言われるのである。しかし、家の形や白さその他この種のものは付帯的な terminus である。というのもこれらのものは、第一のものが他のものなしには建築されえないかぎりにおいて、第二次的に意図されているからである」[(33)]。

以上の引用箇所から明らかなように、トマスと同様にオッカムもパンの実体変化によって直接的に生ずるのはキリストの体の実体であり、それ以外のキリストの構成要素（神性、魂、血など）は単に随伴（concomitantia）によってホスティアに現在するにすぎないと説明している。

しかし、トマスとオッカムの見解の重要な相違は、先ず第一に、量を実体及び性質とは独立に存在する絶対的付帯性（accidentia absoluta）とは考えないオッカムがキリストの量をキリストの体の実体に随伴する存在者とはみなしていないことである。オッカムにとり天上のキリストの大きさや重さといった量はキリストの実体（すなわち質料と実体的形相）から独立した絶対的付帯性ではなく、従ってトマスのようにホスティアにおけるキリストの完全無欠性（天上のキリストとの同一性）を維持するためにキリストの体の量を実体変化の付帯的な terminus と考える必要はなかった。この問題は本章の第三節で考察するつもりである。第二に、魂を人間の肉体の唯一の実体的形相と考えるトマスと異なり人間の肉体それ自体に実体的形相を認めるオッカムは、魂のないキリストの体の実体を何の問題もなく措定することができた。第三にオッカムはトマスと同様にパンの実体変化の terminus を terminus formalis と terminus per accidens とに区別しているが、この区別の根拠が両者のあいだで異なっており、これは更に実体変化そのものに関する両者の見解の相違となって現れている。オッカムの場合、terminus の区別は単に創造者（実体変化においては神）の心理的な意図による区別でしかなく、創造者が第一次的に意図しているものが terminus formalis なのである。確かに実体変化に関してはパンの実体的形相がキリストの体の実体的形相へと変化するのであるから、実体変化の terminus formalis は形相（forma）であるが、これは神がパンの形相をキリストの体の形相へと第一次的に変化させようと意図しているからであって、terminus formalis の〈formalis〉には形相的という意味はない。オッカムは次のように述べている。

「産出の terminus formalis とは、当の産出によって端的に存在を受け取るところのものである、と私は考える。それ故、terminus formalis と terminus totalis が区別されるとき、前者は、後者に属し産出によって端的に存在を受け取るところの何かである。そして産出により terminus formalis が端的に存在を受け取ることによって terminus totalis も当の産出により端的に存在を受け取ることになる。これから次のことが帰結される。すなわち、terminus formalis は形相だからそう言われるのではない。というのも、もし神がそれ自体で実在する質料そのものを創造したならば、この質料は terminus formalis ではあるが形相ではないからである。同様に、もし神が先に実在する形相のもとに質料を創造したときも、形相ではなくて質料が terminus formalis なのである。……terminus formalis とはこの種の産出によって第一次的に、そして自らその全体において存在を得るところのものであり、この意味では質料も terminus formalis になりうる」[34]。

それ故実体変化において神がパン（とぶどう酒）の実体をそれへと第一次的に変化させようと意図するのはキリストの体（と血）の実体であり、パンの実体変化の terminus formalis はキリストの体（この場合、血は terminus per accidens である）であり、ぶどう酒の実体変化の terminus formalis はキリストの血（この場合、キリストの体は terminus per accidens である）であるが、付帯的な termini は単に神によって第一次的には意図されていないだけであり、第二次的に意図されたものとして聖餐に実在していることにかわりはない。パンの実体は確かにキリストの体の実体へと変化するのであるが、これと同時にキリストの血、魂、神性、キリストのあらゆる付帯性も聖餐に実在しているのであるから、天上のキリストのあらゆる構成要素がパンの実体変化の termini であると考えて差し支えないだろう。従って、例えばキリストの体の様々な付帯性は、実体から区別されうる res absoluta（もっとも既述のごとく、トマスと異なりオッカムは量を res absoluta として認めない）として、キリストの体の実体と同様に実体変化の termini と考えられる。この場合、パンの実体（substantia）からキリストの体の付帯性（accidentia）への変化を transsubstantiatio と呼ぶことは不適切であり、またこれはパンの付帯性がキリストの体の付帯性へと変化するわけではないから transaccidentatio とも言えないが[35]、実体から付帯性へのこの種の変化も神の絶対力によって十分に可能なのである。そして、もし神がパンの実体からキリストの体の付帯性への変化を第一次的に意図したとすれば accidentia が変化の terminus formalis となるのであるから、terminus per accidens の accidens も存在論的な意味での付帯性とは無関係である。同様に、キリストの人性を構成する血や魂の実体もキリストの体の実体から分離可能な res absoluta であり、これらも神の絶対力によってパンの実体変化と同時にパンの形質のもとに存在することになる[36]。それ故オッカムはトマスの自然的随伴（concomitantia naturalis）からその存在論的なニュアンスを取り除き、これを創造者の単に心理的な事実に基づかせることにより、キリストを構成するあらゆる res absoluta をパンの実体変化の termini として認めるわけである。従って、キリストの磔と復活のあいだの三日間はキリストには魂と血はなく、仮にこの三日間に司祭が聖餐式を執り行ったとすれば血と魂を伴わないキリストの体がパンの形質のもとに存在し、また血はぶどう酒の形質のもとにキリストの体と魂を伴わずに存在したことだろう。

第三節　キリストの存在様態

教会の正統的な教説によれば聖体におけるキリストは、キリストの全体が聖体の全体に現在すると同時にキリストの全体が聖体のあらゆる部分に現在するような様態で存在している。しかし、聖体におけるキリストが天上のキリストと同一のキリストであることも教会の正統的な教説であった。しかし天上のキリストが一定の延長をもち、その諸部分がそれぞれ異なった場所に存在する通常の物体と同じ存在様態を帯びるのに対して、このキリストと同一のキリストが聖体においては前記のように延長のない存在様態を帯びるのはどうしてだろうか。換言すれば、天上のキリストの量的な存在様態は聖体ではどのようになるのだろうか。既に述べたように、トマス・アクィナスは量のカテゴリーに対し実体と性質のカテゴリーとは独立の実在性を認め、聖体におけるキリストにも自然的随伴のかたちで量を与えていたが、この量は実体の様態で（per modum substantiae）存在するものとされた。キリストはホスティアにおいては分割不可能で非延長的な仕方で存在するのに対し、天上においては各部分が他の諸部分の外にあるような延長的な仕方で存在する。

トマスは聖餐におけるキリストと天上のキリストが全く同一のキリストであることを確保しながら、しかも量を伴わない聖体上のキリストの存在様態をも肯定するために、量の自然的随伴及び「実体の様態において」存在する量という観念を利用したのである。しかし、トマスのこのような理論構成の必要性は量に対し客観的実在を認めるその存在論に由来する。量に対して実体や性質とは別個の実在性を認めることは当時の通説であったが、量の客観的実在性、ホスティアにおけるキリストの完全無欠性、ホスティアにおけるキリストの非延長的な存在様態という三つの観念を調和的に説明するためには精妙な理論構成が必要とされた。

しかし、ホスティアにおけるキリストが延長を伴わないにもかかわらず、キリストの量が自然的随伴というかたちであるにせよホスティアに存在する、というトマスの説明は説得的だろうか。トマスによればキリストの体の実体はパンの形質（すなわち残存するパンの付帯性）の主体（subjectum）ではない。聖変化以前のパンは自らに固有の大きさをもち、この大きさを通じて一定の場所へと関係づけられていたのに対し、聖変化後にパンの実体に代わって存在するキリストの体の実体は、自らに固有のものではない（パンの付帯性に固有な）大きさを媒介として（mediantibus dimensionibus alienis）場所へと関係づけられており、逆にキリストの体の大きさはキリストの体の実体を媒介として（mediante substantia）場所へと関係づけられているからである。それ故、キリストの体は通常の体が一定の場所を占めるような仕方でホスティアに現在しているのではない。だからこそキリストは天上にとどまりながらも同時に聖餐式が執り行われる多数の祭壇に現在するようなことが可能なのである。確かに、キリストの体はホスティアのみに存在し祭壇の他の場所には存在しない。しかしだからといってキリストの体がホスティアにより場所を特定化された仕方で（definitive）、あるいはホスティアにより限界を画された仕方で（circumscriptive）存在することにはならない[37]。このようにトマスは大きさ、延長、量を実体から独立したものとする存在論に立ったうえで、実体以前に存在する無規定的な量が、それ自体は量を伴わない実体に付加することにより通常の体（corpus）が存在するようになると考え、これに対してホスティアにはキリストの体の実体が直接的に存在しており、キリストの体の延長ないし量は実体に随伴し実体の様態で——つまり先行する非延長的な実体によって規定されたかたちで——存在すると考えた。しかし、これは量を伴わない量、延長のない延長を認めることではないだろうか[38]。この点、例えばエギディウス・ロマヌスは無規定的な量（dimensio indeterminata）と規定的な量（dimensio determinata）を区別しホスティアにおけるキリストの体に前者の量のみを認め[39]、更にドゥンス・スコトゥスは全体における諸部分の秩序（ordo partium in toto）としての positio（quantitas の種差）と、諸部分が一定の場所（locus）へと関係づけられているという意味での、量とは別のカテゴリーとしての〈positio〉を区別し、ホスティアにおけるキリストの体に前者の positio のみを認めることで上記の難問を解決しようとした[40]。スコトゥスによれば、量の種差（differentia）としての positio は量的なもの（quantum）に必然的に内属するが、カテゴリーとしての positio は実体にとって外的であり、神は量的なものに場所を否定することで当のものから後者の positio を除去することができる。体のように質料的な実体（すなわち quantum）には様々な部分の内在的関係（respectus intrinsecus）が必然的に内属するのに対し、様々な部分がそれぞれ別の場所に対応するような仕方で実体が延長的に存在することは実体にとって外的に生ずる関係（respectus extrinsecus adveniens）であり、それ故キリストの体の実体が諸部分の内在的関係を伴いながらも（その一部分が位置づけられている場所の外に他の一部分が存在するような）延長的な様態を伴わないことは神の力によって可能である。例えば、キリストの体の頭は首の上にあり脚が足首の上にあるといった関係はキリストの体の実体に内在する positio であるのに対して、頭と首、脚と足首が空間の異なった場所に位置づけられているという意味での positio（位置のカテゴリー）はキリストの体の実体に必然的に内在するわけではなく、神は後者の positio を欠くキリストの体を宇宙空間の外に創造することが可能であり、あるいはキリストの体を宇宙内に創造し、しかも体の諸部分が空間の諸部分と関係づけられるような延長を伴う存在様態を、キリストの体から除去することが可能である。

トマスとスコトゥスに共通な点は、実体及び性質のカテゴリーとは独立した実在性を量のカテゴリーに認めていること、聖餐におけるキリストの体は天上のキリストと同じように完全無欠であるが、聖餐のキリストに量が欠如していることは完全無欠さを損うことになり、従って聖餐のキリストの体には量があると考えていること、そして正統的な教説に従って、ホスティア上のキリストの体は延長を伴わない仕方で（すなわち、ホスティア全体がキリストの体の全体であると同時に、キリストの体の全体がホスティアのあらゆる部分に存在するような仕方で）存在していると考えていることである。トマスとスコトゥスはこれら三つの見解を整合的なものとするために、延長を伴わない特別な量を想定しなければならなかった。しかし、量の客観的実在を認める見解に立っても、量を欠くことがキリストの体の完全無欠さを損うことにならないと考えれば、ホスティア上のキリストの体が量を伴わない仕方で存在することを端的に主張できるだろう。

さて、オッカムは量のカテゴリーに対して実体と性質から独立した実在性を認めない[41]。量が独立した存在者でない以上、量を伴わない聖餐のキリストが量を伴う天上のキリストより不完全だとは言えないだろう。従って、聖餐でのキリストが量をもたないことをオッカムは何の問題もなく肯定できた。またオッカムによれば、ホスティア全体にキリストの体の全体が存在し、ホスティアのあらゆる部分にキリストの体の全体が存在するような様態でキリストの体が存在するということはキリストの体に延長とか大きさとか量がないということであり、従ってトマスの「自然的随伴」やスコトゥスの「量の種差としての positio」といった観念により聖餐のキリストに特別な量を認めることは誤りである。例えば、既述のようにスコトゥスは「全体における諸部分の秩序」（ordo partium in toto）としての positio と、「場所における諸部分の秩序」（ordo partium in loco）としての positio を区別し、前者の非延長的な positio をホスティアのキリストに認めるのであるが、オッカムは「場所における諸部分の秩序」なしには「全体における諸部分の秩序」はありえないことを主張する[42]。秩序は一定の順序（prioritas）を前提にしているが、全体における諸部分の秩序に含まれる類いの順序は、場所と位置による順序（prioritas secundum locum et situm）でしかありえず、また部分と部分のあいだの距離（distantia）なしには全体における諸部分の秩序もありえないからである。そして、部分のあいだに距離があることは部分のあいだで場所的運動（motus localis）がありうることを意味するが、これは場所における諸部分の秩序なくしては不可能である。従って、全体における諸部分の秩序としての positio は延長という量を必然的に前提とするのであるから、ホスティアにおけるキリストの延長なき存在様態をこのような positio によって説明することはできない。むしろ、ホスティアのキリストは端的に量を欠いているのである。このようなキリストの存在様態をオッカムは次のように説明している。

「更に、キリストの体はパンの形質のもとに現実に、そして真に存在しているとはいえ、それは聖餐式において場所を区切られているわけではない。むしろ、キリストの体の全体がホスティア全体に、そしてホスティアのあらゆる部分に現実に現在しているのであり、このことは聖なる教父たちの証言によって確認されている。それ故福者ヒエロニユムスは、『グラティアヌス教令集』（pars III, De consecratione, dist. 2, c. 77）にあるように、『（ホスティアの）個々の部分が主キリストを受け入れている。そしてキリストの全体が個々の部分に現在し、それは個々の部分により切り刻まれてしまうわけではない。むしろそれは個々の部分において自らを全きかたちで示すのである』と述べている。同様に、『グラティアヌス教令集』（pars III, De consecratione. dist. 2. c. 78）にあるように福者ヒラリウスも「体の一部分が存在するところに体の全体が存在する」と述べている。これらの箇所から、キリストの全体がホスティアの全体に存在し、キリストの全体がホスティアの各部分に存在する（totus christus est in tota hostia et totus in parte）ことは明らかであり、このことからキリストの体は場所と対応することも場所によって区切られてもいないことが帰結する。しかし、このようなことの可能性を信徒に対して別の方法で説得することができる。誰も疑いえない明証的な前提からの推論によって明白に矛盾を含むことが立証され、教会により認められた博士や聖書によって矛盾を含むと理解されうること以外のすべてが神の力によって為されうることを、キリスト教徒は否定すべきでないからである。我々は神を自然的な諸原因と同じようなものと考えて神の力を限定すべきではない。神の力はあらゆる被造物の力を無限に超えているからである。また或ることが神の力によって為されうることを否定するためには経験的な知識も十分ではない。神は自然的諸原因の全秩序を変えることができるからである。そして自然的諸原因の通常の過程に反する数多くのことを神が行ったことは周知のとおりである。処女が夫なくして自然に妊娠することや、二つの体が同一の場所に存在すること、死者の生命が蘇ること、付帯性が基体なしに存在すること、その他神によって為されたことが知られている無数の事柄を誰がかつて試したことがあるだろうか。それ故我々は、或ることが自然的に為されることを我々が経験によって知ることがないという理由で、それらが神によって為されうることを否定してはならない。それ故、何らかの実体がその全体において二つの体と同一場所に共存すること、それ故同じ実体がその全体において或る体及びそのあらゆる部分と共存することには、自明的な命題によって立証されうるような明白な矛盾は含まれていないのである。むしろ私は、あらゆる学問や知識にとって大いに役に立つことが知られている論理的規則によって上記のことは明らかだと確信している。同一の実体がその全体において二つの体と同じ場所に共存すること、あるいは同一の実体が一つの体とそのあらゆる部分に共存することが認められれば、明らかにあらゆる矛盾を回避することができる――たとえ前記の命題が真であることを純粋に自然的なものによって明らかには立証できないとしても――。それ故、神がその絶対的な力によって或る実体を何らかの有体的なものと共存させ、その結果、当の実体の全体を有体的なものの全体及びそのあらゆる部分と共存させることができることをキリスト教徒は否定すべきでない。従って我々は、理性的魂の全体が身体の全体とそのあらゆる部分に存在すると主張するのであり、これと反対のことを論証によって立証することはできないのである。

同様に我々は天使がその全体において何らかの場所及びその場所のあらゆる部分に決定的なかたちで（definitive）存在すると主張する。同じ理由で信徒は次のことを否定すべきではない。すなわち、最も特殊な同じ種に属していようと異なった種に属していようと二つの体が神の力によって同時に同一の場所に存在することがありうる、ということである。事実このような仕方で救い主イエス・キリストは閉じた扉を通って弟子たちのところに行ったのであり、また処女の閉ざされた子宮からこの世へと現れ、天上のいかなる身体をも分割することなく昇天したのである。それ故、二つの体が同時に同一の場所に存在することにいかなる矛盾も見られないならば、同じ体の二つの部分が同時に同一の場所に存在することにも矛盾は見られない。以上から次のことが明らかである。すなわち、キリストの体の二つの部分は神の力によって同一の場所に共存できるようになるが、同じ理由によってキリストの体のすべての部分は同時に同一の場所に共存しうるのである。更に、このことと既述のことから主要な主張が帰結する。というのも、我々が理解しうる以上のことを為しうる神にとってキリストの体のすべての部分を同一の場所に共存させることが不可能ではなく、また魂や天使について明らかなように、同一の実体の全体を場所全体と同時に場所のあらゆる部分に存在させることも神にとって不可能でなければ、キリストの体の実体全体を、ホスティア全体と同時にホスティアのあらゆる部分に存在させることも神にとっては不可能ではないことが帰結し、これがここでの主要なテーゼである。

この場合、指が他の指の中にないようにそのうちの一つが他の中にないような――そして、目が手や足の中になく頭にあるようにそのうちの或るものが全体の一部分にあって他の部分にはないような――現実に区別された諸器官をキリストの体が部分として有していることは上記のテーゼの妨げにはならない。なぜならば、器官である諸部分が区別されるために場所的な隔たり（localis distantia）は不必要であり、ただ物質的な機能の現実的な区別（realis distinctio dispositionum materialium）があればよいからである。すなわち、たとえ同一の機能を保持しつつ手が目のところに置かれ、その結果手と目が同時に同一の場所に存在するようになったとしても、手は手であって目ではなく、人間は手ではなく目でものを見るのである。従って、このような場合でも諸器官は依然として区別されたままであり、場所的に隔たっていなくても区別された機能をもつことになる。それ故、神の力に対してこのようなことを否定すべきではない。しかし諸器官の機能の相異がどのようなものであるか――すなわち実体的なものか付帯的なものであるか――は目下の議論とは関係がない。同様に、諸器官が場所的に隔たっていなくても、このことの故に手が足にあったり足が手にあったりすることにはならず、ただこれらの器官は同時に同一の場所に存在するということであり、既に述べられたようにこれは器官の区別の妨げにはならない。というのも、一部分が他の部分から場所的に隔たっていなくても、目が全体としての頭にあるように、或る部分が他の部分の中にあることは可能であり、このことは、理性的魂が人間から場所的に隔たっていなくても人間の一部であるのと同様である――というのも理性的魂は人間が存在するのと全く同一の場所にありながら人間の一部分だからである――。従って目は頭の一部でありながら頭と同一の場所に存在しうるのであり、かくしてキリストの体もホスティア全体およびホスティアのあらゆる部分に存在しうることは明らかである[43]」。

　オッカムによれば実体が或る場所に存在する様態には二つのものがある。一つは実体が場所を区切られた仕方で（circumscriptive）存在する場合であり、もう一つは実体が決定的な仕方で（definitive）或る場所に存在する場合である。実体の全体が広がりをもった一定の場所全体を占めると同時に当の実体の各部分が場所の各部分に対応する（totum est in toto et pars in parte）かたちで存在すればそれは〈circumscriptive〉に存在していることになり、通常の体（天上のキリストの体も含めて）はこのような様態で存在する。これに対して実体の全体が場所の全体を占めると同時に場所のあらゆる部分に存在すればそれは〈definitive〉に存在していることになり（〈definitive〉という言葉をオッカムがトマスとは異なった意味で用いていることに注意[44]）、〈definitive〉にキリストの体がホスティアに現在していることはキリストの体の各部分が一点に集中し同一の場所に存在していること、そして聖餐式が執り行われるあらゆる場所でキリストの体がホスティア上に同時に現在していることを意味する。そしてオッカムはこのように複数の体が同じ場所に同時に存在しうることと、一つの体が複数の場所に同時に存在しうることを神の絶対的な力によって説明する。

　さて、天上のキリストが〈circumscriptive〉に存在し、ホスティア上のキリストが〈definitive〉に存在することは教会の正統的な教説であり、この点については言うまでもなくオッカムも正統説に従っていた。しかし、ホスティア上のキリストの存在様態についてオッカムは独特の理論構成を提示している。先ずオッカムは、ホスティア上のキリストの体がパンの付帯性（パンの形質）を媒介として存在するというトマスの説を次のように批判している。

「それ故私は同一の体が様々なところで同時に存在しうると主張する。というのも部分を有するすべてのものにとって、決定的に（definitive）存在することよりも様々なところで場所を区切られて（circumscriptive）存在することのほうが困難だとは言えないからである。しかしキリストの体はホスティアの全体及びそのあらゆる部分と同じ場所に共存する仕方で現在している。それ故、キリストの体の全体が一定の場所の全体に現在し、キリストの体の各部分が当の場所の各部分に現在するような仕方で――これはキリストの体が場所を区切られて存在するということである――様々なところに現在することも同様に可能であり、むしろよりいっそう可能なことだと言える。同様に不可分なものが様々なところに存在しうることも、例えば魂の全体が肉体の全体及びそのあらゆる部分に存在し、天使の全体が或る場所の全体及びそのあらゆる部分に存在していることから明らかである。同じくまた「現在する」（esse praesens）とか「離れている」（distare）といった類いの言葉は直接的な仕方で（immediate）ないかぎり、あるいは特性として当のものと結合している何かを媒介しないかぎり当のものについて述語づけされえない。それ故、キリストの体がどこに現在しようとそれは自ら直接的な仕方でそこに現在しているのであり、従ってホスティアの形質は、ホスティアが或る場所にキリストの体が現在していることに何の寄与もしていないのである。なぜならば神は、ホスティアが存在する様態と同じ様態でキリストの体をその場所に存続させながらホスティアを破壊することもできるからであり、このことにはいかなる矛盾も含まれていないからである。もしこのようなことが行われればキリストは当の場所に直接的に現在することになるはずである。それ故、これと同様に現に今でもキリストは直接的に現在しており、パンの形質を媒介として現在しているわけではないことになる[45]」。

ここで先ずオッカムは、神が絶対的な力によって同一の体を複数の場所に現在させうること、しかも神はホスティアの到るところにキリストを延長を伴わない仕方で現在させるだけでなく場所を区切られた（すなわち延長を伴う）仕方でもキリストの体を同時に複数の場所に現在させる力をもつことを強調し、次にホスティアにおけるキリストの現在はパンの付帯性を媒介することなく神によって直接的に引き起こされることを強調している。オッカムの聖餐論の基礎にあるのは矛盾律以外のものには拘束されない神の絶対力という観念であり、この観念によってオッカムは体の異なった諸部分が一箇所に点的に存在しうることや数において（numero）同一の体が異なった複数の場所に同時に存在しうることだけでなく、キリストの体が何ものにも媒介されず直接的に存在しうることを容易に説明することができた。

次にオッカムの聖餐論にとって決定的に重要な役割を果たしたのは量のカテゴリーの意味論的分析である。むしろ、オッカムの聖餐論の中心的なテーマは量のカテゴリーの意味論的分析であったと言うべきだろう。既に述べたようにトマスやスコトゥスは量を実体及び性質とは別個の存在者として捉えていた。これに対してオッカムは彼の著作の様々な箇所で量が実体や性質から分離した独自の実在性をもたないことを繰り返し主張し[46]、例えば或る箇所では次のように説明している。

「延長や量は実体及び性質とは別の何らかの絶対的（absoluta）ないし関係的（respectiva）な存在者を意味するものではない。むしろそれは第一次的には実体――すなわち質料と形相――ないしは有体的性質を意味（significare）し、次に、そのあいだで場所的な運動が存在しうるような他の数多くのものを共意（connotare）する語または概念である。従って量は、場所的な運動（motus localis）がその間で存在しうるような数多くの外在的存在者（res extrinseca）――仮にこのようなものが存在するとして――と共存する実体ないし性質を意味するが、この場合、実体や性質の全体は外在的な体（corpus extrinsecum）の全体ないし場所の全体と共存し、実体の一部分は場所の一部分と、実体の他の部分は場所の他の部分と共存するようなかたちで存在しており、かくして、或る場所と共存する実体の一部分と、場所の他の部分と共存する実体の他の部分とのあいだには場所的な運動が可能である。そして、実体や性質が次のようなかたちで場所と共存するとき、すなわち、実体ないし性質の全体が場所の全体と、実体ないし性質の一部分が場所の一部分と正確に対応するようなかたちで共存するとき当の実体や性質は量と言われ、このようなとき、量という概念ないし語によって呼ばれる。これに対して、実体ないし性質の全体が場所の全体と、実体ないし性質の全体が場所のあらゆる部分と対応するようなかたちで共存するとき、量とか量的なもの（quanta）とは言われない[47]」。

この箇所でオッカムは、量が実体や性質から分離した何らかの存在者を意味する語ではなく、第一次的に実体や性質を意味し第二次的に当の実体や性質が延長をもつこと、すなわち実体ないし性質の諸部分のあいだで場所的な運動が存在しうることを意味する語であると主張している。例えば、継続（duratio）という語が継続するもの（res durans）とは別個に「継続そのもの」といった存在者を意味しないのと同様に、量という語も「量そのもの」といった存在者を意味するわけではない(48)。しかし、量が実体や性質とは別個の存在者でないとしても、実体や性質がそれ自体で量だということにはならない。量は実体や性質を第一次的に意味する（significare）と同時に、第二次的には実体や性質の諸部分間で場所的な運動がありうることをも意味する（connotare）からである。オッカムは量の共意的な意味を別の箇所では「相互に離れた部分をもつ」（habens partem distantem a parte）という表現を用いて次のように説明している。

> 「それ故既に述べたことから次のことが明らかである。すなわち、『量』という名辞は『実体』という名辞によっては共意されておらず理解されることもない何かを共意し理解させるということである。というのも『量』という名辞は、これが述語づけられるものが『相互に離れた部分をもつ』ことを理解させるからである。しかし『実体』という名辞は命題の中でも外でも、実体として確認されるものが『相互に離れた部分をもつ』ことを理解させるわけではない(49)」。

オッカムの存在論においては個別的な実体（substantia）と個別的な性質（qualitas）のみが客観的に実在する存在者（すなわちオッカムのいう res absoluta）であり、それ故実体と性質以外のカテゴリーに属する語はすべて共意的な（connotativus）語、すなわち第一次的に実体ないし性質を意味し第二次的に別のもの（ないし別のこと）を意味する語である。オッカムはこのような共意語を、個々の実体や性質をすべて同じ仕方で意味する絶対語から区別する(50)。例えば実体のカテゴリーに属する「人間」という語はオッカムによれば人間それ自体といった普遍者ではなく個々の人間を意味し、しかも個々の人間をすべて同じ仕方で意味する。「人間」の外延の中にソクラテスとプラトンが含まれるのであれば、「人間」はソクラテスもプラトンも共に同じ仕方で意味する。また、性質のカテゴリーに属する「白さ」（albedo）という語も抽象的な白さそのものを指示するのではなく個々の白さを意味し、しかもこれら個々の白さをすべて同じ仕方で意味している。「人間」や「白さ」のように、語によって意味されるすべてのものを当の語が同じ仕方で意味しているとき、その語は「絶対語」（terminus absolutus）と呼ばれる。オッカムによれば実体を意味する語やある種の性質を意味する抽象的な語（白さや熱さなど）は、それらによって意味されるものをすべて同じ仕方で意味することから絶対語である。これに対し、意味されるもののうち或るものを第一次的に意味し、他のものを第二次的に意味する語は共意語（terminus connotativus）と呼ばれる。このような共意語の名辞的定義（definitio quid nominis）の中で第一次的に意味されるものは多くの場合直格で（in recto）表され、第二次的に意味されるものは斜格（in obliquo）表される。オッカムは共意語の例として性質を持ったものを意味する具体的な語（例えば「白い」（album）や、アリストテレスの十個のカテゴリーのうち実体と性質以外のカテゴリー（量、関係など）に属する語、そして真空（vacuum）、無限、キメイラといった架空の存在者を意味する語などを挙げている。例えば、「白い」は第一次的には或る特定の個体を意味し、第二次的にその個体が白さを帯びることを意味する共意語であり（〈album〉の名辞的定義は〈aliquid habens albedinem〉あるいは〈aliquid informatum albedine〉であり、albedo は斜格となる）、また「父」は或る特定の男を第一次的に意味し、その男が子供をもつことを第二次的に意味する共意語であり、父性といった普遍者を指示する語ではない。更に絶対語と共意語のあいだの重要な相違は、厳密な意味での名辞的定義は共意語に対してのみ可能であり、絶対語の定義は実在的定義（definitio quid rei）でしかありえない点にある。例えば「人間」という絶対語の定義は、「人間」の外延に含まれるすべての存在者に共通の本質的特徴を示す実在的定義であり、これは例えば「人間は理性的動物である」というように種と種差でもって定義されたり、「人間は肉体と理性的魂からなる実体である」というように人間を構成する本質的部分によって定義される。このような絶対語の実在的定義にみられる特徴は、被定義項たる絶対語に付与されうる複数の定義項が外延を同じくしながら同義でないことである。ところが名辞的定義においては定義項と被定義項は同義とされ、複数の定義項が存在する場合にはこれらもすべて同義とされる（すなわち、心の言語である同一の概念と関係づけられている）から絶対語の定義は名辞的定義ではありえない。絶対語の定義は、当の絶対語が意味する対象の本質的特徴は何かという問いへの答だからである。これに対して共意語の定義は、当の語が意味する対象の本質的特徴についての答ではなく（共意語は第一次的に或る対象を意味すると同時に第二次的に別の対象をも意味するので、この種の答はありえない）、当の語自体の意味は何かという問への答であり、それゆえ名辞的定義でしかありえない。

さて、上で説明されたように量（quantitas）は実体及び性質とは別個の実在者ではなく、第一次的に実体ないし性質を意味し、第二次的に当の実体ないし性質が部分の外に部分をもち部分のあいだで場所的運動がありうることを意味する共意語であるが、言うまでもなく量のカテゴリーは実体のカテゴリーとは異なっており、量をある種の付帯性として理解することは可能である。厳密な意味での付帯性は、実体に内属してはいるが実体とは区別される（少くとも、それなしでも実体が神の力によって存在しうる）存在者を意味する。このような付帯性は、実体の構成要素である質料と実体的形相とは異なり、実体から除去されても実体が破壊されることはなく、ただ実体が変化するにすぎない。これに対して広義の付帯性は、或るものについて偶然的に述語づけされうるすべてのものを意味し、例えば「ソクラテスはプラトンに似ている」という命題中の述語は、ソクラテスという実体に内属し実体から区別される付帯性を意味するものではなく広義の付帯性である。ソクラテスとプラトンが共に色白なことから「ソクラテスはプラトンに似ている」と言われるとき、プラトンが後に色黒になればソクラテスに何の変化が生じなくてもソクラテスはプラトンに似ていなくなるのであるから、類似性はソクラテスの実体や性質とは別のものでなく、単に「ソクラテス」に述語づけできるという意味での広義の付帯性にすぎない(51)。それ故、厳密な意味での付帯性は絶対的付帯性（accidentia absoluta）だけを意味し、広義の付帯性は共意的付帯性（accidentia connotativa）をも含むと言えるだろう。量は共意的付帯性である。従って量は必ず実体ないし性質を意味することになるが、既述のように実体や性質がそれ自体で量ということにはならない。実体や性質が量でもあるためには相互に離れた諸部分を持たねばならないからである。しかし、実体や性質が諸部分をもつためには量という別個の存在が必要であり、量を媒介として実体や性質は延長をもったかたちで一定の場所に存在するようになる、という考え方をオッカムは拒否する。実体と性質は分離した諸部分をもつこと自体によって量的なもの（quanta）となるのであり、実体と性質の諸部分を無から創造するのと同じ動力因（causa efficiens）が当該の諸部分を別々の場所に置いて実体と性質を量的なものにするのである。

「というのも、実体や性質とは別のいかなる付帯性もなしに神が或る実体ないし性質を創出することを誰が妨げられるというのか。そして、もし神が実体と性質から実在的に区別された他の絶対的存在者を媒介として、当の実体ないし性質を分解してしまうことなく実体や性質の一部分を他の部分の外に置くことが可能ならば、そのような絶対的存在者を媒介せずに同じことを神が行うのを誰が妨げられるというのか。なぜならば、実在的に区別された諸部分をもつものは神によって創出されるが、神はこれらの部分に新しいものを付与しないかぎり、あるいはこれらの部分の統一性を破壊あるいは分解しないかぎり当の部分を場所的に分離させることはできない、などと主張することは神の力をあまりにも限定しすぎるように思われるからである[52]」。それ故神が或る実体ないし性質を部分が他の部分の外にあるように創出すれば、この事実のみによって量は存在し、神が諸部分を一点に集中させれば実体ないし性質は量をもたないことになる。

以上の説明から明らかなように、ホスティアに決定的なかたちで（definitive）存在するキリストの体は量的なもの（quantum）ではなく、これに対し天上に場所を区切られたかたちで（circumscriptive）存在するキリストは量的なものであるが、量が客観的な実在者でないならば両者は共に完全無欠なキリストであり、ホスティア上のキリストには量が欠けているという言い方は厳密には適切でないだろう[53]。それでは、完全無欠なキリストがホスティアの全体とそのあらゆる部分に存在するというようなことはいかにして可能なのか。キリストの体が決定的なかたちで（definitive）パンの形質のもとに存在することは、キリストの体の諸部分が同一の場所に存在し、数において（numero）同一のキリストの体が多数の場所に存在することである。既に引用した長い箇所から明らかなように、オッカムはこのような存在様態が矛盾を含まず神の絶対的な力にとって可能なことを主張し、凝縮によって神が質料的な実体を延長のない無限に小さなものにできること[54]、同一の天使や人間の魂が同時に複数の場所に存在しているように、神はキリストの体を同時に多数の場所に創出できること、キリストの体が一点へと凝縮しても諸器官の機能の区別は存続することを主張している。

第四節　キリストの体の能動と受動

オッカムは『命題集註解』第四巻設問（七）「天上において場所を占めながら存在するキリストに内属するあらゆる能動（actio）や受動（passio）、そしてあらゆる付帯性は、聖体に存在するキリストの体にも内属するか」において次の三つの論点に言及している。

「それ故第一に、ホスティアにおけるキリストは、受動者に内属する絶対的形相（forma absoluta）をその限界とし、有体的な性格に源をもつようなあらゆる能動や受動をもちうるかが考察されるべきであり、第二に、ホスティアにおけるキリストは、一定の場所を限界とし、有体的な性格に源をもつようなあらゆる能動や受動をもちうるかが考察されるべきであり、第三に、ホスティアにおけるキリストは純粋に霊的な性格に源をもつようなあらゆる能動と受動をもちうるかが考察されるべきである[55]」。

第一の論点と関連する具体的問題としては、我々はホスティア上のキリストの体の実体に内属する絶対的付帯性を肉眼で見ることができるか、そしてキリストの体は周囲の客体に内属する絶対的付帯性へと達する能動的な働きをもちうる（例えばキリストは周囲のものを見れる）かという問題が挙げられる。この点についてオッカムは、我々が肉眼でホスティア上のキリストの体（に内属する絶対的形相ないし付帯性）が見れることを端的に肯定する。[56] キリストの体が延長を伴わず「決定的なかたちで」ホスティアに存在することはキリストの体が我々にとって可視的であることの妨げにはならない。「視覚論（perspectiva）の著者によれば、見られるすべてのものは、目の中に頂点があり見られるものの中に底辺があるピラミッド型の構造のもとに見られるが、これは聖体のキリストには欠けている量的様態をもつものにだけあてはまるのであるから」我々は聖体上のキリストを肉眼で見ることができない、という見解に対しオッカムは「視覚論の著者は自分がどのようにものを見たかを説明しているのである。物事の自然のなりゆきにおいては色は目の中に頂点があり見られるものの中に底辺があるピラミッド型の構造のもとに見られる、と著者が主張するのは、彼が延長のない色を一度も見たことがないからである。しかし神は延長のない色を創造することが可能であり、もし神がそれを創造したならば、当の色はそのような型によらずして見られることだろう。そして火の燃える炉（『ダニエル書』第三章）について神がそうしたように神が自らの活動を奇跡的に停止させないかぎり、色がそのような型によらずして見られると私は考える」と述べている。[57] 更にオッカムは「能動者が接近していて受動者に（働きを受ける）用意があれば行為が生ずる」（agente approximato et passo disposito sequitur actio）という原則に依りながら次のように述べている。

> 「更に、働きを受ける用意があり妨害されることのない受動者に能動者が十分接近すれば必然的に行為が生じ、あるいは生じうる。しかし、キリストの体の付帯性と、その囲りに立つ人々の視力はこのような類いのものである。それ故、この視力が妨害されなければ視覚が生じうるのである」[58]。

すなわち、祭壇に存在するキリストの体（能動者）が人々の目（受動者）を刺激できるほど近接し、人々の目がものを見られる状態にあって、神の超自然的な妨害がなければ人々はキリストの体を見ることができる。視覚の対象が場所を区切られた量的存在様態にあることは視覚発生のための本質的原因ではない。

「対象の付帯的な様態は当の対象の認識を妨げるものでは

ない。しかし、量的な様態をもったものとして存在することは色の付帯的な様態である。それ故、色はこのような量的様態をもつことなくしても見られうるのである。……あらゆる結果は、本質的原因と自然的性向、及び本質的原因の近接を十分条件として、これらに依存する。しかし白さの視覚に関するかぎり量は結果を生む原因ではない。それ故量や量的様態が消失しても白は見れるのである(59)」。

オッカムは、視覚は対象の量的様態を前提するが故にホスティア上のキリストは肉眼にとって不可見であると主張するスコトゥスに対して、量的様態は対象の単に偶然的な性格であり可視性の有無を左右するものではないと主張する。スコトゥスによれば、至福者の分離した魂や天使は対象をその付帯的な存在様態には関係なく可知的な存在（intelligibile）として知覚することが可能であり、それ故、量的な存在様態をもった天上のキリストの体もホスティア上の非量的な存在様態のキリストの体も共に直接かつ十全的に知覚することが可能である(60)。分離した魂や天使は対象から可知的形質（species intelligibilis）のみを抽出し、対象の付帯的な存在様態はその知的認識に影響を及ぼすことはないからである。しかしオッカムは、天使や分離した魂がキリストの体をその付帯的な存在様態に関係なく知覚できるならば、人間の肉眼もホスティア上のキリストの非量的な付帯的存在様態に妨げられることなくキリストの体を知覚できると主張する。例えば天使がキリストの体の色を可知的形質として知覚できるように、人間の肉眼もホスティア上のキリストの体の色を延長をもった様態においてではなく色そのものとして知覚できる。人間の肉眼は色の付帯的な存在様態（すなわち量を伴う様態）を必要とするという見解に対してオッカムは次のように述べている。

「もしあなたが次のように主張するとしよう。『天使の知性はあらゆる可知的な存在を眺めるのであるから、天使は直観的に認識する。知性（intellectus）と可知的な存在（intelligibile）はそれ自体においてあらゆる付帯的様態（modus accidentalis）に先行しており、それ故いかなる付帯的様態――すなわち、或る場所に量的なかたちで存在していないことやこれに類似のこと――も天使の直観的認識を妨げることはない。しかし、肉眼による知覚についてはこのことはあてはまらない。肉眼による知覚はあらゆる付帯的様態に先行しているわけではないからである』。

（反論）この返答は私の主張を認めている。或る場所に量的なかたちで存在する様態が実体の付帯的様態であるように、同じ存在様態は色の付帯的様態でもある。というのも、色はこのような付帯的存在様態なくして存在できるが故に、この種のあらゆる存在様態に先行しているからである。それ故知覚の第一の対象は色そのものであって量ではないのであるから、肉眼による知覚によって眺められるのは、どのようなものであれ色の付帯的様態ではなく色そのものなのである。それ故、色はこの種のいかなる付帯的様態なくして肉眼によって見られるのである[61]」。

オッカムの以上の説明が説得的か否かは別として、その主張するところは明らかである。実体や性質（絶対的付帯性）が量として存在するか否かは当の実体や性質にとっては偶然的なことであり、人間の肉眼は妨害されないかぎりホスティア上のキリストの体を知覚できる。人間がホスティア上のキリストの体を事実上知覚できないのは神が人間の知覚を停止させているからにすぎない[62]。

そして我々がホスティア上のキリストの体を知覚できるように、キリストも周囲の対象を知覚することができる。既述の如くオッカムによればキリストの体の諸器官が一点に集中して存在することは、諸器官がそれぞれ異なった機能を果たすことの妨げにはならない。キリストはホスティアにおいて「決定的なかたちで」（definitive）存在していても、延長を伴って「場所を区切られたかたちで」（circumscriptive）存在するときと同様、周囲の対象を見ることができるのである。それ故、ホスティアの全体とそのあらゆる部分にキリストが存在するのであれば、ホスティア上の或る部分に存在するキリストは他の部分に存在するキリストを見ることも可能である[63]。

以上がオッカムが提示した第一の論点、すなわち我々は肉眼でホスティアにおけるキリストの体の絶対的形相（絶対的付帯性）を見ることができるか、そしてホスティア上のキリストは周囲の体に内在する絶対的形相（絶対的付帯性）を限界的対象とするような能動的な活動を行いうるか（キリストは周囲のものを見れるか）という論点に対するオッカム自身の解答である。

第二の論点は、場所をその限界とするような（つまり場所へと向かう）キリストの体の能動と受動の可能性である。ホスティア上のキリストは動き動かされることが可能だろうか。司祭の手によってホスティアが場所を移動するとき、キリストの体も動くのか、動くとすればどのような仕方で動くのだろうか。この点、既述の如くトマス・アクィナスによれば純粋に「実体の様態において」存在するキリストの体はホスティアに一定の場所を占めるかたちで（localiter）直接的に存在しているわけではなく、従って自ら場所を移動することはそもそもありえない[64]。これに対してホスティアの場所にキリストが直接的に実在すると考えるオッカムはキリストの体が動くことを認める。

「私は聖体におけるキリストの体が現実に（realiter）、付帯的に（per accidens）ではなくそれ自体において（per se）真の意味で（proprie）動くと主張する。というのも、付帯的にではなくそれ自体において一定の場所に存在するものは、付帯的にではなくそれ自体において場所を動くことができるからである。しかし、ホスティアに存在するキリストの体はこのようなものである。なぜならばキリストの体はホスティアの場所に直接的に現在しており、それ故一定の場所に直接的に存在しているからである。更に、神はそれを望めば一定の場所に存在するホスティアを破壊する一方で聖体におけるキリストの体を当の場所に現在するものとして保持することができる。というのも、ホスティアはキリストの体に内属しているのではなく、むしろそれとは全く外的なものだからである。しかし、もしホスティアが破壊されてキリストの体が当の場所に現在し続けるならば、キリストの体はその場所に直接的に、そしてそれ自体において現在していることになり、何か別のことを介して現在しているわけではない。それ故、ホスティアが存在している今でもキリストの体は一定の場所にそれ自体において直接的に存在している。上記の（ホスティアが破壊された）場合と同じ仕方でキリストは当の場所に現在しているからである。……それ故キリストの体はそれ自体において一定の場所を動くことができるのである[65]」。

次にオッカムは運動を器官による運動（movere organice）と器官によらない運動（movere non organice）に区別することによってホスティアにおけるキリストの体の動きを説明する[66]。器官による運動とは、体の一部分を先ず動かし、これを媒介にして別の部分を動かしながら運動していくことであり、器官によらない運動とは体の全体と諸部分を同時に直接的に動かすことである。オッカムは後者の例として身体を帯びた天使の動きを挙げている。天使が身体を帯びるとき、天使は身体の全体とそのあらゆる部分に「決定的なかたちで」存在しており、身体の全体とあらゆる部分を同時に直接的に動かす。天使は可動者たる身体の中の動者（motor in mobile）として身体の全体とそのあらゆる部分を同時に動かしていく。これに対して人間の魂は天使と同様に「決定的なかたちで」肉体に存在してはいるが、魂は肉体を完成する形相（perfectio in perfectibili）であって可動者の中の動者でないことから天使のように身体の全体とそのあらゆる部分を同時に動かすことは不可能であり、器官を用いて身体を動かすことしかできない[67]。それ故、天使も人間の魂も共に「決定的なかたちで」身体に存在してはいても、前者は器官によらずして体を動かすことが可能であるのに対し、後者にはこのような力がないことになる。

さて、身体を帯びた天使の例から明らかなように器官によらない運動は身体の「決定的な」（すなわち、身体の全体が場所の全体と同時にそのあらゆる部分を占めるような）存在様態を必ずしも前提としないが、器官による運動は身体の「場所を区切られた」延長的な存在様態を必要とし、従って身体は相互に隔たりのある諸部分をもたねばならない。

「器官によって動かすことは、先ず一部分を動かし、その後でこの動かされた部分を媒介として、最初に動かされた部分とは場所的に隔たった異なる位置にある別の部分を動かすことである。従って器官によって動かすことは二つのことを必然的に必要とする。第一に、一つの部分が場所を移動し、その後で別の部分が最初の部分を媒介として場所を移動することであり、第二に、動かされる体の諸部分間に場所的な隔たりがあることである。例を挙げれば、歩く運動においては先ず理性的魂が心臓を場所の移動を伴う現実の運動によって動かし、その後に心臓の動きを媒介としてより近い部分が動き、更に第三の部分といった具合に続々と諸部分が動いていく。そして押すことと引くことからなるあらゆる運動において、先ず一部分が押され、その後で他の部分が引かれることは例外なく真である。ここから、或る場所に区切られて存在する体のみが器官によって動かされるということが帰結する。というのも、このような体の諸部分のみが、場所的に隔たり異なった位置にあると言えるからである[68]」。

それ故、量を伴い場所を区切られて存在する天上のキリストは人間の魂と同様に自らの身体を器官によって動かすことになる。

「天上のキリストの魂は、自分の身体をただ器官を用いることによってのみ動かすことができる。これは私の魂がその身体を動かしうるのと同様である。その理由は、天上のキリストの体は一定の場所に区切られて存在しており、それ故彼の魂は先ず心臓を動かし、その後で他の部分を動かせるからである。というのも、天の一部分に存在する者は、他の部分に何ごとかが生ずることを有効に欲することができ、このようにして自分の体が当の他の部分へと動くことを意欲するからである。しかし、キリストの魂は天上における自分の体を器官を用いずに動かすことはできない。というのも、たとえ彼の理性的魂が、ちょうど身体を帯びて天使が存在するのと同じ仕方で、その全体が身体の全体とそのあらゆる部分に存在するにしても、魂は第一の可動者の中の動者（最初に動かされるものを動かす者）としてではなく質料の中の形相としてあらゆる部分に存在するからである。それ故、キリストの魂は天使にそれができるようには自分の体を器官によらずして動かすことはできない。もしあなたがその理由を尋ねれば、私は次のように答える。場所を区切られて存在する体に形を与えている形相は先ず体の一部分を動かし、その後で他の部分を動かすのが事物の本性であると(69)」。

これに対してホスティアに「決定的なかたちで」存在するキリストの体はその諸部分間に隔たりがないことから器官によらずしてその諸部分を同時に等しく動かす。

「ホスティアのもとにあるキリストの魂はただ自分の体を器官によらずして動かせるだけである。というのも、ホスティアのもとではキリストの体の全体がホスティアの全体とそのあらゆる部分に共存しているのであるから、キリストの体の諸部分間には場所的な隔たりが存在しないからである。従って、キリストの体のあらゆる部分が他の部分と共に同一の場所に存在することから、キリストの魂は先ず体の一部分を動かし、その後で他の部分を動かすようなことはできない。しかしキリストの魂は、ホスティアが動くとき自分の体も同じように動くことを意欲することができ——おそらく実際に意欲しているのであろう——、ホスティアが動くときに体も動くことを欲する神の意志に自ら従うことによって、これを意欲するのである。そしてキリストの魂はこのように意欲しながら、ホスティアが動かされるときに自らの体を器官によらない仕方で動かすわけである(70)」。

この箇所の最後の部分にはホスティアにおけるキリストの体を動かす動力因がキリストの魂（anima）であり、更にはこれが神自身であることが指摘されている。司祭の手がホスティアを動かすときキリストの体も同じように動くことをオッカムは認めるが、キリストの体は司祭によって動かされるのではなく、キリスト（そして神）がホスティアと共に体が動くことを欲するからキリストの体はホスティアと共に動くのである。それ故、ホスティア上のキリストの体を器官によらずして動かすのはキリストの魂（そして神）である。

「キリストの体はホスティアを動かす必ずしもすべての被造物の力によって動かされるわけではない。というのも、それはホスティアを動かす司祭によって直接的に動かされることはありえないからである。その理由は、ホスティアのもとにあるキリストの体は少くとも事実上司祭にとっては不釣り合いな可動者（mobile）だからであり、従って司祭のこのような力を考えれば、それはホスティアと同じ運動ないしは同じ被造物の力によっては動かされていないことになる。しかしこのことは、ホスティアのもとにあるキリストの体が、そしてまた聖体に変化したホスティアもキリストの魂によって動かされえないことを示してはいない。というのも、両者ともにキリストの魂に釣り合った可動者だからである。キリストの魂は、自分の体とホスティアが場所から場所へと一緒に移動すること――しかし常に部分的原因として協働する神と共に――を効力ある同じ意志によって意欲することができる。かくして次のことが明らかである。キリストの体もホスティアも共に被造物の同じ能動的な運動によって動かされること、そして、一つは創造された運動、他は創造されたのではない運動、という二重の運動によって動かされるということである(71)」。

更にオッカムは人間の魂におけると同様にキリストの魂を、器官を必要とする力（potentia organica）と器官を必要としない力（potentia non organica）に区別し、感覚的魂（anima sensitiva）を前者に理性的魂（anima intellectiva）と意志（voluntas）を後者に含ませ、ホスティア上のキリストがこれら二つの力によって自らの体を動かしうることを主張する(72)。ホスティア上のキリストの感覚的魂は、神がその働きを停止させないかぎり、体の器官を動かすことによって例えば美しいものや好きなものへと向かってホスティアと共に移動したい（あるいはホスティアが移動しても自分は静止していたい）と欲することができるし、またこの種の力によってホスティアの移動を見つめることもできる。また、キリストの体が常にホスティアの動きに合致して動くことを命ずる神の働きが停止すれば、キリストの理性的魂は意志を媒介にしてホスティアとは異なった仕方で体を動かすことも他の場所へと立ち去ることも可能である。従ってオッカムの二つの用語〈movere organice〉と〈potentia organica〉には共に器官という言葉が含まれているが、前者は相互に隔たった諸部分をもつ身体を動かすこと（これはホスティア上のキリストには不可能である）を意味するのに対し、後者は器官を用いて体を動かす力を意味し、ホスティア上のキリストの感覚的魂はこの種の力をもつことになる。ホスティア上のキリストの体は決定的なかたちで存在していても様々な器官を有することに変わりはなく、感覚的魂はこれらの器官を用いて体を動かし、他方、理性的魂や意志は器官を用いずに体を動かすのである(73)。

ホスティアにおけるキリストの能動と受動に関する第三の論点、すなわちキリストは純粋に霊的な源（principium）から発する能動と受動をもちうるか――具体的に言えばキリストは理性的な認識活動を行い、また理性的な認識活動の対象になりうるか――という問題についてはオッカムはこれを全面的に肯定する。[74] キリストの体が量を伴わずにホスティアに現在することは、肉体から分離した人間の理性や天使の理性、そして現世における人間の理性でさえキリストの実体や付帯性を知的に直観することの妨げにならないし、逆にキリストの理性が自己自身を知的に直観し、ホスティアの周囲にある対象の実体や付帯性を知的に直観することの妨げにもならない。現実に現世の人間がこの種の知的で直観的な認識をもっていないのは神がそれを阻止しているからに他ならない。

第五節　聖変化後の付帯性の存在様態

パン（及びぶどう酒――以下ぶどう酒は省略）の実体がキリストの体（及び血――以下血は省略）の実体へと変化した後、パンの形質（species）――すなわちパンの付帯性（accidentia）――はキリストの体の実体を基体（subjectum）とすることなく存在し続けるというのが教会の正統的教説であり、オッカムが実体共存（cosubstantiatio）の可能性を認めながらも正統的な実体変化（transsubstantiatio）をそれが教会の教説だという理由で支持したことは既に述べたとおりである。そしてオッカムは聖変化後もホスティアの様々な感覚的性質が客観的に存続することを疑わなかった。

> 「更に明白なことは感覚的諸性質（qualitates sensibiles）は聖変化後も同じ場所に存続することである。というのも、感覚的性質なしではいかなるものも可視的ではないが、可視的な形相は同じ場所に存続しており、それ故感覚的性質も存続することになるからである。同様に味も同じところで感じとられるし、白い色が知覚され、触覚も触れられうる性質を把握する。しかし、いかなる感覚もキリストの体の性質を感じとることはない。それ故以前はパンの実体にあり、今は基体なくして存在する感覚的性質が存続していることになる」[75]。

それではパンの実体が無化された後、パンの付帯性はどのような様態で存在するのだろうか。先ず、この論点に関する正統的教説に従ってオッカムはキリストの体の実体がパンの付帯性の基体ではないことを確認する。例えば、二つのホスティアがそれぞれ異なった性質をもつとき、キリストの体の実体がこれら異なった性質の基体だとすれば同一の実体が同時に異なった絶対的形相をもつことになるがこのようなことは不可能である。また、キリストの体の実体がホスティアの性質の基体だとすると、ホスティアの性質が変化するに応じてキリストの体も変化することになるが、このようなことも認めることはできない。更にホスティアの基体はそれを取り巻く空気（aer）でもない。

空気と接しているのはホスティアの表面だけだからである。[76] 更にオッカムはホスティアの付帯性の基体はパンの量（quantitas dimensiva）であるという通説（特にトマス・アクィナスの見解）をも拒否する。既に述べたように通説によれば量は実体と性質から独立した客観的な存在者（すなわち絶対的付帯性）であり、ホスティアの付帯性はこれとは独立に存在する量によって支えられている。トマス・アクィナスは次のように説明する。

「この聖体に存続する他の（量以外の）付帯性は、パンとぶどう酒の大きさをもった存続する量を基体としていると言うべきである。先ず第一に、色をもち、他の付帯性を与えられた何らかの量的なものが存在することは我々の感覚に明らかだからである。この点に関しては我々の感覚は欺かれることはない。第二に、大きさを持った量は質料が帯びる第一の属性だからであり、それ故にこそプラトンは大きいか小さいかが質料に生ずる最初の相違だと述べたのである。更に、第一の基体は質料であるから、量以外のあらゆる付帯性は、大きさをもった量を媒介として基体に関係づけられている。ちょうど色の第一の基体は表面だと言われるように。……そして、基体が取り去られても付帯性はそれが以前に有していたような存在様態で存続するのであるから、あらゆる付帯性は大きさをもった量に基礎づけられて存続することになる。第三に、基体は付帯性の個体化原理であるから、何らかの付帯性の基体と考えられるものは、或る意味で個体化原理でなければならない。確かに、複数のものの中に存在しないということが個体の本質に属しており、これは二つの仕方で生ずる。第一に、ある種の個体はその本性上どんな基体の中にも存在せず、自立的に存在する分離した非質料的形相はこのような仕方でそれ自体で個体化されている。第二に、実体的ないし付帯的形相はその本性上何らかの基体の中に存在するが、複数のものの中に存在することはない。例えば特定の体の中にある特定の白さがそうである。（実体的ないし付帯的形相が何らかの基体の中に存在するという）前者の論点に関しては、質料が基体に内属するあらゆる形相にとっての個体化原理である。この種の形相はその本性上何らかのものを基体として、その中に存在するようになっているので、この種の形相の或るものが質料——質料は他のいかなるものの中にも存在していない——へと取り込まれれば、このようにして存在する形相は他のいかなるものの中にも存在しえないことになる。（複数の基体の中に存在しないという）後者の論点に関して言えば、大きさをもった量が個体化原理であると考えるべきである。或るものがその本性上唯一つのものの中にのみ存在するのは、当のものがそれ自体において不可分であり他のすべてのものから区別されているからである。ところで、アリストテレスの『自然学』で言われているように、或る実体が他から区別されるのはその量の故である。従ってこの種の形相に関しては、数において異なった様々な形相が質料の異なった部分の中に存在するかぎりで、大きさをもった量が個体化原理だということになる。それ故、大きさをもった量そのものはそれ自体で何らかの個体性を有しているわけである[77]」。

要するにトマスの見解によれば、聖変化以前のパンは実体を構成する質料（materia）と実体的形相（forma substantialis）、大きさをもった量（quantitas dimensiva）そして量以外の付帯的形相からなり、質料が実体的及び付帯的形相（量をも含む）の個体化原理（principium individuationis）とされている。そして実体変化によってパンの質料と実体的形相は消失し、量と量以外の付帯的形相のみが存続することになるが、聖変化以後は量がそれ以外の付帯的形相の基体となり、付帯的形相は量によって個体化されている。またトマスによれば質料が先ず帯びる第一の属性（dispositio）は量であることから質料は量の直接的な基体であり、量以外の付帯性は量を媒介として質料と関係づけられている。すなわち、他のいかなるものにも属さない質料が先ずあり、この質料を直接的な基体として存在するのが量であり、質料は量を媒介として他の付帯性の基体となっている。従って神の介入による実体変化の結果パンの質料が実体的形相と共に消失すれば、今度は量が他のいかなるものにも属さない存在者として、量以外の付帯性の基体となり個体化原理になるわけである。かくして神は量のみをそれ自体で存立するものとして支えていればよく、それ以外の付帯性は神の介入によって影響を被ることなく以前と同様に量によって支えられ量によって個体化されることになる。

これに対して、既述のように量を実体及び性質とは別の存在者と考えないオッカムにとって、実体をもたないパンの付帯性の基体をパンの量とするトマスの見解は支持しえないものであった。量という言葉は実体ないし性質を第一次的に意味し、実体ないし性質が相互に隔たりのある諸部分からなる（延長のある）ことを第二次的に意味する共意語である。オッカムによれば実体変化によってパンの延長をもった実体は無化されるが故にパンの実体の量も無化され、これに対してパンの延長をもった付帯性は存続するが故にパンの付帯性の量も存続するが、量が客観的実在性をもたない以上、量が付帯性の基体であることはありえず、付帯性はいかなる基体にも支えられることなく端的に神の力によってそれ自体で存在することになる[78]。パンの付帯性は量という基体を失うことによってプラトン的な普遍者となるわけではなく、それ自体で個体化された存在者であり続けるのである。

しかしオッカムは自らの見解を補強するために、仮に量が実体と性質から分離した絶対的な存在者であると想定しても、聖変化後のパンの付帯性が量を基体とし量に内属すると考える必要はないと主張する。というのも量は、性質が量に依存する以上に実体に依存しているのであるから、実体変化において量が実体なくして存在しうるのであれば、性質が量に依存せず自立的に存在すると考えて何ら差し支えないからである。

「量が実体と性質を媒介する分離した独立の存在者であると仮に想定しても、性質が量に依存する度合よりも量が実体に依存する度合のほうが強い。しかし、量が実体なくして存在しえるならば（性質は量なくして存在しうるのである）[79]」。

オッカムの用語では絶対的なもの（res absoluta）とは相互に独立し分離して存在する個的実体ないし性質を意味するが、仮にこの存在者の中に量を含ませても、神は相互に区別された個々の絶対的な存在者の一つを消滅させ他の存在者を保持しておくことが可能であるから、或る個物の性質だけを存続させ、量と実体を破壊することも神には可能である。また自然的な依存秩序の観点からすると、性質が量に、量が実体に依存すると考えるべきであるが、すべての存在者の第一原因は神であり実体は量の第二原因にすぎず、それ故にこそ神は実体を消滅させても量をそのまま自立的に存続させることができるのであり、同じことは量と性質についてもあてはまるだろう。そのうえ、量も性質も共に付帯性であることを考えれば、性質が同じ付帯性に依存する度合より、付帯性である量が実体に依存する度合のほうが強いはずである。従って、ホスティアの性質は量なくして自立的に存在しうるのである。

「もし仮に量が実体と性質から区別された絶対的付帯性だとしても、神は実体なき量を創れるように量なき性質を創れると私は考える。このことは次のようにして証明される。すなわち、付帯性は外在的原因（causa extrinseca）としての基体に依存しているが、神は外在的原因のあらゆる因果性を停止させたり補充することが可能であり、従って基体が付帯性に対していかなる因果性ももたないようにすることが可能である。それ故同じ理由によって神は基体のない（量という）付帯性を創ることも、基体のない（性質という）別の付帯性を創ることも可能である。従って、もし神が基体のない量を創れるならば量のない性質も創れることになる[80]」。

さて、神の力によって実体なくして存続するホスティアの分離された絶対的付帯性は、それが聖変化以前に実体に内属していたときと同じ能動と受動をもちうるだろうか。最後に、この論点に関してオッカムが議論している幾つかの問題に目を向けてみよう[81]。先ず、ホスティアの分離した形質が希薄化したり凝縮したりすることは経験的な事実であるが、希薄化や凝縮は何によって引き起こされるのか。オッカムによればこの問いへの答は量を絶対的付帯性とみなすか共意的付帯性とみなすかによって異なってくる。

「量は実体と性質から区別される存在者であるという量に関する別の見解を採用すれば、二つの結論が生ずると私は考える。第一の結論は、希薄化と凝縮においては先行する量の全体が消滅し、別の量が新たに生成するということであり、第二の結論は、新たな量は被造物ではなく神のみによって産み出されるということである。……第二の結論は次の理由によって立証することができる。つまり、あらゆる第二原因は、それが作用を及ぼす受動者を必要とするからである。さもないと被造物は（無から）創造できることになってしまうだろう[82]」。

量が実体と性質から区別される独立の存在者であれば、希薄化や凝縮はこの独立した量が継続的に消滅し生成することになるが、これは被造物により引き起こされることはありえない。被造物が或るものに変更を加えるには、変更を加えられる受働者すなわち基体が必要である。しかし、ホスティアには実体がないことから変化する量には基体がなく、被造物は量を変化させることはできない。従ってホスティアの希薄化や凝縮は神が引き起こしていることになるだろう。これに対して、量を共意的概念とみなすオッカム自身の見解を採用すれば結論は異なってくる。

「量に関する第一の見解、すなわち量は実体と性質から区別された存在者ではないという見解を採用すれば、これらの（ホスティアの）形質の希薄化や凝縮はいかなる絶対的な性質や量も新たに付け加わることなくして生ずると言える。そしてこの場合、これは凝縮したものが単なる拡張によって希薄になるようなかたちで行われる。従って「希薄になること」や「凝縮すること」は、何らかの体が被造物の力によって、絶対的ないかなるものも新たに付け加わることなく或るときはより広い場所を占め、或るときはより狭い場所を占めることに他ならない。かくして希薄性は、或る体の諸部分が拡張したこと、そして以前よりも多くの場所の諸部分とそれらが共存していること以外にいかなることも意味してはいない。従って「希薄」（raritas）という名辞ないし概念は、量と同じように、実体ないし性質そのものを第一に意味し、希薄な体の諸部分がそれと共存するところの他の多数の存在者ないしは場所の諸部分を共意するものであり、これ以外のいかなる存在者も意味してはいない。これとは逆に凝縮（densitas）は同じ実体と性質を第一に意味し、以前は場所のより多くの部分と共存していた（実体ないし性質の）諸部分が今では場所のより狭い部分と共存していることを共意する。それ故、希薄な体の任意の三つの部分は以前は場所の三つの部分と共存していたが、今や凝縮にあっては数においてそれぞれ一つの三つの部分が場所の単一の部分と共存していることになる。そして、これらすべてのことは、他のいかなる絶対的存在者も新たに付け加わったり分離することなく被造物の力によって行われうるのである。それ故このような考え方によれば、希薄なものが凝縮するとき、以前は場所の三つの部分と共存していた体の三つの部分は、今では凝縮によってより狭い場所へと位置的に移動し、同じ場所あるいは別の場所の唯だ一つの部分だけと共存していることになる。逆に凝縮したものが希薄になるときは、今は場所の一つの部分と共存しているこれら三つの部分は希薄化によって場所の三つの部分と共存するようになり、かくしてより広い場所へと位置的に移動することになる[83]」。

次にオッカムは実体から分離した付帯性の受動に関して、分離した付帯性は被造物によって破壊されうるかという問題を論じている[84]。この問題についてオッカムは、基体から分離した付帯性は無化（adnichilatio）による以外は破壊されえず、いかなる被造物にとっても無からの創造や存在者の無化は不可能であるから被造物の力では分離した付帯性を破壊することはできないという通説を否定して、被造物にとり無からの創造は不可能であっても存在者の無化は可能であると主張する。オッカムはその理由を次のように説明している。創造が問題になるとき、これから創造されうるもの（creabilia）はすべて純粋な無であり、創造者は創造されうる各々の可能的存在者に対していわば同一の距離にあり（appropinquat）、同等の関係にある（aequaliter respicit）。従って創造者がどれか一つの可能的存在者を創造できるすれば、すべての可能的存在者を同時に創造できるはずであるが、被造物はすべての存在者を同時に無から創造することはできないのであるから一つの存在者を創造することもできない。これに対して無化が問題になるときは、無化されうるもの（adnichilabile）はすべて現実態にあり（in actu）、能動者に対する距離も関係もそれぞれ異なっているのであるから、被造物にとり現実に存在する或るものは無化できるが他のものは無化できないということがありうるのである。

「それ故、実体から分離したわずかばかりの冷たさが存在しており、この冷たさに強い火が近づいたときに火がこの冷たさを破壊できないとすれば不可思議なことだろう。もし、被造物はそのあらゆる活動において質料と基体が同時に存在することを必要とすると反論されるならば、私は次のように答える。これはすべての産出的活動についてはあてはまるが破壊的な活動にはあてはまらない。無化とはこのような破壊的な活動である、と」[85]。

それでは被造物たる能動者は分離した付帯性から実体を新たに生成する（generare）ことができるだろうか。オッカムによれば厳密な意味で理解された生成とは、受動者（passum）たる基体を必然的に必要とする行為者がものを産み出すことであるが、ホスティアには行為者が働きかけるべき基体は存在しないのであるから被造物がホスティアの付帯性から実体を生成することは不可能であり、神がその絶対的な力によって形相なき質料、あるいは形相と質料の複合体を創造し、これらにホスティアの分離した付帯性を内属させないかぎり新たな実体は生じえない[86]。次に、被造物の力によってホスティアの分離した付帯性を強めたり弱めたりすること、あるいは付帯性の一部を消失させ新しい付帯性を生成させることは可能だろうか。この点については、ホスティアの付帯性が独立した存在者たる量に内属するとの立場をとれば被造物は付帯性を強めたり弱めたりすることや、付帯性の一つを破壊して新たな付帯性を産み出すことができるが、オッカムのように量を共意的概念と考えれば被造物は基体のないホスティアの付帯性に能動的に働きかけてそれを強めることも新たな付帯性を産み出すこともできず、ただ無化の場合と同様に付帯性を弱めることしかできないことになるだろう[87]。

さて、実体及び性質と量との関係についてのオッカムの以上の見解を前提にして、ラッタレルの批判を検討してみよう。量を実体と同一視する命題十二からラッタレルは我々がホスティアにおいて肉眼で見ているものがキリストの体であるという帰結を導き出しているが、これは明らかにラッタレルの誤解である。オッカムによれば我々が肉眼で見ているのはパンの付帯性たる形質であり、この形質は一定の延長をもつという意味で量でもあるが、この量はパンの付帯性の量であってキリストの体の量ではない。キリストは量のないかたちで「決定的に」ホスティアのもとに存在する。ラッタレルは、実体が絶対語であるのに対して量は実体が一定の延長をもつことを示す共意語であるというオッカムの考え方を理解せずに、量は実体であるというオッカムの命題を誤解しているのである。また、希薄や凝縮は実体以外の存在者を絶対的に意味する語ではないという命題二十二については、オッカムによれば希薄や凝縮は実体以外に性質をも第一次的に意味しうる共意語であり、実体変化後は希薄や凝縮はホスティアの性質を第一次的に意味しているのであるから、命題二十二からラッタレルが導き出している帰結（すなわち、パンの実体は依然として存続しているか、同一の希薄性と凝縮がキリストの体であるという帰結）もラッタレルの誤解による。これに対して、有体的な性質は量に他ならないという命題からラッタレルが導き出している帰結（存在するのは実体と性質だけである）はまさしくオッカムの見解であり、ラッタレルがこの帰結を誤謬とみなすのは、トマス主義者である彼が量を実体及び性質とは独立の存在者とする通説を正しいものと考えているからに他ならない。

註

（1）ラッタレルの告発までの経緯には不明確な点が多いが、従来次のように説明されてきた。十四世紀後半のオックスフォード大学では、ローマ教皇による特権授与を理由に大学総長の裁治権からの解放を要求するドミニコ会士と総長の争い――これは当時のヨーロッパの教会全体に蔓延していた俗間の聖職者と修道士の争いの一つの局面であった――が続いていたが、一三一七年にラッタレルが総長に選挙された頃はドミニコ会士に対する総長の裁治権はほぼ確立していた。しかしこの後、別の抗争が生じる。すなわち、トマス主義者であったラッタレルは異端的な教授たちを抑圧しようと試み、特にオッカムの神学説を攻撃してオッカムを沈黙させようとした。教授たちは学問の自由を守るために総長の抑圧的な態度に抵抗し、一三二二年の夏、教授たちの要求を受け入れたリンカーン司教はラッタレルを辞職させた。そしてイングランド王エドワード二世は、王国全体が危険にさらされることを理由に、ラッタレルに対し大学での争いを大陸へと持ち込むことを禁止した。しかしこの後、ラッタレルがオッカムの神学説の告発のみを目的としてアヴィニョンに赴きたい旨をエドワードに告げると、エドワードは二年間だけアヴィニョンに滞在することをラッタレルに許可したのである。以上の説明に対しては、ラッタレルによるオッカムの批判が純粋に学説に関する動機から発したものでないことが指摘されている。ラッタレルがリンカーン司教によって辞職させられたことは確かであるが、その理由は定かでなく、王国を危険にさらすものとして王エドワードが危惧したのもオッカムの学説をめぐる争いなどではありえず、おそらく大学とドミニコ会士との争いであったと思われる。またラッタレルがオッカムの学説に注目するようになったのは総長を辞職した後のことであり、職を追われたラッタレルが新たな聖職禄授与を教皇に願い出るためにオッカムに目をつけ、その異端説を批判することで教皇の歓心を買おうとしたことも考えられる。F. E. Kelley, 'Ockham: Avignon, before and after'（A. Hudson, M. Wilks, ed. *From Ockham to Wyclif*, Oxford, 1987, p.1-10）この点について更に大胆な仮説を提示しているのが G. Knysh, 'Biographical rectifications concerning Ockham's Avignon period'（*Franciscan Studies*, Vol. 46, 1986, pp. 61-72 である。ニッシュによればオッカムが一三二四年にアヴィニョンに赴いたのはラッタレルの告発によるのではなくフランシスコ修道会により哲学教授としてアヴィニョンに派遣されたからである。オッカムに対する異端審問が開始したのは一三二七年頃であり、告発者もラッタレルではなかった。ラッタレルがアヴィニョンに赴いたのはオッカムを告発するためではなく、総長職を失った自らの社会的地位の保証を教皇に願い出るためであり、彼がその後オッカムへと批判の矛先を向けたのは、イングランドへの帰還を回避するためのもっともらしい理由が必要だったからである。また G. Knysh, *Ockham Perspectives*（Winnipeg. 1994）参照。ニッシュの見解を批判し、伝統的な見解を擁護するものとして、W. J. Courtenay, 'Ockham, Chatton, and the London Studium: Observation on recent changes in Ockham's biography（W. Vossenkuhl et al. hrsg. *Die Gegenwalt Ockhams*, München. 1990, pp. 327-337）; J. Miethke, 'Ockham-Perspektiven oder Engführung in eine falsche Richtung?'（*Mittellateinisches Jahrbuch*, Bd. 29, 1994, SS. 61-82）. ラッタレルの告発とアヴィニョンでのオッカムの異端審問に関する伝統的な説明は L. Baudry, *Guillaume d'Occam, sa vie, ses oeuvres, ses idées sociales et politiques*（Paris, 1950）pp. 85-88, pp 95-100; J. Miethke, *Ockhams Weg zur Sozialphilosophie*（Berlin, 1969）SS. 46-74.

（2） F. Hoffmann, *Die Schriften des Oxforder Kanzlers Johannes Lutterell*（Leipzig, 1959）SS. 3-119. ラッタレルの告発を受けて教皇ヨハネス二十二世はラッタレルを含む六名の委員会を構成し、ラッタレルの批判する学説がオッカムの『命題集註解』の中に本当に存在するか、存在するとすればその学説を異端とみなしうるかを検討させた。しかし委員会によって検討されたのはラッタレルが提示した五十六個の命題ではなく、これを部分的に修正した五十一個の命題であった。委員会はこれら五十一個の命題に関する検討結果を二回にわたって報告している。これら二つの報告は G. Koch, 'Neue Aktenstücke zu dem gegen Wilhelm Ockham in Avignon geführten Prozess'（*Recherches de théologie ancienne et médiévale*, tome 8, 1936）pp. 81-93, pp. 168-194 に掲載されている。また第二の報告は A. Pelzer, 'Les 51 articles de Guillaume Occam censurés en Avignon en 1326'（*Revue d'histoire ecclésiastique*, tome 18, 1922）pp. 241-270 にも掲載されている。もっとも、G. Knysh, op. cit., pp. 65-66 はこの委員会はオッカム自身の異端審問を目的としたものでないと解釈している。

（3） F. Hoffmann, *Die erste Kritik des Ockhamismus durch den Oxforder Kanzler Johannes Lutterel*, Breslau, 1941 SS. 147-154. 審問委員会の検討の対象となった五十一個の命題の中で聖餐論に関係するものは命題十九（実体共存説のほうが不都合な点を回避できる）、命題二十（パンの実体は無化される）、命題二十一（実体と量は同じものである）、命題二十二（キリストの体は肉眼で見ることができる）、命題二十三（キリストの体は場所の移動によって祭壇に存在する）、命題四十七（同一の体は神の力によって同時に数多くの場所に存在しうる）、命題四十八（数多くの体は同一の場所に存在しうる）である。

（4） Libellus, XII articulus（F. Hoffmann, *Die Schriften*, op. cit., SS. 37-38）.

（5） Id., XXII articulus（F. Hoffmann, *Die Schriften*, op. cit., S. 57）.

（6） J. de Montclos, *Lanfranc et Béranger*（Leuven, 1971）pp. 341-416, pp. 433-478; P. H. Jones, *Christ's Eucharistic Presence*（New York, 1994）pp. 70-116 参照。

（7） 聖餐論を扱ったオッカムのテキストは、Quaestiones in Librum Quartum Sententiarum（以下 Reportatio, Liber IV と略）, *Opera Theologica*（以下 OT と略）, VII, ed. R. Wood, G. Gál, St. Bonaventure, N. Y. 1984; Quodlibeta septem（以下 Quodlibeta と略）, OT. IX, ed., J. C. Wey, St. Bonaventure, N. Y. 1980; Tractatus de Quantitate et Tractatus de Corpore Christi, OT. X, ed., C. A. Grassi, St. Bonaventure, N.

Y. 1986である。英訳は T. B. Birch, *The De Sacramento Altaris of William of Ockham*（Burlington, 1930）、仏訳は M. Roques, trd. *Traité sur la quantité, Traité sur le corps du Christ*（Paris, 2014）. オッカムの聖餐論についてのまとまった研究としては G. Buescher; *The Eucharistic Teaching of William Ockham*（St. Bonaventure, N. Y. 1950）; M. M. Adams, *Some Later Medieval Theories of the Eucharist*（Oxford, 2010）参照。これに対して E. Iserloh, *Gnade und Eucharistie in der philosophischen Theologie des Wilhelm von Ockham*（Wiesbaden, 1956）S. 134-278は、著者自身のオッカムに対するポレミカルな態度の故にオッカムの理論の客観的な叙述として不適当な部分がある。また概説としては G. Leff, *William of Ockham*（Manchester, 1975）pp. 596-613; M. M. Adams, *William Ockham*, vol. I（Notre Dame, 1987）pp. 186-201. トマス・アクィナス、スコトゥスそしてオッカムの聖餐論の比較は M. M. Adams, *Some Later Medieval Theories*, op cit. 以外に D. Burr, *Ockham's Relation to Thomas Aquinas and John Duns Scotus in his Formulation of the Doctrine of Real Presence*（PhD., Duke University, 1967）トマスとオッカムの比較は E. D. Sylla, 'Autonomous and handmaiden science'（J. E. Murdock, E. D. Sylla, ed., *The Cultural Context of Medieval Learning*, Dordrecht, 1975）pp. 349-396. その他 W. Lampen, 'Doctrina Gulielmi Ockham de reali praesentia et transsubstantiatione'（*Antonianum*, t. 3, 1928）pp. 21-32; R. Imbach, 'Philosophie und Eucharistie bei Wilhelm von Ockham'（E. P. Bos, H. A. Krop eds., *Ockham and Ockhamists*, Nijmegen, 1987）pp. 43-51; M. Damiata, *I problemi di G. d' Ockham* III. *La natura*（Firenze, 1998）pp. 127-132参照。また、V. Leppin, *Geglaubte Wahrheit. Das Theologieverständnis Wilhelms von Ockham*（Göttingen, 1995）SS. 255-262は、オッカムの〈Tractatus de Quantitate〉と〈Tractatus de Corpore Christi〉がJ・ラッタレルの批判に触発されて書かれたものであり、遅くとも一三二三年の八月上旬には完成していたことを立証している。

（8）*Tractatus de Corpore Christi*, cap. 2（OT. X）p. 91. これがローマ教会により承認された神学者たちの正統な教説であった。「ローマ教会により承認されていた公教会の神学者で聖餐式について書いた人々は次のことを主張しようと試みた。すなわち、処女マリアより取り出され、受難し葬られ、そして復活して昇天した後に父なる神の右に座し、生きる者と死せる者を裁くために神の子がその姿でもって到来するであろうキリストの体が、パンの形質のもとに真にそして現実に存在している、ということである。」（ibid.）同じくペトルス・ロンバルドゥス命題集第四巻への註解においてオッカムは「キリストの体はパンの形質のもとに現実に存在しているか」という設問で同じことを述べている（*Reportatio*, Liber IV, quaestio 6, OT. VII, p. 60）。

（9）*Scriptum in Librum Primum Sententiarum*（Ordinatio）, Liber 1, prol q. 1（OT. I, ed. G. Gál, S. F. Brown, St. Bonaventure, N. Y. 1967）p. 7.

（10）*Tractatus de Corpore Christi*, cap. 3（OT. X）pp. 92-93.

（11）*Reportatio*, Liber IV, q. 8（OT. VII）pp. 136-137.

（12）Ibid., p. 137.

（13）Ibid. 同様に *Tractatus de Corpore Christi*, cap. 6（OT. X）pp. 99-100でもオッカムは新約聖書でパンの実体が存続しないとは明言されていないことを指摘し、ペトルス・ロンバルドゥスの命題集第四巻（distinctio 11, c. 2）とホスティエンシスの Summa aurea（III, De consecratione altaris vel ecclesiae, 17）を引用して昔からこの点について様々な見解が存在していたことを述べ、次のように続けている。「それ故彼らは、パンがキリストの体へと変化することに関して三つの見解が存在したと述べている。『一つの見解は最初にパンであった実体が後にキリストの体になると主張する。第二の見解はパンとぶどう酒の実体は存在することを止め付帯性のみが、すなわち味や色や重さやこれに類似の属性のみが残存し、これらの付帯性のもとにキリストの体が存在し始めると主張する。第三の見解はパンとぶどう酒の実体は存続し、同じ場所で同じ形質のもとにキリストの体が存在すると主張する。』上述の博士たちは第二の見解を正しいものとして承認し、ローマ教会の決定もそうであると思われる。」そしてこの後でオッカムは第二の見解を正統と見なすインノケンティウス三世の言葉を引用している。

（14） *Reportatio*, Liber. IV. q. 8（OT. VII）pp. 137-138.

（15） Ibid., pp. 138-139.

（16） Ibid., pp. 138.

（17）「第二の理解の仕方が可能なことは明らかである。というのも、キリストの体を直ちにホスティアの形質のもとに存在させることが神にとって不可能ではないように、神はホスティアの形質を同じ場所に残したままパンの実体を直ちに別の場所に移し、パンの形質をキリストの体と共存させることもできるのである。」（Ibid.）この場合、別の場所に移動した実体が新たに何らかの付帯性を受け取るか否かは明言されていないが、言うまでもなく受け取ることは神の力によって可能である。

（18）「質料と形相は現実に存在すると考えるべきもの（res ponendae）であり、両者が区別されていることが示されたからには、両者がどのような仕方で自然的事物の生成に関係してくるかが理解されるべきである」（*Summula Philosophiae Naturalis*, Liber I, cap. 2, *Opera Philosophica*（以下 OPh と略）VI, ed., S. F. Brown, St. Bonaventure, N. Y. 1984, p. 158）。

（19） オッカムは実体共存説がより理にかなっていることを述べた後で次のように続けている。「しかし、教会の決定は、Extra, *De Summa Trinitate et fide catholica*（Decretales Greg. IX, lib. I, tit. 1, c. 1, § 3）と *De celebratione missarum*（id., lib. III, tit. 41, c. 6）に明らかなようにこれとは反対であり、すべての博士たちが共通して反対の見解を支持しているので、私もパンの実体は残存せずパンの形質のみが残存し、キリストの体がこの形質と共存すると主張することにする」（*Reportatio*, Liber IV, q. 8, OT. VII, pp. 139-140）。またオッカムは「聖書の中には、キリストの体がパンの形質のもとに信徒たちに与えられるはずだと明白に告げられているが、パンの実体がキリストの体へと現実に変化する（convertitur）、ないしは実体変化するとは明白に書かれているわけではない。しかしこのことは聖なる教父たちに啓示され、あるいは注意深くて鋭敏な探求を通じて聖書の権威によって立証されたものと信じられている」。この後、エウセビオス、アンブロシウスそしてインノケンティウス三世の引用が続く。（*Tractatus de Corpore Christi*, cap. 4, OT. X, pp. 95-96）また *Quodlibeta*, iv, quaestio 30（OT. IX）pp. 449-450（Freddoso, Kelley, transl., pp. 369-371）も参照。

（20） *Tractatus de Corpore Christi*, cap. 6（OT. X）pp. 100-101.

（21） *Summa Theologiae*, 3a, q. 75, art. 2, responsio. D. D. Burr, op. cit., p. 37.

（22） Ibid., art. 3, responsio. トマスは無化を否定するがパンの実体が消失することは認め、ただパンの消失がそれ自体でキリストの現在になると主張するわけである。これに対して実体の無化も消失も否定したのがジョン・ウィクリフである。プラトン主義者であったウィクリフにとり、実体を構成する実体的形相は神の理性に内在する永遠不変の叡知的存在者であり、パンの実体の消失を認めることは永遠の存在者の破壊を認めることであるから実体変化説は誤りである。そしてウィクリフは付帯性が実体から分離して存在することは不可能であり、聖変化後もパンの実体は存続すると主張した。しかしウィクリフは実体共存説を採用することなく、キリストの現在を実体的な現在ではなく霊的及び比喩的な現在と考えた。*De Apostasia*（Wyclif Society, London, Reprint 1960）p. 99, 121. *De Eucharistia*（Wyclif Society, London, Reprint 1966）p. 64, 66 参照。また、G. Leff, 'Ockham and Wyclif on the Eucharist'（*Reading Medieval Studies*, vol. 2, 1976, pp. 1-13）; S. E. Lahey, *John Wyclif* (Oxford, 2009) pp. 104-131.

(23) *Reportatio*, Liber IV, q. 6（OT. VII）p. 63.

(24) 「反対に次のように言うこともできる。すなわち最初に一つの実体が有り、次にこれが破壊されて他の実体がこれに引き続かないかぎり transsubstantiatio ではなく、それ故、言葉からその意味がわかるように transsubstantiatio と言われるように、最初に何らかの付帯性が存在し、その後その付帯性が破壊されて他の付帯性が引き続かないかぎり transaccidentatio とは言われない。……しかし今問題とされている場合においてはパンの付帯性は存続するのであるから、たとえキリストの付帯性が、以前には共存していなかったパンの付帯性と共存しているとしても、transaccidentatio とは言われないのである」(ibid., q. 8, p. 151)。

(25) Ibid., p. 145.

(26) *Quodlibeta*, vi, q. 3（OT. IX）pp. 593-595（Freddoso, transl. pp. 497-499）. またオッカムは『命題集註解』（Liber IV, q. 8）では、キリストが天上にとどまりつつも以前に存在しなかった場所に存在するようになることを獲得的（adquisitiva）な変化と名づけている（OT. VII, p. 145）。もっともオッカムは場所（ubi）のカテゴリーに客観的実在性を認めないので、キリストがホスティアに現在することにより、場所という客観的な付帯性がキリストの体に新たに付着すると考えてはならない。「場所的に変化するということは、今や一定の場所に対して以前とは異なった関係をもつ（aliter se habere）ことである。しかし、祭壇に存在しはじめるキリストは一定の場所に対して以前とは異なった関係をもっている。というのも、それは今や聖別されたホスティアの場所に存在するが、以前はそこに存在していなかったからである。それ故キリストは場所的に変化したことになる」（OT. IX, p. 593）という見解をオッカムは挙げ、場所的な変化を獲得的な変化として理解するかぎりでこの見解が正しいことを主張するわけである。

(27) *Quodlibeta*, vi, q. 3（OT. IX）p. 594（Freddoso, p. 498）.

(28) J. J. Megivern, *Concomitance and Communion, A Study in Eucharistic Doctrine and Practice* (Fribourg, 1963) pp. 214-236 参照。

(29) *Summa Theologiae*, 3a, q. 76, art. 1, responsio.

(30) M. M. Adams, *William Ockham*, op. cit., vol. II, pp. 650-652; D. Burr, op. cit., p. 45.

(31) *Summa Theologiae*, 3a, q. 75, art. 6, responsio.

(32) Ibid., q. 76, art. 4, responsio.

(33) *Reportatio*, Liber IV, q. 8（OT. VII）pp. 140-143 また、実体変化の terminus についての同様の説明は、*Tractatus de Corpore Christi*, cap. 5（OT. X）pp. 97-98 にみられる。「前述のパンの変化（conversio）ないし実体変化（transsubstantiatio）からは、この言葉を厳密な意味で理解した場合、キリストの魂や神性や血、その他キリストの体の実体の何らかの付帯性が生ずるのではなく、単にキリストの体それ自体が生ずるのである。『変化』や『実体変化』という言葉を厳密でない広義の意味でとれば、パンは（キリストの）魂や、キリストの体の付帯性、ないしは血へと実体変化することが認められるにしても。事実、パンの実体がキリストの魂や神性へと変化しないことは、博士たちの権威によって説得的に立証されている。それ故グラティアヌス教令集（De consecratione, dist. 2）への註釈は『パンはキリストの肉体のみに変化し、ぶどう酒はキリストの血のみに変化する』と述べており、同様に命題集の師（ペトルス・ロンバルドゥス）も *Sententiae.* IV. d. 11 で『たとえ（パンとぶどう酒）二つの形質のもとにキリストの全体が存在しているとしても、パンはキリストの肉体以外のものには変化せず、ぶどう酒は血以外のものには変化しない』と述べている。これらの権威から次のことが明らかである。すなわち、肉体のみへと変化するパンの実体は神性や理性的魂や血へと実体変化することはなく、それ故肉体や魂の付帯性へと実体変化することもない。しかしこれは、『変化する』という言葉を厳密な意味で理解したときの話である。それ故次のことを知るべきである。すなわち、パンの実体は厳密な意味ではキリストの肉体へと変化ないし実体変化するのであるが、その理由はキリストの肉体が他のものと結合しているからではなく、たとえそれが他のものから分離していても、然るべき物質に対して聖職者が正しい意図をもって秘跡の言葉を発すると神の力によってそれがパンの形質のもとに存在しはじめるからである。しかし、このように言えるのはキリストの肉体だけであり、魂でも血でも、肉体や魂に内属している付帯性でもない。というのも、もし魂が肉体から分離していれば、どれほど聖職者が正しい意図でもって然るべき物質に対して秘跡の言葉を発したとしても、キリストの魂がそこに存在しはじめることはなく、ただ肉体だけが存在しはじめるだけだからである。同様に、もし血が肉体から分離していれば、血がそこに存在しはじめることはなく、ただ肉体が存在しはじめるにすぎない。同じことは肉体の付帯性や魂の付帯性についてもあてはまる。このような理由で博士たちは、聖餐式の言葉の力によって、そして変化の効力によってキリストの体はパンの形質のもとに存在すると主張するのである。それ故、パンの実体はキリストの体へと変化するのであり、魂や神性へと変化しないことになる。しかし、誰か或る人が『変化』や『実体変化』という言葉をより広義の意味で用いようとするならば、パンの実体は、秘跡の言葉が発せられるとパンの形質のもとに事実上存在しはじめるすべてのものへと変化する、と言うことができる。言葉をこのような意味で用いれば、パンの実体がキリストの理性的魂へと変化することを認めることができる。これはすなわち、秘跡の言葉が発せられると理性的魂がパンの形質のもとに存在しはじめるということである。しかしキリストが死んでいた三日間に秘跡の言葉が正しい意図でもって発せられたならば、そこには理性的魂は存在しなかっただろう。この相違の理由は、今では理性的魂はキリストの体と結合しているが、そのときには理性的魂がキリストの体から分離していたからである」。

（34）*Scriptum in Librum Primum Sententiarum* (*Ordinatio*), dist. 5, q. 3 (OT. III, ed. G. Etzkorn, St. Bonaventure, N. Y. 1977) pp. 70–71.

（35）*Reportatio*, Liber IV, q. 8 (OT. VII) pp. 150–151.「他方私はここに transaccidentatio が生じていることを認めても不都合ではないと考える。というのもキリストの体の実体がパンの実体に引き続くのであるが、キリストの体の付帯性もパンの実体に引き続いており、以前に存在していなかったところに存在するからである。そして前に立証されたように、キリストの体と理性的魂は別個の terminus であることから、キリストの体への変化と理性的魂への変化も別個であるように、厳密な意味での変化（conversio）は実体の産出や実体への変化とは別個のものである」（以下註（24）の引用箇所へと続く）。

（36）しかしキリストの神性（divinitas）はパンの実体変化の terminus だろうか。*Quodlibeta*, iv, q. 29 (OT. IX) p. 448 (Freddoso, Kelley, p. 369) でオッカムはこれを否定している。「……この意味で私は実体変化の効力によってパンが魂や付帯性へと変化することを認めるが、これが神性に変化することは認めない。というのも、魂や付帯性は聖餐式の言葉が発話されたときにその場所に存在しはじめるが、神性はこのような仕方でそこに存在しはじめるわけではないからである。ぶどう酒がキリストの血へと変化することについても全く同じことが言われるべきである」とすればキリストの神性はどのような仕方で聖体に存在しはじめるのだろうか。トマス的な意味での単なる自然的随伴によるのだろうか。オッカムはこの点何も述べていないが、神がその絶対力によりパンの実体変化とは無関係に、聖体におけるキリストの体にその神性を付与すると考えているのだろう。

（37）*Summa Theologiae*, 3a, q. 76, art. 5, responsio.

（38）E. D. Sylla, op. cit., p. 365.

（39）A. Maier, *Die Vorläufer Galileis im 14. Jahrhundert*（Roma, 1966）SS. 33–41.

（40）D. Burr, op. cit. pp. 61–62. オッカムによるスコトゥスの見解の提示は *Reportatio*, Liber IV, q. 6（OT. VII）p. 65. また E. Iserloh, op. cit., S. 222 および D. Burr, *Eucharistic Presence and Conversion in Late Thirteenth-Century Franciscan Thought*（Philadelphia, 1984）p. 79 参照。

（41）量の客観的な実在を否定したオッカムの先駆者は同じフランシスコ派のペトルス・ヨアニス・オリーヴィである。D. Burr, 'Quantity and Eucharistic Presence: The Debate from Olivi through Ockham'（*Collectanea Franciscana*, 44, 1974）pp. 5–44 特に pp. 13–26.

（42）*Reportatio*, Liber IV, q. 6（OT. VII）p. 67.

（43）*Tractatus de Corpore* Christi, cap. 7（OT. X）pp. 102–105. また *Quodlibeta*, iv, q. 31（OT. IX）pp. 451–455（Freddoso, Kelley, pp. 371–375）も参照。

（44）本章980頁参照。

（45）*Reportatio*, Liber IV, q. 6（OT. VII）pp. 97–98.

（46）例えば *Expositio in Librum Praedicamentorum Aristotelis*, cap. 10, §4（OPh. II, ed. G. Gál, St. Bonaventure, N. Y. 1978）pp. 205–224; *Summa Logicae*, pars I, cap. 44–48（OPh. I, ed. Ph. Boehner, St. Bonaventure, N. Y. 1974）pp. 132–153; *Quodlibeta*, iv, qq. 23–35（OT. IX）pp. 406–473 などを参照。点と線と表面については *Tractatus de Quantitate*（OT. X）pp. 3–85 及び E. Stump, 'Theology and Physics in De sacramento altaris: Ockham's Theory of Indivisibles'（N. Kretzmann ed., *Infinity and Continuity in Ancient and Medieval Thought*, Ithaca, 1982）pp. 207–230; M. M. Adams, *William Ockham*, op. cit., pp. 201–213 参照。

（47）*Reportatio*, Liber IV, q. 6（OT. VII）pp. 72–73. またオッカムは *Tractatus de Corpore Christi*, cap. 18（OT. X）p. 128 において「量は実体と性質から実在的に区別された絶対的存在者ではない」ことを論じ、教父やアリストテレスも量的なもの（quantum）と量（quantitas）を区別しなかったことを指摘している。

（48）*Reportatio*, Liber IV, q. 6（OT. VII）p. 71–72.「それ故先ず量とは何かを考えなければならない。ここで私は、量が実体や性質以外のいかなる絶対的ないし関係的な存在者をも意味しないと主張する。そして私は量とは諸部分をもった、そしてこれら諸部分の一つから他へと場所的な運動がありうるような事物の延長に他ならないと考える。従って、第二巻で継続（duratio）に関して次のように述べられたのと同様、すなわち、継続が継続するもの以外にいかなる実在的なものをも意味しておらず、むしろ第一次的には継続するものを意味し、（第二次的に）現実的ないし可能的な連続（successio）を共意し、かくして実際に連続と共存する事物、あるいは連続というものが存在したならば連続と共存することになる事物を意味するのと同様に……」（以下本文引用箇所に続く）。

(49) *Tractatus de Corpore Christi*, cap. 32 (OT. X) p. 178.

(50) オッカムにおける〈absolutus〉な語と〈connotativus〉な語の区別については P. V. Spade. 'Ockham's distinction between absolute and connotative terms' (*Vivarium*, vol. 12, 1975, pp. 55-76).

(51) *Tractatus de Corpore Christi*, cap. 33 (OT. X) pp. 185-186. 同様の説明は *Reportatio*, Liber IV. q. 6 (OT. VII) pp. 88-89 にみられる。「付帯性は二つの意味で理解されることを私は主張する。一つは実体の形相となる何らかのものとして (pro aliqua re informante substantiam)、他の一つは実体について述語づけられうる――或るときは実体について述語づけられ、或るときは述語づけられないような――一般概念として理解される。既に説明された考え方に従えば量は第一の意味での付帯性ではない。というのも量は実体及び性質とは別の絶対的ないし関係的 (respectiva) な存在者ではないからである。第二の意味では量は付帯性である。というのも、それは実体に或るときは述語づけされ、或るときは述語づけされない概念だからである。それ故、量は実体と性質を意味する共意的概念であるが、それは全体が(場所の)全体と共存し、部分が(場所の)部分と共存することを共意しているのであり、ちょうど天使の存続 (duratio) が天使を意味し、それが何らかの継続と共存していることを共意しているのと同様である」。

(52) *Tractatus de Corpore Christi*, cap. 29 (OT. X) p. 159.

(53) また、天上のキリストには形象 (figura) がありホスティア上のキリストには形象がないが、これも両者の完全な同一性を損なうものではない。オッカムによれば「形象」も「量」と同じく共意語である。「形象」は実体や性質とは別の実在者を指示する言葉ではなく、第一次的には実体ないし性質を意味し第二次的に諸部分が一定のパターンで配置されていることを共意する言葉である。「一定の場所に位置する諸部分の秩序が形象のために必要なことは明らかである。それ故、もし諸部分が場所的に分離していなければ、そこに形象がないことも明らかである」(*Tractatus de Corpore Christi*, cap. 30, OT. X, p. 106) が、「キリストの体はどこにあっても形象を有している。というのも形象のない有機体 (corpus organicum) は存在しないからである。聖体におけるキリストの体は有機体であり、それ故形象をもち、従って体の諸部分は分離していることになる」(*Reportatio*, Liber IV. q. 6. OT. VII, p. 83) という反論に対してオッカムは次のように述べている。「私は量についてと同じことを形象についても主張する。というのも、形象は実体ないし性質を意味し、そして同時にこれこれしかじかの仕方で諸部分が分離していることを――なぜならば形象は或る場所において諸部分が全体として秩序づけられていることを意味するからである――共意するからである。しかし今や聖体における如く実体が量や延長をもたなくなったときは諸部分がこのように分離して存在することはありえず、また全体として、あるいは一定の場所で秩序づけられることもありえない。それ故、神が量や延長のないキリストの体を創るように形象のないキリストの体を創るのである。一方が他方より不当だとは言えない。そして、形象のない有機体は存在しないと言われるとき、私は、神は魂のある体を延長なくして創ることができると答える」(*Reportatio*, Liber IV. q. 6. OT. VII, p. 89)。

(54) *Quodlibeta*, iv. q. 31 (OT. IX) pp. 451-452 (Freddoso, Kelley, p. 372). 「以前は二つの場所にあった体の二つの部分が同一の場所に存在しうることは、最初は希薄であった体が後に凝縮されることから明らかである」。

(55) *Reportatio*, Liber IV. q. 7 (OT. VII) p. 111.

(56) 「信仰に属することを前提として、既述の諸論点について私は次のように考える。つまり、場所を区切られ量を伴うかたちで一定の場所に存在する体には、絶対的形相をその限界とするあらゆる能動と受動がありえるが、或る場所に決定的なかたちで量を伴わないで存在するものにこのようなあらゆる能動や受動がありえないなどということは理性によって証明されえない、と」(ibid., p. 118)。

(57) *Quodlibeta*, iv, q. 13 (OT. IX) pp. 359-360, p. 366.(Freddoso, Kelley, p. 298, p. 303) M. M. Adams, *Some Later Medieval Theories*, op. cit., pp. 166-172.

(58) Ibid., p. 361. また *Reportatio*, Liber IV, q. 7 (OT. VII) p. 119.

(59) *Reportatio*, ibid., p. 116.

(60) オッカムによるスコトゥスの見解の提示は *Reportatio*, ibid., pp. 112-118.

(61) *Reportatio*, ibid., p. 115.

(62) ホスティア上のキリストは本来肉眼で見れるが、神が絶対的な力によってそれを停止させているとオッカムが考えるのに対し、スコトゥスはキリストは肉眼で見れないが神は絶対的な力によってそれを肉眼にとって可見的なものにすることができると考える。しかしスコトゥスによればホスティア上のキリストには場所的な positio が欠けているので、神でもキリストを「そこに居るもの」として肉眼で見れるようにすることはできない。D. Burr, *Ockham's Relation*, op. cit., p. 69.

(63) オッカムは、視覚が生じるためには見る者と見られるものの間に距離がなければならないが、ホスティアの或る部分に存在するキリストの体と他の部分に存在する同じ体とのあいだには距離がないからキリストは自分自身を見ることはできない、という見解に対して次のように答えている。「ホスティアの或る部分に存在するキリストの目は、当の目が場所を区切られたかたちで異なった(複数の)場所に存在するときと同じくらいよくホスティアの他の部分に存在する自己自身を見ることができる。しかし、もし目が場所を区切られたかたちで異なった場所に存在したならば、或る場所に存在する目は他の場所に存在する自分自身を見ることができるだろう。それ故、ホスティア上においても目は自分自身を見ることができるのである。これを立証するために私は次のように主張する。視覚が生じるために必要な距離をもって同一のものが異なった場所に区切られたかたちで存在するとき、同一のものは自分自身とは離れて存在していることになる。これと同様に、肉眼による視覚が生じるために必要な十分な距離をもって同一のものが異なった場所に決定的なかたちで存在するときも、当の同一のものは自分自身とは離れて存在しているのである」。(*Quodlibeta*, iv, q. 13, OT. IX, pp. 365-366; Freddspo, Kelly, pp. 302-303) また *Reportatio*, Liber IV, q. 7 (OT. VII) pp. 134-135.

(64) トマスによればキリストは単に〈per accidens〉にホスティアに存在するのであるから、ホスティアが動くことによってキリストは単に〈per accidens〉に動くと言えるだけである。S. Th. 3a, q. 76, a. 6. オッカムによるトマスの見解の提示は *Reportatio*, Liber IV, q. 7 (OT. VII) p. 111.

(65) *Quodlibeta*, iv, q. 14 (OT. IX) p. 367 (Freddoso, Kelley, p. 304). また *Reportatio*, Liber IV, q. 7 (OT. VII) p. 116-117 でも次のように主張されている。「キリストの体は聖餐式の場所に付帯的に存在するようには思われない。というのも、この体は直接的に、それ自体において、その場所への現在という関係性の基体となっているからである。それ故キリストの体はそれ自体において直接的にその場所に存在している。同様に、神が聖餐式においてキリストの体が現在するあらゆる場所に当の体を保持し、そのような場所に区切られて存在する他のすべてのものを破壊することは矛盾ではなく不可能とも思われない。しかしキリストの体は端的にホスティアの場所に現実に存在しているのである。それ故、神はホスティアを破壊してもそこに現在するキリストの体を保持することができる。ホスティアはキリストの体に内属しているわけではなく、むしろそれとは全く外的なものだからである。これは天使によって引き受けられた体が天使自体にとって外的なのと同様である。しかし形質が破壊され、そこにキリストの体が現在し続けるならば、キリストの体はその場所に直接的かつそれ自体において現在しているのである。それ故、今もキリストの体は同じような仕方で直接的に存在し、かくしてその場所に、それ自体において直接的に存在している。従ってキリストはそれ自体において動きうるのである」。

（66）*Reportatio*. Liber IV. q. 7（OT. VII）pp. 121-124.

（67）「しかし、器官によらないで身体を動かすことは、身体を帯びた天使のように全体と諸部分を同時に等しく動かすことである。というのも、身体を帯びた天使はその全体が身体の全体とあらゆる部分に存在し、それ故身体の全体とあらゆる部分を同時に等しく動かすからである。天使は可動者の中の動者（motor in mobili）としてその全体が身体の全体とあらゆる部分に存在しているが、人間の肉体の中に理性的魂が存在するように完成されうるものの中の完成態（perfectio in perfectibili）として存在するのではない。それ故、たまたま理性的魂も（天使と同様に）その全体が身体の全体とそのあらゆる部分に存在してはいるが、身体の全体とそのあらゆる部分を同時に等しく動かすのではなく、既述の如く先ずその一部分——たとえば心臓——を動かし、その後でこれを媒介として他の部分を動かすのである。なぜならば魂はその全体が身体の全体とそのあらゆる部分に存在するにしても可動者の中の動者ではなく、完成されうるものの中の完成態として存在しているからである。ここから明らかなのは、我々の中の理性的魂は我々の肉体を器官によらずして動かすことはできないということである。その理由は、我々の魂は既述の方法で先ず肉体の一部分を動かし、その後で他の部分を動かすからであり、更に、身体の全体がそのあらゆる部分と同じところに共存しているのではないから、このような体の諸部分間には場所的な隔たりがあるからである。」（*Reportatio*, ibid., p 122）しかし、最後に述べられている諸部分間の隔たり（すなわち体が場所を区切られて存在すること）は身体を帯びた天使にもあてはまり、体の諸部分間に隔たりがあるからといって器官によらない動きが不可能になるわけではないからオッカムの説明は誤解を招きやすい。身体の〈circumscriptive〉な在り方は直ちに〈movere organice〉を要求するものではない。しかし、〈movere organice〉が身体の〈circumscriptive〉な在り方を要求することは確かである。*Quodlibeta* iv, q. 15（OT. IX）p. 372（Freddoso, Kelley, pp. 307-308）ではより明確に次のように述べられている。「器官によらないで体を動かすことは、先ず最初に一部分を、そしてその後で他の部分を動かすのではなく、体の全体と部分を等しく同時に動かすことである。このことは、動かされる体の諸部分が相互に隔たっており異なった位置にあるか否かに関係なく真である。例を挙げれば、身体を帯びた天使は、その全体が身体の全体とそのあらゆる部分に存在している——これは可動者の中の動者としてであって、質料の中の形相あるいは完成されるものの中の完成態としてではない——ことから、自らが帯びる全身体とそのあらゆる部分を等しく同時に動かすことになる」。

（68）*Quodlibeta*, iv, q. 15（OT. IX）pp. 371-372（Freddoso, Kelley, p. 307）また *Reportatio*, ibid., pp. 121-122 も参照。

（69）*Quodlibeta*, ibid., pp. 372-373（Freddoso, Kelley, p. 308）.

（70）*Quodlibeta*, ibid., p. 373（Freddoso, Kelley, pp. 308-309）.

（71）*Quodlibeta*, ibid., p. 370（Freddoso, Kelley, p. 306）. また *Reportatio*, ibid., pp. 123-124 でも次のように説明されている。「キリストの理性的魂は自分の体が実際にホスティアの動きに従って動くことを意欲すると考えられる。これはキリストの意志と、キリストの体がこのように動くことを欲する神の意志とが一致しているからである。そしてこのように意欲することによって、キリストの理性的魂はホスティアが動くときに自らの体を器官によらずして動かすことになる。というのも、キリストの体は場所の全体とそのあらゆる部分に存在し、器官による運動に必要な諸部分間の隔たりが存在しないことから、キリストの理性的魂は体の全体とそのあらゆる部分を同時に等しく動かすからである。このことから明らかなのは、ホスティアが動くときキリストの理性的魂は、キリストの意志を媒介にして、ホスティアのもとにあるキリストの体を神の意志と合致した――つまり、ホスティアの動きと共にキリストの体が動くことを偶然的に引き起こし、偶然的に秩序づける神の意志と合致した――部分的原因として、器官によらずして動かすということである。このことはすべて、キリストの人間としての意志が神の意志と合致しているが故に生ずることである。かくして私は、キリストの理性的魂はホスティアにおける自分の体を器官によらずに動かすと理解する」。

(72)　オッカムによれば理性的魂と感覚的魂は異なった形相をもつ。「しかし、スコトゥスは理性的魂が器官を必要とする力と器官を必要としない力をもつと考えている。人間の中の理性的魂と感覚的魂が同一の形相であれば、このことが帰結する。このとき魂は、感覚的なるが故に器官を必要とする力と、理性と意志であることから器官を必要としない力をもつことになる。しかし私は人間における理性的魂は感覚的魂から実在的に区別されると考えるので、身体における理性的魂は器官を必要としない力のみをもつと考えることができる」（*Reportatio*, ibid., p. 121）。

(73)　*Quodlibeta*, iv. q. 14（OT. IX）pp. 369-370（Freddoso, Kelley, pp. 305-306）.

(74)　*Reportatio*, ibid., pp. 124-135.

(75)　*Tractatus de Corpore Christi*, cap. 11（OT. X）p. 111.

(76)　Id., cap. 9, p. 108.

(77)　*Summa Theologiae*, 3a, q. 77, a. 2, responsio.

(78)　「聖体において残存する量は、キリストの体の実体と共に存続する性質から実在的に区別される絶対的存在者ではないこと、そして、聖変化以前には、パンの実体から実在的に区別される絶対的存在者ではない何らかの量が先立って存在していたが、この量は、パンの実体が存在を停止したことによって聖変化後には残存しないこと」を示す論拠が提示されねばならない（*Tractatus de Corpore Christi*, cap. 17, pp. 124-125. また、id., c. 24, p. 143, c. 25, p. 144 も参照）。聖変化後のパンの色、味、重さといった性質が量を基体としてではなく神の力によってそれ自体で存在することについては id., c. 22, pp. 135-136, p. 138.

(79)　*Reportatio*, Liber IV, q. 9（OT. VII）p. 153.

(80)　Ibid., pp. 154-155. またオッカムは、聖変化後のホスティアの形質が量を基体とすることなくそれ自体で存立するという自らの見解をペトルス・ロンバルドゥスの権威を援用して正当化している。*Tractatus*, cap. 22（OT. X）p. 135; *Quodlibeta*, iv. q. 34（OT. IX）p. 466（Freddoso, Kelley, pp. 384-385）. またオッカムは、過失によりキリストの血をこぼした者へ科せられる贖罪を扱ったグラティアヌス教令集の一節（pars III, De cons., dist. 2, c. 27）への標準註釈に言及して、聖変化後のホスティアには重さ（ponderositas）があるが重いものは存在しない（nihil est ibi ponderosum）という註釈の言葉を自らの見解を確証するものとして引用している（ibid., p. 467; Freddoso, Kelley, p. 385）。

(81)　*Reportatio*, ibid., pp. 166-191.

(82)　Ibid., pp. 175-177.

(83)　Ibid., pp. 174-175.

(84)　Ibid., pp. 177-179.

（85）Ibid., p. 179.
（86）Ibid., p. 180.
（87）Ibid., pp. 180–181.

第十章　神と自然法

omne quod potest esse actus rectus in via, et in patria. Sed odire deum potest esse actus rectus in via, puta si praecipiatur a Deo, igitur in patria.（Ockham, *Reportatio* IV, q. 16）

第一節　ノミナリズムと絶対神

ウィリアム・オッカムに代表される中世末期ノミナリズムの中心的観念は、いかなる規範的拘束からも超越した全能なる神、絶対的な意志を行使しつつ世界秩序を刻々と変化させていく力を潜在的に有する自由なる神、という観念である。ノミナリズムという表現が意味するものは、普遍概念（universalia）の客観的実在を否定し、それを諸々の個物を外延的に指示する単なる名（nomina）とみなす認識論的立場であるが、ノミナリズムという名称で呼ばれる十四・五世紀の中世スコラ神学の最奥にあるのは、絶対力を有する自由なる神の観念であり、普遍概念の客観的実在を否定する唯名論は、むしろ絶対的神の観念からの思想的帰結と考えられる。つまり、神の絶対的力（potentia absoluta Dei）を認めることと、存在論的意味での唯名論を採用することは互いに極めて緊密な関係にあり、両者は表裏一体となりノミナリズム的な思想の明確な特徴をかたちづくっている。例えばトマス・アクィナスなどに代表される概念実在論的立場では、世界は諸々の普遍的な実体的形相（forma substantialis）ないしは本質（essentia）により構造化されており、個物はこれら普遍者の具現化——普遍者を個体化する原理がどのように理解されていようと——と考えられているが、更にこれら普遍的な形相ないし本質は動態論的に個物がそれぞれのかたちで実現すべき「目的」（finis）とされ、この目的実現の観点から個物の状態ないし行為が価値的に判断される仕組になっている。各々の個物にとり自己の「本質」に合致して行為することが「自然的」であり、可能態（potentia）かつ目的因として存在する「本質」を現実態（actus）へともたらす行為が善なる行為である。そして世界に存在する被造物はすべて各々の仕方で神により与えられた本質を完成し、神の栄光に仕えるのであるが、このような「本質」に基礎をおく秩序がいわゆる「永久法」と呼ばれる規範秩序であり、更に、アウグスティヌスを通じて中世に伝達されたプラトンのイデア論に依りつつ、この本質的秩序は神の精神に内在するイデアと同視され、従って神が永遠不変である如く、イデア秩序たる永久法も不変的規範秩序と考えられている。このようにトマス的な思想においては、存在論的秩序に属する「実体的形相」ないし「本質」が価値論的秩序に属する「目的」と一致するものと考えられ、可能態から現実態への自然的運動が一種の価値実現と考えられている。

さて、このようなトマス的形而上学の体系では、自由に世界秩序を創造する神という観念が恒久的自然秩序の背後に隠れ、神も広大な宇宙論的秩序へと組み込まれた存在者となる。確かにこの秩序は神の精神、神の理性に基礎を置くのであるが、規範を創造する神の意志作用は神の理性の前に創造的自由を失い、神は自由意志を有する人格神というよりは、不変なる理性、ロゴスと考えられている。従って神の創造行為については、不変的に存在する「イデア」を範として、いかなる個物を創造するかに関してのみ神の自由を語ることが可能であり、普遍的な秩序自体に関しては神の創造的自由を語る意味がなく、神の意志作用は常に上述の永久法、自然的秩序に拘束されることになる。このようにトマス的体系の特徴は、ギリシャ的ロゴスの思想とキリスト教的人格神思想を結合させようとした点にあるが、世界を超越しつつ自由に世界を創造し、一度打ち立てられた秩序を自由に変更する力をもつ神、というキリスト教的観念は、ロゴス的秩序の思想により打ち消され、あるいは少くとも背後に追いやられ、神は世界のロゴス的秩序を基礎づける存在でありながら同時に世界内在的な存在となっている。

以上の如く、トマス的体系においては、自然法的規範秩序は存在論的秩序により堅固に裏打ちされ、人間のみならず神をも包摂する自然的秩序と考えられているのに対し、ノミナリズムにおいては、規範秩序は存在の秩序から解き放たれ、自由意志による創造の領野として考えられている。ノミナリズムによる概念の客観的実在の否定、普遍的本質ないし普遍的形相の客観的実在の否定は、これとかたく結びついていた目的論的形而上学の否定を意味し、従って神をも含め全世界に妥当すると考えられた自然的規範秩序の消失をも意味している。存在するのは神と、神が創造した個物のみであり、個物を貫通する普遍者は存在しない。神は純粋なる自由意志として、自由に個物を創造し消滅させる力を有し、普遍者が介在することにより神と関係を有した個物は、今や各々直接的に神の意志に服するものとなり、神と個物の関係は直接的対面的なものとなる。更に、「本質」の否定に伴う目的論的自然秩序の消失は、規範的秩序を神の意志、神の命令のみに基礎づける主意主義を意味し、神はいかなる上位規範にも拘束されることなく自由に規範を創造、撤回しうるものとされ、これと同時に神の精神に内在するとされた普遍的イデアも否定され、従って永久法の思想も消失する。(1)

さて、以上の如く十四・十五世紀のノミナリズム神学の potentia absoluta Dei の観念が自然法論に対し極めて重要な意義を有することは明らかであるが、(2)本章ではノミナリズムの主意主義的規範論に対象を限定し、特にオッカム神学における自然法論及び、神学固有の問題領域であるが自然法論と密接する恩寵論救済論に焦点をあてながら、中世の法観念が神学内部でノミナリズムを通じどのように変容したかを、トマス・アクィナス、ヨハネス・ドゥンス・スコトゥス、ウィリアム・オッカムを中心として考察することにしたい。

第二節　問題の起源
――アウグスティヌス――

potentia absoluta-potentia ordinata という、神と世界秩序の関係にとり重要な意義を有する対概念、及びこの対概念が自然法論に対してもつ意味は、既にアウグスティヌスがプラトンよりキリスト教神学へと受け入れ、後に中世を通じて神と世界の関係をめぐる神学的考察の中心観念となるイデア論(3)の中に潜在的に含まれている。

「確かに、イデアとはある種の基本的な形相（formae）、事物の固定した不変的な根拠（rationes）であり、それ自体は創造されたものではなく、従って神の理性（divina intelligentia）に含まれ永遠にして常に自己を同一に保つものである。そしてこれらイデア自体は生成も消滅もせず、むしろ生成消滅しうる万物、また現に生成消滅する万物がそれらに従って形成されると考えられる」(4)。

アウグスティヌスの世界創造論においてイデアは神の理性に内在する万物の範型、神がそれに従って被造物を創造する原型と考えられており、創造された各々の個物はイデアへの参与を通じて自己に固有の種的な存在様式を受け取ることになる。(5)

「このことが確認されたのであれば、神が万物を非理性的に創造したなどとあえて主張する者がいるだろうか。たとえ仮にこのことを主張し信ずることが不可能だとしても、万物が理性的に創造されていることは依然明白である。人間は馬と同一の存在根拠により創造されてはいない。これを認めるのは不合理であり、それ故、各個物は一定の存在根拠を通じて創造されたのである。更にこれらの存在根拠は神の精神自体以外の何処に存在すると考えられるだろうか。創造しようとするものを神が創造する場合、神がそれに従って創造するような神以外の存在を想定することはできず、このように想定することは冒瀆である(6)」。

そして、「これから創造されるべき、そして既に創造された万物の存在根拠が神の精神の中に存在するとすれば、これらは神の精神の内部で、永遠かつ不変的な仕方以外では存在しえないことになる。そしてこの事物の基本的な根拠をプラトンはイデアと呼んだのであるが、これは単なるイデアではなく、永遠かつ自己同一的で不変であり続けるが故に、事物の真の根拠であり、これに参与することにより、各事物はそのようなものとして存在するようになるのである(7)」。

アウグスティヌスのイデア論は、例えば新プラトン主義における如く「一者」の自然必然的流出により個物の存在を説明するのではなく、個物がイデアを範型として直接神により創造されることを強調するものであり、この場合、神の創造的自由は維持されている。アウグスティヌスによれば、イデアには既に個物へと現実化したものと未だ現実化していないものがあり、被造界は神の新たな創造行為により変化していく開かれた世界である。更に、個物はイデアに参与するものであるが、アウグスティヌスのイデア論は、後のスコラ哲学にみられるように、普遍者と個物の存在論的問題として捉えられてはおらず、イデアは可変的な個物の自己同一性の根拠、個物を変化しながらも一定の類や種に属する存在者として同定する根拠として理解されている。そして、このようなイデアを範型とする被造界は善なる神により創造された善なる世界であり、万物は「各自にふさわしい場所と本性において栄え、美しい秩序へと配置され」、各々の被造物は「各自の美の分け前に応じ、あたかも国家全体に寄与する如く世界全体に寄与している(8)」。このようなイデア的秩序をアウグスティヌスは永久法（lex aeterna）と呼び、この永久法が人間精神へと内在化した自然法（lex naturalis）と共に、人定法の妥当性を基礎づけると考えられている(9)。しかし、アウグスティヌスのイデア論はその具体的内容に関して不明確な点が多く、特に神の精神におけるイデアの存在様態、更にはイデアの具体的内実に関してもアウグスティヌスは明確な主張を提示してはいない(10)。神とイデア、及びイデアと被造世界の関係につき様々な解釈の余地を残したまま、アウグスティヌスのイデア論は中世に継承されていくことになる。

第三節　トマス・アクィナスと永久法

トマスはアウグスティヌスのイデア論を全面的に受容し、トマスのアリストテレス的目的論的形而上学及びその規範論的側面たる自然法論は少くともその神学的次元においては、プラトン的アウグスティヌス的なイデア論により基礎づけられている。『神学大全』第一部の「イデアについて」(de Ideis) と題された設問第十五の三つの節でトマスは、(一) 神のイデアは存在するか、(二) イデアは複数か単一か、(三) 神により認識されるすべてのものに対しイデアは存在するか、の三つの問題を論じている。第一節でトマスはイデアの存在を否定する論拠を挙げた後、アウグスティヌスを援用しつつ次の如く主張する。

「神の精神の中にイデアが存在すると考えるべきである。ギリシャ語の idea はラテン語で forma と呼ばれ、従ってイデアは他の事物の形相、それら当該の事物の外に存在する形相と理解される。ところで、或る事物の形相、当該事物の外に存在する形相は二つの意義を有する。つまりそれがその形相である当該事物の範型 (exemplar) であるか、あるいは当該事物の認識原理、つまり、認識可能な事物の形相が認識者の中に存在するという意味で、当該事物の認識原理であるかのいずれかである。そして上述のことは次に述べることから明白である。すなわち、偶然的にではなく生成する万物において、形相はあらゆる生成の目的でなければならず、更に、行為者は自己の中に形相に類似のものが存在しなければ形相のためには行為しないであろう。これは二つの仕方で起こりうる。自然的に運動するものにおける如く、ある種の行為者にあっては、生成さるべき事物と類似のものが自然的存在のかたちで既に存在している。例えば人間が人間を生み、火が火を生じさせる場合がそうである。また或る別の行為者、つまり理性により行為するものにおいては、生成さるべき事物の形相は理性的対象として存在しており、例えば家屋に類似の形象が建築家の頭の中に既に存在している場合がそうであり、これは家屋の形相と呼ぶことができる。何故なら建築家は彼が頭に抱く形相に倣って家屋を作ろうと意図するからである。ところで、世界は偶然的に創造されたのではなく、後にみるように理性的に行為する神により創造されたのであるから、神の精神の中には、それを模倣して世界が創造されるところの形相が存在しなければならない。イデアの意味もこの点に存在する」[11]。

トマスは更にこのイデアが神の本質を構成することを強調する。

「それ故、第一に神は自己の外に存在するイデアに従って事物を認識すると考えるべきではない。従ってアリストテレスがイデアに関するプラトンの説を批判したのも、プラトンがイデアをそれ自体において存在するものと考え、精神の中に在るものと考えなかったからである。第二に神は自己の本質を通じて自己自身及び他の存在者を認識するのであるが、神の本質は神自体の創造原理であり、それ故神の本質は、神自体に対してではなくとも、他の存在者に対してはイデアとしての性格を有していると考えるべきである。第三に、神はその本質において万物と類似しており、それ故神の中に存在するイデアは神の本質に他ならないと考えるべきである[12]」。

イデアを神の本質と同一視した後、トマスはイデアの単一性を主張する立場、すなわち複数のイデアを認めることは神の三つのペルソナ以外の実在的諸関係を神内部に措定することになり、従ってイデアは単一であるとする立場を退け、やや独断的とも思われる仕方で次のように論を進める。

「複数のイデアを措定すべきと考えられ、これを証明するには次のことを考察すべきである。つまり、あらゆる働きにおいて窮極的目的こそ中心的な行為者により厳密な意味で意図されているものであり、例えば軍隊の秩序が指揮官により意図される場合がそうである。さて、アリストテレスが述べることから明白なように、被造物のうちに存在する最善のものとは、宇宙の秩序正しさであり、従って宇宙の秩序は神により特に意図されているものである。或る人々によれば神は第一の被造物のみを創造し、後者は更に第二の被造物を創造し、かくしてついに極めて多様な被造物が創造されるに至るとされるが、宇宙の秩序は、このように神に引き続く諸行為者により偶然に生成したものではない。このような人々の見解によると、神は第一の被造物のイデア以外のイデアを有していないことになる。しかし宇宙の秩序がそれ自体直接神により創造され意図されているとすれば、神は宇宙的秩序のイデアを有さねばならない。さて、或るもの全体の根拠を有するには、この全体を構成する各部分に固有の根拠を有さねばならない。これはちょうど建築家が家屋の各部分に固有なものを知らなければ家屋自体の観念をもちえないのと同様である。かくして神の精神の中には万物各々に固有な根拠が存在せねばならず、それ故アウグスティヌスも、個物はそれに固有な根拠に従って神により創造されたと主張しているのである。以上から、神の精神には複数のイデアが存在することが帰結する[13]」。

神の本質と同一視されたイデアは世界の自然的秩序を存在論的に基礎づける根拠であり、これら複数のイデアは神の認識対象として神の精神に内在する。

「神は自己の本質を完全に認識しており、従って認識されうるあらゆる仕方において自己の本質を認識している。つまり神の本質は、それがそれ自体において在るものとして認識されうるのみならず、一定の類似性の様態において被造物により参与されるものとしても認識されうるのである。他方各々の被造物も、それが何らかの様態で神の本質との類似性に参与することにより自己に固有の本性を受け取る。このように、神は自己の本質を、特定の被造物により模倣されるものとして認識するかぎりでは、それをこの被造物に固有の根拠ないしはイデアとして認識しているわけであり、他の被造物の場合も同様である[14]」。

このように、神が自己を認識する場合、被造物との関係を離れて自己をそれ自体において（secundum quod in se est）認識する以外に、何らかの類似性の様態において被造物により参与されるものとして（secundum quod est participalis secundum aliquem modum similitudinis a creaturis）認識することができる[15]。従って神が被造物の範型たるイデアを認識することは一種の自己認識であり、個物は神の自由なる創造に依存しつつも、神とイデアと個物は明確に同一の存在論的次元に位置づけられ、あるいはこれがトマス理解として誇張であれば、個物はイデアを通じて神との連続性、類似性を維持していると言えるであろう。

以上の如きトマスのイデア論の重要な特徴は、イデアは神の認識作用というよりはむしろ神の本質そのものであり、この本質が被造物により模倣される範型と考えられている点にある。そして神が被造物を認識することは、被造物により模倣されるものとして神が自己を認識することと同一である。被造物の多様性は、被造物が神の本質を模倣する完全性の度合が多様だからであり、被造物はすべて各々の仕方で神の完全性を模倣するが、その完全性の程度が被造物により異なるからである[16]。神の本質はそれ自体では単一であるのに対しイデアが神の本質でありながら多数であるのは、多数の個物が神の本質を多様な仕方で模倣すること、つまり神と各個物の関係が多様化しているからに他ならない[17]。被造物に対する述語が神にも類比的に述語づけられるというトマス主義の中心的思想もこのようなイデア論と深く結びついている[18]。

さて、イデアは神の世界創造の範型であるが、トマスはこのイデア的秩序を世界の存在論的原理としてと同時に規範的原理として理解する。この規範的秩序として考えられたイデアが永久法（lex aeterna）と言われるものであり、トマスはこの永久法を『神学大全』第二部（一）の設問第九十一及び第九十三で論じている。

「既述した如く、法とは何らかの完全なる社会を支配する主権者に内在する実践理性の規則に他ならない、と考えるべきである。しかし、第一部で示された如く、世界が神の摂理に支配されていることが正しいとすれば、世界の全社会が神の理性により支配されていることは明白である。それ故、世界の支配者たる神に内在する事物の規則は法たる性格を有しており、しかも神の理性は何事も時間の中で捉えることはなく、『箴言』（8・23）に言われているように永久なる概念を有しているのであるから、かような法も永久法と呼ばれてしかるべきである(19)」。

このように神の世界支配の規則として考えられた永久法は、イデアと明白に結びつけられて考えられている。

「業により創られるものの原型が創作者の内部にあらかじめ存在しているように、支配に服するものにより遂行さるべき行為秩序の原型が、支配者内部にあらかじめ存在しなければならない。業により創作される事物の原型が、技能ないしは創作品の手本と呼ばれるように、支配者に内在する被支配者の行為の模範は、既に法の性格に関して我々が述べた諸条件が充たされていれば、法たる性格を有している。さて、神はその叡智により万物の創始者であり、第一部で示された如く創作家が創作品に対するのと同様の関係を神も万物に対し有している。更に神は、第一部でみたように個々の被造物にみられるあらゆる行為や運動の支配者である。それ故、神の叡智により世界全体が創造される限りにおいて神の叡智が原理、模範ないしイデアの性格を有するように、万物を適切な目的へと動かす神の叡智は法の性格をもつことになる。このことから、永久法とは万物の行為や運動を規律するかぎりでの神の叡智の範型に他ならない(20)」。

イデア的秩序たる永久法はあらゆる存在の各々に固有の運動を与えるが、この運動は各存在者の本性に応じて神によりあてがわれた目的実現の運動である。トマスにおいては個物の実体的形相は同時に個物が実現すべき目的と考えられ、このかぎりで形相因と目的因は同一視されている。個物の形相ないし本性は可能態（potentia）として各個物に内在し、個物はこれを現実態（actus）へともたらす。永久法は個物にこのような可能態から現実態への目的的運動を植えつけ、万物は自己の本性に応じて固有の目的を実現しなければならず、個物が神により与えられた本性を完成するのは、この目的を実現したときである。

万物は永久法に参与し、自己固有の目的を実現しようとする自然的傾向を有する。従って永久法は世界に内在する存在法則であるが、「目的」観念の導入により永久法は同時に規範として考えられており、人間は自然的傾向を越えてこの永久法を規範として理性的に認識し、かくして永久法は自然法となる。自然法は理性的存在者により認識された永久法に他ならない[21]。

さて、永久法によれば各個物はその本性に応じて自己の完成を目指す傾向（inclinatio）を有し、無生物ないし植物は自然的欲求（appetitus naturalis）により、動物は感覚的欲求（appetitus sensitivus）により各々の「善」（bonum）を追求するが、理性的存在者たる人間は、理性により善を善として把握し、それを自由意志により追求する。

「万物は各々の力で欲求しつつ善へと向かう傾向を有するが、この仕方は存在者により異なる。或るものは認識なしに単なる自然的状態により善へと向かい、植物や無生物がそうである。善へのこのような傾向は自然的欲求と呼ばれる。しかし他の或るものはある種の認識を伴って善へと向かうが、これは善の根拠（ratio boni）それ自体を認識するのではなく何らかの特殊的な善（bonum particulare）を認識するにすぎず、例えば甘さや白さを認識する感覚（sensus）やこれに類似のものがそうである。そしてこの種の認識によって生ずる傾向が感覚的欲求と呼ばれる。更に或る存在者は認識を伴って善へと向かい、しかも善の根拠自体を認識するのであり、これは理性に固有のもので、この存在者は最とも完全な仕方で善へと向かう。これは認識力を欠く存在者の如くただ単に他のものに導かれて善へと向かうのではなく、また単に感覚的認識により善へと向かう存在者の如く特殊的善へと向かうのでもない。それはいわば普遍的善（bonum universale）へと向かうのであり、この傾向が意志（voluntas）と呼ばれるのである[22]」。

トマスのこの説明から明らかなように、万物は自己固有の「善」へと向かう傾向を有しているが、自然的感覚的傾向しかもたない存在者とは異なり人間の場合には、理性が善を善として把握しこれに意志が従うと考えられている。しかしトマスの思想において注意すべきは、先ず、意志があくまで傾向性の変容と考えられていることであり、意志の傾向対象は、理性により把握された善であるが、意志はあくまでも他の「自然的欲求」や「感覚的欲求」と並んで「傾向」と考えられていることである。自然法的規範秩序（ordo praeceptorum legis naturae）は自然的傾向の秩序（ordo inclinationum naturalium）に従う。これはトマスの形而上学では万物は各々の仕方で神的完全性に参与し、神により付与された本性を完全に顕勢化しようとする傾向を有し、人間の意志もこの傾向の現れにすぎないからである。このトマス的「自由意志」は誤解を招きやすい表現ではあるが、「自然主義的」形而上学を背景とする観念であり、後にみるスコトゥス更にオッカムの「人格主義的」と言ってもよい意志論とは異なる。更にトマスの意志論の特徴は、意志が常に理性の下位に置かれており、意志は理性が把握した善を「必然的に」(ex necessitate) 意欲すると考えられている[23]。従ってトマスによれば「自由の根基 (radix) は主体 (subjectum) としては意志にあるが、原因 (causa) としては理性にあり、それ故意志が自由に様々なものへと向かいうるのも、理性が善につき様々な観念を持ちうるからである[24]」。

以上の如く、各存在者は永久法により自己の本性を実現すべきとされ、しかもこの本性は神のイデアに基礎を置くが故に、本性の実現は神的本質の実現であり、各存在者により実現さるべき善は異なるにしても、これら様々な善はすべて程度の相違はあれ神たる最高善と連続し、この最高善に参与すると考えられる。さて、トマスによれば存在者は自己の本性に従って行為するとき「善」であり、人間の本質 (essentia hominis) は理性的存在 (esse rationale) であるが故に[25]、人間にとって「善」とは自己の本質たる理性に従うことである。

「行為につき善とか悪とか言われるのは理性と合致している (secundum rationem esse) か否かによる。というのもディオニュシウスが述べる如く、人間にとって善とは理性に一致していること、悪とは理性に反していることだからであり、各事物につき善とはその形相に一致していること、悪とはその形相秩序に違背することだからである[26]」。

従ってトマスは理性を善の認識手段、人間行為の帰責根拠であると同時に、善悪の評価基準と考えているわけであり、倫理的価値は「人間本性」へと投錨され、規範と事実、価値と存在は二元論的に分断されてはいない。

トマスの永久法及び自然法の具体的内実についてここで詳論することは差し控え、以下の論述ではトマスにおける神と自然法ないしイデア的秩序の関係に限定して、トマス主義の特徴を少し立入って論じることにしたい。

トマスにおいては永久法及びその一部たる自然法は神の本質に基礎を有する不変的秩序とされているが、神の意志とこの自然秩序の関係はどのように捉えられているのであろうか。神が全能なる potentia absoluta を有するのであれば、神はこの自然秩序をも超越しており、世界の絶対的立法者として自由に法を制定するはずである。この問題は potentia ordinata Dei と potentia absoluta Dei の対概念をめぐる問題として十四・五世紀ノミナリズム神学において非常に重要な意義をもつに至るが[27]、トマスは『神学大全』第一部設問第二十五〈de divina potentia〉でこれを論じている。トマスはこの設問で神の力に関する六つの論点を挙げて論じているが、第五の「神は自己が行わないことを行うことができるか」及び第六の「神は自己が行うことより善なることを行うことができるか」という二つの設問が重要である。先ずトマスは、アヴィケンナやアヴェロエスなどの立場、すなわち「人間は人間の種から生じ、オリーヴはオリーヴの種から生じる」ように、「神の行為からは現在存在しているもの以外の事物ないし事物の秩序は生成しえない」と考え、神は自然的必然性に従って（ex necessitate naturae）行為すると考える立場を拒否し、神の意志の自由を強調する。

「神は自然的必然性に従って行為するのではなく、神の意志こそ万物の原因である。また神の意志が特定の事物へと自然必然的に向かうのでもない。それ故、現在存在する事物のなりゆき（cursus rerum）は神から必然的に生成し、現在のなりゆきとは別の仕方では生成しえないなどと考えることは不可能である」(28)。

更にトマスは、神の叡智と正義の不変的秩序の故に神は現に存在する世界以外の世界を創造しえないとする見解をも拒否し、「正義の根拠は神の叡智により事物に与えられた秩序にあるが、……神の叡智がこの秩序へと限定されると言われる程神の叡智と同等なわけではない」と主張する。このようにトマスはこの「神の力について」と題する設問第二十五では、主としてアラビア哲学の必然論的神学(29)に対抗し、キリスト教の自由で全能なる神の力を力説するのであるが、トマスの論旨をよく検討すると、必ずしも神の力の絶対性が徹底して貫かれてはおらず、むしろギリシア的自然秩序の思想がキリスト教的な神の自由を背景に押しやり、神の意志はこの秩序の下位に置かれたかたちになっている。例えば上述の設問第二十五の第六節でトマスは次のように言う。

「或る事物の「善」（bonitas）には二つの意味がある。一つの意味は事物の本質に関するもので、理性的存在が人間的本質の善と言う場合がそうである。そしてこの善に関しては、神はそれが現にある以上に善きものを創造しえない。これは神が「四」を「四」以上のものにしえないのと同様である。もし「四」が「四」以上のものになればそれはもはや「四」ではなく別の数となるからである。アリストテレスの『形而上学』で述べられている如く、定義における本質的種差の付加は、数における「一」の付加に似ている。第二の意味の「善」は事物の本質以外に関するものであり、人間が有徳であったり理知的であったりする場合がこれにあたり、このような「善」については神は自己の創造した事物をより善きものにすることが可能である」[30]。

トマスによればイデアは神の理性的本質の一部であり、神の意志は常にこのイデアに従いつつ事物及び事物間の秩序を創造する。それ故トマスの主知主義的神学においては、いかなる規範的拘束も受けない神の絶対力（potentia absoluta）という観念は存在しえない。トマスの神は先ず第一に「理性」であり、神の意志はこの理性の指示に常に従う。そして世界の自然的秩序が神の理性たるイデアに基礎を有するのであれば、神の意志はこの自然的秩序の内部でのみ自由を有するに過ぎない。

「神の potentia は遂行者として、神の voluntas は命令者として、intellectus ないし sapientia は指揮者として考えられる。それ故、それ自体として考えられた potentia に属すことを神は potentia absoluta によって遂行すると言われ、既述の如く、これは「存在」の性格を保持するあらゆることを含む。しかし、神の正しい意志の命令を遂行するかぎりでの potentia に属することについては、神は potentia ordinata により為しえると言われる」[31]。

このようにトマスの potentia absoluta Dei は、理性の指示に従う正しい意志（voluntas justa）から切り離され、「それ自体として考えられた」（secundum se considerata）力であり、従って一種の仮想的に想定された力であるにすぎない。トマスの神は自己の本質の一部たる永久法に常に従い potentia ordinata を行使する神である。もし神が自己の正義の秩序を除去すれば、それは自己自身を否定することである。神の正義は神それ自身だからである。従ってトマスによれば神は自然秩序に内在する神であり、あるいはこの自然的秩序が神自体と同一視されていると考えてもよいだろう。

さて、トマスは「十戒」（praecepta decalogi）の解釈についても、これらすべてが自然法規範として永遠不変であり、神によっても違背されえないと考えている。「十戒」と自然法との関係については、旧約聖書の中に神自ら十戒に違背している箇所があり（神はイサクを犠牲に捧げるべくアブラハムに命令し、イスラエルの民にエジプトの財産を略奪するよう命じ、ホセアに娼婦を娶るよう命じている[32]）、中世の神学者によるこの箇所の解釈は、解釈者の自然法論の特徴を理解するうえで興味深いが、トマスはこれらの箇所にみられる神による十戒の違背を神の potentia absoluta によって説明せず、彼の主知主義的自然法論に忠実にこれを解釈し、例えば『神学大全』第二部（一）の設問第百の第八節で「十戒は特免されえるか」につき次のように論じている。

「ところで十戒は神なる立法者の意図そのものを含んでいる。つまり神に対する態度を規定した第一表の掟は、普遍的かつ窮極的な善たる神への規定を含み、第二表の掟は人間のあいだで守られるべき正義の規定、つまり、不当なることは誰に対しても為されるべきでないとか、各人には各人にふさわしいものが与えられるべきであるといったことが規定され、十戒がこのような意味で理解されるべきであれば、それらは全く特免不可能と考えるべきである。……十戒では殺人は不当なるが故に禁じられており、従ってこの掟は正義の根拠を含んでいる。それ故、実定法は人間が不当に殺害されることを正当なこととして認めることはできない。しかし犯罪者や国家の敵が殺害されることは不当ではなく十戒に違背するわけでもない。この種の殺害（occisio）はアウグスティヌスも述べる如く、十戒で禁止されている殺人（homicidium）ではない。同様に或る人の所有物が他者に奪われたとしても、それを失うことが正当なのであれば、これは十戒で禁止されている窃盗とか強盗にはならない。それ故、イスラエルの子らが神の命令に従ってエジプト人の戦利品を奪い去ってもこれは窃盗ではない。彼らにとりこの行為は神の命令により義務となるからである。同様にアブラハムが息子を殺害することに同意した場合も、殺人に同意したことにはならない。生と死の支配者たる神の命令により息子を殺すことはむしろ正しい行為である。……同様に娼婦ないし姦婦と交わったホセアも、婚姻という制度の創造者たる神の命令により彼のものとなった女と交わったのであるから、姦通とか淫行を行ったわけではない。このように十戒の掟はそれに含まれる正義の根拠に関しては不可変であり、ただ個々の行為への適用を通じて特殊な限定を受ける場合、つまりあれこれの行為が殺人や窃盗や姦通になるか否かに関しては可変的なのである。……上記の例は掟の特免（dispensatio）と言うよりはむしろ解釈（interpretatio）と考えるべきである」[33]。

トマスはこのように殺人、窃盗、姦淫などがそれ自体で悪なること（perseitas mali）、神はこれら自然法を取り消すことができないことを主張しつつ、聖書で語られている神による十戒の特免は十戒の個別的適用であり、この個別的適用については可変性を認めるのであるが、トマスの説明はややぎこちない印象を与え説得的とは言えない。トマスのように神をも拘束する永久法自然法の不変性と神の特免力を同時に主張することは理論的には無理が生ずるのである。

さて、トマスの自然的規範秩序に拘束される神という観念は、固有の意味での自然的秩序を超え、恩寵の救済秩序まで及んでいる。トマスは神による人間救済の過程を考察する恩寵論においても救済秩序と自然秩序の連続性同質性を主張し、救済の条件はそのまま自然的に善なる行為の条件と考えられている。自然的秩序ないし「自然的善」と救済恩寵の秩序の分離は後にみる如くオッカムの救済論の基本的特徴であるが、中世の恩寵論の錯雑した全体的内容には立入らず[34]、オッカムとの対比のうえで注目すべき論点に限定してトマスの立場を概観してみたい。

既にみた如く、トマスによれば「善」なる行為とは行為者の「本性」に合致した行為、永久法により行為者の内部に可能態として存在する本質を現実態へともたらす行為であった。人間の本性は理性的存在であるが故に、人間にとって善なる行為とは理性に合致した行為である。しかしトマスは次のように言う。

「しかし無垢の状態において行為を遂行するに十分な能力に関していえば、人間は自然的資質により自己の本性と調和した善を意欲し遂行することができ、このような善は、人間が自己自身で獲得した力による善（bonum virtutis aquisitae）と言える。しかし人間は自己の力を超えた善、つまり神により注がれた力による善（bonum virtutis infusae）を意欲し遂行することはできない。ところが、堕落せる状態にあっては人間はその自然的本性からすれば可能なはずの善でさえ遂行することができない。もっとも、人間本性は原罪により全面的に堕落したわけではなく人間本性に固有の善を全く行いえないわけでもない。むしろ堕落した状態においてさえ、人はその自然的力により家を建てたりブドウを植えるといったある種の特殊的善を遂行することはでき、ただ人間の本性に一致したあらゆる善を遂行することは不可能なのである。……かくして無垢の状態の人間は、ただ一つの点に関して、すなわち超自然的力により付加される恩恵の力を必要とするのに対し、堕落状態にある人間は二つの点に関し、すなわち堕落の状態が癒され、更に超自然的力による善、すなわち救霊に値する善（meritorium）を遂行するために恩恵による力を必要とするのである[35]」。

トマスはこのように善なる行為の遂行における神の恩寵を強調し、ペラギウス主義的誤謬に陥ることなく、救済に値する行為（opus meritorium）には人間の自由意志と同時に常に神の恩寵が必要であると主張する。

「理性的被造物は自由意志（liber arbitrium）により行為すべく自らを動かし、その行為が救済に値する根拠（ratio meriti）を有するのもこのことによる。この根拠は他の被造物には存在しない[36]」。

しかし、

> 「救済に値する人間の行為は二つの観点から考えられるべきである。第一にそれは自由意志に由来する点であり、もうひとつはそれが聖霊の恩寵（gratia Spiritus Sancti）から由来するという点である(37)」。

それ故トマスは opus meritorium における自然と恩寵の協働を強調するのであるが、トマスの恩寵論の特色は、人間の自然的本性を聖化し人間行為を善へと向かわせる恩寵が、アリストテレス的な意味での〈habitus〉と考えられている点にある(38)。原罪の結果人間は「善」なる行為を、神により注入され人間存在の永続的性格（qualitas permanens）たる「常態的恩寵」（gratia habitualis）なしで遂行することはできない。更にこの gratia habitualis は神から超越的に付与される恩寵であるから人間の自然的本性（natura humana）には属さず、従って人間の実体的形相（forma substantialis）ではなく付帯的形相（forma accidentalis）として考えられている(39)。トマスの救済論は救済過程におけるこの gratia habitualis の必要性を強調する点で、後のスコトゥスやオッカムの acceptatio divina の思想と対立するが、トマスは自然的に善なる行為における gratia habitualis の必要性を説くばかりでなく、自然的に善なる行為、すなわち永久法に従う行為をそのまま救済に値する opus meritorium と考え、自然的秩序と恩寵秩序を連続的に考えている。従って、トマスが主にアリストテレス更にプラトンより受容したギリシア的ロゴスの思想は恩寵の領域にまで浸透し、神の救済行為も、永久法の規範に合致した人間行為を meritorius なるものとして受容せねばならず、神はこの場合も potentia ordinata を行使する一種の規範的必然性に服する存在者とされている。つまり、神の救済行為は神の全き自由意志によるのではなく、opus meritorius は人間の liber arbitrium 及び gratia habitualis という二つの存在論的な要件により規定され、神の救済もこれら二つの条件に拘束されるわけである。トマスは『神学大全』第二部（一）の設問二十一の第四節において「善ないし悪たる限りでの人間行為は神による救済ないし非救済の根拠となるか(40)」という興味ある問題につきこれを肯定し、次のように主張している。

> 「我々の善ないし悪なる行為は、二つの意味で神に対し meritum ないし demeritum の根拠を有する。先ず、人間の窮極的目的たる神自体に関しては、既述の如くあらゆる行為はこの窮極目的としての神へと向かわねばならず、その結果悪をなした者は神へと向かわず、窮極目的として義

務づけられた神の栄誉に仕えていないことになる。次に全宇宙社会の観点からみれば、いずれの社会においても共通善を配慮するのは何にもまして社会の支配者であり、それ故社会で善あるいは悪をなした者に応報を与えるのも、この支配者である。しかし第一部で述べた如く、神は全宇宙、特に理性的被造物の支配者かつ指揮者であるが故に、人間行為が神に対し meritum 及び demeritum の根拠を有するのは明白である。そうでなければ、神は人間行為に対しいかなる配慮もしていないことになるだろう」(41)。

このようにトマスにおいては、自然的善と meritum とが同一視され、自然と恩寵が同一秩序に属するものと考えられている。以上の説明から明白なように、トマス主義の特徴は、アラビア哲学にみられる必然論的神学に対し神の創造的自由を強調しながらも、神のイデア＝理性に基礎づけられた永久法の存在を主張することにより、神の意志をも拘束する自然的秩序の思想を堅持している点にあると言えるだろう(42)。ノミナリズムと総称される哲学はこのようなトミズムに対し、自然秩序からの神の絶対的超越性、秩序の偶然性を強調し、神と個物（従って個人）との直接的関係を説く点を特色としている。以下、第四節と第五節で、自然法論及びこれと密接する倫理学及び恩寵論におけるドゥンス・スコトゥスとウィリアム・オッカムの思想の特徴を概観することにしたい。

第四節　ドゥンス・スコトゥスと秩序の偶然性

前節ではトマス・アクィナスの自然法論がイデア論との関係で考察され、自然秩序の思想が恩寵論救済論にまで及び、トマス神学がアリストテレスそしてアラビア哲学の必然論を批判しつつも、なおその影響を強く受けていること、従ってトマスの神は、神の理性と同一視された自然秩序に服し、potentia ordinata のみを行使しうる自然秩序内在的な神として理解されていることが論じられた。本節では時代的にも思想的にもトマスとオッカムの中間に位置する〈doctor subtilis〉、ヨハネス・ドゥンス・スコトゥスの自然法論を、神と世界の関係をめぐる神学的議論との関連で論ずることにしたい。

周知の如く、一二七七年パリ司教エティエンヌ・タンピエによるアリストテレス主義の異端断罪は、スコラ哲学のその後の傾向に多大の影響を与えたが、十四世紀に主流となるスコラ哲学の一般的特徴は、キリスト教の絶対神をギシリア的秩序の思想から解き放ち、自然主義的形而上学、すなわち神と人間を共に同一秩序に包摂されたものと考え、神を人間のある種の完全態と考える自然主義的形而上学を批判し、神と人間を直接的対面的な関係に置いて第二原因の媒介なく直接的に個物と関わる人格神を強調したことであった。スコトゥス哲学の基本的関心もこのような神の超越性と絶対性、これに対応する世界秩序の偶然性の強調にあり、スコトゥスはアリストテレス及びアラビア哲学（特にアヴィケンナ）を念頭に置きながら、後者の必然主義がキリスト教神学と矛盾することを力説する。

「我々神学者と彼ら哲学者との論争対象は後者の次のような基本的主張以外にありえない。後者によれば、それ自体において必然的な存在者は必然的な仕方以外では直接的に行為しえず、また必然的な存在者は必然的なもの以外を創造しえない。というのも、後者は前者からの帰結として生ずるからである(43)」。

このようにアリストテレス主義者は、神は必然的存在者であるが故に必然的存在者以外のものを創造しえず、この世界の偶然性は第一原因たる神ではなく、第二原因及びより下位の諸原因に依ると考える。彼らによれば、「自ら行為する第一原因は直接的にものを生み出すが、この第一原因が或るときにはものを直接的に生み出し、或るときには直接的に生み出さない、というようなことは不可能である。もしそうだとすれば第一原因は変化し新たな性格がそれに付加されることになってしまう。他方、第二原因にはこれが可能である。というのも、第二原因は、その作用を受容する対象の近接を必要とするが故に、新しい性格の付加なしに作用し作用しないことが可能である。他方、第一原因は近接する受容者を必要としない。もし必要だとすれば、第一原因の行為は他者に依存することになるだろう。それ故、彼らによれば第一原因は自らは変化せず、また、或るときに行為し或るときには行為しないといったことが不可能な存在と考えられているのである(44)」。

このような必然論的神学に対し、スコトゥスは神の行為の偶然性を強調し、「存在者のうちである種の結果は偶然的に(contingenter)生ずるが故に、第一原因はものを偶然的に生み出すのであり、必然的に生み出すのではない(45)」ことを端的に自明的な事実として認め、次のように反論する。

「それ故、私は次の結論、すなわち神は自己以外のいかなるものも必然的に生み出すことはなく、むしろこれらを任意に生み出すという結論に同意する。というのも、神は自己を必然的に意欲するが、神以外のものはその目的たる神へと必然的には秩序づけられてはおらず、神はこれらを必然的に欲しはしないからである。それ故、神的善（bonitas divina）は神の意志の対象であるが、いかなる被造物もこの神的善へと必然的かつ本質的に秩序づけられているのではない。というのも、神の善性は何らかの被造物によりはじめて完全になるわけではないからである。それ故、神は何らかの被造物を必然的に欲するわけではなく、従って被造物を必然的に生み出すわけでもない[46]」。

更にスコトゥスは特にアヴェロエス主義者を念頭に置きつつ、神の行為の偶然性を強調する。

「しかし、アヴェロエスに依拠しつつ、偶然的に行為する原因が他から規定されずに、いかにして結果を生み出しえるのか、と疑う人もいるだろう。……私は原因が他から規定されていないこと（indeterminatio causae）には二つの意味があると考える。一つは質料的かつ受動的原因（causa materialis et passiva）の場合で、この種の原因は規定されるために他のものを必要とする。他の一つは活動的な力（potentia activa）の場合で、これは規定されるために何かを受容する必要はない。例えば太陽は活動するために他から規定されることなく、ただ作用を受ける対象の接近（approximatio passi）と、作用を妨害するものの除去（amotio impedimenti）が必要とされるだけであり、自然的活動力の不規定性とはこのようなことを意味する。しかし、第一動者の不規定性は、確かに活動力の不規定性を含んではいるが、それ以上のことを意味する。というのも、自然的活動力の不規定性は、矛盾する事態の一方に関するのみ（tantum ad unam partem contradictionis）であるが、第一動者の意志は自己規定力を伴い、その不規定性は矛盾する事態の双方に関して（respectu utriusque partis contradictionis）言えるからである[47]」。

このようにスコトゥスによれば神の意志は何ものにも拘束されず絶対的に自由であり、第一原因たる神の行為の原因は神の意志それ自体にほかならない。

「もし、神自身を行為へと規定するものは何かと問われれば、私は神の行為は神の意志により規定されると答え、神のこの意志を更に規定するものは何かと問われれば、アリストテレス（形而上学第四巻）に従って、『原因が存在しないものの原因を問うことは無知な人のすることである』と答えよう。……それ故、神の意志を規定するものは何かと問うことは、なぜ意志が意志なのかを問うことと同じである[48]」。

さて、トマスにおいては神の意志はイデアに基礎づけられた自然秩序に服すとされたが、スコトゥスは神とイデアの関係をどのように考えているのであろうか。スコトゥスは確かに「イデア」の観念を保持している。しかし、その具体的内実はトマス的イデア論と著しく異なっており、神と個物の直接的関係を強調するスコトゥスは、イデアをトマス的理解とは異なる観点から説明する。(49) 例えばスコトゥスの問い、すなわち、「神の内部には、その何性において（quidditative）認識可能なものすべてに対する永遠なる関係（relationes）が存在し、それ故、認識可能なものすべてを神が認識するためにはこのような諸関係が必要か」(50) という問いの立てかた自体が特徴的であり、スコトゥスはイデアを先ずもって、神の認識作用と被造物との「関係」と考えており、普遍的範型（exemplar）という意味でのイデアはスコトゥスには存在しない。神の認識作用とその対象のあいだに永遠なる関係が存在しないかぎり神は対象を認識しえないとする三つの見解に触れたあと、スコトゥスは次のように述べる。

「私の答えはこうである。……神の中には確かに、「何性」において認識される万物への永遠なる関係が存在する。しかしこの関係はその本性上第一次的なものではない。つまりこの関係は上記の三つの見解がそれぞれ主張したように、認識根拠（ratio intelligendi）として認識を規定するものでも、第二次的対象が生ずるための本質でもなく、神の認識作用でもない(51)」。

つまりスコトゥスは、神の認識作用とその対象間の永遠的関係としてのイデアを認めるが、これは二次的な関係であり、これには神による個物の直接的認識が先行しなければならない。トマスにおける如く、神は自己を個物により模倣されるべき範型として自己を把握し、その次に個物を創造するのではなく、またイデアは神による個物認識の根拠としてこれに先行して存在するものでもない。神による個物認識は第一次的根源的な行為であり、先在するイデアを根拠として為されるのではない。イデアの観念を認めるとすれば、それは神の認識作用と認識対象の関係、神が自己の個物認識自体を反省的に対象化したときに生ずるものとして理解されるべきである。

「このような関係は、被造物の認識の結果生ずるのであり、従ってもし神の理性が直接的な認識作用しか有さず、反省作用（actus reflexus）及び比較作用（actus comparativus）を有さないのであれば、このような関係を想定する必要はなくなる(52)」。

そこでスコトゥスは、神による個物認識を四つの段階に区別し説明する。

「神は先ず第一段階で自己の本質を端的に絶対的な相のもとで認識する。第二段階で神は例えば石を観念的存在として創造しこの石を認識する。この結果、ここでは認識された石には神の認識作用への関係が存在するが、石に対する神の認識作用には石への関係は未だ存在せず、むしろ神の認識作用は、認識された石と自己との関係の一方の極であるにすぎない。次の第三段階で神の理性は我々自身もそうしうるように、どのような認識対象とでも自己の認識を比較することが可能であり、例えば神は自己と認識された石とを比較することにより、自らのうちに観念的関係を生み出すことができる。更に第四段階で神は、第三段階で生まれたこの関係自体を反省することが可能であり、このとき、当該の観念的関係が認識されることになる。従って、観念的関係はあたかも対象たる石に先行するかの如く、観念的関係が石の認識に必要なのではない。むしろこの関係は、第三の段階で生み出されたのであるから、石の後にくるのであり、また、認識対象としては第四段階で認識されるのであるから、更に後の段階で生ずるわけである(53)」。

スコトゥスがこの箇所で神の精神に内在する観念的関係（relatio rationis）と呼ぶものが「イデア」であるが、ここでは個物認識がイデアに先行することが明言され、スコトゥスのイデアが、アウグスティヌス更にトマスのそれと非常に異なっていることも明らかである(54)。神は被造物を、先行する何らかのイデアを通じて認識するのではなく、その「何性」（quidditas）において直接的に認識する。イデアは神の直接的個体認識の反省的帰結にすぎない。イデアが個物の永遠なる本質として神の精神に内在するのであれば、神の創造行為は単にイデア的本質に「実存」（existentia）を付与するのみであり、神の創造は無からの創造（creatio ex nihilo）とは言えなくなるであろう(55)。このように、スコトゥスによればイデアは神により観念的に創造された被造物が神の認識対象として存在することを意味するが、このイデアの存在様態はスコトゥスにより〈esse deminutum〉と名づけられている。つまり、イデア的関係の一つの極たる被造物は「観念的」存在にすぎず、現実には未だ実在していない。にもかかわらず、それは神の認識対象として存在する。それ故、神のイデア的認識対象は未だ現実に創造されていないのであるから「実存」〈esse existentiae〉を有しておらず、また個物であるが故にトマス的な本質存在でもないが、神の認識の志向対象として存在し、これが〈esse deminutum〉と名づけられているのである。

「例えば、私が永遠より存在しており、永遠より薔薇を認識していると仮定しよう。この場合、私は薔薇をその本質存在及び実存において永遠より認識しているわけであるが、この薔薇は認識対象であること以外に存在を有してはいない。また、薔薇が現実には全く実在しておらず、本質存在も実存も有してはいない場合にも、私はその本質と実存において薔薇を認識することができる。それ故、この場合、認識の対象（terminus intellectionis）は本質存在ないし実存ではあるが、にもかかわらずこの認識対象は認識内在的な esse deminutum を有するにすぎない[56]」。

スコトゥスはこのように、イデアをトマス的に、被造物により模倣され実現されるかぎりでの神の本質とは考えず、神が自己の精神内に生み出した対象と、この対象へと向かう神の認識作用との関係と考えるが、この〈esse deminutum〉たるイデアは、神が時間の外にあるのと同様（イデアに関する先述の四つの段階は時間的段階ではなく論理的な秩序である）、一種の必然的存在であることに変わりはなく、従って現実に創造される個物の原像とみなされている。

さて、スコトゥス哲学の特徴は神による個物創造の偶然性を強調する点にあるが、個物の偶然性と、個物が必然的存在たるイデアを原像とすることはどのような関係にあるのだろうか[57]。この問題につきスコトゥスは先ず「偶然性」の意味につき論じ、神を必然的に行為する存在と考え偶然性を第二原因に帰するトマス主義を批判する。

「もし、第一原因が自己に近接する原因を必然的に生み出し、かつそれを動かすのであれば、そして、第一原因は近接する原因に対し必然的な態度を有するのであれば、この第二原因もそれが動かし生み出すものを必然的に動かすことになるだろう。つまり第二原因は第一原因により動かされないかぎり他を動かすこともないからである。それ故、もし第二原因が第一原因により必然的に動かされ生ぜしめられ、他者を必然的に動かし、常にこのような仕方で生み出されるべき結果へと降下していくのであれば、全原因の秩序は必然的に動いていることになり、従っていかなる結果も偶然的に生じえないことになるだろう[58]」。

スコトゥスにとり神以外の存在者の偶然性は疑いえない明証的な事実である。そしてこの偶然性の根拠は神の行為自体の偶然性以外にはありえない。

「このような偶然性の原因は神の原因性（causalitas Dei）に求められねばならない。というのも、第一原因がその作用において偶然的にものを動かすのでないかぎり、いかなる結果も第二原因から偶然的に生ずることはありえないからである。……従って存在者にみられる偶然性の根拠は、第一原因が必然的にではなく偶然的にものを動かすことに存する[59]」。

このように、存在者の偶然性の根拠は神の行為の偶然性に求められるとしても、これは神の理性ではなく神の意志に求められるべきである。事物ないし事態は、神の意志により創造される以前は共に実現可能な、相反する二つの〈propositio neutra〉として神の理性に内在しており、神の意志が一方を実現することにより、二つの〈propositio neutra〉の一方が真、他方が偽となる。

「それ故、神の理性が意志の作用以前に、『これが創造されるべきである』と認識する場合、……それを未定のものとして（ut neutrum）認識するのである。しかし意志の働きによりそれが現実に創造されたとき、それは以前矛盾した二つの命題の一つにより真なる対象として神の理性により認識される。それ故、事物に内在する偶然性の根拠は神の意志に求められるべきである[60]」。

選択の自由として考えられた自由意志には更に、スコトゥスが potentia logica と名づける力が内在している。

「しかし、この意志の自由からは更に、論理的（logica）と言われる別の力（この力には現実的な力が対応しているのであるが）が結果として生ずる。この論理的力が存在するのは次の場合にかぎられる。つまり、たとえ客観的な事態としてこのようなことは不可能としても、相対立する命題が共に存立可能であり、相互に否定しあうことなく、むしろ結合されえるような場合である。従って例えば「世界は存在しえる」という命題は世界創造以前から真であり、理性的被造物が仮に世界創造以前に存在したならば、「世界は存在しえる」というこの理性的被造物の言明は真である。もっともこのような対立しあう命題に対応する現実が客観的事態として存在しているのではない[61]」。

自由な意思は相対立する命題のいずれかを現実化しえる〈potentia realis〉を有し、この力は同時に論理学的にみて、二つの矛盾する命題を同時に真なる命題として保持する〈potentia logica〉である。そして神の絶対的に自由な potentia は、神の行為が偶然的であること、従って神により創造された世界が偶然的であることを意味する。スコトゥスは被造世界に生起する事態の根源は神の絶対的に自由な任意的創造行為であるというキリスト教神学の前提を、アラビア哲学更にはトマス主義に対し、自らの思想の中心に据えるわけであるが[62]、この点特に注目すべきなのが、既にトマスについて触れた〈potentia absoluta Dei〉と〈potentia ordinata Dei〉の対概念である[63]。

トマスにおいてはイデアに基礎づけられた永久法は神の意志を規範的に拘束し、イデアたる神の理性は scientia practica により意志に一定の規範的条件を課するものとされ、あらゆる法はこの永久法に由来し、自然法も不変的規範として神でさえ破棄しえない法と考えられていた。これに対し、スコトゥスにおいては神の理性は単に scientia speculativa により創造されうる諸可能性を意志に提示するのみであり、意志はこれら諸可能性から自由なる選択により創造行為を行うと考えられている。意志は理性が可能性として提示する諸事態から自由に特定の事態を実現するのであるから、理性及びイデアは意志に対し規範的指令的な機能をもたない。

「イデアは神の第二の認識対象であり……これにより神の外に存在する事物が創造されるのであるが、イデア自体は、創造されうるものを提示しはしても、何が創造され何が創造されるべきでないといった指令的認識（notitia directiva）は含んでいない。行為に関する認識は、もしそれが実践的原則や帰結を潜在的に含んでいないのであれば、実践的知とは全く言えないのである[64]」。

従ってスコトゥスにおいては創造される事態（従って規範）は、その内容に関しては確かに理性に基礎づけられてはいるものの、この内容は当為の性格をもたず、その事実性（規範であれば妥当性）は合理的な根拠をもたない神の自由な決定に依存し、従って偶然的と考えられている。それでは、神は一度創造した世界秩序を任意に変更することが可能であろうか。上述の potentia absoluta と potentia ordinata の対概念が意義を有するのはこの問題に関してであり、トマスがこの対概念をその主知主義的神学の故に、神学の周辺的問題としてしか論じておらず、更にこれを主として自然哲学、特に因果性の問題と関連させているのに対し、この対概念を神学の中心的問題にかかわるものと考え、特に法的規範的領域の中に導入した点がスコトゥス神学の顕著な特徴となっている。

スコトゥスは、現実に創造された世界秩序以外の秩序を神は創造しえるかという問題に関し、神のこの二つの力に触れている。

「理性と意志により正しい法に従って行為しえるが、この正しい法に必然的に従って行為するわけではないすべての行為者において、potentia ordinata と potentia absoluta を区別すべきである[65]」。

従って、法に従った行為が potentia ordinata による行為、法的拘束の外にあるか法に違背する行為が potentia absoluta による行為であるが、スコトゥスは更に次のように続ける。

「（二つの potentia を区別すべき）理由は、行為は一方では正しき法に従って為され、この場合、potentia ordinata により行為することであり、行為の原則が何らかの意味で正しい法に一致しているかぎり（この法によりあらかじめ定められた秩序に従うかぎり）、これは ordinata と言われる。しかし他方で行為はこの法の外で、ないしはこれに反してなされることがありえ、この点で potentia absoluta は potentia ordinata を越えている。それ故、神においてのみならず、自由に行為するあらゆる存在者につき potentia ordinata と potentia absoluta を区別することができる。つまりこのような存在者も（正しい理性ないし）正しい法の命令に従い、あるいはこれの外で、あるいはこれに違背して行為しえるからである[66]」。

スコトゥスは potentia absoluta と potentia ordinata の区別を法学者も使用していることに触れた後、次のように続ける。

「しかし、法律及びその正当性が行為者の権限に依存し、行為者自身により制定されてはじめて法律が正しいとされる場合、行為者はこの正しい法が命じる以外のことを自由に定めることができる。しかし行為者はこれによって秩序正しく行為できる。行為者は別の正しい法律を制定し、これに従って秩序正しく行為しえるからである。この場合、彼の potentia absoluta は彼の potentia ordinata を端的に越え出ることはない。彼の potentia absoluta は以前の法と同様、別の法により秩序づけられる点で変わりないからである。もっとも彼の potentia absoluta はまさに以前の法のもとでの potentia ordinata を越え出ている。彼はこの法の外でこの法に違背して行為するからである[67]」。

さて、神法は神の理性ではなく意志により制定される。

「しかし、神の理性が神の意志に、例えば、救済の栄光を与えられるすべての者はそれに先立って恩寵が与えられるべきである、という法を与えた場合、自由なる意志がこれを承諾すればこの法は正しい法となり、他の法についても同様である。それ故、神が自ら規定したこのような正しい法に従って行為すれば、それは potentia ordinata に従って行為していると言われる。これに対し、神は既に制定された法に合致せず、これに反した多くのことを為すことが可能であり、これが potentia absoluta と言われる(68)」。

イデアが実践的意味を失ったスコトゥスにおいては、神の意志は絶対的に自由であり、法の正しさは神の決定に依存し、神は potentia absoluta を行使しつつ法を自由に変更することができる。神の potentia ordinata は、神が自ら制定した実定法に従うあいだに限定され、世界秩序は神の potentia absoluta により変更される可能性を孕む偶然的秩序にすぎない。

「それ故、神は別の仕方で行為することができ、別の正しい法を制定しえる。つまり、神により制定されることがその法が正しいことを意味し、いかなる法も、それが神の意志により受容されないかぎり、正しい法とは言えない。この場合、神が potentia absoluta により行為しても、これは potentia ordinata により為されること以外へと拡張するわけではない。確かに神は以前の秩序に従って行為しているのではないが、他の秩序に従って秩序正しく行為しているわけであり、神の意志は他の仕方で行為するために他の秩序を制定しえるのである(69)」。

そしてスコトゥスによれば、神のこのような potentia absoluta はただ矛盾律にのみ拘束される(70)。神は創造行為において矛盾律以外のものに拘束されることなく、規範秩序も神の意志に依存する偶然的秩序と考えられる。従ってスコトゥスにおいてはトマス的永久法の思想、善の自体存在性（perseitas boni）の思想は消失し、規範秩序は存在論的目的論的秩序から解放され、神の意志へと収斂し、善は神の意志に依存する（perdeitas boni）(71)。「神によって意欲される神以外のすべてのものが善とされるのは、神によって意欲されるからであり、この逆ではない」（Omne aliud a Deo volitum ideo est bonum, quia a Deo volitum, et non e converso）(72) という表現や、あるいは「神以外のいかなるものも形相的に必然的な存在を有さず、単に偶然的な存在を有するにすぎない(73)」（nihil aliud a Deo habet 'esse' formaliter necessarium, sed simpliciter contingens）といった言葉は、世界の規範的秩序及び存在論的秩序が神の意志に由来する偶然的なものであることを端的に表現している。

以上論述したかぎりでは、スコトゥスの思想をトマス的主知主義に対し主意主義と特徴づけてよいと思われる。しかし、スコトゥスの主意主義には重要な限定が必要であり、これを明らかにするために、スコトゥスの倫理学につき少し立入って論じてみたい。

スコトゥスもトマスと同様、倫理的行為の条件として自由意志を強調するが、トマスの自由意志が「傾向」（inclinatio）、すなわち理性により把握された普遍的善へと必然的に向かう傾向性と考えられているのに対し、スコトゥスは意志を、いかなる自然的傾向からも解放された純粋に自由な能力と考える。更に、トマスの自然主義的倫理学においては前述の如く、倫理的価値の基準が永久法によって規定され、永久法とは各々の存在者に内在する可能的本質の目的論的現実化であった。従って倫理的価値の基準は各存在者の「本質」に求められ、人間の本質は理性的存在である故に、理性的存在に一致するか否かが人間行為の価値基準となる。従ってトマスの「意志」が特定の対象へと向かうのは、それへと向かうことが理性に合致するからであり、従って意志の対象の価値は常に行為者の「本性」に関係づけられている。これに対し、イデアに実践的原理を認めず、永久法を否定するスコトゥスにおいては、存在者の「本質」は実践的原理を含まず、実践的行為はもっぱら意志の領分へと移される。従って意志は対象をそれ自体において善として（ut est in se bonum）意欲する〈amor amicitiae〉であり、行為者の欲求から生じ対象を自己にとっての善として（ut est bonum mihi）意欲する〈concupiscentia〉からは区別される[74]。従って、スコトゥスによれば意志は価値をそれ自体の故に自由に意欲する能力であり、倫理的行為はこの自由意志に基礎づけられる。

さて、倫理的行為は理性により把握された価値を意志が自由に意欲することにより為されるが[75]、トマスにおいては理性が人間の「本性」として倫理的価値の基準となっていたのに対し、スコトゥスの理性には最早このような価値基準としての機能がないとすれば、行為の善悪は何により決定されるのであろうか。スコトゥスはこの点直観主義と名づけてよい立場をとり、倫理的行為の善悪を、明証的に真と認識されうる第一原理に基礎づけている。「神を愛すべし」という規範がこの実践的第一原理（prima principia practica）である[76]。

「あらゆるものにもまして神を愛することは、最善なる存在者を最高の程度において愛すべしと命ずる正しい自然理性に合致した行為であり、従ってそれ自体において正しい行為である。確かにこの行為の正しさは、行為に関する第一原理の正しさとして、自明的な（per se nota）ものである[77]」。

神は最高善（summum bonum）であり、最高善たる神を愛する行為は必然的に正しい行為である。「神」という観念の中には「神を愛すべし」という規範の正当性が論理的に内含されている。トマスの如く、規範の正当性を存在論的に基礎づけることを拒否するスコトゥスにとり、倫理的行為の原理は直観主義的に基礎づけられる以外に途はなく、「神を愛すべし」

(Deus est diligendum) がこのような必然的に妥当する明証的第一原理と考えられているのである。それ故、必然的に妥当するこの規範は最高善たる神の本性に由来する以上、神でさえこの規範を変更することはできない。この意味で potentia absoluta Dei は矛盾律のみを限界とする無制限の恣意ではなく、上記の実践的第一原理には拘束されることになる。つまり、神は summum bonum たる自己の本性に関しては必然的にこれを意欲し、ただ神以外の存在者に対し自由を有するにすぎない。神は自己を必然的に意欲するのに対し、神以外の被造物は perseitas boni を有さず、神に偶然的に意欲されてはじめて善とされる (perdeitas boni)。

スコトゥスによれば「神を愛すべし」という実践的第一原理は自然法原理に他ならず、従って十戒のうち厳格な意味で自然法と考えられるのは第一戒律の二つの掟である[78]。

「……十戒の第一表の掟は直接神をその対象としている。これら最初の二つ (の掟) は純粋に否定的なもの (禁止) として、すなわち第一は『他の神々を認めてはならない』、第二は『無益に汝の神の名を用いるべきではない』つまり『神に対し不敬を為すべきではない』という意味で理解されれば、これらは厳密な意味での自然法に属する。というのも、『もし神が存在すれば神のみが神として愛されるべきである』が必然的に帰結し、同様に、他のいかなる存在者も神として崇められるべきでないこと、そして神に対し不敬を為すべきでないことが必然的に帰結するからである[79]」。

これに対し、「神を愛すべし」という第一原理以外のあらゆる規範は、十戒第一表以外の戒律を含め神の意志に依存する偶然的実定法にすぎず、神は potentia absoluta により自由にこれらを取消すことができる。従って、十戒をすべて不可変の自然法と考えるトマスにとり、アブラハムに対し殺人を、ホセアに対し娼婦との婚姻を、イスラエルの人民に窃盗を命ずる神の自然法特免は解決困難な問題であったのに対し、スコトゥスにおいてこれらは問題となりえない。

「更に、名辞上真なること、ないし名辞上必然的なこと、あるいはこれら必然的なことからの論理的帰結は、その真なる点であらゆる意志作用に先行しており、不可能なことではあるが仮にあらゆる意志作用を除去したとしても、少くともその真理性は有し続ける。それ故、——もし十戒の掟やこの掟から形成されうる実践的命題がこのような必然性を有し、例えば隣人を殺してはならないとか窃盗をしてはいけないといった掟が必然的な掟であり、従ってあらゆる意志作用を度外視しても、これらの命題を理解する理性にとり自明なものであるならば——これらの命題を理解する神の理性は、これらを自明的（ex se nota）なものとして必然的に理解することになる。そしてこの場合神の意志は、これら理解された命題に必然的に同意することになり（さもなければ神の意志は正しい意志とはならない）、かくして神の中に実践的知の根拠を措定してしまうことになる」[80]。

しかし既に述べた如く、神が自己以外の存在へと向けて行為する場合、何らかの実践的原理に拘束されると考えることは神の自由意志の否定となり、これはスコトゥスが基本的に否定するところであった。従って規範として必然的自明的に妥当するのは「神を愛すべし」という規範のみであり、その他、殺人[81]、窃盗[82]などを禁ずる規範は神の意志にのみ依存する偶然的な実定規範にすぎない。従って十戒の第一表に含まれる規範以外の掟を神は任意に特免することが可能である。

上記の如くスコトゥスは、トマスにおいて永久法として存在していた規範秩序を存在の領域から解放し、神の意志とこれに呼応する人間の自由意志の相互関係を倫理の領野として理解するが、このような人格主義的形而上学の特色は、トマスのアリストテレス的自然主義と異なり、存在論的自然法に代えて神のpotentia absoluta による規範秩序の自由な創造と、神と人格的に関わる個人を思想の中心に据える点にあった。そして、この特色は救済論にも明白に現れている。既述の如くトマスは神による人間救済の条件として、gratia habitualis が形相として内在すべきことを主張し、この恩寵が内在する人間を神は当然に救済すると考えるが、スコトゥスはこのようなトマスの見解に対し、神の自由なる受容（acceptatio divina）を強調する[83]。

まずスコトゥスはトマスと同様、救済に値する meritorius な行為には、人間の「自由意志」及び habitus として存在する「愛（caritas）」の二つの要因が内在し、前者は行為であるかぎりの行為（actus, ut actus est）の実体を形成し、後者の habitus caritatis は救済に値するかぎりでの行為（actus, ut meritorius est）の原因である、と主張する[84]。しかしスコトゥスによれば救済に値する行為のこれら二つの要因は、それのみでは救済の根拠（ratio meritii）にはならない。救済の根拠はトマスにおける如く人間行為に内在する一定の存在論的（すなわち形相的）諸性格にあるのではなく、救済はただ神の自由な受容のみにより、神は救済の条件を定めた既存の実定的秩序に拘束されることなく potentia absoluta によって自由に救済を決定しえる。人間行為に形相的に内在する gratia habitualis が救済に必要か否かにつき、スコトゥスは神の二つの potentia を区別しつつ次のように説明する。

「potentia absoluta に関しては、人間の魂が形相的に受容可能となり永遠の生へと秩序づけられるために、神は愛を魂に注入するよう強制されることはない。というのも、神の力は秘跡に拘束されることはなく、従ってその他の創造された形相にも拘束されないからであり、神は絶対的力により、形相的に内在する habitus やその他のものを前提とすることなく、純粋に自然的な魂を、もしそれを欲すれば、自由に永遠の生へと受容することが可能であり、神がこれを欲しても、神が悪しき仕方で欲しているとか、無秩序に欲していることにはならず、むしろこれを欲することにより神は正しい仕方で意欲しているのである。というのも、事物の本質に属することでないかぎり（私がこの条件を付加するのは、質料と形相の問題の故であり、神はこれら二つの要因なしに複合物を創りえないからである）、神は第二原因を伴って行いうるすべてのことを、自ら直接に行いうるからである。かくして神は、potentia absoluta について言うかぎり、恩寵的愛が内在する行為と同様に、純粋に自然的な行為を（nudam naturam）義とし救済することができる。……しかし potentia ordinata により神が自己の叡智の法に従い（次のことを規定した場合、すなわち）恩寵的愛の habitus が魂に内在し、これにより魂が、神から付与される永遠的生にかなうものとなり、形相的に神により愛されなければいかなる者も受容されない、と規定した場合には、この法が存在するかぎり、神は、人間行為がそれにより救済にかなない永遠の生を与えられるかくの如き habitus なしにはいかなる者も受容しえない。もっとも potentia absoluta によれば神は、それを欲せば救済に値する行為（meritum）なしに人間を受容することが可能であり、このような意志により人間が現在とは異なった仕方で救済されるような別の法を制定することができる。例えば、もし神が現在それに従って行為している実践的原理が、我々人間に対してと同様、名辞の意味からして必然的な原理であるならば、この場合恩寵を有する者は救済され、恩寵を有さぬ者は救済されないであろう。しかし、現在これらの法が名辞の意味により必然的なのは、神の恩寵と自由な決定によるものである。恩寵をもつ者が救済され、もたない者が救済されないのは神がこれを法と認めているからであり、これは聖書を通じて我々に与えられた potentia ordinata の秩序であり、神はこれと同一の秩序が存続するかぎり恩寵をもたない者を受容することはない。従って、自然的状態にあり、同じ程度に強い（intensus）行為を遂行する人間であっても、恩寵的な habitus なしには救済に値する行為をなしえない。habitus なしにはかくの如き行為も永遠の生に値せず神に受容されない、という法が神の意志により制定されているからである」(85)。

以上、スコトゥスのイデア論、自然法論、更に極く簡単に救済論の三つが相互に補完的な理論として論じられたが、これら三つの問題領域に関して基本的にはスコトゥスと同一の立場に立ちながら、スコトゥス神学の基本的な思想を更に徹底させたウィリアム・オッカムの見解を、上記三つの問題領域に限定して論ずることにしたい。

第五節　ウィリアム・オッカムと odium Dei

神と世界、神と人間の関係をめぐるオッカムの議論は、『命題集註解』において主としてスコトゥスの見解の批判を通じ展開されているが、これらの問題のあらゆる側面に触れることはできないので(86)、イデア論に関する議論を中心としてオッカムの見解を要約してみよう。

オッカムはイデア論を『命題集註解』(dist. 35, q. 5) の「神は自己以外の万物を、これらのイデアを通じて認識するか」と題する設問で体系的に論じている(87)。「多くの、むしろ殆どすべての博士は次の共通の結論で一致している。この見解によれば、イデアは実在的には (realiter) 神の本質であるが、観念的には (ratione) 神の本質と異なる。従って或る人々は、神は被造物を神と実在的に同一のものに従って認識すると同時に自己以外のものを通じて認識する、と主張するわけである」(88)。

この立場によると神の存在と神の認識作用は観念上の (rationis) 区別にすぎず、神の本質は被造物の存在根拠、原型であると同時に、神が被造物を認識する際の認識根拠 (ratio cognoscendi) でもあり、この認識根拠としての神の本質がイデアと考えられている。オッカムは、イデアを実在的に神の本質と同一とは考えず、このような通説を端的に否定するが、この箇所でオッカムが当面の批判の対象としているのはヘントのヘンリクスである。オッカムによればヘンリクスはイデアを措定すべき理由として四つのものを挙げ、(一) 神が自己以外のものをその根拠に従って完全に認識するために、(二) 神が被造物をその種的差異において認識するために、(三) 被造世界で不完全なかたちでしか存在しないものの完全なる尺度 (mensura) として、(四) 神による多様なものの創造が可能となるために、イデアの存在を措定すべきと考えるが、オッカムはこれを全面的に否定する。

「この説明は表面的には真であるように思えるが、説明者自身の意図から理解すれば端的に誤りと思われる。というのも、彼の意図に従えば、ここで措定されているイデアは、それ自体実在的には被造物ではなく、むしろ神の本質がそれを通じ被造物により模倣される respectus imitabilitatis である。しかし上記の四つの理由のいずれのためにも、かくの如き観念的な respectus を措定する必要はなく、それ故、彼が措定するこのようなイデアを認める必要もない。……神の理性はかくの如き観念的な respectus なしに自己以外のすべてを認識しえる。更に、このような respectus を認めると、神の理性はその価値を著しく損なわれることになる。というのも、神の理性が自己以外のものをこの respectus を通じて認識するのであれば、この respectus の対象は認識作用に素材を提供することになり、理性の価値を損なうことになるからである。つまり、神の本質のみでは認識作用の十分なる動機と言えないのであれば、自己以外のすべてを認識するために理性は他の何かを必要とするわけであり、それ故、その価値は損なわれることになるのである(89)」。

オッカムは更にイデアを支持するヘンリクスの幾つかの論拠に反論を加えた後、自分自身の見解へと進む。

「イデアとは理性を有する原動者により認識される何かであり、このイデアを認識しつつ、この創造者は実在的にものを創造する(90)」。

しかし、イデアは神の理性に内在する何かではあるが(91)、神の本質と同一視されてはならない。オッカムはイデアを範型(exempla)と考えるが、この範型は各個物の範型であり、神は個物を創造する際に、個物をその個体性において認識し創造する。創造以前に神により認識され、それを範として個物が創造される観念的対象がイデアであり、従ってイデアは多くの個物集合を包摂するが如き普遍者ではない。

「このように説明されたイデアは神の本質に属するのでも、何らかの respectus rationis とも考えられず、むしろそれは被造物に他ならないと考えられる。……第一に明らかなのは、すべての人がイデアの複数性を認めており、それ故アウグスティヌスも上記の箇所で人間と馬とはそれぞれ異なった根拠により創造されたと述べ、この根拠がイデアであることを認めている。ところが神の本質は単一であり決して多様化されえないが故に、神の本質がイデアであるはずはない[92]」。

イデアが神の被造物であり、神は自己の本質の中に既に存在するイデアに従って個物を創造するのでないとすれば、創造の合理性はただ次の点に、すなわち神が特定の個物を創造されるべきものとして認識するという端的なる事実に由来する。

「被造物は先ず第一に神のイデアであり、イデアにつき先に述べた説明の個々の特徴はすべて被造物につきあてはまることを明らかにしてみよう。すなわち、被造物は創造者の理性により認識され、神はこの被造物を顧慮しつつ理性的に（rationaliter）ものを創造する。神はどれほど自己の本質を認識しようとも、もし創造されるべきものを認識しないのであれば、神は無知の状態で非理性的にものを創造し、従ってイデアによらず創造することになってしまう。それ故神は被造物を顧慮し、これを顧慮しつつものを創造しえるのである。更に、イデアないし原型は、認識者が仮に他のいかなるものも先ず認識することなく、これをあらかじめ認識するだけでものを理性的に創造しえるものだとすれば、また逆に、たとえ他のすべてのものを認識しても、これを先ず認識しなければ理性的に創造するとは言えないようなものであれば、次の如く考えられるだろう。すなわち、不可能なことではあるが仮に神が自己の本質を認識せずに、創造されるべき被造物のみを認識した場合、神にそれを創造する力があれば、その創造は理性的になされることになる。逆にたとえ神が自己の本質を認識しても被造物を認識しないのであれば、神が何を創造しようとそれは理性的に創造されたとは言えない。それ故、被造物自体がイデアということになる[93]」。

さて、イデアと個々の被造物の内容は同一であるが存在様態は異なり、前者は神の認識の観念的対象として、後者は現実に創造されたものとして存在する[94]。従ってこの見解によると、イデアの数は被造物の数と同一ということになるが、オッカムは、神の認識作用の単一性と認識対象の多様性を調和させるためにスコトゥスが採用した見解、すなわち神の認識作用に適合した第一の対象（primum obiectum adaequatum）は神の本質であり、この神の本質には神により認識されうる全対象が潜在する[95]、という見解を拒否し、端的に神の認識と個物の直接的関係を主張している[96]。

以上がオッカムのイデア論の概略であるが、オッカム自身、自己の見解を次の如く要約的に整理している。

「第一に結論されることは、イデアは神の中に主体的に

（subjective）実在的に（realiter）存在するのではなく、神により認識されるものとして客体的に（objective）存在する。イデアは神により創造されうる事物それ自体に他ならないからである。第二の結論は創造されうる万物につきイデアは区別されており、これは事物自体が相互に区別されるのと同様である。ここから更に結論されるのは、質料及び形相、そして万物の本質的構成要素に対しそれぞれ区別されたイデアが存在することであり、第四の結論は、神により創造されるものとして個体的なもの以外は存在しないが故に、イデアは種的ではなく常に個体的であるということである。第五に、普遍者を精神の中に主体的に実在するある種の事物と考え、ただ述語づけによってのみ精神外の事物と関係をもつものと考えないかぎり、種とか種差その他普遍者のイデアは存在しえない。第六の結論は、否定、欠如、悪、罪といった、他の事物から区別されえないものについてイデアは存在しえないということであり、更に第七の結論は、神の創造しえるものが無限である如く、神は無限のイデアを有しうる、ということである(97)」。

この結論から明白なように、オッカムのイデア論は普遍概念に関する諸問題と密接な関係をもつが、このイデア論がより一般的には神と世界（更に人間）の関係をめぐる諸問題、更には法的規範的問題と深く関連することも明らかであろう。オッカムのイデア論の基本的モチーフは、スコトゥスと同様、絶対的に自由な神と個物との直接的関係を強調する点にあり(98)、これは倫理的領域では神と人間のあいだに介在する自然法秩序を否定し、神と人間の体面的な関係の中に倫理的秩序の基礎を求める立場へと繋がっていく。

さて、オッカム哲学において神と個物の直接性とならび重要な意義をもつのが、神の絶対的自由、神の potentia absoluta の観念である(99)。この観念は後に倫理学的法哲学的問題及び恩寵論を扱う際に立入って論ずるが、その前にこの観念のより一般的な意義を考察しておこう。

スコトゥスにおいてと同様、オッカムの potentia absoluta Dei も、矛盾律以外の何ものにも拘束されない神の力を意味し、これに対し potentia ordinata は神が自ら定めた秩序を変更することなくこれに服する場合の神の力である。例えば次の如く説明されている。

「この区別は『ヨハネ福音書』の救世主の言葉、すなわち『水と聖霊により再生しないかぎりいかなる者も神の王国に入ることはできない。』という言葉により正当化される。というのも、神は今も以前も常に同一の力を有しているのであり、――例えば理性を行使する以前に死亡した旧約時代の割礼した子供について明らかなように——かつては、洗礼なしに人は神の王国に入ることが可能であり、これはそれ自体としては現在も可能なことである。しかし当時制定された法により可能であったことも、現在制定されている法によれば最早不可能である。もっとも、絶対的な神の力を考えればこれも可能と言えるのではあるが[100]」。

従って、potentia absoluta と potentia ordinata は神の内部に、一つは秩序に従った、他は無秩序で恣意的な二つの力が併存することを意味するのではなく、神の力は単一であり[101]、この力が既存の実定的神法に従うか否かにより二つの力の区別が生ずる。

「むしろこの区別は次のような意味で理解されるべきである。或ることが『可能である』（posse）という表現は、或る場合には、神により命令、制定された法に従っている意味で理解することができ、この場合神はその行為を potentia ordinata により行いうる、と言われている。他方、この『可能である』は、神がそれを為すことを神が自ら定めたか否かに関係なく、矛盾を含まないすべてのことを為しうるという意味で理解される。……これが potentia absoluta により行為可能と言われるのであり、これは教皇が自ら制定した法に従うかぎり不可能なことも、絶対的な意味ではそれが可能なのと同様である[102]」。

potentia absoluta と potentia ordinata の区別の神学的重要性を示唆する箇所は多く存在するが、次にそのうちの一節を引用してみよう。これはフランシスコ派と教皇ヨハネス二十二世の清貧論争を扱った『九十日の書』の一節である。ヨハネス二十二世は、キリストは王（rex）として生誕すると同時に全世俗財産の普遍的所有権（universale dominium rerum omnium temporalium）を有し、これは父たる神が定めた法として不変的なものであり、キリストはこの所有権を放棄しえないと主張するが、この主張に対しオッカムは次のように反論する。

「この主張の基本的根拠は、神はいかに万物が生起すべきかを永遠に定めており、神の定めが阻止されることは矛盾を含み、従って事態が神の定めた以外の仕方で生ずることも矛盾である、という見解である[103]」。

そして、ヨハネスがキリストの所有権につきこのような立場を採るのは次の理由による。

「被論駁者たるヨハネスが多くの論拠に依拠しつつ、神が potentia absoluta により為しえるすべてを potentia ordinataにより為すことができ、神がpotentia ordinataで為しえないことはpotentia absolutaによっても為しえないことを示しつつ、このpotentia Dei ordinataとpotentia Dei absolutaの神学的区別を否定するからであり、論駁者たるフランシスコ会士の何人かの人々もこの見解を直接聴いたと述べており、教皇もその後彼の説教でこれを明言している。……教皇の主要な論拠は……もし神がpotentia ordinataでは為しえないことをpotentia absolutaで為しえるのであれば、神が自ら行うと定めなかったことを行いえることになり、かくして神は可変的な存在となってしまう、という点にある[104]」。

ヨハネス二十二世はトマス主義の立場をとり、神のpotentia absolutaをオッカム的な意味では認めないのであるが、注目すべきことはオッカムによれば、「彼ら（フランシスコ会士）はこのヨハネスが厭うべき異端、すなわち万物は必然的に生起する（omnia eveniunt de necessitate）と考える異端を唱えていると主張している[105]」ことであり、「万物は必然的に生起する」というこの見解は、一二七七年にパリ司教エティエンヌ・タンピエがパリ大学におけるアヴェロエス的アリストテレス主義を異端として断罪した際[106]、このアリストテレス主義の異端的テーゼの一つとされており、この異端をオッカムがヨハネス二十二世に帰していることである。ここから理解される如く、オッカムのpotentia absolutaの基本的モチーフは神の絶対的自由と被造世界（及び救済史）の偶然性を強調することにある。「オッカム神学の根本モチーフは神の自由なる絶対力の深い体験である[107]」。神の創造行為や救済行為はいかなる必然性にも服することなく、矛盾律以外に神を拘束するものは存在しない[108]。従って、神と個物のあいだに介在する第二原因を通じ生起する事態を、これら第二原因なしに直接引き起こすことも神にとり可能である[109]。神は第二原因に拘束されず直接的に個体に働きかけるが故に、個体間には必然的な関係や自然的秩序は存在せず、世界はその存在に関しても、またその形相的構造に関しても神の意志のみに依存する偶然的存在と考えられ、神には現実世界以外に無限に多様な世界を創造することも可能である[110]。オッカムはこのように、トマス主義的なイデア論や永久法の観念を背景とした自然的秩序の思想を明白に拒否し、神の絶対性と世界の偶然性、神と個物の直接的体面的関係を強調する。

以上の如く、矛盾律以外のいかなるものにも拘束されない絶対的に自由なる神、普遍的秩序を媒介とせず直接的に個物を創造、保持する神の思想は、法哲学的倫理的領域に対しても密接な関連性を有し、目的論的形而上学の否定は神と人間との倫理的関係を全く異なった枠組から捉え直す試みを生む[111]。オッカムの法思想倫理思想も中世末期ノミナリズム哲学の代表形態として、人間の倫理的行為の主軸をトマス的永久法にではなく、神と人間の体面的関係の中に置き、神の個別的命令とこれに自由に呼応する人間の行為として倫理を捉えることになる。しかし、オッカムの倫理学には微妙に関連し合う二つの傾向が内在し、これら二つの傾向の解釈によりオッカム倫理学も研究者により異なった仕方で解釈されている。(112) オッカム倫理学の二つの傾向とは、規範の正当性を神の意志のみに基礎づける「主意主義」及び、倫理的行為の必要条件として「正しい理性」(ratio recta)を主張する「理性主義」である。オッカムの思想に内在するこの二つの傾向はいかなる関係にあり、オッカムの思想全体の中でどのように位置づけられるべきか。これを明白にするためにオッカム自身の主張を少し立入って考察してみよう。

オッカムの主意主義的傾向は「神への憎悪」(odium Dei)(113) として議論される問題に最も明白に表現されている。オッカムによれば人間にとり「善」とは神の命令(praeceptum divinum)に服従すること、「何ものにもまして神を愛すること」であり、他方神自身はいかなる規範にも拘束されることのない絶対的立法者と考えられ、従って極端な例を挙げれば、神が人間に対し「神への憎悪」を命じた場合、この憎悪は「善」となる。

「それ故、神が意欲したということのみにより、これを遂行することは正しい行為となる。……それ故もし神が或る人間の意志の中に神への憎悪を、仮にその行為の全体的原因として(神は常に部分的原因として行為を引き起こすのであるが)引き起こしたとしても、この場合、人間も神も共に罪を犯したわけではない。神はいかなるものにも義務を負わないし、この人間もその行為が彼の力の及ばないものであれば義務を負わないからである」(114)。

これは、神が第二原因を媒介とせず行為の全体的原因(causa totalis)として、人間に神への憎悪を引き起こした場合であるが、趣旨からしてこれは、人間が神への憎悪を神の命令として把握し、自由意思によりこの命令を遂行した場合にもあてはまるであろう(115)。神への憎悪はそれ自体では価値中立的行為(actus neutrus)であり、神の禁止を前提としないかぎり悪とは言えない。

「しかし神を憎悪する行為は、この行為の絶対的存在(esse absolutum)に関しては行為の非正当性(difformitas)ないし悪(malitia)と同一ではない。それ故、神は行為の中にいかなる非正当性ないし悪性を引き起こすことなく、神を憎悪ないし嫌悪する行為を絶対的存在として引き起こすことができる」(116)。

行為それ自体（すなわち行為の esse absolutum）と、行為の価値とのあいだには何ら存在論的な連関性がなく、行為の価値はただ神の命令によってのみ生ずる。これは次のようにも説明されている。

「たとえ、憎悪、窃盗、姦通やこれと同様の行為に対し一般法により悪たる性格が付与されていても、これは、神の掟により、これと反対の行為を行うべく義務づけられる者によって行為がなされる場合であり、これらの行為の絶対的存在（esse absolutum）に関して言えば、神はこれらに悪たる性格が全く付与されることなくこれらを遂行することができる。また、現在では事実上、これらと反対の行為が神の法により定められているのであるが、逆にもしこれらの行為が神の法に含まれることになれば、これらはこの世の人間（viator）により救済にかなう仕方で（meritorie）遂行されることさえ可能である。もっともこれと反対の行為が神の掟で定められているかぎり、このような行為は救済にかなう仕方でも、倫理的に正しい仕方で（bene）も遂行されえない。行為は神の掟に包摂されないかぎり、救済にかなう仕方で遂行されえないからである。そしてこれらの行為が現世の人間により有徳に遂行されるべきだとすれば、これらは『窃盗』とか『姦通』とか『憎悪』といった仕方で呼ばれたり名づけられたりするべきではない。これらの名辞は、かくの如き行為を絶対的に（absolute）意味するのではなく、これらの行為の遂行者が神の法により反対の行為へと義務づけられていることを共意的に（connotando）意味しているからである。それ故、これらの名辞が名辞として有する意味に関するかぎり、これは行為が悪の性格を有することをも意味しているわけである(117)」。

この箇所も、神が規範を超越する存在であることを主張しているのであるが、その意味するところは、神の掟が変化すれば人間行為の価値基準も変化するということであり、例えば旧約聖書にみられる十戒に反する神の命令も、トマスの場合と異なり容易に説明されうる。既にみた如く、スコトゥスは十戒の第一の掟を不可変の自然法として留保したが、オッカムにおいては神が十戒で示した規範は、第一の掟も含めすべて実定的規範であり、任意に変更可能な偶然的に妥当する規範にすぎない。神がアブラハムにイサクの犠牲を命じ、イスラエルの人民にエジプト人の財産の窃盗を命じ、ホセアに娼婦を娶るよう命ずることは、十戒に拘束されない神の potentia absoluta を示すものに他ならない。

「(イスラエルの民が) エジプト人の財産を略奪することは、悪ではなく善であった。それ故、神はエジプト人の財産の略奪を命令しても悪を命令しているのではない。またイスラエルの子らも、悪しき意図で、すなわち、まさに神の命令に従わずして略奪を行った者でないかぎり罪を犯してはいない[118]」。

オッカムの主意主義は恩寵論、特に神の受容(acceptatio)の観念に最も明白に現れているが、これは後に論ずることにして、オッカム倫理学のもう一つ別の側面、合理主義的傾向について考察してみよう。

オッカムによれば個的実体である人間は、第一質料と、実在的に区別される三つの実体的形相すなわち肉体の形相(corporeitas)、感覚的魂(anima sensitiva)そして理性的魂(anima intellectiva)からなり、理性的魂の二つの能力が理性と意志である。理性と意志は共に理性的魂と同一であり、相互に実在的に区別されてはおらず、従って「理性」と「意志」は共に第一次的には同じ理性的魂を意味し、第二次的にそれぞれ認識作用と意志作用を共意(connotare)する共意概念である。そして意志の倫理的な正しさの条件の一つが、正しい理性の命令に従うことである。そしてオッカムによれば倫理的に正しい意志とは、それがまさに正しい理性(recta ratio)[119]の命令であるという理由で、正しい理性の命令に従う自由な意志[120]である。

「いかなる行為も、意志がその行為において、正しい理性の命令を、まさにそれが正しい理性により命ぜられているという理由で意欲しないかぎり、完全に有徳(virtuosus)とは言えない[121]」。

正しい意志が正しい理性の命令に従う意志であることはオッカム倫理学の基本的前提であり[122]、行為は理性の洞察に従わないかぎり、(またそれが理性の洞察であるという理由で従うのでないかぎり、つまり正しい理性を objectum actus としないかぎり)倫理的行為とは言えない[123]。倫理的善を人間本性に内在する何らかの自然的な傾向(inclinatio)ないし常態(habitus)に基礎づけることなく[124]、自由で純粋に理性的な行為の場として考察することはオッカム倫理学の合理主義的側面を示すものであるが、オッカム倫理学には反主意主義的な側面を示すもう一つの別な要因が存在する。オッカムは〈Quodlibeta〉第二巻設問十四で「道徳について論証的な学はありうるか」を問い、道徳は意志に服するから論証的な学ではありえないという見解と、道徳は認識的な学であるという見解を挙げ、更に「道徳」は意志に服する人間行為であるという広義の意味と、「理性の自然的命令と、これ以外の状況によって評価されるかぎりでの、意志の力に服する習性や行為」という狭義の意味を区別した後、次のように述べている。

「人間の道徳理論（moralis doctrina）は二つの部分をもち、このうちの一つは実定的（positiva）、他は非実定的（non positiva）な部分であることを知るべきである。実定的な道徳学とは、人定法及び神法を含む学であり、これらの法は、立法の任務を帯びた上位者により命令ないし禁止されないかぎり善でも悪でもない行為を遂行ないし回避するように義務づける法である。非実定的な道徳学とは、自明的な（per se nota）、あるいは経験によって知られる原理――アリストテレスがその道徳哲学において語っているような原理、例えば『正しいことはすべて遂行されるべきである』とか『正しくないことはすべて避けるべきである』等々――が人間行為を規律するような仕方で、上位者のいかなる命令も前提することなく人間行為を規律する学である。……実定的な道徳学、例えば法学者たちの学は多くの仕方で論証的な学によって律せられているとしても論証的な学ではない。というのも法学者の議論は、明証的に知られる命題を含まない、人間が定めた実定法に基礎を置いているからである。

しかし非実定的な道徳学は論証的な学である。私はこのことを次の事実によって立証する。すなわち、自明的に知られるか、経験を通じて知られる諸原理から三段論法により結論を演繹する認識は、論証的な認識である。しかし道徳学は、そのように結論を演繹する学である。それ故、（道徳学は論証的な学である）。大前提は明白である。小前提は、道徳哲学の中に自明的に知られる多くの原理――例えば意志は正しい理性に合致しなければならないとか、非難に値するあらゆる悪は回避されねばならない等々――が存在する事実によって立証される。同様に、多くの原理は、経験というものに注意を払う人にとって明白なように、経験を通じて認識される。

そして私は、この知識が他の多くの知識よりも確実であると主張する。なぜならば、どのような人も他のことにもまして自分自身の行為につき、より豊かな経験をもちうるからである。このことから、この学が非常に精緻で有益で明証的であることは明らかである[125]」。

ここで主張されているのは、倫理学の原則の中には、神の意志であろうと人間の意志であろうと、意志の決定によりその妥当性が生ずる実定規範以外に、先験的ないし経験的に把握され、意志決定から独立に妥当する原理が存在することであり[126]、これは上記の recta ratio の強調と同様にオッカム倫理学の反主意主義的傾向を示すものである。特に倫理学において principia per se notaを認めることは、神の意志に依存せずそれ自体で自明的に妥当する規範を認めることであり、あらゆる規範を神の意志に基礎づける主意主義とは一見矛盾する立場と考えられるであろう。[127]

オッカムの倫理学ないし自然法論を理解しようとする際の基本的な難問は、自然法の規範的な拘束力の根拠を神の意志にのみ求め、また自然法の内容をも全面的に神の意志に依らしめる主意主義と、道徳的判断において「正しい理性」(recta ratio)に本質的な役割を認めるいわば合理主義的な立場をどのように調和させることができるか、という問題である。オッカムによれば、神は自らが一度打ち立てた規範的秩序に服し、通常は「秩序づけられた力」(potentia ordinata)を行使する一方で、矛盾律以外のものに服さない「絶対力」(potentia absoluta)により、一度打ち立てられた秩序を自由に破棄し、新しい秩序を創造することができる。あるいは神において変化は存在せず、従って神の意志が変化することもないという神学的前提を考慮して、次のように言えるかもしれない。神の意志は永遠の過去から個々の時点で妥当する規範的秩序を決定しており、例えば、モーセによって啓示された規範がキリストの時代に効力を停止するように、それまで妥当していた既存の秩序が或る時点で修正ないし破棄され、新しい秩序が効力をもつに至ることを決定していた、と理解することが可能である。今日妥当する規範は殺人、姦通、嘘言などを禁止し、これらの行為は悪であるが、或るとき、この規範が神により破棄され、これらの行為が善となることもありうるだろう。このような破棄が神の意志により既に決定されている可能性があるが、我々は実際にそれが決定されているのか、破棄が生ずるとすればどの時点で生ずるかを知ることができない。このように考えれば、神の意志は永遠の過去から不変であり、規範的秩序は神の意志が永遠に決定した通りに、神の意志の変化を前提することなく変化していく。従ってオッカムによれば規範の具体的内容は神の意志のみに由来し、法とは神の命令であり、神の命令を限定するような永久法や自然法は存在しない。オッカムには自然法や倫理的善を事実としての何らかの「自然」――宇宙の自然であれ、人間的自然(例えば sociabilitas や事物の本性)であれ――からの推論によって存在論的に基礎づける自然主義的見解は存在しない。この意味でオッカムの神学的法理論を主意主義的法実証主義と名づけてもよいと思われる。しかし他方、人間行為が倫理的に善とされるのは、単に神の意志に服すのみでは十分でなく、先ず理性により神の意志を正しく認識すること、[128]そしてこの神の意志への服従が理性の命令であることを自覚しつつ自由に服従することが必要とされる。[129]それ故行為の倫理性は何らかの客観的な実質価値にではなく、神の命令へと向かう人間行為の形式性の中に存し、従ってこのような倫理学の第一原則も純粋に形式的な命法、すなわち「神の命令に服すべし」という定言命法であり、[130]更にオッカムによればこの原則は「神」の概念に分析的に内在する原則であるが故に、自明的（per se nota）な、従って必然的な原則とされる。[131]またオッカムの非主意主義的側面を示す〈recta ratio〉は、神の命令と人間の意志が連結する接点であり、倫理的行為の形式、行為の正しさの必要条件と考えられることになる。

以上の如く規範の根拠を実質的価値にではなく命令ないしobligatioに求めるオッカムの倫理学は、規範の内容が神の意志のみに依るという主張に関しては主意主義的であり、[132]人間行為の倫理性の形式的構造の不変性を認める点では形式主義的と特徴づけることができるであろう。オッカム神学の中心観念、すなわち自由で絶対なる神と、これに呼応する自由なる個人、というモチーフはここにも明白に現れている。

オッカムにおいて倫理的に正しい行為とは、神の命令を理性により把握し、自由意志によりこの命令に従う行為であるが、神の命令については善悪の規準は存在せず、むしろ神が命令することが善と考えられていた。つまり倫理的行為の形式的条件は人間の自由意志、その実質的内容は神の個別的命令であり、この命令の具体的内容の如何に関係なく、それに自由に従えば行為は善とされる。善は存在論的秩序から分離され自由意志の領域へと移され、〈bonum〉は個物と異なる何らかの客観的形相を示す言葉ではなく、個物をconnotativeに指示する言葉と考えられている。これは存在論的傾向性から解放された人間の自由と同時に、神の絶対的超越性を神学の中心に据えたことの論理的帰結であるが、オッカムは更にこのpotentia absolutaの観念を恩寵、救済の領域にまで及ぼし、スコトゥスと同様、神の受容（acceptatio Dei）の全き自由を強調している。これが既にトマス及びスコトゥスに関しても触れたgratia habitualisの問題である。[133]

既述の如く、トマスは神の救済行為の一種の存在論的前提としてgratia habitualisの必要性を認め、第一原因たる神により創造されたものでありながら神から独立した、この第二原因たる恩寵に、いわば神の意志を拘束するが如き意義を与えていた。スコトゥスはこれに対し、救済行為、すなわちacceptatio divinaの絶対的自由を強調し、gratia habitualisの必要性を単にpotentia ordinata Deiの枠内でのみ認めたが、このスコトゥスの見解は更にトマス的立場をより明確に提示したペトルス・アウレオーリにより批判されることになる。[134]ペトルスによれば、神が特定の人間を救済するのはその人間が一定の存在論的特性を有するからであり、この特性が存在すれば神は「事物の本性」により（ex natura rei）必然的にその人間を救済する。gratia habitualisこそこのような特性であり、この恩寵は神により人間へと注入されたcaritas creataでありながら、神の救済行為は、魂の形相として存在するこの恩寵を必然的に前提する。acceptatio divinaはスコトゥスにおける如く恣意的になされるのではなく、人間存在自体に基礎づけられており、正義を愛する神は正しい人間を救済し悪しき人間を罰するが、gratia habitualisを形相として帯びる人間が正しい人間であり、神は一種の交換的正義（iustitia commutativa）に従って救済行為を遂行する理性的な神である。確かに、人間の善なる行為と神による永遠的生の授与は同値ではなく、従って前者は後者と対当の行為（meritum de condigno）とは言えないが、それにもかかわらず両者のあいだには正義の関係が比例的に存在し、神はこのような正義に従って人間を裁く正しき審判者（iustus iudex）である。

　さて、オッカムの救済論はこのペトルスの恩寵理論（従って間接的にトマス主義）の批判を通じて展開する[135]。オッカムの主張の基本的特徴は神のpotentia absolutaによる恩寵救済秩序の偶然性の強調、存在論的秩序からのacceptatio divinaの解放にあり、従ってオッカムによれば、gratia habitualis（ないしは、この恩寵の働きにより常態的に存在するcaritas）は救済の必要条件ではなく、神はこのような第二原因に拘束されず自由に人間を受容、救済する。『命題集註解』第一巻（dist. 17, q. 2）の「意志の行為は魂を形相的に構成する愛なしに救済に値しうるか」と題する設問において、神の受容は人間行為に形相的に内在するhabitusを前提とするという見解に対しオッカムは次のように反論する。

「私はこの見解を端的に誤りと考える。というのも、神は純粋に自然的な力により（ex puris naturalibus）為された意志の善き働きを、自ら恩寵により受容することが可能であり、従ってこのような行為は神の恩恵的受容により救済に値するものとなる。それ故、この行為が救済に値するようになるために上記の如きhabitusが必要とされることはない[136]」。

　従って、救済の根拠は人間存在が帯びる特定の性格にではなく、神の意志にあり、常態的恩寵に充たされていようと、純粋に自然的なものであろうと、行為が救済に値するか否かは神の受容（acceptation Dei）のみに依り、この受容がまさに救済の根拠（ratio meriti）に他ならない[137]。従って人間に対し神はいわば「隠れた神」であり、救済の有無は人間にとり未知である。更に、純粋に自然的な行為もそれ自体で救済に値しうるという見解はペラギウス主義的ではあるが、オッカムの場合、救済の根拠は神の恩恵的受容に存するのであるから、ペラギウス主義とは明白に異なる[138]。倫理的に善なる行為、すなわち自由意志により神の命令に従う行為も、あくまで自然的倫理的に善なる（bonum）行為に過ぎず、これが救済に値する（meritorium）行為となるのは神の受容に依る。オッカムはこのように自然的善の秩序と救済秩序を明確に分離する。

「更にまた、それ自体で十分に救済に値しない行為になりうるものはすべて、神の絶対力により（de potentia dei absoluta）それ自体で救済に値する行為ともなりうるのである。というのも救済に値する行為と救済に値しない行為は矛盾するが、救済に値する行為は、救済に値しない行為と同様、純粋に自然的な力からなる自然とは矛盾しないからである。しかし、人間の意志はそれ自体で救済に値しないものとなりうるが故に、意志が純粋に自然的な力により救済に値する行為を為すことに矛盾は存在しない。しかし、この行為は純粋な自然力により救済に値するものとなるのではなく、これはただ恩寵のみによるのであり、しかもこの恩寵は人間の意志を形相的に構成する如き恩寵ではなく、純粋な自然力による行為を恩恵的に受容する恩寵なのである[139]」。

gratia habitualis は主として洗礼の秘跡[140]を通じて人間に注入されるが、オッカムによれば異教徒でさえキリスト教の神を愛しうることを考えれば、gratia habitualis が救済に不必要なことは明らかである。

「というのも、キリスト教徒のあいだで育った異教徒は、このようにあらゆる信仰箇条を信じうるのであり、同様に異端者は一つの箇条については異端であっても他の箇条は正しく信仰しうるのである。ところが両者共に神により注入された信仰（fides infusa）を有していないのであるから、彼らが有している信仰が獲得された信仰で（fides acquisita）であることも明白である。これは獲得された愛についても同様である。というのも異教徒のあいだで育った不信者でも教化により純粋に自然的な力だけで神を何にもまして愛し、神を讃美し、歌い礼拝しうるようになるからであり、それ故、この人間が神に対してもつ愛も、注入された愛ではなく、彼ら自ら獲得した愛である[141]」。

従って、何にもまして神を愛する（diligere Deum super omnia）行為は、人間の自然的能力を超越した行為ではなく、ただ meritorius な行為とされるには更に神の自由なる受容が必要なのである。

「第一に主張すべきことは次のことである。つまり、救済に値する行為も愛の行為も、人間のあらゆる自然的能力を超えているわけではない。というのも、愛の行為はすべて我々が現世で通常の経過に従い遂行するものであり、純粋に自然的な能力にとり可能な行為と同一根拠を有し、人間の自然的能力を超えることはないからである。ただ、この行為が救済に値するものとなるのは人間の自然的力には属さず、これはこの行為が愛を含むか否かには関係ない。この行為が救済に値するものとなるのは神の自由なる受容によるのであり、かくして愛が魂や為された行為に内在するしないに関係なく、この行為を救済に値するものとして受容するしないは、神の力に属すのである。かくして現在、愛を有する者により為され、救済に値する同一の行為も、神はその絶対力により（de potential sua absoluta）これを受容しないことが可能なのであり、この場合、この行為は同一の行為、同一の愛の行為であるにもかかわらず、救済に値しないものとなる[142]」。

従ってオッカムによれば、神は potentia absoluta により、gratia habitualis の如き habitus に関係なく受容を自由に決定し、従って罪人を救済し、愛を実行する正しき人間を断罪することが可能である[143]。しかし神は救済秩序の実定的規範としては、救済の条件たる gratia habitualis の必要性を認めており、従って神は救済的受容に関して事実上この規範に服し、potentia ordinata を行使すると考えられる。

「第二に私の見解では、現在神により制定された法のもとでは、創造された恩寵（gratia creata）なしに人間は決して救済されず、また救済されえないであろうし、救済に値する行為を為さず、また為しえないであろう。私は諸聖人の言葉や聖書によってこのように考えるのである[144]」。

また上記『命題集註解』の「事実上救済に値するあらゆる行為には創造された恩寵が前提とされているか」と題する設問第三では、次のように主張されている。

「この設問については上記のことから次の点が明白である。つまり、何らかの創造された恩寵を有する者が神に愛されず永遠の生を用意されないことは確かに矛盾を含んではいないが、事実としては、この恩寵は救済に値するあらゆる行為の前提とされ、（魂に）形相的に内在し魂を構成するこのような愛なしに、いかなる者も救済に値する行為を為しえないのである。これは同様のことを主張している諸聖人の権威の故に支持されるべきである[145]」。

神が potentia ordinata を行使する事実上の救済秩序においては、habitus として人間存在に内在する恩寵が神の受容の必要条件とされるが、この場合、恩寵は救済に値する行為に対しいかなる関係にあるのだろうか。オッカムは「恩寵的愛（caritas）は救済に値する行為に対し何らかの因果性（causalitas）を有するか」と題する設問でこれを論じている。

「いかなる人間も自然的な愛により、しかもこの世において可能なかぎりの強さで、恩寵的愛を全く伴わず、神を何ものにもまして愛することが可能なのであるから、たとえかくの如き愛する者に恩寵的愛が注がれ、以前は救済に値しなかった行為がその後救済に値するようになるとは言えても、この行為は、行為の実体に関しても、また行為の強度に関しても、恩寵的愛により因果的に引き起こされたとは決して言えない。この恩寵的愛の注入によって以前より強度の行為を我々は経験するわけではないからである(146)」。

このように恩寵ないし恩寵により注入される caritas creata の因果性を否定することにより、オッカムは恩寵的愛を actus meritorium の作用因（causa activa）として存在論的自然必然的に必要なものと考えず、単に神の意志によりいわば規約的に要請されたにすぎないものと考える(147)。

「……恩寵的愛は救済に値する行為に関し、自然的原因の如く必然的に必要とされるのではなく、ただ神の命令する意志、すなわち、行為は恩寵的愛が魂に内在しないかぎり神により受容されえない、と命ずる神の意志により必要とされるにすぎない。この恩寵的愛が内在すれば神はその行為を自由に受容するのであり、これは特定の事柄に関し、秘跡の外的徴表に神が自由に恩寵を注入するのと同様である。そして更にこれは、或る君主が特定の日に己れの衣服を身につける者を愛し受容し、他の日にはそうしないと規定する場合と同様であり、この場合、衣服を身につけることは、君主による受容に関してはその必要条件（causa sine qua non）である。同じく現世における恩寵的愛も、かく命ずる神の意志にとり、その必要条件と考えられる(148)」。

また、アウグスティヌス以来、自由意志と恩寵に関し用いられてきた「馬」と「御者」の比喩についてもこれをオッカムは逆に解釈し、「恩寵的愛は意志に対し、御者に対する馬と同じ関係にある(149)」と主張し、伝統的解釈に従いつつ恩寵的愛こそ行為の主要原因（causa principalis）であるとする見解に対しては、スコトゥスにならいながら actus meritorius の実体（substantia）と救済根拠（ratio merendi）を区別し、神的受容すなわち救済的側面に関しては恩寵が主要原因であるのに対し、行為の実体的側面に関してはあくまでも意志が主要原因であることを強調している[150]。

以上のようなオッカムの救済論の特色は、自然的善の秩序と神の救済秩序を分断し、前者を後者にとり価値的に中立と考え、ただ potentia ordinata により事実上実定的規範が妥当するという条件でのみ、両秩序の連続性を認める点にある。このような見解の背後にあるのは、言うまでもなく「神の絶対力」の思想、いかなる存在論的規範秩序にも拘束されず、自由に人間を受容ないし断罪する神という観念である。

> 「神への愛と神への憎悪は、神にとり対立せる行為ではあるが、神への憎悪は事物の本性により（ex natura rei）永劫の罰に相応しきものとなるのではなく、それ故また神への愛も事物の本性により永遠の生に相応しいわけではない。これは次のことから明らかである。つまり、神はいかなる恩寵もなしに、また恩寵的愛を注入することなく、あらゆる罪からその罪たる性格を除去することが可能であり、その結果、このような神への憎悪を永劫の罰に相応しいものとしないことが可能なのである[151]」。

従って神は倫理的には悪なる行為も直接的に受容することが可能であり、神と人間のあいだには第二原因の如き恩寵が介在する必要はない[152]。

> 「更にまた、永劫の罰が罪に対してあると同様に、永遠の生は愛に対してある。しかし何らかの罪が存在しても神は永劫の罰を与えないことが可能である。それ故また何らかの愛が絶対的存在（res absoluta）として存在しても、神はその絶対力により永遠の生を与えないことも可能である[153]」。

従ってオッカムの救済論を次のように要約できるであろう。倫理的に善なる行為とは神の命令に（それがまさに神の命令であるという動機から）自由に服すことであり、人間は自然的に有する能力により（ex puris naturalibus）この行為を遂行することも、また常態的に注入された神の恩寵的愛（gratia habitualis, caritas creata, caritas infusa）に助けられて遂行することもありうる。しかし倫理的に善なる行為は救済の観点からは意味をもたず、神の受容はただ神の任意的決定により実現する。従って倫理的には悪なる行為（peccatum）を犯した人間も、神は直接的に自由に救済することが可能であり、逆に倫理的に善なる人間を断罪することも可能である。ただしこれは神が potentia absoluta を行使し、既存の救済秩序に違背し神が介入する場合であり、現在妥当する実定的秩序を維持しつつ神がpotentia ordinataを行使する場合には、倫理的善と救済秩序は、「事物の本性」によるわけではないが、神の意志により規約的に連続的な領域とされていることになる。

註

(1) 中世末期のノミナリズム神学を近代的世界観形成の一つの重要な要因として論じたものとしてH. Blumenberg. *Die Legitimität der Neuzeit* (Frankfurt. 1966) がある。以下、ノミナリズムと関連する限りで、ブルーメンベルクの論旨の一部を簡単に紹介しておこう。

ブルーメンベルクは近世をグノーシス主義の第二の克服の時代と考え、中世初期キリスト教会によるグノーシス克服の試みは完全には成功せず、中世末期にキリスト教神学の内部から、再び主意主義的唯名論（ブルーメンベルクの言うtheologischer Absolutismus）のかたちでグノーシス主義が再生したと主張する。具体的には次のように説明されている。

古代ギリシア及びストア哲学の中心的思想はコスモス的秩序の思想であり、このようなコスモス観においては悪の起源の問題は副次的なものにすぎず、世界の正当性が〈Kosmodizee〉というかたちで論証されることもなかった。プラトンのデミウルゴス神話によれば万物の存在可能性はイデアに規定されている。世界の生成は理性と盲目の必然性、イデアと質料の合一により説明され、理性は「説得」を通じて質料的必然を支配する。従って悪の存在は、理性に対する質料的必然の不服従という例外的事態による二次的現象にすぎない。しかし、プラトンにおいても現世たる現象界はイデアの模倣でありイデア界自体とは異なることは言うまでもない。この点を特に強調したのが新プラトン主義であり、世界はイデア的理念への違背とされ、ヒュレー的世界のイデア界からの離反が強調されることになる。イデアは神格化され質料界は悪魔化される。従来、「理性」による「必然」の「説得」と考えられた世界生成は、質料界たる牢獄への世界霊魂の監禁を意味し、プロティノスは、世界生成を世界霊魂が物質へと埋没し堕落する過程と考えた。しかしながら、新プラトン主義においても、世界は神に対抗する別の独立した原理から生成するとは考えられておらず、この点グノーシスの絶対的な二元論とは異なる。新プラトン主義における霊魂の堕落は、万物が各自に相応しい地位を担うコスモス的秩序を前提にしたうえでの、非秩序化的事態にすぎない。この秩序は、世界霊魂が堕落の途を逆に遡ることを通じて再建されうる。従って新プラトン主義においても、悪は規範的秩序の非充実とされていることに変わりはない。

これに対し、グノーシス主義においては、デミウルゴスは悪の原理でありかつ世界の創造主であるとされ、超越的救済神がこれに対置される。世界秩序は魂の迷宮、非救済の秩序、堕落の体系となり、善き超越神は世界に介入しないが故に、弁神論は不要なものとなる。そしてこの超越神が救霊主を送り、迷った魂を「認識」（グノーシス）を通じて救済する。

このようにグノーシス主義は、古代に対しては規範秩序が内在する自然的世界を否定し、キリスト教に対しては世界の創造と魂の救済とを同一の神に帰せしめる思想を否定した。グノーシス主義にも様々の形態が存在するが、例えばマルキオーンは世界を創造した全能の神を認めることと、世界からの人間の救済、及び自然の誘惑からの人間の解放を神の中心的業とみなすこととは矛盾すると主張する。世界創造と救霊を同一の神の業と考えることはできない。従って世界と人間を創造し、人間に犠牲と法を課する旧約聖書の神は悪しきデミウルゴスであり、自己が創造したわけではない人間の魂を、人間の責任を考慮することなく全き愛により救済する新約聖書の神とは区別されねばならない。世界との関わりから解放された救済神は世界を崩壊させ、悪しき神の法の非遵守を告知する権限を有する。従ってグノーシス主義は人間を創造したにもかかわらず人間を堕落から救済しなければならない神、世界を創造し自然的秩序を打ち立てたにもかかわらず奇跡によりこの秩序を破壊する神、かくの如き矛盾に満ちた神の観念を二元論的に克服しようとしたのである。この結果、ギリシア的なコスモス的秩序の存在論は否定され、聖書の世界創造の観念に内在する「世界への信頼」（Weltvertrauen）は消失する。

ブルーメンベルクによれば、その後のキリスト教思想の展開、従って中世思想の展開はグノーシス主義への対抗及びグノーシス主義の克服として理解されうる。「カトリチスムスはマルキオーンに対抗して打ち立てられた」（A. von Harnack）。アウグスティヌスから盛期スコラ哲学への発展は、創造された世界をグノーシス的否定から解放し、古代のコスモス的秩序をキリスト教内部に復権する努力として捉えられる。しかしグノーシス主義が正統的キリスト教により克服されたのは、後者の理論的優越性に依るのではなく、救済神による世界の破壊と人間の救霊という終末論的事態が、グノーシス主義が説く如く近い将来に到来しないことに対する人間精神の焦燥に依るのである。それ故世界創造に対する新たな形而上学的関心が生まれ、教父たちによる多数の創世記註解が著され、何よりもアウグスティヌスのマニ教的グノーシスからキリスト教への改宗及び新プラトン主義批判がこの状況の最終的段階を象徴している。世界は人間のために創造されたとするストア派の思想が教父哲学に継受され、人間の救霊はコスモス的世界の破壊を通して為されるとするグノーシス思想は忘れ去られた。

しかしこれと共に、悪の起源の問題が再燃することになる。神が創造した秩序ある世界に何故悪が存在するのか。アウグスティヌスは自由意志の観念を導入することによりこれを解決しようとした。世界に存在する害悪は、自由なる人間の過誤に対する神の刑罰であり、神は人間の自由意志に対して正義を実現すべく自然を利用するのである。正義なる神、人間の自由意志、そして悪の存在は各々論理的に依存し合う観念とされた。しかしアウグスティヌスの原罪論及び預定説に内在する、救済を預定された者と断罪を預定された者の絶対的分離には、悪の起源の問題が依然解消されえず残留し、かくしてグノーシス的二元論は克服されないまま潜在し続けている。

この克服されざるグノーシスは、隠れた神、人間にとり不可知な絶対的意志を有する神の観念をまとい、後期スコラ哲学に再生する。アウグスティヌス以後のスコラ哲学の発展は、世界創造神と救済神とを同一体系に組み入れようとする努力の歴史であった。既述の如くグノーシス主義において世界は規範的意味を失い、更には「信頼性」（Verläßlichkeit）及びギリシア的な「永遠性」を失った。人間の目的は魂の牢獄たる世界からの逃避であり、人間に益あるかたちで世界を変革する努力は問題となりえない。これに対しアウグスティヌスの自由意志論はコスモス的秩序をグノーシス的破壊から救い、盛期スコラ哲学におけるアリストテレス復興を準備した。しかしコスモス的秩序の擁護はその代価として、悪の存在の責任を人間が引き受けることの他に、世界を人間に有利に変革していく人間の自己主張（Selbstbehauptung）の放棄を要請するのである。要約すれば、世界創造神と救済神のキリスト教的同一視は世界の信頼性や規範内在性を前提とする。そして世界における悪の存在は神にではなく人間の自由意志に帰せられ、他方、秩序に満ちた善なる世界は神に帰せられる。従って、神により創造された秩序ある世界を変革しようとする試みは人間にとりそもそも問題となりえない。以上のことから、人間の自己主張の無意味性が帰結する。そしてブルーメンベルクによれば、この自己主張の無意味性はグノーシスが中世スコラ哲学により克服されず、キリスト教神学に依然潜伏していることを意味するのである (S.89)。

中世末期におけるグノーシスの第二の克服は、世界は人間のために創造されたのではない、という疑念から出発する。盛期スコラ学の秩序思想は疑問視され、これに代わり自然的秩序に拘束されない神の絶対意志、及びこの意志により恣意的に創造された偶然的秩序の観念が生まれた。しかもグノーシス主義には残されていた「知識」(グノーシス)を通じての超越界への逃避も、可見的な恩寵秩序の破壊と、神意の人間からの遮断により不可能となる。しかしここから世界の支配、変革を通じての人間理性の自己主張が人間存在の可能的領野として開かれてくるのである。現実的世界が人間存在に対しいかなる意味をももたないことが自覚され、古代及び中世のコスモス的秩序の規範的拘束性が消失することにより、世界は人間にとり操作可能なものとなり、自然秩序の消失は人間の自由の新たな観念を生み出す。この自由は、悪の存在の責任のみを自ら負い、過去の原罪の重荷を背負うアウグスティヌス的自由ではなく、未来の世界の状態に対し責任を負う人間の自由である。悪はグノーシスの如く、世界原理の形而上学的属性とは考えられず、またアウグスティヌスの如く正義による刑罰の結果とみなされることもない。むしろ悪は純粋な事実性であり、生命意志に対抗するものすべてが悪とされる。

ブルーメンベルクによれば、人間が創造世界の中に秩序ある神の配慮を見ることを止め、自己主張の責任を自ら引き受ける時、中世は終結する。「自己主張」とは新たな世界理解、世界との新たな関係において、人間の現存在をその最深の根底から支える基本的構えを意味し、自己の環境界を自ら変革し、自己の潜在的能力を客観的世界へと顕在化させていく人間の能動的な存在様式を意味する。いまや疎遠になった世界に意識的に対立する人間意志は、技術により現実世界の中に自己の新たな「人間性」の刻印を押そうと試みる。近代科学の成立も、自然に対する価値的情緒的な古代的中世的信頼が目的論秩序の崩壊と共に消失し、人間が自然を認識及び行為の対象とみなす態度の成立を前提としている。近世思想を規定する基礎的範疇は自己保持 (conservatio sui) であり、この範疇の射程は、自然科学における慣性の法則や生物学の欲求観念、そして更には国家形成の法則性にまで及んでいる。

ブルーメンベルクは、エイレーナイオスやテルトゥリアヌスがグノーシス的二元論をデモクリトス及びエピクロスの原子論と連関させているのを手掛かりに、古代原子論とグノーシス主義の思想的親近性を強調する。原子論は世界を真の存在者たる原子と虚空から形成されていると考え、グノーシスは世界を全面的に非存在とみなす相違はあるが、両者共に超越神を世界外的な存在と考え、神と世界の相互連関を否定する点で同一である。両者において神は世界に対しいかなる責任も負わず、世界の存在者に対し刑罰を科したり正義を実現したりすることもない。グノーシスとエピクロス主義を同一視する教父の見解は、神の恣意的絶対的意志のノミナリズム的思想を非難し、この思想をエピクロス的世界の絶対的偶然性の思想と同一視するライプニッツの見解にも現れている。ライプニッツによれば原子論的に理解された世界はいわゆる不可弁別者同一の原理に支配されており、原子及び虚空には理性的作用が及ぶことはありえず、偶然が世界の唯一の原理となる。従って、ここにおいてはノミナリズム的絶対神に代わって、根拠なく平行軌道から逸れ渦動により世界を構成していく原子の偶然性が置き換えられているにすぎない。ノミナリズム的世界解釈と原子論的世界解釈は、世界を人間理性の射程外にあるものと考える点で同じ思考様式に属する。中世末期のノミナリズムの基礎のうえに近世は、エピクロス及びルクレティウスによって定式化されたデモクリトス的原子論を自己の自然哲学の中に導入し、物質と運動の新しい概念の形成を準備した。しかしながら、原子論とノミナリズムの体系的類似は、歴史的機能の同一性を意味しない。両者の歴史的機能は次の点で決定的に異なっている。つまり神的意志の絶対的優位というノミナリズム的思想は、神の行為の理性的根拠への問いを無意味にし、人間に対する世界の現実的所与の拘束力を強める結果になったのに対し、原子論的機械論的思考は世界の起源を理解不可能なものにする一方で、世界の物質的基体を意味中立的なものとし、従って世界の合理的な操作を人間に認める結果となった。神の絶対的意志を物質に置き換えることにより、世界は人間にとって不可侵の所与ではなく、人間がそれを構成していくべき課題的対象となった。しかしそれにもかかわらず、近世の機械論的自然哲学が人間の自己主張の道具として理解されるに至るには、ノミナリズムにより、自然から人間的意味が剥奪されるという前提が必要とされたのである。従って近代の原子論の基礎は中世末期ノミナリズムに存するのであり、古代の原子論にあるのではない。古代原子論、特にエピクロス哲学の本質は、自然の諸現象により——正確には現象の伝統的な説明により——引き起こされる人間の不安や困惑の治療にあった。ノミナリズム哲学も世界に対する人間の不安の体系的表現であるが、世界内に救済根拠を見出すことが不可能となった人間は信仰への無条件的帰依へと進み、更にこの信仰も神の恩寵なくしては絶対的に無力なるものであった。従って古代ギリシアの原子論においてはアタラクシアの要請が可能であったのに対し、中世末期の神学的絶対主義には人間の自己主張が生まれる潜在的要因が内在しているのである。

　エピクロスの神とノミナリズムの神について世界創造の根拠を問うことは意味がない。しかし両者は根本的に異なった思想内容を有する。エピクロスにとり創造行為に根拠を求めることが不可能なことからは、そもそもいかなる創造行為も存在しないことが帰結するのに対し、ノミナリズムはこれを自然的規範秩序に拘束されず、矛盾律にのみ服する神の絶対意志を意味するものと考えた。このようなノミナリズムの背景には「普遍概念」の客観的実在を否定する立場があることは明白であろう。概念実在論の立場からは厳密な意味での「無からの創造」は認められえない。神の potentia absoluta の観念には無限なる可能的事態が内含されており、従ってこの potentia absoluta の観念と、普遍概念の反復的現実化として個物を捉える概念実在論とを調和させることはできない。

　オッカムは神が全き恣意において意欲する potentia absoluta と、自分が既に打ち立てた秩序に自らを服従させて意欲する potentia ordinata を区別していた。しかし普遍概念の否定は、神の potentia ordinata により意欲されている自然的秩序の理性的認識さえも人間に許さない。神が potentia ordinata に従って意欲していたとしても、普遍概念の客観的実在が否定されていることから、神により意欲された秩序の内容は人間にとり把握不可能である。これに対し、神の超自然的啓示は人間にとり把握可能であるが故に potentia ordinata を前提にすれば救済に関する神の意志はただ啓示を通してのみ把握することが可能である。potentia ordinata が意味をもつのは、人間の認識ではなくただ救済に関してのみであり、救済への信頼は世界への信頼へと翻訳不可能であり、両者は置換不可能である。かくして救済への信頼と世界への信頼は分離された。このような思想はグノーシス的な二元論とは確かに異なるが、人間存在の立場からみた場合、両者は実践的には同一の帰結を伴う。すなわち人間が信頼できるのは、自己を potentia ordinata へと限定した救済神のみであるが、他方でこの神は

「預定」により、人間が信頼しうる範囲を自らに留保した神であり、神が信頼しうる神であることを選択した範囲を人間は認識できない。従って中世末期ノミナリズムにおいては、宇宙からの救済はグノーシスにおけるように知識の把持により保証された万人に開かれた可能性ではない。そのもとで世界自体が人間にとり無意味になりうるような諸前提の意識はノミナリズムには存在しない。神の世界創造に根拠が存在しないことは、神への絶対的服従の思想へと導くが、服従それ自体は救済の十分なる条件とは言えない。世界から神的超越への逃避は人間にとり救済手段とはならず、それ故人間存在との有意味なる連関性を消失すると同時に、自己平静というエピクロス的アタラクシアへの逃避可能性も認められない。自然現象の効力を中和化する方法が有効であるためには、自然のプロセスの諸可能性が有限であり、それ故完全に記述可能でなければならないが、神の無限の力を背景にしてこのようなことは人間にとり不可能である。かくしてアタラクシアが自然学に依拠することも認められない。自然に対する人間の力が自然学に依存すると考えられるようになってはじめて、自然学は現実世界における人間存在の根源的不安の超克手段となりえるのである。

更に、エピクロス主義もノミナリズムと同様、世界の複数可能性を認めている。世界の複数可能性の思想は近世においてコスモスの形而上学的理念の解体に多大な影響を与えた。現実世界が人間存在のために創造されたとする人間中心的な見解に対し、現実とは異なる他の複数世界の可能性を認める思想からは、目的論的世界からの人間理性の解放、人間理性の自己主張が導出されうる。しかし古代における同様の思想は、オッカムなどにおいてそれが含意する意味内容を有してはいなかった。すなわち、世界の現実的形態を偶然的とみなしこれを観念的に変容させ、人間による世界の変革が可能であることを論証するような思想は、古代においては存在していなかった。彼以前の他のギリシアの思想家と同様、エピクロスにとっても「コスモス」の複数可能性は、現実的世界の複数性を意味し、しかも唯一の形相的世界が任意の多くの具体例において現実化することを意味したにすぎない。たしかにデモクリトスの原子論においてはコスモスの理念を危うくさせるほど世界の多様性の観念が押し進められ、数においても形態においても無限の原子から現にある人間世界が生成したことにはいかなる根拠も存在しない。まさにプラトンのイデア論はかくの如き原子論に対しコスモスの唯一性を論証するためのものであった。しかし他方でプラトンそして更にアリストテレス、ストア派へと続く宇宙の目的論的形而上学は個人を超越した宇宙自体に内在する目的を対象とするものとなり、この目的は個々人の幸福への関心から分離したものとみなされていく。これに対し個々人の幸福を哲学の中心的問題と考えたエピクロスにとり、コスモスの目的性は重要性を失い、むしろ世界への無関心により達成されるべき幸福への障害と考えられた。エピクロスにおいては、原子の偶然的運動により生成する世界に対し無関心的態度をとることに、人間の幸福が存するのである。エピクロスにおける世界の複数性の観念は、現実世界に対し普遍的妥当性を否定し、現実世界への無関心により幸福を実現しようとするものであった。そしてデモクリトスの原子論が自然現象の解明を目的としたのに対しエピクロスのそれは、自然と人間との意味的連関を断ち切ることにより、人間の自然からの解放を目的としている。もっとも、自然の秩序はエピクロスにおいて完全には消失しておらず、エピクロスは原子がそれによって相互に区別される形態の数は有限個であり、原子の運動の産物は相互に類似していると考え、複数世界に共通の恒常的形態を想定することによりコスモス的形而上学を残存させている（S. 118）。ただ、このコスモス的秩序がエピクロスにとり規範的拘束性をもたないことは確かであるが。

中世において以上の問題は、現実世界が神により創造されえた唯一の世界であることを認めて神の絶対力を限定させるか、それとも神の無限の絶対力を強調し創造可能な世界の無限性を認めるか、という対立となる。パリ司教エティエンヌ・タンピエによる一二七七年の有名なアリストテレス主義の断罪は、トマスの合理主義的秩序思想に代表される世界の唯一性の立場を批判し、多数の世界を創造できる――しかし、同時に無限に多くの現実世界を創造することはできない――神の絶対力を強調したが、この立場は神の自由な絶対意志を強調するノミナリズム神学を結果的に支持することになった。神の potentia absoluta は無限に多くの（現実世界にではなくても）可能世界に相応するのであり、現実に創造された世界が唯一だとしても、この世界を合理的に正当化することはできない。世界は既存の形相的構造を範例として創造されるのではなく、世界創造に際して神を拘束するものは矛盾律以外にはない。従って全能なる神の絶対意志に対して人間理性は無力である。

古代原子論にみられる現実的世界の複数性と、ノミナリズムの可能的世界の複数性は相互にまったく異なった意味をもつ。人間が生存している現実世界が合理的根拠をもたないことは、既述のエピクロス的意味での世界の無根拠性――創造自体を否定するためにエピクロスが用いた無根拠性――以上に人間存在を不安にする。エピクロスにおいては世界の根拠は問う必要がないものであるのに対し、ノミナリズムにおいては世界の根拠はそもそも問いえないものである。従ってエピクロスにおける世界の無根拠性は既述の如く、世界への無関心から生ずるアタラクシアへと人間を向かわせるのに対し、ノミナリズムにおいては、無限なる可能世界のうちから神が現実世界を創造した根拠は不可知なるが故に、人間にとってどうでもよいものとされねばならなかった。かくして人間はあらゆる可能世界に通用しうる道具を探求しようとし、ここから無形態の基体たる「自然」の「物質化」及び「数学化」が生まれる。古代原子論においては、原子の形相的形態が前提とされていたが故に、純粋質料という観念は存在しないのに対し、ノミナリズムから生じた近代的「自然」は純粋に無形態なる自然であり、人間が技術により人為的に構成してゆくべき対象と考えられるのである。

またエピクロス主義もノミナリズムも目的論的世界観を否定し、自然が人間存在の関心を顧慮するという思想を否定した。しかしエピクロス主義、例えばルクレティウスの〈De rerum natura〉などには人間中心的な自然観が残存しており、世界の「物質化」は徹底的に遂行されることはなかった。自然の原子的物質化は自然からの人間の解放を生み出したものの、これは消極的解放であり、自然を人間による技術的塑造の基体的対象、人間的支配の対象とみなすような積極的解放ではなかった。これに対し例えばオトゥルクールのニコラスの如きノミナリストにみられる原子論には、神の potentia absoluta によるコスモス的秩序の崩壊の故に世界に対する形而上学的保証を奪われた人間が、物質化された世界に技術的操作を通して合理性を構成的に恢復しようとする傾向がみられる。「神学的絶対主義は、自己固有の、そして自己に不可欠の無神論と人間の神格化（Anthropotheismus）を有する。」（SS. 143-144）　エピクロスにおいては自然との連関を失った人間は自己自身の内的平静へと還帰し、自然現象を自己から遠ざける（distanzieren）のに対し、ノミナリズムに開始する近代思想からは、自然と人間を価値的に結び合わせる紐帯の消失の故に、自然を対象化し（objektivieren）、支配しようとする人間存在の新たな様態が生ずる。近代思想においては、自然が人間を容赦せず、人間に対し無関心なものと思われれば思われる程、人間は自然に対し一層関心を抱き始め、一層容赦なく自然的所与を自己の支配的掌握のために物質化

(materialisieren) かつ操作可能なものとし、己れの存在可能性の活動範囲としてそれを自己に服従させなければならなかった。

以上の如きブルーメンベルクの所論は、西欧思想の展開において中世末期ノミナリズム神学が有する歴史的意義を、グノーシス及び古代原子論との対比において極めて興味深く論じている。

オッカムの〈potentia absoluta Dei〉を恣意的な力として解釈する以上のブルーメンベルクの議論を批判したものとして、J. P. Beckmann, 'Allmacht, Freiheit und Vernunft. Zur Frage nach rationalen Konstanten im Denken des späten Mittelalters' (*Philosophie im Mittelalter*, hrsg. J. P. Beckmann, L. Honnefelder, G. Schrimpf, G. Wieland, Hamburg, 1986, SS. 275-293); id., 'Weltkontingenz und menschliche Vernunft bei Wilhelm von Ockham' (C. Wenin, ed., *L'Homme et son univers au moyen âge*, Louvain-La Neuve, 1986, pp. 445-457); id., *Wilhelm von Ockham*, München, 1995, S. 38; W. Vossenkuhl, 'Vernunftige Kontingenz. Ockhams Verständnis der Schöpfung' (W. Vossenkuhl, R. Schönberger, hrsg. *Die Gegenwart Ockhams*, Weinheim, 1990, SS. 77-93); V. Leppin, 'Does Ockham's concept of divine power threaten man's certainty in his knowledge of the world?' (*Franciscan Studies*, vol. 55, 1998, pp. 169-180). これらの批判は主として、矛盾律以外のものに拘束されることのない神の絶対力により創造された世界の偶然性が人間理性による合理的な世界認識を不可能にするか否かという論点に関するものである。しかし potentia absoluta Dei のもう一つ別の重要な論点、すなわち神による救済の恣意性――とは言わないまでも、救済の根拠を問うことができないこと――に関するブルーメンベルクのオッカム解釈は基本的に正しいと思われる。最後に、ブルーメンベルクのオッカム解釈を批判的に検討したものとして J. Goldstein, *Nominalismus und Moderne. Zur Konstitution neuzeitlicher Subjektivität bei Hans Blumenberg und Wilhelm von Ockham* (Freiburg, 1998). ゴルトシュタインはオッカムの potentia absoluta Dei が神の恣意性ではなく、必然性から解放された自由な神の能力を意味することを強調し、近世的合理性がブルーメンベルクの主張するようなオッカム（ノミナリズム）への対抗によってではなく、オッカム（ノミナリズム）によって形成されたことを主張する。また、F. Heidenreich, *Mensch und Moderne bei Hans Blumenberg* (München, 2005) SS. 172-175 参照。

オッカムの potentia absoluta Dei が神の恣意性を含意しないという解釈は今日のオッカム研究における通説と言ってよいだろう。特に、A・H・オバーマンやW・コートニに代表されるノミナリズム解釈においては、矛盾律以外のいかなる規範にも拘束されない神の potentia absoluta により創造された世界の秩序と救済秩序は偶然的であるが、神は自らがひとたび制定した秩序に自己拘束的に服し、秩序を恣意的に破棄することはない。絶対的に自由な神による秩序の制定について神の意志以外の根拠を問うことは無意味であるが、神による秩序の制定は人間に対する片務的な契約であり、善なる神は potentia ordinata によって常に契約を遵守する。H. A. Oberman, *The Harvest of Medieval Theology* (Cambridge, Mass., 1963) pp. 131-145, pp. 217-235; W. Courtenay, 'Covernant and causality in Pierre d'Ailly' (*Speculum*, vol. 46, 1971, pp. 94-119) pp. 116-119; id., 'Nominalism and late medieval religion' (C. Trinkaus, H. A. Oberman, eds., *The Pursuit of Holiness in Late Medieval and Renaissance Religion*, Leiden, 1974, pp. 26-59) pp. 38-48. しかし少くともオッカムに関していえば、potentia absoluta Dei と potentia ordinata Dei をこのような意味で解釈するにはテキスト上の根拠が薄弱であり、それはあくまでも一つの可能な解釈にすぎない。オッカムの potentia absoluta Dei の観念は、これが関係してくる様々な問題領域ごとにその意味を明らかにする必要があるだろう。

　ノミナリズムと近世の形成に関しては M. A. Gillespie. *The Theological Origins of Modernity*（Chicago. 2008）pp. 19-43（ブルーメンベルクへの言及は pp. 11-12). G. Mensching. *Das Allgemeine und das Besondere: der Ursprung des modernen Denkens im Mittelalter*（Stuttgart. 1992）参照。また R. Paque. *Das Pariser Nominalistenstatut. Zur Entstehung des Realitätsbegriffs der neuzeitlichen Naturwissenschaft*（Berlin. 1970）SS. 2-3 は近世の自然概念と技術的思考がノミナリズムにおける言葉とものの関係についての言語論理的考察を通じて形成されたことと、近代的人間が神から与えられた中世の「自然の園」を、人間により操作可能な物質と力の世界へと変化させていった過程において中世末期ノミナリズムの言語分析が果たした役割を強調している。

（2）オッカムにおける神の〈potentia absoluta〉と〈potentia ordinata〉の区別については K. Bannach. *Die Lehre von der doppelten Macht Gottes bei Wilhelm von Ockham*（Wiesbaden. 1973).

（3）M. Grabmann. 'Des Hl. Augustinus Quaestio de ideis in ihrer inhaltlichen Bedeutung und mittelalterlichen Weiterwirkung'（*Mittelalterliches Geistesleben*. Bd II. München. 1926）S. 25ff. E. Gilson. *Introduction à l'étude de saint Augustin*（Paris. 1943）p. 109.

　アウグスティヌスがイデア論を特に立ち入って論じているのは、三八九年から三九六年のあいだに書かれたと考えられている設問集〈*De diversis quaestionibus* LXXXIII〉所収の〈De ideis〉と題された設問である（Migne. PL. 40. p. 29ff.）。アウグスティヌスにおいて、イデア論は明らかにプラトンに帰せられているが、プラトン以前からイデア論が存在したこと、又、ギリシア以外にも同様の思想が存在していたことが主張されている。「イデアという呼び方を最初にしたのはプラトンと言われている。しかしプラトンがこの名を提示する以前にイデアが存在しなかったわけではない。つまり、プラトンがイデアと呼んだ当のものがそれ以前に存在しなかったわけでも、誰にも理解されていなかったわけでもない。むしろ逆に、他の人々がイデアを他の名称で呼んでいたことは十分ありうる。……というのもプラトン以前に知識あるひとが全く存在しなかったことも、また、プラトンがイデアと呼ぶ当のものが……誰にも理解されていなかったことも考えられないからである。」（PL. 40. p. 29）また「ギリシア以外の他の民族のうちにも知識ある者が存在したことは考えられるし、プラトンでさえ、知識を完成すべく外国に赴いたことは十分に立証されており、それのみならず彼自身彼の書物の中でこのことに言及している。それ故、これら知識ある者がイデアを知らなかったとは考えられない。もっとも、おそらく彼らはイデアを別の名称で呼んでいたのであろう。」（PL. 40. pp. 29-30）この箇所はプラトンがユダヤ思想からイデア論を学んだとアウグスティヌスが考えていることを示唆するようでもあり、アウグスティヌスの護教論的態度がここにうかがえて興味深い。

（4）*De diversis quaestionibus*（Migne. PL. 40）p. 30.

（5）「これらイデアを観照したことが未だなくとも、敬虔で真の信仰心に満ちた人であれば、次のことをあえて否定はせず、むしろすすんで肯定しないであろうか。すなわち、存在する万物、存在すべく自己の種においてそれ固有の本性を有するあらゆるものは創造者たる神により創造されたこと、生けるものはすべて同じ創造者に依り生き、事物の普遍的全体性、及び、変化するものがそれにより自己の時間的経過に一定の規律を与える秩序が、至高なる神の掟の一部であり、この掟により支配されていることを」(ibid.)。

（6）Ibid.

（7）Ibid.

（8）「プラトンもまた、善き神により善き業が為されることを、世界創造の最も適切な理由として述べている。……しかしこの理由、すなわち善を創造する神の善性は、……注意深く考察されれば……世界の起源につき論争する人々のあらゆる議論に終止符を打つことが可能なのであるが、ある種の異端はこれを認めようとしない。というのも……我々の身体の貧弱なる可死性は多くのものにより損傷を受け、例えば火や寒さ、そして野獣といったものにより損傷を受けるからである。しかし異端者は、これらのものがどれ程各自にふさわしい場所と本性において栄え、美しい秩序へと配置されているかに気がつかず、またこれらのものが各自の美の分け前に応じ、あたかも国家全体に寄与する如く世界全体に寄与していることに気がついていない」（*De civitate Dei*, XI. 21-22）。ここで異端者とはマニ教徒を指しており、アウグスティヌスはマニ教の二元論的な現世否定に対し、イデア秩序の現実化たる現世が神的世界の模写でありそれ自体善なることを強調している。

（9）*De libero arbitrio* I. 3. 6. アウグスティヌスは離婚を例にとりながら離婚が悪とされる根拠は、それが法により禁止されているからではなく、離婚がそれ自体で悪なるが故に法がそれを禁ずる〈non sane ideo malum est, quia vetatur lege: sed ideo vetatur lege, quia malum〉ことを主張し、更に、いわゆる黄金律により法の正当性を基礎づけようとするエウオディウスの立場を否定した後、法をイデア的秩序たる永久法により基礎づけている（ibid. I. 5. 11）。以上の点、及び、アウグスティヌスの法思想が永久法によって実定法を基礎づける主知主義的傾向と同時に、法を神の意志とする主意主義的傾向をも有している点については、H. Welzel, *Naturrecht und materiale Gerechtigkeit*（Göttingen, 1955）SS. 54-56 参照。

（10）例えば「三位一体論」（*De Trinitate*, XIII. 10）において、アウグスティヌスは救済史の内的必然性について、現実に生起した出来事が善であり神の威厳に合致している（bonum et divinae congruum dignitati）ことを主張しつつも、キリストの受肉と処刑以外の可能性をも認める点で（verum etiam ut ostendamus non alium modum possibilem deo defuisse cuius potestati cuncta aequaliter subiacent）、明確な立場をとっているとは言い難い。救済史の内的必然性をめぐる問題はイデア論と密接な関係をもちながら中世スコラ神学へと受け継がれていく。

　更に、アウグスティヌスのイデア論の重要な理論的意義は、ギリシア的な神の不変性（immutabilitas Dei）と、世界創造及び救済史の時間的存続を、前者に有利なかたちで調和させる点にある。例えば、世界を創造することにより神は「創造主」という新たな属性を帯び、従って不変的存在とは言えないのではないかという疑問に対しアウグスティヌスは、創造は時間的継続の中で行われるのではなく、万物は一挙に創造され（Deus fecit omnia simul.〔*De Genesi ad Litteram* V. 17. 35〕）、時間内的と思われる神の連続的創造行為も、創造に内在する秩序的分化の現れにすぎないこと（*De civitate Dei*, XI. 30）、更に「時間」自体も神の被造物に他ならないことを主張する（*Confessiones*, XI. 13）。それ故、被造界の秩序は神の精神内部にイデアとして既に無時間的に存在するのであれば創造行為により神が変化すると考える必要はなく、immutabilitas Dei は保持される。しかし、こう考えると世界は神と共に永遠だという結論にはならないだろうか。アウグスティヌスがイデア論の具体的内容を明確にしなかったのは、おそらく、イデア論を徹底させると、「無からの創造」というキリスト教思想と矛盾する「世界の永遠性」が帰結するからであるとも考えられる。O. Lechner, *Idee und Zeit in der Metaphysik Augustins*（München, 1964）参照。

（11）*Summa Theologiae*, 1a. q. 15. art. 1. resp.

(12) Ibid.

(13) Ibid., art. 2, resp.

(14) Ibid.

(15) 従って、「第一に、イデアとは本質であるかぎりの神の本質を名指す言葉ではなく、あれこれの事物の類似ないし根拠であるかぎりの神の本質を名指す言葉と考えるべきである。つまり、一つの本質により複数の根拠が認識されるが故に複数のイデアが存在する、と言われるのである。第二に、神の叡智及び業は、それにより神がものを認識する働きを意味するが、イデアとは神が認識する対象を意味する、と考えるべきである。ところで、神は単一の認識により多数のものを認識するが、これら多数のものをそれ自体としてのみならず、認識されたものとしても認識し、これが事物の多数の根拠を認識することなのである。これは、建築家が質料中にある家屋の形相を認識するとき、家屋を認識すると言われるのに対し、自己が家屋を認識していることを彼が認識し、従って家屋の形相を自己により眺められているものとして認識するときには、家屋のイデアないし根拠を認識しているのと同様である。従って神は自己の本質を通して多数の事物を認識するのみならず、自己の本質を通して多数の事物を自己が認識していること自体をも認識するのであり、このことが事物の多数の根拠の認識を意味し、あるいは多数のイデアが認識対象として神の理性の中に存在することを意味する」(ibid.)。トマスのこの説明では、イデアは神が自己の認識作用を更に反省的に認識する場合、この反省的認識作用の志向的対象とされており、いわゆる intentio secunda の対象と考えられているが、この場合でもイデアは神の認識作用そのものではなく、あくまで認識作用の志向的対象であることに変わりはない。神の認識行為の第一志向対象がイデアではなく、対象をまさに第一志向の対象として神が反省的に認識する場合の対象がイデアである。このようにイデアは存在論的な意味と同時に認識論的な意味をも有し、トマスは次のように主張している。「プラトンによりイデアは事物の認識原理及び事物の創造原理として措定されており、これら二つの意味をもつものとしてイデアは神の精神の中に存在すると考えられている。そして事物の創造原理としてはイデアは『範型』(exemplar)と言われ、実践的認識の領域に属するのに対し、認識原理としては『根拠』(ratio)と適切に言われ、理論的認識に属すと言われるのである。それ故範型としてイデアは或る時点で神により創造された万物に関連づけられており、認識原理としては、仮にそれらがいかなる時点においても創造されたことがなくとも、神により認識される万物に関連づけられ、各個物に固有な根拠において神により認識される万物、思弁的な仕方で神により認識される万物へと関連づけられている」(ibid., art. 3, resp.)

(16) ペトルス・ロンバルドゥス命題集註解には次のように述べられている。「神が個物につき固有の認識を有するためには、神の本質が個物と類似性を有さねばならず、これは様々な個物が各々の能力に応じ多様かつ特殊な仕方で神を模倣することによる。神の本質は全面的に模倣可能なものとして自己を示すのであるが、被造物は神の本質を完全にではなく歪んだ形で(difformiter)模倣することしかできず、これはディオニュシウスも言う如く、被造物が多様にして欠陥を含んでいることによる。それ故、この『イデア』という名称は、被造物により模倣される範型たるかぎりでの神の本質を指す言葉であり、神の本質は特定の模倣様式に応じて模倣される個物固有のイデアなのである」(Sent. I, d. 36, q. 2, art. 2, sol.)。

(17) 「様々な被造物は異なった仕方で神の本質を模倣するが故に、被造物によってイデアが異なり、例えば、人間と馬がそれぞれ異なったイデアあるいは存在根拠を有すると言われるのである。このことから、模倣される神の本質は単一でありながら、神の本質を多様な仕方で模倣する多くの個物との関係からイデアは多数存在することになる」(ibid.)。従って、被造物の側から神へと向かう関係は実在的関係すなわちens naturaleであるのに対し、神から被造物へと向かう関係は実在的基礎をもたないens rationisである（*Summa Theologiae*, 1a, q.13, art. 7)。

(18)　トマスはイデアの存在を認めながらも、神による個物の直接的認識を強調する。神は形相的一般性において（secundum naturas universales）被造物を認識するのみならず、質料により個体化されたかたちで（secundum quod sunt individuatae per materiam）その個体性において認識する（Sent. I, d. 36, q. 1, art. 1）。しかしこの点トマスの立場は明確ではない。トマスは神と個物の中間者として第二原因、第三原因と続くordo causarumを認め、その最下位に個物がくるのであり、従って神がその個物をその個体性において認識することは、個物の上位に位置する諸原因の系列を認識することを意味すると思われ（*Summa contra Gentilis* I, c. 50）、少くとも神による個物の創造についてはcausae mediaeを媒介すると考えられており、この点、トマスはアヴィケンナ的な世界像に影響されていることは明らかである。更に神の個物認識については、個物の時間的可変性偶然性と神の必然性永遠性をいかに調和すべきか、という重要な問題があるが、この点についてもトマスは個物の偶然性は神に依存せず、causae mediaeに依存すると考えている（Sent. I, d. 38, q. 1, art. 5）。そしてまたトマスは、いわゆる個物のfutura contingentiaの問題に関しても、神の不変性永遠性を強調し、神はすべてを永遠の相のもとに認識し、それ自体では時間の中で生起する個物も、神にとっては永遠に現在すると考える。つまり神は個物を偶然的に生起するものとして、永遠的同時的に認識するわけである（Sent. I, d. 38, q. 1, art. 5）。

　更にトマスは被造物は神の認識の必然的対象として神から必然的に生成するか否かに関しても、神はex necessitate naturaeには行為しないこと、神は全き自由意志であることを強調する（*Summa contra Gentilis* I, c. 81）。しかし、トマスによれば神の自由は神の自己充足を意味し、神の意志の必然的対象は神自身であり、神は自己の完全性の故に、神が意欲するあらゆるものを内包するとされ、それ故神の意志は神以外の存在から自立しているが故に、自由と考えられている。それでは何故神は自己充足し必然的に自己を愛するにもかかわらず自己以外のものを創造するのか。トマスはこれを次のように説明する（*Summa contra Gentilis* I, c. 81）。（一）神の意志の第一の対象は最高善たる神自身である。しかし、（二）神は自己を窮極目的として意欲することにより、神を窮極目的として意欲する被造物をも意欲する。従って、（三）神の自己への意欲と、神の被造物への意欲は同一の行為であり、神が多数のものを意欲することは神の単一性と矛盾しない。（四）神は被造物の中に自己自身の善を必然的に意欲するが、被造物それ自体を必然的に意欲するのではない。神の意志は自己自身に対しては必然的であるが被造物に対しては自由である。

　このように神の自由をトマスは強調するのであるが、創造行為にcausa mediaeを媒介させていることは、神の自由と必ずしも適合しない。更にトマスによれば、神はprincipium cognoscendiとして存在するイデアの中から特定のイデアを選択し、それをexemplarとして個物を創造するのであるから、神の意志は自由を維持するとも考えられるが、イデアを範とすることは神の意志が神の理性に拘束されることを意味し、この点では意志の自由は認められないと考えられるだろう。

(19)　S. Th. 1a2ae, q. 91, art. 1, resp. トマスの永久法論については、J. Budziszewski, *Commentary on Thomas Aquinas's Treatise on Law* (Cambridge, 2014) pp. 159-223.

（20）S. Th. 1a2ae. q. 93. art. 1. resp.

（21）S. Th. 1a2ae. q. 93. art. 6. resp.

（22）S. Th. 1a. q. 59. art. 1. resp.

（23）「それ故、普遍的に（universaliter）かつあらゆる観点からして善なる対象が意志に与えられれば、意志が何かを意欲する場合、それは必然的に（ex necessitate）その対象へと向かい、それとは反対の対象を意欲することはない。しかしあらゆる観点からして善とは言えない対象が与えられても、意志は必然的にそれへと向かうわけではない」（S. Th. 1a2ae. q. 10. art. 2. resp.）。

（24）S. Th. 1a2ae. q. 17. art. 1. resp. ad 2.

（25）S. Th. 1a. q. 25. art. 6. resp.

（26）S. Th. 1a2ae. q. 18. art. 5. resp.

（27）〈potentia absoluta〉と〈potentia ordinata〉の対概念は中世の法学者により立法者と実定法の関係を論ずる場合にも利用されている。世界における神の位置と、国家における主権者のそれとはパラレルな議論が可能であり、法学が世俗化された神学であると言われるのもこのことによる。特に、中世ローマ法学者はユスティニアヌス法典にみられる主権者の絶対性を示す表現、〈princeps ab legibus solutus est〉（Dig. I. 3. 30）、〈Quod principi placuit legis habet vigorem〉（Dig. I. 4. 1）と、主権者も法に服すべきとするいわゆる〈Digna vox〉（Cod. 1. 14. 4）を調和させようとする場合にこの対概念を用いている。例えば、アルベリクス・デ・ロサーテとバルドゥスについて、U. Nicolini, *La proprietà, il principe e l'espropriazione per pubblica utilità*（Milano. 1952）pp. 135-138.

（28）S. Th. 1a. q. 25. art. 5. resp.

（29）アラビア哲学、特にアヴィケンナの哲学において神はいかなる可能態をも有することのない必然的かつ不変的な存在と考えられ、万物は神の内部に潜在し、従って神の自己認識は万物の認識を包含する。しかし神は自己認識に際し万物を、その個体性においてではなくその一般性においてのみ認識し、これら万物の個体性は神にではなく、神から直接的に生み出された第一原因（神は第一原因をその essentia に関しては永遠に認識しているが、更に神の意志により existentia が付与され、第一原因が創造される。しかしこれはすでに essentia が規定されている故に自由なる創造ではなく、むしろ必然的生成に近い）ないし第一叡智体（ラテン語で intelligentia prima）及びこれに引き続くより下位の諸原因の因果的連鎖の最下位に位置するものと考えられ、従って神と個物のあいだには第一原因から出発する諸原因の連鎖が介在し、神と個物の直接的関係及び固有の意味での神の創造性はこの体系には存在しない。この必然論に反対したトマスにもこの思想が残存し、これが後にノミナリズム神学により批判されることになる。

（30）S. Th. 1a. q. 25. art. 6. resp.

（31）S. Th. 1a. q. 25. art. 5. resp.

（32）『創世記』（22・2）、『出エジプト記』（11・2）、『ホセア書』（1・2）。

（33）S. Th. 1a2ae. q. 100. art. 8. ad 3. G. Stratenwerth. *Die Naturrechtslehre des Johannes Duns Scotus*（Göttingen. 1951）SS. 89-90.

（34）中世の恩寵論の複雑さは、gratia gratis data, gratia gratum faciens といった恩寵の分類に使用される用語が神学者により違った意味をもつことにもよる。G. Leff, *Bradwardine and the Pelagians*（Cambridge. 1957）pp. 141-144. 恩寵論の有益な入門書としては、J. Brinktrine, *Die Lehre von der Gnade*（Paderborn. 1957）. 中世の恩寵論の諸問題に関する思想史的概説は、J. Auer, *Die Entwicklung der Gnadenlehre in der Hochscholastik*, I. II（Freiburg. 1951）が参考になる。トマス・アクィナスの恩寵論については、J. P. Wawrykow, *God's Grace and Hu-*

man Action. 'Merit' in the Theology of Thomas Aquinas (Notre Dame, 1995).

（35） S. Th. 1a2ae. q. 109. art. 2. resp.

（36） S. Th. 1a2ae. q. 114. art. 1. resp.

（37） Ibid., art. 3. resp.

（38） S. Th. 1a2ae. q. 110. art. 1. 2. 4. J. Brinktrine, op. cit. SS. 179-184.

（39） S. Th. 1a2ae. q. 110. art. 2. resp. ad 2.「あらゆる実体は、それがその実体であるところの事物の本質ないし本質の一部であり、この意味で質料や形相が〈実体〉と言われるのである。そして恩寵は人間の本質を超越するものであり、従ってそれが実体とか実体的形相に属することは不可能である。むしろ恩寵は魂の付帯的形相であり、神においては実体的に存在しているものが、神的善性に参与する魂に付帯的に存在しているわけである」。従ってこの gratia habitualis は神に由来する一方、一種の第二原因（causa secunda）として、opus meritorium の、従って神による救済の条件とされており、第二原因を通じて個物と関係をもつ神というトミズムの（少くともノミナリズムと特に対比された場合の）特徴が恩寵論にもみられる。

（40） 〈utrum actus humanus inquantum est bonus vel malus habeat rationem meriti vel demeriti apud Deum〉 meritum 及び demeritum は訳しにくい言葉であるが（英語では通常 merit、独語では Verdienst、仏語では mérite と訳される）、特定の報酬に値する（あるいは値しない）行為に内在する性格を意味し、相対する二人の当事者を前提とするが、完全に対等な両当事者を前提とする meritum ex rigore iustitiae に対し、神と人間の如く報酬が一方の全面的恩恵による場合は meritum ex praeordinatione divina と呼ばれ、meritum とこれへの報酬のあいだにある程度の均衡が存在し、徳の遂行者が報酬への権利を有する場合は meritum de condigno と言われ、遂行者の側に（ex parte operantis）このような権利が存在せず、報酬が報酬を与える者からの（ex parte praemiantis）恩恵に全面的に依存する場合が meritum de congruo と言われる。J. Brinktrine, op. cit. SS. 222-224.

（41） S. Th. 1a2ae. q. 21. art. 4. 同じ設問二十一の第一節では、倫理的な善悪が罪（peccatum）と同一次元にあるものと考えられている。「意志による行為に関しては、人間理性が近接的規則であるが、その至高の規則は永久法である。それ故、人間行為が理性及び永久法の規則に従って目的へと向かう場合はいつもその行為は正しい（rectus）行為であり、この正しさ（rectitudo）からそれる場合に行為は罪（peccatum）と言われる。さて、既述の前提から明白なことは、意志によるあらゆる行為は、理性と永久法の秩序からそれることにより悪しき（malus）ものとなり、理性と永久法に合致する行為は全て善（bonus）である、ということであった。それ故、人間の行為はそれが善悪であることにより有徳か罪かの根拠をもつことが帰結する。」（ibid., art. 1）ここでも、永久法への一致不一致を示す bonum と malum が宗教的な言葉である rectitudo 及び peccatum と対応している。

（42） トマスは『神学大全』第三部の〈De convenientia incarnationis〉と題する箇所（S. Th. 3a. q. 1. art. 2）でキリストの受肉が人間救済により必然的（necessarius）であったことを認める。ただしこの必然性は、「食物が人間の生命維持に必要である」という意味で必然的なのではなく、「前進するために馬が必要である」という意味での必然性、つまり目的実現のために特定の手段が「より善く」（melius）かつ「より適切である」（convenientius）という意味での必然性である。従ってアラビア哲学の必然論を警戒しつつも、救済史にある種の必然性を認める点でトマスの立場は後のノミナリズムと異なっている。神の自由をギリシア的な「自己充足性」に求めるかぎり、救済史を神的本質の必然的流出と考えざるをえず、救済史に対する神の自由な偶然的直接的介入は認められえない。後者の立場を明白に強調するのがノミナリズムである。

（43）*Lectura* I. d. 35. q. un.（ed. Vat. vol. XVII, p. 90, n. 237）.

（44）Ibid.

（45）Ibid., p. 96, n. 256.

（46）Ibid., p. 102, n. 271.

（47）Ibid., p. 105, n. 278.

（48）Ibid., n. 279.

（49）スコトゥスのイデア論については、E. Gilson, *Jean Duns Scot* (Paris, 1962) pp. 279-309.

（50）*Lectura* I. d. 35. q. un.（ed. Vat. vol. XVII, p. 445）.

（51）Ibid., p. 449, n. 14.

（52）Ibid., p. 450, n. 17.

（53）Ibid., p. 449, n. 15. E. Gilson, op. cit., p. 282. スコトゥスは、神を時間の外にある存在と考えるので、第一から第四への段階は時間的経過ではなく、論理的形而上学的順序と解すべきである。

（54）E. Gilson, op. cit., p. 280.

（55）神と被造物の関係、特にイデアをめぐる問題につきスコトゥスが特に批判の対象としているのは〈doctor sollemnis〉ヘントのヘンリクスである（*Ordinatio* I. d. 36. q. un. ed. Vat. vol. VI, pp. 273-281）。ヘンリクスは、個物はその本質存在（esse essentiae）においては神的本質の模倣として永遠であり、実存（esse existentiae）としては時間的偶然的であると考え、神の創造は固有の意味では、永遠なるesse essentiaeにexistentiaを付与するにすぎないと考える。このような立場に対して、スコトゥスは、事物の不変的本質としてのイデアを否定し、純粋なる「無からの創造」を強調する。「……創造とは無からの産出である。しかし、もし石がその実在存在（verum esse reale）を永遠から既に有しており、従ってそれが創造されるのは動因力によるだけだとすれば、それは固有の意味で無から創造されるのではない」（ibid., p. 276, n. 13）。ヘンリクスの神学の特徴は元来、トマス主義に対し神の絶対的自由を強調したことにあるが、スコトゥスはヘンリクスの意図がそのイデア論によりそこなわれていると考え、事物のesse essentiaeも神自由なる意志の産物であると主張する。

（56）*Lectura*, op. cit., p. 468, n. 26.

（57）これはいわゆる、偶然的未来（futura contingentia）の問題（神が将来生起することを必然的に予知していることと、将来できごとが偶然的に、人間の行為であれば自由に生起することはいかにして調和可能かという問題）として、特にボエティウス以来、神学の中心テーマとして議論されてきたことと関連している。この問題については本書第八章を参照。

（58）*Lectura*, op. cit., p. 489, n. 35. スコトゥスは次のようにも言う。「たとえ第一原因とそれに近接する第二原因が同時に結果を生み出すと考えても、この場合、第一原因が必然的に結果を生み出すのであれば、第二原因は偶然的に結果を生み出すことはできない。というのも、同一の結果がその存在に関し（第一原因たる）完全原因に対しては必然的存在を受け取り、不完全原因に対しては偶然的存在を受け取る、といったことは不可能だからである（なぜならば、たとえ結果が完全原因から必然的存在を受け取り、偶然的存在を生み出す第二原因が存在しなくとも結果は生ずるであろうし、かくして、それは偶然的存在を生み出す原因から生み出されたことにならないからである）」（ibid., p. 490, N. 36）。

（59）Ibid., p. 492, n. 41.

（60）Ibid., n. 43.

(61) Ibid. p. 494. n. 49. また M. Sylwanowicz, *Contingent Causality*, op. cit., pp. 58-59 参照。

(62) しかし、救済史の偶然性に関しては、スコトゥスは神の自由＝神の自己充足性というギリシア的立場を保持し、救済史に対する神の直接的介入及び救済史の具体的過程の偶然性を否定する。スコトゥスによれば、神の直接的介入は介入される対象を必要とし、従って、神が被造物に拘束され自己充足的でないことを意味する。それ故、救済史は全体的過程としてみれば、神の potentia absoluta による偶然的なものであるが、具体的出来事の連鎖は絶対的に予定されており、神の直接的介入は認められない。神は potentia absoluta により救済過程を一挙に決定し、この意味で救済史は神の本質に内在する論理的秩序の実現化となる。これに対し、オッカムは神の自由＝神の自己充足の思想を完全に否定し、救済史における神の直接的介入を自己の神学の中心に据えることになる。

(63) M. Pernoud, *Tradition and Innovation in Ockham's Theory of Divine Omnipotence* (St. Louis University, Ph. D., 1969) pp. 102-113; R. P. Desharnais, *The History of the Distinction between God's Absolute and Ordained Power and its Influence on Martin Luther* (Catholic University of America, Ph. D., 1966) pp. 134-151.

(64) *Ordinatio* I, d. 38, q. un.（ed. Vat. vol. VI, p. 308, n. 5）. 神の理性については偶然性は存在しえない。そして神の理性は純粋に理論的（speculativa）であり、神の意志は理性が propositio neutra として提示した命題の中から特定のものを選びそれを現実化する。神の理性と神の意志はスコトゥスにより明確に各々 speculativa と practiva な領域へと区別されている。この点、意志は神の理性に必然的に従うと考え、理性自体に実践的機能を認めるトマスとは異なる。「それ故、神には実践的知（scientia practiva）は存在しない。というのも、もし意志の活動以前に理性があることを為すべき、あるいは創造すべきと認知した場合、意志はこれを必然的に意欲するかしないかのいずれである。もし必然的に意欲したとすれば、意志はこれを必然的に創造せざるをえないし、もし必然的にこれを意欲しないとすれば理性の命令（dictamen intellectus）に違背し、従って悪しき意志となる。理性の命令は常に必然的に正しいからである。」（*Lectura* I, d. 39, q. 1-5, ed. Vat. vol. XVII, p. 492, n. 43）. スコトゥスにとり、意志の必然性を認めることも意志が悪であることも不可能であり、従って意志に先行する神の理性は speculativa でしかありえない。また次のようにも説明されている。「しかし、神の理性は、自己の認識を意志作用へと引き渡しても、為すべきこと為すべきでないことに関していかなる指令的認識をも有しておらず、実践的原則や実践的原則を含む名辞の本質的認識も含んでいない。それ故、それはかくの如き実践に適合し先行するいかなる知識も含んでいない」（*Ordinatio* I, d. 38, q. un. ed. Vat. vol. VI, p. 305, n. 2）。

(65) *Ordinatio* I, d. 44, q. un.（ed. Vat. vol. VI, pp. 363-364, n. 3）.

(66) Ibid.

(67) Ibid., pp. 364-365, n. 5.

(68) Ibid., p. 365, n. 6-7.

(69) Ibid., p. 366, n. 8.

(70) 「神に関して不可能性（impossibilitas）は二つの意味で、すなわち神の potentia absoluta について、そして potentia ordinata について認めることができ、神の力は矛盾を含まないすべてのことに関して absoluta である」（*Ordinatio* II, d. 7, q. un. ed. Vat. vol. VIII, p. 100, n. 52）。また神の理性により提示されたイデアを結合し、複雑な観念を創りあげるのも、スコトゥスによれば意志の働きであるが、この場合も意志は矛盾するイデアを（例えば〈homo〉と〈irrationalis〉を）

結合することはできない。

(71) スコトゥスの倫理学、自然法論については、A. Wolter, *Duns Scotus on the Will and Morality* (Washington. D. C., 1986) pp. 3-123, 特に pp. 47-75. テキストの羅英対訳は pp. 126-533; id. *The Philosophical Theology of John Duns Scotus* (Ithaca, 1990) pp. 181-206; H. Möhle, *Ethik als scientia practica nach Johannes Duns Scotus* (Münster, 1995) 特に SS. 278-414; id., 'Scotus's theory of natural law' (T. William, ed., *The Cambridge Companion to Duns Scotus*, Cambridge, 2002, pp. 312-331); G. Stratenwerth, *Die Naturrechtslehre des Johannes Duns Scotus*, op. cit.; E. Gilson, op. cit., pp. 609-623; O. Wanke, 'Duns Skotus als Naturrechtslehrer' (F. Hoffmann et al. ed., *Sapienter Ordinare, Festgabe für E. Kleineidam*, Leipzig, 1969, SS. 199-231); M. Damiata, *I e II tavola: l'etica di G. Duns Scoto* (Firenze, 1973) pp. 91-134; H. Paul F. Mercken, 'Necessity and the moral order: Scotus's interpretation of the Lex Naturae in the perspective of western philosophical ethics' (E. P. Bos, ed., *John Duns Scotus, Renewal of Philosophy*, Amsterdam, 1998, pp. 171-182); T. Hoffmann, übersetzt, *Johannes Duns Scotus, Freiheit, Tugenden und Naturgesetz* (Freiburg, 2012). テキストの羅独対訳は SS. 54-305.

(72) *Ordinatio* III, d. 19, q. un. n. 7 (Opera Omnia, mit einem Vorwort von T. Gregory, Hildesheim, 1968, VII-1, p. 417).

(73) *Ordinatio* IV, d. 49, pars 1, q. 6 (ed. Vat. vol. XIV, p. 372, n. 331).

(74) G. Stratenwerth, op. cit. SS. 13-15. これに対しトマスの〈amor amicitiae〉は理性的存在者相互の愛、例えば神に対する人間の愛及びこれに対する神の人間に対する恩寵の授与を意味する(G. Stratenwerth, op. cit. S. 15, n. 48)。

(75) 理性と意志の関係については、A. Wolter, op. cit., pp. 31-39; H. Möhle, *Ethik*, op. cit., SS. 158-212; G. Stratenwerth, op. cit., SS. 21-30; E. Gilson, op. cit., pp. 592-593, p. 598.

(76) H. Möhle, *Ethik*, op. cit., SS. 348-355; G. Stratenwerth, op. cit., SS. 41-43.

(77) *Ordinatio* III, d. 27, q. un. (ed. Vat. vol. X, p. 52, n. 14) A. Wolter, op. cit., p. 424; G. Stratenwerth, op. cit., S. 42, n. 173.

(78) スコトゥスの自然法論と十戒の特免の詳細は、A. Wolter, op. cit., pp. 60-64; H. Möhle, *Ethik*, op. cit., SS. 340-348; E. Gilson, op. cit., pp. 612-614; M. Damiata, op. cit.

(79) *Ordinatio* III, d. 37, q. un. (ed. Vat. vol. X, pp. 280-281, n. 20) A. Wolter, op. cit., p. 276; G. Stratenwerth, op. cit., S. 75, n. 326; T. Hoffmann, op. cit., S. 288.

(80) *Ordinatio* III, d. 37, q. un. (ed. Vat. vol. X, pp. 277-278, n. 14) A. Wolter, p. 274; G. Stratenwerth, S. 93, n. 392; T. Hoffmann, S. 284.

(81) 殺人を禁じた神が、全く同一の状況において、当の殺人行為を逆に正しい行為として命ずることが可能か否かにつき、スコトゥスは次のように述べる。「このような状況においてかつて禁止されていたこの行為につき、禁止に関する以前と同一の状況をそのままにして、神がこれを禁止しないようにすることが不可能なのであれば、神は殺人を禁止しないでおくことができないことになるが、そうでないことはアブラハムやその他多くの例から明白である」(*Ordinatio* III, d. 37, q. un. ed. Vat. vol. X, p. 277, n. 13)。A. Wolter, p. 274; G. Stratenwerth, S. 92, n. 389; T. Hoffmann, S. 284.

(82) イスラエルの人民によるエジプトの財産の略奪については、スコトゥスはこれを自然法の特免とは考えず次のように説明する。「第一の議論で、エジプト人の財産を略奪したイスラエルの子らにつき言及されたことに関しては次のように言える。すなわち、この場合神は盗むなかれという法ないし掟を特免したわけではない。というのも、イスラエルの子らは端的に他人の財産を奪ったわけではないからである。つまり、一方で神は至高の支配者であり、（エジプト人の）財産所有をイスラエルの民に、下位の支配者の意に反してさえ移譲することが可能であったし、……他方イスラエルの子らはエジプト人に奉仕したことにより、エジプト人が不正にもその移譲を欲さずとも、かくの如き財を報酬として受け取る資格を有していたからである。従ってエジプト人は上位の裁断により移譲を強制されえたのであり、イスラエルの子らは上位の裁判官の許可により彼らのものであった財産を受け取ったのであるから、正当かつ合法的にそれらを受け取ったのである」（*Ordinatio* III, d. 37, q. un. ed. Vat. vol. X, pp. 290-291, n. 43）。A. Wolter, p. 286; G. Stratenwerth, S. 92, n. 390; T. Hoffmann, S. 304.

(83) 以下のスコトゥスの救済論の概要は、W. Dettloff, *Die Lehre von der Acceptatio Divina bei Jonannes Duns Scotus*（Werl/Westf. 1954）による。また、B. Hamm, *Promissio, pactum, ordinatio: Freiheit und Selbstbindung Gottes in der scholastischen Gnadenlehre*（Tübingen. 1977）SS. 345-354.

(84) W. Dettloff, op. cit. SS. 35-51.

(85) *Reportatio Parisiensis* I, d. 17, q. 1（W. Dettloff, op. cit., SS. 73-74, n. 216, n. 217）. Opera Omnia, mit einem Vorwort von T. Gregory, op. cit. XI-1, p. 95 の当該テキストはより要約されている。

(86) 既に述べたようにスコトゥス神学の特色は、トマス主義に対し神の意志の絶対的自由、被造界の偶然性、神と個物の直接的相互関係、規範秩序及び救済過程の偶然性を強調する点にあったが、存在論においてスコトゥスは共通本性（natura communis）や、個体化原理である〈haecceitas〉と普遍者の形相的区別（distinctio formalis）の観念にみられるように強い本質主義的傾向を有し、このような非ノミナリズム的要素は神と被造世界の関係をめぐる議論にもみられる。例えば、スコトゥスによれば神の認識作用の第一の対象は神の本質であり、神の本質の中には神により認識されうるあらゆる対象が潜在し（*Ordinatio*, prol. p. 3, q. 1-3, ed. Vat. vol. I, p. 102, n. 152）、従って、神による全被造物の認識作用は同時的不変的である。これに対しオッカムは神による被造物認識は神の本質内部に何らかの意味で既に存在するものに媒介されず直接的に為されることを強調する。更に、神が個物とその個体性において直接的に関係し合うことは神の個物への依存性、神の可変性を意味するとの批判に対しては、関係概念の存在論的身分の考察を通じて答える（*Ordinatio*, d. 30, q. 5.〈Utrum relatio temporalis dei ad creaturam sit relatio realis〉*Opera Theologica*（OT.）, IV, pp. 374-395）。この点オッカムは関係（relatio）を、二つの関係項（relata）から存在論的に独立したものとは考えず、また単に観念的なもの（relatio rationis）とも考えていない。例えば、被造物との関係で神につき述語づけされうる〈dominus〉〈creans〉〈conservans〉〈puniens〉等々の言葉は端的に神と被造物の実在的関係を言い表しているからである。しかし、これは被造物との関係で神に新しい属性が付加することを意味するのではなく、神が可変的であることも意味しない。オッカムは神の属性を示す上記の言葉の意味論的分析により問題を解決する。例えば「創造者」（creans）という言葉は共意的（connotativus）な言葉、すなわち、第一には神を意味し（significare）、同時に被造物の存在を共意する（connotare）言葉である。従って関係概念が connotativus な概念であるとすれば、実在するのは神と被造物という二つの関係項のみであり、従ってまた神の可変性を認める必要もない。神は不変であり、神が被造物との関係で様々に connotative に述語づけされることにより、あたかも神に新しい属性が付加されるようにみえるにすぎない。スコトゥスが神の不変性（immutabi-

litas Dei）を保持するために、神の被造物に対する直接性を強調しながらも、この直接的交渉に先行する神の本質を媒介項として想定したのに対し、オッカムは神と個物の関係を無媒介で直接的なものとみなし、これにより神の不変性は損なわれないと考えた。従って、神の創造行為も、神の本質に creabilia として先在する観念的存在を実在へともたらすのではなく、絶対的な意味での creatio ex nihilo である。

（87）*Ordinatio*, d. 35, q. 5. ＜Utrum Deus intelligat omnia alia a se per ideas eorum＞（OT. IV, pp. 479-507）. オッカムのイデア論については K. Bannach, *Die Lehre von der doppelten Macht Gottes bei Wilhelm von Ockham*, op. cit., SS. 182-248; M. M. Adams, *Wilhelm Ockham*（Notre Dame, Indiana, 1987）vol. II, pp. 1033-1083; A. Maurer, 'The role of divine ideas in the theology of William of Ockham'（id., *Being and Knowing: Studies in Thomas Aquinas and Later Medieval Philosophers*, Toronto, 1990, pp. 363-381）; G. Leff, *William of Ockham*（Manchester, 1975）pp. 436-447; A. de Muralt, *L'enjeu de la philosophie médiévale*（Leiden, 1991）pp. 168-255.

（88）*Ordinatio*, d. 35, q. 5, p. 480.

（89）Ibid., p. 483.

（90）Ibid., p. 486.

（91）オッカムはアウグスティヌスの〈de ideis〉に言及している。「イデアとは理性的な創造者により認識される何かであり、このイデアを認識しつつ創造者は実在的にものを創造する。この説明は、前半部分について言えば、アウグスティヌスの『八十三設問集』の設問六十三により明らかであり、そこでアウグスティヌスは次のように述べる。『これらの根拠は創造者の精神の外に存在するとは考えられず、この根拠に従ってあらゆる存在者は存在するのであるが、神はこの根拠を自己の外に存在するものとして把握するのではない』。この権威から明白なことは、イデアは神の精神の中で認識されることであり、従って説明の後半部分、つまりイデアとは理性的創造者により認識される何かであることも明白である」（ibid., p. 486）。

（92）Ibid., p. 487.

（93）Ibid., pp. 488-489. 従って「アウグスティヌスもその見解に従っているプラトンは、人間のイデアを人間（homo）とか人間の本質（quiditas）とか普遍的人間（homo universalis）と名づけている。またアリストテレスも次のような見解、すなわち被造物が種的に異なる如く、イデアも実在的に区別されたものである、という見解をプラトンに帰している。それ故プラトンの言わんとすることは、神の本質がイデアということではなく、神により認識される範型たる何か、創造する際に神がそれを認識する何かがイデアだということであった」（ibid., pp. 489-490）。もっともプラトンのイデア論がオッカムのノミナリズムと両立しないことは言うまでもない。

「創造されうるのはまさに個物であるが故に、イデアも個体的なものと私は考える。プラトンがイデアは種的なもので個的ではないと主張したとすれば、神は個物を認識せず、ただ個物の種を認識するのみである、というのが彼の見解であり、それ故にこそ彼はこのように主張するのである。……しかし他の点ではともかく、プラトンはこの点で誤謬を犯しており、たとえプラトンがこう主張してもアウグスティヌスはこの点につきプラトンに従わなかった」（ibid., p. 505）。しかし、アウグスティヌスがオッカムの解釈の如く、プラトンに従わなかったと言えるか疑問である。

（94）「或る家は別の家のイデアないし原型でありえる。つまり、建築家はその家を認識し、これにより、類似の他の家を建築することができる。これと同様に、当の特定の或る家が建築家によりあらかじめ思考されており、これにより彼は同一の家を現実に創出することもできる。

当の家は自己自身の原型でありイデアであると言えるだろう。建築家はこれを認識しながら当の家を現実に創造することができる」（ibid., p. 490）。

（95）註（86）参照。

（96）またオッカムはイデアを神による被造物の認識根拠（ratio cognoscendi）と考える見解も否定する。神が個物を認識する場合、何かを認識根拠として、これを通じて個物を認識するのではなく、個物を直接的に認識するというのがオッカムの繰り返し主張するところである。

（97）Ibid., p. 493. K. Bannach. op. cit. S. 237.

（98）イデア論と関連してオッカムが論ずる重要な論点として、神の認識作用の必然性不変性と、神の認識対象の偶然性時間性をいかに調和させるか、という論点がある。アリストテレス的な神観念によれば、神の認識作用が必然的不変的であることは、その認識対象も必然的不変的であることを含意し、従って神の認識作用の対象は必然的な存在、すなわち神自身でなければならない。この神観念は中世哲学に強い影響を与え、註（86）で触れたように、神と被造物の直接的関係を強調したスコトゥスでさえ、神の被造物認識には神の自己認識が論理的に（時間的にではない）先行すると考え、神の自己認識には、神以外の存在者の認識が潜在すると考えた。これに対し、神による個物認識の直接性を端的に主張するオッカムは、イデア自体の不変性と、イデアが永遠不変的な仕方で認識されることを区別し、後者のみを認め前者を否定する。アウグスティヌスがイデアを不変的存在と考えたことに言及した後、オッカムは次のように続ける。「アウグスティヌスの権威によりつつ私は次のように考える。『永遠的』という言葉は二つの意味で理解される。一つは、真に固有の意味で永遠に実在するものにつき言われ、他は永遠不変的な仕方で認識され把握されるものにつき言われる。この後者の『永遠』は言葉の広義で厳密でない意味で理解されたものである。イデアは第一の意味で不変的なのではなく、この意味で不変的なのは神のみであり、イデアが永遠なのは第二の意味、つまり永遠かつ不変的な仕方で認識される、という意味である。」（ibid., p. 498）このオッカムの説明は必ずしも説得的とは思われないが、＜Tres quaestiones disputatae＞q. 3「世界は神の力により永遠の昔から存在しえたか」（G. I. Etzkorn, F. E. Kelly, J. C. Wey, eds., Quaestiones variae, OT. VIII, St. Bonaventure, 1984, pp. 59-97）は世界の永遠性に関し、神の認識行為の必然性を論理分析の観点から扱っている。オッカムの基本的趣旨は、対象自体の必然性と、対象に関して言及する命題の必然性（すなわち分析性）を区別し、前者を否定する点にあるが、神の予定（praedestinatio）と人間の自由の矛盾、より一般的には contingentia futura の問題とも関連するこの論点については本書第八章参照。

（99）オッカムの potentia absoluta Dei の観念はオッカム哲学全体に浸透しており、この観念の真の意味については、この観念が哲学の各領域についてもつ意味をそれぞれ検討した後でないと確定的な結論を出せない。中世末期ノミナリズムにおいて極めて重要な意義をもつこの観念については研究者のあいだでも解釈が一致せず、この観念の解釈の相違はオッカムや更にノミナリズム一般の思想全体の解釈の相違ともなっている。K. Bannach, op. cit. SS. 1-5 参照。例えば E. Hochstetter, *Studien zur Metaphysik und Erkenntnislehre Wilhelms von Ockham*（Berlin, 1927）S. 16（自然的因果性については、神の絶対力による変更を認めていない）、Ph. Boehner, 'In propria causa' (id., *Collected Articles on Ockham*, St. Bonaventure, N. Y. 1958, pp. 300-319) pp. 301-302（potentia absoluta Dei の観念の意義を特に認めていない）、E. Iserloh, *Gnade und Eucharistie in der philosophischen Theologie des Wilhelm von Ockham*（Wiesbaden, 1956）S. 67 ff.（オッカム神学を

Theologie des Als Ob として特徴づけ、potentia absoluta により伝統的秩序は破壊され、すべてが神の恣意に依存すると主張）、H. Junghans, *Ockham im Lichte der neueren Forschung* (Berlin, 1968) S. 239（慎重に potentia absoluta の意義を認めつつ、神の意志は神の本質に拘束され、純粋の恣意ではないと考える）、その他、J. Miethke, *Ockhams Weg zur Sozialphilosophie*, op. cit., S. 156; C. Vasoli, *Guglielmo d' Occam* (Firenze, 1953) p. 235; M. Pernoud, *Tradition and Innovation*, op. cit., p. 122; M. M. Adams, *William Ockham*, op. cit., vol. II, pp. 1151-1255; A. Ghisalberti, 'Omnipotenza divina e contingenza del mondo in Guglielmo di Ockham' (*Sopra la volta del mondo*, Bergamo, 1986, pp. 33-55); E. Randi, *Il sovrano e l'orologiaio* (Firenze, 1987) pp. 65-77, pp. 85-94. H・ブルーメンベルクのノミナリズム解釈については註（1）参照。ガブリエル・ビールを中心として、A. H. Oberman, *The Harvest of Medieval Theology*, op. cit., pp. 30-56.

(100)　*Quodlibeta septem*, vi, q. 1, OT. IX, p.587（A. J. Freddoso, transl., p. 492）つまり、旧約時代では割礼（circumcisio）が神の定めた規律であったのに対し、新約ではこれが洗礼（baptisma）となり、神は potentia absoluta により救霊機構を自由に変更していく。

(101)　「ここで述べた区別は無知な人々が考えるように、あたかも神の中に二重の力が実在し、そのうち一つは絶対で他は秩序づけられている、といった意味で理解されてならない。というのも、神には単一の力しか存在せず、むしろこの単一の力は神の単一なる本質だからである」（*Opus Nonaginta Dierum*（OND）, c. 95. *Opera Politica*, vol. II, op. cit., p. 725）。神の単一性の強調はオッカム神学の特徴の一つである。神につき、例えば意志と理性を区別するのは、神の内部に形相的に区別されうる二つの能力が存在することを意味するのではなく、神の「意志」と「理性」は共に神の単一の本質を示す言葉であり、両者は〈connotative〉に各々異なった意味機能を有するにすぎない。例えば次のように説明されている。「それ故、神の本質を意味しそれ以外のものを意味せず、またいかなる共意的な意味（connotatio）をも有さない或る名が神に与えられ、更に同様に神の意志を上と同じような仕方で意味する別の名が与えられた場合、これらの名は端的に同義語であり、一方により述語づけられるものは、同様に他のものによって述語づけられる」（*Ordinatio*, d. 45, q. unica, OT. IV, p. 664）。また、神の単一性については次のようにも言われている。potentia absoluta と potentia ordinata という「この区別は神において二つの力が実在するという意味で理解されてはならない。……というのも神以外のものに対する神の力は単一であり、この力はあらゆる意味で神自体と同一だからである。またこの区別は、神は或る場合には秩序に従って行為し、他の場合には絶対的に、無秩序に行為しえる、という意味で理解されてはならない。神が無秩序に（inordinate）行為することはありえないからである」（*Quodlibeta*, vi, q. 1, p. 587, A. J. Freddoso, transl., p. 491）。

(102)　*Quodlibeta*, vi, q. 1, p. 587, A. J. Freddoso, transl., pp. 490-491.

(103)　OND, c. 95, p. 718.

(104)　Ibid., p. 719.

(105)　Ibid.

(106)　C. Denifle, *Chartularium Universitatis Parisiensis*（Paris, 1889）t. 1, p. 545, n. 21.

(107)　J. Miethke, op. cit., S. 137.

(108)　「これを私は先ず、『我は全能の父なる神を信ずる』という信仰箇条により証明する。この箇条は次の如く理解されよう。つまり、明白なる矛盾（contradictio）を含まないあらゆることを神の力に帰することが可能だということである」（*Quodlibeta*, vi, q. 6, OT. IX, p. 605, A. J. Freddoso, transl., p. 506）。「オッカムの剃刀」（rasorium occami）により知られる唯名論的観念と並んで、神の絶対力がオッカム哲学の根本観念であることは、既に十四世紀から自覚的に認められていた。L. Baudry, ed. *Le Tractatus de principiis theologiae* (Paris, 1936) p. 45; J. Miethke, op. cit., SS. 140-141. また、救済史の偶然性については次のように説明されている。「他方、私には、人間ではなく石が神のペルソナにより化体される（personari）ことも、（人間への化体にくらべ）より不適切であるとは思えない。というのも神のペルソナが化体することは神のペルソナにより支えられること（sustentificari）に他ならず、理性的本性と同様に非理性的本性も同じく神により支えられうるのであるから、石やロバが人間と同様、神に化体されることは可能だからである」（*Reportatio* III, q. 1. OT. VI, p 33）。

(109)　オッカムのテーゼ、他の絶対的個物から場所的及び主体的に区別されるあらゆる絶対的個物は、他の絶対的個物が破壊されても、神の力により存在することが可能である、というテーゼも、このことから理解される。個体は各々直接的に神と結びつき、個体間に関係的に内在する秩序は、神が実定的に制定した一時的なものにすぎない。言うまでもなくこのテーゼは、普遍概念や関係概念の実在を否定するノミナリズムと表裏一体の関係にある。もし、種概念の如き普遍者が個物に先立って客観的に存在すれば、神の力は絶対的とは言えないであろう。「特定の種に属する個物は、それに先立ち創造ないし創出された同一種に属する他の個体がどれ程多く存続していようと、新たに神により創造されうる。しかし創造とは端的に無からの創造であり、従って、事物に本質的に内在するいかなるものも、現実在において事物に先行することは端的にありえない。それ故、新たに創造されるこの個体の本質は、各個体に先立って存在する普遍的な事物ではない。というのも、もしそうだとすると、この個物の本質が創造に先行することになり、従って創造されないことになってしまうからである。それ故、これらの個物の本質は、何らかの普遍的な事物ではない。もし仮にそうだとすると、これは最初に創出された個物の後に創出されるあらゆる個物に先立って存在することになり、従って最初に創出された個物の後で創出される万物は、創造されるとは言えなくなるだろう。それは無からの創造ではなくなるからである」（*Ordinatio*, d. 2, q. 4. OT. II, pp. 115-116）。従ってオッカムにおいては、トマスにおける如く個物の個体化原理（量化された質料）を措定する必要はなく、またスコトゥスの如く「これ性」（haecceitas）という（アリストテレスの十個のカテゴリーのどれにも含まれない）存在者を導入する必要もない。

(110)　*Ordinatio*, d. 44, q. un. 〈Utrum Deus posset facere mundum meliorem isto mundo〉(OT. III, pp. 650-661). オッカムはここで、（一）神は「本質的善」（bonitas essentialis）ないし実体的善（bonitas substantialis）において、すなわち種的に（specie）よりすぐれた世界を創造しえるか、（二）神は数においてのみ（solo numero）この世と異なった、よりすぐれた世界を創造しえるか（すなわち神はこの世とは別の世界を創造することができるか）、（三）神は付帯的善（bonitas accidentalis）においてのみ、よりすぐれた世界を創造しえるか、の三つの点につき論じ、それぞれこれを肯定している。神はこの世に存在するものの付帯的属性をより良くすることも、また種的によりすぐれた存在をより多く生み出すことも可能であり、そして、この世とは別の他の世界を無限に創造することも可能である（ただし、無限個の現実世界を同時に創造することは不可能）。この点、神の善性からこの世の善性及び必然性を導き出し、この世以上に善なる世界は存在しえないとする立場（かつてA. O. Lovejoy, *The Great Chain of Being*, Cambridge, Mass. 1933, p. 52が、principle of plenitudoと名付けた立場）をオッカムは端的に否定する。この問題について詳しくは、M. A. Pernoud, 'Tradition and innovation in Ockham's theory of the possibility of other worlds'（*Antonianum*, vol. 48, 1973, pp. 209-229）; A. Maurer, 'Ockham on the possibility of a better world'（*Medieval Studies*, vol. 38, 1976, pp. 291-312; id., *Being and Knowing*, op. cit., pp. 383-402）.

（111）しかし、オッカムが自然的事象において目的因を否定していたか否かに関しては、研究者のあいだで見解の対立がみられる。目的因は少くとも三つの異なった仕方で理解することができる。（一）認識能力と意志をもった存在者Aが一定の事態Xの生起を欲求し、この欲求を充足するために一定の行動をとるとき、XはAの行動の目的因である。Aの行動を引き起こすのはXへのAの欲求であり（これはAの行動の動力因である）、欲求されたXは単に比喩的に（metaphorice）Aを動かすにすぎない。（二）認識能力も意志ももたない自然的事物Bが一定の運動によって一定の結果Yを引き起こすとき、Yの生起が自然を統べる理性的存在者（神）によって意図されたものであれば、YはBの運動の目的因である。（三）認識能力も意志ももたない自然的事物Cが一定の運動によって自らの実体的ないし付帯的な形相の完成Zを達成しようとすれば、ZはCの運動の目的因である。オッカムは（一）と（二）の意味での目的因を認めている。問題は(三)の意味での自然内在的な目的因をオッカムが認めていたか否かである。この点に関してM. M. Adams, 'Ockham on final causality: Muddying the waters'（*Franciscan Studies*, vol. 56, 1998, pp. 1-46）は三つの論考、A. Maier, 'Das Problem der Finalkausalität'（id., *Metaphysische Hintergrunde der spätscholastischen Naturphilosophie*, Roma, 1955, SS. 273-299）; G. Leibold, 'Zum Problem der Finalität bei Wilhelm von Ockham'（*Philosophisches Jahrbuch*, Bd. 89, 1982, SS. 347-383）; V. Richter, G. Leibold, *Unterwegs zum historischen Ockham*, Innsbruck, 1998, SS. 9-69）; S. F. Brown, 'Ockham and final causality'（J. F. Wippel, ed., *Studies in Medieval Philosophy*, Washington, DC, 1987, pp. 249-272）を検討した上で、オッカムには目的因に関し相互に異なる見解がみられるものの、基本的にオッカムが（三）を否定したことを論証している。上記三つの論考のうち、A・マイヤーとS・F・ブラウンはオッカムが（三）を否定したことを主張し、G・ライボルトは逆にオッカムが（三）を肯定したと主張する。解釈の焦点となるオッカムのテキストは一三二一年から一三二三年のあいだに書かれた〈Expositio in libros physicorum Aristotelis〉II, c. 12であり、ここにはオッカムが（三）を採用しているように思われる一節が存在する。これに対して目的因について何らかの仕方で言及している他のオッカムの著作、一三一七年から一三一九年のあいだに書かれた〈Ordinatio, prol., q. 5, q. 11〉、一三一九年以前の作と想定される〈De fine〉〈Quaestiones variae, q. 4〉、一三一九年から一三二一年のあいだに書かれた〈Summula philosophiae naturalis〉、一三二二年から一三二三年に書かれた〈Brevis summa libri physicorum〉、一三二二年から一三二四（ないし一三二五）年のあいだに書かれた〈Quodlibeta〉（ii, q. 2; iv, q. 1, q. 2）はそれぞれ議論の内容に相違がみられるものの、基本的には（三）を認めていない。この点特に明白なのが〈Quodlibeta iv, q. 1〉（各々の結果は、動力因とは別の目的因を有しているか）であり、ここでは目的が原因であるということは、行為者が目的を欲求し、欲求された目的を実現すべく一定の結果が生起するように行動すること——従って目的は現実に存在する必要はない——として説明され、また「何のために」（propter quid）の問いは意志をもった行為者の行為に対してのみ可能であり、単なる自然的事物の運動に対しては不適切であること、自然的事物は画一的かつ必然的に作用し、いかなることも意図しないことが主張されている。

　これに対してライボルトによれば、〈Expositio〉は単にアリストテレスの自然学の解説にとどまらず、そこにはオッカム自身の見解も示されており、そこにみられるオッカムの見解は自然内在的な目的を認めている。目的は自然的事物を統べる知的な存在者が当の事物に外側から割り当て、事物をそれへと向かって動かしていくようなものではなく、自然的事物自体がそれへと向かって運動する事物の完成態と考えられている。従って自然に内在する目的因は動力因には還元されえない。ライボルトはオッカムの真正な著作である〈Expositio〉にみられるオッカムの見解——（三）を肯定する見解——がオッカムの著作とされる〈De fine〉〈Summula〉〈Quodlibeta〉の見解と明白に衝突することから、後三者がオッカムの著作であることを疑問視している。

これに対してM・M・アダムズは、〈Expositio〉においてオッカムが自然における規則的事象が目的のために生起することを認め、結果が自然によって意図されているという言い方を受け入れ、自然学は質料因よりも目的因と形相を対象とするというアリストテレスの見解を特に問題視していないことを指摘する一方で、オッカムがアリストテレスの次のような見解、すなわち製作者が一定の意図をもって、一定の因果的プロセスを通じてものを製作することとのアナロジーにより、認識能力を欠く自然的事象の規則的な因果的プロセスにも一定の意図を認めることができる、という見解を疑問視していることを指摘する。というのもオッカムによれば、製作者は理性と自由意志を有していることから、製作には作品の完成（目的）へと至る一定の因果的プロセスがあり、そして製作者は目的のために行為するとしても、このことから製作者が実際に当の目的を選択することが論理的に帰結するわけではないからである——論理的に帰結するのは、正しい理性に従えば製作者は当の目的を選択する、あるいは正しい理性は製作者が当の目的を選択するよう命令する、ということだろう——。〈Expositio〉においてオッカムは、自然的事象の規則的な動きから事物の実体的ないし付帯的完成が結果することを認めたうえで、このことが動力因とは別に目的因による説明を要請するか否かという点につき、明確にこれを肯定しているわけではない——〈Quodlibeta, iv, q. 1〉はこれを明確に否定している——。確かに〈Expositio〉では——そして〈De fine〉においても——事物の実体的ないし付帯的完成であるものごとの最終的な結果に「目的」という表現をあてているが、自然的事象のプロセスの規則性はものごとが目的のために運動するというよりは、ものごとの動きが偶然的でないことを示している、というオッカムの言い方は、プロセスの最終結果が実体的ないし付帯的完成という規範的性格を帯びていることが動力因に加えて目的因による説明を要請するかという点につき、オッカムがこれを肯定することにためらいを感じていたことを示唆している。

(112)　オッカム倫理学の主意主義的傾向を強調する解釈としては、A. Garvens, 'Grundlagen der Ethik Wilhelms von Ockham' (*Franziskanische Studien*, Bd. 2, 1934, SS. 243-273); C. Giacon, *Guglielmo di Occam* (Milano, 1941) p. 588. 合理主義的傾向を強調ものとしては、A. H. Oberman, *The Harvest of Medieval Theology*, op. cit. p. 92; W. Kölmel, 'Das Naturrecht bei Wilhelm Ockham' (*Franziskanische Studien*, Bd. 35, 1953, SS. 39-85). 更に、オッカム倫理学には矛盾する二つの思想が並存すると考える立場として、F. Oakley, 'Medieval theories of natural law: William of Ockham and the voluntarist tradition' (*Natural Law Forum*, vol. 6, 1961, pp. 65-70). その他オッカム倫理学については、O. Suk, 'The connection of virtues according to Ockham' (*Franciscan Studies*, vol. 10, 1950, pp. 9-32, pp. 91-113); L. Freppert, *The Basis of Morality according to William Ockham* (St. Bonaventure, NY. 1961); L. Urban, 'William of Ockham's theological ethics'（*Franciscan Studies*, vol. 33, 1973, pp. 310–350）; G. Leff, op. cit., p. 476; C. Vasoli, *Guglielmo d'Occam*, op. cit., pp. 235–260. 近年の研究としては、M. M. Adams, 'The structure of Ockham's moral theory'（*Franciscan Studies*, vol. 29, 1986, pp. 1–35）; id., 'William Ockham: voluntarist or naturalist'（J. F. Wippel, ed., *Studies in Medieval Philosophy*, op. cit., pp. 219–247）pp. 231–246; id., 'Scotus and Ockham on the connection of the virtues'（L. Honnefelder et al., eds., *John Duns Scotus: Metaphysics and Ethics*, Leiden, 1996, pp. 499–522）; id., 'Ockham on will, nature, and morality'（P. V. Spade, ed., *The Cambridge Companion to Ockham*, Cambridge, 1999, pp. 245–272）; M. M. Adams, R. Wood, 'Is to will it as bad as to do it? The fourteenth century debate'（*Franciscan Studies*, vol. 41, 1981, pp. 5–34）; R. Wood, 'Göttliches Gebot und Gutheit Gottes nach Wilhelm von Ockham'（*Philosophisches Jahrbuch*, Bd. 101, 1994, SS. 38–54）; P. King, 'Ockham's ethcal theory'（P. V. Spade, ed., *The Cambridge Companion*, op. cit., pp. 227–244）; A. S. McGrade, 'Natural law and moral omnipotence'（ibid., pp. 273–301）; T. M. Holopainen, *William Ockham's Theory of the Foundations of Ethics*（Helsinki, 1991）; M. A. Schmidt, 'Gottes Freiheit, Macht und Güte im spätmittelalterlichen Nominalismus'（J. Brantschen, P. Selvatico, hrsg. *Unterwegs zur Einheit*, Freiburg–Wien, 1980, SS. 268–291）; J. Kilcullen, 'Natural law and will in Ockham'（*History of Philosophy Yearbook*, vol. 1, 1993, pp. 1–25）; M. Damiata, *I problemi di G. d'Ockham, IV, L'uomo*（Firenze, 1999）pp. 59–95; A. Ghisalberti, 'La fondazione dell'etica in Guglielmo di Ockham'（*Etica e politica: Le teorie dei frati mendicanti nel due e trecento*, Spoleto, 1999）pp. 59–89; S. Müller, *Handeln in einer kontingenten Welt: Zu Begriff und Bedeutung der rechten Vernunft (recta ratio) bei Wilhelm von Ockham*（Tübingen, 2000）; T. M. Osborne, *Human Action in Thomas Aquinas, John Duns Scotus & William of Ockham*（Washington, D. C., 2014）.

（113）〈odium Dei〉に関しては特に、*Reportatio* II, q. 15, OT. V, pp. 342–358 及び *Reportatio* IV, q. 11, OT. VII, p. 198, q. 16, OT. VII, p. 352 参照。この〈odium Dei〉の問題は、アヴィニョンにおけるオッカムの異端審問の際、審問の対象となった『命題集註解』からとられた五十一の命題のうちの一つである。A. Pelzer, 'Les 51 articles de Guillaume Occam censurés en Avignon en 1326'（*Revue d'histoire ecclésiastique*, vol. 18, 1922, pp. 240–270）. この審問委員会の報告では次のように言われている。「オッカムは神への憎悪がこの世において正しい行為でありえ、神によっても命令されうると主張する。……しかし我々の見解では、この命題に含まれる二つの主張は誤謬である。というのも神を憎悪することは、理性的被造物が神に対して直接的に正しい途からそれていることを意味し、これは正しい行為ではありえず、神によってもこれが許されることはありえない。それ故、神を愛することがそれ自体で不正でありえないのと同様、神を憎悪することもそれ自体悪であり、正当ではありえず、従って神により命令されることもない。もしそうだとすれば、神は悪の行為者となってしまうからである」（ibid., p. 254）。

（114）*Reportatio* IV, q. 11, p. 198. 神の行為を人間の行為と同じような意味で道徳的に善であるとか悪であるとか考えることはできない。「しかし神はいかなる行為をも引き起こすように義務づけられてはいない。それ故、神はいかなる罪悪も伴うことなくして、どのような絶対的行為をも（そしてこれと反対のどのような行為をも）引き起こすことができる。神は道徳的な善あるいは悪を伴わずして、愛する行為を全面的に引き起こすことができる。というのも、道徳的な善あるいは悪は、行為者がその行為へと義務づけられていること、あるいはその行為と反対の行為へと義務づけられていることを共意しているからである。同様に神は同じ理由で――すなわち神はいかなる行為をも引き起こすように義務づけられてはいない、という同じ理由によって――いかなる道徳的悪をも伴わずして、神を憎悪する行為を全面的に引き起こすことができる」（*Reportatio* II, q. 15, p. 353）。

(115) それ故、「あらゆる意志は神の命令に合致しうるが、神は被造物たる人間の意志が神を憎悪することを命じうるのであるから、人間の意志もこれを実行することが可能である。更に、この世において正しくありうるすべての行為は、天においても同様であるが、この世で神への憎悪は、もしそれが神により命令されれば正しい行為となるのであるから、これは天においても同様である」（*Reportatio* IV, q. 16, p. 352）。

(116) *Reportatio* II, q. 15, p. 352.

(117) Ibid. この箇所の「憎悪」は神への憎悪ではなく、他の人間への憎悪の意味で使われている。

(118) *Ordinatio*, d. 47, q. 1, OT. IV, p. 685.

(119) オッカムの〈recta ratio〉は二義的であり、真と把握された規範命題の単なる認識を意味すると同時に、この規範命題への同意をも意味する。そして後者の段階ではじめて意志は倫理的に理性に拘束されることになる。*Quaestiones variae*, q. 7, art. IV, p. 393 (transl. R. Wood, *Ockham on the Virtues*, West Lafayette, Indiana, 1997, p. 167). L. Freppert, op. cit., p. 71; D. W. Clark, 'William of Ockham on right reason' (*Speculum*, vol. 48, 1973, pp. 13-36) pp. 15-17.「愛されるべき対象が提示された場合、意志は理性のいかなる命令もなくそれを愛することが可能であり、意志は愛されるべき対象を愛しているが故にこの行為は倫理的に善である、ともしあなたが主張するのであれば、…例えば次のことを仮定してみよう。つまり『この善は愛されるべきである』という命題が形成され、理性がこれに同意しなかった場合、果たしてこの愛が倫理的に善といえるか否かが問題となる。私の見解では、この行為は種的に（ex genere）は善であり、倫理的に悪ではないとしても有徳とは言えない。というのも行為は正しい理性に従い適切な対象に対して自覚的に遂行されることにより有徳となるからである。」（*Reportatio* III, q. 12, OT. VI, p.422）. そしてオッカムによれば「正しい理性」は有徳な行為の部分的対象（objectum）であると同時に部分的な原因（causa）である。「正しい理性は有徳な行為の対象であり、正しい理性が、有徳な行為の実在的対象として当の行為にとって必要とされることから、正しい理性は有徳な行為に対し、……それを実際に引き起こす因果的な力を有することが帰結する」（*Quaest. variae*, q. 7, art. IV, p. 394, transl. R. Wood, p. 169）。

(120) *Quaest. variae*, q. 8, art. I, p. 409. オッカムは「私は、私が異なる様々なものをそれによって無差別（indifferenter）かつ偶然的に（contingenter）確定することのできる力を、それ故私がこの力の外のどこにも変化が生じないかぎり同一の結果を引き起こすことも引き起こさないこともできるような力を自由と呼ぶ」（*Quodlibeta*, i, q. 16, OT. IX, p. 87, A. J. Freddoso, F. E. Kelley, transl., vol. 1, p. 75）と述べている。そしてオッカムにとり意志が自由でありうることは論証不可能であるが経験的に自明である。「意志が自由であることは十全的に証明されうるか」につきオッカムは「私はこれを立証しようとするあらゆる議論は結論と同じように、あるいはそれ以上に、認識されていないことを前提としているが故に……（意志の自由は）いかなる論証によっても証明されえないと答える。しかし、人間は理性がどれ程特定のことを命じようと、意志は依然としてこれを意欲することもしないことも、あるいはこれに逆らおうとすることも可能であることを経験しているので、経験により（意志の自由は）明証的に認識されうるのである」と述べている（*Quodlibeta*, i. q. 16, p. 88, transl. pp. 75-76）。倫理的に評価可能なのは、このような自由で（liber）偶然的な（contingens）行為、人間に帰責可能な行為（actus imputabilis homini）である。W. Kölmel, 'Wilhelm Ockham - der Mensch zwischen Ordnung und Freiheit' (*Miscellanea Mediaevalia*, Bd. 3, 1964) S. 207. しかし言うまでもなく自由意志は倫理的行為の条件にすぎず、有徳的にも悪徳的にも遂行されうる。「意志の行為のみが必然的に有徳か」と題する設問（*Quodlibeta*, iii. q. 14）につきオッカムは次のように述べる。「この設問で提示された排他的命題（すなわち、意志の行為のみが必然的に自由である、という命題）は二つのことを主張している。一つは否定的な主張であり、すなわち、意志の行為以外のいかなる行為も必然的には有徳とは言えないことであり、他は肯定的な主張、すなわち意志によるある種の行為は必然的に有徳だということである。否定的な主張については、私はこれを端的に正しいと考える。意志の力の範囲内にある意志の行為以外のすべての行為は、悪でもありえるような仕方で善である。この行為は、悪しき目的、悪しき意図によっても為されうるからである。また同様に意志の行為以外のすべての行為は、自然的に、自由なくして為されることが可能であり、このような行為は決して必然的に有徳とはならない。更に、意志の行為以外のすべての行為は神のみによって引き起こされることが可能であり、その結果、それは理性的被造物にとって必然的に有徳な行為ではない。更にすべての行為は、称讃に値するか非難に値するかに関係なく同一の行為として存続しえるし、それが最初は正しい意志、次に悪しき意志へと連続的に合致するに応じて、はじめは称讃すべきものとして、その後は非難すべきものとして存在しえる。これは、最初は善き意図で、その後は悪しき意図で教会に行く人の場合に明白である。更にいかなる行為も、それが意図的で意志の力の範囲内にないかぎり有徳でも悪徳でもない。というのも『罪とは（それが意図的でないかぎり全くもって罪とは言えないほど）意図的（な悪）だからである。』しかし、意志の行為以外の行為がはじめは意志の力の範囲内にあり、その後に意志の力の範囲内にないことがありうる。例えば、或る人が意図的に涯から飛び降り、その後後悔し、神のために自分が落下しないことを望む有徳な意志の行為をもつときがそうである。しかし落下しているあいだは、行為はその人の意志の力の範囲内にはない。それ故落下は必然的に悪徳であるとは言えない」（*Quodlibeta*, iii. q. 14, pp. 253-254, transl. pp. 211-212）。肯定的な主張——意志のある種の行為は必然的に有徳であるという主張——に関しては、オッカムは先ずいかなる行為も必然的に存在するわけではなく、またどのような行為も神のみにより引き起こされることが可能であり、神のみによって引き起こされる行為は行為者の意志の範囲外にあることから、いかなる行為も必然的に有徳であるとは言えないことを指摘した後、「しかし、或る行為が必然的に有徳であること、すなわち（当の行為に関係する）神の命令が効力をもち続けるかぎりにおいて（stante praecepto divino）その行為が悪徳ではありえないような仕方で有徳であること、同様に、その行為は有徳であることなくして被造物（人間）の意志によって生み出されることがありえないことを別の仕方で理解することが可能である」と述べ、必然的に有徳な行為の存在を次のように説明する。偶然的に有徳な行為——すなわち有徳でも悪徳でもありうる行為——が確定的に（determinate）有徳な行為になるのは、有徳である別の第二の行為と合致することによるが、更にこの第二の有徳な行為が偶然的に有徳な行為であれば、この行為は更に別の有徳な行為と合致することにより確定的に有徳な行為になる。そしてこの場合、無限後退を回避するためには、それ自体で必然的に有徳な行為が存在しなければならない。……このように説明した後オッカムは、必然的に有徳な行為とは、他のすべてのものにもまして神を、神のために愛する意志の行為であることを主張する。「というのも、この行為は悪徳ではありえないような仕方で有徳だからであり、この行為は有徳たることなくしては被造物（人間）の意志により引き起こされることがありえないからである。その理由は、すべての人間は（それぞれ然るべき）時と場所において、他のすべてのものにもまして神を愛するように義務づけられており、その結果、この行為は悪徳でありえないからであり、またこの行為は善なるすべての行為のうち第一のものだからである。更に、聖者たちによれば、いかなる行為も善き、あるいは悪しき意図以外の理由で賞讃ないし非難に値することはないが、意図とは意志の行為である。……更にアンセルムスによれば、罪を犯すのは意志のみであるが故に、罰せられるのも意志のみである…」（*Quodlibeta*, iii. q. 14. pp. 255-256. transl. p. 213. また *Quaest. variae*, q. 7. art. I, p. 327, transl. pp. 69-71 にも同じ趣旨の説明がみられる）。ここで〈stante praecepto divino〉と述べられている理由は「すべてのものにもまして神を、神のために愛する」ことが必然的に有徳なのは、神がそのような行為を命令するからである。神を神のために愛することはそれ自体で必然的に有徳なのではなく、神の命令を根拠にしている。従って、この点に関しては Freppert, op. cit.（pp. 121-122, 147-148, 175-176）に対する Holopainen, op. cit.（p. 81, n. 28）の批判は正しいと思われる。しかし、「すべてのものにもまして神を愛すること（diligere Deum super omnia）が「（人間によって）愛されるのを神が欲するすべてのものを愛すること」（diligere quidquid Deus vult diligi）と同じ意味だとしても（*Quodlibeta*, iii. q. 14. p. 257）、Holopainen（p. 81）が主張するように「すべてのものにもまして神を愛すること」が「神に服従しようとすること」や「神の法に服従しようとすること」と同義と言えるか疑問である。「神の命令に服従せよ」という規範が神の命令に基礎づけられるとすれば、無限後退が生ずるだろう。Holopainen（p. 81, n. 30）は自分の主張の典拠として「例えば、或ることが神の命令だという理由でそのことを為そうと意志することは、神の命令が存続するかぎり（stante praecepto divino）悪徳ではありえないような仕方で有徳である」を挙げているが、ここでは神が或ることを命令し、それを撤回しないかぎりそのことを行うことは有徳であると述べられているのであり、「神の命令に服従せよ」という命令が神の高次の命令を前提としていることが述べられているわけではない。要するに、神を愛することが有徳であるのは「神を愛しなさい」という神の命令に依存するが、神の命令に服従することは神の命令によることなく、それ自体で必然的に有徳な行為である。

以上のようにオッカムは、意志の行為以外のいかなる行為も必然的には有徳でないこと、そして意志の行為の中でも「他のすべてのものにもまして神を（神のために）愛すること」「（人間によって）愛されるのを神が欲するすべてのものを（神のために）愛すること」、そしてより厳密に言えば「神の命令に、それが神の命令だという理由で服従すること」のみが必然的に有徳であると主張する。そしてオッカムによれば「必然的に」（necessario）有徳な行為は「内在的に」（intrinsece）有徳な行為である（*Quodlibeta*, iii. q. 16. p. 266, transl. p. 222. *Quaest. variae*, q. 7. art. I, p. 327, transl. p. 69）。要するにオッカムは倫理の内面性を強調するわけであるが、法と道徳の区別に触れて次のように言う。「外的行為を同時に伴う内的行為は、内的行為だけの場合より重く罰せられるが、これは外的行為が為されるときに内的行為が意図されているからに他ならない。しかし人定法によれば、しばしば軽い罪がより重く罰せられ、また外的行為がより重く罰せられることがあるが、これはこの罪が国家の破壊のより大きな原因となるからである。例えば羊を窃盗することと人の名誉毀損のうち、前者は後者より罪は軽いが、神に対してではなく人間のあいだでは後者より重く罰せられているのである」(*Quodlibeta*, i. q. 20, p. 105, transl. p. 90)。また、「事実、神法あるいは人定法によって、重い罪は或る場合により軽い罪より軽く罰せられる。例えばロバや牛の窃盗は偽証や虚言や、虚言による中傷より軽い罪であるが、人定法によって事実上後者より重く罰せられる。これは、それがより重い罪だからではなく、国家の滅亡や崩壊のより強い原因となるからである。しかし神の面前では、つまり永劫の罰に関しては、後者は前者より重く罰せられる」(*Reportatio* III, q. 11, OT. VI, pp. 376-377)。またオッカムによれば、姦通しようと意図する人間は、実際に姦通する人間と同じくらい罪深いが、姦通への衝動的欲求は意図ではなく倫理的に中立である。外的行為それ自体や単なる欲求は倫理的非難の対象となりえない。「上述のことに従ってあなたが、キリストの中には下位の力と上位の力のあいだに何らかの反目が存在していたのか、と問うならば、私は、そこには悪徳的ないかなる反目も存在しなかったと答える。なぜならばキリストの感覚的欲求の中に姦通行為への衝動や欲求がどれ程存在していようと――これは単なる仮定であるが――、キリストがそのような行為に対し意志を抱いていないかぎり罪を犯しているとは言えないからである。すなわち、別のところで明らかにされたように、罪は意志の中にのみ存在し、外的行為の中には外在的な〈denominatio〉によらないかぎり、いかなる意味でも罪は存在しないからである。それ故感覚的欲求の行為は悪徳ではない。私はキリストが感覚的欲求の中に、意志行為が同時に存在することで外在的な〈denominatio〉によって悪徳と言えるようないかなる行為も有していなかったと考える」(*Quaest. variae*, q. 6, art. IX, pp. 270-271)。denominatio extrinseca については註(122)参照。また、外的行為の道徳的評価は内面的意志行為のみによって行われる。「この点について幾つかの例が存在する。一つの例は、二人の人間がいて両者共に或る人を殺す意思を抱いているが、第一の人間は強い意志を、第二の人間はそれほど強くない意志を抱いているとする。いま両者が自分の奴隷に対し当の人を殺すように命令したが、第二の人間の奴隷がその人を殺し、第一の人間の奴隷はその人を殺さなかったとしよう。このとき確かなことは、より重い罪を犯したのは第一の人間だということである。というのも、第一の人間は(殺された)人をより強く憎み、第二の人間に比べ殺人に対しより強い意志を抱いていたからである。しかし、第二の人間の方が罪が軽かったにもかかわらず、現世の刑罰では第一の人間より重く罰せられるだろう。それ故、罪が軽い人間の方がしばしばより重い刑罰を科せられるのである。そして更に、第二の主人が自分の邪悪な意志と命令を後悔するのに対し第一の主人は後悔せず、第二の主人の奴隷が当の人を殺したと仮定する。このような場合、第一の主人は殺人に関し罪を犯し、第二の主人は罪を犯していないが、刑罰を科せられるのは第一の主人ではなく第二の主人である」(*Reportatio* III, q. 11, p. 378)。

(121)　*Quaest. variae*, q. 7, art. IV, p. 395, transl. p. 169.「というのも、意志が理性の命令を、それが(理性の)命令であるという理由ではなく、それが快いとか、その他の理由により意欲するのであれば、意志は正しい理性の命令が不在であっても、単なる把持により(per apprehensionem)提示されただけで当の命令を意欲することだろう。従ってこの行為は、正しい理性に合致して遂行されたことにはならず、それ故有徳ではないだろう。というのも、正しい理性に合致して行為するということは、理性によって命じられていることを、それが(理性によって)命じられているという理由で意欲することだからである」(*Quaest. variae*, q. 7, art. IV, p. 395, transl. p. 169)。「正しい理性に合致して行為するということは、このような行為が遂行されるべきことを規律し命令する正しい理性に従って当の行為を遂行することであり、『命令する』（dictare）とか『規律する』（regulare）ということは、特別の仕方でその行為を因果的に引き起こす（causare）ことに他ならない」（ibid. q. 8, art. I, p. 418）。そして、意志それ自体は善悪に対して中立的であるから、善い行為を行うためには正しい理性を必要とする。「正しい行為が意志によって遂行されるためには、知性の中にある何らかの正しい理性が必然的に必要である。……意志はそれ自体で正しいということはないのであるから、意志そのものに関するかぎり、それは善い行為も悪しき行為も共に遂行可能である。このような意志は、正しく行為するためには自分以外の何らかの指導的ルールを必然的に必要とする。これは明白である。というのも、神の意志がそれを指導するいかなるものも必要としない理由は、それがそれ自体で第一の指導的ルールであり、悪しく行為することがありえないからである。しかし我々の意志は、正しく行為することも正しく行為しないこともありうる。それ故、我々の意志は、それを指導する何らかの正しい理性を必要とする」（ibid. pp. 409-410）。オッカムは、それ自体では価値中立的な行為が正しい理性に従うことにより有徳になるというスコトゥスの見解を批判する。正しい理性は意志にとり外的契機であるから、この見解は「非有徳的行為はいかなる意味でも意志の力には属さない純粋に自然的な作用により有徳とされる」と主張していることになるが、「この見解によると有徳な行為は単一で単純な行為でないように思われ、倫理的に中立な行為（actus indifferens）と正しい理性の作用（actus prudentiae）の二つの行為を形相的に包含することになり不合理である」とオッカムは主張する（ibid., p. 381）。L. Freppert, op. cit., pp. 75-80 参照。オッカムによれば有徳な行為は二つの異なった意志行為、すなわち正しい理性の命令に従うことを含意しない外在的にのみ有徳な意志行為（actus virtuosus extrinsece）と、正しい理性に従おうとする内在的に有徳な意志行為（actus virtuosus intrinsece）から成り、これらは共に意志の行為であることに変わりない。しかし外在的にのみ有徳な意志行為が有徳であるのは、それが内在的に有徳な意志行為によって引き起こされるからである。「しかし、もし自然的に二つの行為が意志の中に同時に存在しうるとすれば——『命題集註解』第一巻で証明されたように私はこれを真であると考える——このとき、既に言及されたような仕方で、意志の中には有徳でも悪徳でもない（indifferens）或る行為が存在しうることになる。例を挙げれば、もし私が或る人に私の意志行為を向け、善いあるいは悪いいかなる状況にも意志行為を向けることなくこの人をそれ自体として愛するならば、このとき、この行為は道徳的に善でも悪でもなく中立的である。そしてこの行為はそのまま存続しながら、私が別の行為を生じさせ、この行為によってこの人を神のために、正しい理性に合致して、そしてこれ以外に必要とされるあらゆる状況に合致して愛そうとするならば、この第二の行為は完全に、そして内在的に有徳である。そして当初は善でも悪でもなかった第一の行為は今や、それが完全に有徳な行為と正しい命令に合致しているかぎりにおいて、派生的名辞の外在的述語づけによって（denominatione extrinseca）有徳になる」（*Reportatio* III, q. 11, pp. 385-386）。〈denominatio extrinseca〉については註(122)参照。

神を愛することは神の命令に従うことである。私がXを愛することを神が欲していれば、私にとって神を愛することはXを愛することである。Xを愛することそれ自体は善でも悪でもないが、私がXを愛することを神が欲していれば、私がXを愛することは内在的に善なる行為となる。私がそれを行うように神が欲するすべてのことを行う私の第一の意志は内在的かつ必然的に善なる自由な意志であり、神による受容に値する（meritum）のもこの意志である。しかし私が何を行うように神が欲しているかを啓示やその他の方法で認識するのは理性であり、「このときもし私が理性によって、ヨハネスが私によって愛されることを神が欲していることを認識すれば」、神を愛する（神が私に欲しているすべてのことを行う）私の第一の意志と、理性による上記の認識から、私は必然的にヨハネスを愛さなければならない。従って第一の意志と理性的認識を前提とすれば、ヨハネスを愛する私の第二の意志行為は自由とは言えない。第二の意志は第一の意志によって決定されているからである。*Reportatio* III, q. 7, OT. VI, p. 211. L. Freppert, op. cit. pp. 65-66参照。

上述のように、意志の行為が道徳的に正しい行為と言えるには、意志は正しい理性の命令に、それが正しい理性の命令であるという理由で従わなければならない。この点に関しオッカムは*Quaest. variae.* q. 7, art. II (pp. 335-336, transl. pp. 81-85) において有徳性に五つの段階（gradus）を設けている。(一) 正しい理性の命令に従い、然るべき状況（circumstantia）と場所と時において正しい行為を、当の行為に内在する価値を目的として行う。(二) (一)に加えて、どのような理由であれ——たとえ死の危険に直面していても——正しい行為を、正しい理性に反することのために放棄しない。(三) (一)(二)に加えて、正しい理性の命令に、それが正しい理性の命令であるという理由で従う。(四) (一)(二)(三)に加えて、正しい行為を神への愛の故に行う。(五) 特定の状況を前提とすると通常の人間には遂行困難な英雄的な行為——人間の通常の状態を凌駕し、人間の自然的性向に反した行為——を行う。……(四)の段階で有徳性は完成しているので、(五)は有徳性の位階秩序には属さず、例えば有徳な異教徒の(三)の段階にとどまる行為が(五)の英雄的な行為となることも可能である。(一)(二)(三)は純粋に自然的な（正しい自然理性のみに従う）有徳性であり、(四)は、神の存在を自然理性によって認識する人間、そして更に、自然理性だけでなく神の啓示によって神を信ずるキリスト教徒の完全なる有徳性である。オッカムは自然理性が神の実在に関して証明できるのは、それ以上に善なる者が他に存在しない少くとも一つの（従って複数も可能）存在者が世界の（創造的原因ではなく）保持原因として実在することであり（*Ordinatio*, d. 2, q. 10, OT. II, pp. 337-357; *Quodlibeta*, i, q. 1, OT. IX, pp. 1-11, transl. pp. 5-12）、自然理性はこの種の存在者を他のなにものにもまして愛するよう命じるだろう。しかし神が世界を保持するだけでなく創造したこと、そして神が唯一であり人格神であることは神の啓示を必要とし、キリスト教徒である人間の理性はこの啓示を認識し、神を他のなにものにもまして愛するだろう。

五段階の有徳性に関するオッカムの説明がみられる*Quaest. variae.* q. 7の表題は「諸徳は結合しているか」(Utrum virtutes sint connexae) であり、オッカムはこの設問のarticulum 3 (pp. 341-376) において、道徳的な諸徳（virtutes morales）——iustitia, fortitudo, temperantia, prudentia——相互の関係と、これら道徳的な徳と神学的な諸徳（virtutes theologicae）——fides, spes, caritas——との相互関係を論じている。オッカムの議論を次のように要約できるだろう。(一) あらゆる道徳的行為は普遍的道徳原理——「あらゆる善は愛されるべきである」「あらゆる悪は退けられるべきである」等々——を大前提とした推論の帰結である。従って、あらゆる道徳的徳は幾つかの普遍的原理の中に潜在的に含まれているという意味で相互に結びつけられている (p. 347, transl. R. Wood, p. 99)。(二) 或るタイプの徳が第三ないし第四段階にあれば、この徳を身につけた人の意志は、正しい理性が別のタイプの徳に属する行為を命令するとき、理性の命令に従いやすくなること——すなわち、第三・第四段階にある或る徳が別のタイプの徳に属する行為へと意志を向かわせること——は確かであるが、必然的に従うとはかぎらず、それ故、或るタイプの道徳的徳と別のタイプの道徳的徳のあいだに必然的な結合は存在しない。また或る道徳的な徳が第二段階にあるとき、この徳が別のタイプの徳に属する行為へと意志を向かわせる――すなわち、別のタイプの徳に属する行為を遂行しやすくする――か否かは状況によって異なり（pp. 347-348, R. Wood, p. 101）また（三）或るタイプの英雄的な徳が別のタイプの徳に属する行為へと意志を向かわせるか否かについても同様である（p. 349, R. Wood, p. 103）。（四）第一段階の或る徳が別のタイプの徳に属する行為へと意志を向かわせることはない（p. 349, R. Wood, pp. 101-103）。（五）同一の徳の内部において、第一段階の徳が第二段階の徳へと――そして第二段階の徳が第三・第四の段階の徳へと――意志を向かわせることはないが、第二・三・四の段階の徳は第五段階の英雄的な徳へと意志を向かわせる（p. 349, R. Wood, p. 103）。以上、（一）―（五）から理解されるように、オッカムは、いかなる段階にあるいかなるタイプの道徳的徳も、他のタイプのいかなる段階にある道徳的徳とも必然的に結合してはいないと考えた。

更に（六）どの道徳的徳においても、第一・二段階の徳は他のタイプの徳に反する悪徳と両立可能である。例えば、第一・二段階の〈temperantia〉を身につけた人が〈iustitia〉に反する不正を意図的に行うことが可能であり、この人は不正を行うことで第一・二段階の〈temperantia〉の徳を失うことはない（pp. 350-351, R. Wood, p. 105）。（七）しかし或るタイプの徳が第三段階にあれば、この徳は他のタイプの徳に反する悪徳と――無知ないし錯誤による以外は――両立不可能である（p. 352, R. Wood, p. 107）。（八）第四段階の〈iustitia〉は神のために或ることを愛するように要求するので、いかなる悪徳や回避可能な無知とも両立不可能である（p. 354, R. Wood, pp. 109-111）。（九）第五段階の英雄的な徳で、しかも神を対象とする完全な徳は、いかなるタイプの悪徳とも両立不可能である。これに対して異教徒の英雄的な徳は、神を窮極的な対象としていないので、或るタイプの悪徳と両立可能である（pp. 354-355, R. Wood, p. 111）。

次に〈fides〉〈spes〉〈caritas〉といった神学的徳――狭義の神学的徳は神により注入された徳のみを意味し、広義の神学的徳は、絶えざる実践を通して獲得可能な徳をも含む――と道徳的徳との関係に関しては、（一）第一・二・三段階の道徳的徳と広義及び狭義の神学的徳のあいだには必然的な結合関係は存在せず、神学的徳が欠如している人に第一・二・三段階の道徳的徳が存在することは可能である。というのも神学的徳は広義と狭義のいずれも神を対象としており、第一・二・三段階の徳を身につけた異教徒には神学的徳が欠如しているからである（p. 355, R. Wood, p. 111）。（二）第一・二段階の道徳的徳は神学的徳を必要としないだけでなく、キリスト教の信仰箇条の否認と両立可能であり、三つの神学的徳に反する悪徳とも両立可能である（pp. 355-356, R. Wood, pp. 111-113）。（三）第三段階の道徳的徳は神学的徳なくして存在可能であるが、神学的徳に――これが三つの神学的徳のうちどれであろうと――反する悪徳とは両立不可能である。例えば第三段階の〈iustitia〉は神への憎悪と両立不可能である（p. 356, R. Wood, p. 113）。（四）第四段階の道徳的徳は――神のpotentia ordinataを前提とすれば――神学的な諸徳を必然的に要求する（p. 356, R. Wood, p. 113）。（五）キリスト教徒が第五段階の道徳的徳を身につけることは――神のpotentia ordinataを前提とすれば――神学的諸徳を必然的に必要とする（p. 357, R. Wood, pp. 113-115）。（六）神学的諸徳と道徳的諸徳のあいだに必然的な結合は存在しないが、前者は後者を生み出す原因となりうる（p. 357, R. Wood, p. 115）。（七）何ものにもまして神を愛することを要求する神学的徳はいかなるタイプの道徳的悪徳の実行をも許容しない。ただし〈habitus〉として道徳的悪徳を身につけた人間が狭義の（すなわち神によって注入された）神学的徳を実行することはありうる。これに対し、広義の（すなわち獲得された）神学的徳は道徳的悪徳の実行とも〈habitus〉とも両立不可能である（pp. 358-359. R. Wood, pp. 115-117）。

最後に〈prudentia〉ないし〈recta ratio〉とこれ以外の道徳的徳の関係については、（一）〈habitus〉による行為も含めて道徳的に有徳なすべての行為は何らかの〈prudentia〉を必要とし、結果が原因に依存するように、あらゆる有徳な行為や〈habitus〉は直接的かつ必然的に何らかの〈prudentia〉に依存する（p. 362. R. Wood, p. 121）。（二）有徳な行為は〈prudentia〉だけでなく意志（voluntas）をも必然的に前提とし、両者はあらゆる有徳な行為の部分的原因である（p. 363. R. Wood, p. 123）。（三）自明的な（per se nota）一般命題ないし経験を通して得られた明証的な一般命題の知識という意味での〈prudentia〉や自明的な一般命題からの推論により得られる個別事例に関する特殊命題の知識という意味での〈prudentia〉は、いかなる有徳な行為や〈habitus〉も前提とすることなくそれ自体で独立して存在可能である（pp. 363-364, p. 371. R. Wood, p. 123, p. 135）。（四）他人や自分自身の行為の経験を通じて得られた特殊命題の知識という意味での〈prudentia〉に関しては、他人の行為の経験から得られた知識はしばしば道徳的な徳を伴うことなくして存在しうるのに対し、自分自身の行為の経験から得られた知識は、自ら有徳な行為を一定期間行うことが前提となっているので、この知識からは必然的に〈habitus〉としての徳が生成する。しかしこのようにして生成した〈habitus〉がその後有徳な行為を引き起こすとはかぎらない（pp. 372-374. R. Wood, pp. 137-139）。（五）完全に有徳に生きるために必要なすべての徳についての規律的知識という意味での〈prudentia〉は、上記（三）と（四）の知識を合わせた〈prudentia〉であるから、或る種の道徳的な徳はこれに必然的に随伴し、他の徳は必ずしも随伴するとはかぎらない（pp. 374-375. R. Wood, pp. 139-141）。（六）あらゆる道徳的な徳の実行は必ずしも上記（三）の〈prudentia〉を前提とすることなく可能であり、経験を通して得られた個別的な特殊命題の知識という意味での〈prudentia〉のみにより引き起こされることがある。（p. 375. R. Wood, p. 141）スコラ哲学及びオッカムにおける諸徳の結合に関してはR. Wood. *Ockham on the Virtues*, op. cit. pp. 40-59, pp. 219-251参照。またO. Suk, 'The connection of virtues according to Ockham', op. cit. pp. 9-32, pp. 91-113; M. M. Adams, 'Scotus and Ockham on the connection of the virtues', op. cit., pp. 499-522.

(122)　意志による行為であっても、それが理性の命令に意図的に従って（意図的に従わずして）遂行されるのでなければ、倫理的に正しい（悪しき）行為とは言えない。例えば（*Quodlibeta* i, q. 20, p. 102. transl., p. 87. また ibid., q. 18, p. 96. transl., p. 82）教会に行く行為は、それ自体では倫理的に中立な行為であり、単なる外的行為（actus exterior）である。この行為は「神を愛すべし」という正しい理性の命令に、神の名誉の故に（propter honorem Dei）従うことによりはじめて倫理的に善なる内的行為（actus interior）となり、他方虚栄心の故に（propter vanam gloriam）これを為せば倫理的に悪なる行為となる。このようにオッカムは行為の実体的側面にはいかなる価値的意義をも認めず、ただ意志が正しい理性の命令（この根本規範は、「なにものにもまして神を愛すべし」、あるいはより厳密に言えば「神の命令に服従すべし」である）に自由に服従するかこれを拒否するかということのみによって倫理的価値が決定されると考える。「更に、いかなる行為も、直接ないし間接にそれが意志の力の中にないかぎり、悪徳とは言えない。もっとも或る人が、自由意志により涯下に飛び降り自殺を図り、落下しながらこれを後悔し、悲嘆した場合や、同様にこの落下を欲さず、むしろ可能であればこれが逆戻りするよう望んだ場合には、落下を望まないこの行為は有徳で義にかなったものとなり、落下する行為もその人が後悔すれば悪とは言えない。というのも、落下は最早その人の意志のうちには存在しないからであり、更に、もしこれが悪であれば、この人間は悪徳と同時に有徳、外的行為の故に断罪さるべきと同時に、内的行為の故には救済さるべきものとなってしまうだろう」（*Quodlibeta* i. q. 20, p. 104, transl. p. 88）。それ故オッカムによれば、有徳な内的意志行為によって生み出された外的行為は、内的行為の道徳的価値とは区別されるような、いかなる独自の価値も帯びてはいない。この点に関するオッカムとスコトゥスとの見解の相違については、L. Freppert, op. cit. pp. 58-62; M. M. Adams, R. Wood, op. cit. pp. 11-12参照。

さて、オッカムは教会へ行く行為のような「外的行為」は〈denominatio extrinseca〉によって有徳（virtuosus）であると述べ、「外的行為」という主語に「有徳である」が述語づけされることを〈praedicatio denominativa〉と呼んでいる。これは要するに外的行為がそれ自体では倫理的に有徳でも悪徳でもなく、必然的かつ内在的に有徳な意志によって生じることで有徳になることを意味するのであるが、論理学的に表現すれば、外的行為に〈virtuosus〉が述語づけされるとき、〈virtuosus〉という語は、外的行為から区別され、それによって外的行為が〈virtuosus〉と呼ばれるところの意志の内在的に〈virtuosus〉な行為を共意する（connotare）ということであり、〈virtuosus〉が〈praedicatio denominativa〉に従って外的行為に述語づけされるということもこのことを意味している。

〈praedicatio denominativa〉は、主語に派生的名辞（nomen denominativum）を述語づけすることであり、派生的名辞は、——例えば〈album〉〈creativum〉〈animatum〉のように——それに対応する抽象語——〈albitudo〉〈creatio〉〈anima〉——の語尾を変化させることによって派生的に生ずる具体語である。またこの種の具体語は、その名辞的定義が直格の語と斜格の語を含み、直格の語で表されるものを一次的に意味し斜格の語で表されるものを二次的に意味する共意語（terminus connotativus）である。すなわち、〈album〉は「白さを帯びるもの」として名辞的に定義され、〈creativum〉は「もの（被造物）を創造するもの」として、〈animatum〉は「魂をもつもの」として名辞的に定義され——「白さを」「被造物を」「魂を」は斜格で表されている——、例えば「ソクラテスは白い」という命題中の「白い」は一次的にソクラテスを意味すると同時に二次的に（ソクラテスが帯びる）白さを意味する。そして「神は創造的である」の「創造的」は一次的に神を、二次的に被造物を意味し、「ソクラテスは魂をもっている」の「魂をもっている」は一次的にソクラテスを、二次的に魂を意味する。

次にオッカムは〈praedicatio denominativa〉を三つの種類に区別している（*Reportatio* III, q. 10, OT. VI, pp. 317-318）。先ず最も厳密な意味での（strictissime）〈praedicatio denominativa〉は、述語が、主語とは実在的に（realiter）区別され主語に内在するもの（ここでオッカムは明言していないがおそらく付帯性）を意味する（importat）場合であり、例として〈homo est albus〉が挙げられる。この命題の述語〈albus〉は、主語〈homo〉とは実在的に区別され〈homo〉に内在する付帯性（白さ）を意味している。この最も厳密な意味における派生的名辞についてオッカムは別の箇所で次のように述べている。「ボエティウスによれば、派生的名辞には（ad nomen denominativum）三つの条件が必要とされることを理解すべきである。すなわち第一に、或るもの（派生的名辞が述語づけられるもの）が「ものに」（re）参与すること、第二に、それが「名辞に」（nomine）参与すること、第三に、名辞の何らかの変形（transfiguratio）が存在すること、すなわち主たる名辞と派生的名辞の語尾（terminatio）が異なっていることである。例を挙げれば、或るものは正しさを（iustitiam）有しており、従って「もの自体に」（re ipsa）参与している。同様にそれは名辞にも参与している。なぜならば、そのものは正しい（iustus）と確かに言われるからである。そして第三にここでは名辞の語尾が異なり、名辞の変形がみられる。これら三つの条件のどれか一つでも欠けていれば、真に派生的名辞と言えるものは存在しない」（*Expositio in librum praedicamentorum Aristotelis*, OPh. II, c.3, pp. 144-145）。要するに派生名的な語（iustus）とは、これに対応する抽象語（iustitia）を有し――両者は語尾を異にする――、この抽象語が付帯的形相を、すなわち具体語である当の派生名的な語が述語づけられているものに内在する付帯的形相を意味するような語である。また広義の意味での（largissime）〈praedicatio denominativa〉は、述語が主語とは完全に（totaliter）区別されるものを意味し、意味されるこのものが主語には内在せず、主語によって実際に存在を有する（habet esse a subiecto effective）何か或るものを共意（connotat）するか、他のものを一次的に意味（significat principaliter）する場合であり、例えば〈Deus est creativus〉がこれにあたる。この場合、述語は主語にとって外的で主語に内在しないもの（被造物）を意味することから、この種の述語づけは〈extrinseca〉と言われる。更に上記二つの述語づけの中間に位置する厳密な意味での（stricte）〈praedicatio denominativa〉は、述語が主語によって意味されるものの本質的部分――質料ないし実体的形相――を意味し、それ故述語である具体語が主語の全体について述語づけされる場合であり、例えば〈homo est animatus〉や〈homo est rationalis〉そして〈homo est materialis〉などがこれにあたる。――〈animatus〉〈rationalis〉そして〈materialis〉は、それぞれ〈anima〉〈ratio〉〈materia〉から派生する具体語であり、一次的には人間を意味し、二次的に魂、理性、質料を共意する――この場合、述語によって意味されるもの（魂や理性や質料）が主語によって意味される人間に本質的に内在し、その実体の一部であることから、この述語づけは内在的（intrinseca）と言われる。

さて、〈virtuosus〉は、これが述語づけられる主語が何であるかに応じて様々な仕方で〈denominativum〉である。〈virtuosus〉が外的行為に述語づけられる場合、外的行為は〈denominatio extrinseca〉によって〈virtuosus〉であると言われる。というのも、この場合〈virtuosus〉は、外的行為から区別され、それとの関連で外的行為が〈virtuosus〉と言われるところの内在的に有徳な意志行為を共意するからである。すなわち、外在的に有徳な外的行為はそれ自体では道徳的に善ではなく、意志の有徳な内的行為より生ずることで有徳となる。それ故〈virtuosus〉は広義の意味での〈praedicatio denominativa〉に従って外的行為に述語づけられていることになる。この意味において〈virtuosus〉は〈creativus〉に類似しており、更に「父」のような共意的関係語にも類似している。或る人間は、この人とは完全に区別される別の人間（子）がいないかぎり父と言われないように、外的行為も、この行為と完全に区別される内在的意志行為が存在しないかぎり〈virtuosus〉とは言われない。同じことは〈virtuosus〉がそれ自体では価値中立的な意志行為――例えば教会に行く意志や特定の人を愛する意志――に述語づけされる場合にもあてはまるだろう（註121参照）。これに対し、〈virtuosus〉が価値中立的な意志行為と、それ自体で内在的に有徳な意志行為からなる内在的に有徳な複合的意志行為――例えば神を愛するが故に教会に行く意志行為――に述語づけされる場合、この述語づけは上記の「厳密な意味における」（stricte） 〈praedicatio denominativa〉、すなわち〈denominatio intrinseca〉による述語づけである。この場合、述語〈virtuosus〉は第一に複合的意志行為を意味し、第二にその一部分――内在的に有徳な部分的意志行為――を意味（共意）する。「神への愛の故に（あるいは神の命令に従おうとして）教会に行く意志（X）」は「神への愛ないし神の命令に従う意志（Y）」と、神への愛の具体的表現である（あるいは神によって命令されている具体的行為を遂行しようとする）意志（Z）の複合体であり、「Xはvirtuosusである」という命題の述語〈virtuosus〉は第一にXを意味し、第二にYを共意する。そしてYは内在的に有徳なあらゆる（複合的）意志行為に必然的に含まれている意志行為であり、「Xはvirtuosusである」は、〈denominatio intrinseca〉によって〈virtuosus〉をXに述語づけしている、と言えるだろう。〈virtuosus〉が或る複合的意志行為に内在的に述語づけられるとき、この述語づけが内在的であるのは、述語〈virtuosus〉が、当の複合的意志行為が意味しないいかなるものも意味していないからである。別言すれば、〈virtuosus〉は、この語が述語づけられている当の複合的意志行為のみを意味ないし指示し、これ以外のいかなる行為も意味ないし指示していない。内在的に有徳な行為とは、それとは別の行為の故に有徳とされるのではなく、それ自体で本質的に有徳な行為だからである。これに対し或る行為に〈virtuosus〉が外在的に述語づけられるとき、当の行為はそれとは別の行為によって〈virtuosus〉とされる。

(123)　しかしながら、オッカムによれば「行為の正しさ（rectitudo actus）は行為に内在する何らかの絶対的性格ではない。形相的性格（species）や常態（habitus）は正しさからそれた行為（actus difformis）と両立可能なるが故に、（正しさは）形相とも常態とも言えないからである」（*Quodlibeta*, iii. q. 15, p. 262, transl. p. 217）。またオッカムはスコトゥスを批判しつつ、「行為の正しさは、行為に内在する正しい理性への合致関係（respectus conformitatis ad prudentiam）でもない。というのも、この関係は（独立のものとして）措定されるべきではなく、もしそれが関係であれば、これは（関係項の性格から生ずる）内在的関係となり、このようなことは（関係の）基体である新たな別の絶対的なものが存在することなしにはありえないからである」（ibid.）と主張する。また *Quaest. variae*, q. 7, art. IV, pp. 383-384. transl. p. 153. 従ってオッカムによれば、rectitudoとは、行為実体に付加される独立の形相ではなく、神の命令に一致することにより実体としての行為が「正しい」行為となるのであり、「正しさ」は存在論的な根拠をもたない。従って論理的に表現すれば、行為が「正しい」こと、「有徳」であること、あるいはbonitas actusといった概念は共意的概念（conceptus connotativus）であり、先ずそれ自体では倫理的に中立な行為（actus neutrus）を指示し、これと同時に神の命令、神の命令に服す正しい意志作用、そしてこの意志が服す「正しい理性」を共意する。（*Reportatio* III, q. 11, p. 389; *Quaest. variae*, q. 8, art. I, pp. 417-418）〈bonum〉と同様、〈unum〉〈verum〉といった他の超越概念（transcendentalia）も存在者に内在する〈res absoluta〉を意味する概念ではなくconnotativusな概念である（*Reportatio* IV, q. 11, p. 224）。

もっともオッカムは、有徳な意志の行為が何度も繰り返されることによって、人間を有徳な行為へと向かわせる有徳な意志の〈habitus〉が形成されること、様々な〈habitus〉の中で意志の〈habitus〉のみが内在的かつ必然的に（intrinsece et necessario）有徳でありうることを認めている（*Quodlibeta*, iii. q. 14, p. 257, transl. p. 214; *Quaest. variae*, q. 7, art. I, p. 330, transl. p. 73）。しかし意志は自由であることから、〈habitus〉に従うことも従わないことも可能である。有徳な意志の〈habitus〉が意志の行為を決定することはない。

（124）「意志には、無限の善へと向かう自然的傾向は存在しないと答えられる。『各々の有限の善に対し、意志はそれより大なる善を欲求することができる。それ故意志は自然的に無限の善を欲求する』と推論することもできない」（*Quodlibeta*, vii. q. 14. p. 754. transl. p. 636）。

（125）*Quodlibeta*, ii. q. 14. pp. 177-178. transl. p. 149. また *Quaest. variae*, q. 6. art. X. pp. 281-282.

（126）経験的原理としてオッカムが挙げているのは、例えば「短気な人間は誰でも、特定の場合、やさしい言葉でなだめ、気を落ち着かさせるべきである」（*Quaest. variae*, ibid., p. 282）といった類いの原理である。従ってオッカムの言う自明的原理は、命題を構成する語の意味のみにより真であることが認識されうるという意味で分析的な原理であり、経験的原理は自明的分析的ではなく、内省的に獲得される経験的に確実な一般原理である。

（127）オッカムによれば自明的な命題とは、当の命題の名辞の理解から明らかに真と認識される命題であり（*Ordinatio*, prol. q. 1. OT. I. p. 6）、この点では例えばトマスの説明、すなわち自明的命題とは、述語が主語の定義のなかに含まれているが故に、その名辞が理解されれば直ちに認識されうる命題であるという説明（S. Th. Ia. q. 17. art. 3. ad 2）と同一である。このような自明的命題は必然的で分析的な命題であるが、その必然性は単に命題上の（de dicto）規約的な必然性と同時に事物上の（de re）必然性をも意味している。トマスやオッカムのいう語の意味のみにより真とされる命題は、単に分析的であるだけでなく、各々の語が指示する事物の本性に根拠を置く命題だからである。*Quaest. variae*, ibid. p. 281 では自明的原理として「善いことを行ったすべての人々には善いことを行うべきである」が、ibid. q. 8. art. II. p. 423 では「緊急状態にあって困窮している人には、その人が死亡しないように善行を施すべきである」が挙げられている。

（128）「あらゆる正しい意志は正しい理性に合致した意志であるが、意志は、或ることを意欲すべき理由を提示する正しい理性に常に合致するとはかぎらない。むしろ、神の意志がそれを欲するというまさにそのことによって、正しい理性はそれを意欲すべきことを（意志に）命令するのである」（*Ordinatio*, d. 41. q. 1. OT. III. p. 610）。更にオッカムによれば、理性が誤って命令したときも、この誤りが不可避的であり、理性に罪がない場合には、意志は理性の誤った命令に従わなければならない。「打ち勝ちがたい誤りによって（errore invincibili）誤った命令をした理性に従う被造物の意志は正しい意志である。というのも、神の意志は被造物の意志が罪なき理性に従うことを欲するからである。それ故、このような（誤った）理性に反して行為すれば、それは罪を犯していることになる。というのも、この行為と反対のことを行うように義務づけられているからである」（*Quaest. variae*, q. 8. art. II. p. 428）。しかし理性の誤りは実践的推論の大前提に関する誤りではありえず、その誤りは小前提と結論にのみ認められる。例えばオッカムによれば「緊急状態にあって困窮しているすべての人々は援助されるべきである」のような倫理的原理——実践的推論の大前提となる原理——について理性は誤りを犯してはならず、誤りは小前提（この人は緊急状態にあって困窮している）と、結論（この人は援助されるべきである）に関してのみ許容される。オッカムは大前提となる原理に関して命令する理性を〈ratio universalis〉、小前提と結論に関して命令する理性を〈ratio particularis〉と呼び、後者は〈prudentia〉とも言われる（*Quaest. variae*, q. 8. art. II. p. 424; ibid. q. 7. art. III. p. 347. transl. p.99）。

（129）オッカムによれば recta ratio は、善なる行為の〈circumstantiae〉の一部である。行為が必然的に善とされるには、このために必須な

circumstantiae がすべて存在しなければならず、この複数の circumstantiae が行為の対象（obiecta）として存在しなければならない。すなわち「神の命令に神への愛の故に従うこと」「正しい理性の判断」（神の特定の命令に特定の時間と場所において服従すべきことの判断）、この正しい理性に、それが理性の命令であるからという動機で従う「自由意志」が、行為の倫理性の circumstantiae である。オッカムは「神への愛」を行為の主要な対象（obiectum principale）、その他を一般的な対象（obiectum commune）と名づけ、obiectum commune とは、それ自体では倫理的に中立的な行為（すなわち actus exterior）の対象であり、これに「神への愛」という意図が付加されることにより必然的に善なる行為が成立すると考える。そして、有徳な行為の諸対象である〈circumstantiae〉の各々が有徳な行為の部分的原因である。「……目的は有徳な行為の対象である。なぜならば、意志が或る目的のために或ることを意欲するとき、それはむしろ目的を意欲しているからである。……同様に、場所と時間が対象であることも明らかである。というのも、もしそうでないとすると、意志の行為は場所や時間に関係なく完全に有徳となるが、これは誤りだからである。すなわち、食べようと欲することは、然るべき場所と時間において食べようと欲するならば有徳な行為であるが、そうでなければ有徳ではなくむしろ悪徳だからである。それ故私は簡潔に次のように主張する。あらゆる〈circumstantiae〉は必然的に有徳な行為の部分的原因であり、目的はその主要な対象であると」（*Quodlibeta*, iii, q. 16, p. 265, transl. pp. 221-222）。「例を挙げれば、それによって或る者が神に祈ろうと欲する意志の行為が完全に有徳であるためには、次の〈circumstantiae〉が必然的に必要とされる。すなわち、この者は定められた時点、すなわち日曜日に、然るべき場所、すなわち教会において、正しい理性に従って、神の栄誉のために祈ろうと欲することが必要である。このとき、このように有徳な行為は神の栄誉を主要な対象として有し、祈る行為を一般的な対象として、正しい理性、日曜日、教会を二次的で部分的な対象として有しており、従って意志の行為に関しては、これらの〈circumstantiae〉が当の行為の部分的な対象であり、実効的な原因である」（*Reportatio* III, q. 11, pp. 381-382）。オッカムの行為論における obiectum と circumstantia については、T. M. Osborne, *Human Action*, op. cit., pp. 175-184. 中世の行為論におけるこの問題（ただしトマスまで）については、J. Gründel, *Die Lehre von der Umständen der menschlichen Handlung im Mittelalter* (Münster, 1963) 参照。

(130) オッカムが本文引用箇所で挙げている「正しいことはすべて遂行されるべきである」、及び「正しくないことはすべて避けるべきである」なども明らかに形式的規範であり、何が正しくて何が不正かは神の命令により決まり、しかも単にこの命令に外面的に服するだけでなく、それが神の命令であるという理由によって神の意志に服すること、つまり善き意図（bona intentio）をもって服するか否かによる。従ってオッカムにとり、それ自体で必然的に善なる行為とはスコトゥスと同様、他のすべてのものにもまして神をそれ自体において愛する行為（actus quo diligitur Deus super omnia propter se）であるが、神を愛することはすなわち神の命令に服することであり、odium Dei が神の命令であれば、それも神への愛の表現となり、従って神への愛により神を憎悪することは――心理的に可能か否かは別にして――少くとも論理的には矛盾ではないだろう。「他のすべてのものにもまして神をそれ自体で愛すること」はスコトゥスにおいてもみられた amor amicitiae（これに対し、別の目的の手段として或るものを愛することは amor concupiscentia）であり（*Reportatio* III, q. 11, p. 381; *Ordinatio*, d. 1, q. 4, OT. I, p. 441）、このような神を対象とする amor amicitiae があらゆる善なる行為のうちで最高の（primus omnium actuum bonor-

um）行為である。（*Quodlibeta*, iii. q. 14. p. 256. transl. p. 213）それ故「何ものにもまして神をそれ自体において愛すべし」は、善なる行為が窮極的にはそれへと回帰し正当化される根本規範である。従ってオッカムによれば、例えば修道会内部で遂行されるべき清貧（paupertas）、純潔（virginitas）、謙遜（humilitas）といった徳も、すべて「神への愛」という根本規範を前提としてのみ有徳とされる（*Reportatio* III. q. 11. p. 373. q. 12. p. 427）。

(131)　従ってオッカムのいう倫理学的原理としては、先ず、①「神の命令に服すべし」という絶対的に妥当し potentia absoluta によっても違背されえない（「神を愛すべし」は違背されうる――odium Dei の問題）原理がある。第二に、②potentia ordinata を前提としたうえで、倫理的言語の意味により分析的に自明な原理（註127参照）がある。この点 D. W. Clark. op. cit. p. 17. n. 13 は「意志は正しい理性に従うべし」という規範は、オッカムにとり potentia absoluta をも拘束する必然的規範であると考えている。クラークは、*Quodlibeta*, ii. q. 14. p. 478 の、〈sine omni praecepto superioris〉を決定的と考えているが、筆者はこの点疑問をもつ。というのもオッカムが挙げている principia per se nota がオッカムが主張するように分析的であれば potentia absoluta Dei は矛盾律には拘束されるのであるから、同様にこれら分析的命題にも拘束されることになるが、オッカムの principia per se nota という表現は「分析的」な命題だけでなく、potentia ordinata による（すなわち神の命令による）意味規定をまってはじめて実質的意味を獲得し、そのうえで意味論的に分析的となる命題をも含むと考えられるからである。「意志は正しい理性に従うべし」の拘束力が神の命令に依存することは「現在存在する神の定めが存続するかぎり、いかなる行為も（意志の中に）現実に内在する正しい理性に合致して遂行されないかぎり完全には有徳ではない。それ故私は正しい理性は有徳な行為の対象（obiectum）であると主張する」（*Quaest. variae*, q. 7. art. IV. p. 394. transl. p. 169）というオッカムの言明からも明らかである。ただ、〈Voluntas debet se conformare rectae rationi〉は神の potentia ordinata を前提として倫理的行為を形式的に成立させる必然的規範であり、神も特定の人間行為を倫理的に善とする際にこの規範に拘束される。この規範に従わずしては倫理的行為はそもそも形式的に成立しないからである。オッカムのこのような立場と、リミニのグレゴリウスの有名な〈Si per impossibile ratio divina sive Deus ipse non essent〉、そしてその後のグロティウスの〈etiamsi daremus, quod sine summo scelere dari nequit, non esse Deum〉との連関について D. W. Clark. op. cit. p. 18. n. 14. n. 14 a. 参照。そして第三に、③自明的ではないが、経験的に確実な原理（註126参照）がある。以上三つの原理はすべて「正しい理性」により把握される。ちなみにオッカムはこのような実践理性の作用を〈prudentia〉とも名づけているが、オッカムのこの用語は多義的な意味をもち、理性の作用と同時に、実践理性により把握される倫理的原理の知識の意味にも使われており、この点次のように説明されている。

「prudentia は四つの意味で理解される。第一はアウグスティヌスが『自由意志論』第一巻で prudentia をそう理解しているように、行為可能なすべてのものに関する直接的ないし間接的なあらゆる規律的知識（notitia directiva）として理解される。この意味においては、ある種の一般的命題の明証的知識（この命題は、それを学問的に認識することが厳密な意味での倫理学であるところの、自明な命題から演繹されるが故に、理論的に明証的に認識されうる）が〈prudentia〉であり、また、経験によってのみ明証的に認識されうる一般的命題の明証的知識――この知識も倫理学である――も〈prudentia〉である。前者の例としては『善いことを行ったすべての人々には善いことを行うべきである』が挙げられ、後者の例としては『怒っている人は優しい言葉でなだめられるべきである』が挙げられる。別の意味においては〈prudentia〉は或る可能な特定の行為に関する直接的に規律的な明証的知識として理解され、この意味ではそれは大前提としての自明的な一般命題と理論から明証的に導出される特定の命題の知識を示しており、例としては『善いことを行ったすべての人々には善いことを行うべきである』から明証的に帰結する『この人には善いことを行うべきである』が挙げられる。第三に〈prudentia〉は何らかの可能な行為に関して直接的に規律的な、経験のみによって得られた知識として理解され、例として『怒っているこの人は優しい言葉でなだめられるべきである』が挙げられる。この知識は経験によって知られる或る特定の命題のみにあてはまり、〈prudentia〉が倫理学から区別されるかぎりにおいてアリストテレスが厳密な意味での〈prudentia〉と考えていたのもこのような知識であると思われる。第四に〈prudentia〉は、理論から得られたものであろうと経験から得られたものであろうと、端的に善く生きるために要求されるすべての人間行為に関する、直接的に規律的なあらゆる知識の集合として理解される。この意味における〈prudentia〉は単一の知識ではなく、端的に善く生きるために必要とされる倫理的な徳と同じくらい多くの知識を含んでいる。というのも、どのような倫理的徳も、自らに固有の〈prudentia〉と規律的知識を有しているからである」(*Quaest. variae*, q. 7, art. II, pp. 330–331, transl. pp. 75–77)。

しかしオッカムは別の箇所では〈prudentia〉を経験的に得られる道徳的知識として説明している。「同様に〈prudentia〉は二つの仕方で理解される。固有の意味ではそれは人が経験によってのみ得ることのできる何らかの単称命題の明証的な知識を意味している。例えば『この人は優しい言葉でもってなだめられねばならない』という命題がこの種の明証的知識であり、この命題は『この人はそのような仕方でなだめられる』という、経験によって知られる偶然的命題の故に明証的である。別の意味では〈prudentia〉は経験によってのみ明証的に認識される何らかの一般的な実践的命題の明証的な知識として一般に理解されている」(*Quaest. variae*, q. 6, art. X, p. 282)。オッカムの〈prudentia〉については、O. Suk, 'Connection of virtues', op. cit., pp. 18–22.

(132)　しかしオッカムは規範的秩序を——人間の行為が善とされる規範的な条件を——全面的に神の意志に依らしめている、と解釈してよいだろうか。オッカムが「何ものにもまして神を愛すること」を必然的に善なる行為と考えていたことは確かである。「或る行為が必然的に有徳であること、すなわち、(当の行為に関係する)神の命令が効力をもち続けるかぎりにおいて、その行為が悪徳ではありえないような仕方で有徳であること、同様に、その行為は有徳であることなくして被造物(人間)の意志によって生み出されることがありえないことを別の仕方で理解することが可能である。……第三に私は、いま説明されたような仕方で必然的に有徳な行為は意志の行為であると主張する。というのも、それを通じて神が何ものにもまして愛され、そして神が神として愛される行為がこの類いの行為だからである。この行為は、それが悪徳でありえないような仕方で有徳であり、この行為は、有徳でない仕方で(人間の)創造された意志によって引き起こされることはありえない。その理由は、すべての人間は各人が置かれた時と場所において、何にもまして神を愛するように義務づけられており、従ってこの行為は悪徳でありえないからであり、また、この行為はあらゆる善なる行為の中で第一の行為だからである」(*Quodlibeta*, iii. q. 14. p. 256, transl. p. 213)。しかし、神を愛する行為は、神の既存の命令が存続するかぎりで必然的に有徳な行為であり、神が「神への憎悪」

を命じれば、それは邪悪な行為へと変質するだろう。従って「神を愛すべし」は「神の命令に服すべし」より下位の規範として理解される。もっともオッカムがこのことを明言しているわけではない。それでは神の命令に服すべき理由は何だろうか。もしこの理由が「神を愛すべし」であるならば、神が神への憎悪を命令するとき、神を憎悪することは「神を愛すべし」を根拠とすることになり、矛盾は避けられない。また、神に服従することと神を愛することが同義であるとオッカムが明言しているわけでもない。むしろ「神の命令に服すべし」は、神が善そのものであることを根拠としたそれ自体において絶対的に妥当する規範と考えるべきなのだろうか。そうであれば、神が神への憎悪を命令すれば「神を愛すべし」という規範は効力を失う。しかし「神を愛すべし」が効力を有しているとき、その効力の根拠は、神が「神を愛すべし」と命令していることに存するのだろうか。「神の命令に服すべし」という規範を除くすべての規範は神の命令によってのみ効力をもつことになるのだろうか。もしそうであれば、或る行為が善いあるいは正しい行為となるのは、それが神によって命令されていることのみに存し、神によって命令（ないし禁止）されないかぎり、いかなる行為も善（ないし悪）ではないだろう。それとも「神を愛すべし」は神の命令とは独立に妥当する自然法であり、「神を憎悪せよ」という神の命令によって効力を失うとしても、その効力は神の命令には依存していないのだろうか。この点、J. Kilcullen, 'Natural law and will in Ockham', op. cit. は「神を愛すべし」という規範は、神の命令――あるいは「神の命令に服すべし」という別の規範――によって効力を失うことはあっても、それ自体で――神の命令とは独立に――効力を有する自然法であると主張する。この見解をとれば、行為の善悪は神の命令や禁止によって生まれるものではなく、命令や禁止とは独立に存立する価値ということになるだろう。キルカレンによれば、自然法の規範的拘束力は神の意志のみに基礎づけられるが、自然法の内容は神の意志とは独立に確定しており、人間理性はこの内容を直観的に自明なものとして把握する。従ってオッカムの自然法論を直観主義として特徴づけることができる。このようなキルカレンの解釈によれば、「神を愛すべし」だけでなく「嘘をつくなかれ」「罪のない人間を殺すなかれ」「姦通するなかれ」といった規範は、神の命令に依存しない自明的な――自然理性によって自明と判断される――自然法であり、ただ神がこれと反対のことを命ずるときは、「神の命令に服すべし」という上位の自然法規範によって効力を停止するにすぎない。従ってこの解釈をとれば、「神の命令に服すべし」が最上位の自然法であり、これと並んで、神の命令には依存せずそれ自体において善（悪）なる行為を義務づける――しかしこれに反する神の命令によって効力を失う――自然法が存在し、更に神の命令を前提としてはじめて善（悪）となる行為を命ずる実定的神法が存在することになる。そしてキルカレンによれば、人間理性により直観的に把握される自然法諸規範は相互に矛盾のない整合的な総体として存在しているわけではなく、相互に衝突するときがある。神がアブラハムに息子を殺すように命令したときのように、「神の命令に服従すべし」と「殺すなかれ」が衝突するときは、前者の規範が優位することから、神の命令に服従することが善であるが、「神の命令に服従すべし」という自然法規範以外の自然法諸規範のあいだで衝突が生じるときは、人間理性は衝突しあう自然法諸規範を比較衡量することによって、具体的状況において何が善なる行為であるか直観的に把握するだろう――キルカレンによればこの比較衡量の仕方について一般的に妥当するルールは存在しない――。

キルカレンはオッカムが神の命令に依存しない自然法を認めていたことを政治的著作、特に〈Dialogus〉の諸節から引き出している。オッカムは〈Dialogus〉III. II. iii. c. 6 で、ローマ人民は教皇を選出する権利を神法により有しているかという問題を議論する中で傍論として三種類の自然法を区別している（第一部翻訳（一）参照）。（一）誤ることのない自然理性に合致した不変的で特免不可能な規範――例えば「姦通するなかれ」「嘘をつくなかれ」など――。（二）人定法なくして自然的衡平のみによって行動する人々によって遵守される規範。すなわち原罪以前の無垢な人間が遵守し、あるいは原罪以後でもすべての人々が正しい理性によって生きるならば遵守される規範――例えば財の共有――。（三）一定の事実を前提として妥当し、それと反対の規範が当事者たちによって合意されないかぎり効力を有する規範。例えば原罪後の人間の邪悪さを前提として効力を有する私的所有権。キルカレンの解釈によれば、これら三つの自然法のうち第二の自然法も、「人間が原罪を犯す以前」ないし「すべての人々が正しい理性によって行動すれば」という前提で効力を有する自然法であることから、第三の自然法と異なるところはない。またキルカレンは、前提条件つきの第三の自然法を前提条件つきで記述すれば第一の自然法になる――「xならばy」のyは第三の自然法であるが「xならばy」は第一の自然法である――と主張するが、これは正しくないと思われる。私的所有権は第三の自然法であるが、「原罪後の人間を前提とすれば私的所有権制度が定められるべきである」は第一の自然法とは言えないだろう。もっとも、「原罪後の人間」という前提条件にその他数多くの前提条件を加えれば条件命題全体が第一の自然法になるという趣旨であれば、個々の具体的な事例においてすべての事情を顧慮したうえで正しいことを命ずるのが第一の自然法ということになるだろう。このような解釈は、〈Dialogus〉III. II. i. c. 5 にみられる説明とも合致している。ここでは自然法は、（一）それを思念することが不可能であったり思考したことがなかった場合は別にして、誰もそれについて誤りを犯したり疑問視するようなことのない自明的な原理、（二）自然法（一）から明白かつ容易に推論できる原理、（三）自然法（二）から数多くの媒介的命題を通じて慎重な探究によって推論される原理に区別され、すべての自然法規範が自明的原理から導出されることが主張されている。

自然法の同様の分類は〈Dialogus〉III. II. i. c. 10（異教徒の神を礼拝するなかれ、姦通するなかれ、偽証するなかれ、嘘をつくなかれ、等々が絶対的自然法とされ、緊急状態においては所有者の意志に反してさえ他人のものを使用せよ、が条件的自然法とされている）や〈Dialogus〉III. II. i. c. 11（戦争、捕虜、奴隷そして財の私有は不変的な絶対的自然法ではなく万民法に属し、可変的である）にもみられる。

従ってオッカムは無条件に妥当する絶対的自然法を認めていた。既述の姦通、虚言、偽証、異教の神の礼拝の禁止以外に、罪のない人間の殺人の禁止も絶対的自然法として挙げられている（Dialogus. III. II. i. c. 5）。しかし、神がアブラハムに息子の殺害を命じたように（Dialogus. III. I. ii. c. 24）、絶対的自然法が神により破棄されることがある。しかしキルカレンによれば、絶対的自然法が神の命令により破棄されうることは、絶対的自然法の効力の根拠が神の命令にあることを含意せず、それはただ殺人や姦通等々を禁ずる自然法――これらの自然法はそれ自体で効力を有する――が「神の命令に従うべし」という高次の自然法により無効とされることを意味するにすぎない。勿論、神の命令によって拘束力をもつようになる規範（実定的神法）が存在するが、この種の規範は神の命令（ないし禁止）により善（ないし悪）とされる行為に関するものであるのに対し、自然法は神の命令や禁止とは独立にそれ自体で善（ないし悪）なる行為に関する規範である。そしてオッカムによれば、実定的神法が人定法と同様、緊急状態において効力を失うことがある（Dialogus. III. I. ii. c. 20）のに対し、絶対的自然法は緊急状態において効力を失うようなことはなく、ただこれに反する神の命令（ないし禁止）によって効力を失うことがあるにすぎない。

キルカレンの以上の解釈は一つの可能な解釈だと思われる。しかし次の点を指摘できるだろう。〈Dialogus〉という政治的著作に登場する自然法論をオッカムが自覚的に直観主義的価値論として提示しているか疑わしい。そしてキルカレンは或る箇所でオッカムの見解を、自然法の内容は神の命令に依存しないのに対し、自然法の拘束力は神の命令に依存するという見解として説明するが、キルカレンの論文の全体的趣旨からすると、自然法の内容だけでなく拘束力も神の命令に依存しない、というのが（キルカレンが解釈するところの）オッカムの見解ではないだろうか。例えば殺人が神の命令とは独立にそれ自体で悪であることは、「殺すなかれ」という規範の拘束力が神の命令に依存しないことを含意するだろう。また、「神の命令に従うべし」という自然法により、これ以外の自然法が——神の命令により——効力を失うことがあれば、それは、他の自然法の効力が神の意志——他の自然法を破棄しないという神の意志——に依存していることを意味し、従ってキルカレンの主張とは異なり、姦通、殺人等々を禁止する規範はそれ自体で妥当する自然法ではない、と考えられないだろうか。

(133) オッカムの恩寵論救済論に関しては、S. U. Zuidema, *De philosophie van Occam in zijn commentaar op de Sententiën*（Hilversum, 1936）vol. I, BB. 151–200; P. Vignaux, *Justification et prédestination au XIVe siècle*（Paris, 1934）pp. 97–140（ペトルス・アウレオーリ批判との関連で）; A. H. Oberman, op. cit., pp. 160–184, passim（ガブリエル・ビールとの関連で）; E. Iserloh, op. cit., SS. 77–133; W. Dettloff, *Die Entwicklung der Akzeptations- und Verdienstlehre von Duns Scotus bis Luther*（Münster, 1963）SS. 253–290; G. Barbaglio, *Fede acquisita e fede infusa secondo Duns Scoto, Occam e Biel*（Roma, 1968）pp. 126–166; B. Hamm, *Promissio, pactum, ordinatio*, op. cit., SS. 357–370; M. M. Adams, *William Ockham*, op. cit. vol. II, pp. 1257–1297; R. Wood, 'Ockham's repudiation of pelagianism'（V. Spade, ed., *The Cambridge Companion to Ockham*, Cambridge, 1999）pp. 350–373; T. M. Osborn, *Human Action*, op. cit., pp. 185–200（トマス、スコトゥス、オッカムの比較）.

(134) ペトルス・アウレオーリの見解については、E. Iserloh, op. cit., SS. 79–89; W. Dettloff, op. cit., SS. 23–76. ペトルス批判の観点からオッカムを扱ったものとして P. Vignaux, op. cit.

(135) オッカムの救済論は『命題集註解』第一巻、distinctio 17 の三つの quaestiones で展開されており、その他、同第三巻の quaestio 4 そして *Quodlibeta*, vi, quaestio 1 及び 2 が重要である。

(136) *Ordinatio*, d. 17, q. 2, OT. III, p. 469.

(137) 従って acceptatio divina も神の愛（caritas）であるとすれば、救済は神の愛を必然的に前提とするわけであり、ただ gratia habitualis として人間存在に内在する qualitas animae たる caritas creata が救済に不要なのである。*Quodlibeta*, vi, q. 1（OT. IX, pp. 585–589, transl., pp. 491–494）.

(138) オッカムは行為の meritorius な性格を神による受容にのみ基礎づけるが故に、ペラギウス主義の如く、人間は恩寵の助力なしに自然的に meritorius な行為を遂行し救済されうると主張するわけではない。ただ、常態的恩寵に救済論的意義を否定し、純粋に自然的な行為でも神の自由な受容により meritorius なものとなる、と考える点ではペラギウス的と考えてもよいだろう。オッカムは次のように言う。「ペラギウス自身は次の如く主張した。つまり、もし或る者が種的に善なる行為（actus bonus ex genere）を為したならば、神は永遠の生を授与するよう強制され、これは純粋に神の恩寵により為されるのではなく、従って不正なる者は必然的に永遠の生を授与されないことになる。上記の（ペトルス・アウレオーリの）見解は、確かに、純粋に自然的な力により為された行為がこのように神を強制するとは主張していないが、神により創造されたある種の超自然的形相が神を強制すると主張するのである。……しかし私は次のように考える。自然的であろうと超自然的であろうと、いかなる形相（的恩寵）も神を強制する（necessitare）ことはできず、このことが矛盾を含むわけでもない。また至福へと向かうこのような形相がどれ程魂に内在していようと、神はそれに永遠の生を与えないことができる。むしろ神は、純粋の恩寵から自由に、永遠の生を対象に授与するのである。しかし potentia ordinata によっては、神が自由意志により偶然的に制定した法の故に、形相を前提としないで永遠の生が与えられることはない。この点についてはあらゆる聖者が同様のことを述べており、従ってこの見解はペラギウス的誤謬から最も遠く隔たるものである。ペラギウスによれば、神は形相により強制され、恩恵的で自由なるはずの神的受容を対象へと強制的に為されるものと考えるのである。」（*Ordinatio*, d. 17, q. 1, OT. III, pp. 455-456）P. Vignanx. op. cit. pp. 126-127; E. Iserloh. op. cit. S. 127. オッカムのこの箇所を読むと、オックスフォード大学の元総長ジョン・ラッタレルが、その著書『オッカム理論の論駁』（Libellus contra doctrinam Guillelmi Occam）F. Hoffmann, ed., *Die Schriften des Oxforder Kanzlers Johannes Lutterell* (Leipzig, 1959) S. 47 f. で、オッカムをペラギウス主義と断じて批判しているのは興味深い。オッカムの生涯にとり重要な意義をもち、オッカムのアヴィニヨン行きの機会となったラッタレルのオッカム批判についてはここでは詳論できないが、F. Hoffmann, *Die erste Kritik des Ockhamismus durch den Oxforder Kanzler Johannes Lutterell* (Breslau, 1941)（恩寵と救済に関してはSS. 122-146）; id., *Die Schriften*, op. cit. SS. 148-226（義認論についてはSS. 204-225）参照。ラッタレルはトマス主義的立場から、救済には超自然的助力が必要であり、オッカムの如く、自然的行為でも神に受容されうると考えるのはペラギウス主義であると批判する。これは「ペラギウス主義」の定義の問題でもあるが、同時に、トマス的立場では、meritum は対当的に神の救済に値すべきもの（恩寵論の用語では meritum de condigno）であるのに対し、オッカムの場合、meritum は救済に対当的である必要はなく、meritum de congruo で十分であると考えられていることにも関連する（meritum のこの区別については L. Brinktrine, *Die Lehre von der Gnade*, op. cit. SS. 223-224）。またアヴィニヨンでのオッカムの異端審問でも彼の立場はペラギウス主義として断罪されている（A. Pelzer, op. cit., pp. 251-253）。十四世紀のノミナリズムの成義論は反ペラギウス主義であったという正当な指摘は A. E. Mcgrath, 'The anti-pelagian structure of "nominalist" doctrine of justification' (*Ephemerides Theologicae Lovanienses*, vol. 57, 1981) pp. 107-119（オッカムについては pp. 109-113）。オッカムの救済論とペラギウス主義については R. Wood, 'Ockham's repudiation', op. cit. 参照。

(139)　*Ordinatio*, d. 17, q. 2, pp. 469-470.

(140)　オッカムの秘跡論はここで詳論できないが、例えばトマスが秘跡を神の恩寵付与の causa instrumentalis と考え、これを神と独立に恩寵効果を生み出しうる原因と考える傾向にある（S. Th. 3a, q. 62, art. 1）のに対し、オッカムは恩寵の効果を専ら神の直接的作用によるものと考え、秘跡は恩寵付与の徴表として神が規定した単なる必要条件（causa sine qua non）にすぎないと考える（*Reportatio* IV, q. 1, OT. VII, p. 14）。従って洗礼による恩寵注入の結果、人間内部に生ずる「消しがたき特徴」（character indelebilis）は人間存在を変化させるが如き客観的性格ではなく、神と人間のあいだの秩序が変化したことを示すにすぎない（*Reportatio* IV, q. 2, OT. VII, p. 28）。

(141) *Reportatio* III, q. 9, OT. VI, p. 281.

(142) *Ordinatio*, d. 17, q. 2, p. 472.

(143) 「神が単に自己の意志のみによりあらゆる被造物を創造するのと同様に、これら被造物に対して神はただ自己の意志のみによって好むことを為しうる。それ故、例えば或る人間が神を愛し、神により認められたあらゆる行為を遂行したとしても神は何らの悪を犯さずして彼を無にすることができ、同様に人間がこのような行為をした後に、その人間に永遠の生ではなく永劫の罰を、何らの悪を犯すことなく与えうる。というのも、神は何者に対しても義務を負わないからであり、……例えばキリストは決して罪を犯さなかったにもかかわらず死への大なる罰を与えられたのである。」（*Reportatio* IV, q. 5, OT. VII, p. 55）。

(144) *Quodlibeta*, vi, q. 1, p. 588, transl. p. 493.

(145) *Ordinatio*, d. 17, q. 3, OT. III, pp. 477-478.

(146) *Quaest. variae*, q. 6, art. 11, dubitationes addititiae, OT. VIII, p. 287.

(147) E. Iserloh, op. cit., SS. 108-111.

(148) *Quaest. variae*, q. 6, art. 11, p. 289.

(149) Ibid.

(150) 意志を恩寵的愛の「侍女」と考え、恩寵と意志の関係を御者と馬の関係と同様とする立場に対して、スコトゥスにならいつつオッカムは次のように答えている。「救済の根拠に関してはそのとおりであるが、行為の実体に関しては否と私は答える。というのも行為の実体については意志こそ主要原因だからである。しかし神の受容ないし救済根拠に関しては意志は侍女あるいは女召使いの如くであり、恩寵的愛が女主人の如くである。」（ibid.）しかし、意志ないし行為と恩寵の関係についてのオッカムの見解は明確ではない。オッカムは一方で恩寵が行為に対し能動的原因でないことを強調するが、他方で恩寵が行為の性格に変化を与えないものの、神への愛の強さを増加させ、自然的力のみでは達しえない程度の神への愛が恩寵的愛により実現するとも述べている。この点、E. Iserloh, op. cit., S. 111 は前者のみをオッカムの見解と考えるが、W. Dettloff, op. cit., S. 278 はこの解釈を批判している。

(151) *Quaest. variae*, q. 1, p. 18.

(152) オッカムは gratia habitualis が神の受容に不必要であるのみならず、このような恩寵の存在は行為者の力によらず、行為の自由の度合を弱めるが故に、倫理的には、恩寵を伴わない純粋に自然的で自由なる行為の方がより優れた行為であるとも主張している。オッカムによれば恩寵を伴うか純粋に自然的な力による（ex puris naturalibus）かに関係なく、救済はただ acceptatio divina に依るのであるから、この区別は救済論的に重要な区別ではないが、potentia ordinata Dei による現在の救済秩序内部では、純粋に自然的な行為のほうがより救済に値するとオッカムは考えているように思われる。「更に、神が欲することはすべて欲しつつ、何にもまして神を愛し、しかも死やあらゆる危険、損失も怖れず神を愛する行為は、その本性上、行為者の力のうちにはなく形相的恩寵を単に受け取ったにすぎない行為に比べ、行為を自由に自発的に遂行する者が神に受容される場合、それはより受容に値するものといえる。しかしこのような自由意志による行為が存在していても、神はこれを永遠の生に相応しいものとして受容しないことも可能なのであるから、行為者の力のうちにはない単に超自然的な形相が内在する行為を神が受容しないことも可能なことは、なおさら明らかである。というのもこのような（純粋に自然的な）行為は、称讃すべき根拠をより多く有し、徳の根拠たる行為をより強く実現しており、罪に直接的に対立するが故に、より強く罪に抵抗するからである」（*Ordinatio*, d. 17, q. 1, p. 451）。

(153) *Ordinatio*, d.17, q. 1, p. 454.「預定」（praedestinatio）に関してオッ

カムは、神の自由なる決定及び被造物への直接的介入を強調する。『命題集註解』第一巻（distinctio 40）の「救済へと預定されたものが断罪され、断罪されると預定されたものが救済されることは可能か」という設問で、オッカムはスコトゥスと同様これを肯定するが、スコトゥスが神の不変性自己充実性を神の自由と考える立場から、救済預定とこれに引き続く断罪を時間的な継続として（successive）捉えず、神の不変性永遠性において論理的に分節され存在する秩序と考える（Duns Scotus, *Ordinatio*, d. 40, q. 1, ed. Vat. vol. VI, p. 310, n. 5）のに対し、オッカムは神の自由を、被造物への自由なる直接的介入とみなす立場から、預定に対し救済が必然的に続くことを否定し、次のように主張している。「預定された者は誰でも偶然的に預定されたのであり、従ってその者が預定されないことも可能である。それ故（預定された者は）救済されないこともありえるのであるから、断罪されることも可能であり、これはいかなる救済も、偶然的に救済をもたらす神の意志に依存することから明白である。従って神の力にとっては、永遠の生を授与することも授与しないことも可能であり、（預定された者が）救済されないことも可能なのである」（*Ordinatio*, d. 40, q. 1, OT. IV, p. 593）。

あとがき

二十世紀中葉の最も重要なオッカム研究者Ph・ベーナーは、オッカムの政治思想について彼が書いた唯一の論文（一九四三年）の中で次のように述べていた。

「それ故、オッカムの政治思想の概略を手短かに述べようとする場合でさえ、その唯一の論理的心理的な出発点が教皇権力の限界に関するオッカムの諸観念にあることは明らかである。従って、A・デンプフによって行われたように、オッカムの政治思想を彼のいわゆる形而上学に基礎づけること、あるいは彼の形而上学を更に展開させたものとして理解することは我々にとっては冒険に思われ、確かにそれは著者自身によって単に構成されたものにすぎないように思われる。我々はオッカムの政治思想と形而上学の間に内的な連関が存在することを否定するものではない。しかしこの内的連関は、オッカムの哲学的神学的な体系が正しく解釈されてはじめて明らかとなる。これまでこのようなことはめったに行われたことがなく、明らかにA・デンプフによって行われてはいなかった。デンプフはオッカムの形而上学についてかなり漠然とした、そして部分的に非常に不正確な解釈をしているからである。我々はこの類いのあらゆるヘーゲル主義的なでっちあげの構成に対して警戒しなければならない。というのも、聖トマスの聴罪司祭で、おそらくトマスの『君主統治論』の継続執筆者であったルッカのバルトロマエウス（トロメーオ）でさえ、そして同様に、聖トマスのもう一人の弟子で十三世紀の指導的トマス主義者であったエギディウス・ロマヌスも、彼らがトマスの形而上学的諸原理を信奉していたにもかかわらず、ローマ教皇の無制限な絶対主義を唱えるような非常に不健全な政治理論へと到達したからである。我々が理解しうるかぎり、オッカムの政治思想はその大雑把な輪郭において、十三世紀の古典的形而上学のどのような立場からも展開されえたことだろう。というのも、これから見るように、それは健全なるカトリックの政治理論に合致しているからである」。

ベーナーのこの言葉には幾つかのことが含意されているが、オッカムの法・政治思想と哲学・神学思想の内的連関を正しく把握するには後者の正確な理解が必要とされるという指摘は言うまでもなく当然正しい。ベーナーその他の研究者たちによる二十世紀後半のオッカム研究は、先入見や偏見にとらわれない客観的に正しいオッカム理解に努めてきた。しかしベーナーも認めている内的連関とは何だろうか。内的連関を認めることと、オッカムの法・政治思想はオッカムの哲学・神学思想を前提にしなくても、例えばトマス主義の立場に立ってもこれと整合的に展開されえたという主張はどのような関係にあるのだろうか。ベーナーは、オッカムの政治思想はオッカムの（客観的に正しく理解された）唯名論を前提にしなくても十分に理解可能である、むしろ、両者の間に内的連関は存在しない、と主張しているようにも思われる。

筆者はベーナーの言葉を絶えず念頭に置きながらオッカムの法・政治思想の研究を続けてきた。中世の法・政治思想（特にスコラ哲学者の法・政治思想）を理解しようとするとき、必ず問題になるのが当該思想家の哲学・神学思想と法・政治思想の内的連関である。筆者の知るかぎりこの問題について初めて論じたのはM・グラープマンの『教会と国家の関係についての中世の理論にアリストテレス哲学が及ぼした影響に関する研究』（一九三四年）と題する論考であり、この論考でグラープマンは、理性に対する信仰の優位を唱える哲学者には教皇主義への傾向がみられ、信仰と理性の間で均衡をはかる哲学者は一般的に、教皇権と世俗支配権の妥協を説くトマス的なアリストテレス主義を支持し、理性の自律性を認める哲学者には被支配者の同意に基礎を置く世俗的君主制を支持する傾向がみられることを指摘する。そしてグラープマンは中世の政治哲学のタイプを、政治的アウグスティヌス主義と形容される教皇至上主義、トマス的なアリストテレス主義、アヴェロエス的アリストテレス主義に区別し、第一のグループに（ダンテの論敵として知られる）グイード・ヴェルナーニ、ルッカのトロメーオ、アウグスティヌス・トリウムフス、エギディウス・ロマヌス、ヴィテルボのヤコブスなどを含ませ、第二のグループにトマス・アクィナスとパリのヨハネス、第三のグループにパドヴァのマルシリウスとオッカムを含ませている。

これに対してA・ゲウァースは『十四世紀の哲学と政治思想』（一九六一年）と題する論文で、アウグスティヌス主義および概念実在論を教皇至上主義、唯名論を世俗君主制、穏健な概念実在論を教皇権と世俗支配権の二元論に単純に結びつける見解を批判し、或る二人の思想家が政治的問題（例えば教皇権と皇帝権の関係）について同一の立場をとっているからといって、両者の哲学的形而上学的前提も同一であるとは限らないことを強調する。ゲウァースは哲学と政治思想の間にいかなる関係も存在しないとは主張していないが、例えばパドヴァのマルシリウスとプラトン主義的概念実在論者ジョン・ウィクリフが、世俗君主の権力と教皇権の関係など幾つかの政治的問題について同様の見解を採る一方で両者の哲学・形而上学に何ら共通点が存在しないことからも明らかなように、政治思想の共通性や異質性を、哲学的形而上学的見解の共通性や異質性と短絡的に結びつけることを批判している。

しかしこの論文の二年後に刊行されたM・ウィルクスの『中世後期における主権の問題』（一九六三年）はグラープマンに類似した見解を全面的に展開した。ウィルクスによれば「極端な概念実在論、穏健な概念実在論そして唯名論という中世スコラ哲学の三つの主要な潮流は政治社会と政治的責務の本質的性格に関する相互に対立した三つの考え方とパラレルな関係にある。これら基底的な哲学的原理は不可避的な政治的意味合いを有しており、具体的な諸統治理論へと移し入れられ、逆にこれらの諸理論が普遍概念をめぐる論争に活気を与え、中世を通じてこの論争を増々激烈なものにしていったことも事実である」。個物とは別個に普遍者の実在を措定する概念実在論は、社会哲学においては社会全体すなわち教会を個々の信徒の集合へと還元不可能な実在者とみなす見解を含意し、「キリストの神秘体」を単に比喩的な表現ではなく、個々の信徒を包含する有機的な真の実在者を指示する言葉とみなした。全体は部分に優位し、個々の信徒は全体たる教会が適切に機能することに寄与するかぎりにおいて存在意義を認められ、教会の共通善は個々人の善の集合以上のものであり、諸個人の集合の外に実在する教会の神秘体は普遍者、一種の種ないし類である。そしてこの普遍者はプラトンのイデアのように天上のキリストにおいて霊的人格を有する神秘体であり、現世においてこの神秘体を可見的に具現するのが、信徒に対し絶対的権力を行使するローマ教皇である。これに対して個物以外に実在者を認めず、普遍者を単に主観的な概念と考える唯名論にとって教会は単なる概念であり、真に実在するのは個々の信徒のみである。そして共通善とは個々の信徒の善の集合であるから統治権力は人民のために存在し、従って権力の源泉も人民に求められることになる。更に穏健な概念実在論は、普遍者を個物に内在する本質として認めるが、普遍者は個物なくしては単に潜在的可能的な存在者でしかなく、個物に内在し、個物の中に具現することで現実的な存在者となると考える。この見解を社会に適用すれば、社会（教会）は諸個人（信徒）から分離して実在することはできず、それ自体では非質料的な存在者として単に潜在的可能的にのみ実在するにすぎないが、単なる主観的な概念ではない。個物と普遍者が結合して「もの」が実在するように、教会（そして教会を表現する教皇）は個々の信徒の集合と結合することで実在性を帯びるようになり、教皇権も諸信徒により合意されることにより現実の権力となる。そして教会における権力は教皇と信徒たちにより分有され、唯名論のように個々の信徒の善の集合が共通善であると考えるのではなく、教会全体（教皇）の共通善は個々の信徒の善と合致すると考えるべきである。

以上のウィルクスの議論に対して根本的かつ全面的に反論したのがC・ズッカーマンの『中世における教会統治論と普遍概念に関する理論の関係』（一九七五年）と題する論文である。ズッカーマンは先ず唯名論者のオッカムに教皇権神授説やペテロの首位権の思想がみられ、穏健な概念実在論者トマスには教会の個々の信徒が教皇と主権を分有するといった見解はみられないことを指摘した後、普遍概念の存在論的身分に関する哲学的見解と、教会の統治構造に関する見解の間に論理的関係の存在しないことを強調する。ウィルクスの根本的な誤りは、個々のメンバーとは独立の存在者として理解された団体を普遍者と見なしている点にある。極端な概念実在論によると普遍者が諸個物とは独立に存在するように、団体はそのメンバーとは独立にそれ自体として実在すると考えられ、団体の実在性は普遍者の実在性と同一視されているというのがウィルクスの見解であるが、仮に団体がそのメンバーから独立した存在者だとしても、これは団体が普遍者であることを含意しない。団体も個的な存在であることに変わりはないからである。従って信徒の集合とは独立に教会を観念する見解は概念実在論と論理的に結合しているわけではない。普遍者はそれに包含される個物のすべてに述語づけられるのに対し、団体はそのメンバーの述語にはなりえず、従って団体（教会）が普遍者でないことは明白である。団体が普遍者でない以上、概念実在論と唯名論の対立は、団体の実在性をどのように理解すべきかという問題と無関係である。更に、普遍者と団体を混同する誤りを別にしても、信徒の集合から分離した教会それ自体の実在を認める見解が教皇絶対主義と結びつき、教会を信徒の集合に還元する見解が人民主権論と結びつくという解釈も誤りである。実在するものは何かという問題と、主権の所在はどこにあるかという問題は論理的に独立しているからである。要するに概念実在論からは団体（教会）実在論と教皇絶対主義が帰結し、唯名論からは団体（教会）を諸個人（諸信徒）の単なる集合に還元する見解と人民主権論が帰結し、穏健な概念実在論からは団体は諸個人を通して現実化するという見解、そして人民（信徒）と支配者（教皇）の権力の分有を説く見解が帰結する、というウィルクスの図式は、三つの問題が相互に論理的に連関しているという誤った想定に立っている。中世政治思想の幾つかのタイプ間の相違を、普遍概念の存在論的身分の問題についての見解の相違によって説明することはできず、前者の相違の理由は別のことに求められなければならない。

筆者はズッカーマンの主張を基本的に正しいものと考えている。本書第一部で論じられたオッカムの哲学・神学思想によって説明することはできないだろう。それではベーナーが主張したように、オッカムの法・政治思想は唯名論とは無関係であり、例えばトマス・アクィナスの哲学・神学思想を前提にしても、これと整合的な仕方で展開されえたと言えるだろうか。確かに本書第一部と第二部は相互に連関しておらず、いかなる意味においても前者を後者の論理的帰結とみなすことはできない。両者において用いられている論証の方法も全く異質であり、第一部では聖書のテキストのヘルメノイティークが主要な方法であるのに対し、後者の方法は言語の意味論的分析である。それでは、ベーナーも認めているオッカムの法・政治思想と哲学・神学思想の内的連関をどのように捉えたらいいのだろうか。

オッカムの唯名論と法・政治思想の内的連関を認める研究者たちは、ウィルクスのように、何よりも先ず団体をその成員に還元する見解をその証拠として採り上げる。オッカムは修道会が個々の修道士たる現実の人間の集合に他ならないことをヨハネス二十二世への反論で主張しており、また普遍教会とは真の信仰を抱く信徒の集合であり、キリスト受難のときの聖母マリアのように普遍教会が唯一人の人間になりうることを主張している。しかしズッカーマンの言うように、これを普遍概念の実在を否定する唯名論のコロラリーと見なすことはできない。普遍者は諸個物に共通であり、諸個物へと多数化されることなく個々の個物の本質として実在している、というタイプの概念実在論が、メンバーから独立した団体それ自体の客観的実在を認める見解の前提になっているとは言えない。団体は普遍者ではないからである。しかし唯名論を、性質以外の付帯性（それ故関係）の客観的実在を否定する見解をも含む広義の意味で理解すれば、上記の主張は、オッカムがこのことを明示的に述べていなくても、唯名論（関係それ自体が関係項から独立に実在することを否定する唯名論）と内的に連関していると言えるだろう。関係それ自体の客観的実在を認めれば団体はメンバーの単なる集合とは言えなくなるからである。筆者はこれ以外の点で、オッカムの後期の政治的著作中に前期の哲学・神学思想が明瞭に反響している例を見出すことができなかった。教皇権と皇帝権の関係を扱った後期のポレミカルな著作では、自分の主張を形而上学的な原理を基礎として正当化しようとする意図が希薄であり、論証は殆ど聖書のテキストの解釈とカノン法の援用により行われている。例えばジョン・ウィクリフがプラトン主義的概念実在論を基礎にして「恩寵による所有」論を唱えたように、政治思想を哲学原理に基礎づける試みはオッカムのポレミカルな著作には見あたらない。ただし、唯名論のコロラリーとは到底言いがたいが、唯名論と親和した思想が政治的著作の中に散見されることも確かである。社会の形成を人間の社会的本性ではなく自由な合意に求めること、自然権を主観的な〈potestas〉として理解すること、最善の政治体制を形而上学的な自然的秩序にではなく功利性に基礎づけ、体制の実定性と可変性を強調すること、世俗的統治権の機能が人間本性の完成といった倫理的原理にではなく、犯罪の防止や平和の維持といった単に道具的で消極的な価値に置かれていること、これらすべては唯名論に親和した考え方である。神の絶対力の強調、普遍概念の客観的実在の否定、目的論的世界観と自然的秩序の否定、これらオッカムの哲学神学の諸特徴が、法・政治思想にみられる上記の特徴と深いところで繋がっていることは容易に理解されうるだろう。

本書の完成と刊行に際しては多くの方々に協力を仰いだ。特に宮澤愛子氏、五島伝明氏そして宮澤弘氏には、既に筆者が大学の紀要に掲載した論文や手書の原稿をワープロで入力してもらい、その過程で文章表現や、各章間での用語の統一などに関して貴重なご意見をいただいた。三名の方々の協力がなければ本書の刊行はもっと遅れたことだろう。そして本書の刊行を全面的にサポートしてくれたのが勁草書房の鈴木クニエ氏である。鈴木氏には大部な本書の仕上げに向けて忍耐強く筆者につきあっていただき、本の全体的な構成、各章と各節のタイトル、文章表現の適切さなど様々な点について氏から有益な御教示を賜った。鈴木氏の御苦労と御厚情に深く感謝の意を表したい。

二〇一五年六月

小林　公

索　引

サ　行

マ 行

ヤ 行

ラ 行

著者略歴

1945年生まれ。東大法学部卒業、立教大学教授等を経て、2011年同大学定年退職。立教大学名誉教授。専門は法哲学・法思想史。著書『合理的選択と契約』（弘文堂、1991年）、『法哲学』（木鐸社、2009年）、訳書『法の帝国』（ロナルド・ドゥウォーキン著、未来社、1995年）、『合意による道徳』（デイヴィド・ゴティエ著、木鐸社、1999年）、『王の二つの身体ー中世政治神学研究』（エルンスト・カントローヴィチ著、平凡社、1992年、ちくま学芸文庫、2003年）、『皇帝フリードリヒ二世』（エルンスト・カントローヴィチ著、中央公論新社、2011年）ほか。

ウィリアム・オッカム研究　政治思想と神学思想

2015年10月20日　第1版第1刷発行

著　者　小林　公（こばやし いさお）

発行者　井村寿人

発行所　株式会社　勁草書房（けいそう）

112-0005　東京都文京区水道2-1-1　振替　00150-2-175253
（編集）電話　03-3815-5277／FAX　03-3814-6968
（営業）電話　03-3814-6861／FAX　03-3814-6854
三秀舎・牧製本

ISBN978-4-326-10249-5　Printed in Japan